Brésil

O PAIS MARAVILHA !

Résumer l'extraordinaire diversité du Brésil relève de la gageure. Le tropicalisme, les rythmes afro-bahianais et leurs couleurs métissées de *candomblé*, leurs accents aux tonalités exotiques fusionnent dans un étonnant syncrétisme avec la *oumpapa musik* des fêtes de la bière à Blumenau. Les plages du Brésil, son carnaval, son football et l'incontournable *cidade maravilhosa* de Rio de Janeiro, côtoient sans complexe la postmodernité de São Paulo. Ici se mélangent dans un parfait désordre le passé, le présent et le futur, les cités coloniales, les deltas peuplés d'îles tropicales, les jungles de béton à l'activité incessante et les rivages calmes bordés de cocotiers. Ici, tout et son contraire se côtoient, dans une harmonie apparente et peut-être réelle : les splendeurs du Copacabana Palace et les *favelas*, le désert de sable des Lençóis et l'extraordinaire luxuriance de la forêt amazonienne, le vacarme des soirs de carnaval et la quiétude des jours suffocants d'été tropical. Sur les célèbres pavés d'Ipanema, le yuppie brésilien est ici le voisin naturel d'un Brésilien d'un autre âge, pauvre depuis des générations et dont la situation n'est pas près de s'améliorer, dans ce pays fortement touché par la violence. Les Brésiliens n'en demeurent pas moins à l'image du Brésil. Comme lui, ils sont généreux et au service d'un optimisme naturel. Ici, le merveilleux est familier, le quotidien étrange. Le Brésil est un pays pour voyageurs curieux, insatiables et aventureux.

Retrouvez cette offre en page 116

SOMMAIRE

Baiana. © FILIPE FRAZAO - SHUTTERSTOCK.COM

500 KM
BOGOTÀ
COLOMBIE
Orénoque
RORAIMA
QUITO
Rio Negro
EQUATEUR
Japurà
MANAUS
Amazone
Putumayo
Marañòn
Ucayali
AMAZONIE
Jurà
Purùs
ACRE
RONDÔNIA
Apurimac
PEROU
Madre de Dios
LIMA
Guaporé
Mamoré
LA PAZ
BOLIVIE
OCEAN
PACIFIQUE
CHILI
BRÉSIL
ARGENTINE
Paranà
SANTIAGO
BUENOS AIRES

NAM
GUYANE FRANÇAISE
OCEAN ATLANTIQUE
AMAPÀ
EQUATEUR
Amazone
BELÉM ★★★
Tocantins
SÃO LUIS ★★★
JERICOACOARA ★★★★
MARANHÃO
CEARÀ
IMPERATIZ
PRAIA DA PIPA ★★★
Xingu
PARÀ
Tocantins
Parnaiba
PIAUÌ
PERNAMBOUC
OLINDA ★★★
RECIFE ★★★
MORRO DE SÃO PAULO ★★★
SÃO MIGUEL DOS MILAGRES ★★★
TOCANTINS
Araguaia
PALMAS
BAHIA
TO GROSSO
SALVADOR ★★★★
FEIRA DE SANTANA
LENÇÓIS ★★★
MORRO DE SÃO PAULO ★★★
ILHA DE BOIPEBA ★★★
GIOÀS
ITACARÉ ★★★
BRASILIA ★★★
DIAMANTINA ★★★
TRANCOSO ★★★
PARQUE NACIONAL MARINHO DOS ABROLHOS ★★★★
MINAS GERAIS
PARQUE NACIONAL DA SERRA DO CIPÓ ★★★
ESPIRITO SANTOS
BELO HORIZONTE
GROSSO DO SUL
OURO PRETO ★★★★
VITÓRIA
INHOTIM ★★★
TIRADENTES ★★★
PARQUE NACIONAL DA SERRA DOS ÓRGÃOS ★★★
Paranà
PARQUE NACIONAL DO ITATIAIA ★★★
BÚZIOS ★★★★
CABO FRIO ★★★
UE NACIONAL DA SERRA DA BOCAINA
ARRAIAL DO CABO ★★★
SÃO PAULO ★★★
RIO DE JANEIRO ★★★★
PARANÀ
SANTO AMARO
TRINDADE ★★★
PARANÀ
N
ILHA GRANDE ★★★
PARATY ★★★★
PARQUE NACIONAL DO IGUAÇU ★★★★
SANTA CATARINA
ALTITUDE (EN MÈTRE)
1000
500
200
RIO GRANDE DO SUL
VILLES
FRONTIÈRE
LIMITE DE RÉGION
OCEAN ATLANTIQUE
ROUTES PRINCIPALES
URUGUAY
AUTOROUTE
MONTEVIDEO

QUAND Y ALLER

JANVIER

RIO DE JANEIRO

23° / 29°

SALVADOR

25° / 31°

BOM JESUS DOS NAVEGANTES
Fête religieuse très populaire dans les Etats du Nordeste du pays en l'honneur du saint patron de Bom Jesus dos Navegantes

LAVAGEM DO BONFIM
(SALVADOR)
Un des évènements religieux les plus attendus à Salvador de Bahia, entre rites animistes africains et processions catholiques

FÉVRIER

RIO DE JANEIRO

23° / 29°

SALVADOR

25° / 31°

CARNAVAL D'OLINDA
(OLINDA)

© KARLA VIDAL - SHUTTERSTOCK.COM

Le carnaval d'Olinda, associé à celui de Recife est un des carnavals les plus importants du Brésil avec ceux de Rio et Salvador.

CARNAVAL DE RIO
(RIO DE JANEIRO)

© B. MARTINEZ - ICONOTEC

Le Carnaval de Rio est sans doute un des évènements festifs les plus connus de la planète qui attire des millions de personnes

CARNAVAL DE SALVADOR
(SALVADOR)
Le carnaval de Salvador est un autre des grands événements festifs du Brésil et du monde et qui a su rester assez authentique.

MARS

RIO DE JANEIRO

22° / 28°

SALVADOR

25° / 30°

ANIVERSÁRIO DO RIO DE JANEIRO
(RIO DE JANEIRO)
Les fêtes de São Sebastião à Rio sont marquées par des messes une procession de l'église de São Sebastião à la cathédrale.

Le Brésil se visite et se découvre tout au long de l'année. S'il existe des variations saisonnières, il y a toujours des lieux au climat clément, des paysages à la beauté pérenne et surtout, le Brésil est une terre riches en évènements et manifestations de toute nature, qu'ils soient culturels, sportifs, festifs, religieux. D'aucuns diront, avec raison que le Brésil, c'est où on veut, quand on veut. Le Brésil, c'est la curiosité en tous lieux et en tous temps.

AVRIL

RIO DE JANEIRO

21° / 27°

SALVADOR

24° / 30°

PÂQUES

© KARLA VIDAL - SHUTTERSTOCK.COM

Les festivités de Pâques sont suivies au Brésil en particulier dans le Nordeste et donnent lieu à une représentation théâtrale.

$

MAI

RIO DE JANEIRO

19° / 25°

SALVADOR

24° / 29°

$

JUIN

RIO DE JANEIRO

18° / 24°

SALVADOR

23° / 28°

FICA : FESTIVAL INTERNATIONAL DE CINÉMA AMBIENTAL

(GOIÁS)

Le Festival International de Cinema Ambiental propose depuis plus de vingt ans des films et des débats avec des invités de renom.

FESTAS JUNINAS

(RIO DE JANEIRO)

© PAULO VILELA - SHUTTERSTOCK.COM

Au mois de juin, partout à Rio de Janeiro, s'organisent ces fêtes campagnardes où on danse le spectaculaire quadrille.

$ $

QUAND

Y ALLER

JUILLET

RIO DE JANEIRO

17° / 24°

SALVADOR

22° / 28°

FORTAL

(FORTALEZA)

Fortal est l'un des carnavals hors saison les plus animés du Brésil. 3 ou 4 jours de musique *axé, forró, sertanejo* et électro.

FESTIVAL D'HIVER DE L'UFMG

(BELO HORIZONTE)

Le festival d'hiver de l'Université fédérale du Minas Gerais propose en différents lieux de l'État de belles programmations.

$$$

AOÛT

RIO DE JANEIRO

18° / 24°

SALVADOR

22° / 28°

FESTIVAL DE CINÉMA DE GRAMADO

(GRAMADO)

Le festival de cinéma de Gramado au mois d'août est depuis 40 ans un des festivals de cinéma les plus importants du Brésil.

FESTA LITERÁRIA INTERNACIONAL DE PARATY (FLIP)

(PARATY)

Le FLIP est un festival littéraire international de grande qualité qui se tient à Paraty chaque année fin juillet et début août.

$$$

SEPTEMBRE

RIO DE JANEIRO

18° / 24°

SALVADOR

23° / 28°

COSME E DAMIÃO

(ARRAIAL D'AJUDA)

La fête qui honore Cosme et Damião est un évènement fêté avec ferveur dans la petite ville balnéaire d'Arraiail d'Ajuda.

BIENAL DE ARTE DE SÃO PAULO

(SÃO PAULO)

La biennale d'art de São Paulo est devenue l'une des plus grandes manifestations d'art contemporain de la planète en septembre.

$$

OCTOBRE

RIO DE JANEIRO

19° / 25°

SALVADOR

23° / 29°

CIRIO DE NAZARÉ
(BELÉM)

© WAGNER OKASAKI - SHUTTERSTOCK.COM

La fête religieuse de Cirio de Nazaré est une des plus importantes fêtes catholiques de la planète ; elle se déroule à Belém.

$ $

NOVEMBRE

RIO DE JANEIRO

20° / 26°

SALVADOR

24° / 30°

SEMANA DE ALEIJADINHO
(OURO PRETO)

La Semana do Aleijadinho honore dans toutes les villes baroques du Minas Gerais et surtout Ouro Preto le sculpteur Aleijadinho.

GRAND PRIX AUTOMOBILE DU BRÉSIL
(SÃO PAULO)

Le Grand prix de Formule 1 de São Paulo se déroule tous les ans en novembre sur le circuit d'Interlagos, au sud de la ville.

$ $

DÉCEMBRE

RIO DE JANEIRO

22° / 28°

SALVADOR

24° / 30°

RÉVEILLON DU NOUVEL AN
(RIO DE JANEIRO)

© PAULO VILELA - SHUTTERSTOCK.COM

Le feu d'artifice du jour de l'an sur la plage de Copacabana, est un évènement spectaculaire et unique au monde et très suivi

$ $ $

LES BONNES RAISONS D'Y ALLER

© PAKAWAT THONGCHAROEN - SHUTTERSTOCK.COM

UNE NATURE GRANDIOSE

La nature prend au Brésil une dimension que l'on ne rencontre que dans peu d'endroits.

LE PAYS DES PLAGES

Au-delà du cliché, le Brésil possède certains des plus beaux littoraux de la planète.

© CAIO PEDERNEIRAS - SHUTTERSTOCK.COM

© MARCIO JOSE BASTOS SILVA - SHUTTERSTOCK.COM

LE PAYS DE L'ART BAROQUE

Les villes coloniales et les églises baroques vont transporter le voyageur dans le temps.

DÉCOUVRIR LA DIVERSITÉ

Le Brésil est avant tout un pays riche d'une grande diversité culturelle et géographique.

UNE INCROYABLE BIODIVERSITÉ

Le Brésil est assurément le plus grand réservoir de biodiversité de la planète.

UNE GASTRONOMIE RICHE

Le multiculturalisme séculaire du pays se transcrit en une réelle richesse gastronomique.

LE PAYS DU CARNAVAL

Les festivités carnavalesques et religieuses regroupent des millions de participants.

LES BONNES RAISONS D'Y ALLER

DES ACTIVITÉS SPORTIVES VARIÉES

Foot, surf, volley, rafting, randonnée, escalade, parapente... Tout est possible.

© RICHMATTS - ISTOCKPHOTO.COM

© HANDMADEPICTURES - SHUTTERSTOCK.COM

LA DIVINE CACHAÇA

Le rhum brésilien et la caïpirin ha sont les incontournables rencontres du voyageur.

© EDSON J FERREIRA - SHUTTERSTOCK.COM

L'ÉLOGE DE LA MODERNITÉ

Depuis plus d'un siècle, l'urbanisme brésilien s'inscrit dans l'avant-gardisme.

LES 12 MOTS-CLÉS

#ALEGRIA

C'est un mot maintes fois scandé lors du carnaval et des fêtes. Malgré les problèmes liés à la pauvreté et la violence qui en découle, c'est bien une sensation de bonheur permanent qui semble habiter l'âme brésilienne. Il suffit de quelques verres de bière ou de *caïpirin ha* ou de quelques accords de samba pour faire resurgir cette nature.

#AMAZONIE

C'est dans cette région que se joue le futur de la planète et l'avenir politique du Brésil. C'est le poumon vert de la planète Terre et un des plus importants *hot spots* de biodiversité mondiale. Enfin, c'est le cœur de la lutte entre le Eros de l'humanité et le Thanatos de l'agriculture mondialisée défendue par les firmes multinationales.

© FG TRADE - ISTOCKPHOTO.COM

#AMÉRINDIENS

Le cacique Raoni a fait découvrir au monde le sort peu enviable des premiers habitants du Brésil : les Amérindiens. On trouve aujourd'hui 305 peuples indigènes qui regroupent 900 000 habitants, contre 5 millions en 1500. Les réserves représentent 13 % du territoire brésilien, et 1,5 % hors Amazonie. Leur quotidien est hélas souvent misérable.

© FG TRADE - ISTOCKPHOTO.COM

#CACHAÇA

Parmi les découvertes incontournables, le voyageur épicurien découvrira un alcool local qui se décline souvent sous une forme « festive », la *caïpirinha*. Il s'agit de la *cachaça*, rhum brésilien aux armes et aux saveurs multiples. Moins connu que le rhum, cet alcool est également obtenu par distillation du sucre de canne dans des « alambiques ».

#CAFÉ

Encore un élément associé au Brésil. C'est le pays du café. La plante à la base de ce breuvage universel n'est pas originaire du Brésil, mais elle a contribué à dessiner certaines régions lors du cycle du café, dans l'intérieur des Etats de Rio et São Paulo et à l'élection de nombreux hommes d'Etat. Le *cafezinho* est une institution au Brésil.

© JOAO BENTO DA SILVA - ISTOCKPHOTO.COM

#FAVELAS

Indissociables de l'urbanisation et de la ségrégation sociale brésilienne, les *favelas* sont connues pour être des « zones grises » où l'Etat est absent. Depuis leur apparition il y a plus de cent ans, les *favelas* marque la ville. La violence y est certes présente, mais ce sont aussi des laboratoires sociaux et des territoires dynamiques.

#FEIJOADA

Ce ragoût local fait aujourd'hui partie du patrimoine culinaire brésilien. Comme le cassoulet ou le *cozido* portugais, c'est un plat populaire typique composé de légumes (haricots noirs) et de pièces de viande (porc) non nobles. Les restaurants le proposent en général le samedi et c'est l'occasion pour les amis de se retrouver et d'échanger.

#FOOTBALL

C'est un sport indissociable du Brésil. Certains parlent de religion, dont le grand temple serait le stade Maracanã. Lors des coupes du monde de football, c'est tout un peuple qui communie, uni derrière l'équipe *auriverde*. Le reste de l'année, ce sont les derbys locaux ou régionaux du *Brasileirão* qui monopolisent les discussions et les passions.

#KILO ET BUFÊ

Pourquoi ces mots ici ? Très rapidement, le voyageur verra dans certains restaurants des prix affichés au kilo. Spécificité brésilienne, on peut garnir son assiette en *self-service* et la faire peser. Le buffet ou *bufê* consiste à manger tout ce qu'on veut pour une somme fixe. Très populaire, on trouve des *kilos* bon marché et des très chic.

#RELIGION

Le Brésil est un pays mystique où la religion est prégnante en tout lieu et en tout milieu. Le christianisme, mais aussi l'animisme et les cultes afro-brésiliens ont façonné l'âme du pays en un syncrétisme subtil. Le spirituel accompagne le difficile quotidien. Ici, comme au Maroc, quand on prévoit de se revoir, on ajoute « se Deus queser ».

#SAMBA

La *samba* (*O samba*, mot masculin pour les Brésiliens) est l'expression de l'âme brésilienne, comme le tango est l'expression de l'âme argentine. Des lieux formels et informels lui sont dédiés à Rio et ailleurs. La Pedra do Sal, la Samba do Trabalhador, les boîtes de Lapa ou encore des petits groupes au coin de la rue honorent cet art musical.

© PEOPLEIMAGES - ISTOCKPHOTO.COM

#VIOLENCE

La violence est indissociable de la société brésilienne. Sans doute est-elle le fruit d'une colonisation violente contre les Indigènes, de l'esclavage et des inégalités actuelles. Le régime militaire de 1964 à 1986 l'a généralisée et légitimée et elle échappe au contrôle de la démocratie retrouvée. On vit avec en essayant de s'en préserver...

VOUS ÊTES D'ICI, SI...

▸ **Vous repérez rapidement** s'il faut monter par l'avant ou l'arrière des bus de ville. Selon les villes, le « cobrador » (poinçonneur local) se trouve à l'avant ou à l'arrière, à côté du tourniquet.

▸ **Vous maniez « l'art de la plage »** à Rio, en venant en tongs au même « posto », et en mangeant des *biscoitos*. Vous demandez à votre voisine de surveiller vos effets, réduits au minimum syndical lorsque vous allez vous baigner.

▸ **Vous « psiouttez » le serveur** ou la serveuse et agitez machinalement la bouteille pour indiquer qu'elle est vide. Ce qui serait considéré comme un sifflement incorrect ailleurs est ici un moyen traditionnel de se signaler.

▸ **Vous racontez votre vie à un ou une inconnue** quand vous faites la queue dans une banque ou en attendant le bus.

▸ **Vous ne laissez pas d'argent sur la table** du restaurant, mais vous remettez le montant de l'addition et du pourboire au serveur.

▸ **Vous faites un long « *abraço* »** (accolade) à l'ami que vous laissez... même si c'est pour peu de temps.

MON BRÉSIL

Par Hervé Foissotte, auteur du guide

Interview

Hervé Foissotte parcourt le Brésil depuis un premier voyage d'étude en 1991. Il collabore régulièrement au guide Petit Futé Brésil depuis 2006. Outre les « classiques », il dévoile dans ses bons plans quelques aspects d'un Brésil plus confidentiel, en dehors des sentiers battus, en mettant l'accent sur des petites entreprises locales engagées dans un développement soutenable.

DISTANCES

TEMPS DE TRAJET

	BELÉM	BELO HORIZONTE	BRASILIA	CUIABÁ	FORTALE
BELÉM		2698 KM 🚗 37h ✈ 3h	1969 KM 🚗 28h ✈ 2h30	2672 KM 🚗 37h ✈ 5h30	1512 K 🚗 23h3 ✈ 1h4
BELO HORIZONTE	2698 KM 🚗 37h ✈ 3h		733 KM 🚗 9h30 ✈ 1h15	1573 KM 🚗 21h45 ✈ 2h15	2317 K 🚗 33h ✈ 2h4
BRASILIA	1969 KM 🚗 28h ✈ 2h30	733 KM 🚗 9h30 ✈ 1h15		1080 KM 🚗 14h ✈ 1h45	1967 K 🚗 28h ✈ 2h3
CUIABÁ	2672 KM 🚗 37h ✈ 5h30	1573 KM 🚗 21h45 ✈ 2h15	1080 KM 🚗 14h ✈ 1h45		3026 K 🚗 43h ✈ 5h3
FORTALEZA	1512 KM 🚗 23h30 ✈ 1h45	2317 KM 🚗 33h ✈ 2h45	1967 KM 🚗 28h ✈ 2h30	3026 KM 🚗 43h ✈ 5h30	
FOZ DO IGUAÇU	3363 KM 🚗 46h ✈ 6h30	1629 KM 🚗 20h ✈ 3h45	1582 KM 🚗 20h ✈ 4h	1403 KM 🚗 19h30 ✈ 4h45	3503 K 🚗 48h ✈ 5h4
MANAUS	3051 KM 🚗 49h ✈ 2h	3919 KM 🚗 55h ✈ 5h30	3428 KM 🚗 48h ✈ 5h	2357 KM 🚗 34h ✈ 5h45	4167 KM 🚗 65h ✈ 3h3
PORTO ALEGRE	3994 KM 🚗 52h ✈ 6h	1720 KM 🚗 21h ✈ 2h30	2133 KM 🚗 26h ✈ 2h30	2129 KM 🚗 30h ✈ 4h15	4051 KM 🚗 53h ✈ 6h
RECIFE	2033 KM 🚗 31h ✈ 2h30	2026 KM 🚗 31h ✈ 2h30	2123 KM 🚗 29h ✈ 2h30	3182 KM 🚗 44h ✈ 3h30	758 KM 🚗 10h45 ✈ 1h15
RIO DE JANEIRO	3125 KM 🚗 43h ✈ 5h	442 KM 🚗 6h ✈ 1h	1184 KM 🚗 15h30 ✈ 1h30	1932 KM 🚗 25h ✈ 2h30	2582 KM 🚗 38h ✈ 3h15
SALVADOR DE BAHIA	2059 KM 🚗 31h ✈ 4h30	1351 KM 🚗 20h15 ✈ 1h30	1447 KM 🚗 19h15 ✈ 2h	2507 KM 🚗 33h ✈ 5h	1182 KM 🚗 17h ✈ 1h45
SÃO PAULO	2885 KM 🚗 39h ✈ 3h30	586 KM 🚗 7h ✈ 1h15	1025 KM 🚗 12h ✈ 1h30	1530 KM 🚗 20h30 ✈ 2h15	2943 KM 🚗 40h ✈ 3h30

Le Brésil est un des plus vestes pays du monde. Il faut donc préparer son voyage en intégrant cette distance. Les voyages en bus peuvent être extrêmement longs. Il faut 7 heures pour aller de Rio à Belo Horizonte, pourtant « proche » et 36 heures entre Rio et Recife. Les routes ne sont pas toujours en très bon état, en particulier lors de la saison des pluies et ne sont pas toujours très sûres la nuit. Les vols intérieurs sont de bonnes alternatives.

FOZ IGUAÇU	MANAUS	PORTO ALEGRE	RECIFE	RIO DE JANEIRO	SALVADOR DE BAHIA	SÃO PAULO
363 KM 46h 6h30	3051 KM 49h 2h	3994 KM 52h 6h	2033 KM 31h 2h30	3125 KM 43h 5h	2059 KM 31h 4h30	2885 KM 39h 3h30
629 KM 20h 3h45	3919 KM 55h 5h30	1720 KM 21h 2h30	2026 KM 31h 2h30	442 KM 6h 1h	1351 KM 20h15 1h30	586 KM 7h 1h15
582 KM 20h 4h	3428 KM 48h 5h	2133 KM 26h 2h30	2123 KM 29h 2h30	1184 KM 15h30 1h30	1447 KM 19h15 2h	1025 KM 12h 1h30
403 KM 19h30 4h45	2357 KM 34h 5h45	2129 KM 30h 4h15	3182 KM 44h 3h30	1932 KM 25h 2h30	2507 KM 33h 5h	1530 KM 20h30 2h15
503 KM 48h 5h45	4167 KM 65h 3h30	4051 KM 53h 6h	758 KM 10h45 1h15	2582 KM 38h 3h15	1182 KM 17h 1h45	2943 KM 40h 3h30
	3753 KM 53h 6h	901 KM 13h15 4h	3407 KM 48h 5h30	1485 KM 18h 2h	2731 KM 37h 5h	1059 KM 13h 1h30
3753 KM 53h 6h		4485 KM 63h 6h	4681 KM 70h 4h	4288 KM 59h 5h15	4863 KM 66h 5h45	3885 KM 53h 4h
901 KM 13h15 4h	4485 KM 63h 6h		3784 KM 51h 4h	1577 KM 19h 2h	3108 KM 41h 3h15	1137 KM 14h15 1h30
3407 KM 48h 5h30	4681 KM 70h 4h	3784 KM 51h 4h		2307 KM 34h 2h45	809 KM 11h30 1h15	2637 KM 37h 3h
1485 KM 18h 2h	4288 KM 59h 5h15	1577 KM 19h 2h	2307 KM 34h 2h45		1631 KM 24h 2h	432 KM 5h30 1h
2731 KM 37h 5h	4863 KM 66h 5h45	3108 KM 41h 3h15	809 KM 11h30 1h15	1631 KM 24h 2h		1964 KM 27h 2h30
1059 KM 13h 1h30	3885 KM 53h 4h	1137 KM 14h15 1h30	2637 KM 37h 3h	432 KM 5h30 1h	1964 KM 27h 2h30	

IDÉES DE SÉJOUR

Le géant se prête à tous les types de tourisme et de séjour. En fonction du temps du voyage et des goûts du voyageur, les combinaisons des séjours seront nombreuses. Les littoraux de l'Etat de Rio et du Nordeste réserveront aux voyageurs des plages de carte postale, eaux turquoises, palmiers, vendeurs de noix de coco... Les amateurs de vieilles pierres et d'histoire trouveront de quoi satisfaire leurs intérêts : monuments coloniaux, villes historiques comme Salvador, Ouro Preto, Paraty, São Luis do Maranhão, Olinda. Les églises baroques aux lourdes dorures rappelleront les origines européennes de la contre-réforme. L'omniprésente nature se décline en d'infinies opportunités touristiques. L'écotourisme du Pantanal, de la Chapada Diamantina, de la lointaine Amazonie permettront la rencontre d'écosystèmes et d'une biodiversité aussi riches que fragiles. Enfin, les séjours sportifs, marche, canyoning, surf seront riches et variés.

LES INCONTOURNABLES DU BRÉSIL

Le Brésil regorge de mille richesses, et il est un peu court en une semaine de toutes les parcourir. Cependant, cette idée de séjour permet d'avoir un bon aperçu de ce que le Brésil a à offrir. Dans la mesure du possible, il faudrait éviter de multiplier les voyages en avion mais les distances intérieures imposent des contraintes lors des courts séjours.

› Jour 1. Corcovado, Santa Teresa et le Pain de Sucre

Arrivée à l'aéroport et transfert à l'hôtel. Montée au **Corcovado** (p.139), symbole de la ville de **Rio** ★★★★ (p.121). Redescente par Santa Teresa, de **Rio** ★★★★ (p.117), du Brésil, foyer de la bohème carioca. Puis petit tour à Lapa. En fin d'après-midi, téléphérique vers le sommet du **Pain de Sucre** (p.144), pour un coucher du soleil inoubliable. Certaines agences de tourisme proposent ces « tours » dans la journée dans un van avec un guide.

› Jour 2. Rio, les favelas et le centre

Visite d'une favela le matin avec une association dont une grande partie de bénéfices servent à financer des projets à caractère social. Au cœur de ces quartiers populaires et « hors la loi », les Brésiliens s'organisent et vivent de manière digne et solidaire. L'après-midi, visite du centre-ville de **Rio** ★★★★ (p.117) : **palais impérial** (p.231), **musée national des Beaux-Arts** (p.132), église de **Notre-Dame de Candelária** (p.133).

› Jour 3. Chutes d'Iguaçu côté brésilien

Vol intérieur **Rio** ★★★★ (p.117) – Iguaçu. Arrivée à l'aéroport et transfert à l'hôtel. Partir le plus vite possible vers le **parc national d'Iguaçu** ★★★★ (p.546), l'une des merveilles naturelles du monde. Au retour vers **Foz de Iguaçu** ★ (p.537), arrêt au parc des oiseaux (**Parque das aves** (p.538)), où sont réunies des centaines d'espèces d'oiseaux, natifs du Brésil mais aussi d'autres pays

› Jour 4. Chutes d'Iguaçu côté argentin

Direction l'Argentine pour une balade d'une journée au plus près des chutes. Le côté argentin est le plus spectaculaire. On peut choisir différentes options d'aventure. Le Circuit Macuco Tour permet de s'approcher des chutes en bateau. Frissons garantis, mais est-ce bien nécessaire ? Retour à **Foz** ★ (p.537) en fin d'après-midi.

› Jour 5. Direction Salvador

Vol intérieur Iguaçu – **Salvador** ★★★★ (p.301). Arrivée à l'aéroport et transfert à l'hôtel. Première promenade dans le vieux **Salvador** ★★★★ (p.301). L'ancienne capitale impériale est un musée à ciel ouvert remis en valeur depuis le classement comme patrimoine mondial par l'UNESCO du quartier du Pelourinho. Les églises baroques y sont remarquables.

› Jour 6. Visite de Salvador

Le matin, visite de la ville basse : puis marché **São Joaqui** ★ (p.566)**m** ★ (p.566) (authentique marché bahianais). Puis direction le nord pour une visite de l'**église de Bonfim,** (p.598) haut lieu de pèlerinage populaire. Continuation par le **musée d'Art sacré** (p.463). L'après-midi, visite de la ville haute et le quartier historique du **Pelourinho** (p.279), ses magnifiques demeures coloniales et ses églises baroques dont l'**église São Francisco** (p.313).

› Jour 7. Baie de Tous les Saints

En bateau (excursion journalière), direction la superbe baie de Todos Os Santos jusqu'à l'agréable **île de Frades** ★ (p.333) (pause baignade possible). Déjeuner sur l'île, puis direction Ponte de Arreia et l'île d'Itaparica ★★, grande île de la baie aux nombreux restaurants. Retour à **Salvador** ★★★★ (p.301) en ferry en fin d'après-midi.

› Jour 8. Fin du séjour

Préparation des bagages puis direction l'aéroport. Retour dans son pays d'origine depuis l'aéroport international de **Salvador** ★★★★ (p.301). il existe des vols directs de la TAP depuis Salvador de Bahia. Sinon, il faut embarquer pour Rio de Janeiro ou São Paulo où les vols pour Paris ou d'autres destinations europénnes sont presque quotidiens.

LES GRANDS CLASSIQUES DU BRÉSIL

Le Brésil est un condensé de paysages naturels ou urbains majestueux. Malgré une épaisseur historique moindre que l'Afrique ou l'Europe, la richesse y repose aussi sur l'extraordinaire patrimoine immatériel constitué par les héritages amérindiens, africains et américains. Ce circuit propose de vous emmener dans les coins à ne pas manquer.

› Jour 1. Corcovado, Santa Teresa et le Pain de Sucre

Arrivée à l'aéroport et transfert à l'hôtel. Montée au Corcovado, symbole de la ville de **Rio** ★★★★ (p.117). Redescente par Santa Teresa, l'un des quartiers de **Rio** ★★★★ (p.117), foyer de la bohème carioca. Puis petit tour à Lapa. En fin d'après-midi, téléphérique pour le **Pain de Sucre** (p.144), pour un coucher du soleil inoubliable. Certaines agences de tourisme proposent ces « tours » dans la journée dans un van avec un guide.

› Jour 2. Rio, les favelas et le centre

Visite d'une favela le matin avec une association à caractère social : une incursion dans l'autre réalité de **Rio** ★★★★ (p.117). Au cœur de ces quartiers populaires et « hors la loi », les Brésiliens s'organisent et vivent de manière digne et solidaire. L'après-midi, visite du centre-ville de **Rio** ★★★★ (p.117) : **palais impérial** (p.231), **musée national des Beaux-Arts** (p.132), église de **Notre-Dame de Candelária** (p.133).

› Jour 3. Paraty

Un détour par **Paraty** ★★★★ (p.195), superbe ville coloniale à 3 heures de route de **Rio** ★★★★ (p.117) sur la Costa Verde, est recommandé. Visite de la ville, de ses petites boutiques et bons restaurants.

› Jour 4. Paraty et retour à Rio

Après la visite de la ville la veille, excursion matinale en bateau pour partir flotter paisiblement vers de mirifiques **plages** (p.433) sauvages. Retour dans l'après-midi pour retourner à Rio.

› Jour 5. Chutes d'Iguaçu côté brésilien

Vol intérieur **Rio** ★★★★ (p.117) – Iguaçu. Arrivée à l'aéroport et transfert à l'hôtel. Partir le plus vite possible vers le **Parc national d'Iguaçu** ★★★★ (p.546), l'une des merveilles naturelles du monde. Au retour vers **Foz do Iguaçu** ★ (p.537), arrêt au parc des oiseaux (**Parque das aves** (p.538)), où sont réunies des centaines d'espèces d'oiseaux natifs du Brésil, mais aussi d'autres pays tropicaux.

› Jour 6. Chutes d'Iguaçu côté argentin

Direction l'Argentine pour une balade d'une journée au plus près des chutes. Le côté argentin permet la vision la plus spectaculaire des chutes. Différents circuits aventure sont proposés par l'agence Macuco Tour par exemple, où on s'approche des chutes en bateau, mais est-ce bien nécessaire ? Retour à **Foz** ★ (p.537) en fin d'après-midi.

© PICTURES-AND-PIXELS - ISTOCKPHOTO.COM

Parc national des chutes d'Iguaçu.

› Jour 7. Cap sur Manaus

Vol Iguaçu – Manaus ★★★ (p.676). Visite de la ville dans l'après-midi. Visite de l'Opéra. Puis visite du port flottant conçu par des ingénieurs anglais au début du XXe siècle, une prouesse technologique pour l'époque. Halte obligatoire au marché, où l'on pourra revenir tôt le matin pour assister au ballet des dockers déchargeant les fruits, les légumes et des poissons d'une taille impressionnante.

› Jour 8. À la rencontre des eaux

Une journée entre les flots sombres du rio Negro (p.679) et ceux, jaunâtres et couleur terre du Solimoes (dont l'union donne naissance à l'Amazone). On s'enfonce dans un labyrinthe d'eau et de végétation. Arrivée au Lodge. Dans l'après-midi, excursion en pirogue sur les igarapés (canaux inondés pendant la saison des pluies) pour aller à la rencontre d'une famille de Caboclos (par exemple).

› Jour 9. Forêt amazonienne

Une journée consacrée à la découverte de « l'enfer vert », de sa flore, de sa faune, de ses peuples indigènes. Nuit au Lodge. L'agence vous dira s'il faut prendre un traitement antipaludéen. Toutes les zones d'Amazonie ne sont pas impaludées. Les guides sont formés, dûment accrédités et expérimentés.

› Jour 10. Dernier jour au Jungle Lodge

À l'aube, on pourra aller observer le ballet des oiseaux quittant leur refuge nocturne. C'est un spectacle de sons et de couleurs garanti. Puis, dernières balades autour du Lodge. Après le déjeuner, retour à Manaus ★★★ (p.676) puis vol intérieur Manaus ★★★ (p.676) – Salvador ★★★★ (p.301). Arrivée à l'aéroport de Salvador et transfert à l'hôtel.

› Jour 11. Balade dans Salvador

Visite de la ville. La ville de Salvador ★★★★ (p.301) est un musée à ciel ouvert. Le quartier historique du Pelourinho (p.279) a été remis en valeur depuis son classement par l'UNESCO en 1985. Les églises baroques, dont la merveilleuse église São Francisco, sont surchargées de dorures. La ville haute est un des ensembles les mieux préservés en Amérique latine.

› Jour 12. Bahia de Todos os Santos

Découverte de la Baie de tous les Saints. De nombreuses îles parsèment cette baie. On embarque en général de la ville basse pour aller à l'île d'Itaparica en ferry, la plus grande de la baie ou d'autres, plus petites, mais tout aussi jolies, comme par exemple l'île de Frades. En fond de baie, plus loin, les villes de São Felix et Cachoeira sont très agréables.

› Jour 13. Côte de Coco

Direction le nord et son superbe littoral. On peut visiter le fameux village de hippies d'Arembepe ★ (p.336) (qui compta parmi ses habitants Janis Joplin), puis, 85 km plus au nord, visite de Praia do Forte ★★ (p.336), longue (12 km) plage de sable fin bordée de cocotiers. Halte recommandée au projet écologique « Tamar (p.336) » de protection de la tortue. Possible de poursuivre vers Imbassai ★★ (p.339), beaucoup plus tranquille.

› Jour 14. Fin du séjour

Salvador ★★★★ (p.301) (départ), vol international.

Pelourinho à Salvador.

RIO ET LE MINAS GERAIS

Une semaine au Brésil est un temps très court, qui ne permet malheureusement pas de tout visiter. Ce circuit propose ainsi de se concentrer sur Rio ★★★★ (p.117)et la région du Minas Gerai ★★★★ (p.247)s, deux régions proches entre lesquelles les liaisons se feront en bus. Ces deux régions concentrent un patrimoine historique et naturel très important.

› Arrivée à Rio de Janeiro

Montée au Corcovado le matin (par le petit *bondinho* de Cosme Velho) pour avoir un point de vue d'ensemble sur la ville. L'après-midi, petit tour de la Lagoa Rodrigo de Freitas (p.140) à pied, achat d'un maillot du Flamengo ★★ au siège du club à Gavéa et visite du très beau Jardim Botanico (p.528). Dîner dans un des nombreux restaurants *trendy* d'Ipanema ★★★★.

› Visite du centre-ville de Rio

Visite du centre-ville, l'avenida Rio Branco ★ (p.690), le marché en plein air de Saara, le Largo da Carioca avec le couvent Santo Antonio (p.132), la cathédrale métropolitaine (p.586), les Arcos da Lapa. (p.130) Le midi, montée avec le *bondinho* dans le quartier bohème de Santa Teresa. Déjeuner à l'Espirito Santa, visite du musée Chacara do Ceu (p.134) et du Parque das Ruinas (p.136). Dîner-concert à Lapa, au Carioca da Gema, ou au Rio Scenarium.

› Balade sur la plage et grimpette sur le morro de Leme

Tôt le matin, marche le long des plages (p.433) d'Ipanema ★★★★et de Leblon ★★★★. Trempette en suivant près du rocher d'Arpoador (p.146). Visite du fort de Copacabana en fin de matinée. L'après-midi, petit tour sur Copacabana et montée du *morro* de Leme pour jouir de la meilleure vue sur l'une des plus belles baies du monde. Shopping au Rio Sul en fin d'après-midi puis dîner dans un restaurant bohème chic de Santa Teresa.

› On se met au vert dans la forêt de Tijuca

Balade dans la forêt de Tijuca, par la facile montée de la Pedra Bonita, avec vue incroyable sur les quartiers sud de São Conrado et Barra da Tijuca ★★. Déjeuner dans la forêt. L'après-midi, petit tour au MAM (p.496), au MAC (p.497) et/ou au MAR (p.135), musées d'art ou balade au parc de Flamengo ★★. En fin d'après-midi, montée au Pão de Açucar pour profiter du coucher de soleil sur Copacabana. Dîner à Copacabana.

› Cap sur Tiradentes

Départ matinal en voiture de Rio ★★★★ (p.117), arrivée en milieu de matinée à Petrópolis ★★ (p.230), ancienne cité impériale. Visite du Musée impérial (p.231), puis déjeuner à Petrópolis ★★ (p.230). L'après-midi, un peu de route jusqu'à Tiradentes ★★★ (p.288), que l'on atteint en fin d'après-midi. Petite balade récréative dans le centre et dîner sur la place centrale, le Largo das Forras.

› Autour de Tiradentes

Le matin, visite de la vieille ville de Tiradentes ★★★ (p.288), la Matriz Santo Antonio (p.285), la fontaine de São José (p.289) et les jolis magasins de décoration. L'après-midi, petit train de Maria-Fumaça jusqu'à São João del Rei ★ (p.287), et visite du centre historique. Dîner à Tiradentes ★★★ (p.288), dans un restaurant à la cuisine typique *mineira*.

› Tiradentes – Congonhas – Ouro Preto.

Le matin, départ de Tiradentes ★★★ (p.288) pour la petite ville de Congonhas ★ (p.286) et visite de la magnifique basilique Bom Jesus (p.286). Arrivée en début d'après-midi à Ouro Preto ★★★★ (p.267), le joyau de l'art baroque au Brésil. Début de visite (São Francisco (p.287), Nossa Senhora do Pilar (p.287), Museo do Oratorio (p.270)...) et balade dans les petites rues pavées.

› Découverte d'Ouro Preto

Visite de la ville et ses dizaines d'églises baroques. Dîner à Ouro Preto ★★★★ (p.267), dans l'un des nombreux restaurants gastronomiques *mineiros* de la ville. L'ancienne capitale de l'État du Minas Gerais, classée patrimoine historique de l'humanité par l'UNESCO, est spectaculaire par la richesse de son patrimoine historique et par son site, au pied de la montagne d'Itacolomy.

› Départ pour Belo Horizonte.

Le matin, départ pour Belo Horizonte ★★ (p.250), ville moderniste où se trouvent d'excellents musées d'art sur la Praça da Liberdade (p.252), que la politique culturelle active de la ville a transformé en espaces culturels majeurs. Les inconditionnels d'art contemporain se rendront au fameux complexe d'Inhotim ★★★ (p.258) (comptez un jour de visite).

› Retour à Rio

Départ pour Rio. Petite baignade sur Copacabana (posto 1) ou Ipanema ★★★★(le posto 9, bien sûr). Dîner à Leblon ★★★★, dans la fameuse rue Dias Ferreira. Plan alternatif : aller voir un match de football au stade Maracanã (p.133), un *clasico* idéalement (Fla-Flu, Fla-Vasco...). Spectacle époustouflant dans les tribunes ! Dernière nuit à Rio

SE REPÉRER / SE DÉPLACER

DE L'AÉROPORT AU CENTRE-VILLE

On arrive en général au Brésil via l'aéroport de Rio de Janeiro, São Paulo, quelquefois Belo Horizonte et Salvador. Les vols intérieurs permettent de desservir tous les Etats brésiliens et de très nombreuses villes du pays. Il est déconseillé de changer l'argent dans les guichets de change des aéroports lorsqu'on arrive à Rio et Sampa car les taux sont très désavantageux. On peut se rendre au centre-ville à partir des aéroports en navette ou en taxi, voire en uber.

▶ **De l'aéroport de São Paulo-Guarulhos vers le centre-ville :** plusieurs options sont possibles avec Airport Bus Service. La compagnie propose entre autres les circuits : Terminal rodoviario Tietê et Barra Funda (desservis par le métro), Avenida Paulista, Praça da República. Le tarif est de 50 R$ et les départs se font environ toutes les heures – comptez 30 à 40 minutes. À l'aéroport, on achète les billets devant le hall d'arrivée des terminaux 1 et 4.
En taxi, comptez 120 R$ environ du lundi au samedi durant la journée, et entre 60 et 70 R$ pour un Uber.
Si vous arrivez avec la compagnie aérienne TAM, vous pouvez prendre gratuitement la navette jusqu'à l'aéroport de Congonhas, plus central, où le taxi vous reviendra moins cher.

▶ **De l'aéroport de Rio-Galeão vers la zone sud de Rio :** en bus, les bus qui desservent Rio appartiennent à la compagnie Real. Il existe deux arrêts de bus, l'un situé devant le secteur bleu du Terminal 1, niveau 1 (arrivées), et l'autre au niveau -1 du Terminal 2. Directions ligne 2018 : Centre, aéroport Santos-Dumont, Botafogo puis Zona Sul : Copacabana, Ipanema, Leblon et Barra da Tijucá. Le trajet d'une cinquantaine de minutes jusqu'à Copacabana coûte environ 15 R$, et les bus partent à intervalles très fréquents à partir de 5h30 du matin jusqu'à 22h30. Ces bus sont climatisés, avec wi-fi gratuit et bagages en soute, très confortables et directs. Si vous vous rendez dans un hôtel, faites le savoir au chauffeur qui vous indiquera le meilleur endroit pour descendre.

▶ Les taxis communs (jaunes) sont les moins chers ; ils fonctionnent avec un compteur (*taximetro*). Ces taxis n'ont pas de bureau d'accueil dans l'aéroport, pour les prendre il faut sortir du hall de l'aéroport, leur emplacement exact est clairement indiqué. Demandez bien au chauffeur de mettre le compteur en route au départ du taxi. La course jusqu'au centre-ville vous coûtera environ 70 R$, pour Flamengo, Botafogo ou Laranjeiras compter 90 R$, jusqu'à Copacabana, Ipanema ou Leblon autour de 100 R$ et jusqu'à Barra de Tijuca environ 130 R$, en fonction de la circulation. Vous pouvez en général négocier avant de monter à bord. Les radio-taxi et les taxis pré-payés sont plus chers. Ne faites en revanche pas confiance aux « taxis pirates » qui vous accosteront discrètement à la sortie de l'aéroport.

▶ **Les vols intérieurs :** au regard de la distance entre les différentes villes du pays, les vols intérieurs s'imposent quelquefois, même si on veut réduire son empreinte carbone. Toutes les grandes villes et de nombreuses villes touristiques en sont pourvues ou sont situées à proximité d'un aéroport. Foz de Iguaçu, éloigné des autres destinations, est très bien desservie. Ouro Preto est à quelques heures de bus de Belo Horizonte. Jericoacora ne s'atteint qu'après de nombreuses heures de bus et de van de Fortaleza. Les compagnies brésiliennes Gol (www.voegol.com.br), Azul (www.voeazul.com.br) et Latam (www.latam.com) sont les principales compagnies qui proposent des vols intérieurs. Les compagnies Gol et Azul proposent des systèmes de *pass* qui ne peuvent être achetés qu'en France ou dans le pays d'origine du voyageur après achat de son billet aller/retour pour le Brésil. Les billets pour les vols intérieurs peuvent s'acheter directement sur les sites des compagnies mais également sur tous les sites web spécialisés.

ARRIVÉE EN TRAIN

Le réseau ferroviaire est peu développé au Brésil, à part des réseaux touristiques comme le Serra Verde Express, entre Curitiba et Antonina. Le projet de TGV brésilien reliant Rio et São Paulo ne semble plus être à l'ordre du jour.

TRANSPORTS EN COMMUN

Les transports en commun, intra-urbains comme interurbains, sont très développés et assez bon marché.

▶ **Les bus interurbains** se prennent dans les *rodoviárias* (gare routière). On peut réserver son billet en ligne sur différents sites (www.clickbus.com.br). Il est recommandé de réserver son billet sur Internet sur les liaisons les plus fréquentées ou en fin de semaine. Les grandes compagnies sont sérieuses et les bus propres. On présente une pièce d'identité et les bagages

Tramway à Rio de Janeiro.

ne sont données qu'en échange du coupon remis remis à l'embarquement. L'air conditionné est poussé à fond, prévoir un pull pour se couvrir. Les compagnies de bus sont nombreuses sur tout le territoire brésilien.

- **Les bus de ville** sont souvent plus compliqués à utiliser mais en se faisant aider à la *pousada* ou par des locaux, c'est une expérience intéressante et assez bon marché. Il faut connaître les lignes et ne les utiliser que sur des zones fréquentées et sûres et pendant la journée seulement. Les petits bus *frescao* se prennent à la volée, les destinations sont marquées sur le pare-brise. On paye directement au *cobrador*.

- **Le métro sous-terrain** se limite aux villes de Rio et São Paulo. Dans les deux villes, il est très sûr mais assez limité en extension. Les tickets de métro s'achètent dans les stations et se rechargent. On se repère facilement grâce aux plans de métro. Dans certaines villes, des tramways et des métros aériens (BRT) complètent l'offre de transports. Le ticket de bus coûte 4,4 R$ à São Paulo (7,65 R$ *integração*) et 4,5 R$ à Rio de Janeiro.

- **Des ferrys** (*lanchas*) existent à Rio et Salvador. Ils coûtent 6,10 R$ entre Salvador et l'île d'Itaparica et entre Rio de Janeiro et Niterói.

VÉLO, TROTTINETTE & CO

Le vélo se développe dans les villes brésiliennes, comme dans toutes les métropoles du monde. A Rio et São Paulo, une partie de la ville est laissée aux cyclistes, aux trottinettes et aux rollers le dimanche. Le reste de la semaine, de plus en plus d'espaces son dédiés aux transports «doux». En général, les pistes cyclables se trouvent surtout dans les zones sûres des villes (zona Sul de Rio, Barra à Salvador...). Il faut respecter les consignes générales de sécurité et se rappeler que la conduite automobile dans les grandes villes brésiliennes est aléatoire. Des sorties de groupe sont organisées régulièrement. (salvadorvaidebike.salvador.ba.gov.br/grupos de bike). Un système de vélos en libre service semblable au Vélib' est désormais développé dans de nombreuses villes, selon les mêmes modalités qu'en France (https://bikeitau.com.br). On peut louer un vélo selon les mêmes modalités qu'en France à Rio, São Paulo, Salvador, Recife et Porto Alegre. Si on respecte les consignes de sécurité, découvrir les villes brésiliennes en vélo est un réel plaisir, on sent mieux l'âme des villes et la nature.

AVEC UN CHAUFFEUR

Les taxis et les VTC sont également très développés au Brésil. Les taxis peuvent être prépayés quand on les prend à l'aéroport, sinon, le coût de la course est calculée grâce au compteur que le conducteur se doit de mettre en marche, sauf si vous négociez le prix en avance. Il existe deux tarifications pour les taxis (jour et nuit, le tarif de nuit commence en général à 18h). Une consigne de sécurité de base est de ne pas prendre de taxi «pirate».

On peut faire appeler son taxi de l'hôtel ou du restaurant, sinon on le prend en tête de station. On évite de les héler en pleine rue, a fortiori la nuit. Les VTC de style Uber sont très présents et présentent une alternative aux taxis classiques. Les taxis apprécient peu cette concurrence qu'ils jugent déloyale. On peut réserver un véhicule VTC avec chauffeur sur le site Uber pour des distances longues.

EN VOITURE

Toutes les grandes sociétés internationales de location de véhicules sont présentes au Brésil et les points de location sont nombreux. Louer une voiture peut avoir un sens si on veut se déplacer en de nombreux lieux (pas trop distants) et être libre de son itinéraire (vallée du café, villes coloniales du Minas Gerais ou Chapada Diamantina par exemple). La personne qui loue un véhicule doit avoir le permis de conduire depuis plus de 2 ans (ou un permis de conduire international) et une carte de crédit internationale avec un crédit suffisant pour encaisser la caution. Il faut compter en moyenne 35 euros par jour de location mais les prix sont très variables. En réservant de France, on peut avoir des tarifs plus avantageux. Il faut s'assurer que les routes sont carrossables (elles sont impraticables en temps de pluie dans le Pantanal par exemple). De nombreux radars contrôlent la vitesse des véhicules : 40 km/h en agglomération, 70 km/h hors agglomération et 110 km/h sur autoroute. Au risque de se répéter, il faut éviter de rouler la nuit et s'assurer que la région fréquentée soit sûre (les périphéries des grandes villes sont à éviter). Il n'est pas forcément nécessaire de louer un véhicule au Brésil pour réussir son séjour.

ACCESSIBILITÉ

Le Brésil n'est pas un bon élève en termes d'accessibilité des transports en commun et des déplacements sur la voie publique pour les poussettes et les personnes à mobilité réduite. Certaines zones résidentielles et/ou touristiques (zone sud de Rio) ont fait des efforts mais les trottoirs, surtout lorsqu'ils sont si joliment pavés. sont irréguliers, avec des trous nombreux et des obstacles difficiles à franchir.

LES ATTRAPE-TOURISTES

Il faut à tout prix éviter les taxis pirate, qui se trouvent surtout à la sortie des aéroports et des grands lieux touristiques. Ne prenez les taxis que dans les têtes de station ou ceux que vous avez fait appeler.

LES PHRASES CLÉS

Bonjour, comment puis-je me rendre à…
Bom dia, como posso ir até…

Est-ce loin à pied ? Y a-t-il le métro ou un bus... pour y aller ?
É longe a pé ? Há metro ou autocarro.... para ir lá ?

Pouvez-vous me montrer cet endroit sur la carte s'il vous plait ?
Pode mostrar-me este lugar no mapa, se faz favor ?

Où puis-je acheter les tickets de transport ? Est-ce que je peux payer en carte de crédit ?
Onde posso comprar os títulos de transporte ? Posso pagar com cartão ?

Où est la sortie ? A gauche, à droite ou tout droit ?
Onde é a saída ? À esquerda, à direita ou sempre em frente ?

Je suis perdu et je suis en retard, s'il vous plait, aidez-moi ! Merci beaucoup !
Perdi-me e estou atrasado(a), se faz favor, ajude-me ! Muito obrigado(a) !

HORAIRES

Les horaires d'ouverture des magasins les plus fréquemment constatés sont de 8h à 21h, avec quelquefois une pause de 12h à 14h. Certains magasins, notamment des magasins d'alimentation, sont ouverts 24h/24, même le dimanche. Les musées, comme en France, sont ouverts de mardi à dimanche de 8h ou 9h à 17 h ou 18h. Cependant, ceci n'est qu'une indication très générale car selon la saison, la ville... ou le musée, les horaires sont très variables. Le parc du « pain de Sucre » à Rio est ouvert de jeudi à lundi de 10h à 19h. Lors de la haute saison (vacances scolaires de décembre par exemple), les zones touristiques, les musées et les monuments sont très fréquentés.
Les centre-ville en général, dont ceux de Rio et São Paulo ou la basse-ville de Salvador sont à éviter le soir et à partir du samedi après-midi. Peu fréquentés, ils sont dangereux.

A RÉSERVER

Certains lieux, certains évènements, ont une fréquentation très « encadrée » et le nombre de visiteurs contingentés. Il est alors fortement conseillé de réserver. Tout au long du guide, ces évènements particuliers seront reprécisés. Pour l'évènement le plus emblématique, le carnaval (quelle que soit la ville, Rio, Salvador ou Olinda), les billets d'avion et les hôtels bien sûr, mais également les places pour le sambodrome à Rio ou la participation au carnaval doivent être réservés très en amont (au moins six mois, quelquefois un an !). Les réservations pour les tours en bateau dans les chutes d'Iguaçu ou pour des derbys de football (Flamengo- Fluminense à Rio de Janeiro par exemple) sont également très fortement conseillés. Les fêtes de Pâques à Ouro Preto sont également très prisées des Brésiliens ; les hôtels sont complets, il faut donc soit réserver à l'avance, soit éviter Ouro Preto ces quelques jours.

BUDGET / BONS PLANS

Dans les monuments, les transports en commun et les musées, les personnes de plus de 65 ans (60 ans dans certains Etats) et les enfants de moins de 5 ans ne payent pas l'entrée. Un des postes de dépense est souvent le prix du ou des billets d'avion pour voir le plus de pays. Pour ceux qui veulent traverser ce vaste pays en peu de temps, en négligeant leur empreinte carbone, le « Brazil Air Pass » est une bonne alternative. On conseille bien sûr de privilégier le bus mais les distances interurbaines sont quelquefois si importantes que l'avion s'impose en dernier ressort comme une alternative pertinente. Les compagnies Azul et Gol proposent des *pass* à respectivement 399 et 505 US$ pour 4 coupons. Il faut les prendre depuis la France ou des pays de départ obligatoirement dès que l'on a son billet pour le Brésil.

LES ÉVÉNEMENTS

Le Brésil se visite toute l'année. Les événements majeurs se répartissent tout au long de l'année.

- **En janvier,** la cérémonie du lavage de Bonfim est une des plus importantes fêtes religieuses et populaires de Bahia. Prés de 200 Bahianaises lavent les escaliers de l'église de Bonfim en hommage à la divinité Oxalá.
- **En février,** quelquefois en mars, la folie carnaval envahit tout un pays. Les carnavals les plus connus sont ceux de Rio de Janeiro, Salvador de Bahia et Olinda, ce dernier étant peut-être le plus authentique.
- **A pâques,** en avril, les rues d'Ouro Preto se colorent de parterres de fleurs que vont fouler les confréries de pénitents.
- **Le mois de mai,** la « virada cultural » de São Paulo met à l'honneur la culture et la musique et fait venir des chanteurs brésiliens devant des millions de personnes.
- **En juin,** les fêtes «juninas» font vibrer les nuits brésiliennes et nordestines, en particulier à Campina Grande et Caruaru, immortalisée par le chanteur Luiz Gonzaga. On danse la «quadrille» dans une ambiance colorée.
- **En juillet**, le FLIP, Festival international du livre de Paraty, honore le livre sous toutes ses formes et un auteur brésilien différent chaque année.
- **En octobre,** mois de l'oktoberfest bien sûr, c'est à Blumenau, dans l'Etat du Santa Catarina que l'on rivalise avec les fêtes de Munich, au son de la *oumpapa musick*.
- **En décembre**, les fêtes des rois mages font partie des évènements les plus marquants du folklore brésilien. Présentes dans de nombreuses villes du pays, c'est sans doute celle de Muqui, dans l'Etat d'Esperito Santo qui est la plus spectaculaire.

VISITES GUIDÉES

Passer par les offices de tourismes ou les bureaux des guides est toujours pertinent lorsque l'on veut bénéficier d'un guide, que l'on soit seul ou en groupe constitué. C'est la garantie d'être pris en charge par un guide accrédité, formé et compétent. Cela évite en général les arnaques attrapes-touristes. Désormais, de nombreuses structures de tourisme présentent des tours sur mesure, adaptés à la demande des voyageurs, loin du tourisme de masse et qui permettent la rencontre avec le peuple brésilien et la nature. Des organismes français, comme ARVEL-Voyages, proposent des voyages organisés, en petit groupe, avec des latitudes pour les voyageurs qui ne veulent pas forcément et en permanence suivre le groupe. Pour les visites «nature», dans les Chapadas, le Pantanal ou l'Amazonie, c'est souvent la garantie d'une expérience sûre et réussie.

FUMEURS

Comme en France, la législation brésilienne interdit de fumer dans les lieux publics et dans les transports publics. La vente de cigarettes est interdite aux mineurs.

LES ATTRAPE-TOURISTES

Pour être sûr de la qualité des guides, il faut systématiquement passer par les « vrais » bureaux des guides locaux. Ils garantissent l'accréditation desdits guides, elle-même liée à une formation de qualité. Les *pousadas* sérieuses proposent en général des guides qu'elles connaissent et en qui elles ont pleine confiance. On évitera les rabatteurs dans les lieux publics, comme les gares routières ou les aéroports du Pantanal par exemple.

LES PHRASES CLÉS

Bonjour, puis-je avoir deux entrées adultes et une enfant s'il vous plait ?
Bom dia, queria duas entradas para adultos e uma para criança, se faz favor ?

Le tarif enfant est jusqu'à quel âge ? Et pour les seniors, est-ce qu'il y a une réduction ?
O preço para criança é até que idade ? E para a terceira idade, há descontos ?

Est-ce qu'il y a des visites guidées en français ou un audioguide ?
Há visitas guiadas em francês ou audioguiadas ?

Combien de temps faut-il pour faire la visite ?
Quanto tempo demora a visita ?

J'ai du mal à monter les escaliers, avez-vous un ascenseur ?
Não consigo subir as escadas, tem elevador ?

Excusez-moi, pouvez-vous me dire où sont les toilettes ? Merci beaucoup.
Por favor, onde estão as casas de banho ? Muito obrigado(a) !

HORAIRES

Selon le type de restaurants, les horaires d'ouverture vont varier. Certains établissements vont essentiellement fonctionner entre 11h et 15h et servir « buffets » et nourriture au kilo. D'autres fonctionnent midi et soir (en général de 11h à 15h et 19h à 23h). Le plus souvent, ceux qui proposent buffet et *kilo* à midi ne proposent que des plats à la carte le soir. Les Brésiliens vont souvent manger au restaurant en famille le vendredi soir ou le week-end. Le délai d'attente est alors un peu long. Pour certains établissements, il est vivement conseillé de réserver.

BUDGET / BONS PLANS

La gamme des prix des restaurants est très variable. On peut manger quelques *salgados* pour une poignée de *reais*, un *PF* (*prato feito* ou plat préparé) pour une quinzaine de *reais* ou casser sa tirelire en mangeant chez Carla Pernambouco ou Alex Atala, où la note dépassera allègrement 100 euros par personne. Globalement, on peut manger correctement pour une centaine de *reais*. Un *kilo* de gamme moyenne coûtera 35 *reais* le kilo, comme au Rancho à Mariana (Minas Gerais) ou 75 *reais* au restaurant The line près de l'arc de Teles à Rio.

EN SUPPLÉMENT

Le prix s'entend en général toutes taxes comprises. On rajoute un pourboire car le salaire des serveurs n'est pas très élevé. entre 5 et 10 %, on peut estimer que le pourboire est correct. On peut être plus généreux encore si on estime que le service le mérite. Lorsqu'il y a des musiciens qui se produisent, beaucoup de restaurants font payer un couvert musical. C'est souvent marqué à l'entrée ou sur les menus. Le prix peut être assez élevé.

C'EST TRÈS LOCAL

Certains plats sont présentés comme étant pour une, deux, voire 3 personnes. Il est judicieux de vérifier la taille réelle des plats dans l'assiette des convives alentour car effectivement, certaines assiettes pour une personne sont largement suffisantes pour deux, ou pour trois...

Ragoût de crevettes, spécialité du pays.

Les *churrascarias* sont des restaurants typiques où on vous sert de la viande à volonté. Il faut mettre le petit disque de la table en position verte pour être servi par les serveurs. Dans de nombreux restaurants brésiliens, du Nordeste ou du Sudeste, on trouvera systématiquement comme accompagnement des plats les traditionnels *feijão* [haricots rouges], *farofa* [farine de manioc] et riz. Souvent issues des traditions culinaires africaines, indiennes et «cabocla», ces aliments de base permettaient de fournir les calories nécessaires aux difficiles journées de travail dans les champs.

A ÉVITER

Dans certains boui-bouis, on évitera les crudités et les fruits de mer. L'eau minérale est de rigueur en tout lieu. Les plus méfiants ou fragiles éviteront les glaçons.

ENFANTS

Certaines *pousadas* refusent les enfants pour garantir la tranquillité des hôtes. Ce n'est pas le cas pour les restaurants. C'est aux parents de voir si les enfants risquent de déranger les convives.

FUMEURS

Il est interdit de fumer dans les bars et les restaurants, comme dans tous les lieux fermés destinés à recevoir du public.

LES ATTRAPE-TOURISTES

Près des plages et des lieux touristiques, comme à Copacabana, les incontournables rabatteurs tentent d'appâter le chaland en tendant le menu et en ventant quelques avantages...

LES PHRASES CLÉS

Bonjour, je voudrais réserver une table pour deux personnes pour ce midi ou ce soir.
Bom dia, queria reservar uma mesa para duas pessoas para o meio-dia ou esta noite.

Avez-vous un menu en français ou en anglais ?
Tem uma ementa em francês ou inglês ?

Je suis végétarien, y a t-il des plats sans viande ?
Sou vegetariano[a], há pratos sem carne ?

Je n'ai vraiment plus faim mais avez-vous une carte des desserts ?
Não tenho mais fome, mas posso ver a carta das sobremesas ?

Puis-je avoir l'addition s'il vous plait ? Je peux payer par carte ou en espèces ?
Pode trazer a conta, por favor ? Posso pagar com cartão ou em líquido ?

C'était très bon, nous reviendrons. Merci et à bientôt.
Estava muito bom, voltaremos. Obrigado[a] e até à próxima !

PRATIQUE

FAIRE UNE PAUSE

HORAIRES

Toutes les villes proposent des pâtisseries, cafés et salons de thé. Ici encore, les horaires sont très variables, selon les villes, la saison, le jour de la semaine. Globalement, ils sont ouverts de 9h à 18h, voire 22h dans certains cas, lorsqu'ils sont intégrés à un café. Les jours de relâche varient. Dimanche, dans les centre-ville, rappelez-vous, tout est désert car tout est fermé. Ainsi, la magique *confeitaria* Colombo est fermée le dimanche dans son adresse du centre de Rio. Les autres jours elle ferme à 18h ou 17h. Dans sa filiale du centre culturel de la Banco Do Brasil, elle est fermée seulement le mardi. Elle est fermée le lundi dans son adresse du fort de Copacabana.
Les bars ferment souvent à minuit en fin de semaine, voire plus tard, jusqu'au dernier client. Dans la semaine, s'il y a peu d'affluence, ils ferment plus tôt. Beaucoup de bars proposent aussi des plats.

BUDGET / BONS PLANS

Le Brésil n'est plus un pays bon marché. Le prix des pauses gourmandes et des consommations alcoolisées est relativement semblable à ceux pratiqués en Europe. Le prix des en-cas salés ou sucrés est peut-être un peu moins cher. Certaines choses sont plus chères en revanche, le vin, à qualité égale sera un peu plus cher qu'en France. Le prix d'une bouteille de bière basique de 600 ml varie entre 7 et 11 R$ dans les bars de Belo Horizonte et São Paulo et 6 R$ la *choppe*, et 3,5 R$ le *pastel* de crevettes. Désormais, la mode de l'*happy hour* est de plus en plus présente dans les grandes villes brésiliennes. C'est alors l'occasion de se mélanger à moindre prix avec la *gente bonita* locale. Bien sûr, l'affluence est alors plus importante à ce moment ; pour un tête à tête en amoureux, c'est un peu plus compliqué.

A PARTIR DE QUEL ÂGE

La loi brésilienne interdit de vendre et de servir de l'alcool aux mineurs. L'âge légal de majorité est fixé à 18 ans comme en France. Vous ne pourrez donc consommer de l'alcool si vous avez moins de 18 ans. Il est cependant très rare que l'on demande au client de justifier son âge avec des papiers d'identité.

C'EST TRÈS LOCAL

La tradition, surtout à Rio, veut que l'on retrouve ses amis en fin d'après-midi, après la travail, ou plus prosaïquement après la plage, dans «son» *botequim*, bar de quartier à forte identité. C'est à partir du vendredi soir que cette pratique sociale bat son plein. On refait le monde, on commente le dernier match de son équipe de foot favorite et on parle du futur. Quand le temps s'y prête, fort heureusement assez souvent, l'ambiance des quartiers est à la fête.

Dans les bars de plages ou les petits établissements, les habitués ont l'habitude de déposer les bouteilles de bière sous la table et lors de l'addition finale, elles servent de « factures ». Des petits malins glissent quelquefois leurs bouteilles dans le tas des voisins. Les amoncellements de bouteilles de bières sont souvent impressionnants en fin de soirée.
La tradition du *cafezinho* offert aux convives semble être une tradition qui résiste, tant bien que mal, à l'évolution de la société brésilienne. Comme la *cachaça*, on peut se servir ou se faire servir de petites doses ou une tasse dans certains bars-restaurants traditionnels brésiliens. Ce sujet est si sérieux au Brésil que certaines thèses de doctorat s'y sont intéressées.

ENFANTS

Les enfants sont acceptés dans les cafés, bien sûr, et dans les bars. La législation n'interdit pas la présence de mineurs dans les débits de boisson... dans la mesure où ils ne consomment pas d'alcool bien sûr.

FUMEURS

Comme dans tous les lieux fermés destinés à recevoir du public, il est interdit de fumer dans les bars et les cafés. Comme en France, il faudra sortir de l'établissement si la nicotine vous manque.

LES PHRASES CLÉS

Bonjour, quelle est la spécialité de la maison ? Nous voulons découvrir.
Bom dia, qual é a especialidade da casa ? Queremos descobrir.

Avez-vous de la place en terrasse ?
Tem mesa livre na esplanada ?

Quel est votre nom ? Je m'appelle... Ravi de vous rencontrer !
Qual é o seu nome ? Chamo-me... Prazer em conhecer !

A votre santé ! Zut, j'ai renversé mon verre... pouvez-vous m'aider ?
À sua saúde ! Ai, deixei cair o meu copo... pode ajudar-me se faz favor ?

C'était très bon. Nous allons reprendre la même chose s'il vous plait.
Estava muito bom. Vamos querer a mesma coisa, por favor.

(SE) FAIRE PLAISIR

HORAIRES

Les horaires des commerces varient mais en général, la majorité des établissements sont ouverts du lundi au samedi, de 9h à 18h. Les magasins d'alimentation et certains supermarchés sont en général ouverts de lundi à dimanche de 10h à 21h. Les « commerces de rue » fonctionnent en général le dimanche de 9h à 18h ou 20h. Dans les centre-villes « commerciaux » des grandes villes, les dimanche sont synonymes de désert, tout est fermé, ce sont des lieux à éviter. Les quartiers littoraux et balnéaires sont en général très animés le week-end, les commerces y sont souvent ouverts. Il y a 7 jours fériés nationaux au Brésil : le premier janvier, le 21 avril, le 1er mai, le 7 septembre, le 2 novembre, le 15 décembre et le 25 décembre. Pendant ces jours, les horaires sont modifiés ainsi que pendant les jours de carnaval, évidemment...

BUDGET / BONS PLANS

Au Brésil, les productions locales (vêtements, Havaianas, agro-alimentaire, alcool...) sont généralement meilleur marché qu'en France et en Europe. L'électronique et autres produits importés sont souvent plus cher qu'en Europe. L'usage de la carte de crédit s'est généralisé. Même les vendeurs ambulants de maillots de bain de Copacabana disposent d'un terminal pour cartes. Les banques prennent une commission au niveau du change et de la transaction mais cela reste sûr et efficace.

SOLDES

Le Brésil est pris par la frénésie des soldes lors du Black Friday, récemment importé et pendant des périodes de l'année (février, juin...) variables ou organisés par des chaînes de magasins et donnant lieu à des scènes ahurissantes « d'invasion » des supermarchés par des clients déchainés.

C'EST TRÈS LOCAL

Il y a, au Brésil comme dans tous les pays, des grands classiques à rapporter dans ses valises, pour soi, sa famille ou ses amis. Le classique maillot de la « Seleção », des tongs Havaianas (*chinelas*), des paréos (*cangas*), des peluches de coatis, de perroquets pour les produits bon marché, mais également des pierres précieuses ou semi-précieuses à Ouro Preto, certificat d'authenticité à l'appui, de l'artisanat amérindien authentifié et garanti « équitable »...

Vendeur ambulant sur la plage de Rio de Janeiro.

Bref, à l'image de la diversité du pays, les opportunités sont grandes, en fonction de ses goûts et de ses moyens. Les foires et marchés de Rio, d'Ouro Preto, São Paulo, le marché de SAARA à Rio, le Mercado Modelo à Salvador pour la verrerie, les lieux sont aussi multiples que les produits à acheter.
Le marchandage se pratique dans un cadre amical et de manière assez mesuré... Essayez mais n'insistez pas si vos propositions ne font pas mouche.

LES ATTRAPE-TOURISTES

Evidemment, certaines marchandises sont interdites au Brésil. On ne rigole pas avec la drogue, cela va sans dire, la législation sur les plantes et les animaux (ou des « produits dérivés » comme certaines parures de plume d'oiseaux protégés) est également très stricte. Les « classiques » comme les maillots de *futebol*, par exemple, les CD et DVD de musique et de films sont souvent des contrefaçons. Il faut donc être vigilant.

LES PHRASES CLÉS

Bonjour, c'est superbe, mais combien ça coûte ?
Bom dia, gosto muito, quanto custa ?

Vous auriez ma taille ? Où se trouvent les cabines d'essayage ?
Tem o meu tamanho ? Onde estão os provadores ?

Est ce que je pourrai vous le rapporter et l'échanger si ça ne va pas ?
Posso trazer de volto e trocar se não servir ?

J'ai trop dépensé aujourd'hui, pouvez-vous me faire une réduction sympa ?
Gastei muito dinheiro hoje, pode me fazer um desconto simpático se faz favor ?

Je prendrai celui-ci. Pouvez-vous me faire un paquet cadeau ?
Vou levar isto. Pode embrulhar, se faz favor ?

Vous prenez la carte de crédit ? Où puis-je trouver un distributeur de billets ?
Aceita cartão de crédito ? Onde posso encontrar uma caixa multibanco ?

BUDGET / BONS PLANS

La pratique de l'exercice et du sport en général est répandue dans toutes les métropoles brésiliennes. Tous les types d'activités sportives ou presque sont proposées. Le culte du corps est omniprésent. On peut se dégourdir les jambes, faire du vélo ou du roller sans débourser le moindre denier car de nombreuses infrastructures gratuites sont en accès libre dans les cités brésiliennes. La zone Sud de Rio (Lagoa, plages d'Ipanema, Copabana, Leblon, jusqu'à Barra da Tijucá) est très bien aménagée pour les vélos, les rollers et le footing. Avec l'association Roller Rio (https://www.facebook.com/rolleriorj/), on peut faire des tours de roller en groupe. Les parcs et pistes cyclables de São Paulo, Belo Horizonte et Salvador permettent de se mettre ou de se remettre en forme. Dans certaines villes, comme Rio et São Paulo, certains axes sont interdits aux véhicules le dimanche et dédiés aux « transports doux ». Les célèbres avenida Atlântica à Rio ou Avenida Paulista à São Paulo sont « abandonnés » aux joggers, rollers ou autres cyclistes. On pourrait faire des balades en forêt à Rio à partir du jardin botanique. La forêt de Tijucá est la plus grande forêt urbaine du monde, mais on vous le déconseille car les agressions sont nombreuses sur les chemins qui mènent au Corcovado. En de nombreux lieux de *morros* ou de montagnes, il existe des voies d'escalade aménagées.

Bien entendu, si on préfère buller pour profiter du temps qui passe, la plage est une option gratuite... On peut louer des surfs. Pour d'autres activités de sport extrême, comme le rafting, le canyoning, le parapente, il faudra prévoir un budget plus conséquent.

C'EST TRÈS LOCAL

On peut parcourir les villes à pied, à vélo ou en roller, surtout le week end, au milieu d'une foule aux couleurs fluos et au teint hâlé. On est rarement seul à courir entre Copacabana et la Lagoa. C'est certes très brésilien mais cela diffère-t-il vraiment de Venice Beach ? Rien n'est moins sûr. Pour tester sa « brésilianité », il faut essayer le *futevôlei*. C'est d'ailleurs souvent un test pour les *gringos*. On ne consent à jouer longuement au *futevôlei* qu'avec quelqu'un dont on reconnaît les capacités à ce sport très technique. Vous l'aurez compris, le *futevôlei* est un mix très brésilien entre le *beach soccer* et le *beach volley*. On joue au foot sur un terrain de volley, avec les règles du football, amortis, tête et pieds. C'est toujours très spectaculaire et on comprend que la réputation de technicité des footballeurs brésiliens n'est pas usurpée. C'est toujours l'assurance d'assister à des parties passionnées à Copacabana.

VOS PAPIERS SVP

La législation maritime brésilienne dispose que le loueur de bateau doit faire remplir un registre au locataire l'informant des conditions et consignes de navigation et de sécurité et qu'il doit y être spécifié son identité attestée par une carte d'identité brésilienne ou un passeport. Il va de soi que l'on vous demandera de justifier votre identité en cas de location de matériel onéreux. Il arrive assez fréquemment que l'on vous fasse signer une décharge en cas de pratique de sport ou d'activité « à risque », comme les randonnées équestres par exemple.

A RÉSERVER

Certains grands évènements attirent les foules. Ainsi, les rencontres de football lors des phases finales du «Brasileirão», le championnat brésilien, nécessitent que l'on s'y prenne à l'avance, même lorsqu'elles se jouent au stade Maracanã et ses 100 000 places. Lors du Grand prix du Brésil, couru normalement en novembre, il peut être judicieux de réserver, les Brésiliens étant des passionnés de sports mécaniques et de Formule 1 devant l'éternel.

LES ÉVÉNEMENTS

- **Le Brésil est le pays du football.** Tout le pays vibre pour son équipe favorite entre le mois de mai et le mois de décembre lors du «Brasilerão Serie A», où évoluent les 20 meilleures équipes du Brésil. La Copa Libertadores va elle voir s'opposer les meilleures équipes brésiliennes aux meilleures équipes d'Amérique du Sud entre janvier et novembre.
- **Au mois de mai, les passionnés de surf** pourront se rendre à Saquarema, au nord de Rio de Janeiro, pour suivre une étape de coupe du monde de surf sur la belle gauche de la plage d'Itaùna. Exit, la pollution et les rouleaux douteux de Barra da Tijucá. Les pensionnaires du CT (Championship Tour ou coupe du monde) s'y retrouvent largement depuis 2017 et ravissent des fans de plus en plus nombreux.

▸ **La superliga de *volei*** connaît son apogée en avril mai lors des phases finales. Le volley est un sport particulièrement apprécié au Brésil qui produit un grande nombre de stars évoluant dans les plus grands clubs européens. Le gagnant de la dernière édition est le Funvic, club de Taubaté, dans l'Etat de São Paulo.

▸ **Au mois d'avril, le marathon** de São Paulo regroupe des milliers de coureurs qui vont traverser la ville. L'autre grand marathon est celui de Rio de Janeiro, qui se court vers mi-juin. Il est possible de participer à certains grands évènements comme ceux-ci (il faut souvent montrer un certificat médical attestant de son aptitude physique).

LES ATTRAPE-TOURISTES

Il est fortement déconseillé d'acheter des billets à des revendeurs à la sauvette. Les commissions peuvent être exorbitantes.

LES PHRASES CLÉS

Bonjour, comment puis-je me rendre à… ? Est-ce loin ?
Bom dia, como posso ir até… - É longe ?

J'aimerais aller courir. Il y a un coin sympa pour cela dans la ville ?
Gostaria de correr. Há um local simpático para correr por aqui ?

J'adore cuisiner. Savez-vous où je peux trouver des cours de cuisine ?
Adoro cozinhar. Sabe onde posso ter aulas de cozinha ?

Vous pourriez m'indiquer une salle de sport pas très loin ?
Pode indicar-me uma sala de desporto perto daqui ?

Quel est le sport national ?
Qual é o desporto nacional ?

Pensez-vous que nous pourrions voir cela ou même participer ?
Ac ha que poderíamos ver isso ou até participar ?

PRATIQUE
SORTIR

HORAIRES
Le Brésil a la réputation d'être un pays festif. Force est de constater que cette réputation est loin d'être usurpée. A Lapa, à Rio, à Savassi à Belo Horizonte, à Rio Vermelho à Salvador ou à Vila Madalena à Sampa, la fête bat son plein au coeur de la nuit. La notion de boîtes de nuit ou de clubs est un concept assez large et variable et il est quelquefois difficile de différencier bars musicaux et boîtes de nuits. Dans tous ces lieux, des groupes se produisent avec des spectateurs qui dansent et chantent. Les boîtes et les bars musicaux ouvrent souvent à partir de 20h et font relâche en général le lundi. En fin de semaine, ils restent ouverts jusqu'à très tard dans la nuit. On trouve tous les genres musicaux (*sertaneja*, MPB, électro) et toutes les ambiances (alternative, rock, LGBT...).
Les salles de billard, cinéma et autres salles de culture et de spectacle existent mais sont moins fréquentés qu'en France, à part des les grandes métropoles pour les deux derniers, comme le Circo Voador à Rio par exemple.

BUDGET / BONS PLANS
Le prix des entrées excède rarement 60 ou 100 R$ (à part les boîtes très sélectes). Les cartes de crédit sont acceptées dans la majorité des établissements.

A RÉSERVER
Les clubs ayant des capacités limitées, il est fortement conseillé de réserver lors de soirées spéciales, avec des chanteurs, des groupes ou des DJs connus.

TRANSPORTS NOCTURNES
Les métros des différentes villes commencent en général à fonctionner à 4h30 ou 5h et s'arrêtent vers minuit ou 0h30. Rappelons-le, les nuits sont peu sûres au Brésil et les transports en commun sont franchement déconseillés. Le meilleur ami du noctambule reste le taxi. On prendra le taxi en attente à proximité de l'établissement ou celui que l'on aura pris soin de faire appeler. Les tarifs de nuit sont un peu plus élevés mais c'est le prix à payer pour un retour sûr.

A PARTIR DE QUEL ÂGE
La législation brésilienne interdit la fréquentation des établissements qui vendent de l'alcool aux mineurs. L'âge légal de la majorité, rappelons-le, est fixé à 18 ans comme en France.

FUMEURS
Fumer est interdit dans les établissements fermés destinés à accueillir du public. Comme en France, il faudra fumer dehors.

LES PHRASES CLÉS

Bonsoir, comment puis-je me rendre à...
Boa noite, como posso ir até...

Est ce que cet endroit est tranquille ? Il n'y a pas de problème de sécurité ?
É um lugar tranquilo ? - Não há problemas de segurança ?

J'aimerais voir un spectacle typique ! Qu'est-ce qu'il y a en ce moment ?
Gostaria de ver um espetáculo típico daqui ? O que há neste momento ?

Je ne comprends pas... pouvez-vous répéter s'il vous plait ? Merci.
Não percebo... pode repetir, por favor ? Obrigado(a) !

Est-ce que je peux vous offrir un verre ? Quel est le meilleur cocktail de la maison ?
Posso oferecer-lhe um copo ? Qual é o melhor cocktail da casa ?

J'ai la gueule de bois, auriez-vous quelque chose pour que j'aille mieux ?
Estou com ressaca, tem alguma coisa para me sentir melhor ?

PRATIQUE

SE LOGER

BUDGET / BONS PLANS

Les prix des hébergements varient considérablement en fonction de la gamme des établissements, bien sûr mais également en fonction des périodes de l'année ou de la proximité d'évènements. Lors du carnaval, du nouvel an ou de Pâques en certains lieux comme Ouro Preto, le prix peut être multiplié par 2, 3 ou 4. Lors de ces périodes, de plus, il est fréquent que les clients se voient imposer un «pacote», c'est à dire l'obligation de réserver un certain nombre de nuits minimum. Globalement, le prix d'un lit en dortoir s'établit autour de 60 à 80 R$, et il faut compter entre 250 et 400 R$ pour une chambre double dans un établissement relativement confortable comme le Regina ou le Rio Othon Palace. Pour le magnifique Belmonte Copacabana Palace, il vous faudra débourser au moins 2 000 R$. Les prix peuvent varier entre la haute et la basse saison. En basse saison, dans les villes où la concurrence est forte (Foz de Iguaçu par exemple), il n'est pas incongru de négocier les prix, en particulier si vous payez en liquide. Tous les établissements, en général, acceptent les paiements par carte de crédit.

A RÉSERVER

Il est inutile de préciser qu'en certaines périodes de l'année, certains lieux sont pris d'assaut. Ainsi, il vous faudra réserver entre 6 mois et un an à l'avance en période de carnaval, pour le jour de l'an et lors des évènements marquants. En haute saison à Paraty ou Iguaçu, les hébergements affichent souvent complets et les prix sont plus élevés. Anticipez, sinon il faudra repenser votre voyage.

C'EST TRÈS LOCAL

Les locations d'appartements peuvent être d'intéressantes options pour des groupes. Certains sites en ligne permettent de réserver des appartements de manière assez sûre. Airbnb fonctionne également assez bien au Brésil. En Amazonie et dans le Pantanal, il est toujours intéressant de passer des nuitées dans des *lodges* ou des *fazendas*, dont le prix varie en fonction des prestations offertes.

POUR LES GOURMANDS

En général, le prix des nuitées au Brésil comprend le petit déjeuner (*café da manha*). Ce premier repas est souvent une aventure qui permet de découvrir des spécialités locales. La multitude de fruits, de jus de fruits, de plats salés et sucrés donne un avant goût de la richesse des mets locaux. A Lençois par exemple, dans la Pousada da Géléia, la bien nommée (*pousada* des confitures), le petit déjeuner permet de passer en revue une grande partie des douceurs locales. *Pão de queijo*, *caram-*

bola, galettes de tapioca... En certains lieux, c'est vraiment d'un premier repas qu'il s'agit.

FUMEURS

Comme dans tous les lieux fermés destinés à accueillir du public, les *pousadas*, hôtels et auberges de jeunesse sont des espaces où il est interdit de fumer.

LES ATTRAPE-TOURISTES

Pour des raisons d'hygiène et de sécurité, il faut passer par des « réseaux » sûrs pour le choix des hébergements (sites sérieux, offices de tourisme, renseignements sûrs...). On fuira les rabatteurs qui promettent des chambres ou des séjours à des prix très en-deçà de ceux du marché.

LES PHRASES CLÉS

Bonjour, avez-vous de la disponibilité pour une chambre double pour ce soir ou demain soir ?
Bom dia, tem algum quarto duplo para esta noite ou amanhã à noite ?

Avez-vous un code wifi... les enfants ne tiendront pas sans !
Tem código wifi... as crianças não vão aguentar sem internet !

C'est bruyant, est ce que je peux changer de chambre ?
Há muito barulho, posso mudar de quarto por favor ?

Jusqu'à quelle heure est-ce que nous pouvons aller à la salle de sport et à la piscine ?
Até que horas podemos ir para a sala de desporto e piscina ?

Est-ce que je peux laisser mon bagage et revenir plus tard le récupérer ?
Posso deixar a min ha bagagem e recuperar mais tarde ?

Est-ce que vous pouvez nous appeler un taxi ? Merci beaucoup.
Pode me chamar um táxi, por favor ? Muito obrigado(a) !

ALLO ?

Jusqu'à la dernière décennie, les cabines de téléphone au Brésil, surnommées «*orelhao*» (grandes oreilles), faisaient partie du mobilier urbain, à l'instar des célèbres cabines de téléphones rouges britanniques. Elles prenaient des colorations locales sympathiques : forme de calebasse de *berimbau* à Salvador de Bahia, de *tuiuiu* (cigogne emblématique du Pantanal) à Cuiabà ou Campo Grande. Las, ces cabines ont bien souvent été remisées dans des musées des télécoms. Le téléphone portable a très largement supplanté le téléphone filaire. La solution la plus simple et la moins onéreuse consiste à souscrire à un *pass* avec son portable français auprès de son opérateur, qui permettra le *roaming* selon des modalités qui diffèrent en fonction des opérateurs. L'autre solution consiste à acheter une carte SIM au Brésil dans un kiosque à journaux (10 R$) et de l'activer. Il vous faudra pour cela générer un CPF. On peut recharger chez TIM, par exemple, toujours dans un kiosque à journaux, selon un mode forfaitaire pour 1 ou 2 semaines pour respectivement 10 ou 20 R$, 1 Giga d'internet et Whatsapp en illimité.

▶ **Pour téléphoner au Brésil,** il faut composer l'indicatif international (+55) l'indicatif de la ville et le numéro de téléphone.

▶ **Pour téléphoner à partir du Brésil vers la France,** avec un téléphone brésilien, faire 00, numéro de l'opérateur (021 ou 023 ou autre...), 33 puis le numéro français.

ACCESSIBILITÉ

Le Brésil n'est pas le meilleur élève en termes d'accessibilité des transports en commun ou des lieux publics pour les personnes à mobilité réduite et les poussettes, malgré une législation qui les y oblige. Les trottoirs sont souvent mal entretenus avec des trous nombreux. Les rampes d'accès aux transports, aux monuments ou aux espaces publics sont insuffisantes en nombre et/ou mal entretenues. Il n'est pas impossible de voyager au Brésil en fauteuil roulant ou avec des poussettes. De nombreux établissements hôteliers ou de restauration et de plus en plus de lieux publics sont désormais accessibles aux PMR et aux poussettes. Il est simplement nécessaire, en amont, de choisir des hébergements, des transports et des lieux idoines.

▶ **Voyager avec des enfants.** La plupart des hôtels sont équipés pour recevoir et divertir les enfants. Dans les *resorts*, il y a toujours des animations adaptées aux plus petits et souvent un service de garderie. Toutefois attention à certains hôtels plus haut de gamme ou dédiés au repos, car souvent les enfants de moins de 10 ans, voire 12 ans, ne sont pas acceptés. Quant aux séjours en pleine nature (Amazonie, Pantanal, parcs naturels, îles ou plages isolées), mieux vaut se renseigner avant pour savoir si les lieux sont adaptés et si les enfants pourront suivre les activités proposées.

SANTÉ

▶ **Le Brésil étant tout entier situé dans la zone intertropicale**, on y trouvera fort logiquement toutes les pathologies dites « tropicales ». On déconseillera l'eau du robinet en toutes circonstances, même dans les grandes villes. De même, dans les petits restaurants de plage, on évitera les crudités. Le trouble le plus fréquent est la « diarrhée du touriste » ou « tourista », liée souvent à un changement d'alimentation et/ou la consommation d'eau non ou mal traitée.

▶ **Les moustiques** peuvent importuner. il est nécessaire de se couvrir et de s'enduire de répulsif. Les piqûres peuvent être douloureuses et peuvent transmettre la dengue ou le paludisme. Pour les voyageurs se rendant en Amazonie, il est nécessaire de se renseigner sur les risques de paludisme qui existent en certains lieux afin de prévoir un éventuel traitement antipaludéen. Ce n'est pas le cas cependant à Belém ou Manaus. Il n'y a pas ou peu de vaccins obligatoires au Brésil. La fièvre jaune ressurgit régulièrement de manière épidémique. On peut se faire vacciner en France.

▶ **La récente crise du Covid-19** a montré le délabrement du système de santé publique brésilien (SUS). En cas de problèmes de santé sévère, il peut être judicieux d'aller dans une clinique privée. Il est prudent de se renseigner en amont sur ce qu'offre sa mutuelle comme couverture médicale et/ou possibilité de rapatriement.

▶ **L'ambassade de France** met à la disposition des Français les coordonnées d'un médecin conseil (https://br.ambafrance.org/Liste-des-medecins-parlant-francais-a-Brasilia - https://riodejaneiro.consulfrance.org/Medecins-conseil-du-Consulat-general-de-France-a-Rio-de-Janeiro - https://saopaulo.consulfrance.org/-Services-aux-francais). Dans tous les cas, il ne faut pas hésiter à appeler le consulat de France qui vous aidera à trouver des solutions.

© MESQUITAFMS - ISTOCKPHOTO.COM

URGENCES SUR PLACE

Il y a deux numéros à connaître pour les urgences à caractère médical : le 192 est le numéro d'appel d'urgence pour les ambulances publiques (SAMU) et le 193 pour appeler les pompiers.

Le numéro d'appel de la police est le 190. Dans les grandes villes touristiques, il existe une police touristique.

SÉCURITÉ

▶ **Le Brésil a la réputation d'être un pays dangereux pour les touristes.** C'est certainement exagéré, mais il est incontestable que la violence est omniprésente dans les métropoles et les villes moyennes, paradoxe d'une des nations les plus accueillantes au monde. Les risques encourus par les touristes se « limitent » principalement au vol. Quelques précautions et un peu de bon sens suffisent le plus souvent à éviter les ennuis.

En règle générale, les grands centres urbains, qui concentrent toute la misère du monde en même temps que des hordes de touristes, présentent les plus grands risques. Les petites villes et villages, loin du bruit et de la fureur, sont moins considérés comme « zones à risque », mais il convient également de rester vigilant. En toute objectivité, n respectant les consignes de base, les risques sont à peine plus importants que dans certains quartiers des grandes capitales occidentales.

▶ **Lieux sensibles.** Les pickpockets et les voleurs à la tire fréquentent, comme partout, les transports en commun (principalement les bus municipaux, souvent bondés), les marchés, les plages urbaines, les gares routières, les bateaux en Amazonie, les alentours des banques. Les agressions violentes sont rares dans ces endroits, mais peuvent éventuellement avoir lieu le soir, dans les centres-villes désertés, dans les favelas et dans certains endroits fréquentés par les touristes, comme à la sortie de boîtes de nuit un peu louches. Evitez les zones désertes la nuit.

▶ **Les signes extérieurs de richesse sont à proscrire** en toute circonstance (montre de prix, vêtements de marque voyants, bijoux, appareils photo imposants, smartphones dernier cri, etc.).

Évitez de vous déplacer avec des sommes d'argent importantes et avec vos papiers et évitez de les sortir dans les lieux publics. Gardez en poche un peu de monnaie, facilement accessible, pour le bus ou pour boire un verre, et laissez caché le reste de votre argent. Calculez ce dont vous allez avoir besoin pour la journée ou la soirée. Dans les grandes villes, les cartes de crédit sont acceptées dans la plupart des hôtels, des restaurants et dans certains magasins. L'une des règles d'or du voyage à suivre absolument est d'éviter de mettre tout son argent et ses documents au même endroit.

Surveillez votre verre en boîte de nuit. Le GHB (drogue du violeur) semble avoir été utilisé dans certains bars de nuit.

Évitez de vous comporter comme un touriste (le nez dans votre guide de voyage, l'air désemparé). Au contraire, ayez l'air sûr de vous et adoptez, autant que possible, l'attitude et les vêtements décontractés des Brésiliens.

Si l'on se promène en ville, mieux vaut laisser son passeport et sa carte de crédit à l'hôtel et n'emporter qu'un peu d'argent (idéalement dans une poche intérieure plutôt qu'une banane) et une photocopie du passeport. Pour aller à la plage, réduisez ce « peu d'argent » à son minimum et n'emportez que le strict nécessaire. Si vous y allez seul, et craignez pour vos affaires pendant que vous vous baignez, confiez-les à des voisins dignes de confiance ou aux serveurs des *barracas*.

Pour circuler la nuit ou si vous devez transporter des objets de valeur ou êtes encombré par de gros sacs, il est préférable de prendre un taxi. Avant de monter dans un bus, on peut préparer sa monnaie sur le trottoir ; ça évitera d'avoir à sortir son porte-monnaie dans ces véritables séances d'équilibristes que sont les passages du tourniquet. Pour prendre un taxi, mettez-vous à une tête de station ou téléphonez au central, il vous donnera le numéro d'immatriculation du véhicule qui viendra vous chercher. On peut aussi utiliser les applications disponibles sur smartphone pour UBER par exemple.

Si vous devez traverser la ville avec votre sac à dos, on tentera peut-être sur vous le coup de la mousse à raser sur le sac pour vous forcer à le poser à terre, où il sera plus vulnérable, ou un grand classique, le coup de lame de rasoir sur le sac. Dans tous les cas, il faut rester stoïque, continuer son chemin et attendre d'être dans un endroit sûr pour nettoyer son sac ou estimer les dégâts. Même si ces petites ruses sont rares, évitez de laisser votre bagage dans les lieux publics sans surveillance.

© MESQUITAFMS-ISTOCKPHOTO.COM

▶ **En cas d'agression, ne résistez pas.** Les agresseurs auront souvent des arguments bien plus déterminants qu'un couteau suisse, et ils n'hésiteront pas à s'en servir. De plus, en suivant les conseils précédents, le plus gros est à l'hôtel, le reste étant réparti en plusieurs endroits : donnez le contenu d'une poche ; s'ils insistent, donnez le contenu d'une autre ; la troisième permettra de prendre un taxi. Ne les regardez pas.

▶ **La plupart des hôtels régulièrement fréquentés** par les touristes semblent sûrs. Suivez particulièrement les consignes données pour Rio et São Paulo. Il vaut mieux quelquefois payer plus cher sa chambre d'hôtel et profiter pleinement du sommeil du juste. Si vous avez des doutes (notamment dans les hôtels bon marché), fermez la porte de votre chambre avec votre propre cadenas, assurez-vous que la fenêtre ferme bien et, éventuellement, cadenassez votre sac à un élément fixe du mobilier. En règle générale, même dans les hôtels qui vous paraissent à peu près corrects, évitez de laisser traîner des objets ou des documents de valeur. Certains hôtels proposent des coffres.

▶ **Les trajets en bus longues distances** ne posent aucun problème de sécurité. Vous pouvez ainsi sans problème laisser vos bagages dans les soutes sans vous en préoccuper jusqu'à l'arrivée. En revanche, les bateaux qui naviguent en Amazonie posent plus de problèmes, surtout si vous voyagez en classe hamac. Les risques de vols sont importants au départ, dans la confusion de l'embarquement, et pendant le voyage, où la promiscuité encourage les chapardages. Ne laissez jamais vos objets de valeur et vos documents importants sans surveillance. Attachez votre sac, avec un antivol de vélo, à un tuyau du bateau près de votre hamac, fermez-le avec un cadenas. Méfiez-vous, à l'embarquement, des pseudos employés.

▶ **Femme seule en voyage.** Comme partout, une femme seule en voyage doit redoubler de vigilance. La violence accrue au Brésil n'arrange en rien la situation. En respectant les règles de base, une femme seule peut tout à fait voyager au Brésil sans être inquiétée. Les transports en commun sont généralement sûrs et on sera même surpris de la bienveillance des passants qui, dans la majorité des cas, n'hésiteront pas à vous venir en aide en cas de pépin.

▶ **Drogue.** Les dangers inhérents à la consommation de stupéfiants sont connus. Au Brésil, la vigilance doit particulièrement être de mise. L'herbe, sous le nom local de *maconha*, est omniprésente. Pour simple consommation, les peines d'emprisonnement vont de six mois à deux ans. Le trafic de stupéfiants est lui passible de peines s'étalant de trois à quinze ans. Et les étrangers ne bénéficient d'aucun traitement de faveur. Certains dealers, de mèche avec les autorités, n'hésitent pas à vendre avant de dénoncer. Dans tous les cas, tenter de se procurer des stupéfiants en tant qu'étranger vous expose à des risques certains.

LGBTQ

L'homosexualité est tolérée par la loi au Brésil. Le pays a également légalisé le mariage homosexuel. Dans les grandes villes, de nombreux lieux (bars, boites, restaurants) sont des points de rencontre de la communauté gay. Attention cependant, dans certaines places, dans les zones rurales, dans certains quartiers populaires et/ou dans certains milieux (extrême-droite et religieux ultraconservateurs), on peut rencontrer des réactions homophobes.

AMBASSADE ET CONSULATS

La France a son ambassade à Brasilia et possède 3 consulats généraux à Rio de Janeiro, São Paulo et Recife. Les services consulaires proposés sont riches et variés. On peut y faire refaire ses papiers perdus, y puiser des conseils sanitaires ou juridiques...

▶ **Ambassade de France à Brasilia :** SES Av. das Nações, lote 04, quadra 801 - +55 61 3222 3999 - +55 61 3222 3820 - https://br.ambafrance.org

▶ **Consulats de France :** à São Paulo (Avenida Paulista, 1842 - Torre Norte, 14 étage +55 11 3371 5400 - https://saopaulo.consulfrance.or), à Rio (Avenida Presidente Antônio Carlos, 58 - +55 21 3974 6699 - https://riodejaneiro.consulfrance.org), à Recife (Edifício BV Corporate – 10° Andar R. Prof. Aloísio Pessoa de Araújo, 75 Boa Viagem - +55 81 3117 3290 - https://recife.consulfrance.org).

POSTE

Jusqu'à 20 grammes, il vous en coûtera 2,15 R$ pour envoyer une lettre en France en tarif normal. C'est assez long, au moins 2 à 3 semaines. En général, on arrive avant la carte postale. En recommandé, il vous en coûtera 110 R$ pour envoyer un courrier important.

MÉDIAS LOCAUX

Les médias sont nombreux, divers et omniprésents au Brésil.

En presse écrite, le *Diario do Pernambuco* existe depuis 1825. Aujourd'hui, si la presse, dans sa version « papier » classique est en recul, comme dans de nombreux pays du monde, il existe de puissants médias écrits. Le quotidien *Fol ha de São Paulo* est tiré tous les jours à prés de 1,5 millions d'exemplaires. Le *Globo* (Rio de Janeiro) est tiré à 600 000 exemplaires. *L'Estado de São Paulo* est tiré à 500 000 exemplaires.

Les radios sont extrêmement nombreuses au Brésil. Les 2/3 des Brésiliens écoutent la radio. Les radios sont diverses, thématiques, politiques, économiques, sportives, religieuses... et sont, dans leur grande majorité privées. Les radios publiques sont peu nombreuses et sont regroupées au sein de l'EBC, créé en 2007 et équivalent brésilien de Radio France, dont Radio Cultura.

Le secteur de la télévision est développé et très largement privé. Il existe 10 grands réseaux de télévision privés, dont les plus populaires sont respectivement Globo, SBT, Rede Record, Bandeirantes et RedeTv et une infinité de petits réseaux. TV Brasil et TV cultura sont parmi les rares chaînes publiques à avoir un peu d'audimat.

Les sites Internet traitant de la culture et de l'actualité sont nombreux mais rarement traduits en français. On peut retenir www.sesc.com.br sur la culture, sur le folklore www.cnfcp.com.br, sur les Amérindiens pib.socioambiental.org, un site d'histoire www.sbthh.org.br. En français, le site expat.org est pratique. Le site « Braises » (https://braises.hypotheses.org/) du géographe français Hervé Théry est très riche. Enfin, on recommande le site francophone Tiradentes-Geographie (tiradentes-geographie.com) qui traite de l'actualité, de la société et de la géographie brésiliennes.

LES PHRASES CLÉS

Bonjour, mon téléphone ne fonctionne pas, pouvez-vous m'aider s'il vous plait ?
Bom dia, o meu telefone não funciona, pode ajudar-me, por favor ?

Je ne me sens pas bien, pouvez-vous m'amener à l'hôpital le plus proche ?
Não me sinto muito bem, pode levar-me até ao hospital mais próximo ?

Est-ce que vous avez un médecin qui parle français ?
Tem um médico que fala francês ?

Je viens de me faire voler mes papiers, où est le poste de Police le plus proche ?
Roubaram-me os papéis, onde está o posto de polícia mais próximo ?

Est-ce un quartier dangereux ou je peux y aller sans crainte ?
É uma zona perigosa ou posso ir sem medo ?

Avez-vous des timbres pour une carte postale à envoyer en France ? C'est combien ?
Tem selos para enviar um postal para França ? Quanto é ?

DÉCOUVRIR

Depuis Jean de Léry et André Thévet au XVIe siècle, le Brésil fascine les Français et les Occidentaux. Il faut dire que par son gigantisme, son bestiaire, la pluralité des communautés qui l'habitent, son patrimoine historique et naturel, les voyageurs à l'esprit curieux ne peuvent qu'être attirés par cette terre de superlatifs. A la fois tolérant et violent, le pays autorise le mariage pour tous depuis 2013, bien avant la France, alors que les crimes homophobes y sont nombreux et que les forces de l'ordre sont régulièrement montrées du doigt pour l'usage démesurée de la violence. Le petit vendeur de maillots de bain sur la plage de Copacabana disposera d'un terminal bancaire alors qu'une partie de la ville est dénuée de moindres services de base. C'est tout ceci, les codes, les réalités et les usages de ce pays, mais aussi ses richesses culturelles incroyables, que l'on va tenter de présenter ici.

LE CARNAVAL DE RIO

Le merveilleux écrivain Jorge Amado avait intitulé son premier ouvrage *Le pays du carnaval*, sans doute pour rappeler *urbi et orbi* les liens organiques existant entre son pays et cet événement unique qui inverse pendant quelques jours l'ordre social. En effet, malgré certaines croyances qui s'amplifient à partir du mois de février, le carnaval n'est pas originaire du Brésil, mais il en est un fils adoptif. Le carnaval sert d'exutoire depuis des siècles aux violences générées par les inégalités sociales, des fêtes d'équinoxes en Mésopotamie, aux fêtes dionysiaques sous l'Athènes antique jusqu'au carnaval du Moyen Age en Europe. Pour quelques jours, le gueux devenait roi. C'est l'introduction du catholicisme au Brésil avec les Portugais qui va exporter par-delà les océans ce rite qui marque l'entrée dans la période du jeûne. Aujourd'hui, le carnaval de Rio est une des plus grandes manifestations festives du monde.

L'histoire du carnaval au Brésil

Les premières manifestations carnavalesques au Brésil remontent à la période impériale. Les esclaves déguisés, pendant une fête d'origine africaine nommée *entrudo*, jetaient liquides et aliments sur les passants. Les dérapages fréquents lors de cette fête poussèrent les autorités impériales à l'interdire, mais les enfants des « bonnes familles » avaient pris goût à ces épisodes festifs et dès le XIXe siècle, la bonne société commença à organiser des « bals de carnaval » dans les clubs et les théâtres. Les classes aisées de Rio de Janeiro allaient également créer des sociétés qui défilaient dans les rues de la ville. Les classes les plus populaires n'avaient pas abandonné leurs pratiques carnavalesques malgré la répression policière. A la fin du XIXe siècle, ils créèrent des carnavals déguisés en processions religieuses. Les *ranchos* étaient des manifestations carnavalesques pratiquées principalement par des personnes d'origine rurale. Progressivement, le carnaval allait évoluer vers ses formes modernes. Les *marchinhas* de carnaval, et leur rythme de samba apparurent respectivement à la fin de XIXe siècle et en 1910. Les origines africaines des carnavaleux s'affirmèrent à Salvador, avec la création des *afoxés*, avec le *frevo* à Recife et le *Maracatu* à Olinda dès le début du XXe siècle. Deux tendances allaient coexister sans se mélanger. Les riches Cariocas défilaient avec leurs voitures à chevaux jusqu'en 1930 tandis que les classes populaires se regroupaient dans les écoles de samba. Le premier concours d'écoles de samba date de 1929. Sous l'ère Vargas, les écoles de samba durent se déclarer auprès des autorités et étaient soumises à un contrôle strict de l'administration qui avait peur de potentiels débordements populaires. Les célèbres « Trio Eletrico » firent leur apparition dès 1950 et le succès de ces semi-remorques à haut-parleurs fut tel que l'idée se dissémina dans de nombreuses villes du pays. A partir des années 1960, le carnaval de Rio et les écoles de samba se transformèrent en activités très touristiques qui drainent des millions de personnes en provenance des villes brési-

Parade des écoles de Samba lors du carnaval de Rio.

iennes et du monde entier. Les milieux d'affaires brésiliens et les dirigeants de la très lucrative et « clandestine » loterie du *jogo do bicho* virent en ces manifestations culturelles des opportunités d'investissements. La municipalité de Rio commença à installer des gradins et à faire payer les spectateurs. En 1984, le grand Oscar Niemeyer dessina le SambÓdromo Marquês de Sapucaí, épicentre des défilés carnavalesques. De nombreuses villes, moins connues, ont également adopté depuis les années 1960 la folie du carnaval.

Le carnaval de Rio aujourd'hui

Rio est le plus organisé des carnavals au monde et le plus grand événement festif de la planète. Celui-ci dure officiellement 5 jours, du vendredi soir jusqu'au Mardi gras, mais les réjouissances commencent en réalité bien avant dans les écoles de Samba ou à travers des animations populaires. L'apothéose de ces 5 jours de fête est bien entendu le défilé des écoles de samba : les 12 meilleures écoles de la ville défilent deux soirs de suite devant les 70 000 spectateurs installés sur les gradins de l'avenue Marquês de Sapucai, l'adresse officielle du Sambodrome. L'organisation impose un protocole strict et immuable. Chaque école compose sa prestation autour d'un thème, appelé l'enredo. Ce thème peut être d'inspiration politique, ou s'intéresser à la nature, le sport, l'art, la musique, etc. L'école Unidos da Tijuca a par exemple triomphé en 2012 en réalisant un défilé autour du musicien Luis Gonzaga, le maître du forro, qui aurait eu 100 ans cette année-là. En 2018, les favoris étaient les fameuses Mangueira et Salgueiro, et pourtant, au détriment des pronostics, c'est Beija-Flor qui remporta l'édition avec un défilé sur le thème de la corruption, la violence et tous les maux dont souffre le pays ces dernières années. C'est l'école de Viradouro qui a gagné en 2020 et, pour la première fois depuis un siècle, l'année 2021 fut une année sans carnaval, à cause de la pandémie du covid 19. A noter que le président Jair Bolsonaro avait émis le souhait en 2019 de limiter ces manifestations qu'il jugeait dépravées et donnant une mauvaise image du Brésil.

Chaque école invente sa chanson (la *samba de enredo*), dont certaines deviendront des tubes. Elle crée des costumes, des chorégraphies et des chars multicolores, et répète plusieurs mois durant. Il est d'ailleurs possible et recommandé d'assister à ces répétitions dans ces écoles, âmes des quartiers populaires où elles sont implantées. Le dimanche et le lundi soir de carnaval sont les jours clés où défilent les meilleures écoles. Chacune d'entre elles dispose de 80 minutes et de 3 500 à 4 000 participants déguisés et déchaînés pour convaincre la foule et les jurés de l'originalité de son thème, de sa cohésion et de la qualité de la chorégraphie, des chars et des costumes. A l'issue des deux jours de défilé, un jury d'experts distribue des notes se référant

© CELSO PUPO - SHUTTERSTOCK.COM

à chaque dimension du défilé (on est proche de la méthode employée au patinage artistique), évaluée par les vingt-deux jurés du carnaval. Le dimanche à 21h, une école de première catégorie (le Grupo Especial) ouvre le défilé. Ce sont les Abre-Alas qui présentent le nom de l'école, suivis de la Commissão da Frente, une douzaine de personnalités, dont quelques-unes de l'école, ainsi que des célébrités alliées, déjà costumées et dansant sur leur chorégraphie. Puis viennent les milliers de danseurs et les centaines de percussionnistes, la *bateria*, aux mouvements uniformes, accompagnés du chant des Puxadores, retransmis par les haut-parleurs et suivis d'une centaine de Bahianaises en habit traditionnel, quelle que soit l'école. Sur des chars, dans une profusion de plumes et de strass, avancent les Destaques et au moins huit Alegorias, figures humaines ou marionnettes géantes. Leur hauteur est limitée à 10 m. A côté d'eux virevoltent les Passistas, danseuses d'élite, et des percussionnistes solistes. Le cortège, impressionnant, s'étire sur plus de 500 m. Six écoles se succèdent par soirée, de 21h aux premières lueurs de l'aube. Le vainqueur est désigné le mardi dans la journée, et consacré lors du défilé des champions (les 6 meilleures écoles de l'année) qui a lieu le samedi suivant, dans une atmosphère de liesse généralisée. La lanterne rouge (l'école arrivée en 12e position) est rétrogradée en division inférieure et le vainqueur du groupe A à l'honneur de se joindre au défilé du Grupo Especial de l'année suivante ! Malgré les inévitables dérives mercantiles des grands événements festifs de la planète auxquelles le carnaval de Rio ne saurait échapper, l'ambiance de folie, forcément irraisonnée qui baigne la ville merveilleuse est assurément une expérience festive, mais surtout humaine où on peut mieux saisir l'âme d'un peuple qui en chaque instant de sa vie danse et chante pour oublier quelquefois la difficulté du quotidien.

© SERGIO SHUMOFF - SHUTTERTSOCK.COM

Musiciens dans les rues de Rio lors du carnaval.

Assister au carnaval, un séjour qui s'anticipe

Assister au carnaval de Rio nécessite de préparer en amont son voyage, car les logements sont réservés très tôt… et à des prix souvent très élevés, voire exorbitants, sous forme le plus souvent de *pacote*, c'est-à-dire d'un nombre minimum de nuitées. Il n'est pas incongru de réserver un an à l'avance. Pour pouvoir avoir accès au SambÓdromo lors des jours de défilés, il faut acheter des billets et cela peut se faire à partir d'agences de voyages en France ou au Brésil. Pour l'instant, il existe un organisateur et revendeur officiel, la Ligue indépendante des écoles de samba du Grupo Especial de Rio (Liesa). Malheureusement, il n'y a pas de vente en ligne avec la Liesa, mais de la réservation par téléphone au +55 21 2233 8151. Les prix peuvent devenir excessifs si on passe par des revendeurs peu scrupuleux. Le prix des billets à la Liesa varie entre 20 réais pour les moins onéreux à plusieurs milliers de réais. Pour obtenir vos places, vous pouvez aussi contacter une agence ou vous connecter sur les sites www.rio-carnival.net/carnaval ou www.camarotecarnaval.com. Les prix peuvent varier de 230 R$ à presque 1 000 R$ selon l'emplacement et le jour.

▶ ***Shows de ensaios***. A partir de novembre, si vous vous trouvez à Rio, vous pouvez assister aux *shows de ensaios*. C'est l'une des dernières phases de préparation des écoles de samba pour le défilé. Elles sont toutes accessibles au public. Les *shows de ensaios* présentent les différentes composantes des groupes des écoles de Samba : tambours, solistes et porte-drapeau, danseurs de samba, musiciens. Elles ont lieu dans les cours des écoles les vendredis et les samedis. C'est la répétition la plus recherchée par les touristes, car la plus festive. C'est un avant-goût de la folie du carnaval. Certaines écoles font les *shows* le vendredi, d'autres le samedi. Les écoles de la zone Sud sont plus faciles d'accès et plus sûres pour les touristes. Voici une sélection des meilleures écoles de samba : Ecole de Mangueira (Estação Primeira de Mangueira, rua Visconde de Niterói, 1072, Mangueira), Ecole Unidos de Tijucá (Avenida Francisco Bicalho, 47, Leopoldina), Ecole de Vila Isabel (Unidos de Vila Isabel, boulevard 28 de Setembro, 382, Vila Isabel).

▶ **Les carnavals de rue.** Plus accessibles, ce sont peut-être les meilleurs. Les *bandas*, ou *blocos*, rassemblent des milliers de personnes, par quartier, par thème, derrière une *bateria* ou un *trio elétrico* (camion avec des baffles et une scène). Les thèmes politiques ou même philosophiques du moment réapparaissent de manière improbable, dans les paroles de samba d'un *bloco*. Voici quelques-uns des meilleurs *blocos*, à Ipanema et Copacabana : la « Banda do Ipanema » (la première *banda*, créée en 1965) part de la praça General Osório le samedi du carnaval. Il y a également la « Banda Simpatia é quase amor », qui part de la même place Osório, le dimanche.

▶ A Copacabana, sur l'avenida Atlãntica passent quatre ou cinq défilés : la « Banda do Arroxo » quitte Belford Roxo,« Sá Ferreira » part de la rue Sá Ferreira, « Vergon ha do Posto 6 » démarre de la rua Francisco Sà… Face au Bip-Bip (rua Almirante Gonçalves, Copacabana), le « Bloco de Bip Bip », le samedi soir, est réputé pour sa musique.

GÉOGRAPHIE

Sans doute manque-t-il au Brésil quelques hauts sommets andins pour accéder au statut de « paradis » pour le voyageur. Dame nature semble même avoir repris quelques éléments qu'elle avait peut-être trop généreusement distribués. En effet, le plus haut sommet du Brésil, le Pico da Neblina, autrefois mesuré à 3 010 mètres, a été ramené aux dimensions plus modestes de 2 995 mètres d'altitude. Les faibles altitudes du Brésil s'expliquent par l'ancienneté des formations rocheuses du pays qui ont été érodées pendant des millions d'années et l'absence de plissements majeurs, qui sont à l'origine des hauts sommets des montagnes neuves. Les géologues évoquent l'importance des cratons dans la stabilité des structures géologiques brésiliennes. Ces vastes aires continentales couvrent une grande partie du Brésil. Pourtant, absence de hauts sommets ne saurait signifier absence de montagnes, de marches ou d'escalade et encore moins de canyoning.

Brésil des boucliers, Brésil des bassins

Le Brésil est constitué de deux types de structures géologiques : les boucliers et les bassins sédimentaires.

- **Les boucliers.** On distingue trois régions de boucliers : le bouclier des Guyanes, au nord du pays, le bouclier brésilien central, dans la région Centre-Nord et sud du pays, et le bouclier atlantique dans la région Centre-Est du pays. Ils constituent 36 % du territoire brésilien. D'un point de vue géologique, ils sont constitués de roches cristallines métamorphiques ou magmatiques qui se caractérisent par leur résistance à l'érosion. Ils représentent un type de formation géologique qui se forme généralement dans les zones de basse altitude. C'est dans ces boucliers qu'ont été sculptés les pains de sucre et autres « chapadas », emblématiques des paysages brésiliens. A la différence des pays alentour, affectés par les mouvements de la faille andine, la présence de cratons sur une grande partie du territoire brésilien est la cause de la grande stabilité géologique du pays.

- Les boucliers sont d'un intérêt économique majeur pour le Brésil dont une partie de l'économie repose sur le secteur minier. C'est dans les boucliers que l'on trouve les principaux gisements métalliques de fer, de manganèse, de cuivre, de bauxite et de cassitérite ; comme ceux du quadrilatère du fer dans le Minas Gerais ou de la serra de Carajas, qui contient 18 milliards et demi de tonnes, les plus grosses réserves de minerai ferreux du monde.

- **Les bassins sédimentaires.** Les 64 % restant du territoire brésilien sont constitués de bassins sédimentaires. Ce sont des dépressions remplies par des sédiments et des roches, véhiculés pendant le processus d'érosion et accumulés lors de la phase de sédimentation.

Ces bassins diffèrent en termes de taille et d'ancienneté. Ils peuvent être de grande taille (bassins amazoniens du fleuve São Francisco et du Pantanal) ou de plus petite taille (du Recôncavo bahianais, de São Paulo et de Curitiba). Certains sont anciens et se sont formés au paléozoïque (São Francisco, Paraná et Recôncavo). D'autres sont plus récents et se sont formés aux tertiaire (bassin central et côtier) et quaternaire (bassin amazonien et Pantanal). Outre leur intérêt en termes de biodiversité et de richesse paysagère, les bassins fournissent une grande partie des énergies fossiles du pays (charbon et pétrole).

© LUOMAN - ISTOCKPHOTO.COM

Les pains de sucre, formations rocheuses typiques du pays.

DÉCOUVRIR

Des régions aux spécificités géologiques marquées

L'Amazonie, une vaste plaine. L'Amazonie occupe une grande partie du nord du Brésil. Elle est principalement composée d'une vaste plaine de 3 500 kilomètres de longueur et pour une largeur qui varie entre 600 et 1 200 kilomètres. Paradoxalement, c'est dans cette région de plaine et bassin sédimentaire que l'on trouvera le plus haut sommet du Brésil, le Pico da Neblina, qui s'élève à près de 3 000 mètres d'altitude dans le massif guyanais. Dans ces zones situées en dessous de 200 mètres vont naître l'Amazone et ses affluents. Les zones les plus basses qui bordent le plus puissant fleuve du monde vont s'inonder lors de la saison des pluies. Les terrasses plus élevées sont de vastes zones insubmersibles où l'on peut s'aventurer en tout temps. Le fleuve et ses affluents majeurs vont se constituer en d'importants axes de navigation que des bateaux de taille importante peuvent remonter sur des milliers de kilomètres. Sur ses bords, les reliefs de l'Amazonie y rendent les cours d'eau plus impétueux et marqués par de nombreuses chutes.

Le Nordeste, plage, falaise et chapadas. La région Nordeste est prisée des touristes pour ses beautés naturelles. Elle offre dans sa partie ouest les chapadas du Maranhão, du Piauí, du Ceará, avec la serra d'Ibiapaba et la butte d'Araripe, plateaux aux reliefs souvent modestes et aux formes tabulaires typiques. Elles peuvent s'élever à 1 600 voire 1 800 mètres pour la magnifique Chapada Diamantina (Bahia). Le littoral est bordé de dunes, offrant des paysages spectaculaires, comme dans le Ceará, ou de lagunes. Des bas plateaux tertiaires, les *tabuleiros*, bordent les côtes et vont former de spectaculaires falaises, cartes postales du Nordeste, comme à Canoa Quebrada ou Pipa.

Le Centroeste, le plateau brésilien. Le plateau brésilien est le deuxième ensemble structural du pays. C'est une immense zone d'aplanissement re-soulevée et inclinée vers l'ouest, vers le sud et vers le nord. De par sa situation, c'est un véritable château d'eau pour le Brésil, où vont naître grand nombre de puissants fleuves et leurs affluents. Apparaissant comme une ligne de partage des eaux, les cours d'eau qui se forment dans sa partie nord vont rejoindre l'Amazone et ses affluents, dans sa partie sud, ils vont rejoindre le bassin du Paraná. Ce plateau aux horizons souvent plats est bordé par des chapadas, offrant des paysages variés à ces terres de *cerrados*. La plaine alluviale du Paraguay, au sud, est une vaste dépression désormais fort courue par les passionnés d'écotourisme : c'est le Pantanal, alimenté par les eaux des Serras et des Chapadas et qui se transforme en marécages lors de la saison des pluies. Aujourd'hui, l'exploitation irraisonnée des *cerrados* par l'agriculture productiviste brésilienne, en particulier celle du soja, menace la région par la pollution qu'elle génère.

Le Sudeste : terre de hautes-terres. Le Sud-est ou Sudeste a été dessiné par de puissants soulèvements du socle. Les massifs cristallins très accidentés offrent aux voyageurs des paysages de montagne, sensations renforcées par des températures hivernales qui peuvent être quelquefois négatives et où les villages se donnent des airs alpins avec leurs maisons aux toits bavarois. Ces hautes terres sont bordées par des zones littorales souvent étroites. Ces zones littorales peuvent rendre l'aspect de bas plateaux, de collines ou de plaines littorales. Ces zones ont une importance majeure dans l'histoire du peuplement brésilien. En termes d'écotourisme et de séjours sportifs, le voyageur trouvera de nombreuses destinations de choix : la Serra d'Espinhaço culmine à 1 800 mètres. La Serra do Mar et la Serra da Mantiqueira, qui culminent à 2 890 mètres offrent également des paysages superbes, quelquefois prolongés par des reliefs côtiers qui se jettent dans la mer de manière spectaculaire dans les baies de Guanabara, Angra dos Reis, Santos ou Paranaguá.

Le Sud du Brésil, montagnes et plaines. On appelle le Brésil méridional et l'Etat du Rio Grande do Sul, le pays *gaucho*, comme le pays voisin, l'Argentine. Le sud de cet Etat est constitué d'une plaine, anciennement dédiée à l'élevage, comme en Argentine. Des buttes percées de fleuves et des escarpements de basaltes constituent les zones de montagne, appelées Serra Geral, zébrées de canyons comme par exemple Itaimbezinho, très prisé des écotouristes.

Les principaux massifs montagneux du Brésil

Une dizaine de massifs brésiliens ont un ou plusieurs sommets qui dépassent deux mille mètres d'altitude. Ce que d'aucuns pourraient prendre pour des montagnes à vaches sont en fait des espaces au potentiel touristique immense et de tout niveau de difficulté.

Serra do Imeri. Avec son Pico da Neblina, c'est le point culminant du Brésil à près de 3 000 mètres. Difficile d'accès en Amazonie, c'est un spot de biodiversité très technique. Les conditions climatiques sont extrêmement changeantes.

Serra do Caparaó. Avec son point culminant à 2 891 mètres au cœur du parc national éponyme, c'est le massif le plus recherché par les montagnards brésiliens. Les balades au cœur de la forêt atlantique permettent d'observer une faune et une flore très riches.

Serra da Mantiqueira. La Serra da Mantiqueira, qui s'étend sur les Etats de Rio, São Paulo et du Minas Gerais, a des sommets qui culminent à plus de 2 800 mètres, dans le parc national du massif des Agulhas Negras.

Paysage de Canoa Quebrada.

© LEOMERCON - ISTOCKPHOTO.COM

Le parc national de Caparaó.

Les pluies abondantes amenées par les Alizés et une grande amplitude thermique y ont également permis le développement d'une faune et d'une flore exceptionnelles.

▶ **Serra do Mar et Serra dos Orgãos.** Ces deux massifs contigus de plus de 2 000 mètres d'altitude et qui vont de Rio au Rio Grande do Sul, se distinguent par la photogénie de leurs sommets, les pains de sucre de la Serra do Mar s'opposent aux sommets acérés de la Serra dos Orgãos.

▶ **Serra do Caraça et Serra do Espinhaço.** Ces deux massifs contigus du Minas Gerais ont marqué l'histoire brésilienne, car leurs richesses minérales en or et en diamant sont à l'origine du développement des villes coloniales comme Ouro Preto et Tiradentes, aux églises chargées des trésors du baroque *mineiro*, dessinés par la main habile de l'Aleijadinho.

▶ **Chapada Diamantina :** un des trésors de l'écotourisme au Brésil. Dans l'Etat de Bahia, ces magnifiques reliefs tabulaires qui approchent 2 000 mètres d'altitude entourent de nombreuses vallées, comme la vallée du Pati, et des petites villes coloniales comme Lençois qui rappellent le passé minier éponyme de la région. La Chapada Diamantina apparaît comme un château d'eau dans le *Sertão*. L'histoire, la géographie et l'écologie forment ici un indissociable tout que de plus en plus d'amoureux de la nature parcourent chaque année.

Les cours d'eau au Brésil

Le Brésil est indissociable des cours d'eau. L'Amazone est la mère de tous les mythes, le Rio São Francisco est surnommé affectivement « le vieux Chico » ou le fleuve de l'unité nationale. Le Brésil concentre 13 % des eaux douces de la planète. Les problématiques y sont nombreuses en termes environnementaux et humains. Les barrages, la destruction de la végétation des rives, la pollution des eaux, la surexploitation des ressources aquatiques, la destruction du milieu sont autant de défis auxquels le pays doit répondre pour maintenir un patrimoine hydrique en danger. Les possibilités d'écotourisme fluvial se développent en Amazonie et au Pantanal. C'est une extraordinaire opportunité de rencontre des communautés locales et de l'environnement.

▶ **Le Bassin amazonien**. C'est le plus grand bassin fluvial de la planète. On y trouve le fleuve Amazone, le plus long fleuve de la planète et le plus puissant. D'abord appelé Solimões, c'est après sa rencontre avec le rio Negro à Manaus qu'il va prendre son appellation de fleuve Amazone. D'autres affluents de l'Amazone comme le Purus, le Madeira, le Tapajós, le Xingu, le Juruá, le Jari comptent parmi les grands fleuves de la planète.

▶ **Le bassin du Tocantins-Araguaia**. C'est l'autre grand bassin amazonien qui a pour caractéristique entre autres de contenir deux des plus grandes îles fluviales de la planète, les îles de Bananal et de Marajó.

▶ **Le bassin du São Francisco.** Fleuve « historique » de 2 800 kilomètres, il est le seul fleuve permanent de cette région désertique du Nordeste. Ressource vitale pour la région, il est en grand danger, car canalisé et surexploité pour irriguer les cultures de la région. Le film *Espelho d'agua* montre la beauté des paysages et la richesse des communautés qui vivent sur ses berges.

▶ **Le bassin Paraná-Paraguay-Uruguay.** Le Paraná qui s'étire sur plus de 2 400 kilomètres navigables fournit une grande partie de l'énergie de la région. Le barrage hydro-électrique d'Itaipu binacional a longtemps été le plus grand de la planète. Le fleuve Paraguay traverse le Pantanal et est une voie navigable majeure du pays.

NATURE

Ce pays continent de plus de 8,5 millions de kilomètres carrés abrite une part importante de la biodiversité de la planète. 20 % des espèces animales et végétales s'y trouvent. On dénombre plus de 103 870 espèces animales et 43 020 espèces végétales. Des espèces nouvelles sont découvertes chaque année… et de nombreuses autres disparaissent hélas, quelquefois avant même d'avoir été identifiées, car l'action anthropique et les effets du changement climatique ont un effet de prédation quelquefois irréversible sur cette nature en apparence « sempervirens » et en croissance permanente, mais de fait très fragile. Ce sont les grandes diversités climatiques de ce pays qui vont favoriser la formation de nombreuses zones bioclimatiques que les écologues appellent biomes, dont les variations s'expliquent par la combinaison des différences d'altitude, de gradients d'humidité et de proximité ou d'éloignement des zones littorales.

Les grandes zones bioclimatiques

L'Amazonie. A tout seigneur, tout honneur, cette terre mythique est le biome le plus vaste et le plus riche du Brésil en termes de biodiversité. Avec une superficie de plus de 4 millions de km², il occupe près de la moitié du pays. A cheval sur 6 pays, c'est le plus important bassin hydrographique de la planète, irrigué par son fleuve le plus puissant, l'Amazone. On y trouve 30 % de la faune terrestre, dont des milliers d'espèces de poissons comme le gigantesque et goûteux *pirarucu*, 2 500 espèces d'arbres et 30 000 espèces de plantes. Cette forêt est souvent très dense et la canopée dépasse fréquemment 30 mètres. La légende dit qu'il y est quelquefois possible d'y dénombrer plusieurs dizaines d'espèces de fourmis sur un même arbre et que la lumière du jour n'est pas perceptible aux pieds des arbres en pleine journée, dans les zones de forêts les plus denses. Les espèces végétales et animales, en particulier les insectes, semblent frappées de gigantisme. Le *victoria regia*, variété de nénuphar géant, est si grand qu'un enfant peut s'y tenir assis. En apparence hostile à l'homme, cette terre est une source de ressources naturelles pour les populations depuis des millénaires. Aujourd'hui encore, c'est dans la pharmacopée traditionnelle que les compagnies pharmaceutiques viennent chercher les molécules de demain. C'est cependant sous le régime militaire, dans les années 1960-70 que son exploitation à grande échelle s'est mise en place. La déforestation irraisonnée, qui semble s'accentuer sous le gouvernement actuel, a montré sa grande fragilité. La force de cette forêt réside dans sa capacité à s'auto-régénérer. Les pluies permanentes lessivent les sols et les privent des substances minérales nécessaires à la croissance des végétaux. C'est la décomposition organique qui permet aux végétaux de s'auto-entretenir. Le déboisement, qu'il soit lié à l'exploitation du bois où la création de pâturages, le plus souvent par brûlis, va induire une latérisation des sols qui va paradoxalement créer des sols stériles en lieu et place d'une forêt luxuriante.

Aujourd'hui, pour le voyageur à la découverte de l'Amazonie, l'île de Marajó, les excursions sur le fleuve entre Belém et Manaus, l'observation des *botos* (dauphins roses), les plages de sable d'Alter do Chão permettront d'avoir un contact privilégié avec un des plus beaux spectacles de la nature.

La mata Atlântica. Cette forêt atlantique humide, moins connue que la forêt amazonienne, est de fait un biome vital pour le Brésil. Près des ¾ de la population vivent sur cet espace biogéographique. L'approvisionnement en eau de nombre de grandes métropoles brésiliennes, la régulation des événements climatiques (pluies intenses alternant avec des périodes de sécheresse) dépendent ou sont liés à la déforestation intense que subit cette forêt. On y trouve plus de 20 000 espèces animales et végétales soit plus que dans toute l'Amérique du Nord ou l'Europe et 35 % des espèces brésiliennes. Avec près de 850 espèces d'oiseaux, 380 d'amphibiens, 200 espèces de reptiles, 270 de mammifères et 350 sortes de poissons, la forêt atlantique est bien ce que les écologues appellent un « hot spot », c'est-à-dire un lieu important pour la biodiversité, mais particulièrement soumis à l'action de l'homme. Cette forêt présente dans 17 Etats, du Rio Grande do Norte jusqu'au Rio Grande do Sul, se trouve essentiellement en zone littorale. Or, c'est sur les espaces littoraux que le Brésil s'est développé depuis cinq siècles, défrichant cette forêt atlantique pour y faire pousser villes et champs. L'arbre *pau brasil* (le « bois de braise »), qui a donné son nom au Brésil, est un des arbres emblématiques de la *mata*, comme le très coloré *ipê* ou l'*araucaria* (pin du Paraná) ou le *jaquitibà*. Des écosystèmes complexes (comme les mangroves ou la *restinga*) s'associent aux variations forestières et amplifient encore l'intérêt de préserver cette biodiversité. Occupant autrefois près de 1,5 million de km², la forêt actuelle est réduite à près de 100 000 km².

Dauphin rose.

Une grande partie des animaux menacés selon l'UICN sont des habitants de cette forêt et l'impact à terme de la déforestation sera d'autant plus grand, que, comme dans nombre de biomes brésiliens, la part de variétés endémiques est très importante. Un des symboles de la lutte des écologistes brésiliens pour la protection de leur environnement est le très sympathique petit singe Leontopithecus rosalia ou tamarin-lion doré. Le Jaguar, le puma, le singe araignée, le perroquet Amazona brasiliensis ne sont que quelques-uns des hôtes de cette forêt.

Pour préserver les 7 % de forêts restants, mis à mal dès le XIXe siècle par la culture de la canne à sucre, du café et de l'élevage, 860 Unités de conservation (UC) ont été mises en place. L'association SOS Mata Atlântica a montré que malgré les mesures visant à protéger la forêt, la déforestation continue à progresser. Le Sud du pays est particulièrement exposé à ses effets. Pourtant, fort heureusement, les « vestiges » de cette forêt demeurent importants. La plus grande UC est celle de la Serra do Mar, avec plus de 315 000 hectares. Le géographe Hervé Théry rappelait dans son *Atlas du Brésil*, que les autorités avaient mis plusieurs jours pour retrouver la carcasse d'un avion de ligne qui y était tombé, dans les années 1980. Le visiteur pourra s'imprégner de cette forêt à Rio, dans la forêt du Parque nacional da Tijuca, sur le Pain de Sucre, où dans le Jardim botânico (p.141).

Le Pantanal apparaît comme le paradis des ornithologues et des pêcheurs. Ce biome de 200 000 km², le plus petit du Brésil, est constitué de la plus vaste plaine inondable du monde répartie entre le Brésil, la Bolivie et le Paraguay. Influencé sur ses marges par les biomes amazoniens, de la forêt atlantique et du Cerrado, le Pantanal a pour caractéristique première de proposer en grand nombre des espèces menacées dans les autres biomes. On y trouve 463 espèces d'oiseaux, 263 espèces de poissons, 41 espèces d'amphibiens, 113 espèces de reptiles, et 132 espèces de mammifères. L'observation des animaux, particulièrement en saison des pluies, est bien plus aisée qu'en Amazonie, car la végétation y est plus rase et les zones d'observation elles-mêmes sont bien plus accessibles que celles d'Amazonie. Aujourd'hui, les images satellites de l'Embrapa attestent d'une conservation du biome originel à 86 %. Cependant, ce paradis naturel est également en danger, car les deux Etats qui se partagent le Pantanal, le Mato Grosso et le Mato Grosso do Sul, sont parmi les plus importants producteurs agro-alimentaires du pays. L'agriculture intensive tend à impacter ce biome encore relativement protégé. Le Mato Grosso, historiquement est un producteur de bovins et les plus grands *fazendeiros* sont souvent proches de la « bancada ruralista », c'est-à-dire les élus et lobbyistes agricoles au parlement brésilien. La surpêche, la chasse légale et illégale, l'orpaillage, l'exploitation des *cerrados* pour produire du soja transgénique sont la cause de la diminution rapide de la biodiversité.

Caatinga. Le vocable *caatinga* signifie en langue amérindienne tupi « forêt blanche », par opposition aux forêts vertes et denses des zones de « Mata ». Ici, le *Sertão* est le domaine de la *caatinga*. Il couvre plus de 800 000 km², répartis dans 10 Etats du Nordeste, aux caractéristiques semi-arides. Historiquement, ce biome est représentatif de l'univers mythologique nordestin, peuplés de *cangaceiros* (bandits de grand chemin et héros, comme Lampião) et de *vaqueiros* au chapeau de cuir conduisant un troupeau famélique, au cœur d'une végétation constituée en partie d'épineux et de plantes xérophytes. Malgré l'apparente pauvreté des sols et le déficit hydrique, la *caatinga* est d'une immense richesse en termes de biodiversité avec 178 espèces de mammifères, 591 d'oiseaux, 177 de reptiles, 79 espèces d'amphibiens, 241 de poissons et 221 d'abeilles. Cette zone, moins densément peuplée que les zones côtières, abrite près de 30 millions de personnes, souvent pauvres, dont beaucoup dépendent des ressources naturelles. Le bois, les végétaux, les fruits, les animaux domestiques et sauvages sont prélevés par des populations à faible pouvoir d'achat. Le milieu naturel est transformé, comme l'Amazonie, par les coupes de bois, la mise en pâturage de vastes surfaces. Près de la moitié de la surface originelle de la *caatinga* a d'ores et déjà été modifiée. L'évolution des connaissances et la prise de conscience de la dimension patrimoniale, à la fois humaine et naturelle, de ce biome exceptionnel ont contribué à la prise de mesure visant à le protéger et le gérer de manière durable.

Cerrado. Cet autre biome exceptionnel est, après l'amazonien, le plus grand d'Amérique latine. Il occupe 1/5e du territoire brésilien. Dans ces sommets vont se former les principaux bassins hydrographiques du pays. De type savane, c'est également un *hot spot* majeur de la planète. Le nombre d'espèces endémiques y est remarquablement élevé. On compte près de 11 000 variétés de plantes. Les zoologues, écologues ou passionnés en tous genres connaissent l'importance des *cerrados* pour le Brésil et pour la biodiversité brésilienne. On y trouve 200 variétés de mammifères, dont les loups à crinière que l'on peut voir au **Santuário do Caraça** (p.282). On y trouve plus de variétés d'oiseaux (837) que dans le Pantanal pourtant considéré comme le paradis des ornithologues. D'apparence plus « sobre » que les opulents biomes atlantique et amazonien, cette zone de plateaux et de *chapadas* est un véritable trésor pour la biodiversité et l'anthropologie. Et sans doute est-ce au niveau des invertébrés que la richesse est plus grande encore : d'après les données du ministère de l'Environnement brésilien, on y trouve plus du tiers des abeilles des tropiques (dont de sympathiques abeilles-moustiques, sans dard) et un septième des papillons. Aujourd'hui, c'est dans les *cerrados* que se joue la bataille du soja, où les intérêts de l'environnement pèsent bien peu dans la balance.

Les animaux emblématiques du Brésil

On trouve au Brésil près de 115 000 espèces animales, dont 9 000 vertébrés et 106 000 invertébrés. C'est assurément le pays qui dispose de la plus grande biodiversité de la planète. Pour les personnes habituées aux grandes plaines africaines ou aux forêts, la faune brésilienne peut paraître moins spectaculaire. On n'y trouve pas de pachydermes ni de singes anthropomorphes. Les ongulés y sont de taille plus faible… et nulle crainte d'être confronté à un impressionnant grizzly. Pourtant, c'est bien au Brésil qu'une partie du maintien de la biodiversité de la planète se joue. 1 200 espèces sont en danger d'extinction. Fort heureusement, les efforts des institutions environnementales ont permis à certaines espèces de sortir des différentes catégories « menacées ».

Le jaguar. *Panthera pardus* ou *onça pintada* en portugais. C'est le troisième plus grand félin de la planète. Il peut peser plus de 130 kilogrammes. Au-delà de la seule beauté du jaguar, sa présence permet de mesurer le degré de préservation de l'environnement. Espèce clé située au sommet de la chaîne alimentaire, c'est un excellent indicateur de la bonne santé des écosystèmes et de l'existence d'espaces naturels continus. Certains tours proposent des safaris-photos jaguars, mais ne pas voir ces animaux lorsqu'ils sont présents reste paradoxalement le signe qu'ils restent éloignés de l'homme et s'en protègent !

Le puma. *Puma concolor* ou *onça parda*, *onça vermel ha* ou *suçuarana* en portugais. Autre félin emblématique du Brésil… mais que les Français associent plus volontiers à l'Argentine dont l'équipe de rugby l'arbore comme emblème. C'est certainement un des félins dont l'aire de répartition est la plus grande puisqu'on le trouve du sud de l'Argentine jusqu'au Canada. C'est le deuxième félin le plus gros d'Amérique. Peu prolifique, la dégradation des biotopes dans lesquels il évolue, la multiplication des routes, la concurrence avec l'homme pour le gibier et la chasse dont il est l'objet, risquent à terme de faire descendre sa population en dessous du seuil critique de survie. L'autre problème est la fréquence de plus en plus importante à laquelle on l'aperçoit à proximité d'espaces habités, multipliant l'occurrence d'être écrasé ou abattu.

Tamarin-lion.

Le loup à crinière (*Chrysocyon brachyurus*). C'est un animal emblématique du *cerrado*. Génétiquement distinct du loup et du renard, c'est le plus grand canidé d'Amérique. Il se nourrit pour moitié de fruits et de petits rongeurs, pourtant, les éleveurs le chassent pour une prétendue prédation sur les troupeaux. La diminution de son espace naturel liée à la concurrence avec l'agriculture, la multiplication des accidents sur les routes, la prédation par l'homme liée quelquefois à des légendes qui incite à faire de certaines parties du corps du loup à crinière des amulettes ont fait de cette espèce emblématique une espace classée vulnérable par l'UICN.

La loutre géante (*Pteronura brasiliensis*) ou *ararin h*a en portugais est une variété de loutre d'eau douce pratiquement éteinte qui occupe le bassin amazonien et le Pantanal. Ce magnifique mustélidé pouvant peser jusqu'à 45 kilos et atteindre une longueur de 1,8 mètre a été chassé pour sa fourrure, plus prisée encore que celle du jaguar. 23 millions de têtes auraient ainsi été prélevées pour leur peau. La dégradation du biotope liée à l'action anthropique a ensuite accéléré le processus de raréfaction de l'espèce. Il semble qu'aujourd'hui s'observe une (fragile) « renaissance » de l'espèce.

Le tamarin-lion (*Leontopithecus rosalia) ou mico leao doradao* est désormais le symbole de la lutte pour la préservation de l'environnement. En effet, tout un projet mondial est proposé pour maintenir *in situ* cette espèce de petit primate en danger critique d'extinction. La réserve biologique de Poço das Antas, dans l'Etat de Rio, est la première réserve biologique créée au Brésil. Elle avait pour finalité de recréer un biotope favorable au développement d'espèces locales et/ou endémiques en liant différentes unités de conservation par des corridors et ne pas fractionner les groupes d'animaux et les espaces de vie. Parallèlement, pour maintenir une diversité biologique chez le tamarin-lion, une mesure de déplacement d'une variété « invasive » de primates concurrents (tamarin à tête de lion) a été organisée. Aujourd'hui, voir le tamarin-lion dans l'Etat de Rio montre une certaine victoire des partisans d'une activité anthropique responsable.

Aras, marais de Pantanal.

Le *boto* ou dauphin rose d'Amazonie (*Inia geoffrensis*) est un animal légendaire pour plusieurs raisons. Pour les peuples indigènes, le *boto* est un être malicieux qui s'insinue dans les fêtes et séduit la plus jolie fille, l'emmène à la rivière où il la féconde puis l'abandonne. S'il attirait peu la sympathie, manger sa viande amenait irrémédiablement à la folie. Aujourd'hui, ce cétacé est menacé et en danger critique d'extinction, protégé et sa survie doit attester de la capacité des hommes à limiter l'impact sur l'Amazone du trafic fluvial, des barrages hydroélectriques, de l'orpaillage, de la déforestation et de la surpêche. On l'utilisait traditionnellement pour faire des appâts avec sa chair pour la pêche du *piracatinga* (*Callophysus macropterus*). Certaines agences proposent des « rencontres » avec les *botos* et la possibilité de nager avec eux. Est-ce toujours bénéfique pour ces gracieux dauphins ? Peut-être pas, mais cela a déclenché une réelle prise de conscience pour la survie des cétacés et de tout leur biotope. Les scientifiques ont découvert depuis peu une nouvelle espèce de dauphins d'Amazonie… Cette seule nouvelle montre l'extraordinaire capacité de résilience de la nature.

Le lamantin. L'ordre des siréniens est représenté par deux espèces au Brésil, le lamantin marin (*Trichechus manatus manatus*) et le lamantin d'Amazonie (*Trichechus inunguis*) appelé *peixe boi* au Brésil. Le nom évocateur de leur ordre serait dû à la ressemblance avec les mythiques sirènes. Ils peuvent peser jusqu'à une tonne et demie et mesurer jusqu'à 3 mètres 50. Le lamantin côtier est en danger critique d'extinction au Brésil, car son habitat est très dégradé. Les mangroves en particulier tendent à disparaître, or ce sont les lieux de parturition et de reproduction. Les jeunes meurent à des taux élevés et nombre de lamantins sont victimes des filets de pêche. Le lamantin d'Amazonie risque de disparaître à cause de la chasse dont il est victime, même si celle-ci est interdite depuis 1973.

L'ara. Le dessin animé *Rio* a popularisé le plus grand psittacidé du monde. Il est vrai que les aras, qu'ils soient bleu et jaune (ara arauna), rouge (*macau*) (ara chloropterus) ou hyacinthe (*anodorhynchus hyacinthinus*), sont des oiseaux qui impressionnent par leur taille (jusqu'à un mètre d'envergure pour un poids de près de 1,5 kilogramme) et leur beauté. En langue tupi,

Loutre géante, marais de Pantanal.

le mot « a'rarà » signifie d'ailleurs oiseaux de couleur. Assister à un envol d'un groupe de perroquets est toujours un spectacle émouvant que l'on peut observer dans le Pantanal, mais également en de nombreux lieux. Malheureusement, certaines variétés sont menacées par le trafic d'animaux et la destruction de leur milieu.

▶ **Le *pirarucu*** (*Arapaima gigas*) est l'un des plus grands poissons d'eau douce du monde. Il peut mesurer jusqu'à 4,5 mètres de long et peser jusqu'à 300 kilos. Poisson emblème d'Amazonie, il a été introduit en Malaisie, où il semble prospérer dans les élevages. Poisson préhistorique, il est doté d'une véritable armure qui le protège des prédateurs aquatiques, dont le redoutable *piranha*. Pourtant, dans les années 1990, il a failli disparaître, victime de la surpêche dans le bassin amazonien. Le Brésil a alors mis en place l'institut de développement durable « Mamiraua » qui a permis une gestion des populations en intégrant les populations locales qui apparaît comme une véritable réussite.

▶ **L'anaconda** (*Eunectes murinus et Eunectes notaeus*, endémique du Pantanal) est un autre géant d'Amazonie qui fascine et effraie ; l'anaconda vert est le plus gros serpent de la planète, à défaut d'être le plus grand. Son nom tire son origine du mot grec qui signifie « bon nageur » et qualifie le mode de vie semi-aquatique de ce serpent. De son gigantisme sont nées de nombreuses légendes. Il y a, semble-t-il, assez peu d'accidents avec les hommes. Il peut mesurer plus de 8 mètres et peser plus de 200 kilos. C'est un serpent constricteur capable d'avaler des proies de la taille d'un *capybara* (gros rongeur de 1 mètre et 50 kilos), car sa mâchoire peut se désarticuler.

Les spots d'observation des animaux au Brésil

▶ **Le Pantanal** est incontestablement « the place to be » pour les amoureux de la nature brésilienne. On peut voir oiseaux, poissons, mammifères dans des conditions optimales. Il faut bien choisir sa saison et surtout partir avec des guides accrédités et formés, qui sauront vous guider en respectant des conditions de sécurité. Les promenades se font le jour, la nuit, sur terre et en canoë ou à cheval pour maximiser les observations. A partir de Cuiabà et de Campo Grande, des agences prennent en charge les visiteurs. Il faut également s'assurer du faible impact environnemental des structures choisies.

▶ **En Amazonie,** des excursions peuvent être organisées à partir des hôtels ou des agences de Manaus. On peut séjourner dans des lodges à partir desquels les sorties en bateau, en barque, des nuits en forêt sont organisées (comme dans la réserve de Mamiraua près de Tefé). Des expériences humaines également car les visiteurs peuvent rencontrer des communautés « natives ».

▶ **La faune marine** peut s'observer dans l'archipel Fernando de Noronha, le Parque nacional marinho dos Abrolhos, Garopaba, où les baleines franches sont observables en août et octobre. On peut y voir des dauphins, des requins et des raies. La péninsule de Maraù, et sa localité de Barra Grande, est un autre lieu magique.

▶ **Enfin, dans la Chapada Diamantina,** le Parque nacional da Chapada dos Veadeiros, le parc de Jalapão, on peut observer les merveilles de la nature, de la faune et de la flore brésiliennes.

CLIMAT

Le Brésil est un pays immense, presque entièrement situé dans la zone intertropicale de l'hémisphère Sud. Seule la partie sud du pays a des caractéristiques subtropicales. Néanmoins, l'étendue du territoire explique certaines déclinaisons climatiques. On peut être confronté aux frimas des hivers tropicaux dans le sud du pays et à la météo changeante des montagnes. A Belém, dans l'Etat du Pará et dans une grande partie de l'Amazonie, on dit qu'il est coutume de se donner rendez-vous avant ou après la pluie. Dans le Nordeste, c'est la sécheresse qui sévit pendant une partie de l'année. Le changement climatique provoque également des variations de plus en plus importantes de périodes de sécheresse qui alternent avec des épisodes de pluies diluviennes. En bref, s'il fait souvent chaud au Brésil, la notion d'hiver austral n'est pas à négliger, surtout à l'intérieur des terres au sud et sur les hauteurs de ce pays-continent.

Le Brésil, un géant au climat tropical

Un pays tropical. Au-delà du seul titre d'une chanson de Jorge Ben qui a fait le tour du monde, le Brésil est bien un pays tropical, malgré des variations et des nuances. Caractéristique d'une partie d'un territoire brésilien, ce type de climat se caractérise par une température moyenne assez élevée avec des amplitudes modérées. L'hiver austral qui court de juin à septembre offre des températures plus fraîches, entre 20 et 22 °C. Le reste du temps, celles-ci oscillent entre 23 et 27 °C. Les précipitations s'organisent globalement en deux saisons : une saison des pluies qui va de septembre à mars et une saison plus sèche d'octobre à février. Lors des séjours dans le Pantanal, la saison sèche est plus fraîche, plus agréable que la saison des pluies, suffocante, où les moustiques sont omniprésents. Ce type de climat a permis une mise en valeur agricole du territoire. Cette agriculture tropicale, où l'eau ne manque pas, a fait du Brésil un géant vert, champion de l'agro-industrie. Cependant, cette tropicalité se décline en des nuances marquées entre la moiteur de l'Amazonie, les frimas des montagnes, l'aridité du Sertão.

Le climat en Amazonie. C'est peut-être la région la plus emblématique du Brésil tant elle symbolise la lutte contre le réchauffement climatique. L'Amazonie et le nord du pays se caractérisent par un climat de type équatorial. Les températures et les précipitations sont élevées toute l'année, avec d'assez faibles amplitudes de températures et de précipitations. Les températures minimales oscillent entre 21 et 23 °C et les maximales entre 31 et 34 °C. Le climat est humide en permanence, mais c'est surtout entre janvier et mai que les précipitations sont les plus abondantes (entre 300 et 400 mm par mois). Ce type de climat est favorable à une agriculture qui nécessite ou tolère une humidité importante (comme la riziculture par exemple) et favorise bien sûr une croissance rapide et permanente d'une forêt dense d'arbres de grande taille. Globalement, ce climat difficile n'a pas permis le développement de population dense (même si l'agglomération de Manaus approche 2 millions d'habitants). De plus, cette « opulence » de la nature n'est qu'apparente et a longtemps occulté le talon d'Achille du poumon vert de la planète. La pluie permanente lessive les sols et les vide de leurs sels minéraux. La fertilité de l'Amazonie, ce sont ses arbres, sa biomasse et l'humus qu'elle en tire. La déforestation irraisonnée, l'élevage bovin ou le soja transforment hélas irrémédiablement cet extraordinaire couvert végétal en sol latéritique et stérile.

Le Brésil des plages, un climat tropical humide ou tropical littoral. C'est le principal climat du « tourisme » puisque les destinations touristiques majeures (Rio, Salvador, la côte nordestine et fluminense) sont marquées par son influence et ses caractéristiques. Globalement, ce climat est chaud et assez humide. On le trouve du littoral du Nordeste jusqu'au littoral du Paraná. Il se caractérise par une humidité assez élevée et constante (entre 1 500 et 2 000 mm), car les littoraux sont sous l'influence des alizés. La température est proche de 25 °C en moyenne. Il fait un peu plus chaud et de manière plus régulière à Salvador qu'à Rio… même si à Rio vous n'aurez jamais besoin d'un gros pull. La saison des pluies est plus marquée dans le Nordeste que dans le Sudeste. Dans le Nordeste, c'est entre avril et juillet que la saison des pluies est la plus marquée, alors que dans les Etats de Rio et de São Paulo, les mois de juillet et d'août sont les plus secs. Hormis cette importance pour le tourisme, car ce climat est amène toute l'année, il a influencé d'une certaine manière la mise en valeur originelle du Brésil et en a façonné son « anthropologie », surtout dans le Nordeste. En effet, ce type de climat s'est parfaitement prêté à la mise en valeur de la culture de la canne à sucre, qui a occasionné le « cycle du sucre ». Toute la frange côtière de la *mata atlântica* – la forêt humide atlantique – a été défrichée pour permettre le développement de la monoculture de la canne à sucre, basée sur une main-d'œuvre servile, fruit d'un commerce triangulaire qui a arraché à l'Afrique plus de 5 millions de personnes. La société s'est ainsi organisée à ses débuts autour du moulin à sucre [*engenho*], du maître et de sa maison [*casa grande*] et de la maison des esclaves [*senzala*]. Si l'esclavage a été aboli depuis 1888, la culture de la canne perdure sur cette frange littorale, où la *mata atlântica*, forêt des origines, a été réduite à la portion congrue.

Le Nordeste [Sertão], pays aride. L'intérieur du Nordeste [Sertão] se caractérise par un climat semi-aride, alors que ses littoraux sont plus arrosés. C'est le climat le plus chaud du pays avec une température moyenne supérieure à 25 °C et des précipitations inférieures à 600 mm. Dans ce polygone de la sécheresse, les « secas » [périodes de sécheresse] peuvent durer plus de la moitié de l'année. En 1881, avant l'épisode de la guerre de Canudos, plus de 100 000 personnes ont succombé des conséquences de cette terrible sécheresse dans le Sertão du Ceará. Cette région du Nordeste et le Nordeste en général, sont considérés comme les régions à problèmes du Brésil. Depuis des décennies, les *flagelados* [migrants], qui fuient les terribles *secas*, partent vers les métropoles de la région ou vers la mégapole de São Paulo pour tenter leur chance, en quête d'une existence meilleure. Telle a été la trajectoire de l'ancien président Lula. La *caatinga* [forêt clairsemée d'arbres et de cactus de petite taille] est la végétation typique de cette région, où les agriculteurs vivent difficilement d'une polyculture extensive. Depuis les années 1970, la SUDENE a mis en place une politique d'aménagement, avec, entre autres, la création de petits barrages appelés « açudes ». Le réchauffement climatique rend chaque fois plus aléatoires encore les saisons. Les sécheresses sont de plus en plus longues et la saison des pluies courte et violente. C'est assurément une des régions les plus chargées d'histoire et de caractère, et qui a inspiré grand nombre d'écrivains, comme José de Alencar, Jorge Amado, Euclides da Cunha ou João Guimarães Rosa.

Un Brésil au climat tropical d'altitude. On associe assez peu le Brésil à la montagne. Il est vrai que le Brésil n'est pas un pays andin. Dans notre imagerie traditionnelle, peut-être associons-nous la notion de montagne au Pain de Sucre ou autres *morros* [mornes] de Rio de Janeiro. Pourtant, les voyageurs seront certainement amenés à visiter des régions de plateaux et de montagnes, car le développement de l'écotourisme met de plus en plus en valeur ces lieux aux potentialités incontestables. On trouve majoritairement ce Brésil au climat tropical d'altitude dans la région des Serras du Sudeste [Etat de Rio, de São Paulo et Minas Gerais], ou dans la Chapada Diamantina [Bahia]. Les températures y sont en moyenne douces et modérées, avec une assez faible amplitude thermique [entre 17 et 22 °C] et des précipitations régulières de l'ordre de 1 500 mm. Attention cependant, les nuits d'hiver peuvent être fraîches et on apprécie les pulls et les couvertures à Ouro Preto, sis à 1 100 mètres d'altitude, ou à Campos do Jordão. Les orages peuvent également y surprendre le randonneur qui ne se serait pas informé de la météo.

© HECKEPICS - ISTOCKPHOTO.COM

La Caatinga dans la région du Nordeste.

Le Brésil du Sud, un Brésil subtropical. On trouve au Brésil une région où la vigne s'est substituée au café et où les maisons ressemblent étrangement à des chalets bavarois. Si la deuxième remarque n'a rien à voir avec le déterminisme climatique, la présence de la vigne indique bien, en revanche, qu'on trouve au sud du pays, dans les Etats de Santa Catarina et du Rio Grande do Sul, la seule zone climatique qui n'est plus réellement tropicale, mais subtropicale. Les habitants du Rio Grande do Sul sont d'ailleurs appelés Gauchos, comme en Argentine, car cette région de prairie se rapproche de la Pampa et l'élevage extensif s'y est développé comme dans le pays voisin. La température moyenne est de 18 °C. Les hivers [australs], qui correspondent à nos étés, sont frais et humides, avec plus de 150 mm de précipitation en juin, juillet et août. Il sera alors judicieux de s'équiper de vêtements chauds, surtout sur les reliefs où les baisses de température peuvent être marquées et s'accompagner exceptionnellement de chutes de neige. Certains hôtels ferment d'ailleurs à FlorianOpolis pendant cette saison. Des touristes brésiliens de plus en plus nombreux choisissent d'aller à Gramado ou Canela, dans la Serra Gaucha, pour être ainsi sûrs d'un réel dépaysement, d'avoir l'impression de changer de pays tout en restant au Brésil.

© FG TRADE - ISTOCKPHOTO.COM

La forêt amazonienne.

Le Brésil, un géant sensible au réchauffement climatique

Un laboratoire de la lutte contre le réchauffement. Le Brésil est peut-être le pays le plus emblématique de la lutte contre le dérèglement climatique. L'impact de la déforestation de ce poumon vert qu'est l'Amazonie a été médiatisé sur l'ensemble de la planète. Récemment, de nombreux incendies ont ravagé l'Amazonie, mais également le Pantanal, région moins connue par les Français, mais dont l'importance est ô combien importante par l'extrême richesse de sa biodiversité. La politique anti-environnementale du président brésilien actuel, proche du lobby agricole (*bancada ruralista*) a d'ailleurs été au cœur d'une violente polémique entre Bolsonaro et le président français Emmanuel Macron. Ce dernier conseillait aux Français de lutter contre la déforestation importée en refusant d'acheter le soja brésilien OGM, produit sur des terres déforestées d'Amazonie ou des Cerrados du Mato Grosso. Il est vrai que les experts du GIEC sont peu rassurants quant au futur de l'Amazonie. Selon eux, dans l'hypothèse optimiste d'un réchauffement de 1,1 à 2,6 °C, fondée sur un plafonnement de la courbe d'émissions de gaz à effet de serre et donc une limitation du réchauffement, une grande partie de la forêt de l'Amazonie (84 %) devrait à long terme parvenir à se régénérer. Ils expliquent cette extraordinaire aptitude à la « résilience » de cette forêt par sa biodiversité, beaucoup plus diversifiée et riche que celle de nos forêts tempérées. Ainsi, cette forêt tropicale humide et *sempervirens* devrait résister au réchauffement. Des évolutions notables devraient néanmoins s'y opérer. Des essences de plus petite taille, moins sensibles au stress hydrique, devraient peu à peu se substituer aux grands arbres dominants actuels. D'aucuns, pourtant, jugent cette hypothèse basse du réchauffement peu réaliste. L'hypothèse (peut-être hélas plus réaliste) d'une poursuite incontrôlée des émissions de gaz à effet de serre, qui entraînerait une atmosphère beaucoup plus chaude, signifierait, selon le modèle développé, que seulement 13 % du bassin amazonien arriverait à se régénérer et serait impuissant dans la lutte contre le changement climatique…

Un impact déjà marqué du réchauffement. Le changement, c'est maintenant, auraient hélas tendance à dire les écologues brésiliens. Le dérèglement climatique impacte déjà fortement le Brésil. En février 2020, d'importantes inondations ont frappé les Etats de São Paulo et du Minas Gerais, tuant des dizaines de personnes. Auparavant, l'Etat de São Paulo avait souffert de périodes de sécheresse inhabituelles par leur intensité et leur longueur. La multiplication d'évènements climatiques extrêmes serait la conséquence du réchauffement climatique. On parle désormais d'un phénomène « El Niño » permanent. A terme, le risque d'une savanisation de l'Amazonie serait inévitable. Les masses d'air humide d'Amazonie sont de moins en moins régulières et la période des *secas* (saisons sèches) de plus en plus longue. La dégradation des sols rend l'agriculture de plus en plus aléatoire et une partie de la biodiversité endémique risque de disparaître. Comme en de nombreux lieux de la planète, la montée du niveau des océans accélère le processus d'érosion des littoraux. Une partie des métropoles littorales risque de disparaître sous les eaux. Ce sont les quartiers les plus pauvres qui payent le plus lourd tribut à cette montée des eaux. L'action anthropique de déforestation, de dégradation environnementale pour produire une agriculture polluante et qui ne profite qu'à un petit nombre participe de cette mise en danger du pays. Récemment, un programme de coopération helvético-brésilien, dirigé par le Suisse Gérard Moss, grâce à une tour de plus de 300 mètres de haut installée au nord de Manaus a mis en évidence un phénomène dit de « Rivières volantes ». Les chercheurs ont montré que les aérosols émis par les arbres d'Amazonie étaient à la base de gigantesques courants aériens de vapeur d'eau qui allaient influencer l'hygrométrie d'une grande partie de l'Amérique du Sud, bien au-delà de la seule forêt amazonienne. La déforestation d'origine anthropique ou la diminution de la taille des arbres pourrait donc accélérer les effets du changement climatique sur une grande partie du sous-continent.

ENVIRONNEMENT

Le Brésil est un « hot spot de biodiversité », qui abrite 63 % de la forêt amazonienne. La situation environnementale du pays est actuellement très préoccupante. L'agriculture industrielle et l'élevage contribuent à la déforestation et à la pollution des milieux, au détriment des Communautés autochtones. Face à cela les moyens dévolus aux institutions en charge de l'environnement ont vu leur subvention baisser sous la présidence de Jair Bolsonaro en même temps que s'allonger la liste des pesticides autorisés. L'impunité pour les crimes et délits perpétrés (déboisements, assassinats d'activistes environnementaux) semble monnaie courante. Face à cela la société civile s'organise, comme les gardiens de la forêt ou le Mouvement des Sans-Terre. A l'autre bout de la filière se trouve le consommateur européen. La viande et le soja OGM cultivé sont destinés en grande partie au marché européen. Nous pouvons donc aussi jouer un rôle pour la préservation de l'environnement.

Parcs nationaux

Le Brésil fait partie des pays « mégadivers », qui concentrent la plus grande diversité biologique du monde. L'ensemble des aires de protection du pays représente près de 29 % de sa superficie. Le Brésil possède 70 parcs nationaux qui protègent des écosystèmes très variés : forêts tropicales humide, savante, prairies et savanes inondées, mangrove, pampa... Les parcs nationaux sont gérés par l'Institut Chico Mendes, qui a été l'objet de réduction de budget sous la présidence de Jair Bolsonaro.

- **Complexe de conservation de l'Amazonie centrale** : il s'agit de la plus vaste aire de protection de l'Amazonie. Classée au Patrimoine mondial de l'UNESCO, il s'agit d'un réservoir de biodiversité unique au monde.
- **Aire de conservation du Pantanal** : vaste étendue de prairies et de savanes inondées, le Pantanal est une plaine alluviale parmi les plus riches du monde en termes de biodiversité. L'aire de conservation, classée au Patrimoine mondial de l'UNESCO comprend plusieurs zones protégées. Elle est cependant menacée par les activités agricoles (déforestations, épandage de pesticides).
- **Parc national de l'Iguaçu** : situé dans l'Etat du Paraná, il jouxte le parc éponyme argentin et constitue un vaste ensemble classé au patrimoine de l'UNESCO. Fameux pour ses immenses chutes d'eau, il préserve également une exceptionnelle biodiversité, dont l'une des dernières forêts atlantiques du Brésil.
- **Parc national marin de Fernando de Noronha** : classé au Patrimoine mondial de l'UNESCO, il abrite tout un ensemble d'écosystèmes marins et d'espèces protégées, au sein de l'archipel Fernando de Noronha.

Parc national marin de Fernando de Noronha.

© PHOTOTREAT - ISTOCKPHOTO.COM

L'agriculture entraine une déforestation massive de la forêt amazonienne.

Les enjeux liés à l'agriculture

L'agriculture et l'élevage représentent la plus grande cause de déforestation au Brésil. L'année 2020, selon l'Institut national de recherche spatiale brésilien, a vu la disparition de plus de 11 000 km² de forêt amazonienne au Brésil, soit une augmentation de 9,5 % par rapport à 2019. Ces incendies ont pour effet de relarguer dans l'atmosphère l'important stockage de carbone que représente la forêt, mais aussi à détruire ce réservoir unique de biodiversité, nécessaire aux équilibres qui maintiennent les conditions de vie humaines sur la planète. Les cultures mises en place induisent aussi une contamination chimique des milieux par l'utilisation massive de pesticides. La pollution au nitrate et phosphate qui se déverse dans l'Amazone contribue à la formation des sargasses, ces algues brunes qui viennent s'échouer sur les côtes des Caraïbes. La construction de routes participe elle aussi à la fragmentation des milieux et, via la circulation de camions, à l'émission de gaz à effet de serre. A l'autre bout de la chaîne, se trouve le consommateur final. La France représentait en 2019 le 8e importateur mondial de soja OGM brésilien, destiné à l'alimentation du cheptel. Nous pouvons donc jouer un rôle en commençant par questionner nos achats.

Les défis énergétiques du pays

Le mix énergétique du Brésil est dominé par le pétrole et la biomasse (biocarburants). Le pays figurait en 2019 à la 9e place des producteurs mondiaux de pétrole et comptait parmi les leaders en matière de biocarburants. Cependant la culture des agrocarburants est largement controversée dans un pays où près de 13 % de la population vivait en 2020 en dessous du seuil de pauvreté. Ils contribuent à la fois à la diminution des surfaces agricoles et à la déforestation. Quant à l'énergie hydro-électrique, en 2019 elle fournissait 63,5 % de la production d'électricité du pays, un chiffre en baisse à la suite du choix, lors du mandat du président Michel Temer, de stopper la construction de nouveaux barrages. Poursuivre le développement hydro-électrique du pays signifierait équiper de barrages l'Amazonie, ce qui susciterait moult revendications nationales et internationales. La construction d'une centrale hydro-électrique à Belo Monte en 2016, véritable gouffre financier, inauguré en 2019 s'est vu qualifiée de « *monument au gaspillage et à la folie* » par le procureur régional de la République. Par ailleurs le pays avait vécu en 2015 une catastrophe à la suite de la rupture de deux barrages miniers qui avait occasionné des pertes humaines et des déversements de boues contaminées, dans le Minas Gerais.

Pouvoirs et contre-pouvoirs

La présidence de Jair Bolsonaro marque un net recul environnemental, au profit de l'agro-business et au détriment de l'agriculture paysanne. Elle est associée à une baisse des moyens dédiés aux principales organisations en charge de l'environnement et des communautés autochtones. Elle a également donné au ministère de l'Agriculture (pro agro-business) la responsabilité de l'identification, de la reconnaissance et la délimitation des terres appartenant aux Communautés indigènes. S'ajoute à cela une impunité pour les crimes et délits commis en matière d'environnement (déboisements, assassinats d'activistes). Le Brésil a même été classé en 2017 par l'ONG *Global Witness* comme l'un des pays les plus meurtriers pour les activistes environnementaux (57 assassinats).

Malgré les menaces et la mort de l'un d'entre eux en novembre 2019, « Les gardiens de la forêt » regroupent des Indiens Guajajara qui entendent défendre la forêt contre les défrichements illicites, en organisant des actions pour détruire les installations illégales liées au déboisement. Les femmes se sont jointes à ce mouvement pour des actions non violentes fondées sur le dialogue et la connaissance.

Le Brésil figure depuis 2015 (loi sur biodiversité) comme un état pionnier dans la lutte contre la biopiraterie, entendez l'accaparement des ressources et des savoirs traditionnels par le dépôt de brevets illégaux.

Le Mouvement des Sans-Terre (MST) milite quant à lui pour une réforme agraire qui puisse donner des terres à ceux qui produisent. Mouvement apolitique et non religieux, il promeut au sein de centres de formation l'agro-écologie (cultures diversifiées, fondées sur les processus écologiques, sans pesticide, ni engrais de synthèse, ni OGM), dans le but de développer la souveraineté alimentaire du pays. Cette agriculture doit cependant faire face à la baisse des ressources attribuées au programme « faim zéro » qui avait pour but de favoriser l'agriculture familiale.

HISTOIRE

Le Brésil actuel fait partie des BRICS, un groupe de cinq pays dits émergents. Ce pays qui compte bien s'imposer de plus en plus sur la scène économique et politique internationale est né des « grandes découvertes » européennes du XVIe siècle. C'est en 1500 que des navigateurs portugais, emmenés par Pedro Alvares Cabral débarquent sur cette partie inconnue du monde qu'ils nomment Terra da Vera Cruz (terre de la vraie croix) et en prennent possession au nom du roi du Portugal. Le nom « Brésil » ne sera attribué qu'en 1503 (les littoraux étant couverts du *pau-brasil* ou bois de braise, variété d'arbre dont on tire une teinture rouge). Longtemps oubliée et négligée, la présence humaine au Brésil est bien plus ancienne. Les premiers habitants du continent américain seraient des chasseurs-cueilleurs asiatiques qui auraient traversé le détroit de Béring pris par les glaces entre -25 000 et -14 000 ans.

1453

Les grandes découvertes

Constantinople est prise par les Turcs ottomans en 1453 qui imposent des taxes douanières importantes aux commerçants européens. Les puissances maritimes et commerçantes espagnole et portugaise cherchent alors une nouvelle route des Indes. En 1492, Christophe Colomb, au nom de la couronne d'Espagne débarque dans les îles caribéennes, croyant arriver en Inde. Le Portugal va se lancer dans cette course vers l'Ouest.

1494

Le traité de Tordesillas

En 1494, le pape est appelé à arbitrer les différends opposant les royaumes ibériques du Portugal et de l'Espagne. C'est le traité de Tordesillas qui va délimiter les possessions respectives des deux pays.

22 AVRIL 1500

Pedro Álvares Cabral débarque sur une terre inconnue le 22 avril, terre qu'il nommera « Terre de la vraie croix », sur le site de l'actuel Porto Seguro dans le sud de l'Etat de Bahia.

Marco do Descobrimento.

DÉCOUVRIR

1467-1520 OU 1523

Pedro Álvares Cabral

Né à Belmonte au Portugal en 1467, le navigateur portugais Pedro Álvares Cabral est un *fidalgo*, issu d'une bonne famille portugaise. Il va d'abord naviguer dans le golfe de Guinée où il réalise des missions à caractère commercial et diplomatique. À la différence des navigateurs portugais qui longent les côtes africaines pour la « volta », Cabral va se déporter plus à l'ouest dans sa route pour Calicut en Inde pour « prendre » les alizés, car il est parti en mars et non en juillet. Un vent plus fort que prévu va le pousser vers des terres nouvelles.

© JOA SOUZA - SHUTTERSTOCK.COM

1502 Le roi du Portugal Manuel, en conformité avec le Traité de Tordesillas, revendique la Terre de la vraie croix.

1530 A partir des années 1530, le gouvernement portugais décide de reprendre activement le contrôle du Brésil pour éliminer la contrebande du bois de braise et le risque représenté par les Français et les Hollandais. Avec le déclin du commerce oriental, les Portugais voyaient à travers le marché potentiel brésilien l'opportunité de bénéfices économiques importants. Cinq navires embarquant chacun 400 personnes allaient jeter l'ancre sur les côtes brésiliennes. Rapidement, la culture de la canne à sucre allait marquer de son empreinte la terre brésilienne.

1534 En 1534, le roi Manuel du Portugal divise le Brésil en 15 capitaineries héréditaires et confie ainsi à des particuliers la colonisation et l'exploitation des terres qui leurs sont données.

1549

Bahia, capitale de Brésil

En 1549, Salvador de Bahia devient la première capitale du Brésil et le siège du gouvernement général de la colonie. Salvador devient la seule ville du Nouveau Monde à égaler en taille les métropoles européennes.

L'éphémère France Antarctique

1555 La France n'a jamais reconnu le traité de Tordesillas et s'installe dans la baie de Rio dans le but d'y fonder la colonie de France Antarctique. Peu nombreux, en proie à des dissensions internes entre catholiques et protestants entre autres, les Français ne parviennent pas à faire fructifier ce territoire. Les Portugais les chassent définitivement 10 ans plus tard.

L'éphémère France Equinoxiale

1612-1615 Sympathique et malheureuse sera l'intervention à São Luís, sous la bannière de la « France équinoxiale », des hommes de Daniel de La Touche, que les Indiens appellent les perroquets jaunes (*papagaios amarelos*), pour être blonds et bavards. Ils libèrent les Indiens du servage, mais abandonnés par la Couronne, en 1615, ils rendent les armes. C'en est fini des rêves d'hégémonie française en Amérique du Sud.

Massacre et esclavage des Indiens d'Amazonie

1650 En 1650, des expéditions portugaises déciment les Indiens d'Amazonie. Les missionnaires jésuites pourchassent les *pajés*, sorciers indiens. La Bandeira est cette bannière chrétienne qu'arboraient les *bandeirantes*, qui partaient du littoral et longeaient les fleuves vers l'intérieur des terres, ramenant en esclavage les Indiens rescapés de leurs massacres. Lévi-Strauss évoque un génocide indien par les Portugais, du XVIe au XIXe siècle.

Expulsions des Hollandais

1654 Après 30 d'occupation d'une partie du Pernambouc par les Hollandais, les Bataves sont progressivement expulsés du Nordeste. La défaite lors de la bataille de Guararapes sonne le glas de leur présence. Ils quittent définitivement le Brésil en 1654.

L'ère du sucre

1680 Après s'être désintéressés du bois au profit des épices venues de l'autre côté de la planète, les Portugais placeront le XVIIe siècle sous le signe du sucre. Aux XVIe et XVIIe siècles, le Brésil est donc une plantation de canne à sucre, selon le modèle transposé de l'île de Madère. Sa production est organisée autour des *engenhos* (moulins), dont les maîtres exploitent tout ou partie du domaine et louent le reste aux *lavradores*. Malheureusement, le succès aidant, l'expérience est étendue aux Antilles et, vers 1680, le Brésil commence à sérieusement pâtir de cette concurrence. La Couronne portugaise interdisant aux colons de réinvestir les profits du sucre dans d'autres industries, les conséquences sont lourdes pour des régions prisonnières de cette monoculture.

Quilombo de Palmares

1694 Le temps des négriers dure plus de trois siècles, du XVIe au XIXe siècle. En remplacement de la force de travail indienne, on importe trois millions d'esclaves de Guinée, du Dahomey, de l'Angola, du Soudan, du Mozambique ou du Nigeria. Dans les plantations de canne à sucre, puis dans les mines d'or, les esclaves meurent, en moyenne, huit années après leur arrivée. Ce sort peu reluisant amène les esclaves à s'enfuir et à se regrouper en villages dissidents dans la forêt : les *quilombos* résistent pendant plus d'un siècle, menant parfois des expéditions punitives contre les villes. Le *quilombo* le plus célèbre, celui de Palmares, dans l'Alagoas, résiste 90 ans avant de tomber sous les assauts des Portugais, en 1694. Son roi, Zumbi, encore révéré aujourd'hui, est capturé deux ans plus tard, et l'on exhibe sa tête au bout d'une pique, pour l'exemple.

1789

L'Inconfidencia Mineira

En 1788, l'influence des Lumières atteint le Brésil et « l'inconfidencia », révolte du Minas Gerais, agite le pays. Le chef des rebelles, Tiradentes, est arrêté et exécuté. Sa tête est exposée au public.

© VKILIKOV - SHUTTERSTOCK.COM

Tiradentes avant son exécution.

1808

La cour portugaise se réfugie à Rio

Né à Lisbonne en 13 mai 1767 et mort dans cette même ville le 10 mars 1826, João VI est roi du Portugal et premier empereur titulaire du Brésil. Il se réfugie avec sa cour à Rio de Janeiro pour fuir l'avancée napoléonienne. Il promeut le développement du Brésil en ouvrant ses ports à l'Angleterre et en incitant l'implantation de manufactures. Des institutions administratives, artistiques et scientifiques sont créées à Rio, qui en font une véritable capitale.

7 SEPTEMBRE 1822

Indépendance du Brésil

João VI doit toutefois repartir, dès 1820, car une autre révolution survient à Lisbonne. Il laisse son fils, le prince régent Dom Pedro Ier, à Rio. Celui-ci, le 7 septembre 1822, trahit la royauté lusitanienne aux cris de « *Fico* » (je reste) et « l'indépendance ou la mort ! ». Dom Pedro, fils du roi João VI, refuse de suivre son père au Portugal et se déclare empereur d'un Brésil indépendant. Le jeune Dom Pedro préférera cette terre où il a grandi à celle de ses ancêtres. Il abdiquera lui-même en faveur de son fils Dom Pedro II, « Brésilien dans l'âme » et despote éclairé, de 1831 à 1880.

1824

La première constitution consacre la séparation entre le Brésil et l'ancienne métropole portugaise.

1850

Sous pression des Anglais, la traite des esclaves est interdite.

1864-1870

Guerre de la Triple Alliance

Cette guerre va opposer le Brésil, l'Argentine et l'Uruguay au Paraguay voisin. Le Brésil et l'Argentine vont récupérer une part substantielle du territoire paraguayen. Celui-ci va perdre la moitié de sa population.

Abolition de l'esclavage

1888 Suite à la pression britannique qui n'hésitait pas à occuper les ports brésiliens, le Brésil abolit définitivement l'esclavage après plusieurs siècles de traite négrière. Ce processus s'est mis progressivement en place à partir de 1810. Le Portugal acceptera de renoncer à la traite des esclaves, mais sa promesse restera sans effet et ce sinistre commerce continuera. Dom Pedro 1er, en 1830, confirmera cette volonté d'abolir la traite des Noirs pour conserver les bonnes grâces de la Grande-Bretagne. Les idées abolitionnistes se développent chez la bourgeoisie progressiste et en 1850 le parlement interdit la traite des esclaves. En 1870, la loi du ventre libre accorde la liberté aux enfants à naître de parents esclaves. En 1888, la loi Aurea met définitivement fin à l'esclavage.

© JDAWNINK - ISTOCKPHOTO.COM

Avènement de la République

1889 Abandonnée par la noblesse, la bourgeoisie et l'armée où les idées républicaines germent, l'empire s'effondre et la République s'installe au Brésil. En 1865, la victoire sur le Paraguay fait prendre conscience aux militaires de leur force, ce qui scelle l'avènement de fortes implications de l'armée sur les hautes sphères du pouvoir. Prenant prétexte de la « crise caféière », celle-ci dépose Pedro II le 15 novembre 1889. Appuyée par les grands propriétaires, partisans de l'esclavage, elle décrète la « république du café », sous la bannière positiviste Ordem et Progresso. Dom Pedro, empereur franc-maçon, et, par certains aspects progressistes, abdique.

Guerre de Canudos

1893-1897 Dans la région nordestine aride du Sertão, les paysans jetés sur les routes par la sécheresse se regroupent, au XIXe siècle, pour vivre d'expédients, parfois sous la férule d'un illuminé, on les appelle *cangaçeiros*. La jeune république et ses militaires positivistes vont réprimer dans le sang la « révolte mystique » de Canudos, emmenée par Antoine le Conseiller, après de nombreuses campagnes militaires et des milliers de morts. Les habitants de Canudos vont être exterminés.

1894-1930 Entre 1894 et 1930, la vieille République va voir se succéder au pouvoir des militaires, puis des oligarques. On parle de « république café au lait ».

1924-1927

Luis Carlos Prestes (1898-1990), ingénieur militaire, refuse cette oligarchie qui n'autorise de fait que 3 % des Brésiliens à voter et la société inégalitaire qu'elle propose. Avec sa colonne, la colonne Prestes, composée de militaires d'influence marxiste, il parcourt le pays de 1924 à 1927 en tentant de renverser le gouvernement en place.

1930-1954

Getúlio Vargas et l'Estado Novo

Getúlio Vargas renverse la vieille République et met en place l'Estado Novo. C'est un régime autoritaire qui s'installe progressivement, doublé d'un développement industriel fondé sur le nationalisme économique. Un retour à plus de démocratie intervient en 1946. En 1954, poussé à la démission par les militaires, Getúlio Vargas met fin à ses jours. Il demeure aujourd'hui une figure politique marquante pour le pays.

1956-1964

Le retour de la démocratie

Les présidences Kubitschek et Goulart (1956-1961 et 1961-1964) furent marquées par un réel développement économique, une modernisation de la société et des infrastructures brésiliennes. Le développement industriel dans le triangle « Rio-São Paulo-Belo Horizonte » allait faire venir des millions de travailleurs « boias frias » dans ces trois métropoles (dont le futur président Lula), modifiant profondément la géographie et la société brésilienne. La démocratie s'enracine au Brésil et sous l'impulsion de Goulart, de profondes réformes de fond (agraire, éducative, urbaine et électorale) semblent peu à peu transformer le pays en une démocratie sociale.

Brasilia sort de terre en 1960.

1964

Les militaires au pouvoir

Les militaires renversent le gouvernement démocratique et établissent un gouvernement autoritaire rythmé par les AI (actes institutionnels). Pendant plus de 20, comme toute l'Amérique latine, le Brésil connaît des années de plomb, marquées par le bruit des bottes des militaires. Cinq généraux se partagèrent successivement le pouvoir (Castelo Branco, Costa e Silva, Médici, Geisel et Figueireido). La constitution démocratique est dépouillée de ses attributs et au droit normatif succède l'arbitraire, la répression, la torture et les assassinats. La presse perd toute liberté, sous la coupe d'une implacable censure. D'un point de vue économique, le nationalisme réformateur de Goulart fait place à un système qui fait largement appel au capitalisme international et à la bourgeoisie entrepreneuriale brésilienne, sous le contrôle d'une bureaucratique administration civile et militaire. Le Brésil connaît alors une phase de croissance économique sans précédent, ce « miracle économique » laisse cependant sur le carreau des classes populaires « oubliées » par le régime militaire.

1985

Nouveau retour de la démocratie

Les premières élections présidentielles libres voient l'élection de Tancredo Neves qui va mourir avant même de pouvoir prendre ses fonctions.

1988

La constitution de 1988 confirme le retour à la démocratie du pays. Le droit de vote est étendu à tous les Brésiliens, alphabétisés ou non. Le droit du travail apporte de substantielles améliorations de conditions de vie et de travail des employés et ouvriers sans pour autant faire reculer la pauvreté.

L'ÈRE GETÚLIO VARGAS

LA MISE EN PLACE DE L'ESTADO NOVO

La Republica Velha est attaquée par le mouvement du Tenentisme, mouvement politique difficile à cerner précisément, mais qui tient son nom des *tenentes* (lieutenants), militaires démocrates issus de la classe moyenne. Les élections sont truquées. On vote sans bulletin secret et une grande partie des Brésiliens, dans un pays alors largement rural, est sous contrôle des *coroneis* (grands propriétaires terriens). Les hommes d'affaires et les grands propriétaires prennent le contrôle de l'Etat. La « Révolte de 1930 » va renverser la Republica Velha.

Getúlio Vargas renverse la vieille République

En 1930, le président sortant paulista est destitué par les opposants *mineiros* et *gauchos* et le pouvoir des putschistes échoit entre les mains du chef des rebelles Getúlio Vargas. Celui-ci instaure la « Nouvelle République », qui allait s'employer à diminuer le poids des élites oligarchiques, à l'image du péronisme argentin. Après une période transitoire, la constitution de 1934 garantit le vote à bulletin secret et promeut le droit du travail et un nationalisme économique qui va accompagner le développement industriel du pays à travers une politique de substitution aux importations. Comme l'Europe, le pays était traversé par les tentations fascistes, que Vargas partageait d'une certaine manière. Vargas fait interdire les opposants de l'ANL (Alliance Nationale de Libération, de gauche) et s'engage sur la voie autoritaire en 1937 lorsqu'il décrète l'état de guerre sous le prétexte d'une tentative de coup d'Etat fomenté par les communistes. Dès lors, l'Estado Novo initie la phase dictatoriale de l'ère Vargas. Les élections sont suspendues et les partis politiques interdits. L'administration centrale démantèle les institutions des Etats fédérés et la police politique de Vargas traque inlassablement toute forme d'opposition. Vargas, parallèlement, met en place une propagande intense vantant les bienfaits de l'Estado Novo et de son chef.

Garantir les droits des travailleurs tout en les contrôlant

Pendant la Seconde Guerre mondiale, le gouvernement brésilien définit une position de neutralité, mais s'engage finalement aux côtés des Alliés, avec comme contrepartie, de substantielles aides américaines au développement. D'un point de vue économique, le gouvernement Vargas à partir de 1941 crée des entreprises nationales (les Bràs), dans les secteurs stratégiques de l'électricité, de la prospection pétrolière, des mines et de la sidérurgie. Paradoxe pour ce seul dictateur civil du Brésil du XXe siècle : ce que l'histoire et le peuple retiendront surtout de lui, ce sont les droits du travail de 1943 qu'il octroya et dont la finalité était double : garantir les droits basiques aux travailleurs qui constituaient une masse de plus en plus importante, tout en les contrôlant. Cependant, à l'image du fascisme italien ou du gouvernement de Vichy, les syndicats sont remplacés par un système de corporations, ménageant ainsi les capitalistes et les patrons. La défaite nazie renforce les aspirations démocratiques du peuple brésilien. Dès 1945, le gouvernement procède à une libéralisation du régime et à une ouverture démocratique en autorisant les partis politiques.

Un retour de la « démocratie » à partir de 1946

La nouvelle élection présidentielle de 1946 consacre le retour de la démocratie avec une nouvelle constitution. Le nouveau président Dutra est confronté à une inflation et un déficit commercial importants qui mécontentent nombre de Brésiliens quand, parallèlement, dans le cadre de la guerre froide, le parti communiste brésilien est à nouveau interdit. Ce cadre défavorable favorise la réélection de Vargas, toujours très populaire, qui fait rapidement le choix d'un nationalisme économique et d'une politique sociale favorable aux travailleurs à laquelle fait allusion Chico Buarque dans sa chanson *Dr. Getúlio*. Il double le salaire minimum. En refusant de verser la totalité des dividendes des multinationales étrangères, Vargas va s'attirer les foudres des actionnaires brésiliens et étrangers et surtout des Etats-Unis. Le 23 août 1954, Vargas, sous la pression des militaires qui exigent sa démission, se suicide. Aujourd'hui encore, pour de nombreux Brésiliens, ce personnage controversé apparaît comme celui qui fit don de sa vie pour sauver la république et qui fut un des rares alliés de la cause ouvrière. Une des plus grandes fondations de recherche du Brésil porte d'ailleurs son nom « Fondation Getúlio Vargas » (FGV).

1992 Le successeur de Sarney, Fernando Collor de Mello confisque 80 % des liquidités circulant au Brésil et est destitué pour corruption.

1994-2003 Fernando Henrique Cardoso est élu deux fois président de la République. FHC met en place le plan Real. Le pays est surendetté et le plus inégalitaire du monde.

2003-2011

Les années Lula

Dans une ambiance de liesse populaire, Luiz Inacio Lula Da Silva, dit Lula, ancien ouvrier syndicaliste, est élu président de la République. Le peuple semble avoir choisi un candidat extérieur à un système politique qui depuis la création du pays l'a souvent ignoré. Lula sera élu deux fois de suite.

Le gouvernement Lula parvient à maintenir l'inflation sous contrôle et assure une croissance importante du PIB, arrimant définitivement le Brésil dans le groupe des BRICS, dont le leader chinois allait devenir un important partenaire économique pour le pays. Plus de 10 millions d'emplois sont créés et l'augmentation des revenus avec la hausse du salaire minimum et la création de la *bolsa familia*, entre autres, permet de sortir des millions de Brésiliens de la grande pauvreté. Le programme « *min ha casa, min ha vida* » [ma maison, ma vie] facilite l'accès à la propriété des personnes à faibles revenus.

Luis Inácio Lula da Silva en 2006.

2010-2016

Les années Dilma

Le successeur de Lula, Dilma Rousseff, est la première femme présidente du Brésil. Elle continue la politique sociale de Lula. Malheureusement, sa mandature s'initie dans une conjoncture économique très difficile. La crise économique mondiale impacte très durement le Brésil qui entre en récession durablement.

2016 La dégradation des conditions de vie va engendrer l'ire des étudiants et des classes les plus fragiles qui dénoncent les dépenses somptuaires du Brésil pour de grands événements comme la Coupe du monde de football 2014 ou les Jeux olympiques de Rio 2016. De nombreux manifestants sont alors arrêtés. Parallèlement, des affaires de corruption à grande échelle sont étalées au grand jour dans le cadre de l'opération « lava jato ». Lâchée par ses alliés politiques, Dilma est destituée en 2016 après une procédure d'*impeachment* à charge, totalement arbitraire, mené par son vice-président Michel Temer. Lula, après un pseudo-procès sera condamné à la prison pour avoir touché des pots de vin de l'entreprise pétrolière Petrobras. Il sera déclaré inéligible laissant la voie libre à Bolsonaro.

2018

Election de Jair Bolsonaro

Le successeur de Michel Temer est un ancien capitaine de l'armée brésilienne : Jair Bolsonaro. L'exaspération d'une grande partie des Brésiliens face à une crise qui n'en finissait pas, à une violence endémique et une corruption généralisée occasionne un vote motivé par le « dégagisme ». Jair Bolsonaro, ancien capitaine de l'armée brésilienne, ouvertement nostalgique du régime militaire, est élu au deuxième tour face au « poulain » de Lula, l'universitaire pauliste Fernando Haddad. A la tête d'un gouvernement constitué de huit militaires nationalistes, d'ultra-libéraux comme le Chicago boy Paul Guedes, d'évangélistes ultra-conservateurs, l'auto-proclamé « Trump des tropiques » met en place sur le plan intérieur une politique libérale visant, entre autres, à limiter les dépenses de l'Etat. Proche des lobbys 3 b (les balles, la Bible, les bœufs), il laisse l'Amazonie partir en fumée et s'oppose très peu aux violences commises contre les indigènes et les habitants des favelas. En politique extérieure, son gouvernement s'aligne sur les positions américaines. La catastrophique gestion de la crise du Covid-19 semble avoir fragilisé un gouvernement assez mal perçu de l'extérieur, surtout depuis la défaite de son principal soutien, l'ex-président américain Donald Trump en novembre 2020.

2019 La libération de Lula.

2020-2021 L'extrême fragilisation de la société brésilienne, la mise sous coupe réglée des services publics va surexposer le pays à la pandémie qui va prendre dans l'ancienne Terre de la vraie croix une dimension extrême. Plus de 500 000 Brésiliens vont perdre la vie. L'incurie du gouvernement de Bolsonaro a retardé la vaccination contre la Covid-19 et les mesures de distanciation sociale ont longtemps été présentées comme inutiles, inefficaces et économiquement coûteuses. Il semble cependant que la société civile a pris conscience de la situation et que la pression de la rue montre sa réelle volonté de changement.

TOP 10

PERSONNAGES HISTORIQUES

Le Brésil n'est pas avare en grands personnages, humanistes ou dictateurs, visionnaires, iconoclastes ou conservateurs. Le choix est forcément difficile, mais voici une sélection de quelques-unes des figures historiques majeures de ce pays.

GETÚLIO VARGAS

Président du Brésil entre 1930 et 1954, il va être perçu à la fois comme un dictateur et comme le père des pauvres.

© LUIS WAR - SHUTTERSTOCK.COM

DOM PEDRO I

Impulsif et autoritaire, le fils de João fut l'un des leaders du processus d'indépendance et l'empereur du Brésil de 1822 à 1831.

© GEORGIOSART - ISTOCKPHOTO.COM

JUSCELINO KUBITSCHEK

Père de Brasilia pendant son mandat (1956-1961), « JK » est un homme politique qui a marqué l'histoire du pays.

© JOHAN10 - ISTOCKPHOTO.COM

ZUMBI DOS PALMARES

Roi africain (1655-1695), Il fut l'un des chefs du Quilombo dos Palmares, le plus grand et le plus ancien *quilombo* du Brésil.

© JOA SOUZA - SHUTTERSTOCK.COM

DOM PEDRO II

Dom Pedro II a été empereur du Brésil entre 1840 et 1889, une période de nombreuses transformations pour le pays.

© MORPHART CREATION - SHUTTERSTOCK.COM

OSCAR NIEMEYER

Cet immense architecte est surtout connu pour avoir dessiné les plans de Brasilia, mais sa contribution est très importante et exprime sa vision humaniste.

CHICA DA SILVA

Née en 1732, cette esclave affranchie est devenue célèbre pour le pouvoir qu'elle exerçait dans la ville minière de Diamantina.

TIRADENTES

Tiradentes est un héros brésilien. Il fut l'un des leaders de l'Inconfidência Mineira et condamné à la pendaison en 1792.

© LUICARDO - SHUTTERSTOCK.COM

ANITA GARIBALDI

Née en 1821, cette héroïne lutte pour l'instauration de la République au Brésil avec son mari, Giuseppe Garibaldi, héros de l'unité italienne.

© PAOLOGAETANO - ISTOCKPHOTO.COM

LULA DA SILVA

Premier président issu des classes populaires, il met en place des mesures pour lutter contre la pauvreté et les inégalités.

© GERO RODRIGUES - SHUTTERSTOCK.COM

LES ENJEUX ACTUELS

La maxime « le Brésil est un pays d'avenir et il le restera longtemps », attribuée par certains à Clemenceau, à De Gaulle par d'autres, semblait avoir perdu de sa pertinence dans la décennie 2000. Ce pays en développement était désormais un BRICS, géant économique émergent qui comptait de plus en plus sur la scène internationale et aspirait légitimement à un siège de membre permanent au Conseil de sécurité de l'ONU. Paradoxalement, les deux grandes manifestations (Coupe du monde de football 2014 et J.O. de Rio 2016) qui auraient dû consacrer le Brésil comme nouvel acteur incontournable allaient au contraire marquer le temps du retour à des crises économique et politique majeures qui semblaient renvoyer éternellement le pays à ses problèmes originels. L'effondrement des cours des matières premières enclenc ha une crise économique, sociale et politique qui allait finalement aboutir à l'élection du président d'extrême-droite Jair Bolsonaro.

Une situation politique toujours complexe

Le retour de la démocratie au Brésil en 1986 s'était effectué de manière relativement sereine, confirmé par la constitution de 1988. Le droit de vote était étendu à tous les Brésiliens, alphabétisés ou non. Pourtant, si les institutions ont garanti la démocratie, les luttes d'intérêt, la concussion et le népotisme l'ont souvent emporté sur la recherche du bien commun et l'intérêt collectif. En 2003, l'élection à la présidence de la république de Luiz Iniacio Da Silva, du Parti des Travailleurs, semblait avoir réconcilié les Brésiliens avec le pacte démocratique. Mais les affaires de corruption à grande échelle furent étalées au grand jour dans le cadre de l'opération « lava jato ». Cela montrait une fois de plus un fonctionnement politique fait trop souvent d'arrangements entre groupes politiques aux intérêts différents, voire opposés pour constituer une majorité. Ces pratiques clientélistes semblaient soudain rappeler que rien n'avait vraiment changé depuis le temps des « colonels » et la vieille république. L'exaspération d'une grande partie des Brésiliens face à une crise qui n'en finissait pas, à une violence endémique et une corruption généralisée occasionna un vote motivé par le « dégagisme ». Les sondages montraient que Lula semblait se diriger à grands pas vers un nouveau mandat. Las, l'affaire Petrobras allait rendre l'ancien président inéligible et le faire passer par la case prison. Après un procès à charge mené par le juge Sergio Moro, Lula semblait payer les pots cassés d'un système ancien où les grandes entreprises « finançaient » les partis et les pratiques politiques. Jair Bolsonaro, ancien capitaine de l'armée brésilienne, ouvertement nostalgique du régime militaire, fut alors facilement élu au deuxième tour face au « poulain » de Lula, l'universitaire pauliste Fernando Haddad. Le Brésil approche, en juillet 2021, les 550 000 décès liés à la pandémie et le nombre réel pourrait être en réalité bien supérieur. Après deux ans et demi de mandat, la société brésilienne apparaît très divisée sur le bilan et les méthodes de celui qu'elle a porté au pouvoir. La violence et la corruption n'ont pas reculé, la pauvreté a explosé. Le réal a dévissé. Les manifestations « pro » ou « anti » Bolsonaro montrent de fait une dualité de plus en plus marquée de la société brésilienne. Bolsonaro semble s'être coupé de certains de ses électeurs. Avec moins de 25 % d'opinions favorables, selon le journal *Globo*, il semble être un des présidents les moins appréciés de la planète. Lula, une fois encore, semblerait constituer le *Deus Ex Machina*...

Une société très fracturée socialement

Le Brésil est un des pays les plus inégalitaires du monde. En termes de développement, le géant sud-américain affiche un peu envieux indice de développement humain de 0,785 qui le classe en 85e position mondiale. Près d'un Brésilien sur 4, selon l'IBGE, vit avec moins de 80 dollars par mois, le seuil de pauvreté. 6,5 % des Brésiliens, souvent des Noirs ou des Métis, des femmes isolées, vivent dans des conditions d'extrême pauvreté, avec moins de 2 dollars par jour. Ce taux augmente depuis 2015, sous les effets de la grave crise économique que traverse le pays. Sous les mandatures Lula, plus de 10 millions d'emplois furent créés et l'augmentation des revenus avec la hausse du salaire minimum et la création de la *bolsa familia*, entre autres mesures, permit de sortir des millions de Brésiliens de la grande pauvreté. Parallèlement, le gouvernement mit en place des politiques de discrimination positive pour permettre aux étudiants issus des milieux les plus défavorisés d'intégrer les universités sans passer par les dispendieuses formations appelées *vestibulares*. Pourtant, malgré son statut de pays émergent, les inégalités restent prégnantes et violentes géographiquement (entre Sudeste et Nordeste, villes-centre et périphéries, ville intégrée et favelas...) et socialement entre des classes moyennes et supérieures, souvent blanches, intégrées à la mondialisation et des classes populaires à nouveau confrontées à la pauvreté.

Les 10 % les plus riches concentrent 42 % de la richesse du pays alors que les 10 % les plus pauvres en possèdent moins de 1 %. Le système scolaire et le système de santé publique sont dans un état lamentable. La violence est omniprésente avec un taux d'homicide de 30 pour 100 000 habitants. Ce sont surtout les jeunes afro-brésiliens qui sont les principales victimes de la violence et de la pauvreté. Comme la majorité des pays depuis les années 1990, surtout ceux qui ont obtenu des prêts auprès du FMI et de la Banque Mondiale, le Brésil s'est engagé dans la libéralisation de son économie. Les deux organismes cités contraignent en effet les pays ayant bénéficié de prêts à de drastiques *PAS* (politiques d'ajustement structurel), qui induisent une contraction des dépenses sociales et publiques en limitant les investissements dans les secteurs non directement productifs. Le président de centre-gauche FHC (Fernando Henrique Cardoso) avait privatisé une partie des « bijoux de famille » brésiliens, les entreprises d'Etat désignées par leur suffixe « Bras », chères aux militaires dans leur volonté d'échapper au contrôle étranger des secteurs stratégiques comme l'énergie. Le désengagement de l'Etat, proche de la banqueroute, dans les infrastructures publiques et les services publics renforce cette fracture sociale dont la résorption dans les années 2000 avait suscité le fol espoir d'un Brésil égalitaire.

La difficile voie de l'émergence économique

Le Brésil est la 9e puissance économique mondiale, mais plus que jamais c'est un colosse aux pieds d'argile. La récession de 2015 a mis brutalement fin à la forte croissance, de 7 % en moyenne, de la décennie 2000-2010. En 2020, la récession a été de -4,5 %. Le taux de chômage officiel est aujourd'hui de 14,2 %, mais le gouvernement estime que le taux réel est plus élevé. De plus, près de la moitié de la main-d'œuvre du pays serait employée dans le secteur informel. Sa puissance économique repose en partie sur la richesse de son sous-sol et sa production agricole. C'est un géant vert exportateur de matières premières. Bois, viande café, agrumes, soja… 40 % des exportations sont constituées de produits agricoles qui pourtant ne « pèsent » que 4 % du PIB. Malgré la crise du Covid-19, les exportations agricoles sont restées stables, surfant sur la hausse de la demande mondiale et bénéficiant de la dégradation du réal sur le marché des changes. Ce sont surtout les grandes exploitations qui ont bénéficié de cette demande mondiale de matières premières. Les petits agriculteurs familiaux ont par contre été très durement touchés par la récession liée à la pandémie. Le Brésil est également une grande puissance industrielle. L'ancien pays des mines générales est toujours un grand exportateur de matières premières. Le pays est le deuxième exportateur mondial de fer et l'un des plus producteurs mondiaux d'aluminium et de charbon. Ses réserves de pétrole *offshore* et dans les bassins sédimentaires amazoniens sont potentiellement parmi les cinq plus importantes de la planète. Mais le Brésil est aussi un pays émergent, c'est-à-dire un pays présentant un secteur manufacturier important. Le secteur industriel contribue pour 18 % au PIB et emploie 20 % de la population active. Il s'affirme de plus en plus dans les secteurs du textile et de la chaussure, mais aussi de l'aéronautique (avec l'avionneur Embraer entre autres, 4e producteur d'avions de la planète et Airbus et Latécoère ont des usines près de Sampa). C'est également un « grand » de la pharmacie, de l'acier et de la chimie. Même s'il n'existe plus de marque automobile brésilienne depuis des décennies, les grands constructeurs automobiles mondiaux produisent des millions de véhicules dans leurs usines de production au Brésil situées dans le triangle ABC (São Paulo) et le Sudeste.

Des opportunités touristiques

« Le tourisme peut être un moteur de l'économie aussi important que l'agro-industrie », a déclaré Gilson Machado , le ministre du Tourisme, lors d'une interview à CNN, faisant référence aux impacts de la pandémie de COVID-19 dans le pays. Le secteur du tourisme emploie 7 millions de personnes et représente près de 8 % du PIB. Paradoxalement, et malgré son incontestable notoriété à l'international, le Brésil n'est pas une destination majeure du tourisme international, avec 6,5 millions de touristes étrangers, contre près de 90 millions en France avant la crise de la COVID-19. Les Français constituent le plus important de touristes non américains avec près de 240 000 touristes. Le tourisme international ne correspond pas toujours au tourisme brésilien. Les touristes internationaux recherchent les grandes cités balnéaires ou historiques comme Rio de Janeiro, Salvador de Bahia, Paraty, la côte nordestine, les villes coloniales du Minas Gerais ou les merveilles naturelles comme les chutes d'Iguaçu, la Chapada Diamantina, l'Amazonie, le Pantanal, les Lençóis Maranhenses. Néanmoins, le secteur du tourisme au Brésil a pu se développer grâce à un marché intérieur de 60 millions de touristes et de 190 millions de voyages. Depuis les gouvernements Lula, la hausse des revenus des plus modestes a dynamisé le tourisme intérieur, le Sudeste et le Sud, aux revenus plus élevés, composant la majorité des flux, soit vers ces régions soir vers le Nordeste ou les « spots » majeurs évoqués plus haut. Les études montrent souvent un assez bon indice de satisfaction. Le défi d'aujourd'hui et de demain, après la crise de la COVID-19, sera de proposer un tourisme « inclusif » qui permettra aux communautés de vivre du tourisme dignement tout en limitant l'impact environnemental.

DÉCOUVRIR

ARCHITECTURE

Au Brésil, c'est sans doute l'architecture qui se fait le témoin le plus parlant de la réalité contrastée de ce pays de tous les extrêmes où se mêlent traditions autochtones et folies du capital. Vous y découvrirez les richesses d'une architecture vernaculaire en harmonie avec la nature. Vous serez emporté dans le tourbillon baroque du Brésil colonial. Vous suivrez les lignes néoclassiques du Brésil impérial et déambulerez dans les rues des grandes cités qui, au tournant du XXe siècle, se sont transformées et parées aux couleurs de l'éclectisme. Vous marcherez sur les traces du plus célèbre des modernistes : Oscar Niemeyer. Et vous verrez comment, aujourd'hui, le Brésil imagine l'avenir en se tournant vers une architecture durable qui fait la part belle au bois. Un voyage fascinant !

Aux origines

Sur l'Ilha de Marajo, des tertres funéraires et les fondations de villages millénaires ont été mis à jour… mais selon les archéologues, le sous-sol du Brésil abrite bien d'autres trésors précoloniaux encore à découvrir ! De plus en plus menacés par la déforestation, les Indiens d'Amazonie ont su, tant bien que mal, préserver leurs traditions. Nombreuses sont les tribus à vivre dans des *tabas* ou villages composés de *malocas* ou *okas*, grandes maisons communautaires, généralement situées dans des clairières et protégés par des palissades en bois. C'est notamment le cas chez les Yanomani et les Xingu. Ces grandes huttes possèdent une structure en bois couverte de chaume. Les huttes sont le plus souvent disposées en cercle autour d'une grande place en terre battue où s'organise la vie de la communauté. Vivant en harmonie avec la nature, les Indiens d'Amazonie ne conçoivent leur habitat que comme temporaire. Lorsqu'ils quittent un site, ils détruisent leurs huttes dont les matériaux retournent ainsi à la terre qui les a vus naître. Sur les berges des fleuves, les Indiens Kaxinawa ont développé un ingénieux habitat sur pilotis construit en bois imputrescible et coiffé de toitures de palmes. Cet habitat sur pilotis est également utilisé en périphérie des villes lorsque les Indiens sont contraints de migrer et d'habiter en zones inondables, mais la palme est alors remplacée par la tôle. Dans l'Etat du Maranhão, notamment à Queimada dos Britos, vous pourrez également découvrir des huttes réalisées en palme et argile. Matériau phare, le palmier est souvent associé à la terre. Certaines populations recouvrent leurs murs d'un torchis appelé *taipa* composé de terre mélangée à des cailloux, tandis que certaines habitations sont construites selon la technique dite *pau-a-pique*, sorte de briques grossières de terre molle ou bouse plaquées sur une structure en bois. Une richesse vernaculaire que l'on retrouve dans de nombreuses *pousadas* (auberges traditionnelles brésiliennes) qui se font les ambassadrices d'un écotourisme salutaire.

Brésil colonial

D'abord simples villages ou *pueblos*, les missions jésuites accueillant les Indiens Guaranis se transforment en véritables villes dont le plan s'articule autour d'une grande place centrale bordée par les maisons communautaires indiennes, tandis qu'un long axe central relie le village à l'église dans une perspective toute théâtrale. Non loin, le couvent accueille les moines, avec, pour point central, le cloître bordé d'élégantes galeries couvertes. Au cœur de ces missions, les Guaranis ont développé un artisanat d'une étonnante richesse, notamment en matière de sculptures sur bois. Classé à l'UNESCO, le site de São Miguel Arcanjo illustre la splendeur de ces missions. En parallèle, la colonisation se poursuit sous les ors du baroque. L'extérieur des églises conserve une étonnante sobriété de formes et de décors. L'intérieur, en revanche, accueille toutes les exubérances décoratives, la *talha* – sculpture sur bois polychrome et couverte de dorures – en tête. Dans une mise en scène là encore très théâtrale, l'espace intérieur est organisé autour de la capela-mor, chapelle principale, et son maître-autel. Azulejos, dorures et peintures recouvrent plafonds sculptés, colonnes torses et pilastres dans un décor fait pour impressionner… et convertir ! Parmi les superbes exemples de ce baroque : l'Igreja da Ordem Terceira de Sao Francisco da Penitencia à Rio ; Nossa Senhora dos Pazeres à Monte dos Guararapes ; ou bien encore la très belle Nossa Senhora da Gloria, à Rio. Ce baroque religieux va atteindre son apogée dans le Minas Gerais où les confréries laïques de *bandeirantes*, ces aventuriers chercheurs d'or, rivalisent d'audace dans l'édification de leurs églises dont le baroque foisonnant confine au rococo, comme dans la Capela Do O à Sabara. C'est dans le Minas Gerais que va exercer le grand maître du baroque : l'architecte et sculpteur Antonio Francisco Lisboa, dit l'Aleijadinho (le petit estropié). Fils d'un architecte portugais et d'une esclave, atteint d'une maladie dégénérative, l'Aleijadinho est le symbole d'un art qui permet aux opprimés et aux démunis de transcender leur condition.

© FELIPEGOIFMAN - SHUTTERSTOCK.COM

Le Sanctuaire de Congonhas.

Parmi ses chefs-d'œuvre, notons : l'église Saint-François d'Assise à Ouro Preto et surtout les 12 prophètes sculptés dominant le sanctuaire de Congonhas. La ville coloniale baroque, elle, se caractérise par un enchevêtrement de ruelles étroites et pentues, les *ladeiras*, pavées de pierres arrondies baptisées *pé-de-moleque*, littéralement « pied de garnement », car les enfants des rues y couraient pieds nus. Ces rues sont bordées de demeures coloniales, les *sobrados*, possédant un ou deux étages, organisées le plus souvent autour d'un patio, et reconnaissables à leurs toits en pente couverts de tuiles creuses, et à leurs étages nobles décorés de balcons en fer forgé et parfois de moucharabiehs, autant d'éléments témoignant des influences stylistiques portugaises et orientales. Les deux grands points de repère de la ville coloniale sont l'église et le palais du gouverneur, chacun possédant sa place où trône souvent une fontaine ou *chafariz*. Ouro Preto, Sao Luis, Diamantina, Recife et surtout Salvador de Bahia possèdent de somptueux centres historiques au riche patrimoine colonial. Cette période est aussi faite de troubles, ce qui explique la présence de nombreux forts sur le littoral. Parmi les plus belles fortifications, ne manquez pas : le Forte Dos Reis Magos à Natal avec son plan en étoile et le Forte de Montserrat à Bahia… Des forts destinés à protéger les ressources du pays que l'on exploite, notamment dans les *engenhos*, les grandes exploitations sucrières. Le site de Solar do Unhão à Salvador de Bahia en est l'un des mieux préservés.

De l'Empire à la République

Le Brésil impérial se tourne vers la rigueur néoclassique. Sous l'impulsion de Dom João VI, Rio se transforme en véritable capitale européenne. Il faut dire que le roi devenu empereur s'entoure de nombreux artistes européens, et notamment français, dont l'architecte Grandjean de Montigny. La Casa França-Brasil à Rio est l'une de ses grandes réalisations. La cour se fait également construire de nombreux palais et résidences d'été, à l'image du Palais Impérial dont les superbes jardins, aujourd'hui Parc de la Boa Vista, ont été imaginés par le paysagiste français Auguste Glaziou, à qui l'on doit également le très élégant Campo de Santana avec ses bassins, grottes et ponts. En parallèle, le pays voit se multiplier les *fazendas*, grands domaines ruraux associés à l'exploitation du café. Au centre, se trouve la *Casa Grande*, la maison du maître. Son rez-de-chaussée accueille des entrepôts, tandis que les habitations se trouvent à l'étage. Colonnes, pilastres et frontons néoclassiques décorent ces grandes demeures qui surplombent un jardin orné d'un bassin de céramique. Autour de la maison se déploient chapelle, cuisine, entrepôts, *terreiros* – grande terrasse dallée de pierre ou de céramique où l'on fait sécher les grains de café –, et quartier des esclaves baptisé *senzala*. Les riches propriétaires terriens se font également construire de superbes demeures en ville, les *placetes*, que l'on retrouve notamment sur l'avenue Paulista à São Paulo. Le tournant du siècle s'accompagne d'une grande effervescence urbanistique, comme le montre bien la nouvelle ville de Belo Horizonte. Inspirée de Washington, la ville, symbole de la nouvelle devise républicaine « Ordre et Progrès », s'organise selon un plan damier, tandis que de larges avenues boisées accueillant infrastructures publiques et équipements collectifs rayonnent en diagonale. Rio aussi se transforme et passe de ville coloniale à… cité haussmannienne sous l'impulsion de Francisco Pereira Passos, surnommé le maire-bâtisseur. De grandes avenues sont percées, à l'image de la célèbre Avenida Central, les rues sont élargies et de nouveaux bâtiments apparaissent, témoignant de l'évolution stylistique de l'époque, qui fait la part belle à l'éclectisme, comme le montre bien le Théâtre Municipal de la ville, dont les contours ne sont pas sans rappeler ceux de l'Opéra Garnier. A la fin du XIXe siècle, deux théâtres avaient déjà fait parler d'eux pour leur très éclectique exubérance décorative et leurs matériaux importés en totalité d'Europe (mosaïques portugaises, marbres italiens, tuiles alsaciennes...) : le Théâtre Amazonas à Manaus et le Théâtre Da Paz à Belém. En parallèle, se développe une étonnante architecture métallique, qu'avait annoncée l'Elevador de Salvador de Bahia, premier ascenseur urbain du monde. Souvent associée aux courbes de l'Art nouveau et à ses élégantes verrières, on retrouve cette architecture métallique dans les marchés urbains, à l'image du Mercado Municipal de Manaus ; dans les gares, comme dans l'Estaçao da Luz à São Paulo ; ou sur les ponts, tel le Pont Hercilio Luz à Florianopolis. Le début du XXe siècle est aussi celui du développement des stations balnéaires. Copacabana en est un bon exemple. Nombreuses sont les villas de son Avenida Atlântica à se parer des lignes géométriques et épurées de l'Art déco. Une modernité qu'avait également annoncée la grande exposition organisée à Rio en 1922.

Eloge du modernisme

Dans les années 30, Rio change sa physionomie sous l'impulsion de l'urbaniste français Alfred Agache qui imagine les grandes avenues du quartier du Castelo, des immeubles avec parking, et de vastes trottoirs surmontés d'édifices sur pilotis. C'est également l'avènement des gratte-ciel. L'Edificio Martinelli avec sa résidence Art nouveau au sommet de ses 30 étages, et l'immeuble Banespa dont les lignes Art déco rappellent celles de l'Empire State Building sont les deux plus célèbres tours de São Paulo. Mais c'est Le Corbusier qui va définitivement introduire le modernisme au Brésil. Vouant une véritable passion à la ville de Rio, il y réalise le Palacio Capanema dont les pilotis, brise-soleil et bureaux paysagers rappellent ses Cités Radieuses. Parmi les architectes qui assistent Le Corbusier se trouve le maître incontesté du modernisme brésilien : Oscar Niemeyer, qui va développer un style très personnel où la courbe règne en maître. L'église Saint-François d'Assise à Pampulha avec ses trois nefs en arcs paraboliques, ou bien encore l'Edificio Copan (p.489) à São Paulo avec sa forme en S, illustrent bien cette architecture ondoyante. Mais les plus célèbres réalisations de Niemeyer sont à voir à Brasilia ★★★ (p.585), ville conçue par l'architecte en collaboration avec l'urbaniste Lucio Costa, à la demande du président Kubitschek qui souhaitait donner au pays une nouvelle capitale. Bâtie ex nihilo, la ville permet toutes les « folies » architecturales et urbanistiques. Le plan directeur est inspiré du dessin d'un avion, la ville se faisant ainsi le symbole de la prospérité du pays. L'importance de la symbolique se retrouve dans les édifices de Niemeyer : la coque de la Chambre des Députés rappelle une sorte d'urne destinée à recevoir le vote du peuple, tandis que la forme fermée de la coupole du Sénat symbolise la concentration nécessaire à la prise de décisions ; de même la structure du quartier général de l'armée rappelle la forme d'une épée défendant la ville. Parmi les autres édifices à ne pas manquer : la Cathédrale Metropolitana et ses piliers courbes dessinant un cercle baigné de lumière, la pyramide de béton du Théâtre National ou bien encore le Parque da Cidade imaginé par une autre figure clé du modernisme, Roberto Burle Marx. En parallèle de ces édifices du pouvoir, la ville dispose aussi d'imposants quartiers résidentiels faits de *superquadras*, blocs d'habitations sur pilotis. Novatrice, la ville s'est pourtant révélée être un échec... centrée sur le tout-voiture, pensée pour une faible population et donc non adaptée aux exodes ruraux massifs voyant se multiplier les bidonvilles en périphérie, et isolée du reste du pays, Brasilia a les défauts de sa modernité. Autres grandes figures du modernisme, Alfonso Reidy a imaginé l'étonnant Musée d'Art Moderne de Rio (p.143), avec ses deux gigantesques niveaux soutenus pas une série d'arcs en béton armé ; tandis que Paulo Mendes da Roc ha a transformé São Paulo avec son brutalisme épuré et élégant, faisant dialoguer verre et béton dans un savant jeu d'ouverture vers la nature, comme le montre bien la superbe Casa Butanta. Après Oscar Niemeyer, Paulo Mendes da Roc ha est le deuxième architecte brésilien à s'être vu remis le prestigieux Prix Pritzker, le Nobel d'architecture !

Elevador Lacerda, Salvador de Bahia.

© CACIO MURILO - SHUTTERSTOCK.COM

Musée Iberê Camargo conçu par l'architecte Alvaro Siza.

Brésil contemporain

Dans les années 80, l'industrielle et industrieuse São Paulo se pare d'une forêt de gratte-ciel, tandis que les voies de circulation se superposent afin de désengorger le centre-ville. En périphérie, les quartiers ouvriers organisés en cercles ou en damiers côtoient de luxueuses villas, tandis qu'encore plus à l'écart les favelas se multiplient. Aucune ville n'échappe à l'apparition de ces quartiers de fortune devenus de véritables villes dans la ville où les premières cabanes en planches de bois et toits de palmes ont laissé place à des constructions en béton. Face aux favelas, les *condominios* ou *gated communities* font figure de véritables forteresses de béton. Fort heureusement, le Brésil contemporain possède un autre visage, celui de réalisations étonnantes et davantage en lien avec son histoire, à l'image du grand Sambodrome de Rio imaginé par Oscar Niemeyer, du MUBE de São Paulo réalisé par Paulo Mendes da Roc ha ou de l'Instituto Inhotim, plus grand centre d'art contemporain à ciel ouvert dont les jardins ont été dessinés par Roberto Burle Marx. Cette période marque aussi le début d'une réflexion sur les questions environnementales. En 1992, Curitiba reçoit même le Prix Scroll of Honour-Habitat de l'ONU en récompense de son système de ramassage et de recyclage des ordures rachetées aux plus défavorisés, créant une économie vertueuse. Une réflexion écologique menée également par José Zanine Caldas, architecte autodidacte qui développa une architecture aux structures de bois brut apparentes. En parallèle, le Brésil a continué à s'enrichir de belles réalisations contemporaines. Oscar Niemeyer a réalisé le **Musée d'Art Contemporain de Niteroi** (p.210)aux allures de soucoupe volante et le superbe auditorium de São Paulo ; Paulo Mendes de la Roc ha a reçu le Prix Mies Van der Rohe Amérique Latine pour sa rénovation de la **Pinacothèque d'Etat à Sao Paulo** (p.492) et a imaginé la Cais des Artes de Vitoria toute en légèreté et transparence ; Alvaro Siza a réalisé le Musée Iberê Camargo à Porto Allegre à la lumineuse structure de béton blanc ; la Franco-Brésilienne Elizabeth de Portzamparc a, quant à elle, imaginé le projet de réhabilitation de la Marina da Gloria à Rio avec de grandes promenades végétalisées aux allures de Land Art. Si les JO ont mis un coup de projecteur sur Rio et sa richesse culturelle, avec pour centre névralgique le **Museu do Aman ha** (p.136) aux lignes futuristes et à l'élégante blancheur imaginées par Santiago Calatrava, force est de constater que la plupart des infrastructures mises en place ont été finalement laissées à l'abandon... Un contraste saisissant avec l'architecture durable qui se développe aujourd'hui. L'ingénieur Helio Olga continue de pousser toujours plus loin l'architecture bois, s'inspirant de la réussite de son projet imaginé en collaboration avec Marcos Acayaba : la maison-tour de São Paulo, prototype de construction industrialisée mêlant harmonieusement bois et ciment. Peut-être Jean Nouvel s'en est-il inspiré pour imaginer sa Torre Rosewood, véritable bâtiment-paysage pensé comme une extension du Parc de Matarazzo à São Paulo. A cela s'ajoutent de nombreux projets écologiques qui opèrent un véritable retour aux sources !

BEAUX-ARTS

Vaste terre aux charmes innombrables, le Brésil stimule l'imaginaire. Peintres et sculpteurs ont de tout temps intégré les apports européens à leur style reconnaissable. Le baroque fait partie des courants qui imprègnent jusqu'à l'âme du pays. Les artistes brésiliens ont le don de s'affranchir des codes pour aller de l'avant. Les grands musées construits à travers le pays ont joué un rôle majeur dans l'essor de la peinture brésilienne. Dès 1905, la Pinacothèque de São Paulo soutient le modernisme. Très vite, le Musée d'Art de Bahia lui emboîte le pas. A l'offre muséale d'une variété étourdissante, il faut ajouter la célébrissime biennale de São Paulo qui donne le ton sur la scène internationale depuis sept décennies. Mais l'art brésilien aime s'adresser au plus grand nombre. Pour ressentir l'énergie et la passion qui anime la scène locale, pourquoi ne pas commencer par un festival ou une balade street art au cœur des métropoles ?

Culture autochtone

Bien avant l'arrivée des explorateurs, les peuples amérindiens pratiquaient un art de la peinture, très éloigné des codes européens. Les principaux supports étaient alors le corps humain, les céramiques de même que les murs des grottes. Les Indiens du Brésil ont prolongé la peinture corporelle et la céramique décorée jusqu'à nos jours.

Les œuvres rupestres montrent une majorité de scènes de chasse, dont certaines datent de la préhistoire. Ces représentations répondaient à des fonctions rituelles et étaient probablement dotées de pouvoirs magiques destinés à favoriser la chasse. Les plus anciennes peintures pariétales, datées à 32 000 ans, se situent dans le Parc national de la Serra de Capivara. Par la suite, la période coloniale a totalement ignoré ces traditions picturales.

Vers le baroque

Des artistes accompagnaient les premiers explorateurs pour documenter les découvertes sur ce continent. Aquarellistes et graveurs ont ainsi reproduit la faune et la flore, les paysages ainsi que la vie des autochtones. Au XVIIe siècle, après l'invasion hollandaise dans le Nordeste, des peintres flamands se rendent au Brésil. Frans Post, le plus réputé, réalise une série de tableaux dans la tradition hollandaise des paysages, représentant notamment la faune et la flore de la région. En plus de sa beauté esthétique, son œuvre a valeur de document historique. Plusieurs de ses tableaux sont exposés à l'Instituto Ricardo Brennand à Recife (p.400).

© PHOTOS DANNY - ISTOCKPHOTO.COM

Peintures rupestres, Parc national de la Serra de Capivara.

© ROBERT NAPIORKOWSKI - SHUTTERSTOCK.COM

La Pinacoteca de São Paulo réunit l'art brésilien du XIXe siècle et du XXe siècle

Au début du XVIIIe siècle, le baroque européen imprègne la peinture brésilienne et se nuance d'influences locales. Les codes de ce style artistique majeur au Brésil, à savoir le sentiment, le drame, le goût de l'opulence le prédisposent à véhiculer le message de l'Eglise catholique. Rares sont les œuvres qui sont signées.

Le romantisme

Les Français sont les inspirateurs d'une peinture brésilienne académique romantique, où l'exubérance de la nature et la lumière ont une place prépondérante. Ainsi la « mission artistique française » fait venir des peintres sous la houlette de Joaquim Lebreton en 1816, notamment Nicolas-Antoine Taunay, Jean-Baptiste Debret ou François-René Moreaux. En grand amateur d'art, l'empereur Don João VI est à l'origine de cette initiative à son retour du Portugal, mais il se heurte aux partisans de la tradition baroque. Cette nouvelle Academia Imperial de Belas Artes (AIBA) créée en 1826 à Rio fait émerger dans la deuxième moitié du XIXe siècle une scène picturale propre au pays. Des artistes talentueux comme Victor Meirelles (Panorama de Rio, 1890) ou Pedro Americo (Batal ha de Avai, 1879) forment une solide collection.

La Pinacoteca de São Paulo (p.492) réunit l'art brésilien du XIXe siècle et du XXe siècle dans toute sa variété. Peintures, sculptures, photographies ou gravures, on trouve des artistes paulistes, comme Almeida Júnior, Pedro Alexandrino et Oscar Pereira da Silva ainsi que des bronzes de Rodin. Le Museu Nacional de Belas Artes (p.132) de Rio abrite la plus grande collection d'art brésilien du XIXe siècle.

Le modernisme

Au début du XXe siècle, São Paulo acquiert une place prépondérante grâce à l'émergence d'une classe aisée. Un esprit cosmopolite souffle sur la ville. La vague moderniste touche les artistes brésiliens dans les années 1920. Ses principaux représentants sont Lasar Segall (d'origine lituanienne) et le Carioca Emiliano Di Cavalcanti, célèbre pour ses peintures de métisses.

Le modernisme brésilien est un mouvement clé de la culture artistique du pays. Dans l'Europe d'avant-guerre, les courants d'avant-garde tels le futurisme, le dadaïsme ou le cubisme secouent la scène artistique. Les Brésiliens ne se contentent pas de copier ces courants, ils veulent s'appuyer sur des éléments de leur propre culture. Une véritable rupture pour l'époque. Le modernisme brésilien se nourrit des influences étrangères afin de les arranger à sa sauce. Les arts plastiques et la littérature sont les principaux champs d'expression modernistes. Dans l'œuvre du peintre Anita Malfatti et du sculpteur Victor Brecheret, précurseurs du mouvement, on verra la manifestation des valeurs expressionnistes. Tarsila do Amaral et Vincente do Rego Monteiro, tous deux peintres, puiseront dans le courant cubo-futuriste.

A l'effervescence culturelle de São Paulo s'oppose l'ambiance plus traditionnelle de Rio. La Semana de Arte Moderna, ou Semana de 22 (1922), pensée par le peintre Di Cavalcanti et qui se tint dans le Théâtre municipal de São Paulo, marque le début du modernisme. Les artistes de la première phase du mouvement A Primeira Geração (La première génération) développent un art expérimental, selon le projet des écrivains Mario et Oswald de Andrade. Cette première phase, plus radicale, brise les mœurs de la société. La deuxième et la troisième phase, dites postmodernes, exercent leur influence sur le mouvement jusque dans les années 1960. Ainsi, Candido Portinari (1903-1962) s'est avéré être un peintre néoréaliste prolifique (plus de 5 000 œuvres). L'universalité de son œuvre lui a valu plusieurs commandes, parmi lesquelles les peintures murales du siège des Nations unies à New York.

La première Biennale de São Paulo a lieu en 1951. L'art abstrait et l'avant-garde bénéficient enfin d'une large plateforme de diffusion. L'événement est déterminant pour l'évolution de la peinture brésilienne.

L'art contemporain

L'année 1984 marque le retour officiel de la peinture avec l'exposition *Onde está você, geração 80 ?* (Où êtes-vous, génération des années 1980 ?). Elle réunit à Rio de Janeiro 123 artistes, débutants pour la plupart, qui proposent à eux tous un regard renouvelé sur la peinture.

Le **MAC, le musée d'art contemporain de Rio** (p.210), situé à Niteroi, compte une riche collection d'artistes brésiliens contemporains. Un nouveau musée, le **Museu de arte do Rio (MAR)** (p.135), propose des collections temporaires d'art contemporain et de photographie. Près de Belo Horizonte, les passionnés d'art contemporain se rendront dans le magnifique parc d'Inhotim. Voici une sélection de figures de l'art contemporain :

Hélio Oiticica, peintre et sculpteur, il est le pionnier de l'art concret au Brésil. Oiticica disparaît à 43 ans en 1980, mais laisse une œuvre importante, respectée par la critique internationale.

Romero Britto, né à Recife en 1963, représente le pop art. Inspiré par les maîtres modernes, il utilise nombre de couleurs et de thématiques populaires dans ses travaux. L'artiste signe aussi une collection d'objets du quotidien.

Os Gêmeos, ou les jumeaux de São Paulo Gustavo et Otavio Pandolfo sont aujourd'hui une référence dans le monde du graffiti. Avec leurs personnages jaunes et leur univers poétique et coloré, ils construisent un monde onirique, mais pas moins critique de la réalité.

Street art à Rio

Les Brésiliens différencient le tag ou « pichação », perçu comme un acte de rébellion, du « grafite » qui relève d'une démarche artistique. Depuis 2009, le gouvernement brésilien a légalisé la pratique du street art à condition d'obtenir l'accord du propriétaire. Encore plus à Rio de Janeiro qu'ailleurs, l'art des rues explose littéralement, et dévoile sa belle diversité à la vue de tous. Il est le moyen d'expression qui clame les valeurs populaires et témoigne des opinions en cours. Quel que soit son message, l'œuvre murale reste colorée et passionnée. Cependant, les actions se multiplient en faveur d'un art réfléchi et de qualité. Les plus significatives sont les festivals d'art de rue qui rassemblent des artistes du monde entier.

En explorant les rues de Rio, restez à l'affût de ce florilège de grandes signatures brésiliennes. Rafaela Monteiro aka Rafa Mon arrive tout droit de l'univers de la mode. On reconnaît ses fresques à leur tonalité onirique et poétique. Mondialement connu, Eduardo Kobra exprime son art dans des fresques monumentales à tendance réaliste. Originaire de la banlieue de São Paulo, il ajoute à ses compositions colorées des jeux kaléidoscopiques qui font sa renommée. En plus d'exposer à Paris, en Espagne et en Argentine, Marcelo Eco disperse des œuvres dans toute la ville de Rio. Il aime reproduire dans un style graphique le portrait d'un moustachu au menton en pointe, qui serait peut-être Salvador Dali. En tout cas, on le retrouve partout dans Rio de Janeiro, sous diverses formes, et plus particulièrement sur l'Avenida Nossa Senhora de Copacabana.

Partout, mais où ? A Rio, les murs du Jardin botanique et du métro sont connus pour leurs fresques. Pour guider une balade dans la ville, voici d'autres pistes. La fresque du tramway dans Santa Teresa rappelle la place qu'occupait autrefois ce moyen de locomotion dans la vie quotidienne des habitants. « Le bondinho » a été fermé en 2011 après deux accidents dramatiques. Le quartier de Botafogo est non seulement riche en street art, mais il réunit les artistes attachés à la forme plus qu'au fond. Ici, loin des messages politiques et de rappels à la réalité, une abondance de pépites colorées embellit l'environnement urbain juste pour le plaisir. A l'opposé, les œuvres du Centro revendiquent le souvenir d'événements historiques, de la vie rurale à l'esclavage. C'est ici que se trouve la plus grande peinture murale du monde : Eduardo Kobra a réalisé dans le centre une commande à l'occasion des J.O. sur le thème des tribus indigènes et des cinq continents. Reconnue au Guinness Book ! Dans le quartier chic et branché d'Ipanema, le graffeur anonyme Oraculo Project répand l'amour à travers des messages au pochoir disséminés sur le sol. En anglais et en portugais. Le même artiste colore des troncs d'arbre en rouge pour sensibiliser à la destruction des forêts. La Coupe du monde 2014 a fait l'objet d'innombrables expressions du désaccord populaire. En parallèle des soulèvements de la population, ces messages en images continuent de hanter les rues. A noter, la cour de justice de Rio a récemment prohibé toute intervention des street artistes dans le métro pour ne pas déranger les voyageurs. Espérons que cela ne donne pas le ton des années à venir.

TOP 10

PHOTOGRAPHES

Au milieu du XIXe siècle, la prospérité du Brésil attire les artistes étrangers. Le Nouveau Monde fascine d'emblée les photographes. Parmi les sujets récurrents, la baie de Rio, les vues pittoresques et le quotidien des esclaves trouvent un public. Leurs images séduisent les premiers touristes du Brésil.

CRISTIANO MASCARO
Architecte et photographe urbain, il porte sur les villes un regard sensible empli de poésie.

MARC FERREZ
Précurseur né à Rio de Janeiro en 1843, il documente la vie quotidienne de la jeune Nation brésilienne.

IZAN PETTERLE
Grand voyageur et photographe de paysage, il se démarque dans ses panoramas de la nature brésilienne.

CLAUDIA ANDUJAR
Exposée dans le monde entier, elle défend le peuple Yanomami dans une démarche politico-esthétique.

WALTER FIRMO
Né en 1937, il est connu pour ses portraits d'icônes musicales et ses instantanés du folklore brésilien.

PAULA SAMPAIO
Se consacre aux communautés amazoniennes, urbaines et rurales, et montre leur culture au quotidien.

VIK MUNIZ
Né à São Paulo, sculpteur et photographe mondialement connu, il transforme tout matériau en médium.

SEBASTIÃO SALGADO
Ce globe-trotteur écolo parcourt le monde et rapporte des photos en noir et blanc qui font sa renommée.

M. BUAINAIN
Né en 1962, il se passionne pour les questions environnementales et leur impact sur la vie humaine.

MIGUEL RIO BRANCO
Photographe, peintre, cinéaste né en 1946. Il capture la beauté au cœur des lieux populaires.

Le photographe Sebastião Salgado.

MUSIQUES ET SCÈNES

Parmi les clichés les plus tenaces concernant le Brésil, on trouve le football, évidemment, le culte du corps et les plages, cela va sans dire et puis, bien entendu… la musique. Cette dernière est une part énorme de l'identité brésilienne et c'est sans doute, car le pays a enfanté un nombre de genres qui lui ressemblent et le racontent comme personne. Par exemple, dans la samba, c'est le Brésil souriant et festif que l'on voit, dans la bossa-nova, c'est sa tendresse, sa douceur, sa poésie qui ressort tandis que dans le tropicalisme et le MPB on découvre un Brésil contestataire et revendicatif. Sans parler du funk carioca, témoin sauvage et minimaliste de la vie des favelas. Le Brésil est un pays immense où il y a énormément à voir. Et il y a au moins autant à écouter.

La musique et la danse traditionnelles

Impossible d'aborder les traditions musicales brésiliennes sans les introduire par le carnaval. Fête gigantesque (celui de Rio a attiré 6,5 millions de personnes en 2018 !) et iconique du pays, le carnaval brésilien est héritier de la tradition d'un défilé historique portugais appelé *entrudo*, auquel sont venues s'ajouter les influences africaines, en particulier en matière de danses. Une fête unique, singulière, sans laquelle le Brésil ne serait pas vraiment le même. Naturellement, toutes les grandes villes possèdent le leur, chacune présentant à sa manière un large panel des musiques du pays. Un genre traditionnel particulièrement lié au carnaval est le *frevo*. Apparu à la fin du XIXe siècle, ce rythme ardent joué par un orchestre de cuivres accompagné de quelques percussions (*surdo* et caisse claire principalement) est la tradition musicale et chorégraphique par excellence du Pernambouc. Proche de la capoeira dans ses mouvements, le *frevo* voit les danseurs vêtus d'habits colorés et d'un petit parasol répéter une chorégraphie très agile. Un trésor de la culture brésilienne qui fut d'ailleurs désigné Patrimoine immatériel de l'humanité par l'UNESCO en 2012. Autre expression traditionnelle brésilienne très courante, le *forró* est le genre typique du Nordeste. Typiquement joué à l'accordéon et aux percussions comme le ***zabumba*** (une grosse caisse) le forró se base sur des danses européennes africanisées et se décline en plusieurs genres, certains plus cadencés que d'autres. Désignant également le nom de la danse qui l'accompagne, le forró s'exécute toujours à deux, un peu comme une lambada. Le genre a pas mal voyagé avec le temps et on en trouve quelques groupes en Europe.

DÉCOUVRIR

Danseurs de frevo à Olinda.

© ERICA CATARINA PONTES - SHUTTERSTOCK.COM

Danseur de maracatu.

Egalement natif de l'Etat de Pernambuco, le *maracatu* est une manifestation culturelle afro-brésilienne dont l'origine remonterait au XVIIe siècle. Fête rituelle, le *maracatu* est pratiqué depuis le début de la colonisation, hérité de l'histoire des esclaves. Toujours accompagnée des percussions, cette procession folklorique dansante et colorée figure les cérémonies de couronnement du « roi du Congo », une pratique permise durant l'esclavage. Déclarée « décadente » durant le XXe siècle la pratique a connu un nouveau souffle dans les années 1990 avec l'ascension du mouvement noir et du *mangue beat* (ou « rythme du marais »).

Citons également le *repente* (ou *cantoria*), défi d'improvisation en vers chantés, à partir d'un thème et souvent accompagné du *pandeiro* (tambourin) ou du *violão* (une guitare). Des concours sont souvent organisés.

La musique traditionnelle regorge d'instruments typiques du pays comme le *berimbau*, arc relié à une calebasse au son de guimbarde et rythmant magiquement les combats de capoeira ; le *cavaquinho*, petite guitare à quatre cordes ou encore la *cuica*, tambour raclé de l'intérieur avec un bâton. C'est ce dernier qui émet le « rire » typique de la musique brésilienne.

Outre le carnaval, le pays multiplie les occasions de goûter à ses traditions musicales. Par exemple, la Festa Do Divino, célébration religieuse particulièrement spectaculaire à Paraty et Diamantina est entrecoupées de danses et de manifestations folkloriques. On trouve beaucoup de musiques et danses également au Festival de Parintins, la deuxième fête folklorique après le carnaval ou aux Festas Juninas ou de São João, grandes célébrations de saint Antoine (23), saint Jean (24), et saint Pierre (29) comprenant musique traditionnelle, jeux, danse et nourriture locales. Quelques adresses reparties dans le pays proposent des spectacles folkloriques comme le Club Finlândia de Rio ou le **Galo da Madrugada** (p.405)de Recife qui, tous les jeudis, reçoit à son siège des groupes de *frevo*, *maracatu* ou de folklore régional.

La musique populaire

Quelle musique est plus emblématique de l'identité nationale brésilienne que *le* samba ? Oui LE samba, ici, ce mot est masculin. Datant du début du siècle, le genre est né dans le port de Rio, parmi les esclaves libérés du Nordeste venus chercher du travail dans la capitale. Sa musique se caractérise par son exceptionnelle richesse de percussions, un chant collectif et une gaieté lumineuse tandis que sa danse particulièrement entraînante et contagieuse guide les carnavals de tout le pays. Une excellente adresse pour écouter de la samba à Rio est le **Carioca da Gema** (p.179) qui dans une atmosphère bien dans son jus accueille de nombreux groupes locaux. Citons également l'Ahaçaria Mangue Seco, un club de samba aussi fameux pour son incroyable bar que pour la qualité de ses concerts de samba et choro *ao vivo*.

Séminale, la samba a généré beaucoup d'autres genres tels que la *pagode* ou encore la bossa-nova. Cette dernière est devenue une des pierres angulaires du pays. Née à la fin des années 1950, la bossa-nova est schématiquement une samba en plus intimiste et sophistiquée, truffée d'influences jazzy. Il est courant de dire – à raison – que c'est le premier album du Bahianais João Gilberto *Chega de Saudade* qui marque la naissance de la bossa-nova. Une œuvre charnière pour la musique brésilienne qui confère à son auteur un statut particulier. Poète introverti et solitaire, João Gilberto (1931-2019) est un des colosses de la musique brésilienne. Voix superbe, arrangements sublimes, la légèreté douce-amère de la musique de João Gilberto plane à tout jamais dans l'air brésilien et il est plus que conseillé de se familiariser avec son œuvre avant un séjour sur place.

Si *Chega de Saudade* est un album aussi important, c'est sans doute aussi car plusieurs grands esprits de la musique s'y croisent, dont les deux cadors Antonio Carlos Jobim et Vinícius de Moraes. Le premier, aussi connu en tant que Tom Jobim (1927-1994), fut compositeur, pianiste, flûtiste et un des géniteurs de la bossa-nova. S'il a composé quelques 500 chansons, Jobim reste particulièrement associé à l'une d'entre elles, *The Girl from Ipanema*, écrite en 1964. Un bijou qui fit voyager la bossa-nova dans le monde entier et dont les paroles étaient signées… Vinicius de Moraes (il n'y a pas de hasard). Figure réjouissante, généreuse et poétique, Vinicius de Moraes (1913-1980) a grandement participé à faire de la musique brésilienne ce qu'elle est devenue. Compositeur, collaborateur, parolier prolifique de la bossa-nova, il fut un temps où il ne se composait pas un chef-d'œuvre sans que de Moraes y soit associé de près ou de loin. Vinicius demeure un artiste légendaire de la bossa-nova et, sans surprise, l'institution du genre à Rio, porte son nom. Le **Vinicius Bar** (p.180) – sis dans la rue qui porte également le nom de l'artiste en face du bar Garota da Ipanema – est sans conteste une des meilleures adresses en ville pour un concert de bossa, sa scène mythique ayant vu passer la crème du genre : Baden Powel, Wanda Sa, Dori Caymmi... Plus loin dans la même rue, on trouve le **Toca Do Vinicius** (p.175), boutique qui sous ses airs de librairie, cache un véritable centre culturel de la bossa-nova. Aussi quiconque cherche un bon concert de bossa à Belo Horizonte se rendra au **Cafe com Letras** (p.256), très chic café littéraire accueillant concerts de jazz, de bossa ou DJs pratiquement tous les soirs.

Née dans le sillage de la bossa-nova, la *musica popular brasileira* – la « musique populaire brésilienne » ou « MPB » – et ses mélodies sophistiquées, n'est pas un style à proprement parler, mais plutôt un mouvement protestataire, souhaitant mélanger traditions musicales (les musiques régionales), textes contestataires et samba, bossa, jazz, rock, etc. Le genre a émergé avec quelques-uns des plus grands noms de la musique brésilienne dont Chico Buarque (1944), compositeur, chanteur et écrivain carioca, figure de proue du mouvement et auteur de nombreux standards brésiliens ou Baden Powel (1937-2000), virtuose de la guitare et compositeur d'une musique somptueuse, inattendue, chaude et lumineuse. Aujourd'hui, moins populaire que le pagode ou l'axé, la MPB a cependant connu un renouveau dans les années 2000 avec un groupe d'artistes qui, souvent, portent des noms de famille déjà connus du grand public, tels Moreno Veloso (fils de Caetano), Leo Maia (fils de Tim Maia), Maria Rita (fille d'Elis Regina) ou Jairzinho et Luciana Mello (fils de Jair Rodrigues).

Autre genre très populaire, l'*axé* est caractéristique de Bahia et du carnaval de Salvador. Né dans les années 1980, il plonge ses racines dans la musique africaine, caribéenne et brésilienne, s'inspirant du reggae, du calypso et de la *marcha*, entre autres. Parmi les artistes célèbres du genre, citons Ivete Sangalo, Chiclete com Banana et surtout Claudia Leite, aujourd'hui superstar. Beaucoup moins connu, mais absolument charmant, le *choro* vaut également la peine d'être mentionné. Ce genre de musique instrumentale enchanteresse a été développé à Rio de Janeiro au XIXe siècle, influencé par plusieurs rythmes africains. Le grand artiste du genre fut Pixinguinha, flûtiste, saxophoniste et compositeur dont le swing avait un goût de paradis.

Un lieu à noter où se croisent grands noms de la musique populaire et nouveaux talents : la **Fundição Progresso** (p.180) de Rio, lieu magique pouvant accueillir plus de 5 000 personnes.

La musique classique

C'est véritablement durant la seconde moitié du XVIIIe siècle qu'apparaissent les premiers compositeurs brésiliens de musique savante. A l'époque, la région du Minas Gerais est criblée d'exploitations coloniales d'or et diamants, attirant une population importante. De très nombreux compositeurs étaient alors en activité et certains sont restés dans la postérité comme Lobo de Mesquita, Francisco Gomes da Roc ha ou Marcos Coelho Neto, auteurs essentiellement de pièces de musique sacrée. Avec l'appauvrissement des mines à la fin du siècle, l'activité musicale se déplace vers de grands centres comme Rio et São Paulo. Surtout Rio, puisque la famille royale portugaise s'y installe en 1808, ordonnant à des compositeurs et musiciens portugais de la rejoindre. C'est notamment le cas de Marcos Portugal (1762-1830), prolifique compositeur d'opéras qui influencera grandement la composition brésilienne à venir. Apparaît à cette époque José Maurício Nunes Garcia (1767-1830), le premier des grands compositeurs brésiliens. Fier représentant du classicisme dans les Amériques, il a été le compositeur brésilien le plus prolifique de son temps, notamment influencé par les compositeurs viennois de l'époque tels que Mozart et Haydn. Disciple de Nunes Garcia, Francisco Manuel da Silva (1795-1865) est l'auteur de la mélodie de l'hymne national brésilien et incarne via son œuvre la transition vers le romantisme. C'est également à cette époque que s'illustre Antônio Carlos Gomes (1836-1896). Contemporain de Verdi et Puccini, il a composé des opéras de style italien avec des thèmes nationaux brésiliens, comme *Il Guarany* et *Lo Schiavo* – qui furent joués à la Scala – et demeure à tout jamais le seul compositeur non européen à être auréolé de succès en Italie durant l'âge d'or de l'opéra. Au Brésil aussi, l'opéra traverse un âge d'or et reste très populaire jusqu'au milieu du XXe siècle. C'est à cette époque que de nombreux opéras sont construits, comme le Théâtre municipal de São Paulo ou le magnifique **Théâtre municipal de Rio de Janeiro** (p.132), inspiré de Garnier et résidence de l'orchestre symphonique brésilien (un des principaux du pays).

A l'instar de nombreux endroits du monde, apparaît ici au début du XXe siècle la volonté d'établir une musique nationale, authentiquement brésilienne, affranchie des influences européennes et trempée d'inspirations folkloriques. Si Alberto Nepomuceno (1864-1920) est considéré comme le père de ce nationalisme musical, c'est bel et bien Heitor Villa-Lobos (1887-1959) qui en est le grand héraut. Compositeur illustre du pays, il mêla brillent le classicisme de ses maîtres (Bach en tête) aux sonorités traditionnelles du Brésil. Après huit ans à voyager dans les régions les plus reculées du pays, l'artiste a sillonné l'Amazonie et effectué des recherches sur le folklore national afin d'élaborer son œuvre si singulière. D'aucuns s'accorderont sur le fait que *Bachianas Brasileiras* est sa pièce maîtresse, série de neuf suites et apothéose de la fusion entre le folklore et le style Bachien.

En réaction à l'école nationaliste, apparaît à la fin des années 1930 le mouvement *Música Viva* (« musique vivante »), dirigé par Hans Joachim Koellreutter et par Egídio de Castro e Silva, prônant une esthétique dérivée du dodécaphonisme et de la musique atonale d'Arnold Schoenberg. Dans les années 1960, l'avant-garde brésilienne reprend du tonus via une nouvelle vague – appelée *Música Nova* (« musique nouvelle ») – s'intéressant à la musique sérielle, concrète ou électronique. La grammaire musicale se renouvelle alors complètement, notamment sous l'impulsion d'artistes tels que Gilberto Mendes (un élève de Boulez et Stockhausen) et Willy Corrêa de Oliveira. Depuis, la musique savante brésilienne maintient intacte cette lignée d'avant-garde entre les mains de compositeurs tels que Sílvio Ferraz, Marcos Balter, Edson Zampronha, Jorge Antunes ou encore Caio Facó.

Outre la composition, le Brésil s'est également illustré grâce à ses interprètes et plus particulièrement de grands noms internationaux tels que les pianistes Roberto Szidon (1941-2011), la Franco-Brésilienne Magda Tagliaferro (1893-1986) et surtout le très révéré Nelson Freire ou encore le violoncelliste Antônio Meneses, très admiré. Citons également deux grandes sopranos, Bidu Sayão (1902-1999) autrefois star du Metropolitan Opera et Eliane Coelho qui brilla sur les scènes du Frankfurt Opera du Staatsoper de Vienne.

Le pays possède plusieurs ensembles philharmoniques conséquents, le plus célèbre étant certainement l'Orchestre symphonique de l'Etat de São Paulo, anciennement dirigé par la cheffe Marin Aslop avant d'être remplacée par le Suisse Thierry Fischer (depuis 2020). Le pays compte d'ailleurs quelques baguettes relativement célèbres comme Roberto Minczuk, directeur de l'Orchestre philharmonique de Calgary, John Neschling, autrefois directeur de l'Orchestre national Bordeaux Aquitaine et Isaac Karabtchevsky, à la tête de la Petrobras Symphony.

Le rock

Aspect moins connu du pays, le Brésil entretient une longue amitié avec le rock. Tout commence dans les années 1960, peu avant la naissance du MPB (mentionné précédemment), lorsqu'un mouvement d'avant-garde naît en réaction à la répression militaire : le *tropicalisme*. Mêlant les grosses influences anglo-américaines – pop, rock et psychédélisme – aux spécialités locales que sont la samba ou la bossa-nova, le mouvement débute avec un album *Tropicália : ou Panis et Circencis*, fabuleuse œuvre collaborative réunissant un paquet de noms qui deviendront essentiels à la musique brésilienne : Gilberto Gil, Caetano Veloso, Tom Zé, Os Mutantes et Gal Costa. Le premier, Gilberto Gil, est peut-être l'un des musiciens les plus éclectiques et engagés du pays (rappelons aussi qu'il fut ministre de la Culture entre 2003 et 2008), le second, Caetano Veloso est un des plus connus et emblématiques tandis que le groupe Os Mutantes, demeure culte chez plusieurs générations de fans de rock. Depuis que ces pionniers ont posé les jalons de la scène rock brésilienne, cette dernière est intarissable. Dans les années 1970, on croise des forces tranquilles comme Milton Nascimento et des groupes révolutionnaires comme Novos Baianos, dans les années 1980 on voit apparaître des increvables comme Titãs, toujours actifs aujourd'hui, dans les années 1990 Sepultura montre que le Brésil sait faire du metal mieux que personne et dans les années 2000, l'électro rock de CSS va faire remuer des millions de têtes dans le monde entier.

La musique électronique

Ces dernières années, s'il y a bien un style qui a fait rayonner le Brésil dans le monde, c'est bien le *baile funk*. D'ailleurs, si on l'appelle ainsi hors du pays, il est généralement désigné par *funk carioca* au Brésil, voire simplement par funk à Rio. Et ne vous fiez pas à son nom, cette musique électronique n'a pas grand-chose à voir avec James Brown ou George Clinton. Datant des années 1980 et puisant son inspiration dans la *Miami Bass* (une variante dansante du hip-hop), le funk carioca se distingue par son minimalisme, sa froideur, sa dureté et sa sauvagerie et peut apparaître comme un cousin brésilien du rap. Elle est la musique la plus populaire de la jeunesse du pays, portée par des stars comme la chanteuse Anitta, surnommée la « *Beyoncé do Brasil* », MC Kevinho ou MC Fioti (qui a eu un petit succès en France). L'endroit idéal pour un concert de rock ou un bon DJ set de funk carioca à Rio est sans aucun doute, Casa Rosa (p.179), grande maison rose bonbon transformée en centre culturel se démarquant par la qualité de sa programmation.

TOP 10

MUSIQUE

Parmi les très nombreuses révolutions musicales du XXᵉ siècle, il y a le blues, le rock, la pop, le punk, l'électronique et puis… la musique brésilienne. Rares sont les pays qui peuvent se targuer d'avoir réussi à bouleverser le paysage musical mondial comme le Brésil l'a fait. On vous raconte comment avec dix artistes clés.

ELIS REGINA/ANTÔNIO CARLOS JOBIM

Une star et un compositeur incontournable. *Elis & Tom* (1974) est le climax de la pop brésilienne.

© RENAN MARTELLI DA ROSA - SHUTTERSTOCK.COM

HEITOR VILLA-LOBOS

Entre 1930 et 1945, Villa-Lobos compose un chef-d'œuvre en fusionnant folklore brésilien et style de Bach.

© PRACHAYA ROEKDEETHAWEESAB - SHUTTERSTOCK.COM

CHICO BUARQUE

Chef-d'œuvre absolu, Buarque fait paraître en 1971 l'album apothéose du MPB : *Construçao*.

© A.PAES - SHUTTERSTOCK.COM

JORGE BEN JOR

Bijou de production et composition, *Africa Brasil* (1976) est aussi un grand moment de musique noire.

© A.PAES - SHUTTERSTOCK.COM

CARMEN MIRANDA

La discographie de cette immense star de l'entre-deux guerre offre un panorama fabuleux sur la musique brésilienne.

© CATWALKER - SHUTTERSTOCK.COM

CSS

En 2006, le groupe electro-rock CSS électrise le monde entier avec son premier album *Cansei de Ser Sexy*.

© CHRISTIAN BERTRAND - SHUTTERSTOCK.COM

DIPLO

Avec les mixtapes *Favela On Blast* (2004) et *Favela Strikes Back* (2006), le producteur américain emmène le *baile funk* loin des favelas.

© DFREE - SHUTTERSTOCK.COM

JOÃO GILBERTO

En 1959 paraît *Chega de Saudade*, premier album de bossa-nova de l'Histoire.

GETZ/GILBERTO

Un duo phare et un album paru en 1964 qui a fait fondre les Etats-Unis pour la bossa-nova.

TROPICÁLIA : OU PANIS ET CIRCENCIS

En 1968, Gilberto Gil, Caetano Veloso, Tom Zé, Os Mutantes et Gal Costa sortent l'album manifeste du mouvement *Tropicalia*.

LITTÉRATURE

Pays qui jouit d'une diversité ethnique parmi les plus importantes au monde, le Brésil n'a pour autant jamais renié les peuples natifs qui l'habitaient avant même que les Portugais ne posent pied à terre en 1500 et entreprennent sa colonisation. Dans un tempo savamment orchestré, le monde des lettres est par ailleurs resté connecté aux grands courants qui ont agité la littérature au fil des siècles, s'autorisant à expérimenter tout en utilisant le matériau intrinsèque au pays, qu'il s'agisse de la langue, de la culture indienne ou des mythes fondateurs sur lesquels s'est appuyée la recherche d'une identité propre. Mais le Brésil est aussi terre de toutes les inégalités, ses auteurs ont alors eu à cœur d'utiliser le levier de leur art pour décrire, voire dénoncer le scandale de l'esclavagisme ou des guerres de territoires. Malheureusement bien trop confidentiels, ses chefs-d'œuvre sont néanmoins disponibles en français grâce à l'engagement de certains éditeurs.

Métissage et premiers écrits

Faire naître la littérature brésilienne à l'heure de la colonisation du pays par les Portugais serait d'autant plus injuste que celle-ci s'est nourrie de la culture des peuples natifs, et que la langue de ces derniers a tellement influencé celle des arrivants qu'il est désormais d'usage de distinguer le brésilien du portugais. Lorsque Pedro Álvares Cabral retrouve la terre ferme en avril 1500, après un long mois en mer, il pense découvrir une île qu'il surnomme Ilha de Vera Cruz. Il y rencontre des Amérindiens, les Tupis, qui se divisent en plusieurs tribus. Leur accueil, plutôt chaleureux, ne laissera oublier ni les persécutions qu'ils vivront bientôt quand la folie du commerce viendra durcir ces relations naissantes, ni leur goût pour la chair humaine que ne manquera pas d'évoquer Hans Staden, qui fut leur prisonnier après avoir fait naufrage sur l'île de Saint-Vincent, dans *Nus, féroces et anthropophages*, une curiosité disponible aux jolies éditions Métailié. Le premier échange, à proprement parler littéraire, se fait par l'entremise des Jésuites qui ont à cœur d'évangéliser les Indigènes et qui pour cela apprennent leur langue et la transposent à l'écrit, à l'exemple de José de Anchieta (1534-1597) qui rédigera une *Grammaire Tupi* et donnera traduction des textes saints. Mais son engagement ira plus loin, car soucieux de préserver les Indiens des dérives des colons qui auraient pu les éloigner de la foi, il les incitera à regagner la forêt. L'un de ces villages, qu'ils fondèrent et où ils vécurent ensemble, deviendra São Paulo, la plus grande ville d'Amérique du Sud. Anchienta se distingue aussi par son goût pour la poésie, sous sa plume elle prend la forme de longues épopées écrites en latin, *De Gestis Mendi de Saa* publié anonymement en 1563, ou *De Beata Virgine dei matre*, poème de la Vierge, restent les plus célèbres. Son compère, Manuel da Nóbrega, a également contribué

© ALF RIBEIRO - SHUTTERSTOCK.COM

Statue de Jose de Anchieta, São Paulo.

à l'émergence de la littérature dite colonialiste grâce aux lettres qu'il envoyait à ses supérieurs et qui restent des documents historiques de premier ordre, bien que, au fur et à mesure, l'enthousiasme dont il continue malgré tout à faire montre s'éloigne des tristes réalités. Les éditions Chandeigne ont fait paraître une anthologie de ces correspondances typiques de la conquête du Nouveau Monde, assemblées par Jean-Claude Laborie et Anne Lima elles raviront les curieux.

Le Portugal du tout début du XVIIe siècle voit naître Antonio Vieira, appelé à rejoindre le Brésil dès sa prime jeunesse puisque son père exerçait comme greffier au tribunal de Bahia. Embrassant les Ordres, ses sermons et prises de position politiques l'amèneront à multiplier les allers-retours entre les continents, et lui vaudront même un procès intenté par l'Inquisition. Figure du Baroque, ses *Œuvres complètes* – dans lesquelles il prendra plus souvent qu'à son tour la défense des Indiens – figurent dans la liste des plus grands classiques portugais. Suivant le même courant, et partageant a priori la même verve que notre prédicateur comme le suggère le surnom dont il était affublé, O Boca de Inferno (Bouche de l'enfer), Gregório de Matos (1636-1696) a laissé une poésie de très belle facture et empreinte d'une sacrée dose d'ironie. Sa vie indépendante qui faisait fi des convenances, tout autant que son art de la satire dont il usait pour dénoncer les corruptions et autres dépravations, lui vaudront également un procès, dont il sortira gracié, pour sa plus grande fierté.

Mais déjà se dessine le XVIIIe siècle et avec lui un nouveau courant, l'arcadisme, dont le nom fait référence au Péloponnèse et aspire, par là même, à une esthétique néoclassique. Son plus fervent représentant est sans aucun doute Tomás Antônio Gonzaga (1744-1810) avec son poème *Marília de Dirceu* dans lequel il évoque l'amour qu'il portait à une femme brésilienne à laquelle il était fiancé. Mais il ne faudrait pourtant pas oublier l'importance de Basílio da Gama, plus connu sous son pseudonyme Termindo Sipílio, né en 1740 dans la colonie, mais ayant intégré l'Arcadie de Rome. En 1769, il rédigea un poème épique prenant pour décor la guerre guaranie, et pour héros les Indiens soumis à l'esclavage. *O Uruguai* constitue un très bel exemple du mouvement indigéniste, qui laissait présager que le romantisme, qui déjà s'annonçait, ne sera pas dénué d'une certaine revendication nationaliste.

La quête d'une identité

Cette recherche d'une identité spécifiquement brésilienne va être portée par un événement historique notable : en 1808 la famille royale s'installe au Brésil, fuyant la menace de l'armée de Napoléon qui vient d'envahir le Portugal. Dès lors la colonie accède à un autre statut, et les littéraires bénéficient de l'esprit européen qui les interroge aussi bien sur les questions sociales que sur la notion de subjectivisme engendrée par le siècle des Lumières. La vague romantique déferle et s'autorise bien des formes, il lui est même associé le théâtre de mœurs, plutôt comique, dans lequel excelle Martins Pena, né en 1815 à Rio de Janeiro et décédé prématurément en 1848 à Lisbonne. Avec lui s'ouvre une voie nouvelle, des pièces totalement inspirées des petits travers de son pays natal, ne possédant plus ce défaut d'imitation des standards européens auxquels ses pairs se cantonnaient jusqu'alors. Sur scène se jouent aussi les tragédies de Gonçalves Días (1823-1864), telle *Patkull* où se mêlent amour et trahison, mais l'homme est surtout réputé pour sa poésie qui se veut patriotique et lui vaut le titre de poète national. Quelques vers de son *Chant de l'exil* (*Canção do exilio*), écrit alors qu'il est à Coimbra et qu'il éprouve la nostalgie de sa terre natale, seront repris dans *l'Hino Nacional Brasileiro* : « Nos forêts ont plus de vie/Notre vie en ton sein plus d'amours ».

La poésie se fait effectivement vecteur de sentiments exaltés envers la mère-patrie qui revendique ses héritages et la protection des divers peuples qui la composent. Castro Alves, dit le Poète des Esclaves, proclamera son idéal abolitionniste notamment dans *Os Escravos* et *A Cachoeira de Paulo Afonso*. L'année même de sa mort, en 1871, alors qu'il n'avait que 24 ans, une loi qu'il avait réclamée viendra encadrer l'esclavage des enfants. Il faudrait encore citer Álvares de Azedo (1831-1852), qui dans son admiration pour Lord Byron et la fulgurance de sa courte vie incarne la figure du poète ultra-romantique, ou Fagundes Varela (1841-1875) qui pleurera ses disparus et sublimera ses angoisses dans *Cantos e Fantasias* (1865). Toutefois, l'un des plus influents reste sans conteste José de Alencar, né en 1829 à Fortaleza. En 1856, il entre en littérature par le biais de la polémique, critiquant vertement et sous couvert d'un pseudonyme, *A Confederação dos Tamoios* que Gonçalves de Magalhães (1811-1882), fer de lance du mouvement romantique et protégé de l'empereur Pierre II, avait conçu comme la première grande épopée brésilienne qui remettrait au centre l'Indien, érigé au rang de héros national. Plus que le fond, c'est la forme que déplorait Alencar, sa diatribe devenant promesse de la réforme esthétique qu'il allait opérer en publiant l'année suivante le roman *O Guarani*, tout d'abord en feuilletons dans le *Diário do Rio de Janeiro*, puis dans un volume unique. Ce qui s'annonçait comme le début d'une trilogie – *Iracema* et *Ubirajara* paraîtront respectivement en 1865 et 1874 – lui attirera les faveurs du public, et lui vaudra les louanges d'un homme qui allait devenir le représentant du courant réaliste, Joaquim Maria Machado de Assis (1839-1908).

La modernité

Fils d'un père mulâtre et d'une mère d'origine portugaise, Machado naît dans un milieu modeste à l'heure même où son pays voit accéder au pouvoir un tout jeune homme de 16 ans. Machado n'est guère plus âgé quand il publie en revue ses premiers poèmes *Ela* et *A Palmeira* avec la complicité d'un libraire qui lui ouvre de nouvelles perspectives intellectuelles. Animé de l'envie de progresser socialement, mais aussi d'une passion précoce pour les lettres, l'écrivain en devenir s'exerça tout d'abord à l'art dramatique, sans convaincre, se fit journaliste, avec plus de succès, et devint fonctionnaire, par sécurité. Les critiques s'accordent à scinder sa production littéraire en deux périodes, la première (*Ressurreição* en 1872, *Helena* en 1876, etc.) est sous le joug de l'influence du courant romantique dont il s'affranchira pour révéler au monde sa véritable nature d'auteur novateur. La deuxième période s'ouvre en 1881 par la publication du roman *Mémoires posthumes de Brás Cubas* (éditions Métailié) qui déjà contient une approche réaliste et un caractère psychologique qui le distinguent de ses pairs et, surtout, tranchent brutalement, par ce quasi-nihilisme, avec la mièvrerie des histoires sentimentales qu'il avait auparavant livrées. Suivront *Quincas Borda* en 1891 et *Dom Casmurro* en 1899 qui achèvent de le propulser comme chantre du réalisme, et auront une influence, parfois insoupçonnée, bien au-delà des limites du monde lusophone.

L'époque est aussi marquée par le mouvement pré-moderniste qui s'impose sous la plume d'Euclides da Cunha (1866-1909), l'auteur de *Os Sertões* qui raconte la guerre de Canudos à laquelle il a participé en tant que correspondant de presse, et sous celle de Lima Barreto (1881-1922) à qui personne ne disputera l'acuité dont il fera preuve pour décrire la vie du petit peuple de Rio de Janeiro. Certaines de ses nouvelles les plus ciselées se découvrent dans le recueil *L'Homme qui parlait javanais* publié par les éditions Chandeigne. Dès la fin du XIXe siècle se profile une révolution littéraire qui ne se dédouanera pas des thématiques politiques, mais qui réclamera l'exploration de nouvelles esthétiques. En cela, les poètes de la « Triade parnassienne » – Alberto de Oliveira, Raimundo Correia et surtout Olavo Bilac – préfigurent le déploiement du courant moderniste qui atteindra son apogée au cours de la « Semaine de 22 » – en février 1922 – durant laquelle l'art moderne fit l'objet de toutes les attentions. En tête de proue, Mário de Andrade (1893-1945) publia en 1928 une œuvre que l'on ne peut qualifier que de fondatrice, *Macounaima*, un roman qui joue d'une langue « impure », mais reprend pour autant des éléments du folklore brésilien, un voyage qui se fera également en français grâce au fantastique travail éditorial de la maison d'édition Cambourakis. À ses côtés, Oswald de Andrade (1890-1954) publiera la même année un texte ô combien provocateur, *Le Manifeste anthropophage* qui incitait à la digestion des cultures étrangères – notamment celle des colons – pour mieux lutter contre l'appropriation. « Seul m'intéresse ce qui n'est pas mien » pourrait résumer son crédo. La littérature vit en parallèle l'histoire d'un pays qui sera durant ce siècle soumis à multiples turpitudes, coups d'Etat et dictature, mais elle se montre désormais suffisamment forte de ses propres expérimentations pour se permettre d'évoluer dans différentes directions. C'est de cette liberté dont usera João Guimarães Rosa dans *Diadorim* (Le Livre de Poche), certainement l'un des chefs-d'œuvre brésiliens où la langue, si intime, n'a d'égale que l'universalité des questions morales auxquelles est confronté le narrateur. Enfin, Jorge Amado (1912-2001), qui connaîtra un exil français, démontrera la richesse de la littérature brésilienne et des voyages dont elle sait si bien se faire promesse : *Cacao*, *Dona Flor et ses deux maris*, *Le Vieux marin*, *La Boutique aux miracles*, etc.

Statue du poète Castro Alves, Salvador.

TOP 10

LECTURE

Faire le point sur les classiques brésiliens qui ont été traduits en français et sont toujours disponibles dans les rayons de nos librairies est aussi l'occasion de saluer l'engagement de certains éditeurs qui osent promouvoir des textes rares et précieux : Chandeigne, Métailié ou encore Cambourakis.

L'AMAZONIE RACONTÉE AUX ENFANTS

Une visite intime d'un écosystème unique et malheureusement menacé.
Philippe Godard, *éditions De La Martinière.*

TUNGSTÈNE

À Salvador da Bahia, quatre personnages vont se croiser au pied du Fort de Notre-Dame. Polar ou récit sociétal, quoiqu'il en soit une histoire haletante.
Marcello Quintanilha, *éditions Ça et là.*

MIRACLE AU BRÉSIL

Sous forme de saynètes, le dramaturge revient sur l'emprisonnement qu'il a subi en 1971, quand son pays était alors sous le joug d'une dictature.
Augusto Boal, *éditions Chandeigne.*

LYNCHAGES ORDINAIRES

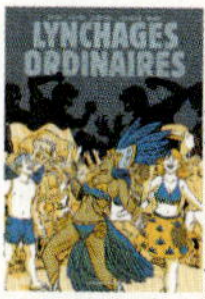

Parti assister au Carnaval de Rio pour se consoler d'une rupture, Johan ne tarde pas à découvrir les dessous de la fête.
Léa Ducré, Benjamin Hoquet, Morgann Jezequel, Héloïse Chochois, Victoria Denys, *éditions La Boîte à bulles.*

LES PEUPLES INDIENS DU BRÉSIL

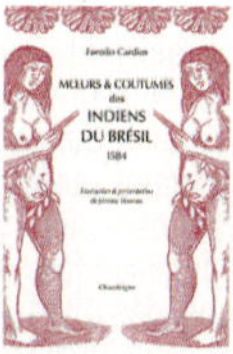

En 1582, un Jésuite Portugais profite de sa découverte du Nouveau Monde pour noter tout ce qu'il apprend, passionnant !
Fernão Cardim, *éditions Chandeigne.*

LES COLÈRES D'UN GÉANT

Vision panoramique d'un immense pays dont les ramifications n'ont cessé d'interpeller celui qui y a voyagé longuement.
Patrice Montagu-Williams, *éditions Nevicata.*

L'AIR QUE TU RESPIRES

Brésil, 1930. L'amitié improbable entre une orpheline et la fille choyée du patron de la plantation de cannes à sucre où elle travaille.
Frances de Pontes Peebles, *éditions J'ai Lu.*

BOTANICA

Compilation des travaux que l'artiste a réalisés entre 2016 et 2020 en s'inspirant d'un répertoire végétal époustouflant, et très personnel.
Luiz Zerbini, *éditions Fondation Cartier.*

L'ALIÉNISTE

Quand un scientifique s'installe dans un village et commence à se livrer à des expériences sur toute la population, que peut-il arriver ?
J.M. Machado de Assis, *éditions Métailié.*

MADE IN BRASIL

Trente recettes et autant d'incontournables pour reproduire chez soi des saveurs typiques, du churrasco au barreado.
Heloisa Bacellar et Laetitia Vasseur, *éditions Larousse.*

À L'ÉCRAN

Le cinéma s'implante rapidement au Brésil. Un an à peine après la première projection à Rio de Janeiro en 1896, une salle de cinéma existe déjà dans la ville. Un réseau de salles se développe, elles emploient pour la plupart leur propre équipe de tournage. Le cinéma brésilien s'exerce donc d'abord en circuit court. La programmation de ces premières salles alterne entre films « posés », sorte de reconstitution d'affaires criminelles, et « chantés », doublés en direct par des acteurs présents dans la salle, rappelant les bonimenteurs du cinéma muet européen. Comme dans de nombreux pays, le cinéma se structure autour de la diffusion d'actualités locales ou nationales, et des « ciné-journaux » voient le jour, avec leur lot de propagandes. La production brésilienne a connu de nombreux contre-coups au fil du XXe siècle, dus aussi bien à des questions économiques qu'à des changements politiques brutaux. Elle s'épanouit cependant depuis bientôt trente ans.

Une industrialisation difficile

La domination américaine s'installe dès les années 1910, via des réseaux de salles présents dans toutes les grandes villes, qui étouffent au fil des années le cinéma brésilien. Le gouvernement prend alors une mesure drastique : taxer la diffusion de films étrangers, afin de favoriser avant tout la production locale. Les années 1920 voient la naissance de cycles régionaux, qui mettent en lumière des regroupements de productions locales, avec des œuvres provenant de Recife, Porto Alegre et Campinas, entre autres, et permettent à la production nationale de se définir et d'exister en-dehors de l'axe dominant Rio-São Paulo.

Les films parlants arrivent au Brésil dès 1929, la même année qu'à Hollywood avec *Acabaram-se otários* de Luiz de Barros. Avec les nouvelles mesures de taxations douanières aussi bien que la difficulté posée par l'anglais, le cinéma hollywoodien recule dans un premier temps, et la voie est toute tracée pour la production nationale. Cinedia et Brasil Vita Films font partie des structures les plus importantes créées au début des années 1930. Humberto Mauro réalise pour Cinédia son chef-d'œuvre *Ganga Bruta* (1933). Mais Hollywood, à grand renfort de publicités et d'investissements dans les équipements de salle, redouble de pression face à la production brésilienne qui recule dès 1934, année blanche où aucune production nationale n'est recensée.

Le parlant est une industrie plus coûteuse, et l'économie du cinéma brésilien a du mal à en porter seule le développement. Les grands studios comme Cinédia se mettent alors à copier le modèle américain, avec des comédies musicales.

Carlos Saldan ha créateur des séries L'âge de glace et Rio.

Cinema Novo

Influencée par le néoréalisme italien puis la nouvelle vague française, une jeune génération s'approprie les codes de ce cinéma réaliste et tourné avec les moyens du bord. Leur but : donner à voir la réalité des conditions de vie au Brésil, et surtout dans ces zones les plus pauvres. Des marchands de cacahuètes sont ainsi les personnages principaux de *Rio, 40°* (1955) de Nelson Pereira dos Santo, initiateur du mouvement, qui se poursuit durant les années 1960 avec Carlos Diegues et Glauber Rocha, primés à Cannes à deux reprises : *Terra em Transe* (prix de la critique internationale, 1967) et *Antonio Das Mortes* (prix de la mise en scène, 1969). C'est la consécration du Cinema Novo.

Malgré cette période faste, le cinéma brésilien va connaître de nouvelles difficultés liées à la situation politique et économique du pays. La junte militaire qui arrive au pouvoir va mettre en place des structures afin de mieux contrôler la production cinématographique, tout en réinstaurant les taxes sur les films étrangers.
L'Embrafilme voit le jour – entreprise qui vise à soutenir la production nationale officielle tout en faisant de l'ombre à « l'Udigrudi » : le cinéma underground qui critique ouvertement les militaires au pouvoir.

Crise et renouveau

A l'aune des années 1980, la production nationale augmente, mais c'est sans compter sur la forte récession économique qui déferle sur le pays dès 1982. De nombreux Brésiliens n'ont plus les moyens de s'offrir une sortie cinéma, et en conséquence les exploitants militent afin de pouvoir diffuser plus de films étrangers. Pour garder leurs commerces à flots, ils se mettent à diffuser essentiellement des productions érotiques : les « pornochanchadas ». Le cinéma d'auteur national est au bord de l'extinction.
En 1990, l'arrivée au pouvoir du président démocratiquement élu Fernando Collor met fin à la junte militaire, mais son gouvernement, afin de lutter contre la corruption et de défaire les derniers maillons de la dictature, démantèle malheureusement toutes les institutions publiques chargées de soutenir la production cinématographique. La dernière année de sa présidence, un seul film est produit, signé Walter Salles.
Le gouvernement suivant renverse cependant la balance. Une loi de 1993 favorisant fiscalement l'investissement dans la production et un organisme de la ville de Rio, Riofilme, ont redonné une vigueur nouvelle à la production. Des cinéastes talentueux ont émergé, comme Walter Salles (*Central do Brasil*, Ours d'or à Berlin en 1998, puis *Carnets de voyage* en 2003, biopic de jeunesse d'Ernesto « Che » Guevara), Fernando Meirelles (*La Cité de Dieu*, sur la favela éponyme de Rio, qui a remporté un grand succès international, ou *L'Aveuglement* en 2008), Karim Ainouz (*Madame Satã*, 2002), ou encore le controversé José Padilha qui, avec *Tropa de Elite* (2007, Ours d'or à Berlin), a décrit avec un réalisme froid les méthodes des forces spéciales de la police carioca. Kleber Mendonça Filho s'est distingué avec *Les Bruits de Recife* (2012), qui dresse le portrait de Recife à travers les sons qui lui donnent son rythme et sa pulsation. Il concrétise avec *Aquarius* en 2016, œuvre magistrale qui dénonce la violence du capitalisme foncier à travers le combat d'une femme pour garder son logement.

© KATHY HUTCHINS - SHUTTERSTOCK.COM

Fernando Meirelles, réalisateur du film La Cité de Dieu.

Renouer avec le grand public

La scène audiovisuelle brésilienne s'ouvre aux séries TV, avec la sortie remarquée sur Netflix de *3 %*, un récit de science-fiction dystopique qui met pourtant en avant des problématiques bien réelles de la société brésilienne. Le fossé de plus en plus grand qui sépare les classes populaires de l'élite nationale.
Dans un futur pas si lointain, la population est séparée en deux groupes : seuls 3 % du « continent », regroupés dans une ville aux allures de favela futuriste, pourront accéder à une île où mener une vie privilégiée dans un cadre préservé.
Le Brésil se distingue aussi par une grande figure du cinéma d'animation, Carlos Saldanha, à qui l'on doit, outre les différents volets de *L'âge de Glace* (2002-2016), la série des *Rio* (2011, 2014). Il réalise un des chapitres de l'adaptation brésilienne de la franchise *Paris, je t'aime : Rio eu te amo* (2014), et produit également depuis 2021 la série fantastique, diffusée Netflix, *Cidade Invisivel*. Le Brésil est enfin une terre de tournages propices aux co-productions internationales. Parmi les films les plus connus, on compte évidemment le deuxième volet d'*OSS 117* (*Rio ne répond plus*), ou encore *La forêt d'émeraude* (1985) de John Boorman. C'est aussi là que Werner Herzog, poursuivant l'aventure sud-américaine, tourne son *Fitzcarraldo* (1982).

POPULATION

Une des premières richesses du Brésil, c'est sans doute sa population. Le Brésil est le pays le plus peuplé d'Amérique latine et le 6e pays le plus peuplé de la planète avec plus de 211 millions d'habitants. Sa population a pratiquement triplé depuis 1960 où elle s'élevait à 72 millions et a été multipliée par 6 depuis 1930. Elle réside désormais très majoritairement dans les villes. Malgré la diversité « physique » de sa population, la « brésilianité » s'affirme de manière homogène. Le sentiment d'appartenir à la même nation n'a jamais été remis en doute depuis les tentatives sécessionnistes du XIXe siècle. La pratique d'une même langue, le portugais, la concentration des populations dans les métropoles, y sont sans doute pour beaucoup. On assiste à l'émergence timide d'une conscience amérindienne, soutenue par la frange progressiste du pays, mais les défis restent nombreux dans un pays aux clivages sociaux marqués.

Une croissance démographique maîtrisée

Sa population devrait atteindre son maximum en 2050, avec près de 230 millions de Brésiliens, avant de décroître lentement et se stabiliser à 180 millions en 2100, soit la population brésilienne de 2005. Le pays a achevé sa transition démographique. Ainsi, les taux de mortalité et de natalité ont baissé et l'accroissement naturel (différence entre le taux de natalité et de mortalité) est faible. La chute du taux de mortalité infantile a été spectaculaire, accompagnant le développement du Brésil et son émergence. Ainsi, ce taux passait de 145 décès pour mille naissances en 1950 à 48 en 1990 et 12 pour mille en 2020. Certes, ce taux reste supérieur à celui des pays occidentaux, mais il montre le développement du pays et l'efficacité (relative) de son système de soins. L'augmentation globale du niveau de vie, l'urbanisation, l'alphabétisation ont induit la baisse de l'indice de fécondité. A terme, cela va entraîner un vieillissement progressif de la population. Dès 2030, la part de population des plus de 65 ans devrait dépasser celle des moins de 15 ans.

Des défis nombreux

Les défis auxquels est confronté le Brésil sont donc paradoxalement doubles. Le pays doit éduquer, soigner et intégrer au marché du travail une frange de population numériquement importante, mais également prévoir l'adaptation de leurs services de soins et de prévention sociale à une population qui va vieillir rapidement, les nouvelles générations remplaçant mécaniquement de moins en moins les anciennes. La transition démographique s'accompagne, comme dans les autres pays où elle est achevée, par une transition épidémiologique. La mortalité par maladies infectieuses baisse et est supplantée par les pathologies chroniques et dégénératives et les maladies cardio-vasculaires.

Une population largement issue de l'immigration

On ne peut comprendre la composition et la répartition de la population brésilienne si on ne tient pas compte du poids de l'histoire. La population brésilienne est largement issue de l'immigration, des débuts de la colonisation jusqu'aux années 1930. Des 3 à 5 millions d'Amérindiens présents lors de l'arrivée des conquérants portugais, il n'en reste peu ou prou que quelques centaines de milliers aujourd'hui, et qui vivent de surcroît dans des conditions sociales très difficiles. Les Portugais ont aussi emmené avec eux, chaînes aux pieds, plus de 5 millions d'esclaves arrachés à leurs terres africaines, provenant du golfe de Guinée, du Mozambique ou d'Angola. L'esclavage est aboli en 1888 et l'immigration sera alors majoritairement européenne. Puis, plus de 5 millions d'immigrés fouleront le sol brésilien entre 1870 et 1930. En 1891, le chiffre historique de 210 000 migrants annuels est atteint ; les arrivées annuelles ne seront jamais inférieures à 30 000 personnes. L'immigration est d'abord principalement italienne – la jeune République italienne encourageant le départ de ses campagnes trop peuplées –, puis la part des Espagnols et Portugais augmente. Les premiers Japonais arrivent au Brésil en 1908 et vont constituer la première communauté japonaise hors du pays du Soleil-Levant. Dans les années 1920, les Européens de l'Est font leur apparition. Enfin, quelque 18 000 Syriens et Libanais, commerçants pour la plupart, s'installent au Brésil dans les années 1910 pour fuir les persécutions ottomanes. La crise des années 1930 va marquer un frein quasi définitif à l'immigration de masse. En 1900, plus de 7 % des Brésiliens sont étrangers contre 0,3 % aujourd'hui, ce qui constitue un des taux les plus faibles des pays émergents et développés. Aujourd'hui, les étrangers, au nombre de 700 000 (dont au moins un dixième récemment arrivé du Venezuela voisin, confronté à une des plus graves crises économiques de son histoire), sont moins nombreux que les Brésiliens émigrés (plus de 3 millions).

Le Brésil, une épopée métisse

L'image du Brésil à l'extérieur est souvent celle d'une « démocratie raciale ». L'IBGE (Institut brésilien de Géographie et de statistiques) retient six catégories de population : les Blancs, les

Noirs, les Métis, les Asiatiques, les Amérindiens et les « sans déclaration ». Selon le recensement PNAD de 2019, la population « blanche » est la plus importante, mais elle n'est pas majoritaire (42,9 %) et est inférieure à celle des métis (46,8 %). La population « noire » constitue 9,4 % de la population et les Asiatiques (Japonais et Coréens) 1,1 %. Enfin, les Amérindiens ne constituent aujourd'hui que 0,43 % de la population brésilienne. On notera cependant une certaine dynamique démographique de cette population indienne qui tend à croître un peu plus vite que la population brésilienne en général et l'ISF (Indice Synthétique de Fécondité) des populations noires et métisses est légèrement supérieure à celle des populations blanches, mais tend de plus en plus à converger vers cette dernière. Globalement, la population asiatique se rencontre dans l'Etat de São Paulo et au Mato Grosso. La population amérindienne est plus nombreuse en Amazonie où elle se répartit entre diverses réserves et est hélas victime de violence et de pillage de ses territoires par les grands propriétaires terriens et les orpailleurs (*garimpeiros*). Le Nordeste est marqué par un fort métissage et une riche culture, fruit d'un « syncrétisme » africain, indien et européen. Le folklore nordestin est teinté d'une tradition « cabocla » (métissage entre culture indienne et européenne), comme la fête folklorique très populaire du Bumba meu boi. Le sud du pays est plus marqué par une immigration européenne. La présence des « colonias » suisses ou allemandes est encore visible à travers l'aspect délibérément bavarois des toits de certaines demeures ou certaines fêtes de la bière rythmées par la consommation du breuvage houblonné au son de la *oumpapa musik*.

Une population inégalement répartie

La population brésilienne n'est pas répartie uniformément sur le territoire. Globalement, le Brésil est un pays à la population peu dense (30 habitants/ km², soit 3,5 fois moins que la densité de population française). Les densités de peuplement y sont de plus très inégales. Le bassin amazonien est une vaste zone très peu peuplée, mais on y trouve néanmoins d'importantes métropoles comme Manaus et Belém, villes qui dépassent largement en population les métropoles françaises, à l'exception de Paris. Outre le poids du déterminisme géographique, c'est l'histoire qui explique en partie la répartition de la population brésilienne à proximité des littoraux. La colonisation s'est faite à partir des côtes et l'administration coloniale y a construit ses ports bien sûr, mais également ses centres administratifs, économiques et militaires. Aujourd'hui, le facteur de déséquilibre de répartition de la population est l'importance des populations urbaines. Le Brésil est un pays urbain où près de 80 % des gens vivent en ville. On compte 26 régions métropolitaines qui regroupent 75 millions de personnes, soit 40 % de la population brésilienne. Des 14 grandes métropoles de plus d'un million d'habitants, 11 sont situés sur les littoraux. Seules Manaus, Brasilia et Belo Horizonte échappent à cette règle. La plus grande agglomération brésilienne, São Paulo, est une mégapole de plus de 21 millions d'habitants. Rio et São Paulo constituent les deux mégapoles brésiliennes selon la définition de l'ONU (villes de plus de 10 millions d'habitants) et regroupent à elles seules l'équivalent de près de la moitié de la population française. Cette présence urbaine est particulièrement importante dans le Sudeste brésilien, qui regroupe les Etats de São Paulo, Rio de Janeiro, du Minas Gerais et de l'Esperito Santo. Un tissu urbain dense de villes petites et moyennes se structure autour des agglomérations de São Paulo, Rio de Janeiro et Belo Horizonte, « triangle » urbain et industriel qui concentre 40 % du PIB brésilien. Deux phénomènes géographiques importants et originaux semblent se dessiner. Certains géographes évoquent la structuration d'une mégapole qui joindrait Rio, São Paulo et Buenos Aires, en Argentine. Enfin, on observe un processus original de « démétropolisation ». Les populations tendent à partir des métropoles brésiliennes à destination de villes de plus petite taille, anticipant peut-être un mouvement urbain qui touchera les pays du Nord.

La langue portugaise, facteur d'unité

Un des facteurs d'unité du Brésil est incontestablement l'usage de l'idiome portugais dans tout le pays, avec de légères variantes régionales en termes d'accent et d'expressions. Les populations immigrées se sont fondues dans la « brésilianité » et, si on dit que quelques personnes âgées de la région de Pomerode, dans l'Etat de Santa Catarina, parlent encore un vieux dialecte poméranien, les langues des origines ont graduellement disparu. Les différents peuples amérindiens tentent de préserver leurs langues et leurs cultures, aidés en cela par la FUNAI (fondation nationale de l'Indien), mais beaucoup d'idiomes amérindiens sont menacés d'extinction. Les jeunes Brésiliens d'origine amérindienne partent quelquefois en ville pour travailler ou étudier (même s'ils souffrent encore trop souvent de discrimination) et s'éloignent de leur langue ancestrale et de leur mode de vie traditionnel. On est bien loin des acquis des peuples premiers du Québec. Fort heureusement, de plus en plus de Brésiliens progressistes sont conscients de l'incommensurable valeur du patrimoine linguistique et culturel amérindien et des programmes, des associations de promotion et de diffusion de la culture et de l'artisanat amérindiens se développent en de nombreux lieux (comme à Paraty ou Cuiabá). Enfin, certaines langues africaines comme le Yoruba se sont maintenues comme langue cultuelle. Les cérémonies de *candomblé* se font en langue yoruba, surtout à Salvador. De nombreux noms de lieux (Iguaçu ou Ipanema), d'animaux (on connaît l'anaconda sous le nom de *sucuri*, le puma sous celui de *suçuarana*) ou de plantes sont d'origine amérindienne.

SOCIÉTÉ

La société brésilienne se caractérise par de très fortes inégalités sociales et économiques qui affectent toutes ses composantes. Le système scolaire, le système de soins en particulier expriment la ségrégation sociale présente dans tous les pays émergents. Comme dans beaucoup de pays latino-américains, l'éducation scolaire et l'enseignement apparaissent comme des laissés pour compte, malgré les progrès notoires enregistrés dans la lutte contre l'analphabétisme. Cause ou conséquence de ces inégalités, l'histoire des droits de l'homme au Brésil est chaotique et faite d'avancées spectaculaires et d'anachroniques régressions au fil des régimes politiques, des coups d'Etat et des conquêtes démocratiques issues des urnes ou des consciences éclairées de chefs d'Etat comme J. Kubitschek ou Lula. Paradoxe enfin pour un pays longtemps passé sous les fourches caudines du conservatisme catholique, l'homosexualité est largement tolérée au Brésil.

Un secteur de l'éducation laissé pour compte

Le secteur de l'éducation est confronté à de nombreuses difficultés pour affronter les défis de l'émergence. On trouve, comme dans de nombreux pays latino-américains, un secteur public assez mal doté et un secteur privé, où les frais de scolarisation sont quelquefois très élevés, privilégiés par les classes moyennes et supérieures. Alors que la population noire et métisse représente les 2/3 de la population en âge d'être scolarisée, elle ne représente qu'un tiers des inscrits dans les écoles privées.

Il y a près de 48 millions d'écoliers et de lycéens au Brésil et 180 000 écoles et 2,2 millions d'enseignants pour les accueillir. La scolarisation est obligatoire de 4 à 17 ans. La loi sanctionne en théorie les parents contrevenants en les privant, entre autres, des bénéfices de la *bolsa familia* (allocations familiales). Le problème n'est pas tant quantitatif que qualitatif. Beaucoup d'écoles, en particulier dans les régions Nord et Nordeste n'ont pas les infrastructures adaptées à de bonnes conditions d'enseignement. C'est un des facteurs explicatifs du fort abandon scolaire. Les espaces de lecture, les salles et le matériel informatique sont très insuffisants en nombre et en dotation, alors qu'ils permettraient l'accès à des savoirs utilisables dans le monde du travail. Globalement, sous les gouvernements Lula et Rousseff, les inégalités de transports scolaires entre régions et entre zones rurales et urbaines se sont réduites. Cependant, statistiquement, les populations noires et métisses ont une distance plus grande à parcourir que les populations blanches pour se rendre à l'école. Cela peut avoir également un impact sur l'abandon scolaire. Ainsi, un tiers des jeunes Brésiliens ne sont pas scolarisés. Dans l'Etat amazonien du Pará, ce sont moins de la moitié des 15-17 ans qui vont à l'école.

L'autre défi concerne la formation des enseignants eux-mêmes. Mal payée, la profession peine à recruter et à former correctement ses cadres. Seule la moitié des professeurs de mathématiques des lycées auraient une formation adéquate. Ils sont à peine un tiers en arts plastiques. Le classement PISA exprime ainsi clairement les insuffisances du système éducatif. A peine la moitié des Brésiliens de 15 ans a un niveau « basique » en mathématiques, en lecture et en sciences. Le classement PISA définit comme niveau « basique » le niveau qui permet d'exercer pleinement sa citoyenneté. Les avancées démocratiques du pays, le vivre-ensemble ne pourront donc se faire sans un enseignement plus égalitaire et équitable. Il faut cependant souligner le succès de la *bolsa familia* qui a permis de remettre sur le chemin de l'école des millions d'écoliers issus des couches les plus défavorisées de la population brésilienne, et qui autrefois auraient été réduits à la mendicité.

Des mœurs entre conservatisme et tolérance

En ce qui concerne les mœurs, le Brésil se caractérise par un conservatisme issu du christianisme des colons portugais et paradoxalement par une certaine liberté sexuelle. La pilule contraceptive est autorisée depuis 1962, alors qu'il a fallu attendre 1967 et la loi Neuwirth en France. A l'image des sociétés occidentales, le mariage, « lien sacré » des sociétés religieuses qui unit homme et femme, tend à diminuer progressivement. Les mariages durent de moins en moins longtemps (17,5 ans en moyenne en 2009 contre 13,5 ans dix ans plus tard). Le mariage entre personnes du même sexe est également autorisé depuis 2011. Cependant, on peut voir des différences notoires entre les régions. Ces différences ne s'expliquent pas seulement par la composition par âge des

© NELSON ANTOINE - SHUTTERSTOCK.COM

Gay Pride à São Paulo.

populations, mais également et surtout par les mentalités plus « traditionnelles » des familles du Nordeste et du Nord du Brésil. Le divorce est légal au Brésil depuis 1977. Comme en France, près d'un couple sur trois divorce au Brésil. En cas de divorce, la justice accorde le plus souvent la garde du ou des enfants à la mère. Les unions libres sont autorisées et assez fréquentes. Le Brésil est à ce titre plus libéral que nombre de pays latino-américains. L'avortement est en revanche toujours interdit sauf si la santé de la mère est en danger, si la grossesse est consécutive à un viol ou si le fœtus est anencéphalique.

Une homosexualité tolérée

L'homosexualité est assez largement tolérée au Brésil. Paradoxalement, malgré l'arrivée des ultraconservateurs de l'entourage de Bolsonaro, cette tolérance s'est encore renforcée ces 6 dernières années, le nombre de Brésiliens se déclarant tolérants envers l'homosexualité passant de 61 % en 2013 à 67 % en 2019. Depuis 2011, c'est-à-dire avant la France, le Brésil autorise le mariage entre personnes du même sexe. Pourtant, sur ce sujet comme sur tant d'autres, le Brésil est une terre de paradoxes. En 2016, un immense panneau dressé sur la plage de Copacabana prônait fièrement « Rio sans homophobie » lors des J.O. de Rio en 2016. Quelques années après, les Cariocas élisaient un maire évêque évangéliste qui affichait ouvertement et violemment son rejet des relations entre personnes du même sexe. S'il est facile de vivre sa sexualité à Rio, São Paulo et dans les métropoles brésiliennes, c'est beaucoup moins vrai dans les périphéries populaires et dans les zones rurales. L'ONG « Grupo Gay de Bahia » rappelait que la moitié des crimes homophobes répertoriés sur la planète avait été perpétrée au Brésil. Cette ONG rappelle également qu'une personne homosexuelle est assassinée toutes les 19 heures au Brésil. Pourtant, des signes semblent montrer une évolution positive de la société brésilienne. En 2013, pour la première fois, une *telenovela* a montré un premier baiser entre personnes de même sexe. L'impact sur la frange de population qui regarde les *telenovelas*, pourtant sensible aux préceptes religieux, a été considérable. Le degré de tolérance envers l'homosexualité a largement bénéficié de l'opinion positive envers les vedettes du petit écran. Autre signe tangible d'évolution des mentalités, le jour de la Saint-Valentin, célébré le 12 juin au Brésil, des sociétés de cosmétiques mettent désormais en scène dans leurs publicités des couples homosexuels. La marque O Boticario a été la première à lancer une publicité, dans laquelle plusieurs couples hétérosexuels et homosexuels s'embrassent et échangent des cadeaux, publicité jugée « progressiste » pour certains, choquante pour d'autres. Le poids des Eglises au Brésil participe de cette ambivalence.

La réaction des principaux dirigeants catholiques et des églises fondamentalistes commence au Brésil à la fin des années 1970, avec la traduction d'ouvrages anti-homosexuels, avec l'accueil d'associations de « soutien aux ex-homosexuels » (qui, selon eux, auraient réussi à se « guérir » de l'homosexualité grâce à la prière) et, ces dernières années, en appuyant des lobbies qui dénoncent l'octroi de la pleine citoyenneté aux Communautés LGTB. Cependant, parallèlement à cette intolérance fondamentaliste anticonstitutionnelle, dans certaines capitales du Brésil, près d'une douzaine d'Eglises consacrées à la communauté homosexuelle, avec des pasteurs « friendly » ou ouvertement gay, ont également été fondées.

Les droits de l'homme au Brésil, une situation qui reste fragile

Depuis 1988, les droits de l'homme sont garantis par la constitution du pays. En théorie, sont garantis : l'égalité des sexes, l'éradication de la pauvreté, de la marginalisation et de l'inégalité sociale, la promotion du bien de tous, sans préjugés d'origine, de race, de sexe, d'âge ou de couleur, le racisme comme un crime imprescriptible, le droit d'accès à la santé, au bien-être, à l'éducation, à la culture et au sport, la reconnaissance des enfants et des adolescents en tant que personnes en développement, la mise en place de la politique de protection des personnes âgées, des handicapés et des différents groupes familiaux, des conseils collégiaux pour la préservation de la culture indigène.

Dans un pays né dans l'abominable matrice de l'esclavage et à l'histoire marquée par des régimes autoritaires récurrents, la reconnaissance des droits de l'homme apparaît comme un acquis majeur. Pourtant, les faiblesses et les dysfonctionnements de l'administration brésilienne rendent difficiles toutes volontés de faire respecter les droits de l'homme. Le taux d'élucidation des crimes est très faible, obérant la possibilité de lutter contre les auteurs d'homicides. En effet, malgré le retour de la démocratie, la violence a considérablement augmenté depuis les années 1990. Plus de 65 000 personnes sont victimes d'homicides annuellement, en grande majorité de jeunes afro-brésiliens. La police est souvent incriminée pour usage excessif de la violence et la justice semble peu encline à traquer les violences commises par les forces de sécurité et les grands propriétaires.

Les autorités n'ont pas adopté de mesures pour faire baisser le taux d'homicides, dont les premières victimes restent les jeunes noirs. L'appel aux forces militaires pour le maintien de l'ordre ou les « opérations anti-drogue » dans les favelas explique aussi le nombre élevé de victimes lors de ces opérations. Dans les prisons, les droits élémentaires des prisonniers sont bafoués. Le système pénitentiaire brésilien reste toujours marqué par une surpopulation carcérale et des conditions de détention inhumaines et dégradantes. Pis encore, près de la moitié des détenus sont en détention préventive.

Les droits des populations autochtones sont fréquemment bafoués, ainsi que ceux des petits propriétaires terriens et des paysans du « Mouvement des Sans-Terre » (MST). Leurs territoires et terres respectifs sont violés, pillés, et leurs habitants sont violentés, voire assassinés. Les violences envers les LGBT sont également monnaie courante. Plusieurs centaines de personnes LGBT sont assassinées au Brésil chaque année. Enfin, les *terreiros* (lieux de culte afro-brésilien) sont régulièrement victimes de menaces, d'intimidation ou d'attaques violentes par des groupuscules d'extrême droite. Plus généralement, les syndicalistes, en particulier les syndicalistes ruraux, les journalistes indépendants, les défenseurs des droits de l'homme et de l'environnement payent un lourd tribut annuel pour sauvegarder la démocratie. 40 journalistes ont été assassinés en 2019, 66 en 2018. 20 défenseurs de la nature, à l'image du militant et syndicaliste Chico Mendes en 1988, ont été assassinés en 2019.

Un tourisme sexuel encore trop présent

Le Brésil est un des pays du monde les plus affectés par le tourisme sexuel. Dans ce triste classement, le Brésil arrive juste après la Thaïlande. Dans les années 1970, l'EMBRATUR, l'agence nationale de tourisme brésilien vantait le Brésil comme un pays de plages, de samba… et de femmes. Cela allait forger mondialement une image de pays où l'amour tarifé est « facile » et sans grand risque par rapport aux autorités. La région Nordeste, pauvre et touristique, est une place forte du tourisme sexuel au Brésil. Des Européens, mais aussi des Brésiliens venus des grandes métropoles du Sudeste et du Sud, viennent à Recife, à Salvador, à Natal ou Fortaleza pour troquer des caresses contre des écus sonnants et trébuchants. Souvent, ce tourisme sexuel, comme en Thaïlande, concerne des mineurs. Si la prostitution est autorisée au Brésil, l'exploitation sexuelle des mineurs et des enfants est un crime puni par la loi. Les enfants et adolescents qui se retrouvent dans ce circuit destructeur sont souvent déjà issus de familles déstructurées, violentes ou sont victimes de la drogue comme les enfants des rues. Certains ont été sensibles à des promesses d'une vie meilleure tenues par des vendeurs de rêve qui composent tout un réseau mafieux, du chauffeur de taxi, des tenanciers de bar ou de boîtes de nuit, aux employés d'hôtels, ou aux proxénètes. Au Brésil comme ailleurs, la prostitution des mineurs n'est jamais un choix. Elle reste une violence inacceptable, qualifiée de crime par la justice brésilienne et jugée comme telle.

RELIGIONS

La religion est omniprésente au Brésil. En arrivant dans l'ancienne « Terre de la vraie croix » (premier nom du Brésil), le voyageur curieux constatera rapidement l'importance de l'Eglise dans l'histoire du pays et dans la société brésilienne. Le moindre village possède son église et l'empreinte de l'institution catholique sur les villes anciennes est très lisible dans la genèse de la morphologie urbaine. L'Eglise a été et est toujours un acteur incontournable de la construction du pays, souvent du côté des puissants. Au-delà de la seule pratique d'un culte, elle constitue les racines profondes de la société brésilienne. Cependant, à l'image du peuple brésilien, le syncrétisme religieux exprime la diversité de ses origines. Ce sont les religions évangélistes et afro-brésiliennes qui coexistent avec le catholicisme.

Le plus grand pays catholique du monde

La religion catholique apostolique romaine, religion d'Etat jusqu'à l'avènement de la république en 1889, reste la religion principale du pays. 64 % des Brésiliens s'en réclament encore aujourd'hui. Introduite au Brésil (appelée Terre de la Vraie Croix) par les Portugais dès le début de la colonisation, elle a permis de couvrir le pays d'un manteau d'églises. Au nom du roi du Portugal et de l'Eglise, les missionnaires jésuites ont évangélisé les Indiens et les esclaves. Les différents ordres ont contribué à un contrôle social des fidèles, en étroite collaboration avec les autorités temporelles. L'art religieux et l'art baroque en particulier, va également permettre de conquérir les esprits. L'Eglise catholique a longtemps été du côté des puissants, empereurs d'hier et élites politiques et économiques d'aujourd'hui. Pourtant, en rupture avec la papauté et le haut clergé, certains groupes religieux, certains clercs allaient prendre le message des Evangiles au pied de la lettre et s'engagèrent du côté des faibles et des opprimés. L'épisode de la guerre de Canudos (1883-1887), qui allait mettre fin dans le sang à une utopie mystique dans le Sertão bahianais, illustre bien cette rupture entre l'Eglise d'en haut, et celles du peuple, églises d'en bas. Dans les années 1970, les prêtres de la théologie de la libération vont contribuer à mettre en place les Conseils Ecclésiastiques de Bases qui assisteront la création du Mouvement des Sans-Terre (MST), entre autres.

Le processus de sécularisation va affecter la société brésilienne au XXe siècle, mais malgré la séparation de l'Eglise et de l'Etat, le poids de la religion et de l'Eglise catholique reste incontournable au Brésil. Pourtant, l'omnipotence de l'Eglise catholique des origines a perdu de sa superbe au bénéfice de différentes Eglises protestantes et évangéliques, de plus en plus puissantes et influentes socialement et politiquement.

Une montée en puissance des églises évangéliques

L'une des autres composantes est donc celle des églises évangéliques, nébuleuse complexe dont 22 % de Brésiliens se réclament aujourd'hui. Si leur présence est lisible dans la société urbaine et rurale brésilienne, leur important rôle social, économique et politique l'était souvent moins.

Eglise catholique de Candelaria à Rio.

Baptême à São Paulo.

Les liens affichés entre les « lobbys » évangéliques et le nouveau président brésilien d'extrême-droite Jair Bolsonaro ont changé la donne. Implantées entre 1910 et 1980 au Brésil, les Eglises évangéliques peuvent être divisées en 3 catégories, les pentecôtistes et néo-pentecôtistes, les évangélistes de mission et les autres Eglises évangélistes. Toutes ces Eglises reposent sur un même précepte de base : la Bible est la parole de Dieu. Il faut donc s'y référer en toute circonstance. A la différence de l'Eglise catholique, ils ne croient pas aux saints.

Les Eglises pentecôtistes prêchent le baptême par le Saint-Esprit. C'est une expérience presque mystique, ce qui conduit souvent à une forme de culte festif ou très émotionnel… et très télévisuel. Les Eglises néo-pentecôtistes se sont développées à partir des années 1970 et prônent la recherche du bien-être spirituel, mais aussi physique et économique. Elles attirent les plus démunis. Les évangélistes de mission sont ceux qui adhèrent aux Eglises protestantes « classiques », comme en Europe et en Amérique du Nord. Très minoritaires, ils représentent 4 % des Brésiliens. Luthériens, baptistes, anglicans et presbytériens sont les Eglises les plus connues.

Une autre église, peu connue en France bien que son créateur, Allan Kardec, un Breton, en soit originaire, est l'église spiritiste. 2 % des Brésiliens déclarent en être adeptes. Allan Kardec a cherché à unir la philosophie, la science et la religion, pour mieux comprendre le monde matériel et métaphysique.

10 % des Brésiliens sont athées ou ne déclarent suivre aucune religion particulière. Malgré le processus de sécularisation de la société brésilienne, l'athéisme reste minime. Même dans les partis politiques les plus marqués à gauche, la religion reste un sujet délicat, car elle imprègne les cœurs et les esprits, au-delà des idéologies.

Des cultes afro-brésiliens très présents

Enfin, les cultes afro-brésiliens sont des héritages africains du Brésil. Un peu moins de 2 % des Brésiliens déclarent en être adeptes officiellement. Il est possible que certains pratiquent ce culte en parallèle avec la religion catholique. Certains esclaves étaient musulmans, mais de nombreux autres étaient animistes ou polythéistes. Les cultes afro-brésiliens allaient se constituer par syncrétisme des différentes pratiques religieuses originaires d'Afrique. Les communautés issues de l'esclavage devaient se cacher des « maîtres » et de la redoutable Eglise catholique pour pratiquer leur culte. Pour ne pas disparaître, les cultes afro-brésiliens allaient se fondre dans le culte chrétien des saints et du christ (avec les Orixas). Ces cultes sont habituellement regroupés en deux branches principales, le *candomblé* et l'*umbanda*, mais ils sont beaucoup plus nombreux. Le *candomblé* est un culte bahianais à l'origine alors que l'*umbanda* se serait développé dans les communautés afro-brésiliennes du Sudeste brésilien, en particulier à Rio et São Paulo. On peut dégager comme caractéristiques communes le culte des *orixás* (dieux africains assimilés à des saints chrétiens), les transes au cours desquelles les membres du *terreiro* (lieu du culte) sont « visités » ou chevauchés par l'esprit de leur *orixás*, qui est de fait leur saint protecteur ainsi que le syncrétisme avec la religion catholique. Ce sont deux Français, le sociologue Roger Bastide et le photographe-ethnologue Pierre « Fatumbi » Vergé qui ont permis au Brésil de se réapproprier sa mémoire africaine en présentant au Brésil et au monde de remarquables études et expositions sur les cultes et les lieux de cultes afro-brésiliens au Brésil, à une époque (les années 1950-60) où toute manifestation des origines africaines du pays était honnie.

QUE RAPPORTER ?

Le Brésil peut-il se résumer en quelques souvenirs que l'on glisserait dans sa valise pour se remémorer son voyage ? Peut-être pas. Cependant, en tout lieu, on trouvera des produits locaux, bon marché ou plus dispendieux que l'on pourra offrir ou s'offrir et qui amèneront un peu de la magie brésilienne, pays « anthropophage » qui avale les curieux et les condamne à revenir sans cesse. En chaque lieu, des tentations s'offrent aux voyageurs, même les plus hermétiques aux dépenses compulsives. Attention donc, les souvenirs peuvent devenir pesants en s'accumulant dans les sacs. En général, c'est à Rio qu'on atterrit lorsqu'on arrive de France en début de séjour et c'est de Rio qu'on en repart. Il peut être pertinent de laisser la course aux souvenirs « classiques » aux derniers jours avant le départ. N'achetez rien qui pourrait avoir un impact négatif sur l'environnement et les communautés qui les produisent.

Produits gourmands

Cachaça et kit de caïpirinha. Peut-être est-ce la première chose que l'on découvre au Brésil : la cachaça et la caïpirinha. La caïpirinha, cocktail traditionnel, se prépare à base de cachaça, alcool de canne à sucre brésilien, de citron vert « lime », de sucre et de glace pilée. On pourra rapporter un « kit » de préparation : verre et mortier et une bouteille. Blanche, ambrée, vieillie en tonneau de bois exotique, la cachaça se décline en bien plus de 50 nuances. La cachaça de la marque Magnifica « soleira », la « Germana », La « Weber Haus », la « Leblon cachaça signature Merlet », sélectionnée par le club carto du lycée Lyautey, pourront s'offrir aux connaisseurs.

Maté et bombilla. Pour les amateurs du « thé argentin », qui se consomme en grande quantité dans le sud du Brésil, un paquet de maté (*erva maté* ou « chimarrao » en portugais, sa calebasse et sa bombilla (paille en métal) peut être un souvenir excellent autant que fonctionnel. Le maté est en effet un anti-oxydant de premier ordre. Le goût est un peu amer… mais on s'y fait.

Mode et vêtements

Havaianas. Les célèbres *chinelas* (tongs) sont presque devenues synonyme de Rio de Janeiro. On en trouvera sur tous les marchés du Brésil. Certains magasins de Rio lui sont dédiés avec de nombreux modèles à tous les prix, mais souvent bien meilleur marché qu'en France. Une valeur sûre pour les cadeaux.

Bikini. Autre élément indissociable des plages de Rio : le célèbre bikini. Des vendeurs ambulants en proposent directement sur les plages de Rio (ils disposent même d'un terminal pour paiement par carte bleue). Sinon, le magasin emblématique est le « Boum Boum » d'Ipanema, avenue Visconde de Iparajà. C'est plus délicat à offrir, certes, mais ce sont des cadeaux que l'on peut se faire à soi-même.

Paréo. Les paréos ou *cangas* sont utiles pour aller à la plage ou pour offrir. Ici encore, à Rio, Paraty, Salvador… et sur toutes plages du Brésil, il ne sera pas difficile d'en trouver. Il n'est pas certain qu'ils soient tous fabriqués au Brésil, mais qu'importe le flacon... Favelas colorées, Pain de Sucre, Christ rédempteur du Corcovado, faune amazonienne, paysage brésilien, certains paréos sont kitsch, d'autres sont superbes.

Maillots de foot et produits dérivés. Bien sûr, les maillots de foot des grands clubs brésiliens ou de la Seleção sont des souvenirs ou des cadeaux incontournables, tant le Brésil symbolise l'art du ballon rond. Outre le maillot *auriverde*, les plus vendus sont ceux de Flamengo et de Fluminense, les deux clubs les plus emblématiques de Rio, et ceux de São Paulo Football Club (SPFC), Palmeiras et Corinthians, le club de Socrates. Il existe également de nombreux produits dérivés, ballons, mugs, stylos, bobs, serviettes de plage, tongs….

© DAR1930 - SHUTTERSTOCK.COM

Maté et bombilla.

DÉCOUVRIR

© WALACE FERNANDO - SHUTTERSTOCK.COM

La cavaquinho est la guitare de samba.

Artisanat et souvenirs

Pierre à savon. Un peu plus lourds, les objets en pierre à savon (roche facile à tailler et polir) sont également des souvenirs typiques du Minas Gerais. Des plats, des dessous de plats, des figurines et autres bougeoirs agrémenteront sa maison ou celles de ceux à qui on les aura offerts. A Ouro Preto, c'est le produit principal du marché permanent qui se trouve devant la belle église de Saint-François d'Assise.

Souvenir de Bichinho. Pour ceux qui auront visité la petite ville coloniale de Tiradentes dans le Minas Gerais, le petit quartier de Bichinho s'est fait connaître par son artisanat très kitsch, entre bondieuseries et Vénus callipyge à la Dubout. Cela vaut le détour.

Artisanat autochtone. Bien sûr, on prendra soin d'acheter le magnifique artisanat amérindien dans des magasins qui garantissent une provenance authentique et qui rémunèrent correctement les « producteurs », c'est-à-dire les communautés amérindiennes. On trouve des magasins d'artisanat indien à Paraty, au musée de l'Indien à Rio, au magasin de la FUNAI à Cuiabà, entre autres. Masques, boucles d'oreilles, armes traditionnelles, sculptures sur bois…

Bouteilles de sable du Nordeste. Le Brésil n'est sans doute pas le seul pays du monde à proposer les petites bouteilles de sable coloré. Cependant, on vous proposera ces mignonnettes typiques dans les magasins d'artisanat ou sur les plages du Nordeste en particulier. Pourquoi ne pas se laisser tenter ? C'est plus joli que les « boules à neige ».

Poterie artisanale. Les poteries artisanales ou traditionnelles brésiliennes constituent d'excellents souvenirs, bien que parfois encombrants et fragiles… On pourra rapporter les poupées-calebasses de Salvador, les pots en terre de Marajo, de style marajoara ou du Ceará. Les petits santons nordestins peuvent aussi agrémenter avantageusement vos bibliothèques.

Hamac. Le hamac (*rede* en portugais) est une autre valeur sûre à rapporter dans ses bagages. Simple ou sophistiqué, uni ou multicolore, pour une personne ou pour deux, la déclinaison est presque infinie. Les hamacs seront moins chers dans les magasins du Nordeste. Dans les lieux très touristiques, il faudra négocier ferme.

Petits tableaux d'art naïf. Le Brésil est « l'autre pays de l'art naïf ». En de nombreuses villes du Nordeste, vous verrez des artistes peindre de petits tableaux représentant des scènes de rue, des fêtes, des paysages ou des travaux des champs. Certains sont vraiment proches de l'art naïf et touchent par leur sincérité.

Souvenirs. Bon, quand on n'a plus le temps ou plus beaucoup d'argent, on peut se rabattre sur les petits souvenirs style stylo du Pain de Sucre avec ballon de football, magnets (certains sont superbes), petites maisons de favelas, porte-clés du jardin botanique… Les idées ne manquent pas et un stylo, c'est toujours utile.

Instruments de musique

Cavaquinho. C'est une petite guitare à quatre cordes pincées originaire du Portugal et qui est très présente dans les groupes de samba.

Berimbau. Ce n'est pas forcément facile à transporter si vous avez choisi de rapporter un vrai berimbau. Cet instrument originaire d'Afrique rappelle forcément Salvador de Bahia et la capoeira. On en trouve trois modèles, basse, médium et aigu. Pour les amateurs de capoeira, on trouve des magasins dédiés dans toutes les grandes villes du Brésil.

Cuica. Les cuicas sont des instruments traditionnels du folklore brésilien. Elles sont au cœur de la musique de samba. Comme le berimbau, elles sont d'origine bantoue. C'est un tambour à friction constitué d'un fût cylindrique de 20 centimètres de diamètre et de 30 centimètres de haut, avec une tige à l'intérieur, qui frottée, donne ce son si caractéristique de la musique brésilienne.

SPORTS ET LOISIRS

Evidemment, Brésil rime avec football, un sport qui déchaîne les passions des plages de Rio de Janeiro jusqu'au petit hameau d'Amazonie. Que ce soit pour son club ou pour son équipe nationale, la mythique Seleção, chaque brésilien vibre dès que ses joueurs rentrent sur la pelouse. Des joueurs qui ont d'ailleurs souvent été d'illustres noms de ce sport. Mais les Brésiliens se passionnent aussi pour la capoeira, le volley-ball, le beach-volley, le basket-ball, la natation, l'équitation, la gymnastique, la Formule 1, etc. Un pays de sportifs, où il est possible de pratiquer de nombreuses activités. Du simple footing au petit matin le long de Copacabana aux intenses sessions de surf (le pays regorge de spots d'exception), de kitesurf ou de plongée, il y a de quoi faire. On pourra aussi partir en randonnée, en balade à cheval, s'essayer à l'escalade ou survoler Rio en parapente ou en deltaplane. Magique !

Le football, une religion

Le football est le premier ambassadeur du Brésil. Une véritable religion pour tout un peuple. Tous les Brésiliens veulent devenir Pelé, Romário ou Neymar. Vous ne pouvez pas venir à Rio sans assister à un match au Maracanã, ou dans les parcs, sur la plage, dans la rue, à la pause déjeuner. Le dimanche, c'est foot obligatoire pour tout le monde. Il y a toujours une équipe de la ville qui joue. Et c'est pareil dans toutes les villes du pays !

La Seleção. La grande fierté nationale demeure, bien entendu, l'équipe nationale, la Seleção. Le Brésil est le seul pays au monde à avoir participé à toutes les phases finales de la Coupe du monde. La sélection *auriverde* a atteint sept fois la finale et a remporté cinq fois le trophée le plus convoité de la planète (1958, 1962, 1970, 1994 et 2002), ce qui en fait évidemment de loin la nation la plus récompensée. Sur le continent, le Brésil a remporté à neuf reprises la Copa América.

Les grands joueurs brésiliens. Les trois premiers succès en Coupe du monde l'ont été avec le grand Pelé dans les rangs de la Seleção. Bien épaulé par son acolyte de génie Garrinc ha en 1958 et 1962 et par le redoutable Jairzinho en 1970, Edson Arantès do Nascimento, dit Pelé, est souvent considéré comme le meilleur joueur de l'histoire du jeu. Une légende et un mythe intouchable dans son pays. Après une longue période de disette, la Seleção retrouve les sommets en 1994. C'est alors la génération emmenée par Bebeto et Romário qui remporte le Mondial aux Etats-Unis en s'imposant en finale face à l'Italie lors de la séance des tirs au but. Après sa défaite en 1998 face aux Bleus, le Brésil va soulever à nouveau le trophée en 2002. Une compétition marquée du sceau de Ronaldinho, Rivaldo et Ronaldo. Ces dernières années ont été marquées par le traumatisme de 2014 et la cuisante défaite en demi-finale face à l'Allemagne (7-1) lors du Mondial organisé à domicile, quelques jours après la grave blessure de la star Neymar Jr.

© R.M. NUNES - SHUTTERSTOCK.COM

Le football, sport inontournable au Brésil.

© 4FR - ISTOCKPHOTO.COM

Kitesurf.

Une déflagration qui n'était pas sans rappeler celle de 1950 et de la défaite en finale face à l'Uruguay, déjà à domicile, qui avait plongé les 199 854 spectateurs du Maracanã et tout le peuple brésilien dans une profonde colère. Heureusement, Neymar a sauvé l'honneur en allant décrocher l'or olympique à Rio deux ans plus tard en 2016. En attendant un 6e succès en coupe du monde.

Les grands clubs brésiliens. Si Pelé vient de l'État de São Paulo, Rio de Janeiro reste une ville importante dans l'histoire et l'actualité du foot brésilien. Et l'épicentre du football *auriverde* est le célèbre stade du Maracanã (environ 78 000 places aujourd'hui). Deux des quatre grands clubs de la ville, Famengo et Fluminense, évoluent sur cette pelouse mythique. Le club traditionnel et huppé est le Fluminense, soutenu à l'origine par la bonne société *carioca*. Le Flamengo est le grand club populaire de Rio et du Brésil et déchaîne les passions même hors de la ville. C'est le club du grand Zico et on estime qu'il a environ 35 millions de supporters. Le derby Fla-Flu reste le match le plus attendu de la saison. Les deux autres clubs principaux sont Botáfogo (situé dans le quartier éponyme) et Vasco de Gama.

Outre les grands clubs de Rio, il faut citer le club de Pelé, Dunga et Neymar Jr, le Santos FC, mais aussi le Corinthians, le São Paulo FC ou Palmeiras, basés à São Paulo, le Grêmio ou l'Internacional à Porto Alegre ou l'Atlético Mineiro et Cruzeiro, les clubs de Belo Horizonte.

Le pays du volley

On a coutume de dire que le volley-ball est le sport n° 1 au Brésil… Le football étant une religion ! Ce sport, que l'on peut pratiquer sans grande infrastructure, consacre régulièrement le Brésil comme meilleure équipe du monde, chez les femmes comme chez les hommes. Les joueuses et joueurs brésiliens jouent dans tous les grands championnats européens. L'admission du beach-volley comme discipline olympique a bien sûr insufflé une dynamique supplémentaire à ce sport hautement brésilien. On y joue à tout âge, sur toutes les plages du pays. La version revisitée par les footballeurs (*futevolei*) est particulièrement spectaculaire. Les Jeux olympiques de Rio ont vu briller les équipes brésiliennes masculines puisqu'elles ont remporté l'or en volley ainsi qu'en beach-volley.

La capoeira, bien plus qu'un sport

La capoeira est l'un des aspects les plus fascinants de la culture brésilienne. Le capoeiriste est à la fois athlète, danseur, acrobate, farceur, comédien et musicien. Ayant l'interdiction de pratiquer les arts martiaux (ceux-ci pouvant les rendre plus redoutables en cas de révolte contre leurs maîtres), les esclaves ont travesti leurs luttes en spectaculaires mouvements de gymnastique, créant ainsi un rituel unique, en réalité une véritable préparation au combat. Ainsi naquit la capoeira, danse autant qu'art du combat, et résultat de la rencontre forcée des différentes cultures africaines sur le terri-

toire du Brésil au cours des 300 ans que dura l'esclavage. La musique qui l'accompagne est sobrement jouée par des tambours, des tambourins et sur l'instrument emblématique de la capoeira, le *berimbau* – arc en bois tendu par un fil de fer et orné d'une calebasse faisant office de caisse de résonance. On distingue deux grands types de capoeira : la capoeira Angola et la capoeira Regional.
La capoeira Angola est en quelque sorte « l'originale ». Effectuée sur un rythme lent, sa chorégraphie s'apparente aux taos, ces mouvements que l'on enchaîne dans les arts martiaux asiatiques. La capoeira Regional a été créée dans les années 1930 par Mestre Bimba, elle est plus vive et accorde une plus large place aux figures acrobatiques. C'est aujourd'hui la plus populaire et la plus pratiquée.
Longtemps interdite et réprimée, même après l'abolition de l'esclavage, la capoeira ne fut autorisée par le gouvernement qu'en 1937 où elle fut enfin reconnue pour sa valeur culturelle, éducative et artistique. C'est à Salvador de Bahia qu'ont été fondées les premières académies officielles. Elle est à présent largement enseignée et pratiquée, dans les écoles et dans la rue, mais aussi dans les universités, les ateliers de théâtre, les écoles de cirque et les centres de sport au Brésil et ailleurs dans le monde.

De grands noms de la Formule 1

Popularisée par Ayrton Senna (1960-1994), la F1 est très suivie au Brésil, qui a même son étape du Championnat du monde sur le circuit d'Interlagos à São Paulo. Senna, véritable mythe dans son pays, a signé 65 pole positions dans sa carrière, 41 victoires et 3 titres de champion du monde. Sa première victoire date de 1985. Il détient aussi le record de 6 victoires à Monaco. Le 1er mai 1994, il meurt en pleine course d'Imola au sommet de sa gloire, ce qui a évidemment participé à la construction de sa légende. Sa personnalité complexe et sa rivalité avec Alain Prost l'ont longtemps rendu impopulaire hors de son pays. Mais il a incontestablement marqué l'histoire de la Formule 1 par son extraordinaire technique et son sens de l'anticipation. Depuis Senna, les Brésiliens ont pu supporter Rubens Barrichello (vice-champion du monde en 2002 et 2004) ou Felipe Massa (vice-champion du monde en 2008), mais sans le même enthousiasme.

De nombreuses activités sur le littoral

▶ **Surf.** Pays du double champion du monde Gabriel Medina, le Brésil est aussi réputé pour ses vagues et son grand nombre de surfeurs, longboardeurs et bodyboardeurs. Les amateurs iront sur les plages du sud de Bahia, notamment Itacaré, spot de réputation nationale, voire internationale. Sur la côte du Pernambuco il est aussi possible de surfer, mais attention à Recife, où les requins sont une menace présente ! Plus au sud, les spots sont aussi très nombreux. A Rio, les vagues sont au top toute l'année. La plage de Saquarema est la plus réputée, mais on pourra aussi aller chercher du *swell* (de la houle) sur les plages d'Ipanema, d'Arpoador, de Barra, de Macumba, de Prahin ha ou de Grumari. Enfin, Santa Catarina regroupe aussi quelques plages très réputées : Joaquina, Praia do Cardoso, São Francisco do Sul, Ilha do Mel, Boiçucanga ou da Silveira.

▶ **Kitesurf.** Le vent souffle fort dans le Nordeste et en particulier sur le littoral du Ceará. Et les amateurs de kitesurf sont nombreux à en profiter ! Jericoacoara est l'un des spots mythiques de ce coin de côte atlantique.

▶ **Plongée.** Fernando de Noronha (Pernambuco) et Abrolhos (Bahia) sont deux sites naturels idéaux pour la plongée grâce à la richesse des fonds marins et de la qualité de l'eau. Pour les adeptes du masque et du tuba, certaines plages du Nordeste offrent la possibilité de nager tout proche des poissons et des barrières de corail. Porto de Galinhas (Pernambuco) et le littoral nord de l'Alagoas sont de très bonnes options. Dans la ville de Bonito (Mato Grosso), on peut aussi plonger.

De belles possibilités de randonnée

▶ **A pied.** En Amazonie ou dans les marais du Pantanal, le visiteur peut se prendre pour Indiana Jones (avec un guide, s'il vous plaît) ! Sur le littoral de Bahia, la *mata atlântica* (la forêt atlantique) rend les *trilhas* (les pistes) tout aussi amusantes avec l'avantage de finir la marche sur une belle plage. C'est le cas, par exemple, à Itacaré et sur l'île de Boipeba. A Rio, la forêt de Tijuca est aussi très courue. Les canyons de la Chapada Diamantina sont également de fantastiques terrains de jeu pour les randonneurs.

▶ **A cheval.** Le pays offre de vastes possibilités de randonnées équestres hors des sentiers battus, sur les pas des *gauchos*, à la découverte des canyons du sud du pays ou encore le long des plages paradisiaques de la côte nordestine.

Quelques sensations !

▶ **Escalade.** D'avril à octobre, les amateurs d'escalade pourront se faire plaisir sous un temps frais et sec. Les spots les plus courus se trouvent dans l'Etat de Rio, voire dans la ville même où le Pain de Sucre offre de superbes voies.

▶ **Parapente - Deltaplane.** Survoler Rio de Janeiro en parapente ou en deltaplane est un grand classique et une expérience à ne pas manquer. Panorama extraordinaire garanti !

GASTRONOMIE

La gastronomie brésilienne est née de l'union des multiples héritages à la fois portugais, africains et amérindiens, sans oublier les plus petites communautés qui ont contribué également à faire sa richesse, comme c'est le cas des Japonais, des Italiens, des Arabes, des Allemands, des Espagnols ou des Slaves. Cinquième pays du monde pour sa superficie et sixième pour sa population, le Brésil possède des régions avec une forte identité culturelle, faisant écho aussi bien aux populations amérindiennes qu'aux multiples vagues d'immigration qui ont forgé la cuisine locale à leur image. Entre son immense biodiversité à laquelle s'ajoutent de nombreux aliments venant des quatre coins du monde, les cuisiniers brésiliens font bon usage de viande, des produits de la mer, de légumes, de fruits et d'épices, utilisées néanmoins avec modération. On n'oubliera également pas les succulents desserts aux accents ibériques et la cachaça, équivalent local du rhum.

Histoire et cuisines régionales

Avec vingt-six états divisés en cinq régions, le Brésil possède plusieurs cuisines régionales, fruits de 500 ans d'immigration venant du monde entier mêlé à plusieurs millénaires de présence amérindienne qui a permis la domestication et la diffusion de nombreuses plantes natives du continent américain. Les premiers Portugais abordèrent les côtes du Brésil en 1500, alors que la traite des esclaves a ensuite amené des millions d'Africains au Brésil, venus avec leurs traditions culinaires. Plus tard à partir du XIXe siècle de nombreux Européens s'installent également sur le territoire, notamment des Allemands et des Italiens, suivis par les Japonais et les Arabes – notamment Syriens, Libanais et Irakiens chrétiens – qui fuient les persécutions lors du démantèlement de l'Empire ottoman au début du XXe siècle. Ainsi le Brésil possède les plus grosses communautés japonaises et libanaises en dehors de leurs pays respectifs. Toutes ces cultures différentes ont abouti à une culture culinaire très diversifiée.

Le Nord est une région particulièrement intéressante, car elle s'articule autour de l'Amazonie et compte le plus grand pourcentage de populations amérindiennes. D'autant que cette partie du pays, plus isolée, fut peu influencée par les colons, de sorte que les plats consommés par la population autochtone sont restés relativement inchangés. Le fleuve Amazone compte plus de 3 000 espèces de poissons offrant une gamme de tailles, de formes et de saveurs quasi illimitée. On pense au *pirarucu* ou *arapaima*, l'un des plus gros poissons d'eau douce au monde pouvant dépasser les 4 m pour 300 kg. Mais on n'oubliera pas les piranhas, les surubim (des poissons-chats géants) et le tucunaré ou paon bass (au goût proche du vivaneau). Le manioc est également natif de la région et s'est largement diffusé dans le reste du pays. Ce tubercule et ses feuilles contient un dérivé du cyanure

L'acaraje, beignet typique de Bahia.

© GMVOZD - ISTOCKPHOTO.COM

La célèbre Feijoada.

qui le rend toxique cru, il nécessite donc une cuisson méticuleuse. On le transforme aussi en farine (farinha). Les baies d'açaï – venant d'une espèce de palmier – sont un superaliment au pouvoir antioxydant inégalé. Sans oublier les baies de guaraná, connues pour leur forte teneur en caféine.

C'est à Porto Seguro – dans le Nordeste – qu'en 1500 Ivan Cabral foula pour la première fois le sol du futur territoire brésilien. Pendant une longue période, cette région concentra la majorité des plantations de canne à sucre ce qui explique également la très grande population afro-brésilienne dans cette partie du pays. Ainsi l'huile de palme, le lait de coco, le gombo (un légume vert au goût délicat) ainsi qu'une foule d'épices sont généreusement utilisés. Les acarajé – des croquettes de haricots cornilles – sont emblématiques de cette cuisine métissée, aussi bien présentes au Brésil qu'en Afrique de l'Ouest. On fait également un usage abondant de poissons et de fruits de mer, comparé aux autres régions côtières du pays. C'est l'une des régions les plus pauvres du Brésil, et les cuisiniers locaux ont pris l'habitude de cuisiner toutes les parties de l'animal, notamment les abats. Enfin on produit dans le Nordeste le queijo coalho, un fromage caoutchouteux, coupé en bâtonnets et grillé sur des brochettes avec des épices.

Le Centre-Ouest est la première région brésilienne pour l'élevage bovin, de ce fait la viande y est beaucoup plus importante ici que partout ailleurs. Les influences paraguayennes et boliviennes y sont fortes, ainsi le plantain et le pacu, un poisson local, sont consommés abondamment. Dans ce Midwest brésilien, le pequi est un fruit assez commun tant pour sa pulpe, au léger goût aigre, similaire à du fromage, et son noyau, très riche en graisses, que l'on utilise dans les plats salés.

Le Sudeste est la région la plus peuplée du pays et comprend les plus grandes villes du pays comme Rio de Janiero et São Paulo. L'influence portugaise y est plus forte qu'ailleurs, mais aussi la cuisine y est plus diversifiée, car la région a attiré au cours des siècles une multitude de migrants venant aussi bien d'Europe que du Japon ou du Moyen-Orient. São Paulo regorge de restaurants italiens et la ville est considérée comme la capitale brésilienne de la pizza. Quant au quartier de Liberdade, il contient le plus grand quartier japonais du monde. L'Etat de São Paulo concentre en effet 50 % de la communauté japonaise, et également 40 % de la communauté arabe du Brésil. Le Minas Gerais possède une importante communauté agricole et de nombreuses recettes brésiliennes viennent de cet état. On pense notamment au canastra (un fromage à pâte ferme assez piquant), le queijo minas (un fromage plus ou moins affiné pouvant être frescal, blanc et frais, ou curado, très maturé) et le requeijão (un fromage à tartiner fondant presque coulant).

Enfin le Sud est souvent associé au churrasco, un barbecue typique qui n'est pas sans rappeler l'asado. Les influences argentines et uruguayennes n'étant en effet pas très lointaines. D'où la consommation abondante de chimarrão ou maté, une infusion venant d'une plante locale, que l'on associe souvent aux gauchos. La longue présence allemande dans la région explique aussi l'abondance de riches pâtisseries.

Modes de restauration

En plus des restaurants classiques on retrouve au Brésil une multitude d'options pour se régaler à tous les budgets. Les restaurants *comer a kilo* ou self-service sont la meilleure façon de bien manger sans se ruiner. On se sert soi-même au buffet, puis on pèse l'assiette.

La qualité – comme les prix – varient d'une adresse à l'autre, mais on trouve au minimum des crudités, du poulet, du bœuf, du riz, des haricots, des spaghettis, des fruits et parfois du poisson et des fruits de mer. Les buffets classiques sont aussi communs.

Les rodizios de pizzas et de viande existent depuis longtemps au Brésil. Dans ces restaurants, les serveurs tournent dans la salle avec plusieurs types de pizzas fraîchement sorties du four ou des broches de viande et les clients choisissent à leur goût. Normalement un buffet de salades est aussi proposé. Boissons et desserts sont souvent à part. Les churrascarias sont ces rodizios spécialisés dans la viande grillée au barbecue. Pour un prix forfaitaire, on peut manger une énorme variété de viandes servies par les garçons qui circulent dans la salle et aussi se servir dans le buffet central qui propose toutes sortes de salades. Très appréciée, cette formule se retrouve aussi bien dans des restaurants populaires que des établissements haut de gamme. Elles offrent une variété énorme de viandes excellentes et de poissons grillés, mais aussi de sushis, fruits de mer, fromages et charcuterie, de quoi combler tout le monde.

Les galeterias sont des restaurants spécialisés dans le poulet, originaires du sud du pays. Grillé entier à la broche, le poulet peut être également débité en morceaux que les serveurs proposent en passant autour des tables. Indissociables des émigrants italiens installés au sud du Brésil, ces établissements proposent souvent une grande variété de plats de pâtes (spaghetti, raviolis, lasagnes, etc.). Le style ressemble à celui des churrascarias, on paye un prix fixe et on peut aussi se servir dans le buffet central. Originaires du Minas Gerais, les mineiros proposent notamment des plats à base de viande de porc, souvent mélangée à des haricots comme la fameuse *feijoada* ou le *torresmo*, du lard frit croustillant, servi en apéritif. Pour les petites faims, il y a les lanchonetes – équivalent d'un snack – ouvertes toute la journée, qui servent des sandwichs, des hamburgers, des pastéis (pâtisseries salées, beignets, etc.) et des boissons.

© GABRIELPEVIDE - ISTOCKPHTO.COM

Churrasco, le barbecue brésilien.

Les classiques de la cuisine brésilienne

Parmi les en-cas brésiliens les plus communs, l'*acarajé* est le plus connu. Spécialité de Bahia, c'est un délicieux beignet de haricot cornille, fourré de *vatapá* (une pâte de lait de coco, noix de cajou, cacahuètes, épices et huile de palme), de salade-tomate-oignon et de crevettes. Autre snack, la *coxin ha* est une friture censée imiter une cuisse de poulet faite avec une pâte à base de farine et de bouillon de volaille puis fourrée d'une farce au poulet effiloché. Le tout est pané puis frit. Les *pao de queijo* sont des croquettes moelleuses au fromage et les *pamonha*, un type de chausson frit croustillant fourré aussi bien de viande que de volaille, de fromage ou de légumes. Rappelant les *tamales* mexicains ou les *humitas* de Bolivie, la *pamonha* est préparée avec une pâte de maïs enveloppée dans ses propres feuilles et cuite à la vapeur. D'origine arabe, l'esfirra est une galette garnie de viande de mouton hachée et épicée. Les *bolinhos de bacalhau* sont des croquettes de morue, proche des acras. Enfin la casquin ha de siri est un hachis de crabe gratiné servi dans une coquille.

Si on devait citer un plat complet emblématique du Brésil, impossible de passer à côté de la feijoada. Composée de haricots noirs, de carne de sol, de saucisses et de côtes de porc, cette sorte de cassoulet brésilien est servi avec du riz, du chou râpé et une salade tomate-orange pour une expérience riche en texture et en saveurs. En Amazonie on cuisine la *maniçoba*, une feijoada où les feuilles de manioc remplacent les haricots. Dans le Minas Gerais, la *feijão tropeiro* contient de la semoule de manioc. Parmi les autres plats complets citons aussi l'*arroz com feijão* (riz aux haricots noirs), la *galinhada* (ragoût épicé de riz et de poulet), l'empadão (une sorte de hachis parmentier), l'*empadão de frango* (une tourte copieuse avec poulet, fromage et légumes) et le *virado* (haricots, purée de manioc, côtelette de porc, saucisse, banane plantain et œuf frit). La farofa est une farine de manioc cuite souvent cuisinée avec de l'oignon, du bacon et des légumes qui sert d'accompagnement. Dans les régions tropicales où la pomme de terre ne pousse pas bien, on la remplace par du macaxeira ou mandioca frita, des frites de manioc.

Les plats de viande sont légion, avec bien sûr en tête de liste le fameux churrasco, un type de barbecue purement brésilien. Les découpes les plus nobles sont la picanha, la fraldinha, l'alcatra et la maminha, très tendres. Composé prin-

© QUEIJADIN HA - ISTOCKPHOTO.COM

Le bolo do rolo, souvent délicatement fourré à la confiture de goyave.

cipalement de bœuf, ce festin comprend parfois aussi du poulet et du porc. La carne de sol est une spécialité de viande de bœuf ou de chèvre, salée et séchée, emblématique des sertanejos (cowboys) du Nordeste. Sinon le X-Tudo est un hamburger exceptionnellement haut comprenant une quantité délirante de garnitures : steak haché, bacon, crudité, maïs, jambon, fromage, frites, saucisses et ainsi de suite. L'engloutir sans s'en reverser la moitié dessus tient de l'exploit.

On retrouve aussi de nombreux plats en sauce comme la *vaca atolada*, un ragoût de bœuf avec manioc, tomate et coriandre ou la *galin ha a cabidela*, un civet de poulet avec le sang de l'animal. Le *pato no tucupi* est un plat de canard servi dans une sauce au jus de manioc et au jambu ou brède mafane (un légume-feuille). Les abats sont appréciés comme le prouve le *mocotó*, un ragoût de pieds de bœuf avec haricots et légumes ou la *sopa de mondongo*, une riche soupe de tripes avec légumes variés (tomate, poivrons, pomme de terre, piment, céleri, etc.). Le *xinxim de galinha* est un plat terre-mer avec poulet et crevettes dans une sauce finement épicée à la tomate, coriandre et noix de cajou pilée.

Les plats de poissons et de fruits de mer sont abondamment cuisinés notamment dans le Nordeste. La *moqueca de peixe* se compose de poisson, lait de coco, tomates, oignons et coriandre, parfois servie avec des crevettes alors que la *caldeirada* s'apparente à une bouillabaisse de poissons locaux et fruits de mer mijotés avec lait de coco, tomate, oignon, piment et pomme de terre. En Amazonie, le *tamuatá no tucupi* se prépare avec du tamuatá, une espèce de poisson-chat, cuisiné dans un bouillon de manioc avec des feuilles de jambu. Typique de l'extrême sud du pays, la *tain ha recheada com camarões* est une recette de mulet farci aux crevettes alors que le bobó de camarão est un ragoût de crevettes dans une crème au manioc, au lait de coco, au gingembre et aux herbes aromatiques.

Desserts et boissons

On retrouve au Brésil de nombreuses douceurs comme les *brigadeiro*, la version locale de la truffe au chocolat, composée de lait concentré sucré, de poudre de cacao et de beurre que l'on fait fondre à feu doux avant de s'en servir pour former des truffes qui seront roulées dans des vermicelles au chocolat. A l'inverse les *beijinho* de coco – « baisers de coco » – sont des truffes blanches au lait concentré sucré et à la noix de coco, souvent préparés pour Noël. La *cocada* met aussi la noix de coco à l'honneur sous forme de bouchées craquantes, allant du blanc au brun, selon le degré de caramélisation. On les garnit parfois d'amandes. Enfin le *queijadin ha* est un type de gâteau moelleux au fromage frais et – bien sûr – à la noix de coco.

Les Brésiliens sont également friands de « bolo », comprendre gâteau, comme le *bolo de rolo* composé de nombreuses couches de gâteau très fines alternées avec une délicieuse garniture, le plus souvent de la confiture de goyave ou du *duche de leche* (doce de leite). On dégustera également du *bolo de fuba* (farine de maïs), *bolo de mandioca* (au manioc) ou *bolo de arroz* (à la farine de riz). Au petit déjeuner savourez du rabanada, un savoureux pain perdu à la cannelle.

Les entremets sont nombreux comme dans le reste de l'Amérique latine. Citons l'immanquable *quindim*, une crème dense base de jaune d'œuf, de sucre et de noix de coco, souvent moulée en demi-sphère, mais aussi la mousse de maracujá, un dessert aérien au fruit de la passion ou encore la canjica, un porridge de grains de maïs (*canjica*) cuits avec du lait, du sucre et de la cannelle.

Le *manjar branco* est un entremets à la noix de coco nappé avec du caramel et des pruneaux. La baie d'açaí est servie sous forme d'une purée glacée proche d'un sorbet ou comme smoothie. Le açaí bowl ou açaí na tigela est garni de cette crème puis couverte de fruits frais et secs. Pour finir citons également la *goiabada*, une pâte de fruits à base de goyave souvent servie avec du fromage, et le *cajuzinho* un type de bouchée à la noix de cajou et cacahuètes pilées.

Le Brésil est également le paradis des fruits tropicaux, dont beaucoup ne se trouvent nulle part ailleurs. Bien sûr on peut savourer de sublimes mangues, papayes, bananes et autres ananas, fruit d'ailleurs originaire du pays, appelé « abacaxi » en portugais. Mais les amateurs d'insolite testeront aussi avec plaisir le bacaba (fruit d'un palmier dont le jus a un léger goût d'avocat), le *cupuaçu* (un proche parent du cacaoyer dont la chair crémeuse permet de réaliser desserts et boissons), le *pupun ha* (un palmier dont les fruits sont souvent consommés en salé, surtout connu pour sa tige transformée en « cœur de palmier »), le tucum (un palmier produisant des fruits appelés « awara » très appréciés pour leur pulpe et leur noyau riche en graisses), le muruci (une baie jaune très parfumée dont le goût oscille entre la poire, le litchi et la banane) et le tapereba (un fruit orangé à la pulpe très odorante et acidulée).

A presque chaque coin de rue, on trouve un bar à jus de fruits avec leur cortège de fruits frais pendant au-dessus du comptoir. Préparés devant vous les jus de fruits sont merveilleux. La vitamina est un type de jus de fruits additionné de lait. Hyper consistant et nourrissant, la vitamina de banane avec de l'avoine remplace un repas. Enfin l'*agua de coco*, littéralement « eau de [noix de] coco », vient des fruits encore verts. La noix est coupée à une extrémité à la machette et on insère une petite paille pour aspirer l'eau à l'intérieur. Si vous êtes un grand fan du goût de la coco, vous pouvez demander que l'on vous ouvre la noix de coco vidée de son jus, vous pourrez ainsi racler la chair blanche à l'intérieur avec une cuillère.

Avec quelque 3,6 millions de tonnes produites chaque année le Brésil est incontestablement le plus gros producteur de café au monde, et ceux depuis plus de 150 ans. Les Brésiliens sont aussi les 14e plus grands consommateurs de café avec presque 13 kg par an et par habitant. Bien que la plante soit originaire d'Afrique de l'Est et du Yémen, elle s'est bien acclimatée aux collines humides du centre et du sud du pays. Le café brésilien est connu pour son amertume et se prépare de différentes manières bien que l'expresso et le cappuccino soient des classiques. La déclinaison la plus brésilienne reste néanmoins le *cafezinho,* un café généreusement sucré servi dans une tasse minuscule, que l'on boit à tout bout de champ. Enfin le maté est infusion venant d'une plante originaire du Paraguay et des régions avoisinantes, consommée depuis des millénaires. On sirote cette boisson chaude un peu amère dans une calebasse (petite courge séchée) à l'aide d'une bombilla, une paille terminée par une boule percée de trous pour filtrer les feuilles de maté. Le tereré est la version glacée de cette infusion que l'on additionne de morceaux d'agrumes.

Alcools

La cachaça est l'alcool brésilien le plus connu. Produit à partir de canne à sucre, cette eau-de-vie titrant à environ 40-45° est similaire au rhum même si sa production est différente. Si le rhum est confectionné à partir de mélasse de canne à sucre cuite, la cachaça est produite à partir du jus de canne frais appelé varappa. Elle peut être jeune (dite branca, « blanche » ou prata, « argenté ») ou âgée (amarela, « jaune » ou ouro, « dorée »). Cet alcool rentre dans la composition de nombreux cocktails dont le plus célèbre, la caipirinha, mélange de citron, sucre et glace pilée. On observe quelques variantes comme la caipiroska (à base de vodka et non de cachaça) ou d'autres versions où le citron est remplacé par d'autres fruits. La batida est un terme désignant un mélange de jus de fruits et de cachaça.

La bière (*cerveja*) est très appréciée au Brésil et elle est souvent servie au litre et sur les plages, dans des cache-bouteilles entourées de polystyrène pour la garder fraîche. Le pays produit surtout des lagers – bières blondes – plutôt désaltérantes. Les marques les plus connues sont Saint Bier, Antarctica, Brahma, Itaipava, Bohemia et Skol. A ne pas confondre avec Skøll, une production française de bière parfumée à la vodka du groupe Kronenbourg. A noter également que la marque Antarctica produit également du guaraná, un soda sans alcool, à l'arrière-goût de cidre, très riche en caféine, créé en 1921.

Si la vigne nécessite un climat tempéré avec des différences de températures marquées pendant l'année – ce qui ne semble pas nécessairement correspondre au Brésil – l'extrême sud du pays est viticole et propose quelques crus intéressants comme le castel-chatelet (rouge), le pinot noir, le cabernet et le chardonnay aurora (blanc). Toutefois la demande nationale est importante et le pays importe beaucoup de vins du Chili ou d'Argentine. Enfin, en 1973 le groupe Moët & Chandon s'installe dans la région en créant le Domaine Chandon dans la Serra Gaúcha, dans l'état du Rio Grande do Sul. De ce savoir-faire champenois unique est née une production importante de vins mousseux, très populaires en Amérique du Sud.

AGENDA

Etablir un agenda exhaustif pour les festivités brésiliennes relève de la gageure, tant entre le 1er janvier et le 31 décembre, entre Norte, Nordeste, Sul, Sudeste, les festivités sont nombreuses, qu'elles soient purement festives, comme le carnaval, culturelles comme la foire internationale du livre de Paraty, religieuses comme Pâques à Ouro Preto, sportives comme le championnat de football brésilien, le grand prix de Formule 1 du Brésil ou encore l'étape de la coupe du monde de surf de Saquarema. Certaines sont gratuites, d'autres sont payantes. Cependant, même pour les festivités gratuites, cela peut avoir un certain coût. Lors des festivités les plus populaires, les hébergements sont pris d'assaut et pour le cas du carnaval, que ce soit celui de Rio, d'Olinda, de Salvador... ou d'Ouro Preto, le prix des hébergements augmente de manière exponentielle et il faut réserver un « pacote » de plusieurs jours.

BOM JESUS DOS NAVEGANTES

Du 2 au 10 janvier (légers changements de date selon l'année).

Fête très répandue dans tout le Nordeste, elle a notamment lieu à Penedo (Alagoas), à Aracaju, la capitale du Sergipe et à Salvador. Elle consiste en une procession regroupant des milliers de personnes qui suivent à bord de bateaux la statue du saint patron. A Penedo toute une programmation culturelle avec concerts, ateliers et présentations est en place en parallèle de la fête religieuse. À Salvador, cette procession débute à l'église Nossa Senhora da Conceição, et s'achève à l'église Nossa Senhora da Boa Viagem. La fête se poursuit ensuite sur la plage de Boa Viagem.

FESTA DO SENHOR DOS PASSOS

LENÇÓIS

Du 24 janvier au 2 février.

Cette fête religieuse est la plus typique de la petite ville de Lençois et de la région de la Chapada Diamantina. Elle est dédiée au saint-patron des chercheurs d'or ou *garimpeiros*. Les femmes sont habillées en bahianaises. La fête est marquée par une procession dans les rues du village et s'achève avec la nuit du *garimpeiro* (chercheur d'or ou de diamants), qui donne notamment lieu à des concerts dans les rues et aux terrasses des bars du centre.

LAVAGEM DO BONFIM

Eglise du Bonfim

SALVADOR

Deuxième jeudi de janvier.

L'événement religieux le plus attendu à Salvador. Syncrétisme entre les rites animistes des origines et les processions catholiques, les Bahianaises vont laver les marches de l'église de Bonfim. Cette fête honorait le culte d'Oxalà. Les esclaves lavaient traditionnellement les églises. Suite au vœu d'un soldat revenant de la guerre du Paraguay, les esclaves affranchis ont prétexté suivre cet ex-voto et ont ainsi « officialisé » ce rite animiste, l'inscrivant dans la tradition des maîtres portugais catholiques. Des centaines de milliers de personnes y participent.

FÊTE D'IEMANJA

SALVADOR

A Salvador et à Santana le 2 février.

Iemanjá, déesse de la mer et de la fertilité, est l'une des plus populaires figures du *candomblé* (culte afro-brésilien). Son aura dépasse de loin la seule ville de Salvador, on trouve sa représentation dans tout le pays. À Santana, à 4h du matin, on charge les bateaux d'offrandes et de cadeaux (fleurs, bijoux, pâtisseries, effigies...). Quand les barques sont pleines, elles partent vers le large, et reviennent au petit matin, vides, pendant que Iemanjá se repaît. Au retour des bateaux, la fête bat son plein, animée par les meilleurs groupes de musique de la ville.

CARNAVAL DE RIO

RIO DE JANEIRO ✆ +55 21 3500 0133

www.rio-carnival.net

La début du carnaval tombe exactement 47 jours avant Pâques.

C'est un des plus grands et spectaculaires carnavals du monde qui dure 5 jours. Rio est le plus organisé des carnavals au monde. Celui-ci dure officiellement 5 jours, du vendredi soir jusqu'au mardi gras. L'acmé de ces 5 jours de fête est bien entendu le défilé des écoles de samba : les 12 meilleures écoles de la ville défilent deux soirs de suite devant les 70 000 spectateurs installés sur les gradins de l'avenue Marquês de Sapucai (l'adresse officielle du Sambodrome). Les tribunes au meilleur rapport qualité-prix sont les secteurs 5, 7 et 9. Les prix peuvent varier de 230 R$ à presque 1 000 R$ selon l'emplacement et le jour.

▸ **Pour obtenir vos places :** contactez une agence ou connectez-vous sur les sites www.rio-carnival.net/carnaval ou www.camarotecarnaval.com

▸ **Dans le Centro**, ne manquez surtout pas le « Boitata » ! Le *bloco* se concentre sur la praça XV puis se balade dans les ruelles du vieux centre-ville, suivi de son peuple de fidèles. Tout ce monde est déguisé ! sans doute l'un des plus beaux *blocos* du carnaval de rue. Le samedi matin, sur la place Cinelândia, se rassemble le « Cordão da Bola Preta », le plus grand *bloco* de Rio, qui attire plusieurs centaines de milliers de personnes.

▸ **Répétitions**. Le carnaval demande des mois et des mois de préparation. De décembre à fin février, toutes les écoles de samba réalisent des *ensaios técnicos*, des essais techniques au Sambodrome les samedis et dimanches soir pour préparer le spectacle. Une sorte de répétition générale à laquelle on peut assister gratuitement.

CARNAVAL D'OLINDA

OLINDA

www.carnaval.olinda.pe.gov.br

Février-mars.

C'est le carnaval hors les murs le plus authentique avec celui de Recife. Il est aussi très populaire, car il n'y a pas besoin d'acheter un t-shirt ou autres types d'entrée – comme ça peut être le cas à Salvador et bien sûr à Rio de Janeiro, des carnavals très commerciaux – pour être au plus près de la fête. Tout le monde est dehors, dans les rues de la vieille ville et de la Cidade Alta. Des centaines de groupes, chacun avec son costume, s'occupent de l'animation musicale : *frevo, troças, blocos, maracatus, caboclinhos* et *afoxés*, toutes ces traditions, fruits du mélange des populations blanches, noires et indigènes, sont représentées. Ce qui fait la singularité du carnaval d'Olinda, c'est très certainement le défilé des poupées géantes, les *bonecos gigantes* : plus d'une centaine existent déjà et chaque année, de nouvelles figurines sont créées. Ces poupées sont un héritage européen des processions du XVe siècle, lorsque des représentations des Saints accompagnaient les défilés lors des fêtes religieuses. On trouve à Olinda des réinterprétations païennes de ces figures, comme celle du *Homem da Meia-Noite* – l'Homme de Minuit – qui est le premier à sortir dans les rues, annonçant le début des festivités. Le carnaval est aussi un moment de critique sociale et politique à l'occasion duquel les marionnettes des personnages publics faisant l'actualité du moment sont mises en scène au gré des extravagances de ceux qui les font se mouvoir.

© KARLA VIDAL - SHUTTERSTOCK.COM

Carnaval d'Olinda.

CARNAVAL DE SALVADOR

SALVADOR

Dates variables, en général fin février au début mars.

Presque toutes les villes organisent leurs festivités, mais le carnaval de Salvador, nommé *carnval* de Bahía est parmi les plus réputés du Brésil. Dans la ville la plus africaine du Brésil, l'ambiance est plus survoltée encore qu'à Rio, en raison du fait notamment que le *carnval* a lieu dans les rues accessibles par tous. C'est une immense fête avec les *trios elétricos*, réalisent un parcours prédéterminé le long de la ville, selon trois circuits principaux : celui de Batatinha, dans le centre historique, celui de Dodo, qui couvre les quartiers de Barra et d'Ondina, et celui d'Osmar qui connecte Barra à l'Avenida Campo Grande.

Chaque *trio* accueille un groupe musical. Le style musical reste la samba et l'axé. Pour rejoindre une *bloco*, c'est à dire accéder au groupe encadré d'un cordon qui suit le char de votre choix, il faut acheter un t-shirt du groupe choisi. On peut également s'installer dans une des *camarotes*, tribunes installées le long du parcours du cortège. Une autre option consiste à profiter de la fête en *pipoca* : les participants n'appartiennent à aucun *bloco* mais suivent ces derniers en restant à l'extérieur du cordon, et comme du pop-corn (*pipoca*), sautent en permanence à côté des chars. On pourra enfin choisir de rester à proximité d'une *barraca* et participer aux célébrations qui s'y tiennent en même temps que le cortège passe par là.

Comme partout lors de ce type de manifestations, emportez le minimum de choses possibles avec vous car la foule est grande et les *pickpockets* nombreux.

ANIVERSÁRIO DO RIO DE JANEIRO

RIO DE JANEIRO

1er mars. Commémoration du jour de la fondation de la ville.

Chaque 1er mars, on assiste à la commémoration de la fondation par les Portugais de Rio de Janeiro (*Estácio de Sá*), le 1er mars 1565. Le capitaine portugais va nommer la ville São Sebastião do Rio de Janeiro en l'honneur du roi du Portugal Dom Sebastião Ier qui règne alors sur le pays. Le reste du patronyme de la ville, dont le site a été découvert le 1er janvier 1502 repose sur la méprise des découvreurs. Ils avaient pris la baie pour l'embouchure d'une rivière.

PÂQUES

SÃO PAULO

Dates variables.

Les festivités de Pâques sont très suivies au Brésil, tout comme la Semaine sainte qui les précède (pensez à réserver tôt car les Brésiliens sont nombreux à prendre des vacances). Les grandes surfaces alimentaires couvrent leurs étagères d'œufs de chocolat. Les chocolats sont distribués le dimanche de Pâques. On mange traditionnellement du poisson le vendredi de la passion. En plus des messes, la mort du Christ donne lieu à des représentations théâtrales. De la crucifixion à la résurrection, le public est toujours très nombreux à suivre les cortèges.

FESTAS JUNINAS

RIO DE JANEIRO

Au mois de juin, partout à Rio de Janeiro, s'organisent ces traditionnelles fêtes campagnardes. Les hommes revêtent jean et chemise à carreaux ; les filles robe à fleurs avec chapeau de paille, tresses et taches de rousseur sur les joues. On mange de la cuisine typique de la campagne, on boit un mélange de cannelle et de *cachaça* chaude. Au moment du « quadrille », une file de danseurs se forme au centre, où, en rang d'oignons, ils entament une danse joyeuse et rétro. Tout au long du mois, les journaux vous informent sur les différentes Festas Juninas du moment.

FESTAS JUNINAS OU DE SÃO JOÃO

www.festajunina.com.br

Tout au long du mois de juin et aussi en juillet, mais surtout du 22 au 24 juin.

Partout dans le pays, mais surtout dans le Nordeste, on fête saint Antoine (23), saint Jean (24), et saint Pierre (29). Tout le monde adore ces fêtes qui se prolongent tout au long du mois de juin et de juillet. Toutes les églises, écoles, clubs et quartiers font la leur avec la communauté locale. Les villes du Nordeste sont réputées pour organiser les plus grandes fêtes avec plusieurs groupes de *forró*. La plus grande fête se passe à Caruaru, dans le Pernambouc, tout le mois de juin.

FESTIVAL DE PARINTINS

PARINTINS

Dernier week-end de juin.

Dans la ville de Parintins, dans le vaste état d'Amazonie, on peut assister à la deuxième fête folklorique la plus importante du Brésil après le carnaval. Plus de 100 000 personnes viennent vibrer et supporter les groupes de Garantidos (rouges) et Caprichosos (bleus), les deux écoles rivales. Les déguisements et les chars rivalisent d'audaces et beauté comme à Rio. La ville s'anime tous les jours. Six heures de fête continue animent cette ville pourtant calme le reste de l'année dans le bumbodromo, stade en forme de tête de boeuf.

BUMBA MEU BOI

SÃO LUIS

De la seconde quinzaine de juin au mois d'août, à São Luis et dans tout le Maranhão, toujours du vendredi au dimanche à partir de 19h. Entrée libre.

Sorte de fête de la Saint-Jean mélangée au culte folklorique du Bumba-meu-Boi, né au XVIIIe siècle du rapport conflictuel entre les propriétaires de plantations du Nordeste et leurs esclaves, où un grand buffle est le personnage principal qui revient à la vie. Musique, danse et présentation folklorique sous forme de défilé sont au programme de ce carnaval, où, comme dans tout carnaval, une bonne dose de satire, tantôt humoristique tantôt tragique, et de critique sociale nourrit les festivités. Célébration hautement symbolique.

FICA : FESTIVAL INTERNATIONAL DE CINÉMA AMBIENTAL

GOIÁS

www.fica.go.gov.br

Juin. Dates variables d'une année à l'autre.

Depuis 1999 la ville de Goias organise un super festival de cinéma sur l'environnement avec plusieurs invités de renom. De nombreux visiteurs remplissent les rues de cette tranquille ville coloniale, spécialement pendant le week-end de clôture. Des projections, débats et ateliers, et plusieurs concerts gratuits sont organisés. Ce festival a de plus en plus sa raison d'être ; l'environnement global au Brésil est en danger et mis sous pression par des causes naturelles et anthropiques.

FESTIVAL D'HIVER DE L'UFMG

BELO HORIZONTE

En juillet.

Festival d'hiver (donc en juillet dans cet hémisphère) de l'Université fédérale du Minas Gerais (UFMG) : 10 jours dédiés à la culture *mineira*, depuis la musique, le théâtre, la littérature, jusqu'aux arts plastiques. Le festival se déroule ces dernières années à Belo Horizonte. Il peut aussi y avoir quelques scènes à Ouro Preto. Les programmations sont en général de qualité. Il fait quelquefois un peu froid à Ouro Preto, cela vaut la peine d'assister à ce festival.

MARATONA DO RIO

RIO DE JANEIRO

✆ +55 21 2223 2773

www.maratonadorio.com.br

Marathon de Rio. Début juin.

Le tracé suit l'océan atlantique en longeant les plages mythiques de Recreio, Barra de Tijiucà, Sao Conrado, Leblon, Ipanema, Copacabana puis passe devant le pain de sucre et arrive à Flamengo. C'est peut-être le plus beau marathon du monde ! Des centaines de milliers de concurrents de tous les pays du monde tentent de boucler les 42 kilomètres du parcours en 2 heures pour les plus rapides, plus de 5 heures pour les moins performants mais réussir à finir ce parcours mythique est déjà en soi une magnifique victoire dans ce cadre merveilleux.

FORTAL

Cidade Fortal

FORTALEZA

En juillet, Fortal est l'un des carnavals hors saison les plus animés du Brésil. Pour y participer, il faut choisir son groupe et acheter son t-shirt, l'*abada*. Il sera votre sésame pour les trois jours de fête que dure ce carnaval. Le jeudi, premier jour, la programmation est différente et demande l'achat d'un autre t-shirt servant de ticket. Les prix sont quand même excessifs. Il fallait débourser 1 210 réais en 2020 pour assister aux quatre jours de fête. 3 ou 4 jours complets de musique *axé*, *forró*, *sertanejo* et *música eletrônica*.

FESTA LITERÁRIA INTERNACIONAL DE PARATY [FLIP]

PARATY

www.flip.org.br

Fin juillet-début août. Entrée payante, quelques attractions et rencontres gratuites.

Depuis 2003 ; la pittoresque ville de Paraty reçoit pendant cinq jours des écrivains, des cinéastes et des historiens renommés du monde entier pour débattre et présenter leur travail. Concerts et ateliers d'écriture ponctuent la fête. Festival très attendu, il faut penser à réserver. L'ambiance est conviviale et bon enfant. Ce festival continue de monter en puissance car les organisateurs font chaque année un travail remarquable de promotion de la culture.

FESTIVAL DA PINGA

PARATY

Mi-août.

Chaque année, à la mi-août, se tient la Fête de la Pinga à Paraty, un festival folklorique. Les producteurs de *cachaça* locale, appelée *pinga*, ont instauré une festivité où le rhum brésilien (produit à base de sucre de canne) distillé dans sept alambics est à l'honneur. Beaucoup de monde dans les rues et des concerts d'artistes brésiliens réputés. Dans une ambiance très festive, on peut goûter nombre de spécialités locales dans les petites baraques de la place da Matriz. Beaucoup de monde dans la petite ville de Paraty, il faut penser à réserver à l'avance.

FESTIVAL DE CINÉMA DE GRAMADO

GRAMADO

www.festivaldegramado.net

Depuis 40 ans la petite ville de Gramado, proche de Porto Alegre, dans le sud du pays, accueille tous les ans la deuxième semaine d'août de nombreux cinéastes, acteurs et passionnés de cinéma. Le festival est aujourd'hui un espace de diffusion, de discussion et de motivation à la création artistique incontournable. Le cinéma représente 0,5 % du PIB brésilien. Une vingtaine de longs métrages concourent pour les « Kikitos » et une trentaine de cours métrages.

BIENAL DE ARTE DE SÃO PAULO

Avenida Pedro Álvares Cabral s/n

SÃO PAULO

www.bienal.org.br

De septembre à décembre (à priori). Entrée libre.

La première édition de la Biennale d'art de São Paulo a eu lieu en 1951 et avait déjà comme propos d'explorer l'art contemporain d'un point de vue brésilien. Rencontres, projections, séminaires et ateliers sont aussi au programme. Aujourd'hui, cette biennale s'est hissée au niveau des plus grandes manifestations d'art contemporain de la planète. Dans un beau pavillon du parc Ibiripuera qui lui est dédié, on pourra voir de riches expositions et des conférences.

ROMARIA DE NOSSA SENHORA DA AJUDA

ARRAIAL D'AJUDA

Du 6 au 15 août.

La *romeria* de Nossa Senhora da Ajuda est un pèlerinage en hommage à la sainte patronne de la ville, c'est l'une des plus anciennes et des plus ferventes manifestations de ce type au Brésil. La fête culmine le 15 août avec une procession de milliers de dévots dans les rues du village, suivie d'une messe en plein air devant l'église (elle est cependant trop petite pour accueillir tout le monde et de nombreux fidèles assistent à la messe du parvis de l'église).

DIA DA INDEPENDÊNCIA

RIO DE JANEIRO

7 septembre.

C'est la fête nationale brésilienne, le jour de l'indépendance du pays, qui date du 7 septembre 1822, quand le futur empereur Dom Pedro I refusa de rentrer au Portugal. Elle a été instauré en 1949. Bien sûr, cet évènement est fêté dans tout le Brésil et en particulier dans les grandes métropoles brésiliennes, mais comme souvent, beauté de l'écrin naturel de la ville oblige, c'est à Rio qu'il prend ses plus belles couleurs. On assiste à un grand défilé militaire sur l'Avenida Présidente Vargas et à un show aérien sur Copacabana !

COSME E DAMIÃO

ARRAIAL D'AJUDA

Le 27 septembre.

Les fêtes religieuses traditionnelles sont nombreuses au Brésil. Celle de Cosme et Damião est fêtée avec ferveur à Arraial d'Ajuda tous les 27 septembre. Ces deux enfants saints, très populaires au Brésil, font l'objet d'un culte particulier à Arraial. La fête est familiale, on prépare le traditionnel *caruru* (plat à base de crevettes et de *quiabo*, un légume vert voisin du haricot) qui doit d'abord être servi successivement à sept enfants avant que les adultes aient le droit d'y toucher. C'est une fête associée au syncrétisme religieux.

OKTOBER FEST

BLUMENAU

www.oktoberfestblumenau.com.br

Durant 18 jours au long du mois d'octobre, dates variables selon l'année. Les prix varient selon la programmation. De 6 à 20 R$.

C'est une version brésilienne de la fameuse fête de la bière allemande et qui se déroule...en octobre, en parallèle des fêtes de Munich. Outre le patronyme germanique, Blumenau est une ville peuplée de descendants allemands arrivés au début du XXe siècle et qui ont maintenu leurs traditions au sein de leurs *colonias*. La bière (issue des brasseries locales) coule à flots et des écrans géants retransmettent en direct des images de l'oktoberfest de la « grande sœur » bavaroise), au rythme de la *oumpapa musik*. Dépaysement garanti dans le sud du Brésil.

CIRIO DE NAZARÉ

BELÉM

www.ciriodenazare.com.br

Deuxième dimanche du mois d'octobre.

Le Cirio de Nazaré (ou cierge de Nazaré) est l'une des fêtes chrétiennes les plus importantes au monde. Elle se déroule à Belém, dans l'Etat du Pará, en Amazonie. Pas moins d'un million et demi de personnes (voire plus) accompagnent la procession qui conduit la statue de la Vierge depuis la cathédrale jusqu'à la très riche basilique qui porte son nom. Comme beaucoup de festivités mariales, cette fête est née d'un « miracle » selon lequel une statue de la Vierge Marie apportée par un homme pieux aurait disparu et serait revenue dans sa maison.

GRAND PRIX AUTOMOBILE DU BRÉSIL

Av. Sen. Teotônio Vilela, 261

SÃO PAULO

En novembre.

Il n'aura échappé à personne que le Brésil est un grand pays de Formule 1. Le Grand Prix de Formule 1 de São Paulo se dispute sur le circuit d'Interlagos, au sud de la ville. Disputé depuis 1972, il compte pour le championnat du monde depuis 1973. A noter qu'en 1978, ainsi qu'entre 1981 et 1989, ce grand prix s'est tenu à Rio (circuit Jacarepagua), et non à São Paulo. Alain Prost y gagna en 1982, 1984, 1985, 1987, 1988 et 1990. Evènement très populaire.

Oktoberfest à Blumenau.

SEMANA DE ALEIJADINHO

OURO PRETO

Aux alentours du 15 novembre

L'Aleijadinho, ou « petit estropié » est un artiste, sculpteur de son état, qui a décoré un grand nombre d'églises et de bâtiments civils jusqu'en 1814, date de sa mort. Bien qu'affecté par une maladie invalidante (la lèpre), il a apporté sa griffe au baroque « Mineiro ». Son histoire est indissociable de celle de sa ville : Vila Rica d'Ouro Preto, connue plus simplement aujourd'hui sous le nom d'Ouro Preto. Pendant une semaine de multiples fêtes et commémorations rendent hommage à l'artiste *mineiro* à Ouro Preto et dans le Minas Gerais.

NATAL LUZ

GRAMADO

www.natalluzdegramado.com.br

Dès le mois d'octobre et jusqu'à début janvier.

En plus de son excellent festival de cinéma, Gramado est connue pour ses illuminations et ses décorations de Noël. La ville se transforme en grand parc thématique avec sapins géants décorés et village du père Noël. Il est vrai que cela ne correspond pas vraiment à l'hiver, tel qu'on le conçoit en Europe, avec ses sommets enneigés car s'il fait froid à Gramado l'hiver, décembre au Brésil correspond à l'été. Les maisons de style européen, voir germanique tranchent avec la «tropicalité» du pays. L'ambiance est agréable et festive.

CARNATAL

NATAL

✆ +55 84 4006 0990

www.carnatal.com.br

Le premier week-end de décembre.

Si Natal n'est pas une ville où l'on va pour assister à un carnaval traditionnel, elle propose, comme Fortaleza, un carnaval «décalé» : le Carnatal. Ce carnaval hors saison de Natal a lieu depuis plus de 20 ans. C'est une grande fête avec plusieurs *trios elétricos*. La municipalité de la ville fait venir de plus en plus de groupes bahianais et de locaux, de *forro*. L'alchimie prend et les touristes transforment cette fête en évènement national et plus seulement local. Pour y participer il faut acheter à l'avance le t-shirt qui fait office de sésame.

NOËL AU PELOURINHO

Pelourinho

SALVADOR

Tout au long du mois de décembre.

Salvador de Bahia est une ville profondément religieuse et mystique et la période de noël est forcément importante pour le petit peuple bahianais. Décembre est un mois très festif au Pelourinho. Des présentations artistiques, des concerts et des défilés marquent la fin de l'année et les célébrations de Noël. Des espaces pour enfants sont proposés sur le terreiro de Jesus, avec distribution de jouets et de cartes de noël aux enfants. La programmation est presque quotidienne dans les nombreuses places du quartier. L'accès est libre.

SEMANA DE AFRÂNIO PEIXOTO

LENÇÓIS

Début décembre.

C'est une semaine culturelle en l'honneur de l'un des plus célèbres ressortissants de Lençóis, le Docteur Peixoto (1876-1947), à la fois médecin, homme politique, professeur, critique littéraire, romancier, essayiste et historien. La semaine est marquée par l'organisation de nombreuses manifestations culturelles, elle est aussi l'occasion de commémorer l'émancipation des esclaves de la ville, dans le cadre superbe de la ville de Lençois et de la Chapada Diamantina.

RÉVEILLON DU NOUVEL AN

Copacabana

RIO DE JANEIRO

31 décembre.

Le réveillon du Nouvel An à Rio de Janeiro est un moment chargé d'émotion quand la foule part en direction de la plage, toute de blanc vêtue. Le feu d'artifice du jour de l'an sur la plage de Copacabana, auquel assistent près de 2,5 millions de personnes chaque année (!), est un événement spectaculaire et unique au monde ! Avec le carnaval, c'est un des moments les plus forts de la saison touristique à Rio de Janeiro. Il faut donc anticiper très largement les réservations d'hôtels et billets d'avion et s'attendre à des tarifs élevés.

VERSION NUMÉRIQUE
OFFERTE
Obtenez votre guide numérique en scannant ce QR code
ou rendez-vous sur le site
www.ebookfute.com
avec le code avantage
L4EXWW
petit futé
Brésil
VERSION NUMÉRIQUE OFFERTE
COUNTRY GUIDE
OFFRE VALABLE JUSQU'À L'ARRÊT DE COMMERCIALISATION DU TITRE EN FRANCE MÉTROPOLITAINE
ET DANS LE MONDE ET SOUS RÉSERVE QUE LE NOMBRE DE TÉLÉCHARGEMENTS SOIT INFÉRIEUR

ÉTAT DE RIO DE JANEIRO

On ne saurait réduire l'État de Rio à la ville éponyme. Ce petit État offre une immense variété de paysages naturels et urbains, montagnards ou littoraux. Les villes baroques de la route de l'or apparaissent comme des joyaux dans l'écrin vert de la forêt atlantique. Dans un rayon de 4 heures de voiture autour de Rio, de très nombreux sites touristiques sont facilement accessibles. En quelques heures, le voyageur passe des montagnes de la Serra dos Órgãos (où trône l'ancienne ville impériale de Petrópolis) et du charme des chalets suisses de Mauá à la douceur des plages et îles du littoral. Les merveilles de l'architecture coloniale de Paraty, ou les plages du Saint-Tropez brésilien, Búzios, complètent une liste à la Prévert. On pourrait y ajouter les *fazendas* de café popularisées par les *telenovelas* brésiliennes. Si cette liste n'a aucune prétention à l'exhaustivité, elle pose les jalons de la richesse d'un séjour dans l'État de Rio.

Etat de Rio de Janeiro
50 KM
Ville
Route principale
Route secondaire
MINAS GERAIS
ESPIRITO SANTO
SÃO PAULO
Varre Sai
Itaperuna
Bom Jesus do Itabopoana
Miracema
Muricó
Santo Antonio de Pádua
São Fidélis
São Francisco de Itabapoana
São João de Barra
Itaocara
Campos dos Goytacazes
BRE 101
Juiz de Fora
Laguna Feia
Conceição de Macabu
Grande
Nova Friburgo
SANA
Macaé
Rio das Ostras
Três Rios
RIO DAS FLORES
Paraiba do Sul
Areal
Paraiba de Sul
PARC NATIONAL D'ITATIAI
CONSERVATORIA
VALENÇA
VISCONDE DE MAUÁ
Quatis
BARRA DO PIRAI
ITAIPAVA
VASSOURAS
TERESÓPOLIS
PENEDO
Porto Real
Itatiaia
Resende
Volta Redonda
PETRÓPOLIS
PARC NATIONAL SERRA DOS ORGÃOS
Barra Mansa
BRE 116
Queimados
Magé
ILHA DE PAQUETÁ
BÚZIOS
São Pedro da Aldeia
Armação dos Búzios
Nova Iguaçu
Baie de Guanabara
Itaborai
ARARUAMA
São Gonçalo
RIO DE JANEIRO
NITEROI
SAQUAREMA
CABO FRIO
Itaguai
ILHA DE GIPÓIA
ITACURUÇA
Lagó de Araruama
Laguna de Saguarema
ARRAIAL DO CABO
ANGRA DOS REIS
MANGARATIBA
Parc National Tijuca
CONCEIÇÃO DE JACAREÍ
PARC NATIONAL SERRA DE BOCAINA
PARATY
ILHA GRANDE

PAGES

À l'ouest de Rio s'étend la Costa Verde (côte verte), nommée ainsi en raison de la luxuriante forêt atlantique (*mata Atlântica*) qui couvre ses massifs vallonnés. Son immense baie bordée de magnifiques plages abrite une quantité inouïe d'îles paradisiaques : environ 350. La région abrite près de la moitié du parc national de la Serra da Bocaina, où sont préservées la faune et la flore de la *mata Atlântica*. Ici se succèdent, sur plusieurs centaines de kilomètres, des paysages absolument somptueux. La mer y est chaude, tranquille, et les eaux sont claires. Cependant, le temps est facilement changeant et il y pleut assez souvent. La Costa Verde est adaptée aux sports nautiques, à la plongée, à la pêche et aux balades en bateau ou aux multiples randonnées à effectuer à travers la *mata*.

Les paysages sont magnifiques. Mais Paraty est assurément un joyau du tourisme brésilien pour son histoire et ses vieilles pierres. Des voyageurs du monde entier visitent son centre historique érigé à l'époque de la fièvre de l'or, classé au patrimoine mondial de l'Unesco et extraordinairement bien conservé.

C'est la région qui s'étend au nord-est de Rio, commençant de l'autre côté de la baie de Guanabara (Niterói) et se prolongeant jusqu'à son principal « spot » touristique, la station balnéaire branchée de Búzios. C'est une région bien plus sèche que la Costa Verde : il y pleut très peu. Búzios, situé tout au bout de la côte, connaît plus de 300 jours de beau temps par an. La région est connue des Brésiliens sous le nom de « Região dos Lagos » (région des lacs), en raison des nombreuses lagunes qui la parsèment. Contrairement aux forêts tropicales de Rio ou de la Costa Verde, dans cette région, ce sont les dunes et la végétation basse et sèche qui dominent.

Búzios est la plus célèbre des stations balnéaires aux alentours de Rio. C'est un peu le Saint-Tropez brésilien. Le décor est d'une beauté saisissante. Initialement un port de pêche, cette station balnéaire à la mode est réputée pour ses restaurants romantiques et sa vie nocturne agitée.

PAGES

C'est une spectaculaire chaîne de montagnes qui traverse tout l'État de Rio d'est en ouest. C'est un autre Brésil qui se présente, à 1 heure de route de la capitale fluminense. Ce paysage de pics escarpés et de chalets en bois est vraiment insolite ! Au plus fort de l'hiver brésilien, le thermomètre approche 0 °C la nuit : bonnets et écharpes font partie de la garde-robe de ces montagnards tropicaux. Les maisons sont même équipées de cheminées. Outre la fraîcheur du climat et la beauté fascinante des paysages, on peut profiter ici des nombreuses possibilités de randonnées à pied ou à cheval, ou apprécier un confortable isolement au sein d'un de ces hôtels de montagne. Sans oublier de découvrir ce qui fut le lieu de villégiature préféré de la Cour impériale au XIXe siècle : Petrópolis.

Le parc naturel d'Itatiaia (le plus ancien du Brésil) commence 10 km plus loin. Il est entouré par la chaine de Mantiqueira. C'est une succession de magnifiques panoramas et cascades, que l'on contemple en parcourant un vaste réseau de sentiers bien balisés.

Voici une destination intéressante pour qui cherche à sortir des grands axes touristiques. Ici, pas de grandes plantations en activité, même s'il s'agit de la vallée qui a développé la culture du café au XIXe siècle. Il est resté, dans cette vallée, un circuit très intéressant pour le tourisme, jalonné de vestiges des splendeurs de cette époque dorée. Son développement au XVIIIe siècle est lié à l'installation progressive des populations le long des nouvelles routes par lesquelles circulaient les richesses, entre Rio de Janeiro et Minas Gerais, des mines aux ports littoraux. Très rapidement, on s'est aperçu que tout poussait sur ces terres miraculeuses. Ainsi a commencé l'essor spectaculaire des plantations de café, qui a donné naissance aux barons et aux nouvelles fortunes. Au XIXe siècle, le café régnait sur le commerce extérieur du Brésil. Le soleil permanent garantissait la production, l'esclavage de la main-d'œuvre, et les acheteurs européens apportaient avec eux le style de vie de l'Ancien Monde. Au XXe siècle, tout s'est compliqué. La monoculture intensive du café a épuisé les terres qui ne produisent plus, on vient finalement et laborieusement de proclamer la fin de l'esclavage (1888), le cycle des glorieuses plantations s'essouffle peu à peu, pour lentement s'éteindre. Aujourd'hui, c'est grâce au tourisme que la région vit une seconde jeunesse. Un type d'hébergement de qualité, les « hôtels *fazenda* », s'y est développé. Dans certaines *fazendas* est mise en scène toute la grande épopée du café, dans d'autres, de nombreuses activités sportives et ludiques sont proposées aux hôtes.

RIO DE JANEIRO

© MATEJ KASTELIC - SHUTTERSTOCK.COM

Rio compose assurément un des plus beaux sites naturels et urbains de la planète… Son relief de *morros* joint l'océan à la plus grande forêt urbaine du monde. Les montagnes, le ciel, la mer et ses habitants se fondent en un paysage unique, dans une ambiance définitivement sybarite. La ville est riche d'une grande diversité sociale qui s'inscrit dans un espace initialement cloisonné par ces barrières naturelles que constituent les *morros*. Des tunnels traversant ces obstacles favorisent son extension vers les nouveaux espaces urbanisés du sud. C'est le Rio à la mode. Ainsi, au Rio populaire des quartiers nord, se juxtapose le Rio « business » du CBD, le Rio bohème de Santa Teresa, le Rio historique du Centro, le Rio balnéaire de Copacabana, le Rio chic d'Ipanema ou encore le Rio misère des *favelas*. L'histoire s'écrit en palimpseste en de nombreux quartiers où différentes strates historiques se superposent pour former la ville merveilleuse.

SE REPÉRER SE DÉPLACER

On arrive en général à Rio par l'aéroport international du Galeão « Antonio Carlos Jobim », dans l'île du gouverneur. Certaines connexions ou certains vols pour des destinations intérieures peuvent se faire à l'aéroport Santos-Dumont, à proximité du centre-ville. On peut se rendre à l'aéroport en taxi ou avec des navettes. Pour les transports en bus, que l'on privilégie si on a le temps, il faut se rendre à la gare routière (*rodoviaria*) du Novo Rio, dans le nord de Rio. Rio est connectée par bus direct avec la majorité des grandes villes brésiliennes. Les temps de parcours peuvent être longs ! La journée et dans les quartiers que l'on connaît, on peut prendre les bus « classiques » ou les minibus. Le plus simple et le plus sûr la nuit reste le taxi (ou Uber) que l'on aura pris soin de prendre en tête de station ou qu'on aura appelé à la centrale. Enfin, dans la zone sud, il est également possible de faire du vélo, surtout le week-end.

AEROPORTO INTERNACIONAL ANTÔNIO CARLOS JOBIM

Av. Vinte de Janeiro - Galeão
✆ +55 21 3398 5050

L'aéroport international de Rio de Janeiro, Galeão, situé sur l'Ilha do Governador, à 20 km au nord du centre-ville, dispose de deux terminaux. Vous y débarquez ou en repartirez, en fonction de la compagnie aérienne :

- **Au Terminal 1 :** Aerolineas Argentinas, Air France, Alitalia, American Airlines, Avianca, British Airways, Continental, Delta Airlines, Gol, Iberia, Lanchile.
- **Au Terminal 2 :** Pluna, Spanair, TAM, Tap, United Airlines et Varig. Les arrivées et départs sont au niveau 1.

AEROPORTO SANTOS DUMONT

Praça Senador Salgado Filho - Castelo
✆ +55 21 3814 7070

Dans cet aéroport n'atterrissent que les vols intérieurs. Il est situé dans la baie, sur un terrain gagné sur la mer.

- **Bus :** les bus de la compagnie Real desservent Rio. Bus executif à 15 R$ qui dessert dans un sens Copacabana et Ipanema (les hôtels du front de mer), de l'autre la gare routière Rio Novo et l'aéroport international.
- **Taxi :** comptez 20 à 50 R$ de course.
- **Tramway + metro :** le tramway qui part de Santos Dumont dessert tout le centre de Rio jusqu'à Rio Novo, la gare routière. À Cinelândia ou à Carioca, possibilité de prendre le métro en connexion.

COSTA VERDE TRANSPORTE

✆ +55 21 3907 3900
www.costaverdetransportes.com.br

Consulter le site internet pour les horaires et les tarifs.

Costa Verde Transporte est une compagnie de bus qui, comme son nom l'indique, dessert la Costa Verde jusqu'à Paraty, *via* Mangaratiba et Angra dos Reis sur le chemin. Cette compagnie de bus fiable et sérieuse propose plusieurs départs par jour, tous les jours de la semaine pour les stations balnéaires de la Costa Verde. Pensez cependant à réserver à l'avance sur le site, car les bus sont très souvent pleins pour ces destinations touristiques, surtout en fin de semaine et pour les fêtes. Les bus, comme beaucoup d'intercités, se prennent à la rodoviaria Novo Rio.

VIAÇÃO 1001

✆ +55 21 4004 5001
www.autoviacao1001.com.br

Viação est une Compagnie de bus spécialisée sur la Costa do Sol (Buzios entre autres). Les principales villes de cette partie très touristique de l'Etat de Rio sont desservies depuis Rio de Janeiro ou Niterói : Arraial do Cabo, Araruama, Búzios, Cabo Frio et Saquarema. Quand on arrive à Rio ou que l'on part de Rio pour prendre la compagnie Viação, il faut se rendre à la Rodoviaria Novo Rio dans la zone nord. De 10 à 15 départs par jour en fonction de la destination et de la saison. Consultez les horaires (changeants) sur le site Internet de la compagnie.

QUARTIERS DE RIO DE JANEIRO

Les quartiers de Rio de Janeiro sont ici découpés en 4 zones qui respectent les logiques géographiques et sociales de la ville. Rio est une métropole de près de 8 millions d'habitants *intra muros* et les profils sociaux des quartiers y sont, à l'image de la géographie des lieux, complexes et contrastés. Globalement, les touristes (et les habitants des classes moyennes et supérieures) choisissent de résider dans les deux parties de la zone sud (côté terre et côté mer). On se rend au Centro (regroupé avec la zone nord) pour déjeuner à midi, faire ses courses dans les zones commerciales et apprécier ses monuments historiques. On fait la fête à Lapa et seul le quartier bohème de Santa Teresa est sûr à tout moment de la journée. La zone Nord est peu visitée, peu sûre et, à part pour le stade Maracanã et l'espace Luiz Gonzaga, elle présente peu d'intérêt touristique, tout comme la zone Ouest, essentiellement résidentielle.

Centro et zona Norte

Centro. Au cœur de la baie de Guanabara, le Centro est le quartier historique de la ville, où se situent les principaux édifices municipaux et culturels (cathédrale, Théâtre municipal, Palais Tiradentes, Musée des Beaux-Arts, Arco de Teles…). C'est aussi le centre d'affaires de la métropole avec ses multiples gratte-ciel, mais aussi ses magasins et ses marchés comme celui d'Uruguaiana. Aujourd'hui, le centre-ville rassemble plus de 50 % de l'activité économique de Rio. Plusieurs rues du Centro sont intéressantes : les rues animées de l'Ouvidor, d'Uruguaiana, de Buenos Aires et de Senhor dos Passos, délimitant le quartier commerçant du Saara. Dans la rue Carioca, datant du début du XXe siècle, on trouve un éditeur de musique, des magasins d'instruments, des librairies de livres d'occasion et un vieux cinéma, le tout le long de façades coloniales décharnées. La balade à pied est indispensable ! Les rues sont souvent étroites, la foule y est dense, mais c'est au milieu de ce dédale que vous vous imprégnerez du quotidien des Cariocas, celui du monde du travail. On n'oubliera pas la *confeitera* Colombo.
Vide le week-end et le soir, et donc potentiellement dangereux, les promenades sont alors à proscrire dans le Centro. Le Rio nocturne de Lapa et le Rio bohème de Santa Teresa, en revanche, sont quant à eux très animés le soir.

© ALEKSANDAR TODOROVIC - SHUTTERSTOCK.COM

Théâtre municipal à Rio de Janeiro.

QUARTIERS DE RIO DE JANEIRO

Santa Teresa, c'est le Montmartre *carioca*, à l'esprit de bohème solidement arrimé sur ses pavés usés, et beaucoup plus libre et moins touristique que notre Montmartre. Les belles demeures bourgeoises attestent du passé glorieux du quartier. Santa Teresa est en pleine renaissance et est redevenu un lieu incontournable pour les locaux et les touristes. Les bobos se réapproprient le quartier qui se pare de l'allure d'un improbable manteau d'arlequin grâce à des fresques de *street art* sur les murs délabrés de magnifiques maisons coloniales. Des bourgeois plus ou moins bohèmes, des artistes, un petit peuple affairé et laborieux s'y côtoient en un mélange que seul Rio sait proposer. Tout semble dès lors prendre une dimension artistique. Le *bondinho*, tramway local, réhabilité depuis 2015 en partie, gravit péniblement la colline durant la semaine comme au bon vieux temps. En haut de la butte, la montée jusqu'au Largo de Guimarães offre une vue sur le centre historique, le quartier d'affaires de la ville et toute la Zona Norte jusqu'au stade Maracanã, tandis que le Parc des Ruines (*Parque das Ruinas*), jouxtant le beau musée Chacara do Ceú, offre une magnifique vue sur la baie de Guanabará et le Pain de Sucre plus au sud.

Zona Norte. C'est la plus étendue de la ville, du nord du Centro et les quartiers traditionnels de São Cristóvão ou Tijuca jusqu'aux limites de la métropole. C'est le Rio déshérité et populaire, que l'on traverse en se rendant à l'aéroport international ou dans la forêt de Tijuca et son parc national, à plus de 700 mètres d'altitude. Hormis pour visiter l'espace culturel Luis Gonzaga ou le stade Maracanã, les touristes s'y rendent peu.

Zona Sul, côté mer

On y trouve les quartiers les plus connus, et souvent les plus huppés aussi, de Rio de Janeiro : Copacabana, Ipanema, Leme, Leblon, Urca, Flamengo, Botafogo et Glória.

Flamengo, Botafogo et Urca n'ont pas le prestige de Copacabana ou Ipanema. Ils offrent pourtant une vision idyllique sur le Pão de Açucar et la baie de Guanabara. Le grand parc de Flamengo, construit sur l'Aterro (terre-plein) en bord de mer dans les années 1950, est très agréable pour les promenades ou les joggings matinaux. Les innombrables terrains de foot, coincés entre les grandes avenues, sont le théâtre permanent de matches. Les plages de Flamengo et de Botafogo sont également superbes, mais malheureusement les eaux y sont très polluées. Ces deux quartiers sont pourtant d'excellentes options pour les séjours à Rio : bien situés entre le Centro historique et les plages de la Zona Sul, et moins onéreux que les hôtels des chics Copacabana, Ipanema ou Leblon.

Copacabana est sans doute la plage la plus connue de Rio. Les riches bourgeois y avaient une maison de plage ! Avec la densification de Copacabana, Rio change complètement de visage, devient une capitale en bord de mer. La construction du Copacabana Palace et du front de mer dans les années 1920 contribue à forger l'image et l'identité de Rio dans le monde. La mode des bains de mer va définitivement consacrer la notoriété de la ville. Aujourd'hui, un peu abandonné par les jeunes Cariocas, le quartier n'en reste pas moins le lieu magique et cosmopolite par excellence, mais beaucoup plus populaire que le huppé quartier d'Ipanema. Copacabana vit au rythme des bus bondés, des

La plage de Copacabana.

emplettes et des employés, des touristes et des promeneurs. D'aucuns regretteront le Copacabana des années 1960, moins dense et moins défiguré qu'aujourd'hui par des immeubles pas toujours esthétiques, mais ce quartier continue de véhiculer une certaine magie intemporelle. Le week-end, la plage se peuple de milliers de Cariocas, le spectacle des *tangas* (les maillots très échancrés) commence dans une ambiance bon enfant et se finit le soir aux terrasses de nombreux *botequims* installés sur la mythique Avenida Atlântica. Le dimanche, on ferme l'avenue aux automobiles tout comme à Ipanema, et on y trouve un intéressant marché touristique où vous trouverez tee-shirts, paréos, maillots de bain parmi les moins chers de la ville.

Leme. La baie mythique de Copacabana court sur près de 4 km, et se termine avec le quartier et la plage de Leme vers le Pain de Sucre. Plus tranquille, Leme vit au rythme de ses nombreux marchés de rues et recèle plusieurs très bonnes adresses de restaurants. La plage y est très étendue et agréable, coiffée au final par le *morro* du fort de Leme qui surplombe le quartier.

Ipanema, Leblon, sont les quartiers *hype* de la capitale fluminense. Dans les années 1950, la densification de Copacabana a déplacé le Rio « chic » sur les plages d'Ipanema puis de Leblon. Le quartier ne fait que 2 km de long sur 500 m de large, mais il réunit dans cet espace restreint la population huppée, artistique (mais haut de gamme) et les touristes de passage. C'est ici que vous trouverez le plus de boutiques, de restaurants et de bars sympas de toute la Zona Sul. Le quartier est définitivement plus jeune que Copacabana et Leblon, un véritable QG de la jeunesse dorée *carioca*. Leblon s'impose dans les années 1970 comme l'extension d'Ipanema, mais sans aucun glamour. Aujourd'hui, c'est une zone résidentielle très agréable à vivre, avec des restaurants, mais sans rien à visiter.

Zona Sul, côté terre

Cette zone regroupe les quartiers aux profils très différents de Catete, Laranjeiras, Cosme Velho, Lagoa, Jardim Botanico et Gavea.

Lagoa et Jardim Botânico. Lagoa se situe de l'autre côté du quartier d'Ipanema et de Leblon, vers la montagne, le Corcovado qui surplombe Rio et se reflète dans la Lagoa Rodrigo de Freitas. Les grands immeubles et les voies rapides qui la bordent ne parviennent pas à rompre son aspect tranquille et reposant, mais elle est régulièrement polluée par les égouts qui s'y déversent. Coincé entre la lagune et la montagne des Dois Irmãos, le Jardim Botânico doit son développement à l'empereur Don Joao VI en 1808 ici même. Il est bordé par le terrain du Jockey Club. Le quartier regorge de petites rues escarpées, discrètes, serpentant le long de la montagne du Corcovado, enserré entre la Lagoa et le début de la forêt de Tijuca où se cachent quelques demeures paradisiaques. On compte aussi autour de la lagune l'immanquable et immense parque Lage, au pied du Corcovado. De nombreux ateliers d'artistes qui se trouvent ici ouvrent leurs portes le temps d'un week-end en juin.

Laranjeiras et Cosme Velho sont des petits quartiers moins fréquentés, car seulement résidentiels, mais pleins de charme et surtout très calmes, qui peuvent apparaître comme des lieux agréables de séjour pour ceux qui cherchent des *guest-houses*. Larenjeiras est situé au-dessus de Catete et Flamengo, tandis que Cosmo Velho est situé au-dessus de Laranjeiras, au pied de la forêt de Tijuca et du *Christ rédempteur.*

Catete s'est fortement développé à la fin du siècle dernier, devenant un des premiers quartiers résidentiels de la classe aisée de la ville. La création du palais des présidents de la République (aujourd'hui Museu da República), rua do Catete, donna une impulsion très forte à toute cette zone et initia le long processus de développement vers la Zona Sul. Aujourd'hui, ce quartier peu touristique garde un charme désuet avec de nombreux bâtiments anciens préservés au milieu de la forêt de buildings. On y trouve également des hôtels corrects et meilleur marché que dans la Zona Sul.

Zona Oeste

C'est une zone essentiellement résidentielle composée de deux quartiers, São Conrado et Barra de Tijucà.

São Conrado. Ce quartier est situé entre la *Zona Sul* et la *Zona Oeste,* bordé par une belle plage camouflée entre deux *morros* (derrière les Dois Irmaõs qui dominent la plage d'Ipanema). Il se caractérise, comme Barra da Tijuca, par de grands buildings en front de mer. Agréable à vivre, il n'offre aucun intérêt de visite, et beaucoup trouveront ce quartier, tout comme Barra, sans âme... Sauf les amateurs de parapente ou de delta, qui pourront sauter du *morro* São Conrado.

Barra da Tijuca : c'est un vaste quartier huppé très loin du centre qui s'est développé à partir des années 1980, où décide de s'installer une nouvelle classe émergente et aisée, toujours plus loin du centre-ville. Aujourd'hui, ce quartier avec ses grands condominiums, autoroutes et voies express, *shopping centers* énormes avec les inévitables parkings devant l'entrée ne ressemble pas au Rio traditionnel. Barra peut se targuer de posséder la plus grande plage de Rio : 20 km de sable fin le long des « spots » de Pepê, Barra et Recreio, aux eaux presque toujours propres. Un grand nombre de Cariocas y vont désormais le week-end, pour les nombreux restos, bars et boîtes. Le touriste se rendra à Barra éventuellement une ou deux fois, mais il n'y a rien d'exceptionnel à voir !

CCR BARCAS

Praça XV de Novembro, 34
Centro
✆ +55 80 0704 4113
www.grupoccr.com.br/barcas
Billet : 6,10 R$; billet combiné bateau + bus/tramway/metro : 8,55 R$.

On peut se rendre à Niteroi en empruntant le long pont qui enjambe la baie mais on peut également prendre le ferry pour aller à Niteroi pou voir son atour principal : le musée Niemeyer aux allures de soucoupe volante ou d'édifice post-moderne. La compagnie CCR Barcas assure des traversées tous les quarts d'heure pour la ville de Niteroi, sur la Praça Arariboia (20 minutes de traversée), en face de la baie et pour la petite île de Paqueta toutes les 2 heures (70 minutes de traversée). Paquetà, île sans voiture, constitue une intéressante opportunité de balade.

HERTZ

Avenida Princesa Isabel, 500
Copacabana
✆ +55 80 0701 7300
www.hertz.com.br
À partir de 86 R$ par jour pour une semaine de location en kilométrage illimité.

Hertz est une enseigne internationale bien connue qui propose des services de chauffeurs en option. On ne conseille pas une compagnie de location de voitures plutôt qu'une autre. Les grandes compagnies de location de véhicules ont quelquefois des accords avec certains sites de réservation de vols ou de voyages « all inclusive » ou avec les sociétés de cartes de crédit, ce qui peut permettre d'avoir des tarifs compétitifs. Les enseignes internationales ont l'avantage d'être présentes dans tous les lieux stratégiques, comme les aéroports.

BIKE E LAZER

Rua Visconde de Pirajá, 135 - Ipanema
✆ +55 21 2267 7778
www.bikeelazer.com.br
Ouvert du lundi au vendredi de 9h à 20h et le samedi jusqu'à 18h. À partir de 20 R$ de l'heure ou 80 R$ la journée.

Tous types de vélos, de promenade ou VTT, à louer à l'heure, à la journée ou sur plusieurs jours. Comme dans toutes les compagnies de localtion de vélo, on peut louer sa bicyclette à l'heure ou à la journée. On trouve différents points de location, un à Ipanema et un à Laranjeiras. On peut également acheter sa bicyclette si on compte rester une personne assez longue à Rio. Sur le site de Bike e lazer, on trouvera quelques conseils de balade le long des plages de la zone Sud ou autour de la lagune Rodrigo de Freitas et l'hippodrome..

BIKE RIO

✆ +55 21 4063 3999
Tarif journée 5 R$, tarif mois 10 R$ (après enregistrement du compte en ligne).

L'idée du vélo en libre-service a fait florès. Désormais, à Paris ou à Rio, on peut se déplacer en vélo sans passer par les contraignantes locations en magasin. Il faut s'inscrire sur le site Internet puis utiliser son téléphone portable. C'est vrai, cette étape peut être un peu compliquée, mais au final nous vous conseillons de payer un *pass* mensuel en ligne (plus facile que par téléphone). Les vélos se prennent et se déposent en des points définis (dans la Zone Sud en particulier où les pistes cyclables sont les plus développées).

COOPERTRAMO RÁDIO-TÁXI

Rua Barros Barreto, 30
Bonsucesso
✆ +55 21 2209 9292
www.radio-taxi.com.br

Taxis blancs avec deux bandes rouge et jaune. Les taxis (en général, pas seulement ceux de cette compagnie) fonctionnent au compteur (vérifiez bien qu'il est enclenché) et les prix changent après 18 heures. On peut évaluer le prix des courses sur le site www.tarifadetaxi.com/rio-de-janeiro. On conseille de prendre les taxis en tête de station ou de les appeler au téléphone. C'est plus sûr. Comptez 70 réais de l'aéroport international jusqu'à la zone sud. Evitez de prendre des taxis «pré-payés» à l'aéroport, ils sont plus chers. Prenez-les dans les files dédiées.

METRÔRIO

✆ +55 08 0059 5111 - www.metrorio.com.br
De 5h à minuit, de 7h à 23h le dimanche. Ticket (unitario) 4,30 R$ ou carte pré-payée (Cartão do MetrôRio) à créditer.

Le métro de Rio est moderne et se prolonge par des lignes d'autobus. Le ticket de métro n'est pas restitué après passage au portillon.

- **La ligne n° 1 (orange)** : d'Ipanema (Osório) à Copacabana, Botafogo, Flamengo, Catete, Glória, le centre-ville (jusqu'à Central) puis a été prolongé depuis Estacio jusqu'à Uruguaí à Tijuca.
- **La ligne n° 2 (verte)** part de la Zone Nord (Pavuna) desserte du Maracanã et de la feria São Cristovão.
- **La ligne n° 3 (bleue)** n'est qu'à l'état de projet.
- **La nouvelle ligne n° 4 (jaune),** relie le quartier de Barra da Tijuca à Ipanema et Copacabana

À VOIR / À FAIRE

Les possibilités offertes par Rio étant innombrables, il y en aura forcément pour tous les goûts.

Les amateurs de plage s'y prélasseront des journées durant, bercés par le bruit des vagues . Les amoureux de la nature exploreront le Corcovado, la forêt da Tijuca. Les sportifs tenteront l'aventure d'un saut en parapente depuis le morro de Sao Conrado. Les urbains s'enthousiasmeront devant Cinêlandia, l'avenida Rio Branco et ses immeubles haussmanniens et apprécieront l'agitation des rues commerçantes du Centro ou de Copacabana. Les amateurs d'histoire parcourront les petites rues du vieux Rio ou les palais et églises du temps de l'empire et découvriront les trésors des nombreux musées de la ville. Les esprits bohêmes apprécieront l'atmosphère décalée de Santa Teresa. Les fêtards arpenteront les rues de Lapa à la recherche des meilleures casas de samba, ou sillonneront Ipanema la branchée en quête du meilleur club.

RIO NATURAL ECOTOURISM

Rua das Laranjeiras, 314
Laranjeiras
✆ +55 21 99992 1666
www.rionatural.com.br
Opère sur Rio de Janeiro et sa région.

Rio Natural Ecotourism est un tour-opérateur d'écotourisme, offrant des services spécialisés. Votre expérience sera inoubliable au milieu de paysages à couper le souffle. Vous découvrirez l'extraordinaire partie naturelle de Rio et sa riche culture. Les tours et activités peuvent être adaptés à la carte selon vos besoins et centres d'intérêt. Pour ceux qui recherchent la tranquillité, il est possible d'explorer Rio par une approche plus culturelle et « écologique ». Pour les amateurs de sensations fortes, parapente, randonnées ou escalade vous attendent.

BE A LOCAL TOURS ★★

Rua Barata Ribeiro, 111 - Copacabana
✆ +55 21 99643 0366
www.bealocal.com
Visites guidées. Tarifs par personne : City Tour : comptez 300 R$ (durée : 5-6 heures) ; Favela Tour : 100 R$ (3 h).

Voici un excellent moyen de découvrir la ville ! Be A local propose différents service : visite guidée des monuments emblématiques de Rio, visite d'une favela, assister à un match de football, à une fête Funk ou obtenir des billets pour le carnaval... L'agence possède des véhicules neufs et confortables équipés de climatisation. Les guides parlent anglais, espagnol et bien sûr portugais. Ponctualité, professionnalisme des guides et organisation sans faille. Les tarifs incluent les entrées des monuments. Chaleureusement recommandé.

TERRA BRAZIL

✆ +55 21 2295 1998
www.tourisme-bresil.com
Pour le prix d'un appel local en France, composer le ✆ 09 70 40 53 54.

© TERRA GROUP

L'équipe franco-brésilienne est installée au cœur de Rio et opère sur tout le pays. Tête de pont du groupe Terra Group au Brésil, l'agence bénéficie également d'un réseau d'agences depuis des années : Argentine, Bolivie, Pérou, Chili, Colombie, Costa Rica,... Spécialiste du voyage sur mesure, Terra Brazil propose des formules de voyages au Brésil, mais aussi sur toute l'Amérique du Sud. « À la carte », trek dans les dunes du Lençois Maranhaense ou dans le Parc national de la Chapada Diamantina. On saura vous écouter et vous conseiller pour votre séjour.

BONJOUR RIO

✆ +55 21 99504 4504
www.bonjourrio.com
Entre 25 et 60 €.

© BONJOUR RIO

Johanna, Française à l'origine de Bonjour Rio, une agence « concept » a choisi de montrer Rio non pas comme il est présenté pour les touristes, mais comme les Cariocas et les passionnés de Rio le conçoivent. Ainsi, on découvre la richesse de la street food brésilienne, les ateliers d'artistes du charmant quartier de Santa Teresa, on visite et on découvre les favelas bien loin des clichés médiatiques, mais Bonjour Rio propose aussi de participer au carnaval en défilant avec les écoles de samba. Laissez-vous guider. On vient en touriste et on repart en Carioca.

HELISIGHT ★★

Rua Conde Bernadotte 26/119 - Leblon
✆ +55 21 2259 6995
www.helisight.com.br
Ouvert tous les jours de 9h à 18h. De 320 R$ (tour de 7 minutes) à 1 860 R$ par personne (grand tour de 60 minutes).

Pour qui en a l'occasion, et si les considérations écologiques ne vous posent pas de problème de conscience, l'hélicoptère reste un moyen privilégié pour admirer le site de Rio de Janeiro. Helisight vous propose 8 tours différents en hélicoptère, de quelques minutes pour le plus court (autour du Pain de Sucre, du Corcovado et de Copacabana) jusqu'à plus d'une heure pour le plus riche (quasiment toute la ville survolée, depuis la plage de Grumari au sud jusqu'à Niteroi à l'est et le Maracanã au nord). Programme à caler directement avec eux.

JEEP TOUR ★

✆ +55 21 2108 5800
www.jeeptour.com.br
À partir de 125 R$/personne pour un parcours en Jeep (départs à 9h et 14h).

Jeep tour propose une quinzaine de combinaisons de tours qui permettent d'avoir une approche diversifiée et originale de la ville de Rio et des alentours qui durent entre 4 et 8 heures environ. Une Jeep avec un guide francophone vous emmène dans la forêt urbaine de Tijucà, pour une visite éclairée et commentée de 4 heures, et/ou, au choix, voir le Christ rédempteur Corcovado, la favela de Rocinha, Santa Teresa, la plage de Grumari. Le nouveau propriétaire propose des visites dans les magnifiques montagnes de Brejal et intègre la visite de fermes bio.

JERÔME RIO TOURS

✆ +55 21 98698 1491
www.jeromeriotours.com
100 euros la journée pour 2 à 4 personnes, 140 pour 6 à 8 personnes.

© JEROME RIO TOURS

Jérôme est un jeune guide français, sympa, passionné et professionnel. Carioca depuis 2012, il tient à transmettre sa passion pour la ville merveilleuse à travers différents thèmes et circuits « authentiques ». Il propose de faire découvrir Rio grâce à des visites privées hors sentiers battus. Des circuits personnalisés de 1, 2 ou 3 jours permettent de compléter l'approche de l'ancienne capitale brésilienne et s'imprégner de ses richesses culturelles et naturelles. Ilha Grande et Paraty sont deux autres merveilles incontournables que Jérôme propose de connaître.

MADSON - GUIDE PERSONNEL FRANCOPHONE ★★

✆ +55 21 9 9395 3537

fr.tourguiderio.com

Tarif fixé sur devis pour 5 h selon le nombre de personnes (jusqu'à 6). Entrée lieux touristiques payants non comprises.

© MADSON

Madson Araujo est un *carioca* parfaitement francophone. Reconnu comme « le meilleur guide du monde » par l'équipe de *Thalassa* qu'il a accompagnée, Madson vous fera visiter les lieux touristiques incontournables, mais aussi les lieux loin des sentiers battus, au vrai cœur de la vie des locaux. Son site, disponible en français, donne des informations top et permet de réserver directement son excursion. Une chose est sûre, Madson fera tout pour que cette sortie reste inoubliable !

RIO BY JEEP ★

Ricardo Hamond

✆ +55 21 99693 8800

Tarifs à négocier en fonction du nombre de participants.

Rio by Jeep, comme Delta Flight, a été créé par Ricardo Hamond. Des guides francophones qualifiés et des services personnalisés. L'agence propose un tour de Rio selon 3 axes et en 5 heures : les plages (São Conrado, Leblon, Ipanema, Copacabana, Leme, Flamengo et Gloria), le centre historique (Cinelândia, Lapa et Santa Teresa) et la forêt de Tijuca (arrêt au Corcovado et immersion en pleine nature) ou découverte du Rio « côté jungle », (excursion à la forêt de Tijuca et au Jardim Botânico pour 4 heures de balade alternant trajets en Jeep et petites marches).

RIO STREET ART TOUR ★★

✆ +55 21 99762 8083

riostreettart.tour.com

120 R$/pax pour circuit Zona Sul (4 h), lundi, mardi, jeudi, samedi, départ 10h ; 60 R$ pour circuit Zona Norte (2 h).

Nina et Julia, respectivement designer et cinéaste, sont deux jeunes femmes qui ont décidé de créer ce circuit guidé passionnant sur le *street art* à Rio. Une autre façon d'explorer la ville à pied ! Le circuit « Zona Sul » de 4h passe par *une favela*, le Jardin botanique et des lieux alternatifs incroyables hors des sentiers touristiques. La visite se termine dans un bar-galerie d'art où sont exposés les meilleurs graffeurs *cariocas*. Possibilité de visiter la communauté de Tijucà, dans la zone nord. Des *workshops* sont proposés avec les meilleurs graffeurs de Rio.

RIO AUTÊNTICO TOURS

rua almirante alexandrino 2023

✆ +55 21 9652 50772

www.rio-autentico.com

Tour privé pour 2 personnes la 1/2 journée à partir de 500 R$. En petit groupe, à partir de 150 R$/personne.

© RIO AUTENTICO TOURS

Amoureux de Rio depuis 2009, Axel devient guide officiel afin de faire partager sa passion pour le Brésil. Avec son équipe, il propose des tours dynamiques et sur mesure parmi les Cariocas : Santa Teresa, Centro, favelas, randos en forêt de Tijuca, virées aux plages sauvages de Grumari et Prainha, tours à vélo… En bonus : la ville jumelle de Niteroi, les criques de la Costa Verde et les sommets de la Serra dos Orgãos. Féru du carnaval, il vous fournit costumes et places pour le défilé au sambodrome. Le tout avec une organisation très pro et une grande flexibilité.

ANTIGUA FÁBRICA BHERING ★★

R. Orestes, 28
Santo Cristo
✆ +55 21 2213 0014

Ouvert du lundi au vendredi de 9h à 18h et le samedi de 12h à 20h. Chaque 1er samedi du mois, entrée gratuite.

Ouvert dans une ancienne usine de chocolat, ce lieu alternatif culturel et artistique abrite 52 ateliers et 21 entreprises. C'est une une belle pépinière de création alternative de 15 000 m^2. Elle est située dans l'ancien quartier afro de Rio, Santo Cristo, au milieu des ruelles de ce qui fut la «Pequena África». Géré en association créative depuis 2012, le squat artistique est désormais en passe d'être régularisé. La fábrica Bhering s'oriente désormais vers la promotion d'actions culturelles, artistiques et de développement de l'économie créative à Rio.

ARCOS DA LAPA ★★

Largo da Lapa
Lapa

Construit en 1744, cet aqueduc est l'un des principaux emblèmes de la ville de Rio. Le décor est un exemple typique d'enchevêtrement architectural propre à Rio avec, le modernisme du siège de Petrobras, et le futurisme, de la cathédrale métropolitaine São Sebastião. Les arches blanches de l'aqueduc et l'esplanade juste devant forment un véritable décor à la De Chirico. C'est sur cette arche que passe le tramway (*bonde*) qui part du centre et mène à Santa Teresa. Un tronçon de 1,7 km a été rouvert jusqu'à Largo do Guimarães, du lundi au samedi de 11h à 16h.

BAIE DE GUANABARA ★★

Av. Alfredo Agache
Centro
✆ +55 21 2532 5992

Du jeudi au dimanche à 13h15 et à 15h. Entrée : 25 R$ pour les adultes, 12 R$ pour les - 12 ans et + 60 ans.

À bord du bateau remorque *Laurindo Pitta*, la promenade dure une bonne heure et, si le soleil brille, c'est une petite croisière agréable, à ne pas manquer si l'on veut connaître la baie de Rio. Un guide parlant portugais accompagne toujours la croisière, qui commente les différents bateaux de la marine présents dans la baie, puis les points touristiques de la ville de Niterói, des îles ensuite et des différents forts qui jalonnent la baie de Guanabara. On pourra apercevoir l'ancien porte-avions français *Foch*. Compter environ 1h20 de balade en bateau.

BONDE DE SANTA TERESA - BONDINHO ★★★

Rua Lélio Gama, 2 - Centro
ww.visitesantateresa.rio/bonde/

Du lundi au vendredi de 8h à 17h45, samedi de 10h à 18h, dimanche et jours fériés de 11h à 16h30. 20 R$ aller-retour.

Le célèbre tramway de Rio est connu sous le nom de *bonde* (ou *bondinho*). Il n'en existe plus qu'un seul, qui fait l'aller-retour entre le Centro et Santa Teresa, en passant au-dessus de l'ancien aqueduc Arcos da Lapa. Ce wagon rétro jaune qui monte et descend le *morro* ne passe pas inaperçu dans la rue principale du quartier. C'est la manière la plus agréable pour se rendre à Santa Teresa la journée.

Sa réhabilitation progressive depuis 2015 est une véritable joie pour les habitants du quartier. Un accident avait fait plusieurs morts en août 2011, causant l'arrêt du service.

À l'heure actuelle, il ne fonctionne que sur une partie de son itinéraire historique, toutes les 20 minutes. Il faut faire la queue patiemment pour pouvoir prendre le *bondinho*, qui emmène à Santa Teresa depuis le centre d'affaires de Rio, près de la cathédrale, des tours Petrobras et de la station de métro Carioca. Le tramway va pour l'instant jusqu'à Largo do Guimarães. Pour des raisons de sécurité, il faut avoir une place assise pour monter dans le *bondinho* et les comportements sont plus policés, notamment car l'Arcos da Lapa est très étroit.

Pendant le carnaval, ce petit tram, vénéré des habitants du quartier, revêt ses habits de fête et devient même acteur de la fête, puisqu'un des *blocos* défile à son bord.

Les bus n° 6, 7 et 14 grimpent et descendent le *morro* de Santa Teresa depuis Lapa, ce qui en fait un quartier bien desservi car le *bondinho* est désormais plus une attraction. Visite commentée le samedi.

CAIS DO VALONGO ★

Av. Barão de Tefé
Saúde

Ce vestige archéologique exceptionnel a été excavé pendant les travaux du Porto Maravilha. Il s'agit d'un quai de débarquement des esclaves dans le port de Rio, construit en 1811. En 20 ans, entre 500 000 et un million d'Africains y furent débarqués. 15 ans plus tard, le quai fut transformé lors du mariage de la princesse Teresa Cristina de Bourbon avec l'Empereur Don Pedro II et le lieu fut rebaptisé «quai de l'Impératrice». Entre 1850 et 1920, le quartier resta aux mains des anciens esclaves ou d'esclaves affranchis et gagna le surnom de « Pequena Africa ».

Le bondinho de Santa Teresa, Largo de Guimarães.

CASA FRANÇA BRASIL ★

Rua Visconde de Itaboraí 78
Centro
✆ +55 21 2332 5275
www.casafrancabrasil.rj.gov.br
Ouvert du mardi au dimanche, de 10h à 20h. Entrée libre.

Œuvre de l'architecte français Grandjean de Montigny, le bâtiment de la Casa França-Brasil se caractérise par la sévérité de sa façade néoclassique. Cela s'explique peut-être par ses fonctions d'origine. La Casa França-Brasil était autrefois un bâtiment du service des douanes. Aujourd'hui, pour répondre à ses nouvelles fonctions plus artistiques, l'espace de la maison abrite de nombreuses expositions temporaires et divers événements, mettant en relief la culture française au Brésil. La maison dispose également d'une salle de cinéma et de vidéo.

CATEDRAL SÃO SEBASTIÃO ★★

Av. Republica do Chile, 245 - Centro
✆ +55 21 2240 2669
www.catedral.com.br
Ouverte tous les jours de 7h à 19h. Horaires de la messe dominicale : 10h.

La cathédrale métropolitaine São Sebastião, dont l'architecture moderniste est inspirée des pyramides mayas du Yucatan, est un édifice aux dimensions impressionnantes (75 m de haut et 106 m de diamètre). Inaugurée en 1976, c'est l'un des plus grands bâtiments catholiques au monde, pouvant accueillir plus de 20 000 fidèles. Les quatre vitraux intérieurs, gigantesques (60 m de haut) et superbes, donnent à l'ensemble une tonalité sereine et chaleureuse qui contraste avec l'extérieur de la cathédrale, austère et monolithique, à l'architecture dite brutaliste.

CENTRO CULTURAL BANCO DO BRASIL (CCBB) ★★

Rua Primeiro de Março, 66
Centro
✆ +55 21 3808 2020
de mercredi à lundi de 9h à 21h. Entrée libre pour les expos, 20 R$ pour arts scéniques et 10 R$ pour le cinéma.

La banque fait œuvre utile en consacrant tout un immeuble à la culture. Un petit Beaubourg, de style néoclassique, aux ascenseurs rétro. Expositions, concerts, spectacles, bibliothèque avec documents en français, salon de thé, cinéma... Les expositions proposées rayonnent au niveau national et international. Les commissaires proposent toujours une excellente programmation que l'on peut consulter sur le site Internet. de la CCBB. Idéal pour les jours de pluie.

CINELÂNDIA - PRAÇA FLORIANO PEIXOTO ★★

C'est l'une des places les plus emblématiques du centre historique de Rio. Au XXe siècle, plusieurs édifices d'importance y furent élevés, à l'instar du tribunal Supérieur, du théâtre municipal, du palácio Pedro Ernesto (Chambre municipale de Rio de Janeiro) ou la biblioteca Nacional. Si son nom rend hommage au président du Brésil, Floriano Peixoto, son surnom, « Cinelândia » fait référence aux anciens cinémas qui l'occupaient et c'est aussi le nom de la station de métro de la place.

MUSEU NACIONAL DE BELAS ARTES - MNBA ★★

Avenida Rio Branco, 199 – Centro
✆ +55 21 3299 0600 - www.mnba.gov.br
Ouvert du mardi au vendredi de 10h à 18h, week-end et jours fériés de 13h à 18h. Entrée : 8 R$, gratuit le dimanche.

Situé en face du Théâtre municipal, et construit en même temps au début du siècle, c'est le principal musée de Rio pour les collections d'art brésilien des XIXe et XXe siècles. Les collections sont très limitées.

Exposition permanente : impressionnisme brésilien (Eliseo Visconti) dans le style Pissarro et Renoir, art contemporain d'artistes brésiliens. La galerie du XXe siècle au deuxième étage est la plus intéressante, avec notamment la grande fresque de Di Cavalcanti, *Navio Negreiro*.

THEATRO MUNICIPAL DO RIO DE JANEIRO ★★

Praça Floriano – Centro
✆ +55 21 2332 9191
www.theatromunicipal.rj.gov.br
du mardi au vendredi, visite guidée à 11h30, 12h, 12h30, 14h, 14h30 et 16h. Le samedi et fériés à 11h, 12h et 13h.20 R$.

Fortement inspiré par l'Opéra Garnier à Paris, le Théâtre municipal de Rio fut inauguré en 1909. Il abrite aujourd'hui l'Opéra et l'orchestre philharmonique de Rio. La programmation est souvent excellente. Des opéras classiques et des ballets sont régulièrement proposés. On peut consulter la programmation et réserver ses places directement sur le site Internet, à des tarifs beaucoup moins élevés qu'en France. Des visites du théâtre sont organisées.

EDIFÍCIO JOSEPH GIRE ★

Praça Mauá

Construit à la fin des années 1920 sur la place Mauá, le premier gratte-ciel de la ville, surnommé «A Noite» («la nuit»), compte 22 étages et fait 102 mètres de hauteur. Conçu par l'architecte français Joseph Gire, également auteur du fameux Copacabana Palace, il lancera la vague post-moderne et verticale de l'architecture du centre de Rio, influencée par l'architecture des États-Unis. Tombé en désuétude pendant toutes les années d'abandon du centre de Rio, des agences gouvernementales y ont aujourd'hui élu domicile et il ne se visite pas.

CONVENTO DE SANTO ANTÔNIO ★★

Largo da Carioca, 5 – Centro
✆ +55 21 2262 0129
conventosantoantonio.org.br
du lundi au vendredi, de 8h à 18h, le samedi, de 8h à 11h. Église : entrée libre ; musée et chapelles : entrée à 10 R$.

Le convento de Santo Antonio apparaît comme un îlot surgit du passé colonial dans le centre des affaires postmoderne de Rio de Janeiro. Fièrement dressés sur le *morro* de Santo Antônio, en plein centre de Rio, l'église et le couvent de Santo Antônio se distinguent au milieu des tours et du béton et présentent un remarquable ensemble architectural de style colonial. Du haut du *morro*, on peut profiter d'une superbe vue sur le centre commercial de Rio et sa fourmilière de cadres, employés et vendeurs ambulants. On peut ainsi imaginer le poids de l'Eglise catholique lors de la colonisation de la » terre de la Vraie Croix » et celui des confréries religieuses.

Les premiers frères franciscains choisirent cet emplacement, déjà appelé Outeiro do Carmo, en raison de la confrérie de Santo Antônio qui s'y trouvait. Le premier couvent fut construit entre 1608 et 1616. Par la suite, entre 1617 et 1620, les travaux de l'église se terminèrent. Celle-ci disposait alors de trois arcades sur sa façade et de trois autels. Si l'intérieur de l'église est de style baroque, la façade a été remodelée en style colonial. Sa structure architectonique est simple : une nef sans chapelles latérales, selon le plus pur style franciscain. La légende veut que l'image disposée sur la amurada du couvent soit inspirée de la victoire des Portugais sur les envahisseurs français, premiers colonisateurs de la région. Des ascenseurs permettent aux personnes à mobilité réduite d'accéder à ce lieu.

ESCADARIA SELARÓN ★★★

Rua Joaquim Silva
Lapa

En 1990, le peintre chilien Jorge Selarón, en hommage au peuple brésilien, se lance dans la Grande Locoura (la Grande Folie) : peindre et décorer les escaliers de toute une rue, entre Santa Teresa et Lapa. Pris de passion par les azulejos, il s'attache ensuite à en tapisser les 215 marches de cet escalier. Les azulejos proviennent du monde entier, envoyés par des visiteurs tombés sous le charme de cette œuvre, ou glanés par l'artiste lui-même. Stop Idéal en fin de visite de Santa Teresa, il vous fera arriver dans la rua Joaquim Silva, à Lapa.

ESTÁDIO DO MARACANÃ ★★

Rua Profesor Eurico Rabelo - São Cristovão
✆ +55 21 2159 0100 - www.tourmaracana.com.br
Achat des billets sur le site ou en agences. Visite du stade tous les jours de 9h à 18h (sauf en cas de match) : 60 R$.

On dit qu'au Brésil, le football (*futebol*) est une religion. Alors le Maracanã est sans conteste son plus grand temple. C'est à a fois un stade et une institution, un musée et une part de l'histoire sportive du Brésil. Ce lieu est rempli de vibrations (*Brasil, Brasil*) que l'on peut entendre lors des visites guidées ou ressentir lors des matches. On ne peut que vous conseiller d'assister à un match de football au Maracanã, le stade mythique qui accueille l'équipe de Flamengo, la plus grande et populaire équipe de Rio et du Brésil, mais également l'équipe rivale de Fluminense. La *torcida* (club de supporters) de Flamengo est réputée la plus chaude de la ville, voire du pays, et le spectacle dans les tribunes est tout simplement ahurissant !

Renseignez-vous dans les journaux sur les prochains matches (en espérant que vous ayez la chance d'assister à un *clasico* : *Fla-Vasco*, *Fla-Flu*, *Fla-Botafogo*...) et achetez les places directement au siège du club de Flamengo. Si vous êtes supporter du Flamengo, profitez-en pour acquérir une petite *camiseta rubro-negra* (maillot rouge et noir) à la belle boutique du club. N'hésitez pas à y partir tôt afin de profiter au mieux de l'ambiance qui monte et de l'énergie qui se dégage de la *nação flamenguista* (la nation de Flamengo !).

Rénové pour la Coupe du monde 2014, le mythique stade a été réduit à environ 78 000 places (contre 200 000 dans les années 1970 !). Des visites guidées sont dorénavant organisées, mais mieux vaut assister à un match pour prendre le pouls du lieu !

IGREJA NOSSA SENHORA DA CANDELÁRIA ★★

Praça Pio X
Centro
✆ +55 21 2233 2324
Ouvert du lundi au vendredi de 7h30 à 16h, le samedi de 8h à midi et le dimanche de 9h à 13h.

La Candelaria fut à l'origine une chapelle érigée en 1634 par un capitaine de navire appelé Antonio Martins Palma, rescapé après avoir essuyé une forte tempête. Le récit de celle-ci est d'ailleurs narré sur le plafond de l'église. Elle fut inaugurée en 1811, en style néoclassique, à la place de la vieille chapelle. La coupole en pierre de Lioz Abancado de Lisbonne, entourée de huit statues de marbre blanc, est magnifique, ainsi que les portes de bronze de l'entrée de l'église.

IGREJA SÃO FRANCISCO DA PENITÊNCIA ★★

Largo do Carioca, 5
Centro
✆ +55 21 2267 0197
Ouvert du mardi au vendredi de 9h à midi et de 13h à 16h.

Une des plus riches églises baroques du XVIIIe siècle. Elle fut inaugurée en 1737. Au plafond, on peut admirer la première peinture en perspective faite au Brésil : elle symbolise l'apothéose de São Francisco et réalisée de 1737 à 1740 par Caetano da Costa Coelho. A la sortie, une petite terrasse donne sur la zone nord-ouest de la ville, et devant se dresse la porte du cimetière du troisième ordre religieux construit au début du XIXe siècle en style néoclassique.

Escalier Selaron.

ILHA FISCAL ★★

Av. Alfredo Agache - Centro
✆ +55 21 2233 9165
www.marinha.mil.br/dphdm/ilha-fiscal
Du jeudi au dimanche. Visites à 12h30, 14h et 15h30. 30 R$ et 15 R$. Départ Espace Culturel de la Marine. Visite : 2h.

On ne peut rater cet édifice plutôt kitsch qui trône sur une petite île de la baie de Guanabara. C'est l'architecte Adolfo del Vecchio qui fut chargé, en 1889, de dessiner les plans du nouveau palais de style néogothique. Vue de loin, l'île Fiscale paraît de couleur turquoise, mais elle est en fait vert pistache, couleur très en vogue à l'époque de l'empire. Elle éveille la curiosité du promeneur par sa situation et son architecture, comme inspirée d'un conte de fées. On lui trouverait presque des ressemblances avec le château de Louis II de Bavière ou ceux que l'on peut voir dans les dessins animés de Walt Disney.

Quand l'empereur Don João VI s'installa à Rio, il décida d'y faire construire un petit palais qui, quand les navires entreraient dans la baie, ferait bonne impression sur tous les étrangers venant pour la première fois à Rio. Le palais fut bâti dans le style manuélin du Portugal, très en vogue à l'époque.

L'île Fiscale doit son nom au fait qu'elle devait être le lieu où se faisait l'imposition des navires entrant dans la baie. L'existence de la capitainerie fut de courte durée, car une fois sa construction terminée, l'empereur décida d'y célébrer le fameux « bal de l'empereur », en l'honneur de personnalités chiliennes. Six jours plus tard, le 15 novembre 1889, l'empereur fut renversé et l'empire remplacé par la république.

À l'intérieur du palais, les murs portent les armoiries des deux familles impériales, la fleur de lys de la famille du comte d'Eu et les armes de la famille de Bragança.

MOSTEIRO DE SÃO BENTO ★★

Rua Dom Gerardo, 68
Centro
✆ +55 21 2206 8100
www.mosteirodesaobentorio.org.br
Ouvert tous les jours de 6h30 à 18h30. Entrée libre, audioguide optionnel : 10 R$.

Par sa façade, on devine qu'il fut un bâtiment religieux construit non seulement comme un lieu de culte mais aussi pour la défense de son territoire. L'abbaye São Bento (Saint Benoît) est avant tout une église forteresse telle qu'on les faisait à l'époque coloniale ; sa façade blanche constituée de gargouilles en forme de canons et ses tourelles où sont juchés des boulets de canons montrent cette dimension.

Après les portes d'entrée originales en bois massif, le visiteur se plonge directement dans l'histoire du temps où l'or se récoltait en telle quantité que l'on en recouvrait les murs des églises. Ce style baroque est de loin l'architecture la plus exubérante. Tous les murs sont recouverts de stuc en forme de feuilles de palme peintes à l'or fin, et tous les chérubins, très expressifs, veillent sur la Vierge de Montserrat, patronne du monastère et ses saints. Saint Benoît fut un martyr, brûlé sur une grille rougie à vif. Il est aussi représenté portant un calice avec un serpent et un corbeau avec du pain dans le bec, ce qui est censé représenter la tentation à laquelle il aurait résisté. À noter, en passant, le porche au-dessus de votre tête, on remarque les sirènes qui supportent le balcon où se trouve un ancien orgue allemand de 1773. Les lustres en argent pèsent 227 kg chacun et sont le témoignage de la richesse de ce monastère, classé au patrimoine mondial de l'humanité.

A ne pas manquer, la messe dominicale à partir de 10h du matin avec les chants grégoriens des frères bénédictins.

MUSEU CASA DE BENJAMIN CONSTANT ★

Rua Monte Alegre, 255 – Santa Teresa
✆ +55 21 3970 1177
www.museubenjaminconstant.blogspot.com
de mercredi à vendredi de 10h à 17h, week-end de 13h à 17h. Parc TLJ de 8h à 17h. 2 R$. Visites guidées sur inscription

C'est l'homme politique et écrivain franco-suisse Benjamin Constant qui introduisit la théorie du positivisme au Brésil (la reprise de la devise d'Auguste Comte pour la République du Brésil en dit l'importance). Leader du mouvement républicain et ministre de la Vieille République, Constant dirigea également, pendant de nombreuses années, l'Institut des enfants aveugles. Le musée présente divers meubles, objets, photographies et documents ayant trait à sa personne et à son époque.

MUSEU CHACARÁ DO CEÚ ★★

Rua Murtinho Nobre, 93 – Santa Teresa
✆ +55 21 2507 1932
www.museuscastromaya.com.br
Ouvert tous les jours de midi à 17h, sauf le mardi. Entrée : 6 R$, gratuit le jeudi.

Dans la belle demeure de Raymundo de Castro Maya, riche mécène de nationalité française, sont exposées ses œuvres achetées au cours de ses voyages, jusqu'à sa mort en 1972. Le musée est composé de 2 parties : l'art européen et l'art brésilien. belle collection de peintures, du paysagisme à l'abstrait (Courbet, Rousseau) et des Matisse, Picasso, Dali, Braque, Seurat, Degas, Miro, Modigliani, Léger et Dufy ; toiles d'impressionnistes, fauvistes, cubistes, pointillistes et surréalistes ; 61 dessins de Jean-Baptiste Debret. 18 000 m² de jardins créés par Burle Marx.

MUSEU DA REPÚBLICA - PALÁCIO DO CATETE ★★

Rua do Catete, 153 – Catete
✆ +55 21 2127 0324
www.museudarepublica.org.br
de 10h à 17h en semaine week-end et jours fériés de 11h à 18h. Entrée : 6 R$. Jardin, en semaine de 8h à 18h (gratis)

Bâti en 1867, il s'agit de l'ancien palais des présidents de la République du Brésil entre 1897 et 1960. Le palais, qui était une demeure particulière avant de devenir le palais présidentiel, a gardé sa décoration d'époque. À la fin de la visite, on peut voir la chambre de Getúlio Vargas dans l'état où elle a été laissée le jour de son suicide le 24 août 1954. Avant de partir, il est reposant de flâner un peu dans le magnifique parc du musée, couronné de superbes palmiers impériaux.

MUSEU DE ASTRONOMIA E CIÊNCIAS AFINS [MAST] ★

Rua General Bruce, 586 – São Cristovão
✆ +55 21 2580 7010
www.mast.br
Ouvert les mardi, jeudi et vendredi de 10h à 17h, le mercredi de 10h à 20h et le week-end de 16h à 20h.

Un peu à l'image du musée d'Ouro Preto, la collection du musée des sciences est principalement composée d'instruments scientifiques qui appartenaient à l'observatoire national. Une exposition permanente s'intéresse aux quatre aspects différents de la science moderne : l'origine de l'univers, l'origine de la matière, l'origine de la vie et l'origine de l'information. On peut bien sûr observer le ciel, au centre d'une coupole de verre équipée de télescopes.

MUSEU DE ARTE DO RIO [MAR] ★★

Praça Mauá, 5
✆ +55 21 3031 2741
www.museudeartedorio.org.br
du mardi au dimanche de 12h à 19h. Gratuit le mardi. 20R$, 10 R$ les -21 ans. combinée avec le Museu do Amanhã : 32 R$.

Le MAR, Musée d'Art de Rio, est devenu en quelques années un des lieux de culture incontournables de Rio de Janeiro, voire du Brésil. Il fait partie d'un ambitieux programme de remise en valeur du centre de Rio et surtout symbolise une renaissance culturelle voulue par le gouvernement de la présidente Dilma Rousseff. Ce magnifique Musée d'Art de Rio, le MAR, a ouvert ses portes en 2014 après plusieurs années de travaux. Il est situé sur la fameuse Praça Mauá, dans le nouveau Porto Maravilha, le « port merveilleux », avec le nouveau Museu do Amanhã. Le MAR est étalé sur deux bâtiments : le remarquable Palacete Dom João VI, construit dans un style éclectique inauguré en 1918, mais resté à l'abandon pendant des décennies après la désaffection du port, et le second bâtiment, une structure moderne qui était un terminal de bus nommé Mariano Procopio avant d'être transformé en musée. Aujourd'hui, il compte une cafétéria au rez-de-chaussée, des salles d'expositions, et au denier étage un restaurant avec terrasse. Une structure en forme de vague couvre le musée moderne et le bâtiment ancien, union entre le passé et le futur. À ce titre, des collections du passé du Brésil baroque coexistent avec des expositions d'art moderne ou contemporain, le tout bien éclairé le long d'un parcours interactif, très instructif et distrayant sur l'histoire de Rio et sa culture. De nombreuses expositions temporaires mettent la photo à l'honneur. Chaudement recommandé.

MUSEU HISTÓRICO NACIONAL ★★

Praça Marechal Âncora – Centro
✆ +55 21 3299 0324
mhn.museus.gov.br
du mardi au vendredi, de 10h à 17h30 et le week-end et certains jours fériés de 13h à 17h. 10 R$, gratuit le dimanche.

Dans le quartier du port, ce musée a été créé en 1922 pour commémorer le centenaire de l'indépendance du Brésil et il est l'un des plus grands du Brésil, avec un espace de 20 000 m² et plus de 270 000 objets. C'est une rare occasion de pouvoir mieux comprendre l'histoire du Brésil, de la colonisation aux débuts de la République (La période républicaine de l'histoire du Brésil, qui s'ouvre à compter de 1889, est elle à découvrir au Palais de la République, à Catete), à la fois par sa bâtisse, par ses œuvres et par ses constantes expositions.

Le musée est installé dans un ancien fort qui contenait l'artillerie du roi ; il possède une cour intérieure dans laquelle on peut admirer une superbe collection de canons du XVIe au XIXe siècle. À remarquer que certains canons sont décorés par des têtes sculptées d'origine mythologique comme les Français avaient l'habitude de le faire.

La salle aux carrosses est riche et rappelle qu'avant l'arrivée de l'Empereur en 1808, le transport à Rio n'était pas des plus évolués : chaussée étroite, peu de lumière et personne pour nettoyer les rues. En 1808, le roi du Portugal arrive avec 20 000 personnes de la cour et 40 véhicules à bagages, et entreprend de nombreux travaux pour améliorer les rues de Rio de Janeiro. La salle militaire offre une collection d'uniformes militaires de différentes époques ainsi que des armes à feu, des sabres et des peintures de Don Pedro II, de la bataille navale du Riachuelo et de la terrible guerre contre le Paraguay, au XIXe siècle.

MUSEU DO AMANHÃ ★★★

Praça Mauá ✆ +55 21 3031 2741
www.museudoamanha.org.br
du mardi au dimanche, de 10h à 18h. Fermeture billetterie à 17h. 20 R$, combinée avec le MAR : 32 R$. Gratuit le mardi.

Voici la dernière merveille de Rio, le «musée de demain» qui, par son édifice et sa collection permanente, est effectivement assez futuriste, mêlant art et sciences, et questionnant l'humanité sur les enjeux de la dégradation de l'environnement de la planète, d'un point de vue scientifique, social et écologique.

L'édifice. Avec son voisin le MAR, un autre musée inauguré en 2014, il donne une nouvelle impulsion à cette zone portuaire toute proche du centre, réhabilitée en lieu de vie culturel incroyable. Le projet qui a coûté 230 millions de R$ a été inauguré par Dilma Rousseff en décembre 2015. Situé sur une jetée face à l'océan dans la baie de Guanabara sur la nouvelle Praça Mauá transformée en Porto Maravilha, le nouvel édifice est immanquable. Réalisé par l'architecte espagnol Santiago Calatrava, ce bâtiment blanc de 15 000 m^2 rappelle les bromélias (fleurs) de la forêt Mata Atlântica de Rio. Il est conçu avec des systèmes d'énergies renouvelables : des épines solaires situées sur le toit tout autour d'une verrière s'orientent en fonction des conditions climatiques pour capter l'énergie solaire, l'eau de la mer est utilisée pour climatiser le bâtiment et réutilisée pour les miroirs d'eau qui l'entourent. Le musée veut s'inscrire aussi comme un pôle de recherche et de réflexion scientifique sur les questions environnementales.

La visite. L'exposition passe en revue les dangers des dégradations de l'environnement qui provoquent des catastrophes humanitaires et sociales sans précédent. On est cependant déçu du côté démagogique du musée : pour expliquer que la planète est en péril, le discours est accompagné de films catastrophe à l'américaine, passés sur des écrans plasma à grand renfort de lumières gourmandes en énergie... La géode en introduction est une bonne attraction, tout comme la salle des photos sur les cultures et l'humanité. Le reste est un résumé scientifique instructif pour qui a séché les cours de SVT, grâce à des écrans interactifs qui raviront les plus petits par son aspect ludique et futuriste. On demande néanmoins à des visiteurs déjà absorbés par leur écran de smartphone et d'ordinateur de se plonger dans d'autres écrans plasma pour parler environnement et nature...

Conseil : depuis son ouverture, le musée est souvent saturé et bien souvent les guichets ferment à 15h en raison de l'affluence... Le mardi, l'entrée est gratuite mais la queue est encore plus longue. Aussi, pour éviter d'attendre des heures, nous vous conseillons d'acheter un billet sur Internet suivant un créneau horaire défini.

PARQUE DAS RUINAS ★

Rua Murtinho Nobre, 169
Santa Teresa
✆ +55 21 2215 0621
Ouvert du mardi au dimanche de 8h à 18h. Entrée libre.

Par sa situation privilégiée, au cœur de Santa Teresa et surplombant la ville, le parc des Ruines est un belvédère fort apprécié, et cependant peu connu et peu visité, de Rio de Janeiro. Le Parque Das Ruinas est en fait une maison en ruine, comme son nom l'indique, vestige du palais Murtinho Nobre. Cet ancien palais garde aujourd'hui sa vocation originelle de rendez-vous culturel : auditorium de cent places – et des expositions temporaires. La visite du parc des Ruines précède ou suit idéalement la visite du musée Chacará do Ceú, situé à quelques pas.

PARQUE MUNICIPAL DA QUINTA DA BOA VISTA ★

Avenida Dom Pedro II
São Cristóvão
✆ +55 21 2232 4398
Ouvert tous les jours de 5h à 20h (18h le dimanche). Zoo ouvert du mardi au dimanche de 9h à 16h30, entrée : 6 R$.

Ce très beau parc urbain aux nombreux lacs et jardins fut l'un des lieux de résidence de la famille impériale. C'est l'un des lieux de villégiature préférés des Cariocas, le week-end : on y pratique le football, on y pique-nique, on y visitait le palais Saint-Christophe de l'empereur João VI. Malheureusement, en septembre 2018, ce dernier, qui abritait les trésors du Museu Nacional, a été entièrement détruit par les flammes, un traumatisme pour le pays tout entier...

PAÇO IMPERIAL ★★

Praça XV de Novembro, 48
Centro
✆ +55 21 2215 2622
www.amigosdopacoimperial.org.br
Ouvert du mardi au dimanche de midi à 19h. Entrée libre.

Construit en 1703 comme entrepôt royal, ce fut à partir de 1743 la résidence des gouverneurs, vice-rois, puis des empereurs Pedro I et Pedro II. C'est ici que la princesse Isabelle signa en 1888 l'acte abolissant l'esclavage ; d'ici, s'exilèrent les derniers monarques. Il ne reste que les façades de l'édifice originel, aujourd'hui centre culturel, dont les amples pièces accueillent des expositions de peinture, et abritent aussi une bibliothèque de livres peu anciens, notamment français d'avant 1950. Le Palais abrite le Bistrô do Paço et le restaurant Arlequim.

PARQUE NACIONAL DA TIJUCA - SERRA DA CARIOCA ★★★★

www.parquedatijuca.com.br

L'empereur Pedro II a incontestablement été un des précurseurs de l'écologie moderne ou du génie écologique. Le site initial de la forêt avait été presque totalement défriché pour être transformé en plantation de café. Conscient des dégradations environnementales (perte de la faune et de la faune originelle, stérilisation des sols), il oeuvra pour la restauration écologique du site. La Serra da Carioca est l'un des trois secteurs principaux du parc national de Tijuca qui délimite ce qui est la plus grande forêt urbaine au monde. Les deux autres secteurs sont la Floresta da Tijuca, au nord-ouest, et le secteur Pedra da Gavea et Pedra Bonita, à l'ouest, jouxtant le quartier de São Conrado.

Vous accéderez rapidement à la Serra da Carioca car elle est au cœur de la ville. Attention toutefois, la forêt est grande (3 300 ha) et si vous décidez de vous y balader à pied hors des sentiers balisés, partez accompagné d'un guide. La proximité des *favelas* peut être dangereuse.

▶ **Depuis le Parque Lage,** au pied du Morro du Corcovado, vous pourrez même monter au Corcovado par la forêt à pied. Il vous faudra compter environ 3 heures.

▶ **Par le jardin botanique et en continuant la rue Pacheco Leão.** En la remontant, on passe devant la cascade dos Macacos, où certains se baignent et où les croyants pratiquent la macumba. Plus haut, on arrive aux deux principaux belvédères de la forêt, dont la Table de l'Empereur, où celui-ci pique-niquait avec les membres de la cour pour échapper à la chaleur étouffante de la ville : en effet, dans la forêt, il fait toujours 5 °C environ de moins que du côté mer.

▶ **Vista Chinesa** (vue chinoise), promontoire d'où vous pourrez prendre une superbe photo du Corcovado, du Pain de Sucre, de toute la Zona Sul et au loin la côte nord et les plages de Niteroi. C'est une des rares vues où l'on peut avoir en même temps le Pain de Sucre et le Corcovado. Ce mirador construit en 1906 est une pagode orientale qui rend hommages aux Chinois qui importèrent le thé au Brésil au début du XIXe siècle.

▶ **Cachoeiras do Horto.** Idéal pour prendre un bain rafraîchissant dans les cascades du parc enfouies dans la végétation. En bus, comptez 2 km de montée à pied après le terminal du bus n°409. Combinable avec la Vista Chinesa.

▶ **Mirador Dona Marta.** Perché à 360 m d'altitude, ce mirador permet d'embrasser en un seul regard le Pain de Sucre, le stade Maracanã, la baie de Guanabara et le Corcovado. Plutôt recommandé en voiture depuis la route qui mène de Cosmo Velho au Corcovado.

PRAÇA MAUÁ ★★

Dans l'immense chantier de remise en valeur du centre de Rio, le relifting de la place Mauà est assez symbolique de la politique urbaine de «marketing urbain» des métropoles des pays émergents. La Praça Mauá a une longue histoire, intéressante pour comprendre l'évolution urbaine de Rio. La statue du baron Mauá (pionnier industriel brésilien), réalisée par le sculpteur Rodolpho Bernardelli et inaugurée en 1910 au centre de la place, ne doit pas en croire ses yeux. Les transformations au cours du siècle passé ont été spectaculaires. Baptisé Plage de Notre-dame puis Largo da Prainha à la création de la ville, le lieu était au départ propice à la baignade, à deux pas du Monasterio São Bento sur la colline. Un cadre bucolique qui fut très vite urbanisé, notamment en 1914 car elle devient le port de débarquement des bateaux arrivant du Vieux Continent et des autres pays d'Amérique latine. Lieu de nuit louche, la Praça Mauá était bordée de bars, de salles de concerts et de maisons closes pour marins de passage pendant tout le XXe siècle et assez mal fréquentée la nuit. Inscrite au centre du projet de réhabilitation de la zone portuaire au cœur de la ville en Porto Maravilha, elle est aujourd'hui très fréquentée par les touristes comme par les Cariocas. Les lettres géantes "Cidade Olimpica" ont été placées sur cette nouvelle esplanade, bordée de nombreux palmiers souvent battus par le vent. On vient s'y photographier entre deux visites du MAR et du Museo do Amanhã, ou simplement pour passer un bon moment en famille.

© RACHEL AMARO - SHUTTERSTOCK.COM

RIO DE JANEIRO

PRAÇA XV ★★

Praça XV de Novembro
Centro

La visite de la « Praça XV » est incontournable de la visite du « Centro » en journée. Le terrain de la place appartenait à l'origine aux pères Carmélites, qui y érigèrent leur couvent dès 1590. Il fut acheté par la ville à condition de ne rien y construire, et on l'appela pendant longtemps la place du Carmel. La première fontaine date de 1750 et fut sculptée par le fameux Mestre Valentim. Le général Osorio dont la statue trône sur la place fut un héros de la sanglante guerre que le Brésil (soutenu par l'Uruguay et l'Argentine) gagna contre le Paraguay entre 1865 et 1870. Le général Osorio est enterré sous la statue, les boulets de canon qui entourent le monument proviennent de vrais canons paraguayens. La mer venait au pied de la fontaine jusqu'au moment où la place fut agrandie en gagnant la terre sur l'eau.

À droite de la place en regardant la mer trône le Palais impérial, qui fut la modeste résidence des empereurs Dom Pedro Ier et II. En face du Palais, de l'autre côté de la place, on aperçoit un arc qui donne dans une petite rue piétonne. C'est l'Arco do Teles. Cet endroit, qui garde un cachet ancien, est très utilisé pour des tournages de films historiques. La petite rue fut tracée avec des angles droits pour couper les courants d'air assez violents provenant de la mer. Cela engendra en fait de graves problèmes d'insalubrité, des fièvres amenées par les moustiques, qui pullulaient. Aujourd'hui, l'Arco do Teles est un des endroits les plus animés le soir dans le centre-ville, de nombreux bars s'y sont installés.

PALÁCIO TIRADENTES - ASSEMBLEIA LEGISLATIVA ★★

Praça XV de Novembro – Centro
✆ +55 21 2588 1251
www.palaciotiradentes.rj.gov.br

du lundi au samedi de 10h à 17h, dimanche de 12h à 17h. visite guidée obligatoire gratuite (toutes les 20 minutes).

Le Brésil est un pays fédéral. Chaque Etat, doté de nombreuses compétences, élit donc ses représentants qui constituent l'Assemblée législative de chacun des 26 Etats brésiliens. Pour l'Etat de Rio C'est dans ce beau monument néo-classique, inauguré en 1926, que siège l'Assemblée législative de l'Etat fluminense (habitants de l'Etat). Au rez-de-chaussée, petite exposition retraçant l'histoire politique du Brésil et de l'Etat de Rio, ainsi que la création du palais.

REAL GABINETE PORTUGUÊS DE LEITURA ★★★

Rua Luís de Camões, 30 – Centro
✆ +55 21 2221 3138
www.realgabinete.com.br

Bibliothèque. Ouverte du lundi au vendredi de 9h à 18h. Entrée gratuite.

L'un des bijoux architecturaux du Rio du XIXe siècle, pourtant peu visité. Cette magnifique bibliothèque au style dit « néomanuelin » (inspirée des édifices religieux portugais, en particulier du monastère Saint-Jérôme de Lisbonne) fut inaugurée en 1837 par l'empereur Dom Pedro II, et contient plus de 350 000 volumes, certains datant des XVIe et XVIIe siècles. La salle principale des livres est d'une beauté époustouflante. Tout simplement l'une des plus belles bibliothèques du monde !

SAMBÓDROMO DA MARQUÊS DE SAPUCAÍ ★★

Rua Marquês de Sapucaí - Santo Cristo
✆ +55 21 2976 7310 - www.sambadrome.com

Tribunes au meilleur rapport qualité-prix dans secteurs 5, 7 et 9. Prix de 230 R$ à 1 000 R$ ou plus selon emplacement

Le Sambodrome est une avenue artificielle à ciel ouvert entourée de gradins vertigineux, tout à l'ouest du Centro et de Lapa. Le site baptisé avenue Marquês de Sapucaí est fermé quasiment toute l'année, mais il est le point névralgique du carnaval de Rio pendant les jours de fête. C'est ici, depuis 1984, que défilent les écoles de samba devant une foule verticale et compacte de 88 500 personnes chaque année, composée du jury qui élira la meilleure école, des Cariocas fanatiques et bien sûr des fans. Conçue par le célèbre Oscar Niemeyer, l'avenue fait 800 m de long, dont 650 m sont parcourus devant les juges attentifs. Il a été entièrement rénové pour les Jeux Olympiques de Rio en 2016.

Conseils. Pendant les mois précédant la préparation du carnaval, toutes les écoles de samba viennent défiler au Sambodrome pour ce que l'on appelle les *ensaios técnicos*, les «répétitions techniques», avec costumes et défilé millimétré pour que tout soit parfait le jour J. Ainsi, chaque samedi et dimanche, trois écoles de samba défilent ici, et le spectacle est gratuit ! Profitez-en. Pour la programmation complète, consultez la rubrique «Ensaios tecnicos no Sambodromo» du site officiel du Sambodrome ou le site www.rio-carnival.net. Le lieu est sécurisé, donc aucun problème pour emmener votre appareil photo, mais les abords du Sambodrome sont très mal fréquentés. Venez et repartez impérativement en taxi (qui attendent tranquillement devant le cordon de sécurité).

CRISTO REDENTOR - CORCOVADO ★★★★

Rua Cosme Velho, 513 - Cosme Velho
© +55 21 2558 1329 - www.corcovado.com.br
trains de 8h à 19h, ttes les 30 minutes. adulte de 62 R$ ou 75 R$, enfant 49 R$. Minivan de Copacabana : 52 R$ ou 64 R$

C'est la deuxième carte postale avec le célèbre Pain de Sucre. Le Christ Rédempteur dressé debout, les bras en croix au sommet de la colline Corcovado, bénit et protège la ville. On découvre de cet endroit magique une vue merveilleuse de la baie de Guanabara, des plages de la Zona Sul, de la lagune Rodrigo de Freitas, de la Zone Nord avec le Maracanã. Lorsque le temps est beau et que la visibilité le permet, on découvre parfaitement toute la chaîne de montagnes Sierra dos Orgãos. Le spectacle est inoubliable.

La montagne qui fait 709 m d'altitude est nichée au cœur d'une épaisse forêt verdoyante appelée la forêt de Tijuca, en réalité un Parc national dans lequel Rio est intégré, que le colonel Archer a eu la charge de replanter après qu'elle eût été dévastée pour y faire des plantations.

Le train du Corcovado fut inauguré le 9 octobre 1884 par l'empereur Dom Pedro avec une locomotive à vapeur. En 1910, il devint le premier chemin de fer électrifié du pays, utilisant des trains à capacité pour 70 passagers. Les trains actuels, d'origine suisse, ont commencé à circuler en 1979.

La sculpture est classée patrimoine historique ; le Christ fait 31 m de hauteur et 27 m de largeur d'une main à une autre et pèse 1 145 tonnes, tout ceci sur un socle de 8 m de haut. Il est recouvert de pierre de savon, une roche qui sort molle de la terre et durcit au contact de l'air. Cette œuvre fut édifiée pour célébrer les cent ans d'indépendance du Brésil sous la présidence de Getúlio Vargas. Elle fut inaugurée le 12 octobre 1931. Les mains et le visage furent sculptés par le Français Paul Landowski ; sous la sculpture, on trouve une petite chapelle dédiée à la patronne du Brésil, Santa Aparecida, la sainte des miracles.

Début janvier 2014, la foudre s'abat sur la statue et lui endommage deux doigts. Les photos font le tour du monde même si, selon les spécialistes, le phénomène est courant : environ six éclairs par an frappent le Christ.

▶ **Consultez une météo détaillée à votre arrivée** ! Le Corcovado est LA visite incontournable à Rio, mais certains passeront sans doute à côté, car pour s'y rendre il faut avoir un ciel dégagé entièrement et la météo à Rio est souvent instable, car le climat y est tropical. La statue est tellement élevée que si quelques nuages sont présents dans le ciel, il y a des chances pour que vous arriviez… au-dessus d'eux ! La vue est alors bouchée et s'ouvre quelques minutes sur la ville par endroits lorsque le vent les balaye, mais ce n'est vraiment pas le moment optimal pour aller au Corcovado. Consultez donc une météo précise jour par jour, voire heure par heure si vous êtes à Rio en été et que la saison des pluies rythme les alternances orages-soleil.

▶ **Allez-y très tôt le matin**, car il faut du temps pour monter là-haut et les fortes chaleurs forment une brume blanche altérant la visibilité dès 11h du matin jusqu'au soir.

▶ **En train.** Le fameux petit train du Corcovado est amusant et agréable, mais ne transporte que peu de privilégiés. Si vous arrivez à la station basse, vous découvrirez très probablement qu'aucun train n'est libre avant 15h, 16h ou 17h, voire avant le lendemain ! Car avec l'arrivée d'Internet, les réservations sur place sont compromises par l'achat de billets *online* sur le site du train… : réservez vous-même en ligne *et* faites en sorte d'arriver à l'heure, car il y a des bouchons à Rio dans cette zone, ou bien prenez un minibus.

▶ **En minibus.** Une compagnie de minibus assure les navettes entre le Corcovado et Copacabana, Largo de Machado et Paineiras. Le système est bien rodé, bien organisé, et il est possible d'acheter les billets en ligne ou sur place. Nous vous recommandons cette option, la plus rapide et la plus sûre pour visiter le Corcovado au jour le jour. Si vous êtes en transport en commun et que vous séjournez à Copacabana ou à Ipanema, prenez la navette depuis Copacabana. Si vous logez n'importe où ailleurs à Rio, prenez le métro jusqu'à Largo de Machado, et à la sortie sur la place se trouve le départ en minivan pour le Corcovado. Pratique, car vous ne perdez pas de temps dans les bouchons et d'argent dans les taxis, la montée est quasi directe, le billet est prévu aller-retour et il n'y a pas beaucoup de queue à cet endroit pour attendre les minivans. Si vous logez à Santa Teresa et que vous êtes débrouillard et petit budget, prenez un taxi jusqu'à Paineiras en passant par le haut de Santa Teresa qui monte toujours tout droit après le Largo de Guimarães (compteur obligatoire, environ 30 R$ la course), insistez bien pour qu'il vous dépose tout en haut et qu'il ne descende pas au train… vous passerez par cette route de jungle et de corniche magnifique et sans bouchon. Pour le retour en revanche, vous n'allez certainement pas trouver de taxi, car Paineiras est davantage conçu pour les touristes motorisés qui se garent sur place. Prévoyez de réserver un taxi.

▶ **En voiture.** Si vous êtes motorisé, montez jusqu'à Paineiras au pied du Corcovado (le dernier point accessible pour les véhicules privés et les taxis) sur les hauteurs de Cosmo Velho, et garez-vous au parking prévu à cet effet. Il vous en coûtera moitié prix pour accéder au Corcovado par personne !

▶ **À pied.** Plus de 3 heures de marche depuis le Parque Lage, avec guide obligatoire, car le chemin est compliqué à trouver. Contactez pour cela une agence spécialisée comme Rio Adventures.

Christ-Rédempteur du Corcovado.

INSTITUTO MOREIRA SALLES - IMS ★

Rua Marquês de São Vicente, 476 – Gávea
✆ +55 21 3284 7400
www.ims.com.br
Ouvert du mardi au dimanche de 11h à 20h.
Entrée libre.

Situé dans une belle demeure, cet institut culturel abrite des salles d'expo, un cinéma, une bibliothèque, un auditorium, une boutique d'artisanat et un bel atelier. Il dispose surtout d'une incroyable collection de photos de l'histoire de la ville, qui nous montre en particulier l'urbanisation croissante de Rio au cours des XIXe et XXe siècles. De nombreuses expositions temporaires de grands photographes brésiliens et étrangers. Superbe jardin également, dessiné par Burle Marx.

LARGO DO BOTICÁRIO ★★

Rua Cosme Velho, 822
Cosme Velho
www.largodoboticario.com.br

Sur cette place coloniale et bucolique aux arbres centenaires, on remarquera cinq maisons de style colonial portugais complètement décrépites, avec leurs fenêtres peintes et leurs balcons de bois au charme suranné, totalement abandonnées. Elles donnent un avant-goût du style baroque, tel qu'on peut l'observer à Paraty, Ouro Preto ou Olinda. Une fontaine et des lampadaires à gaz participent au décor de la place envahie par la végétation.Le Boticário était un pharmacien, un certain monsieur Da Silva, qui a donné son nom à la place. On y donne parfois des spectacles.

LAGOA RODRIGO DE FREITAS ★★

Lagoa Rodrigo de Freitas

La *Lagoa*, qui a donné son nom au quartier éponyme, est un immense lac de 4 km² en pleine ville, séparé de la mer par la langue de terre urbanisée d'Ipanema et Leblon. Elle est bordée par trois *morros*, des montagnes granitiques si caractéristiques des paysages *cariocas* : à l'est par la montagne qui surplombe le quartier Gavea, le Jardim Botânico et l'hippodrome Jockey Club, à l'ouest par la vertigineuse montagne du Corcovado aboutissant au Parque Lage qui borde la lagune, et au sud par les *morros* Cantagalo et dos Cabritos qui la séparent de la plage de Copacabana. Le quartier de Humaitá est souvent saturé de voitures, car il relie le quartier de Lagoa à la Zona Norte par Botagofo. Il permet aussi un passage vers Cosmo Velho via le tunnel Rebouças.

La lagune est alimentée par le rio Macaco (aujourd'hui canalisé) et d'autres petites rivières, et est relié à l'océan Atlantique par un canal d'eau salée artificiel. Elle compte deux îles : Piraquê, à l'ouest, porte le nom de la lagune lorsqu'elle était peuplée par les indiens Tamoios à l'arrivée des colons et abrite le club naval sportif de la ville, et Caiçaras, au sud, qui accueille le club de sport éponyme. La lagune est entourée d'une piste cyclable sécurisée et compte d'autres clubs sportifs, notamment de régate de bateau et d'aviron.

▶ **Pollution.** Depuis quelques années, la *Lagoa* connaît un problème de pollution sérieux avec la prolifération d'une algue invasive toxique pour les poissons car elle consomme toute l'oxygène présente dans l'eau.

JARDIM BOTÂNICO ★★

Rua Jardim Botânico, 1008 – Jardim Botânico
✆ +55 21 2274 7012
www.jbrj.gov.br
Le lundi de 12h à 19h, du mardi au dimanche de 8h à 19h. Entrée : 60 R$ (gratuits pour seniors). Paiement en espèce

Parmi les merveilles de Rio que l'on ne peut rater, le jardin botanique figure en bonne place, juste après, peut-être, le pain de sucre et le christ rédempteur. Ce superbe parc est considéré comme l'un des dix plus importants jardins botaniques du monde. Outre la connaissance de plantes et arbres venant du monde entier, le jardin botanique apparaît comme un havre de paix et de contact avec la nature dans lequel on pourra se prélasser.

Quand le prince régent du Portugal, Dom João VI, s'installa à Rio en 1808, il eut tout de suite envie de construire un jardin d'acclimatation pour ses besoins personnels, comme le thé, coutume qu'il avait rapportée d'Europe.

Le jardin botanique fait environ 140 hectares et inclut une partie de la plantation de canne à sucre qui existait à l'époque coloniale. Le jardin royal est traversé par deux cours d'eau appelés le riacho Iglesias et le rio dos Macacos, qui alimentent le jardin en eau provenant de la forêt de Tijuca. Il contient environ 6 000 espèces de plantes et d'arbres du monde entier sans compter les espèces originales du Brésil. Les deux premiers bâtiments que l'on aperçoit sur la droite, une fois l'entrée passée, appartenaient à deux des nombreux directeurs du jardin botanique. La maison bleue de Pacheco Leão, fin XIXe siècle, est utilisée pour des expositions diverses. L'un des symboles forts du jardin botanique est ses longues rangées de palmiers impériaux qui longent la grille, avec vue en toile de fond sur le Corcovado. Ces palmiers viennent de Malaisie et ont été amenés par Dom João VI, lors de son arrivée à Rio.

Le jardin renferme deux petits jardins miniatures, l'un d'inspiration japonaise, l'autre de l'Amazonie. Toutes les fontaines en fonte et les sculptures du jardin proviennent du Centro et furent transférées lors de la modernisation des avenues.

À retenir, le nom du maréchal Manoel Marques, qui rapporta aussi de nombreuses plantes de la Guyane française dont le fameux café. La fontaine centrale date de 1905 et provient de la porte de l'ancienne académie des Beaux-Arts. Dans l'allée tout droit, on pourra voir un arbre du bois *pau-brasil*, qui a donné le nom au Brésil et l'étang couvert des magnifiques et célèbres Vitoria Regia, nénuphars géants. La verrière en face propose une jolie variété de plantes carnivores. L'allée suivante mène à la verrière des Orchidées. Le parc aux cactus renferme un nombre impressionnant, aux formes on ne peut plus variées ! La boutique du jardin botanique propose de beaux ouvrages et vos achats permettront d'aider à entretenir le jardin.

MUSEU HISTORICO DA CIDADE - MHC ★

Estrada de Santa Marin ha
Gávea
✆ +55 21 3443 6341
museudacidadedorio.com.br
Ouvert du mardi au dimanche de 10h à 17h. Entrée libre.

Anciennement propriété du marquis de São Vicente, la demeure du XIXe siècle qui abrite le musée faisait partie d'une *fazenda* de café et fut, par la suite, acquise par le comte de Santa Marinha. Le musée présente l'histoire de la ville de Rio, depuis sa fondation en 1565 jusqu'au milieu du XXe siècle, à travers près de 17 000 pièces, incluant de nombreux tableaux d'artistes comme Taunay, Grandjean de Montigny, Visconti, du mobilier et des photographies.

PARQUE LAGE ★★

Rua Jardim Botânico, 414
Jardim Botânico
✆ +55 21 2538 1091
www.eavparquelage.rj.gov.br
Ouvert tous les jours de 9h à 17h.

© DONATAS DABRAVOLSKAS - SHUTTERSTOCK.COM

Un superbe parc au pied du *morro* du Corcovado. Des petits sentiers, une atmosphère étouffante qui nous familiarisent avec l'ambiance luxuriante de la *Mata Atlântica*. La belle demeure du début du XXe siècle est l'œuvre de l'architecte italien Mario Vrodet pour Henrique Lage. Les murs en marbre, la baignoire Art déco dans l'une des salles de bains (que l'on retrouve dans le film *Macunaima*, en 1969) inspirent les étudiants de l'école des arts visuels, qui a élu domicile ici ! On songera à grignoter au café attenant, sans oublier de jeter un coup d'œil du Corcovado.

ELEVADOR DO MORRO DO CANTAGALO ★

Rua Texeira de Melo
Ipanema
Ouvert tous les jours de 7h à minuit.

Le magnifique édifice éclairé de vert la nuit que l'on aperçoit depuis le Posto 8 au fond de la rue Texeira de Melo est... un ascenseur ! Inauguré en juin 2010, il permet dorénavant aux habitants de la *favela* de Cantagalo (et ceux de la communauté voisine de Pavão pacifiée) de rentrer chez eux sans avoir à affronter les escaliers raides depuis le pied du *morro*. Au sommet, à 65 m de haut, une passerelle tout en verre et acier rejoint les premières habitations. Belle vue.

IGREJA NOSSA SENHORA DA GLÓRIA DO OUTEIRO ★

Praça Nossa Senhora da Glória, 26
Glória
Du lundi au vendredi de 8h à midi et de 13h à 17h. Samedi et dimanche de 8h à midi.

Son étrange architecture baroque octogonale date de 1714. Perchée sur une colline de 61 m, entourée de palmiers, cette église est le symbole du quartier de Gloria ; elle offre une jolie vue sur le parc de Flamengo et la baie de Guanaraba au loin. Des azulejos bleus et blancs décorent l'intérieur ; un musée consacré à l'art religieux et aux empereurs, qui ont baptisé ici leur progéniture, complète la visite. Attention : les horaires d'ouverture sont assez aléatoires...

MONUMENTO AOS PRACINHAS ★

Av. Infante Dom Henrique, 75
Glória
✆ +55 21 2240 1283
www.mnmsgm.ensino.eb.br
Ouvert du mardi au dimanche de 9h à 17h. Entrée libre.

Construit en 1960, le monument aux morts de la Seconde Guerre mondiale, assez majestueux (vous ne pouvez pas le rater, sur l'Aterro de Flamengo, tout de suite après l'aéroport Santos-Dumont en direction de la Zona Sul), comprend un musée présentant les faits de gloire de l'armée brésilienne durant la Seconde Guerre mondiale, ainsi qu'un mausolée avec les dépouilles de quelques soldats brésiliens ayant participé à la campagne d'Italie en 1944 aux côtés des Alliés. Les Américains avaient poussé les Brésiliens à s'engager au côté des Alliés.

MORRO DE LEME - FORTE DUQUE DE CAXIAS ★

Praça Almirante Júlio de Noronha – Leme
✆ +55 21 3223 5076
www.cep.ensino.eb.br
Ouvert du mardi au dimanche de 9h30 à 16h30 (en été à partir de 8h30). Entrée 4 R$, étudiants 2 R$.

Tout à l'est de la baie de Copacabana, le Morro de Leme se visite depuis le fort militaire du même nom, situé à son pied, mais seulement le week-end. 20 petites minutes de montée tranquille à travers la forêt Atlantique jusqu'au fort Duque de Caxias (construit en 1935), depuis lequel on bénéficie d'une vue absolument unique sur l'entrée de la baie de Guanabara, au nord, et la magnifique baie de Copacabana, au sud. Balade à faire absolument si vous passez le week-end à Rio.

Monumento Aos Pracinhas.

MUSEU CASA RUI BARBOSA ★

Rua São Clemente, 134 – Botafogo
✆ +55 21 3289 4600
www.casaruibarbosa.gov.br
du mardi au vendredi de 10h à 17h30 (20h le dernier mardi du mois), le week-end de 14h à 18h. musée et jardin gratuits.

Né en 1849, Rui Barbosa, Bahianais d'origine exerça les fonctions de jurisconsulte, journaliste, homme politique et diplomate, et fut partie prenante dans quelques-uns des événements fondateurs de l'histoire du Brésil. Construite en 1849, la maison qui abrite le musée, dans laquelle Rui Barbosa vécut ses 28 dernières années, constitue un superbe exemple d'architecture carioca, d'influence néoclassique, du XIXe siècle. Le musée expose une importante collection de mobilier, objets divers, tableaux, ainsi qu'une somptueuse bibliothèque d'époque. Beau parc du musée.

MUSEU DE ARTE MODERNA (MAM) ★★

Av. Infante Dom Enrique, 85 - Glória
✆ +55 21 3883 5600 - www.mamrio.com.br
Du mardi au vendredi 12h à 18h, week-end et jours fériés 11h à 18h. Dernier ticket : 17h30. 14 R$ Cinémathèque : 8 R$.

Le MAM de Rio regroupe 11 000 œuvres d'art appartenant au diplomate et mécène Gilberto Chateaubriand. Cette somptueuse collection regroupe art moderne brésilien (des créations d'Emiliano di Cavalcanti,), ainsi que de nombreuses œuvres d'artistes étrangers (Picasso, Andy Warhol, Jackson Pollock ou Le Corbusier..). Outre les collections d'art, le MAM abrite une bibliothèque spécialisée ainsi qu'une cinémathèque. Les jardins sont signés du paysagiste Burle Marx. Restaurant ouvert le midi.

MUSEU DO INDIO ★★

Rua das Palmeiras, 55 – Botafogo
✆ +55 21 3214 8700
www.museudoindio.gov.br
Ouvert du mardi au vendredi de 9h à 17h30 et le week-end de 13h à 17h. Entrée libre.

La belle demeure coloniale aux teintes rosées de 1880 abrite l'une collection les plus importantes d'Amérique latine sur les peuples et cultures indigènes du continent, réunissant textes, images, films, vidéos et objets en tout genre (poteries, instruments musicaux, objets de cérémonie, objets des tribus des régions du Xingu, du Para). Dans le jardin du musée se trouve une petite hutte en bois, construite par les Indiens Guaranis de Bracui, qui donne aux visiteurs une idée du mode de vie des tribus dans leurs villages. Petit magasin d'artisanat indien à la sortie.

MUSEU HISTÓRICO DO EXÉRCITO - FORTE DE COPACABANA ★

Praça Coronel Eugênio Franco, 1 Posto 6 - Copacabana ✆ +55 21 2521 1032
www.fortedecopacabana.com
Ouvert du mardi au dimanche de 10h à 18h (musée), le site reste ouvert jusqu'à 20h. Entrée : 6 R$.

Construit en 1914, le fort a conservé ses principales caractéristiques d'origine, depuis ses murs, épais de 12 m, jusqu'à ses coupoles blindées équipées de canons Krupp. L'intérêt principal de cette petite halte entre Copacabana et Ipanema n'est pas tant le musée que la vue absolument extraordinaire qu'on a sur la ville. C'est le seul endroit d'où l'on peut apprécier l'immensité et la beauté de la baie de Copacabana, avec en toile de fond le Pain de Sucre et le Christ Rédempteur.

MUSEU VILLA-LOBOS ★

Rua Sorocaba, 200 - Botafogo
✆ +55 21 2226 9818
www.museuvillalobos.org.br
Ouvert du mardi au vendredi de 10h à 17h. Entrée libre.

La petite maison de la fin du XIXe siècle abrite une collection d'objets personnels ayant appartenu au célèbre compositeur brésilien de musique classique, Heitor Villa-Lobos (1887-1959), célèbre pour ses *Bachianas brasileiras*. Le musée a été créé en 1960 par sa seconde épouse, Dona Arminda, et l'exposition permanente occupe trois salles qui présentent des partitions, correspondances, photographies, vidéos, instruments, objets divers, vidéos. Programme musical du musée intéressant. Dans le jardin, une petite conque acoustique permet des concerts en plein air.

OI FUTURO FLAMENGO ★

Rua Dois de Dezembro, 63
Flamengo
✆ +55 21 3235 5815
Ouvert du mardi au dimanche de 10h à 17h. Entrée libre.

Comme tous les pays du monde et en particulier les pays émergents, la télécommunication a une grande importance au Brésil. Occupant trois étages de l'édifice où fonctionna la première station téléphonique du pays (devenue l'Institut *Oi Futuro*), le Musée des Télécommunications présente diverses curiosités (parmi lesquelles une réplique du premier téléphone, installé dans le palais impérial de Petrópolis pour communiquer directement avec la cour), et conte l'aventure des télécommunications (téléphone, télex, mobiles, Internet...) de façon interactive et ludique.

PÃO DE AÇÚCAR - PAIN DE SUCRE ★★★★

Av. Pasteur, 520 – Urca ✆ +55 21 2461 2700
www.bondinho.com.br
TLJ de 9h à 20h50 ttes les 15 minutes. 120 R$, 50% pour les 6 à 21 ans et plus de 60 ans, gratuit pour moins de 6 ans.

Une promenade indispensable lorsqu'on arrive à Rio ou qu'on y retourne. Le pain de sucre est un des marqueurs spatiaux de la ville de Rio et une de ses plus célèbres cartes postales avec le Christ rédempteur. Beaucoup de signatures graphiques, de marques (dont une marque de grande distribution) reprennent le nom ou l'effigie de ce phénomène géologique situé dans la partie sud de la ville, à proximité de la praia Vermelha. D'une hauteur de 395 m, le Pain de Sucre est situé à l'entrée de la baie de Guanabara. On atteint son sommet par deux téléphériques, le premier vous emmenant au Morro da Urca, le second au Pain de Sucre proprement dit. D'ici, on découvre Rio et sa baie entourant le roc de toutes parts, avec l'étrange sentiment d'être au cœur de la ville. Le nom du Pain de Sucre (*Pão de Açucar* en portugais) viendrait du moule à sucre que l'on utilisait jusqu'au siècle dernier pour former les blocs de sucre. C'est littéralement un bloc de quartz de 500 millions d'années. C'est lors de l'exposition internationale de 1908 que l'on décida de construire le téléphérique, dont la première version était en bois. Puis vinrent le deuxième en 1912, et le troisième en 1913 qui relièrent le *morro* d'Urca avec celui du Pain de Sucre. Celui que l'on utilise aujourd'hui a été construit en 1972 et peut transporter jusqu'à 73 personnes. La première cabine emmène les touristes en 3 minutes jusqu'à la station du Morro de Urca ; au premier arrêt, on découvre une superbe vue panoramique ; c'est aussi l'endroit où se posent les hélicoptères pour un tour de la baie en 15 minutes ; on y trouve une aire de spectacle pour le soir et un restaurant ; la cabine suivante vous emmène tout en haut du Pain de Sucre où l'on domine la baie, et la perspective sur la ville est superbe. On a une vue d'ensemble des forts qui défendaient la baie, alors point stratégique de l'entrée de la ville, d'environ 1 km de large entre le fort Santa Cruz et le fort São José. De l'autre côté de la baie, vous apercevrez la ville de Niterói et ses belles plages de sable fin. Les pistes de l'aéroport Santos Dumont sont dans l'axe du Pain de Sucre, si vous appréciez le ballet aérien. Puis viennent plus au sud les plages de Flamengo et de Botafogo. En face de vous, le Christ Rédempteur du Corcovado vous salue. La vue sur celui-ci depuis le *morro* da Urca à la nuit tombante est merveilleuse. On vous conseillera de privilégier ce moment-là si vous avez choisi de monter par le chemin de randonnée. Enfin, tout au sud, la baie mythique de Copacabana et le *morro* de Leme. N'oubliez surtout pas votre appareil photo !

Le moyen le plus facile de s'y rendre est le taxi. Tous les chauffeurs de taxi connaissent bien sûr ce haut lieu du tourisme *carioca*. Les taxis déposent les touristes au pied de la station de départ et les personnes à mobilité réduite ont un accès facile au funiculaire. En métro, on descendra à la station Botafogo et on prendra ensuite le bus SP513 Urca.

Conseil n° 1. On peut monter et descendre à pied par un chemin de randonnée dans la forêt gratuitement jusqu'au premier Pain de Sucre, jonction des deux téléphériques, dont le mirador offre déjà une vue spectaculaire sur Rio. Si vous voulez monter jusqu'en haut, il n'existe malheureusement pas de tarif réduit pour emprunter seulement le second téléphérique. Le chemin est peu indiqué, mais il suffit de demander sa route, tout le monde le connaît ! C'est un point de départ du corridor vert de Rio. Nous conseillons de redescendre à pied même si vous payez le billet complet, car vous évitez ainsi la queue et surtout vous découvrez une atmosphère de jungle où vous observerez à coup sûr des petits singes typiques de la jungle de Rio. On trouve trois espèces : *macaco-prego, mono capuchino* et el *macaco-estrela*. Ils sont peu timides et se nourrissent de fruits. Ils prennent aisément la pose photo, car ils recherchent de la nourriture, habitués au flot continu de touristes... Ne nourrissez jamais ces animaux sauvages, car cela mettrait en danger leur métabolisme, au risque de créer des maladies, et leurs capacités à trouver de la nourriture et donc leur survie. Vous risquerez de vous faire mordre au passage. Vous y observerez aussi des varans et de nombreux colibris dans la zone dégagée du bas du Pain de Sucre. Prévoir un bon anti-moustique si vous optez pour la descente à pied, et des bonnes chaussures, car certains passages sont assez raides et glissants en raison de la boue présente lorsqu'il pleut (c'est assez fréquent). Prévoir 30 minutes pour descendre tranquillement, et lorsque vous arrivez en bas du chemin, prenez l'allée goudronnée à droite qui longe la baie et rejoint la Praia Vermel ha d'où part le téléphérique. Certains adeptes de la varappe montent en utilisant des voies sur le Pain de Sucre. Il y en a plus de 100 et parmi celles-ci on trouve les plus emblématiques du Brésil (Italianos com Secundo, Cepi).... il faut compter 4 à 6 heures d'escalade de niveau moyen à difficile et d'intensivité physique moyenne. Bien sûr, on vous recommandera de pratiquer l'escalade avec des guides agrémentés (comptez alors 380 R$ par personne, 290 à partir de 2 personnes).

Conseil n° 2. Si vous réservez une table dans l'un des restaurants très onéreux du Pain de Sucre, pour dîner notamment, l'accès en téléphérique est gratuit et la vue au coucher de soleil est sublime...

PARQUE DO FLAMENGO ★

Avenida Infante D. Henrique
Flamengo

Le parc de Flamengo est une avancée artificielle de terre sur la mer (aterro) conçue en 1965. Il s'étend depuis l'aéroport Santos-Dumont, au centre-ville, jusqu'au début de la baie de Botafogo, et marque l'entrée dans les quartiers sud (et chics) de la ville. Ce jardin urbain de plus de 1,2 million de m² a été dessiné par l'architecte et paysagiste brésilien Roberto Burle Marx. C'est l'un des endroits préférés des Cariocas pour courir, jouer au foot ou au tennis, ou flâner dans sa verdure (en particulier le dimanche, quand l'avenue est fermée à la circulation).

PRAIA DA URCA ★

Praia da Urca

Urca est assurément un petit coin de paradis au pied du Pain de Sucre. Ce petit quartier très recherché, où résident beaucoup de militaires, à l'image des quartiers de la zone sud, appelés « Côté mer » par le Petit Futé, dispose d'une petite plage. La petite plage d'Urca, au pied du *morro* du même nom, serait exquise si elle n'était pas régulièrement impropre à la baignade. La vue sur la baie de Botafogo vaut le coup d'œil. Arrêtez-vous donc aux Bar Urca, le célèbre bar en bordure de plage, ou au Garota Da Urca pour en profiter.

PRAIA DE FLAMENGO ★

Praia do Flamengo

Ce magnifique Aterro réalisé par Burle Marx a été gagné sur la mer. Il devait ne constituer qu'une grande artère routière reliant la Zone Sul au centre-ville en longeant la côte. Mais grâce à l'acharnement d'urbanistes sensés, le projet d'un immense parc parallèle au tracé de la route a été accepté. Des courbes, des sentiers qui slaloment, des parcs, des arbres qui s'entrelacent, des pistes de jogging, des terrains de tennis ou de football, et, au bord, la plage. Souvent snobé par les touristes, ce parc du Flamengo est un lieu fort agréable pour flâner.

PRAIA DE COPACABANA E LEME ★★★

Avenida Atlântica

Copacabana est certainement la plage la plus célèbre au monde.

De Leme au fort de Copacabana, la Orla (plage) fait 4,15 kilomètres de long. Ses trottoirs aux pavés en forme de vagues, d'inspiration portugaise, sont fréquentés par des millions de Cariocas et de touristes qui déambulent en prenant le temps d'apprécier ce lieu magique. Si elle a perdu son titre de plage la plus chic de la ville au profit d'Ipanema, elle n'en demeure pas moins une promenade obligée. Ici, on vient pour profiter des bons rouleaux des vagues, tout en prenant garde car le courant peut être fort. Le touriste contemplatif admirera la statue en bronze du poète Carlos Drummond de Andrade assis sur un banc de la promenade. Comme sur toutes les plages de Rio, les *postos* des maîtres-nageurs jalonnent la plage. Le plus fameux à Copacabana est le posto 6, celui des retraités et des pêcheurs. Comme sur toutes les plages de Rio, les postes de maîtres-nageurs et les plages qui les entourent ont un profil sociologique spécifique. Ici, les surfeurs, là, les familles.

Fréquentée à toute heure par les Cariocas, les touristes et les vendeurs ambulants, elle constitue l'un des principaux centres d'attraction de Rio. Surfeurs, hédonistes et joggeurs s'y croisent en un ballet presque ininterrompu. C'est surtout le week-end que l'on comprend l'attrait des Brésiliens pour la plage. Le dimanche, la circulation est interdite sur l'Avenida Atlântica et les joggers, les cyclistes et les rollers s'y donnent rendez-vous. Elle est jalonnée de petites baraques où l'on sirote une *agua de coco* pour 5 reais, et est bordée, de l'autre côté de l'Avenida Atlântica, de cafés-restaurants vivant par et pour le tourisme.

C'est ici qu'est tiré chaque année le feu d'artifice du nouvel an, que les grands rassemblements populaires s'y tiennent (concerts et victoire de la seleção de foot notamment). En 2013, près de 3 millions de jeunes Brésiliens s'y sont rassemblés pour prier lors de la clôture des JMJ en présence du pape François ! Quoi de plus naturel que cette carte postale de la ville ait été choisie pour accueillir les compétitions de beach-volley lors des JO de 2016 ?

▶ **La portion de Leme**, au bout à gauche de la plage de Copacabana (*postos* 1 et 2), est certainement le meilleur coin de la baie : la plage y est large, l'eau y souvent plus propre qu'ailleurs sur Copacabana, nous sommes au pied du *morro* de Leme, quasiment dans la verdure, et la circulation y est bien moindre. A tester !

Praia do Arpoador.

PRAIA DE IPANEMA E LEBLON ★★★★

Elles ne sont en réalité qu'une seule et même plage, séparée au milieu par le canal Jardim de Alá, qui relie la Lagoa Rodrigo de Freitas à l'océan. Ipanema est aujourd'hui la plage la plus chic de la ville, même si elle diffère peu dans le fond de Copacabana, hormis peut-être les vagues, un peu plus fortes (Ipanema veut d'ailleurs dire *mauvaises eaux* en langue guarani). La plage d'Ipanema fut immortalisée par la chanson culte *Garota de Ipanema*, de Tom Jobim. La statue du chanteur, y trône, la guitare sur le dos !

Leblon est plus calme, quoique aux eaux un peu moins propres qu'à Arpoador ou Ipanema. On commande sa chaise pliante (*cadeira*) et son parasol (*cobra-sol*) auprès de l'une des nombreuses *barracas* plantées sur la plage, ou les fameux *globos* (il s'agit de chips).

Chaque « communauté » s'identifie à son petit périmètre de plage, défini en fonction des postes de surveillance. Le poste 7 (Arpoador) a ses surfeurs, le poste 8 est le préféré des gays, le poste 9 celui des jeunes bobos, chacun répondant à certains codes de conduite, certaines modes. Tout le long de la plage, des terrains de volley, mais surtout la grande mode du foot-volley, sont occupés à la tombée du jour lorsqu'il fait plus frais par des jeunes sportifs aux corps musclés.

▸ **Le belvédère du Mirante do Leblon**, au bout de la plage de Leblon et au début de l'Avenida Niemeyer, contourne le *morro* des *Deux Frères* : c'est un endroit parfait pour siroter une *agua de coco* en profitant du panorama.

PRAIA DO ARPOADOR ★★★

Praia do Arpoador

La plage d'Arpoador (et la pointe rocheuse du même nom, qui signifie « harponneur » en portugais) est située au début de la baie d'Ipanema, face au *posto 7*. Elle fait le bonheur des surfeurs et des body-boarders. À gauche du rocher, la petite plage sauvage du Diabo (le Diable), surnommée ainsi en raison de ses incessants remous. Du haut du rocher, une belle vue sur les quartiers d'Ipanema et de Leblon. C'est ici que le coucher de soleil est le plus spectaculaire avec la vue superbe la baie d'Ipanema et le soleil qui passe entre les monts des *Dois Irmãos*.

PRAIA VERMELHA ★★

Praia Vermelha

Petite plage de Rio peu connue des touristes, la plage Vermel ha (rouge, dit-on, du sang des Indiens massacrés par les conquistadores portugais au XVIIème siècle) est un havre de paix entre le *morro* d'Urca et celui de Leme, tout de suite à la sortie de la baie de Guanabara. Vous pourrez venir vous y reposer après avoir profité de la montée en haut du Pain de Sucre, et même y tremper les pieds (mais pas plus, la baignade n'y est pas très conseillée…). Cette petite plage populaire est beaucoup moins fréquentée que les grandes plages de la zone sud.

PARQUE NACIONAL DA TIJUCA - FLORESTA DA TIJUCA ★★

Estrada da Cascatinha, 850
✆ +55 21 2492 2252
www.parquedatijuca.com.br
Ouvert tous les jours de 8h à 17h.

C'est la zone du parc la plus éloignée de Rio, située plus à l'intérieur des terres et plus en hauteur. On y accède par la route reliant Cosmo Velho à Tijuca. Ici deux principaux chemins de randonnée existent, qu'il faut réaliser avec un guide, car le chemin est peu balisé :

- **Circuit des « dos picos »**, reliant les pics de Papagayo et Tijuca sur 19 km de chemin passant aussi par Tijuca Mirim, Archer, Morro do Anhanguera, Excelsior Pedra do Conde, Morro da Taquara, Castelos da Taquara et Cocanha. Assez difficile en raison du dénivelé, pour des randonneurs chevronnés surtout s'il fait très chaud.
- **Circuit do « Vale Histórico »**, un chemin de 7,5 km passant par les ruines, fontaines et monuments des anciennes fazendas de café. Vous serez surpris d'y découvrir une fontaine Wallace en pleine nature, ou la chapelle Mayrink. Optionnellement, on peut visiter 4 grottes par un chemin additionnel.
- **Bon plan :** des visites guidées gratuites sont proposées tous les jeudis à 9h au centre des visiteurs du parc (arriver à 8h30 à pied, car il y a 30 minutes de montée à inclure). La première est le « chemin des esclaves », qui met en lumière le travail des esclaves dans les plantations de café (passe par Cachoeira das Almas, Lago das Fadas et as Ruínas do Midosi). Le second est le « chemin des artistes » sur les pas des peintres Nicolas Taunay et Cândido Portinari, mais aussi des paysagistes Glaziou et Burle Marx. Il passe par la Capela Mayrink, le Mirante da Cascatin ha et le Recanto dos Artistas.

PEDRA BONITA ET PEDRA DA GÁVEA ★★★

www.parquedatijuca.com.br

Voici la zone du parc national la plus proche de l'océan, sur les hauteurs surplombant le quartier de São Conrado. C'est la partie la plus recommandable pour une randonnée à la journée, celle qui va jusqu'à la Pedra da Gávea et offre des panoramas sublimes. Des agences spécialisées à Rio l'organisent plusieurs fois par semaine en randonnée guidée pour un prix raisonnable en combinant Pedra Bonita et Pedra da Gávea.

- **Pedra Bonita.** Tout au bout de l'Estrada da Vista Chinesa, vous emprunterez l'Estrada da Gávea Pequena, puis l'Estada da Pedra Bonita. Déposez votre voiture au parking prévu (au voisinage des nombreux amateurs de deltaplanes ou de parapentes qui viennent ici s'élancer), et vous pourrez alors monter la Pedra Bonita, le long d'un petit chemin d'une cinquantaine de minutes, qui vous conduira au sommet de cette « Belle Pierre », où vous profiterez d'une incroyable vue, à l'est sur le quartier de São Conrado, à l'ouest sur celui de Barra da Tijuca. Une formidable balade, facile à faire, pour toute la famille ! Attention, certains passages jouxtent des *favelas*. Informez-vous si vous décidez de partir sans guide.
- **Pedra da Gávea.** Située à 800 m d'altitude, c'est le point de vue le plus spectaculaire offrant une vue panoramique sur Ipanema, Leblon, São Conrado et Barra de Tijuca. La randonnée est d'un niveau assez difficile à cause du dénivelé, surtout avec la chaleur, mais tout à fait réalisable et même très recommandable ! Compter la journée entière pour la randonnée.

Pedra Bonita et Pedra da Gávea.

© RANIMIRO - SHUTTERSTOCK.COM

Praia de Pepino e São Conrado.

PRAIA DA BARRA DA TIJUCA ★★

Av. Lúcio Costa

Barra da Tijucà est un quartier résidentiel excentré de Rio. C'est aussi, avec ses 18 km, la plus grande plage de Rio. Les eaux y sont bien plus propres qu'à Copacabana ou Ipanema. Le début de la plage s'appelle Pepê, c'est le coin le plus branché et le plus dense. Bon spot de surf (et de kite-surf) également. Plus au sud, la plage de Reserva, en face de la « réserve écologique » séparant Barra du quartier de Recreio, est plus sauvage et moins peuplée. Tout au bout de Barra, la plage de Recreio et son promontoire rocheux est très appréciée des familles.

PRAIA DE PEPINO E SÃO CONRADO ★★

Ces deux plages ne sont pas les plus connues de Rio de Janeiro. Elles sont un peu éloignées des zones les plus agitées de la zone sud. Pourtant, elles méritent que l'on s'y arrête quelques heures. Les plages de Pepino et de São Conrado sont survolées par les ailes des parapentes qui descendent depuis la Pedra Bonita et s'y posent. Elles sont peu fréquentées la semaine mais le week-end, surfers et baigneurs y affluent. Le quartier est huppé et agréable.

PRAIA DE GRUMARI - PRAIA DO ABRICÓ ★

Ces deux plages sont deux merveilles assez peu connues des touristes et même des Cariocas. Très excentrée, Grumari est la plage la plus au sud-ouest de la ville de Rio, très sauvage, entourée par les montagnes et la Mata Atlântica. Sauvage et belle… mais à près d'une heure en voiture d'Ipanema, tout de même !

La plage d'Abricó qui lui est accolée juste à l'est est une belle plage naturiste située dans la zone naturelle de Grumari. Elle est peu facile d'accès.

PRAINHA ★

Av. Estado da Guanabara, 1102 - Recreio dos Bandeirantes

Cette plage pourrait faire partie d'un guide «les merveilles à ne pas dévoiler». Insérée dans des collines à la végétation luxuriante, c'est une merveilleuse petite anse, à quelques kilomètres après la plage de Recreio dos Bandeirantes. Elle est considérée comme le meilleur spot de surf de Rio. Un sympathique petit restau de poissons au bout du belvédère, est idéal pour se remettre de ses émotions dans les vagues agitées de Prainha. Cette plage est enchâssée dans une zone privilégiée où aucune construction n'est autorisée. Le bonheur, quoi !

SE LOGER

Rio est la ville phare du tourisme brésilien. L'offre y est à la fois vaste et variée et cependant, elle est souvent insuffisante, en particulier les fins de semaine en haute saison, ou lors d'évènements particuliers. La ville de Rio s'était engagée à renforcer son parc hôtelier pour accueillir les Jeux Olympiques de 2016 car le comité olympique, dans ses rapports préliminaires, avait estimé ce secteur déficitaire. La capacité hôtelière de la ville reste quelquefois «tendue». Le carnaval de Rio est bien sûr l'évènement phare de la saison touristique. Il faut réserver longtemps à l'avance (certains réservent dès la fin du carnaval de l'année précédente) et s'attendre à payer les nuitées à des prix très supérieurs aux tarifs habituels. Les touristes privilégieront les établissements de la zone Sud ou de Santa Teresa, bien desservis par les transports en commun et plus sûrs. Il existe des «hostels» dans des favelas pacifiées, assez sûrs.

CASA 48 RIO €

rua almirante alexandrino 2023, casa 48
✆ +55 21 4103 1994
www.casa48-rio.com
Chambre classique pour 2 personnes 190 R$, suite 250 R$, petit déjeuner inclus. Personne supplémentaire 60 R$.

Valentin et Axel accueillent leurs hôtes dans leur demeure, une charmante *pousada* de 7 chambres d'un bon rapport qualité-prix. Située à l'entrée du quartier bohème de Santa Teresa et d'une petite et tranquille *favela* pacifiée, la Casa 48 offre une vue à couper le souffle sur la baie de Guanabara. Bien équipées, les 5 chambres classiques et les deux suites peuvent loger jusqu'à 3 personnes. Les propriétaires sont de véritables amphitryons qui sauront vous prodiguer leurs conseils attentionnés et éclairés, au petit déjeuner ou à l'apéro caïpirinha.

CHE LAGARTO HOSTEL COPACABANA €

Rua Barata Ribeiro, 111 - Copacabana
✆ +55 21 3209 0348
www.chelagarto.com
Comptez de 40 à 70 R$ le lit en dortoir de 6 à 12 lits, petit déjeuner inclus. Wifi.

Che Lagarto est une adresse incontournable pour des vacances dans une ambiance festive à Copacabana. Cette chaîne d'auberges de jeunesse a de quoi séduire les jeunes routards : des dortoirs confortables climatisés, fonctionnels, une petite piscine sur une terrasse en *rooftop* très agréable, une autre terrasse dans la rue au rez-de-chaussée, une cuisine bien équipée... Le lieu est bien tenu, convivial, les caïpirinhas coulent à flots au bar. L'équipe est très sympa et professionnelle.

DISCOVERY HOSTEL RIO €

Rua Benjamin Constant, 26 - Glória
✆ +55 21 3449 0672
www.discoveryhostel.com
À partir de 60 R$ le lit en dortoir, 200 R$ la chambre double privée, petit déjeuner inclus. N'accepte pas les CB. Wifi.

Jolie maison coloniale rénovée en plein centre de Rio, près du métro Gloria. Dans ce petit *hostel*, on se sent comme à la maison, installé dans le salon cosy. Le patio a de jolies mosaïques au sol et les tables qui s'y trouvent sont conviviales. Les dortoirs sont confortables, de 6 à 9 personnes seulement, et un réservé aux filles. Prise, liseuse et casier personnel pour chaque lit, tout est propre et moderne et la décoration *arty* sympa. De nombreuses activités sont proposées chaque jour. L'une des meilleures adresses dans cette catégorie dans le quartier.

HOSTEL TUPINIQUIM €

Rua Paulo Barreto, 79 - Botafogo
✆ +55 21 2244 1286
www.tupiniquimhostel.com.br
De 50 à 75 R$ en dortoir (de 3 à 10 lits) selon jour et saison, de 150 à 240 R$ pour une chambre double. Petit déjeuner

Pour les voyageurs à sac à dos qui veulent être au cœur de l'animation, le Tupiniquim est situé dans une rue calme de Botafogo, près des transports en commun, est l'adresse idéale pour rejoindre facilement les plages de Copacabana et Ipanema ainsi que les boîtes de nuit et restaurants de Lapa. L'auberge met à disposition des chambres d'une propreté indiscutable réparties entre 6 chambres doubles et 6 dortoirs dont un féminin. Également un bar avec un billard, une salle de télévision (grande collection de DVD), terrasse (vue sur le Christ)...

KARIOK HOSTEL €

Rua Benjamin Constant, 80 - Glória
✆ +55 21 3178 3127
www.kariok.com.br
Dortoir de 4 à 8 lits de 50 à 60 R$ selon la saison, simple de 80 à 90 R$, double de 140 à 150 R$, petit déjeuner.

Localisée dans une belle demeure coloniale pastel, la confortable auberge de jeunesse Kariok a ouvert ses portes début 2012. Sa propriétaire a totalement rénové et modernisé cette demeure pour mêler fonctionnalité du moderne et charme de l'ancien. Le Kariok Hostel propose un large éventail de logements : de confortables suites, ainsi que des chambres collectives pouvant recevoir jusqu'à 8 personnes. Toutes les chambres sont lumineuses, dortoirs à taille raisonnable. Également à disposition des hôtes, une cuisine équipée, une salle de télé, barbecue…

MANGO TREE €

Rua Prudente de Moraes, 594 – Ipanema
✆ +55 21 3083 5031
www.mangotreehostel.com
À partir de 90 R$ pour un lit en dortoir et de 150 R$ pour une chambre privative, selon saison. Petit déjeuner compris

Petite maison blanche et bleue dans un quartier vertical, le Mango Tree apparaît comme un havre de verdure à un bloc de la plage d'Ipanema. Cette *pousada* propose une ambiance familiale avec une qualité de service irréprochable. Les 5 dortoirs sont vastes, aérés et lumineux et s'ouvrent sur un petit jardin. Les chambres privatives ont été décorées avec goût et sobriété, parquet chaleureux. De nombreux services sont proposés pour assurer un séjour agréable. Une salle de TV commune et Internet complètent le confort et la fonctionnalité du lieu. Une valeur sûre.

RIO FOREST HOSTEL €

Rua Joaquim Murtinho, 517 - Santa Teresa
✆ +55 21 3563 1020
www.rioforesthostel.com.br
Lit en dortoir de 6 à 9 lits de 50 à 85 R$, chambres doubles à partir 160 R$, triple : 300 R$, petit déjeuner compris.

Installée dans une superbe demeure du début du siècle dernier, cette auberge de jeunesse est exceptionnelle par sa situation privilégiée à Santa Teresa et par la magnifique vue panoramique sur la baie de Guanabara qu'elle offre depuis ses nombreux balcons, mais surtout par sa végétation incroyable. Lumineux, amples et aérés, les dortoirs sont d'une propreté irréprochable. Une des deux chambres doubles avec salle de bains privée dispose d'un balcon incroyable. Le personnel est très sympathique et efficace. Belle déco façon street art. Prix très corrects.

CASA CAMINHO DO CORCOVADO €€

Rua Filinto de Almeida, 283 – Cosme Velho
✆ +55 21 2265 2124
www.casacaminhodocorcovado.com.br
À partir de 260 R$ la chambre double avec petit déjeuner. Wifi.

La charmante maison d'hôtes Casa Caminho do Corcovado bénéficie d'une situation exceptionnelle au pied du Corcovado, dans le quartier très prisé de Cosme Velho. On peut croiser dans l'immense jardin de 4 500 m² les petits singes, les toucans du parc de Tijuca. La charmante Helena a agencé deux belles chambres dans la maison principale ainsi qu'un chalet pour 4 personnes. Tous sont décorés avec raffinement et sont très bien équipés. Une adresse exclusive et un véritable havre de paix.

CASA COOL BEANS €€

Rua Laurinda Santos Lobo, 136 - Santa Teresa
✆ +55 21 2262 0552
www.casacoolbeans.com
À partir de 250 R$ la double, 375 R$ la triple et 475 R$ la quadruple, petit déj inclus. Tarifs varient selon saison

Cette grande et élégante maison transformée en *guesthouse* sur les hauteurs de Santa Teresa propose 10 chambres spacieuses, toutes différentes aux tons colorés et agréablement équipées. Sa localisation dans une rue calme en fait le lieu idéal pour se relaxer. Petite piscine pour se rafraîchir, patio avec table conviviale, jardin et nombreuses œuvres d'art modernes disséminées dans la *pousada*. Le petit déjeuner est copieux. Excellent accueil par les hôtes, David et Lance, qui connaissent Rio comme leur poche et sauront vous conseiller pour vos activités.

DISCOVERY SUITES €€

Rua Almirante Alexandrino, 399 - Santa Teresa
✆ +55 21 3264 9665
www.discoverysuitesrio.com
À partir de 320 R$ pour une chambre double, petit déjeuner compris. Wifi, Netflix.

Cette magnifique bâtisse turquoise domine la rue Almirante Alexandrino. Seulement 6 suites dans cette petite *pousada* afin de proposer un service de qualité. Les chambres sont spacieuses, décorées avec goût (meubles *vintage*, faïences), confortables, et très bien équipées (armoire, machine à expresso, frigo-bar, micro-ondes). Au rez-de-chaussée se trouve l'excellent bar-restaurant Explorer, dont la musique reste toujours discrète. Le petit déjeuner est divin. Organisation de circuits et activités. Un lieu romantique pour les jeunes couples ! Une belle découverte.

GERTHRUDES BED & BREAKFAST €€

Rua Bernardino dos Santos, 31 - Santa Teresa
✆ +55 21 3437 9218
www.gerthrudesrio.com
À partir de 350 R$ la chambre double, avec petit déjeuner. Wifi.

A l'image des fresques du garage, la *pousada* Gerthrudes est riche en couleurs. Les boiseries, les azulejos, les pierres apparentes dans certaines chambres amènent cet incontestable « Santa Teresa touch » entre esprit bohème et raffinement. Son emplacement privilégié permet d'embrasser la baie de Rio au coucher du soleil. La déco des chambres est digne d'un catalogue de décoration. Pour 2, 3 ou 4 personnes, elles donnent sur la montagne, la piscine ou le jardin. Piscine et un bar.

HOTEL ATLÂNTICO BUSINESS €€

Rua Senador Dantas, 25
Centro
✆ +55 21 3626 7000
À partir de 179 R$ pour une chambre double, petit déjeuner compris. Wifi.

Le Centro n'est pas le quartier privilégié des touristes pour les hébergements. Ce quartier n'est pas sûr la nuit et le week-end. Cependant, quelques hôtels sont recommandés. L'hôtel Atlantico totalement rénové offre 210 chambres bien équipées (air conditionné, TV 32 pouces). À quelques minutes de Cinelândia, de la Bibliothèque nationale et des arches de Lapa. Très orienté « business », cet établissement moderne et bien équipé (restaurant, bar lounge, sauna, piscine sur le toit) reste une intéressante option pour un hébergement en centre-ville.

HOTEL VERMONT €€

Rua Visconde de Pirajá, 254
Ipanema
✆ +55 21 3202 5500
www.hotelvermont.com.br
À partir de 300 R$ la chambre double avec petit déjeuner. Wifi..

À quelques pas de la mythique plage d'Ipanema, l'hôtel Vermont dispose de 84 confortables suites dont certaines bénéficient d'une vue sur le Christ du Corcovado. Toutes sont lumineuses et bien tenues et elles disposent de la climatisation, de la télévision câblée, du téléphone, d'un frigo-bar, d'un coffre et d'un espace bureau. C'est davantage un hôtel business que tourisme, il n'en constitue pas moins une adresse d'un bon rapport qualité-prix. L'hôtel est activement engagé dans le respect des normes de tourisme durable et conscient.

AQUARELA DO LEME €

Ladeira Ary Barroso 21
Leme
✆ +55 21 2148 4740
www.aquareladoleme.com
a partir de 220 R$ pour une chambre double et 65R$ pour lit en dortoir

Dans le petit quartier de Leme, la *pousada* et auberge de jeunesse « haut de gamme » Aquarela do Leme apparaît comme un havre de paix, à proximité d'une communauté pacifiée. Dans de grands espaces, les propriétaires franco-suédois reçoivent avec soins leurs hôtes dans un décor moderne et cosy, tout de blanc et de carreaux de couleur. Les chambres sont doubles, familiales (jusqu'à 4) ou des dortoirs lumineux. On trouve, sur le roof-top, un restaurant, des espaces pour le coworking et le fitness. La vue sur Leme et l'océan est magnifique. Une excellente découverte !

© AQUARELA DO LEME

© AQUARELA DO LEME

IMPERIAL HOTEL €€

Rua do Catete, 186 – Catete
✆ +55 21 2112 6000
www.imperialhotel.com.br
À partir de 230 R$ la chambre double avec petit déjeuner. Wifi.

Prés de la station de métro Catete et du Largo do Machado, l'Imperial Hotel jouit d'une localisation idéale. C'est un des meilleurs hôtels du secteur dans sa gamme de prix. Piscine à l'arrière et quelques transats pour bronzer. Le petit déjeuner est très copieux mais la salle de restaurant est impersonnelle. Les 92 chambres sont simples pour les « standard », cosy pour les « luxe » et « suites » mais toutes décorées avec goût. Les chambres sur la rue du Catete sont plus lumineuses, mais un peu bruyantes ; demandez plutôt une chambre sur cour (*de fundo*).

MARGARIDA'S POUSADA €€

R. Barão da Torre, 600 - Ipanema
✆ +55 21 2239 1840
www.margaridaspousada.com
À partir de 200 à 320 R$ la chambre double avec petit déjeuner inclus. Séjour de 2 nuits minimum. Wifi.

Cette grande maison, entre la plage et la lagune, quoique très simple, se caractérise par la qualité de son service. La propriétaire, Margarida, originaire du Portugal, a tenu à développer un style « maison d'hôtes » où les clients se sentiraient chez eux. Les 11 chambres sont bien tenues et agréables et donnent sur la rue Barão da Torre. Les espaces communs sont agréablement agencés. Certains appartements disposent d'une terrasse. Le petit déjeuner augure toujours d'un séjour forcément appréciable. Bon rapport qualité-prix.

MENGO PALACE HOTEL €€

Rua Corrêa Dutra, 31 – Flamengo
✆ +55 21 3262 1616
www.mengopalace.com.br
À partir de 240 R$ la chambre double, petit déjeuner compris. Wifi.

Le Mengo Palace est localisé à quelques mètres de la station de métro Catete, à 500 mètres de la plage de Flamengo. Les 36 chambres, de trois types (standard, suite et luxe), sont fonctionnelles et agréables, que l'on vienne pour travailler ou se détendre (TV écran plat, salle de sport). Certaines disposent d'une baignoire à hydromassage. Pour ceux qui souhaitent profiter des lieux, le restaurant propose une cuisine de qualité que l'on peut expérimenter dès le goûteux petit déjeuner. Parking gratuit, réception 24h/24. une valeur sûre dans cette catégorie.

NOVOTEL RJ SANTOS DUMONT HOTEL €€

Av. Mal. Câmara, 300
Centro
✆ +55 21 3506 8500
À partir de 250 R$ la chambre double, petit déjeuner compris. Wifi.

Cet hôtel est le meilleur de ce quartier proche de l'aéroport domestique de la ville, l'aéroport Santos-Dumont. Il est idéalement situé entre les animations de la zone Sud, celles du Centro et du bohème Santa Teresa. Proche du métro et des lieux touristiques, cet établissement est bien équipé et calme. Les chambres sont dénuées de charme, mais offrent tout le confort moderne. Le service est très efficace. Bon rapport qualité-prix entre l'aéroport et la zone sud.

ORLA COPACABANA €€

Av. Atlântica, 4122 – Copacabana
✆ +55 21 2525 2425
www.orlahotel.com.br
À partir de 410 R$ la chambre double standard avec petit déjeuner. Wifi.

Élégant et moderne, l'Orla Copacabana est un magnifique hôtel situé à quelques mètres de la plage mythique. Face à l'océan, il compte 115 chambres raffinées, décorées chacune dans un style très personnel. Elles disposent toutes d'un climatiseur. Les appartements de catégories supérieures offrent une vue époustouflante sur la plage de Copacabana. La suite Master, de grand luxe et sophistiquée, s'étale sur 55 m². Sur la terrasse avec piscine chauffée, avec un très beau panorama sur le Pain de Sucre, on sert de très bons cocktails exotiques. Un confort haut de gamme.

POUSO VERDE B&B €€

Rua Caminhoá, 14
Jardim Botânico
✆ +55 21 2529 2942
www.pousoverde.com
A partir de 200 réais la chambre double

Le Pouso Verde est un B&B situé dans le quartier du jardin botanique. Une vénérable demeure de 1892, la *chacará* du coton, a été transformée avec soin et bon goût en une belle et agréable *pousada*. Un mobilier ancien décore certaines pièces quand la modernité en redessine d'autres. L'environnement est sûr, calme et agréable, à proximité de restaurants et de bars sophistiqués et variés. La devise de cet agréable établissement est « sentez-vous à la maison quand vous êtes loin ». Tout est fait pour accueillir l'hôte dans un cadre *cosy* et familial.

ALTOS DE SANTA TERESA €€€

Rua Almirante Alexandrino, 3476 – Santa Teresa
✆ +55 21 2552 5824
www.altosdesantateresa.com.br
À partir de 351 R$ pour 1, de 468 à 552 R$ la double et de 528 à 600 R$ la triple. Wifi. Réductions hors saison.

Dans le raffinement d'une superbe demeure de Santa Teresa, les Altos de Santa Teresa accueillent leurs hôtes dans un cadre à couper le souffle et dans un esprit « handmade hospitality ». Tout est pensé avec soin, goût et raffinement, au cœur d'une nature omniprésente. Les 8 suites [standard et master] proposent un équipement complet et choisi avec soins. La suite Topaze imperial dispose d'un balcon avec une vue imprenable et magique sur le pain de sucre. Du petit déjeuner à l'apéritif au bord de la piscine, la vie semble prendre un goût de paradis.

BELMOND COPACABANA PALACE €€€

Avenida Atlântica, 1702 - Copacabana
✆ +55 21 3500 0292
www.copacabanapalace.com
À partir de 2 100 R$ pour 2 personnes et jusqu'à 3 400 R$ pour une suite avec vue sur la mer en haute saison. Wifi.

Le Belmond Copacabana Palace est sans doute l'hôtel le plus renommé de Rio. Un palace dessiné en 1920 par le Français Joseph Gire sur le modèle des palaces de la Côte d'Azur. Au premier étage, le salon peut recevoir 2 000 personnes sous ses lustres. Certaines chambres font 50 m². Les baignoires y sont taillées dans le marbre ; les peignoirs et serviettes sont luxueusement brodés. Tout y est raffiné. L'institution ne se démode pas. Excellent restaurant italien la Pérgula.

CASA DA GENTE €

Rua Gonçalves Fontes,33
Santa Teresa
✆ +55 21 2232 2634
www.casadagente.com
A partir de 140R$ pour une chambre double.

© CASA DA GENTE

Comme son nom l'indique, les propriétaires ont voulu faire de leur maison de Santa Teresa une maison d'hôte au sens premier du terme, sûre et accueillante. Tranquillement assise sur une colline verdoyante, la Casa da Gente surplombe les quartiers effervescents de Lapa et du Centro, où bat le cœur du Rio bohème. L'esprit du quartier se retrouve d'ailleurs dans la décoration, simple et de bon goût, chinée chez les artisans de Santa Teresa. Les chambres sont à l'image de l'esprit des lieux. Elles sont simples, lumineuses et impeccablement bien tenues.

FASANO RIO DE JANEIRO €€€

Avenida Vieira Souto, 80 – Ipanema
✆ +55 21 3202 4000
www.fasano.com.br
À partir de 2 000 R$ la chambre double, petit déjeuner compris. Wifi.

Sans doute l'un des plus beaux hôtels de Rio, « designé » par le Français Philippe Starck. Les stars internationales s'y donnent rendez-vous. L'ensemble dégage une impression de bien-être et de luxe raffiné. Magnifique piscine sur le toit. Confort optimal : TV plasma, lecteur DVD, petit business center dans chaque chambre, coffre, minibar, lit king size… Le restaurant Fasano Al Mare est l'un des meilleurs en ville [gastronomique… mais l'addition est salée], et le Londra [y aller après 23h], l'un des bars les plus sélects de Rio.

CHEZ GEORGES €€€

Ladeira Do Meireles 90 Santa Teresa
✆ +55 21 97232 7563
www.georges.life/fr/rio/
A partir de 890 réais les chambres standard

En entrant chez Georges, on entre dans un « temple » de l'architecture moderniste brésilienne des années 70. On a quelquefois l'impression que le facétieux Oscar Niemeyer va nous rejoindre au bar pour une caipirinha. A partir du patio, La vue à 360° permet d'embrasser du regard la magnifique baie de Rio. Le béton se mélange subtilement aux essences précieuses de bois tropical. La piscine semble fusionner avec la forêt tropicale. Les magnifiques suites, aux douches qui regardent la forêt, ont des noms d'artistes… forcément. Un lieu incontournable à Santa Teresa.

HOTEL NACIONAL RIO DE JANEIRO €€€

Av. Niemeyer, 769 - São Conrado
✆ +55 21 3094 4900
https://hotelnacionalriodejaneiro.com/
À partir de 500 R$ la chambre double, avec petit déjeuner. Wifi.

Ce bâtiment emblématique conçu par Oscar Niemeyer a été repensé pour devenir récemment l'Hotel Nacional Rio tout en préservant sa vocation artistique. Les chambres sont luxueuses et bénéficient toutes d'une vue incroyable, sur la plage de São Conrado, le Christ Rédempteur ou les montagnes. restaurant haut de gamme, deux bars, SPA par Clarins, piscine, salle de fitness... Son emplacement privilégié dans ce quartier sûr et boisé en fait un bon choix pour un séjour à Rio.

JANEIRO HOTEL €€€

Av. Delfim Moreira, 696
Leblon
✆ +55 21 2172 1001
A partir de 300 réais la chambre double.

Cet hôtel, qui allie charme et modernité, est idéalement situé à proximité de la plage de Flamengo, dans la zone sud. Il est ainsi aussi facile de se rendre dans le centre, pour le travail ou le tourisme, que dans les quartiers de la zone Sud où se trouvent la majorité des sites touristiques. Les chambres (2 ou 3 personnes, standard ou luxe) sont sobres, bien équipées et très fonctionnelles, avec bureau, TV grand écran, lits king size. Un accent particulier est mis sur la qualité du service. Un service de conciergerie aide les hôtes 24h/24.

LE RELAIS DE MARAMBAIA €€€

Estrada Roberto Burle Marx, 9346 - Barra de Guaratiba
✆ +55 21 2394 2544
www.lerelaisdemarambaia.com.br
A partir de 550 R$ pour une chambre double vue mer avec le petit déjeuner. Wifi.

Cet hôtel de charme se trouve dans la baie de Guaratiba, un des derniers refuges écologiques de la ville. Face à la magnifique plage de Marambaia et dans un cadre idyllique, ce petit hôtel vous séduira par sa douceur et vous accueillera dans ses 7 suites de charme, lumineuses et décorées avec soin. Tout est fait pour le bien-être des hôtes. Piscine et sauna dans la pousada, à côté du Marambaia Spa : bains à remous, soins de beauté et de bien-être et un bon restaurant. Un lieu idéal pour se relaxer dans une ambiance locale avec une délicate « french touch ».

MAMA RUISA €€€

Rua Santa Cristina, 132 - Santa Teresa
✆ +55 21 2242 1281 - www.mamaruisa.com
À partir de 930 R$ pour une suite jusqu'à 1 100 R$ pour une suite supérieure, petit déjeuner compris. Wifi.

Splendide demeure coloniale blanche de sept chambres, portant le nom d'artistes français (le propriétaire est lui-même français). La décoration allie meubles design et élégants à un univers « entre-deux guerres », avec une collection de dessins et de photos originales de Cocteau, Colette, Joséphine Baker ou Carmen Miranda. Vue magnifique sur la baie de Guanabara et le Pain de Sucre, piscine entourée d'une pelouse impeccable et de palmiers, décoration épurée, sobre, alternant blancs lumineux et couleurs ! Massage, manucure, chauffeur sur demande. La grande classe.

PRAIA IPANEMA HOTEL €€€

Av. Vieira Souto, 706 - Ipanema
✆ +55 21 2540 4949
www.praiaipanema.com.br
À partir de 650 R$ la chambre double avec petit déjeuner. Wifi.

Établissement prestigieux, l'hôtel Praia Ipanema est une de nos adresses favorites dans sa catégorie. Il est idéalement situé en front de mer de la mythique plage d'Ipanema. L'hôtel possède 101 appartements qui offrent tous une belle surface. Ils sont très confortables et soigneusement décorés, avec une véranda avec vue sur la mer. Bar sur la terrasse et agréable piscine en *rooftop*. Le petit déjeuner se prend face à la mer dans le restaurant de l'hôtel, ouvert également pour le déjeuner et le dîner (bonne cuisine internationale). Service de grande qualité.

VILA SANTA TERESA €€€

Rua Almirante Alexandrino, 2305 - Santa Teresa
✆ +55 21 2051 1905
www.vilasantateresa.com
Chambre double à partir de 800 R$, petit déjeuner compris. Wifi.

La vila Santa Teresa est un boutique-hôtel et un véritable « oasis urbain » de ce quartier bohême de Rio. Dans cette magnifique demeure, les sept suites (Master, deluxe et premier) ont pour finalité de restituer un style « résidentiel » dans lequel les hôtes vont se sentir comme chez eux. La master suite propose une vue imprenable sur le pain de sucre, marqueur spatial de Rio. L'esprit « maison raffinée », issu de ce projet qui était initialement la maison des propriétaires, habite ces lieux où tout est fait pour proposer un séjour inoubliable.

L'HOMME DE RIO €€

Rua Saint Roman, 222 - Ipanema
✆ +55 21 3586 5042
www.lhommederio.com.br
A partir de 200 R$ la chambre double, petit déjeuner inclus.

Ce boutique-hôtel est assurément un petit coin de paradis entre Ipanema et Copacabana, sis entre l'océan et la lagune. Les maîtres des lieux ont su jongler entre finesse, esthétisme et « ginga carioca ». Les chambres et les suites ont des décorations qui marient style épuré, design et décorations réalisées par des artistes brésiliens. La terrasse et sa piscine donnent assurément un avant-goût du paradis carioca. Les suites portent toutes des noms des quartiers de Rio et proposent pour certaines des vues sur quelques-uns des plus beaux scénarios urbains du monde.

WINDSOR FLORIDA HOTEL €€€

Rua Ferreira Viana, 81
Flamengo
✆ +55 21 2195 6800
À partir de 330 R$ la double et 415 R$ la triple. promotions sur le site Internet.

Il est difficile de ne pas remarquer ce bel édifice de la rue Ferreira Viana. La belle façade, devant laquelle s'affairent des grooms à la livrée impeccable, offre un aperçu du lieu, charme de l'ancien et fonctionnalité moderne. Les chambres sont d'une tenue irréprochable, vastes et bien équipées. Elles disposent toutes d'un frigo-bar, d'air conditionné, de TV câblée, coffre...Le toit-terrasse, qui propose une belle piscine, offre une belle vue de Rio.. La localisation est optimale, proche de la plage de Flamengo, du palais de Catete et de la station de métro.

EDIFICIO JUCATI €€

Rua Tenente Marones de Gusmão, 85
Copacabana
✆ +55 21 2547 5422
www.edificiojucati.com.br
À partir de 260 R$ pour 2 personnes selon la saison.

Situé au calme dans le très charmant quartier peixoto préservé à Copacabana, l'Edificio Jucati est proche de tous les transports en commun (métro, bus) et dispose de 55 grands appartements d'une superficie moyenne de 45 m^2 pouvant recevoir jusqu'à 6 personnes. Ils sont idéalement conçus pour une famille ou un groupe d'amis. Composés d'un séjour, d'une chambre, d'une cuisine et d'une salle de bains, les appartements sont tous très lumineux, bien entretenus et confortablement équipés. Accueil attentif et intéressant rapport qualité/prix.

SE RÉGALER

Rio propose une offre presque infinie de destinations culinaires. Du petit bouiboui sans prétention aux restaurants étoilés, du *camelo* vendeur d'*acarajés* à la sauvette aux grands chefs de renommée mondiale, l'esprit curieux aux papilles audacieuses ne sera jamais en manque d'inspiration. La cuisine brésilienne en elle-même n'est peut-être aussi variée que les cuisines française, italienne ou asiatique mais certaines de ses spécialités prennent une dimension presque sociétale : les restaurants «au kilo», où l'on pèse sa nourriture, les *churrascarias* (viande grillée) de Rio, le Beco da Sardin ha du Centro, les *bolinhas de queijo* que l'on prendra dans un petit bar, le poulet grillé (*galleto*) de midi au Cobal de Humaita. Entre les plats typiquement brésiliens et *cariocas* et la cuisine raffinée du Lasai ou de la «tribu» des Troisgros, la restauration à Rio laissera sans aucun doute un goût de revenez-y.

Bolinhas de queijo.

AMARELINHO DA CINELÂNDIA €€

Praça Floriano, 55 - Centro
✆ +55 21 2240 8434
osmdigital.wixsite.com/amarelinho
Cuisine brésilienne. Ouvert tous les jours de 10h à 1h du matin. Compter environ entre 60 et 100 R$ par repas.

Dans le quartier de Cinelandia, cette brasserie fondée en 1921 fait figure d'historique dans le quartier. L'intérieur est très simple et très carioca. Les employés pressés et les touristes s'y mélangent dans une ambiance très locale. La grande terrasse du « petit jaune », sur la Praça Floriano, est particulièrement agréable pour flâner le soir, une choppe à la main. Les garçons de café s'affairent à servir les nombreux clients. Au menu figurent des plats traditionnels : *feijoada, picanhas, churrascos*... C'est bon et copieux ! Un classique.

APRAZÍVEL €€€

Rua Aprazível, 62 - Santa Teresa
✆ +55 21 2508 9174
www.aprazivel.com.br
Cuisine brésilienne. du mardi au samedi de midi à 23h, le dimanche de midi à 18h. Fermé le lundi. entre 100 et 200 R$.

Un « resto d'hôtes » en plein Santa Teresa. La chef Ana Castilho vous accueille dans sa maison et dans son jardin. Perché en haut d'une colline, le restaurant offre un cadre romantique avec une vue splendide sur la ville merveilleuse. La cuisine proposée est une cuisine brésilienne revisitée : cœur de palmier grillé, poisson grillé sauce à l'orange (et son riz au lait de coco), agneau grillé et son couscous... L'Aprazivel est assurément une des bonnes adresses de Santa Teresa, agréable, chic...et cher. Réservation conseillée le week-end.

L'ATELIER DU CUISINIER €€€

R. Teófilo Otoni, 97 - Centro
✆ +55 21 3179 0024
www.latelierducuisinier.com.br
Cuisine française. du lundi au vendredi de midi à 14h (dernière commande). Menu exécutif à 90 R$, menu Atelier à 125 R$.

Une table française d'exception proposée par le chef David Jobert, qui a travaillé avec le grand chef Paul Bocuse et dans de nombreux restaurants étoilés. Ne vous laissez pas influencer par le cadre, simple et minimaliste, ce restaurant est tout simplement l'un des meilleurs de la ville. Le chef a voulu reproduire une ambiance de bistro français avec des produits brésiliens. Le menu varie en fonction de l'inspiration du chef et la présentation est exquise. Les tarifs restent très abordables pour une cuisine gastronomique de haute excellence. Recommandé.

BAR BRASIL €€

Avenida Mem de Sá, 90
Lapa
✆ +55 21 2509 5943
Cuisine allemande. Ouvert du lundi au samedi de 11h30 à minuit. Compter environ 60 R$ pour un repas.

Il faut certes imaginer Lapa dans son fonctionnement normal pour comprendre la «dimension» du bar Brasil. Ce bar est une part de la tradition du vieux quartier de Lapa qui transpire ses origines populaires.. On est loin des strass et des paillettes des bars chic de Rio. Bruyant, désordonné, une déco surannée... mais on adore ! Les murs reflètent tant d'histoires de comptoir qu'on est obligé d'adhérer. Une bonne cuisine allemande accompagne une bière fraîche (ou vice versa). On peut trouver sa programmation sur le site www.lanalapa.com.br

BAR DO MINEIRO €

Rua Paschoal Carlos Magno, 99 – Santa Teresa
✆ +55 21 2221 9227
www.bardomineiro.net
Cuisine brésilienne. du mardi au dimanche de 11h à 1h. Compter 55 R$ la feijoada pour une personne et 84 R$ pour 2.

A la fois bar et restaurant, ce petit établissement avec ses carreaux blancs au mur possède un charme qui séduit autant les touristes que les locaux. On y fait escale aussi bien pour le plat du jour au déjeuner que pour déguster les beignets de haricots noirs, de chou vert, de viande séchée ou bien sûr ceux plus traditionnels à la tomate, fromage et herbes, à grignoter entre amis, ces petits délices se vendent en portion de douze pièces. Excellente et très copieuse *feijoada* également. Une des meilleures *caipi* de Rio, selon l'ami Fred. Une institution.

BAR LUIZ €€

Rua da Carioca, 39 – Centro
✆ +55 21 2262 6900
www.barluiz.com.br
Cuisine allemande. le lundi et le samedi de 11h à 16h, du mardi au vendredi de 11h à 22h. de 50 à 70 R$ pour un repas.

Encore un lieu historique de l'histoire sociale et culinaire de Rio. Fondé en 1887, ce bar-restaurant traditionnel à l'accent allemand offre une ambiance très rétro, avec photos du vieux Rio et garçons impeccables en costume blanc et nœud papillon noir. Les puristes élisent très régulièrement sa bière, la meilleure bière de Rio. Fidèle, l'établissement ne propose que la bière Brahma depuis 1888. La cuisine est copieuse et très fournie en saucisses de toutes sortes, et la bière pression est l'une des marques de fabrique du Bar Luiz.

BECO DAS SARDINHAS €

Rua Miguel Couto, 139
Centro

Spécialités de sardines. Ouvert du lundi au vendredi de 11h à 22h. Compter de 20 à 40 R$.

Certains lieux permettent de découvrir la sociologie et le quotidien des gens qui y passent. Les lieux traditionnels, par définition, sont des leçons d'histoire, de tradition et/ou de modernité. Le Beco das Sardinhas est ainsi un lieu traditionnel de Rio depuis les années 1960 situé dans une petite portion piétonne de la rue Miguel Couto. Plusieurs petits établissements partagent leurs terrasses et servent d'excellentes sardines grillées (comme à Sète ou à Casablanca) dites *frangos marítimos*. À déguster avec une bonne bière pression !

CAIS DO ORIENTE €€

Rua Visconde de Itaboraí, 8 – Centro
✆ +55 21 2233 2531
caisdooriente-rj.com.br

Cuisine brésilienne fusion. du lundi au samedi de 11h30 à 22h et dimanche de 11h30 à 17h.environ 100 R$ pour un repas.

Dans le quartier très animé du Centro en journée, le Cais do Oriente semble faire fusionner l'architecture industrielle du passé à celle des établissements modernes.Situé dans un superbe édifice du XIXe, le restaurant possède une magnifique terrasse intérieure où il fait bon flâner. Vous y dégusterez une cuisine brésilienne moderne de haut vol, mâtinée d'influences orientales, méditerranéennes et asiatiques. Le bar ne désemplit pas lors des concerts du vendredi et du samedi soir. Un must de la gastronomie carioca, en plein centre du carré culturel de la ville.

BOTEQUIM DO JÓIA €

Rua Júlia Lopes de Almeida, 26
Centro
✆ +55 21 2263 0774

Cuisine brésilienne. Ouvert du lundi au vendredi de midi à 15h30. Compter environ 40 R$ pour un repas.

Rio a entamé une reconquête de son centre. Certains quartiers autrefois malfamés se revêtent de leurs plus beaux atours et offrent aux visiteurs ce petit supplément d'âme que n'apportent plus toujours les zones internationalisées. Le botequim do Joia est un de ces lieux chargés d'histoire. Ce petit bar à la périphérie du quartier de Saúde est un établissement classé qui a ouvert ses portes en 1909. Également connu sous le nom de Bar do Jóia, il est réputé pour sa bière glacée, ses plats de viande sèche et sa *feijoada* du vendredi. Un lieu à découvrir.

CASA MOMUS €

Rua do Lavradio, 11 - Lapa
✆ +55 21 3852 8250
casamomus.com.br

Cuisine méditerranéenne. lundi de 11h30 à 17h, mardi, mercredi jusqu'à minuit puis jusqu'à 2h.tapas à partir de 30 R$.

De jeunes Italiens sont tombés éperdument amoureux de Rio et de la rue du Lavradio et ont absolument voulu ouvrir un établissement qui correspondrait à la fois à leur style et à celui du quartier. Ce bar-restaurant bohème-chic est situé juste en face du mythique Rio Scenarium, ce magasin d'antiquité qui se transforme en boîte de samba. On peut y manger des tapas ou du filet mignon à l'aligot sur son lit de légumes verts, du risotto aux crevettes. L'ambiance jazz et les lustres de plus de 3 mètres, la couleur vermeil des murs créent une ambiance très agréable.

CAFÉ DO ALTO €€

Rua Paschoal Carlos Magno, 143 - Santa Teresa
✆ +55 21 2507 3172
www.cafedoalto.com.br

Cuisine du Nordeste. Ouvert du lundi au samedi à dimanche de 12h à 21h. environ 60 R$ le repas. Plat du jour à 38 R$.

Le Café do Alto a installé ses quartiers au coeur de Santa Teresa. Ce très bel établissement se marrie très bien avec l'atmosphère bohème du quratier où des musiciens se produisent fréquemment. On recommande le petit déjeuner nordestin. L'établissement propose des bières artisanales que l'on goûter à la pression ou en bouteille. L'Alto privilégie les productions locales. Au menu des spécialités du Nordeste brésilien, des salades, des plats végétariens... sans oublier l'incontournable caipirinha. Un endroit où il fait bon flâner.

GOYA BEIRA €

Largo das Neves, 13
Santa Teresa
✆ +55 21 1232 5751

Cuisine brésilienne. Ouvert tous les soirs à partir de 18h. Compter environ 30 R$ pour un repas.

Une autre petite adresse dont Santa Teresa a le secret. De ce côté-là de Santa Teresa, il pourrait sembler difficile de trouver un bon restaurant. Sur le Largo das Neves, si joli et agréable, le Goya Beira est la meilleure adresse pour goûter quelques plats brésiliens populaires sans prétention, mais aussi pour boire des bières à la terrasse, tout en profitant des animations de cette petite place de quartier. Cet établissement fait partie des lieux simples et authentiques que l'on aime et rencontrer les convives et les personnes qui travaillent.

NEGA TEREZA BAR €

Rua Àurea, 24 - Santa Teresa
✆ +55 21 3251 0038
du mardi au samedi de 11h30 à 0h00, dimanche de 11h30 à 18h et lundi de 11h30 à 16h. À partir de 25 R$ le plat du jour.

Une petite adresse de quartier discrète à connaître pour bien manger à petit prix. D'ailleurs les locaux qui travaillent dans le coin viennent ici pour leur pause déjeuner. Au choix : quelques plats du jour brésiliens, que nous vous conseillons car vite préparés et bons, et une carte un peu plus chère de plats plus élaborés. La feijoada maison est à faire damner des saints. Bonne ambiance, portions généreuses et bière locale artisanale Nega Tereza fabriquée pour ce bar. Un vrai bon plan. Bien sûr, les adeptes de la cachaça Magnifica pourront s'y sustenter.

NOVA CAPELA €

Avenida Mem de Sá, 96
Lapa
✆ +55 21 2252 6228
Cuisine brésilienne traditionnelle. du mardi au dimanche de 11h à minuit et lundi de 11h à 16h. de 40 à 80 R$ le repas.

Un endroit incontournable des nuits de Lapa. La Nova Capela est une institution du quartier est un symbole de sa renaissance. Cette taverne plus que centenaire est un rendez-vous apprécié des musiciens, artistes et journalistes. Son style est tellement old school, que, pour beaucoup, il en devient délicieusement branché. On y propose des bières glacées, snacks et une ambiance des plus décontractées. On y déguste également des viandes que l'on trouve rarement à Rio, comme le cabri ou le sanglier ! Un classique de la scène gastronomique du quartier.

RESTAURANTE MOSTEIRO €€€

Rua Sao Bento, 13/15
Centro
✆ +55 21 2233 6478
www.restaurantemosteiro.com.br
Cuisine portugaise. Ouvert du lundi au vendredi de midi à 16h. a partir de 48 R$ par repas. Wifi.

En face du monastère de São Bento qui lui a inspiré son nom (*mosteiro* signifie monastère en portugais), ce restaurant d'inspiration portugaise, tenu de main de maître par José Temporao offre depuis près d'un demi-siècle d'excellents plats de poissons (dont la délicieuse morue Mosteiro) ou de mollusques (poulpe dans son riz au safran). On y trouve bien sûr les célèbres petits *pasteis* portugais. La qualité de la cuisine et du service est reconnue à juste titre par nombre de critiques gastronomiques et par plus de convives encore.

RIO MINHO E CABAÇA DO MINHO €€

Rua do Ouvidor, 10 – Centro
✆ +55 21 2509 2338
Cuisine brésilienne, spécialités de poissons & fruits de mer. du lundi au vendredi de 11h à 16h. Entre 60 et 80 R$

Le rio Minho est un fleuve qui prend sa source au Portugal et se jette ensuite dans l'Océan en Espagne. Vous l'aurez compris, ce restaurant est d'inspiration portugaise et espagnole. C'est un excellent restaurant de poissons, ouvert depuis 1884, ce qui en fait le plus ancien restaurant de la ville de Rio encore en « activité » ! Rendez-vous de certaines personnalités, comme le baron de Rio Branco ! À essayer : la fameuse soupe *leão velloso*, adaptation tropicale de notre bouillabaisse !

SOBRENATURAL €€

Rua Almirante Alexandrino, 432
Santa Teresa
✆ +55 21 2221 9465
Cuisine brésilienne, poissons. du mardi au vendredi de midi à 22h30, samedi de midi à 0h0. de 80 à 120 R$ pour un repas

Une valeur sûre à Santa Teresa. A quelques encablures du largo de Guimaraes, près des voies du célèbre « bonde » jaune, Le Sobrenatural est un super restaurant de poissons : tout y est bon, dans un cadre marin adorable. En entrée, goûtez aux délicieuses *casquinhas de siris*, excellentes et aromatisées. Vous pouvez aussi tester des *pasteis* de *caranguejo* et de délicieuses *moquequas*, dont celle à la morue et au lait de coco. Des musiciens se produisent fréquemment *ao vivo* le soir. On reprochera seulement une addition un peu trop salée.

TÉRÈZE €€€

Rua Felício dos Santos, 15
Santa Teresa
✆ +55 21 3380 0259
Cuisine internationale contemporaine. tous les jours de 7h à 23h (pause de 11h à 12h30). de 140 à 180 R$ le repas.

Le Térèze est le restaurant du magnifique hôtel Santa Teresa, aujourd'hui McGallery, dans le quartier éponyme, l'un des plus beaux établissements de la ville de Rio. La carte, concoctée par le chef Esteban Mateu, est d'inspiration contemporaine et de grande qualité et l'utilisation de « plantes non conventionnelles » est surprenante. La carte des vins (chiliens en particulier) réserve quelques bonnes surprises. Le jeudi à dîner, menu dégustation (avec vins). Excellent petit déjeuner également, accessible tous les jours aux non-hôtes. Les prix sont corrects.

BRÁZ PIZZARIA €

Rua Maria Angélica, 129
Jardim Botânico
✆ +55 21 2535 0687
www.brazpizzaria.com.br
Pizzeria. Ouvert tous les jours de 18h à minuit. Pizza à partir de 50 R$.

Originaire de São Paulo, l'autre capitale mondiale de la pizza, la Pizzaria Bráz est une des meilleures de Rio. Dans ce cadre traditionnel du quartier du Jardim Botânico, les grands classiques italiens constituent certes la base de la carte, mais de nombreuses variantes sont proposées, de la classique caprese maintes fois récompensée à la basique napolitaine... ou l'*imigrante*. La carte des vins permet de mettre en valeur les saveurs du lieu. En dessert, les traditionnels *panettones* et les tiramisus sauront satisfaire les spécialistes.

COBAL DO HUMAITÁ €

Rua Voluntários da Pátria, 446
Humaitá
Ouvert tous les jours de 8h à 23h.

Ce marché couvert de jour concentre le soir une grande quantité de restaurants, simples et corrects, très fréquentés par les jeunes. Si vous êtes en manque d'idées pour le repas du soir, vous êtes sûr d'y trouver votre bonheur. Le Cobal de humaita, à l'instar des autres Cobal de Rio est un lieu animé, convivial, qui permet de s'imprégner de l'âme de Rio dans toute sa diversité. L'ambiance est conviviale, le lieu est assez sûr et la gamme de restauration proposée presque infinie à quelques encablures de Flamengo, quartier animé.

CANTINA DO GAÚCHO €

Rua Almirante Alexandrino, 3056
Santa Teresa
✆ +55 21 2256 6638
www.cantinadogauchorj.com.br
Churrascaria. Ouvert du lundi au samedi de 11h à 16h45. Compter environ 50 R$ par personne.

Encore un petit coin à découvrir dans le charmant quartier de Santa Teresa. Cette cantine ne paie pas forcément de mine, mais propose d'excellents (et copieux !) plats de viandes diverses, *churrasco* bien sûr, *picanhas*, faux-filet, côtelettes... le choix est vaste. Le tout est souvent accompagné de frites, de riz et de haricots noirs (*feijão*). Une bonne option pour un déjeuner typique en semaine. Ah oui, vous l'aurez compris, on est ici en terre gaucha, loin de la nouvelle cuisine. Un plat peut aisément rassasier deux personnes, à bon entendeur...

MAMA SHELTER €€

Rua Paschoal Carlos Magno, 5
✆ +55 21 3980 0300
www.mamashelter.com/fr/rio-de-janeiro
de 12h à 15h et 15h-17du lundi au vendredi et de 12h à 17h, samedi et dimanche et dîner de 18h à 23h. A partir de 50 R$

Le Mama Shelter est un hôtel et un restaurant de la chaîne éponyme appartenant au groupe Trigano. Bon, vu comme ça, ça ne fait pas forcément restaurant traditionnel de ce quartier à l'esprit bohème et devenu un incontournable de Rio. Pourtant, la « Brasilian touch » est incontestablement présente dans ce resto. Le partage et les bons petits plats font partie des fondamentaux de Mama, alors installez-vous dans les canapés ou autour des grandes tables d'hôtes pour déguster de délicieux plats à partager, buvez un verre et détendez-vous.

CATETE GRILL €

Rua do Catete, 239 – Catete
✆ +55 21 2285 3442
www.categrill.com.br
Buffet. Ouvert tous les jours de 11h à minuit, le dimanche jusqu'à 23h. Compter 79 R$ le kilo (environ 40 R$ le repas).

Le Catete Grill est l'annexe des groupes Arvel-voyage. Bien situé, à proximité du métro Catete. C'est un excellent restaurant au kilo, certainement le meilleur du quartier. Le buffet est varié et de bonne qualité (salades, plats chauds, viandes grillées...). S'il reste un peu de place, essayez les dessertes. On y trouve aussi bien des sushis que des viandes cuites « minute », de la langouste, des crudités. À recommander pour les grandes faims de midi ! Comme tous les restaurants populaires, c'est un peu bruyant et plein. Une adresse où on retourne souvent.

PLAGE CAFÉ €€

Rua Jardim Botânico, 414
Jardim Botânico
✆ +55 21 2535 7336
Café. Ouvert du lundi au vendredi de 9h à 18h, le samedi et le dimanche de 9h à 17h. Compter environ 50 R$ par personne.

Dans le cadre très agréable et cosy du parc lage, cet établissement est une adresse qui monte à Rio, à juste titre, d'ailleurs. Le Plage Café sert des petits déjeuners, des lunchs ou des dîners de bonne facture. Une carte assez complète propose à la fois des plats légers, salades, sandwichs, et un choix de plats consistants. Café délicieux et fond musical jazzy. Un lieu enchanteur pour bien commencer la journée, mais aussi pour la finir, car la carte propose un bon choix de cocktails, à consommer avec modération et des tapas succulents.

ALFAIA €€

Rua Inhangá, 30 – Copacabana
✆ +55 21 2236 1222
www.restaurantealfaia.com.br
Cuisine portugaise. Ouvert TLJ de midi à minuit (le dimanche jusqu'à 23h). environ 140 R$ pour un repas, avec le vin.

Ses *bolinhos de bacalhau* (boulettes de morue) sont classées parmi les meilleures de Rio ; à déguster avec une bière pression, c'est l'un des amuse-gueules préféré des Cariocas. Les origines portugaises sont encore très présentes (découvrez le *bacalhau a patuscada* par exemple ou le *bacalhau spiritual*). On peut aussi porter son choix sur un très bon poulpe grillé au piment rouge. Les plats varient tout au long de la semaine et on peut se faire livrer. La carte des vins propose d'excellents crus lusitaniens. Très populaire dans le quartier.

D'AMICI €€

Rua Antônio Vieira, 18 - Leme
✆ +55 21 2541 4477
https://damici.com.br/
Cuisine italienne. du lundi au jeudi de midi à minuit, du vendredi au dimanche de midi à 1h.environ 150 R$ par personne.

Ici bien sûr, comme son nom l'indique, nous entrons dans un lieu dédié à la gastronomie italienne. Ouvert depuis 1999, cet établissement italien jouit d'une excellente réputation. On y va pour goûter un fabuleux canard rôti et une excellente côte d'agneau. Le sanglier grillé convertira également tous ceux qui sont hostiles au gibier. Côté mer, la Grigliata Mista Di Mare pour deux personnes est un pur plaisir (395 réais tout de même). Carte des vins impressionnante. Service haut de gamme. Une soirée gastronomique à Leme assurée !

AMIR €

Rua Ronald de Carvalho, 55 – Copacabana
✆ +55 21 2275 5596
www.amirrestaurante.com.br
Cuisine Moyen-Orient. du lundi à samedi de 12h à 0h00, le dimanche à 23h. buffet TLJ de midi à 16h. carte le soir 60 R$.

Tout le monde ne le sait pas, mais la culture arabe et la cuisine arabe sont très présentes au Brésil, depuis près d'un siècle, quand les premiers membres de la communauté syro-libanaise débarquèrent au Brésil. L'Amir est certainement l'un des meilleurs restaurants arabes de la ville… et il est vrai qu'ils ne sont pas si nombreux à Rio. Le menu en semaine est d'inspiration libanaise (houmous, falafels, esfi ha – cake salé – autour d'un très bon buffet à volonté) et la spécialité du week-end est un excellent couscous marocain.

ANTIGA MERCEARIA E BAR €

Rua Voluntários da Pátria, 446
Humaitá
✆ +55 21 2226 6553
Bar. Ouvert tous les jours de 9h à minuit, le week-end jusqu'à 2h.

Dans le très animé Cobal de Humaità, l'antiga mercearia a ouvert ses portes en 2013. Bien lui en a pris, ce petit bar à l'ambiance très conviviale s'est vite fait connaître pour la qualité des *tira gostos* qu'il propose, arrosés d'une dose de cachaça ou d'une bière artisanale. Bon, tout le monde ne s'attaquera pas aux énormes sandwiches de type Bauru de São Paulo, mais de nombreux plats attireront le client. Bobo de camarao, quiche au fromage du Minas, filet mignon...Une raison de plus d'aller voir le marché couvert de Cobal de Humaitá.

BALADA MIX €

Rua Aníbal de Mendoça, 35 - Ipanema
✆ +55 21 3687 8739
www.baladamixrestaurante.com.br
Petite restauration. TLJ de 11h à 0h00. Buffet petit déj le week-end de 8h30 à 12h30. Plats à partir de 30 R$.

Depuis 2002, la chaîne Balada Mix a ouvert plus de 20 échoppes à Rio de Janeiro. Celle d'Ipanema est une des plus agréables. Dans une belle demeure blanche, à un bloc de la plage d'Ipanema, on pourra savourer un jus de mangue ou d'açaï ou un plat plus consistant dans un cadre agréable et calme, idéal avant d'affronter la orla… ou après. La cuisine se veut à la fois simple et *healthy*. Certes, c'est un peu la tendance générale à Ipanema, mais ici la combinaison du lieu, du service et du rapport qualité/prix en font assurément une place à connaître.

BIBI SUCOS €

Av. Ataulfo de Paiva, 591 – Leblon
✆ +55 21 2259 0000
www.bibisucos.com.br
Ouvert TLJ de 8h à 1h du matin, vendredi et samedi jusqu'à 2h. de 8 à 10 R$ pour un jus, de 15 à 20 R$ pour un sandwich.

Pour les amateurs de jus, voici un immanquable à Rio ! La chaine a choisi d'installer ses échoppes dans de nombreux quartier de la zone sud. Le Bibi Sucos de Leblon est un lieu où peut se sustenter pour pas cher dans quartier plutôt dispendieux. On peut aussi grignoter hamburgers, sandwiches et douceurs brésiliennes. Les portions sont généreuses. Beaucoup de Brésiliens viennent pour les plats végétariens de Bibi Sucos. les salades sont très bonnes Les jus d'açaï ne sont pas en reste. De nombreuses adresses (Copacabana, Jardim Botânico…).

BISTRÔ SANTA SATISFAÇÃO €

Rua Santa Clara, 36 - Copacabana
✆ +55 21 2255 9349
santasatisfacao.com
Cuisine contemporaine. du lundi au samedi de 11h à minuit, le dimanche de 10h à 23h. Compter environ 60 R$ par personne.

Dans une petite échoppe aux couleurs « bonbon acidulé », et avec une décoration que les propriétaires qualifient de « rustique-provençale », la bonne odeur des petits plats bien préparés capte forcément les gourmets de passage ou les habitués du lieu. Tartare de saumon, brie chaud aux abricots sur son toast, ou plus simplement des melons au jambon. On a le choix entre la simplicité et des plats un peu plus sophistiqués. Un menu « Santa Fit » a été élaboré par la cheffe Carol Figueiredo pour ceux qui veulent manger sain et léger.

BOTECO BELMONTE €

Praia do Flamengo, 300 – Flamengo
✆ +55 21 2552 3349
Cuisine brésilienne. Ouvert tous les jours de 9h à 3h du matin. Compter environ 70 R$ pour un repas.

Les *botequins* sont des lieux incontournables de la culture carioca. Le boteco Belmonte, sur l'avenue Atlantica, en face de la célèbre « orla » est un classique, un bistrot qui date de 1952, le premier de la chaîne de *botequins* Belmonte, qui a depuis essaimé dans tout Rio (7 adresses au total, à Leblon, Ipanema, Lapa...). Les serveurs sont toujours sympathiques et les débats autour du foot vont bon train ! Tout est bon sur la carte ! Le steak au poivre est délicatement épicé et la *moqueca* de crevettes est vraiment copieuse comme les *salgados* de différentes saveurs.

BOTEQUIM €€

Rua Visconde de Caravelas, 184 - Botafogo
✆ +55 21 2286 3391
www.botequimrestaurante.com.br
Le lundi de midi à 16h, du mardi au samedi de 12h 24h dimanche de midi à 19h. environ 70 R$ à la carte.

Dans une grande maison au fond d'une petite rue tranquille de Botafogo, le restaurant Botequim est ouvert depuis 1979. L'architecture du restaurant est fort agréable, l'établissement est divisé en plusieurs salles, un patio, une mezzanine, on y mange une bonne cuisine brésilienne ou une honnête pizza en observant les serveurs monter et descendre les nombreux escaliers. La carte est composée de nombreux plats de viande et de poisson, mais le Botequim propose une *moqueca* végane et des raviolis de ricotta végétariens. Bon rapport qualité-prix

CAFEÍNA €€

Rua Farme de Amoedo, 43 – Ipanema
✆ +55 21 2521 2194
www.cafeina.com.br
Ouvert tous les jours de 8h à 23h30. Comptez 35 R$ pour un petit déjeuner complet et environ 25 R$ pour un sandwich.

Rien ne commence à Rio et au Brésil en général sans un bon «café da manha», petit déjeuner brésilien. Le caféina est un lieu qui se veut dédier à cet effet. Un mélange de boulangerie, pâtisserie et delicatessen. On peut y prendre un bon petit déjeuner avant la plage, ou un énorme sandwich assorti d'une pâtisserie après la plage ! Livraison à domicile sans frais. Une autre adresse à Leblon, au bout de la grande avenue commerçante. Régulièrement élue meilleure adresse pour le *café da manha,* le caféina est une adresse agréable pour les petits creux.

CARRETÃO €€

Rua Visconde de Pirajá, 112
Ipanema
✆ +55 21 2267 3965
www.carretaochurrascaria.com.br
Churrascaria. Ouvert tous les jours de 12h à 23h. Compter environ 70 R$ par personne.

La churrascaria Carretao est une institution pour les amateurs de viande. Le meilleur rapport qualité/prix de toutes les *churrascarias* de la Zona Sul. On vient vous servir à table jusqu'à plus faim. Les viandes sont variées et excellentes, le buffet comprend une vaste sélection de salades, de sushis, de saumon et truite fumée... C'est très bon, pas trop cher et populaire. Les enfants de moins de 5 ans ne paient rien et ceux de moins de 10 ans paient demi-tarif. Les desserts (qui ont belle allure) sont par contre payants et moins bon marché.

CIPRIANI €€€

Avenida Atlântica, 1702 - Copacabana
✆ +55 21 2545 8747
www.belmond.com
Cuisine italienne et brésilienne. de lundi à samedi de 12h30 à 15h et 19h-0h00, dimanche de 13h à 16h. de 200 à 300 R$.

Le Cipriani est le restaurant principal du Belmond Copacabana Palace. Autant dire que le service est d'une classe et d'un goût exquis. On surplombe le patio et la piscine, dans un décor de rêve. La cuisine dénote une influence du nord de l'Italie : le chef Carli dirigeait auparavant les cuisines de l'hôtel Cipriani, à Venise. A essayer : les fines tranches d'agneau avec raviolis au fromage de chèvre et tartelettes à la moutarde de Dijon ! Et si vous désirez un dîner d'exception, vous pouvez réserver la table du chef au cœur de la cuisine (990 réais) !

CHEZ CLAUDE €€€

Rua Conde de Bernadotte, 26
Leblon
✆ +55 21 3579 1185
Cuisine française & brésilienne fusion. du lundi au samedi de 18h30 à 0h00. A partir de 250 R$. Droit de bouchon 42 R$.

« Dans la famille Troigros, je voudrais un des restaurants du père ». « Chez Claude » est tout simplement un des derniers restaurants en date de Claude Troisgros, le chef français en vogue dans la capitale carioca, déjà responsable des établissements Olympe, CT Boucherie, CT Brasserie et Leblon. On dîne presque dans la cuisine et on peut le voir à l'œuvre derrière ses fourneaux. C'est de la haute gastronomie issue de la cuisine du chef roannais et par conséquent l'addition s'en ressent ! Pour les fins palais et les *foodies* exigeants.

GIUSEPPE GRILL €€

Ave. Bartolomeu Mitre, 370
Leblon
✆ +55 21 2249 3055
Cuisine argentine. les jours de midi à 16h puis de 19h à0h00, service continu le weekend. entre 100 et 180 R$ le repas

Comme son nom le laisse présumer, le Giuseppe Grill est dédié à la viande. Pour beaucoup de Cariocas, cet établissement est un des meilleurs restaurants de viande de Rio, celle-ci venant tout droit d'Argentine, gage de qualité s'il en est. Le cadre est chaleureux et le décor présente des œuvres de peintres cariocas contemporains, représentant toutes un… taureau. Bien sûr ! La *mamin h*a est tendre et savoureuse, un vrai délice. Carte des vins variée et de bonne tenue, en particulier pour les vins… argentins. Fruits de mer également.

COLHER DE PAU €

Rua Rita Ludolf, 90
Leblon
✆ +55 21 2274 8295
www.colherdepauleblon.com
Pâtisseries, snacks. Ouvert tous les jours de 10h à 19h.

On entre dans le monde de la pâtisserie. Depuis 45 ans, le colher de pau, excelle en douceurs maison, dont le fameux *brigadeiro* (chocolat et lait condensé) et l'excellente *rocambole de chocolate,* que l'on trouve en spécialité à Tiradentes. Les tartes se déclinent de mille façons : charlotte aux fraises, tarte au fruit de la passion, au citron, à la noix. Les gâteaux salés type *pasteis* sont également très bons. Bien sûr, on trouve en décoration un grand nombre de cuillers de bois du monde entier (colher de pau) envoyaient par des amis du monde entier.

JOBI €

Avenida Ataulfo de Paiva, 1166
Leblon
✆ +55 21 2274 5055
Cuisine brésilienne & portugaise. tous les jours de 11h à 4h, vendredi et samedi jusqu'à 6h. Snacks à partir de 20 R$.

Le bar Jobi est une adresse fort appréciée des Cariocas depuis 1956… Sa devanture en rouge et vert, les nappes à carreaux rouges et blancs font partie du « paysage » des traditionnels *botequins* de Rio. Le Jobi fait la liaison entre le Rio d'hier et celui d'aujourd'hui. L'esprit bohème perdure dans une ambiance conviviale. L'attente est quelquefois un peu longue, mais les croquettes de morue et la soupe aux fruits de mer valent le déplacement. On y vient également pour la bière glacée, la meilleure de Rio pour certains « fans ».

EBISU €

Rua Visconde de Ouro Preto, 5
Botafogo
✆ +55 21 3237 7007
Cuisine japonaise. du mardi au samedi de 12h à 15h et de 18h à minuit, dimanche de 12 à 23h. kilo. 75 R$ pour un repas.

Une bonne cuisine japonaise est proposée dans ce petit restaurant. Les amateurs de cuisine japonaise auront ici la possibilité de manger au kilo. On y trouve une Grande diversité de yakisoba, teppanyaki, temaki, proposée également sous la forme originale de rodizio, où les serveurs passent en permanence en présentant des plats… Les gourmets de la cuisine nippone trouveront ici des produits intéressants pour un bon rapport qualité/prix. On peut également se faire livrer dans toute la zone sud (jusqu'à 73 pièces pour les plats combinés !).

JULIETA RESTAURANTE €€€

Praia de Flamengo, 340
✆ +55 21 2551 1278
julietadeserpa.com.br
Cuisine internationale. du mercredi au samedi, de 19h à 23h30, le dimanche de 12h à 17h. environ 150 R$ pour un repas.

Le Julieta restaurante est sis dans une superbe maison de style néoclassique français dédiée aux arts et à la culture (voir Visite), située sur la plage de Flamengo. Le Salon d'Or offre un thé extraordinaire qui se substitue aisément à un repas. Pour déjeuner ou dîner, le restaurant Julieta propose un menu de haute volée. Le décor est tout aussi incroyable que l'assiette : somptueux. Attendez-vous aux nappes blanches, aux chandeliers sur les tables et aux dorures du sol au plafond. A midi, la maison propose une formule entrée-plat ou plat dessert à 68 R$.

LAGUIOLE €€€

Avenida Infante Dom Enrique, 85 - Glória
✆ +55 21 2517 3129
www.bestfork.com.br/laguiole

Cuisine brésilienne moderne. Ouvert du lundi au vendredi de midi à 17h. Compter environ 200 R$ pour un repas.

Le nom peut quelquefois prêter à confusion. Le jeune chef Pedro de Artagao a recomposé d'inventives recettes à partir de plats de cuisine fusion malgré le nom d'un couteau bien hexagonal et dont la réputation n'est plus à faire.. La salade mozzarella fraise des bois en entrée et le canard riz et olives sont une des intéressantes compositions culinaires du lieu, logé dans le musée d'Art moderne sur l'aterro de Flamengo. L'ensemble des plats est d'une très belle esthétique, et la cuisine très fine, ce qui a valu une étoile Michelin à l'établissement.

MAJÓRICA €€

Rua Senador Vergueiro, 11 – Flamengo
✆ +55 21 2205 6820
www.majoricario.com.br

Churrascaria. Ouvert tous les jours de midi à minuit, le week-end jusqu'à 1h. Compter environ 100 R$ pour un repas.

Le Majorica est une adresse très années 1960, avec une déco tellement kitsch qu'elle en devient presque chic ! Une fois le ton donné, on comprend pourquoi le restaurant a pignon sur rue depuis des décennies. La carte est classique et de qualité. Le Majorica propose d'excellentes viandes au menu (les amateurs de *pican h*a apprécieront la *pican h*a locale qui est excellente !) et une saucisse grillée à demander en apéritif. Les poissons et fruits de mer avec notamment plusieurs recettes de morue *(bacalhau)*. Carte des vins bien fournie. Un classique.

MANOEL E JUAQUIM €

Av. Atlântica, 1936 - Copacabana
✆ + 55 21 2547 8192
www.manoelejuaquim.com.br

Bar & botequim. Ouvert tous les jours de midi à 2h. Compter environ 60 R$ pour un repas.

Les restaurants Manoel e Juaquim font désormais partie du paysage de Copacabana. Dans ce *botequim* qui fait front à la *orla* se mêlent habitués et touristes. Tradition portugaise oblige, on testera les croquettes de morue, le manioc frit au fromage ou on se sustentera de la copieuse *pican ha* maison, arrosée d'une *chopp* de Brahma ambrée. Les plats sont généreux, à l'image de l'esprit de la maison qui traite chaque convive avec respect et sympathie. Le service est pro et familial, ce qui n'est pas toujours le cas en haute saison à Copacabana.

MARIUS DEGUSTARE €€€

Avenida Atlântica, 290 – Leme
✆ +55 21 2275 0652
www.marius.com.br

Cuisine brésilienne et méditerranéenne. Ouvert tous les jours de midi à minuit. Compter environ 200 R$ par personne.

Marius Degustare est un restaurant incontournable de la ville merveilleuse. On est bien loin du design épuré du Lasai et de sa cuisine presque chirurgicale. Ici, dans un décor donnant l'impression de pénétrer dans l'antre d'un pirate, le restaurant propose un buffet gargantuesque faisant la part belle aux produits nobles, et notamment aux produits de la mer comme la langouste, les huîtres, le crabe... Le service est haut de gamme et riche en couleur. C'est bien simple, le Marius fait l'unanimité. Bien évidemment la note est salée elle aussi...

MARKET IPANEMA €

Rua Visconde de Pirajà, 499 - Ipanema
✆ +55 21 3283 1438
www.marketipanema.com.br

« Healthy & conscious gastronomy ». du de 11h à 18h, samedi de 11h à 16h. Salade à partir de 18 R$; couscous à 30 R$.

Ce petit havre de tranquillité dans une rue hyperactive et assurément une heureuse découverte. On est accueilli par une explosion de verdure et de saveur. La maîtresse du piano, la Paulista Carolina Figueiredo, a mis un point d'honneur à faire de la cuisine rapide de qualité, dans l'esprit slow food. Salade de quinoa, poulet bio au chutney de mangue, saumon en croûte aux graines de courges et purée… Jazz le jeudi soir… Bon, le point noir, c'est forcément la file d'attente, forcément ! Un autre lieu à l'excellent rapport qualité/prix.

LA MOLE €

Rua Dias de Rocha, 31 – Copacabana
✆ +55 21 2235 3366
www.lamole.com.br

Cuisine brésilienne. tous les jours de 11h à 0h00. Compter environ 50 R$ pour un repas. Menus à partir de 20 R$ le midi.

Un des restaurants les plus populaires de Rio depuis plus de quarante ans. L'endroit préféré des Cariocas, surtout le dimanche midi, un moment où vous aurez du mal à trouver de la place. Le couvert, constitué de différents pains, avec saucisson, pâté et crudités, est un festival avant le repas. Le plat le plus demandé est le médaillon à la piémontaise, et, comme tous les autres plats, il suffit largement pour deux personnes. Un très bon choix de salades dont celle du chef, que vous choisissez vous-même en assemblant huit différents ingrédients.

NAM THAI €€

Rua Rain ha Guilhermina, 95 – Leblon
✆ +55 21 2259 2962
www.namthai.com.br
Ouvert le lundi de 19h à minuit, du mardi au dimanche de midi à minuit, 22h30 le dimanche) environ 100 R$ le repas.

C'est sans nul doute le meilleur restaurant asiatique de Rio, tout simplement. Dans un décor boisé et chaleureux, le Nam Thai fait la part belle aux plats… thaïlandais, n'hésitant pas à épicer certains d'entre eux jusqu'à leur donner quasiment la saveur originale du royaume de Siam. Certains plats sont incontournables : le Nuea Massaman (lamelles de bœuf, sauce coco, amandes et curry d'anis et de cannelle, très épicé !), ou encore le Pad Pong Garee (crevettes, gingembre, piments doux et curry indien). À tester les yeux fermés !

PÉRGULA €€€

Avenida Atlântica, 1702 - Copacabana
✆ +55 21 2548 7070
www.copacabanapalace.com.br
Cuisine carioca. Ouvert tous les jours matin, midi et soir. Brunch du dimanche de 11h à 16h. environ 150 R$ le repas.

Le Pérgula est un des trois restaurants situés dans le merveilleux Belmond Copacabana Palace. La majesté des lieux et la qualité des mets justifieront peut-être que l'on casse son petit cochon pour pouvoir apprécier un petit déjeuner ou un buffet de midi dans ce lieu mythique. S'il y a une incontestable touche italienne, la cuisine peut être qualifiée d'internationale. Dès le « copperto », le ton est donné : pain de châtaigne, chips de manioc, pickle d'artichaut... Viande, poisson, plat végétarien. Tout y est délicat. Le week-end, c'est feijoada et brunch !

RESTAURANTE CERVANTES €

Av. Prado Júnior, 335 - Copacabana
✆ +55 21 2275 6147
www.restaurantecervantes.com.br
Bar-sandwicherie. du mardi au jeudi et dimanche de midi à 4h, vendredi, samedi de 12 à 6h.de 25 R$ à 50 R$ le repas.

Véritable institution à Copacabana, le Cervantès passe pour servir le meilleur sandwich de Rio. Le secret : l'addition d'une rondelle d'ananas dans tous les sandwichs, donnant légèreté et saveur. Leur choix est impressionnant, avec plus d'une trentaine d'options. Le classique est le sandwich de *pernil*, mais nous vous conseillons également le *filé mignon com queijo* (viande de bœuf et fromage fondu), ou encore le poulet avec ananas. Excellente adresse, car les sandwichs sont copieux et bienvenus, en particulier en toute fin de soirée.

SATYRICON €€€

Rua Barão da Torre, 192 – Ipanema
✆ +55 21 2521 0627
www.satyricon.com.br
Spécialités poissons et fruits de mer. tous les jours de 11h à 23h. environ 150 R$ par personne pour un dîner avec vin.

Ce restaurant est considéré comme le temple des amateurs de poissons à Rio. Sans doute est-ce la meilleure place pour déguster une cuisine de mer méditerranéenne. On y savoure gambas, huîtres, langoustines, langoustes, le tout avec une petite touche italienne plutôt réussie (les pâtes aux fruits de mer sont divines). Si vous ne parvenez pas à choisir, essayez le *misto de crustáceos*, une sélection des meilleurs fruits de mer. Ambiance tamisée, service apprêté, tout pour passer un bon moment à deux. On trouve son petit frère à Buzios.

TERRA BRASILIS €€

Praça General Tibúrcio - Praia Vermelha, Urca
✆ +55 21 2275 4651
www.restauranteterrabrasilis.com.br
Cuisine brésilienne. Ouvert tous les jours de 11h30 à 1h. Buffet au kilo à midi, pizzeria le soir. environ 60 R$

Une belle adresse à proximité de la petite plage de praia Vermelha, dans le quartier d'Urca, au pied du Pain de Sucre. Sans nul doute une des plus belles vues de Rio, face à la mer, à sa gauche le Pain de Sucre et sa forêt, et devant le sable. Certains auront la chance de manger face aux grandes baies vitrées. On peut y manger au kilo ou à la carte à un prix raisonnable des mets de qualité. L'endroit y est tranquille et bien protégé, car il est à l'intérieur d'une zone militaire, mais tout le monde y a accès. Des musiciens se produisent fréquemment.

ZAZÁ BISTRÔ TROPICAL €€€

Rua Joana Angélica, 40 – Ipanema
✆ +55 21 2247 9101
www.zazabistro.com.br
Cuisine fusion moderne. du lundi à jeudi de 18h30 à 0h30, du vendredi à dimanche de 13h à 0h00. environ 130 R$ le dîner.

Difficile de ne pas tomber sous le charme de cette maisonnette bleue aux volets roses : décor oriental, éclairé à la bougie, musique douce. On entre pieds nus et on s'assied par terre, sur des coussins et des tapis persans. Les plats sont un savant mélange entre cuisine occidentale et orientale : thon grillé sauce aux huîtres et aux fruits de la passion, mérou au beurre blanc parfumé au curry et au basilic, couscous marocain aux légumes et aux fruits, canard sauce jabuticaba… Le visuel des assiettes est très recherché et sophistiqué. Prix élevés…

ADEGA SANTIAGO €€

avenida das americas, 3900
✆ +51 21 3900 1605
https://www.adegasantiago.com.br/
Ouvert de 12h à 16 et 18h à 23h en semaine, en continu samedi et dimanche. Comptez 120 R$ le repas.

Dans le beau centre commercial « Village mall » de Barra de Tijuca, l'Adega Santiago (franchise que l'on retrouve à São Paulo) met à l'honneur la cuisine espagnole et portugaise. On conseillera plutôt les plats de la mer (morue, paella, paella noire, salade de thon, beignets de morue) qui sont de très bonne facture. Les végans pourront goûter une très bonne paella veggie. Sur une belle carte des vins, on pourra trouver d'excellents crus chiliens. Les places à proximité des grandes baies vitrées offrent une superbe sur la plage de Barra. Un peu cher.

CAPIM SANTO €€

Av. das Américas, 3900
Barra da Tijuca
✆ +55 21 3252 2528
Cuisine brésilienne. Buffet du déjeuner tlj à 73 R$ et à 99 R$ le week-end. À la carte tous les soirs de 19h à 23h30.

Depuis 2016, la Capim Santo (nom de la citronnelle en portugais) ravit le palais des Cariocas et des touristes de tous les horizons. Dans un superbe décor, bois, couleur verte et plantes, moderne et épuré, on propose une cuisine composée de produits brésiliens de qualité, avec un technique « à la française » et dans un esprit « cuisine healthy ». Il faut dire que la cheffe Morena Leite a étudié la cuisine à Paris. On déguste un excellent buffet à l'heure du déjeuner et de bonnes spécialités brésiliennes, de fruits de mer notamment, pour le dîner.

GABBIANO €€

avenida das americas, 3255
✆ 21 31535529
https://gabbiano.com.br/

On n'appréciera pas forcément sa localisation, dans un shopping center, a fortiori celui de Barra, éloigné du centre et de la zone sud de Rio, où se trouvent en général les touristes. Pourtant, une fois dans le lieu, force est de constater que le Gabbiano est un bon restaurant italien et qui mérite donc que l'on se «délocalise» pour un soir dans ce quartier éloigné. En fait, tout est fait pour faire aimer le lieu. Le restaurant a été dessiné par l'architecte Bel Castro, les serveurs sont super pro et la cuisine très bonne. L'ospitalità italiana !

GIUSEPPE MAR €€

avenida das americas, 3900
✆ +51 21 3252 2588
www.giuseppemar.com.br
De 12h à 23h en semaine. Ouvert jusqu'à 0h00 le weekend. Menu à 78 R$ à midi.

Le Giuseppe Mar est un restaurant de Village Mall de Barra, entièrement dédié aux produits de la mer. Marque de la maison, un présentoir rempli de glace, de poissons et de fruits de mer apportés quotidiennement par les équipes de plongeurs et de pêcheurs trône au milieu de la salle. Selon l'arrivage du jour, les convives pourront choisir parmi les mérous, les merlans, ou les bars qui constitueront leurs plats. Les prix sont élevés mais la carte, très travaillée, justifiera certainement que l'on dépasse le budget qu'on s'était alloué.

LA PLANCHA €€

Av. Ayrton Senna, 1791 – Barra da Tijuca
✆ +55 21 3030 4166
laplancha.com.br
Cuisine brésilienne, spécialités de poissons & fruits de mer. Ouvert TLJ de 11h à 1h. environ 100 R$ le repas complet.

Un des 'intérêts majeurs du restaurant La Plancha, l'un des bons établissements de poissons de Rio, c'est sa localisation en plein cœur du Mercado do Produtor, le plus grand marché de poissons de la ville. On a ainsi la garantie de la grande fraîcheur des produits qui sont servis. Au buffet, on trouvera des grillades de différents poissons et fruits de mers (langoustes, crevettes…), que l'on peut partager à plusieurs. Le service est bien rôdé et professionnel. Pas top pour un plan en amoureux : l'endroit est vaste (250 places assises) et trop bruyant !

QUADRIFOGLIO €€€

Av. das Américas, 3900 - Barra da Tijuca
✆ +55 21 2294 1433
www.quadrifogliorestaurante.com.br
Cuisine italienne. du lundi au vendredi de 12h à 16h et de 19h à 0h, le samedi de 12h à 0h. De 120 à 150 R$ le repas.

Le chef Renato Lalenti est aux commandes de ce restaurant dont les qualités font du Quadrifoglio le meilleur italien de Rio (pour la revue *Veja Rio*) : la cuisine a vraiment quelque chose de différent ! On pourra découvrir les mignonnettes au gorgonzola et un délicieux *agnello al rosmarino* (filet d'agneau grillé au romarin). Les plats sont copieux et caloriques et la carte des vins est intéressante (on trouve de nombreux crus italiens). Gardez toutefois une place pour les desserts (figue fraîche rôtie et sa glace à la lavande).

FAIRE UNE PAUSE

« Faire une pause» semble être une activité pour laquelle les Cariocas sont génétiquement adaptés. il faut dire que l'offre de divertissement, de sorties (qu'elles soient culinaires ou pour boire un verre), ou de promenades est grande. A partir du vendredi soir surtout, et pendant tout le weekend, les Cariocas sont «en pause». Cette pause s'organise bien sûr autour de la plage, mais pas seulement. La tradition des *botecos*, ces bars de quartier et d'habitués est ici une institution. On ne manquera pas de faire un peu de sociologie locale en se perdant un vendredi soir dans un de ces établissements. Boire une *caipirinha* commandée dans une *cabana* sur la plage de Copacabana est une autre tradition à laquelle on ne peut échapper. Les cafés de ces lieux magiques que sont le parc Lage ou le jardin botanique se prêtent particulièrement à la pause «Carioca». Quelques salons de thé huppés complètent une offre presque infinie.

32 LARGO DO BOTICÁRIO

Largo do Boticário, 32
Cosme Velho
largodoboticario.com.br
Bar ouvert en fonction des évènements programmés.

Cette maison coloniale magnifique s'étale sur 700 m² au cœur d'un jardin luxuriant. On peut y admirer des *azulejos* portugais, les portes d'un église du XVIIIe siècle peinte à la main, des plafonds sculptés du XVIIe siècle, un escalier en marbre importé d'Italie... Le premier espace compte une galerie d'art, une cuisine, un bar, le second plein de recoins pour se détendre tandis que le troisième est un espace en pleine forêt pouvant accueillir 600 personnes. Le Corbusier, Niemeyer, Burle Marx, tous les grands architectes visitèrent cette maison exceptionnelle.

ACADEMIA DE CACHAÇA

Rua Conde de Bernadote, 26
Leblon
✆ +55 21 2239 1542
www.academiadacachaca.com.br
Ouvert tous les jours de midi à 1h (2h le vendredi et samedi).

La fondation de cette Academia avait pour objet de faire connaître la diversité des cachaças. Le pari est réussi puisque plus de trois cents cachaças différentes y sont disponibles ! Une véritable invitation à venir découvrir cette eau-de-vie de canne à sucre, partie intégrante du patrimoine culturel brésilien. Le personnel y est extrêmement sympathique, l'ambiance est détendue, presque familiale, on se croirait, dit-on, dans le Nordeste du Brésil, l'accent carioca en plus. On peut y déguster la légendaire caipirin ha ou l'une de ses innombrables variations.

ADEGA PÉROLA

Rua Siqueira Campos, 138
Copacabana
✆ +55 21 2255 9425
Bar à tapas. Ouvert du lundi au samedi de 11h à 1h.

C'est un *botequim* à forte identité, forcément, puisqu'il a été racheté par des passionnés du lieu qui ne supportaient pas l'idée de le voir vendu au Grand Capital pour en faire un bar d'une grande chaîne sans âme. L'adega Perola est resté un lieu de convivialité, où les discussions entre personnes qui ne se connaissaient pas deux minutes avant se font autour de grandes tables. Un zinc, des serveurs affables en chemise blanche. On y sert des petits plats dans une ambiance bohème très Copa « pé sujo » ou pieds sales, surnom des « vrais » *botequim*.

ANGU DO GOMES

R. Sacadura Cabral, 75 - Saúde
✆ +55 21 2233 4561
www.angudogomes.com.br
Ouvert de 11h à 22h de lundi à jeudi, jusqu'à 23h le vendredi, jusqu'à 18h le samedi.

Pas très loin de la Pedra do Sal, où les Cariocas amateurs de samba se regroupent en fin de semaine, l'Angu do Gomes est un lieu chargé de tradition. Dans ce bar-restaurant traditionnel, on vient bien sûr déguster le traditionnel *angu*, sorte de beignet importé d'Afrique par les esclaves. Ce lieu est aujourd'hui un lieu de la bohème carioca où des clients de différents horizons honorent un Rio traditionnel et tolérant où la diversité n'est pas combattue, mais au contraire honorée. À découvrir. L'angu do Gomes participe à coup sûr à la renaissance du quartier.

ARCO DE TELES

Praça XV de Novembro, 34

Centro

Un des endroits les plus animés du centre le soir pour prendre un verre. L'accès se fait par la Praça XV de Novembro, à travers un portail en forme d'arc (le fameux Arco do Telles). A partir du mercredi, l'endroit est plein comme un œuf. Les rues piétonnes sont envahies par les tables de bar et nombreux sont ceux qui boivent debout par manque de place. Quatre bars-discothèques fonctionnent dans cette rue. Le décor de cette rue, extrêmement bien conservé, est utilisé dans de nombreux films historiques qui présentent le Rio du XIXe ou du début du XXe siècle.

ARMAZÉM DO SENADO

Avenida Gomes Freire, 26

Centro

✆ +55 21 250 7201

Bar à bière, snacks. Ouvert du lundi au vendredi de 8h à 20h et de 8h à 16h le samedi.

Cette ancienne mercerie fait partie des bars classés au patrimoine de la ville. Edifiée en 1907, l'Armazém apparaît aujourd'hui comme une fusion entre un vieux magasin et un « botequim ». Bien sûr, c'est surtout en fin de semaine que va battre le cœur du Centro et cette honorable demeure va alors se revêtir de ses atours de fête. Dans une ambiance conviviale, on mange de bons amuse-bouches (au poids) et la carte des bières est très variée. Des *rodas de samba* électrisent l'ambiance le jeudi de 17h à la fermeture et le samedi dès 14h.

ARMAZÉM CARDOSÃO

Rua Cardoso Júnior, 312

Laranjeiras

✆ +55 21 2225 3493

Bar-restaurant, boutique. Ouvert du mardi au samedi de midi à 23h et le dimanche de midi à 20h. environ 60 R$ le repas.

Comme d'autres établissements faisant partie du patrimoine culturel carioca, l'Armazem Cardosao est désormais classé par la ville de Rio de Janeiro. Comme l'Armazem do Senado, cet établissement fait aussi fonction d'épicerie. Il est considéré comme le plus traditionnel *boteco* du quartier de Larangeiras. Elegamment installé dans un coin d'une rue animée en fin de semaine, des groupes de samba l'animent et donnent à ce lieu une âme bien à lui. On peut un boire un verre. Une excellente *feijoada* est proposée le samedi. A découvrir !

THE BAKERS

Rua Santa Clara, 86 – Copacabana

✆ +55 21 3209 1212

www.thebakers.com.br

Boulangerie-pâtisserie. Ouvert tous les jours, de 9h à 20h. Compter 35 R$ pour un déjeuner rapide et complet.

Comme son nom l'indique, « the Backers » est l'une des meilleures boulangeries en ville, dans une ambiance agréable. Au-delà des sandwichs, des pains d'excellente facture, on découvre une pâtisserie qui ravit les Cariocas depuis 1994. C'est très bien pour grignoter le midi ou pour un petit creux en fin d'après-midi. Dans une salle qui peut accueillir une centaine de convives, on peut également manger des plats consistants comme des magrets de canard sauce oignon rouge, filet mignon et son risotto de champignons aux amandes sautées.

ARMAZÉM DEVASSA

Rua Visconde de Pirajá, 539

Ipanema

✆ +55 21 2540 8380

Bar. Ouvert tous les jours de midi à 2h du matin (3h du matin le vendredi et samedi).

Cette chaîne de bars-restos est le fruit de l'union de deux experts de la nuit carioca, Marcelo do Rio, du Caroline Café et du Melt, et Cello Macedo, du Zero Zero et du Zazá Bistrô, pour former un bistrot moderne. L'Armazém Devassa est assurément un endroit très animé qui propose avec fierté sa propre bière pression, la fameuse Devassa, qui s'est imposée comme une bière de référence dans un secteur très concurrentiel au Brésil. Une douzaine d'autres adresses ont ouvert sous la même enseigne un peu partout à Rio ces dernières années.

BAR D'HÔTEL

Av. Delfim Moreira, 696

Leblon

✆ +55 21 2540 4990

www.marinaallsuites.com.br

Ouvert tous les jours de 7h à 2h.

Avec le Bar d'Hotel on entre tout de suite dans la catégorie hype et chic, au sein de l'hôtel de luxe Marina All Suites, en face de la plage de Leblon. La décoration est bien sûr très soignée, super design et moderne. L'autre plaisir des lieux consiste bien sûr à observer la baie de Rio et la plage de Leblon. De superbes vues, aussi bien à l'extérieur, sur la baie d'Ipanema, qu'au sein du bar réputé pour être fréquenté par la jeunesse dorée carioca et les touristes. Bien sûr, tout est à la hauteur des lieux, et l'addition s'en ressent, forcément.

BAR DO GOMES - ARMAZÉM SÃO THIAGO

Rua Áurea, 26 -
Santa Teresa
✆ +55 21 2232 0822
www.armazemsaothiago.com.br
Ouvert tous les jours de midi à 1h du matin, et jusqu'à 22h le dimanche.

Ouvert en 1919, le Bar Do Gomes est une véritable institution de la *Cidade Maravilhosa.* C'est ici qu'il faut venir boire un verre entre amis, debout sur le trottoir. On y fait rapidement connaissance avec les habitants du quartier. Le barman concoctera les *caipirinhas* avec l'une des nombreuses cachaças à la carte. Dans ce décor à l'ancienne, vous découvrirez des bouteilles empilées jusqu'au plafond, de jolies mosaïques au sol et des serveurs gouailleurs.

BAR DO HORTO

Rua Pacheco Leão, 780
Jardim Botânico
✆ +55 21 3114 8439
dohorto.com.br
Bar-restaurant. Ouvert tous les jours sauf le lundi de midi à 2h.

Comme son nom l'indique, cet établissement se situe juste en face du jardin botanique. Dans cet endroit magique qui donne sur le jardin si connu de Rio, on viendra chercher une atmosphère romantique, lien des tumultes de la plage. Les notes de musique semblent caresser les palmiers impériaux dans une décoration délicatement kitsch. Certains apéritifs divins sont à un prix correct. Les amuse-gueules complètent merveilleusement ce bel ensemble que la « Maria enamorada » et le Budd ha « rédempteur » semblent ne vouloir que partager !

BAR DOS DESCASADOS

Rua Felício dos Santos, 15
Santa Teresa
✆ +55 21 3380 0280
Bar lounge. Ouvert du dimanche au jeudi de 17h à 23h, le vendredi et le samedi de 17h à 1h.

Le bar de l'hôtel Santa Teresa est assurément un lieu de raffinement, à la hauteur de l'hôtel dans lequel il est abrité : ambiance lounge décontractée (on peut se prélasser sur de confortables sofas en position allongée), lumière douce tamisée par des lampes orientales, fond musical doucereux. À partir de 20h, le bar propose de la musique *ao vivo* : DJ le vendredi et le samedi et concert de jazz le dimanche. Idéal à deux au coucher du soleil, en sirotant une caïpirin ha aux fruits rouges (ou jaunes), et on est alors tout près du paradis…

BAR LAGOA

Av. Epitácio Pessoa, 1674
Lagoa
✆ +55 21 2523 1135
Bar-restaurant. Ouvert tous les jours de midi à minuit environ.

Parce que toute l'animation de Rio ne se cantonne pas aux plages de Rio, fort belles au demeurant, le bar Lagoa est un lieu en connaître. Dans un magnifique salon de style Art déco aux murs couleur pistache, inauguré en 1934, on savourera une bière en mangeant quelques plats plus consistants comme la célèbre salade de pommes de terre ou un poisson sauce Lagoa… On peut y trouver un côté un peu désuet, peut-être dû aux uniformes blancs et noirs des serveurs, et sans doute ce qui fait son charme. C'est un *botequim* incontournable du quartier !

BAR SIMPLESMENTE

Rua Paschoal Carlos Magno, 115
Santa Teresa
✆ +55 21 2508 6007
Bar-restaurant. Ouvert du mardi au dimanche de 18h à 1h du matin. Repas à partir de 30 R$.

L'offre de Santa Teresa est riche et variée. Le bar Simplesmente fait partie de ces petits établissements qui ravissent les gens par le seul fait d'être là et d'avoir ce tout petit supplément d'âme, justement par ce qu'ils sont simples, à l'image de la vie de tous les jours, à Rio de Janeiro ou ailleurs. C'est un Petit bar comme on les aime. Tranquille, décontracté, service nonchalant, musique *ao vivo* de temps en temps (*roda de samba* le dimanche soir). Bonnes petites pizzas pour les petits creux. Santa Teresa, c'est tout simplement ça !

BAR URCA

R. Cândido Gafree, 205
Urca
✆ +55 21 2295 8744
www.barurca.com.br
Bar & restaurant. Ouvert tous les jours de 11h à 23h.

Pour tous ceux qui connaissent Urca, petit quartier magique au pied du pain de sucre, l'idée d'un bar avec d'immenses baies vitrées qui embrassent la baie de Guanabara et le Christ Rédempteur est forcément envoûtante. Si on rajoute à ceci l'esprit des lieux, on comprend alors qu'il n'y a nul besoin d'autres choses pour trouver au coucher de soleil et à sa caïpirin ha une dimension qui ne se rencontre nulle part ailleurs dans le monde. On peut siroter son verre à l'intérieur ou le long de la promenade bordant la baie, comme le font les Cariocas.

BIP BIP

Rua Almirante Gonçalves, 50
Copacabana
✆ +55 21 2267 9696
Bar musical. Ouvert tous les soirs de 19h a 1h.

Bon, pour les amateurs de Samba et de Bossa, le seul fait de présenter ce bar peut apparaître comme une hérésie. Depuis près de cinquante ans, ce bar en plein cœur de Copacabana est un des hauts lieux de la samba. Ouvert en 1968 par Alfredino pour permettre aux gens de gauche de se rencontrer et d'oublier les persécutions des militaires, le Bip Bip continue depuis d'égayer les nuits cariocas. De nombreux groupes de qualité s'y produisent au milieu d'une foule d'habitués et de quelques touristes. Un vrai *boteco* de quartier. A connaître, forcément.

CACHAÇARIA MANGUE SECO

Rua do Lavradio, 23 – Centro
✆ +55 21 3852 1947
www.manguesecocachacaria.com.br
Bar, cachaçaria, restaurant. Ouvert le lundi de 11h à 16h et du mardi au samedi de 11h à 4h (ouverture à 18h le jeudi).

La rue du Lavradio est (re) devenue un lieu emblématique des nuits et de la samba à Rio. La cachaçaria Mangue Seco fait désormais partie des lieux de référence où se pressent sambistas pur jus et supporters lors des matches de *futebol* retransmis. Dans ce club de samba, on trouve un incroyable bar qui propose plus de cent étiquettes de cachaça, dont la Mangue Seco. On peut se sustenter de quelques plats de *caranguejos* (un crabe local) ou de plats bahianais bien exécutés. À l'étage, samba et choro *ao vivo* dans un cadre avenant et chaleureux.

CASA CAVÉ

Rua Sete de Setembro, 133, 137
Centro
✆ +55 21 2221 2520
www.casacave.com.br
Salon de thé - pâtisserie. Au 133 : du lundi au vendredi de 8h30 à 19h30, le samedi de 9h30 à 14h.

Rio réserve quelques heureuses surprises gourmandes. Les pâtisseries raviront les papilles de nombreux visiteurs. Les gourmands se rendront sans complexe à la Casa Cavé, la plus ancienne *confeteira* de la ville. C'est un de nos compatriotes, Charles Auguste Cavé, qui la fonda en 1860 et en resta le chef jusqu'en 1922. Depuis 1860, on y sert les meilleures glaces du centre, ainsi que de succulentes douceurs. L'architecture d'époque confère au lieu une atmosphère surannée. Deux salles sont adjacentes, aux numéros 133 et 137 de la rue.

COBAL DO HUMAITÁ

R. Voluntários da Pátria, 446
Humaitá
✆ +55 21 2537 0186
Ouvert tous les jours du matin au soir.

Dans ce quartier très agréable de Humaita, à proximité de la favela pacifiée de Santa Marta, on peut se rendre au Cobal. Tout comme le Scenarium se mue en boîte de nuit le soir après avoir été un magasin d'antiquités la journée, le Cobal se transforme. Place de marché de fruits et légumes et autres durant la journée, cet endroit se transforme en lieu extrêmement animé le soir. Agglomération de petits bars et de restaurants les uns à côté des autres, le Cobal est très fréquenté par les Cariocas et certains touristes qui recherchent de l'authentique.

CONFEITARIA COLOMBO

Rua Gonçalves Dias, 32 – Centro
✆ +55 21 2505 1500
www.confeitariacolombo.com.br
Café-restaurant salon de thé pâtisserie. du lundi au vendredi de 9h à 19h le samedi de 9h à 17h. environ 80 R$ le repas.

La Confeitaria Colombo, fondée en 1894 par des immigrants portugais, est l'un des plus beaux restaurants de Rio. L'architecture de style Belle Époque évoque le Paris des années folles. Les splendides miroirs en cristal d'Anvers apportent une touche Art déco. Le *Salão superior* date de 1922. Le déjeuner et le buffet, servis à l'étage, sont délicieux. On peut tester une (excellente) pâtisserie à l'heure du thé au rez-de-chaussée, près du piano à queue. Des événements sont régulièrement organisés (consulter le site Internet de l'établissement).

CONFEITARIA COLOMBO COPA

Praça Coronel Eugênio Franco, 01 - Copacabana
✆ +55 21 3201 4049
www.confeitariacolombo.com.br
Pâtisserie. du mardi au dimanche, de 10h à 20h. Compter environ 60 R$ le brunch, et environ 75 R$ le déjeuner complet.

Le restaurant se trouve à l'intérieur des enceintes du fort militaire, après l'impressionnante entrée. Annexe de la somptueuse Confeitaria Colombo du centre-ville, c'est une adresse coup de cœur pour la vue incroyable que la terrasse offre sur toute la plage de Copacabana. Idéal pour un petit déjeuner paresseux, à l'ombre des arbres et quasiment les pieds dans l'eau. Le menu, un peu cher peut-être, offre un grand choix de brunchs, sandwichs, pancakes, gâteaux et tartes… Tout est bon, mais le meilleur reste le panorama sur la plus belle baie du monde !

DELIRIUM CAFÉ

Rua Barão da Torre, 183
Ipanema
✆ +55 21 2502 0029

Bar belge. de lundi à mercredi de 17h à 1h, jeudi jusqu'à 2h, vendredi et samedi jusqu'à 3h, dimanche jusqu'à minuit.

A défaut de s'être rendu récemment à Bruxelles ou à Bruges, dans le pays de la bière, on pourra se rendre au Délirium Café, du nom d'une bière belge connue, et qui a d'ailleurs également donné son nom à des bars de Toulouse et Montpellier. Pour les adeptes des breuvages houblonnés, c'est *the place to be*. La référence est clairement affichée avec le drapeau belge fièrement accroché au plafond. Les bières sont variées, à tous les goûts et de tous les pays. Il y a plusieurs centaines de références. L'ambiance « estaminet » est forcément originale à Rio !

GAROTA DA URCA

Avenue João Luiz Alves, 56
Urca
✆ +55 21 2541 5040

Bar-restaurant. Ouvert tous les jours de midi à minuit.

La Garota de Urca fait partie de la chaîne des bars et restaurants Garotas. Bien sûr, la première et la plus célèbre restera toujours celle d'Ipanema, mais la Garota da Urca dispense sa petite touche magique. A quelques encablures du pain de sucre, carte postale de Rio, la Garota bénéficie d'une vue magnifique sur la baie de Guanabara. C'est assurément un excellent endroit pour grignoter des *bolinhos de bacalhau* (boulettes de morue) et boire une petite *chopp* (bière pression) après la visite du Pão de Açucar, au soleil couchant.

GAROTA DE COPACABANA

Avenida Atlântica, 3744
Copacabana
✆ +55 21 2521 4705

Bar-restaurant. Ouvert tous les jours de midi à 1h.

Les Garotas sont des bars désormais connus de tout Rio et à l'étranger. Cette Gartota de Copacabana est une « petite sœur » de la Garota de Ipanema (le bar mythique sur la rue Vinicius de Moraes), tout comme la Garota de Urca. La Garota de Copacabana se trouve elle aussi en face de la orla mythique de Copacabana et de l'océan. C'est sur l'avenida Atlântica que l'on retrouvera cette jeune fille (traduction de *garota*), où l'on pourra savourer une bière *bem gelada* ou une caïpirin ha avec vue sur l'une des plus belles baies du monde !

GAROTA DE IPANEMA

Rua Vinícius de Moraes, 49 – Ipanema
✆ +55 21 2523 3787

Bar-restaurant. Ouvert tous les jours de 11h30 à 2h.

Le bar mythique où a été écrite et composée la chanson brésilienne la plus connue, *Garota de Ipanema (Girl From Ipanema)*, par Antônio Tom Jobim et Vinícius de Moraes. Tom jobim écrit avec Vinícius *Garota de Ipanema*, sa chanson la plus célèbre et le tube qui fit connaître au monde la bossa-nova. Outre l'aspect historique qui justifie au moins de prendre un verre, les *pasteis* sont excellents à déguster en revenant de la plage. La clientèle y est très touristique mais quelques vieux habitués d'Ipanema s'y rencontrent dans les calmes après-midi des jours de semaine.

JULIETA - CHÁ DA TARDE

Praia do Flamengo, 340
✆ +55 21 2551 1278
julietadeserpa.com.br

Salon de thé. « Chá da tarde » du mercredi au dimanche de 16h à 19h. Réservation conseillée.

Encore une adresse magique que seule Rio sait offrir aux audacieux. Dans un palais de 1920 de style néo-classique français, digne des *Mille et Une Nuits*, la Casa Julieta propose pour le traditionnel *chá da tarde*, c'est-à-dire le *tea time* à la brésilienne ! Pâtisseries fines et thés de qualité dans un cadre sublime. Les pâtisseries et les thés sont à l'image des lieux, mais le goût particulier c'est la satisfaction de savoir que l'on peut profiter d'un lieu qui aurait été détruit en 1977 si la mairie ne l'avait pas interdit. Un lieu magique à connaître assurément.

KURT

Rua General Urquiza 117
Leblon
✆ +55 21 2294 0599

Pâtisserie. Ouvert du lundi au vendredi de 8h à 19h, le samedi de 8h à 17h.

Dans certains métiers, l'art est transmis dynastiquement de père ou mère en fille ou fils. Les petits-enfants de Kurt, qui dirigent aussi The Bakers, proposent cake à l'abricot, *apfel strudel* et une curieuse *picada de abelha*, un cake au chocolat de fabrication artisanale. Cette pâtisserie propose sûrement les meilleurs desserts de la capitale depuis 1942 ! Le festival de millefeuilles est impressionnant, tout comme les macarons ou les tartes aux fruits. Les revues *Globo*, *Veja*, ou *O Fluminense* ne s'y sont pas trompées en lui décernant de nombreux prix.

OVELHA NEGRA

Rua Bambina, 120
Botafogo
✆ +55 21 2226 1064
www.champanhariaovelhanegra.com.br
Ouvert du lundi au vendredi de 18h à 0h30.

Les aficionados de Barcelone se rappelleront un bar éponyme de Barcelone, un peu moins chic, mais emblématique du Barcelone des années 80 (l'Oveja Negra). Ce « bar à champagnes » est certainement l'une des meilleures adresses pour les amateurs de fines bulles… en semaine. Dès 19h, le bar commence à se remplir et le champagne (principalement du Chandon local, mais vous trouverez bien entendu du vrai champagne français !) coule à flots pour « déstresser » les *beautiful people* et les cadres trentenaires juste sortis du travail.

PONTO DA BOSSA NOVA

Rua Domingos Ferreira, 215
Copacabana
✆ +55 21 2549 7597
Ouvert dimanche et lundi de 11h30 à 1h, du mardi au samedi de 11h30 à 3h.

A queques centaines de mètres du posto 4 à Copacabana, le ponto da bossa nova est un botequim à l'ambiance intimiste et chaleureuse. Ce bar très est couru dans le quartier. pour différentes raisons On y déguste de très bons snacks, certains prétendent y manger une des meilleures feijoadas de botequins et le son de la bossa y est fort apprécié des amateurs. De mardi à dimanche, des groupes jouent de 19h à 22heures. Cette rue de Copacabana est agréable et les prix sont trés raisonnables pour ce Rio des plages où les additions sont vite salées.

SANTA SAIDERA

Rua do Progresso, 5
Santa Teresa
✆ +55 21 2233 0122
Cachaçaria, restaurant. Ouvert du mardi au dimanche de 17h à minuit.

C'est le royaume de la cachaça à Santa Teresa. Les bières importées et les en-cas salés permettent de bien préparer sa soirée à Rio… ou de prendre des forces avant d'aller se coucher. Les pizzas sont dignes de l'esprit des lieux. On peut y aller pour discuter, admirer la vue sur la magnifique baie de Rio. *Saidera*, en portugais du Brésil, ça veut dire à peu près *la dernière pour la route*. La dernière peut d'ailleurs traîner un peu tant l'ambiance et le service y sont agréables. La décoration est très dans l'esprit bohème de Santa Teresa.

SHENANIGAN'S

Rua Visconde de Pirajá, 112
Ipanema
✆ +55 21 2267 5860
Pub irlandais. Ouvert du lundi au samedi de midi à tard dans la nuit.

D'aucuns diront qu'on ne va pas à Rio pour découvrir les pubs irlandais, tout en sachant que les restaurants italiens et les pubs irlandais sont des lieux qui garantissent universellement une certaine qualité de prestations. Le Shenigan's est un pub irlandais vrai de vrai, bondé le week-end, où la bière coule à flots, esprit à la fois Temple Bar et Carioca. La clientèle y est très cosmopolite, composée de touristes et de jeunes Cariocas. Musique *live* du mercredi au samedi. Grosse ambiance les jours de matchs de rugby des VI nations.

SORVETE ITÁLIA

Rua Constante Ramos, 44
Copacabana
✆ +55 21 2256 6139
www.sorveteitalia.com
Glacier. Ouvert tous les jours de 9h à 22h.

Sorvete Italia est un réseau de petites échoppes disposant de nombreuses adresses à Rio (25, dont 3 sur Copacabana) et préparant parmi les meilleures glaces et pâtisseries sucrées de la ville ! On pourra trouver une des échoppes en de nombreux lieux de la zone Sud. Bien sûr, on trouvera les parfums classiques des glaciers italiens mais l'originalité de Sorvete italia est de proposer des parfums aux senteurs toutes brésiliennes : ainsi les saveurs Cuscuz, Tapioca, Açaí ou Milho verde surprendront.. ou non. À tester un après-midi de grande chaleur après la plage !

VERO

Rua Visconde de Pirajá, 229
Ipanema
✆ +55 21 3497 8754
www.gelatovero.com.br
Glacier, café, pizzeria. Ouvert tous les jours de 10h à 0h30.

Vero, cela veut tout simplement dire « vrai » en italien. Il s'agit bien ici d'un vrai glacier italien, formé à Bologne, qui présente d'excellents sorbets maison aux parfums originaux et surprenants. Les parfums lavande et citron ont la bonne idée d'évoquer les senteurs de la Drôme provençale et de l'Italie du Sud, chère à tant de Seyssinois. Bon, si on a vraiment faim, le Vero propose également des snacks salés (dont bien sûr des pizzas) et un bon café. Tous les glaces et les plats en général sont faits dans l'esprit d'une cuisine de qualité.

(SE) FAIRE PLAISIR

Le Brésil est un pays pluriel en termes de cultures, de spécialités artisanales ou culinaires et cela se retranscrira en autant de possibilités d'achats pour soi ou de souvenirs à rapporter à la maison ou à offrir à ses proches. Les tongs Havaianas et les maillots de foot figurent bien souvent en haut de la liste des souvenirs de voyage. Il est important de sensibiliser autant que se peut les voyageurs à des achats «durables» qui permettent aux petites structures économiques de se développer. Bien sûr, sensibilisation ne signifie en rien «diktat» mais souvent se faire plaisir peut-être compatible avec une «consomm'action». L'artisanat amérindien, par exemple, permet à certaines communautés de se développer tout en maintenant leurs spécificités culturelles en ces temps difficiles où elles sont particulièrement exposées aux pillages et à la crise sanitaire. Il faut donc s'assurer de l'origine de cet artisanat, quitte à payer un peu plus.

FEIRAS DE COPACABANA

Avenida Atlântica
Copacabana
Marchés d'artisanat et de souvenirs.

Le long de la mythique plage, des foires à l'ambiance sympathique permettent de finaliser les cadeaux. Deux adresses sur l'Avenida Atlântica pour acheter une myriade de bibelots (sculptures en bois, porte-monnaie plastifiés, pilons pour caïpirinha…), de T-shirts de football, de peintures (dont certaines plutôt réussies), de paréos, de tongs Havaianas… La première en face de la praça do Lido (avant l'hôtel Porto Bay Internacional), la seconde au niveau du Posto 5, sur le terre-plein central de l'avenue (en face de l'hôtel Othon Palace). Sympa et central !

FERIA SAARA

Rua da Alfândega, 278
Centro
Marché. Du lundi au samedi de 9h à 19h.

Le marché de Saara est un marché incontournable du centre-ville de Rio. Le pôle commercial Saara regroupe plusieurs marchés (à l'air libre, couvert) dans deux rues hyper animées avec des dizaines d'échoppes et de boutiques qui vendent de tout et de rien, à des prix bien plus attractifs que dans la Zona Sul. Des chapeaux, des sacs multicolores, des paréos, des serviettes de bain, des tongs, des ustensiles de cuisine, des colliers, des bracelets, des costumes de carnaval, des sifflets... Bref tout ce que l'on peut imaginer rapporter d'un séjour à Rio !

SHOPPING LEBLON

Rua Afrânio de Melo Franco, 290
Leblon
✆ +55 21 3138 8001
www.shoppingleblon.com.br
Ouvert du lundi au samedi de 10h à 22h, le dimanche de 13h à 21h.

Les Brésiliens, comme les Occidentaux en général, raffolent des centres commerciaux. Le Shopping Leblon est à l'image du profil socio-économique du quartier. C'est certainement le plus chic des centres commerciaux de la Zona Sul, voire de tout Rio. Dans une ambiance plutôt fraîche (climatisation oblige) se succèdent les enseignes de prêt-à-porter de luxe, mais aussi quelques adresses sympas pour déjeuner (nous recommandons le Rascal, au 3e étage du magasin) ou pour boire un café (Starbucks !). S'y promener constitue en soi un spectacle.

SHOPPING RIO SUL

Rua Lauro Müller, 116
Botafogo
✆ +55 21 2545 7200
www.riosul.com.br
Ouvert de 10h à 22h du lundi au samedi, de 15h à 21h le dimanche.

Le Shopping Rio Sul est presque une institution dans la zone Sud, qui se veut être la plus chic de Rio. Le Rio Sul a tout ce qu'un centre commercial doit avoir, une bonne variété de produits de qualité, de bons restaurants et des cinémas. Plus de deux cents boutiques, boîtes, académies de gymnastique et crèches. Situé juste après le tunnel qui part de Copacabana pour aller vers le centre-ville, c'est le plus ancien centre commercial de la Zona Sul (45 ans en 2020), mais néanmoins toujours le plus grand, et l'on y trouve à peu près tout.

AMSTERDAM SAUER

Av. Atlântica, 1782
Copacabana
✆ +55 21 3208 7264
www.amsterdamsauer.com.br

Bijouterie. Ouvert du lundi au vendredi de 10h15 à 19h et le samedi de 10h15 à 17h.

Success-story à l'américaine pour Jules Sauer, Alsacien arrivé en 1939 au Brésil, à 18 ans, pour faire fortune. Tout d'abord prospecteur de diamants, ses qualités personnelles l'amènent à se lancer dans le commerce de pierres précieuses et à ouvrir sa première boutique, en 1953, au Copacabana Palace. C'est aujourd'hui l'un des principaux bijoutiers du pays. Dans sa boutique d'Ipanema, on visite un musée qui retrace l'histoire brésilienne des pierres précieuses. On trouve de nombreuses boutiques de la marque dans des hôtels de luxe.

BLUE MAN

Rua Visconde de Pirajá, 351
Ipanema
✆ +55 21 2247 4905
www.blueman.com.br

Ouvert du lundi au samedi de 9h à 20h et le samedi de 9h à 18h.

Si la marque de maillots Bum Bum est dédiée aux maillots de bains féminins, la marque Blue Man s'adresse aux hommes et aux femmes dans le choix de leurs effets de plage. C'est certainement la marque de maillots de bain la plus tendance de Rio (en concurrence avec Bum Bum), en tout cas celle qui offre le plus de choix, en particulier pour les hommes. Il faut aimer les maillots près du corps et taillés court ! Un choix de couleurs quasi infini. Sept autres adresses à Rio (dans presque tous les *shopping centres* de la Zona Sul).

BUM BUM

Rua Lauro Muller, 116
Botafogo
✆ +55 21 2542 9614
www.bumbum.com.br

Le bikini est associé aux plages de Rio. On peut en acheter sur toutes les plages du pays aux vendeurs ambulants (qui disposent d'ailleurs d'un terminal pour cartes bleues). Mais La Mecque du bikini a un nom, c'est le magasin Bum Bum. Le *bum bum*, littéralement, veut dire « le fessier ». Bref, cette enseigne de maillots de bain *do Brasil* est la plus réputée pour habiller les belles Cariocas et plus généralement les Brésiliennes. On en trouve à (presque) tous les prix mais dans ce quartier, la qualité a un prix... plutôt élevé.

CASA TURUNA

Rua Senhor dos Passos, 122/124
Centro
✆ +55 21 2242 9187

Déguisements et articles de fête. Ouvert du lundi au vendredi de 9h à 19h et le samedi de 8h30 à 14h30.

Le Carnaval fait partie intégrante de la vie des Cariocas, même si cette année ne sera pas marquée par ce rite, pour la première fois depuis 1912. On trouvera dans la Casa Turna tout pour le carnaval : des costumes indescriptibles en plumes, paillettes, strass, à louer ou à acheter. La Mecque en la matière. Plusieurs autres adresses dans la Rua dos Passos pour compléter votre attirail de fêtes pour le jour J ! Bien sûr, cela vous intéressera si vous comptez participer à cet évènement majeur, et cela peut aussi constituer de bonnes idées de cadeaux.

LA GEMME

Rua Visconde de Pirajá, 550
Ipanema
✆ +55 21 2541 3192
www.lagemmeleiloes.com.br

Bijouterie. Ouvert du lundi au vendredi de 10h à 17h et le samedi de 10h à 13h.

Le Brésil est une terre de pierres précieuses. La Gemme est une maison d'exception dont la notoriété de la maison s'est construite dans sa capacité à trouver des pierres anciennes de très haute qualité et de les mettre en valeur, sans les trahir, grâce aux techniques et au design contemporain. La Gemme a redonné vie à des pierres portées par Coco Chanel, l'impératrice Joséphine Bonaparte, la princesse Soraya ou le roi Farouk. Le Brésil est également un champ d'exploration privilégié avec ses diamants rares des XVIIIe et XIXe siècles et de la période Art déco.

H.STERN

Rua Visconde de Pirajá, 490
Ipanema
✆ +55 21 2274 3447
www.hstern.net

Bijouterie-joaillerie. Ouvert du lundi au vendredi de 9h à 18h, le samedi de 9h à midi.

Le principal concurrent de Amsterdam Sauer avec ses 18 boutiques réparties dans la ville. On peut visiter les ateliers où l'on voit les orfèvres au travail. La visite, bien organisée, est commentée par baladeur, en français. Les prix des pierres vont de 30 réais à des sommes très élevées. On y voit des colliers arc-en-ciel, des topazes jaunes, des grenats rouges, des tourmalines roses et vertes, des améthystes violettes, des aigues-marines, et des topazes bleues. Chaque pierre a sa fiche d'identité. À la fin du circuit, petit passage par la boutique, bien sûr.

HAVAIANAS

Rua Farme de Amoedo, 76
Ipanema
✆ +55 21 2267 7395
www.havaianas-store.com.br
Ouvert du lundi au samedi de 9h à 19h, le dimanche de 10h à 18h.

Bon, il est des choses que l'on n'a pas besoin de présenter. Bien entendu, la marque de «chinelas» (tongs en portugais) en fait partie. Sans doute c'est ce que l'on ramène le plus en France... La célébrissime marque brésilienne de tongs est forcément très présente à Rio (vous trouverez ainsi de nombreux magasins dans le quartier du Saara, au Centro) et dispose de plusieurs enseignes exclusives, dont celle-ci, en plein cœur d'Ipanema. Grand choix de tongs multicolores, hommes et femmes, à des prix bien plus intéressants qu'en France.

FEIRA HIPPIE

Praça General Osório
Ipanema
www.feirahippieipanema.com
Tous les dimanches de 7h à la nuit tombée.

À l'époque de la dictature, les artistes n'avaient nulle part où exposer leurs œuvres. Ils se sont donc installés sur la place General Osório en 1968. Puis les hippies ont pris la relève, donnant ainsi leur nom à la foire. La feira est devenue un événement d'intérêt artisanal et culturel. On peut trouver bijoux, instruments de musique traditionnels, sculptures, toiles (dont des tableaux d'art naïf), vêtements, meubles, maroquinerie, ainsi qu'une multitude d'objets les plus divers, tous produits artisanalement. Vous pourrez aussi goûter à la cuisine bahianaise.

FEIRA NORDESTINA DE SÃO CRISTOVÃO

Campo de São Cristovão - São Cristovão
✆ +55 21 2580 5335
www.feiradesaocristovao.org.br
Du mardi au jeudi de 10h à 18h, du vendredi au dimanche de 10h à 20h. Entrée libre.

C'est la foire du Nordeste la plus connue de Rio. Elle trouve son origine dans l'arrivée massive, dans les années 1940, d'immigrants du Nord-Est à Rio, à la recherche d'une vie meilleure. La foire attire plus de 60 000 personnes les week-ends, venues pour l'artisanat, la cuisine ou pour danser le forró. Réaménagé, l' « espace culturel Luiz Gonzaga » nommé ainsi en hommage au grand chanteur, est aujourd'hui très bien organisé. Soyez prudent le soir car l'endroit est peu sûr.

PÉ DE BOI

Rua Ipiranga, 55
Laranjeiras
✆ +55 21 2285 4395
https://pedeboi.com.br/
Artisanat. Ouvert du lundi au vendredi de 9h à 19h, le samedi de 9h à 13h.

Dans le dossier « que rapporter de son voyage », l'artisanat tient une bonne place. Chaque région du Brésil propose un savoir-faire spécifique. Le magasin « Pé de Boi » est l'une des meilleures adresses pour acheter de l'artisanat authentique. Il a le mérite et l'avantage de regrouper de l'artisanat en provenance de la plupart des régions du Brésil (Amazonie, Nordeste, Minas Gerais). Vous y trouverez des poupées et des sculptures d'animaux en bois, des tissus, des poteries, des articles folkloriques... De vrais trésors à rapporter ou à offrir !

LIVRARIA DA TRAVESSA

Rua Visconde de Piraja, 572
Ipanema
✆ +55 21 3205 9002
www.travessa.com.br
Librairie généraliste. Du lundi au samedi, de 9h à 23h. Le dimanche, de 10h à 23h.

Autres lieux dédiés à la culture et ce n'est plus si fréquent au Brésil et ailleurs. Cette chaîne de sept librairies disséminées dans tout Rio offre un ample choix de livres et de CDs dans des cadres somptueux. On pourrait y rester des heures, à la recherche du bouquin d'art brésilien idéal ou du plus beau livre de photos anciennes de Rio. L'esprit du Rio ville de culture est omniprésent. On y trouve de beaux rayonnages de livres en français, également, au cas où on serait à court de lectures ! C'est vraiment une adresse à part que l'on vous conseille de visiter.

TOCA DO VINICIUS

Rua Vinícius de Moraes, 129
Ipanema
✆ +55 21 2247 5227
www.tocadovinicius.com.br
Ouvert du lundi au vendredi de 10h à 19h, le samedi de 10h à 18h et le dimanche de 13h à 18h.

Les lieux de culture sont universellement des lieux d'échange et d'épanouissement que l'on se doit de promouvoir et de défendre. La «Toca de Vinicius» est l'un de ces lieux incontournables de la culture à Ipanema. Plus qu'une librairie, cette boutique est un véritable centre culturel de la bossa nova avec un choix de livres mais aussi de CD (un peu chers), méthodes, concerts, séances vidéo et conférences thématiques sur le genre musical. Le dimanche soir, musique sur le trottoir. On y trouvera des disques et des livres de qualité.

BOUGER & BULLER

Avec sa combinaison de plages, de vagues fortes, de forêts et de soleil, Rio de Janeiro est une destination parfaite pour pratiquer une activité sportive...ou se reposer en admirant les éléments. Les Cariocas sont adeptes d'exercices de toutes natures tout autant qu'ils aiment se prélasser sur des transats sur les plages de Copacabana ou Leblon. Il suffit de constater le nombre d'entre eux qui courent, marchent « sportivement », surfent, font du vélo, du fitness, du beachvolley ou plus spécifiquement encore du footvolley... tous les matins que Dieu fait sur les bords des plages de la zone Sud. Le culte du corps est omniprésent à Rio. Il est possible pour tous de s'essayer à ces pratiques aussi sportives qu'hédonistes, auxquels il faudra forcément associer des activités-clés dans la vie *carioca* que sont la danse, la *capoeira* ou l'incontournable spectacle des matches de *futebol* dans un stade Maracanã relifté.

ASA DELTA FLIGHT

Avenida Prefeito Mendes de Morais 1501
São Conrado
✆ +55 21 99693 8800
www.deltaflight.com.br

Un vol en deltaplane au-dessus de Rio est une expérience inoubliable ! Ricardo Hamond est un.francophone passionné de deltaplane depuis près de 30 ans, il a lancé son activité en 1987. On saute après une petite course sur une terrasse inclinée du mont Pedra Bonito qui surplombe la baie de São Conrado. Vues sensationnelles sur Ipanema, le Pain de Sucre, la favela de la Rocin ha et São Conrado avant l'atterrissage sur la plage de Pepino. Ricardo équipe ses deltaplanes de caméras numériques. Un chauffeur vient vous chercher et vous raccompagne à votre hôtel.

BRAZIL DIVERS

Estrada da Barra, 426
Barra da Tijuca
✆ +55 21 4115 0440
www.brazildivers.com.br/
École de plongée.

Brazil divers est une société qui propose des cours et des baptêmes de plongée vers les îles Cagarras. Fondée il y a plus de 25 ans, cette compagnie est réputée pour sa sûreté. On pourra plonger et découvrir les merveilles des fonds marins mais également rencontrer toute la faune qui peuple l'océan. Brazil Divers propose des plongées, entre autre, dans la baie de Rio, prés des îles Cagarras mais également prés des îles des happy few d'Angra dos Reis. Les moniteurs diplômés de plongée peuvent donner des cours de plongée, en apnée et avec bouteilles.

CLÁUDIO CHAMINÉ

✆ +55 21 9973 5685
claudionascimentodasilva.blogspot.com
Cours de capoeira.

A Salvador ou à Rio, les passionnés du Brésil pourront apprendre les rudiments d'un sport qui fait partie de l'héritage africain du Brésil : la capoeira. Ce mix entre art et lutte est né dans l'arrière-cour des Senzalas, quand les esclaves tentaient d'échapper à la vigilance des maîtres qui veillaient à ce qu'ils n'apprennent pas l'art de la lutte. Claudio Chaminé est *mestre* de Capoeira et présente l'avantage de très bien parler français (il donne d'ailleurs des cours au lycée français de Rio). Il vous initiera aux bases de cet art semi-martial spectaculaire.

COMPANHIA DA ESCALADA

✆ +55 21 2567 7105
www.companhiadaescalada.com.br
École d'escalade.

On n'associe pas forcément Rio à la varappe avant d'être allé sur le mythique Pain de Sucre. Pendant que le commun des mortels arrive avec le téléphérique, on peut voir des grimpeurs arriver par les flancs abrupts du *morro*. Désormais, la structure géologique si particulière de Rio est mise à profit par de nombreux adeptes du regretté Patrick Edlinger. La « companhia da escalada » est l'œuvre du guide Flavio Daflon qui a créé cette école en 1995. Il donne des cours d'escalade, surtout sur le Morro da Urca, pour tous les niveaux.

INTERVIEW

RAÏ, LE FOOTBALLEUR A DU CŒUR

COFONDATEUR DE L'ASSOCIATION GOL DE LETRA

Bonjour Raï, pourquoi et comment vous est venue l'idée, Leonardo et vous, de créer l'association Gol de Letra ?

Cela fait presque 21 ans qu'on a démarré Gol de Letra. J'ai toujours eu l'idée d'un projet social sur le terrain qui puisse représenter tout ce en quoi je crois et accélérer le changement social au Brésil. Mon père nous a toujours poussés à réfléchir sur l'origine des injustices sociales et comment créer des opportunités égales pour tous.

Quelles sont les principales caractéristiques de Gol de Letra ?

L'éducation est à la base de tout. Au Brésil, il y a un inégal accès aux soins de santé, à l'habitat et l'éducation. Ça condamne les nouvelles générations des quartiers populaires à un destin incertain. A Gol de Letra, association à but éducatif, on intègre les élèves à partir de l'âge de 7 ans en travaillant en partenariat avec des écoles publiques (sport bien sûr, art, culture, assistance sociale, et aujourd'hui, à partir de la 10e année, formation vers l'emploi). Ça va de 7 ans jusqu'à 24-25 ans.

Combien de jeunes Brésiliens ont pu bénéficier des activités de Gol de Letra ?

Plus de 25 000 y sont déjà passés. Ils passent des années à la fondation, suivent des activités éducatives. 4 500 jeunes sont pris en charge chaque semaine.

Y a-t-il des antennes de Gol de Letra en France ?

Oui, il y a une super équipe de bénévoles dans l'antenne française de l'association. Aujourd'hui le moyen le plus facile de les contacter, c'est par Facebook.

Comment nos lecteurs peuvent-ils s'informer sur Gol de Letra ou participer à l'association ?

Il y a le site www.goldeletra.org.br, accessible en français et actualisé en permanence, où l'on peut aller chercher des informations.

Plus d'informations : Gol de Letra France, 15 rue de Chabrol 75010 Paris +33 7 82 26 78 07 - www.goldeletra.org.br/fr https://fr-fr.facebook.com/goldeletrafr/

© GOL DE LETRA

© GOL DE LETRA

© GOL DE LETRA

CRUX ECOAVENTURA

Av. Marquês de São Vicente, 348
Gávea
✆ +55 21 3322 8765
www.cruxecoaventura.com.br
Agence de tourisme d'aventure.

Tout en restant à Rio de Janeiro ou à proximité, il est possible de pratiquer des sports variés. Cette agence est recommandée pour l'organisation de vos activités sportives et excursions. Que vous soyez débutants ou confirmés, l'équipe de professionnels de Crux Ecoaventura propose une multitude d'options avec comme toile de fond la cidade maravilhosa : escalade, randonnée pédestre, rafting, plongée, canoë-kayak, deltaplane, surf, kite surf, visite éco-responsable de la ville…… L'accueil est sympathique, l'encadrement très professionnel.

DIVE POINT

Av. Ataulfo de Paiva, 1174
Leblon
✆ +55 21 2239 5105
www.divepoint.com.br
École de plongée.

La structure Dive Point propose des cours de plongée et excursions sur les plages de Rio et les îles Cagarras, ou les alentours. Elle organise l'hébergement, la restauration et la location d'équipements. On peut y faire son baptême de plongée. Cette structure a l'avantage de proposer à la fois des cours qui répondent aux standards SSI et ADI, on pourra choisir, en fonction de la durée de plongée choisie ou du budget ce qui correspond le mieux aux attentes. C'est une structure qui collabore au programme *cavalo marinho* visant à protéger les hypocampes.

ESCOLA DE SURF PAULO DOLABELLA

Rua Maria Quitéria - Ipanema
✆ +55 21 99814 9702
www.escolinhadesurfipanema.com
École de surf. Heure de cours particulier à 150 R$, 80 R$ pour un groupe. Pack de 5 heures de cours à 350 R$.

Rio est une destination naturelle pour le surf. L'empreinte de ce sport y est omniprésente. L'opportunité de profiter de ces incroyables spots, même si on n'est pas (encore) surfeur peut alors naturellement nous pousser à prendre des cours de surf dans une école. Cette école de surf se situe sur la plage mythique d'Ipanema. Des guides diplômés apprendront les rudiments du surf ou aideront les stagiaires à se perfectionner sur une des plus belles plages du monde.

RIO ADVENTURES

✆ +55 21 3587 3282
www.rioadventures.com
Permanence téléphonique du lundi au vendredi de 8h à 18h et le samedi de 9h à 13h. A partir de 219 R$

Rio Adventures est une agence expérimentée et de très bonne réputation qui propose différents types d'activités à Rio de Janeiro mais également dans l'Etat de Rio. Rio Adventures propose des circuits de trekking à travers les forêts de Rio, parc de Tijuca, Pain de Sucre, mais aussi dans les magnifiques montagnes de l'État (Serra da Bocaina, Serra dos Orgãos…). Au programme de Rio Adventures, on peut pratiquer l'escalade, la descente en tyrolienne, le rafting, le saut en parachute et la plongée. Toutes les réservations se font en ligne.

RIO TANDEM FLY

✆ +55 21 2422 6371
www.riotandemfly.com.br
Deltaplane.

Le deltaplane est désormais moins usité que le parapente pourtant cela reste historiquement une des premières possibilités de survoler Rio « de ses propres ailes » et cela reste assurément magique de descendre du morro de Sao Conrado et d'arriver sur la plage. Paulo et Roni Falcão sont deux frères, instructeurs de deltaplane, qui parlent le français et proposent des sauts depuis la Pedra Bonita. Bien sûr, les vols se font en tandem. Le pilote et le passager sautent de la pedra bonita et ce sont Paulo ou Roni qui vont mèneront pendant le vol.

RIOPARAPENTE.COM

Av. Pref. Mendes de Morais, 1500
São Conrado
✆ +55 21 97682 9298
www.rioparapente.com
A partir de 500 R$ le vol

La société Rioparapente.com propose des vols en tandem au-dessus de Rio sous deux formes : le parapente et le deltaplane. Les sauts se font à partir de la Pedra Bonita et pendant le vol, le pilote et son passagers vont survoler la Pedra da Gavea, la forêt de Tijucá et la Lagoa, entre autres. L'atterrissage en douceur se fait sur la belle plage de São Conrado. Tous les pilotes sont diplômés et expérimentés. Certains parlent anglais, d'autres espagnol ou français. Avec plus de 15 ans d'expérience, la sécurité est au coeur des considérations des pilotes.

SORTIR

Les possibilités de sortie à Rio sont multiples et se mesurent à l'aume du gigantisme de la mégapole *carioca* ! Prendre un verre en début de soirée sur les hauteurs de Santa Teresa, aller écouter de la musique *ao vivo* (*live*) dans un des nombreux clubs de samba de Lapa (et tenter quelques pas de danse !), terminer la nuit dans une boîte huppée de Lagoa ou d'Ipanema, le temps (et le budget) sera votre seule limite pour profiter des nuits « chaudes » de la capitale culturelle et festive du Brésil. S'essayer à quelques pas de samba dans le surprenant Rio Scenarium, magasin d'antiquités le jour, immense boîte de samba la nuit ou refaire le monde au Bar do Gomes ou do Mineiro avec des amis de l'UFRJ, on a l'embarras du choix ! L'espace culturel Luiz Gonzaga aura le double effet de vous transporter dans le temps et l'espace, sur les rythmes endiablés des *forros* des immigrés nordestins des années 1950.

CASA ROSA

Rua Alice, 550
Laranjeiras
✆ +55 21 2557 2562

Club. Ouvert le vendredi et le samedi de 21h à 5h. Compter environ 20 R$ l'entrée.

Rio ne manque certes pas de lieux dédiés à la culture et à la musique mais certains sont vraiment à connaître pour s'imprégner de l'esprit carioca. La Casa Rosa fait partie des lieux qui permettent de mieux découvrir la ville (ou le pays tout entier d'ailleurs) à travers ses racines et sa musique. Dans cette grande maison rose bonbon transformée en centre culturel, d'excellents groupes jouent samba, forró, rock, MPB, chorinho... Si on a peur de ne pas tenir toute la nuit, certains jours on peut manger une *feijoada* maison. Un lieu à connaître !

CLUBE DOS DEMOCRÁTICOS

Rua do Riachuelo, 91 – Lapa
✆ +55 21 2252 4611
www.clubedosdemocraticos.com.br

Club. Ouvert le mercredi de 20h à 3h, le vendredi et le samedi de 22h à 4h, le dimanche de 20h à minuit. Entrée payante.

Le Clube dos Democraticos semble nous replonger dans d'autres temps, dans un autre Rio d'avant la modernité et l'émergence. C'est une énorme salle de bal d'une autre époque (les lieux ont été inaugurés il y a plus de 150 ans, en 1867 !) où s'égosillent des haut-parleurs au rythme de la samba ou du forro nordestin. Dans un cadre Art déco, on se déhanche comme des diables ! Idéal pour ceux qui veulent danser : pas de manière, on entre en piste c'est obligatoire ! Longue file d'attente le week-end, aussi vaut-il mieux arriver tôt.

CARIOCA DA GEMA

Avenue Mém de Sá, 79 – Lapa
✆ +55 21 2221 0043
www.barcariocadagema.com.br

Du lundi au jeudi, de 18h à 1h, le vendredi de 18h à 3h, le samedi de 21h à 3h. Entrée musicale de 25 à 30 R$.

Carioca da Gema signifie littéralement « Carioca de souche ». Le nom est fort bien choisi puisque c'est dans une atmosphère bien *carioca* que vous allez être plongé. Un groupe de samba *ao vivo*, une clientèle amicale, dansant sans se lasser, un personnel attentionné. Le décor est sympa, un escalier de bois mène à une salle calme. Comme tous les bars en vogue à Rio, plus on s'approche du week-end, plus la file d'attente à l'entrée sera longue. Vendredi soir, plein à craquer ! Vraiment une des meilleures adresses pour écouter de la musique traditionnelle et danser !

CIRCO VOADOR

Rua Arcos da Lapa - Lapa
✆ +55 21 2533 0354
www.circovoador.com.br

Salle de spectacle. Compter environ 50 R$ l'entrée, paiement uniquement en espèces.

Comme son nom ne l'indique pas, ce lieu n'est pas dédié aux arts circassiens mais le plus souvent à la musique. De nombreux groupes, certains parmi les plus grands de la planète musique, s'y produisent et y enregistrent quelquefois des albums live. Derrière les légendaires arches de Lapa, quand les stars ne sont pas là, les groupes présentés offrent toujours des spectacles de qualité, que ce soit en musique brésilienne ou internationale. Cet espace est assurément l'une des plus grandes places musicales de Rio, et assurément l'un des cœurs culturels de la ville.

FUNDICÃO PROGRESSO

Rua dos Arcos, 24
Lapa
✆ +55 21 3212 0800
www.fundicaoprogresso.com.br
Salle de spectacles.

La *Fundição* est, comme son nom l'indique, une ancienne fonderie située au cœur de Lapa et transformée opportunément en salle pluriculturelle. Elle se transforme en salle de concert pour les stars locales (Jorge Ben, Caetano Veloso) ou internationales (Manu Chao adore l'endroit !). Elle sert également de salle de répétition pour les écoles de samba, de salle des fêtes, de représentations théâtrales… Ce lieu magique peut accueillir plus de 5 000 personnes. Un autre cœur culturel de Rio. Programmation complète sur le site Internet.

PEDRA DO SAL

Rua Argemiro Bulcão, 38
Saúde
Chaque lundi et vendredi à partir de 19h jusqu'à tard dans la nuit. Entrée gratuite.

Pedra do Sal est un monument historique et religieux, et surtout un lieu de fête incontournable. C'est le cœur de la culture afro des descendants d'esclaves de Rio, où se rencontrent les musiciens, chanteurs de samba et de *chorinho*, directement dans la rue. Tous les lundi (ancien jour de repos ouvrier) des *rodas* de samba attirent une foule de danseurs et de fêtards, venus boire une bière, manger un plat brésilien. Le lieu est très charmant, au milieu des petites maisons coloniales, des rues pavées et des fresques de *street art*. Le quartier n'est pas très sûr.

RIO SCENARIUM

Rua do Lavradio 20
Centro
✆ +55 21 3147 9000
www.rioscenarium.art.br
Ouvert du mardi au samedi de 19h à 5h. Compter de 25 à 50 R$ l'entrée.

Un immense et magnifique entrepôt d'antiquités (des milliers de pièces sont en vente), qui se transforme le soir venu en club de samba, *forró* et *chorinho*. Un endroit magique, il faut se perdre dans l'enchevêtrement de ces énormes salles et découvrir des recoins déserts peuplés de mannequins de cire abandonnés. 2 000 personnes s'y pressent le week-end. La programmation de musique *ao vivo* est excellente. Seul bémol : le Rio Scenarium est à la mode et les touristes étrangers y affluent, faisant perdre ainsi un petit peu de l'âme carioca du lieu.

SAMBA DO TRABALHADOR

Rua Barão de São Francisco, 54 - Andarai
✆ +55 21 3253 2322
www.renascencaclube.com.br
Tous les lundis de 17h à 21h30. Entrée 10 R$. Taxi depuis la Zona Sul : 35 à 40 R$

Dans ce quartier de friches industrielles, la samba se joue depuis toujours, le lundi, jour de repos des ouvriers. Au cœur de la culture afro-brésilienne, le club Renascença est le lieu de rendez-vous de de la vraie samba. La *roda* de samba fait venir les meilleurs musiciens et danseurs. Peu de touristes connaissent le rendez-vous, ni même les *hipsters* qui fréquentent la Pedra do Sal, dans le Centro. Ambiance authentique garantie. On peut y manger des *acarajés*, des *caldinhos* et des *pasteis*. Le club est un lieu fermé et sécurisé avec des taxis qui patientent devant.

TRAPICHE GAMBOA

Rua Sacadura Cabral, 155
Praça Mauá
✆ +55 21 2516 0868
Café-concert. Ouvert du mardi et jeudi de 18h30 à 0h30, le vendredi de 19h30 à 3h et le samedi de 20h30 à 3h.

Le Trapiche Gamboa est l'une des valeurs sûres de la samba («le» samba disent les sambistas cariocas). Le Trapiche Gamboa est un club de samba dans une superbe propriété datant de 1867 et complètement rénovée. Au rez-de-chaussée, on trouve la scène et de nombreuses tables au cœur de l'ambiance de la samba *ao vivo* (excellente *roda* de samba le samedi soir). Le spectacle s'apprécie ici autour d'une bonne bière fraîche ou d'un plat. À l'étage, espace plus intimiste et calme pour grignoter quelques *pasteis* en regardant les *sambistas* !

VINICIUS BAR

Rua Vinicius de Moraes, 39 – Ipanema
✆ +55 21 2287 1497
www.viniciusbar.com.br
Fermé pour rénovations depuis février 2018. Date de réouverture inconnue lorsque nous écrivons ces lignes.

Le Vinicius Bar, sis dans la rue du même nom, en face du bar Garota da Ipanema, est une institution de la bossa-nova à Rio. La salle de concert de l'étage, très intime, a vu passer les plus grands noms de la bossa (Baden Powel, Wanda Sa, Dori Caimmi…). Elle continue d'accueillir très régulièrement la grande (par le talent) Maria Creuza et sa voix de velours. A écouter un verre de caïpirin ha à la main… Aujourd'hui encore, malgré l'embourgeoisement du quartier, la même ambiance d'amoureux de la musique brésilienne se retrouve toutes les fins de semaine.

ITACURUÇA ★

Itacuruçá est un nom indigène qui signifie « pierre de la croix ». La cité, située seulement à 96 km de Rio, endormie la semaine, s'éveille le week-end. Les quelques îles offrent de belles plages fréquentées par des familles et la partie continentale est enchâssée dans des collines recouvertes par une forêt atlantique dense. On peut faire des balades en *saveiro* ou pêcher. Se promener en bateau en ces lieux, comme en de nombreux endroits de la Costa Verde, permet de s'imprégner de la beauté des paysages. La petite ville propose quelques attractions intéressantes. Si on veut se promener en toute tranquillité, on évitera Itacuruça le week-end.

ESTRADA IMPERIAL DO ATALHO ★★

Accès par la plage du Saco de Baixo.

Petite montée par la route impériale à travers la forêt atlantique. On passe près d'une énorme cascade, avant d'arriver à une autre cascade, celle des Esclaves, et au Puits Impérial. Le premier projet discuté à la Chambre de la commune du nouveau village était la construction de cette route reliant Mangaratiba à São João do Príncipe (São João Marcos). On peut voir des vestiges de bâtiments en ruine le long de cette route remise en valeur pour le tourisme.

POUSADA CANTINHO DA BIA €€

Praia Grande ✆ +55 21 99741 5229

www.pousadacantinhodabia.com.br

Compter 450 R$ la chambre double, petit déjeuner compris. Minimum de 2 nuits.

Cette pousada est bien localisée, située sur la grande plage d'Itacuruçá, et propose des chambres avec vue sur la mer. La Cantinho da Bia est surtout populaire auprès des Brésiliens le week-end, la semaine elle est plus tranquille. Les suites sont dans des maisonnettes (*chalé*) individuelles modernes avec TV, climatisation, mini frigo, et pour les plus chères en petit appartement avec kitchenette équipée, certaines pour des familles. A partir d'un joli deck en bois, on peut apprécier la beauté de la baie en sirotant un verre. Bon petit déjeuner.

PARÓQUIA NOSSA SENHORA DA GUIA ✞ ★★

Praça Robert Olympio Simões

La jolie petite église du centre de Mangaratiba date de 1795. C'est un des rares édifices religieux anciens qui conservent encore ses caractéristiques anciennes peu ou pas retouchées. Elle propose une jolie façade couverte d'azulejos portugais. L'intérieur baroque est modeste, avec une chapelle et une statue en bois de la sainte. La sainte consacrée ici est la patronne des gardiens de troupeaux ou des pêcheurs. Ils viennent l'honorer le 8 septembre.

MANGARATIBA ★

Située à 85 km de Rio de Janeiro, Mangaratiba est surtout connue pour ses resorts de luxe, notamment pour le Club Med Rio das Pedras Resort. La ville d'environ 40 000 habitants ne présente pas de grand intérêt en soi, si ce n'est pour ceux qui veulent se rendre à Ilha Grande sans passer par Angra dos Reis. En partant de Rio, vous gagnerez une heure de transport en bus par rapport au port d'Angra, mais les navettes sont beaucoup moins fréquentes. Néanmoins, on trouve à Mangaratiba de belles plages, des montagnes (Serra do Piloto), des cascades, des bâtiments historiques datant du Brésil colonial, quelques musées et des églises centenaires.

PRAIAS ★★

Plusieurs plages populaires à Mangaratiba : la plage centrale d'abord, pas très recommandée pour se baigner car les bateaux viennent y accoster, mais jolie avec ses palmiers. La populaire praia Ibicuí est souvent bondée car facile d'accès. La meilleure est sans doute la praia Brava, belle, vaste, raisonnablement peuplée, avec quelques paillotes acheter des boissons fraîches, et aux eaux claires pour se baigner. Plus reculées et accessibles seulement en voiture depuis le centre, les plages de São Antonio et Junqueira sont sauvages, avec des eaux calmes et limpides.

SERRA DO PILOTO ★

C'est dans cette forêt que se trouve le fameux « point d'eau du cheval de Dom Pedro II », dans cette cascade où les esclaves étaient autorisés à se baigner. On y verra également quelques ouvrages architecturaux historiques et des ruines.Lieu important de l'histoire économique du pays, la *serra* entoure l'ancienne route impériale sur laquelle sont passés les esclaves et les producteurs de café des *fazendas*. Cet espace naturel a été assez peu modifié par l'homme au cours des siècles et il apparaît aujourd'hui comme un paradis pour les balades en pleine nature.

RESTAURANTE MIRANTE IMPERIAL €€

Estr. São João Marcos, 16

✆ +55 21 99120 0594

Cuisine brésilienne. Ouvert tous les jours de midi à 17h. Compter environ 50 R$ par personne.

Le restaurant Mirante imperial est un restaurant chic sur les hauteurs du centre historique, comme son nom de « Mirante » (point de vue) l'indique. Il offre une vue imprenable sur la baie de Mangaratiba. Bien évidemment, ce sont les poissons qui sont à l'honneur. Mention spéciale pour le filet de sole, bien cuisiné, et les *moquecas* de fruits de mer (spécialités du Nordeste mijotées dans des pots en terre cuite). Les pastels ne sont pas en reste. Les pizzas sont très bonnes.

SOLAR DO BARÃO DE SAHY ★★

Rua Coronel Moreira da Silva, 173

✆ +55 21 2789 1422

Ouvert du lundi au vendredi de 8h à 16h.

Sans doute est-ce le « solar » (maison bourgeoise) la plus ancienne de Mangaratiba. Cette maison coloniale a été construite en 1831. Le baron de Sahy, grand propriétaire terrien et planteur de café a fait construire sa belle demeure au cœur de Mangaratiba, dont le développement a été lié au développement de la culture du café. C'est aujourd'hui le centre culturel de la ville qui compte un musée municipal modeste depuis 2012, exposant des objets coloniaux du XVIIe siècle, des photographies de la ville du XIXe siècle et quelques peintures.

CONCEIÇÃO DE JACAREÍ ★

Très proche de Mangaratiba, Conceição de Jacareí est un petit village qui a plusieurs atouts : d'abord sa position privilégiée de point le plus proche d'Ilha Grande, lui assurant des arrivées et départs permanents de touristes, mais aussi sa plage, un peu plus agréable que celles d'Angra dos Reis car éloignée des plates-formes pétrolières, et enfin la présence de quelques hôtels salutaires pour ceux qui cherchent à faire une pause sur la route entre Rio et Ilha Grande. Il est judicieux, lorsqu'on se rend à Ilha Grande, de prendre les bateaux qui assurent la traversée à Conceição de Jacareí, cela fait fait gagner du temps par rapport à Angra dos Reis.

TELEBARCAS

Avenida Mangaratiba, Barcas

✆ +55 21 2533 7524

Aller simple : 17 R$.

On peut aller à Ilha Grande par différents lieux, entre Rio de Janeiro et Paraty. Vous pouvez rejoindre Ilha Grande (jusqu'à Abraão, le village principal) depuis Mangaratiba mais il y a peu de bateaux par jour. Temps de voyage de 1h20 à 1h40 car c'est un ferry, de la compagnie CCR Barcas (www.grupoccr.com.br/barcas). Si vous êtes pressé, si vous arrivez de Rio, vous pouvez prendre la bateau à Conceição do Jacaré.

- **Mangatiba - Abraão :** tous les jours à 8h, le vendredi un bateau en extra est ajouté à 22h.
- **Abraao - Mangaratiba :** tous les jours à 17h30.

VILANOVA TOUR

Rua da Praia, 157

✆ +55 21 99745 5548

www.vilanovatour.com.br

Aller-retour : 70 R$, aller simple : 40 R$. Demi-tarif pour les enfants de 6 à 10 ans.

Pour ceux qui veulent aller de Rio à Ilha Grande sans aller à Angro dos Reis, plus éloigné de Rio, Vilanova Tour propose des services de navettes quotidiennes entre la petite ville de Conceição de Jacarei et Abraão.

Horaires de navettes quotidiennes : de Conceição de Jacareí à Abraão : 8h30, 9h30, 10h, 10h30, 11h, 12h, 13h, 14h, 14h30, 14h30, 15h30, 16h30, 18h et 18h30. D'Abraão à Conceição de Jacareí : 8h, 9h, 9h30, 10h30, 11h30, 12h, 13h30, 14h, 15h, 16, 17h30 et 18h30. Vilanova Tour propose également des balades en mer au départ des 2 ports.

ANGRA DOS REIS ★★

Angra est une ville portuaire et historique, fondée au XVIe siècle, à 150 km au sud-ouest de Rio. Pour beaucoup, ce n'est qu'une étape vers Ilha Grande. La ville et sa région n'offrent plus qu'un charme relatif, depuis son industrialisation. On pourra visiter la seule centrale nucléaire brésilienne et observer les plates-formes pétrolières de Petrobras. Cependant, si l'on traverse le port et que l'on suit la côte par la route do Contorno, alors on comprend pourquoi, malgré tout, le lieu reste en tête des destinations choisies par les Paulistas et les Cariocas pour leurs vacances. La route serpente sur les collines, qui se jettent dans une mer limpide.

MAMBUCABA ★★

Mambucaba

Ce petit village aux allures coloniales, bien agréable et dépendant de la ville d'Angra dos Reis, longe la jolie plage et la rivière du même nom. Il aurait été peuplé par les Indiens Tamoio, décrits par l'Allemand Van Staden au XVIe siècle. Le village et le site ancien tout entier ont été classés par l'IPHAN (monuments historiques) en 1968. Le vieux village est aujourd'hui un site de villégiature des habitants de l'Etat de Rio. De 700 habitants hors saison, la population monte à plusieurs milliers en haute saison. On peut s'y arrêter pour manger.

PONTA LESTE ★

Ponta Leste est un quartier d'Angra dos Reis, proche du terminal de Petrobras. Les plages de Ponta Leste sont dignes d'intérêt. La plage de Monsuaba notamment, avec une petite cascade (*cantagalo*) que l'on rejoint par un chemin de terre en face de la place de l'église. Depuis la plage da Espia, à la pointe de la Ponta Leste, plantée de manguiers et où un obélisque (*aquidaba*) rappelle le naufrage d'un navire de guerre en 1906, on a une jolie vue de la baie. L'Ouest est sauvage et désert. Plongée sur les plages de Maceis et Pontal.

PRAIAS NA ESTRADA DO CONTORNO ★

Les plages d'Angra sont nombreuses et certaines sont vraiment agréables. La plage de Praia Grande st la plus courue du côté « continent », étroite, elle regroupe beaucoup de maisons de plages et de petits restaurants. La Praia da Figueira est la préférée de ceux qui recherchent un peu d'ombre dans la chaleur tropicale. Elle est entourée de grandes résidences. On peut voir l'île de Gipoia. Tanguazinho offre une très belle vue sur la baie. Les eaux y sont calmes et translucides.

Vue d'Angra dos Reis.

NAUTICA DOCE ANGRA

Avenida Júlio Maria, 54
Centro
✆ +55 24 3367 1281

Promenade en goélette à partir de 50 R$ par personne, bateau privé à partir de 100 R$ de l'heure.

Comme à Paraty ou dans de nombreuses petites villes portuaires, il est possible de passer toute ou partie de la journée sur un bateau plus ou moins grand. Cette petite agence est spécialisée dans les promenades en mer en *escuna* (goélette brésilienne) d'environ 5 heures pour découvrir les petites îles tropicales ainsi que les côtes d'Ilha Grande. Location d'un bateau privatif possible. Dans la mesure du possible, il est plus judicieux de privilégier les plus petites embarcations car elles sont plus calmes et silencieuses que les goélettes chargées de touristes.

CCR BARCAS

Cais de Lapa – Centro
✆ +55 24 2533 7524

Angra dos Reis > Abraão. En ferry (1h20, 17 R$) : 15h30.Abraão > Angra dos Reis. En ferry (1h20, 17 R$) : 10h.

Ce port, qui fait aussi office de tourisme, est le point de départ le plus fréquenté pour rejoindre Abraão. on peut payer le billet en ligne ou par téléphone à Objectiva Tour (« O » dans les horaires) et AcquaFlex (« A » dans les horaires), qui proposent des speedboats ou la goélette. Le bateau ferry quotidien der CCR Barcas compte beaucoup de places. Une fois par jour, des pêcheurs proposent des transferts sur d'autres plages de l'île, où se trouvent quelques pousadas (Araçatiba, Japariz), il est possible de réserver un bateau privé pour Bananal et Aventureiro)

POUSADA CASA ATLÂNTICA €€

Rua Professor Jorge Salomão, 228
✆ +55 24 3377 1632
www.pousadacasaatlantica.com

Chambres doubles à partir de 350 R$, triples 400 R$, familiales 500 R$. Petit déjeuner compris. Wifi.

Pour ceux qui souhaiteraient passer une nuit ou deux à Angra, la casa Atlantica est une bonne option. L'établissement a changé son nom en House Inn Atlantic, mais elle a su garder son esprit. C'est une assez jolie pousada bien décorée, proche du centre d'Angra dos Reis, qui propose quelques chambres avec vue sur la mer, gaies, climatisées avec de jolies salles de bain à baignoire hydromassante. L'établissement dispose d'une agréable piscine et de sa propre jetée sur la mer. Des chaises longues sont disponibles pour la bronzette. Parking.

POUSADA JAMANTA €€

Estrada Vereador Benedito Adelino, 1421 - Bonfim
✆ +55 24 3365 1374
www.pousadajamanta.com.br

Chambre double à partir de 360 R$, triple de 520 R$ et quadruple de 640 R$. Petit déjeuner compris. Wifi.

Angra dos Reis est un spot de plongée renommé dans tout le Brésil. La pousada Jamanta est une belle pousada tout en bois de 19 chambres, où se retrouvent surtout les plongeurs (car c'est aussi un centre de plongée) et qui offre de magnifiques vues sur la mer. Certaines chambres, qui peuvent accueillir entre une et trois personnes, sont des suites, d'autres sont des appartements. La nature est omniprésente et semble fusionner avec ce bel établissement. Piscine avec ponton en teck et hamacs, sauna, hammam. Restaurant sur place.

FROMAGGIO €

Av. Almirante Júlio César de Noronha, 104-106
Centro ✆ +55 24 3367 1145
restaurantefromagio1.placeweb.site

Cuisine italienne, pizzeria. Ouvert tous les jours de 19h à minuit. Compter environ 50 R$ par personne.

Le Fromaggio est un restaurant italien, comme son nom l'indique. La cuisine italienne qu'il propose est simple et goûteuse dans un cadre certes un peu défraîchi, mais le plaisir sera dans l'assiette. La carte propose de bons plats de viande et de pâtes, mais également des pizzas. Les pâtes sont faites maison et les pizzas sont cuites au feu de bois. La taille des pizzas est impressionnante. Le filet mignon est à essayer ! Le service est familial, agréable et professionnel. Les bières sont servies bien fraîches et la carte des vins est correcte.

SAMBURÀ €€

Rua Maria José Lucas Peixoto, 286
Parque de Palmeiras ✆ +55 24 3377 2730
restaurantesambura.placeweb.site

Cuisine brésilienne, poissons & fruits de mer. Ouvert TLJ sauf le mardi de 12h à 23h30. environ 60 R$ pour un repas.

Le restaurant Samburà est un bon petit restaurant de spécialités de la mer réputé dans la région d'Angra, à l'ambiance jazzy relaxante, et où on peut se sustenter d'un poisson ou de poulpes grillés arrosés d'une bière fraîche. Fréquenté par des gens du cru en basse saison, la qualité de sa table fait que les touristes nationaux y sont très nombreux en haute saison. Les déclinaisons de poisson (moqueca de cavalo), de calamar, de crevettes (moqueca de camarao) sont toutes assez réussies. Le restaurant est assez excentré en revanche.

ILHA DE GIPÓIA ★

L'île de Gipóia est une des îles d'Angra qui mérite qu'on s'arrête en cette étape entre Rio et Paraty. Gipóia est un très bon spot pour une balade en pleine nature dans la journée. On peut s'y rendre en embarcation de pêcheur à partir du port d'Angra. Elle est richement dotée en îles, toutes différentes et qui permettront des activités différentes. L'ambiance est festive à Armação, sportive à Brava et Fora, où on pratique assidûment le surf. A Amaral, sans infrastructures, on viendra chercher le calme. La plage d'Amendoeiras est idéale pour la plongée car ses eaux sont transparentes. Il existe de nombreux hébergements, du rustique au sophistiqué.

ILHA GRANDE ★★★

Le paradis ! Ilha Grande est la plus grande île de la baie d'Angra dos Reis. Il n'y a pas de voitures, on circule en bateau le long de la côte ou à pied. C'est un véritable sanctuaire écologique classé réserve naturelle : 95 % de la forêt originale y sont préservés. Ses fonds marins sont d'une grande beauté et riches en épaves, témoignages des méfaits des pirates d'antan. Accessible en bateau depuis Mangaratiba, Conceição de Jacareí ou Angra dos Reis, ce bout de paradis épuise les superlatifs : des plages nombreuses (certaines abritent de petites criques), tranquilles, aux eaux transparentes ; d'autres, plus amples, bordées de palmiers alanguis et attaqués par les vagues, où vous verrez quelques surfeurs. On passe ses journées à se prélasser sur les plages ou sur des bateaux qui proposent de faire des demi-tours et tours de l'île ou à faire des randonnées. Des sentiers relient les plages entre elles, ou s'enfoncent à travers la jungle. On peut notamment aller à Lopes Mendes, la plus belle et sauvage de l'île, ou grimper au sommet de l'île, au pic de Papagayo qui culmine à 900 mètres d'altitude et offre une vue magnifique sur les environs. On peut faire le tour de l'île en trek de 5 jours avec un guide mais cela se prépare à l'avance. Les Cariocas, Paulistas et touristes y côtoient les pêcheurs. En août et septembre, la mer parfois houleuse rend l'accès à Ilha Grande difficile. Abraão est la principale porte d'entrée de l'île. L'île a connu une recrudescence de cas de fièvre jaune courant 2018, la vaccination est indispensable.

ABRAÃO ★★

Abraão, le seul vrai village de l'île, est très touristique. Situé face au continent et au village Conceição de Jacareí, il concentre des auberges de jeunesse et *pousadas* bien agréables. L'ambiance y est plutôt jeune et familiale, assez festive le week-end. Quelques hôtels exclusifs se trouvent sur d'autres plages de l'île mais l'accès y est plus difficile. Comme il n'y a pas de voitures sur l'île, les balades, jusqu'à la superbe plage de Lopez Mendes, par exemple, nombreuses, se font à pied à partir du village ou en bateau.

AQUEDUTO ET CACHOEIRA DA FEITICEIRA ★★

Vila do Abraão

Jusqu'à l'aqueduc, 2 km, 1h de marche, jusqu'à la cascade 2h depuis Vila do Abraão) ; dénivelé : 300 m.

La cascade de Feiticeira s'écoule sur 10 mètres de hauteur. Passage sous l'aqueduc construit à la fin du XIXe siècle, qui servait à acheminer l'eau au lazaret. Dénivelé d'environ 300 m avant une courte et étroite descente jusqu'à la cascade.. Après la baignade, poursuite de la randonnée jusqu'à la paisible plage do Iguaçu. On peut continuer en longeant la plage jusqu'à Saco do Ceu en passant par Praia da Camiranga, Praia do Perequê, Praia do Conrado,

BANANAL ★★

Bananal

Accessible en bateau depuis Angra dos Reis.

L'anse bananière compte les plages de Bananal, Jaconema et Matariz, courues par les *saveiros* qui partent d'Abraão.. Elle doit son nom à la plantation de bananes qui existait à la Freguesia de Santana et a une histoire assez insolite puisque ses habitants sont tous des descendants d'immigrants... japonais ! Ilha Grande a connu une vague migratoire de Japonais venus travailler dans les usines de sardines. Depuis le village, une balade populaire mène au point de vue Mirante do Bananal, il existe deux randonnées menant à la Freguesia de Santana et à Sitio Forte.

ETAT DE RIO DE JANEIRO

CAXADAÇO ★★★

Distance : 8,5 km aller/retour en partant de la plage de Dois Rios. Temps de marche : 4h aller/retour, dénivelé 150 m.

Cette randonnée se réalise en une journée complète aller/retour, avec lunch sur les plages de Dois Rios et Caxadaço. En partant de l'entrée de Dois Rios, suivre les indications d'une pancarte en bois. Plus un seul bruit, si ce n'est celui de la jungle.Après une descente abrupte, on traverse un petit torrent et, enfin, une petite plage déserte ! Abritées du large par un énorme rocher, les eaux y sont calmes et très claires. Paradisiaque. Les bateaux «tour complet» et «super sud» s'arrêtent ici. Pas de restaurant ou de camping sur place. le camping est interdit

DOIS RIOS ★★

Distance : 7 km depuis Abraão, dénivelé 350 m, temps de marche 2h30 à 3h.

Une randonnée mène à la belle plage de Dois Rios, où se rencontrent deux rivières (« dois rios ») et l'océan. Ici se trouvent encore les ruines du pénitencier fermé en 1994 avec un écomusée. Sentier facile, puis descente tranquille jusqu'au village de Dois Rios. Beau point de vue au-dessus du village d'Abraão (mirante de Curva da Morte) et deux petites cascades en contrebas. Restaurants de poissons et fruits de mer et des sandwichs.

Possibilité de continuer pour rejoindre la plage de Caxadaço (mais il faut partir tôt) ou Parnaioca (mais il faut dormir sur place).

LAGOA AZUL ★★

La lagoa azul n'est pas vraiment une lagoa. Tout au nord d'Ilha Grande, c'est une magnifique crique aux eaux qui grouillent de poissons multicolores et où on peut nager à proximité de tortues de mer. Malheureusement, c'est une étape très courue des grands *saveiros*, et est envahie par des hordes de plongeurs en « banane » tous les week-ends estivaux. Essayez de vous y rendre en « décalé » si vous louez un bateau privé, pour ne pas gâcher la visite. On trouve un bar-restaurant sur place pour manger et se rafraîchir. On ne peut pas s'y rendre à pied.

LOPES MENDES ★★★

Distance 7 km depuis Abraão, temps de marche effective : 4 à 5 heures aller/retour. Dénivelé 300 m.

Il peut paraître incongru de proposer un classement des plages tant elles peuvent être différentes en termes d'environnement, d'accessibilité, de formes...Pourtant, certaines sont unanimement plébiscitées tant leur beauté est universelle. Lopes Mendes est une de ces plages.

La plus populaire des randonnées conduit vers l'une des plus belles plages du Brésil : longue de 3 km et de sable fin et blanc, si fin qu'il crisse comme la neige sous les pas. Des surfeurs viennent à Lopes Mendes chercher des vagues plus nombreuses que du côté protégé d'Abraão. Le chemin qui y mène, assez large et bien entretenu, traverse la forêt tropicale et passe par trois plages successives (Palmas, Mangues et Pouso), avec autant de baignades possibles. L'effort en vaut vraiment la peine (trois montées, chacune de moins de 300 m de dénivelé). Points de vue à chaque col, le temps de reprendre son souffle et son courage ! On trouve des restaurants de plage en chemin, si vous avez oublié votre panier pique-nique. Entre Pouso et Lopes Mendes, comptez 20 minutes à pied, pour 1 km. Une bifurcation à droite, sur le chemin entre Pouso et Lopes Mendes, mène à la Praia de Santo Antônio, encore plus isolée.

▶ **Pour le retour**, ne vous en faites pas, il est toujours possible de négocier avec un des bateaux qui patientent au bord de la plage, pour regagner Abraão sans effort (dans ce cas, comptez seulement 2h30 à 3h de marche aller). Le dernier retour bateau est effectué vers 15h, vérifiez les horaires pour ne pas vous retrouver coincé comme Robinson sur sa plage.

PARNAIOCA ★★

Distance 15 km aller/retour depuis Dois Rios, temps de marche : 3h à partir de Dois Rios (6 à 7h aller/retour).

Très belle plage, intacte et sauvage. Ruines d'une vieille église, cascades... Mais c'est la randonnée la plus longue de l'île et un bon spot de plongée, car il y a une épave naufragée.

Sur place, on peut rester dormir, car l'aller-retour dans la journée est impossible. Le camping do Janete est parfait avec eau chaude dans les douches. Pensez à réserver, pour prévoir votre tente ou votre emplacement, dîner et petit déjeuner. Possibilité le matin d'embarquer sur un bateau-excursion qui fait « le tour entier » de l'île, les bateaux « *meia volta* » n'y vont pas.

PRAIA DO AVENTUREIRO ★★

Praia do Aventureiro

✆ +55 24 3369 7704

7,5 km depuis Proveta. Temps : 5 à 6 heures.

Une superbe plage, difficile d'accès, très recherchée par les surfeurs. Pour la visiter, il faut enregistrer son permis d'entrée auprès de Turisangra (c'est à Angra dos Reis, Av. Ayrton Senna, 580 !), capacité limitée.

On y accède par le village de Proveta facilement, mais depuis Parnaioca il faut un guide, car le chemin est compliqué. Les bateaux « tour de l'île » y font une halte. On peut y loger chez l'habitant, en campant dans le jardin, mais certains ont une cabane, ce qui fait « aventurier ». Il existe une quinzaine de campings.

PICO DO PAPAGAIO ★★★

Distance : 18 km depuis Abraão, dénivelé : 980 m ; temps de marche effective : 6 heures ; avec chaussures de marches.

Si le plus haut sommet de l'île est le Pico da Pedra D'Água (1 031 mètres), la randonnée la plus populaire est celle qui mène au Pico do Papagaio juste à côté (980 m), plus facile. On grimpe à travers la forêt tropicale pendant environ 3 heures de montée ardue, via un étroit chemin au cœur de la nature, qui offre de beaux panoramas sur le continent et l'océan. Par beau temps, on peut voir la Pedra da Gávea de Rio ! On peut l'effectuer sans guide en journée, en revanche, si l'expérience « randonnée nocturne » vous tente, nous vous recommandons d'en prendre un.

PRAIA PRETA ★★

À 20 minutes de marche d'Abraão.

Parmi les nombreuses plages de la belle île d'Ilha Grande, La plage de Praia Preta diffère des autres. C'est la seule plage de sable noir accessible depuis Abraão, à 20 minutes à pied en direction des ruines de Lazareto, l'ancien centre de quarantaine de l'île pour les immigrés du XIXe et du début du XXe siècle (une sorte de petit Ellis Island...). Très agréable, avec sa rivière d'eau douce (et fraîche) qui s'y jette. On peut continuer son chemin par la praia do Galego pour arriver jusqu'à l'aqueduc. Ses rochers arrondis donnent un aspect « seychelles ».

PRAIA DE ARAÇATIBA ★★

Praia de Araçatiba

Accessible en bateau depuis Angra dos Reis, ou à pied depuis Proveta (3h de marche aller simple).

La plage de Araçatiba est le deuxième lieu le plus important d'Ilha grande en termes de tourisme. C'est un point de départ idéal pour des sentiers écologiques ou des tours en bateau. C'est une plage proche de Proveta, où se trouvent quelques pousadas, cabanes de plage et campings, pour ceux qui veulent découvrir ce côté de l'île. On y accède par bateau depuis Angra ou à pied depuis Provetá. Sur place, les logements proposent facilement la demi-pension et des tours en bateau jusqu'à Lagoa Verde, Praia Vermel ha ou l'étrange Gruta de Açaia.

AQUARIO POUSADA & HOSTEL €

Praia da Julia
✆ +55 24 3361 5405
www.aquariohostel.com
A partir de 200 R$ pour une suite (double).60 R$ pour un lit en dortoir

© AQUARIO HOSTEL

Au calme, face à l'océan, idéalement situé à moins de 7 minutes à pied du petit centre d'Abraao, cette superbe auberge de jeunesse semble rapprocher le voyageur du paradis. La vue sur la petite baie vaut à elle seule le détour. On y accède par une passerelle en bois qui longe l'océan. La pousada Aquario propose des chambres doubles ou collectives, simples et très bien tenues. L'établissement propose un grand nombre de services à ses hôtes. L'accueil est à la hauteur des lieux, entre l'azur de l'océan et le vert des forêts tropicales.

PROVETÁ ★

Tout à l'ouest, c'est le second village de l'île après Abraão, et des navettes y accèdent depuis Angra dos Reis. On y trouve quelques *pousadas*, quelques cabanes de plage, mais c'est surtout le point de départ de nouvelles randonnées vers des plages qui ne sont pas accessibles côté Abraão. L'ambiance y est plus calme et les hébergements proposent facilement la demi-pension, ainsi que des excursions en bateau dans les environs. Depuis Provetá, on peut rejoindre très facilement (sans guide) la Praia do Aventureiro (2h aller), ou aller jusqu'à Araçatiba.

SAFARI LANC HA PARATY

R. Domingos Gonçalves de Abreu, 481
Paraty
✆ +55 24 99961 0748
www.lanchasafariparaty.com.br
De 180 à 200 R$ le transfert par personne.

Cette compagnie privée de bateaux de Paraty est la seule à organiser également des transferts en speedboat (1h30 seulement) entre Paraty et Ilha Grande. Départs seulement les lundis, mercredis et vendredis, depuis Paraty à 8h30, depuis Ilha Grande à 10h. Paraty et Ilha Grande sont deux merveilles incontournables de la Costa Verde et la possibilité de les relier en bateau rapide en une heure et trente minutes seulement est une alternative intéressante (plus polluante ?) au transport en bus ou en van de Parati à Conceiçao do Jacaré (puis bateau jusqu'à Abraao).

CHE LAGARTO €

Rua da Praia
Vila do Abraão
✆ +55 24 3361 9669
www.chelagarto.com
Dortoir de 60 à 90 R$, chambre double de 175 R$ à 265 R$, avec petit déjeuner. Wifi.

Une des nombreuses auberges de la franchise argentine au lézard. D'extérieur, on dirait une maison de Robinson accrochée au rivage. Pour une auberge de jeunesse, l'emplacement est royal. Les dortoirs (de 6 à 8 lits, mixtes ou femmes) sont vastes et lumineux avec casiers, et les chambres privatives simples et agréables (tout est climatisé). Il y a bien sûr un bar avec une vaste terrasse, où s'attablent les hôtes le soir, en contemplant la mer, dans une ambiance toujours festive. On y organise les sorties en mer, l'initiation à la plongée...

OVERNATIVA GREEN HOSTEL €

Rua Getúlio Vargas, 517
Vila do Abraão
✆ +55 21 99949 9331
de 40 à 55 R$ le lit en dortoir 90 R$ la chambre dble ; week-end haute saison de 100 à 150 R$ le lit et 220 R$ la dble.

Jolie maison tout en bois exotique transformée en auberge de jeunesse assez centrale, qui mise sur la nature et le bio. Excellent petit déjeuner buffet avec gâteaux maison, jus de fruit frais, etc. Dortoirs de seulement 4 personnes, mixtes ou femmes, avec casiers personnels et climatisation, qui ont l'avantage d'être parmi les moins chers de l'île en semaine, mais parmi les plus chers le week-end ! Rustiques et propres. Les chambres doubles sont jolies, lambrissées, avec salle de bain partagée et climatisation. Salle TV et billard. Bonne ambiance.

POUSADA & HOSTEL HOLANDÊS €

Rua da Assembléia - Vila do Abraão
✆ +55 24 3361 5034
www.holandeshostel.com.br
Lit en dortoir à partir de 50 R$, chambre double à partir de 170 R$, petit déjeuner inclus. Wifi.

© HOLANDES HOSTEL

Cette belle auberge de jeunesse est au cœur d'un grand jardin tropical, avec des bungalows et petits chalets individuels charmants pour les couples à petit budget. Tous très bien équipés… Le cadre est idyllique. On fait une immersion dans la nature de l'île. Sur une terrasse en bois, de nombreux hamacs pour se relaxer à l'ombre. Les dortoirs, de 6 lits (certains réservés aux femmes), bien équipés, cuisine collective et salles de bain, sont très bien tenus. L'hostel ne double pas ses prix le week-end, même en haute saison. Il faut réserver tôt. Une valeur sûre

BETO'S POUSADA €€

Travessa Buganville, 63 – Vila do Abraão
✆ +55 24 3361 5037
www.betospousada.com
Compter de 240 à 350 R$ la chambre double avec petit déjeuner, selon la saison. 30% par personne additionnelle. Wifi.

Abraao ne manque pas d'offres d'hébergements, même si cette offre peut rapidement arriver à saturation en fin de semaine ou en haute saison. Beto's pousada est un hébergement moderne sans prétention idéalement située au cœur d'Abraão. Les chambres, toutes blanches, claires, propres et confortables, peuvent loger de 2 à 5 personnes, et sont équipées efficacement pour un sommeil réparateur (climatisation, ventilateur, salle de bain privée). Copieux petit déjeuner avec des produits maison, servi sous forme de buffet. Bon rapport qualité-prix.

CASA BONITA €€

Rua Dona Romana - Vila do Abraão
✆ +55 24 3361 5261
www.casabonitadailha.com
Compter de 220 à 350 R$ pour une chambre double selon la catégorie et la saison, avec petit déjeuner. Wifi.

En harmonie avec la nature, la pousada Casa Bonita invite à un séjour sous le signe de la tranquillité et du confort. Eliane, la propriétaire, s'est limitée à six suites spacieuses dont trois peuvent recevoir jusqu'à 4 personnes. Les chambres sont confortables, lumineuses et toutes équipées d'un lit *queen size*, d'air conditionné, d'un ventilateur et d'un frigo-bar. Elles disposent aussi de belles terrasses dont une qui offre une vue grandiose sur le mont Ferreira. D'ambiance intime et lotie dans un cadre enchanteur, la Casa Bonita est une adresse de choix.

POUSADA ALBATROZ €€

Rua das Flores, 151
Abraão
✆ +55 24 3361 5903
www.albatrozilhagrande.com.br
A partir de 200 R$ pour une chambre double.

© POUSADA ALBATROZ

A quelques centaines de mètres du port, sur les hauteurs d'Abraão, la pousada Albatroz est un petit coin de paradis au cœur de la nature luxuriante de l'île. L'établissement propose plusieurs types d'hébergements (des chambres très confortables, ainsi que de charmants petits chalets) aux prestations soignées. Ces petites structures colorées sont bien insérées dans un environnement exceptionnel. Les colibris tiennent compagnie aux hôtes lors du petit déjeuner… L'accueil est à la hauteur des lieux, il est difficile d'en partir.

POUSADA CASABLANCA €€

Rua da Praia, 719 - Vila do Abraão
✆ +55 24 3361 5040
www.casablancapousada.com.br
À partir de 280 R$ la chambre double avec petit déjeuner. Wifi.

© DR

Nichée au calme dans une petite allée au cœur d'Abraão, à 70 mètres du quai, cette élégante maison coloniale est très appréciée des voyageurs. Elle a du cachet et est élégamment décorée. Dans cette *pousada*, seulement 9 confortables et lumineuses suites, de 2, 3 ou 4 personnes. Bien distribuées, toutes les suites bénéficient de vérandas, climatisation, ventilateur, télévision, frigo-bar, coffre... Accueil souriant et atmosphère familiale. Excellent buffet de petit déjeuner à volonté. La propriétaire parle français. Une adresse pleine de charme et de caractère.

O PESCADOR €€

Rua da Praia, 647 - Vila do Abraão
✆ +55 24 3361 5114
Compter selon la saison et la vue de 260 à 370 R$ pour une chambre double avec petit déjeuner buffet.

La pousada O Pescador est située face à la mer, à quelques pas du petit embarcadère d'Abraão. Dans ce charmant petit établissement à l'accueil chaleureux, 6 confortables suites récemment rénovées, pas plus. Toutes dotées d'un équipement qualité : bonne literie, TV, climatisation... Certaines chambres ont la vue sur la mer. Le restaurant de la pousada est incontournable sur l'île. L'ambiance y est très calme, car les enfants de moins de 12 ans ne sont pas acceptés. La pousada propose des randonnées dans l'île et des plongées encadrées par des professionnels.

POUSADA ARATINGA INN €€

Rua das Flores, 232 – Vila do Abraão
✆ +55 24 3361 9559
www.aratingailhagrande.com.br
Compter de 350 à 520 R$ pour une suite et de 380 à 570 R$ pour un chalet selon le type et la saison, petit déjeuner.

Située au calme, proche du centre d'Abraão et dans un environnement verdoyant, la pousada Aratinga Inn est un bon plan car les chambres sont d'un standing supérieur aux autres pousadas, à ce niveau de prix. Meubles anciens chaleureux en bois massif, terrasse avec table et hamacs, climatisation et ventilateurs silencieux, TV à écran LCD, lecteur DVD... Un soin extrême a été apporté aux finitions par la propriétaire australienne qui parle français et saura vous conseiller durant votre séjour. Les chalets, plus chers, sont plus intimistes, cachés dans la verdure.

POUSADA CAIÇARA €€

Praia do Canto – Vila do Abraão
✆ +55 24 3361 9658
www.caicarapousada.com.br
À partir de 300 R$ la chambre double avec petit déjeuner. Minimum 2 nuits. Wifi.

Cette confortable pousada est située en front de mer, les pieds dans l'eau. Elle a un cachet particulier grâce à sa construction en rondins de bois. Jardin avec chaises longues bien agréable devant la petite plage. Les chambres douillettes, toutes blanches et lumineuses, sont climatisées, disposent d'une terrasse avec hamac, d'une vue sur jardin ou sur mer, et d'une salle de bain spacieuse. Le petit déjeuner se déguste tourné vers la mer. Réservez tôt car cette pousada est victime de son succès les week-ends et pendant la haute saison,

POUSADA CAÚCA €€

Rua Getúlio Vargas, 300 - Vila do Abraão
✆ +55 24 3361 5292
www.pousadacauca.com.br
Compter de 260 à 420 R$ pour une chambre double avec petit déjeuner selon la saison, minimum de 3 nuits en saison. Wifi.

Localisée à Abraão, dans la rue principale du village, la Pousada Cauca est un établissement à l'ambiance sereine et chaleureuse, d'un bon rapport qualité-prix. Confortables et bien tenues, les chambres de 2 à 4 personnes, avec salle de bain privée et climatisation, sont idéales pour un couple ou une famille. Dans son jardin, la pousada dispose d'un kiosque zen ainsi que d'une petite cascade d'eau,. C'est ici que l'on prend un excellent petit déjeuner, un buffet goûteux. Mention particulière pour le professionnalisme et la gentillesse des propriétaires.

POUSADA DOS MEROS €€

R. Getúlio Vargas, 719
Vila do Abraão
✆ +55 24 3361 5214
www.pousadadosmeros.com.br

Belle maison bleue, à 150 mètres de la plage, la pousada des mérous [pousada dos meros] est enserrée dans un magnifique écrin de verdure d'arbres centenaires. Ses 13 chambres pour 1, 2, 3 et 4 personnes sont simples, sobres, toutes confortables et bien équipées. Une ambiance zen s'apprécie dès que l'on franchit le seuil de cet agréable établissement. L'équipe, super accueillante et dynamique, la boutique, la crêperie et le restaurant, tout semble fusionner harmonieusement pour accueillir les hôtes. Le chant des oiseaux complète cet agréable tableau.

POUSADA MAR AZUL €€

Rua da Praia, 30 – Vila do Abraão
✆ +55 24 3361 5529
pousadamarazul-ilhagrande.com.br

De 200 à 310 R$ la chambre double selon la saison, familiale de 500 à 580 R$, avec petit déjeuner, minimum de 2 nuits.

La pousada Mar Azul bénéficie d'une position privilégiée en première ligne de plage dans le petit village d'Abraao. Dans un cadre décoré avec soin [superbe mobilier provenant du Minas Gerais], on vous servira un petit déjeuner copieux et varié que vous dégusterez devant la baie vitrée, qui offre une vue spectaculaire sur la mer. Les chambres [doubles, triples ou familiales] sont simples, mais toutes trés confortables, claires et propres, avec climatisation, mini-frigo, salle de bain privée. Les prix grimpent raisonnablement en saison.

POUSADA RECANTO DAS FLORES €€

Rua Dona Romana, 25
Vila do Abraão
✆ +55 24 33615316
www.recantodasfloresilhagrande.com.br

La Pousada Recanto das Flores est un lieu simple et charmant, au coeur de la nature exubérante de l'île. Les marmousets, les colibris, les papillons seblent apprécier le jardin de cette pousada conviviale. Le Recanto das Flores propose différents types d'hébergement : Un chalet qui peut accueillir jusqu'à 5 personnes, des suites avec cuisine qui peuvent accueillir jusqu'à 3 personnes, des suites sans cuisine d'une même capacité, une suite de personne et un chambre double. Conseillé.

POUSADA ANCORADOURO €€

Rua da Praia, 121- Abraão
✆ +55 21 99909 1903
www.pousadancoradouro.com.br

Comptez selon saison et catégorie de 300 à 440 R$ la chambre double.

Idéalement située en front de mer, sur la plage du Canto, à quelques pas du village d'Abraão, cœur d'Ilha Grande, la *pousada* Ancoradouro est un établissement très accueillant. Elle propose des chambres confortables et des appartements flambant neufs, presque les pieds dans l'eau, dans un cadre enchanteur entre mer et montagne. La *pousada* allie confort, simplicité et qualité de service. La propriétaire fait tout pour que les hôtes se sentent chez eux. On peut y admirer le ballet des voiliers. Le *café da man ha* est à la hauteur de l'écrin.

© POUSADA ANCORADOURO

© POUSADA ANCORADOURO

POUSADA MANACÁ €€

Rua da Praia, 333
Vila do Abraão
✆ +55 24 3361 5404
www.ilhagrandemanaca.com.br
A partir de 300 R$ la chambre double selon saison et catégorie avec petit déj.

La Pousada Manacá bénéficie d'une situation privilégiée sur la plage do Canto et à quelques minutes à pied du centre d'Abraão. La convivialité du propriétaire français, Gérard, vous donnera l'impression de séjourner chez vous. Intimiste, la pousada ne dispose que de 7 confortables appartements pouvant recevoir jusqu'à 3 personnes. Les chambres sont toutes très bien équipées, climatisées, wifi, et bénéficient d'une vue sur la mer ou sur le jardin. La plupart d'entre elles sont dotées d'une terrasse et d'un hamac. Prix raisonnables en très haute saison.

© POUSADA MANACÁ

© POUSADA MANACÁ

REFÚGIO DO CAPITÃO €€

Praia de Araçatiba
✆ +55 24 98851 6197
www.refugiodocapitao.com.br
À partir de 380 R$ en chambre double petit déjeuner. Minimum 2 nuits, transfert Angra - Araçatiba gratuit si 3 nuits.

Sur cette plage isolée, il n'y a pas de boutique, de bar ou de boîte de nuit pour danser le soir. Les habitants et les visiteurs rencontrent seulement la mer et la végétation à perte de vue. C'est justement ce qui fait son charme de cette pousada. Le « refuge du capitaine » est un établissement qui propose une vingtaine de chambres climatisées, un sauna, un bain à remous, et une piscine. Comme son nom l'indique, c'est vraiment un refuge. Possibilité de réserver en pension complète. Pour les amateurs de nature et d'authenticité.

YES POUSADA €€

R. Getúlio Vargas, 260 - Vila do Abraão
✆ +55 24 3361 5715
yeshotelpousada.com
Réservation minimum pour 3 nuits, à partir de 800 R$ selon la saison et la catégorie. Petit déjeuner compris. Wifi.

Un bon compromis pour ceux qui veulent hébergement d'un bon rapport qualité-prix. La situation privilégiée de la pousada, proche de l'embarcadère, permet de facilement profiter du petit centre Abraão et des plages qui font la réputation d'Ilha Grande. 26 confortables appartements dont certains sont adaptés pour les personnes à mobilité réduite. les appartements sont équipés de l'air conditionné ou de ventilateur, d'un frigo-bar, de la télévision et d'une véranda avec vue sur jardin. Accueil très chaleureux. Les tarifs sont compétitifs.

ASALEM - SEASIDE HIDEAWAY €€€

Praia do Crena ✆ +55 24 99977 2675
www.asalem.com.br
Compter de 660 à 960 R$ pour une chambre double selon la saison et la catégorie. Petit déjeuner compris. Wifi.

Superbe hôtel accroché sur un rocher e bord de mer, à l'écart d'Abraão. On y accède par un sentier après 15 minutes de marche ou en 5 minutes par bateau. Parfaitement intégré dans la nature environnante, c'est l'une des adresses les plus charmantes d'Ilha Grande. Les huit confortables habitations sont décorées avec goût et disposent de climatisation, d'une terrasse. Dans un cadre romantique, le restaurant propose poissons et fruits de mer. Le propriétaire est très attentif à ses hôtes.

ATLANTICA JUNGLE LODGE €€€

Praia do Pouso - Enseada de Palmas
✆ +55 21 99999 5577
www.atlanticajunglelodge.com.br
À partir de 750 R$ la chambre double avec petit déjeuner. Wifi.

Ilha Grande propose quelques hébergements à la hauteur de la magnificence de sa nature. L'Atlantica Jungle Lodge fait partie de ces pousadas dont on ne part qu'avec regret. Ceux qui cherchent une magnifique rencontre avec la nature retrouveront ici une âme de Robinson. Suspendue au-dessus de la mer, en pleine *mata atlântica*, cette *pousada* offre une vue superbe sur la plage Lopes Mendes. Les 4 appartements sont spacieux, aménagés avec soin et possèdent tout le confort. Le restaurant propose une très bonne cuisine à déguster sur la terrasse.

SAGU MINI RESORT €€€

Praia Brava
Vila do Abraão
✆ +55 24 3361 5823
À partir de 517 R$ la chambre double, de 671 R$ la triple, de 803 R$ la quadruple, petit déjeuner compris

à Ilha Grande, un petit bateau vous prendra en charge et, après 5 minutes de navigation, vous découvrirez le Sagu Mini Resort, belle propriété totalement intégrée dans la Mata Atlantica. Cinq maisons, réparties dans 8 ha de dense végétation, en forment le cœur. Les 9 chambres sont superbes, d'une élégante simplicité. Toutes ont une terrasse privée équipée d'un hamac. Les appartements sont équipés de literie de très grand confort, mais aussi de climatisation, ventilateur, frigo-bar. Le restaurant du Sagu ravira le palais des gourmets. spa. Un vrai paradis.

PÃES E CIA €

Rua Santana 58
Abraão
✆ +55 24 3361 5758
Boulangerie-pâtisserie. Ouvert de 6h30 à 21h30. Comptez 40 à 45 R$ pour un repas complet.

Une autre adresse intéressante si l'on veut manger sur le pouce à Abraao tout en cherchant des plats agréables au palais comme au porte-monnaie. La compagnie Paes & Cia, qui possède de nombreuses boutiques à Rio propose ses sandwichs dans la petite ville de l'île. C'est assurément une excellente adresse pour déguster des hamburgers bien copieux (dont la spécialité des lieux, le Big Pães e Cia), des sandwiches froids, mais aussi des pizzas, agrémentés d'un verre de Guarana. Sans oublier de terminer par un bon *açaí* ! Un bon rapport qualité-prix.

PATO CREPES €

Rua Getúlio Vargas, 39
Vila do Abraão
✆ +55 24 3361 9628
Crêperie. Ouvert tous les jours sauf le lundi de 15h à 22h. De 15 à 20 R$ une crêpe salée ou sucrée.

Dans un décor en bois un peu rustique et sympathique, si on enlève les grandes affiches de crêpes, le Pato est un endroit agréable pour manger sur le pouce ou pour un menu « crêpe » plus complet. On y trouve plus de 30 sortes de crêpes. La Guincho (fruits, Nutella, glace) satisfera les appétits solides ! Les crêpes salées sont également de bonne facture. Les desserts à base d'açai (comme la « barque d'açai ») sont bons et servis en portions généreuses. Seul bémol, il arrive souvent que le service soit un peu long, mais toujours avec le sourire.

CREPERIA TROPICANA €

Rua da Praia
Vila do Abraão
✆ +55 24 3361 5047
Crêperie. À partir de 18 R$ la crêpe.

A Buzios, chez Michou, ou à Paraty au Castellet, les amateurs de crêpes trouveront des crêpes universellement reconnues. Manger une crêpe à l'étranger est souvent un moment où l'esprit critique de l'hôte français est intense. Alors pour tout dire, la Creperia Tropicana est une bonne découverte. Cette crêperie s'en sort plutôt bien, aussi bien pour les salées que les sucrées (celle au *dolce de leite* est exceptionnelle), même si le service est un peu lent et les prix un peu trop élevés. Bien si vous en avez marre du *arroz e feijão*.

SARA SABORES €

R. Getúlio Vargas, 39
Vila do Abraão
✆ +55 24 3361 5222
Cuisine brésilienne & pizzeria. Ouvert tous les jours de midi à minuit. À partir de 40 R$ le plat ou la pizza.

Dans cette petite échoppe rustique de la rue Getulio Vargas, on sert un peu de tout. On peut y manger des pizzas, des *moquecas*, des plats brésiliens, mais tout est savoureux et très copieux. Une excellente adresse si vous n'avez pas les mêmes envies ou budgets. Le service est attentif, la *moqueca* et la pizza aux fruits de mer testées étaient délicieuses, la paella sur la table voisine paraissait bonne aussi. Un bon plan pas cher ! La caïpirin ha de la maison, que l'on consommera avec modération, permet de bien commencer le repas.

CANOA CAFE LOUNGE €€

Rua da Praia, 145
Vila do Abraão
A partir de 35 R$ par personne.

© CANOA CAFE LOUNGE

Le Canoa Café Lounge jouit d'une localisation optimale dans le paradis tropical d'Ilha Grande. La décoration est à la hauteur de l'environnement. Enfin, *last but not least*, la cuisine est raffinée. Le crumble de camarao, les falafel, les plats vegan, tout est plaisir des sens, jusqu'au dessert maison, le crumble Canoa. Voir le soleil se coucher en sirotant une caïpirin ha ou un cocktail Jorge Amado, à base de cachaça locale, de fruits de la passion et de citron vert, est assurément un moment de plaisir. Le service est professionnel et agréable.

CAFÉ DO MAR €€

R. Getúlio Vargas, 50
Praia do Canto
✆ +55 24 3361 9446
Cuisine brésilienne. Ouvert tous les jours de 10h à 1h. Compter environ 80 R$ par personne.

Le café do Mar est un bel endroit, rustique et agréable qui reçoit les visiteurs jusqu'à tard le soir. C'est un bar et un restaurant de plage retiré du centre agité d'Abraão, sur la magnifique praia do Canto. On mange vraiment les pieds dans le sable. Menu original et prometteur qui ne déçoit pas puisque les plats sont délicieux (mention spéciale aux poissons et à la viande au barbecue le mercredi), le choix de brochettes est varié. Les cocktails et jus de fruit frais sont également très bons. Au coucher du soleil, c'est fort agréable.

FRUTOS DO MAR €€

Rua Santa Ana
Vila do Abraão
✆ +55 24 3361 5100
Cuisine brésilienne, spécialités de soupes. Compter environ 50 R$ par personne.

Le cadre est rustique, avec des tables en bois massif, et la cuisine bien brésilienne, fraîche, copieuse, goûteuse. Le restaurant est spécialisé en soupes (caldos), poissons, crabes, crevettes, et en fruits de mer. Goûtez le *caldo de mocotó*, une spécialité bien brésilienne à base de moelle, excellent pour la gueule de bois, paraît-il. Les poissons grillés et les salades sont des options plus classiques, délicieuses ici. En revanche, arrivez tôt car les produits sont frais et facilement en rupture de stock : la carte se réduit au fil des services !

LUA E MAR €€

R. da Praia, 297
Vila do Abraão
✆ +55 24 3361 5761
Cuisine brésilienne, spécialités poissons fruits de mer. tlj sauf mercredi de 11h à 23h. environ 80 R$ par personne.

Un cadre simple, mais fort agréable : des tables de jardin à même le sable, sur la plage calme du Canto. A l'ombre des amandiers le midi où, à la lumière des bougies le soir, on écoute les clapotis des vagues tout en dégustant des plats délicieux. Le restaurant est spécialisé en poissons et fruits de mer. Une excellente option est le bobó de camarao (crevettes), un plat typique du Nordeste brésilien ; une autre peut être la succulente moqueca de poissons. Les caïpirinhas sont réputées pour être parmi les plus réussies de l'île !

O PESCADOR €€

Rua da Praia, 647
Vila do Abraão
✆ +55 24 3361 5114
Cuisine brésilienne. Compter environ 80 R$ par personne.

Comme son nom l'indique (le pécheur), O Pescador est un restaurant de poissons et fruits de mer. La majorité des plats sont pour deux personnes. Le cadre est agréable, de plain-pied sur la plage. La décoration est chaleureuse : plantes, poissons multicolores aux murs. Au menu : délicieux filet de poisson cuit dans une feuille de banane accompagné d'une farofa de palmier, de poireaux et de crevettes, ou bien un tendre pavé de viande recouvert d'une exquise sauce aux champignons ainsi que des crevettes à l'ananas… Copieux et goûteux !

PÉ NA AREIA €€

Rua da Praia – Vila do Abraão
✆ +55 24 3370 7637
www.penaareiailha.com
Cuisine brésilienne. Ouvert du mardi au dimanche de 14h à 23h. Compter environ 80 R$ pour 2 personnes.

Ce restaurant les « pieds dans le sable » (traduction de *Pé na areia*), en première ligne du front de mer, dispose d'une terrasse romantique avec des lampes-ombrelles tamisées. Certes, ce n'est pas le seul restaurant de ce type à Vila do Abraao mais il est fort agréable. Musique *ao vivo* les soirs de week-end. Les plats sont copieux (en revanche il faut commander pour deux personnes), les fruits de mer et poissons subtilement cuisinés, la carte des vins variée, le service efficace. Une excellente adresse pas plus chère que les autres, mais très élégante. A tester !

RESTAURANTE DOM MARIO €€

Rua da Praia, 781
Vila do Abraão
✆ +55 24 3361 5349
Cuisine brésilienne, spécialités poissons & fruits de mer. du mardi au samedi de 18h à 23h.environ 80 R$ par personne.

Le restaurant Dom Mario est une adresse qui a su se bâtir une réputation de cuisine de qualité. La journée, les pieds dans le sable ou soir, à la lumière des bougies, le restaurant Dom Mario, s'applique à servir des plats raffinés, comme le poisson sauce maracuja, filet mignon (de bœuf) sauce gorgonzola ou sauce poivre, les poissons et fruits de mer grillés au barbecue, ou à la sauce maracuja... Les plats sont servis en portions généreuses, pas forcément du goût des adeptes de la cuisine légère, mais c'est délicieux ! Un peu cher, mais ça vaut la peine.

ELITE DIVE CENTER

Tv. Bougainville - Vila do Abraão
✆ +55 24 3361 5501
www.elitedivecenter.com.br
Centre de plongée. Appels sur le numéro fixe de 18h à 21h30.

Les sports nautiques et les sports liés à la mer en général ont droit de cité à Ilha Grande. La plongée fait partie des opportunités qui permettent d'avoir une vision différente des beautés de la nature en appréciant la richesse des fonds marins. Pour les amateurs de plongée ou ceux qui veulent s'initier, l'Elite Dive Center propose des plongées ou des initiations avec des professionnels chevronnés. Une excellente manière de découvrir un des aspects les plus intimes d'Ilha Grande : ses fonds marins à la faune abondante. Le centre possède également une pousada.

PARATY ★★★★

Cette petite ville de près de 40 000 habitants est située sur la fameuse Costa Verde, à mi-chemin entre Rio et São Paulo. Située dans un écrin de nature exceptionnel, Paraty, ou Parati, est enserrée entre une baie magnifique de près de 65 îles, et par la forêt Mata Atlântica qui plonge depuis les collines du parc national de la Sierra da Bocaina. Les paysages sont magnifiques. Mais Paraty est assurément un joyau du tourisme brésilien pour son histoire et ses vieilles pierres. Des voyageurs du monde entier visitent son centre historique érigé à l'époque de la fièvre de l'or, classé au patrimoine mondial de l'Unesco et extraordinairement bien conservé. On vient à Paraty pour flâner dans les rues, immortaliser les maisons colorées à l'architecture coloniale remarquable avec son appareil photo, faire un tour de bateau pour s'adonner au farniente et au snorkeling, faire du shopping d'artisanat de qualité, visiter les nombreuses galeries d'art et les églises baroques du centre, dîner dans un restaurant gastronomique de la ville, et profiter d'un concert de jazz ou de samba. Néanmoins, le centre est bordé par le port, et la plage la plus proche n'est pas très attrayante.dans les années 1980, des communautés guaranis venues du sud du pays s'installèrent ici, principalement dans le parc national de la Bocaina à proximité. On compte trois communautés aujourd'hui, qui vendent leur artisanat dans la *rua do commercio* de la vieille ville, dont la plus proche (et visitable) se trouve à Paraty Mirim.

Histoire

Bourgade agricole et fort militaire, Paraty se développa lorsqu'en 1702 le Capitaine de Rio de Janeiro nomma la ville second port d'exportation des pierres précieuses et de l'or exploités dans le riche Minas Gerais voisin, au bout du Caminho do Ouro. Des milliers de navires vinrent amarrer ici pour repartir chargés des richesses du Brésil : or, diamants, rubis, émeraudes,... pour Lisbonne, capitale de l'Empire portugais. Mais au milieu du XVIIIe siècle, face aux actes de pirateries de plus en plus nombreux, le gouverneur de la capitainerie de Rio, Artur de Sa Menezes, interdit l'acheminement des marchandises par le « vieux chemin » pour l'exporter directement depuis Rio, via le « Caminho Novo » qui partait des mines du Minas, la nouvelle route de l'or.

L'abolition de l'esclavage en 1888 plongea la ville dans une crise inexorable, car la main-d'œuvre se mit à manquer pour exploiter la canne à sucre, à la base de la cachaça locale qui est aujourd'hui encore un produit phare de la ville.

Ainsi, de 16 000 habitants en 1851, la ville passa à 600 vieux, femmes et enfants isolés à Paraty. Mais l'avènement du chemin de fer de Barra do Pirai en 1864 sonna le glas de la ville, qui tomba alors dans un déclin inexorable et dans un oubli qui, paradoxalement, sauva le centre historique de toute modernisation destructrice.

CAPELA SANTA CRUZ DA GENEROSA ✝ ★

Travessia Gravatá - Centro Histórico

Cette chapelle aurait été construite en 1901 en mémoire de Teodoro, un esclave affranchi, mort dans le fleuve Perequê pendant la Semaine sainte. La légende raconte qu'un bouton de sa chemise fut pris dans le filet qu'il lança à l'eau, l'entraînant dans le fond. Une dame, *Dona Generosa* promit de lui envoyer une croix de cèdre, mais oublia sa promesse. Un jour, un ami entra dans sa maison qui sentait... le bois de cèdre. Elle fit préparer une croix de cèdre et fit ériger une chapelle.

ALAMBIQUE ENGENHO D'OURO ★★

Estrada Paraty-Cunha, km 8 - Pen ha

✆ +55 24 98858 4212 - www.engenhodouro.com.br

Distillerie de cachaça. Ouvert tous les jours de 9h à 17h. Entrée : 3 R$.

L'Engenho d'Ouro est une distillerie de la cachaça éponyme. On peut la visiter et voir fonctionner l'alambic. Les produits utilisés sont biologiques et transformés sur place. Il est possible d'acheter quelques bouteilles de dans l'échoppe de la distillerie. On consommera bien sûr cet alcool avec modération. Restauration traditionnelle d'excellente facture sur place. La visite est fort intéressante car elle permet de s'imprégner d'un aspect important de l'économie et des traditions locales dans un cadre qui n'est pas dénaturé par une mise en scène touristique.

CASA DA CULTURA CÂMARA TORRES ★★

Rua Dona Geralda, 177

Centro Histórico

✆ +55 24 3371 2325

www.paratycultural.org.br

Ouvert du mardi au samedi de 10h à 22h et le dimanche de 10h à 16h. Entrée libre.

Utilisée comme école publique jusqu'à la fin du XIXe siècle, elle joue aujourd'hui le rôle de Maison de la culture, au sein d'une belle demeure coloniale. Expositions d'art moderne et contemporain dans plusieurs pièces de la maison, et quelques objets artisanaux à vendre. Depuis peu, la Casa da Cultura organise des concerts gratuits informels tous les jeudis et samedis dans son patio et des projections de films. Sympa ! Renseignez-vous sur place.

Dans les rues de Paraty.

FORTE DEFENSOR PERPÉTUO ★

Morro da Vila Velha - Pontal
✆ +55 24 3371 8328
Ouvert du mardi au dimanche de 9h à 12h et de 13h à 17h.

L'emplacement stratégique de Paraty et sa fonction de débouchés de l'ancienne route de l'or qui courait de Vila Rica, actuelle Ouro Preto a conduit les Portugais à fortifier le site en installant un fort militaire, le Forte Defensor Pepetuo. De l'autre côté du fleuve, en suivant la route de la Praia do Pontal, une plaisante balade à travers la forêt mène à ce fort construit en 1703 pour protéger Paraty des éventuelles invasions. Il abrite aujourd'hui un petit musée anecdotique. Très belle vue sur la baie qui mérite le déplacement.

IGREJA DE NOSSA SENHORA DAS DORES ✝ ★★

R. da Capela
Centro Histórico

Édifiée en 1800 pour les femmes issues de l'aristocratie de Paraty, cette belle église blanche affiche un joli clocher avec une girouette pour indiquer le vent et une façade toute simple. Elle fut totalement reconstruite en 1901. La confrérie éponyme fut créée la même année et n'admettait que des femmes, à qui elle réservait l'accès à la chapelle. Elle est dédiée aux saints de la Passion du Christ et dispose d'un cimetière dans son patio intérieur.

IGREJA NOSSA SENHORA DO ROSÁRIO ✝ ★★

Largo do Rosário
Centro Histórico

Construite en 1725, elle était destinée aux esclaves, qui l'ont édifiée. De style maniériste, elle est le centre d'une célébration syncrétique intéressante : la Festa dos Santos (la fête des Saints) qui a lieu en novembre. São Benedito est le saint des esclaves, il est célébré à Paraty depuis le XVIIIe siècle. Pendant les 10 jours que dure la fête sainte se déroulent processions et célébrations des saints noirs et la désignation du roi et de la reine noirs parmi les gens du villages.

IGREJA NOSSA SENHORA DOS REMÉDIOS ✝ ★★★

Praça Monsenhor Hélio Píres, 18 - Centro Histórico
✆ +55 24 3371 1467
Visite de lundi à vendredi de 9h à 12h et de 13h à 17h30, le samedi de 8h à 12h et de 13h à 16h. Entrée : 3 R$.

C'est l'un des plus beaux édifices du centre historique, dédié à la patronne de la ville. Le premier bâtiment, construit en 1646, fut détruit pour édifier un monument plus grand, achevé en 1712, grâce au dur labeur des esclaves. Mais l'église devint à son tour trop exiguë et fut reconstruite ! L'édifice actuel fut achevé en 1873, dans un style néoclassique. Les tours n'ont pas été achevées. L'inclinaison du bâtiment sur un sol meuble aurait rendu dangereuse la finition des tours !

IGREJA SANTA RITA ✝ ★★★

Largo Santa Rita
Centro Histórico
Ouverte du mardi au dimanche de 9h à 12h et de 14h à 17h. Entrée : 2 R$ (gratuit le mardi).

Construite en 1722 par des esclaves affranchis, l'église Santa Rita affiche une architecture de style jésuite. A l'intérieur, le style est plutôt baroque-rococo, notamment l'autel. C'est la plus ancienne du village et la « carte postale » de Paraty, que l'on voit en arrivant en bateau. Elle abrite aujourd'hui le musée d'art sacré de la ville qui ravira les amateurs du genre. On pourra remarquer la balustrade du balcon finement sculptée et le cimetière attenant, édifié au XIXe siècle. À ne pas manquer : les processions des *festas de Santa Rita* à la mi-juillet.

PRAIA DO JABAQUARA ★

La plage de Jabaquara est une plage un peu plus éloignée du centre que Pontal et sans doute est-ce ce qui fait son charme. Elle se trouve au nord de Praia do Pontal, derrière une petite colline. C'est une assez longue plage, bordée de pousadas et d'un camping, mais qui est restée assez sauvage. La grande attraction est ici la boue à laquelle on prête de multiples vertus. Pendant le carnaval, un *bloco (groupe de caranaval)* y commence même son parcours, en se roulant dans cette marée marron avant d'entamer le défilé dans les rues de la ville.

PRAIA DO PONTAL ★

Les plages de Parati ne sont pas toutes des spots de baignades. On s'y rend quelquefois pour siroter un verre, marcher ou se rouler dans la boue lors du carnaval, comme le fait le « bloco de lama ». La plage de Pontal a l'avantage d'être localisée à proximité du centre, en ville, proche du canal. Très animée, elle compte pas mal de bars, mais c'est tout. On ne s'y baigne pas vraiment. Mieux vaut pousser la balade jusqu'à Jabaquara juste au nord. Pour les personnes hébergées au centre-ville, il est agréable pour boire une bière, cela dit.

ECOTURISMO PARATY

Avenida Roberto Silveira, 29
✆ +55 24 3371 1230
www.ecoturismoparaty.com
Office de tourisme. Ouvert tous les jours de 9h à 21h.

Proche du centre historique, l'agence de tourisme Ecoturismo Paraty fournit cartes et informations pour visiter les environs. Accueil sympathique et en français quelquefois, car nous sommes nombreux à Paraty ! Comme toutes les entreprises de tourisme, Ecoturismo propose tous les tours classiques que l'on trouve à Paraty. On peut partir faire un tour d'une journée d'escuna (goélette), c'est souvent festif et bruyant, aller à la belle plage de Trindade, faire un tour de Jeep, aller dans le superbe « saco de mamangua » faire un tour de bateau rapide...

PARATY ADVENTURE

R. Mal. Deodoro, 12
Centro Histórico
✆ +55 24 3371 6135
www.paratyadventure.com
Ouvert tous les jours de 8h à 21h.

paraty Adventure est une agence de tourisme qui s'est spécialisée dans l'éco-tourisme et le tourisme d'aventure, cet opérateur propose de découvrir des endroits d'exception hors des sentiers battus, comme la réserve écologique de Ponta da Juatinga, le Saco de Mamanguá (unique fjord tropical du Brésil) ou bien la plage do Sono. Circuits et à la carte et une multitude d'options pour ce qui concerne vos activités sportives : randonnée pédestre, canoë kayak, tour en jeep, randonnée à cheval… Idéal pour les amoureux d'écotourisme.

BAIE DE PARATY ★★★

pour privatiser un bateau de 6 à 8 personnes comptez 50 à 100 R$ de l'heure tout compris l'excursion de 5h dans la baie

La baie de Paraty, comme le village lui-même, apparaît comme un bijou qui se refléterait dans le vert écrin de la Mata Atlantica. On y trouve encore des communautés Caiçara à qui on peut rendre visite. C'est surtout une baie encore très préservée en termes environnementaux, malgré un tourisme en expansion. Les excursions en bateaux dans la baie en sont les temps forts d'un séjour à Paraty. Vous disposez de plusieurs options pour ces balades. N'ayez aucune crainte de rater les agences proposant ces excursions, elles vous trouveront avant !

N'hésitez pas à comparer les prix et les services avant d'arrêter votre choix, les circuits « classiques » sont les mêmes dans chaque agence !

- **En bateaux privatifs :** pour visiter les plages et les criques du coin, des excursions sont organisées pour des bateaux pouvant accueillir jusqu'à 8 personnes. Les capitaines des bateaux sont en général des pêcheurs reconvertis, qui connaissent très bien la baie. Vous les rencontrerez le long du Rio Perequê-Açu, derrière la Praça da Matriz, ou sur le quai face au largo de Santa Rita. Ils vous feront découvrir des petits coins de paradis, des plages désertes, des fonds limpides qui abondent en poisson, et sur le chemin du retour, une minuscule petite île-restaurant, à la Robinson, peuplée d'iguanes énormes et de dindons… Les tables sont isolées et accrochées aux rochers. Une véritable île au trésor, le paradis des enfants de 7 à 77 ans ! À ne pas manquer également : Enseada do Passo (2 heures 30), Praia Vermelha, Praia da Lula, Conceicão (1 heure 30), les îles d'Araujo et de Sapeza (5 heures). Pensez à emporter une clé USB pour mettre votre propre musique !
- **En *saveiros* ou goélettes :** pouvant accueillir de 50 à 100 personnes, ces embarcations suivent plusieurs itinéraires en direction des plages et des îles vierges. Le départ se fait généralement vers 11h/11h30 et le retour vers 16h30. Toutes disposent d'un bar et parfois d'un service de petite restauration (en supplément). Un musicien anime la croisière avec sa guitare en reprenant des classiques de la musique brésilienne. Location de masques et tubas (environ 20 R$). En principe, les circuits sont variés. Nous aimons bien la Ilha Comprida (plongée en apnée), la plage Saco da Velha (petite et mignonne), la plage de Lula et l'Ensenada da Preguiça (une eau très claire, un endroit tranquille et superbe). Attendez-vous à un spectaculaire coucher de soleil sur Paraty au retour.
- **En voiliers :** croisières dans la baie de Paraty, vers Angra Dos Reis et Ilha Grande. 6 passagers au maximum.

BARCO MARINA DO MAR ★★

✆ +55 24 99902 7932

Tarifs à négocier.

Maninho est un pêcheur sympathique qui a aménagé sa barque pour les sorties en bateau. Il vous mènera où vous le souhaitez et il est toujours de bonne humeur. Pensez à prendre une clé USB pour passer votre propre musique, des boissons (lui s'occupe de la glace) et à manger si vous ne souhaitez pas vous arrêter dans une paillote de plage le midi (ce que nous vous recommandons néanmoins). Maninho fournit les masques de snorkeling pour admirer les coraux et poissons. Il vous emmènera aussi voir les tortues de mer, car il connaît leurs petites habitudes.

POUSADA AURORA €

Rua Tangará, 8

Caborê

✆ +55 24 3371 8302

www.aurorapousada.com.br

De 180 R$ à 260 R$ pour une chambre double avec petit déjeuner. Wifi.

Dans cette confortable pousada familiale située à Caborê, un quartier en retrait de la plage du Pontal, l'accueil est en français. Localisée dans une petite rue tranquille à quelques mètres de la rivière Péréque Açu qui s'écoule tranquillement au fond d'un grand jardin, la pousada Aurora est bien agréable. Jolie piscine, décoration de bon goût façonnée d'objets et d'artisanat indigène dans le salon et les chambres. Certaines sont équipées de baignoire à hydromassage. L'ambiance est chaleureuse, les hôtes très attentifs à leurs invités. Assurément un bon plan.

POUSADA ACONCHEGO €€

Rua Domingos G. de Abreu

Centro Histórico

✆ +55 24 3371 1598

www.aconchegohotel.com.br

À partir de 270 R$ pour une chambre double avec petit déjeuner. Wifi.

À quelques mètres de l'église de la Matriz, en plein cœur du Paraty historique, l'agréable Pousada Aconchego propose une trentaine de chambres confortables, dans des tons marins blanc et bleu. Les chambres marient avec goût des murs enduits à la chaux, des plafonds en bois et du carrelage en terre cuite. Toutes sont vastes et lumineuses, avec climatiseur, ventilateur, minibar et télévision. Superbe jardin japonais, salle de billard et piscine, au bord de laquelle on peut siroter une caïpirinha. Assurément une bonne adresse à Paraty.

MARIS PARATY €€

Rua Beija Flor, 11

Caborê

✆ +55 24 99850 5170

www.marisparaty.com.br

A partir de 400 R$ pour une chambre double.

© MARIS PARATY

En ouvrant la pousada Maris Paraty, les propriétaires belgo-brésiliens ont voulu créer un petit paradis, un lieu intimiste et familial de quelques chambres cosy autour d'une piscine et d'un petit jardin tropical. Dans le quartier de Caborê, à quelques minutes du centre historique de Paraty que l'on rejoint après une courte promenade le long de la rivière, les deux bungalows et les suites sont tous hyper agréables, grands et superbement agencés. Les jeunes propriétaires ont réussi leur pari : offrir une ambiance familiale avec un service très professionnel.

POUSADA ARTE URQUIJO €€

Rua Dona Geralda, 79 – Centro Histórico

✆ +55 24 3371 1362

www.urquijo.com.br

Compter environ 390 R$ pour une chambre double avec petit déjeuner. N'accepte pas les enfants de moins de 12 ans. Wifi.

Près du port, un *sobrado* du XVIIIe siècle. L'intérieur a été aménagé avec soin par les Argentines qui habitent les lieux. Astor Piazzola s'écoute souvent en musique de fond. L'entrée est une vraie galerie d'art. Les six chambres offrent de jolies vues sur l'église Santa Rita, le port ou les montagnes. Au mur, on s'attardera sur des collages de débris de porcelaines trouvés dans les galions coulés. Chaque détail est bien pensé, la décoration de bon goût. Petite piscine. L'une des adresses de charme les plus insolites en ville. Réservations indispensables.

ETAT DE RIO DE JANEIRO

POUSADA CANA CAIANA €€

Rua Sabiá, 20 - Caborê
✆ +55 24 3371 6500
www.paratyhoteis.com/paratypousadas/
Chambre double de 250 à 420 R$, triple de 375 à 630 R$, petit déjeuner inclus. Wifi.

Située dans le quartier de Caborê, en retrait de la plage du Pontal, cette pousada est conçue selon un double concept : modernité et développement durable, car les propriétaires sont également les architectes du lieu. Ils n'ont pas voulu créer simplement une maison, mais aussi un espace de vie où les matériaux nobles et labellisés s'intègrent à la nature luxuriante. Les équipements sont hyper modernes (domotique, écran 32 pouces, grande terrasse en bois pour certaines chambres), le confort excellent. La vue sur les montagnes de Paraty complète un décor idyllique.

POUSADA DO CAIS €€

Travessa Santa Rita, 20 – Centro Histórico
✆ +55 24 3371 1200
www.pousadadocais.com.br
Compter entre 340 R$ et 430 R$ la double, de 550 à 590 R$ la familiale, en fonction de la saison. Wifi.

En plein cœur du centre historique, proche de la belle église Santa Rita, la Pousada do Cais est une authentique demeure coloniale entièrement restaurée d'où l'on peut admirer la mer, le quai et ses pêcheurs, ainsi que les montagnes de la baie de Paraty. Les douze chambres sont dans des tons blanc, bleu et jaune, de bon goût, avec climatisation et ventilateur, frigo-bar et TV câblée. Vous y serez très bien accueilli par un Français et son épouse brésilienne qui vous conseilleront sur les meilleures possibilités d'excursions et de plongées. Une excellente adresse.

POUSADA FLOR DO MAR €€

Rua Fresca, 257 - Centro Histórico
✆ +55 24 3371 1674
www.pousadaflordomar.com.br
De 290 à 340 R$ la chambre double (+120 R$ par lit additionnel), petit déjeuner inclus. Wifi.

La pousada Flor do Mar, charmante maison de style colonial, jouit d'un excellent emplacement, au calme dans le centre historique, face à la baie de Paraty et à quelques pas du petit port. Son atmosphère chaleureuse et la convivialité de Dona Regina vous donneront l'impression de venir séjourner chez des amis. Le salon est très agréable. Avec seulement sept confortables chambres bien décorées, l'ambiance est intimiste. Elles disposent toutes de climatisation, d'un ventilateur, d'une télévision, d'un frigo-bar et d'une bonne literie, et certaines sont familiales.

POUSADA FRUTO DA TERRA €€

Rua Visconde do Rio Branco, 44
Jabaquara
✆ +55 24 3371 4504
www.pousadafrutodaterra.com.br
De 220 à 325 R$ pour une chambre double avec petit déjeuner, minimum de 2 nuits. Wifi.

À quelques pas de la plage de Jabaquara, cette pousada ultra moderne mais à l'architecture de style colonial affiche un certain art de vivre. Les chambres, au nom de fruits brésiliens, sont distribuées en luxueuses petites maisons de style colonial réparties autour de la piscine à hydromassage, et à l'étage de la maison principale. La décoration et l'équipement des appartements sont particulièrement soignés et vous apprécierez les vérandas et terrasses des chambres, dont quatre sont dotées de bain bouillonnant en plein air. Petit déjeuner buffet à volonté.

POUSADA MAGIA VERDE €€

Rua das Canelas, final
Vila Colonial
✆ +55 24 3371 7254
www.pousadamagiaverde.com.br
De 200 à 450 R$ la chambre double standard avec petit déjeuner. Wifi.

Au bord de la rivière Péréque Açu, à l'entrée de la ville, cette pousada est tranquille et confortable. Bungalows, chambres (double, triple, quadruple) et suites (master, luxe et luxe plus) sont répartis dans le superbe jardin tropical de la propriété. Tous sont bien équipés (télévision, climatisation, frigo-bar), avec même baignoire à hydromassage dans la suite luxe plus. Également une piscine, ainsi qu'un restaurant agréable. Possibilité d'organiser activités et excursions. La Magia Verde est une adresse d'un calme absolu ! Parking.

POUSADA NAUS DE PARATY €€

Rua das Acácias, 24 - Caborê
✆ +55 24 3371 1825
www.nausdeparaty.com.br
De 220 à 320 R$ la chambre double standard avec petit déjeuner, selon la saison. Wifi.

Dans cette agréable et confortable pousada située au calme, à quelques pas de la rivière Perequê-Açu et à proximité du centre historique, la propriétaire et de son équipe qui feront tout pour que vous passiez un bon séjour à Paraty. Les suites de l'établissement sont grandes et aérées, décorées avec goût et bénéficient d'équipements de qualité : air conditionné, télévision LCD, frigo-bar… Certains appartements disposent d'une véranda, d'un salon ou bien d'une mezzanine (idéale pour une famille). Dans le jardin, une piscine ainsi qu'un sauna. Un excellent choix

POUSADA VILLA DEL REY €€

Rua das Canelas, 66
Portal de Paraty
✆ +55 24 3371 4497
www.hotelpousadaparaty.com.br
Compter de 180 à 260 R$ pour une chambre double avec petit déjeuner.

Construite en harmonie avec la nature et l'histoire, la Villa del Rey est une belle pousada blanche et bleue insérée dans un superbe jardin paysager, sur les berges du rio Perequê-Açu. Ses 28 vastes chambres, dont certaines, immenses, peuvent accueillir jusqu'à 6 personnes, sont toutes très bien équipées (TV câblée, air conditionné, mini bar, coffre). Elles sont impeccablement bien tenues... La propriétaire française et le sympathique personnel peuvent proposer diverses formules originales d'excursions pour découvrir la belle région de Parati.

CASA MAR PARATY €€€

BR-101, km 565
Praia Grande
www.casamarparaty.com
Comptez entre 880 et 1 380 R$ la nuit, petit déjeuner compris, selon la saison et le type de chambre.

À quelques minutes seulement du centre de Paraty et surplombant une crique magnifique, ce boutique-hôtel est enchanteur. Il possède une piscine à débordement et un sauna qui permettra aux hôtes de se détendre. Le service ne peut être plus attentionné. Le petit déjeuner est l'un des meilleurs. Un restaurant tenu par un chef français et situé en contrebas sur la plage pourra vous servir au bord de la piscine face à la vue à couper le souffle. Idéal pour un séjour en amoureux et des vacances dans une ambiance zen nature ! Véritable coup de cœur.

POUSADA PORTO IMPERIAL €€€

Rua Tenente Francisco Antônio - Centro Histórico ✆ +55 24 3371 2323
www.portoimperial.com.br
À partir de 700 R$ la chambre double en catégorie supérieure selon la saison, petit déjeuner inclus.

© POUSADA PORTO IMPERIAL

La pousada Porto Imperial est une luxueuse demeure de type colonial du début du XIXe siècle située en plein centre historique de Paraty, derrière la praça da Matriz. Elle propose quatre catégories de chambres, alliant le charme de l'ancien et le confort moderne dans des tons bleus et verts. Comme dans les établissements de cette catégorie, le service est attentif et discret. Dans son patio intérieur une grande piscine design, un sauna, un spa et un bar trendy. Le soir tombé, les lumières tamisées offrent un joli tableau. Une des meilleures adresses de Paraty.

POUSADA DO OURO €€€

Rua Dr Pereira, 298 - Centro histórico
✆ +55 24 3371 4300
www.pousadaouro.com.br
De 635 R$ la chambre double standard, jusqu'à 1 100 R$ la suite double supérieure. Promo sur les sites de résa. Wifi.

Idéalement située dans le centre historique près de la mer, la pousada do Ouro exalte le beau et le chic. Dans une maison de pierre de taille historique, l'espace a été aménagé avec goût et luxe : meubles de style colonial, musique, belle piscine, sauna, hammam, massage, bar à cocktails... L'ambiance est relaxante et distinguée. Les chambres sont toutes somptueuses, remarquablement équipées (mini-frigo, climatisation, matelas moelleux, coffre). Dans le couloir, sur des photos, on découvre les stars qui ont séjourné ici : Mick Jagger, Tom Cruise ! Parking.

POUSADA DO SANDI €€€

Largo do Rozário, 1 - Centro Histórico
✆ +55 11 2503 0195
www.pousadadosandi.com.br
De 700 à 1 200 R$ la chambre double avec petit déjeuner, selon la saison et le standing. Wifi.

Élégante et luxueuse demeure coloniale du XVIIIe siècle, la pousada Do Sandi séduit aussi par sa situation exceptionnelle, en plein cœur du centre historique de Paraty. Teintée de jolies couleurs or et turquoise, cette pousada propose des chambres joliment meublées et décorées, au plancher en bois chaleureux, aux fauteuils design colorés et aux lits king size équipés d'une forêt d'oreillers. Le restaurant Pippo de la maison est réputé pour sa gastronomie fine combinant recettes siciliennes et ingrédients tropicaux, et ses tables nappées de blanc. Parking.

POUSADA LITERÁRIA DE PARATY €€€

Rua do Comércio, 362 - Centro Histórico
+55 24 3371 1568
www.pousadaliteraria.com.br
Chambre double avec petit déjeuner à partir de 1 250 R$. Wifi.

Sans doute faudrait-il inventer des superlatifs pour cette pousada... La pousada Literaria est tout simplement la plus luxueuse et la plus impressionnante de Paraty. Les suites sont somptueuses, avec toutes les aménités modernes, une décoration sobre, et des matériaux nobles. La pousada abrite également un restaurant qui sert une excellente cuisine (ouvert aux non-résidents). L'excellence a un prix... En plus, cette pousada honore la littérature, et nous, on aime ça, forcément.

BOROGODÓ €

R. João Luís do Rosário, 172
+55 21 98317 7738
Bar-restaurant, snacks. Ouvert du lundi au mercredi de 17h à minuit, du jeudi au samedi de 12h à minuit.

Dans un cadre très simple, avec de petits sièges en bois et de la paille et de l'osier sur les murs, le Borogodo a choisi de privilégier le simple et le bon goût et cela lui réussit plutôt bien. C'est un très bon plan pour un déjeuner et un dîner pas cher et de qualité : plats typiques, burgers maison énormes, smoothies, açai... En prime, ce petit bar-resto prépare de très bons cocktails (*caipirin* ha maracuja-cannelle par exemple). C'est un excellent endroit pour boire un verre et se détendre entre amis. Bon rapport qualité-prix.

CAFÉ PINGADO €

Rua Dr Samuel Costa, 11 - Centro Histórico
+55 24 3371 8333
www.cafepingado.com
Café, snacks. Ouvert tous les jours sauf le mardi de 10h à 23h.

Ce petit café sympathique à la déco *cosy* se trouve dans une des romantiques rues centrales la vieille ville de Paraty. Le décor est à la fois simple et recherché, les carreaux en terre cuite se marient fort à la décoration bois *de cette* échoppe. Dans le café Pingado, on vous proposera d'excellents cafés locaux dont un très original à base de cachaça, chantilly et gelée de gingembre. Si la carte des cafés met bien à l'honneur ce qui a fait la richesse de cette région du Brésil, la carte des sandwichs est également intéressante.

GALERIA DO ENGENHO €

Rua da Lapa, 18
Centro Histórico
+55 24 3371 1680
Cuisine brésilienne. Ouvert tous les jours midi et soir. Compter environ 40 R$ pour un repas.

Le problème à Paraty, comme dans toutes les villes touristiques « musées », c'est le coût souvent élevé des restaurants. Le Glaeria do Engenho est ainsi recommandé pour son bon rapport qualité-prix. C'est un des rares restaurants abordables de cette rue. Les calamars ont fait sa réputation, on les cuisine dans le lait de coco avec des crevettes. Goûtez aussi à la carte la moqueca de poissons. Plats brésiliens traditionnels consistants et copieux à prix honnêtes, comme la *carioquin* ha (contre-filet, frites, riz et haricots noirs).

SABOR DA TERRA €

Avenida Roberto Silveira, 180 - Centro
+55 24 3371 2384
Cuisine brésilienne, self-service. Ouvert tous les jours de 11h à 22h. 45 R$ le kilo. environ 25 R$ la belle assiette.

Depuis de nombreuses années, le Sabor da Terra propose sa cuisine aux locaux et aux touristes qui ne veulent dépenser trop sans sacrifier la qualité du contenu de l'assiette. Dans ce restaurant au kilo à l'entrée de la vieille ville, on trouve un buffet qui manque peut-être de variété, mais qui est assurément de qualité à un prix très abordable par rapport à ceux pratiqués au centre. Bonnes viandes grillées *minute*, plats préparés, légumes, pâtes, riz... une bonne cuisine brésilienne sans prétention. De plus en plus de convives s'y rendent !

VARANDA ESPETINHOS €

Avenida Roberto Silveira, 110
+55 12 9 7402 8410
Churrascaria. Compter environ 50 R$ par personne. Couvert artistique élevé (environ 12 R$ par personne).

Pour trouver des petits restaurants accessibles financièrement tout en conservant un bon rapport qualité-prix, il faut quelquefois sortir du centre historique. Le Varando est situé à l'extérieur du centre historique sur la rue principale de Paraty. Cette churrascaria populaire est un bon plan pour manger de la viande grillée accompagnée de frites grasses et de bière fraîche. Les brochettes sont bonnes et variées, mais il faut en commander beaucoup pour être rassasié, déconseillé aux gros appétits ! Musique *ao vivo*. Service agréable.

BENDITA'S RESTAURANTE €€

Rua Samuel Costa, 267 - Centro Histórico
✆ +55 24 3371 1445
benditasrestaurante.com.br
Cuisine brésilienne. Ouvert tous les jours de midi à minuit. Compter environ 70 R$ par personne.

Ce restaurant récent à Paraty propose une carte assez originale (des plats typiques rehaussés de saveurs moins connues), notamment des spécialités de fruits de mer. Bonne carte de cocktails également, pour prendre un petit verre à l'apéro. Les tables en terrasse dans la rue sont un vrai atout, car on s'y sent bien. La décoration est agréable, avec ses toiles blanches entrecroisées avec des poutres en bois au plafond. L'ambiance est à la fois chic et simple. Les serveurs sont à l'écoute, la musique live les soirs de week-end agréable.

MARGARIDA CAFÉ €€

Praça do Chafariz – Centro Histórico
✆ +55 24 3371 2441
www.margaridacafe.com.br
Cuisine internationale, pizzeria. Ouvert tous les jours de midi à 1h du matin. Compter environ 100 R$ le repas.

Le Margarida Café est un établissement emblématique de Paraty. C'est assurément un des plus beaux et des plus romantiques restaurants de cette petite ville coloniale. On mange ou on boit un verre dans une belle et grande salle avec pierres apparentes, bois, sofas et mobilier d'époque et un petit jardin d'hiver. Concerts tous les soirs. Plats brésiliens et internationaux (moquecas, paellas, pizzas…), quelques plats originaux (crevettes croquantes, poisson à la mode du chef...), vins excellents. Très touristique, mais agréable. Note un peu salée.

PUNTO DI VINO €€

Rua Marechal Deodoro, 129
Centro Histórico
✆ +55 24 3371 1348
Restaurant italien, pizzeria. tous les jours de midi à minuit. de 70 à 90 R$ pour un plat ou 50 R$ pour pizza moyenne.

Le Punto di vino s'est affrimé comme un valeur sûre de la cusine italienne. Pippo, le patron italien, réussit toujours à vous trouver une petite place (préférez le jardin, plus frais), même quand le restaurant semble plein (ce qui arrive très souvent). Très bonne cuisine italienne aux saveurs brésiliennes. Goûtez le carpaccio *triplo con rucola*, un délice de produits de la région. Excellentes pizzas, un peu chères mais préparées avec de bons ingrédients, à l'italienne (ça n'a pas de prix !). Le soir, concerts *ao vivo* réguliers, surtout le week-end, pour l'ambiance.

REFÚGIO RESTAURANTE €€

Praça da Bandeira, 1 – Centro Histórico
✆ +55 24 3371 2447
restauranterefugio.com
Cuisine brésilienne et méditerranéenne. tous les jours de midi à 23h. environ 100 R$ le repas. Happy hour de 15h à 21h.

Sur les quais, une belle adresse, avec plusieurs tables à l'extérieur délivrant une vue sur les goélettes et la baie. Spécialités de fruits de mer et poissons sélectionnés par la chef Maria Isabel do Amaral directement aux pêcheurs locaux. 20 ans de savoir-faire pour un restaurant gastronomique sachant combiner tradition brésilienne et une touche méditerranéenne. Également de bons plats de viandes et des pâtes *maison* (notamment les excellentes *pastas ao vongole*). On peut aussi y venir pour y boire un verre, profiter de l'*happy hour* et de la tranquillité des lieux.

RESTAURANTE SANTA RITA €€

Rua Santa Rita, 335 - Centro Histórico
✆ +55 24 3371 1206
Cuisine brésilienne, spécialités de poissons & fruits de mer. Compter environ 120 R$ pour 2 personnes.

Paraty est une ville de pécheurs et de produits dela mer. Ce charmant restaurant tout à la pointe du centre historique de Paraty est vraiment une bonne adresse pour goûter des spécialités de fruits de mer comme les moquecas de poissons et le poisson grillé à la banane. Les homards sont généreux et bien grillés. L'accueil du patron et de sa femme (qui ont également une petite pousada familiale à l'étage) est très chaleureux, et l'ambiance du restaurant romantique. Une adresse qui change des restaurants très fréquentés des rues principales de Paraty.

VILLA VERDE €€

Estrada Paraty-Cunha km 6 - Ponte Branca
✆ +55 21 3371 7808
www.villaverdeparaty.com.br
Cuisine italienne & internationale. Ouvert tous les jours de 11h à 17h. Compter environ 100 R$ pour un repas complet.

De bonne réputation, nombre de restaurants « Ville verde » accueillent bien les convives. Force est de constater que celui-ci ne déroge pas à la règle. C'est un superbe restaurant situé sur les contreforts de la Serra da Bocaina, en pleine nature tropicale. On y accède par un pont suspendu sur le Rio Perequê-Açu, et on y déjeune en compagnie des clapotis de la rivière. Le chef Dario Rosserra est d'origine lombarde, et sa cuisine lui ressemble : on recommande en particulier les plats de pâtes *maison*. Un endroit vraiment magique et bucolique.

BANANA DA TERRA €€€

Rua Dr Samuel Costa, 198 – Centro Histórico
✆ +55 24 3371 1725
www.restaurantebananadaterra.com.br
Cuisine brésilienne. lundi à jeudi de 18 h à 0h, du vendredi à dimanche de 12h à 16h et de 19h à 24h. environ 120 R$.

Cadre sophistiqué, nappes blanches et fond musical jazzy, ce restaurant est le meilleur de Paraty selon ses habitants, l'ambiance y est très romantique et huppée (soyez prévenus). Le restaurant est spécialisé en cuisine typique nationale, ***caiçara***. Et c'est délicieux ! Les gourmets se régaleront avec du poulpe ou du poisson mariné à la mangue, ses oignons violets et à sa sauce coco. La viande n'est pas en reste. En dessert, ne manquez pas la banane cuite avec sa boule de glace de ***doce de leite*** et aux cacahuètes pilées. L'assiette est délicieuse et la note salée.

SARAU

Rua Mal. Deodoro, 241
Centro Histórico
✆ +55 24 3371 2776
Bar-restaurant. « Musica-Cultura-Futebol ».

On ira au Sarau pour écouter et danser sur les rythmes brésiliens, avec beaucoup de touristes locaux forcément, qui savent mettre le feu aux soirées déjà chaudes de Paraty. Ce bar très musical sur la Praça da Matriz propose des concerts live presque tous les soirs, plutôt samba, forro. Les locaux viennent s'y trémousser entre les tables, c'est sympa. Le lieu est aussi un restaurant, si vous n'avez pas encore dîné à l'heure du concert. On y trouve une carte correcte, d'un bon rapport qualité-prix pour Paraty et le personnel est très sympathique.

GEKO CHILL BAR

Av. Orlando Carpinelli, 4
Pontal
✆ +55 24 3371 7504
Beach bar. Ouvert tous les jours de 10h à tard dans la nuit.

Le Geko Chill Bar permet d'apprécier l'esprit Paraty, les pieds dans l'eau. C'est un bar de plage d'une auberge de jeunesse voisine, posé sur la plage du Pontal. L'ambiance est éclectique, conviviale et animée et les cocktails à prix abordables. Ce qui n'est pas ou plus toujours le cas à Paraty. Musique *live* certains soirs et ***caipirinhas*** à foison, qu'on sirote les pieds dans le sable face à la mer. On peut ainsi regarder le soleil se coucher dans un cadre agréable. C'est une bonne alternative pour changer du centre historique.

ARTISANAT DES QUILOMBOS

Dans les rues du centre historique de Paraty ou route d'Ubatuba, km 584, 14 km BR 101, Campinho da Independencia
Artisanat indigène.

La communauté guarani propose un artisanat varié (paniers, bijoux) issu des techniques et des produits locaux (graines, palmes...). La notion de commerce équitable prend ici toute sa dimension, puisqu'il n'y a pas d'intermédiaires entre le producteur et l'acheteur. Un lieu à connaître pour un tourisme humain qui valorise la production locale. Si vous n'avez pas le temps d'y passer, les Indiens de la communauté sont présents tous les jours dans la rue principale du centre historique et vendent leur artisanat, d'excellente facture. Très recommandé.

PARATY 33

R. Maria Jácome de Melo, 357
Centro Histórico
✆ +55 24 3371 7311
www.paraty33.com.br
Bar-restaurant. Ouvert tous les jours à partir de midi jusque tard.

Le paraty 33 fait partie de la légende des nuits de Paraty. Son nom «Paraty 33» comme les trente-trois grades de la franc-maçonnerie, fait référence aux bâtisseurs de la ville (Paraty a en partie été conçu par des francs-maçons). C'est un des lieux les plus festifs de Paraty : restaurant et bar musical à la fois, qui accueille des groupes de rock, MPB... *ao vivo* : sa piste de danse est systématiquement remplie à chaque fin de semaine. Beau choix de cachaças et de whiskies. Le « couvert musical » doit s'acquitter dès l'entrée dans le bar.

CACHAÇARIA CANA CAIANA

R. do Comércio, 100
Centro Histórico
✆ +55 24 3371 7366
Cahaçaria. Ouvert tous les jours.

Cette cachaçaria propose une impressionnante collection de cachaças (plus de 400 sortes), de cigares et de produits locaux. Le nom Cana Caiana est d'ailleurs celui d'une cachaça de Paraty. Paraty est historiquement une région de canne à sucre et également de cachaça. On peut goûter quelques variétés dans cette échoppe spécialisée (avec modération bien sûr). Les connaissances des vendeurs leur permettront de vous conseiller en fonction de vos goûts. Certaines cachaças sont aromatisées à la cannelle, au clou de girofle, d'autres sont ambrées et vieillies en fûts.

EMPÓRIO DA CACHAÇA

Rua Dr Samuel Costa, 22
Centro Histórico
✆ +55 24 3371 6329
Ouvert tous les jours de 9h30 à 22h.

Paraty est une ville renommée pour son terroir et ses alambics qui fournissent d'excellentes cachaças. L'Empório da Cachaça ne propose pas moins de trois cents types de *cachaças* artisanales, venant de l'État de São Paulo, du Minas Gerais, mais aussi de la région de Paraty même : les *pingas* Coqueiro, Vamos Nessa, Itatinga, Paratiana entre autres. De nombreux autres produits gourmets artisanaux sont également proposés à la vente, dont des bouteilles colorées d'huile aromatisée au piment. Des petits tonneaux de cachaça peuvent être une bonne idée de cadeau.

EMPORIO SANTO ANTONIO

Rua Marechal Deodoro, 276
Centro Histórico
✆ +55 24 3371 1412
Épicerie fine. Ouvert tous les jours de 10h à 22h.

L'Emporio Santo Antonio apparaît comme une épicerie magique pour les amoureux des épices et les produits régionaux. En plein coeur de la vieille ville historique, l'Emporio est un « delicatessen » proposant de nombreux articles artisanaux de la région : conserves de légumes, *doce de leite* (sorte de pâte à tartiner à base de lait), *bananada* et *goiabada* (pâtes de fruits à base de banane et de goyave), liqueurs, dont la fameuse cachaça. On y trouve toujours de bonnes idées de cadeaux, des fruits secs de la région aux huiles aux épices.

TEATRO ESPAÇO

Rua Dona Geralda, 327
Centro Histórico
✆ +55 24 3371 1161
www.teatroespaco.com.br
Le mercredi et samedi à 21h. Entrée : 55 R$.

On avait déjà évoqué le formidable travail de marionnettistes de l'équipe de la la pousada Très Portas à Tiradentes. Le teatro espaço est également un lieu incontournable pour les amateurs de marionnettes. On y assiste à un formidable spectacle de marionnettes muettes, les mercredis et samedis à 21h (ainsi que les vendredis et samedis en haute saison), renommé internationalement, et toujours plein. Le «teatro» se présente comme un groupe de conteurs d'histoire depuis 1971. On jurerait que les marionnettes sont vivantes ! On encourage cette formidable énergie.

PARQUE NACIONAL DA SERRA DA BOCAINA ★★★

C'est un joyau constitué de vestiges de forêt atlantique sur plus de 100 000 ha. Les formes géologiques variées émanent de la juxtaposition de différents ensembles géomorphologiques. En s'élevant du niveau de la mer jusqu'à plus de 2 000 m d'altitude, ces ensembles proposent une extraordinaire biodiversité. Ces espaces préservés sont d'un intérêt majeur pour leur beauté incontestable mais aussi et surtout parce qu'ils concentrent des espèces végétales et animales rares. Le caractère géomorphologique et biogéographique exceptionnel a renforcé ici le caractère endémique d'une partie de la biodiversité. Des animaux menacés d'extinction peuvent y être observés. Les tapirs, les singes noirs, les jaguars (rares), la fabuleuse et malheureusement en voie d'extinction harpie peuvent (quelquefois) être aperçus. C'est cette même exubérance géologique et floristique qui justifie une protection stricte qui préserve le parc de la prédation humaine liée à la forte demande de terres constructibles. En ces lieux naissent de nombreux cours d'eau d'une grande importance pour les populations locales. Si l'entrée du parc se trouve au nord, (São José do Barreiro), on trouve du côté de Paraty des plages, plus ou moins isolées, villages nés à la grande époque du *caminho de ouro*, ou encore une visite intéressante d'une communauté indienne à Paraty-Mirim. La meilleure période pour le visiter est de mai à août, la période la plus sèche.

CACHOIERA DO TOBOGÃ (OU CACHOEIRA DO PENHA) ★★

Sur la route Paraty – Cunha, à 10 km de la ville, au bout d'un sentier de 200 m.

Le spectacle fait se déplacer nombres de touristes locaux. Une énorme pierre lisse fait office d'un véritable toboggan, d'où l'on peut s'élancer avant de retomber dans une piscine naturelle d'eau froide. En pleine forêt. Il faut monter par une petite piste de 100 mètres pour arriver à cette attraction naturelle. On arrive ensuite au «puits de Tarzan», une piscine naturelle où l'on trouvera un petit bar sympathique où l'on pourra se rafraichir en buvant un verre.

CACHOIERA PEDRA BRANCA ★★

Superbe endroit, à proximité d'une ancienne usine hydroélectrique aujourd'hui désaffectée ! C'est l'énergie hydraulique de la cascade qui la faisait fonctionner. La cascade se trouve à 10 km du centre-ville de Paraty, près de la ferme Fazenda Murycana. Les derniers 3 km se font à pied (ou en Jeep). Il y a deux chutes d'eau, chacune proposant une piscine naturelle dans laquelle on peut se baigner. Les chutes d'eau se divisent sur un relief découpé au couteau. Piscines naturelles idéales pour la baignade. On trouve en chemin de nombreux alambics.

CAMINHO DO OURO - TRILHA DO OURO ★★

Paraty est l'extrémité méridionale de l'ancienne route de l'or. Il reste aujourd'hui 2 km de belle balade sur la route pavée par où était acheminé l'or du Minas Gerais vers le port de Paraty. Ruines, belvédères et cascades au rendez-vous.

À organiser depuis Paraty, dans l'une des agences de la rue principale (40 R$/personne environ). Possibilité d'effectuer la fameuse Trilha de Ouro (sur 3 jours) à travers la Serra depuis le village de São José do Barreiro.

MW TREKKING

Rua Siqueira Reis, 19

✆ +55 12 3117 1220

www.mwtrekking.com.br

MW est une agence spécialisée des treks dans la Serra de Bocaina qui officie depuis 1993. Cette structure sérieuse propose des tours pour une ou plusieurs personnes et sur un ou plusieurs jours. Les excursions se font à pied ou à vélo. Nul besoin d'être un grand marcheur, certains petits tours font 5 kilomètres, d'autres 10 ou 30, c'est à combiner en fonction de la forme physique des marcheurs ou du temps. 6 circuits à vélo sont proposés et 8 à pied. Enfin, pour ceux qui veulent s'enfoncer dans la Serra de Bocaina sans efforts, il existe un tour en 4x4.

TRINDADE ★★★

Situé à l'intérieur du Parque Nacional da Serra da Bocaina, à 30 km au sud de Paraty, sur la BR 101 en direction de Santos. Trindade est un petit village d'anciens hippies où chaque maison semble s'être reconvertie en pousada, resto ou bar. Le paysage paraît avoir été dessiné pour Hollywood, tant il est parfait ! Des rivières surgissent de la forêt pour s'écouler sur la plage, des cascades creusent des roches énormes en pleine jungle… De nombreuses plages se prêtent à la pratique de la plongée, du surf et du *windsurf*.

PEDRA DE ENGOLE ★★

Les environs de Paraty sont parsemés d'attractions naturelles, car le jeu des reliefs et de l'eau propose quelques merveilles géologiques. La pedra de Engole propose aux audacieux une expérience intermédiaire entre le canyoning et le passage d'un siphon en spéléologie. Sur la route du Cachadaço, une énorme roche creusée par le cours de la rivière, ouvrant un couloir sous la pierre, assez grand pour laisser se faufiler une personne. Mais pour cela, il faut d'abord retenir son souffle et plonger sous la cascade… frissons garantis !

PRAIA BRAVA OU JOATINGA ★★★

C'est la plage la plus connue de Trindade, accessible en canot à moteur ou en 30 minutes de marche. C'est la plage sauvage intacte de carte portale ! Eau turquoise cristalline, rochers polis, sable blanc étincelant, végétation tropicale luxuriante préservée, cette plage est un bijou peu fréquenté par les touristes, qui restent à Paraty et ne poussent pas jusqu'à Trindade. Un éden paradisiaque où l'on trouve quelques bars pour se rafraîchir d'une bière bien fraîche et un petit camping pour passer la nuit de façon rustique. Prudence, l'eau est souvent agitée.

PONTA DA JOATINGA ET SACO DO MAMANGUA ★★

Ponta da Joatinga

Les plaisirs de Paraty ne se limitent pas à la découverte de la ville coloniale, si agréable et chargée d'histoire soit-elle. La nature est l'autre de ses atours. Les alentours de Paraty et les réserves écologiques de Joatinga et de Mamangua offrent de superbes itinéraires de randonnée à travers la forêt atlantique (Mata Atlántica), dense et fraîche, avec de fréquents passages sur des plages désertes ou sur des plateaux dégagés à près de 1 000 m d'altitude (la vue sur la baie est fantastique). On passe la nuit dans un village de pêcheurs, dans un hamac ou chez l'habitant. Les dénivelés peuvent atteindre 800 m pour 5 à 6 heures de marche effective par jour. Au final, ce trek peut se réaliser en 3 à 7 jours depuis Paraty, selon l'itinéraire et le niveau. Ensuite, c'est à vous de décider si vous désirez y rester plus longtemps, ne serait-ce que pour profiter sans effort de ce paradis terrestre.

▸ **L'itinéraire part de Laranjeiras**, à l'est de Trindade (à rejoindre en bus depuis Paraty, départ toutes les heures). Il passe ensuite par la Praia do Sono (la plus belle de la région) et le village de Ponta Negra, où vous pourrez dormir dans un chalet bien sympa (chez Teteco). On poursuit à travers la Mata Atlântica (guide souhaité, car le chemin n'est pas identifiable facilement), vers Martins de Sa, puis Pouso de Cajaiba. Les courageux et les plus expérimentés passeront ensuite par le Saco de Mamangua, le seul fjord tropical du Brésil. Le retour à Paraty peut se faire en bateau.

PRAIA DO CACHADAÇO ★★★

Rua da Cachoeira

Pour ceux que les aventures des pirates des Caraïbes ont inspirés, Paraty et Trindade ont aussi des histoires de pirates à conter. La beauté des lieux ne donne que plus de relief à ses légendes. Praia do Cachadaço est une magnifique plage bordée de palmiers et d'amandiers. D'après la légende, les pirates y cachaient leurs butins volés. Cette piscine naturelle aux eaux limpides est aujourd'hui un refuge de poissons de toutes les couleurs, prisonniers des pierres volcaniques à la marée descendante. Elle vaut à elle seule la venue à Trindade.

PRAIA DO SONO ★★

Praia do Sono

Les plages de Paraty présentent peu d'attrait et l'on séjourne dans Paraty pour le charme de son architecture et son ambiance surannée, un peu hors du temps. Pourtant, à quelques kilomètres de l'ancienne extrémité de la route de l'or, la plage de Praia do Sono mérite qu'on s'y arrête pour apprécier le temps qui s'écoule. C'est l'une des plus belles plages de la région, sauvage, à laquelle on accède après une randonnée de 2 heures à travers la forêt depuis Laranjeiras, à l'est de Trindade. Une petite colonie de pêcheurs y est installée.

Baignade à Praia do Cachadaço.

PRAIA DOS RANCHOS ET PRAIA DO MEIO ★★★

Les plages de Trindade sont un peu éloignées du centre de Paraty, mais elles valent assurément le détour. Les deux plages « sœurs jumelles » qui enserrent Trindade sont difficiles à départager tant elles sont semblablement magnifiques. On y trouve de nombreuses bicoques qui vendent huîtres et fruits de mer. Plus loin, les piscines naturelles près de la Cabeça do Indio, au milieu des rochers, vous réservent une plaisante baignade. Un bus relie Paraty et Trindade.

POUSADA ÁGUA DO MAR €

Rua Pastor Ezonil

✆ +55 24 3371 5120

www.pousadaaguadomartrindade.com.br

À partir de 230 R$ la chambre double avec petit déjeuner. Wifi.

Certaines personnes choisiront de rester à Trindade et ce choix peut se justifier pour deux raisons : en haute saison, la belle Paraty est congestionnée et Trindade se trouve relier à la ville par le bus. Pour ceux qui choisiront le calme et la nature de Trindade, la pousada Agua do Mar apparaît comme une bonne option. Dans une grande maison orange et brique, on trouve des chambres très simples, mais climatisées pour 2, 3 ou 4 personnes. Elles sont équipées de réfrigérateur et très propres. Les salles de bains sont modernes.

ATELIE E POUSADA DO RIACHO €€

Rua do Horto, 170

✆ +55 24 3371 5163

www.pousadariacho.com.br

À partir de 220 R$ pour deux personnes, de 290 R$ pour trois, et de 350 R$ pour quatre. Wifi.

À quelques centaines de mètres du petit centre de Trindade et de ses belles plages, plusieurs petits chalets isolés disséminés dans la nature, avec une jolie piscine posée en leur centre. Des hamacs sont accrochés un peu partout, des sentiers se perdent au milieu de la végétation. Parfaitement située, très proche des chutes d'eau. De nombreuses têtes de Bouddha, et des petits bassins apportent une ambiance Zen et Feng Shui. Une immersion assurée dans la nature.

POUSADA PICINGUABA €€€

Rua G Picinguaba, 130 - Picinguaba

✆ +55 12 99637 7173 - www.picinguaba.com.br

entre 1680 R$ la chambre double, 4580 R$ la suite « lune de miel ». Ce tarif en demi-pension, taxes incluses.

Réunir le charme brésilien et le chic français, dixit l'*Observer*. Une adresse différente dans la région, située à 30 km de Paraty dans l'Etat de São Paulo, dans le petit village de pêcheurs de Picinguaba, en hauteur, ce qui permet d'avoir la vue sur une longue plage de rêve de 4 km à proximité des terrasses.

Ici, on vient pour goûter la nature à l'état pur et ne plus jamais repartir. Idéal pour un séjour isolé du monde. Un paradis tropical, qui a son prix bien sûr. Étant donné l'éloignement, les sorties en goélette et les excursions sont organisées par l'hôtel.

BAR DO CEPILHO €

Praia do Cepilho

✆ +55 24 99317 3257

Spécialités de poissons & fruits de mer. Ouvert tous les jours de 9h à 17h. Compter environ 50 R$ pour un repas.

Une belle rencontre sur la belle plage de Trindade. Le bar do Cepilho a des allures de cabane de pirate, juste au-dessus des eaux. La cuisine locale, simple et goûteuse, est mise à l'honneur, dans un cadre également simple et enchanteur. Bons plats de poissons et fruits de mer ultra frais, bien cuisinés. La moqueca de Camarao a ici une dimension particulière tant le décor naturel apparaît comme un exhausteur de goût. On peut boire un verre les pieds presque dans l'eau. Les prix sont raisonnables et la vue imprenable sur la mer.

A CABANA €

Rua Aristides Moreira

✆ +55 24 99979 5243

Cuisine brésilienne. Plat du jour à 25 R$.

Trindade propose plusieurs restaurants de cuisine locale. On n'est pas à Paraty avec ses restaurants étoilés et ses chefs français, mais les produits de la mer y sont souvent mis à l'honneur à travers une cuisine simple, mais goûteuse et souvent à des prix moindres que dans la petite ville coloniale voisine. La « Cabana » est ainsi un bon restaurant de cuisine locale, avec un plat du jour consistant brésilien (riz, haricots noirs, *farofa* et viande ou poisson). Une excellente adresse pour manger vite et bien. Sert également de bons petits déjeuners.

ILHA DE PAQUETÁ ★

En arrivant à l'île de Paquetà, quartier off shore à quelques encablures de Rio de Janeiro, on a l'impression que le temps s'est arrêté sur ce morceau de terre. Il n'y a pas ou peu de voitures privées mais des voiturettes électriques, pas de circulation, pas de pollution et on a une réelle sensation de sécurité. On trouve d'agréables petites maisons aux murets de pierre, de la tranquillité partout et de nombreux lieux photogéniques. Paquetà (lieu rempli de coquillages en Guarani). La nature est omniprésente. Une des attractions est l'énorme baobab Maria Gorda. L'île est entourée de récifs, ce qui en fait un excellent endroit pour la plongée.

NITERÓI ★

De l'autre côté de la baie de Guanabara, la grande barre d'immeubles que l'on aperçoit depuis le Pão de Açucar, c'est la (grande) ville de Niterói et ses 500 000 habitants. La cité en elle-même, moderne et sans âme, ne présente pas un intérêt majeur. Elle doit surtout sa notoriété au pont (inauguré en 1974), véritable exploit en termes de génie civil et qui traverse la baie d'ouest en est, sur près de 14 km, reliant ainsi Rio et sa petite sœur Niterói. Niterói s'est doté d'une nouvelle attraction culturelle : c'est le MAC (le Museu de Arte Contemporânea), conçu par l' architecte Oscar Niemeyer et édifié en 1996 sur un promontoire de la baie. C'est désormais la carte postale de la ville. Ce MAC est aujourd'hui englobé au sein d'un véritable « Chemin Niemeyer », une suite de réalisations du célèbre architecte. Ce projet ambitieux et longtemps repoussé a été inauguré en 2013 et mérite le détour. En poursuivant la côte jusqu'à l'entrée de la baie, du côté de Niterói, on tombe sur la très belle forteresse de Santa Cruz, dont les premiers vestiges datent de l'aventure du Français Villegaignon (1550) et qui sécurisait l'entrée de la baie d'éventuelles incursions ennemies (belle batterie de canons encore présente). Enfin, au nord de la ville, sur l'océan, quelques magnifiques plages accueillent les surfers et les amateurs de bronzette : Piratininga, Camboinhas (eaux calmes, idéales pour les familles), Itaipu (et sa fameuse vue au coucher du soleil sur Rio) et la plus belle et la plus sauvage, Itacoatiara (belles vagues à surfer).

CAMINHO NIEMEYER ★★

R. Prof. Plínio Leite - Centro ✆ +55 21 2613 2613
Ouvert de 10h à 17h, visite guidée du site sur demande.

Ce *Caminho* à Niterói est, après Brasilia, le second ensemble architectural le plus important confié à l'architecte brésilien Oscar Niemeyer (1907-2012). Après dix ans de promesses et 100 millions de *reais* investis, le "Chemin Niemeyer» a enfin été inauguré en 2013 et continue aujourd'hui de prendre forme dans ses derniers détails. Une cathédrale devrait par exemple voir le jour. Le maître n'a malheureusement pas pu voir tous les édifices totalement achevés car il est décédé en 2012, à l'âge de 103 ans.

Cet ensemble d'édifices compte le fameux MAC, qui a des allures de soucoupe volante, mais aussi d'autres monuments de la même trempe, avec des lignes très épurées, des murs ronds et blancs.

Traverser la baie de Guanabara en bateau est une occasion exceptionnelle de marcher dans les pas de l'architecte, mais aussi de découvrir une vie presque provinciale, juste de l'autre côté du centre historique de Rio. La visite commence dès l'arrivée (si vous arrivez au terminal Charitas) puisque l'un des sept édifices que compte le chemin se trouve être le terminal de bateaux lui-même, le terminal Charitas. L'autre terminal, la station Praça Araribóia es, elle, plus proche des autres édifices du *Caminho*.

Si la majorité des sites se concentrent sur une portion réduite – l'Aterro da Praia Grande (la digue de la grande plage) –, le chemin s'étale sur 3,5 km de littoral urbain et a pour objectif de dynamiser cette langue cotière en attirant les touristes qui rechignent à traverser la baie. La balade en bateau depuis la Praça XV, avec la vue sur Rio au coucher de soleil, est pourtant si belle !

Au sortir du terminal de Niterói, il suffit de prendre à gauche vers le centre commercial. C'est ici que se trouve la praça JK, le second des sept lieux pensés par Niemeyer. Continuer ensuite à longer la route pour rejoindre la gare centrale de bus de la ville. Pour accéder à l'Aterro da Praia Grande (où se trouve la fondation Oscar Niemeyer, le Memorial Roberto Silveira et le Teatro Popular Oscar Niemeyer), il suffit de traverser le terminal sur toute sa longueur et suivre les flèches du *Caminho* alors à quelques pas, face à la baie. Le centre d'accueil se trouve à l'entrée.

Enfin, en partant dans le sens opposé depuis le terminal de bateau (vers le sud donc), toujours en suivant l'Avenida Viconde do Rio Branco, on trouve l'imposant et passionnant Museu Petrobras de Cinema à environ 10 minutes à pied. Il faudra ensuite prendre un taxi (ou marcher 30 minutes à pied sur une jolie corniche) pour se rendre au fameux MAC, le musée d'art contemporain de Rio.

FUNDAÇÃO OSCAR NIEMEYER [FON] ★★

R. Prof. Plínio Leite, 86-168
Centro
www.niemeyer.org.br
Ouvert du lundi au vendredi de 10h à 17h, le week-end de 9h à 17h. Entrée libre.

Cette demi-sphère blanche est la fondation de l'architecte, sur 4 000 m². L'idée du visionnaire était de créer un lieu dédié à la préservation, valorisation du patrimoine architectural du pays, et appuyer le développement de l'urbanisme.

« L'éléphant blanc » se remarque de loin avec sa rampe d'accès en forme d'éclair qui intègre la demi-sphère. À l'intérieur on retrouve un petit musée Niemeyer. Depuis juin 2013, la fondation abrite aussi la Escola de Humanidades, Arte e Cultura.

MEMORIAL ROBERTO SILVEIRA ★

R. Prof. Plínio Leite
Centro
Ouvert de 10h à 17h. Entrée libre.

Inaugurée en 2003, c'est la première œuvre de l'*aterro* a voir le jour. Comme sa voisine la Fundação Oscar Niemeyer, c'est une autre demi-sphère toute blanche posée sur le sol, mais beaucoup plus petite. Ce mémorial compte à l'intérieur un centre d'informations et d'impressions de données, un auditorium. Depuis mai 2013, il est doté d'une bibliothèque virtuelle, le centre de mémoire de l'histoire de la littérature fluminense, qui compte près de 680 titres tombés dans le domaine public.

MUSEU PETROBRAS DE CINEMA ★★

Avenida Visconde do Rio Branco, 1354
São Domingos

Conçu en 2001 par Niemeyer, ce musée du cinéma a finalement été inauguré en 2016. Ce musée, financé par le mécène Petrobras, est le plus grand consacré au cinéma dans le pays. L'entreprise Reserva Cultural va l'administrer pendant 25 ans. On trouvera 5 salles de cinéma, un café et une librairie. La partie de l'édifice en forme de rouleau de film reste sous la tutelle de la ville. Elle abrite un musée interactif, un auditorium de 700 places et des salles de production.

MUSEU DE ARTE CONTEMPORÂNEA [MAC] ★★★

Mirante da Boa Viagem
Boa Viagem
✆ +55 21 2620 2400
www.culturaniteroi.com.br/macniteroi/
Ouvert du mardi au dimanche de 10h à 18h. Entrée : 10 R$, gratuit le mercredi.

Le MAC de Niterói, ou quand le musée est déjà une œuvre d'art ! On peut apercevoir sa forme de soucoupe volante, à nulle autre pareille, quand on observe la baie de Guanabara depuis le Pain de Sucre. Le musée d'Art contemporain de Niterói est devenue une attraction qui depuis son inauguration en 1996 attire des milliers de visiteurs, esthètes et béotiens. Le MAC est aujourd'hui le marqueur spatial de la ville, comme le Space Needle l'est pour Seattle. La vision périphérique offre une vue magnifique de la baie de Rio.La photocarte postale s'impose, on a l'impression de croiser la postmodernité telle qu'elle était imaginée dans les années 50 ou 60. D'aucuns diront que le spectacle est d'ailleurs (exclusivement) à l'extérieur car cet établissement est surtout spectaculaire par ses formes de soucoupe volante accrochée à un rocher, esquisses épurées sorties du cabinet d'Oscar Niemeyer. Les détracteurs tancent la direction artistique pour l'indigence des expositions proposées, mais s'il est vrai que les œuvres souffrent de la comparaison avec l'esthétique des lieux, elles ont le mérite de présenter des artistes brésiliens et internationaux de renom. Enfin, le fonds artistique s'épaissit régulièrement grâce aux donations des artistes qui ont exposé au MAC. Traverser la baie, par le pont ou le ferry, est désormais une obligation pour ceux qui veulent connaître l'image de la modernité brésilienne à travers le prisme de son plus grand architecte.

CCR BARCAS

Praça Araribóia, 6 ✆ +55 21 2620 6756
www.grupoccr.com.br/barcas
Billet : 6,10 R$ pour Praça Arariboia, 16,90 R$ pour le terminal de Charitas.

La nouvelle station Praça Arariboia permet d'accéder rapidement aux principaux édifices du Caminho Niemeyer.

- **Estação Praça Arariboia.** Les navettes en bateau entre Praça XV (Rio Centro) et Praça Arariboia (Niterói) opèrent entre 6h et 23h tous les jours. Entre 6h et 10h, départ toutes les 10 minutes, puis toutes les 20 minutes.
- **Estação Charitas.** Les navettes en bateau entre Praça XV et Charitas opèrent entre 6h50 et 21h tous les jours de la semaine, mais pas les week-ends. De 6h50 à 0h, et entre 17h et 21h : départ toutes les 15 minutes puis toutes les heures.

TEATRO POPULAR OSCAR NIEMEYER ★★

R. Prof. Plínio Leite
Centro
✆ +55 21 2620 6101
www.teatropopularoscarniemeyer.art.br
Ouvert pour des spectacles.

Inauguré en 2007 et baptisé au départ Théâtre populaire de Niterói, il a pris le nom de son créateur, l'architecte Oscar Niemeyer, en 2013 lors de l'inauguration du *Caminho* dédié à l'œuvre considérable de l'architecte qui a dessiné le siège du PCF, place Colonel Fabien, à Paris. Il a une forme très particulière visible de loin, car il est constitué d'une entité arrondie et asymétrique de deux étages, recouverte d'une grande couverture courbe. Sa grande baie vitrée est orientée face à la baie de Guanabara, l'ensemble est splendide. On y accède par une rampe hélicoïdale très originale. Sur cette face, on retrouve des *azulejos* jaunes, illustrés d'une fresque allégorique de femmes agitant des drapeaux et dansant. Le théâtre compte quant à lui 460 places, mais la scène peut s'ouvrir à l'air libre sur l'esplanade principale, qui peut alors recevoir près de 20 000 spectateurs ! Tout le génie de l'artiste se retrouve dans ce tour de magie architectural. À l'intérieur du bâtiment on trouve aussi un auditorium. Le théâtre fut restauré en 2010 et a été doté d'une structure externe fixe, toujours sous la houlette magistrale de Niemeyer. Sous la rampe, un café attire les jeunes de Niterói, notamment les adeptes de skate qui profitent de la grande esplanade et des rampes du théâtre pour tenter des figures. Depuis son ouverture, le lieu est toujours animé ! Niteroi propose une offre architecturale étoffée qui suscite un tourisme culturel de ce côté-ci de la baie.

SAQUAREMA ★★

Saquarema est une ville connue à l'extèrieur du Brésil essentiellement par les surfers. Du temps de l'Empire, Saquarema était aux mains d'une élite conservatrice, qui faisaient travailler une main d'oeuvre servile dans ses immenses fazendas de café. Aujourd'hui, on y trouve l'ambiance plus légère des stations balnéaires populaires. Les plages et les lagunes constituent les principaux intérêts des lieux. On surfe et un boit un verre sur la plage à Itaunà, on pèche à Jaconé, on admire la nature à Massambaba. Dans la lagune de Saquarema on fait de la planche à voile, on se promène dans les mangraves dans la lagune de Jaconè. Quelques monuments.

IGREJA NOSSA SENHORA DE NAZARETH ✞ ★★

R. Dr. Luiz Januário
Centro
Visites du mardi au vendredi de 9h à 12h et de 14h à 16h, le samedi de 9h à 20h et le dimanche de 9h à 17h.

On est loin ici des lignes modernes et épurées des dessins de Niemeyer de Brasilia ou de Niteroi. Édifiée en 1837, l'église principale de la ville, Igreja Nossa Senhora de Nazareth, perchée sur un rocher qui surplombe la mer, mérite une visite. Le petit cimetière sur l'arrière bénéficie d'une belle vue. On dit que des manifestations afro-brésiliennes y ont lieu la nuit venue… Tous les 8 septembre, l'église fait l'objet d'une grande célébration, qui s'accompagne de liesse populaire.

© RODRIGO S COELHO - SHUTTERSTOCK.COM

Igreja Nossa Senhora de Nazareth.

ETAT DE RIO DE JANEIRO

MUSEU DO SAMBAQUI DA BEIRADA ★

Rua do Sambaqui
Barra Nova
✆ +55 22 2653 0527

Ouvert du mercredi au vendredi de 13h à 16h et le samedi de 9h à 16h.

Musée en plein air qui expose des fossiles. Rien d'impressionnant, mais pas inintéressant si vous êtes dans le coin. « Sambaqui » vient du mot indigène tupi « tamba'kï », qui signifie « dépôt de coquillages ». Là, il s'agit d'un monticule de matériaux organiques et calcaires qui, sous l'effet des intempéries, connaissent une fossilisation chimique : la pluie dissout les coquilles des mollusques, le calcium pénètre la structure et pétrifie le dépôt.

PICAN HA DO GUGU €

Rua Barão de Saquarema, 50
Centro
✆ +55 22 2651 1165

Cuisine brésilienne. Ouvert de mardi à dimanche de 11h à minuit. Compter environ 60 R$ le repas.

Pican ha do Gugu est une churrascaria plutôt savoureuse située dans le centre de Saquarema. Bon, on sait que les restaurants de viande ont de moins en moins la côte chez les Européens et chez les Brésiliens les plus sensibles à la cause écolo, mais pour ceux qui aiment la viande... et qui peuvent néanmoins être sensibilisés à la cause amazonienne, le restaurant Pican ha do Gugu, une des filiales du groupe éponyme, propose de bonnes viandes. Sur plusieurs années cependant, le prix de la pican ha s'est renchéri. Peu d'offres non carnées.

MAASAI HOTEL €€

Tv. de Itaúna – Praia de Itaúna
✆ +55 22 2651 1092
www.maasai.com.br

18 chambres. De 230 à 400 R$ en fonction de la saison et de la chambre, petit déjeuner compris. Wifi.

Pour les surfeurs qui voudront à une étape connue du championnat de monde de surf, le Maasai Hotel est un établissement à retenir. C'est une auberge-hôtel très confortable, en bord de mer, et d'où on peut assister directement aux championnats de surf. Bien sûr, beaucoup de mobilier et de décorations d'origine africaine, comme le nom de la tribu kenyane de l'hôtel le sous-entend. Le Maasai Hotel possède un accès direct à la plage. Il a un restaurant, piscine, boutique. L'hôtel peut également organiser différentes activités sportives.

GAROTA DE ITAÚNA €€

Av. Oceânica, 165
Itaúna
✆ +55 22 2651 2156

Cuisine brésilienne, spécialités de poissons & fruits de mer. Compter environ 90 R$ pour un repas.

La ville d'Itauna propose quelques tables intéressantes. La Garota de Itaunà est un vaste restaurant coloré. Cela fait vraiment grand établissement de plage, simple et sympathique, comme en trouve dans le Nordeste. Bien sûr, on y sert de très bons poissons (poisson grillé à la sauce Maracujà, crevettes à la mode Itauna), mais aussi des viandes (churrasco) savoureuses, le tout en portions généreuses. L'ensemble est très convenable ! Belle vue depuis le balcon. Excellente adresse également pour contempler le coucher du soleil sur la mer.

POUSADA ALGAS MARINAS €€

Av. Oceânica, 1435 - Itaúna
✆ +55 22 2651 1368
www.algasmarinas.com.br

Chambre double 200 R$, triple 300 R$ et familiale 400 R$, petit déjeuner inclus, quelle que soit la saison. Wifi.

La Pousada Algas Marinas est une option dans cette gamme de prix. Située à 50 mètres de la plage, cette jolie pousada propose des chambres familiales très simples et franchement pas chères, même si vous n'êtes qu'un couple, quelle que soit la saison. Le mobilier est assez hétéroclite, mais la literie confortable, les pièces climatisées. Jolie piscine dans le jardin avec des tables pour le petit déjeuner en extérieur. La pousada Algas Marinas abrite également une pizzeria du même nom. Vous pouvez bien sûr louer des planches de surf.

ESCOLA DE SURF SAQUAREMA

Praia de Itaúna ✆ +55 22 9215 1828

École de surf. Cours à partir de 60 R$ les 2 heures, et location de matériel.

A tout seigneur, tout honneur, on ne peut parler de Saquarema sans parler de surf et sans doute est-ce la motivation majeure des touristes étrangers pour se rendre à Saquarema. Sur la plage d'Itaunà, l'école de surf de Saquarema accueille les futurs Kelly Slater. On peut prendre des cours pour apprendre ou se perfectionner. L'ambiance est familiale bien que pro. On commence doucement, dans la bonne humeur brésilienne. Les meilleurs pourront progressivement s'affronter à la vague d'Itaunà, certainement une des meilleures vagues à droite du Brésil.

ARARUAMA ★

À 110 km de Rio de Janeiro, 110 000 habitants environ. L'attrait principal d'Araruama est son immense lagune, idéale pour la pratique du windsurf, du kitesurf et de la voile. La lagune d'eau salée, qui s'étale sur 220 km², est très peu profonde, ce qui rend ses eaux chaudes toute l'année. On prête des vertus médicinales aux boues de certaines plages de la lagune... c'est à voir ! Nous vous recommandons ce site pour un week-end sportif. Comme la voisine Saquarema, la ville d'Araruama elle-même n'a que peu d'intérêt, mais s'emploie à développer l'écotourisme et le tourisme rural, en proposant des visites de fermes et également de marais salants.

POUSADA ALGODAO DA PRAIA €€

R. Otávio Carneiro, 55 - Praia dos Amores
✆ +55 22 9 97170291

Chambre double à 280 R$, triple à 320 R$ et quadruple à 380 R$, petit déjeuner compris. Wifi.

L'aspect extérieur est franchement attractif, à proximité de la lagune. La pousada Algodao da Praia (ex pousada praia dos amores) est un établissement fort agréable. Ses 14 chambres (suites et suites master pour 2 3 et 4 personnes) très bien équipées. Une suite est équipée pour recevoir les personnes à mobilité réduite. On peut siroter un verre autour de la piscine. La pousada propose un restaurant. La vue sur la lagune est charmante et reposante. Le personnel est réactif et agréable. Un des meilleurs établissements d'Araruama.

UPWIND

Praia das Virtudes
Praia Seca
✆ +55 22 2661 4516
www.upwind.com.br

Araruama est à la planche à voile et au kitesurf ce que Saquarema est au surf. L'école Upwind permettra aux visiteurs désireux de profiter de leur séjour dans la région pour apprendre le kite, de le faire dans les meilleures conditions. Cette école est au cœur des activités nautiques de la langue de terre de Praia Seca. Elle propose des cours de planche à voile et kitesurf pour débutants ou initiés, de la location de planches à voile, et vous informe en détail sur les compétitions à venir. L'agence propose également quelques chambres.

ARRAIAL DO CABO ★★★

Véritable paradis de l'écotourisme, cette petite péninsule est réputée pour ses magnifiques fonds marins. Arraial do Cabo (environ 28 000 habitants) a longtemps été le repaire de pirates et regorge d'épaves sous-marines. Les eaux y sont d'une clarté incomparable (sauf quand le phénomène de *ressûrgencia* – marée rouge – intervient : les eaux sont alors sombres et impénétrables). Alors, si vous êtes un adepte de la plongée, votre parcours doit forcément passer par ici. Sur place, de nombreuses agences spécialisées louent des équipements et commercialisent des packages de baptême, ou des stages de plongée, et en général elles sont toutes très professionnelles, et le matériel de bonne qualité. Par ailleurs, l'endroit développe un véritable écotourisme avec de nombreuses balades en bateau, spot de surf, sentiers de randonnée le long des plages... Ah, les plages... Il suffit de tourner la tête pour en voir apparaître une nouvelle encore plus belle que la précédente. La Praia do Farol par exemple, située sur l'île du même nom, est bordée par une mer aux tonalités vertes et à la propreté irréprochable. Elle exhibe de magnifiques dunes de sable où l'on aime pratiquer l'*esquibunda*, littéralement le « skifesses » : descente des dunes, assis sur une planche de bois, une sorte de luge des sables ! Le meilleur moyen de profiter des beautés d'Arraial do Cabo est certainement de prendre un bateau pour la journée et de plonger depuis la proue, de plage en plage, pour découvrir les beautés marines de ce que l'office de tourisme local appelle la capitale de la plongée.

Sur la plage d'Arraial do Cabo.

PRAIA DO FAROL ★★★

Praia da Ilha do Farol

La plage du Farol, située en face de Prainhas do Pontal do Atalaia, avec ses eaux vertes et ses superbes dunes de sable, est réputée comme étant l'une des plus belles de la région. Les promenades en bateau vous y emmènent en environ 40 minutes de navigation directe. Le spectacle est superbe. La plage est en zone militaire et la visite est limitée à un heure. Seuls les bateaux autorisés peuvent vous y amener. Juste à côté, située dans une fente entre les rochers, la vierge Nossa Senhora protège les marins qui passent par ce cap.

PRAINHAS DO PONTAL DO ATALAIA ★★★

Prainhas do Pontal do Atalaia

À 2 kilomètres du port se trouve la plage Prainhas, située au bout du cap, sur le Pontal da Atalaia, isolée et sauvage, elle aurait « les eaux les plus cristallines de la région ». Les eaux sont transparentes, turquoise, et calmes, On y accède en bateau, en voiture. La Praia Brava, de l'autre côté, a des eaux plus froides et plus agitées. Les plages de Prainhas do Pontal do Atalaia, magnifiques et isolées, diffèrent de celles de Prainha, à l'entrée de la ville en venant de Cabo Frio.

PRAIA GRANDE ★★★

L'incontournable Praia Grande s'étend sur près de 40 kilomètres vers l'ouest jusqu'à Saquarema et Maricà. C'est une des plages préférées des surfers. Les vagues sont propices au coup de surf. Les dunes laissent planer une ambiance un peu sauvage en certaines parties de la plage. On trouve de nombreux bars et restaurants dans sa partie gauche, plus proche du centre d'Arraial do Cabo. Ce n'est sans doute pas la plus belle plage de la ville, qui comptent parmi les plus belles de la région, mais elle mérite le détour si on aime les belles vagues.

PRAINHA ★★

Av. Alfredo Dante Fassini

Située à l'entrée de la ville, la plage de Prainha est située dans une baie très calme et ses eaux prennent souvent des reflets turquoise. Elle est plus adaptée pour nager ou se baigner avec des enfants. Mais elle est souvent bondée. Tous les week-ends et lors des vacances, des hordes de Cariocas s'y précipitent et la plage prend alors un tout autre visage. Tout autour, d'innombrables kiosques rivalisent de bonne humeur, en passant de la musique à plein volume… Il faut entrer dans l'ambiance ! Amoureux des plages calmes s'abstenir !

BALADES EN MER ★★★

Tour en bateau de 3h30 environ, sorties entre 10h et 11h30, 14h30 en haute saison. Adulte : 80 R$, enfant : 40 R$.

Comme à Paraty ou à Buzios, il est possible de profiter des plaisirs de la mer en passant quelques à se prélasser dans les ondes douces sur une embarcation. Depuis le port, situé à l'extrémité de la plage dos Anjos, une multitude d'embarcations de toutes les tailles organisent de superbes promenades en mer. Vous pouvez vous joindre à un groupe ou naviguer en couple (ce n'est pas plus cher quoiqu'on dise, nous en avons d'ailleurs fait l'expérience). C'est la grande attraction d'Arraial do Cabo et pour cause, les plages sont tout simplement magnifiques ! Sable blanc, eaux limpides et turquoise... le bonheur ! Possibilité de louer des masques et tubas dans les bateaux pour faire du snorkeling (20 R$). Les bateaux proposent aussi des boissons (alcoolisées ou non) et des snacks (en supplément). Tous les bateaux font le même circuit, mais certains sont plus jolis que d'autres. N'hésitez pas à visiter plusieurs agences dans la ville avant d'arrêter votre choix.

En sortant du port, vous longerez le cap, jusqu'au premier plongeon sur la plage paradisiaque de Prainhas, puis ce seront les falaises escarpées et la Gruta Azul (Grotte Bleue) spectaculaire, par sa hauteur (un bateau entier peut y entrer) et par la couleur de l'eau. Au retour, petite pause sur la mirifique plage de sable blanc do Farol.

Parcours : Prainhas do Pontal do Atalaia, Pedra do Gorila, Gruta Azul, Golfinhos, Fente de Nossa Senhora, Praia do Farol, Praia da Ilha do Farol, et pour finir une petite plongée dans la crique de Praia do Forno.

THALASSA POUSADA €

Rua Bernardo Lens, 114 – Praia dos Anjos
✆ +55 22 2622 2285
www.thalassapousada.com.br
À partir de 220 R$ la chambre double, avec petit déjeuner. Wifi.

À proximité du centre et de la gare routière, mais aussi de la praia dos Anjos, cette pousada est une jolie maison de caractère avec un patio arboré qui dispose de neuf appartements dont deux se prêtent idéalement à des vacances en famille ou entre amis, car ils ont une capacité de cinq personnes. Un délicieux petit déjeuner préparé avec des produits faits maison est servi dans l'agréable salle à manger et une terrasse panoramique avec vue partielle sur la praia dos Anjos, Ilha do Farol et le Morro do Pontal do Atalaia. Les propriétaires sont fort sympathiques.

ORLAMAR €€

Av. Beiran Mar, 111 - Prainha
✆ +55 22 2622 2410
www.orlamar.com.br
À partir de 200 R$ la chambre double, selon le confort offert : ventilateur, l'appartement avec balcon, kitchenette,.

Une pousada assez cachée car, pour y accéder, il faut aller tout au bout de la plage (à droite lorsqu'on fait face à la mer), jusqu'à la fin de la route qui la longe, et continuer à pied par le sable. Une belle décoration, soignée et reposante, des chambres avec vue sur la mer et terrasse (pas toutes), et un calme olympien. Sauna, hydromassage, massage. La pousada dispose d'un bon restaurant ouvert à tous. Menu varié et spécialité de fruits de mer. Selon le restaurant, l'un des plats les plus demandés est l'anchois au barbecue.

POUSADA CAMINHO DO SOL €€

R. Miguel Ângelo, 55 - Praia Grande
✆ +55 22 2622 2029
www.caminhodosol.com.br
De 395 à 605 R$ la chambre double en haute saison, de 318 à 525 R$ en basse saison, avec petit déjeuner. Wifi.

La pousada Caminho do Sol est un établissement récent et luxueux, avec une piscine et un jardin devant la plage... Dans cette gamme de prestation, les prix sont imbattables. Les chambres sont superbes et stylées, et l'accueil de toute l'équipe est fantastique, c'est le meilleur plan du coin ! En prime, on a une vue incroyable depuis les balcons à l'étage et des salles de bain modernes et bien conçues. Certaines chambres ont des pierres apparentes. D'autres chambres ont des baignoires à hydromassage. Réception 24h/24, parking.

POUSADA SENTINELAS DO MAR €€

R. José de Castro Neto, 56 – Pontal do Atalaia
✆ +55 22 2622 7587
www.sentinelasdomar.com.br
Chambres de 250 à 650 R$ selon la catégorie et la saison, petit déjeuner compris. Lit en dortoir de 100 à 130 R$. Wifi.

Par sa localisation et sa vue imprenable, cette pousada qui surplombe l'océan est exceptionnelle, entre la praia Grande et la praia Brava, dans la zone préservée de Pontal do Atalaia. Les chambres sont bien équipées et soigneusement décorées, et chacune d'elles a une vue sur mer. De véritables postes d'observation de la nature ! Les chambres de catégorie supérieure ont même des baignoires à hydromassage. Dans le jardin, piscine et terrasse. La propreté laisse quelquefois à désirer.

BACALHAU DO TUGA €€

Rua Santa Cruz, 5 - Praia dos Anjos
✆ +55 22 2622 1108
bacalhaudotuga.com
Cuisine brésilienne & européenne. du mardi au jeudi de 18h à 23h, de vendredi à dimanche de 13h à 23h. environ 80 R$.

Le bacalahau do Tuga est sans doute le meilleur restaurant de la ville, avec bien évidemment comme spécialité la morue déclinée de multiples façons. Bien, le restaurant met à l'honneur tous les produits issus de la mer. Poissons, fruits de mer.. tout y est délicieux. Le service s'avère un peu long car tout est préparé *minute*. On est plus proche de l'esprit slowfood que tambouille pour touristes qui ne reviendront pas. Ici, les habitués et les gourmets en quête de bonne table s'y pressent. Mieux vaut arriver tôt ou réserver en haute saison.

SAINT TROPEZ €€

Praça Daniel Barreto, 2 - Praia dos Anjos
✆ +55 22 2622 1222
www.saintropez.com.br
Cuisine française et internationale. Ouvert tous les jours de midi à minuit. Compter de 70 à 130 R$ le plat.

Le Saint-Tropez se veut être un restaurant et un bar international avec une âme française. Le propriétaire Guy, un français expatrié, a ouvert les portes de son établissement depuis des années, et le gros Obélix jovial de l'entrée est désormais une figure reconnue des touristes. Le chef propose une bonne cuisine avec une touche française, les moquecas y sont excellentes. Poulpe grillé au bacon, crevettes à la thermidor, coquilles Saint-Jacques à la belle meunière. C'est cependant assez cher et le service est assez nonchalant.

SOL NA COZINHA €€

R. Miguel Ângelo, 55
Praia Grande
✆ +55 22 2622 1347
Spécialités de poissons & fruits de mer, pâtes, pizzas. tous les soirs de 16h à 22h30. environ 70 R$ pour un repas.

Pour ceux qui se rendent à Arraial et qui veulent éviter les restaurants à touristes, bondés le weekend et à l'offre culinaire approximative, le Sol na cozinha est une bonne option. Le restaurant de la pousada Caminho do Sol est l'une des meilleures tables de la ville, d'abord pour l'assiette, dont chaque ingrédient quel que soit le plat est cuisiné avec amour et patience (grande variété de plats, les crevettes et poisson délicieux). Le cadre est romantique, avec une belle vue sur la plage. Le Chef Henrique Cruz est aux petits oignons avec ses hôtes.

MR. DIVER

Av. Governador Leonel de Moura Brizola, 46
Centro
✆ +55 22 2622 1164
www.mrdiver.com.br
Centre de plongée.

Mr Diver est une autre école de plongée qui accueille, forme et perfectionne des plongeurs de tout niveau. C'est une école de plongée sérieuse et aux tarifs abordables. Le matériel est bien entretenu. Le staff est compétent et très sympathique. Comme dans toutes les autres écoles de plongée ayant pignon sur rue, les moniteurs sont formés et dûment diplômés et la majorité dispose d'une solide expérience. Les apprentis plongeurs sont amenés en bateau, flambant neuf, avec tout le confort à bord, sur des spots variés et qui changent selon les jours.

SEAQUEST SUB

Av. Governador Leonel de Moura Brizola, 61
Centro
✆ +55 22 2622 0744
www.seaquestsub.com.br
Centre de plongée.

Le site d'Arraial do Cabo, entouré de magnifiques plages aux eaux turquoise où l'on peut voir très profond dans les eaux, se prête magnifiquement à l'exercice de la plongée sous-marine. L'agence Seaquest Sub loue et vend du matériel de plongée en très bon état mais c'est surtout une agence qui propose des baptêmes de plongée ou des cours de perfectionnement. Les moniteurs et encadrants sont des professionnels de confiance. Toutes les personnes que nous avons croisées en revenant des sorties de plongée étaient ravies et désireuses d'y retourner.

CABO FRIO ★★★

Cabo Frio est la grosse cité balnéaire de la Costa do Sol. Au premier abord, Cabo Frio est peu séduisante : ces hauts immeubles, ces rues souvent en bazar...mais la géographie de la ville est par contre à souligner : une plage de sable blanc à perte de vue, sur laquelle le vieux fort São Matheus a été érigé au XVIIe siècle par les Portugais. Un canal enlace les arrières de la ville jusqu'à une lagune gigantesque qui s'étend jusqu'à Araruama. La ville possède un petit quartier historique, le Passagem, aux maisons basses et colorées qui bordent un petit port de pêche. Les Brésiliens y viennent en masse en famille les fins de semaines et les vacances.

La plage de Prainhas, Cabo Frio.

CASA ATELIÊ CARLOS SCLIAR ★

Rua Marechal Floriano, 253
São Bento
✆ +55 22 2643 0562
www.carlosscliar.com
Ouvert du mercredi au dimanche de 14h à 19h. Entrée : 4 R$.

La Casa Ateliê Carlos Scliar est la propre maison où vécut le célèbre artiste-peintre *gaucho* pendant près de quarante ans, jusqu'à sa mort en 2001. Au-delà d'une maison-musée que l'on visite, la Casa possède un fonds artistique intéressant. On y découvre les œuvres de l'artiste, et d'autres productions d'Ivan Marquetti, de Glauco Rodrigues… Ainsi que les instruments de travail de Scliar. Une statue du peintre est devant le chenal, en face du musée.

DUNA MÃE ★★

Rua dos Atobas

Une des beautés de Cabo Frio réside dans la présence de belles dunes sur ses plages. D'immenses dunes de sable blanc se dressent. Sur la dune principale, la Duna Mãe (Dune Mère, comme elle est appelée), on peut pratiquer le surf de sable et la glissade. Possibilité d'effectuer des ascensions en parapente tracté par une grosse Jeep (voir les agences locales, mais est-ce respectueux de l'environnement ?). Une vue à couper le souffle. Attention, les dunes peuvent être très mal fréquentées, on enregistre des vols de touristes, alors mieux vaut s'y rendre accompagné.

FORTE SÃO MATEUS ★★

Av. Américo Vespúcio
Entrée libre.

Entre le bleu de l'océan et du ciel, on ne voit que le fort Sao Mateus. C'est une forteresse blanche qui offre un impressionnant panorama de la plage. Quelques photos de la ville et du fort sont exposées à l'intérieur. Juste à côté une minuscule plage cachée abrite de petits bateaux de pêche aux couleurs vives. On ne peut pas s'empêcher de sortir son appareil photo. Après cette petite plage, un sentier monte jusqu'à un belvédère qui domine l'embouchure du canal. De là, on se rend compte de l'admirable géographie de la ville.

ILHA DO JAPONES ★★

Minuscule île où a longtemps vécu un unique habitant, aux yeux bridés. Cette particularité physique a suffi à attribuer un nom à l'endroit. Les gens de la région y accèdent en bateau ou à la nage en traversant le canal ; on a pied entre l'île et la rive opposée au quartier du Passagem (attention au courant certains jours). Un kiosque propose boissons et poissons grillés. Tables et chaises sont posées dans l'eau. Très fréquenté en été. De l'autre côté de la colline, après un sentier très escarpé, se cache une plage superbe, adorée des surfeurs et des naturistes !

PASSAGEM ★★

Passagem est un petit quartier historique et colonial de Cabo Frio, qui rappelle un peu Paraty. Ancien village tupinamba, Cabo Frio a été fondé en 1541, quelques décennies après la découverte du Brésil. Passagem est considérée comme le berceau de la station balnéaire. Comme à Paraty, on peut y voir des petites maisons basses et colorées, des rues aux énormes pavés. la charmante église São Benedito domine la place principale. Une balade à pied dans la rue qui longe le canal, sous les amandiers en fleurs, vous reposera du rouleau des vagues.

PRAIA BRAVA ★

La praia Brava (la plage en colère) est cachée derrière la colline sur la rive du canal opposée au fort São Matheus. On dit de cette plage qu'elle est la favorite des surfeurs et des naturistes. Elle est également réputée pour ses rouleaux et son caractère intime qui favorise le nudisme. C'est en effet une plage presque déserte et dénuée de tout bar ou restaurant. En face se trouve l'île do Japones. Attention à bien se renseigner avant de partir pour aller à la plage en face de l'île à pied, le sentier est mal indiqué. La plage de surf n'est pas naturiste.

PRAIA DO FORTE ★★★

Avenida Hilton Massa

La plage de Praia do forte (à ne pas confondre avec celle de Salvador) est certainement la plus connue des plages de Cabo Frio. Cette énorme étendue de sable blanc est aussi la plus courue des touristes. L'endroit est propice à la baignade. Proche du fort, une crique permet de profiter de ces eaux turquoise sans les vagues, idéal pour les enfants. La Praia do Foguete, dans le prolongement de la Praia do Forte, est moins fréquentée, et les surfeurs l'adorent pour ses vagues assez hautes. Pour certains, la praia do forte est la plus caribéenne des plages du Brésil.

PRAIA DO PERÓ ★★

© RAPHAEL BORGES - SHUTTERSTOCK.COM

On ne cesse de le répéter, on vient à Cabo Frio pour la beauté de ses plages, pas pour ses constructions qui rendraient les stations de la Costa del Sol presque esthétiques et agréables. La Praia do Peró, située au nord-est du centre, est bordée par des dunes et s'étend sur 7 kilomètres. Elle est aussi la préférée des surfeurs (qui pourront également apprécier les vagues de la plage Brava). Les morros qui se jettent dans la mer rendent ces paysages dignes des cartes postales. Les eaux de cette plage tranquille sont assez calmes.

POUSADA KOPENHAGEN €

Rua Jorge Lóssio, 174 – Centro

✆ +55 22 99947 1780

www.pousadakopenhagenbeach.com.br

À partir de 130 R$ la chambre simple, 250 R$ la double et 290 R$ la triple, petit déjeuner compris. Wifi.

Une petite auberge simple et très bien tenue par la maîtresse des lieux, Milu Petersen, un peu mozambicaine, un peu portugaise, un peu danoise et brésilienne. Milu peint sur tout ce qui lui passe sous la main – sac, vêtement, linge de maison – et expose tout naturellement dans son hôtel. On ne sait plus très bien qui est né le premier, de l'auberge et de l'atelier, mais en tout cas on s'y sent très bien. À 300 m de la plage, proche du vieux quartier du Passagem et du canal. Chambres confortables, déco de bon goût. Vraiment, un bon repaire et des prix corrects.

MALIBU PALACE HOTEL €€

Av. do Contorno, 900
Praia do Forte

✆ +55 22 2647 8000

www.malibupalace.com.br

À partir de 364 R$ la chambre double, petit déjeuner compris. Wifi.

Cet hôtel traditionnel de bon standing bénéficie d'une excellente situation face à la plage do Forte, dans ce quartier prisé de Cabo frio. Le Malibu Palace Hotel dispose de 102 grandes suites bien équipées, dont plus de la moitié dispose d'une vue panoramique sur la mer. les 6 super suites situées au dernier étage de l'établissement bénéficient d'une terrasse ainsi que d'une baignoire à hydromassage et d'un sauna. Bonnes prestations : piscines, bar, salle de jeux, sauna, bain bouillonnant, salle de massage et un espace Internet. L'accueil est professionnel.

POUSADA BOULEVARD €€

Rua Marechal Floriano, 237
Itajurú

✆ +55 22 2643 1456

www.pousadaboulevard.com.br

À partir de 250 R$ pour une chambre double en moyenne saison, petit déjeuner compris. Wifi.

Au calme face au canal Itajurú, cette pousada est une jolie maison qui allie style colonial et déco moderne, avec une petite piscine azurée dans le jardin, un bain à remous et un sauna. Les chambres sont élégantes et à prix franchement corrects. Au total, la pousada Boulevard propose à ses hôtes une vingtaine de suites, dont 5 avec véranda. Elles sont toutes bien équipées (avec climatisation, frigo-bar, TV câblée, coffre). Mention spéciale pour celle qui dispose d'une belle terrasse avec vue sur le canal. Une charmante adresse.

POUSADA MARIÁ €€

Rua Jorge Lóssio, 899 – Centro
✆ +55 22 2643 3940
www.pousadamaria.com.br
Compter de 200 à 350 R$ pour une chambre double selon la catégorie et la saison, petit déjeuner. Wifi.

Près de la plage de Cabo Frio appelée « praia do forte », peut-être une des plus belles du Brésil, cette pousada aménagée dans un immeuble est contemporaine et confortable. Les chambres sont classées en catégories Standard, junior et standard avec véranda. Elles sont plutôt simples, mais équipées avec tout le confort nécessaire. Les parties communes sont le point fort du lieu : piscine, billard, salle de télévision, solarium vaste, tables en terrasse pour le petit déjeuner, sofas extérieurs… Et les prix sont très compétitifs pour ce confort.

POUSADA PORTAL DO MAR €€

Rua Nicola Aslan, 327 - Braga
✆ +55 22 2647 2148 - www.portaldomar.com.br
À partir de 210 R$ la chambre simple et de 240 R$ la double, petit déjeuner compris. Wifi.

La pousada Portal do Mar est une très belle maison lambrissée bleu roi, reconnaissable de loin. L'établissement propose des chambres à prix plancher, alors les prestations proposées sont luxueuses. Jugez vous-même : la maison est située à quelques mètres de la plage, elle dispose d'une grande et vraie piscine, d'un billard, d'un sauna et d'une salle de jeux pour les bambins. Les chambres sont simples, claires et jolies, la literie est confortable, elles sont climatisées, certaines avec un balcon et vue... Un vrai coup de cœur.

POUSADA DO LEANDRO €€€

Av. Nilo Peçanha, 333 – Centro
✆ +55 22 2645 4658
www.pousadaleandro.com.br
Compter entre 265 à 520 R$ la chambre double, selon la saison et le confort, petit déjeuner compris. Wifi.

Ici, les bonnes surprises que l'on rencontre sont à la fois l'établissement et son propriétaire. Le Leandro de la pousada éponyme n'est autre que le fameux joueur de football Leandro, grand latéral droit de la Coupe du monde de 1982, qui a longtemps porté le maillot de Flamengo. L'auberge de grand confort, dotée de dix-sept chambres claires, toutes blanches et confortables, se situe en plein centre-ville, à deux pas de la plage du Fort. Grande piscine avec un «pool bar» intégré, sauna, personnel aux petits soins, la grande classe.

SOLAR DO ARCO €€€

Rua Constantino Menelau
✆ +55 22 2645 4527
www.solardoarco.com.br
Chambre double à partir de 550 R$, petit déjeuner compris. Wifi.

L'hôtel Solar do Arco est un établissement situé à Passagem, sur les rives du canal Itajurú. Ce très bel hôtel propose des chambres spacieuses et impeccables. Le Parquet, la literie confortable, l'équipement bien pensé, rien ne manque au confort des hôtes. L'établissement, tout en bleu et blanc, n'est pas sans évoquer les édifices de Santorin avec ses petits patios. Excellent petit déjeuner. Une petite piscine permet de se rafraîchir. Face au petit port, c'est un plaisir que d'observer le va-et-vient des bateaux au petit matin.

MANÉ PAIXÃO €

Rua Almirante Barroso, 18
Passagem
✆ +55 22 2647 3476
Cuisine brésilienne, pizzas. Ouvert du mardi au samedi de 18h30 à 2h. Compter de 40 à 60 R$ pour un repas.

Dans le quartier historique de Passagem, ce petit établissement attire aussi bien les locaux que les touristes, pour grignoter un morceau ou juste boire un verre. C'est en effet un bar restaurant depuis plus de 20 ans et qui se fait honneur de faire une cuisine locale traditionnelle et artisanale. On y sert des plats typiques, des pizzas, des petiscos... La bière traditionnelle se marie très bien avec la cuisine du Mané. La carte des cocktails est également intéressante et les mélanges maison sont réussis. Musique *ao vivo* certains soirs.

MERCADO DE PEIXE DE CABO FRIO €

Rua José Augusto Saraiva
Estrada dos Passageiros ✆ +55 22 2644 8206
Spécialités de poissons et de fruits de mer.tous les jours du matin jusqu'en fin d'après-midi.de 20 à 40 R$ pour un déj.

Cet établissement sans prétention se situe au premier étage du marché de poisson. Il est forcément difficile de faire plus frais comme produits de la mer. On peut déguster des crabes fraîchement pêchés, des crevettes grillées, des raies énormes, le tout en regardant les bateaux décharger leur cargaison. Pour un restaurant de qualité à Buzios, le rapport qualité-prix est imbattable. Le cadre est simple et vraiment sympathique, ce qui n'est pas courant dans cette ville. On recommande.

PICAN HA DO ZÉ €

Travessa Nações Unidas, 33
Canal Itajuru
✆ +55 22 2643 4277

Churrascaria. du lundi à mercredi 11h à 0h00, jeudi 8h à 19h, samedi de 10h à 0h00, dimanche de 10h à 22h. environ 50 R$

Bon, le pican ha do Zé n'attire pas spontanément le chaland. A vraie dire, c'est un restaurant à la décoration sans vraiment de charme, voire quelconque, avec son immense salle et ses grands tablées, alors on y vient surtout pour la viande ! La picanha, ce sont des gros morceaux de viande grillés sur une pierre chaude déposée sur votre table. La salle entière est enfumée par la cuisson, mais c'est un véritable délice ! Les portions sont généreuses, ainsi que l'accompagnement. Plats de poisson également. Un classique de Cabo Frio.

ADEGA DO LUSITANO €€

Av. Assunção, 471
São Bento
✆ +55 22 2643 1115

Cuisine portugaise. de mardi à jeudi de 15h à 23h, vendredi samedi de midi à 23h, à 17h dimanche. entre 60 et 100 R$.

A tout seigneur, tout honneur, tradition portugaise oblige. Pour changer un peu des restaurants de plage brésiliens, l'adega Lusitano est un antre de la cuisine portugaise. Comme ses homologues lisboètes, il propose bien évidemment le *bacalhau* (la morue), décliné sous toutes ses formes et saveurs : *bacalhau à lagareira, bacalhau com natas, bacalhau espiritual, bacalhau à minhota.* Mais d'autres plats lusitaniens réjouiront les amateurs de bonne chère, comme le poulpe et les calamars ou le *leitão a bairrada* (le cochon de lait grillé), un délice.

LA GONDOLE €€

Rua André da Costa Simas, 247
Passagem
✆ +55 22 2643 5264

Cuisine brésilienne, italienne, poissons. tlj sauf mercredi de 18h30 23h30, dimanche de 12h30 à 16h. environ 70 R$/p

La Gondole est un restaurant, géré de main de maitre par André Cabrini, un chef suisse. Ce bel établissement est particulièrement réputé pour ses fruits de mer. Il propose une cuisine raffinée aux accents italiens. Goûtez au carpaccio de morue et aux poissons à la plancha... Les pâtes et les salades ne sont pas en reste. Certains plats sont rustiques et n'en restent pas moins goûteux, comme la saucisse toscane aux haricots blancs et à la polenta de gorgonzola. Le décor est agréable et l'accueil chaleureux. Une des meilleures tables de Cabo Frio.

BÚZIOS ★★★★

Búzios est la plus célèbre des stations balnéaires aux alentours de Rio. C'est un peu le Saint-Tropez brésilien. Cette comparaison n'est pas dénuée de réalité historique, puisque Búzios est devenue célèbre pendant les années 1960 quand Brigitte Bardot, alors en pleine gloire, y passa quelques semaines de vacances avec son fiancé brésilien d'alors. Pour les amoureux de Pampelone, la comparaison ne s'arrête pas là. On peut réellement voir une ressemblance entre le golfe de Saint-Tropez et le site de Búzios. Les pierres sont peut-être un peu moins chargées d'histoire, ici, pas de rue Rompe-cul, ni de tour Sarrazine, mais le décor est d'une beauté saisissante. Initialement un port de pêche, cette station balnéaire à la mode est réputée pour ses restaurants romantiques et sa vie nocturne agitée. Avec une péninsule de 8 km d'extension, les vingt plages sont toutes très différentes. Chacun y trouvera son bonheur : certaines plages sont agitées et fraîches, adaptées pour la pratique du surf, d'autres sont calmes et chaudes, pour se baigner. En été et lors des *feriados* (les week-ends prolongés), la petite station (30 500 habitants) est envahie par les Cariocas et les touristes (beaucoup d'Argentins à Búzios) et la ville décuple sa population ! Il faut alors aimer les bains de foule et la promiscuité, les prix s'envolent et les hébergements disponibles sont rares. Búzios est un endroit idéal pour se reposer, bronzer, pratiquer des sports nautiques ou dîner aux chandelles autour de ce cap qui évoque la Provence par ses baies vallonnées.

© CATARINA BELOVA - SHUTTERSTOCK.COM

Statue de Brigitte Bardot à Buzios.

ORLA BARDOT ★★

Rua das Pedras

Cette promenade qui commence à la plage d'Armação a été rebaptisée Orla Bardot pour rendre hommage à Brigitte Bardot, celle qui a officiellement révélé Búzios et l'a fait connaître au monde entier dans les années 60. A l'époque, elle visitait le Brésil avec son fiancé Bob Zaguri, d'origine brésilienne. La belle est partie, son nom est resté. C'est une plage de ville, avec des bateaux, des restos, des bars et des boîtes. Une statue plus ou moins ressemblante, inaugurée en 1999, permet de se prendre en photo à côté de notre B.B. nationale.

PRAIA DA FERRADURA ★★

Le nom de la plage « ferradura » signifie littéralement « fer à cheval ». C'est naturellement dû à la forme de cette plage. Elle est dans une grande baie calme entourée de demeures de luxe. Grâce aux collines qui ferment cette petite baie, la vue de la plage est superbe. C'est sans aucun doute l'un des meilleurs endroits pour faire du ski nautique. Située à environ 30 minutes à pied du centre, elle est forcément très courue. Préférez la petite portion tout à droite en regardant la mer, après quelques rochers ; il y a en général beaucoup moins de monde.

PRAIA AZEDA ET PRAIA AZEDIN HA ★★★

Les deux plages les plus charmantes de Búzios. Couvertes de chaises et de parasols, ces deux mini-plages aux eaux transparentes se font presque face. On y a littéralement « les pieds dans l'eau ». Assis sur sa chaise ou sous un parasol, on se laisse chatouiller les orteils par les vagues qui viennent lécher les pieds. Deux bateaux de pêcheurs échoués sur le sable servent de bar à quelques dames en bikini, entourées de leurs enfants qui jouent les apprentis serveurs.

PRAIA BRAVA ★★★

Encore une plage nommée «Praia Brava», comme à Saquarema. Proche du centre, voici une très belle plage, dans une crique, à la mer légèrement agitée. a la différence de nombre de plages de Buzios, La praia Brava est dans un environnement peu urbanisé. C'est rare à Búzios, car depuis plusieurs décennies, les maisons particulières et les hôtels fleurissent. Les surfeurs adorent. La baignade y est agréable. Les paysages y sont très jolis et bucoliques, un mélange de campagne et de mer. Deux restaurants *lounge* se trouvent sur la côte.

PRAIA DA FERRADURINHA ★★★

Rua Margarete

© VITORMARIGO - SHUTTERSTOCK.COM

Ferradurihna (littéralement « petit fer à cheval », par opposition à Ferradura, une autre plage de Buzios) est une toute petite plage située tout au bout de Geribá et accessible par un petit sentier de 200 mètres. C'est une plage très mignonne. Pourtant, elle est en général peu connue et pas très fréquentée par les touristes et les locaux. Ses eaux sont limpides et calmes. Les baignades y sont très agréables. On y trouve des équipements sportifs à louer et un ou deux bars pas chers pour grignoter et boire une bière ou une caïpirinha.

PRAIA DA TARTARUGA ★★★

La praia da tartaruga («plage de la tortue») est une magnifique plage, assez isolée de la ville. Pas de nuitée possible ici, Il n'y a pas d'hôtel. Par contre, on y trouve de nombreux bars et des restaurants de poisson qui proposent des cocktails et des repas jusque tard dans la nuit. C'est un excellent endroit, mais assez couru, pour passer la journée. Pour les plans romantiques ou si voulez fuir l'agitation de Buzios, c'est raté. Si vous faites la balade en bateau, c'est là en général que l'on vous débarquera pour déjeuner.

PRAIA DE MANGUINHOS ★★

Rua Maurício Dutra
Porto da Barra

Manguinhos est la meilleure plage pour pratiquer la planche à voile, le windsurf, le kitesurf et tous les sports à voile, en raison de son orientation par rapport au vent qui vient du nord-est. Il s'agit d'une longue plage aux eaux chaudes et tranquilles, avec assez peu de monde, parfaite pour les familles avec des enfants. On peut y déguster d'excellents *pastéis de camarão* ou une *casquin ha de peixe* (sorte de tourte de poisson), accompagnés d'une bière fraîche. Le Porto de Barra avec son long ponton est un bon endroit pour admirer le coucher de soleil.

PRAIA DE ARMAÇÃO ★

Au centre d'Armação dos Búzios.

La plage d'Armaçao est un des principaux points touristiques de Buzios et un des lieux les plus animés de la ville. On y trouve les statues immortalisant le travail des pécheurs, l'ancien président Kubitchek et bien sûr Brigitte Bardot. C'est la plage du centre qui possède le port, la capitainerie et la station d'essence des bateaux. Elle n'est bien sûr pas propice à la baignade. La rue légendaire de Buzios « rua das pedras » y prend son origine. C'est celle qui donne son nom officiel à Búzios, qui s'appelle en fait Armação dos Búzios.

PRAIA DE TUCUNS ET PRAIA JOSÉ GONÇALVES ★★

Au sud de Geribá, deux plages méritent l'attention : Tucuns, sauvage et indomptée et la magnifique José Gonçalves, la plus belle de la péninsule. Difficile de s'y rendre si on n'est pas motorisé... La plage José Gonçalves est au cœur d'une zone préservée, la réserve écologique des Emerencias. C'est une plage de sable noir très appréciée des surfeurs. La plage de Tucuns est bien mieux préservée que sa voisine et beaucoup moins fréquentée. Les amateurs de sports nautiques l'apprécient.

PRAIA DE GERIBÁ ★★

Rua Gerbert Périssé
Manguinhos

Geribá est la plage la plus connue et la plus animée, elle est, à n'en pas douter, la meilleure de Búzios pour se divertir et savourer une ambiance festive. Elle est pleine à craquer les week-ends, les jours fériés et pendant les vacances, surtout dans la partie centrale qui concentre tous les bars. Tous les touristes et les locaux qui aiment les grandes plages accessibles et bien équipées en infrastructures de tout ordre s'y précipitent en toute occasion. Geribá comprend également une piste de skate et de belles vagues pour les surfeurs.

PRAIA DO CANTO ★

La Praia do Canto est une plage du cœur de Buzios. Cette plage qui longe la rua das Pedras, où sont ancrés de nombreux bateaux. On s'y promène pour admirer les charmes du Saint-Tropez brésilien. Malheureusement, pas question de baignade ici. On y vient seulement pour la vue. Pour les amateurs de lieux tranquilles et isolés, la Praia dos Amores est à découvrir. Pas très loin, tout à gauche en regardant la mer, après une petite marche de 5 minutes sur les rochers, on gagne Praia dos Amores, parfois un peu sale, mais souvent solitaire, et elle est très jolie aussi.

PRAIA DOS OSSOS ★

La Praia dos Ossos est une jolie petite plage. On ne s'y baigne pas vraiment, elle sert surtout de mouillage aux bateaux de pêche. On y trouve une des cartes postales de la ville, avec la Orla Bardot. À quelques dizaines de mètres du bord, on voit des statues de pêcheurs remontant leur filet. Cette œuvre d'art qui rend hommage aux travailleurs de la mer offre aux passants un tableau bien sympathique. La plage est entourée par un ensemble de très beaux hôtels sur les hauteurs du lieu. L'ensemble a un cachet fort romantique, on aime beaucoup !

PRAIA JOÃO FERNANDES ET PRAIA JOÃO FERNANDINHO ★★

Les dernières plages de la côte nord, très belles, sont bordées d'hôtels de luxe (clientèle argentine et chilienne surtout, très présente à Buzios). Autrefois paisibles en raison de leur relatif éloignement, elles sont aujourd'hui bondées et ne sont pas sans rappeller les coins les plus touristiques de la Côte d'Azur ou de la Costa Brava : pas facile d'apercevoir le sable au milieu de tant de monde ! Beaucoup de restos sans prétention et de paillotes.

PRAIA OLHO DE BOI ★

La praia Olho do boi (oeil de boeuf) est une des plages de sable les plus belles de Buzios. Cette plage se mérite. On y accède à partir de la Praia Brava par un petit sentier de prés de 25 minutes de marche. Il faut faire relativement attention. Peut-être est-ce cette difficulté d'accés qui en fait sa spécificité. C'est en effet la plage non officielle des naturistes de Búzios… mais connue comme telle par tout le monde, donc assez officielle finalement ! De mars à décembre, c'est plus gay que naturiste. Il faut prévoir de l'eau, une bonne paire de chaussures.

BABYLON BUZIOS ★★★

Travessa dos Pescadores, 88 - Centro
✆ +55 22 2623 0304
www.babylonbuzios.com.br

Agence ouverte tous les jours de 8h30 à 20h30. Prix variables selon le tour en bateau, la saison. Pensez à négocier !

Comme à Paraty, des tours en saveiros sont proposés autour des plages de Buzios. Les circuits proposés sont tous plus ou moins semblables. La différence se fait donc sur la qualité des prestatios proposées, la taille et l'équipement des bateaux. Cette agence de tours en bateau est l'une des plus recommandables même si tous les bateaux proposent le même circuit, car celui-ci est équipé d'un toboggan et d'une piscine pour petits enfants. De plus les consommations sont peu chères à bord et l'ambiance très festive, comme tous les *saveiros* !

BAMBOO BÚZIOS SEASHORE HOSTEL €

Rua das Pedras, 25 - Centro ✆ +55 22 2620 8085
https://bamboobuzioshostel.com/

Dortoir de 70 à 85 R$, double à partir de 240 R$, triple 310 R$, quadruple 400 R$, petit déjeuner compris. Wifi.

Le Bamboo Buzios Sea Shore Hotel est une excellente auberge de jeunesse, les pieds dans l'eau ! La terrasse est vraiment au ras des flots, où se jouent souvent des concerts le soir. Les dortoirs sont variables en taille (et donc en prix) de 4 à 11 personnes, tous sont climatisés et propres. Les chambres privées de 2 à 4 personnes ont toutes une vue partielle ou totale sur la mer. Elles ont toutes des noms des noms de plages de Rio de Janeiro ou de Buzios. Cuisine commune. Un bon plan.

POUSADA AROMA DO MAR €

Estrada da Usina, 500
Centro
✆ +55 22 2623 1001
www.aromadomar.com.br

À partir de 300 R$ la chambre double, petit déjeuner compris. Wifi.

La pousada Aroma do Mar fait partie du groupe latitud Hotel. Cette villa moderne plaira aux amateurs de design épuré et d'espaces lumineux et colorés. Réparties en 7 catégories, les 32 chambres sont parfaitement équipées et elles sont toutes aménagées avec goût. L'hôtel propose des chambres familiales, dont un loft pouvant héberger jusqu'à 5 personnes. Autre point fort : sa magnifique piscine, mais aussi son bar, son hammam… Cette adresse élégante reste étonnamment accessible question prix compte tenu de son standing. Un bon plan.

POUSADA DO CENTRO €

Avenida José Bento Ribeiro Dantas, 128 - Centro
✆ +55 22 2623 6992
www.pousadadocentro.com.br

A partir de 120 R$ pour une chambre double en moyenne et haute saison, petit déjeuner compris. Wifi.

En fait, ce sont deux pousadas du même propriétaire : « nord » et « ouest ». Les deux sont localisées à quelques dizaines de mètres de la rua das Pedras, au calme. Architecture typique de Búzios avec du bois et des baies vitrées, une décoration colorée plaisante, assez sophistiquée et chaleureuse, et une ambiance zen. La literie est ultra confortable, les draps en coton de qualité, les chambres bien équipées (clim, mini-frigo, certaines avec balcon). Les salons communs sont conviviaux. Une option très charmante pour les couples à budget serré. Recommandé.

POUSADA TRÊS PESCADORES €

Rua Canto dos Pássaros, 8 - Geribá
✆ +55 22 2623 3332
www.trespescadoresbz.com

À partir de 152 R$ la double avec petit déjeuner. Wifi.

La pousada Très pescadores est un établissement relativement récente à Buzios. Cette nouvelle pousada propose des chambres modernes toutes neuves dans une belle maison avec piscine, à prix plancher. Les pièces sont lumineuses, climatisées, avec TV câblée. Le buffet petit déjeuner est très copieux. Tenue par un Brésilien de Búzios, elle est idéale pour les couples ou les familles motorisés, car elle est un peu excentrée, au calme, proche des plages de Geribe et de Ferradurinha, en face du camping de Geribá. Un grand parking fermé est à disposition des hôtes.

AZEDA BOUTIQUE HOTEL €€

Rua João Fernandes, 101 - João Fernandes
✆ +55 22 2623 5444
www.pousadaazeda.com.br

À partir de 390 R$ pour une chambre double (promotions intéressantes sur Internet). Petit déjeuner inclus. Wifi.

L'Azeda Boutique Hotel est encore un endroit merveilleux qui rend difficile le fait de quitter Búzios. Cette pousada est bien située, sur une petite colline d'où l'on peut contempler un des plus beaux panoramas de João Fernandes, à moins de 5 minutes à pied des plages. D'une architecture originale, ce boutique-hôtel compte 18 vastes et luxueux appartements dotés de TV LCD, DVD, wi-fi, climatisation, coffre, frigo-bar.... L'atout du lieu, ce sont ses services et ses activités : belle piscine, bar, hammam, salle de gym, salle de jeux, parking gratuit…

BAÍA BONITA €€

Av. José Bento Dantas, 1238
Orla Bardot
✆ +55 22 2623 4420
www.baiabonitabuzios.com.br

À partir de 250 R$ la chambre double en moyenne saison, petit déjeuner compris. Wifi.

Située sur la fameuse Orla Bardot face à la mer, la pousada Baia Bonita a le privilège de disposer d'un des plus beaux panoramas de la ville. On peut voir les statues des pécheurs. Dans cette maison cossue, les tons blancs et bois prédominent avec élégance. Les seize chambres (avec vue sur le jardin, la mer ou panoramique) sont bien équipées et joliment décorées. Celles avec la terrasse privative face à l'océan sont exceptionnelles ! En prime, une piscine et un sauna dans un jardin enchanteur. Pour le standing, les prix sont abordables.

POUSADA BUCANEIRO €€

Av. do Forno, 9 - Centro
✆ +55 22 2623 6564
www.bucaneiro.com.br

A partir de 315 R$ pour une chambre double selon la saison et la catégorie, petit déjeuner compris. Wifi.

Harmonieusement répartie sur plus de 4 000 m² de jardin, l'élégante pousada Bucaneiro est un havre de tranquillité et de confort. La pousada possède 20 suites spacieuses, dont 14 avec vérandas qui ont vue sur la piscine. Les chambres sont décorées avec goût et sont bien équipées : lit Queen size, air conditionné, ventilateur, télévision, mini bar… De belles prestations, certainement parmi les meilleures de la ville : piscine, hydromassage, sauna, un espace massages, un bar, un billard, un parking. A quelques minutes du centre de Buzios à pied.

POUSADA DA CYSSA €€

Avenida Geribá, 214
Manguinhos
✆ +55 22 2620 8143
www.pousadadacyssa.com.br

Environ 350 R$ pour une chambre double en haute saison, petit déjeuner compris. Wifi.

Pousada familiale de caractère, qui jouit d'un excellent emplacement à Manguinhos, au calme, à proximité de la plage. Cyssa, la propriétaire, réserve un accueil chaleureux à ses guests. Le jardin est incroyable, planté de grands arbres tropicaux formant une jungle verte. À l'intérieur on se sent « comme à la maison », surtout dans le salon dans de grands canapés blancs, à côté d'une bibliothèque remplie de livres. Les 11 suites sont spacieuses et décorées façon ethno-chic dans des tons beige et blanc. Une belle villa pour passer des vacances relaxantes !

VILA BELA-EMÍLIA €€

Rua Maria Joaquina, 488
Praia do Canto
✆ +55 22 2623 2707
www.vilabelaemilia.com.br

Deux nuits minimum à partir de 996 R$ la chambre double, avec petit déjeuner. Wifi.

Merveilleuse villa idéalement située face à la mer, à deux pas des rues piétonnes du centre de Buzios. La vue est sublime à toute heure. Cora Regina réserve un accueil en français à ses hôtes, dans sa belle demeure de style colonial portugais. Charmante, à la fois rustique et sophistiquée. Les hamacs autour de la piscine invitent à la relaxation. L'intérieur est meublé avec goût. Tout est fait pour que vous vous sentiez chez vous, dans un intérieur cosy. La table chaleureuse du salon réunit autour d'un superbe petit déjeuner des hôtes en toute convivialité.

CASAS BRANCAS BOUTIQUE HOTEL & SPA €€€

Alto do Humaitá, 10 - Centro
✆ +55 22 2623 1458
www.casasbrancas.com.br

À partir de 1 100 R$ pour une chambre double, petit déjeuner compris. Wifi.

Surplombant la baie d'Armação, à quelques pas de la rua das Pedras, Casas Brancas est un élégant hôtel méditerranéen qui rappelle la Grèce avec son atmosphère raffinée et lumineuse. Les 32 chambres ont vue sur mer ou sur jardin. Les deux restaurants de l'établissement raviront les gourmets. Le café Atlântico, une des meilleures tables de Búzios, propose, dans un cadre somptueux, une délicieuse cuisine méditerranéenne, tandis que le restaurant Deck propose des spécialités italiennes.

LE VILLAGE €€

Rua Vinte e Um, 231-289
Praia do Forno
✆ +55 22 2623 6552
levillagebuzios.com

À partir de 388 R$ la chambre double, petit déjeuner inclus. Wifi.

Ce magnifique boutique-hôtel est situé au bord de mer, au cœur de la réserve naturelle, en face d'une plage peu fréquentée. Le petit déjeuner est copieux, le service irréprochable. Le restaurant propose des spécialités locales et le chef saura s'adapter à merveille à vos préférences. Cet hôtel est idéal pour un séjour en amoureux. La décoration tant à l'extérieur qu'à l'intérieur des chambres est superbe. Possibilité de réserver un massage effectué par une physiothérapeute professionnelle directement dans votre habitation. Une adresse hors du commun !

INSÓLITO BOUTIQUE HOTEL & SPA €€€

Rua E1
Praia Da Ferradura
✆ +55 22 2623 2172
www.insolitohotel.com

À partir de 1 200 R$, petit déjeuner compris. Wifi.

L'Insólito est un hymne à l'art et à la culture brésiliens. Les 21 chambres portent un nom qui évoque le Brésil (Quilombo, Candomblé, Pau Brasil, Guarani). Tout n'est que charme et raffinement ! Le confort se conjugue avec la beauté de la nature. La décoration donne assurément une touche de boutique « design », où les matériaux recyclés font bonne figure. Le luxe est au prix du luxe. Enfin, le restaurant propose la meilleure cuisine franco-brésilienne de Búzios.

ABRACADABRA €€€

Alto do Humaitá, 13 – Orla Bardot
✆ +55 22 2623 1217
www.abracadabrapousada.com.br

À partir de 650 R$ la chambre double en fonction de la saison et de la catégorie, petit déjeuner compris. Wifi.

Superbe hôtel au-dessus de la Orla Bardot, qui offre une vue panoramique sur toute la baie. Une architecture sobre et pleine de charme, trente chambres seulement, dont chacune est unique, décorée avec goût, lumineuse et confortable, et certaines avec terrasse privative. L'équipe est très professionnelle et parle français. Le petit déjeuner-buffet est une profusion de pâtisseries, jus de fruits frais, plats salés ou sucrés, le tout très appétissant. Un lieu romantique à souhait mais aussi adapté aux enfants. Son restaurant le Mistico est une excellente table.

POUSADA CASA BUZIOS €€€

Rua Morro do Humaitá
Orla Bardot
✆ +55 22 2623 4885
www.pousadacasabuzios.com

À partir de 500 R$ la chambre double, petit déjeuner compris. Wifi.

La pousada Casa Buzios propose 6 vastes suites qui allient charme et simplicité. Les meubles vernissés et l'ambiance cosy des suites, les fragrances raffinées des produits « l'Occitane » donnent incontestablement une petite touche provençale qui se marie fort bien avec le Búzios authentique. La demeure est en effet une des rares constructions « anciennes » de la ville. L'accueil de Frédéric et le petit déj au bord de la piscine complètent l'attrait de cette pousada. Les gérants sont une mine d'informations sur ce que l'on peut voir et faire à Búzios et alentour.

GOLDEN BREAD €

Rua José Bento Ribeiro Dantas, 2900
Manguinhos
✆ +55 22 2623 0496

Boulangerie. Ouvert du mardi au samedi de 7h à 20h, le dimanche de 8h à 14h.

Cette boulangerie-pâtisserie fait la part belle aux pains et aux gâteaux. On y trouve plus de vingt sortes de pains. si vous souffrez du mal du pays, allez-y. Les madeleines dignes d'un grand-mère pâtissière, des croissants, des baguettes qui ressemblent à des baguettes, du pain aux olives, des foccacias... C'est un compromis entre une boulangerie de qualité et une pâtisserie d'inspiration française. Le petit déjeuner et le mini-brunch sont l'occasion de goûter des plats sucrés et salés ainsi que d'excellents petits sandwichs.

BANANALAND €

Rua Manoel Turibio Farias, 50
Centro
✆ +55 22 2623 2666

Buffet. Ouvert tous les jours de 11h30 à 23h. Compter 100 R$ le kilo.

Le Bananaland, à ne pas confondre avec le Banana da Terra de Paraty, est un lieu apprécié depuis son ouverture à Buzios, il y a désormais un quart de siècle. Le chef Beto, propriétaire des lieux, a voulu faire du Bananaland un compromis entre bonne table et cuisine abordable. Tout près de la place Santos-Dumont, ce « kilo » de haute volée offre une bonne variété de très bons plats (25 salades et 25 plats chauds). Les connaisseurs apprécient. Certains plats ont d'ailleurs été primés. Essayez leur fameuse crêpe à la liqueur de maracujá !

CHEZ MICHOU €

Rua das Pedras, 90 – Centro
✆ +55 22 2623 2169
www.chezmichou.com.br

Crêperie. Ouvert tous les jours de midi à 2h du matin. Crêpes salées et sucrées de 25 à 35 R$. Caïpirin ha à 10 R$.

La version *buziana* de son homologue *carioca* (une autre adresse à Cabo Frio également). Des crêpes à l'allure de pancake, une clientèle variée qui s'y retrouve pour se lester avant d'aller s'agiter sur les pistes (c'est bondé le samedi soir). Chez Michou présente une carte impressionnante de crêpes : on en décompte plus de cinquante. Cela reste une option pas trop chère pour se rassasier. Assez bruyant quand on veut parler, mais parfait si c'est pour voir passer la foule dans la rua das Pedras. On peut aussi venir y prendre un verre. Assez incontournable en ville.

LORENZO - PIZZERIA & CANTINA €

Rua Manoel Turíbio De Faria, 40 – Centro
✆ +55 22 2623 0972
lorenzobuzios.com

Cuisine italienne, pizzeria. Ouvert du jeudi au mardi de 13h à minuit. Compter environ 50 R$ par personne.

La Lorenzo-Pizzeria & cantina est bien entendu un établissement qui honore la cuisine transalpine. C'est une belle table italienne. Les pizzas sont à pâte fine et cuite au feu de bois comme au pays, une rareté au Brésil. Pâtes maison, pican ha ou risotto aux fruits de mer, préparé avec minutie et des ingrédients nobles et frais. La belle carte des vins permet d'accompagner ses plats de bons vins italiens, chiliens ou argentins au verre. Concerts réguliers.

O BARCO €

Avenida José Bento Ribeiro Dantas, 1054
Praia dos Ossos
✆ +55 22 2629 8307

Restaurant de poissons & fruits de mer. tous les jours sauf le mardi de 11h à 22h30. environ 70 R$ pour une personne.

Vous y reviendrez ! Ce restaurant modeste de pêcheurs est situé devant le port, face aux bateaux et à la grande bleue. Le cadre est simple mais la vue idéale, d'autant plus que quelques tables se trouvent à l'extérieur, et d'autres sur une terrasse couverte. On sert ici des plats très brésiliens, surtout des spécialités de poisson, divinement préparés. On vous conseille les *moquecas*, le *cherne* grillé (poisson noble à prix plancher ici) et bien sûr les langoustes grillées ! À ce prix, c'est un cadeau, et elles sont succulentes.

SALSA €

Av. Jose Bento Ribeiro Dantas, 94
Centro
✆ +55 22 2623 9985

Buffet. Ouvert tous les jours de midi à 17h. Compter 92 R$ le kilo.

Salsa est une adresse qui ne démérite pas depuis que nous l'avons découvert en 2014. Voici un autre bon kilo en plein centre de Búzios. Les plats proposés sont bien cuisinés : poisson, viande, langouste, légumes... Pas d'emphase, mais une cuisine très correcte et une addition relativement douce pour Buzios. Les entrées, les plats, les desserts, tout est à la hauteur des espérances des hôtes. Salsa propose une majorité de produits bio choisis avec soin. La cuisine est légère et variée. L'accueil est très professionnel et agréable.

ETAT DE RIO DE JANEIRO

BAR DOS PESCADORES €€

Av. José Bento Ribeiro Dantas, 85 - Porto da Barra
✆ +55 22 2623 6785
bardospescadores.com

Cuisine brésilienne, poissons fruits de mer. TLJ 11h-19h. En janvier et février, de 11h-21h. entre 40 et 70 R$ le plat.

Ce n'est pas un bar, mais un bon restaurant de poissons. On y mange d'excellentes *moquecas*, (les végétariens et les végans pourront déguster d'excellentes *moquecas* véganes) de succulentes langoustes, des salades du pêcheur, des poissons et des calamars grillés. Nous avons été séduits par une assiette de congre rose. Certains clients ont été convertis aux produits de la mer alors qu'ils n'en étaient pas forcément fans, c'est pour dire. Certes, le restaurant est simple, mais le décor et les plats valent le déplacement au Porto da Barra.

BARBA AZUL €€

Av. José Bento Ribeiro Dantas, 510
Orla Bardot
✆ +55 22 99793 8480

Bar-restaurant. Spécialités de viandes. Ouvert le soir uniquement. environ 60 R$ par personne. Happy hour de 18h à 20h.

Le Barba Azul (Barbe bleue) est assurément l'endroit en vogue sur la promenade (ici, c'est celle des Argentins, pas des Anglais). Lieu simple, à l'ambiance moderne mais détendue, serveurs sympas et jolie terrasse. Et la cuisine dans tout ça ? Elle remporte tous les suffrages, particulièrement chez les touristes argentins ; d'excellentes spécialités de viandes (churrascos, burgers, etc), des petiscos (goûtez le pastel de camarao) et une carte des boissons de qualité. Simple mais efficace. Le Barba Azul est d'un très bon rapport qualité-prix.

CIGALON €€

Rua das Pedras, 199 - Centro
✆ +55 22 2623 1249
www.cigalon.com.br

Cuisine française. du lundi au vendredi, dimanche de 12h à 0h00. En janvier et février, de 12h à 1h30. environ 100 R$.

Sis dans la maison où séjourna Brigitte Bardot en 1964, le restaurant Cigalon est une bonne table française avec une cuisine revisitée par la chef Sônia Persiani qui a fait ses classes en Italie et en France. On peut y déguster une bonne entrecôte Angus sauce au poivre et le ceviche de crevettes grises à la mangue est exquis. L'étuvée de homards aux asperges et champignons est un délice. La crème brûlée d'anis avec son sorbet et ses fruits rouges finira en beauté le repas. Carte des vins de haute volée pour accompagner son plat. Ambiance romantique.

SALT €€

Avenida José Bento Ribeiro Dantas, 468
Orla Bardot ✆ +55 22 2623 6769
www.restaurantesalt.com.br

Cuisine brésilienne moderne. du mercredi à vendredi de 17h à 0h00, le samedi de 13h à 1h dimanche à 22h. environ 90 R$/p

Sur la Orla Bardot, dans la pousada dos Gravatas, le Salt est un restaurant aux couleurs bleue et blanche de cuisine fusion, dirigé de main de maître par le chef Ricardo Gomes Ferreira, lui-même formé à l'école d'Alain Ducasse. Les risottos et les pâtes sont déclinés sous de nombreuses formes tout comme les poissons et les viandes (morue à la moutarde, médaillon de langouste au jambon de Parme, magret de canard au coulis de fraise, filet mignon au risotto de citron sicilien). Une adresse savoureuse avec une jolie vue depuis la terrasse.

TANTRA RESTOBAR €€

Travessa Santana, 14
Praia dos Ossos
✆ +55 22 2623 2816

Cuisine brésilienne. Plats à partir de 25 R$.

Le Tantra resto-bar est le restaurant de la pousada l'Escale. Il est agréablement situé sur la « travessa de Santana », sur la « praia dos ossos », en face de la mer. La cuisine du cru est simple mais bonne, faisant la part belle aux produits de la mer. La moqueca de crevettes et le bobo de crevettes sont des valeurs sûres de la maison. Nous avons tenté l'expérience (aventureuse) des gnocchis aux bananes... Approuvée avec enthousiasme. Les empanadas, plébiscités par les hôtes argentins sont également à tester. Accueil très convivial par l'équipe.

BAR DO ZÉ €€€

Av. José Bento Ribeiro Dantas, 382
Orla Bardot
✆ +55 22 2623 4986

Cuisine brésilienne. Ouvert du mardi au dimanche de 13h à 2h et le lundi de 18h à 2h. à partir de 120 R$ par personne.

Le Bar do Zé (qui n'est plus seulement un bar, mais l'un des restaurants les plus cotés de Búzios) vaut par sa cuisine originale privilégiant le poisson et les mélanges sucrés-salés (par exemple mérou à la banane et noix de cajou, succulent) et par son cadre divin face à Praia do Armação, sur la Orla Bardot. Son style paillote donne un côté rustique et chic à la fois. Chandelles de rigueur le soir pour ajouter au romantisme du lieu. Les places à proximité de la terrasse pour voir la mer se prêtent avec magie à un dîner en tête à tête.

FARINATTA BISTRÔ & ARTE €€€

Rua Enseada do Albatroz, 116 - Geribá
✆ +55 22 2623 1934
www.farinatta.com.br

Cuisine brésilienne. vendredi et samedi de 21h à 23h30. En janvier et février, tous les soirs. environ 300 R$/p.

Dans son restaurant-galerie d'art, le Farinatta Bistrô & arte, la chef Eloisa Ramos propose une carte de cuisine inventive et créative. Elle prend plaisir à venir expliquer directement le menu à ses hôtes. Derrière des noms de plats mystérieux - gnocchis à la présidente, agneau profane, osso buco fin du monde -, on découvre une assiette délicieuse et surprenante, et, à ce niveau de gastronomie, une belle sophistication esthétique. La carte des vins permettra d'apprécier au mieux ces *corpus delicti* de la gourmandise. Les meilleurs gnocchis de la région assurément.

A GALERIA €€€

Praia Da Ferradura, Rua E1 - Condomínio Atlântica
✆ +55 22 2623 2172
www.insolitohotel.com/gastronomia

Cuisine brésilienne fusion. Ouvert tous les jours de midi à 22h. Compter entre 90 et 130 R$ par personne.

La Galeria est une belle découverte du PF sur Buzios depuis... 2014. Ce restaurant situé dans le magnifique Insólito Boutique Hotel propose une cuisine variée de style fusion franco-brésilienne. Le chef Marcelo travaille avec autant de bonheur poissons, fruits de mer et viandes. Ici, la mise en bouche sera la vue époustouflante sur la plage de Ferradura. L'équipe de serveurs autour du chef de rang Rodrigo est très pro. Un jardin suspendu sur la mer... À découvrir absolument si on en a les moyens, car à Buzios comme ailleurs la qualité a un prix.

ANEXO PRAIA

Av. José Bento Ribeiro Dantas, 2900 - Manguinhos
✆ +55 22 2623 7302
www.anexopraiabuzios.com.br

Bar-restaurant. Ouvert du lundi au vendredi de 16h30 à 1h, samedi de 13h à 1h, dimanche de 13h à 22h.

L'Anexo Praia a été fondé en 2009 avec le concept du Beach day club. On peut se prélasser sur de grands sofas et de confortables coussins face à la mer qui s'irise et profiter du coucher de soleil sur la plage en sirotant un cocktail. Les locaux disent que c'est sur cette plage de Manguinhos que l'on peut voir les plus beaux couchers de soleil de toute la presqu'île. La cuisine propose des plats faisant la part belle aux produits de la mer. Mobilier indonésien, une touche d'orientalisme et une *vibe* évoquant Ibiza. Musique jazz, bossa & lounge.

FISHBONE

Rua Gerbert Périssé, 1196
Geribá
✆ +55 22 2623 7348

Bar-restaurant. Ouvert tous les jours.

Le Fishbone est multiple : il se veut un nouveau concept de club de plage, à la fois bar, restaurant, centre sportif et culturel et salle de concert. Le restaurant offre un piètre service (quoiqu'en progrès), mais on y vient davantage pour profiter de la soirée les pieds dans le sable, au son d'une musique *groovy* en sirotant l'une des meilleures *batida de maracujá* du littoral. Le Fishbone organise parfois des soirées électro sur la plage avec des DJ. Actuellement, l'établissement a établi pour entrer un « day use » abusif de 600 réais, soit près de 100 euros.

ROCKA

Praia Brava, 13
✆ +55 22 2623 6159
www.rockafish.com

Bar-restaurant. Spécialités de poissons & fruits de mer. Ouvert tous les jours de 11h à 18h30 (fermé le mardi en hiver).

Depuis plus de 10 ans maintenant, sur la praia brava, le Rocka attire les amoureux des couchers de soleil sur cette belle plage. Et ils sont nombreux. Bar-lounge qui fait également restaurant, le Rocka est un lieu enchanteur par sa situation en bord de mer. Certes, les plats de poisson sont bons, mais le plaisir peut également résider dans cette confrontation aux éléments, allongé sur des chaises longues. Hors saison, plaisir suprême, on peut quelquefois méditer seul, sa caipi à la main, bercé par le bruit des vagues et des oiseaux marins.

BÚZIOS DIVERS

Rua das Pedras, 232
Centro
✆ +55 22 2623 0670
www.buziosdivers.com.br

Club de plongée. Boutique ouverte de 15h à 22h. Sorties en mer à partir de 9h.

Buzios et ses environs se prêtent particulièrement bien à la plongée. Le Buzios Divers est le club de plongée le plus réputé à Buzios qui propose principalement des spots à Ilha de Ancora, mais aussi à Ilha de Gravatás, Ilha Feia, Ilha Branca et Laje de João Fernandes. On peut faire des baptêmes de plongée et/ou des plongées de perfectionnement. Les instructeurs et tout le staff sont très pro. L'équipement est récent et de qualité. Cette structure est une valeur sûre. Recommandé. Profondeur maximum : 22 mètres, visibilité jusqu'à 25 mètres.

BÚZIOS VELA CLUB

Rua Maurício Dutra, 303
Manguinhos
✆ +55 22 2623 0508
www.buziosvelaclube.com.br

Sports nautiques. Club ouvert tous les jours de 9h à 18h.

La voile et les voiliers restent un plaisir quotidien chez les happy few à Buzios. Fondé en 1999, le « clube » est en fait une association qui a pour finalité d'enseigner l'art de la voile et de la planche à voile et/ou louer du matériel. Situé sur la plage de Manguinhos, on peut louer des petits Laser ou catamarans et également prendre des cours. Bimba, champion national de planche à voile (il a représenté le Brésil aux JO d'Athènes en 2004), offre ses services de moniteur et de champion (location de matériel et cours de planche à voile).

GRAN CINE BARDOT

Travessa dos Pescadores, 88 – Centro
✆ +55 22 2623 1466
www.viladomar.com/cinebardot

Cinéma-café. Billet à 30 R$ (32 R$ pour un film 3D).

Notre B.B. nationale étant omniprésente à Búzios, évidemment, il fallait que quelqu'un un jour invente ce cinéma ! Cette magnifique salle de 111 places vaut presque à elle seule le déplacement à Buzios si on est amoureux du septième art comme nous le sommes. On y passe les derniers films à l'affiche, avec une légère préférence pour les productions françaises. Également un bar et une pousada, un endroit sympa et un chouia sélect. Bien sûr, la salle est momentanément fermée, mais le propriétaire des lieux la rouvrira dès que la situation au Brésil le permettra.

PRIVILÈGE

Avenue José Bento Ribeiro Dantas, 550
Orla Bardot
✆ +55 22 2620 8585

Club. Ouvert le samedi de 22h à 7h. Entrée à partir de 60 R$.

C'est LA boîte à la mode de Búzios, sur la Orla Bardot. Des DJ internationaux s'y produisent (Carl Cox, Sven Vath...), la liste est si longue qu'il faudrait des dizaines pour les présenter. Il faut dire que le groupe Privilège, qui possède plusieurs boîtes de nuit au Brésil, est devenu une « griffe » d'événementiels dont la portée dépasse les frontières du pays. Si vous ne résistez pas aux frémissements de la musique électronique, c'est là que vous passerez vos nuits. L'entrée n'est évidemment pas donnée, ni les consommations d'ailleurs.

SANA ★★

Si vous cherchez un havre de paix, où couler des jours heureux et tranquilles dans la forêt tropicale, peut-être aurez-vous trouvé en Sana le lieu idéal ! D'autres l'auront fait avant vous. Le premier touriste à avoir élu Sana pour ses vacances a été l'auteur Paulo Coelho dans les années 1970 et aux cheveux longs de l'écrivain, à l'époque hippie des longues soirées guitare et loin de la répression de la dictature militaire. il suffit de poser son sac à Sana pour s'y croire que le temps peut s'arrêter.
Situé dans les montagnes, à 165 km de Rio, ce petit district de Macaé est un site idéal d'écotourisme, également réputé pour le rafting.

POUSADA TANGARÁS DA SERRA €

R. José de Jesus Junior, 41
Macaé
✆ +55 22 2793 2525
tangarasdaserra.com.br

À partir de 220 R$ la chambre double standard en B&B. Wifi. 2 jours minimum.

Dans la région verdoyante de Macaé, la pousada Tangaras da Serra propose15 suites face à la rivière. L'auberge dispose d'un lac, d'un sauna, de jeux pour enfants, et organise des randonnées. Le restaurant de la pousada fabrique ses propres fromages et confitures. Une belle piscine entourée de verdure et une belle pousada. On y trouve tout le confort d'une posada, mais on sait apprécier une rusticité subtile qui va formidablement bien avec ces lieux..

REPOUSADA SANA €€

Estrada do Sana
Boa Sorte
✆ +55 22 2793 2514
www.repousadasana.com.br

À partir de 350 R$ le bungalow, petit déjeuner compris. Wifi.

La repousada Sana est un lieu charmant, dédié au repos et à la méditation. On quitte pendant quelque temps la civilisation. Sana est une petite ville sans agence bancaire ni DAB. Bon, c'est vrai, on peut s'en passer, mais c'est toujours agréable de retourner sur les fondamentaux de l'écotourisme. Sur 30 000 m², 5 chalets vraiment mignons vous sont proposés. Ils sont simples, mais très bien tenus et on se sent une âme de Robinson, on est au cœur de la nature. Dans le parc, on trouvera un lac, un torrent, une piscine et un terrain de foot.

PETRÓPOLIS ★★

Perchée à 840 mètres d'altitude, c'est l'une des villes de montagnes les plus fréquentées par la « gente bonita » carioca en raison de son passé historique et de son climat vivifiant. On y trouve de nombreuses traces de son passé impérial, quand la cour installé à Rio cherchait des lieux frais par rapport à Rio. Elle se trouve dans la Serra da Estrela, à 65 km au nord de Rio de Janeiro. Il s'y déroule un important festival gastronomique la première semaine de décembre.

Histoire

En 1830, l'empereur décida d'acheter un terrain qui sera surnommé la Fazenda da Concordia. En 1843, un navire français accosta sur la côte de Rio, avec à son bord 238 ouvriers allemands. L'ingénieur allemand Koeler, responsable de cet équipage, fut contacté, pour construire la résidence d'été de l'empereur. Une fois les travaux terminés en 1845, les ouvriers décidèrent de s'installer à Petrópolis pour y fonder une colonie allemande. Cette arrivée d'immigrés donna une impulsion à la région, et la ville de São Pedro de Alcantara de Petrópolis, appelée ainsi en hommage à l'empereur Dom Pedro, fut fondée en 1846. Son fils, Dom Pedro II, y fera construire par la suite sa résidence d'été par le Français Louis Vauthier. Les présidents successifs de la République perpétuèrent la tradition des lieux. C'est cette résidence d'été qui est appelée aujourd'hui le Palais impérial, devenu depuis lors un musée qui abrite une précieuse collection de peintures, meubles, décors et, également, la couronne impériale.

CASA STEFAN ZWEIG ★★

Rua Gonçalves Dias, 34
✆ +55 24 2245 4316
www.casastefanzweig.org
Ouvert du vendredi au dimanche de 11h à 17h. Entrée libre.

En 2007, un musée consacré à Stefan Zweig a ouvert ses portes dans le dernier domicile où a vécu l'écrivain. Exilé, il y a emménagé avec sa deuxième épouse, Lotte, et c'est là qu'ils se sont donnés la mort ensemble en février 1942. C'est la maison où il rédigea *Le Joueur d'échecs* et acheva *Le Monde d'hier. Souvenir d'un Européen*. C'est une association de particuliers qui a acquis la maison pour y construire le musée. Le musée comprend une salle de conférence et une bibliothèque. Depuis 2008, les Autrichiens peuvent y effectuer le service autrichien de la mémoire.

CATEDRAL SÃO PEDRO DE ALCÂNTARA ✞ ★★

Rua São Pedro Alcântara, 60
✆ +55 24 2242 4300
www.catedraldepetropolis.org.br
Ouvert tous les jours de 8h à 18h. Entrée libre.

La Catedral Sao Pedro de Alcantara est une réplique du gothique européen, avec de curieuses tuiles rouges. À l'intérieur, on peut voir la chapelle royale qui abrite les sépultures de Dom Pedro II, dernier empereur du Brésil et de sa femme, l'impératrice Dona Teresa Cristina. La *via crucis* est française, comme l'image de saint Pierre d'Alcântara, sculptée dans du marbre de Carrare. Le soir venu, la cathédrale se pare d'une jolie illumination colorée.

MUSEU CASA DE SANTOS DUMONT ★

Rua do Encanto, 22
✆ +55 24 2247 5222
Ouvert du mardi au dimanche, de 9h à 17h. Entrée : 8 R$.

Santos Dumont, célèbre aviateur brésilien, fut le premier à voler autour de la tour Eiffel. Au Brésil, il est surnommé le « père de l'aviation ». En 1906, il fut le premier homme à voler pendant quinze minutes à bord de son *14 Bi*. Sa maison ressemble à un chalet suisse. Son escalier est une curiosité : Santos Dumont était très superstitieux, il le fit donc construire de telle façon que l'on soit toujours obligé de monter la première marche du pied droit, ce qui est censé porter chance.

PALÁCIO QUITANDIN HA ★

Av. Ayrton Senna, 12
Quitandin ha
✆ +55 24 2245 2020
Ouvert du mardi au dimanche de 9h30 à 17h. Entrée : 10 R$, visite guidée : 16 R$.

Ce grand bâtiment que l'on découvre sur la route en arrivant de Rio a été construit dans les années 1940 dans un style qui rappelle les constructions normandes. Il était prévu pour être le plus grand casino d'Amérique du Sud. Quelque temps après, le jeu était interdit au Brésil et l'ex-futur casino fut reconverti en hôtel de luxe. Aujourd'hui, les chambres sont devenues des appartements et l'hôtel abrite aussi de nombreux séminaires et congrès dans ses salons de conventions dans un style hollywoodien. Ce sont ces salons que l'on peut visiter.

MUSEU IMPERIAL ★★

Rua da Imperatriz, 220 – Centro
✆ +55 24 2245 5550
www.museuimperial.gov.br
du mardi au dimanche de 10h30 à 18h. Entrée 10 R$. Spectacle son et lumière : 20 R$ par adulte.

Les empereurs brésiliens avaient choisi des lieux en hauteur, à l'intérieur des terres pour y passer les chauds étés brésiliens. Ils bâtirent Pétropolis. On ne peut séjourner à Petrópolis sans visiter le Musée impérial ! Le bâtiment de style néoclassique fut une maison de campagne de l'Empereur. Après avoir mis les patins, on passe devant une salle à manger dont le couvert, de porcelaine et de cristal, est mis ; un salon de musique avec un Chickering à queue sur lequel la régente Isabel s'escrimait ; une épinette et une harpe Pleyel ; des sceptres, épées, d'or et de diamant ; des habits d'apparat brodés d'or ; un coffre de porcelaine de la manufacture de Sèvres ; un ordre de la Jarretière offert par la reine Victoria – honni soit qui mal y pense ; des berceaux de velours, des objets de toilette et des tableaux. On découvre aussi une grande et splendide table sur laquelle on signa la première Constitution du Brésil et deux couronnes : l'une n'a aucun diamant, l'autre en a six cent trente et pèse 1 700 g. C'est celle du fils, pour laquelle on avait retiré tous les brillants de celle du père. On remarquera l'acte d'abolition de l'esclavage signé d'Isabel : article 1, l'esclavage est aboli ; article 2, toute disposition contraire est annulée.

On scrutera également un arbre généalogique, où il apparaît que non seulement Louis XIV est l'ancêtre de Pedro Ier, mais qu'il l'est trois fois, car le petit-fils du Roi-Soleil, Philippe V d'Espagne, était également l'aïeul de Pedro. Du jeudi au samedi, spectacle son et lumière à 20h.

PALÁCIO DE CRISTAL ★

Rua Alfredo Pac ha
Centro
✆ +55 24 2237 7953
Ouvert du mardi au dimanche de 9h à 18h30. Entrée gratuite.

© B. MARTINEZ - ICONOTEC

A l'image des « Cristal Palace » anglais et français qui rendaient hommage aux « miracles » de l'industrialisation naissante, le Palacio de Cristal est une vaste serre de fer de style Art nouveau. Elle fut entièrement construite en France et transportée démontée en bateau et fut remontée sur pièce à Pétropolis. Ce bel ouvrage fut inauguré en 1884 par la princesse Isabelle – qui y organisa en 1888 une grande réception pour fêter l'abolition de l'esclavage, un an avant la chute de l'Empire. Le palais est aujourd'hui le théâtre de diverses expositions.

GALLARDIN PALACE €

Avenida Ayrton Senna, 1
Quitandin ha
✆ +55 24 2291 9084
www.gallardin.com.br
À partir de 370 R$ la chambre double, petit déjeuner compris. Wifi.

Le style du Gallardin Palace n'est pas sans rappeler Deauville, un Deauville mâtiné d'une touche locale. Ce grand édifice est de style baroco-normand. Il a été construit par des colons allemands qui travaillaient pour la couronne portugaise. Excentré (à 6 km du centre-ville) mais en pleine verdure, cet hôtel représente une option à prix correct pour loger à Petrópolis. Il dispose de tout le confort souhaité (chambres boisées, piscine, sauna) et d'un bon restaurant. De son lac (avec un phare), on a une belle vue sur le Palacio Quintadinha.

HOTEL CASABLANCA IMPERIAL €€

Av. da Imperatriz, 286
✆ +55 24 2242 6662
A partir de 270 R$ la chambre double en fonction du calendrier (+ 25 % le week-end) et de la catégorie de chambre

Tout près du Musée impérial, l'hôtel Casablanca Imperial est une très jolie demeure blanche aux prestations de qualité. À l'intérieur, le contraste des murs rouges et les gramophones présents à tous les coins de pièce confèrent un air agréablement décalé aux lieux. Préférez les chambres supérieures, bien décorées, et beaucoup plus agréables. Le restaurant vaut également le déplacement. Le groupe possède 2 autres établissements en ville, le Casablanca Koeler et le Casablanca Palace.

POUSADA MONTE IMPERIAL €€

Rua José de Alencar, 27
✆ +55 24 2237 1664
www.pousadamonteimperial.com.br
À partir de 25 R$ la chambre double, petit déjeuner compris. Wifi.

L'influence germanique est trés présente dans cet établissement. On se croirait presque en plein cœur des Alpes ! En remontant une rue pavée, fermée par une barrière, on atteint un véritable chalet montagnard. Tout est en bois, on n'entend que le chant des oiseaux et le piano qui égrène des notes de musique en continu. Une petite pancarte indique même fièrement l'altitude, on culmine à 911 m au-dessus de l'océan. 15 beaux appartements, piscine et sauna à bois sont à disposition du client, ainsi bien sûr qu'une grande cheminée dominant le salon de lecture.

PALADAR €

Praca Rui Barbosa, 155
✆ +55 24 2243 1143
Cuisine brésilienne traditionnelle, self-service. Ouvert tous les jours pour le déjeuner. Compter 55 R$ le kilo.

Le « paladar » en portugais, c'est le palais, organe essentiel au goût. Ici, la notion de goût s'associe à celle, plus rare de prix correct. Cet établissement est un bon plan pour les petits budgets, qui peuvent manger au kilo des produits frais et des recettes traditionnelles brésiliennes. La salle à manger, en bois, de cette belle demeure a le charme désuet de Pétropolis. En plein centre historique. Choix, fraîcheur et belles saveurs. En semaine, on peut manger au kilo et/ou à la carte, le dimanche à la carte exclusivement.

SOLAR DO IMPERIO €€€

Av. Koeller, 376 ✆ +55 24 2103 3000
www.solardoimperio.com.br
À partir de 590 R$ la nuit en chambre double, en fonction de la période et de la catégorie. Petit déjeuner compris.

Magnifique hôtel occupant une demeure construite en 1875, classé patrimoine historique national. Cet hôtel de seize chambres n'a pas perdu son air de grande noblesse d'antan. Le style de l'époque a été soigneusement préservé, on en savourant votre verre de vin au milieu de la grande pelouse face aux imposantes colonnes blanches, de revivre la splendeur de jadis ! Une salle de repos, ornée d'une impressionnante cheminée en bois noir, vous propose livres, magazines et un lecteur DVD. Une adresse au charme suranné en plein cœur du centre historique de Petrópolis.

CASABLANCA BISTRÔ €€

Rua da Imperatriz, 286
✆ +55 24 2242 6662
www.casablancahotel.com.br
Cuisine brésilienne et française. Ouvert tous les jours de 18h à 1h. Compter environ 80 R$ le dîner.

Dans le romantique hôtel « Casablanca Imperial », le Casablanca Bistro est un restaurant raffiné et de bon goût. Les lieux en eux-mêmes méritent le déplacement. Les 60 places se répartissent harmonieusement dans une salle à l'ambiance bois, où trône une cheminée, et scintillent les bougies le soir. On peut observer une assez forte influence française dans les plats (bien que sur la carte soit évoqué « un léger accent français »). La cuisine se veut « épurée », simple, avec des aliments nobles, à l'image de l'hôtel Casablanca Imperial.

LUIGI MASSAS E PIZZAS €

Praça Rui Barbosa, 185 ✆ +55 24 2244 4444
http ://www.massasluigi.com.br
Cuisine italienne, pizzeria. Ouvert tous les jours de 11h à minuit. Compter environ 40 R$ la pizza. 48 R$ le rodizio

Il s'agit dorénavant de 2 établissements voisins, le Massas et le Pizzas. Depuis 1979, la famille Luigi propose dans ses restaurants une bonne cuisine italienne. Le Luigi Massas, situé dans un joli édifice, propose des pâtes maison délicieuses. On y trouve un vaste buffet proposant tout type de salades (quiches et fromages aussi). Les amateurs de pâtes seront ravis. L'ambiance est plus moderne dans le restaurant Luigi Pizzas attenant. Les mardis, jeudis et dimanches soir, *rodizio* de pizzas. Les 29 de chaque mois, on propose les gnocchis de la fortune.

MAJÓRICA CHURRASCARIA €€

Rua do Imperador, 754
✆ +55 24 2242 2498
www.majorica.com.br
Churrascaria. TLJ de midi à 22h, 23h (vendredi samedi). Menu en semaine de 35 à 45 R$. À la carte, environ 100 R$

On entre dans l'antre des carnivores et l'on honore la tradition *gauc h*a de viande noble. La Majorica Churrascaria est une valeur sûre, qui nage encore en pleine année 1960, date de la jeunesse des serveurs de l'établissement, quasiment tous coiffés de cheveux bien grisonnants. Le T-Bone steak Angus et le bifteck de chorizo sont quelques-uns des plats phares de cette noble maison. Un endroit hors du temps, délicieusement démodé, on s'y sent à l'aise et la viande y est excellente. Chaque plat peut nourrir deux personnes sans problème. Recommandé.

LOCANDA DELLA MIMOSA €€€

Alameda das Mimosas, 30 - Fazenda Inglesa
✆ +55 24 2233 5405
www.locanda.com.br
Cuisine italienne. vendredi, samedi de 12h30 à 16h et de 20h à 23h30, dimanche de 12h30 à 16h. plus de 200 R$ le repas.

Dans une ambiance digne de la Petrópolis impériale, La Locanda est l'une des meilleures tables du Brésil, tenue avec *maestria* par Danio Braga. Le seul restaurant d'Amérique latine appartenant au club des Grandes Tables du monde (Guy Savoy, Apicius, la Tour d'Argent... en France). Le menu dégustation est parfait pour découvrir la créativité du chef, qui revisite la cuisine italienne avec brio. Une petite touche nouvelle cuisine et des produits de tout premier choix font de ce restaurant un incontournable pour qui peut se l'offrir.

CHOCOLATES PATRONE

Rua Coronel Veiga, 1321
✆ +55 24 2242 3741
Chocolatier. Ouvert tous les jours de 8h40 à 18h30.

On le répète assez souvent, mais le Brésil ne se limite pas à la production des cabosses de cacao. Les Brésiliens sont maîtres dans l'art de fabriquer cette exquise douceur. Pétropolis s'impose, comme Ouro Preto, Campos do Jordao ou Gramado, comme une des capitales du chocolat du pays. La fabrique de chocolat « Patrones » est une fabrique locale de chocolats aux airs d'*american diner* qui propose une gamme complète de tentations à acheter sur place ! L'ensemble est délicieusement kitch, avec les ours en peluche qui trônent sur le comptoir.

CAMPO DE AVENTURAS PARAISO AÇU

Estrada do Bonfim, 3511
Corrêas
✆ +55 24 2236 0272
campodeaventuras.com.br
À partir de 50 R$ le canyoning.

Le Campo de aventuras Paraiso Açu s'adresse à ceux qui veulent profiter de la magnifique région de Itaipava pour Rafting, canyoning, randonnées, rappel, escalade, trekking, accrobranche, paintball... la liste des activités est interminable ! Idéal pour y emmener un groupe d'enfants ou d'adultes en manque d'émotions fortes. Les prix sont très accessibles et les prestations sont intéressantes avec du matériel de qualité et un personnel bien formé et sympa.

ITAIPAVA ★★

Petite bourgade appartenant au district de Petrópolis, située à une trentaine de kilomètres au nord de la ville impériale, à prés de 1500 mètres d'altitude. La petite route tortueuse qui y mène propose une liste infinie d'hôtels de montagne de grande qualité. On s'y repose de la cadence folle de la ville et on profite de l'air frais de la région pour se refaire une santé (il peut geler l'hiver). Les Cariocas aiment également venir y passer la journée le temps d'un bon repas. Itaipava abrite quelques-unes des meilleures tables de l'État de Rio, voire de tout le Brésil. De nombreux films et de nombreuses novelas brésiliens y sont tournés.

POUSADA PARAÍSO €€

Estrada Manoel Batista Andrade, 3515 - Taquaril
✆ +55 24 2223 3670
www.pousadaparaiso.com.br
Compter de 570 à 880 R$ pour 2 personnes, en fonction de la catégorie et de la saison. Petit déjeuner compris. Wifi.

La pousada Paraiso se situe en pleine montagne, à une dizaine de kilomètres environ au nord d'Itaipava. Elle propose de très beaux chalets dans un cadre paisible et bucolique, au milieu d'un terrain jouissant de sept piscines naturelles. L'ensemble est bien équipé et propose de multiples activités (tir à l'arc, escalade, paddle, etc.) pour tous les goûts et tous les âges. On peut y observer les animaux (plus de 230 espèces d'oiseaux). Reposant et vivifiant. La pousada s'inscrit dans une démarche respectueuse de l'environnement et de tourisme durable.

LE SIRAMAT €€

Caminho do Céu, 3000 - Nogueira
✆ +55 24 2221 4646
www.lesiramat.com.br
À partir de 175 R$ la chambre double, petit déjeuner compris. Wifi.

Le Siramat est un havre de sérénité et de confort perché sur un sommet de la serra dos Orgãos. On y jouit de la plus belle vue de la région. À 20 minutes de Petrópolis, ce *resort* de style montagnard propose des chambres vastes, à la fois cosy et rustiques, avec leur cheminée. Les suites sont résolument raffinées. Les vues y sont à couper le souffle. L'hôtel dispose également de piscines avec vue panoramique, d'un restaurant de qualité, le Tamaris Bistro. Le service est à la hauteur des lieux. Une adresse on ne peut plus romantique au bon rapport qualité/prix.

POUSADA DA ALCOBAÇA €€€

Rua Agostinho Goulão, 298, Correias
✆ +55 24 2221 1240
www.pousadadaalcobaca.com.br
À partir de 550 R$ la chambre double, les tarifs varient en fonction de la période. Petit déjeuner compris. Wifi.

À 8 km au sud d'Itaipava. Au détour d'une allée, un véritable cottage britannique apparaît ! Au milieu de 48 hectares de verdure et de fleurs, Laura, la propriétaire, a créé un havre de paix très accueillant. Les chambres s'ouvrent sur un petit balcon qui invite à la lecture. La piscine se cache au fond d'un immense jardin. On adore la cuisine du terroir servie ici et les ingrédients ultra frais provenant directement du potager de la patronne. Goûtez la truite fraîche, le lapin aux herbes, le canard à l'orange et le divin gâteau chiffon de chocolat.

POUSADA TANKAMANA €€€

Rua Aldo Gelli – Vale do Cuiaba
✆ +55 24 2232 2900
www.pousadatankamana.com.br
À partir de 760 R$ le chalet, petit déjeuner compris. Wifi.

À 9 km au nord-est d'Itaipava, la pousada Tankamana est un vrai paradis terrestre ! Situés au cœur de la nature, plusieurs chalets isolés, construits de troncs et de pierres brutes, s'intègrent parfaitement à l'environnement. Chaque chalet possède une cheminée, un lit king size, un bain à remous, une grande TV et un lecteur DVD. C'est un lieu idéal pour les escapades en amoureux ! Ce magnifique éco-resort possède également un restaurant de haute volée, une piscine, un sauna et un spa. Un établissement unanimement apprécié dans tout le pays.

COCOTTE BISTRO €€

Estrada União e Indústria, 13984
✆ +55 24 2222 3334
Cuisine française.

Dans un cadre bucolique, au cœur d'une belle maison en brique, la cheffe Manoela Rabin revisite avec talent les grands classiques français. La soupe à l'oignon, accompagnée d'un verre de vin et du piano de maître Luiz, rappellera la cuisine du terroir français. Les plats du jour varient et sont modelés par la créativité de Manoela. Depuis quelques mois, la cheffe a changé de concept et va désormais accueillir des hôtes dans sa maison pour une expérience gastronomique unique. Ce projet se mûrit petit à petit et va être en mesure de fonctionner rapidement.

RESTAURANTE...LÁ, €€

Estrada de Secretário km 5,7
Secretário
✆ +55 24 2228 2027
Cuisine brésilienne. Ouvert vendredi et samedi de 12h à 22h30, le dimanche de 12h à 18h. Environ 120 R$ pour un repas.

Cette petite baraque bleue, cachée dans une petite rue de Secretário, s'est imposée comme une des meilleures tables de Petrópolis, qui est historiquement un véritable pôle gastronomique national. Souvent à Itaipava ou Petropolis, la qualité se paye au prix fort. Ici, fort heureusement, outre la qualité des produits, c'est surtout la formule à prix fixe (entrée, plat, dessert) avec différentes options de poisson, viande, crèmes et salades qui fait venir de nombreux gourmets de tout l'État de Rio de Janeiro et du Minas Gerais voisin.

TERESÓPOLIS ★

Ville jumelle de Petrópolis, appelée ainsi en hommage à l'impératrice Teresa, l'épouse de Dom Pedro II est située à 870 m d'altitude. Elle a un intérêt très limité, mais constitue la porte d'entrée du parc national de la Serra dos Órgãos, un parc magnifique pour pratiquer randonnées et escalades. C'est une région qui sera appréciée par les amateurs de trekking et de balades en montagne. La meilleure saison pour les pratiquer reste de mai à août, pendant laquelle le climat est plus sec et relativement frais. La saison estivale sera plus indiquée pour les baignades dans les piscines naturelles et les cascades abondantes dans la région.

Parc national Serra dos Órgãos, Teresópolis.

CASA CATHERINE €€

Estrada Abelardo da Cunha, 1001
Jardim Serrano
✆ +55 21 97199 8196
A partir de 1000 R$ par nuit, 2 nuits minimum.

La Casa Catherine est une magnifique maison plantée dans un jardin luxuriant avec une belle piscine ovale. La nature semble faire corps avec les lieux, à l'mobre d'attentifs palmiers impériaux. Elle propose quelques chambres aux aventuriers de passage à Teresópolis. Keith, un franco-brésilien sympathique, et sa femme Roberta, vous accueilleront chaleureusement dans leur belle demeure. Le salon est vaste, aménagé de meubles et canapés design très élégants. Les chambre sont charmantes, certaines adaptées aux couples, d'autres aux familles. Le luxe au prix du luxe.

RECANTO DA SERRA €€

Praça Higino da Silveira, 200 – Centro
✆ +55 21 2642 5770
www.recantodaserrateresopolis.com.br
Compter de 220 à 300 R$ la chambre double en B&B en semaine et de 280 à 360 R$ le week-end et les vacances. Wifi.

Par certains aspects, avec les montagnes en fond et son esthétique de chalet suisse ou bavarois, on se croirait transporté dans quelques vallées heureuses du canton du Valais ou de Bavière. Le Recanto da Serra est une jolie petite pousada située au centre-ville de Teresópolis en face du petit marché, à la façade alpine. On peut se rendre à pied en ville et dans les restaurants ou les bars du coeur de ville. Ses 12 chambres, qui en fait des suites, sont toutes impeccables et sobres, plutôt modernes. Certaines sont équipées de baignoires à hydromassage.

VILLAGE LE CANTON €€€

R. Antônio da Silva, 300
✆ +55 21 2741 4200
www.lecanton.com.br
A partir de 885 R$ la nuit pour une chambre double, et de 1 100 R$ pour une suite, en fonction de la saison. Wifi.

La toponymie suisse ne saurait mentir. Le village Le Canton est un magnifique hôtel de charme situé en pleine nature. L'autre bonne surprise, c'est la gastronomie exceptionnelle qui y est proposée (restaurants Lugano et Luzern sous la houlette du chef suisse Alain Jacot) et des activités équestres de haut niveau. Spa parfaitement organisé. Le décor est époustouflant, c'est bien un village qui est proposé, avec son château, ses lieux déco ou plus design bois épuré. L'une des adresses les plus luxueuses aux environs de Teresópolis.

CANTINHO VALÉRIA FERNANDES €

R. Diógenes Pedro da Costa
✆ +55 3643 6285
Ouvert tous les jours de 10h à 23h.

Le Cantinho Valeria Fernandes est un paradis de certains gourmets. Cet endroit pittoresque est en effet réputé pour les beignets salés. Il y en aurait plus de 100, non, plus de 150 variétés. Pour ceux qui seront définitivement charmés par les plaisirs salés de cette belle table, vous pourrez emporter avec vous quelques souvenirs. Dans la boutique du restaurant, on trouve également des confitures, des compotes. Idéal pour une petite halte gourmande. Un peu cher peut-être.

CENTRO GASTRONÔMICO RECANTO €

Av. Feliciano Sodré, 221 - Agriões
✆ +55 21 2742 9988
recantodospescadores.com.br/novo
Spécialités de poissons, de viandes, de fondue et japonaises. tous les jours de 11h à minuit. À partir de 40 R$/repas

Si on a une grosse faim sans idée prédéfinie, le centre gastronomique recanto apparait forcément comme n bon plan en ville. Il regroupe en effet 4 restaurants : le Recanto dos Pescadores, spécialités de poissons et fruits de mer, le Recanto Sushi avec une formule sushis, sashimis et brochettes à volonté, la Casa da Pincanha, spécialités de viandes au grill et enfin le Recanto do Fondue. Les plats de «tropeiros», c'est à dire de gardiens de bétail sont à connaitre.

MANJERICÃO €€

Rua Flávio Bortolluzi Souza, 314 – Alto
✆ +55 21 2642 4242
manjericaocasadepizza.wordpress.com
Pizzeria. tous les jours sauf le mercredi de midi à minuit (jeudi et dimanche jusqu'à 22h30). 50 à 80 R$ pour un repas

Comme à Rio, le Manjericao est une excellente pizzeria qui ravit les amateurs de ce mets napolitain depuis plus de 10 ans maintenant. Cette pizzeria a le secret d'excellentes pizzas à la pâte extra-fine et aux ingrédients originaux (goûtez la spécialité maison, la pizza au basilic, noix, ail, parmesan et *catupiry*). Les végétariens ne seront pas en reste. L'environnement en lui-même est fort agréable. Le restaurant est bien conçu et chaleureux et l'équipe est super professionnelle et agréable. Une valeur sûre à Teresopolis à prix correct.

PARQUE NACIONAL DA SERRA DOS ÓRGÃOS ★★★

Le nom de ce massif vient de certains rochers dont la forme rappelle des orgues des églises. Il a été créé en 1939 pour protéger le paysage et la biodiversité exceptionnels de cette partie de la chaîne de montagnes Serra do Mar. Ce parc de 20 000 hectares, situé à proximité de Teresópolis est une réserve de biosphère de la Mata Atlanticà, mais c'est également un lieu où se cachent de magnifiques cascades et les meilleurs spots d'escalade de tout le Brésil. Des sentiers de randonnée de tous niveaux de difficulté traversent ce magnifique parc. Un GR local rallie Teresópolis à Petrópolis, soit plus de 30 km de marche avec un dénivelé important. Pour les connaisseurs, c'est le plus beau trek du pays. Les superlatifs sont nombreux concernant les sports et activités de montagnes dans le parc. Certains sites d'escalades sont renommés mondialement. Le Dedo de Deus (doigt de Dieu), est considéré comme le premier site d'escalade du pays, et l'Agul ha do Diabo (aiguille du diable), est désignée comme l'un des 15 meilleurs sites d'escalades du monde. Situé dans la Serra do Mar entre 100 et 2 275 m d'altitude, ce parc se caractérise par son exceptionnelle biodiversité, elle-même liée à l'immense diversité des milieux. D'aprés l'Institut Chico Mendes, en charge de la gestion des parcs nationaux, le parc abrite plus de 2 800 espèces de plantes cataloguées par la science, 462 espèces d'oiseaux, 105 espèces de mammifères, 103 espèces d'amphibiens et 83 espèces de reptiles, dont 130 animaux menacés et de nombreuses espèces endémiques.

URIKANA BOUTIQUE HOTEL €€

Estrada Ibiporanga, 2151
Parque Imbuí
✆ +55 21 2741 4700
urikana.com.br

De 580 à 790 R$ la chambre double en B&B. Possibilité de demi-pension et pension complète. Wifi.

L'Urikana boutique hotel est un presque un hébergement de montagne ! À 1 000 mètres d'altitude, l'Urikana propose 13 appartements et 14 chalets avec climatisation, TV à écran plat et lecteur de DVD. L'extérieur paraît rustique, mais l'intérieur est extrêmement cosy. Dans la fraîcheur estivale que recherchait la cour impériale, on pourra apprécier de merveilleuses fondues. On n'est pas dans les Alpes, mais on s'y croirait presque. L'environnement est magique, forcément (pins, manguiers, oiseaux…), la piscine rafraîchissante. Une belle adresse.

A TRAVESSIA PETRÓPOLIS - TERESÓPOLIS ★★★

La randonnée reine de la région est la traversée des villes impériales, une randonnée de 3 jours passant par la ligne de crête de la Sierra de Orgãos sur près de 32 km reliant les deux villes de Teresópolis à Petrópolis (ou l'inverse). Randonnée de difficulté moyenne à dure, avec quelques passages en cordée sur le dernier jour, avec des dénivelés journaliers pouvant atteindre 1 000 m, s'adressant à des randonneurs chevronnés qui ont l'habitude d'aller en montagne. Un guide n'est pas obligatoire. En revanche, il faut être bien équipé. Possibilité de louer des tentes sur place. Nous vous recommandons néanmoins de vous faire accompagner.

Voici l'itinéraire de la randonnée impériale la « travessia » :

- **Jour 1. Petrópolis - refuge 1.** Il faut arriver tôt à Petrópolis depuis Rio ou carrément dormir sur place pour vous rendre aux aurores à l'entrée du parc. La ville est déjà située à près de 900 mètres d'altitude. La première partie du chemin est une montée assez tranquille, on bifurque sur des chemins menant à des *cachoeiras*. On suit le cheminement du rio Bonfim jusqu'à voir toute la vallée d'en haut. Après 2h de montée raide à rythme soutenu, on arrive au Castelos de Açu à 2 120 mètres d'altitude (1 220 mètres de dénivelé). Vous suivez la ligne de crêtes avec des petites montées et descentes successives pour arriver au morro do Marco (2 050 mètres) puis au morro da Luva (2 100 m). On redescend légèrement dans la vallée do Encanto pour dormir au refuge du parc qui s'y trouve..
- **Jour 2. Refuge 1 à refuge 2.** Le second jour compte des passages vertigineux et reste fatigant, car on monte et on descend beaucoup jusqu'au refuge. Après le lever du soleil à la Pedra do Sino, direction le morro Cabeça de Dinossauro, avec une difficulté majeure, l'escalade de l'ascenseur, des échelons de métal incrustés dans la roche q ! Les panoramas sont spectaculaires. La beauté du parc réside dans les formes étranges de ces magnifiques sommets de granit, comme le Dedo de Deus (Doigt de Dieu, 1 692 m) et la Nariz do Frade (Nez du Frère, 1 980 m). Vous arriverez au second refuge au pied de la Pedra do Sino où il est possible de dormir en dortoir ou sous tente.
- **Jour 3. Refuge 2 à Teresópolis.** Le matin, il est impératif de se lever tôt pour aller voir le lever du soleil depuis la Pedra do Sino (2 263 mètres), souvenir inoubliable en raison de la vue spectaculaire. Il restera 4h de descente jusqu'au barrage de Beija Flor (à 1 300 mètres), puis la descente vers la sortie du parc.

PARQUE NACIONAL DO ITATIAIA ★★★

Itatiaia est une petite ville située à 180 km et à 2h30 de route de Rio. Le parc naturel d'Itatiaia (le plus ancien du Brésil) commence 10 km plus loin. Il est entouré par la chaine de Mantiqueira. On y découvre une étrange alternance de paysages alpins et de végétation tropicale dans sa partie basse, et des formations beaucoup plus escarpées dans sa partie haute, qui mènent jusqu'au fameux pic des Agulhas Negras (Aiguilles noires), l'un des plus hauts sommets du pays, avec près de 2800 mètres d'altitude, ainsi que des attractions telles que le Maciço das Prateleiras, le Vale do Aiuruoca, la Pedra do Altar et le point de vue Último Adeus, accessibles par le côté fluminense du parc. C'est une succession de magnifiques panoramas et cascades, que l'on contemple en parcourant un vaste réseau de sentiers bien balisés. Emportez de bonnes chaussures de marche car vous ferez beaucoup de randonnée dans la journée. La végétation et la faune sont ici d'une grande richesse. Phénomène assez unique au Brésil pour être noté, durant le rigoureux hiver de 1985, le parc a enregistré des températures descendant jusqu'à -15 °C, et la neige a recouvert les sommets ! L'année suivante, le miracle s'est reproduit ; depuis, on attend toujours... alors guettez les premiers flocons si vous visitez Itatiaia en hiver ! Avec le réchauffement climatique, paradoxalement, les phénomènes de descentes d'air polaire se multiplient, comme en 2021. Vous l'aurez compris, ce parc fait partie des merveilles naturelles du Sud-Est brésilien.

PARQUE NACIONAL DO ITATIAIA ★★★

Estrada Parque Nacional km 8,5
✆ +55 24 3352 6777
www.icmbio.gov.br/parnaitatiaia
Délivrance de permis de 8h à 17h pour partie « baixa » (32 R$) et de 8h à 14h30 pour partie « alta » ((52 R$)

Le parc national d'Itatiaia – en tupi « roche pleine de pointes », en référence à ses sommets escarpés, comme le Pico das Agulhas Negras, point culminant de l'État de Rio avec 2 787 m. Superficie de 30 000 ha de forêts et de montagnes.

- **Une région basse** (de 800 à 1 800 m d'altitude), à l'entrée du parc, cascades. Balades faciles
- **Une partie haute, le *planalto*** (entre 1 900 et 2 800 m d'altitude), lieu des principales excursions présence d'un guide est indispensable.

CACHOIERAS ★★

Région basse.

Le parc national de l'Itatiaia et sa géologie tourmentée offre aux voyageurs qui s'y rendent plusieurs belles cascades : en empruntant le chemin des cascades, vous croiserez celles de Maromba (avec sa piscine naturelle), d'Itaporani et la plus grande, la Veu da Noiva, cascade de 30 m de haut, au bas de laquelle on peut également se baigner (eau fraîche néanmoins !) ; une autre petite randonnée de 10 minutes vous conduira depuis le centre des visiteurs du parc jusqu'au joli petit Lago Azul (*Lac Bleu*, aux eaux plutôt vertes, d'ailleurs).

PEDRA DO ULTIMO ADEUS ★

Région basse.

Un très beau point de vue ! la Roche du Dernier ou ultime Adieu, à 810 m d'altitude, offre un superbe panorama sur le fleuve Campo Belo et sur la chaîne de montagnes du parc. Elle est d'origine éruptive. Riche en bauxite, elle est connue par tous les grimpeurs comme étant composée d'un granit qui se prête admirablement bien à la varappe. Pourtant, ce n'est qu'en 1999 qu'un trio très connu au Brésil, composé entre autre des frères Guedes, Jorge et Fabio Coreà, en a conquis le sommet. Bien sûr, on peut aller jusqu'au point de vue sans escalade !

PICO DAS AGULHAS NEGRAS ★★

Planalto.

Le Pico das Agulhas Negras, ou pic des Aiguilles Noires en français culmine à près de 2 900 m. C'est assurément le must des randonnées dans le parc d'Itatiaia. On prend ici pleinement conscience du potentiel de l'écotourisme de montagne au Brésil, à quelques heures de voiture à peine de Rio de Janeiro. La montée jusqu'au sommet est assez ardue, mais elle offre en son sommet une vue fabuleuse sur les trois Etats les plus peuplés du Brésil : Rio (on voit la baie de Guanabara au loin par temps clair), São Paulo et le Minas Gerais.

PICO DAS PRATELEIRAS ★★

Planalto.

Le Pico das Prateleiras est le petit frère des Agulhas Negras, dont l'ascension est assez sportive également (il y a quelques passages d'escalade qui demandent une certaine technicité). Le sommet du Pico das Parateliras est à 2 540 m d'altitude contre prés de 2 900 mètres pour le point commun des Agulhas Negras, seigneur des lieux.

Deux excellents guides vous accompagneront dans ces balades sauvages. En effet, si ces sommets font a priori sourire les randonneurs aguerris, ils n'en sont pas moins techniques et demandent une bonne condition physique.

TRÊS PICOS ★★

Région basse.

La randonnée des Três Picos (les Trois Pics), une balade de 8 km le long de 3 montagnes, entre 1 300 et 1 800 m d'altitude, offre un panorama incroyable sur la chaîne montagneuse de la Mantiqueira. On y accède par un sentier escarpé de 7 km à travers la forêt atlantique. Comptez une journée entière de marche. L'endroit offre vue magnifique sur la vallée du fleuve Paraíba, le parc et les contreforts des chaînes de montagnes Mantiqueira et Serra do Mar. Remplir un formulaire de responsabilité à l'entrée du parc, au centre des visiteurs ou au complexe de Maromba.

RALPH SALGUEIRO ★

✆ +55 24 3351 1823

Rando à partir de 350 R$/2 personnes, 450 R$/3 à 4 personnes. Les 3 pics d'Itatiaia : 450 R$/2 p, 600 R$/3 à 6.

L'agence Ralph Salgueiro propose des excursions diverses et variées dans le parc d'Itatiaia (minimum 2 personnes) au départ de Resende, Penedo et Itatiaia. Vous pouvez opter pour la découverte de la partie basse et ses chutes d'eau, le centre de visiteurs et le belvédère ou bien faire une excursion ou randonnée dans la partie haute (plusieurs options). Ralph est spécialisé en écotourisme, en tourisme culturel et en tourisme d'aventure. Les exigences techniques du parc obligent à prendre un guide. il vous aidera à remplir les formalités d'accès au parc.

CAMPING REBOUÇAS €

Près de la porte d'entrée du parc

✆ +55 24 3352 1292

Compter environ 10 R$ par jour et par personne.

Le camping Rebouças est sans doute la seule option pas chère dans le parc. Le camping est idéal pour les marcheurs qui veulent y passer une à deux nuits pour faire les randonnées du parc. Sanitaires sommaires et eau potable. Emporter son réchaud à gaz pour cuisiner. Le camping compte seulement 20 emplacements pour les tentes. 16 places peuvent être réservées, 4 places sont laissées pour les aventuriers qui viendraient au camping sans avoir réservé. On retrouve vraiment une sensation d'humilité face à la présence de la nature et la simplicité des lieux.

VISTA LINDA HOTEL €€

Estrada do Parque Nacional, km 12

✆ +55 24 8849 2478

www.vistalindahotel.com.br

Compter de 350 à 650 R$ le chalet, en fonction de la catégorie, petit déjeuner compris.

Le Vista Linda Hotel est une bonne surprise quand on arrive à proximité du parc national d'Itatiaia. On s'immerge dans la nature, avec une faune et une flore omniprésente. 11 charmants chalets disséminés dans la nature, au pied du parc national (mais à l'extérieur !). 7 chalets standard et 4 chalets luxe. On a peine à croire qu'on est au Brésil. Le bois omniprésent rappelle sans cesse les Alpes et ses chalets. Salle de billard, bain bouillonnant, nature rime ici avec confort et bien-être. L'hôtel propose également des randonnées dans le parc.

HOTEL DO YPÊ €€€

Parque Nacional, km 13

✆ +55 24 3352 1296

www.hoteldoype.com.br

Compter environ 300 R$ la chambre double, et 400 R$ le chalet, petit déjeuner compris.

L'hôtel do Ypê est moins traditionnel que d'autres hôtels alentour, mais il est mieux placé pour la découverte du parc. La programmation de balades en fait une destination pratique, sans compter un panorama à couper le souffle. L'hôtel pratique un système de visites organisées, comprises dans le prix, qui vous permettent de découvrir chaque jour une nouvelle cascade. Les excursions durent une demi-journée, du matin à l'heure du déjeuner. L'hôtel possède un assez bon restaurant (comptez une cinquantaine de reais pour manger).

HOTEL DONATI €€€

Parque Nacional, km 9,5
✆ +55 24 9880 1286
www.hoteldonati.com.br
Compter de 300 à 480 R$ la nuit en chalet pour deux, petit déjeuner compris.

Dans ce refuge magnifique, décoré de peintures de l'artiste brésilien Alberto da Veiga Guignard qui y a vécu quelques années, vous trouverez des chalets très bien entretenus. Piscine d'eau naturelle et piscine thermique, situé dans un parc splendide. Il y a aussi un chalet individuel, petit bungalow privé, avec baignoire et hydromassage. pendant l'hiver (de juin à septembre), vous pourrez vous chauffer au feu de bois, les chambres étant pourvues de cheminées. Pour quelques R$ de plus, nous vous conseillons le chalet Geminado Superior, avec sa décoration en bois.

PENEDO ★★

En 1929, Toivo Uuskallio, paysan finlandais, achète de vastes terres et convie une centaine de familles à s'installer avec lui au Brésil. Il fonde ainsi la colonie finlandaise de Penedo, à 180 km au nord-ouest de Rio, qui subsiste jusqu'à nos jours. Le centre-ville, la « petite Finlande », regroupe une vingtaine de maisons bâties dans une architecture typiquement finlandaise, tout en bois et peintes de couleurs vives. Penedo est un village charmant et propret, où l'air est pur et où il fait bon passer quelques jours, en profitant du bon chocolat local. Comme souvent au Brésil, le dépaysement est au rendez-vous de manière toujours inattendue.

CASA DO PAPAI NOEL ★

Rua das Velas, 100
✆ +55 24 3351 2002
Ouvert tous les jours sauf le mercredi, de 10h à 13h et de 14h à 17h. Entrée : 5 R$.

Située dans la galerie Pequena Finlândia (Petite Finlande), cette petite maison rouge est la maison du Père Noël, ou du moins sa résidence tropicale ! Elle représente en fait la reproduction d'une maison traditionnelle finlandaise, tout en bois et gracieusement décorée. Comme c'est la maison du Père Noël, on remarquera, à l'entrée, toutes les lettres envoyées par des milliers d'enfants. C'est une visite très mignonne, surtout pour les enfants, car, à la fin, devinez qui apparaît sur la pointe des pieds, dans son bel habit rouge ?

MUSEU FINLANDÊS DA DONA EVA ★

Av. das Mangueiras, 2601 - Jardim Martineli
✆ +55 24 3351 1374
www.penedo.org/h_cultura.htm
Ouvert du mercredi au dimanche de 10h à 15h. Entrée : 10 R$.

Le Brésil est un pays qui n'en finit pas de surprendre les touristes et les Brésiliens eux-mêmes. une colonie de migrants issue de Finlande s'est installée à Penedo il y a plus d'un siècle. Le musée retrace l'histoire du peuplement de la colonie finlandaise de Penedo et évoque, à travers une collection d'objets finlandais, les us et coutumes de l'époque. Tapisseries, robes, artisanat, poupées finlandaises... Dommage que l'entrée soit un peu chère pour l'intérêt de la collection.

FROM PENEDO ADVENTURE

Rua Finlandia, 150
✆ +55 24 3351 1380
passeiosempenedo.com.br
Centre équestre, agence d'aventures. Compter environ 80 R$ la balade à cheval de 1 heure 30.

La région se prête merveilleusement bien aux randonnées à cheval, et From Penedo Adventure vous propose des excursions à travers la Serra da India ou vers des cascades (avec une pause baignade). Un délice ! Des randonnées en Jeep sont également proposées. Bien sûr, il est préférable de privilégier les balades à cheval, cela semble plus en accord avec la préservation d'un environnement fragile, mais les balades en 4x4 de 1h30 permettent d'admirer les beautés de la région. Les balades à cheval durent également 1h30. Choix entre deux options.

POUSADA CHEZ NOUS €

Avenue Casa das Pedras, 542
✆ +55 24 3351 1404
www.pousadacheznous.com.br
De 180 à 400 R$ en fonction de la catégorie de chambre double ou chalets et saison. Petit déj compris. Wifi.

Tenue par Annie, une Française installée au Brésil depuis une trentaine d'années, la pousada a l'avantage d'être très bien située, à l'entrée même de Penedo (le bus passe devant). Une jolie petite maison et de petits chalets, dans un décor très « petite maison dans la prairie ». Suites, chalets et appartements standard, tous très bien équipés et très bien tenus. Les petits animaux de compagnie sont acceptés. La maîtresse de maison adore les chats. Très agréable, avec piscine, sauna et beaucoup de verdure. Une très bonne adresse.

HOTEL DA CACHOEIRA €€

Rua Santa Rita, 60
✆ +55 24 3351 1180
www.hoteldacachoeira.com.br
De 200 à 800 R$ en fonction de la catégorie du chalet, vue et saison. tarifs doublent le week-end et les jours fériés.

Un endroit qui sent bon les fleurs des prés ! L'Hotel da Cachoeira est un charmant établissement au bord de la rivière, composé de plusieurs chalets disséminés entre la berge et le flanc de la montagne. La piscine près de la rivière est très agréable, le court de tennis est ombragé. Un petit patio en bois, où plusieurs hamacs sont accrochés à côté de larges et douillets sofas, invite à la paresse, à laisser passer le temps, bercé par le clapotis de l'eau qui s'écoule plus bas. Assurément un bon plan à Penedo, au bon rapport qualité-prix.

POUSADA SERRA DA INDIA €€€

Route Vale do Ermitão, 2 km ✆ +55 24 3351 1185
www.serradaindia.com.br
De 367 à 525 R$ la nuit en chalet selon la saison, et de 423 à 995 R$ le chalet de luxe.

La pousada Serra da India est une bonne option à Penedo. Elle offre un hébergement de qualité dans le style local. Située sur une petite colline sur les hauteurs de Penedo, la pousada propose quatorze chalets en bois posés à flanc de montagne et offrant tous une vue superbe et un calme olympien. Elle dispose également d'une piscine, d'un sauna, d'une cheminée, car rappelons-le, il n'est pas du tout incongru d'avoir à se réchauffer les soirées d'hiver sur les hauteurs de la région. Une excellente adresse et un très bon service.

SKANDINAVIA €

Avenida da Mangueiras, 2631
✆ +55 24 3351 1529
Sandwicherie. Ouvert de 10h à 23h.

Le Skandinavia fait bien sûr référence à la colonie finlandaise de la ville. Depuis plus de 15 ans, cette sandwicherie sert de point de ralliement à tous ceux qui ont un petit creux. On ne va pas y déguster des spécialités scandinaves, c'est une sandwicherie tout ce qu'il y a de plus classique. Ce sont certainement les meilleurs sandwichs de la ville qui y sont proposés. Par tradition, les portions sont généreuses. Un sandwich équivaut à un repas ! Certes, le lieu est simple, mais le Three Steps ou le Don Rodrigo vous remettront sur pied.

AGLIO E OLIO €

R. das Velas, 220
✆ +55 24 3351 2292
www.ristoranteaglioeolio.com
Cuisine italienne.tous les jours de 12h à 23h (0h00 le vendredi et samedi, 18h dimanche). De 50 à 70 R$ le repas.

Avec sa devanture et son intérieur en bois, Aglio e olio, ne se veut pas un restaurant intimiste et sophistiqué. Une fois à l'intérieur, le ton est donné. Les effluves parlent d'elles-mêmes. C'est un restaurant de cuisine italienne qui ne paie pas de mine, situé en plein centre de Penedo, masi qui sert parmi les meilleures pâtes qu'il nous ait été donné de goûter au Brésil ! Les penne al'arrabiata ou a la napolitana sont un véritable réussite ! Petite carte des vins de surcroît sympathique et économique. Une adresse à ne pas rater !

CASA DO FRITZ €

Av. das Mangueiras, 518 - Vila da Gula
✆ +55 24 3351 1751
www.casadofritz.com.br
Cuisine allemande. Ouvert tous les jours de midi à minuit. Comptez de 40 à 60 R$ le repas.

On quitte momentanément le style finlandais de Penedo. Dans un restaurant au toit de style européen, Fritz, un Suisse qui s'est installé là il y a quelques années, prépare une excellente cuisine de style allemand. Nombreuses saucisses, choucroutes, salades de pommes de terre… La bière est servie glacée à point et l'on peut manger en terrasse. Que demander de plus ? De toute façon, c'est toujours plein, ce qui est la meilleure preuve de qualité. C'est sûr, la cuisine du Fritz n'est pas tout à fait de la nouvelle cuisine… Vous vous en seriez douté.

JARDIM SECRETO €€

Avenida Três Cachoeiras, 3899
✆ +55 24 3351 1371
Cuisine internationale. de mardi à vendredi 19h-23h, samedi de 12h à 17h, 19h-0h00, dimanche 12h-à 17h. environ 120 R$

Le Jardin Secret porte en définitive très bien son nom. Il fait partie de ces établissements que l'on a envie de garder secrets. Le chef Fabiano de Almeida officie dans la cuisine d'un restaurant raffiné et élégant, considéré comme l'un des meilleurs de Penedo. On pourra goûter le pirarucu grillé, même si ce n'est pas un poisson local. Il vous sera souvent recommandé. La truite (locale) est mise à l'honneur. Le menu est contemporain et la carte des vins assez bien fournie. Le soir, les dîners aux chandelles s'accompagnent du murmure de la rivière.

CAFE FINLANDÊS

Avenida das Mangueiras, 1645

✆ +55 24 3351 1750

Coffee-shop. Ouvert le lundi et le jeudi de 10h à 20h, le vendredi, samedi et dimanche de 10h à 22h.

Les origines de la ville apparaissent souvent comme un gage de qualité, alors, comme on ne change pas une équipe qui gagne, l'équipe est allée faire une pause gourmande dans ce « café finlandais » entre deux courses dans cette ville fondée par des colons finlandais. Grand bien nous en a pris. C'est certainement un des endroits les plus sympas à Penedo pour siroter un café ou un chocolat chaud, et grignoter une bonne quiche, attablé sur la terrasse extérieure. Pour ne pas être dépaysé, le café est de style finlandais en bois, bien sûr.

FABRICA DE CHOCOLATE ARTESANAL FINLANDÊS

Praça Finlândia

✆ +55 24 3351 1127

Chocolatier. Ouvert tous les jours de 9h30 à 21h (23h le week-end).

La Suisse et la Belgique ne sont pas les seuls pays du chocolat. Le Brésil, premier producteur de cabosses de cacao de la planète, est passé maître dans l'art de torréfier ces précieuses graines, mais il sait aussi le transformer en un délicat produit final. Le chocolat est la spécialité locale de Penedo, et cette petite maison en plein centre-ville vous invite à découvrir sa fabrication, et bien entendu à en déguster, en tablettes, en glace ou en chocolat chaud.

SORVETE FINLANDÊS

Av. da Finlândia, 259

✆ +55 24 3351 1177

Glacier. Ouvert tous les jours de 10h à 22h, vendredi et samedi jusqu'à 2h.

Un glacier connu au Brésil s'appelle « Alaska »… tout comme à Montpellier d'ailleurs. Ici, c'est la Finlande qui a inspiré le nom de cette échoppe dédiée aux glaces. Pour tout vous dire, nous ne savons pas si la glace (de nos chers cornets… pas celle des grands lacs gelés qui couvrent une partie du pays de référence) est une spécialité finlandaise, mais celles que propose cette maison sont délicieuses. Plus de 30 parfums différents et, surtout, toutes sortes de douceurs pour agrémenter la glace (noix, sésame, pépites de chocolat, etc.).

VISCONDE DE MAUÁ ★★

À 200 km au nord-ouest de Rio, ce lieu enchantera par ses possibilités infinies de promenades, à travers la végétation luxuriante de la région. Avec ses ruisseaux, ses innombrables chutes d'eau, sa tranquillité et sa beauté, Visconde de Mauá est la partie la plus visitée du parc. On peut y pratiquer de nombreux sports outdoor : rappel, VTT, rafting…

Au cœur de la Serra da Mantiqueira, entre Rio et Minas, Mauá se compose de trois villages : Vila Mauá, Vila Maringa, où se trouve la majorité des hôtels et des pousadas, et Vila Maromba. La vue magnifique en arrivant à Mauá fait oublier les petits désagréments de la route… qui n'est pas asphaltée !

Histoire

En 1870, Visconde de Mauá, le deuxième homme le plus puissant du Brésil, reçut une concession pour exploiter le charbon dans la région, à laquelle il a laissé son nom. En 1907 commence une vaste campagne d'immigration pour attirer la main-d'œuvre venant d'Europe. Au cœur de ces « Alpes brésiliennes » viendront rapidement s'installer les premiers migrants originaires de Suisse. Ils seront bientôt suivis des Portugais, des Espagnols, des Italiens, des Polonais, des Français, et même de quelques familles russes. Reproduisant les modes de culture agricole européens, ces fermiers auront du mal à s'adapter au climat local et connaîtront de longues périodes plutôt sombres. Ces années de souffrance ont été récompensées par le privilège de vivre dans un endroit véritablement idyllique.

PEDRA SELADA ★

4 heures, randonnée modérée à difficile.

Du haut de la Pedra (1 800 m), un panorama magnifique vous récompensera de vos 2 heures d'efforts ! Cette marche d'environ 4 heures est accessible pour des marcheurs moyens+ et expérimentés. Une piste de terre de 4 kilomètres permet d'accéder au sentier de départ et on peut ensuite marcher jusqu'au sommet de cette structure géologique particulière, mais dont le Brésil est particulièrement généreux. Certains y voient une « figa », ce symbole ramené d'Afrique, d'autres une vague ressemblance avec le pic d'Itacolomy qui veille sur la belle « vila Rica » d'Ouro Preto.

CAMINHO DAS CACHOEIRAS ★★

© TMP - AN INSTANT OF TIME - SHUTTERSTOCK.COM

Le Caminho das Cachoeiras est un sentier qui propose plusieurs promenades plutôt faciles vous conduisant à de nombreuses cascades : les 9 cascades de la Vale do Alcantilado (1,5 km de montée), celle de Santa Clara, très photogénique ou encore la cascade do Escorrega, la plus facile d'accès, et sur les rochers de laquelle on peut glisser et se baigner dans une piscine naturelle. Le poçao da Moramba a une baignoire naturelle de 5 mètres de profondeur dans laquelle on peut sauter à partir d'un plongeoir naturel. Le Veu da Noiva est une cascade de 30 mètres.

BÜHLER HOTEL €€

Praça Maringá
✆ +55 24 3387 1204
www.hotelbuhler.com.br

De 350 à 950 R$ la nuit en chalet, en fonction de la catégorie (avec ou sans hydromassage) et de la saison.

Bühler est le nom de l'une des plus anciennes familles de colons de Mauá. En 1913, la famille s'installait au cœur de ces montagnes brésiliennes et, quelques années plus tard, elle recevait déjà les premiers visiteurs dans sa propre maison. Propre, net et bien organisé, l'hôtel dispose de l'une des plus importantes infrastructures de la région : piscine naturelle, piscine chauffée et couverte, piscine olympique, sauna sec et à vapeur, court de tennis, salle de jeux et échiquier géant… Vous pourrez organiser toutes vos excursions de l'hôtel.

POUSADA OLHO D'ÁGUA €€

Vila de Maringa, km 6
✆ +55 24 3387 1386
www.olhodaguamaua.com.br

A partir de 450 R$ la nuit en chalet, en fonction de la catégorie en B&B. Minimum de 2 nuits.

La pousada Ol ha d'Agua permet de se lover au coeur de la nature, tout en restant au centre du village de Maringà, où on trouve toutes sortes de commodités. Certaines parties de la pousada sont d'ailleurs en contact direct de la roche. C'est assurément un bel ensemble en bordure de la montagne. Plusieurs chalets, tous équipés de cheminées, sont disséminés autour de la rivière, au milieu de la forêt. Leur distribution permet de préserver l'intimité des hôtes des chalets. Idéal pour un week-end romantique ou en famille. Sauna. Ambiance très sympa.

POUSADA TERRA DA LUZ €€

Maringá, km 6,5 - Alameda Gastronômica
✆ +55 24 3387 1306
www.pousadaterradaluz.com.br

À partir de 540 R$ la nuit, petit déjeuner compris. Wifi.

Ici, dès l'entrée, un panneau judicieusement annonciateur avertit les visiteurs : on entre ici en terre de « culture et de gastronomie » ! Installé dans un énorme jardin au bord de la rivière, l'hôtel propose en effet un restaurant de bonne réputation et, chaque semaine, des concerts qui sont vite devenus les moments forts des nuits de Visconde de Mauá. On séjourne là dans des chalets très confortables, s'ouvrant sur une jolie petite piscine qui surplombe la rivière. Sauna et massages complètent le programme. Une excellente adresse !

MAUÁ BRASIL €€€

Estrada de Campo Alegre, km 4
✆ +55 24 3387 2077
www.mauabrasil.com.br

Compter de 1 050 à 1 690 R$ la nuit en chalet. N'accepte pas les enfants de moins de 15 ans.

Un vrai paradis ! Une dizaine de petits chalets en bois, tous différents, vous attendent. Dani et André vous y accueilleront à bras ouverts. L'établissement dispose d'une piscine, d'un sauna et d'un restaurant de très bon niveau. Les chalets sont pleins de charme, tous avec Jacuzzi, cheminée centrale et balcon. L'intimité est parfaitement préservée. On n'a jamais vue sur les autres chalets, mais sur les pâturages environnants. Belle randonnée équestre proposée par l'hôtel. Le guide vous fera découvrir la face cachée de Mauá. Le service est excellent et discret.

VERDE QUE TE QUERO VER-TE €€€

Maringá, km 7,5 ✆ +55 24 3387 1322
www.verdequetequeroverte.com.br
Compter de 350 à 800 R$ la nuit, selon catégorie (appartement ou chalet). N'accepte pas les enfants de moins de 14 ans.

La propriétaire est arrivée à Mauá il y a plus de 25 ans et y est resté. Les quelques chalets en bois accrochés à la montagne sont parfaitement dissimulés dans la verdure, d'où se dégage une très agréable odeur de pin. Dans un dédale de terrasses, d'escaliers, de ruisseaux, on trouvera sauna, salle de méditation, salle de jeux avec cheminée, et même une serre. Les chalets, construits en bois massif, disposent d'une immense salle de bains, avec vue sur la forêt. Une très bonne adresse.

BISTRÔ DAS MENINAS €

Alameda Gastronômica
Bocaina de Minas
✆ +55 24 3387 1461
Française & brésilienne. de mercredi à samedi de 13h à 23h, dimanche de 12h à 21h. environ 60 R$/p.

Le Bistrô das Meninas est une aventure originale, à la fois un restaurant et un café dans une bibliothèque. À l'origine, les maîtresses des lieux tenaient une pâtisserie. Aujourd'hui encore, le pain artisanal est mis en valeur dans les sandwichs ou d'autres compositions. On peut goûter les truites locales à la sauce aux champignons, des sandwichs (gruyère gratiné sur baguettes et salade verte, poulet à la thaïe au couscous marocain, risotto de viande au manioc…). Un de ces lieux qui ravissent aussi bien les papilles que l'âme.

GOSTO COM GOSTO €€

Rua Wenceslau Braz, 148
✆ +55 24 3387 1382
www.gostocomgosto.com.br
Cuisine mineira. Ouvert tous les jours sauf le mardi de 9h à 18h. Compter environ 70 R$ par personne.

Le rude climat des montagnes se marie fort bien avec une cuisine consistante... mais qui n'en resterait pas moins goûteuse. Ainsi, Le Gosto passe pour l'un des meilleurs restaurants *mineiro* de la région, et il le mérite ! Saucisses grillées, purée de haricots noirs (*tutu*) et, surtout, desserts à volonté attendant sur une petite table à l'entrée… Également, une impressionnante carte de *cachaças*, plus de 350 étiquettes différentes. La patronne Monica est toujours souriante et adore échanger des anecdotes et des blagues avec les clients.

ROSMARINUS OFFICINALIS €€

Estrada de Mauá-Maromba, km 4
✆ +55 24 3387 1550
www.rosmarinus.com.br
Cuisine internationale. Ouvert du mardi au samedi de 13h à 22h et le dimanche de 13h à 17h. Environ 100 R$ par personne.

L'odeur de romarin guide le visiteur sur plusieurs centaines de mètres. Passé la grille, on découvre cette grande maison de style rustique installée dans un joli jardin. À l'intérieur, l'ambiance est feutrée et élégante. La carte, très épurée, propose des spécialités locales cuisinées sous influence italienne par le chef Julio Buschinelli. L'osso buco de la maison est devenu célèbre à Mauá. Essayez le confit de canard à la moutarde. La production du jardin pour les légumes est valorisée. Une expérience à découvrir et de plus en plus reconnue par les gastronomes.

CAVALGADAS ECOLÓGICAS

Estrada Visconde de Mauá, km 9.5
✆ +55 24 3387 1059
www.cavalgadasviscondedemaua.com
Centre équestre. A partir de 10 réais.

Les randonnées à cheval sont un moyen à privilégier pour rencontrer la nature et la richesse qu'elle offre, à Visconde de Mauà comme ailleurs. Sise au sein de la Fazenda Águas Claras, la « cavalgadas ecologicas » est tenue par des spécialistes des balades en chevaux dans la région. Un grand choix de promenades et la possibilité pour les enfants de monter des poneys. Les balades durent en général de 1h30 à 6h. De retour à la fazenda, on peut manger dans un cadre convivial.

À noter : la pousada Mauá Brasil dispose également d'un haras.

REMORINI

Estrada Mauá-Maromba
Maringá
✆ +55 24 3387 1011
www.remoriniaventuras.com.br
Agence de tourisme.

Il est difficile de découvrir toutes possibilités de balades et/ou d'écotourisme de Mauà sans passer par des structures et des guides professionnels de tourisme, qui à Mauà garantiront qualité des prestations, sécurité et respect de l'environnement. L'agence de tourisme Remorini est une des meilleures agences dédiées au tourisme d'aventure de la région. Cette structure propose une large palette de services et de prestations (trekking, 4x4, escalade…) pour découvrir toutes les richesses de Mauá. Rappel, rafting, canyoning en toute sécurité.

BARRA DO PIRAI ★

Barra do Piraí est une ville de 95 000 habitants mais la majorité des points d'intérêt se trouvent en zone rurale, où l'on pourra redécouvrir les splendeurs du cycle du café. Les hôtels-fazendas remis en valeur plongeront les hôtes dans les fastes du passé.

L'éco-tourisme et le tourisme culturel se sont développés avec les anciennes fazendas de café de la commune, certaines ouvertes à la visite, d'autres devenues des auberges. Ces propriétés sont des traces importantes du passé de la région. Certaines senzalas (quartiers des esclaves) sont bien conservées, elles donnent une vision réaliste des conditions de vie des esclaves.

FAZENDA TAQUARA ★★

Estrada de Barra do Piraí-Valença

✆ +55 24 2443 3104

La vallée du café est désormais devenue un lieu de villégiature et d'écotourisme, où les fazendas traditionnelles de café sont devenues des lieux d'hébergement, plus ou moins luxueux. Le café est désormais confié à l'histoire. La production de café est devenue très rare dans la région. On peut pourtant se consoler en visitant la Fazenda Taquara, à Barra do Piraí, sur la route principale. Là, on récolte encore le café, qui est trié, séché et torréfié sur place. Une visite très intéressante, qui constitue un point incontournable du circuit.

FAZENDA PONTE ALTA €€

Avenida Silas Pereira da Mota, 880

Parque Santana

✆ +55 24 2443 5159

www.pontealta.com.br

Chambre double à partir de 650 R$, triple 880 R$, petit déjeuner compris.

Couleur d'albâtre dans son écrin vert, la Fazenda Ponte Alta est une merveilleuse rencontre avec le riche passé caféier. Seul le gazouillis des oiseaux rompt harmonieusement le silence des lieux. Les chambres sont vastes, avec une recherche permanente du confort qui allie fonctionnalité moderne et mobilier traditionnel. De nombreuses activités, comme des pièces de théâtre, sont proposées pour découvrir l'histoire et la géographie de la région. On peut y organiser des séminaires. Très recommandé.

FAZENDA RIBEIRAO €€€

Rodovia Lucio Meira BR- 393

✆ +55 24 2447 7650

www.fazendaribeirao.com.br

Chambre double à partir de 2 100 R$ en pension complète. Les tarifs varient en fonction de la saison.

Sur la route en terre qui mène à l'hôtel, un impressionnant portail grande sécurité. Une fois passées les grilles, on découvre les merveilles que nous réserve cet établissement pas comme les autres, puisqu'il dispose d'une piste d'atterrissage pour lui tout seul ! C'est un énorme complexe très bien entretenu, l'état de ses parcs et de ses bâtiments est remarquable. On pourra s'y initier au pilotage d'ULM, pêcher sur le lac, pratiquer le kayak, le tennis, l'équitation… Mais également se prélasser au bord de la piscine, un verre de jus de mangue à portée de main !

VASSOURAS ★

Vassouras était l'ancienne capitale de la vallée du café. Elle compte environ 35 000 habitants et garde de son époque de gloire (milieu du XIXe siècle) de beaux vestiges, comme la place Barão de Campo Belo et sa belle église Matriz NS da Conceição.. On y trouve un riche héritage historique et culturel, hérité de l'époque dorée du café dans la vallée du Paraíba, Vassouras est devenue un une importante destination touristique de l'État de Rio de Janeiro. Une partie de cet héritage urbain et paysager a été conservé grâce à une politique volontaire et efficace de valorisation du patrimoine et est partiellement classé monument histroique par l'IPHAN.

Vassouras.

FAZENDA GALO VERMELHO €€€

Rodoviaria RJ-121, 6814
✆ +55 24 2491 9501
www.hotelfazendagalovermelho.com.br
Comptez de 580 à 638 R$ la nuit en chambre double, en fonction de la saison.

Après avoir traversé le petit centre-ville de Vassouras et sa charmante place inclinée, il faut grimper sur la montagne ! La Fazenda Galo Vermelho est une très jolie ferme blanche et bleue, au milieu d'un immense parc et d'un jardin fleuri toute l'année. Une étable abrite plusieurs chevaux pour la balade, un lac invite aux promenades en kayak, une petite piscine permet aux plus jeunes de s'amuser. Sauna, tir à l'arc, mur d'escalade, salle de jeux… Les 14 chambres sont toutes assez simples, décorées de façon champêtre. Le restaurant, tout en bois, est agréable.

RIO DAS FLORES ★

C'est une charmante ville de 9 000 habitants, située à 525 mètres d'altitude. Rio das Flores est situé dans une région montagneuse de Rio de Janeiro, où se trouve la plus grande concentration de fazendas de café historiques de l'État. Bien entendu, la petite ville, née du cycle du café fait partie du «circuit du café'. Le dynamisme économique d'antan de Rio das Flores lié au café la dota d'une gare ferroviaire et de quelques belles chapelles. Aujourd'hui, cette petite bourgade vit de l'agriculture et du tourisme, loin des sentiers battus, au sein de beaux hôtels-fazendas. La beauté naturelle s'apprécie en visitant des chutes d'eau et des sentiers.

FAZENDA CAMPOS ELÍSEOS €€

Estrada (route) de Guaritá, 2800
✆ +55 24 2488 2014
À partir de 290 R$ la chambre double avec petit déjeuner, 340 R$ en demi-pension, 380 R$ en pension complète.

Cette fazenda est en pleine nature, il faut parcourir de nombreux kilomètres de route de terre pour l'atteindre, mais elle mérite qu'on s'en donne la peine. Demeure historique construite en 1851, ses propriétaires sont une famille italienne pleine d'énergie, venue de Venise, il y a une vingtaine d'années. Pas de doute, la vie est revenue à la fazenda. Debora, la propriétaire, reçoit les clients dans une ambiance simple, et propose quelques activités de nature : randonnées à cheval, promenades à pied, et aussi une belle piscine au sein de l'hôtel. À connaître.

FAZENDA UNIÃO €€

Estrada do Abarracamento, km 25
✆ +55 24 99915 1210
www.fazendauniao.com.br
À partir de 800 R$ la chambre double, en demi-pension, selon la saison.

La Fazenda União est une véritable demeure d'un baron du café. Bâtie dans les années 1830, elle est ensuite passée de main en main, jusqu'à ce que João et son épouse Rosalina, tous deux épris d'histoire, rachètent la propriété au début des années 1990. Les propriétaires ont décidé de faire un lieu culturel ouvert au tourisme. João a constitué un véritable musée privé. La Fazenda União offre à la fois un confort simple et une décoration de grande qualité. Les chambres sont sobres, et le calme du jardin fleuri. Une belle expérience pour les amateurs d'histoire.

ALAMBIQUE DE SANTA LUZIA

Baronesa do Vale Rodovia RJ-145, km 95
✆ +55 24 2458 0194

Pour déguster de bonnes cachaças du terroir, vous avez le choix entre plusieurs alambics dans la région. Nous vous recommandons celui du Santa Luzia, à Rio das Flores. On peut voir la fabrication de la cachaça à partir de la canne à sucre, le fonctionnement de l'alambique et le processus de maturation de l'alcool, ses infinies déclinaisons. En consommant avec modération, les voyageurs passionnés par les alambiques et la fabrication traditionnelle peuvent aussi visiter la trés belle fabrique alambique Vieira & Castro, sur la route de la fazenda Uniao.

CONSERVATORIA ★★

Cette petite ville située à 120 kilomètres de Rio est un lieu forcément enchanteur, puisque de nombreuses *novelas* brésiliennes (*L'esclave Isaura, le Salomé et le voyage*...) y ont été tournées. Une vieille locomotive trône au milieu de maisons coloniales... On retourne dans le passé entre « serenata » (groupes de musique typique de Conservatória et Diamantina arrivées ici avec la cour des empereurs et devenues une tradition qui perdure jusqu'à aujourd'hui) et beauté des sites urbains et naturels. La montagne s'appelle « montagne de la beauté ».C'est un havre la tranquillité et de co,vivialité . Des fazendas et des monuments racontent sa riche histoire.

HOTEL FAZENDA VILAREJO €€

Rodovia Canção do Amor, 13685

✆ +55 24 2438 9000

hotelfazendavilarejo.com.br

À partir de 1 250 R$ en chambre double en pension complète. 2 nuits min. chalets ou bungalow de 8 personnes max.

Cet hôtel fazenda a privilégié un tourisme «à la ferme» depuis prés de 20 ans maintenant. Plutôt calme et confortable, cet autre grand complexe hôtelier, situé en face de l'hôtel Fazenda Rochedo, adopte délibérément un style plus tranquille, orienté vers la vie à la ferme. Plusieurs activités (randonnées, piscine chauffée, pêche dans le lac, terrains de sport). Les produits servis au restaurant proviennent pour la plupart de l'hôtel même, qui possède un grand potager et élève poules, porcs, moutons et poissons. Belle fabrique de cachaça.

FAZENDA FLORENÇA €€€

Estrada da Cachoiera, 1560

✆ +55 24 2438 0124

www.hotelfazendaflorenca.com.br

Environ 1 100 R$ la nuit en chambre double (en demi-pension). Deux nuits au minimum.

Dans un immense parc, au milieu de rivières limpides, cette belle demeure de style colonial propose des chambres rénovées, confortables et sobres. La table du restaurant Caipira Dom João occupe une place importante dans cet hôtel, qui allie gastronomie du terroir et tradition italienne et saveur du four à bois. Piscine intérieure, courts de tennis terrain de football et de volley, promenades en calèche. Vous pourrez vous reposer de toutes ces activités devant la cheminée du grand salon. Une adresse classique avec une touche de modernité. Réserver en avance.

HOTEL FAZENDA ROCHEDO €€€

Rodovia Canção do Amor, 12801

✆ +55 24 2438 2500

www.hotelrochedo.com.br

A partir de 750 R$ la chambre double, en demi-pension.

Accrobranche, mur d'escalade, rappel, tyrolienne, promenade en carriole, bicyclette, équitation… Ce grand hôtel dispose d'une gamme d'activités impressionnante. L'architecture est vraiment agréable : immense hall d'entrée, avec de gigantesques poutres de bois. Le buffet de cuisine du terroir servi au déjeuner est gargantuesque. Les chambres sont spacieuses et confortables, équipées d'un hamac (elles manquent un peu de caractère toutefois). L'accueil est très sympa. À l'autre bout du parc, une grande boutique d'antiquités propose des articles intéressants.

CASA D'ARTE

Rua Pedro Gomes, 26

✆ +55 24 99845 8740

Samedi de 10h à 13h et de 15h à 18h. Dimanche de 10h à 13h.

Dans cette belle boutique de style colonial, vous trouverez des idées de cadeaux sympas : poupées tissées, paniers en osier, sculptures en bois… C'est une boutique-concept agréable qui propose des œuvres d'art faites presque exclusivement en papier mâché. On trouve ce type d'artisanat de « récupération » dans de nombreuses villes du Brésil, comme à Salvador, mais la Casa d'Arte de Conservatoria est à connaître pour la qualité des produits proposés et l'ambiance traditionnelle, voire kitsch, qu'on y trouve. Un petit air de Minas Gerais…

VALENÇA ★

Héritière des « sesmarias » (concessions faites aux nobles qui s'installaient), l'opulence de Valença va se développer grâce à une agriculture basée sur la café. Aujourd'hui, la ville s'est agrandie et son économie s'est diversifiée et modernisée. Il reste fort de beaux vestiges de son passé et la nature est superbe, entre monts, fazendas et cascades. Depuis l'époque dorée du café, Valença a su conserver ses traditions, ses nombreuses festivités et ses coutumes arrivées quelquefois avec la noblesse portugaise. L'église Nossa Senhora da Glória, les maisons de ville historiques et les innombrables fazendas du cycle du café, révèrent son riche passé.

PALMEIRA IMPERIAL €

Av. Nossa Senhora Aparecida, 1111

✆ +55 24 24531995

www.palmeiraimperial.com.br

Compter de 200 à 300 R$ la chambre double en fonction de la saison.

Le Palmeira Imperial est un beau bâtiment de brique, aux salles immenses. Ses 32 chambres sont dotées d'un bon niveau de confort (bain bouillonnant, TV, frigo-bar), et dont certaines ont une belle cheminée en fonte. Côté activités, on y trouvera piscine, lac, terrain de sport et salle de jeux. C'est l'une des rares adresses encore assez bon marché de la route du café. L'équipe fait tout pour rendre le séjour des hôtes agréables et il est vrai que ce bel établissement de la région a quelquefois des allures de paradis...accessible à tous.

MINAS GERAIS

Dans le Minas, l'arrivée massive de colons européens et d'esclaves, conjuguée aux immenses richesses tirées des entrailles de cette terre, va y initier la création d'un ensemble architectural et culturel exceptionnel, par la taille et le raffinement de son art : le « baroque mineiro ». Aujourd'hui, le « Minas » est un État alliant avec bonheur beautés baroques du passé et puissance de l'économie capitaliste et industrielle, mais l'État regorge également d'attractions touristiques liées à ses magnifiques paysages de montagne. Classé au patrimoine culturel de l'humanité, l'ancienne capitale de l'État Ouro Preto, aux superbes églises à architecture baroque, décorées par l'Aleijadinho, est considéré comme le joyau des villes historiques de la région. De nombreux parcs nationaux, gardiens d'écosystèmes exceptionnels (souvent à l'intérieur de la Serra da Mantiqueira), se partagent avec les villes coloniales les faveurs des voyageurs.

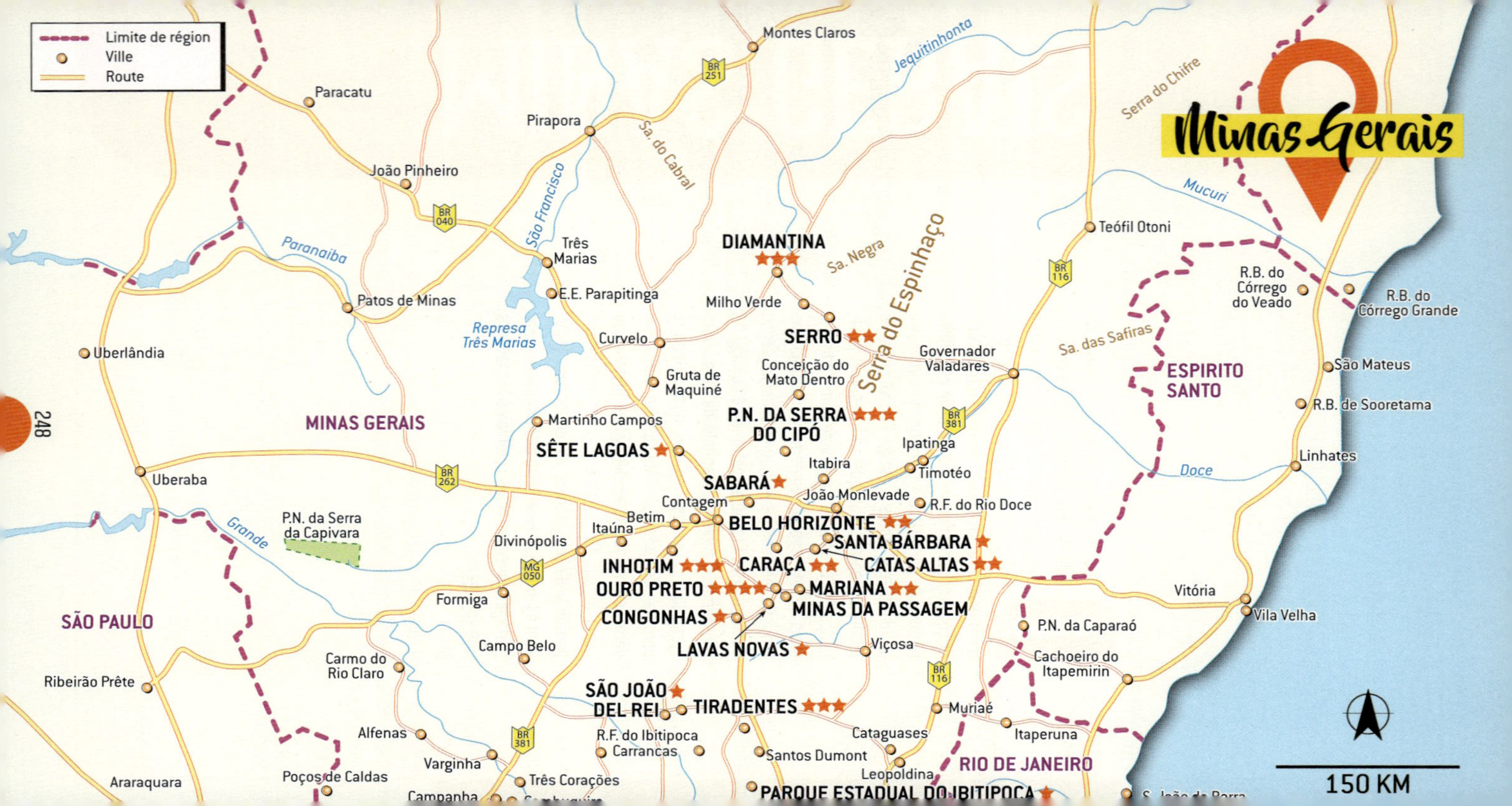
Minas Gerais
Limite de région
Ville
Route
Montes Claros
Paracatu
Pirapora
João Pinheiro
Jequitinhonta
Serra do Chifre
Sa. do Cabral
Mucuri
Teófil Otoni
São Francisco
Três Marias
Paranaiba
DIAMANTINA
Sa. Negra
Serra do Espinhaço
R.B. do Córrego do Veado
R.B. do Córrego Grande
E.E. Parapitinga
Patos de Minas
Milho Verde
Represa Três Marias
SERRO
Sa. das Safiras
Uberlândia
Curvelo
Conceição do Mato Dentro
Governador Valadares
ESPIRITO SANTO
São Mateus
Gruta de Maquiné
R.B. de Sooretama
P.N. DA SERRA DO CIPÓ
MINAS GERAIS
Martinho Campos
Ipatinga
SÊTE LAGOAS
Itabira
Timotéo
Linhates
Doce
Uberaba
SABARÁ
João Monlevade
R.F. do Rio Doce
Contagem
Betim
BELO HORIZONTE
P.N. da Serra da Capivara
Grande
Itaúna
SANTA BÁRBARA
Divinópolis
CARAÇA
CATAS ALTAS
INHOTIM
OURO PRETO
MARIANA
Vitória
Formiga
MINAS DA PASSAGEM
Vila Velha
SÃO PAULO
CONGONHAS
P.N. da Caparaó
Campo Belo
LAVAS NOVAS
Viçosa
Carmo do Rio Claro
Cachoeiro do Itapemirin
Ribeirão Prête
SÃO JOÃO DEL REI
TIRADENTES
Muriaé
Alfenas
R.F. do Ibitipoca
Carrancas
Cataguases
Itaperuna
Varginha
Santos Dumont
RIO DE JANEIRO
Araraquara
Poços de Caldas
Três Corações
Leopoldina
PARQUE ESTADUAL DO IBITIPOCA
150 KM
BR 251
BR 040
BR 116
BR 381
BR 262
MG 050

PAGES

250 ## ● ● BELO HORIZONTE ET LE NORD

Le nord du Minas Gerais est constitué de zones agricoles et naturelles. La partie nord-ouest est aujourd'hui dédiée au soja. Le nord est une zone semi-aride du *sertão mineiro*, domaine de la *caatinga*, traversée par le rio São Francisco. On y trouve deux magnifiques parc nationaux (Grande Sertão et Cavernas do Peruaçu). Les grimpeurs trouveront un paradis dans la Serra do Cipó avec des voies en 8a et 8b. Cependant, c'est la belle Diamantina qui attirera surtout les visiteurs. La capitale Belo Horizonte, est assurément un moyen de découvrir un Brésil métropolitain, culturel, loin de l'agitation et de la violence de Rio et de São Paulo.

263 ### DIAMANTINA ★★★

Diamantina est un joyau un peu caché dans l'écrin de ses montagnes. Son isolement l'a préservé d'un développement touristique incontrôlé. Si les églises sont moins spectaculaires que celles d'Ouro Preto, son architecture est peut-être la mieux préservée de toutes les villes coloniales de l'Etat.

267 ## ● ● OURO PRETO ET LE SUD

Cette partie du Minas Gerais est la plus connue et la plus parcourue de l'État minéralier. Le temps semble s'être arrêté, entre églises baroques et nature généreuse. Ouro Preto peut apparaître comme un choix stratégique pour ceux qui ne passeront que quelques jours sur cette partie de la route royale. L'ancienne capitale est entourée de quelques-uns des plus beaux joyaux de la région (Mariana, sanctuaire de Caraça).

267 ### OURO PRETO ★★★★

Le plaisir de déambuler dans les rues pavées d'Ouro Preto, ancienne capitale de l'État et patrimoine historique de l'humanité, peut justifier quasiment à lui seul un voyage au Brésil. Elle compte parmi les plus belles villes coloniales du continent.

288 ### TIRADENTES ★★★

Avec Ouro Preto, Tiradentes est l'une des autres merveilles baroque du Minas. Les maisons blanches sur des rues en pente, toutes couronnées par des églises, des montagnes telles des écrins pour ce patrimoine, tout concourt à attirer les voyageurs vers les places pavées de la petite ville où est née le héros éponyme Tiradentes.

BELO HORIZONTE ★★

Béaga (BH), comme la surnomment affectueusement ses habitants, est la troisième ville du Brésil, avec ses 2,5 millions d'habitants et l'un de ses pôles productifs majeurs. Son nom (littéralement « Bel Horizon ») est né de la beauté exceptionnelle du site, à 850 mètres d'altitude, dans lequel la ville a été construite pour supplanter l'ancienne capitale Ouro Preto, enclavée dans les montagnes sur l'ancienne route de l'or (*caminho de ouro*). Aujourd'hui, il y fait bon vivre. Ses larges avenues tracées au cordeau sont bordées de nombreux parcs. Les gens sont d'une hospitalité impressionnante et les sourires spontanés. Les touristes y sont rares. Si quelques-uns s'y perdent, en transit vers Ouro Preto, ils délaissent en général cette étape. Moins chargée d'histoire que les villes baroques du Minas, elle n'en reste pas moins très intéressante. Métropole avec les charmes d'une ville de province, BH a culturellement et artistiquement le vent en poupe depuis une dizaine d'années. Les derniers groupes de rock à la mode (Jota Quest) et les dernières tendances musicales naissent ici. Bien sûr, Belo Horizonte compte de nombreux établissements étoilés faisant honneur à la gastronomie régionale et internationale, dans les quartiers de Lourdes et de Savassi. Elle est devenue un des centres de l'animation nocturne du pays. N'hésitez donc pas à sortir. Il faut loger au cœur de la nuit, au centre-ville, près de la place da Liberdade ou dans le quartier Savassi, le plus animé de la ville.

Histoire

À la fin du XIXe siècle, il a fallu trouver une autre capitale à l'État du Minas Gerais pour remplacer Ouro Preto, trop excentrée et politiquement affaiblie par l'épuisement des mines d'or. Fondée en 1897, Belo Horizonte a été la première capitale planifiée du pays. On décide, en 1893, pour la première fois au Brésil, de construire une ville *ex nihilo*, qui est réalisée sur le plan de Washington. Belo Horizonte fait partie des étapes incontournables de l'urbanisme du Brésil moderne et positiviste. Le quartier de Pampulha, construit dans les années 1940, représente une maquette grandeur nature du style moderniste. Avant de prendre les commandes du pays et créer Brasilia, J. Kubitschek, maire de BH à l'époque, et Niemeyer font là leur apprentissage et créent ce quartier futuriste pour répondre au besoin d'extension de la ville, en pleine croissance économique et démographique.

CÂMERASETE - CASA DA FOTOGRAFIA ★

Av. Afonso Pena, 737
Centro
✆ +31 31 3236 7400
www.fcs.mg.gov.br
Ouvert du mardi au samedi de 9h30 à 21h.

Inaugurée en 2010, cette maison de la photographie ravira tous les amateurs. Elle fait partie, comme le Palaço das Artes et la Serraria Souza Pinto, de la fondation Clovis Salgado qui a ouvert cet espace pour ses 40 ans d'existence. On y découvre des photos d'artistes contemporains brésiliens du XXe siècle, en couleur ou en noir et blanc, qui immortalisent souvent les habitants du Minas Gerais dans leur vie quotidienne. Les espaces sont bien éclairés, le lieu très agréable à la visite.

CASA DO BAILE ★

Avenida Otacílio Negrão de Lima, 751
Pampul ha
✆ +55 31 3277 7443
Ouvert du mardi au dimanche, de 9h à 17h, le jeudi de 9h à 21h. Entrée libre.

À l'origine, cette construction de Niemeyer intégrée au complexe de Pampul ha avait pour objectif de devenir un dancing populaire. Elle devint vite un point de réunion obligatoire de la bonne société belorizontine, et l'on y présente aujourd'hui des petites expositions (urbanisme, design, architecture…), car elle n'est constituée que d'une seule pièce. Les larges baies vitrées offrent une superbe vue sur la lagune. Le paysage est signé par Burle Marx. À noter, la richesse de courbes et l'effet visuel qu'entraîne un changement de position.

CATEDRAL NOSSA SENHORA DA BOA VIAGEM ✝ ★★

Rua Sergipe, 175 – Centro
✆ +55 31 3222 2361
www.igrejaboaviagem.org.br
Ouvert du mardi au vendredi et dimanche de 6h à 22h, le lundi et le samedi de 11h à 22h. Entrée libre.

l'histoire de la cathédrale Nossa Senhora da Boa Viagem se confond avec celle de Belo Horizonte. Depuis les débuts du XVIIIe siècle, il existait à cet emplacement une petite chapelle, typique exemple de l'architecture coloniale du Minas Gerais. C'est là que l'on a décidé de bâtir cette cathédrale qui a été terminée en 1932. De style néogothique, la cathédrale dispose de superbes vitraux. Nossa Senhora da Boa Viagem est la patronne de la ville de Belo Horizonte.

© ALEXANDRE ROTENBERG - SHUTTERSTOCK.COM

Igreja São Francisco de Assis.

IGREJA SÃO FRANCISCO DE ASSIS ✝ ★

Avenida Otacílio Negrão de Lima, 3000
Pampul ha
✆ +55 31 4101 1174

« L'Igreja de Pampulha » représente l'un des symboles de l'architecture contemporaine brésilienne, Partie intégrante de l'ensemble de Pampulha, collaboration entre Oscar Niemeyer, Portinari et Burle Marx. C'est en 1943 que le projet est mis en œuvre à la demande de Juscelino Kubitschek. L'église n'est reconnue qu'en 1960. La figure de saint François est construite avec la rigueur et l'équilibre d'une statue. Portinari a réalisé les tableaux de la voie sacrée et certains azulejos.

MUSEU DE ARTE DA PAMPULHA [MAP] 🏛 ★

Avenida Otacílio Negrão de Lima, 16 585
Pampulha
✆ +55 31 3277 7946
Ouvert du mardi au dimanche de 9h à 18h30. Entrée gratuite.

C'est le premier projet de Niemeyer pour le complexe de Pampulha. Il fonctionna d'abord comme casino puis fut transformé en musée en 1957. La façade est largement inspirée par Le Corbusier et ses principes fonctionnalistes tandis que l'intérieur renvoie plus à une interprétation du baroque *mineiro*. Les jardins de Burle Marx exposent des sculptures de José Pedrosa et Ceschiatti. Le musée possède une collection de près de 1 500 œuvres mais seulement quelques œuvres sont exposées.

PALÁCIO DAS ARTES - FUNDAÇÃO CLÓVIS SALGADO 🎨 ★★

Avenida Afonso Pena, 1537
Centro
✆ +55 31 3236 7400
www.fcs.mg.gov.br
Expositions ouvertes du mardi au samedi de 9h à 21h. Entrée libre.

Le Palais des Arts, géré par la Fundação Clóvis Salgado, est un centre culturel intéressant situé sur la large Avenida Afonso Pena, mais accolé au parc municipal. Pensé par l'architecte moderniste Oscar Niemeyer, sa façade détonne dans le paysage. S'il a été inauguré en 1971, il a pourtant été commandé en 1941 par le gouverneur Juscelino Kubitschek pour être le théâtre municipal du Minas Gerais, mais, telle la Sagrada Familia de Gaudí à Barcelone, l'édifice maudit souffrit de travaux intermittents et resta inachevé pendant des années. Jusqu'à sa réalisation finale par l'architecte Helio Ferreira Pinto, qui a du adapter le projet de Niemeyer à la réalité de la fin des années 1960 et qui mit tout de même 4 ans pour aboutir au résultat actuel. Sa construction fut tellement longue qu'un théâtre temporaire a vu le jour en parallèle à coté de l'édifice : le Teatro Francisco Nunes, qui ne fut finalement pas détruit après l'inauguration du Palais des Arts. Frappé par la malchance, la salle du théâtre principal partit en fumée en 1997, mais a depuis été reconstruite par des architectes contemporains. Aujourd'hui, ce dernier est majoritairement dédié au spectacle : opéra, pièces de théâtre, concerts symphoniques, danse et concerts de musiques folkloriques, projection de films d'auteurs, débats et conférence, formations artistiques… Il compte quatre salles d'exposition assez vastes dédiées à l'art contemporain. Les expositions sont changeantes, assez variées et de qualité.

PRAÇA DA ESTAÇÃO ★★★

Praça Rui Barbosa - Centro

La place est située devant la gare centrale du Metrô de Belo Horizonte dont une partie est aujourd'hui transformée en musée des Arts et Offices (le MAO), et l'autre toujours en fonctionnement. La gare dessert notamment la ville de Vitória, mais aussi la ligne 1 du métro de Belo Horizonte, qui mène à Santa Teresa, le quartier bohème de Belo Horizonte (comme à Rio).

Le lieu est majestueux. L'édifice actuel de la gare fut inauguré en 1922. C'est un ensemble construit dans un style éclectique par l'architecte Luiz Olivieri, pour donner à cette capitale effervescente une gare à la taille de son développement. Porte d'entrée de la nouvelle capitale du Minas Gerais au XIXe siècle, elle reflète la richesse de la région à cette époque. La première horloge de la ville fut installée dans la tour construite dans la gare initiale, lorsque la place commença à être urbanisée en 1904, et, comme la Praça da Liberdade, le parc fut retravaillé dans un style à la française dans les années 1920. On peut notamment y admirer trois statues de marbre.

Sur la place, le Monumento à Terra Mineira, une statue réalisée en bronze et en granit en 1930 par le sculpteur italien Giulio Starace. Elle fait allusion à des faits importants de l'histoire de la région avec au sommet la statue d'un homme tenant un drapeau.

Cette place est souvent le spectacle de manifestations populaires de tous les niveaux sociaux. Poètes, artistes, et plus généralement le peuple, s'y rencontrent pour échanger rêves, idées et conception de la vie.

© LUIS WAR - SHUTTERSTOCK.COM

PRAÇA DA LIBERDADE ★★

Praça da Liberdade
Savassi

Belo Horizonte, rappelons-le est une ville planifiée, construite ex nihilo à partir de 1895, pour remplacer l'ancienne capitale de l'État Vila rica de Ouro Preto, trop enclavée dans des montagnes. La place de la Liberté fut inaugurée lors de la fondation de la ville, entre 1895 et 1897, pour abriter le pouvoir de l'État du Minas Gerais. Influencée par la vague naturaliste anglaise, elle est bordée de palmiers immenses, et très arborée en son centre. Transformée selon la mode des jardins à la française dans les années 1920, elle prend alors des airs de petit Versailles, gagnant en symétrie et en jolies statues. Les édifices qui la bordent obéissent aux tendances de l'époque, avec leurs éléments néoclassiques et leur style éclectique grandiose. Le Palais des Gouverneurs (Palacio da Liberdade) en est l'exemple le plus édifiant. Au fil des années, la place s'enrichit de nouvelles constructions de différents styles. Dans les années 1940, le Palacio Cristo Rei introduit l'Art déco. Dans les années 1950 et 1960, des bâtiments plus modernistes sont incorporés à l'ensemble, tels l'édifice Niemeyer et la bibliothèque publique Luiz de Bessa ou la Casa Fiat. Dans les années 1980, est inauguré le bâtiment post-moderniste connu comme le Rain ha da Sucata. Cette place a un vrai rôle social à Belo Horizonte, car elle est le lieu de rendez-vous de tous les habitants. Le dimanche elle se transforme en véritable stade d'athlétisme, des sportifs de tout niveau et de tous les âges s'y pressent pour effectuer leur footing.

CASA FIAT DE CULTURA ★★

Praça da Liberdade, 10
Savassi
✆ +55 31 3289 8900
www.casafiatdecultura.com.br

Entrée libre. Du mardi au vendredi de 10h à 21h, les week-end de 10h à 18h.

Le mécénat est fort développé au Brésil. La Casa Fiat da cultura a été récemment déplacée dans le Palacio dos Despachos (le palais administratif) sur la Praça da Liberdade. Cet espace culturel existe en réalité depuis 2008. Institution de mécénat, comme son voisin le CCBB, elle n'en est pas moins un lieu d'exposition de qualité, présentant des collections prestigieuses venues de musées internationaux et Brésiliens. C'est un lieu important de l'art à B.H Consultez la programmation pour connaître son contenu culturel pendant votre séjour.

CENTRO CULTURAL BANCO DO BRASIL [CCBB] ★★

Praça da Liberdade, 450 - Funcionários
✆ +55 31 3431 9400
Du mercredi au lundi (fermé le mardi) de 10h à 22h. Entrée libre aux expositions. théâtre, de danse et concerts : 10 R$.

Le dernier-né des musées de la praça da Liberdade. Cet édifice sur six étages a été édifié par Luiz Signorelli, fondateur de l'école d'architecture du Minas, en 1930. Il est dédié à l'art. Au total : près de 1 200 m² d'exposition, dont deux salles consacrées à la collection permanente, mais aussi un théâtre et une salle de conférence. Le CCBB organise de nombreux événements dont la programmation est assez éclectique. Les expositions temporaires sont exceptionnelles.

MEMORIAL MINAS GERAIS VALE ★★

Praça da Liberdade, 640 - Savassi
✆ +55 31 3343 7317
www.memorialvale.com.br
Du mardi au samedi, ouvert de 10h à 17h30, nocturne jusqu'à 21h30 le jeudi. Dimanche, ouvert de 10h à 15h30. 0 R$

Le problème de Belo Horizonte, c'est que l'offre culturelle et artistique y est d'une densité réelle, à l'image des grandes capitales européennes. Les voyageurs ne restent que peu de temps à Belo Horizonte et il semble donc souvent judicieux pour les amoureux de la culture de procéder à des choix avant de se rendre dans la capitale du Minas. Si vous devez n'en visiter qu'un, c'est ce musée qu'il faudra découvrir. Logé dans un édifice éclectique érigé par José de Magalhães (comme son voisin le Museu das Minas e do Metal) ce bâtiment fut inauguré en 1897, comme Secrétariat d'État des *fazendas*. Il résume en 31 salles l'identité *mineira* et l'histoire d'un peuple né du métissage à parts égales (selon les chercheurs) entre colons blancs européens, esclaves noirs déportés d'Afrique et Amérindiens brésiliens. On y découvre notamment l'intérieur campagnard de l'État si bien décrit par l'écrivain Guimarães Rosa à travers les œuvres de Drummond et le « neo arte » de Lygia Clark. Egalement une magnifique exposition de photos de Sebastião Salgado. L'exposition est interactive et assez surprenante, notamment une salle avec une ambiance bruitiste et des objets qui bougent tout seuls ! Le temps fort est un film documentaire assez long qui prend forme à travers la projection de visages animés sur des sculptures en relief. Ainsi le Blanc, le Noir et l'Indien prennent tour à tour la parole pour expliquer l'origine de chaque peuple, leurs cultures et traditions. Passionnant.

MM GERDAU - MUSEU DAS MINAS E DO METAL ★★

Praça da Liberdade - Savassi
✆ +55 31 3516 7200
www.mmgerdau.org.br
Du mardi au dimanche, de 12h à 18h, le jeudi nocturne jusqu'à 22h. Entrée libre.

Logé dans un édifice de 1895 conçu par l'architecte José de Magalhães, ce musée est une petite merveille incontournable. l'exposition est passionnante, ludique, interactive et vraiment bien mise en valeur. Vous partez à la découverte de tous les minerais qui sont exploités dans la région. Le *must* est l'attraction de la Mina de Morro Velho, où se rendirent l'empereur Don Pedro et l'impératrice Teresa Cristina. Un ascenseur virtuel vous fait descendre les 2 450 mètres de profondeur.

PALÁCIO DA LIBERDADE ★★

Praça da Liberdade
Savassi
✆ +55 31 3217 9500
www.belohorizonte.mg

Inauguré en 1897 comme palais du gouverneur de l'État du Minas Gerais, il reflète l'influence du style européen de la jeune capitale, mêlant néoclassicisme et éclectisme. La décoration intérieure allie style français impérial et art nouveau. Les salons, les lustres massifs et les fresques murales allégoriques sont impressionnants. On peut y admirer notamment le salon de banquet de style Louis XV, la fresque murale d'Antônio Parreira et les jardins de Paul Villon. Les structures métalliques furent importées de Belgique, comme le magnifique escalier et le mobilier.

AEROPORTO INTERNACIONAL TANCREDO NEVES / CONFINS

Rodovia LMG-800, km 7,9 - Confins
✆ +55 31 3689 2700
www.aeroportoconfins.net
À 40 km au nord de la ville, 1 heure 30 de transport. bus depuis rodoviária (10 R$), taxi, de 130 à 160 R$.

Belo Horizonte est un aéroport régional important ! la TAP propose des vols directs entre Lisbonne et BH. Que vous veniez de l'intérieur du Brésil (Rio, São Paulo, Salvador…) ou d'un vol international, vous atterrirez à coup sûr à Confins, car l'aéroport du centre-ville, Pampulha, n'est plus utilisé que pour de rares vols nationaux, surtout à l'intérieur de l'État du Minas Gerais. Tam, Gol et Azul assurent des vols pour BH depuis Rio ou São Paulo.

MÉTRÔ DE BELO HORIZONTE

Métro ouvert de 5h15 à 23h. Billet : 1,80 R$.

La ligne 1 du métro de Belo Horizonte existe depuis 1986 et dessert des banlieues lointaines peu intéressantes pour les touristes. Elle dessert néanmoins depuis la gare centrale (Estação central) le quartier bohême de Santa Teresa, où se trouvent des auberges de jeunesse et des bars sympas.

La ligne 3 sera véritablement intéressante, car elle va desservir tout le centre de BH.

▶ **La Ligne 1** compte actuellement 19 stations, d'Eldorado à Vilharino La section centrale intéressante pour les visites est : Lagoin ha - Central (gare) - Santa Ifigenia - Santa Teresa.

LÁ EM CASA HOSTEL-POUSADA €

Rua Eurita, 30 - Santa Tereza

✆ +55 31 3653 9566

www.laemcasahostel.com

Chambre double 200 R$, lit en dortoir de 50 à 80 R$ par personne, petit déjeuner compris. Wifi.

Lá Em Casa est une petite auberge de jeunesse/pousada située dans une jolie maison, classée au patrimoine historique de la ville. Dans le quartier bohème et animé de Santa Tereza, on y trouve un ambiance cosy, très agréable. On est à 2 minutes à pied de la station de métro Lagoinha. wifi gratuit dans toute la maison. Endroit calme, deux jardins, coin hamac, garage. Le propriétaire est français et connaît très bien la région, la nourriture y est délicieuse. Une excellente option.

BOURBON BELO HORIZONTE SAVASSI HOTEL €€

Avenida Afonso Pena, 3761

Serra

✆ +55 31 3268 3800

À partir de 225 R$ pour 2 personnes, petit déjeuner compris. Wifi.

Ce grand hôtel est situé dans un bâtiment moderne du quartier de Cruzeiro, au sud de l'avenue Afonso Pena. Les 218 chambres sont vastes et toutes bien équipées, et surtout décorées de touches colorées et graphiques. L'ensemble est gai, confortable et bien équipé. Le point fort est la piscine sur le toit, avec un sauna et une jolie vue sur les alentours, mais également un spa, une salle de gym et un parking. Un excellent hôtel dans cette gamme de prix.

E SUITES SAVASSI TOSCANINI €€

Rua Arturo Toscanini

✆ +55 31 3064 2200

À partir de 220 R$ la chambre double, petit déjeuner compris. Wifi.

Idéalement situé au cœur de Savassi, entre l'avenue do Contorno et l'avenue Getulio Vargas. Ce bel et grand hôtel moderne propose des chambres confortables, bien équipées, et bénéficiant d'une excellente literie. On y trouve tout ce dont on a besoin. Restaurant, sauna, petite salle de fitness. Bien sûr, on n'est pas dans un établissement du vieux BH, mais tout y très professionnel. Le service et les prestations sont de qualité. Très bon rapport qualité-prix.

H2 PLATINUM €€

Av. Olegário Maciel, 1748

Lourdes

✆ +55 31 2125 3800

https://www.h2platinum.com.br/

À partir de 205 R$ la chambre double, petit déjeuner compris. Wifi.

Situé en pleinquartier de Lourdes, cet ancien hôtel du groupe « Promenade » a été rebaptisé H2 Platinum. Ultramoderne et fonctionnel, il offre d'intéressantes prestations. Toutes les chambres font entre 25 m² et 50 m². La décoration des chambres est simple et de bon goût. Les suites sont particulièrement bien équipées. Le plus grand centre commercial de BH est juste à côté de l'hôtel. On y trouve une salle de sport, des piscines. Le soir et la matin, la pizzeria Olegaria fait office de salle de café pour le petit déjeuner et de restaurant le soir.

HILTON GARDEN INN BELO HORIZONTE €€

Av. Prudente de Morais, 520

Cidade Jardim

✆ +55 31 3064 4100

À partir de 315 R$ la chambre double, petit déjeuner compris. Wifi.

Situé à deux minutes à pied du quartier trés animé de Savassi, cet hôtel – un grand building moderne – est une excellente adresse car les infrastructures sont séduisantes : piscine sur le toit avec solarium et vue, bain bouillonnant, cadre chic et élégant, chambres confortables avec de grands lits, belle vue depuis les étages et le restaurant panoramique, petit déjeuner royal... Et les prix sont bas, ce qui rend ce luxe accessible aux budgets moyens.

MERCURE LOURDES €€

Avenida Cristiano Machado, 7315
Lourdes
✆ +5531 3298 4100
À partir de 235 R$ pour 2 personnes, buffet petit déjeuner compris. Wifi. Promotions sur le site internet.

La chaine Accor propose des hôtels de son groupe à Belo Horizonte. Le Mercure Lourdes est ainsi sis dans le quartier de Lourdes. À quelques centaines de mètres à pied de la place Liberdade, ce bel édifice ultramoderne propose 380 chambres très fonctionnelles à la décoration soignée : on se trouve bien dans un hôtel haut de gamme. Le mobilier est design, les espaces lumineux, le personnel professionnel. L'environnement se remplit de superlatifs avec des tarifs très compétitifs. Recommandé pour des séjours touristiques et professionnels.

BOCA DO FORNO €

Rua Prof. Antônio Aleixo, 331 - Lourdes
✆ +55 31 3292 7338
www.bocadoforno.com.br
Lanchonete. Ouvert du lundi au samedi de 10h à 20h30. Compter de 20 à 30 R$ pour un bon snack.

La boca do Forna est un groupe de quelques boutiques réputées sur Belo Horizonte. Sans doute l'adresse de Lourdes est-elle une des meilleures de la ville pour les en-cas salés, mais pas que. Comme dans toutes les pâtisseries brésiliennes, il faut aimer la crème sur les gâteaux, car les pâtissiers les en recouvrent très généreusement. À partir de 5 R$ la *coxin ha* de poulet ou la portion de forêt noire. 13 adresses disponibles de ce sympathique « réseau » sur BH. Les amuse-bouche (salgados de festas) permettent de caler agréablement le petit creux de midi.

BAR DO ZEZÉ €

R. Pinheiro Chagas, 406 - Barreiro de Baixo
✆ +55 31 3384 2444
Cuisine mineira. Ouvert du lundi au vendredi de 17h à minuit et le samedi de midi à 21h. environ 45 R$ pour un repas.

Un petit bar typique dont les petits plats permettent peut-être de mieux s'imprégner de l'esprit « mineiro ». Le bar do Zézé propose une vraie ambiance conviviale mineira et pour certains une des meilleures cuisines tropeiras (cuisine de bouviers, aussi goûteuse que consistante) de tous les *botecos* de Belo Horizonte. Bien sûr, on ne vient pas ici pour rechercher la sophistication des bars branchés d'Ipanema. Cette ancienne épicerie a conservé son esprit « quartier » qui se mélange si bien avec l'esprit « boteco ». Le Zezé a gagné de nombreux prix culinaires.

CASA CHEIA - MERCADO CENTRAL €

Av. Augusto de Lima, 744 - Centro
✆ +55 31 3274 9585
www.restaurantecasacheia.com.br
Ouvert du lundi au samedi de 10h30 à 18h et le dimanche de 10h30 à 13h. Compter environ 30 R$ pour un repas.

Le marché central de Belo Horizonte est un lieu incontournable de la ville. On y trouve certes des touristes, mais le marché central est une plongée assurée dans le cœur et l'âme de la ville belo horizontine. Le restaurant Casa Cheia est un des *botecos* les plus prisés du marché central, on trouvera quelques petites spécialités sorties du piano du chef qui valent assurément le détour. Goûtez la *carne do sol* au manioc ou le *feijao tropeiro*. Un lieu à connaître.

PROJETO SABOR - SÃO BENTO €

Av. Cônsul Antônio Cadar, 127
São Bento
✆ +55 31 3342 1373
Restaurant diététique.tous les jours de 11h à 23h. compter environ 35 R$ pour un repas. Plats à emporter également.

Un des nombreux temples gastronomiques de la ville de Belo Horizonte. Dans ce vaste établissement qui reste convivial, on peut « composer » son plat en choisissant certaines « options ». La carte n'est pas en reste (viande grillée, filet mignon). Le risotto est la spécialité de la maison. Une de ses politiques est de rechercher des aliments de qualité et des plats équilibrés. Un lieu à connaître, assurément ! Pour l'instant, le projet ne fonctionne plus qu'en *delivery*.

CASA DOS CONTOS €€

Rua Rio Grande do Norte, 1065 – Savassi
✆ +55 31 3261 5853
www.restaurantecasadoscontos.com.br
Cuisine traditionnelle. lundi à jeudi de 11h30 à 2h, jusqu'à 3h vendredi et samedi, et 1h le dimanche. environ 60 R$/p

L'un des restaurants les plus populaires de BH, le week-end une file d'attente se forme à l'entrée ! Une cuisine traditionnelle classique qui fait ses preuves depuis 1975. Si la salle est quelconque, ce qui se trouve dans votre assiette ravira : viandes, plats du Nordeste... Bon, le problème, c'est que la carte proposée est infiniment longue, entre les poissons, la viande bovine, la cuisine mineira.... Certains plats suffisent largement pour deux personnes. Également une bonne carte de vins. Un lieu vivant souvent élu « meilleur restaurant traditionnel de BH ».

DONA LUCIN HA €€

Rua Sergipe, 811 – Funcionários
✆ +55 31 3261 5930
www.donalucinha.com.br

Cuisine mineira. du lundi à samedi de midi à 15h, de 19h à 23h, à 17h dimanche et jours fériés. de 60 à 70 R$ le repas.

Cuisine régionale traditionnelle. Un *berrante*, cette corne vrillée qui rameute les troupeaux, des étriers, des tomes rouges, des *isteras* (toits tressés en tacuaras)… C'est le Minas Gerais lui-même qui décore ce restaurant – une institution de la gastronomie régionale – tenu par le courtois Léandro et son équipe. On se sert à volonté, après les salades traditionnelles simples, dans des récipients de terre où mijotent au bain-marie dix-sept plats de *fazenda* et seize plats de *tropeiro* (ces plats qu'emportaient les chercheurs d'or dans leurs chemins de montagne).

GLOUTON €€

Rua Bárbara Heliodora, 59 - Lourdes
✆ +55 31 3292 4237
www.glouton.com.br

Cuisine mineira. du mardi à samedi de midi à 14h30 et de 19h à minuit. Environ 100 R$ pour un repas.

Le Glouton est une adresse culinaire qui enrichit l'offre de Belo Horizonte. Le jeune chef Leonardo Paixão le bien nommé a fait ses classes dans les écoles de cuisine française et s'est ensuite exercé à la cuisine du Taste-Vin, avec le chef Rodrigo Fonseca, autre passionné de la « french touch » en cuisine. La cuisine est d'une grande finesse et originale. On peut voir les cuisiniers exercer leur art aux fourneaux. Au-delà de la seule qualité, le rapport qualité-prix est à souligner. Avec la Covid, on peut cuisiner à distance avec des kits culinaires fournis.

XAPURI €€

Rua Mandacarú, 260 – Pampul ha
✆ +55 31 3496 6198
www.restaurantexapuri.com.br

Cuisine mineira. De midi à 23h du mardi au samedi, jusqu'à 18h le dimanche. Compter environ 80 R$ le repas complet.

Depuis 2009, le Xapuri est un restaurant en plein air où l'on vient le dimanche midi, avant de faire un tour à cheval dans la propriété ou après être allé à Pampulha. Certains ingrédients viennent du potager. On pourra goûter les bonnes *lombos de panela*, ou le *frango ao passarinho*. Le buffet propose dix-huit desserts, parmi lesquels œufs en neige, *doce de leite*, poires confites, *casca de mamaye*, mangue, figues… Une des meilleures tables de cuisine régionale de la ville. Bien sûr, des groupes de musique traditionnelle complètent le plaisir de la table.

TASTE-VIN €€€

Rua Curitiba, 2105 – Lourdes
✆ +55 31 3292 5423
www.tastevin-bh.com.br

Cuisine française. Ouvert du lundi au samedi de 19h30 à minuit. Compter de 150 à 250 R$ le repas complet.

Comme le nom du restaurant l'indique, ce sont des spécialités hexagonales qui sont y ici à l'honneur. Le chef mineiro Rodrigo Fonseca propose une très bonne cuisine française, reconnue parmi les meilleures tables de Belo Horizonte, rien que çà ! Par exemple, le soufflé au gruyère et ses crevettes et champignons ou les crevettes grillées sur ses lamelles de potiron cuites au lait de noix de coco allieront touche française et brésilienne. Il propose également une des meilleures cartes de vin de la région comprenant plus de six cents étiquettes.

VECCHIO SOGNO €€€

Rua Martim de Carvalho, 75 – Santo Agostinho
✆ +55 31 3292 5251
www.vecchiosogno.com.br

Cuisine italienne. du lundi au vendredi de 12h à 00h30, le samedi de 18h à 2h. Compter de 120 à 200 R$ le repas complet.

Pour l'instant, le restaurant est temporairement fermé, mais l'équipe a promis une réouverture dès que la situation le permettra. Le chef, Ivo Farias, classé parmi les meilleurs de la ville, offre une carte très souvent renouvelée, avec une excellente cuisine italienne, mâtinée d'influence française. Ivo Farias a ramené de chacun de ses voyages des idées culinaires innovantes. Vous dégusterez, par exemple, le carré d'agneau en croûte aux herbes, accompagné de légumes et fromage de chèvre. Élu meilleur restaurant italien de BH par *Veja BH* plusieurs fois.

CAFE COM LETRAS

Rua Antônio de Albuquerque, 781 – Savassi
✆ +55 31 3225 9973
www.cafecomletras.com.br

Bar-restaurant. Ouvert du lundi au mercredi de midi à 23h30, du jeudi au samedi de midi à 1h, le dimanche de 17h à 23h.

Le Cafe com letras est un lieu prisé des intellos bohèmes de Belo Horizonte depuis de nombreuses années. Ce très chic café littéraire est l'endroit idéal pour un happy hour romantique. Dans cette vénérable demeure, des milliers d'œuvres littéraires vous aideront à trouver l'inspiration. Concerts de jazz, de bossa ou DJ pratiquement tous les soirs (programmation sur le site Internet). Les jours de grande chaleur, et lorsqu'il y a des concerts, on apprécie l'ambiance extérieure. Sinon, l'ambiance feutrée de l'intérieur, où s'égrènent des notes de jazz est un must.

MINAS GERAIS

DUKE'N'DUKE

Rua Alagoas, 1470 - Savassi
✆ +55 31 3264 9857
www.dukenduke.com.br
Bar à burgers, bières & musique. du mardi au dimanche de 11h30 à 14h30 et de 18h à minuit. en moyenne 45 R$ le burger.

Une fois n'est pas coutume, notre choix s'est arrêté sur un lieu, calme, en retrait, pour mieux savourer peut-être la quiétude des fins d'après-midi de Belo Horizonte. Le Duke'n'Duke est un concept bar restaurant où le burger se décline sous un grand nombre de formes. Depuis 2010, année de sa création, ce « gastropub » est un bar intimiste où l'on savoure d'excellentes bières et peut-être les meilleurs burgers de la ville. L'ambiance est fort agréable, avec une sélection musicale éclectique et de bon goût. Du burger gastronomique !

CENTRO DE ARTESANATO MINEIRO CEART

Av. Afonso Pena, 1537 - Centro
✆ +55 31 3272 9513
www.centrodeartesanatomineiro.com.br
Ouvert le lundi de 13h à 18h, du mardi au vendredi de 9h à 21h, le samedi de 9h à 13h et le dimanche de 10h à 14h.

Le Centro de artesanato mineiro est présenté comme étant le cœur et l'âme de la culture populaire du Minas. Plus de 20 000 montrent la diversité de l'art populaire. Cette vente d'artisanat local (tapisserie, céramique, bois, pierre de savon, métal…) se situe dans le jardin municipal. L'art populaire, l'art sacré, les productions artisanales à base de produits recyclés (papier mâché, bois, métal) seront autant d'expression d'une culture populaire riche et variée.

FEIRA DE ARTES OBJETOS E ARTESANOS

Rua Pernambuco, 1000
Savassi
✆ +55 31 3643 4339
www.amai.art.br
Le jeudi de 9h à 18h.

Cette foire artisanale du quartier de Savassi est gérée par l'Association Mineira des Artistes Indépendants. Elle se décompose en une foire des arts, une foire du vinyl, connus des collectionneurs de disques montpelliérains et une boutique «bazar». Voici un petit marché artisanal plus *arty* que le principal marché artisanal du dimanche. Idéal pour trouver de jolis cadeaux à rapporter. Les DJ en recherche de pièces rares y trouveront peut-être leur bonheur.

FEIRA TOM JOBIM

Av. Carandaí, 600
Funcionários
Marché aux puces. Le samedi de 10h à 18h.

Dans le quartier Funcionarios, un marché d'antiquités et de plats typiques de la ville. Il se déroule à l'ombre rafraîchissante des rangées d'arbres qui le bordent. Le samedi, de 10h à 18h c'est le jour des cabanes de restauration sur la feira Tom Jobim. c'est un véritable festival gastronomique en plein air. On trouvera un bon échantillon des plats et boissons du Minas Gerais. Juste à côté, dans la foire d'antiquités, une vingtaine de stands d'antiquaires proposent des objets et pièces d'antiquité qui attirent les chineurs avertis.

MERCADO CENTRAL DE BH

Avenida Augusto de Lima, 744 – Centro
✆ +55 31 3274 9497
mercadocentral.com.br
Ouvert du lundi au samedi de 7h à 18h, dimanches et jours fériés de 7h à 13h.

Il est impossible de passer par Belo Horizonte sans faire un tour au marché central. On y trouve de tout. Des petits airs quelquefois de souk marocain qu'on adore. Ses 400 boutiques proposent des fruits et des légumes, des fleurs, des herbes médicinales, des objets de piété et d'artisanat. Les échoppes populaires qui s'y trouvent sont une tradition à BH. On y converse, bière et *picada* à la main. On y trouve même une école de cuisine où on peut prendre gratuitement des cours de cuisine mineira. Un des 10 plus beaux marchés du monde selon le guide « TAM Nuvens ».

A OBRA

Rua Rio Grande do Norte, 1168 – Savassi
✆ +55 31 3215 8077
www.aobra.com.br
Club. Ouvert le mercredi et jeudi de 20h à minuit (entrée 15 R$), le vendredi et le samedi de 22h à 6h (entrée : 30 R$).

Depuis 1997, A obra est un lieu incontournable des nuits alternatives de Beaga. L'ambiance est sympa dans un décor de chantier en construction, c'est d'ailleurs ce qu'annonce tout de suite le nom de l'endroit.C'est devenu la boîte à la mode de Belo Horizonte. Toutes les fins de semaine, de jeudi à samedi, des groupes plutôt rock et alternatifs viennent des quatre coins du Brésil pour s'y produire. C'est aussi une excellente place pour venir écouter les meilleurs dj's brésiliens et internationaux. Rock, pop, soul, black, brega...Eclectique.

INHOTIM ★★★

Situé à 70 km au sud de Belo Horizonte, près de la petite ville de Brumadinho, ce complexe culturel est absolument fascinant : il associe un superbe musée d'Art contemporain en plein air avec un incroyable jardin botanique. La collection réunit des œuvres d'artistes nationaux comme Adriana Varejão ou Cildo Meireles, mais aussi des pièces de maîtres étrangers comme la Colombienne Doris Salcedo ou le Danois Olafur Eliasson. Plus de 100 œuvres sont ainsi présentées, au cœur du jardin botanique (conçu par l'incontournable Burle Marx) et ses 1 200 espèces de plantes. Visite indispensable pour les amateurs d'art contemporain et de nature !

INHOTIM ★★★

Rua B, 20 ✆ +55 31 3571 9700

www.inhotim.org.br

Du mardi au jeudi 9h30-16h30, samedi, dimanche et jours fériés de 9h30 à 17h30. Entrée : 44 R$ (gratuit le mercredi).

La visite s'organise autour de trois circuits, un rose un jaune et un orange, chacun comprenant une dizaine de bâtiments éparpillés dans ce parc immense. Entre ces édifices, des chemins sillonnent un jardin botanique de toute beauté ponctué de lacs et d'œuvres (souvent des statues) installées à l'air libre en pleine nature. La balade est merveilleuse.

Certains diront aussi que certaines salles versent un peu trop dans « l'art content pour rien », trop conceptuelles... Nous vous conseillons donc dans cette sélection les salles incontournables à faire en priorité si l'heure tourne.

L'office du parc est moderne, agréable et la queue rapide en semaine. Une boutique de souvenirs s'y trouve accolée. Pour les petits budgets, venez le mercredi c'est gratuit ! Le week-end le prix est plus élevé et il y a beaucoup de monde.

Transport sur place. On vous proposera un transport interne, un petit train qui peut vous emmener aux différents bâtiments des trois circuits Inhotim. Honnêtement, ce n'est pas très utile (et c'est cher), car il faut l'attendre, et les distances sont assez courtes entre les édifices. De plus, la balade dans le parc est très agréable, ponctuée de statues et œuvres à regarder sur le chemin.

Conseil. Mettez de bonnes baskets, prenez de l'eau, de la crème solaire, un chapeau et un anti-moustiques et vous serez bien équipé pour une journée de petite randonnée sans dénivelé. Si vous le pouvez, préparez des sandwichs car il y a une queue décourageante devant les points de restauration à l'heure du déjeuner.

GALERIA G16 MIGUEL RIO BRANCO ★★

Architecturalement très réussie, semblant faire corps avec la nature qui l'environne, cette galerie est dédiée à Miguel Rio Branco un artiste qui mêle photos et œuvres audiovisuelles saisissantes. On attribuera une mention spéciale à la série de photos projetées sur des draps en mouvement et au film qui lui fait référence, et qui met en lumière la vie des prostituées du quartier de Maciel dans le Pelourinho à Salvador en 1979. Beau, brutal, érotique et inédit.

GALERIA G5 CILDO MEIRELES ★★

Le Carioca Cildo Meireles est un artiste majeur sur la scène de l'art contemporain brésilien, dans les pas du néoconcrétisme de Lygia Clark et Hélio Oiticica. La salle *Desvio para o vermelho* est particulièrement réussie. Cildo Meireles est un sculpteur et un plasticien connu pour produire des oeuvres engagées contre l'oppression au Brésil et pour l'appel à la résistance. Les oeuvres de grande taille interpellent le visiteur et l'incite à interagir.

GALERIA G7 ADRIANA VAREJÃO ★★

L'édifice qui accueille cette galerie est particulièrement beau, avec sa forme cubique et son miroir d'eau. La série *carnivoras* peinte sur des *azulejos* est à voir. La galerie Adriana Varejão, dessinée dans les ateliers de Tacoa Arquitetos Associados, a été conçue pour accueillir deux œuvres de l'artiste Adriana Varejao, acquises par le musée et exposées à la fondation Cartier : la sculpture Linda do Rosário et le polyptyque Celacanto Provoca Maremoto.

RESTAURANTE TAMBORIL €€

Rua B, 20 ✆ +55 31 3571 0340

Cuisine brésilienne. Compter 79 R$ par personne, parfois plus le week-end, buffet des desserts en supplément.

Le Restaurante Tamboril est assurément la dimension « gourmet » du complexe d'Inhotim. Il s'accorde d'ailleurs tout à fait à la magnificence artistique d'Inhotim. Ce restaurant propose un buffet luxueux, gargantuesque et délicieux dans un cadre agréable. Certes, certains trouveront que c'est un peu dommage de perdre son temps à manger alors qu'il faut toute la journée pour visiter Inhotim ! Néanmoins en fin de journée on apprécie de prendre un verre ici en terrasse avant de regagner Belo Horizonte. L'assiette et le cadre sont incontournables.

SABARÁ ★

Située à 25 km au sud-est de BH par le BR-262, Sabará a été le premier centre minier d'importance de l'État mineiro, et, au début du XVIIIe siècle, l'une des villes les plus riches du monde. En témoignent les somptueux vestiges de son art sacré, ses églises, ses demeures, ses fontaines. Cette ville-fantôme de la ruée vers l'or, perchée dans les montagnes, est également le siège de plusieurs églises baroques. La ville a cependant perdu une partie de son charme colonial. Ne vous attendez pas à voir une ville comme Ouro Preto, mais les monuments bien conservés méritent le détour.

Pratique

- **Renseignements sur le site Internet de la ville :** site.sabara.mg.gov.br

IGREJA DE NOSSA SENHORA DO Ó ✝ ★★

Largo Nossa Senhora do Ó

Construite en 1717 dans un style rococo précoce, cette église aux riches ornements dorés témoigne aussi de l'influence de Macao. Des panneaux en bois près de la voûte représentent des pagodes et des oiseaux dans un style oriental appelé «chinois», mais qui témoigne en réalité de l'influence des artistes de cette colonie portugaise en Chine, qui ont également représenté les personnages bibliques sur les peintures avec des yeux bridés. Fondée par Duarte Coelho, comme à Olinda.

IGREJA MATRIZ DE NOSSA SENHORA DA CONCEIÇÃO ✝ ★★

Praça Getúlio Vargas

✆ +55 31 3671 1724

Construite en 1710, cette cathédrale baroque rococo est considérée comme l'une des plus belles du Brésil dans son genre. Plus de 400 kg d'or pur ont été nécessaires pour réaliser l'ensemble des dorures des œuvres d'art. Certains symboles typiquement asiatiques (comme les dragons) sont associés aux scènes bibliques. Les fonts baptismaux ont été réalisés par Aleijadinho, surnom d'Antônio Francisco Lisboa, sculpteur et architecte portugais du Brésil colonial. Remarquable.

MUSEU DO OURO & CASA DE BORBA GATO ★

Rua da Intendência

✆ +55 31 3671 1848

www.museus.gov.br/tag/museu-do-ouro/

Ouvert du lundi au vendredi de 10h à 17h, le week-end de 12h à 17h. Entrée : 2 R$.

Le musée de l'or est aménagé dans l'ancienne maison de l'intendance, administration qui existait pendant la fièvre de l'or, créée par la couronne portugaise au milieu du XVIIIe siècle pour comptabiliser la production et collecter les impôts. La collection date des années 1940, et compte des instruments de mesure de l'intendance, des meubles anciens, de l'argenterie, des armures, des pièces de monnaie et des objets d'art sacré liés à l'exploitation minière.

MOINHO D'ÁGUA €

R. José Vaz Pedrosa, 192

Pompéu

✆ +55 31 3671 6148

Cuisine mineira. Ouvert du vendredi au dimanche de 10h30 à 17h. Compter de 20 à 35 R$ le plat (tarifs au poids).

Dans ce petit restaurant, on pourra découvrir ou redécouvrir la cuisine paysanne. La traditionnelle et très *mineira Ora Pro Nobis* est bien sûr proposée aux hôtes. Le nom *ora pro nobis* (priez pour nous) vient sans doute d'une plante utilisée dans le plat éponyme qui a pour caractéristique de s'ouvre le matin, à l'heure de la messe matinale. C'est le royaume de la « comida caseira » (cuisine de la maison), où le *feijao tropeiro* (plat à base de haricots et de viande mijotée des vachers) a acquis ses lettres de noblesse. Pour les grosses faims.

SETE LAGOAS ★

Sete Lagoas est une ville moyenne (230 000 habitants) de facture moderne, située à 60 km au nord de BH par la MG-424, qui en soi ne présente pas d'intérêt particulier. Elle abrite en revanche dans ses alentours le Rei do Mato, une superbe grotte de 998 m d'extension (220 m sont ouverts au public) qui descend jusqu'à 40 m de profondeur, et que l'on peut visiter sur la route qui mène à Diamantina. Le nom Sete Lagoas vient des lagunes qui existent dans la région : Lagoa Paulino, qui se trouve en plein centre ville, et les autres : Boa Vista, Cercadinho, Catarina, Chácara, Matadouro et José Felix, qui forment un complexe touristique de la région.

GRUTA REI DO MATO ★★

Rodovia BR-040, km 472
Bairro Universitário
✆ +55 31 3775 2695

Entrée : 25 R$. Ouvert tous les jours de 9h à 16h30, dernière sortie à 16h.

Située à une heure de Belo Horizonte, la grotte de Rei do Mato est sans doute la plus spectaculaire de tout l'ensemble de grottes de la région. Cette superbe grotte de 998 m d'extension (220 m sont ouverts au public) descend jusqu'à 40 m de profondeur. On y voit des stalactites et des stalagmites à foison, ainsi que des cascades de pierre aux reflets de cristal. Principale attraction, les deux superbes stalactites de 13 m de hauteur, intactes, rarissimes (on n'en compte qu'une autre en Espagne) qui ont mis environ 20 000 ans à se former.

VILA BISTRO €

Rua Paulo Frontin, 799
✆ +55 31 3776 4422

Cuisine italienne. Ouvert du lundi au samedi de 18h à 23h. Compter environ 50 R$ pour un repas.

Le Vila Bistrô, restaurant de l'hôtel Vila Serrana, propose une bonne cuisine italienne dans un cadre agréable. Le cadre est agréable, dès l'entrée, l'équipe montre un grand professionnalisme. C'est bien sûr la carte qui justifie de s'arrêter dans ce beau restaurant de Sete Lagoas. Risotto aux champignons et filet mignon, moqueca de poissons qui a permis au chef d'arriver en finale du concours de « Chef revelation », Saint-Pierre croquant aux légumes braisés, risotto « carne do sol » et châtaignes... La carte des vins n'est pas en reste.

PARQUE NACIONAL DA SERRA DO CIPÓ ★★★

Le parc de la chaîne de montagnes de la Serra do Cipó est considéré comme l'un des patrimoines naturels les plus précieux du Brésil, par sa biodiversité et son énorme potentiel d'écotourisme, avec ses innombrables chutes d'eau et son infinité d'options de randonnées. La Serra do Cipó fait partie du massif de l'Espinhaço qui divise le bassin du Rio Doce et du Rio São Francisco, le fleuve de « l'unité nationale ». Sur plus de 33 000 ha, on découvre une faune et une flore exceptionnelles (1 600 espèces botaniques différentes y sont répertoriées). Y sont abritées des centaines d'espèces d'animaux dont certaines menacées telles que le loup à crinière (*lobo guara*). Située à moins de 2 heures de Belo Horizonte, c'est la destination préférée des habitants de la métropole et elle attire de nombreux touristes du pays entier. Attention, les fins de semaine, les pousadas se remplissent vite. Les Mineiros sont souvent des citadins à l'âme rurale et qui aiment ces espaces de liberté. La Serra do Cipó a été le théâtre de la saga des chercheurs d'or et de pierres précieuses, qui y ont laissé d'intéressants éléments pour la mémoire collective, dont la route de pierres construite par les esclaves. On trouve également de nombreuses peintures rupestres. Aujourd'hui, la Serra do Cipó comprend sept municipalités, dont le riche folklore est hérité de la population noire et portugaise des origines et où l'on profite des joies de l'art de vivre mineiro. Attention, pendant la saison des pluies, beaucoup de pistes et sentiers sont impraticables.

CACHOEIRA DA CAPIVARA ★★

21 km de voiture et 1,5 km de randonnée assez difficile sur la deuxième partie.

La chute de la Capivara est la plus haute de la Serra do Cipó avec ses 80 m de hauteur. On y arrive après une marche d'approche pas toujours facile, quelquefois glissante, à travers un sentier entouré d'une nature magnifique. La vue est splendide du haut de la cascade. On peut faire de magnifique photos de la région. Dans de nombreuses piscines naturelles ou sous quelques cascades, les opportunités de baignades sont nombreuses. Certaines structures proposent des guides et des circuits qui intègrent cette chute d'eau sur leur parcours. Déconseillé quand il pleut.

MINAS GERAIS

CACHOEIRA GRANDE / ZAREIA ★

MG-010

✆ +55 31 3718 7044

Accessible tous les jours de 8h à 18h. Entrée : 40 R$ par personne.

C'est la seule cascade et l'unique point d'intérêt payant du parc. Une grande cascade donc, de 12 mètres de haut, qui figure souvent sur les cartes postales du parc national. Le circuit est limité à un certain nombre de touristes par jour. Il est donc absolument obligatoire de passer par le bureau du parc. Il faut marcher environ 100 mètres pour accéder à la « portaria » et il faut ensuite marcher un kilomètre jusqu'à la cascade. Superbe. Baignade possible.

CÂNION DAS BANDEIRINHAS ★★

13 km de randonnée modérée.

© VITORMARIGO - SHUTTERSTOCK.COM

Dans la magnifique Serra do Cipo et son parc éponyme, on pourra retrouver une âme de *bandeirante*. Là, il s'agit de découvrir le canyon das Bandeirinhas qui s'enfonce sur 6 km, entre des parois impressionnantes qui peuvent atteindre 80 m de hauteur. Un vrai décor de western ! Un subtil mélange entre les Chapada Diamantina et les gorges de l'Ardèche. En chemin, vous pourrez apprécier la flore locale avec des espèces endémiques et rares et d'une beauté sauvage, accompagné par le doux chant des oiseaux. De belles chutes d'eau et des piscines naturelles.

CIRCUITO DOS BANDEIRANTES ★★

4 km de voiture et 1 km de randonnée facile.

Le sentier des esclaves est recouvert de pierres anciennes, lustrées par le temps, qui facilitaient la circulation de l'or et des minerais précieux extraits de la région jusqu'à leurs ports d'exportation. Le parcours amène à deux cascades : la Mãe d'Agua et Veu da Noiva. Il est intégré dans un projet bien plus large qui intègre plus de dix communes de la région qui partagent, outre la proximité géographique, une histoire et des caractéristiques communes.

PINTURAS RUPESTRES ★★

Peintures rupestres. 18 km de voiture.

La présence humaine est avérée depuis des millénaires dans cette région du Minas. Les datations au carbone 14 font remonter les premières traces à prés de 8000 ans. À Lapa da Sucupira se trouve une grotte ornée de nombreuses peintures rupestres. Très proches, des chutes, comme la cachoeira do descanso. forment un bassin de baignade. A partir du village de Lapin ha da Serra. on peut accéder à un des sites archéologiques les plus importants de la région, avec plus de 200 peintures rupestres datant de 7 000 ans, le long des chemins et des canyons.

POÇO AZUL ★★

3,5 km, randonnée facile.

Parmi les merveilles naturelles et géologiques de la Serra do Cipo, le poço azul figure en bonne place. Vous reconnaîtrez faiclement le Poço Azul (puits bleu), qui comme son nom l'indique est constitué d'un bassin d'eau fraîche, bordé de cascades s'élevant à 6 m de haut. On peut bin sûr s'y rafraichir (attention de ne pas souiller les eaux avec des crèmes solaires). Le parcours comprend également le Fervedouro, une source d'eau translucide avec fond de sable blanc, qui, selon les récits locaux, produirait un son unique lorsqu'on le frotte entre ses mains.

ASSOCIACÃO DO CIRCUITO TURISTICO DA SERRA DO CIPO ★

Avenida Raja Gbaglia, 2708 – Estoril
✆ +55 31 3296 8193
www.circuitoserradocipo.com.br

Le siège de l'association est à BH même, mais vous pouvez visiter le site Internet et retrouver une antenne locale au centre d'accueil du parc, qui organise des circuits guidés dans le parc.

On trouve ici les guides locaux du parc pour partir en randonnée accompagnée, si on le souhaite (mais ce n'est pas une obligation). On conseillera néanmoins de profiter de l'accompagnement d'un guide. Les guides brésiliens dûment accrédités par les offices locaux de guides sont formés et compétents.

RANCHO CIPÓ €

MG-010 - km 99, Santana do Riacho
✆ +55 31 3718 7200
www.ranchocipo.com.br

Chambre double à partir de 120 R$, bungalows, maisons et suites de luxe de 300 à 600 R$. Petit déjeuner compris. Wifi.

Le rancho Cipo est un ensemble hôtelier qui a choisi de proposer des habitations intégrées au paysage. C'est un véritable petit paradis au pied de la montagne, partagé entre flore, oiseaux et univers cristallin. On y trouve de petites chambres indépendantes, rustiques et pas chères, ou des bungalows et suites confortables, parfois avec baignoire à hydromassage. Le bois est omniprésent dans les constructions, ainsi que la brique. La *pousada* dispose également d'une jolie piscine d'un court de tennis et d'un sauna. Excellent petit déjeuner.

PETRAS BISTRÔ €€

MG-010 - km 97,5, 2370
Vacaria
✆ +55 31 3718 7275

Cuisine brésilienne & internationale. Ouvert du jeudi au dimanche de midi à 22h (1h le samedi). de 50 à 70 R$ le repas.

Petras, le restaurant de la Pousada das Pedras, propose une carte des plus variées, depuis d'excellentes pizzas cuites au feu de bois jusqu'aux plus pures spécialités mineiras, le tout dans un cadre accueillant à souhait. L'équipe est composée de manière familiale, avec la mère (qui est la cheffe) et le fils au fourneau. Cette harmonie familiale se retrouve dans l'assiette et la carte proposée, réduite mais de qualité. Les raviolis sont incroyablement goûteux. Finir le repas avec les douceurs subtiles de la tarte aux noix maison laissera un goût de revenez-y.

SERRO ★★

En remontant vers le nord de l'État, à 200 km de Belo Horizonte, et à 90 km au sud de Diamantina, une autre petite ville coloniale de 21 000 âmes environ, entourée de collines. Elle fait partie du Caminho dos Diamantes et de l'Estrada Real, héritage des mines qui ont attiré les bandeirantes paulistes au XVIIIe siècle. À l'écart de la route de l'or, plus au sud, Serro est bien plus tranquille qu'Ouro Preto. On y goûte la saveur paisible du Minas Gerais. Les églises n'ont certes pas la beauté des merveilles d'Ouro Preto, mais elles donnent une atmosphère sacrée à la ville.

Pratique

- **Le site internet de la ville** : ww.serro.mg.gov.br.

CASA DOS OTTONI ★★

Praça Cristiano Ottoni, 72
✆ +55 38 3541 1440

Ouvert du mardi au samedi, de midi à 17h30 et le dimanche matin.

La Casa dos Ottoni, une vieille demeure du XVIIIe siècle reconvertie en musée, expose des photos du vieux Serro, des images sacrées, des meubles d'époque. Ce musée régional est très bien organisé. Il présente une assez riche collection avec de nombreux objets, photos et meubles ayant appartenu à la famille Ottoni, propriétaire des lieux. Les recherches présentées sur cette noble et riche famille de Serro. Cette demeure, qui appartenait au patriarche de la famille Ottoni, est une grande et spacieuse maison avec un beau jardin, qui agrémentera un séjour à Serro.

IGREJA DE SANTA RITA ★★

Alameda Prof. Tuquito, 133-203

La ville de Serro est un lieu à découvrir. L'église la plus fameuse de la ville est sans nul doute la Capela de Santa Rita, construite au XVIIIe siècle au sommet d'une petite colline. On y arrive après l'ascension d'un impressionnant escalier de pierre bordé de gazon, d'arbustes coupés au bol et de lampadaires, comme à la basilique du Sacré-Cœur à Montmartre. Il y a d'autres églises de cette époque et de style rococo à proximité : Bom Jesus do Matozinhos et la Matriz N.S da Conceição avec son autel fait d'une seule pièce de cèdre.

ACONTUR ★

Rua Nagib Bahmed

✆ +55 38 3541 2754

Comme dans beaucoup de villes historiques ou prés des lieux d'écotourisme, les associations de guides de tourisme proposent les services de professionnels formés au métier de guide. A Serro, les églises sont fermées au public, cependant les guides de l'Acontur (Associação dos Condutores de Turismo) pourront vous accompagner pour vous les faire découvrir, ainsi que tous les autres secrets de la ville, dont l'église de la Matriz, l'un des plus grands édifices religieux de style baroque colonial. C'est un intéressant moyen de découvrir les secrets de la ville.

POUSADA DONA LOURDES €

Rua do Cruzeirinho, 240

✆ +55 38 3541 4019

Compter 100 R$ par personne en pension complète.

La pousada Dona Lourdes est une pionnière dans l'offre d'hébergement touristique à Milho Verde. La pousada Dona Lourdes propose un accueil familial et convivial depuis plus de deux décennies. Le feu de bois, le jardin, les tables en bois… on se croirait encore à la maison, comme quand Dona Lourdes accueillait les premiers touristes.. On peut séjourner en pension complète et organiser son transport et les randonnées avec guide ou non… Une pousada traditionnelle de qualité à découvrir pour s'imprégner de l'âme des lieux. Le restaurant est ouvert à tous.

RANCHO SERRANO €

Rua General Osório, 5

✆ +55 31 3541 2095

Cuisine du Minas Gerais. Ouvert du mardi au dimanche de 8h à 22h, le lundi de 8h à 17h. Buffet le midi. environ 30 R$.

On se croirait un peu dans un autre «rancho» mineiro, celui de Mariana, ville chère à notre guide Kenio Maximiliano Azevedo. Le Rancho est un restaurant mineiro typique. À midi, le buffet propose une grande variété de plats régionaux, cuits au feu de bois, de bonne facture. L'ensemble est simple, rustique et convivial. En bref, un vari kilo mineiro. Lorsqu'on s'arrête à Serro, en général, étape de tout périple jusqu'à la belle cachée qu'est Diamantina, le Rancho permet d'apprécier une très bonne cuisine locale tout en s'imprégnant des lieux.

DIAMANTINA ★★★

48 230 habitants. Altitude : 1 280 m. Avec Ouro Preto et Tiradentes, Diamantina est considérée comme la troisième merveille des villes historiques du Minas. Son histoire est liée à la découverte des diamants dans la région du fleuve Jequitinhonha. Point de départ du *Caminho dos Escravos* (l'ancienne route du diamant qui rejoignait l'Estrada Real à Ouro Preto), c'est une petite ville coloniale magnifique, ceinte d'une couronne de montagnes au dénuement christique. L'isolement de ce bourg situé à 5 heures de route de Belo Horizonte, l'a préservé d'un développement touristique incontrôlé. De fait, la ville ne semble pas avoir beaucoup changé depuis l'ère du diamant, deux siècles auparavant. Les belles maisons coloniales sont souvent aujourd'hui de charmantes pousadas. Les habitants ont conservé leur héritage culturel, et Diamantina offre aux visiteurs des spectacles de musique populaire, classiques ou baroques comme les Vesperatas, et des processions religieuses fastueuses. C'est la ville natale de Juscelino Kubitschek, le président brésilien à l'origine de Brasilia.

Inscrite au patrimoine de l'Unesco depuis 1999, Diamantina est une ville charmante, bien différente des autres villes historiques : rococo, délicate, raffinée, plantée dans un paysage incomparable. On peut y admirer des vestiges de l'art mozarabe, rare au Brésil. Si les églises sont moins spectaculaires que celles d'Ouro Preto, son architecture est peut-être la mieux préservée de toutes les villes coloniales du Minas. Une visite de Diamantina se combine aisément avec une visite du village de Serro.

© JPTINOCO

Rue de Diamantina.

MINAS GERAIS

CASA DE CHICA DA SILVA ★

Rua Viêira Couto, 266
✆ +55 38 3531 2491

Ouverte du mardi au samedi de midi à 17h30, le dimanche de 8h à midi. Entrée libre.

Ce fut la résidence, entre 1755 et 1770, de l'exubérante Chica da Silva et de son compagnon, le diamantaire João Fernandès de Oliveira – période durant laquelle ils eurent la bagatelle de 13 enfants, quasiment un par an ! Mulâtre, esclave affranchie, Chica cassa les codes de l'époque en s'unissant avec l'une des plus grandes fortunes de la ville et en fréquentant les mêmes lieux que son compagnon, causant un grand scandale au sein de l'élite blanche. Cette héroïne a été immortalisée par le film éponyme de Carlos Diegues. Musée un peu décevant.

CASA DO MUXARABI ★

Rua Quintada, 48
✆ +55 38 3531 0294

Ouvert du lundi au vendredi de 7h à midi et de 13h à 17h.

Cette intéressante maison fait partie des lieux à visiter à Diamantina ou à défaut, à observer. Cette demeure du XVIIIe siècle, aujourd'hui bibliothèque municipale Antônio Torres, se caractérise par ses moucharabiehs originaux d'influence mauresque. Selon le principe du moucharabieh, les hôtes de la maison pouvaient observer la rue sans être vus. Construite à des fins résidentielles, cette maison a été acquise et restaurée par l'IPHAN dans les années 1950. Elle abrite aujourd'hui le bureau régional de l'organe, ainsi que la bibliothèque Antônio Torres.

CASA DE JUSCELINO KUBITSCHEK ★

Rua São Francisco, 241
✆ +55 38 3531 3607
casadejuscelino.com.br

Ouverte du mardi au samedi de 8h à 17h, le dimanche de 8h à 13h. Entrée : 10 R$.

Juscelino Kubitschek (JK) est un héros au Brésil. Dans sa ville natale, ce personnage historique est incontournable. La visite de son musée peut comprendre la vision de cet homme altruiste, médecin de son état. Ce musée est la maison où l'ex-président (de 1956 à 1961), fondateur de Brasília, vécut dans sa jeunesse, entre 5 et 18 ans. De nombreuses photos d'époque transforment cette maison en un lieu dédié à l'hagiographie du héros local. Incontournable.

IGREJA NOSSA SENHORA DO CARMO ✝ ★★

Rua do Carmo

Ouverte du mardi au dimanche de 8h à midi, puis de 14h à 18h. Entrée 2 R$.

Sa construction a débuté en 1760 et a été financée par le diamantaire Fernandes de Oliveira, l'amant de Chica da Silva. C'est la plus belle église de la ville, disposant de riches autels dorés, de peintures portugaises du XVIIIe siècle, de lustres de cristal de Bohème et d'un bel orgue baroque et doré. L'intérieur est décoré par de belles peintures au plafond, avec des œuvres de Manoel Pinto et de l'Aleijadinho. L'orgue est utilisé de temps en temps par les organistes de l'église.

Igreja São Francisco de Assis.

IGREJA SÃO FRANCISCO DE ASSIS ✞ ★★

Rua São Francisco

De style rococo, cette église a été construite entre 1766 et 1772.Cette belle église possède une structure en bois, avec des murs en terre. La façade principale de cette église est flanquée d'une seule tour, la seule dotée d'une horloge. Le plafond de la chapelle a été peint par José Soares de Araújo. Pour se venger de ne pas avoir été payé de la somme convenue, il a affublé certains personnages d'une tête de rat. À partir de la tour, on a une vue superbe sur la ville.

MUSEU DO DIAMANTE ★

Rua Direita, 14 ✆ +55 38 3531 1382

www.museudiamante.blogspot.com

Ouvert du mardi au samedi de 10h à 17h et les dimanches et les jours fériés de 9h à 13h. Entrée libre.

Malgré son nom, il présente surtout des minerais moins nobles, quelques pierres précieuses toutefois, des instruments de mesure, des meubles, des oratoires des XVIIIe et XIXe siècles… Ce musée se trouve dans l'ancienne résidence du père José da Silva e Oliveira Rolim, à Diamantina. Il est situé sur la Rua Direita, dans la zone centrale, et revêt une importance particulière, car le terrain qui l'entoure crée une interruption dans le continuum de constructions et permet une vue originale des toits et des tours des églises dans le paysage urbain.

HOTEL JARDIM DO VALE €

Beco da Paciência, 149

✆ +55 38 3531 1095

hoteljardimdovale.com.br

Chambre double à partir de 200 R$, petit déjeuner compris. Wifi.

Si cet hôtel tout blanc ne possède pas de charme particulier, il offre cependant un bon rapport qualité-prix, et il est situé dans le centre. il est situé à quelques centaines de mètres d'une des cartes postales de la ville, le Mercado Velho (le vieux marché municipal). Les chambres sont confortables et équipées d'un réfrigérateur. Certaines ont un blacon qui donne sur la ville. La salle du petit déjeuner fait très austère mais bon, c'est propre et le petit déjeuner est très correct. Un bon compromis. Assez proche pour voir les «Vesperatas».

POUSADA SEMPRE VIVA €

Rua Augusto Nelson, 117

✆ +55 38 3531 1043

www.pousadasempreviva.tur.br

À partir de 240 R$ la chambre double, petit déjeuner compris. Wifi.

Simple mais charmante, cette pousada est agréable, décorée dans un style très familial (les dentelles sur la table ont un petit côté désuet). Le bois omniprésent donne un côté délicatement kitsch et accueillant. Certaines chambres, très chaleureuses, offrent une vue magnifique sur la ville. Lorsque Diamantina est nappée dans le brouillard, l'horizon est onirique. Intérieur lumineux. Grandes salles de bains. Elle se situe à 80 m des Vesperatas et pas très loin non plus de la maison musée de Juscelino Kubitschek. Tarifs assez élevés.

POUSADA DO GARIMPO €€

Avenida da Saudade, 265

✆ +55 38 3532 1040

www.pousadadogarimpo.com.br

À partir de 275 R$ la nuit en chambre double, petit déjeuner compris. Wifi.

La pousada do Garimpo est un grand établissement de qualité et de bon standing, malheureusement un peu excentré, mais au superbe panorama sur le centre-ville et la Serra dos Cristais. Les chambres et les suites sont proposées en plusieurs catégories, « standard », panoramique supérieur, exécutif et master. La pousada est une valeur sûre à Diamantina, avec un personnel professionnel et compétent, même si le mobilier des chambres mériterait un relooking pour être à la hauteur des lieux. Piscine rafraîchissante et très bon restaurant : O Garimpeiro.

POUSADA RELIQUIAS DO TEMPO €€

Rua Macau de Baixo, 104

✆ +55 38 3531 1627

www.pousadareliquiasdotempo.com.br

Compter de 280 R$ la nuit en chambre double, 3 nuits minimum, avec petit déjeuner. Wifi.

Cette belle demeure familiale de 1850 porte superbement son nom. Vieux coffres, mobilier ancien, cheminée, chapelle, salon, vue sur la Serra de Cristais, il s'agit d'un véritable musée permettant de se plonger dans le passé colonial de la ville. La pousada compte 29 chambres de charme. Petite piscine, bain à remous et sauna à disposition des hôtes. Le très bon petit déjeuner est élaboré dans une cuisine à l'ancienne avec des produits *maison*. La meilleure adresse de Diamantina.

POUSO DA CHICA €€

Rua Macau da Cima, 129
✆ +55 38 3531 6190
www.pousodachica.com.br
À partir de 360 R$ la nuit pour 2 p, de 460 R$ pour 2 dans un chalet, 760 R$ pour 4 petit déjeuner compris. Wifi.

Pousada récemment rénovée en plein centre, qui a l'avantage d'être construite en style colonial ancien charmant tout en étant moderne, avec tout le confort souhaitable. Les chambres se divisent en appartements pour deux personnes dans la maison principale et en chalets individuels plus récents de 2 à 4 personnes, très mignons, dans le jardin. Bon confort (réfrigérateur, TV sat et certaines chambres équipées de climatisation, de sauna ou encore de bain à remous). Excellent buffet petit déjeuner. Un établissement à la hauteur de la beauté des lieux.

ESPAÇO B - LIVRARIA & CAFE €

Beco da Telca, 31
✆ +55 38 3531 6005
Librairie et café. du lundi au mercredi de 9h à 0h00, le vendredi et samedi de 9h à 2h. Snacks, quelques plats, bière

Belo Horizonte a le très charmant Café com Letras, Diamantina a l'Espaço B-Livraria & Café. Cet espace est un café-librairie très agréable. On peut y trouver quelques en-cas, tout en feuilletant quelques livres ou au son d'une agréable musique. Touristes, locaux, jeunes un peu hippies, un peu bobos s'y pressent et refont le monde autour d'une bière. Le mélange de nourriture de l'esprit et du corps y est forcément très appréciable. Excellents plats de pâtes et de viande.

APOCALIPSE RESTAURANTE €

Praça Barão Guaicui, 78
✆ +55 38 3531 3242
Cuisine brésilienne. Ouvert tous les jours de 11h30 à 15h30. Compter environ 40 R$ pour un repas complet.

Malgré son nom...C'est un bon plan pour le déjeuner ! Situé au premier étage d'un bel édifice, ce restaurant propose un buffet très bien garni (salades, viandes, garnitures, desserts), ainsi qu'un poste «viandes grillées». Le tarif est évalué en fonction du poids de l'assiette (c'est un restaurant au kilo ou un buffet. La salle est agréable et spacieuse. C'est un self-service aux airs de restaurant sophistiqué. De la salle à manger, on a une jolie vue sur la place du Mercado Velho si on choisit une table proche des fenêtres.

RECANTO DO ANTÔNIO €

Beco da Tecla, 39
✆ +55 38 3531 1147
Cuisine brésilienne. Ouvert du mardi au dimanche de 11h à 15h et de 18h à 23h.entre 40 et 90 R$ par personne à la carte.

Excellent spot tant par la qualité des plats typiques brésiliens que par celle de la musique, dans un décor rustique fort agréable. On a l'impression de rentrer dans la maison des grands-parents. Les pierres apparentes, le mobilier en bois récupéré dans la famille et/ou chiné sur les marchés à la brocante locaux, les photos noir & blanc des aïeux tout est authentique et la cuisine ne déroge pas à la règle. Bonne pican ha à l'ail. Les portions ne sont pas super-copieuses. Concerts fréquents le soir et le week-end, ambiance agréable pour dîner.

O GARIMPEIRO €€

Avenida da Saudade, 265
✆ +55 38 3531 1044
Cuisine du Minas Gerais et internationale. Ouvert tous les jours de 18h à 23h. Compter entre 40 et 80 R$ le plat.

Le restaurant O Garimpeiro est le restaurant de la pousada do Garimpo. Il propose une cuisine régionale et internationale de qualité. La réputation du chef Vandecà va bien au-delà des monts désolés qui entourent Diamantina. Tous apprécieront sa cuisine mineira typique du terroir. De l'entrée au dessert, tous les convives sont convertis à l'art culinaire mineiro. Le typique Ora pro nobis prend ici une dimension de haute cuisine. La générosité se retrouve aussi dans les portions. Un plat pour deux suffit pour 3 ou 4 personnes. Superbe vue sur la vallée.

COOPERATIVA ARTESANAL DE DIAMANTINA

Rua das Bicas, 115
Bairro Serrano
✆ +55 38 3531 5249
carditapetes.com.br

Pour un peu, on se croirait téléporté dans une coopérative de tapis de Chaouen ou de Fès, dans ce beau Maroc des traditions. Pourtant, les pays orientaux n'ont pas le monopole de la fabrication des tapis. On trouve dans cette succursale de cette coopérative artisanale une multitude de tapis *(tapetes)* de laine faits à la main, caractéristiques du Minas Gerais. Des dessins de garimpeiros, des scènes de vie religieuse ou des représentations de Diamantina...

OURO PRETO ★★★★

74 000 habitants. Altitude : 1 180 m. Le plaisir de déambuler dans les rues pavées d'Ouro Preto, ancienne capitale de l'État et patrimoine historique de l'humanité, peut justifier quasiment à lui seul un voyage au Brésil. Elle compte parmi les plus belles villes coloniales du continent. Construite par les esclaves africains, elle a été la première grande métropole du cycle de l'or et demeure, aujourd'hui encore le plus important ensemble architectural de l'époque baroque brésilienne. Les maisons coloniales sont les mêmes qu'à Paraty, avec leur premier étage spacieux, leurs fenêtres encadrées de fines grilles en fer forgé, mais elles sont infiniment plus nombreuses. Il s'y ajoute le charme des villages de montagne, des rues pavées et pentues, et des églises blanches surlignées d'une ocre jaune, qui dominent chaque colline, aux clochers qui s'élèvent au-dessus des toits de tuiles rouges… L'église São Francisco de Assis est particulièrement saisissante par la pureté de ses lignes. Pourtant, à l'image de l'État, la ville s'active et regarde également le futur. Ouro Preto est un centre universitaire réputé au Brésil. La topographie accidentée et l'écrin de montagne complètent ce décor de cinéma.

Histoire

En 1694, des bandeirantes s'abreuvant dans un ruisseau de l'Itacolomi, petite montagne locale, trouvent des pierres noires dans leurs gobelets. Examinés en ville, ces grains se révèlent contenir un or sombre. On met quatre ans à retrouver le gisement que l'on le nomme « or noir » ou Ouro Preto. Après épuisement du gisement du ruisseau, on draine les pentes de la montagne et le village se couvre progressivement de grandes demeures de pierre, vers 1750. Attirés par le foisonnement du lieu, de nombreux artistes et intellectuels, dont le célèbre sculpteur Aleijadinho, introduisent les idées de la philosophie des Lumières, relayées par des idéaux maçonniques. Vila Rica devient le premier foyer d'agitation indépendantiste du Brésil, l'Inconfidência mineira. Le chef de l'Inconfidência, Tiradentes, un dentiste, a été pendu, puis écartelé en 1792, avant de voir son rêve se réaliser. Après l'épuisement des filons en quelques décennies, la ville perd son statut de capitale et est oubliée du progrès pendant un siècle, préservant peut-être le site sous sa forme actuelle, protégé par son isolement géographique. Elle a été restaurée avec bonheur dès 1933 et apparaît aujourd'hui comme un trésor de l'humanité, véritable Rome baroque des Amériques.

Ville historique d'Ouro Preto.

BASÍLICA NOSSA SENHORA DO PILAR ✝ ★★

Praça Monsenhor Castilho Barbosa, 17
✆ +55 31 3551 4736
du mardi au dimanche : 9h-10h45 et midi-16h45. 10 R$. Messe de lundi à vendredi à 7h, samedi à 19h30 et dimanche à 19h.

La basilique Nossa Senhora do Pilar est la spectaculaire église du quartier du Pilar, dans la ville basse d'Ouro Preto. Elle a été construite entre 1711 et 1733. En plus de l'invraisemblable quantité d'or composant son autel central (plus de 400 kg au total !), la richesse des ornements, dorures et boiseries font de la basilique do Pilar le meilleur témoin du baroque brésilien. Avec l'église São Francisco, c'est l'autre visite incontournable de la ville. Musée d'art sacré au sous-sol.

CAPELA DO PADRE FARIA ✝ ★★

Rua Padre Faria
Ouverte du mardi au dimanche de 8h30 à 16h30. Entrée : 10 R$.

Construite de 1701 à 1704 dans un quartier populaire, c'est la plus ancienne église d'Ouro Preto, et la seule avec un campanile détaché de l'église. Derrière une façade simple constituée d'une porte discrète et d'un fronton sans fioritures, se cache une des églises les plus richement décorées d'Ouro Preto. L'intérieur est divisé en une nef unique avec un plafond voûté, deux autels, et une chapelle, où se trouve le retable principal, lourdement orné de dorures. Dans le cimetière se trouve une grande pierre pontificale en croix, unique dans tout le Minas Gerais.

IGREJA MATRIZ DE NOSSA SENHORA DA CONCEIÇÃO ✝ ★★

Praça Antonio Dias
✆ +55 31 3551 4661
Fermée pour rénovation lors de notre passage.
La première chapelle de Nossa Senhora da Conceiçao a été construite en 1699. En 1707, on noté sur les registres portugais d'outre-mer « la nomination du premier curé de la Freguesia de Nossa Senhora da Conceição de Vila Rica et de l'ancien quartier d'Antônio Dias », qui va être construite entre 1727 et 1760, dessinée par Manuel Francisco Lisboa, le propre père d'Aleijadinho. Les sépultures de ceux-ci sont dans l'église (celle d'Aleijadinho est sous l'autel de N.S. de Boa Morte).

IGREJA MATRIZ DE SANTA EFIGÊNIA ✝ ★★★

Rua Santa Ifigênia
Alto da Cruz
Ouverte du mardi au dimanche de 8h30 à 16h30. Entrée : 12 R$ (couplé avec la Capela do Padre Faria).
L'église a été construite en 1733 par et pour les esclaves, grâce à l'or extrait de la mine de Chico Rei, roi congolais réduit en esclavage qui acheta sa liberté. Autel sculpté par Francisco Xavier de Brito, maître d'Aleijadinho. A l'intérieur une statue d'un pape noir et des détails de dessins de coquillages. Selon la légende, les esclaves cachaient de l'or dans leur cheveux avant d'aller se laver dans cette église pour contribuer financièrement à l'affranchissement des esclaves.

IGREJA NOSSA SENHORA DO ROSÁRIO DOS PRETOS ✝ ★★★

Largo do Rosário
Ouverte du mardi au dimanche, de 13h à 16h45. Entrée gratuite.
Édifiée en 1765 par et pour les esclaves, la décoration intérieure est simple, mais l'édifice est d'une forme tout en courbes, lui donnant une grâce particulière. Cette singularité n'a aucune explication technique ou stylistique. Les saints noirs sont honorés dans cette église qui leur est dédiée. La statue de sainte Hélène, dans une des chapelles, est attribuée à Aleijadinho. Facétie ou effet esthétique recherché, le visage de la sainte présente un côté masculin et un autre féminin.

IGREJA NOSSA SENHORA DO CARMO ★★

Rua Brigadeiro Musqueira
Centro
Ouverte du mardi au dimanche de 9h à 11h et de 13h à 16h45. Messe le dimanche à 8h30. Entrée : 10 R$.

© CESARIO DA FONSECA - ICONOTEC

Édifiée en 1766, cette église est une des dernières réalisations architecturales de Manuel Francisco Lisboa, père de Aleijadinho. Le beau plafond clouté d'étoiles d'or a été peint par Manuel da Costa Ataide ; les statues de pierre, déjà vivantes, sont habillées de rouge et emperruquées. L'autel est de Aleijadinho. Le style est baroque rococo, avec des dorures plus discrètes. Fait rare dans le Minas Gerais, on peut voir des azulejos dans une des chapelles.

MINA DO CHICO REI 📷 ★★★

Rua Dom Silvério, 108
✆ +55 31 3552 2866
Ouvert tous les jours de 8h à 17h. Entrée : 30 R$.
On ne peut quitter Ouro Preto sans visiter ce qui a fait sa légende, dans le sang, la sueur et les larmes du bois d'ébène. Au total, 1 500 m de galeries étroites et sombres, cadre inhospitalier au sein duquel les esclaves travaillaient pour en extraire l'or de la mine de Chico Rei. Ce roi congolais fut déporté comme esclave et a réussi à s'affranchir en rachetant sa liberté et même à acheter cette mine pour son propre compte. La visite s'adresse à des gens sportifs non claustrophobes, car les passages sont exigus dans la roche glissante.

IGREJA SÃO FRANCISCO DE ASSIS ✞ ★★★★

Rua Costa Sena

✆ +55 31 3551 4661

du mardi au dimanche de 8h30 à 12h, puis de 13h30 à 17h. Entrée : 10 R$, donne également accès au petit musée attenant

L'église São Francisco apparaît comme le joyau de la belle Vila Rica, celle qu'il faut visiter lors de son séjour. Si les églises d'Ouro Preto se ressemblent, par leur style baroque et leur blancheur surlignée d'ocre jaune, l'église São Francisco de Assis se distingue par son style particulier. Aleijadinho en aurait conçu les plans et sculpté la façade entre 1766 et 1794. On notera un bel équilibre entre les masses blanches et les sculptures de pierre à savon de la façade, ou la richesse des dorures des autels ; l'or ne surcharge pas tout, comme dans certaines églises de Salvador. On remarquera la maîtrise de la lumière, qui met en scène la statue placée derrière l'autel, juchée sur une sorte de pièce montée, en une lumière latérale savamment théâtrale. L'autel majeur est de style rococo. Les peintures pâles et contrastées du plafond en trompe-l'œil, courantes dans le Minas sont l'œuvre du peintre *Mestre* Manuel Ataíde. Les dimensions inhabituelles, les deux tours rondes en retrait, l'aspect convexe de l'ensemble, l'ondulation des murs de pierre sertis de panneaux blancs, la sculpture de façade en pierre à savon, la porte et les fenêtres créent un édifice vivant, original, touchant de simplicité, sur le point de s'ouvrir en corolles pour révéler quelque chose. Dans la sacristie, petit musée à la mémoire d'Aleijadinho (avec l'une de ses célèbres œuvres exposée, *Os quatro Leões de Essa*). L'une des deux plus belles églises de la ville (avec la Matriz do Pilar).

MUSEU & CASA GUIGNARD 🏛 ★

Rua Direita 110

✆ +55 31 3551 5155

www.museuguignard.mg.gov.br

Ouvert du mardi au vendredi de midi à 18h, samedi, dimanche et jours fériés de 10h à 15h. Entrée : 5 R$.

Cette petite maison de l'ancienne rue Direita transformée en musée est l'ancienne maison du célèbre peintre Guignard. Elle contient un fonds assez riche des toiles et dessins du peintre fluminense Alberto Guignard (1896-1962), amoureux d'Ouro Preto. L'observation de ces toiles permet de percevoir la véritable passion que l'artiste vouait à l'ancienne Vila Rica. Les paysages naturels et les maisons représentés sur les peintures subliment cette région et cette ville du Minas. on peut visiter virtuellement cette maison à eravirtual.org.

MUSEU CASA DOS CONTOS 🏛 ★

Rua São José, 12

✆ +55 31 3551 1444

Ouvert du mardi au samedi de 10h à 17h, et le dimanche de 10h à 15h. Entrée libre.

Bâtiment construit de 1782 à 1787, et qui a été utilisé comme centre des impôts sur l'or, local de pesage et de fonte, puis également comme prison des Inconfidents. Il abrite aujourd'hui le Centre des études du cycle de l'or, le musée de la Monnaie, et dispose de galeries d'expositions de meubles et objets des XVIIIe et XIXe siècles, de collections numismatiques…, ainsi qu'une exposition effroyable au sous-sol sur les conditions de détention des esclaves. On y voit les instruments de torture, les chaînes et les boulets notamment.

MUSEU DA CIÊNCIA E TÉCNICA 🏛 ★

Praça Tiradentes, 20

✆ +55 31 3559 3118

www.museu.em.ufop.br

Ouvert du mardi au dimanche de midi à 17h. Entrée : 10 R$.

L'école des mines d'Ouro Preto a été fondée par le français Henri Gorceix en 1876 selon le modèle de l'école française. Dans une annexe du superbe bâtiment de l'École des Mines d'Ouro Preto, sur la place Tiradentes, le musée expose plus de 20 000 pièces de pierres et minerais, du Brésil et du monde entier. Divisé en quatre parties : minéralogie, métallurgie, techniques minières et histoire naturelle, avec une partie sur la paléontologie. Une mine d'or est reproduite dans une salle.

MUSEU DA INCONFIDÊNCIA 🏛 ★★

Praça Tiradentes, 139 – Centro

✆ +55 31 3551 1121

Ouvert de midi à 18h du mardi au dimanche. Entrée : 10 R$.

Construit en 1785, le musée servait de Chambre des députés et de prison. Il a été inauguré en 1944, en hommage aux Inconfidents de 1789. 13 salles richement dotées : sépultures de 9 des inconfidents, une salle dédiée au héros de l'Inconfidence, Tiradentes (on y voit sa croix de supplice, son instrument de dentiste, le livre de condamnation du martyr…), et une succession d'objets d'époques différentes : chaises à porteurs, tables du XVIIIe siècle, ciboires en argent massif, habits militaires en cour. Magnifique statue en bois de saint Georges, par Aleijadinho.

MUSEU DO ORATORIO ★

Adro da Igreja do Carmo, 28
✆ +55 31 3551 5369
www.museudooratorio.org.br
Ouvert tous les jours de 9h30 à 17h30. Entrée : 10 R$.

Le musée des oratoires est certainement un des musées les plus intéressants de la ville. Il abrite une très riche et étonnante collection d'oratoires de toutes sortes et de toutes tailles, souvent d'une finesse extrême. Certains sont en or presque pur. Cette collection de plus de 120 pièces, qui sont disséminées dans les 3 étages du musée, se trouve dans un joli petit bâtiment colonial à côté de l'église des carmes (Igreja do carmo). On peut trouver une intéressante documentation en français à l'entrée. Fermé pour l'instant.

TEATRO MUNICIPAL ★

Rua Brigadeiro Musqueira, 128
✆ +55 31 3559 3224
Ouvert du lundi au vendredi de 9h à 18h, samedi et dimanche de midi à 18h. Entrée libre.

L'Opéra de Vila Rica, aujourd'hui Teatro Municipal de Ouro Preto, est le plus ancien théâtre en activité du continent. Il a été construit en 1769 par João de Souza Lisboa et inauguré le 6 juin 1770, jour de l'anniversaire du roi José Ier. Les empereurs Dom Pedro I et II y disposaient d'une loge, en face de la scène.

Le théâtre était un élément très présent dans la vie quotidienne de l'époque. Chaque fête était un grand spectacle et le théâtre était le moyen le plus approprié d'exprimer le faste, l'opulence et la gloire de la puissante noblesse du XVIIIe siècle.

OURO PRETO TURISMO

Av Afonso Pena, 4273
✆ +55 31 3223 7484
www.ouropretoturismo.com.br

Cette agence est présente à Ouro Preto depuis près de 4 décennies et a fait du sérieux de ses prestations un de ses atouts majeurs. L'agence propose une large gamme de services : visites, déplacements, logements et informations générales sur la ville et les alentours. N'hésitez pas à jeter un coup d'œil sur leur site (en français) afin de connaître la multitude de services qu'offre ce réceptif. Les principales villes coloniales du Minas sont proposées, mais aussi ce plus grand musée d'art moderne à ciel ouvert du monde qu'est Inhotim.

AGTOP ★

Rua Padre Rolim
São Cristovão
✆ +55 31 3551 2655
Ouvert tous les jours de 8h à 20h. Comptez environ 80 R$ pour 4 heures de visite.

Il s'agit de l'association des guides de tourisme d'Ouro Preto, la plus ancienne du Brésil ! Une trentaine de guides disponibles pour découvrir plus en profondeur la ville et ses environs. A ouro Preto comme ailleurs, comme en Amérique latine, nous vous recommandons très fortement de ne travailler qu'avec des guides accrédités d'Ouro Preto ou de Mariana dont l'association vous fournira les noms. Les formations de guides de tourisme ou d'écotourisme garantissent un savoir, des connaissances idoines et des activités sécurisées et respectueuses de l'environnement.

KÉNYO MAXIMILIANO AZEVEDO ★

Rua A, 58
Santo Antônio (A Mariana)
✆ +55 31 9 9901 6024

Cet excellent guide francophone exerce sa passion sur Mariana, Ouro Preto et le Minas Gerais plus largement. Fin connaisseur de l'art baroque, il saura montrer avec compétence et simplicité les splendeurs artistiques et architecturales de la région. Kényo est également un guide environnementaliste qui peut proposer des balades à cheval. Hautement recommandé. Bref, une autre pépite d'Ouro Preto. *Parabens para o Kényozinho ! Un des meilleurs de la région !*

TREM DA VALE ★★

Praça Cesário Alvim
Barra
✆ +55 31 3551 7705
Vente billets du mercredi au dimanche de 8h30 à 17h.classique : 50 R$, 70 R$ A-R panoramique : 76 R$, 100 R$ A-R.

Le Trem da Vale fait le trajet entre Ouro Preto et Mariana, les deux villes coloniales jumelles, l'une succédant à l'autre comme capitale de l'Etat du Minas. Ce sont 18 km de voies ferrées, en environ une heure et plusieurs siècles d'histoire. Malgré une distance somme toute assez courte, ce train parcourt à basse allure les montagnes et offre de superbes paysages. La locomotive et les wagons ont été conçus artisanalement pour reproduire l'atmosphère surannée du train d'antan. Service de restauration à bord (boissons, snacks). Une belle balade !

HOTEL COLONIAL €

Travessa Padre Camilo Veloso, 26
✆ +55 31 3551 3133
www.hotelcolonial.com.br

À partir de 200 R$ la chambre simple, 275 R$ la double, 325 R$la triple et 375 R$/4, petit déjeuner compris. Wifi.

La situation de l'Hôtel Colonial est le point de départ idéal pour découvrir Ouro Preto, à quelques mètres de la place Tiradentes. Cette belle et grande demeure historique du XVIIIe siècle propose 18 confortables appartements tous bien équipés, répartis en trois catégories : standard, suite mezzanine, suite véranda. La suite mezzanine est idéale pour une famille nombreuse ou pour un petit groupe d'amis puisqu'elle peut recevoir jusqu'à 6 personnes. Le personnel est chaleureux et professionnel. Excellent rapport qualité-prix.

HOTEL SOLAR DE MARIA €€

Rua Tomé Afonso, 111 - Água Limpa
✆ +55 31 3551 3150
www.hotelsolardemaria.com.br

À partir de 160 R$ la chambre double, petit déjeuner compris. Wifi.

Une excellente adresse à quelques pas de l'église de Nossa Senhora do Rosário. Installé dans une belle demeure coloniale récemment restaurée, l'hôtel Solar de Maria propose 22 grands et confortables appartements aux couleurs bleue et blanche de la ville. Les boiseries au sol et au plafond, l'escalier également en bois nous projette à l'époque aurifère d'Ouro Preto. La salle du petit déjeuner offre un charme suranné. Les services proposés sont complets et de qualité : piscines, parking… L'hôtel dispose d'une chambre pour personne à mobilité réduite.

POUSADA NELLO NUNO €

Rua Camilo de Brito, 59
✆ +55 31 3551 3375
www.pousadanellonuno.com.br

Chambre simple à 150 R$, double à 190 R$, triple à 245 R$, petit déjeuner. 15 % de plus en janvier et juillet. Wifi.

Située dans un coin calme d'Ouro Preto, à 300 m au nord-est de la Praça Tiradentes, cette pousada est devenue une valeur sûre de la ville. Les chambres propres et confortables sont rassemblées autour d'une jolie petite cour intérieure et d'un jardin. La pousada offre une belle vue sur le pic d'Itacolomi. Le mobilier reproduit avec goût celui d'époque et met en valeur l'art du Minas. Le nom de l'établissement est lui-même une référence à un peintre qui a composé une partie de son œuvre dans la ville. Un très bon rapport qualité-prix. Garage.

LAÇOS DE MINAS POUSADA €€

Rua dos Paulistas, 43 - Antônio Dias
✆ +55 31 3552 2597
www.lacosdeminas.com.br

À partir de 250 R$ pour une chambre double, petit déjeuner et thé compris. Wifi.

Entrer dans la Pousada Laços de Minas, c'est rencontrer le raffinement. Les plafonds sont peints avec des fresques qui rappellent celles d'Ataíde. Cette superbe maison coloniale, rénovée avec goût par son propriétaire, offre un grand confort en plein cœur du centre historique d'Ouro Preto. Les suites, spacieuses et lumineuses, sont toutes décorées avec soin. Le personnel de la pousada est attentif et disponible pour vous aider dans l'organisation de vos activités culturelles. La pousada Laços de Minas est une excellente adresse de charme et de caractère.

POUSADA SÃO FRANCISCO €

Rua Padre Jose Marcos Pena, 201
✆ +55 31 3551 3456

À partir de 80 R$ en chambre pour une personne (lits superposés) à partir de 150 R$ chambre double avec véranda. Wifi.

Au-dessous de l'église São Francisco de Paula, cette *pousada*-auberge de jeunesse est une oasis dans un vaste jardin, une zone naturelle protégée. Si certains dortoirs sont sombres, les chambres situées à l'étage, certes simples, sont très agréables. De certaines, on peut observer ce magnifique spectacle qu'est Ouro Preto le soir. On est proche du cœur d'Ouro Preto, tout en étant en pleine nature. Les petits singes *sagui*, les colibris et les *lobo-guará* sculptés sont des hôtes des lieux. Les propriétaires sont à l'image des lieux, simples et accueillants.

POUSADA ABIGAIL CONDÉ €€

Rua José da Roc ha Filgueiras, 72 - Alto das Dores
✆ +55 31 3551 4141
www.abigailconde.com.br

Compter de 170 à 350 R$ la chambre double, selon saison et catégorie, avec petit déjeuner et thé. Wifi.

Sur les hauteurs de Ouro Preto, à moins de 900 m de la place Tiradentes, la pousada Abigail Condé est une belle maison coloniale de 12 vastes et confortables appartements répartis en 3 catégories : standard, luxe et super luxe. Toutes les chambres sont bien équipées et disposent d'un ventilateur, d'un frigo-bar, de la télévision, d'un téléphone… Les chambres luxe possèdent une vue sur le centre historique. La grande baie vitrée de la salle à manger offre elle aussi un panorama imprenable sur la ville. Buffet copieux et varié au petit déjeuner. Une adresse sûre.

POUSADA DO OUVIDOR €€

Praça Antônio Dias, 99
✆ +55 31 3551 1164
www.pousadadoouvidor.com.br
Chambre double à 220 R$, double Superior à 260 R$, triple à 290 R$ et quadruple à 370 R$, petit déjeuner compris. Wifi.

Agréable pousada familiale située au pied de l'église de Nossa Senhora da Conceição. Cette élégante maison coloniale, restaurée avec soin, est une oasis de confort et de quiétude. Les 16 appartements sont grands et décorés avec goût. Certaines chambres offrent une vue sur l'église de Santa Efigênia ou sur le pont Antônio Dias. De copieux petits déjeuners *maison* sont servis, faisant la part belle aux spécialités culinaires de la région. L'établissement dispose d'un petit salon de thé, restaurant le soir. Belle adresse à l'excellent rapport qualité-prix.

POUSADA SINHÁ OLÍMPIA €€

Rua Dom Helvécio, 180 – Cabecas
✆ +55 31 3551 6369
www.sinhaolimpia.com.br
À partir de 315 R$ pour une chambre double selon la saison, petit déjeuner compris. Wifi.

Pour les sambistes, ce nom évoquera une *samba de enredo* de 1990. Pour les Mineiros, c'est une *morena linda* qui marqua son époque. Cette *pousada* est donc un hommage à cette personnalité de la ville considérée comme la première hippie du Brésil. Charmante demeure coloniale, la Pousada se situe dans le quartier populaire de Cabeças, à 5 minutes en bus du centre historique. Elle propose 19 vastes et confortables appartements, tous décorés dans un style grandiose. Piscine, sauna, grand salon propice à la détente ou à la lecture, parking. Un endroit *cozy* et convivial.

POUSO DO CHICO REI €€

Rua Brigadeiro Musqueira, 90
✆ +55 31 3551 1274
www.pousodochicorei.com.br
à partir de 250 R$ chambre double avec salle de bains partagée et 320 R$ avec sdb privative. Avec petit déjeuner Wifi.

Cette agréable demeure coloniale est l'une de ces adresses que l'on aime ! Le Pouso est une pousada au charme intemporel, en plein centre historique. Des hôtes illustres comme Vinicius de Moraes, Jorge Amado, Simone de Beauvoir ou Burle Marx ont laissé leurs noms aux 9 chambres. Les appartements offrent une vue privilégiée sur Ouro Preto. Le petit déjeuner en formule buffet est servi dans la salle à manger, autour d'une grande table commune. Les propriétaires et le personnel accueillent les hôtes avec une gentillesse et une qualité de service appréciable.

SOLAR DAS LAJES €€

Rua Conselheiro Quintiliano, 604
Lajes
✆ +55 31 3551 3388
www.hotelsolardaslajes.com.br
À partir de 270 R$ la chambre double, petit déjeuner compris. Wifi.

Le Solar das Lajes est une autre des merveilles hôtelières de l'antique Vila Rica. Cette grande et belle demeure a été construite en 1690 au-dessus de plusieurs mines d'or ; l'une est toujours accessible. À quelques centaines de mètres de la place Tiradentes, le Solar das Lajes est enveloppé d'un écrin de verdure d'un hectare. Ses belles chambres reproduisent une ambiance d'époque dans un confort moderne. Dans la suite master, on disposera d'une baignoire avec hydromassage. Les chambres luxe et master offrent une vue époustouflante sur Ouro Preto.

HOTEL DO TEATRO €€€

Rua Costa Sena, 307
✆ +55 31 3551 7000
www.hoteldoteatro.com.br
À partir de 330 R$ pour une chambre double, petit déjeuner compris. Wifi.

Magnifique et élégante demeure des années 1880 de style chalet, ouverte aux visiteurs en 2009 et située en face de l'église Nossa Senhora do Carmo, l'hôtel est un magnifique édifice. L'hôtel compte seulement 8 confortables appartements parfaitement équipés. Tous sont luxueux, spacieux et décorés avec goût d'un authentique mobilier 1900. Certaines suites disposent d'une vue extraordinaire sur l'église. En fin d'après-midi, comme il est de coutume dans le Minas Gerais, l'établissement offre un thé accompagné de délicieux gâteaux. Une adresse authentique de standing.

HOTEL SOLAR DO ROSÁRIO €€€

Rua Getúlio Vargas, 270
Rosário
✆ +55 31 3551 5040
www.hotelsolardorosario.com.br
À partir de 420 R$ la chambre double, petit déjeuner compris. Wifi.

Cette magnifique demeure coloniale est la réplique à l'identique de l'ancien hôtel Monteiro du XIXe siècle qui fonctionnait sur le même lieu. Aujourd'hui, le Solar do Rosário est assurément un des hôtels les plus sophistiqués de la ville. Dans les 41 chambres, la décoration met en valeur l'histoire locale. Le propriétaire a pris soin de conserver des vitraux originaux. Le charme opère dans les chambres, les jardins, les piscines et le restaurant qui se positionne comme une des meilleures tables de la région. La cave à vin ferait pâlir d'envie un sybarite !

POUSADA DO MONDEGO €€€

Largo de Coimbra, 38
✆ +55 31 3552 7700
www.mondego.com.br
À partir de 567 R$ la chambre double, en fonction de la catégorie et de la saison, petit déjeuner compris. Wifi.

À côté de l'église São Francisco de Assis, image d'Epinal d'Ouro Preto, la Pousada do Mondego est sise dans une superbe demeure coloniale de 1747, que le propriétaire a restaurée avec passion pendant 14 ans. Inaugurée en 1988, elle présente désormais un trés beau mobilier typique mineiro, et une collection d'art brésilien (œuvres de Guignard, Marchetti, Visconti). De la terrasse, on a une vue magnifique sur le pic d'Itacolomi. On y trouve un bar, le Bistrô Conimbriga pour dîner. La grande classe, l'une des meilleures adresses de la ville.

CASA DO TEMPO €€

Rua Bernardo Vasconcellos, 99
✆ +55 31 3552 2906
À partir de 250 R$ pour 1 ou 2 personnes, 370 R$ pour 3 personnes, et 490 R$ pour quatre. enfants à partir de 10 ans.

Voici une magnifique maison d'hôte, au sein d'une demeure datant du XIXe siècle. Deux chambres occupent le premier étage de cette maison. Salon et salle de bains privée. On a l'impression d'avoir la maison pour nous tout seuls. Il faut dire que les maîtres des lieux font tout pour qu'on se sente effectivement comme à la maison. Les propriétaires, artiste peintre et musicien classique, parlent français et réservent un charmant accueil à leurs hôtes. Ils ont su mixer avec subtilité ancien et nouveau, baroque et moderne. Une excellente adresse, comme à la maison.

ADEGA OURO PRETO €

Rua Teixera Amaral, 24
✆ +55 31 3551 4171
Cuisine mineira, pizzeria. tous les jours de 11h30 à 15h et de 18h à 22h. environ 50 R$ à la carte. Buffet midi à 38 R$.

Cuisine régionale traditionnelle et italienne. Cette maison du XVIIIe siècle aux fines colonnes de pierre, et décorée d'affiches de vins français, abrite un restaurant intéressant. Les mets, savoureux, présentent une simplicité de bon aloi : trigo, taboulé ou bananes en crème, excellent poulet aux oignons et champignons, poisson léger en chemise de tomate et saucisses aiguillées d'oignon. Buffet le midi, plat à la carte au dîner. On peut emporter des plats. Les étudiants apprécient cette dernière option, au bon rapport qualité/prix.

CHOPP REAL €

Rua Barão de Camargos, 8
✆ +55 31 3551 1584
Cuisine brésilienne. du lundi au jeudi de 15h à 0h00, du vendredi au dimanche de midi à 0h00. environ 50 R$/ repas.

Le Chopp Real est une adresse idéale pour boire un verre ou s'attarder autour d'un plat, dans un cadre convivial en plein cœur du centre historique d'Ouro Preto. Côté plats, l'établissement propose à la carte aussi bien des spécialités régionales comme un Tutu a Mineira ou bien un Feijao Tropeiro mais aussi de délicieuses viandes et poissons grillés ainsi qu'une cuisine internationale (risottos, pâtes, pizza…). Laissez-vous tenter par la picanha, vous ne serez pas déçus ! Le service du Chopp Real est efficace et l'accueil chaleureux. Une adresse recommandée.

BENE DA FLAUTA RESTAURANTE E CAFÉ €€

Rua São Francisco de Assis, 32
✆ +55 31 3551 1036
www.benedaflauta.com.br
Cuisine brésilienne et internationale. Ouvert tous les jours de midi à 23h30. environ 60 R$ pour un repas, 40 R$ buffet.

Situé dans une superbe et vaste demeure coloniale, le restaurant Bene Da Flauta, du nom d'un grand artiste d'Ouro Preto, propose tous les grands plats classiques de la cuisine du Minas Gerais comme le torresmo, le tutu mineiro ou le feijao tropeiro, bien concocté. Il dispose de l'une des plus belles caves de la région où vins brésiliens, chiliens ou argentins côtoient de délicieuses références de cachaça. La salle du premier étage offre une superbe vue sur la ville.

CAFÉ GERAES - ESCADABAIXO BAR COZINHA €€

Rua Direita, 122 ✆ +55 31 3551 5097
www.opassopizzajazz.com/escadabaixo
Cuisine internationale. de mercredi à lundi de midi à 0h00. de 50 à 90 R$ le repas. Menu déjeuner en semaine 340 R$.

Dans un cadre romantique à la touche rétro bien agréable, les plats de pâtes maison (succulents au demeurant) vous sont servis sur des sous-plats en forme de 33 tours ! Excellent confort et jolie carte de vins. Petits concerts de piano-jazz en soirée. Une excellente adresse ! En descendant les petits escaliers on accède à « Escada Baixo », une belle surprise ! Le bar propose une ambiance moderne plutôt rock, avec une petite cour très cosy, et un menu simplifié. Recommandé.

MINAS GERAIS

CASA DO OUVIDOR €€

Rua Direita, 42
✆ +55 31 3551 2141
www.casadoouvidor.com.br
Cuisine mineira. Ouvert tous les jours de 11h à 15h et de 19h à 22h. Compter environ 100 R$ pour un repas.

Depuis prés de 40 ans, la Casa do Ouvidor a établi ses quartiers sur la « rua direita ». En plein cœur d'Ouro Preto, au premier étage d'un bel édifice de la rue Direita que les propriétaires ont totalement reconstruit, l'élégante maison propose une carte avec des plats typiques (tutu et feijao tropeiro, pour deux) et d'autres plaisirs aussi goûteux que conséquents (filet à la mode de la maison, risotto de poulet…). L'Intérieur est très cosy. L'une des toutes meilleures tables de la ville ! Le service est à la hauteur des lieux.

O PASSO PIZZA JAZZ €€

Rua São José, 56
✆ +55 31 3552 5089
www.opassopizzajazz.com/passo
Cuisine internationale, pizzeria. du lundi au jeudi de midi à minuit, jusqu'à 2h le we. environ 60 R$ le repas complet.

Dans une belle demeure du XVIIIe siècle, Le Passo est une pizzeria « jazz » de très bonne facture, des terrasses surplombant un jardin, une ambiance feutrée à peine rehaussée, le soir, par la lumière des bougies et où s'égrènent quelques notes de jazz. Une carte originale, à la hauteur des lieux. Bonne carte des vins. Dans une des salles, on dîne au milieu de centaines de bouteilles. L'une de nos adresses préférées à Ouro Preto. Concert de jazz le jeudi et vendredi à 20h et le dimanche à 13h si le temps le permet. Se couvrir l'hiver.

RESTAURANTE CONTOS DE RÉIS €€

Rua Camilo de Brito, 21
✆ +55 31 3551 5359
Cuisine mineira. lundi à dimanche de 11h30 à 16h, carte du mercredi au samedi de 11h30 à 22h (17 de dimanche à mardi).

Situé à 100 m de la place Tiradentes, le restaurant fonctionne dans l'ancienne partie réservée aux esclaves (la senzala, généralement située en bas, sous la partie réservée aux maîtres) d'une vieille demeure de 1772. Sur les murs est accroché tout un tas d'objets anciens. Le restaurant présente un buffet gargantuesque pour le déjeuner et un très bon choix de plats régionaux à la carte (feijao tropeiro, poulet à l'ora pro nobis, tutu mineiro). Une bonne adresse.

TABERNA CAPRICHO ASTURIANO €€

Rua Violeta, 79
Santo Antônio do Leite
✆ +55 31 3553 4110
www.caprichoasturiano.com.br
Cuisine brésilienne & espagnole. Compter 100 R$ ou plus pour un repas complet.

Ce restaurant, situé dans la fazenda-pousada du même nom, propose une très bonne cuisine méditerranéenne à base de produits locaux issus de l'agriculture biologique. Le propriétaire asturien est en passe de réussir un pari audacieux, allier sophistication et terroir dans la cuisine qu'il propose. Du pain au café, en passant par le confit de canard à la sauce orange ou la tarte au citron meringué, tout y est réalisé avec une recherche permanente du goût et de la qualité.

TAVERNA CHAFARIZ €€

Rua São José, 167
✆ +55 31 3551 2828
Cuisine mineira. Ouvert de 11h à 16h de mardi à dimanche. Buffet libre à 60 R$.

Dans un cadre colonial, un restaurant « buffet » à la déco soignée et très colorée. Partout sur les murs des photos vieillies, une cabine téléphonique en bois trône à l'entrée. Une fontaine (chafariz) trône effectivement contre le mur de la salle à manger. Dans une magnifique salle aux meubles d'apothicaire, un buffet de cuisine mineira, très copieux, qui mijote sur le poêle en bois, sous l'œil attentif de la cuisinière, propose d'excellentes spécialités régionales. Une petite dose de cachaça est offerte pour la mise en bouche.

SENHORA DO ROSÁRIO €€€

Rua Getulio Vargas, 270
Rosário
✆ +55 31 4042 8368
Cuisine brésilienne fusion. Ouvert tous les jours de 7h à 22h30. Compter un peu plus de 100 R$ un repas complet.

Ce restaurant est aujourd'hui la table la plus sophistiquée de la ville. Les entrées sont accessibles et travaillées avec finesse (crème de légume ou cappuccino de champignon). Les plats, souvent des classiques revisités. Bien sûr, le traditionnel Roméo et Juliette (fromage accompagné de confiture de goyave) y a ici une place de choix et une saveur particulière. La cave est particulièrement soignée, le sommelier a tenté de promouvoir le vin et sa dégustation en proposant des bouteilles de qualité à des prix abordables. Le vin est également proposé au verre.

ACASO 85 SCOTCH BAR

Largo do Rosário, 85 - Rosário
✆ +55 31 3551 2397
www.acaso85.com.br
Bar-restaurant. Ouvert TLJ de 11h30 à 15h, buffet entre 40 et 50 R$. du mardi au dimanche à partir de 18h30. à la carte.

Bar et restaurant depuis 1991, à côté de l'église de Rosário, l'Acaso 85 est un lieu incontournable pour les noctambules, qui refont le monde au sein du beau patio intérieur. Les murs faits de galets noirs roulés dans les rivières du Minas, le plafond de 8,5 mètres de haut donnent au lieu une atmosphère évoquant les légendes d'Ouro Preto et se marient fort bien à la magie des lieux. Bonne musique live les fins de semaine. Le vin de différents pays, la bière et la cachaça sont à l'honneur. Une adresse qui ne déçoit pas les amateurs de bars de caractère.

BAR BARROCO

Praça Prefeito Amadeu Barbosa, 81
Barra
✆ +55 31 3551 3032
Bar-restaurant. Ouvert de lundi à samedi de midi à 2h.

C'est le bar incontournable des étudiants des universités d'Ouro Preto, à l'ambiance alternative… Forcément, on y refait le monde dans une ambiance rock, chaises en bois, graffiti sur les murs. Cheveux longs (mais heureusement, les idées aussi longues que les cheveux), barbes et habits noirs, l'ambiance hippie a survécu dans ce petit coin germanopratin des tropiques. On y trouve de la bonne bière pas cher et excellentes *coxinhas*. On sort des bars à touristes pour rencontrer une des composantes importantes de la ville : les étudiants.

CAFETERIA E LIVRARIA- CENTRO CULTURAL E TURISTICO

Praça Tiradentes, 4
✆ +55 31 3551 5220
Café, librairie et centre culturel. Ouvert tous les jours de 8h à 19h.

Ce café renvoie à l'origine « culturelle » des cafés dans la France des Lumières. Ce lieu est en effet au cœur de l'espace culturel de la ville. Les vieilles pierres apportent un petit supplément d'âme au *pão de queijo* et/ou aux bons expressos servis sur le zinc local. On peut aussi se rafraîchir avec une bière ! Très agréable établissement, aux beaux murs de briques, situé au sein du centre touristique d'Ouro Preto. Café et librairie unis, tel un profane remerciement à la culture.

A BADALADA CAFE E BUTIQUIM

Rua Claúdio Manoel,130
✆ +55 31 3551 5793
Ouvert du lundi au samedi de 9h à 20h, le dimanche de 9h à 17h.

Toute nouvelle, toute belle, cette galerie propose les œuvres d'une vingtaine d'artistes locaux. Du style impressionniste, naïf… à voir. Un peu comme la librairie-café d'Ouro Preto, cette casa de artes qui s'appelle désormais A badalaba Café e butiquim, mélange art, c'est en effet une belle galerie et café. On y passe de très agréables moments en observant des oeuvres (peintures et sculptures de qualité) et en dégustant quelques en-cas. Un lieu à connaître.

CACHAÇARIA MILAGRE DE MINAS

Praça Tiradentes, 130
✆ +55 31 3551 5531
Ouvert tous les jours.

Cette « cachaceria » (magasin de cachaça, l'alcool local) porte bien son nom « miracle de Minas ». Cette belle boutique propose une gamme infinie de cachaças, de liqueurs, de chocolats locaux, d'articles de pierre à savon, de condiments. Ce n'est pas un piège à touristes, mais bien un concentré de produits de qualités « made in Minas » qui se présente, comme une pêche miraculeuse. Un lieu incontournable pour faire les achats avant de quitter la belle Ouro Preto.

CASA DO TOPÁZIO

Travessia Cônego Camilo Veloso, 18
✆ +55 31 3551 7208

Tradition des « Mines Générales » oblige, Ouro Preto regorge de petites échoppes de pierres précieuses et semi-précieuses, à des prix qui demeurent plutôt attractifs et pour des produits de qualité dans les échoppes ayant pignon sur rue. Casa do Topázio est l'une des bonnes adresses (parmi tant d'autres) pour faire vos emplettes. Les vendeurs délivrent des certificats d'authenticité pour les pièces achetées. Exigez-les, mais dans les maisons sérieuses qui tiennent à leur réputation, comme la Casa do topazio, ce précieux sésame pour le retour en France.

ELIAS LAYON - ATELIÊ DO ROSÁRIO

Rua Getúlio Vargas, 251
Rosário
✆ +55 31 3551 6577
www.eliaslayon.com.br

Cet artiste sculpte des saints et peint des scènes bibliques et des paysages embrumés dont la réputation a largement dépassé les monts du Minas, à juste titre. On dit dans le milieu artistique de l'ancienne Vila Rica, qu'aller visiter l'atelier d'Elias Layon avant de visiter la première capitale du Minas Gerais. Les brumes omniprésentes dans les peintures du maître vont teinter de poésie permanente la vision que le voyageur, d'ici ou d'ailleurs, aura de la ville d'Ouro Preto.

MERCADO DO ROSÁRIO

Rua Getúlio Vargas
Rosário
Tous les samedis, de 10h à 19h.

Ce marché aux puces d'antiquités, vinyles, bijoux, artisanat, accessoires, avec stands de nourriture et musique se tient tous les samedis. Les marchés d'Ouro Preto prennent toujours une dimension particulière, coincés entre majesté des églises baroques et magie des brumes matinales. Friperie, foodbike, boutique des restaurants Hannah et Senhora do Rosario...sur le circuit du chemin secret du Rosario, l'ambiance est festive et éclectique. Bobos, touristes, hippies vendant des pierres énergisantes, peintres...Un dépaysement assuré.

MERCADO RUA SÃO JOSÉ

Rua São José
Tous les dimanches de 10h à 18h.

Tous les dimanches, le marché «art et gastronomie» se déploie sur les pavés de la rue São José, avec au programme des artistes de rue, des cortèges de jazz, des stands d'art et d'artisans et des restaurants qui dressent des tables sur le pavé pour l'occasion.Cette rue commerçante historique retrouve son visage d'antan et est fermée aux voitures et les piétons peuvent alors profiter de ce véritable corridor culturel. Les artistes et les artisans exposent leurs produits et les bars et restaurants dressent leurs tables sur les trottoirs.

MARIANA ★★

58 000 habitants. Mariana, que la proximité d'Ouro Preto occulte trop souvent, est une des perles coloniales du Brésil, à l'héritage baroque superbe et dense, et où la vie semble avoir conservé la douceur de vivre de l'époque dorée des fastes aurifères.

Pourtant, Mariana mérite qu'on s'y arrête pour sa riche histoire et son patrimoine architectural civil et religieux. D'après l'histoire locale, Mariana est la première ville fondée au Minas Gerais. Le 16 juillet 1696, des bandeirantes de São Paulo, à la recherche de métaux précieux, fondent Mariana, sur les berges d'un fleuve aurifère. La création du petit hameau, qui prend d'abord le nom de Arraial do Ribeirao do Carmo, scelle la naissance de l'Etat des « Mines Générales », ou Minas Gerais. Sa rapide prospérité permet d'élever la cité au rang de « Leal Vila » puis, en 1743, le sergent et architecte José Fernandes Pinto de Alpoim est envoyé par le roi du Portugal pour planifier le tracé du futur évêché et première capitale du Minas Gerais. Deux ans plus tard, la ville de Mariana naît, en hommage à la Reine Dona Maria Ana D'Austria, épouse de Dom João V. L'apogée de la ville ne survivra pas au tarissement progressif des mines d'or et Mariana entrera dans une longue période de torpeur. De cette période dorée, il reste une remarquable richesse architecturale, et notamment de nombreuses églises dans le plus pur style baroque *mineiro*. Cette beauté endormie inspira le poète Alphonsus de Guimaraes, compositeur de l' « Hymne de Mariana », comparant la ville à une princesse qui s'éveille et annonce qu'elle veut récupérer la splendeur de son trône !

Le 16 juillet a été choisi comme le jour de l'État du Minas Gerais et, depuis 1980, toutes les années à cette date, la capitale de l'État est symboliquement transférée à Mariana pour un jour, avec force musique et festivités. Le drame du 5 novembre 2015 n'a pas affecté directement la ville de Mariana, mais une municipalité située à 15 km.

Aujourd'hui, Mariana est un havre de paix où l'on peut admirer les riches églises baroques et les œuvres de l'Aleijadinho et de Mestre Ataide. Sa taille raisonnable permet de la parcourir à pied, de s'arrêter sur ses places ombragées, et de goûter aux plaisirs de ses tables. Bien desservie par rapport à Ouro Preto, c'est une escapade idéale d'une demi-journée, que l'on peut combiner avec la visite des mines de Passagem, qui ne sont plus en activité mais qui montrent l'imortance de l'activité extractive.

CASA DA CÂMARA E CADEIA ★

Praça João Pinheiro

Ouvert tous les jours de 9h à 18h.

Si Mariana est moins réputée qu'Ouro Preto pour découvrir l'art baroque mineiro, elle n'en reste pas moins une ville d'une grande richesse patrimoniale. La casa da camara (hôtel de ville) est un superbe édifice à vocation politique et administrative. La partie basse était constituée d'une *cadeia* (prison) pour les esclaves. La fameuse pierre à savon participe ici de la beauté du bâtiment. Ce bâtiment s'inscrit dans un riche et esthétique complexe architectural, où deux églises baroques, font face à un lieu du pouvoir temporel et à un des rares piloris du pays.

CATEDRAL BASILICA DA SÉ ✞ ★★

Praça Claudio Manoel

✆ +55 31 3557 1216

Fermée pour restauration jusqu'en 2019.

Construite durant la première moitié du XVIIIe siècle et inaugurée en 1760, c'est l'église la plus ancienne de la ville. Son intérieur est richement décoré par Aleijadinho et Manuel da Costa Ataide, dans le plus pur style du baroque Mineiro. Plus connue sous le nom de cathédrale de Mariana, sa principale richesse réside dans la décoration intérieure, qui possède l'un des ensembles les plus sophistiqués de sculptures de l'époque coloniale taillées dans le bois à l'aide d'instruments tels que le ciseau.

Vue de l'extérieur, la Sé présente une conception architecturale modeste et sobre, qui rappelle certaines constructions jésuites de la côte brésilienne, moins riche qu'à l'époque coloniale. Au-dessus du portail d'entrée, deux fenêtres avec balcons et parapets apparaissent, et juste au-dessus, les deux tours pour les cloches.

La superbe décoration architecturale de la chapelle principale met en exergue le haut niveau de raffinement atteint par les architectes du Minas Gerais au milieu du XVIIIe siècle. L'une des attractions est l'orgue allemand Arp Schnitger, construit en 1701 et installé en 1753. L'autel principal est orné en son centre d'une toile représentant l'Assomption de la Vierge Marie. Les autels latéraux de la nef, à l'exception de celui de Santa Barbara, sont dans le même style que l'autel principal, avec des détails décoratifs tels que l'Atlantis (statue à figure d'homme). Ces autels sont consacrés à saint Jean l'Évangéliste, saint Pierre, saint François, Seigneur des marches et aux saints Barbara, Luzia et Antonio.

GRUTA DE NOSSA SENHORA DA LAPA ★

Rua da Lapa, 2

Entrée : 4 R$. Ouverte du mardi au dimanche de 8h à 12h et de 13h à 17h.

La grotte de Nossa Senhora da Lapa est une véritable Lourdes locale. Cette cavité, ancienne cache pour les esclaves Marrons, et où serait apparue la Vierge Marie, est visitée par des milliers de personnes le 15 août. L'église est construite à l'entrée de la grotte et de très nombreux fidèles et pèlerins prient sur le parvis de cette église rupestre. Les environs sont alors envahis par des étals de marchands ambulants. Le village traversé est également un ancien *quilombo*.

IGREJA SÃO FRANCISCO DE ASSIS ✞ ★

Praça Minas Gerais

8h30-12h et 13h30-16h.

Construite entre 1764 et 1793. Manuel da Costa Ataide, peintre illustre de la ville, y repose. On y trouve deux peintures du *Mestre* dont une avec un trompe-l'œil surprenant par l'illusion produite. Fin 1763, la première pierre est posée. En 1777, la chapelle principale, la sacristie et la maison du noviciat sont terminées. La première messe est célébrée le 6 décembre. En 1783, il fut décidé de faire un nouveau frontispice et de nouvelles tours, ainsi que de modifier l'arc du chœur.

Située sur la même place que l'église du Carmo, la construction est en pierre, avec deux tours également en pierre qui flanquent le fronton curviligne, surmonté d'une croix patriarcale. Elle possède une grande porte sculptée, avec des garnitures en pierre, surmontée d'un linteau incurvé qui se termine par une grande tablette flanquée d'anges, contenant une dédicace à saint François d'Assise, datée de 1763.

À l'intérieur, l'église est bien proportionnée. Le retable est composé de deux colonnes centrales, avec un fût cannelé et des torses en partie inférieure. Bordant le retable, deux pilastres de chaque côté soutiennent les arcs du plafond du chœur. Le trône est haut, abritant dans la partie supérieure l'image du Christ crucifié et dans les marches, saint François d'Assise. Des artistes notables, comme Manuel da Costa Athaíde, ont réalisé des travaux réalisés entre 1794 et 1795, on trouve la dorure du retable de l'autel principal et de l'autel de Santa Izabel, ainsi que l'incarnation de l'image.

IGREJA NOSSA SENHORA DO CARMO ★

Praça Minas Gerais

Ouverte du mardi au dimanche de 9h à 11h45, puis de 13h à 16h. Entrée : 5 R$.

Église édifiée en 1814, ce fut de l'avis des initiés la plus belle de la ville, jusqu'à ce qu'un incendie de 1999 lui fasse perdre ses plus beaux atours, notamment une superbe peinture du Mestre Ataide. L'église Nossa Senhora do Carmo se trouve sur l'ancienne place Pelourinho, à Mariana (MG), aujourd'hui place Minas Gerais. Juste à côté, se trouve l'église de São Francisco de Assis, proximité assez rare dans l'histoire des édifices religieux. Sur la place, il existe encore un des derniers piloris, colonne en pierre pour punir les esclaves à l'époque coloniale. Sans doute est-ce « l'un des derniers beaux exemples de rococo dans le Minas Gerais. La façade du bâtiment serait une "interprétation simplifiée" de l'église de São Francisco de Assis, construite par l'architecte et sculpteur Aleijadinho, à Ouro Preto (sa plus belle œuvre architecturale). L'église est de plan rectangulaire, avec la sacristie et le consistoire sur les côtés. Les tours rondes, en maçonnerie, avec des cloches également en pierre, se rétractent derrière une façade droite. La porte est encadrée d'un médaillon portant les emblèmes de l'ordre des Carmes. À l'intérieur, juste à l'entrée, il y a un grand coupe-vent (une sorte d'écran en bois placé devant les portes pour protéger l'environnement). Le plafond présente une peinture ornementale représentant Notre-Dame-du-Mont-Carmel entourée d'anges et de nuages, remettant un scapulaire. L'autel principal comporte une image du saint patron sur le trône principal. Établie à Mariana depuis 1751, la confrérie du Tiers Ordre de Notre-Dame du Carmel se réunissait à l'origine dans la chapelle de São Gonçalo. En 1759, on commença la construction d'une chapelle provisoire, toute simple avec seulement une tour centrale en façade, dont les travaux étaient déjà pratiquement terminés l'année suivante. La construction du temple définitif a commencé en 1784, avec un projet de Félix Antônio Lisboa, demi-frère d'Aleijadinho, principal artiste de la période coloniale brésilienne. En janvier 1999, un incendie a détruit la peinture du plafond de la nef, les chaires, le plancher en bois, les autels latéraux et le toit. L'édifice religieux a ensuite fait l'objet d'une restauration d'une longue et coûteuse restauration qui a permis de redonner à l'église son lustre d'antan. Le toit, le revêtement et le plancher ont été restaurés et un nouveau revêtement a pris la place de l'original. Les images et les autels ont été restaurés.

MINA DE TOPÁZIO ★

District Antônio Pereira

La topaze est une pierre presque typique du Minas Gerais. On peut visiter une mine à Mariana. Cette mine de topaze à ciel ouvert est une des rares en activité au Brésil et une des rares au monde que l'on peut visiter. On peut y voir des mineurs en activité et même y acheter des topazes. Moises Da Silva, propriétaire de la Casa do Topázio, peut vous faire découvrir ce lieu. Pour une visite intéressante des garimpos et des mines, on conseille très fortement de faire appel à l'excellent guide kényo Maximiliano Azevedo (keniomaximiliano@yahoo.com.br).

MUSEU ARQUIDIOCESANO DE ARTE SACRA ★

Rua Frei Durão, 49

✆ +55 31 3557 2516

u mardi au vendredi de 8h30 à 12h et de 13h30 à 17h, le samedi et le dimanche de 9h à 15h.5 R$

Le Minas Gerais, outre la richesse de ses entrailles qui lui ont valu le nom de « Mines Générales » est riche de son art sacré. Le musée de Mariana est le second musée d'Art sacré du Brésil par sa richesse. Des meubles rares, des peintures portugaises et des œuvres d'Aleijadinho. La salle des joyaux vaut le détour. Notamment une couronne en or massif, ornée de pierres précieuses. À noter, au premier étage, les statues creuses qui servaient à la contrebande de l'or.

RUA DIREITA ★

Rua Direita

C'est l'ancienne rue principale de Mariana, appelée ria direita comme à Ouro Preto. Plusieurs bâtiments d'intérêt historique méritent que l'on s'y arrête, dans ce qui est le plus vieil ensemble architectural du Minas Gerais. La maison coloniale du XIXe siècle sise au numéro 102 abrite le musée de la Musique. Au numéro 54, la demeure du Barão de Pontal pose fièrement avec ses balcons finement ciselés en pierre de savon. On y trouve également, au numéro 35, la maison du poète symboliste Alfonsus de Guimarães, devenue un petit musée.

PELOURINHO ★

Rua Professor Waldermar de Moura Santos, 1-105

© CAVAN-IMAGES - SHUTTERSTOCK.COM

L'histoire du Brésil colonial est indissociable de ce crime imprescriptible contre l'humanité qu'a été la traite négrière. C'est le sang des hommes arrachés à l'Afrique qui a fait la fortune du pays. Cet ancien pilori, où on attachait et torturait les esclaves récalcitrants ou marrons, est un des trois restants au Brésil avec celui de Salvador de Bahia et de São Luís do Maranhão. Symboliquement, il est dressé devant la mairie-prison, expression du pouvoir des maîtres portugais. À l'instar de nombreuses sculptures de la région, ce pilori est fait en pierre à savon.

AGTURB ★

Praça Presidente Tancredo Neves
✆ +55 31 3557 1158
www.agturbmarianamg.blogspot.com

L'AGTURB est l'agence locale des guides de tourisme de Mariana. On vous conseille de passer par son intermédiaire si vous voulez prendre un guide pour visiter la ville et les environs. Comme à Ouro Preto, le fait de s'attacher les services de guides officiels dûment accrédités auprès des associations est très souvent la garantie d'avoir un interlocuteur formé et compétent. En haute saison (Pâques, juillet-août...), il est prudent de réserver en passant par leur site. Le guide Kényo Maximiliano Azevedo est une valeur sûre. (keniomaximiliano@yahoo.com.br).

HOTEL PROVIDÊNCIA €

Rua Dom Silvério, 233
Centro
✆ +55 31 3557 1444
www.hotelprovidencia.com.br

À partir de 240 R$ la nuit en chambre double, petit déjeuner compris. Wifi.

Dans une vénérable demeure de 163 ans, l'hôtel Providencia est un joli établissement bleu et blanc à la déco forcément un peu austère puisqu'il s'agit d'un ancien séminaire de l'ordre de Saint-Vincent, mais toujours confortable et propre. L'accueil est très chaleureux. Internet, garage, piscine et jardin. De grands couloirs, un cloître, une légère ambiance Harry Potter version tropiques. Le restaurant sert une très bonne *feijoada* le samedi. Une très bonne adresse, particulièrement recommandée pour les groupes. L'hôtel est situé dans le centre.

POUSADA RAIN HA DOS ANJOS €

Rua D Silvério, 304 - Centro ✆ +55 31 3557 3291
www.pousadarainhadosanjos.com.br

À partir de 155 R$ la chambre simple, 270 R$ pour 2,325 R$ pour 3 et 379 R$ pour 4, petit déjeuner compris. Wifi.

La pousada Rain ha dos Anjos a ouvert ses portes il y a quelques années et propose des chambres simples et propres, à la déco assez rustique. La chambre pour couple est assez cosy. Certaines ont une vue sur les montagnes. L'entrée par le garage est assez austère, mais le service est familial et de qualité. Un petit sauna est à disposition des voyageurs. L'endroit est très calme et juste à quelques centaines de mètres de la mairie de Mariana. La pousada se situe à 800 mètres de la cathédrale de Mariana et du musée archidiocésain.

POUSADA DO CHAFARIZ €€

Rua Cônego Rêgo, 149
Centro
✆ +55 31 3557 1492

Compter 170 R$ la chambre simple, 260 R$ la double, 330 R$ la triple, 400 R$ la quadruple. Petit déjeuner compris. Wifi.

En plein centre de Mariana, cette pousada assez moderne dispose de 20 appartements simples et bien tenus avec TV, téléphone et frigo-bar. Très propres et bien équipées, certaines chambres sont plus claires que d'autres. Petite piscine, une salle de jeux et restaurant indépendant. Jolie vue sur la basilique de São Pedro et le pensionnat de la Providence. Sa localisation à proximité des centres d'intérêt de la ville, monuments historiques, mais également bars et restaurants, fait de cette pousada un excellent compromis entre, prix, qualité et localisation.

POUSADA OURO REAL €€

Rua Direita, 31
✆ +55 31 3557 1767
www.pousadaouroreal.com.br
Chambres simples de 150 à 180 R$, doubles de 260 à 300 R$, petit déjeuner compris. Wifi.

En plein centre de Mariana, cette pousada aux belles couleurs de blanc et bleu ouverte récemment propose 8 chambres élégamment décorées et bien équipées (réfrigérateur, climatisation, TV). Elle propose un subtil mariage entre l'héritage culturel mineiro et la modernité. Un sauna, un bain à remous et un jardin complètent le tableau. La pousada donne sur la rue, mais on a rapidement l'impression d'être isolé du reste de la ville dès qu'on est dans la cour...même si l'agitation de Mariana reste en tout temps limitée. Une bonne adresse.

RANCHO €

Praça Gomes Freire, 108
✆ +55 31 3558 1060
ranchorestaurante.com.br
Cuisine mineira. du lundi au samedi de 11h à 15h et de 20h à 23h, le dimanche de 11h à 15h. Buffet libre à 30 R$.

Le Rancho est un restaurant presque « historique » de Mariana. L'équipe du Petit Futé lui rend visite depuis plus de 15 ans. C'est un établissement en buffet libre à petit prix. C'est assurément une table rustique et agréable qui fait la part belle à la cuisine mineira. De nombreux plats mijotent dans la salle. Bon, c'est sûr, il faut plutôt aimer la viande, mais on trouve des plats non carnés qui pourront satisfaire les végétariens. L'ambiance est conviviale, mix agréable entre locaux et touristes brésiliens de passage. De bonnes cachaças maison.

LUA CHEIA €

Rua Dom Viçoso, 23
✆ +55 31 3557 3232
Cuisine mineira. Ouvert tous les jours de 11h à 15h. Compter 40 R$ le kilo.

Le restaurant Lua cheia et un autre établissement qui propose un buffet au kilo pour le déjeuner, bon et pas cher. Les végétariens y sont les bienvenus, ce qui n'est pas toujours en cette terre mineira d'éleveurs et de producteurs le lait qui donna tant de « lait », dans la « république café au lait ». On y trouve avec bonheur beaucoup de verdure et de fruits, mais l'établissement est aussi connu pour son churrasco. On ne peut en partir sans avoir goûté le fameux sorbet au fromage et à la goiabada. Une adresse à retenir pour les gros appétits.

BISTRÔ

Rua Salomão Ibrahim da Silva, 128
✆ +55 31 3557 4138
Bar-restaurant, cuisine brésilienne. Ouvert tous les soirs de 18h30 à minuit.

Difficile de rater cet établissement aux couleurs flashy. Dans ce bar-restaurant aux allures de maison de poupée et à l'ambiance romantique, on peut boire de bonnes cachaças et manger quelques sushis. Situé juste derrière la place Gomes Freire. Le tropeiro au poisson est très bon et d'un excellent rapport qualité-prix. La pizza portugaise est à découvrir. Assurément, une des meilleures options de Mariana, que l'on aurait pu également faire figurer dans la rubrique restaurant. Les mélomanes pourront s'essayer au piano de la maison.

PIZZARIA DOM SILVÉRIO €

Rua Salomão Ibrahim da Silva, 78
✆ +55 31 3557 2475
pizzariadomsilverio.blogspot.com.br
Pizzeria. Ouvert tous les soirs de 18h30 à minuit. Compter environ 50 R$ pour une grande pizza.

Si le restaurant a changé d'adresse, la table est toujours aussi réputée à Mariana. On y sert au Dom Siverio d'excellentes pizzas au feu de bois depuis presque un quart de siècle ! Les pizzas et les calzones se déclinent un grand nombre d'options (thon, morue, californienne). On peut également y manger un bon plat pour trois fois rien. Les lasagnes ou le filet parmiggiana ne sont pas mal non plus. Les plus aventureux pourront s'essayer les pizzas sucrées (mozzarella, banane, cannelle). Les propriétaires sauront vous accueillir avec chaleur.

CHANTILLY CONFEITARIA

Rua Frei Durão, 32
✆ +55 31 3557 3195
Salon de thé, snacks. Ouvert tous les jours de 10h à 21h.

Pour ceux qui aiment les cup cackes, alors cette boutique pourrait prendre des allures de paradis. Cette petite pâtisserie propose de très bonnes tartes salées et sucrées, des gâteaux au chocolat et d'excellents cafés. De quoi se sustenter avec bonheur dans les riches heures de Mariana. Elle se trouve idéalement à quelques mètres du point de rencontre de Mariana, la place Gomes Freire, aux allures de jardin avec ses arbres qui offrent de l'ombre à tous ceux en quête de repos ou de méditation. Un petit côté anglais, assurément.

PARQUE NATURAL DO CARAÇA ★★

Par sa richesse en termes de biodiversité et par la beauté de ses sites, le Parc naturel de Caraça est une destination exceptionnelle de 11 000 ha, qui représente aujourd'hui une importante réserve écologique. Parmi la faune locale – l'une des plus diversifiées du Brésil central – on trouve des rongeurs tels que le *caxinguelê*, des félins tels que le chat *maracaja* et le puma, le tapir, ou encore le célébrissime loup à crinière. La grande variété d'espèces de la faune et de la flore du Caraça s'explique par l'exceptionnel emplacement de la région : située dans une zone de transition, entre la forêt atlantique et le Cerrado, dans des altitudes qui varient de 750 m à 2 100 m, les différences climatiques y permettent l'existence d'écosystèmes très différents, sur une surface relativement limitée. Le parc ne se situe qu'à 2 heures de route de Belo Horizonte, mais il est fortement conseillé de partir deux jours minimum pour profiter des beautés du parc souvent situées à plusieurs kilomètres de marche. Il est possible de loger à l'intérieur même du parc. Chaque jour vous aurez le choix entre de nombreux sentiers qui vous feront découvrir grottes, cascades, pics rocheux (dont le plus haut s'élève jusqu'à 2 072 m). Le tout extrêmement bien préservé, un vrai site d'écotourisme. On peut dormir dans le sanctuaire de Caraça, créé par Dom Pedro I. Les plus chanceux auront peut-être l'opportunité de voir les timides loups à crinières que le père Tobias, aujourd'hui décédé, avait pris l'habitude de nourrir le soir.

BOCAINA ★

À environ 5 km du Santuário.

C'est un long défilé entre deux pics qui vous conduit à plusieurs grottes (dont celle de Bocaina) et à quelques chutes d'eau. Très belle randonnée. On remonte le lit pierreux de la rivière sur un kilomètre et on est soudain confronté à un paysage magnifique et à la grotte de Bocaina. La première salle est large. Une rivière à l'intérieur traverse presque toute l'extension de la grotte. En continuant par un couloir étroit, qui se rétrécit jusqu'à ne laisser la place qu'à une seule personne, on atteint la deuxième pièce, où se trouve une petite cascade.

CASCATONA ★

À environ 6 km du Santuário, compter 2 heures de randonnée aller.

Les cascades de la Cascatona proposent un très bel enchaînement de chutes d'eau, faisant au total plus de 80 m de dénivelé et un puits naturel pour se baigner. Elles se trouvent à l'intérieur du sanctuaire de Caraça. Il faut parcourir un peu plus de six kilomètres de sentiers au cœur de la belle Mata Atlantica. Les chutes d'eau se méritent. Le parcours est difficile, surtout par temps de pluie. On peut ensuite grimper jusqu'au haut de la cascade et c'est un peu périlleux par moment. L'eau est froide dans les marmites naturelles.

MINAS GERAIS

BANHO DO IMPERADOR ★

Proche de l'entrée du Santuário.

Il se trouve à quelques mètres du centre historique, juste en bas de la route pavée. En suivant une petite piste de terre signalisée, on accède à une piscine naturelle atteignant jusqu'à 1,40 m de profondeur. Le Bain de l'Empereur était le lieu où, à l'époque du Collège, les garçons prenaient leur bain hebdomadaire. Lors de sa visite, Dom Pedro II lui-même s'y est baigné, laissant à jamais son nom sur cette merveille hydrogéologique. C'est un lieu très apprécié pour sa beauté et son accessibilité aisée à partir du centre historique.

PARQUE NATURAL DO CARAÇA

Estrada do Caraça, km 9 © +55 31 3837 2698
www.santuariodocaraca.com.br
tlj de 7h à 17h (21h pour les hôtes de la Pousada). Dernier ticket à 15h30. certificat de vaccination fièvre jaune exigé

Le complexe du Santuário, en plus d'offrir un logement, fait également office de centre de tourisme où vous pourrez collecter toutes les informations pour vos randonnées à la journée. Néanmoins, c'est le soir que les loups viennent se sustenter face à l'église, il faut donc rester dormir sur place pour les apercevoir. Le parc naturel de Caraça est un espace de transition entre la Mata Atlantica et le Cerrado de plus de 11 223 hectares. Les montagnes y culminent à 2 030 mètres. La richesse des paysages, de la faune et de la flore est reconnue internationalement.

SANTUÁRIO DO CARAÇA ★★

Estrada do Caraça, km 9
Santa Bárbara
✆ +55 31 3837 1939
www.santuariodocaraca.com.br

Ouvert tous les jours de 8h à 17h. Entrée : 12 R$, 18 R$ le week-end.

Le Santuàrio de Caraça (sanctuaire de Caraça) est incontournable à plus d'un titre. Les bâtiments y sont chargés d'histoire, mais l'environnement (dans son acception «naturelle») est d'une beauté et d'une richesse réelles. Le frère portugais et franciscain Lourenço de Nossa Senhora fonda en 1774 une confrérie et un couvent au Caraça. En 1819, à sa mort, il lègue son sanctuaire à Dom João VI et lui demande qu'il y construise un collège, achevé en 1820, qui va devenir célèbre dans tout le pays. Un bâtiment de trois étages abrite des salles de classe, un théâtre et une bibliothèque, à côté de l'église de style néogothique. De 1820 à 1911 d'importants hommes politiques de la région y ont fait leur classe. Aujourd'hui, suite à un incendie qui a dévasté l'ensemble en 1968, seule demeure intacte l'église et ses ailes. Les activités du collège ont été interrompues et les bâtiments ont été convertis en un lieu de repos et de méditation, ouvert aux touristes. On peut y admirer la beauté du site, dominé par l'imposante montagne du Caraça. À découvrir également, l'église Nossa Senhora Mãe dos Homens, le cloître, les catacombes, les ruines restaurées du collège, la bibliothèque, le jardin avec cadran solaire, le calvaire et le musée regroupant les objets qui témoignent de l'histoire des lieux dont le lit où l'empereur Dom Pedro II a dormi. Une des grandes aventures, pour ceux qui choisissent de passer la nuit dans ces lieux pleins de quiétude, est d'attendre la visite des timides loups à crinière qui ont en pris l'habitude.

POUSADA DO SUMIDOURO €

Estrada do Caraça, km 4 - Sumidouro
✆ +55 31 3809 4001
www.pousadadosumidouro.com

Compter 200 R$ la nuit en chambre double, petit déjeuner compris. Wifi.

La Pousada du Sumidouro propose des chambres et des chalets au confort rustique, mais agréables et propres. En pleine nature, bien entendu, et très proche de l'entrée du parc. L'endroit est assez exceptionnel, au pied de la chaîne de montagnes de la Serra de Caraça. On jouit d'une vue privilégiée sur la nature environnante et le climat est très agréable ! Les chalets, au beau milieu de la forêt, font de cette pousada une excellente destination romantique. On retrouve une ambiance de matin du monde typique du Pantanal. Petite piscine bien agréable en été.

POUSADA SANTUARIO DO CARAÇA ET FAZENDA DO ENGENHO €€

Estrada do Caraça, km 9 - Santa Bárbara
✆ +55 31 98978 3180
www.santuariodocaraca.com.br

De 160 à 360 R$ la nuit pour deux selon l'appartement choisi, à partir de 134 R$ par personne, pension complète. Wifi.

Au sein même du beau Sanctuaire de Caraça (un monastère-collège franciscain de 1774, qui accueillait les pèlerins), ces deux pousadas gérées par les moines offrent des logements simples et variés (depuis la petite maison jusqu'à la suite impériale). Tranquillité garantie. Très bonne table mineira, avec un petit déjeuner gargantuesque. Centre de recherche, musée et catacombes dans l'enceinte du Sanctuaire. Les journées et les soirées y sont forcément magiques.

CATAS ALTAS ★★

Catas Altas, un village à 750 mètres d'altitude enserré dans la Serra do Caraça, apparaît comme un paysage de carte postale. On y accède en voiture à partir de Santa Bárbara qui se trouve à 12 km seulement (BH est à 113 km). C'est un lieu au cadre naturel enchanteur. Les habitants y sont accueillants et les témoignages de la richesse passée du cycle de l'or valent le déplacement. La nature exubérante, la montagne, au loin, semble écrasante. De bonnes infrastructures touristiques. La forte teneur des sols en fer y rend les orages particulièrement dangereux. Ne pas partir en randonnée sans s'être renseigné sur les conditions météo, très changeantes.

BICAME DE PEDRAS ★★

MG-129, km 8 vers Santa Bárbara
+ 4 km de route en terre

À 12 km du centre de Catas Altas, on peut voir, au milieu d'un sublime paysage de montagnes, les ruines d'un aqueduc de pierre, construit en 1792 pour approvisionner la ville. L'aqueduc de Bicame de Pedra a été construit par des esclaves en 1792 pour collecter l'eau de Serra do Caraça à Brumado, où l'or était extrait et lavé. Aujourd'hui, il reste environ 100 mètres du monument. Un escalier encastré dans le côté du portail donne accès à la partie supérieure de l'aqueduc. La route d'accès à partir de Catas Altas est en mauvais état.

CAPELA DE NOSSA SENHORA DO CARMO ✝ ★

Rua Santa Quitéria

Construite au XVIIIe siècle en haut d'une petite colline et restaurée en 1985, intéressante construction architecturale qui offre une superbe vue. C'est une petite chapelle qui est l'une des plus représentatives de l'art colonial du Minas.

Avec une seule tour, la chapelle est en bois avec un intérieur richement décoré. L'autel, dans le style Joanine, a des colonnes de fleurs et des palmiers. Cette construction fait partie de l'histoire coloniale du Brésil.

CAPELA DO SENHOR DO BONFIM ✝ ★

Morro d'Água Quente

Construite en bois, elle date probablement de la fin du XVIIIe siècle. Sa façade ne laisse pas indifférent. L'existence d'une chapelle en ce lieu est mentionnée une première fois en 1767. Construite par des esclaves vers 1786, dans un style baroque, sa fondation est en pierre. L'intérieur est très simple, ne comporte aucune œuvre sculptée et ne conserve qu'une image du Christ crucifié en bois. Elle n'a pas de tour, mais dégage une certaine sérénité.

IGREJA DE NOSSA SENHORA DO ROSÁRIO ✝ ★

Rua do Rosário

Elle date de la fin du XVIIIe siècle. Dépourvue de tours, elle présente un curieux jeu de volumes. À l'intérieur, on enterrait les Noirs qui faisaient partie de la Confrérie de Notre-Dame du Rosaire, ainsi que des esclaves. L'édifice est dépourvu de tours et a la partie formée par deux sections rectangulaires. Elle possède à l'intérieur un autel principal sculpté dans le style de D. João V. Le revêtement de la chapelle principale est en berceau voûté.

MATRIZ DE NOSSA SENHORA DA CONCEIÇÃO ✝ ★★

Praça Monsenhor Mendes

Ouvert du mardi au dimanche de 10h à midi et de 14h à 16h. Entrée : 2 R$.

Cette église apparaît comme le joyau architectural et patrimonial de Catas Altas. La Matriz est une imposante construction du début du XVIIIe siècle dans la plus pure lignée des églises du Minas Gerais de l'époque, avec deux tours quadrangulaires couvertes d'un toit de forme pyramidale curviligne. Elle présente en outre de riches ornements. L'autel principal est de style Dom João V et les autels latéraux datent de la première moitié du XVIIIe siècle.

PICO DO BAIANO 📷 ★

Morro d'Água Quente

À 3 heures de marche du centre de la ville, le pico do Baiano est situé en plein Morro d'Água Quente. Quatre voies d'accès permettent d'en atteindre le sommet, culminant à 2 050 m d'altitude. Selon certains alpinistes, ce sont les plus techniques du Minas Gerais et parmi les plus intéressantes du Brésil. Son sommet n'a été conquis qu'en 1994, année où a été ouverte la voie « Odyssée vers le Crépuscule », considérée jusqu'à aujourd'hui comme une des plus difficiles du pays par de nombreux grimpeurs et alpinistes. L'accompagnement d'un guide local est obligatoire.

PICO DOS HORIZONTES 📷 ★

Morro da Água Quente

Appeler aussi Pico Catas Altas. Pour s'y rendre, une randonnée de 5 heures pour une distance d'environ 7 km est nécessaire. Une fois au pied du pic, deux voies d'escalade se présentent. Au début de l'ascension, une petite grotte qui, selon certains habitants, aurait abrité un quilombo. Le Pico dos Horizontes culmine à 1 810 mètres, et est situé dans la Serra do Caraça. Tout au long du chemin, on trouve des grottes, des cours d'eau et des paysages intéressants, voire magnifiques. L'accompagnement d'un guide local est obligatoire.

POUSADA CATAS DAS GERAIS €

Rua Mons Barros, 260 ✆ +55 31 3832 7292
www.pousadacatasdasgerais.com
À partir de 160 R$ la chambre double, petit déjeuner compris. Wifi.

Cette petite pousada de 9 chambres simples et confortables se trouve à quelques dizaines de mètres de l'église de la place principale. Bien située près du centre historique et de nombreux lieux touristiques, elle dispose d'un joli jardin et d'un excellent espace commun avec de nombreux meubles rustiques qui donnent un côté simple et apaisant. On y vient pour se reposer. Avec son beau jardin, c'est un endroit idéal pour les couples et les groupes qui aiment le calme ou le divertissement sans être dérangés. Parking propre et couvert.

POUSADA DAS NASCENTES €€

Morro da Agua Quente ✆ +55 31 3832 5062
www.pousadadasnascentes.com
Compter 250 R$ la nuit en chalet, petit déjeuner compris.

Véritable vaisseau de bois qui offre de bonnes prestations dans un cadre naturel merveilleux, la pousada das Nascentes est située dans le petit village de Catas Altas, au pied même du Santuario do Caraça. De forts jolis chalets et des appartements permettront d'apprécier un isolement enchanteur. Avec leur toit pointu et les palmiers qui les entourent, on hésite entre un look bavarois et/ou un style polynésien. La rusticité des lieux permet d'entrer en résonance avec la prégnance de la nature environnante. Un dépaysement assuré.

POUSADA SOLAR DAS GUARAS €€

Rua Padre Emílio Veiga, 54 ✆ +55 31 3832 7102
www.pousadasolardosguarasmg.com.br
Compter 200 R$ la chambre pour 2 personnes, petit déjeuner compris. Wifi.

La pousada Solar das Guaras est une adresse simple et confortable au cœur de la ville, à deux minutes à pied de l'église « Matriz » de Catas Altas. La maison fait un peu austère de l'extérieur, mais les chambres sont bien équipées. On peut se délasser autour du billard. 11 suites, réparties en chambre pour une, deux ou trois personnes offrent tout le confort et la fonctionnalité modernes. Certaines chambres offrent une vue imprenable sur la Serra do Caraça. Si on ne garantit pas la visite des loups à crinière, le restaurant est accessible en permanence.

BAR E RESTAURANTE CASA DE TAIPA €

Rua Joaquim Loureiro, 214
✆ +55 31 3832 2511
Cuisine mineira. Ouvert du lundi au samedi de 8h à 20h et le dimanche de 9h à 18h. Buffet libre à 30 R$.

Sympathique restaurant dans le centre de Catas Altas, avec une excellente cuisine régionale. Ici encore, une rusticité comme on aime. Des tuiles brutes qui reposent sur poutres maçonnées par des maîtres charpentiers, des murs couverts de suie, des plats en terre où mijotent des mets cuisinés à la sauce locale sur un fourneau à bois. « What else ? » a-t-on envie de dire. La maîtresse des lieux, Dona Terezinha, rajoute ce tout petit supplément d'âme à cette cuisine sincère.

HISTÓRIAS TABERNA €

Rua Mons Barros, 230
✆ +55 31 3832 7615
Cuisine mineira. Ouvert vendredi de 17h30 à 1h, samedi de 12h à 1h et le dimanche de midi à 17h. environ 35 R$ le repas.

Ce petit restaurant propose une cuisine mineira simple et en même temps créative. Ici, on parle de slowfood. Le cadre est rustique et très convivial. La cuisine et le service sont remplis de philosophie. Les pierres et les murs d'adobe sont chargés d'histoire, la cuisine et la musique *ao vivo* dressent un pont entre le Minas d'hier et aujourd'hui. Le jardin assure un lieu entre l'homme du Minas et une nature omniprésente. Lors des festivals de la bière (festival do Caraça bier fest), des dizaines de motards sympas débarquent. A découvrir.

RESTAURANTE PICO DO SOL €

Praça Monsenhor Mendes, 106
✆ +5531 3832 7110
Cuisine mineira. Ouvert du lundi au samedi de midi à 19h. Compter environ 35 R$ pour un repas.

Petit bar restaurant relativement animé, situé sur la place principale de Catas Altas, en face de la belle église de la matriz. La simplicité s'allie ici à la qualité des mets. Un de ces petits restaurants typiques des campagnes du Minas qui respirent l'authencité, la simplicité et la sincérité. Une ambiance très familiale, une cuisine très «caseira» (cuisine familiale). L'environnement, si on pense en noir et blanc, fait forcément pensé à un de ces films du «Cinema Novo», où le héros est l'homme du quotidien de l'intérieur des terres.

SANTA BÁRBARA ★

Santa Bárbara est une petite ville de 30 500 habitants nichée à 730 mètres d'altitude. Son principal atout est d'être située au pied de l'impressionnante Serra do Caraça, lieu béni des amoureux de la nature et de la montagne, qui propose un nombre incalculable de randonnées et de cascades. La ville en elle-même, située à 70 km au nord d'Ouro Preto et à 110 km à l'est de BH, a entrepris une profonde réfection de son centre-ville historique (encore non achevée) et de son principal bijou : la Matriz de Santo Antônio. On pourra visiter le Sanctuaire Nossa Senhora Mãe dos Homens, la chapelle du Cordão de São Francisco, l'église de Nossa Senhora das Mercês.

IGREJA MATRIZ DE SANTO ANTÔNIO ✝ ★★

Av. Gov. Valadares
✆ +55 31 3832 1616
Ouvert du mardi au dimanche, de 13h à 17h. Entrée gratuite.

Construite en 1713, il s'agit tout simplement de l'une des plus belles églises du Minas Gerais, ce qui n'est pas peu dire ! Les pupitres sculptés de la chapelle Santissimo sont attribués à Francisco Xavier de Brito, le maître du grand Aleijadinho. La splendide peinture *L'Ascension du Christ*, dans la chapelle centrale, est du *mestre* Ataide. L'ensemble est de toute beauté. L'œuvre, cependant, est attribuée à ses disciples qui ont travaillé sur la dorure et la finition.

LAVRAS NOVAS ★

Autrefois loin des sentiers touristiques, à une grosse demi-heure de route d'Ouro Preto, se trouve un charmant village endormi, Lavras Novas. Depuis quelques années, les touristes ont perçu l'intérêt de ce lieu paisible, à une trentaine de kilomètres d'Ouro Preto, sans que cela n'enlève rien à son charme. Autour de ce village isolé, il existe de nombreux sentiers de randonnée sillonnant les montagnes environnantes. Certains mènent à de formidables cascades (Pocinhos, Três Pingos), traversant de minuscules villages, qui respirent l'âme contemporaine du Minas Gerais. Excursion destinée aux curieux, en quête d'authenticité, de nature et de calme.

POUSADA CANTO DOS PRAZERES €€

Rua Alto do Campo, 131
✆ +55 31 3554 2211
www.pousadacantodosprazeres.com.br
À partir de 300 R$ pour une chambre double, petit déjeuner compris.

Bénéficiant d'un superbe panorama, cet étonnant hôtel de luxe perdu au milieu de nulle part propose sept belles chambres dans un cadre rustique et bucolique très agréable. Les chambres sont grandes et bien équipées, avec de vastes baignoires, boisées et chaleureuses, certaines hydromassantes. Piscine immense sous une grande verrière, sauna, cave à vins... la grande classe. Les constructions sont toutes en bois. Un avant-goût d'un paradis... durable.

BEM TE VI €

Rua Nossa Senhora Dos Prazeres, 480
✆ +55 31 3554 2103
Cuisine mineira. Ouvert tous les jours sauf lundi, compter environ 30 R$ le plat.

Restaurant rustique et romantique qui sert des assiettes généreuses de *comida mineira* préparée avec amour, et pas chère. Dans un décor que seul le Minas sait proposer, avec ses murs peints à la chaux, ses pierres apparentes, sa salle tout en longueur, le Bem te vi est une aventure historique, folklorique autant que culinaire. Le soir, les bougies rajoutent une petite touche romantique dans un lieu qui n'en est jamais dépourvu. On est loin de Copacabana ou d'Ipanema et on ne s'en plaint pas. Un buffet délicieux et pas cher au kilo.

RISTORANTE LA CUCINETTA €€

Rua Nossa Senhora dos Prazeres, 1191
✆ +55 31 3554 2195
Cuisine italienne. Ouvert vendredi de 19h à 23h, samedi de 13h à 1h, dimanche de 13h à 22h. environ 60 R$ pour un repas.

Lorsqu'on est hésitant sur le menu du soir, les restaurants italiens réconcilient en général tout le monde, tant la cuisine transalpine est universelle. Le restaurant « La Cucinetta » propose de très bons plats italiens revisités par le chef Aldo Germanetto. Par amour pour son restaurant des montagnes, ce chef piémontais fait l'aller-retour entre Belo Horizonte et Lavras Novas. La soupe d'asperge, les penne au gorgonzola et les spaghettis bolognaise prennent ici leurs lettres de noblesse. La cave propose de bons vins chiliens, italiens, argentins et portugais.

MINAS GERAIS

CONGONHAS ★

Congonhas est une ville industrielle de 50 000 habitants, dont l'intérêt unique, est son extraordinaire reconstitution de la Passion du Christ, œuvre de l'Aleijadinho, composé de 78 statues de bois et de pierre à savon, qui grimpe jusqu'à la basilique Bom Jesus, tout aussi superbe. Incontestable chef-d'œuvre du sculpteur *mineiro*, ces statues justifient à elles seules la venue à Congonhas.

Histoire

En 1757 fut bâtie sur une colline l'église Bom Jesus de Matosinhos, avec les économies d'un chercheur de diamants très pieu, Feliciano Mendés, pour remercier le Bom Jesus de sa guérison. Quelques années après sa mort, on pensa à recréer un Sacre Monte sur les pentes de ce sanctuaire dont la réputation avait essaimé dans tout le Brésil. On fit alors appel à l'Aleijadinho, qui, malgré une maladie qui rongeait ses membres, passa la fin de sa vie, de 1796 à 1805, à sculpter 76 statues d'une extrême beauté, les ciseaux attachés à ses moignons. Douze de ces statues, en pierre de savon, représentent les prophètes et sont disposées à l'entrée de la basilique. Les 64 autres, en bois de cèdre, sont disséminées à travers les 6 chapelles en contrebas. L'ensemble composé du sanctuaire de Bom Jesus de Mathosinos a été inscrit au patrimoine mondial de l'humanité en 1985. On peut voir quelques clins d'oeil du facétieux sculpteur. Les bottes des romains sont semblables à celles des colons portugais, peu appréciés par les Inconfidents Mineiros.

© FELIPEGOIFMAN - SHUTTERSTOCK.COM

Le Sanctuaire de Congonhas.

SANTUÁRIO DO BOM JESUS DE MATOSINHOS ★★

Praça do Santuário

Le sanctuaire se compose d'une église, d'un escalier en terrasse décoré de sculptures en stéatite des prophètes de l'Ancien Testament et de six chapelles. Le sanctuaire est classé patrimoine mondial de l'humanité depuis 1985. Le superbe ensemble (église et chapelles) a été réalisé par les artistes qui sont à l'origine de la splendeur de l'art baroque mineiro : l'Aleijadinho et Ataide.

▶ **Les chapelles de la Passion Du Christ)**, qui relatent les événements qui ont accompagné la mort de Jésus de Nazareth, sont spectaculaires. L'Aleijadinho a rajouté quelques détails volontairement anachroniques pour moquer les Portugais. Les bottes des romains sont en fait des bottes portugaises, comme pour montrer le caractère barbare de la présence des soldats et des fonctionnaires de l'Empire portugais. Ces Luso-Romains ont quelquefois deux pieds gauches… Selon certains historiens, on peut voir à travers le martyre du Christ une allégorie de la lutte des « inconfidents » contre la Couronne portugaise. Le héros Joaquim José da Silva Xavier « Tiradentes » serait lui-même le modèle du petit estropié.

La visite commence au bas de la colline, à la première chapelle qui abrite des statues de bois de cèdre. C'est la scène bien connue : Judas, un sac d'or à la main, regarde par terre alors qu'on annonce qu'il y a un traître dans la salle. Plus haut, la deuxième scène est celle du Jardin des Oliviers, saint Pierre est sombre. La troisième chapelle met en scène l'arrestation de Jésus : Malchus a l'oreille coupée. La quatrième représente la flagellation et le couronnement d'épine ; la cinquième, le chemin de croix, la sixième, la mise en croix. On y voit notamment les soldats qui jouent son manteau aux dés, d'autres qui clouent le Christ, et les deux larrons.

Enfin, sur la terrasse de l'église se dressent les douze statues des prophètes, en stéatite, dite « pierre à savon ». D'aucuns y voient ici le zénith de l'art de l'Aleijadinho. Parmi eux, Daniel, qui parle à son lion ; Ezéchiel qui tient sur son bras la colère de Dieu ; Isaïe le barbu ; Jonas, qui revient d'un séjour dans le ventre de la baleine. On pourra admirer le réalisme de certaines réalisations et la petite « touche » de l'Aleijadinho : le lion a été sculpté d'après les formes d'un chat, puisque l'Aleijadinho n'avait jamais vu de lions.

▶ **Les processions de la Semaine sainte sont particulièrement spectaculaires.** La deuxième semaine de septembre, plus de 500 000 pèlerins assistent au jubilé de Bom Jesus de Matosinhos.

SANTÍSSIMO BISTRÔ €

Alameda Cidade Matozinhos de Portugal, 77
✆ +55 31 3731 1582
Cuisine brésilienne moderne. mardi et jeudi de 9h à 17h, mercredi de 13h à 22h et vendredi à dimanche de 9h à 0h00.

Le Bistrô du musée de Congonhas est la meilleure option pour faire une pause salée ou sucrée pendant votre visite de la ville. Quelques plats sont proposés ainsi qu'un très bon café. On n'est plus dans le charme du Minas Gerais d'antan. Le Bistrô a un style design, résolument moderne, peut-être un peu impersonnel. Certains espaces, prés des baies vitrées offrent une vue magnifique sur la ville. des groupes de musique se produisent parfois en ce lieu de culture et de gastronomie. Sandwich, picanha, «grand gateau», salade de coeur de palmier...

SÃO JOÃO DEL REI ★

90 000 habitants. Altitude : 900 m. Sans être dépourvue d'attraits, la grosse bourgade de São João del Rei (60 000 habitants) n'a pas le charme de Tiradentes. On y vient souvent par défaut, pour y trouver des hébergements meilleur marché qu'à Tiradentes, ou parce qu'on arrive ou on repart avec la Maria-Fumaça. Pourtant, le centre historique recèle également de superbes églises et demeures coloniales, loin de la modernité des quartiers récents. Toute la religiosité de l'époque de la colonie portugaise est perceptible à São João del Rei, exprimée par la dévotion de ses habitants pendant la Semaine sainte et lors de toutes les fêtes religieuses.

IGREJA NOSSA SENHORA DO CARMO ✝ ★

Largo do Carmo
Centro
✆ +55 32 3371 7996
Ouverte tous les jours de 7h à midi et de 13h à 18h. Entrée : 2 R$.

Initiée en 1732, sa construction durera près d'un siècle ! On peut y voir de belles toiles du peintre allemand George Grimm. Cette église présente différentes phases de l'architecture baroque. Dans la nef centrale, on peut voir qu'une peinture représentant le Christ est inachevée. Le maître-autel, les nefs latérales et l'arc de la croix sont peints en blanc. Le retable du maître-autel, composé de colonnes, avec des fûts cannelés, est simple et sobre.

IGREJA NOSSA SENHORA DO PILAR ✝ ★

Rua Monsenhor Gustavo, 61
✆ +55 32 3371 2568
Ouvert tous les jours de 6h à 11h et de 17h30 à 20h (horaires néanmoins changeants !). Entrée libre.

Construite en 1721, la seule église de la ville avec des autels dorés à l'or fin. Les peintures baroques à l'intérieur y sont superbes. On peut assister à des messes chantées. La façade est composée de cinq portes d'entrée. Celle du centre est plus large et plus haute. Cinq fenêtres sont ouvertes au niveau du chœur avec des balcons et des balustrades en fer. A l'intérieur, la nef est composée d'un magnifique ensemble de boiseries peintes et dorées.

IGREJA SÃO FRANCISCO DE ASSIS ✝ ★★

Praça Frei Orlando, 150
✆ +55 32 3372 3110
Ouverte tous les jours de 8h à 11h et de 14h à 16h. Entrée : 5 R$.

Construite en 1774, c'est une magnifique œuvre d'art, remarquable pour son travail en pierre et bois. Elle constitue le premier ouvrage du maître Aleijadinho en lignes courbes, avec son parvis en forme de lyre, entouré d'une balustrade en marbre. Précédée d'une majestueuse allée de palmiers impériaux, c'est la carte postale de la ville. Avec des clochers circulaires et des ornements sculptés en stéatite, l'église de São Francisco de Assis est l'un des joyaux du Minas.

POUSADA BECO DO BISPO €€

Rua Irmã Eugênia Luz Pinto, 93
✆ +55 32 3371 8844
www.becodobispo.com.br
Chambre pour 2 pers à partir de 220 R$. Petit déjeuner compris. Wifi.

Idéalement située dans le centre historique de São João del Rei, la pousada Beco do Bispo est incontestablement une des plus accueillantes et des plus joliment décorées des pousadas de la ville. Bien qu'elle fasse référence à une résidence d'évêque (bispo en portugais), loin d'être austère, cette pousada est fort coquette avec son mobilier de style rustique mineiro. Les chambres sont impeccables et très bien tenues. Le petit déjeuner est de surcroît un vrai régal. La petite piscine et le petit jardin complètent cette ambiance romantique.

RESTAURANTE CHAFARIZ €

Rua Quintiano Bocaiúva, 100
+55 32 3371 8955
Cuisine mineira. Ouvert tous les jours de 11h à 15h. Compter environ 35 R$ pour le déjeuner.

Moderne et fonctionnel, on ne vient pas au restaurant Chafariz pour son architecture ou sa décoration, très quelconques. C'est par contre un self-service parfait pour le déjeuner, situé tout près de la gare de la Maria-Fumaça et c'est bien ce que l'on recherche dans un restaurant. Tous les plats sont appétissants, des salades aux desserts. La nourriture est préparée avec soin et bien présentée. Le restaurant Chafariz propose une formule buffet à 30 R$, c'est-à-dire à volonté, sans peser l'assiette. Cuisine *mineira* et *churrasco* de rigueur.

VILLEIROS €

Rua Padre José Maria Xavier, 132
+55 32 3372 1034
Cuisine mineira. Ouvert tous les jours de 11h à 14h. 50 R$ le kg.

Ce restaurant occupe une belle demeure coloniale du XIXe siècle. Le Villeiros est à la fois un bon « kilo » et un restaurant où une nourriture mineira variée bien préparée honore la table des convives. L'atmosphère du lieu est très plaisante. La décoration des salles, mais également celle des assiettes est agréable et raffinée. Les aliments sont nobles et préparés avec soin. Les pâtes aux crevettes sont aussi bonnes que bien présentées. Les gâteaux sont réputés régionalement. De quoi se sustenter en attendant la Maria Fumaça.

TIRADENTES ★★★

Ce village est le lieu de naissance du révolutionnaire et héros national éponyme, Joaquim José da Silva Xavier, « Tiradentes » (arracheur de dent en portugais) dont il tire son nom. S'il est difficile et peut-être un peu vain d'établir un classement des villes coloniales du Minas, tous sauront s'accorder sur le charme de Tiradentes. Nul besoin de philtre d'amour pour tomber éperdument amoureux de cette petite ville. Située à 925 mètres d'altitude, cet petit bourg colonial de 7 000 habitants à la tranquillité intemporelle a été fondé en 1713 et semble avoir été dessiné par quelque peintres naturalistes. Le temps semble s'y être définitivement arrêté et la ville prend des pauses de carte postale.

C'est le lieu de villégiature de prédilection de nombreux Cariocas et Mineiro. Sa population triple en fin de semaine et il est toujours judicieux de réserver. Sans aucun doute, Tiradentes constitue la visite la plus romantique parmi toutes les villes coloniales du Minas Gerais.

Déambuler dans ses rues étroites et pentues, en passant d'une maison coloniale à une autre, d'église en jardin, dans un décor résolument baroque, constitue en soi un cheminement historique à la rencontre de l'Inconfidence. L'écrin du village est sans conteste l'exubérante végétation de Mata Atlântica alentour, rehaussée par les hautes falaises de la Serra de São José. Au fil des siècles, Tiradentes a conservé tous ses attraits de la fastueuse époque de la ruée vers l'or. Ici, oubliée la voiture, les rues pavées invitent à la promenade à pied, ou le must, en carriole !

RETRO CINE BAR

Rua Industrial Paulo Agostini, 36
+55 32 99945 0013
De 21h à 4h. Ouvert en fin de semaine. Compter 40 R$ pour un verre et un plat.

Une adresse originale qui anime les soirées de São João del Rei depuis près de 15 ans maintenant. Comme son homonyme de Barcelone, dans une ambiance rétro, comme son nom l'indique, ce bar est également une salle de concert où se produisent des groupes régionaux ou nationaux de qualité. On peut manger dans un cadre convivial et décontracté ou simplement siroter un verre. Vous pouvez consulter le programme des événements sur le site internet ou sur la page Facebook de l'établissement. C'est aussi un cinéma qui projette les grands classiques du 7e art.

IGREJA MATRIZ DE SANTO ANTÔNIO ★★★

Rua Padre Toledo, 2
+55 32 3355 1238
Ouvert tous les jours de 9h à 17h. Entrée : 10 R$.

Édifiée entre 1710 et 1732, c'est l'un des plus beaux exemples de l'art baroque brésilien, peint par Manuel Vitor de Jesus. Elle conserve un orgue portugais du XVIIIe siècle. Sa façade, toute en dorures et boiseries, fut l'un des derniers projets d'Aleijadinho en 1810. On peut voir que les cheveux de Jésus sont naturels. Le magnifique orgue portugais datant de 1766 a été entièrement rénové (concerts les vendredis à 20h30). Superbe vue sur la ville et la Serra São José.

CHAFARIZ DE SÃO JOSÉ ★

Rua do Chafariz

© ANTONIO SALAVERRY - SHUTTERSTOCK.COM

Trois bassins différents composent cette fontaine datant de 1749 : un pour boire, un lavoir et un abreuvoir à animaux. La Chafariz de São José est la seule du Minas Gerais à posséder un oratoire avec une image de saint. La construction rappelle la façade d'une église. La visite de Tiradentes n'est complète que si vous pouvez entendre de près le bruit de l'eau qui tombe des trois fontaines. En effet, la source qui l'alimente se trouve dans le bois Mãe D'Água, très proche. Un ancien aqueduc en pierre filtre l'eau acheminée vers la fontaine.

IGREJA NOSSA SENHORA DO ROSÁRIO DOS PRETOS ✞ ★★

R. Padre Tolêdo, 336

Ouvert du mardi au dimanche de 10h à 17h. Entrée : 3 R$.

Bâtie en 1708 par et pour les esclaves, c'est la plus ancienne église de la ville. Elle est faite de voûtes de pierre et comprend de nombreuses peintures et images de saints noirs sur les autels. Des éléments de la religion catholique sont mélangés à ceux des religions africaines, notamment le candomblé, expression du syncrétisme religieux des paroissiens. Un saint noir peint, Santo Elesbão est un roi noir et chrétien qui a vécu en Éthiopie au sixième siècle.

IGREJA SÃO FRANCISCO DE PAULA ✞ ★★

Rua Nicolau Panzera

Ouvert du mardi au dimanche de 9h à 18h. Entrée gratuite.

Érigée au milieu du XVIIIe siècle, elle est située sur le *morro* du même nom et offre un magnifique panorama sur Tiradentes. La chapelle São Francisco de Paula se distingue par sa façade simple avec clocher. À l'intérieur, le retable principal comporte l'image de la sainte patronne. Sur les murs latéraux, il y a des reproductions de deux ex-voto du XVIIIe siècle. Selon la légende, il pleut à Tiradentes chaque fois que l'image de São Francisco de Paula est descendue du maître-autel.

MUSEU DA LITURGIA 🏛 ★

Rua Jogo de Bola, 15

✆ +55 32 3355 1552

Ouvert de 10h à 17h de jeudi à lundi. Entrée 10 R$.

Ce musée tente de présenter toute la dimension culturelle du fait religieux dans le Brésil baroque. On y trouve de superbes objets liturgiques. C'est le seul musée consacré à ce sujet en Amérique latine. Le musée présente plus de 400 objets liturgiques ainsi que de l'art sacré, tels que des peintures, des sculptures, des ex-voto, des objets et des vêtements, dont beaucoup ont été « oubliés » pendant des décennies dans des sacristies. La collection, qui date du XVIIIe au XXe siècle, a été totalement restaurée et conserve la mémoire liturgique de Tiradentes.

TREM MARIA FUMAÇA ☛ ★★

Ave. Hermilio Alvès, 366

✆ +55 32 3371 8485

www.tiradentes.net/maria.htm

Ven, sam, dim départ São João del Rei 10h et 15h, de Tiradentes 13h,17h (dimanche 11h, 14h). A/R 80 R$.

Comme entre Ouro Preto et Mariana, c'est l'opportunité d'une superbe balade en train d'époque à travers la Serra São José. Le musée ferroviaire de la gare fait revivre l'histoire du train à travers le monde. La première locomotive Baldwin, utilisée dans le voyage d'inauguration de la Estrada de Ferro Oeste e Minas en août 1881, y est exposée. C'est une petite excursion à ne pas manquer : en direction de São João del Rei, pensez à bien vous asseoir du côté droit du train, c'est de là que vous aurez la meilleure vue sur la Serra !

MINAS GERAIS

POUSADA ALECRIM €

Rua Flamboyant, 110 - Alto da Torre
✆ +55 32 3355 1872
www.alecrimpousada.com.br
À partir de 220 R$ une chambre double, petit déjeuner compris. Wifi.

Une pousada comme on les aime. Les couleurs blanc et lavande de cette maison à peine éloignée du centre confèrent immédiatement un sentiment de bien-être dans une ambiance simple et cosy. Les briques, les carreaux en terre et le bois complètent un intérieur très mineiro. Les suites, au nom de plantes aromatique, se trouvent soit à l'extérieur, avec vue sur le jardin et les montagnes, soit à l'intérieur, avec vue sur les montagnes. Toutes sont confortables et bien équipées. Un des meilleurs rapports qualité/prix de la ville, accueil exceptionnel, coup de cœur !

POUSADA ANTIGO MOINHO €

Rua Antônio Teixeira Carvalho, 134
Centre
✆ +55 32 3355 1227
www.pousadaantigomoinho.com.br
A partir de 260 R$ pour une chambre double

Cette belle pousada est localisée à proximité du centre historique de Tiradentes. Elle propose d'agréables suites, pour 2,3 et 4 personnes, bien disposées autour d'une piscine fort appréciable lors des grandes chaleurs de l'été mineiro. Tout en conservant des éléments anciens (poutres de bois, pierres de taille pour les murs), les propriétaires ont su proposer un savant et harmonieux mix entre ancien et nouveau. Des voiles, des toiles, des meubles vernissés, on aurait presque l'expression de regarder des photos d'un magazine de déco.

POUSADA BÁRBARA BELA €

Rua Herculano José dos Santos, 67 – Alto da Torre
✆ +55 32 3355 2345
www.pousadabarbarabela.com.br
À partir de 250 R$ la chambre double. Wifi. Les tarifs varient en fonction de la période.

A 15 minutes du centre historique, la pousada Bárbara Bela a pour écrin un charmant édifice colonial décoré avec soin. La vue est grandiose sur la Serra de São José. De nombreux équipements sont à la disposition des hôtes. La pousada propose de beaux appartements. Spacieux et confortables, ils offrent tout le confort nécessaire. Le petit déjeuner-buffet est l'occasion de déguster les excellents produits locaux. À l'heure du thé, de délicieux gâteaux faits maison sont proposés, accompagnés d'une gelée de goyave à la cachaça. Une adresse de caractère accessible.

POUSADA PAPYRUS €

Rua Frei Veloso, 452
Pacu
✆ +55 32 3355 1739
www.pousadapapyrus.com.br
À partir de 250 R$, petit déjeuner compris. Wifi.

La Pousada Papyrus est une oasis de verdure au pied de la serra São José, à quelques centaines de mètres de la place centrale de Tiradentes et à 100 mètres de l'église Santíssima Trindade. Le mélange pierre-bois n'est pas sans rappeler un chalet qui allierait subtilement moderne et rustique. La structure est simple mais conçue avec goût. Des objets chinés rappellent le riche passé de la région. Les suites standard supérieures et master sont fonctionnelles et agréables. Certaines ont une terrasse privative. L'ensemble est fort bien tenu. Une bonne adresse.

ARAÚJO BAZILIO POUSADA €€

Rua dos Jacarandás, 106
Terra dos Cuiabás
✆ +55 32 3355 2304
www.pousadaaraujobazilio.com.br
Chambre double à partir de 437 R$, petit déjeuner inclus. Wifi.

Cette jolie pousada assez récente allie construction et décoration traditionnelle mineira et confort moderne. Elle est un peu excentrée, mais les hôtes peuvent se rendre assez facilement à Tiradentes à pied par un petit chemin de terre agréable. On est à trois minutes de la rodoviaria. L'avantage, c'est qu'on est au calme et que la pousada est dotée d'une jolie piscine avec sauna et d'un parking, pour ceux qui sont en voiture. Le service est impeccable, le petit déjeuner buffet un vrai délice, les chambres gaies et joliment décorées.

POUSADA D'ÓLEO DE GUIGNARD €€

Rua das Almas Perdidas, 511 – Pau de Óleo
✆ +55 32 3355 2027
oleodeguignard.com.br
À partir de 327 R$ pour une chambre double, petit déjeuner compris. Wifi.

On rejoint la pousada Oleo de Guignard par un petit chemin qui permet de découvrir ce paradis de tranquillité en pleine nature Bâtie de matériaux de récupération des vieilles fazendas, elle recrée l'ambiance des maisons rurales du Minas. Le mobilier des XVIIIe et XIXe siècles côtoie le contemporain. Les vastes appartements sont bien équipés. On y trouve une piscine, un solarium, un sauna et un spa au milieu d'une végétation luxuriante. Excellent petit déjeuner. Une belle adresse.

POUSADA MÃE D'ÁGUA €€

Largo das Forras, 50 ✆ +55 32 3355 1206
www.pousadamaedagua.com.br
À partir de 250 R$ la chambre double, petit déjeuner. Wifi.

En plein centre historique, sur la place Largo das Forras, la pousada Mãe d'Água est une grande et belle demeure coloniale qui propose 49 appartements tout confort pour 2, 3 ou 4 personnes. La localisation en cœur de ville est idéale pour découvrir Tiradentes. Les chambres de cet établissement sont parfaitement équipées et certaines disposent d'une véranda. La pousada Mãe d'Água propose à ses hôtes 2 piscines (dont une couverte), sauna, salle de jeux, parking… L'accueil est professionnel et très agréable. Une excellente adresse.

POUSADA MARILIA DE DIRCEU €€

Rua Agostinho José Cabral, 195
Parque das Abelhas
✆ +55 32 3355 1962
www.pousadamariliadedirceu.com
A partir de 228 R$ la chambre double.

A 600 mètres du centre historique, la pousada Marilia de Dirceu est une accueillante maison coloniale blanche et bleue qui propose d'agréables chambres qui font entre 12m² et 25 m². Les suites premium sont vastes et la luxe «hydro» est superbe, avec son beau parquet, son bain à remous et son balcon. La salle du petit déjeuner et du thé est charmante et l'espace gourmet permet aux hôtes de se retrouver. Une second maison, c'est bien le concept du lieu !

POUSADA DO Ó €

Rua do Chafariz 25
✆ +55 32 3355 1699
pousadadoo.com.br
À partir de 250 R$ en catégorie éco et de 350 R$ pour la catégorie luxe, petit déj compris. Wifi. 2 nuits min le WE.

© POUSADA DO Ó

Belle pousada coloniale du XVIIIe siècle située dans le centre historique de Tiradentes, à côté de la fontaine Chafariz de São José. Avec son petit jardin tropical, la pousada do O est un véritable havre de paix. La vue sur la Serra de São José y est grandiose. L'accueil est très chaleureux et le personnel attentif au bon déroulement du séjour. La pousada dispose de 11 chambres confortables et tranquilles et toutes très bien entretenues, offrant les équipements nécessaires. Le petit déjeuner est délicieux et très copieux. Très bon rapport qualité-prix.

POUSADA TRÊS PORTAS €€

Rua Direita, 280
✆ +55 32 3355 1444
pousadatresportas.com.br
À partir de 300 R$ la chambre double, petit déjeuner compris. Wifi.

Les amateurs d'authenticité seront enchantés par cette belle pousada coloniale. En plein cœur du centre historique de Tiradentes, elle est proche de tous les points d'intérêt touristique de la ville. La pousada Três Portas propose 8 vastes appartements soigneusement décorés. Dans la grande salle à manger, la maison propose un beau déjeuner-buffet. Tout est préparé avec des produits locaux. Un charmant salon offre une vue magnifique sur la Serra. Une fois par semaine, Bernardo, le propriétaire, marionnettiste professionnel reconnu, produit un spectacle poétique.

POUSADA VILLA ALLEGRA €€

Rua Serra São José, 31
Parque das Abelhas
✆ +55 32 3355 1597
www.villaallegra.com.br
A partir de 370 R$ pour deux selon le type de chambre, petit déjeuner et thé compris. Wifi.

Dans une impasse du Parque das Abelhas, la pousada Villa Allegra se situe à peine à 800 m du centre historique. Mélange réussi d'architecture moderne et rustique,. Personnel chaleureux et professionnel, cadre très soigné. La propriétaire de la pousada l'a soigneusement décorée. 17 grands appartements très calmes et confortables sont disponibles. Trois catégories : standard, exécutive et luxe. Le petit déjeuner-buffet est servi dans une belle salle à manger et fait la part belle aux produits locaux. Une bonne adresse à Tiradentes.

LIS BLEU POUSADA €€€

Rua Ovídio de Abreu, 152
✆ +55 32 3355 1434
www.lisbleu.com.br
Compter de 520 à 778 R$ pour une chambre double selon la saison et la catégorie, petit déjeuner compris. Wifi.

Pousada de luxe située entre le centre historique et de la station de train du « Maria Fumaça ». Grand standing et propriétaires attentifs. Au total, 12 confortables et amples suites reparties en 3 catégories (luxe, master 1 et 2) sont toutes décorées avec goût d'un joli mobilier ancien, et leurs équipements sont forcément de qualité. Pour la détente : un sauna et une belle piscine orientée vers la Serra de São José. La grande baie vitrée de la salle à manger offre elle aussi un panorama exceptionnel. Là est servi un excellent petit déjeuner.

POUSADA VILLA PAOLUCCI €€€

Rua Francisco Cândido Barbosa
✆ +55 32 3355 1350
villapaolucci.com.br
À partir de 440 R$ en chambre double (chalet), et de 550 à 900 R$ pour les appartements. Petit déjeuner compris. Wifi.

Située dans une fazenda historique datant de 1740, sur un très bel espace vert au pied de la Serra São José, à 800 m du centre. Sauna, piscine, tennis, balades à cheval. Les chambres sont élégantes et meublées noblement. Le bâtiment et le cadre sont magnifiques. On trouve un jardin magique, avec lac et église. C'est une plongée dans la vie voluptueuse des ***casas grandes*** du XVIIIe siècle. Goûtez le fameux cochon de lait, servi par le maître des lieux en fin de semaine ! Médecin de son état, il s'est reconverti avec bonheur aux fourneaux.

SOLAR DA PONTE €€€

Largo das Mercês ✆ +55 32 3355 1255
www.solardaponte.com.br
A partir de 870 R$ pour une chambre double, petit déjeuner compris. Wifi. N'accepte pas les enfants de moins de 8 ans.

Magnifique demeure d'époque restaurée avec goût par Anna Maria et John Parsons, les propriétaires. Située en plein centre historique de Tiradentes, on est charmé à la fois par l'accueil et l'environnement de la pousada. Au total, 18 confortables et luxueuses suites extrêmement bien équipées et décorées avec soin. L'établissement de grand standing compte une belle piscine, un sauna, un bar, plusieurs salles de séjour, un thé offert en fin d'après-midi, un parking… et un personnel toujours à l'écoute. Le raffinement est le maître mot de ces lieux majestueux.

BAR DO CELSO €

Largo das Forras, 80
✆ +55 32 3355 1193
Cuisine mineira. Ouvert du mercredi au lundi de 11h45 à 21h. Compter environ 35 R$ pour un plat.

Le bar do Celso est une institution à Tiradentes. Il sert office de bar, de snack et de restaurant. On y trouve de bons sandwichs à grignoter, de très bon *tutu mineiro* et feijao tropeiro et d'excellentes cachaças. Pour des appétits normaux, les plats pour une personne peuvent largement en contenter deux. Certes, ce n'est pas forcément très light, la cuisine mineira étant par essence calorique, mais les effluves des vieilles marmites en pierre à savonne trompent pas. D'autres établissements du même style sont à découvrir sur cette place centrale.

CERVEJARIA JARDINS DE SANTO ANTÔNIO €

Rua Ministro Gabriel Passos, 308
✆ +55 32 9107 7423
Cuisine mineira, pizzeria.

À quelques dizaines de mètres de l'église de Santo Antônio, on ne peut rater la Harley-Davidson du chef. Fan de moto et de whisky, le chef André Grobério réalise une nourriture tout à fait sympathique. Les pizzas sont cuites au feu de bois, les plats mineiros sont d'assez bonne facture également. Du côté restaurant, dans la salle climatisée, une carte des vins intéressante. Quand le soleil est au rendez-vous, il est agréable de s'asseoir en terrasse.

DIVINO SABOR €

Rua Ministro Gabriel Passos, 300
✆ +55 32 3355 1800
Cuisine mineira, self-service. Ouvert du mardi au dimanche de 11h30 à 15h30. Compter de 25 à 35 R$ pour un plat.

Le meilleur self de la ville, qui fait la part belle aux spécialités mineiras ! L'établissement est simple et accueillant, à l'image du Minas Gerais. Si la coquette Tiradentes revêt de beaux atours, sa cuisine reste souvent simple et basée sur la recherche d'aliments de qualité. Le restaurant Divino Sabor respecte ces principes à la lettre. Les marmites en pierre à savon réservent des plats mineiros appétissants qui ravissent les locaux et les touristes depuis de longues années. Un restaurant au kilo a l'assez bon rapport qualité-prix.

TEMPERO DA ÂNGELA €

Rua Dep. José Bonifácio, 64
Bichinho
✆ +55 32 3353 7010
Cuisine mineira. Ouvert tous les jours de midi à 16h, jusqu'à 17h le week-end. Compter environ 30 R$ pour un repas.

Un coup de cœur. Ce restaurant de Bichinho a une réputation qui dépasse de très loin les frontières du Minas. Certaines personnes de Recife font un « pèlerinage » chaque année. Fred de Saint-Jean, épicurien et grand amateur de cachaça devant l'Éternel, ne passe pas au Brésil sans venir saluer la maîtresse des lieux. Il faut dire que la cuisine est faite avec amour par Ângela, au four à bois, et que son accueil est inoubliable. La cuisine mineira trouve sa noblesse dans une certaine simplicité. On se rapproche du slow food, à l'accent mineiro.

ATRÁS DA MATRIZ €€

Rua Santíssima Trindade, 201
✆ +55 32 3355 2150
www.atrasdamatriz.com.br
Cuisine brésilienne, pizzeria. lundi, mardi, jeu, ven de 19h à 23h, samedi, dimanche 12h 23h. environ 100 R$ le repas.

A 100 mètres de l'église «Matriz de Santo Antonio», ce restaurant propose depuis 20 ans une cuisine originale qui s'affranchit quelque peu du classicisme mineiro. Tout est cuisiné au four à bois, d'où la douce odeur qui flotte dans l'air. Avec une vue superbe des montagnes aux alentours, vous pourrez déguster la pizza grillée ou le cabillaud norvégien, les deux spécialités du restaurant. Essayez la pizza de gorgonzola avec noix et jambon de parme. L'endroit est tranquille, reposant, à la hauteur de Tiradentes. Une très bonne table !

ESTALAGEM DO SABOR €€

Rua Min. Gabriel Passos, 280
✆ +55 32 3355 1144
Cuisine mineira traditionnelle. tous les jours de 11h à 19h (17h le dimanche et lundi). environ 100 R$ pour un repas.

Un des plus vieux restaurants de la ville et une des tables étoilées de Tiradentes. On peut parler de cuisine fusion mais cette vénérable maison continue de proposer une cuisine mineira classique On vient ici pour des plats traditionnels du Minas mais aussi pour des créations plus originales, exécutées avec *maestria* par le chef Vicente Teixeira, comme le «porc religieux» ou le «mané sem jaleco». Goûtez la spécialité, la citrouille à la viande séchée. Quelques tables fort agréables à l'extérieur. Bonne carte de vin. Une très bonne adresse.

PAU DE ANGU €€

Estrada de Bichinho 3 km
✆ +55 32 99948 1692
Cuisine mineira. Ouvert du mercredi au lundi de midi à 17h. Environ 80 R$ pour un repas. N'accepte pas la CB.

Décidément, Bichinhos est un lieu qui recèle des trésors en tout genre. Dans une petite maison simple au charme bucolique sur la route de Bichinhos, le chef Leonidia met à l'honneur une cuisine régionale simple avec des produits issus du jardin que l'on croise en entrant dans le restaurant. On travaille ici en circuit court ou en locavore. Les plats sont familiaux et très goûteux. Les desserts sont également excellents. Le style « paillote » est romantique. La cuisine des lieux est honorée depuis longtemps. Une bonne idée pour faire une pause sur l'Estrada Real.

VIRADAS DO LARGO €€

Rua do Moinho, 11
✆ +55 32 3355 1111
www.viradasdolargo.com.br
Cuisine mineira. TLJ (sauf mardi) de midi à 22h. En janvier et juillet ouvert TLJ de midi à 22h. environ 100 R$/ repas.

Tiradentes fait partie des slow Cities et le restaurant Viradas do Largo s'affirme comme une des capitales de la Slow Food. Un guide gastronomique l'a longtemps désigné comme le meilleur restaurant de cuisine régionale du pays. Encore une excellente adresse pour déguster les spécialités mineiras, avec une touche d'originalité de la chef Beth Beltrão, comme dans le poulet au safran, le succulent cochon de lait (sur commande), ou sa spécialité : le fameux *Tutu mineiro*. Les beignets (*pastéis*) d'angu, plus simples, n'en sont pas moins incontournables.

PACCO & BACCO €€€

Rua Direita, 166
✆ +55 32 3355 1136
paccobacco.com.br
Cuisine brésilienne moderne. du lundi au jeudi de 19h à 22h, vendredi, samedi 19h à 23h. environ 120 R$ pour un repas.

La petite ville de Tiradentes a depuis longtemps conquis le titre de capitale culinaire. De tous les restaurants étoilés, Pacco& Bacco est sans doute le meilleur. Le décor pierre-bois sied à merveille à l'esprit des lieux. L'endroit est chaleureux et accueillant. Vous dégusterez ici une cuisine innovante élaborée avec des produits de haute qualité. Les plats sont originaux et délicatement présentés. La cave est digne des grandes tables françaises. Bien sûr, il faudra mettre la main à la poche, la qualité a un prix. Très recommandé.

TRAGALUZ €€€

Rua Direita, 52
+55 32 3355 1424
www.tragaluztiradentes.com.br
Cuisine brésilienne. Ouvert lundi, mercredi, jeudi et dimanche 19h-22h30, vendredi, samedi 19h-0h30. environ 120 R$/p.

Le Tragaluz est un autre restaurant étoilé de Tiradentes, dans un cadre enchanteur et romantique. Il a su apporté à la cuisine mineira ses lettres de noblesse. La carte, présentée comme un texte de littérature de cordel, propose des plats qui raviront tous les palais. On part des éléments de base de la cuisine régionale et le chef les revisite avec une touche internationale. *Surumbi* fumé à la sauce à l'orange, filet aux champignons, carottes et bananes grillées. Ce n'est certes pas bon marché, mais c'est très intéressant et sophistiqué sans emphase..

O ROCAMBOLE E CIA

Rua Ministro Gabriel Passos, 115
+55 32 3355 2897
Produits régionaux. Ouvert de 9h à 20h tous les jours.

On ne peut venir à Tiradentes sans goûter les pâtisseries locales : les rocamboles. Cette tradition y a plus de 100 ans. Le magasin « O Rocambole & Cia » est indissociable de ce produit sucré traditionnel. On vous proposera ici vingt parfums qui déclinent la décline (dulce de leche, chocolat, goyave). Rocambole & Cia promet les produits traditionnels du Minas Gerais, le doce de leite, la goyave, les fromages du Minas Gerais, le délicieux pain de maïs, le cubu et le fameux pastel de angu. Des fromages du cru sont également proposés. Un lieu à connaître.

SABOR COM ARTE

Largo das Forras, 66
+55 32 3355 1886

Ce sympathique bar-restaurant donne directement sur le largo das Forras. En temps normal, voilà l'un des seuls bars-pubs de la ville où les bières servies sont bien fraîches. L'ambiance y est animée surtout en fin de semaine, lorsqu'il y a des concerts *ao vivo*. À l'échelle de Tiradentes bien sûr. Actuellement, seul le resto fonctionne. Les pizzas, les spécialités du Minas, les Quibés libanais, les pasteis de angu, les frites gratinées avec du bacon et du fromage, arrosés avec modération de bières locales ou de cachaça laissent un goût de revenez-y. À connaître.

CONCEIÇÃO DO IBITIPOCA

Roots et assez isolé, Ibitipoca est un peu difficile à atteindre. Il faut du temps et de la patience si on rejoint la petite ville en bus, il y a un seul bus par jour à partir de Juiz de Fora et il est rapidement plein. On arrive alors directement dans les années 70, ambiance hippie garantie. On est un peu hors du temps, le réseau 4G n'est pas top, pas de banque pour retirer de l'argent et les bouiboui n'acceptent la carte bleue. C'est pourtant ce que l'on va chercher à Ibiti. Une ambiance décontractée, des petits bars et des restaurants super accueillants, des hébergements sommaires mais propres. Le bar alternatif Firma est une institution.

PARQUE ESTADUAL DO IBITIPOCA ★

Le parc d'Ibitipoca, localisé dans le sud du Minas Gerais (à 270 km de Rio et 350 de Belo Horizonte), propose sur près de 1 500 hectares de belles forêts, des cascades, des grottes et des montagnes. Il peut tout à fait se visiter sur une journée ou sur plusieurs jours de randonnée (un guide local agréé est fortement conseillé). Le parc est renommé pour la couleur des eaux des rivières et des lacs : eaux rouges (aussi dénommées couleur Coca-Cola) en raison de la présence de minerai de fer et du tanin des feuilles des arbres, qui en font une attraction. La cascade Janela do Ceu (fenêtre du ciel) est considérée comme la plus belle du parc.

Parque Estadual do Ibitipoca.

BAHIA

L'Etat de Bahia est le plus grand Etat de la région Nordeste du Brésil. Il s'étend sur une superficie supérieure à celle de la France (566 978 km²). Le climat agréable – la température moyenne, la diversité des paysages et la longueur du littoral (environ 1 100 km), mais aussi la chaleur de ses habitants, en font l'une des destinations touristiques les plus prisées du Brésil. Bahia abrite 15 millions d'habitants, principalement des descendants d'Africains, mais aussi d'Européens et d'autochtones. De Bahia surgit le tropicalisme avec Caetano Veloso et Gilberto Gil, la bossa-nova avec João Gilberto, mais aussi la musique axé. Bahia brille également dans le cinéma à travers Glauber Roc ha et dans la littérature et le théâtre à travers les oeuvres de Jorge Amado, João Ubaldo Ribeiro et Adonias Filho. Les Bahianais se caractérisent par une certaine douceur de vivre et une décontraction qui enchantent les visiteurs.

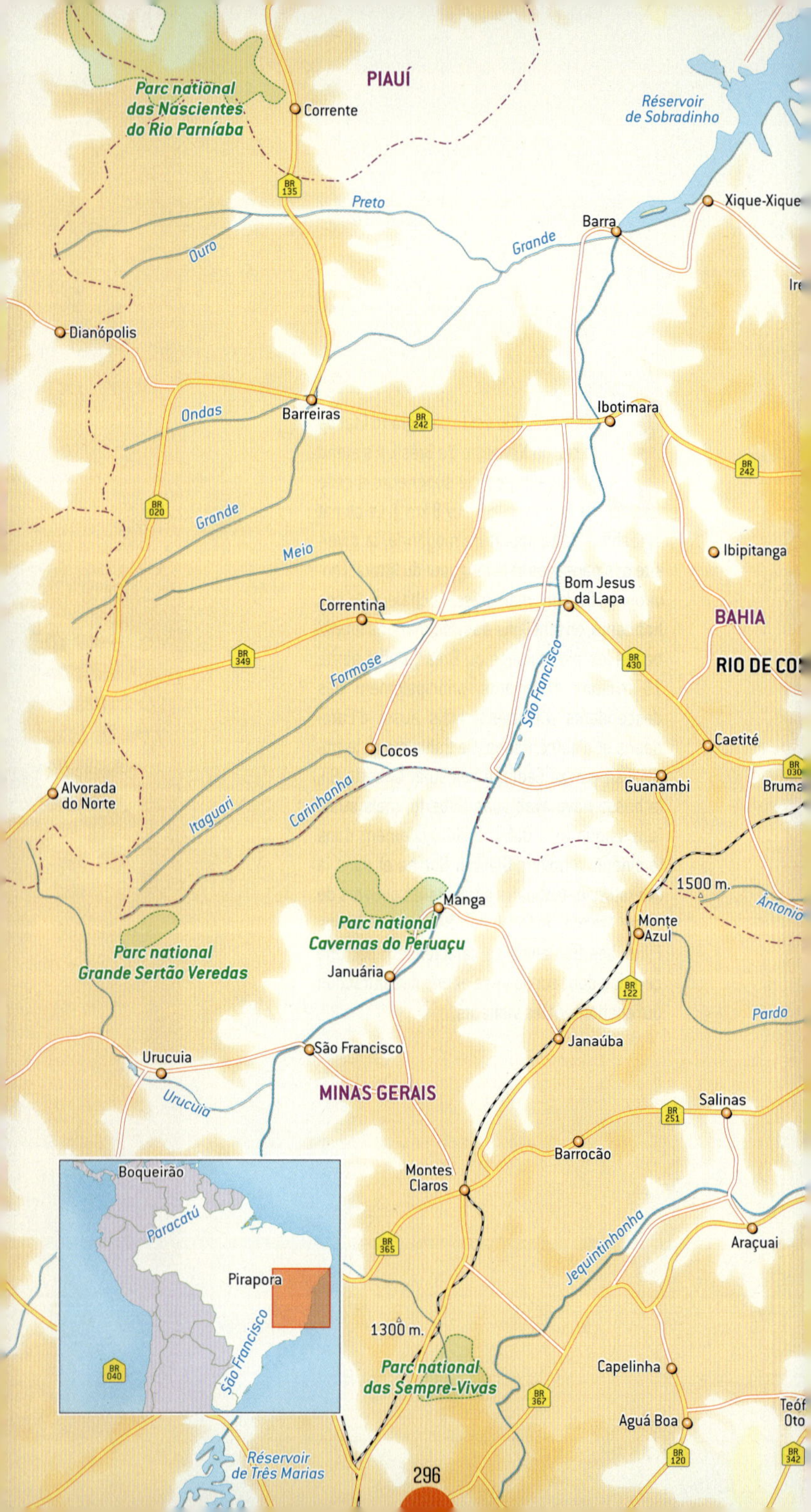

PIAUÍ
Parc national
das Nascientes
do Rio Parníaba
Corrente
Réservoir
de Sobradinho
BR 135
Preto
Xique-Xique
Barra
Ouro
Grande
Ire
Dianópolis
Ondas
Barreiras
BR 242
Ibotimara
BR 242
BR 020
Grande
Meio
Ibipitanga
Bom Jesus
da Lapa
Correntina
BAHIA
BR 349
BR 430
RIO DE CO
Formose
São Francisco
Caetité
Cocos
BR 030
Guanambi
Bruma
Alvorada
do Norte
Carinhanha
Itaguari
1500 m.
Antonio
Manga
Monte
Azul
Parc national
Cavernas do Peruaçu
Parc national
Grande Sertão Veredas
Januária
BR 122
Pardo
Janaúba
Urucuia
São Francisco
MINAS GERAIS
Urucuia
Salinas
BR 251
Barrocão
Boqueirão
Montes
Claros
Paracatú
Araçuai
BR 365
Pirapora
Jequintinhonha
1300 m.
São Francisco
Capelinha
BR 040
Parc national
das Sempre-Vivas
BR 367
Teóf
Oto
Aguá Boa
Réservoir
de Três Marias
BR 120
BR 342

Bahia
Vers OLIVENÇA
São Francisco
Sé
Senhor do Bonfim
Monte Santo
EUCLIDES DA CUNHA
Própria
SERGIPE
Jacobina
Lagarto
ARACAJÚ
Morro do Chapeu
Serrinha
MANGUE SECO
Esplanada
Conde
SITIO DO CONDE
Feira de Santana
Alagoinhas
BARRA DO ITARIRI
ILHA DE MADRE DE DEUS
STO. AMARO
Porto Sauípe
ILHA DE BOM JESUS DOS PASSOS
SÃO FRANCISCO DE PARAGUAÇU
CACHOEIRA
ILHA DOS FRADES
SÃO FÉLIX
ILHA DE MARÉ
ILHA DO MEDO
PRAIA DO FORTE
ITAPARICA
BARRA, VITÓRIA, BARRIS et IMBASSAI
SALVADOR
AREMBEPE
Baiha de Todos os Santos
MUCUGÊ
Itaetê
VALENÇA
MORRO DE SÃO PAULO
ILHA DE BOIPEBA
Contendas do Sincorá
Jequié
BARRA GRANDE
Péninsule de Maraú
Contas
Maraú
ITACARÉ
Ubaitaba
Poções
Itabuna
ILHÉUS
Vitória da Conquista
Itapetinga
Una
Camaçari
OCÉAN ATLANTIQUE
Canavieiras
Jequintinhonha
Belmonte
RESERVA INDÍGENA DA JAQUEIRA
PORTO SEGURO
ARRALAI D'AJUDA
Parc national do pau Brasil
TRANCOSO
PARC NATIONAL DE MONTE PASCOAL
CARAÍVA
CORUMBAU
Itamaraju
CUMURUXATIBA
Parc national do Descobrimento
Teixeira de Freitas
Recif de Guaratibas
Mucuri
CARAVELAS
la Coroa Vermelha
PARC NATIONAL MARINHO DOS ABROLHOS
Vers ILHA DE SANTO ANTÔNIO
ESPIRITO
90 KM
Ville
Autoroute et voie express
Route majeure
Route secondaire
Voie ferrée
Parc et réserve
Altitude (en mètres)
3000
2000
1500
1000
500
200

PAGES

La «Baie de Tous les Saints», outre la capitale historique de l'Etat (et ancienne capitale du Brésil colonial), possède de nombreux joyaux insulaires, comme l'île d'Itaparica. Le voyageur curieux trouvera des trésors historiques, naturels ou immatériels à profusion.

Le terme *recôncavo* désigne, à l'intérieur des terres, la zone qui épouse, en arc de cercle, les contours de la Baía de Todos os Santos. Jouissant d'excellentes conditions climatiques, le Recôncavo baiano est une région agricole par excellence : canne à sucre, tabac, oranges, noix de cajou, maraîchage, élevage de bovins… trouvent ici des conditions idéales. Spécialités historiques de la région, la culture de la canne et celle du tabac ont permis au Recôncavo de jouer un rôle prépondérant dans le grand livre du Brésil.

La route qui mène au nord est appelée *lin ha verde* (la ligne verte), en raison de sa vocation écologique. Elle traverse de nombreuses forêts d'eucalyptus et rejoint, une à une, les plus belles plages du littoral nord de Salvador. 200 km de plages avec plusieurs localités littorales où les touristes viennent en nombre.

La région sud de Salvador regorge de trésors. Si la côte au nord de Salvador est constituée d'une longue succession de plages en file indienne, lorsque l'on descend vers le sud on découvre un littoral plus torturé aux facettes variées. Le littoral sud se divise en quatre régions touristiques, chacune avec ses caractéristiques.

PAGES

PASSPORT

SALVADOR

La mythique Salvador, fondée en 1549 par Tomé de Souza, est connue pour ses plages, son architecture, sa gastronomie, ses habitants, sa culture (religions, arts et danses) et surtout son centre historique restauré, le Pelourinho. Salvador est avant tout le paradis des sens : décors surchargés de dorures, odeurs alléchantes des épices et des aromates, saveurs d'une riche cuisine bahianaise, musique omniprésente comme un battement de coeur de la ville. Une grande métropole construite sur les plages et les hauteurs, comme un fort naturel. L'église baroque du Rosario fut érigée par les esclaves qui y dédiaient leur dimanche, déjà la grâce en soi, peinte en bleu ciel et blanc. Salvador, la Rome noire aux 365 églises. Malgré le désordre et l'insécurité qui y règnent, malgré la pauvreté, cette ville fusion entre Amérique, Afrique et Europe est une étape incontournable, faite de syncrétisme, envoûtera les visiteurs.

SE REPÉRER SE DÉPLACER

Avoir une voiture pour visiter la ville peut s'avérer un vrai casse-tête, car le trafic est très chaotique et les embouteillages fréquents. Mieux vaux prendre le bus, le métro, marcher et, pour les déplacements plus éloignés ou nocturnes, prendre un taxi ou, si vous disposez d'un smartphone, utiliser l'application Uber, qui est très bien installée au Brésil. À l'intérieur même du Pelourinho il n'est pas possible de se déplacer en voiture à part dans le Terreiro de Jesus et dans le Largo du Pelourinho, où vous trouverez des arrêts de taxi. Le bus en journée, peut-être une bonne option si on se trouve à Barra ou Rio Vermelho, sur les lignes «touristiques». Le soir, c'est à éviter. Eviter de vous déplacer à pied dans les quartiers inconnus ou descendre de Pelourinho à Barra à pied, agression assurée. Le soir, on prend le taxi, en tête de station ou l'appelle, on ne le hèle pas dans la rue.

AEROPORTO INTERNACIONAL LUÍS EDUARDO MAGALHÃES

Praça Gago Coutinho s/n ✆ +55 71 3204 1010
www.infraero.gov.br

Taxi coopérative aéroport : 140 R$. Bus : 4 R$. Certains hôtels proposent des services de navette autour de 100 R$.

De nombreux vols nationaux et quelques vols internationaux vers le Portugal, l'Espagne et les USA. Bureau de change. Pour se rendre de l'aéroport au centre-ville :

- **Métro.** La ligne 2 du métro connecte l'aéroport au centre-ville de Salvador en 30 minutes pour 3,90 R$. du lundi au samedi de 7h à 22h, dimanche jusqu'à 14h.
- **Taxi.** Les prix coopérative de taxi assez excessifs. Essayez de négocier avec les taxis communs
- **Bus.** En journée. départ toutes les 20 minutes

TERMINAL MARÍTIMO SÃO JOAQUIM

Avenida Oscar Pontes,1051
✆ +55 71 3103 2050

Départs ferry-boat de Salvador à Bom Despacho dans l'île d'Itaparica. 5 R$ en semaine, 6,70 R$ le week-end. 1/heure

Ce terminal dessert de manière exclusive l'île d'Itaparica. Lors des fins de semaine et pendant la haute saison, un grand nombre de Soteropolitanos se dirigent vers l'île. Il faut donc bien anticiper.

Premier départ pour Bom Despacho (Itaparica) à 5h (6h les dimanches et jours fériés), puis départ toutes les heures jusqu'à 22h. Le dernier départ de la journée est à 23h30 (1h30 entre l'avant-dernier et le dernier donc). Le voyage dure environ 45 minutes.

TERMINAL TURÍSTICO NÁUTICO DA BAHIA

Avenida da França
✆ +55 71 3242 4366

Salvador–Morro de São Paulo : 111 ou 113 R$.

Ouvert de 6h30 à 19h30, le terminal dessert plusieurs destinations, dont l'île d'Itaparica (Mar Grande), Morro de São Paulo et Maragojipe.

- **Mar Grande :** toutes les 30 minutes de 6h à 19h30.
- **Morro de São Paulo :** quatre départs par jour (8h30, 9h, 13h et 14h30). Deux types de bateaux selon les horaires et les compagnies ; 2h30 de trajet. Durant l'été, d'autres départs sont prévus.
- **Durant le carnaval et les fêtes de fin d'année,** mieux vaut acheter les billets à l'avance.

METRÔ BAHIA

Rua Afeganistão
✆ +55 71 3205 1100
www.ccrmetrobahia.com.br

Tous les jours 5h à minuit ; le fonctionnement peut être modifié en cas de match au Fonte Nova. 3,70 R$.

Lancé en 1997, une première ligne a vu le jour en 2014 pour la coupe du monde. 8 stations sont en fonctionnement de Lapa à Piraja, dans la banlieue de Salvador, et depuis décembre 2016, la ligne 2 du métro sotéropolitain, connectée à la ligne 1 au niveau de la station Acceso Norte, est entrée en fonction (12 stations sur 13 au printemps 2018) et dessert depuis l'aéroport de Salvador, permettant aux voyageurs de rallier le centre-ville beaucoup plus rapidement que par les voies routières. Wagons confortables, climatisés et sûrs.

QUARTIERS DE SALVADOR

La ville de Salvador ne saurait être réduite à son seul centre historique. Ce quartier des origines, cœur administratif, politique et économique de la première capitale impériale, heureusement restauré, est aujourd'hui essentiellement touristique. Avec la partie nord de la ville, le quartier de Bonfim, les populations résidentes y sont souvent pauvres et d'origine africaine. On va dans la partie Nord pour voir l'église de Bonfim, haut lieu du syncrétisme bahianais. Le marché de São Joaquim est aussi un lieu incontournable de la vie Soteropolitana. La ville basse est essentiellement commerciale, on y embarque pour Itaparica et Morro de São Paulo. Les deux zones au Sud (Barra, Vitória et Barris ainsi que Ondina, Rio Vermelho et l'Est) sont plus résidentielles, sont touristiques et assez sûres. Ondina est très chic, c'est là où habitent Caetano Veloso et sa sœur Maria Bethânia. Rio Vermelho est le quartier un peu bohème, à la mode.

Centro, Pelourinho et le nord

Le Pelourinho, dans la ville haute qui domine la baie de Tous-les-Saints, s'apparente à un musée à ciel ouvert et le quartier vit principalement grâce au tourisme. Ce centre historique a été inscrit au Patrimoine mondial de l'UNESCO en 1985. Un mystère permanent émane de ses petites ruelles piétonnes, étroites et pavées. En déambulant dans les rues du vieux Salvador, on trouvera notamment une place, verticale et triangulaire, le Largo do Pelourinho. Plus loin, des maisons abandonnées du balcon desquelles poussent des arbustes. Dans ces rues se trouvent de nombreuses églises baroques aux sculptures superbement surchargées. Toutefois, c'est aussi un quartier pauvre où les mendiants et même les enfants des rues sont nombreux. Le touriste est vite assommé par le nombre de vendeurs à la sauvette et même les serveurs qui insistent pour que l'on prenne place à leur terrasse. Malgré ces désagréments, c'est une zone agréable pour y séjourner. On y retrouve de nombreuses *pousadas* de charme, bien décorées et souvent tenues directement par les propriétaires, garantissant un accueil de qualité. Quant à la gastronomie, les options sont aussi importantes, mais plusieurs établissements profitent de l'afflux touristique pour gonfler les prix. Le Pelourinho est constamment surveillé, mais quelques rues plus désertes, notamment entre la Praça da Sé et le Terreiro de Jesus, sont à éviter. Entre 22h et 23h il convient aussi de rester attentif, car c'est le moment où les policiers font la relève. Si vous êtes logé en dehors de rues piétonnes mieux vaut prendre un taxi le soir. En dehors de périodes festives, le Pelourinho a tendance à être moins bien fréquenté, attention ! Il ne faut jamais emprunter à pied les rues qui relient la ville basse à la ville haute.

© LAZYLLAMA - SHUTTERSTOCK.COM

Quartier du Pelourinho.

Santo Antônio Alem do Carmo. Ce quartier se trouve dans le prolongement nord du Largo do Pelourinho et, comme ce dernier, il est l'un des plus anciens de la ville.
Le Largo de Santo Antônio, longtemps déserté, a fait l'objet de rénovations et est à nouveau fréquenté depuis 2016 par les citadins et les touristes.

On y trouve là aussi des bâtisses de style colonial, et au bout de la rue trônent l'Igreja de Santo Antônio Além do Carmo (reconstruite en 1813 sur les ruines d'une ancienne église) ainsi que le Forte de Capoeira, dominant la baie.

Barroquinha. Il s'agit du quartier jouxtant le sud du Pelourinho, et le nord de Barris. On y trouve l'Espaço Cultural da Barroquinha, installé dans l'ancienne église éponyme et des commerces principalement spécialisés en maroquinerie. Peu d'intérêt touristique dans cette zone, mais les visiteurs seront peut-être amenés à le traverser.

Comércio et la ville basse. La ville basse (*cidade baixa*) présente un visage plus contrasté : des constructions anciennes faiblement entretenues se mêlent à des immeubles contemporains, des échoppes côtoient des banques ou des immeubles d'affaires. Cette partie de la ville propose quelques sites touristiques, comme le Mercado Modelo ou le musée d'Art moderne, mais on pourra aussi simplement se promener avec plaisir dans les ruelles animées du quartier de Comércio pour découvrir un aspect populaire de Salvador. On pourra aussi regarder les bateaux à quai le long des pontons du port de plaisance, ou embarquer depuis le Terminal Turístico Náutico da Bahia (juste derrière le Mercado Modelo) pour une excursion.

Bonfim et le nord. La grande attraction de cette partie de la ville est sans doute l'église du Bonfim, qui attire de nombreux fidèles tout au long de l'année et surtout en janvier au moment du traditionnel lavage des escaliers.

Plus au nord, encore sur la péninsule d'Itapagipe, le quartier de Ribeira est tout aussi agréable et présente un visage plus populaire et tranquille de Salvador. Une promenade au bord de l'eau s'avère forte sympathique.

Barra, Vitória et Barris

Barra. A la pointe sud-ouest de la ville, face à la mer, le phare est l'emblème du quartier de Barra. Tous les jours de nombreux Bahianais et touristes se réunissent sur la pelouse pour observer l'impressionnant et bref coucher de soleil. Le long de l'avenue qui borde la mer, la promenade est aussi très agréable. C'est une zone plutôt bourgeoise, mais sur la plage toutes les classes sociales se mélangent.

Vitória. En revenant de la Barra vers le centre, le long de l'Avenida 7 de Setembro, vous trouverez d'impressionnantes demeures coloniales de la bourgeoisie locale du XIXe siècle, dont certaines ont été transformées en musées et d'autres sont toujours habitées, ainsi que des tours modernes abritant des immeubles de luxe offrant une superbe vue sur la baie. C'est le *corredor da* Vitória, l'une des zones les plus prisées de Bahia.

Campo Grande. A Campo Grande, dans les environs de l'Avenida 7 de Setembro, au cœur de l'agréable et tranquille parc de la Praça Dois de Julho (également nommé Largo do Campo Grande) ouvert le jour et offrant une vue sur l'ensemble de la baie, la statue de l'Indien qui terrasse le dragon de sa lance constitue l'hommage des Bahianais à la population indigène et à son courage pendant la guerre de 1825. A noter le superbe palais de style italien néoclassique qui abrite la Casa d'Itália.

Barris. Plus loin, en direction du Pelourinho, l'Avenida 7 de Setembro monte vers les quartiers de Politeama puis de Barris, se faisant plus bruyante et commerciale. Sur l'Avenida 7 de Setembro, si l'on fait un petit détour par la Travessa Salvador Pires, on arrive sur une petite place, le Largo dos Aflitos. On peut admirer le superbe petit palais qui abrite la police militaire et, en face, le ministère de l'Agriculture. Egalement, le centre missionnaire Gamboa de style colonial. Si l'on traverse l'esplanade, on arrive à une superbe petite place en coin, le Mirante dos Aflitos qui offre une petite terrasse avec une vue sublime sur la baie. Le coucher de soleil est à ne pas manquer ! Tout au nord du quartier Barris, la Praça da Piedade est impressionnante avec ses superbes grilles signées par Bel Borba, un artiste local. Ne manquez pas le Gabinete Português de Leitura.

Ondina, Rio Vermelho et l'est

Ondina est un quartier plus chic, avec ses grands hôtels de luxe, et sa plage très fréquentée le week-end.

Rio Vermelho est le coin bohème de Salvador, connu pour sa vie nocturne. Maria Bethânia, Gilberto Gil, Caetano Veloso et bien d'autres artistes y ont leur maison.

En longeant la côte, après Amaraline la suite présente peu d'intérêt, jusqu'à Piatã, à plus de 20 km du centre, où l'on retrouve des sites de baignade. Viennent ensuite la mythique (mais bondée) plage d'Itapoã chantée par Vinícius de Moraes, Stella Maris et Flamengo. Toutes proposent hébergements variés, restaurants, clubs et boîtes de nuit, et sont donc propices à un séjour farniente. Seul bémol : si loin du centre et de son agitation, on a un peu de mal à se sentir à Salvador.

À VOIR / À FAIRE

Salvador de Bahia est un ravissement pour les yeux et les âmes curieuses. Nul besoin d'avoir fait une thèse d'histoire des arts à la Sorbonne pour apprécier le patrimoine d'une ville qui constitue certainement le plus bel ensemble d'art baroque d'Amérique latine. Totalement en décrépitude jusque dans les années 80, lorsque le centre historique, le Pelourinho, fut classé patrimoine historique de l'humanité par l'UNESCO en 1985, la belle endormie s'est réveillée et les bâtiments de l'ancienne capitale impériale ont retrouvé leur splendeur passée. Les églises baroques croulant sous les dorures sont ouvertes à la visite et on ne peut rater la visite de la superbe église São Francisco. Les plages et les rues animées, les *rondas* de capoiera, les longues files d'attentes pour goûter les *acarajés* de Cira, les groupes d'Axé, tout est prétexte à émerveillement. Il faut juste être prudent, Salvador est une ville pauvre et pas toujours sûre.

FONDATION CULTURELLE DE BAHIA

Rua Guedes de Brito, 14
✆ +55 71 3324 8500
www.fundacaocultural.ba.gov.br

La fondation diffuse toute la programmation culturelle de Salvador sur leur site. Un programme mensuel est aussi édité et distribué gratuitement dans les points touristiques, hôtels et certains restaurants. Soulignons l'importance de l'action culturelle au Brésil, à Salvador de Bahia à travers des initiatives cette fondation qui communique sur l'art et aide les artistes. Elle propose en effet une résidence aux artistes dans le cadre de son « pouso das artes ».

TOURS BAHIA

Rua das Laranjeiras, 5
1er étage
✆ +55 71 3320 3280
www.toursbahia.com.br
Du lundi au vendredi de 9h à 18h.

Créée en 1995, son expérience nationale et internationale fait de l'agence Tours Bahia une référence pour l'organisation des séjours et excursions dans l'État de Bahia. L'agence est située au cœur du centre historique de Salvador. Equipe de professionnels, parlant le français qui organise des itinéraires sur mesure et adaptés aux groupes et aux particuliers. L'agence connaît toutes les régions touristiques de l'état de Bahia : Salvador, mais aussi la Chapada Diamantina, Mangue Seco, Itacaré, Porto Seguro, les îles de Morro de São Paulo et de Boipeda.

SALTUR

Rua Humberto de Campos, 251
✆ +55 71 3176 4200
www.saltur.salvador.ba.gov.br
Ouvert en semaine de 9h à 18h.

C'est l'office du tourisme de la ville. Cet organisme assure l'organisation et la promotion de tous les événements qui se déroulent dans la ville de Salvador de Bahia. Avant et pendant tout séjour à Salvador, il est judicieux de consulter le site pour regarder si des événements auront lieu pendant le séjour. Les mauvais souvenirs des annulations de grandes manifestations vont s'estomper et les fêtes comme le lavage de Bonfim, le carnaval, le Terno do Reis, les fêtes de Yemanjà, les concerts du Pelourinho l'été vont reprendre leurs droits rapidement.

PRIVE TUR

Rua Manuel Andrade, 55
✆ +55 71 3535 0707
www.privetur.com.br
Tours proposés : City tour panoramique et historique (3h30 durée), excursion d'une journée. À partir de 90 R$/personne.

Prive Tur est une agence traditionnelle proposant divers city tours et excursions thématiques à Salvador et aussi sur le littoral. On peut choisir des tours privatifs ou être intégré à des groupes de 4 personnes. Dans la journée, Prive Tur propose des excursions à la journée vers Praia do Forte au nord de Salvador (centre IBAMA de protection des tortues), journée sur la Praia do Flamengo à Salvador, Ilha dos Frades à bord d'un catamaran. Des sorties plus culturelles (City Tour historico, Salvador Beleza e historia, city tour panoramico).

FORTE DE SÃO MARCELO ★

Ne se visite pas.

Jadis nommé Forte de Nossa Senhora do Pópulo et plus connu sous le nom de Forte do Mar, le Forte de São Marcelo trône au large de la ville-basse. Érigé au début du XVIIe siècle sur un récif, il était à l'origine en bois et fut reconstruit en pierre, sous sa forme actuelle, après l'invasion hollandaise de 1624. Il a servi au cours des siècles à défendre la ville des attaques étrangères et fut converti en prison au XVIIIe siècle. Le fort ne se visite hélas pas. On aura toutefois l'occasion de s'en approcher en empruntant un ferry à destination des îles de la région.

IGREJA DO CARMO ★★

Largo do Carmo ✆ +55 71 3242 0182

www.pestana.com

L'église des carmes (carmes chaussées), dans le quartier auquel elle a donné son nom, fait partie d'un ensemble érigé par l'ordre des Carmélites. Terminée vers 1700, elle est construite dans un style néo-classique. Elle dispose d'un grand autel d'argent massif. La sacristie, de style rococo, est une des plus belles du Brésil. Quartier général des forces portugaises, c'est ici qu'a été signé en 1625 le traité d'expulsion des Hollandais. Actuellement, le couvent annexé à l'église est géré par le groupe Pestana et est devenu un grand hôtel de luxe.

IGREJA DO SANTÍSSIMO SACRAMENTO ★

Rua do Passo

L'église do Santíssimo Sacramento da Rua do Passo est un symbole de l'architecture religieuse de Bahia. Inaugurée en 1736, elle a fait l'objet de transformations et agrandissements successifs au cours des siècles, l'un des plus remarquables étant certainement l'ajout par Joaquim Francisco de Matos Roseira et Cipriano Francisco de Souza de deux balcons ouvragés en 1848 dans la chapelle de l'église. C'est ici qu'ont été tournées ici des parties du film *O Pagador de promessas.*

IGREJA SENHOR DO BONFIM ★★

Largo do Bonfim, 236

✆ +55 71 33162196

www.santuariosenhordobonfim.com

De 7h à 18h, dimanche à partir de 6h, lundi à partir de 8h. Entrée libre.

Sans doute est-ce le monument le plus représentatif du syncrétisme religieux indissociable de Salvador de Bahia. Erigée au XVIIIe siècle, l'église Senhor do Bonfim est située en haut d'une colline. Son architecture et sa décoration sont classiques, ce qui fait son originalité, c'est la *sala dos milagres* (salle des miracles). Comme la salle des ex-voto à Notre-Dame de la Garde, cette pièce exiguë est tapissée de photographies, de messages de remerciement, et de reproductions en cire de membres guéris (ou à guérir) par l'intercession du Senhor do Bonfim (qui n'est autre que Jésus). Les rubans multicolores (*fitas*), vendus sur place, mais aussi dans tout le Brésil, sont devenus l'un des symboles de Salvador. Ces souvenirs de Bonfim doivent être liés autour du poignet au moyen de trois nœuds, qui représentent autant de vœux, qui seront exaucés lorsque le ruban se brisera de lui-même. Il ne faut surtout pas le couper, sous peine de s'exposer à un châtiment. Les adeptes du Candomblé associent le Senhor do Bonfim à Oxalá, divinité la plus éminente de leur religion, ce qui explique l'importance de cette église pour eux. Le vendredi, le jour d'Oxalá, plusieurs messes rassemblant des centaines de fidèles habillés de blanc ont lieu le matin entre 6h et 9h et l'après-midi de 17h à 18h. La plus importante se tient le premier vendredi de chaque mois. Le deuxième jeudi de janvier, les Bahianaises, tout de blanc vêtues, lavent les marches à l'eau parfumée, dans la liesse générale. On se bouscule et la foule est immense et compacte.

CASA DO BENIN ★

Rua Padre Agostinho Gomes, 17

✆ +55 71 3202 7890

Ouvert du lundi au vendredi de 9h à 17h. Entrée libre.

Le Bénin, ancien royaume du Dahomey, fut le pays de naissance ou le lieu de départ d'un nombre immense de fils d'Afrique arrachés à leur terre natale. Cette « Casa do Bénin » est un hommage au pays d'origine de certains Bahianais. À la différence des esclaves de Rio et de Récife, ils étaient originaires du golfe de Guinée. L'exposition des objets du Bénin et des photos de Pierre Verger prises à Salvador et au Bénin se situe au rez-de-chaussée, à l'étage une exposition temporaire tourne régulièrement. Un lieu très important dans l'ensemble culturel de la ville.

LARGO DO PELOURINHO - PRAÇA JOSÉ DE ALENCAR ★★

Le Largo do Pelourinho (Praça José de Alencar) est une vaste place triangulaire et inclinée située au cœur de la partie la plus ancienne de la ville de Salvador. Il est considéré comme le point central du vieux-centre et tire son nom du mot portugais *pelourinho*, signifiant pilori, et désignant le poteau auquel étaient jadis attachés et torturés aux yeux de tous les esclaves récalcitrants. Il s'agit d'une place à haute valeur symbolique, mais aussi architecturale puisqu'on y trouve la belle façade bleue de la maison-musée de Jorge Amado et l'Igreja de Nossa Senhora do Rosário dos Pretos, connue pour ses messes célébrées au son du candomblé. Carte postale de ce quartier du Pelourinho classé à l'UNESCO, c'est un passage obligé des visiteurs à Salvador. Pour l'anecdote, c'est aussi ici qu'une grande part du clip de Michael Jackson *They Do not Care About Us* a été tournée en 1996. Le largo do Pelourinho et les rues adjacentes sont pavés de « pé de moleque », des pavés lustrés par le temps (talons hauts déconseillés). On trouve tout autour de la place un bel ensemble d'édifices de style baroque portugais.

Il est coutume de se faire photographier sur cette place, souvent devant la fondation Jorge Amado, tant elle capte naturellement l'esprit de tous ceux qui se promènent à Salvador de Bahia. Les batucadas (groupes de percussions d'origine afro-brésilienne) traversent souvent cette place dans leur parcours entre leur salle de répétitions et celle de spectacle.

FUNDAÇÃO CASA DE JORGE AMADO ★★

Largo do Pelourinho, 49-51 ✆ +55 71 33210070
www.jorgeamado.org.br
Du lundi au vendredi de 10h à 18h, samedi jusqu'à 18h et dimanche de 10h à 16h. 5 R$. Entrée gratuite le mercredi.

Cette fondation inaugurée en 1987 est dédiée au fabuleux écrivain bahianais Jorge Amado, disparu en 2001. Cette somptueuse demeure coloniale à la façade bleu vif, domine le Largo do Pelourinho. Quelques objets, lettres, livres et manuscrits de l'auteur de *Suor*, *Le vieux marin* ou *Dona Flor et ses deux maris*, ainsi que des photos du quotidien d'Amado prises par son épouse, l'écrivaine Zelia Gattai. Le charmant café est un point de rencontre fréquenté par les intellectuels de la ville.

MUSEU DA GASTRONOMIA BAIANA ★

Largo do Pelourinho
✆ +55 71 3324 8118
www.ba.senac.br
Ouvert du lundi au samedi de 9h à 17h.

Ce musée de la gastronomie est entièrement dédié à la cuisine traditionnelle de Bahia. Installé dans un édifice d'architecture coloniale, sur le Largo do Pelourinho (expositions temporaires, cours de cuisine, boutique, salle dédiée au *food art*, expo permanente), on y découvre la variété des ingrédients à la base de la richesse du patrimoine culinaire de Bahia, caractérisé par la diversité des populations et communautés allant du Recôncavo au Sertão.

SALVADOR

© HBPRO - SHUTTERSTOCK.COM

Largo do Pelourinho - Praça José de Alencar.

IGREJA DE NOSSA SENHORA DO ROSÁRIO DOS PRETOS ★★

Largo do Pelourinho
✆ +55 71 3241 5781
Ouvert du lundi au samedi de 8h à 17h. Messe le mardi à 18h et le dimanche à 9h30.

Cette église fut construite par les esclaves noirs au XVIIIe siècle afin qu'ils puissent célébrer leurs cultes religieux puisqu'ils ne pouvaient fréquenter les églises de l'élite blanche. En raison de peu de moyens dont elle disposait, la confrérie à l'origine de l'église (*Irmandade de Nossa Senhora do Rosário de Salvador*, constituée en 1685) a mis un certain temps à construire l'édifice. Il faudra attendre 1704 pour qu'elle parvienne à réunir les fonds nécessaires et obtienne l'autorisation de l'archevêque D. Sebastião Monteiro de Vide pour entamer les travaux, au niveau des anciennes Portas do Carmo, actuellement sur le Largo do Pelourinho. Le corps de l'église était terminé un peu avant la première moitié du XVIIIe siècle, mais ce n'est qu'en 1780 que, sous la direction du maître d'œuvre Caetano José da Costa, la façade de style baroque et rococo et les tours aux motifs d'influence indienne sont élevées. A la fin du XIXe siècle, l'intérieur de l'église est redécoré, se parant de nouveaux autels de style néoclassique réalisés par le sculpteur João Simões F. de Souzaet vers 1870, et de peintures. Le visiteur, après être passé devant la statue de Nossa Senhora do Rosário datant du XVIIe siècle, trouvera au fond de l'église un ancien cimetière d'esclaves. C'est ici que fut reconnu officiellement par les pouvoirs publics le syncrétisme bahianais du Candomblé.

▸ **Mardi à 18h et dimanche à 9h30** la messe est accompagnée de percussions et l'ambiance est formidable.

MOSTEIRO DE SÃO BENTO ★★

Largo de São Bento, 1
✆ +55 71 33224744
www.saobento.org
Du lundi au vendredi de 9h à midi 30 et de 14h à 18h. Entrée libre.

Premier monastère bénédictin des Amériques, l'ensemble que composent l'église et le couvent fut entièrement construit en pierre au XVIIe siècle et inauguré en 1582 sous la houlette du frère bénédictin Pedro de São Bento Ferraz. Le bâtiment actuel constitue un ensemble architectural remarquable. Construit sur prés de quatre siècles, il reflète toutes les tendances de cette période. Commencés sous Macario de São João, les travaux ne furent jamais vraiment achevés. Le monastère est construit sur trois étages autour d'une cour. L'église est une des rares à présenter un plan inspiré de l'église du « Gesu » à Rome, avec une grande coupole à l'intersection des chapelles latérales. Cette coupole et la voûte n'ont été achevées qu'à la fin du XIXe siècle, alors qu'elles apparaissaient sur les plans du XVIIe.

Le bâtiment actuel date toutefois de la seconde moitié du XVIIe siècle, reconstruit après le passage des Hollandais en 1624, qui habitèrent et saccagèrent le lieu. Il abrite une impressionnante collection d'objets sacrés, d'œuvres artistiques et historiques, et sa bibliothèque conserve des milliers d'ouvrages rares. L'histoire du monastère est intimement liée à celle de Bahia : il servit d'infirmerie lors de l'épidémie de peste espagnole au XVIIe siècle, a accueilli les victimes de la guerre de Canudos au XVIIIe siècle et fut élevé au rang de Basilique Mineure par le pape Jean-Paul II en 1982, soit 400 ans après son édification. Dimanche à 10h, les chants grégoriens emplissent l'immense espace de l'église lors de la messe.

MERCADO MODELO ★★

Praça Visconde de Cayru, 250
www.mercadomodelobahia.com.br
Du lundi au samedi de 9h à 19h et le dimanche de 9h à 14h.

Cet édifice, qui jouxte le port, servit dans un premier temps de centre de « tri » des esclaves à leur arrivée à Salvador. On peut toujours emprunter les escaliers qui descendent vers les sous-sols gorgés d'humidité où ils étaient parqués dans l'attente des ventes aux enchères. Après l'abolition de l'esclavage (1888), l'édifice se contenta d'accueillir les fonctionnaires des douanes. Détruit par un incendie en 1986, il a été entièrement rénové, et c'est aujourd'hui un marché destiné aux touristes. On peut y aller pour faire des emplettes avant de partir.

MUSEU ABELARDO RODRIGUES ★

Rua Gregório de Matos, 45
✆ +55 71 3116 6743
www.ipac.ba.gov.br/museus
Ouvert du mardi au vendredi de midi à 18h, le week-end de midi à 17h. Entrée gratuite.

Une impressionnante collection d'art sacré des XVIIe, XVIIIe et XIXe siècles. C'est le riche collectionneur Abelardo Rodrigues, du Pernambouc, qui a constitué sa vie durant ce fonds de plus de 800 pièces d'art sacré des périodes baroque et néoclassique. L'Etat de Bahia a acquis ce fonds en 1973 après une longue lutte avec l'Etat d'origine d'Abelardo Rodrigues, période connue sous le nom évocateur de « guerre sainte » entre les deux puissants Etats nordestins. Inauguré en 1981, ce musée présente de belles œuvres d'art sacré diverses, érudites et populaires.

MUSEU DE ARTE SACRA ★★

Rua do Sodré, 276
✆ +55 71 3283 5600
www.mas.ufba.br
Ouvert du lundi au vendredi de 11h30 à 17h. 10 R$.

Plus de 5 000 objets composent la collection d'art sacré du MAS, l'une des plus importantes de l'Amérique latine. Le bâtiment est un ancien couvent du XVIIe siècle fondé par des Carmélites. Son architecture a été modifiée, arborant des éléments Renaissance, comme son clocher – ou *espadaña* – et son imposante façade aux riches ornements de l'école maniériste. Chaque cellule accueille un type d'art : sculptures en ivoire récupérées dans diverses églises, tableaux (dont ceux du fondateur de l'École de Peinture de Bahia, José Joaquim da Roc ha (XVIIIe siècle).

PONTA DO HUMAITÁ ★

Dans le quartier de la ville basse (cidade baixa) juste à côté du Forte de Monte Serrat, on pourra aller admirer le majestueux coucher de soleil et la vue panoramique sur la ville depuis la pointe Ponta do Humaitá. On y trouve l'église de Monte Serrat, un petit phare et quelques maisons anciennes. On peut comprendre une partie des origines de la ville, en voyant cette vieille église du XVIe siècle et un fort portugais, installé pour protéger la première capitale brésilienne des attaques étrangères, hollandaises ou françaises.

PRAÇA DA SÉ ★

Cette place incontournable, souvent confondue par les nouveaux venus avec les places bien plus anciennes du vieux-centre, a été édifiée dans les années 1930 et tire son nom de la cathédrale Sé da Bahia qui trônait ici depuis 1522 et qui fut détruite en 1933. Aujourd'hui encore, on peut y observer les vieilles fondations des premiers bâtiments du quartier et de la cathédrale, dont l'histoire est intimement liée à celle de Salvador. En effet, au XVIIe siècle, la Sé a servi de forteresse contre les envahisseurs hollandais, et c'est également en son enceinte que fut chanté en 1808 le *Te Deum* en l'honneur de roi du Portugal João VI et de sa cour, alors qu'il venait tout juste d'arriver à Salvador. Sa démolition a été décidée pour permettre aux tramways de passer ! Elle a également rendu possible la construction du Belvedere da Sé, un espace plein-air dédié au loisir surplombant la baie de Todos os Santos. Lorsque de terminal de Lapa a été inauguré, les tramways ont cessé de desservir le quartier et la place est peu à peu tombée en décrépitude. Il aura fallu attendre 1999 et une proposition de l'architecte Assis Reis pour que la Praça da Sé regagne de sa superbe, avec l'inauguration d'un nouveau belvédère et d'un monument commémoratif en hommage à l'ancienne cathédrale : la *Cruz Caída* (Croix Tombée), œuvre de Mário Cravo édifiée là où se dressait jadis la cathédrale. C'est aujourd'hui un espace public important et un lieu de passage obligé pour les visiteurs. On y vient notamment pour le coucher de soleil sur la baie...

SALVADOR

FUNDAÇÃO PIERRE VERGER - GALERIA ★★

Portal da Misericordia, 9 ✆ +55 71 3321 2341
www.pierreverger.org
Du lundi au samedi, de 8h à 19h. Dimanche de 8h à midi. Entrée libre. Vente d'objets, de livres et de photographies.

Pierre Verger était un photographe et ethnologue français passionné de Bahia, de sa culture et les cultes africains – en particulier Fon et Yoruba, et du candomblé. Il termina sa vie à Salvador en 1996, âgé de 93 ans. Plus de 60 000 de ses photos et négatifs de Bahianais pris dans les années 1930 et d'autres clichés sont exposés ici. Chaque trimestre, l'exposition est renouvelée, mettant en perspective différents angles de ses travaux. On peut aussi y acheter ses ouvrages.

PLANO INCLINADO GONÇALVES

Praça da Sé
Fonctionne du lundi au vendredi de 6h à 19h, samedi jusqu'à 16h. 0,15 R$.

Tout comme l'Elevador Lacerda, le funiculaire Plano Inclinado Golçalves assure également la liaison entre la ville haute (en l'occurrence la Praça da Sé) et la ville basse (Comércio), grâce à un petit tramway (*bondinho*) qui descend ou remonte presque à la verticale. Sensations garanties ! Comme pour l'elevador Lacerdo et si ce voyage permet de s'imprégner de cette scission sociale et économique entre ville haute et ville basse, il est à éviter le dimanche et le soir.

PRAÇA TOMÉ DE SOUZA ★

La Praça Tomé de Sousa (connue comme « Praça Municipal ») est une place du centre historique de Salvador qui fut le lieu de fondation administrative de la ville. C'est ici que le premier gouverneur du Brésil Tomé de Sousa rassembla au XVIe siècle tous les bâtiments publics de la colonie brésilienne naissante. On y voit aujourd'hui le Palácio Tomé de Sousa (actuel siège de la Préfecture), le Palácio Rio Branco (jadis siège du gouvernement de Bahia), la mairie de Salvador, ainsi qu'une statue du premier gouverneur du Brésil. De là, on accédera à l'Elevador Lacerda.

CAMARA MUNICIPAL ★

Praça Tomé de Sousa, s/n ✆ +55 71 3320 0161
www.cms.ba.gov.br

Le centre culturel propose parfois des expositions ouvertes au public. Ouvert en semaine de 8h à 12h et de 14h et 18h.

Ancien siège de la mairie de la ville, la *Câmara municipal* est aujourd'hui le Conseil municipal de Salvador. Historiquement, dans tout le Brésil, et depuis la période coloniale, les « camaras municipais » ont toujours joué un rôle important. Elles étaient en charge de l'assainissement, de la santé publique, de la réglementation de l'usage des sols. Celle de Salvador date du milieu du XVIIe siècle, dont elle conserve la façade originale. C'est un des plus importants édifices d'architecture civile coloniale du pays. Le bâtiment abrita également une prison du XVIIIe siècle.

PRAIA DA BOA VIAGEM ET PRAIA DA RIBEIRA ★

Pour profiter de l'atmosphère détendue de la plage, on aura le choix entre Boa Viagem, au pied de la petite église historique du même nom, et les plages de Ribeira, sur le côté nord de la péninsule. Quartier populaire, Ribeira reçoit peu de voyageurs étrangers, on ne s'y rendra (à pied, ou par n'importe quel bus portant l'inscription « Ribeira ») que si l'on souhaite prendre un bain de bahianais, prendre un verre ou tester sa maîtrise du Portugais.

PALACIO RIO BRANCO ★

Praça Tomé de Sousa, s/n
✆ +55 71 3117 6491

Du mardi au vendredi de 10h à 18h. Visites guidées sur demande (à l'avance).

Difficile de ne pas remarquer ce grand édifice blanc de style éclectique. Le « Palacio rio Branco » est un bâtiment qui date de 1549 et fut érigé sur ordre de Tomé de Souza, premier gouverneur général du Brésil et fondateur de la ville de Salvador – capitale du Brésil de 1549 à 1763 –, pour abriter le palais du gouverneur, centre de l'administration portugaise. De construction modeste, il a peu à peu été agrandi et a eu plusieurs fonctions au cours de son histoire, dont celle de prison, mais aussi de lieu de résidence de Dom Pedro II lorsque l'empereur vint en visite à Salvador en 1859. Vers la fin du XIXe siècle, la façade coloniale, au style alors dépassé, fut entièrement rénovée dans un style beaucoup plus noble et imposant, inspiré des édifices néoclassiques français. Le 10 janvier 1912, le palais fut l'une des cibles du bombardement de Salvador décidé par le président d'alors, Hermes da Fonseca. La bâtisse a alors presque entièrement été détruite et on déplora notamment la perte d'une vaste collection de livres rares. Il a aussitôt été reconstruit, inauguré par le gouverneur Antônio Muniz Sodré de Aragão en 1919, et baptisé Rio Branco en l'honneur de José Maria da Silva Paranhos Júnior, baron de Rio Branco. Sujet aux assauts du temps, le palais a fait l'objet d'une campagne de rénovation en 1984, et abrite aujourd'hui la Fundação Cultural do Estado da Bahia et le « Memorial dos Governadores », ouvert à la visite. Le mobilier finement ouvragé et la splendide vue sur la baie et la ville basse valent le détour

MUSEU AFRO-BRASILEIRO DA UFBA ★

Terreiro de Jesus ✆ +55 71 3283 5540
www.mafro.ceao.ufba.br

du lundi au vendredi de 9h à 17h. Entrée : 6 R$. Le musée d'Archéologie et d'Ethnologie se trouve dans le même bâtiment.

L'histoire de Salvador est indissociable de ses racines africaines et de son syncrétisme religieux. Le musée afro-brésilien renferme d'importantes collections d'orixás d'Afrique et de Bahia. Art africain, poterie, costumes de cérémonies de candomblé, icônes. Le musée se trouve dans l'ancien collège des jésuites, de 1553, là où fonctionnèrent la première école d'enseignement supérieur et la première faculté de médecine du pays (un Memorial da Medicina rappelle ce passé médical).

ELEVADOR LACERDA ★★

Praça Tomé de Sousa, s/n

0,15 R$. De 6h à 23h.

Cet ascenseur fait partie des cartes postales de la ville de Salvador. On y vient aussi pour faire des photos, à côté de la croix inaugurée en 1873, c'est le premier ascenseur public au monde. L'Elevador Lacerda fonctionnait à l'origine par pression hydraulique – ce qui lui valut à ses débuts le nom d'Elevador Hidráulico da Conceição, en raison de sa proximité avec l'église de Nossa Senhora da Conceição da Praia – et remplaça les esclaves et les mules des premiers temps de la colonie. Il fut renommé Lacerda en 1896 en hommage à l'ingénieur qui l'a conçu. À partir de 1930, on y installa des moteurs électriques, une seconde tour et deux cabines de transport de passagers (pour un total actuel de 4 cabines). À 72 m de haut, il permet à 900 000 personnes par mois de rallier en 30 secondes la partie haute et la partie basse de la ville. Depuis 2006, l'Elevador Lacerda fait officiellement partie du patrimoine architectural de Salvador. De longues files de Soteropolitains et de touristes s'y pressent. Il faut dire que l'ascenseur représente le moyen le plus sécurisé de circuler entre les deux parties de la ville, la rue contournant la butte constituée par la ville haute – nommée Ladeira da Montan ha – pouvant s'avérer peu sûre. Enfin, la ville basse (quartier du comercio) est désertée le soir et le dimanche, car elle est peu habitée. Il est donc très vivement déconseillé de s'y promener lorsque les locaux qui y travaillent et les touristes qui vont à la gare maritime ou au mercado modelo l'ont désertée.

TERREIRO DE JESUS ★★

Praça Terreiro de Jesus

Point central de la vie publique du Pelourinho, la place est toujours très animée : petites échoppes tenues par des bahianaises proposant acarajés, smoothies et coco fraîches, spectacles improvisés de capoeira auxquels les visiteurs sont invités à prendre part, manifestations diverses… Un lieu de passage obligé !

Officiellement appelé Praça 15 de Novembro, l'imposant Terreiro de Jesus compte parmi les hauts lieux saints de Salvador. Pour appréhender son histoire, il faut remonter à l'époque de la construction de la ville : au début des années 1550, le gouverneur-général Tomé de Sousa concède aux prêtres de l'Ordre des Jésuites un morceau de terrain dans le nord de la nouvelle ville afin qu'ils puissent y édifier une chapelle et une bâtisse pour accueillir le Collège de la Compagnie de Jésus, ce qui vaudra à la place d'être connue sous le nom de Terreiro de Jesus. Petite et fragile, l'église originale est remplacée par un édifice somptueux, construit entre 1652 et 1672, considéré à l'époque comme la plus imposante du Brésil : façade maniériste taillée dans de la pierre de lave importée du Portugal, retables aux sculptures dorées de style baroque, plafond de bois sculpté et magnifique sacristie. En 1933, lorsque l'antique Sé de Salvador est détruite, la Catedral Basílica du Terreiro de Jesus devient la nouvelle cathédrale de Salvador. Autour de la place, on peut aussi admirer l'Igreja de São Pedro dos Clérigos, l'Igreja de São Domingos Gusmão, ou encore le Museu Afro-Brasileiro da UFBA, dans l'ancienne faculté de médecine.

CATEDRAL BASÍLICA DE SALVADOR ★★★

Praça 15 de Novembro, s/nº

✆ +55 71 3321 4573

Tous les jours de 8h30 à 11h30 et de 13h30 à 17h.

La Catedral Basílica (de son nom complet Catedral Basílica Primacial São Salvador) était le lieu où les jésuites centralisaient leurs activités missionnaires avant de devenir le siège de l'archevêque métropolitain et primat du Brésil. Le bâtiment maniériste aux majestueuses proportions et l'un des plus imposants du centre de Salvador, et il est presque aussi ancien que la ville elle-même. Très puissant avant qu'il ne soit définitivement chassé du Brésil, c'est l'Ordre des Jésuites qui lance la construction de la première église de la ville, qu'ils flanquèrent d'un Collège Jésuite, lors de la seconde moitié du XVIe siècle. Reconstruite un siècle après sa fondation, la nouvelle église est inaugurée et consacrée en 1672. Il faut néanmoins patienter quelques années pour que les derniers éléments ne soient adjoints : le frontispice est achevé en 1679, les cloches n'arrivent du Portugal qu'en 1682 et les tours sont terminées en 1694. Pour ce qui est de la décoration de l'intérieur, les travaux se prolongent nettement plus longtemps – si bien que les 13 autels couvrent des périodes et des styles variés : classique, Renaissance, néobaroque et rococo – et la façade ne reçoit ses statues que bien plus tard, en 1746. Trônant sur le Terreiro de Jesus, la cathédrale est immanquable et doit absolument être visitée. Des vestiges inconnus ont été découverts lors des très importants travaux de rénovation, comme un escalier qui descend dans un sous-terrain menant à des catacombes.

Azulejos à l'église de São Francisco.

IGREJA DA ORDEM TERCEIRA DE SÃO FRANCISCO ★★★

Rua da Ordem Terceira, s/n
✆ +55 71 3321 6968
Ouverte de 8h à 16h (17h le week-end). 3 R$.

Construite au XVIIIe siècle, la façade plateresque de l'église, en haut-relief et richement décorée, est la seule du Brésil a être toute de pierre taillée. Construite en 1703, elle est l'ultime aboutissement du style baroque rococo. On y discerne un globe noyé dans les volutes de pierre. À l'intérieur, on pourra admirer de nombreuses sculptures d'art sacré logées dans des autels néoclassiques considérés comme des chefs-d'œuvre du maître José de Cerqueira Torres, venus remplacer au XIXe siècle la décoration baroque originale. L'histoire de l'église da Ordem Terceira de São Francisco commence en 1644, lorsque les frères du Tiers-Ordre franciscain fondent en lieu et place de l'actuel temple une église plus modeste. Très vite, Gabriel Ribeiro, le maître d'œuvre de cette première église élabore les plans de la nouvelle, dont la première pierre sera posée le 1er janvier 1702. Au début du XIXe siècle, les autels sont modernisés et garnis des sculptures de José de Cerqueira Torres (entre 1827 et 1828), tandis que les dorures sont posées par Franco Velasco en 1830. De nombreux autres aménagements sont alors effectués : peintures murales, ajouts de niches et panneaux sculptés dans les autels, confection de bougeoirs et de croix... Ce ne qu'en 1932 qu'on la redécouvre. Cette façade a déjà fait l'objet d'une attention de la part de plusieurs historiens : éléments végétaux et animaux se mêlent à des éléments religieux et fantastiques, le tout taillé dans d'opulentes pierres.

MUSEU DE ARQUEOLOGIA E ETNOLOGIA ★

Praça 15 de Novembro, s/nº
✆ +55 71 3283 5530
www.mae.ufba.br
Du lundi au vendredi de 9h à 17h. Entrée à 10 R$.

Le musée d'archéologie et d'ethnologie de Salvador, qui dépend de l'Université Fédéral da Bahia, se trouve sur le site archéologique du collège jésuite construit à partir du milieu du XVIème siècle. On y trouve l'exposition *A primeira Sé do Brasil*, qui fut construite en 1549 sur ordre de Tomé de Souza et détruite en 1933 et des fragments et des objets réunis lors des excavations réalisées Praça da Sé. La diversité ethnique et culturelle de la Bahia et du Brésil est mise à l'honneur.

IGREJA E CONVENTO DE SÃO FRANCISCO ★★★

Largo Cruzeiro de São Francisco
✆ +55 71 3322 6430
De 8h à 17h30, mardi jusqu'à 14h. 5 R$ l'entrée.

Si vous n'avez à visiter qu'une seule des 365 églises de Salvador de Bahia, alors choisissez l'église et le couvent de Sao Francisco. C'est certainement l'église la plus emblématique de la ville et le symbole de sa magnificence passée qu'elle tente patiemment de recouvrer. Couvert de 800 kg d'or, cet ensemble est un pur exemple de l'architecture coloniale baroque et néoclassique. C'est le frère franciscain Melchior de Santa Catarina qui, après avoir reçu l'aval du pape Sixte V, décide de la fondation du couvent en 1585, dont la construction débute deux ans plus tard. Dès 1675, une reconstruction est décidée sous l'égide du vicaire provincial Vicente das Chagas, l'ensemble architectural s'agrandit alors considérablement : le cloître est édifié en premier selon les plans de Francisco Pinheiro, puis c'est au tour du chœur de l'église en 1708, puis ses murs et piliers autour de 1710, si bien que dès 1713, la chapelle était prête à accueillir le culte. Le reste du corps de l'église, y compris la façade, a été achevé en 1720, date que l'on trouve gravée sur le frontispice, puis ont commencé les travaux de décoration intérieure. En 1733, Jerônimo da Graça entame les peintures du plafond, puis en 1937, les *azulejos* du chœur de l'église sont installés, avant que ne commence le travail de dorure de la chapelle et des autels latéraux. En 1752, le cloître est achevé, la bibliothèque installée, mais il faudra encore attendre 1797 pour que les tours soient terminées et qu'on leur adjoigne cloches et horloge.

Les murs de la place carrée intérieure du couvent (qui abrite une dizaine de cellules toujours utilisées), autour de laquelle courent une galerie sur deux niveaux inspirée des cloîtres portugais du XVIe siècle, sont recouverts de superbes panneaux d'*azulejos* anciens représentant des scènes opposant la philosophie des Anciens et des Modernes, ainsi que divers épisodes bibliques, certaines des estampes étant attribuées à Otto van Veen, maître de Peter Rubens. Signalons enfin le plafond de bibliothèque du cloître, orné de monumentales peintures, et le réfectoire, couvert d'*azulejos* datant de 1650.

Devant la façade de l'église s'étire le Largo do Cruzeiro de São Francisco, une place ornée d'un calvaire et entourée de jolies demeures coloniales qui rejoint le Terreiro de Jesus. Certains puristes jugent l'église Sao Francisco surchargée par ses dorures envahissant ses puissantes voussures. On laissera le visiteur apprécier.

DIQUE DO TORORÓ

Tororó

Il s'agit d'un vaste lac artificiel situé au sud-est du Pelourinho, dans le quartier de Tororó, voisin de celui de Barris. Touristique, plusieurs restaurants et petits cafés émaillent le parc qui entoure le plan d'eau, dont on peut faire le tour en empruntant la piste cyclable. On pourra louer des bateaux à pédales et même s'adonner aux joies de la pêche tout en profitant du calme offert par cet appréciable espace vert en plein cœur de la ville. Notons également la présence de statues représentant des Orixás hautes de plus de 3 mètres, installées au centre du lac.

IGREJA DA GRAÇA ★

Largo da Graça

✆ +55 71 3247 4670

Dans le quartier résidentiel de Graça, l'église de la grâce (Graça) est l'un des tout premiers lieux de culte catholique construits à Salvador, datant du XVIIe siècle. On y trouve les restes mortels de l'Indienne Catarina Paraguaçu, convertie au christianisme après son mariage avec le Portugais Diogo Alvares Correia, le Caramuru, et de Julia Fetal, jeune femme de la bonne société bahianaise, assassinée avec une balle en or par son ex-fiancé ! Après la visite, une promenade est recommandée à travers ce charmant quartier bourgeois.

LARGO DOS AFLITOS ★

Largo dos Aflitos

Non loin du MAM (Musée d'Art Moderne de Bahia), au sud-ouest du Pelourinho, on trouve cette belle place, le Largo dos Aflitos, accueillant le centre missionnaire Gamboa à l'architecture coloniale. C'est un très bel et ancien palais servant aujourd'hui de base à la police militaire. Juste en face, on trouve la bâtisse du ministère de l'Agriculture. En traversant l'esplanade, on atteint la terrasse du Mirante dos Aflitos et son superbe panorama sur la baie et l'île d'Itaparica, point d'observation de choix à l'heure du coucher du soleil.

MUSEU CARLOS COSTA PINTO

Avenida 7 de Setembro, 2490

✆ +55 71 33366081

www.museucostapinto.com.br/capa.asp

Ouvert le lundi et du mercredi au samedi de 14h30 à 19h. Entrée 10 R$.

Il s'agit de l'un des musées les plus importants de Salvador, installé dans une demeure de style colonial édifiée en 1958 par les architectes Reis et Rebouças. Réaménagée pour coïncider avec sa nouvelle fonction, la maison reçoit plus de 3 000 pièces données par la veuve de Carlos Aguiar da Costa Pinto, riche marchand collectionneur d'art et artisanat, et devient musée en 1969. Il réunit l'une des plus importantes collections brésiliennes d'argenterie, porcelaine et mobilier de l'aristocratie du sucre (XVIIe-XIXe siècles), bijoux et pierres précieuses.

MUSEU DE ARTE DA BAHIA

Avenida 7 de Setembro, 2340

✆ +55 71 3117 6902

www.funceb.ba.gov.br

Ouvert du mardi au vendredi de 13h à 19h, samedi et dimanche de 14h à 18h. Entrée libre.

Dans ce musée en fonctionnement depuis le début du siècle (il a été ouvert en 1918), on trouve diverses œuvres d'artistes bahianais, des images sacrées et des porcelaines. Il a été transféré en 1982 dans son emplacement actuel, le palacete de Vitoria, ancien siège du secrétariat à l'éducation afin de disposer de vastes espaces nécessaires à la mise en valeur des expositions permanentes et temporaires. Le riche fonds est divisé en arts décoratifs et en arts plastiques (peintures et sculptures), qui couvrent les périodes allant du XVIIIe siècle au XXe siècle.

PALÁCIO DA ACLAMAÇÃO

Av. Sete de Setembro, 1330

✆ +55 71 3117 6150

Ouvert du lundi au samedi de 8h à 17h.

Le Palácio da Aclamação, érigé à la fin du XIXe siècle a été de 1912 à 1967 la résidence officiel des gouverneurs de l'État de Bahia. De dimensions monumentales, l'édifice arbore une superbe façade blanche de style néoclassique tandis que les salles intérieures présentent de nombreux panneaux, arcs et médaillons peints. On pourra apprécier la luxueuse collection d'objets et mobilier précieux : meubles, porcelaines, cristaux, sculptures en bronze, tapis persans et français et peintures. Les balcons offrent une vue fantastique sur la baie.

PRAÇA DA PIEDADE

A l'extrême nord du quartier de Barris, au sud du Pelourinho, la Praça da Piedade était à l'époque coloniale située le long des fortifications du centre-ville où se trouvait alors une porte d'entrée. Elle fut le théâtre de nombreux événements marquants, comme l'exécution en novembre 1799 de Luís Gonzaga das Virgens, auteur de pamphlets prêchant l'indépendance de Bahia et l'abolition de l'esclavage. Dans les années1980, les pouvoirs publics la restaurent. On y trouve notamment l'église de Nossa Senhora da Piedade, construite en 1686 par les frères Capucins français.

GABINETE PORTUGUÊS DE LEITURA ★★

Praça da Piedade

✆ +55 71 3329 2733

www.gplsalvador.com.br

Bibliothèque : du lundi au vendredi de 8h à 17h.

C'est l'équivalent bahianais du cabinet de lecture portugais de Rio. Ce très beau bâtiment de style néomanuélin est un hommage à l'architecture ibérique. Depuis plus d'un siècle, c'est également un haut point de la culture portugaise à Bahia, avec une bibliothèque et de nombreux ouvrages d'auteurs portugais. Ce sont les membres de la communauté portugaise de Salvador qui fondèrent une « société littéraire » dans le but d'écrire en portugais et en français des œuvres littéraires.

PRAÇA DOIS DE JULHO - MONUMENTO AO DOIS DE JULHO ★

Largo do Campo Grande

Inauguré le 2 juillet 1895, c'est le monument commémoratif d'une date très importante dans l'histoire de Salvador – la fin du siège de la ville opposant Brésiliens et Portugais lors de la guerre d'indépendance du Brésil, le 2 juillet 1823 – situé en plein centre de la plus grande place de la ville. Il symbolise la conquête définitive de l'indépendance du pays vis-à-vis du Portugal, presque un an après le « cri d'Ipiranga » de Dom Pedro, le futur empereur.

PRAIA DO FAROL DA BARRA ★

Av. Oceânica

Sans doute est-ce une des plages urbaines les plus accessibles lorsque l'on est en résidence au pelourinho ou dans le quartier résidentiel de Barra. C'est aussi une des plages qui constitue la carte postale de Salvador. La plage de Farol da Barra est protégée par des récifs et présente de petites vagues ainsi que des piscines naturelles. De l'autre côté du Morro do Cristo se trouve une autre petite plage. La pratique du surf est commune sur ces deux plages, qui sont bondées le week-end et ne sont pas des plus propres, mais restent agréables.

FORTE DE SANTO ANTÔNIO DA BARRA - FAROL DA BARRA ★★

Largo do Farol da Barra

✆ +55 71 3264 3296

www.museunauticodabahia.org.br

Musée : du mardi au dimanche de 9h à 18h (tous les jours en janvier et juillet). 15 R$.

Le Forte de Santo Antônio da Barra constitue la première construction militaire de l'Amérique portugaise, érigée en 1598 sous l'égide du gouverneur-général Manuel Teles Barreto, et fut en première ligne de défense de la première capitale du Brésil. En 1624, lors de l'invasion hollandaise, il est occupé par ces derniers, avant qu'ils ne soient délogés l'année suivante. Reconstruit en 1696, une tour carrée surmontée d'une lanterne de bronze – le Farol da Barra – lui est adjoint en 1698. En 1705, le fort devient la capitainerie coloniale portugaise, incarnée en la personne de Santo Antônio de Lisboa, mais en 1752, l'édifice commence à tomber en ruines, si bien qu'il est sujet à plusieurs rénovations en 1756. Pendant la Guerre d'Indépendance (1822-1823), le fort est entre les mains des forces portugaises, sous le commandement du colonel Inácio Luís Madeira de Melo, jusqu'à la reddition en 1823. Un décret est promulgué en 1832, ordonnant l'installation d'un phare plus moderne qui sera fabriqué en Angleterre et viendra remplacer l'ancien en décembre 1839, avec un éclairage à la portée bien plus grande. des travaux de restauration sont accomplis dans les années 1990 afin d'accueillir une section du Museu Naval e Oceanográfico (dédié à l'océanographie et à la cartographie marine), avant de recevoir l'actuel Museu Nautico da Bahia consacré à l'archéologie sous-marine et abritant des répliques de navires et quelques cartes marines. Le lieu est idéal pour profiter du coucher du soleil.

© PESKYMONKEY - ISTOCKPHOTO.COM

Phare de Barra.

PRAIA DO PORTO DA BARRA

Baignée par la baie de Todos os Santos, la plage do Porto da Barra, dont l'orientation permet de profiter d'une mer assez calme et de splendides couchers de soleil, est de taille assez réduite. Le week-end et les jours fériés, elle est prise d'assaut par les citadins et visiteurs. L'ambiance y est alors assez festive. Depuis la promenade qui la domine, on peut apercevoir l'île d'Itaparica, et à son extrémité, en contrebas de la muraille du fort de São Diogo, on pourra voir une haute croix blanche qui commémore la fondation de la ville en 1549 par Tomé de Sousa.

FORTE DE SÃO DIOGO

Porto da Barra
✆ +55 71 3264 3195
Extérieur ouvert de 8h à 22h, gratuit. A l'intérieur, visites possibles de 11h à 19h, le mardi excepté. 20 R$ l'entrée.

Ce fort fut construit au XVIIe siècle, mais c'est entre 1704 et 1722 que les restructurations architecturales lui donnèrent sa configuration actuelle, avant d'ultimes modifications à la fin du XIXe siècle. On peut y admirer aujourd'hui les maquettes des forts de Bahia et des vidéos sur le système de fortifications de la première capitale du Brésil. Plus prosaïquement, on y trouve aujourd'hui un agréable « bistrô » où on peut se sustenter, tout en se rafraîchissant avec un jus de fruits ou une bière bien fraîche pour fuir la chaleur de la capitale bahianaise.

FORTE DE SANTA MARIA ★

Avenida 7 de Septembro, s/n
Le fort n'est pas ouvert aux visiteurs, mais on peut l'admirer de l'extérieur.

Ce fort construit au XVIIe siècle (les travaux ont débuté en 1614, dirigés par l'ingénieur en charge des fortifications du Brésil Francisco de Frias da Mesquita), fut un haut lieu de la résistance aux invasions hollandaises. Après la reconquête portugaise, le Forte de Santa Maria est reconstruit et agrandi entre 1625 et 1627. On doit néanmoins sa structure actuelle à l'ingénieur José Pais Esteves, qui en 1696 remodela l'édifice en s'inspirant de l'architecture italienne. Depuis 1938, le fort fait partie du patrimoine historique et artistique national brésilien.

SOLAR DO UNHÃO - MUSEU DE ARTE MODERNA (MAM) ★★

Av. Contôrno, s/n
✆ +55 71 3117 6139
Du mardi au dimanche de 13h à 18h. Entrée libre ou selon les expositions du moment.

Le Solar do Unhão vaut le détour. Demeure aristocratique, il date du XVIIIe siècle et est composée de la Casa Grande, la Capela, la Senzala (la pièce des esclaves) et des dépendances, comme un entrepôt où l'on stockait les cargaisons de sucre avant leur embarquement vers l'Europe.

▶ **La partie résidentielle** abrite aujourd'hui le Museu de Arte Moderna. Accueillant jardin à flanc de colline, avec sculptures et une jolie vue sur la baie. Concerts de jazz le samedi : les Jam no MAM, à 18h.

CASA DO RIO VERMELHO – JORGE AMADO E ZÉLIA GATTAI ★★

Rua Alagoinhas, 33
✆ +55 71 3333 1919
casadoriovermelho.com.br
Du mardi au dimanche de 10h à 17h. 20 R$.

La maison de Jorge Amado du Rio Vermelho est à nouveau ouverte. Les visiteurs peuvent connaître les 2000 m² de la maison où Jorge Amado a vécu avec sa femme et sa famille durant presque 40 ans. Les 15 pièces sont décorées avec plusieurs objets d'art, dont le carrelage peint par Picasso et les objets personnels du couple d'écrivains. Le beau jardin où les cendres d'Amado et de Gattai reposent mélangées à la terre du grand manguier, complète la visite. A ne pas manquer !

ORIXÁS ★

Avenida Paulo VI, 190
✆ +55 71 3346 2040

On peut admirer, sur tout le terrain autour du bâtiment de la ECT [la poste], la plus belle collection de sculptures d'*orixás*, réalisées par le sculpteur Mario Cravo Júnior. Les orixàs sont des divinités des cultes afro-brésiliens. Au coeur du syncrétisme religieux brésilien, et principalement à Bahia, chacune des orixàs, issues des cultes religieux Yoruba du Nigéria, du Bénin et du Togo, possède des attributs, des couleurs et des vêtements propres. Il y a aujoud'hui 12 orixas sur les 16 orixas originels. Yémanjà est la mère des orixas.

PARQUE METROPOLITANO DE PITUAÇU ★

Rua Manoel Antônio Galvão
Ouvert tous les jours de 8h à 17h, restaurants jusqu'à plus tard.

A l'est de la ville, ce grand parc urbain [420 hectares] est envahi les samedis et dimanches par des milliers de familles. On peut se balader au milieu d'une végétation exubérante [le parc porte le titre de réserve écologique], à pied ou en vélo, autour de l'immense plan d'eau… Le parc comprend des aires de jeux pour les enfants, des équipements sportifs [appareils de musculation notamment] et plusieurs *lanchonetes* et restaurants. Evitez les zones plus désertes assez dangereuses.

PRAIA DE ONDINA

La petite plage d'Ondina est plus tranquille que sa voisine do Farol da Barra. Elle se situe dans le quartier résidentiel du même nom. C'est sans doute une des plages urbaines « baignables » les plus agréables de Salvador. On y trouve de nombreuses piscines naturelles formées par les pierres, dans lesquelles il est possible de baigner. Elle se trouve à environ 7 kilomètres du Pelourinho et jouxte le célèbre restaurant « Barravento », le « morro do cristo » et le Clube Espanhol. Eaux turquoise, cocotiers... Très prisée le week-end.

PRAIA DO RIO VERMELHO

R. Guedes Cabral, 1

La plage de Rio Vermelho présente de fortes vagues à marée haute. Elle sert de port aux barques et petits bateaux des pêcheurs des alentours. C'est de là que part la procession maritime en l'honneur de Iemanjá, reine de la mer, tous les 2 février. C'est la plage du quartier bohème de Rio Vermelho, où on se presse aux baraques de Cirà, pour déguster des acarajès. Les eaux sont hélas impropres à la baignade, car elles sont polluées. Seule la partie de la plage appelée « buracao » [grand trou] est un lieu où on peut se baigner sans risques.

PRAIA ITAPUÃ

Av. Octávio Mangabeira

Itapuã, c'est l'une des plages les plus mythiques de Bahia, notamment grâce au succès de la chanson de Toquinho et Vinicius de Moraes, *Tarde em Itapuã*. Mais la réalité n'est pas si idyllique que dans la chanson et elle est souvent bondée. Depuis la plage, on peut voir la silhouette rouge et blanche du phare d'Itapuã. Sur la route du phare, on peut voir des mosaïques du plasticien Bel Borba. Une belle formation de corail appelée « angra » la protège. On trouve de belles piscines naturelles en certains endroits de la plage. On y goûtera les *acarajés* de Cirà.

SE LOGER

L'offre en hébergement de Salvador est vaste et variée en prix et en qualité. En général, les touristes étrangers et les Brésiliens cherchent à se loger dans les quartiers de Barra, Ondina et Rio Vermelho, éventuellement Vitoria. Ces quartiers chics et/ou bohême proposent des hébergements allant de l'auberge de jeunesse aux grands complexes hôteliers internationaux. Vous pouvez choisir de rester sans problèmes à l'intérieur du Pelourinho. Il est possible aussi de se rapprocher de la plage et nous vous conseillons alors le charmant quartier de Barra qui constitue une bonne alternative après l'effervescence du Pelourinho. C'est un autre Salvador, celui des plages et du bord de mer, plutôt touristique, mais sympathique. C'est également à 10 minutes du centre et des shoppings et à environ 15 minutes du Pelourinho si vous prenez un taxi.

Si vous venez à Salvador pour le carnaval ou le nouvel an, n'oubliez pas de réserver bien à l'avance.

BAHIA PELÔ HOSTEL €

Ladeira do Carmo, 21
© +55 71 3242 3648
www.pousadabahiapelo.com.br

A partir de 200 R$ la chambre de 2, 65 R$ le lit en dortoir de 10.

Cette auberge de jeunesse flambant neuf, idéalement localisée dans le quartier du Carmo, sûr et animé, est un des meilleurs plan du quartier historique. Les propriétaires des lieux, des architectes passionnés, ont redessiné le Pelô Hostel dans un sobrado historique pour apporter fonctionnalité, confort aux voyageurs. Dans les 8 chambres (pour 2 ou 3, 2 avec bain à remous) et les dortoirs, le parquet en bois, les murs en pierres apparentes dans les communs, les salles de bain élégantes, allient avec justesse modernité et tradition. Les suites ont toutes un balcon.

BAHIA PRIME HOSTEL €

Alameda Antunes, 56
© +55 71 3034 2348
www.bahiaprimehostel.com

Compter à partir de 55 R$ pour les chambres en dortoir et 120 R$ pour une chambre double.

Cette auberge de jeunesse est l'une des meilleures de Salvador. Sa localisation privilégiée à Barra, dans une rue tranquille à quelques pas de la plage, avec les transports en commun situés au pied de l'auberge. Equipe professionnelle, dans une infrastructure moderne et de qualité. Réparties entre chambres collectives (masculines et féminines) et confortables suites, les chambres du Bahia Prime Hostel sont décorées avec soin et bien équipées. Les parties communes sont superbes : grand salon, cuisine équipée, terrasse... une adresse vivement recommandée.

HOSTEL BARRA €

Rua Arthur Neiva, 4
© +55 71 3245 2600
www.alberguebarra.com.br

Comptez selon la saison de 40 à 50 R$ pour les chambres collectives et de 120 à 150 R$ pour une chambre double.

Situé à Barra, à quelques pas de la plage, l'Hostel Barra est certainement l'une des adresses les plus intéressantes de Salvador. L'établissement met à la disposition de sa clientèle de voyageurs un large choix d'habitations. Les chambres collectives comme les suites sont fonctionnelles, d'une propreté indiscutable et bénéficient de ventilateur au plafond, ou de l'air conditionné. cuisine, réception 24h/24, espace laverie, salle de télévision, billard..En groupe, en famille ou en solo, l'Hostel Barra est une bonne adresse qui cultive une atmosphère conviviale.

LARANJEIRAS HOSTELS €

Rua da Ordem Terceira, 13 © +55 71 3321 1366
www.laranjeirashostel.com.br

Compter à partir de 51 R$ pour les chambres collectives et à partir de 110 R$ pour une chambre double.

L'auberge Laranjeiras est située dans une belle demeure du Pelourinho, entièrement rénovée. De style colonial avec des installations modernes et fonctionnelles, cette auberge est agréable, même si les espaces ne sont pas très grands. L'Hostel propose des snacks, TV, Internet, cuisine, laverie. Deux dortoirs avec armoires, un pour les hommes et un pour les femmes. Douches collectives avec eau chaude. Possibilité de louer 3 chambres privées sans salle de bains ou 7 chambres doubles ou triples avec salle de bains. La localisation est intéressante.

BAHIACAFE HOTEL €€

Praça da Sé,22
✆ +55 71 3105 1266
www.bahiacafehotel.com
À partir de 250 R$ pour une chambre double.

Cette belle et confortable demeure coloniale bénéficie d'une localisation idéale en plein cœur du centre historique de Salvador, à quelques pas de la place Terreiro de Jesus. On y est chaleureusement accueilli en français, dans des infrastructures de qualité, par un propriétaire soucieux du bien-être de sa clientèle. Les chambres sont toutes soignées et très bien équipées. Pour plus de détente, l'établissement dispose d'un des plus agréables Spa de la région. Possibilité de réserver chambres et tours directement à partir du site.

POUSADA SOLAR DOS ROMANOS €

Rua Portas do Carmo, 14 ✆ +55 71 3321 6812
hostelsolardosromanos.com

Compter à partir de 50 R$ pour les chambres collectives et à partir de 110 R$ R$ pour une chambre double.

Installé dans une maison coloniale en plein cœur du Pelourinho, la Pousada Solar dos Romanos permet de profiter de toutes les animations du quartier historique. Simples mais biens tenues, les chambres privatives et communes du Solar dos Romanos sont spacieuses. Réservez plutôt les chambres des premiers étages de l'*hostel*. On apprécie la belle terrasse qui offre une vue magnifique sur la baie de Tous-les-Saints. Une bonne adresse pour faire de nouvelles rencontres.

HOTEL POUSADA PAPAYA VERDE €€

Rua Eng. Milton Oliveira, 177
✆ +55 71 3267 1008
www.pousadapapayaverde.com

Selon la saison, chambre double de 140 à 160 R$. Petit déjeuner inclus.

Entourée d'un agréable petit jardin tropical, cette *pousada* propose des chambres simples et bien tenues (avec TV, frigo, salle de bains privée) pouvant recevoir jusqu'à 6 personnes. Le personnel est aimable, la situation de l'hôtel idéale : à 5 minutes à pied de la plage du Farol de Barra, et à deux pas des restaurants et bars du quartier. Parfait pour profiter de Barra à pied. Les connexions sont faciles avec le reste de la ville avec les transports publics.

CASA PETUNIA POUSADA BOUTIQUE €€

Rua Engenheiro Milton Oliveira 217
Barra
✆ +55 71 3267 1107
www.casapetunia.com.br

Dans la Casa Petunia, Marcos et Petunia ont réussi à concilier le charme balinais et chaleur de l'ambiance bahianaise dans une ambiance raffinée. A proximité de la plage, dans le quartier du Farol da Barra, ce boutique-hôtel intimiste est un havre de délicatesse, au milieu d'objets d'art. Les chambres confortables et bien équipées font entre 18 et 27 m² et peuvent accueillir jusqu'à 3 personnes pour les suites familiales. Le service est à la hauteur des lieux. Une belle découverte.

POUSADA & HOSTEL CHEZ MARIANNE €€

Travessa Lydio de Mesquita, 51
Rio Vermelho
✆ +55 71 35068990
www.chezmarianne.com.br

Près de la plage, dans le quartier de Rio Vermelho, au cœur de l'animation soteropolitana, « chez Marianne » est une très bonne option. Cet hôtel propose de belles chambres privatives dans la partie hôtel et des dortoirs simples et confortables dans la partie auberge de jeunesse. Les différentes catégories de chambres disposent toutes d'une cuisine équipée et de vérandas ou de fenêtre avec vue sur mer. Les dortoirs climatisés, avec des lampes de lecture, accueillent 8 personnes.

HIT HOTEL €€

Av. Sete de Setembro, 3691
BARRA
✆ +55 71 3264 7433
www.hithotel.com.br

A partir de 190 R$ la chambre double.

Le Hit Hotel est un établissement moderne situé à proximité de la plage de Porto da Barra, une des plus agréables plages urbaines de Salvador. En face du phare, véritable carte postale de la ville, le Hit Hotel propose des chambres et des services modernes et fonctionnels. Les chambres sont toutes climatisées. Elles peuvent accueillir jusqu'à 4 personnes. Celles qui donnent sur la mer offrent une vue superbe. Le style moderne est certes plus impersonnel que celui des pousadas de la vieille ville, mais tout y est fonctionnel. Accès facile au quartier historique.

POUSADA BAHIA PELÔ €€

Ladeira do Carmo, 26
Pelourinho
✆ +55 71 32414438
www.pousadabahiapelo.com.br

A partir de 150 R$ pour une chambre double.

Dans le quartier du Carmo, proche du pelourinho, la Bahia Pelô est une superbe pousada, au style raffiné, dans un beau bâtiment historique. L'établissement propose 8 appartements confortables, spacieux pouvant accueillir jusqu'à 3 personnes. Certains ont un bain à remous et un appartement dispose d'une belle terrasse. Tous les appartements sont climatisés. Le mobilier design et les décorations choisis avec goût permettent de concilier modernité, confort et tradition du vieux Bahia. L'environnement est sûr et agréable et l'accueil super pro.

POUSADA BEIJA FLOR €€

Rua Direita do Santo Antônio, 259
www.beijaflorpousada.com.br
A partir de 158 R$ la chambre double, 205 R$ avec vue sur la mer.

La pousada Beija flor est une charmante pousada située dans un bâtiment historique du quartier de Santo Antonio Alèm do Carmo, dans le centre historique de Salvador et à cinq minutes à pied du Pelourinho. Les propriétaires ont su préserver les charmes de l'ancien et y associer les fonctionnalités et le confort modernes. Les agréables chambres sont également décorées avec un subtil mix d'ancien et de nouveau. L'appartement «supérieur» offre une vue extraordinaire sur la baie de tous les Saints. Le Senhor Nilton et son équipe réservent un chaleureux accueil.

POUSADA DA MANGUEIRA €€

Ladeira da Saùde, 9
✆ +55 71 3242 3926
www.pousadadamangueira.com.br
Compter à partir de 270 R$ pour une chambre double standard.

La Pousada da Mangueira propose une atmosphère paisible et reposante. La vue imprenable sur les églises et les maisons coloniales colorées du centre historique y est pour quelque chose De style colonial, la *pousada* est très bien entretenue et offre une vingtaine d'appartements standard et luxe. Chacun a son style et tous sont équipés du confort nécessaire : air conditionné, télévision, coffre-fort digital et minibar. De la piscine, du petit bar ou de la terrasse où est servi un copieux petit déjeuner, on peut apprécier le paysage. Un cadre envoûtant.

POUSADA ESTRELA DO MAR €€

Rua Afonso Celso, 119 ✆ +55 71 3264 4882
www.estreladomarsalvador.com
A partir de 220 R$ pour une chambre double standard en basse saison.

Petite *pousada* propre et calme, l'Estrela do Mar (étoile de mer) est idéalement située près des plages et des restaurants, dans une petite rue calme. La décoration est simple, les façades sont agrémentées de jolis azulejos. L'alternance de bleu et de blanc rappelle les décorations de l'église Sao Francisco. Les chambres sont également simples et très bien tenues. Très bon petit déjeuner et accueil sympa. L'Estrela do Mar correspondra aux attentes de personnes que recherchent la qualité à des prix accessibles. Très bonne option, notre coup de cœur.

STUDIO DO CARMO BOUTIQUE HOTEL €€

Ladeira do Carmo, 17 ✆ +55 71 3326 2426
www.studiodocarmo.com
À partir de 180 R$ pour une chambre double standard et 200 la supérieur. l'été compter 300 et 400 R$, respectivement.

Dans cette agréable *pousada* située au cœur du Pelourinho, vous serez charmé par ce cadre et l'accueil réservé par Francesca et Max, les propriétaires. Cette demeure historique du XVIIIe siècle dispose de confortables suites : double, triple et familiale. Les appartements bénéficient tous d'un équipement de qualité, air conditionné, coffre, ventilateur, Internet wi-fi (gratuit) et un espace cuisine. Le Studio do Carmo est une bonne option dans sa catégorie. Accueil en français.

VILLA DA PRAIA HOTEL €€

Rua da Brisa, 268
✆ +55 71 3036 9999
www.villadapraia.com.br
À partir de 170 R$ pour une chambre double.

L'établissement Villa da Praia bénéficie d'une situation privilégiée en front de mer, sur la plage d'Itapuã. La Villa met à disposition de ses hôtes 40 agréables chambres toutes ouvertes sur véranda. Répartis en 2 catégories, vue mer ou jardin, les appartements sont confortables et bien équipés : air conditionné, TV, bonne literie, coffre, internet wi-fi (gratuit)... Belles prestations : une piscine avec vue sur mer, ainsi qu'un restaurant qui propose une cuisine internationale et régionale. Une bonne adresse les pieds dans l'eau.

ARAM YAMÍ HOTEL €€€

R. Direita de Santo Antônio, 132
✆ +55 71 32429412
www.aramyamihotel.com
À partir de 600 R$ la chambre double.

Juan et Lola, un couple de Barcelone, ont transformé cette antique villa coloniale du quartier historique de Santo Antonio en un somptueux boutique-hôtel composé de six spacieuses suites où rien n'est laissé au hasard et rien ne manque. La déco est raffinée, la literie ultra-confortable, le service impeccable et la vue sur la baie à couper le souffle ! Les suites font entre 30 et 110 m². Une énergie zen envahit les hôtes. Ajoutez-y un accès rapide au quartier du Pelourinho et un petit déjeuner hors du commun, et le compte est bon.

CASA DO AMARELINDO €€€

Rua das Portas do Carmo, 6
✆ +55 71 3266 8550
www.casadoamarelindo.com
Chambre double à partir de 437 R$ en basse saison, petit déjeuner inclus.

Ouvert depuis 2007 en plein cœur du Pelourinho par deux Français amoureux de Salvador, la Casa do Amarelindo est un hôtel de charme abritant une quinzaine de chambres. Divisées en trois catégories), elles sont élégamment décorées. On trouve au sommet de l'édifice un confidentiel *rooftop*-bar et un salon au rez-de-chaussée richement orné de pièces d'artisanat brésilien. Un excellent restaurant – le Pelô Bistrô – de spécialités françaises revisitées à la mode nordestine se cache à l'arrière de la réception dans un petite cour tropicale.

CONVENTO DO CARMO €€€

Rua do Carmo, 1
✆ +55 71 3327 8400
www.pestana.com
À partir de 200 R$ la chambre double. Offres intéressantes sur Internet.

Le groupe Pestana a ouvert ici un véritable palace qui a ouvert ses portes en octobre 2005, dans les murs d'un ancien couvent du XVIIe siècle. Un ensemble de 79 chambres dont 9 suites Junior, 9 lofts et 1 suite master, toutes équipées de l'air conditionné, chaînes câblées, écran plasma, minibar, coffre, connexion Internet. On peut aussi profiter des espaces de loisirs : salon de lecture, bibliothèque, piscine, Spa, salle de fitness. Du fait de la nature du bâtiment, les chambres varient beaucoup en taille, mais sont équivalentes en qualité et en confort.

FASANO SALVADOR €€€

Praça Castro Alves, 05
Centre
✆ +55 71 2201 6300
A partir de 1 392 R$.

Ce dernier-né du groupe hôtelier de luxe Fasano est une merveille architecturale. Les architectes ont repensé l'ancien bâtiment qui a abrité pendant 45 ans le journal *a tarde*, de style néo-classique en lui laissant sa prestance d'antan. Dans ce quartier historique de la ville haute, sur la place Castro Alves, l'hôtel a impulsé une nouvelle dynamique du groupe, en investissant des bâtiments historiques classés. Les suites, qui font de 30 à 75 m² sont toutes des merveilles de raffinement, griffe du groupe. Le restaurant est un autre point fort du lieu.

FERA PALACE HOTEL €€€

Rua Chile, 20
Centre Historique
✆ +55 71 4042 1003
www.ferapalacehotel.com.br
A partir de 705 R$ la chambre double.

Le Fera Palace fait partie de ces établissements qui transforment tout séjour à Salvador en féérie. Avec sa ressemblance avec l'immeuble « fer à repasser » de New York, on a l'impression d'entrer dans les pages d'un magazine de déco... Art déco, ou de revivre des scènes du film *Casablanca*. De l'entrée jusqu'aux chambres, les carreaux de faïence, les fauteuils club, les têtes de lit en bois massif verni font rimer raffinement avec sensation de se sentir chez soi. Du roof top, on peut contempler la magie de Bahia. Le service est à la hauteur des lieux.

POUSADA CASA DA VITORIA €€€

Rua Aloisio de Carvalho, 95
✆ +55 71 3037 2828
www.pousadacasadavitoria.com
Compter à partir de 295 R$ pour une chambre double.

Située à proximité de tous les points d'intérêt de la ville, cette élégante maison blanche récemment transformée en une *pousada* de charme se distingue par son ambiance familiale et son accueil francophone. La Casa da Vitória propose seulement 7 confortables appartements. Les chambres sont toutes aménagées avec beaucoup de goût et possèdent un bon équipement. Les espaces communs sont superbes, décorés de meubles et objets valorisant le travail d'artistes locaux. le petit déjeuner et le goûter avec d'excellentes recettes régionales. Une adresse pleine de caractère.

ZANK BOUTIQUE HOTEL €€€

Rua Alm Barroso, 161
✆ +55 71 3083 4000
www.zankhotel.com.br
Chambre double à partit de 510 R$.

Le premier hôtel design de Salvador offre un grand confort à ses hôtes. Les 20 appartements se situent dans la grande maison de maître (Casa Grande) et également dans l'annexe contemporain. Ils sont décorés avec des styles très inspirés de la culture brésilienne. Dans la catégorie classe, les hôtes disposent d'une baignoire avec hydromassage. La salle de lecture, la piscine, le sauna, le restaurant, le Spa et le business centre complètent l'offre du Zank. Cette maison centenaire où le design et le bon goût sont partout est à deux pas de la mer.

SE RÉGALER

Célébrée comme une des plus diversifiées du Brésil, la gastronomie de la région de Bahia puise ses sources en Afrique, mais présente aussi des influences portugaises et indigènes. Elle a souvent l'odeur de l'huile de palme locale, le *dendê* (huile extraite du fruit rouge du palmier) qui assaisonne les poissons et les fruits de mer. Le piment donne son piquant à la cuisine locale. dont les principaux ingrédients sont le poisson, les crevettes, la farine de riz, la noix de coco et son lait, la farine de manioc, les cacahuètes, le *dendê*, les noix de cajou... Mais Bahia est une métropole touristique et à ce titre, l'offre culinaire est, comme dans toutes les autres métropoles, riche, variée et internationale. Les *acarajés* pris dans la rue à une cuisinière en costume bahianais coexistent avec la cuisine fusion et raffinée du restaurant Amado et celles des petits restaurants au kilo du Pelourinho.

© EMBRATUR / CHRISTIAN KNEPPER

Bahianaise derrière son stand d'Acarajés.

AMADO €€€

Avenida Lafayete Coutinho, 660
✆ +55 71 3322 3520
www.amadobahia.com.br
Ouvert 12h à 24h, le dimanche jusqu'à 17h. Compter à partir de 100 R$.

Amado est un restaurant contemporain brésilien étoilé tenu par le chef pauliste Edinho Engel. On peut sentir dans la cuisine du restaurant Amado une touche culinaire française mais les influences sont internationales et variées. Nous conseillerons aux hôtes, en entrée, le tartare de saumon à la crème de wasabi et de caviar. Ensuite, pourquoi ne pas essayer une variante de la moqueca, avec caju et crevettes ou des calamars farcis aux crevettes avec mousseline de mandioquinha. On savourera également la superbe vue sur la baie en dégustant ses plats.

CASA DA GAMBOA €€

Rua João de Deus, 32
✆ +55 71 3266 3268
Ouvert de midi à 16h et de 18h à 23h. Plat pour 2 personnes à partir de 100 R$.

Cette ancienne maison du XVIIe siècle est assurément un restaurant romantique. La Casa da Gamboa est spécialisée dans les fruits de mer. On recommandera en particulier la *moqueca de camarão*, savoureuse (ils doivent avoir un truc que les autres n'ont pas…), mais on peut explorer toute la carte en confiance. Une des spécialités pour laquelle les convives viennent de toute la région est sans nul doute la langouste. Une des saveurs incontournables de la maison est sans doute la qualité du service, l'écoute et le sourire de l'équipe.

CAFÉ GOURMET CGC €

Rua do Bispo, 5
Praça da Sé
✆ +55 71 3321 0074
Ouvert du lundi au samedi de 10h à 17h. Plats à partir de 70 R$ pour deux personnes.

Le café gourmet est un de ces petits bou-boui comme on les aime, encore épargné par le tourisme de masse. Un petit restaurant aux prix attractifs en plein Pelourinho, encore authentique, ce qui est devenu hélas assez rare ! La carte est simple mais les plats sont goûteux. La moqueca typique de Salvador est appétissante. Les plats de viande (filet mignon, «carne do sol») sont également bien servis et réputés par leur rapport qualité/prix. Durant la journée, on peut venir prendre un café et se détendre en appréciant cette ambance typiquement bahianaise.

CUCO BISTRÔ €€

Largo do Cruzeiro de São Francisco, 6
✆ +55 71 3321 8722
Du lundi au samedi de 11h à 23h, le dimanche jusqu'à 17h. Plats principaux à partir de 70 R$.

Le restaurant Cuco Bistrô rencontre un véritable succès depuis 6 ans et ne désemplit pas. A quelques pas de l'église São Francisco, le Cuco Bistrô prépare une délicieuse cuisine régionale. La carte propose caille grillée accompagnée de riz, de *farofa* de bananes de la terre et d'une purée d'aipim ou qu'un délicieux filet de bœuf à la sauce au vin rouge. Nous recommandons leur délicieuse caïpirin ha au café. La décoration du restaurant sur le thème du Nordeste se marie avec une ambiance joyeuse. L'accueil est chaleureux. Une excellente adresse à Salvador.

CAFÉLIER €€

Rua do Carmo, 50
Santo Antônio
✆ +55 71 3341 5095
www.cafelier.com.br
Ouvert tous les jours de 14h à 21h30, 20h le dimanche.

Dans le très agréable quartier du Carmo, au cœur du centre historique de Salvador, l'artiste Paulo Vaz a voulu créer un espace de rencontre pour ses amis, avec son atelier. On a vraiment l'impression d'entrer dans un café, avec une impression instantanée de convivialité. La vue sur la baie à partir de la terrasse est magique. Une bonne odeur de café baigne les lieux. La carte propose des plats légers : salades, sandwichs, quiches, pâtes, soupes… et de nombreux cafés, thés et jus maison. Des chats sympas dorment sur les chaises.

DONA CHIKA-KA €€

Rua João Castro Rabelo, 10
✆ +55 71 3221 1712
Ouvert du lundi au samedi de midi à 21h. Compter environ 60 R$ pour un plat (possibilité de le partager).

Le restaurant Dona Chika-ka est une très bonne option au Pelourinho pour manger de la nourriture locale. Connu des touristes, il n'en reste pas moins authentique et locaux et étrangers s'attablent. Plusieurs options avec du poisson et des crevettes. Bonne *carne de sol* aussi. Le soir, le restaurant s'illumine et devient très accueillant. En apéritif prenez le *cravinho*, fait de *cachaça*, gingembre, clous de girofle et de miel. Pour bien finir, prenez la *cocada* faite de *rapadura*. Les plats sont quelquefois descendus par le balcon... A connaître.

MAMA BAHIA €

Rua Alfredo Brito, 21
✆ +55 71 3322 4397

Ouvert tous les jours de midi à 1h. Compter environ 70 R$ par personne.

Cette « churrascaria » propose la formule classique des restaurants du genre : le buffet d'entrées (pléthorique et à volonté) est suivi d'un rodízio (manège) de viandes grillées servies sur leur broche par des serveurs virevoltants. À volonté également… On vous recommande de ne pas exagérer sur les entrées et de vous réserver pour les viandes, les morceaux les plus nobles étant servis en dernier… Recommandé aux carnivores avec gros appétit. On pourra profiter de la brise sur la terrasse pour apprécier la quiétude de Salvador de Bahia.

MARIA MATA MOURO €€

Rua da Ordem Terceira, 8.
✆ +55 71 3321 3929
www.mariamatamouro.com.br

Ouvert tous les jours de 11h50 à 23h50. Compter à partir de 90 R$ le plat (possibilité de partager).

Le Pelourinho regorge d'adresses sympathiques. Le restaurant Maria Mata Mouro est un lieu à découvrir, oasis dans un centre-ville animé. Ce restaurant situé au cœur du Pelourinho jouit d'une très bonne réputation qui n'est pas usurpée. Cuisine inventive et traditionnelle, chariot de desserts à donner le tournis, il offre un cadre très agréable (dans un immeuble ancien, décoration soignée et joli petit patio propice aux demandes en mariage). Une excellente adresse pour les gourmands, qui seront accueillis par un personnel polyglotte.

A PORTEIRA RESTAURANTE €€

Avenida Marechal Costa e Silva
✆ +55 71 3382 7808
www.aporteira.com.br

Ouvert de midi à minuit, jusqu'à 16h lundi et mardi, 20h le dimanche.

Situé en face de la dique do Tororo, lac au milieu duquel semblent flotter des statues d'Orixas désormais devenues carte postale de la ville. Ouvert depuis trente ans, le restaurant a toujours bonne réputation. On y trouve des spécialités de Salvador, mais également et surtout une bonne cuisine du sertão. L'ambiance y est conviviale. Parmi les spécialités de la maison, la carne de sol, le gigot d'agneau et les cailles. Les amateurs de viande apprécieront, mais les végétariens, de plus en plus nombreux, trouveront pizzas de bonne facture et purée de manioc.

RESTAURANTE ESCOLA SENAC €

Praça José de Alencar, 13/19
✆ +55 71 3324 8129
www.ba.senac.br

Du lundi au samedi de 11h30 à 15h30. Buffet à 65 R$/personne.

Une des adresses les plus intéressantes de la ville se trouve dans un ancien immeuble de la défense coloniale, à l'entrée majestueuse. C'est l'école hôtelière de Senac et le service est effectué par les élèves de l'école, très importante au Brésil, car elle forme de nombreux cuisiniers dans tout le pays. On peut donc y déguster de succulents plats de cuisine régionale. Le grand buffet est parmi les meilleures options pour goûter aux spécialités bahianaises, car il est composé d'environ 40 plats typiques et on mange à volonté. Spectacle certains soirs.

RESTAURANTE PELÔ BISTRÔ €€

R. das Portas do Carmo, 6
✆ +55 71 3266 8550

De 11h30 à 22h30. Menu découverte à 89 R$ (entrée-plat), 109 R$ (entrée-plat-dessert). À la carte, compter 150 R$

Le Pelô Bistrô est une très bonne table de spécialités brésiliennes, et nordestines, mâtinées de touches gastronomiques françaises, proposant également des plats internationaux « fusion ». Installée dans l'arrière-cour fleurie de l'hôtel de charme Casa do Amarelindo, la salle de service est très agréable. Côté assiette, outre les préparations de pâtes et salades, on trouve une carte très raffinée. Pour les desserts – carpaccio d'ananas, tarte au chocolat et sa glace au fruit de la passion ou tarte Tatin de banane et glace cannelle.

SORRISO DA DADA €€

Rua Frei Vicente, 5
✆ +55 71 3321 9642

tlj de 12h à 1h. Le typique Bobó de camarão coûte environ 70 R$ pour deux. Pour les moquecas compter un peu plus.

Le Sorriso da Dada est une tradition à Salvador. A présent ce sont les filles de Dada qui prennent en charge le restaurant situé au Pelourinho. La fameuse chef, une légende à Salvador (elle passe à la télé et s'affiche sur les panneaux publicitaires, un peu comme choumic ha au Maroc, pour les connaisseurs), commande son autre restaurant, situé dans son ancienne maison (Sabores da Dada). Les deux adresses sont sympathiques pour découvrir la cuisine bahianaise. La nourriture est réputée, à juste titre et l'ambiance assurée, mais préparez vos portefeuilles.

B-VEGAN €

R. Dias d'Ávila, 101

Ouvert du mardi au dimanche de 16h à 22h.

Dans le quartier tranquille et résidentiel de Barra, ceux qui cherchent à éviter les plats carnés et participer à la préservation de l'Amazonie ont peut-être trouvé un lieu qui leur conviendra. Le B-Vegan est une petite échoppe de sandwichs végétariens très bien réussis dans le style fast-food (mais nettement plus sain et savoureux) et qui a le vent en poupe. En plus des traditionnels falafels à 18 R$ et *kibés* végétariens, des hamburgers 100 % végans à 16R$ donnent le change. Il n'est pas rare qu'il y ait un peu d'attente le week-end.

DU CHEF ARTE E GASTRONOMIA LUCIUS €€

Rua Afonso Celso, 70

✆ +55 71 30424433

Ouvert de mardi à dimanche de 12h à 0h. Comptez 200 R$ le repas. 47 R$ lors de la semaine gastronomique en juin.

Le chef Lucius Gaudenzi a choisi un nom pour son établissement un nom qui correspond tout à fait à son engagement dans l'art culinaire. Les fruits de mer sont ici sublimés. La langouste au safran est un des plats phare du lieu. Grillée, avec du beurre aux herbes et parfumée au safran. Cela résume l'esprit du chef Lucius. Les plats sont à base de produits nobles et mis en valeur par une cuisine délicate et sobre. L'esprit réside dans une recherche de soutenabilité. A connaître !

BARRA VENTO €€

Avenida oceânica, 814

✆ +55 71 3247 2577

www.restaurantebarravento.com.br

Ouvert tous les jours de 11h à minuit, 1h le week-end, 19h le dimanche.

Présent sur la plage de Barra depuis 1960, après quelques mois seulement de fermeture en 2014, le Barravento a fait peau neuve et, en plus d'être le seul restaurant avec une terrasse surplombant la mer dans les environs, propose une cuisine finement réalisée, principalement à base de poissons et fruits de mer. Ce restaurant au design incontournable est devenu au fil des années une véritable carte postale de la ville de Salvador. Les habitants de Salvador et les touristes y viennent pour des réunions de famille comme pour des dîners romantiques.

CHEZ BERNARD €€€

Rua Gamboa de Cima, 11

✆ +55 71 3328 1566

www.chezbernard.com.br

Ouvert du mardi au samedi de 19h à minuit, le dimanche de midi à 16h. Compter à partir de 100 R$/personne.

Un grand classique de la gastronomie française à Salvador. « Monsieur Bernard » Goethals a posé ses valises à Bahia en 1963 et depuis lors, cette très bonne table ravit les gourmets. Aujourd'hui, c'est un autre chef français, Laurent Rezette qui est au piano et qui propose les classiques de la cuisine française aux Soteropolitains. L'agneau au porto est l'une des spécialités du chef, qui prépare aussi des plats mélangeant la cuisine française aux ingrédients locaux. La qualité reste irréprochable et le restaurant est une référence à Salvador.

CAFE TEATRO RESTAURANTE €€

Avenida Leovigildo Filgueiras, 13

✆ +55 71 3328 5818

tous les jours de 11h30 à 15h et de 17h à 23h30, dimanche uniquement lors des spectacles. Plats à partir de 40 R$.

Situé dans le Théâtre Castro Alves, le café Teatro propose un buffet au kilo le midi avec sept options. Le soir c'est à la carte. Cet établissement avait l'habitude de recevoir des intellectuels, des amateurs de spectacles, dans ce beau théâtre. On y dégustait traditionnellement des «quitutes», petits pains sucrés ou salés. Certes, l'ambiance a un peu changé avec les nouveaux propriétaires mais l'équipe du PF y retourne toujours, avec le même plaisir d'associer arts du spectacle et café. On y trouve une bonne ambiance et des prix corrects.

QUATRO AMICI PIZZERIA €€

R. Dom Marcos Teixeira, 35

✆ 71 3264 3333

https://www.quattroamici.com.br/

pizza grand modèle à partir de 57 R$. Ouvert de 12h à 15h et à partir de 18h.

La pizzeria Quatro Amici est un lieu assez cosy dans ce quartier animé et tranquille de Barra, à quelques mètres de la plage du Farol. C'est une pizzeria avec un service de restaurant chic (voiturier à l'entrée). La façade et l'intérieur montrent une réelle recherche esthétique. L'alternance de briques, qui donne un côté vintage, avec le bois du plafond et les murs d'un blanc éclatant, donne un aspect cosy et agréable. Les pizzas et les plats italiens sont de bonnes factures. Les cartes des plats et celle des vins sont riches et de qualité.

ACARAJÉ DA CIRA €

Rua Aristides Milton s/n
✆ +55 71 3249 4170
Ouvert de 15h à 22h, jusqu'à minuit le samedi. Acarajé complet à 10 R$.

On ne peut aller à Salvador sans goûter ses *acarajés*, une des spécialités les plus emblématiques. La « Cira » propose un des *acarajés* les plus traditionnels et connus de la ville. La Bahianaise Cira a bientôt 50 ans d'expérience dans la préparation des gourmandises locales. Aujourd'hui une équipe de 35 personnes l'aide à préparer les 5 000 *acarajés* vendus chaque mois. Compte tenu du succès, sa fille et sa petite fille ont ouvert d'autres kiosques, l'un à Rio Vermelho, sans doute le plus connu, avec sa file d'attente le week-end et l'autre à Lauro Freitas.

BOI PRETO €€€

Avenida Otávio Mangabeira
✆ +55 71 3362 8844
www.boipretogrill.com.br
Ouvert de midi à 16h et de 19h à 23h, du vendredi au dimanche sans fermeture. Compter 120 R$.

C'est pour beaucoup de Soteropolitanos et de touristes habitués de la «Rome noire», la meilleure *churrascaria* de Salvador. Comme en de nombreuses churrascarias, on apprécie le *rodízio*, une ronde de 24 sortes de viandes servies à volonté par des serveurs virevoltants en un ballet bien réglé, mais aussi le riche buffet de salades, de fruits de mer et de plats chauds, qui propose environ 80 options ainsi que des sushis de qualité. Les serveurs passent en salle et vous servent à chaque passage si vous le désirez une viande de qualité.

DONA MARIQUITA €€

Rua do Meio, 178
✆ +55 71 3334 6947
donamariquita.com.br
Du mardi au dimanche de midi à 17h. Plats à partir de 70 R$ pour deux personnes.

Depuis près de 15 ans, le restaurant Dona Mariquita propose dans la quartier animé de Rio Vermelho une cuisine « patrimoniale » en revisitant des plats de la cuisine de rue bahianaise. Leila est allée puiser dans les «origines» de la nourriture bahianaise pour créer son restaurant. Sa cuisine est clairement d'influence africaine et du Recôncavo baiano. Les fruits de mer, les graines et les feuilles, où se mélangent les influences indigènes, africaines et sertaneja vont composer les subtiles saveurs de cette cuisine bahianaise. La déco honore la culture de Bahia.

MISTURA €€

Rua Professor Souza Brito, 41
✆ +55 71 3375 2623
www.restaurantemistura.com.br
Ouvert de 12h à 23h, du jeudi au samedi jusqu'à minuit. Compter à partir de 70 R$ pour un plat. Menu spécial à 149 R$.

Le Mistura est un des meilleurs restaurants de poissons et de cuisine méditerranéenne de Salvador. La cheffe Andrea Ribeiro a comme source d'inspiration principale la mer, tout simplement. L'entrée suggérée est la salade de fruits de mer au poulpe, crevettes, langouste, moules fraîches et huîtres crues. Goûtez les linguine à la langouste. La carte propose aussi des pâtes classiques, de la viande. La décoration, en bois et briques, dessinée par l'architecte Sydney Quintela, est recherchée et apporte un supplément d'âme à cette belle adresse. Une belle adresse.

PARAÍSO TROPICAL €€

Rua Edgar Loureiro, 98 B
✆ +55 71 3384 7464
www.restauranteparaisotropical.com.br
Ouvert du mardi au samedi de midi à 22h, les dimanches et jours fériés jusqu'à 17h. Compter 100 R$/personne.

Installé dans une maison rustique, le restaurant Paraiso Tropical reçoit ses hôtes dans le quartier bucolique de Cabula à l'intérieur de Salvador. Plusieurs fois élu meilleur restaurant du Brésil par la revue *4 Rodas*, Le domaine possède un énorme verger et un potager d'où sortent les ingrédients d'une cuisine créative et inspirée. Le chef Beto Pimentel, surnommé l'alchimiste gastronome joue avec les saveurs pour donner une touche magique à quelques plats typiques de Bahia comme la *moqueca* de crevettes, homard et poulpe qu'il revisite. A découvrir.

YEMANJA €€

Avenida Otávio Mangabeira, 4661
✆ +55 71 3461 9010
www.restauranteyemanja.com.br
du lundi au dimanche, de 11h30 à minuit, vendredi et samedi jusqu'à 1h. Plats à partir de 90 R$. Moqueca mixte 130 R$.

Le Yemanjá est un des bons restaurants bahianais de Salvador depuis de nombreuses années. On y trouve les grands classiques de la cuisine de la cuisine bahianaise avec ses *moquecas* de crevettes, poisson ou crabe pour deux personnes. Une moqueca pour une personne suffit largement pour 2. Il y a quatre ambiances différentes : salle principale, bar, terrasse véranda et l'annexe. Le bleu et le blanc, en hommage à Yemanjá, la déesse des eaux particulièrement honorée à Salvador, prédominent. La carte, très complète, propose également d'excellents plats de fruits de mer.

FAIRE UNE PAUSE

Faire une pause à Salvador de Bahia semble être naturellement dans l'air du temps. Ici, le temps a une dimension toute relative et chaque coin de rue, chaque baraque de plage est prétexte à prendre un jus de fruit, une *caipirin ha* ou une dose de *cravinho* (*cachaça* au clou de girofle servie dans le bar éponyme sur le Terreiro de Jésus). Ville sans hiver, Salvador de Bahia est propice à une forte consommation de crèmes glacées. Le glacier Laporte, les célèbres étals de la Cubana, dont une est située près de l'Elevador Lacerda font de l'oeil au touriste au pas souvent rapide qui perçoit en ces rafraichissements une véritable bénédiction. Les *bolinhos de bacalhau* de la Boteco do França, les *salgados* des vendeurs ambulants sont d'autres petits mets propices à quelques moments de convivialité entre amis ou avec des Bahianais assis à la table d'à côté ou voisin dans la file d'attente devant la cabane de Cira à Rio Vermelho.

BOTECO DO FRANÇA

Rua Borges dos Reis, 24A

✆ +55 71 3334 2734

De 12h à 3h, dimanche jusqu'à minuit. Encas à partager : compter 40 R$.

Dans des petites rues piétonnes du quartier de Rio Vermelho, le Boteco do França est un peu caché, mais les convives qui s'éparpillent sur le trottoir permettent de repérer ce petit restaurant bahianais typique, à la devanture rouge. Ambiance bohème et authentique, les nappes rouges et blanches rappellent un Brésil d'avant. On y va pour boire un verre, mais aussi pour manger les en-cas variés proposés à la carte, surtout le *bolinho de bacalhau* (acras de morue). Idéal aussi pour les couche-tard, car c'est un des seuls établissements à rester ouvert tard la nuit.

CASA DE NOCA

Rua do Canal, 28

✆ +55 71 3012 2253

www.casadenoca.com.br

Ouvert tous les jours de 7h à 20h.

La Casa de Noca est à la fois un magasin et un agréable café. On y trouve des produits gourmands et régionaux : petits gâteaux, biscuits typiques, pâtes de fruits et encore beaucoup d'autres. La décoration de la partie « café » est très agréable, avec ses tables en bois et sa décoration chargée, gentiment kitsch. Le « café da manha » est très agréable. Le buffet met en valeur gâteaux, pasteis de Belém, mais également des petits plats salés, pizza, œufs brouillés. Lors des grandes affluences dans la partie magasin, il y a un peu trop de monde, c'est dommage.

CAFÉLIER

Rua do Carmo, 50

✆ +55 71 3241 5095

De 14h à 21h30, dimanche jusqu'à 20h.

Dans le charmant quartier du Carmo, dans le vieux Salvador, le Cafélier est à la fois un restaurant et un agréable café avec une très jolie vue sur la mer. Pour ceux qui s'y rendent hors des heures de repas, ou pour des petits creux, cafés, jus de fruits, tarte à la banane et repas légers sont proposés. On accède à la salle par une agréable pièce à la déco éclectique. La terrasse, entourée de bougainvilliers, a été agrandie et l'espace est encore plus confortable. On peut y admirer le coucher de soleil sur la baie de tous les Saints.

O CRAVINHO

Praça 15 de novembro, 3

✆ +55 71 3322 6759

ocravinho.com.br/

Tous les jours de 11h à 23h30. À partir de 4 R$ le verre.

Une des « places to be » du vieux Salvador. Le lieu n'offre peut-être pas beaucoup de confort à ses clients, mais il est très prisé pour ses infusions à base de racines et *cachaça*. L'ambiance est populaire et animée et il faut souvent jouer des coudes pour atteindre le comptoir. Le « cravinho » est le nom d'un cocktail éponyme à base de *cachaça*, de miel, de citron et de clou de girofle (*cravo* en portugais). Les verres ou les bouteilles sont remplis directement à partir des tonneaux. Des légendes locales disent que c'est aphrodisiaque. A bon entendeur...

A CUBANA

Praça Thomé de Souza, 1 - Elevador Lacerda
✆ +55 71 3013 0304
De 8h à 22h tous les jours. Compter 10 R$.

A Salvador, quelques glaciers sont très courus pour se rafraîchir lors des grandes chaleurs bahianaises. « A Cubana » fait partie de ces « happy few ». C'est le glacier le plus ancien de Salvador, inauguré dans les années 1930, et qui a traversé avec succès les décennies. La Cubana se revendique patrimoine des Bahianais. Cette marque de glace propose de nombreux parfums de fabrication propre, dont le tapioca et le banane au caramel. On peut aussi y déguster des milkshakes. De bonnes pâtisseries et les traditionnels « salgados » sont proposés dans les quatre boutiques.

NOVO PÓSTUDO

Rua João Gomes, 87
✆ +55 71 3334 0484
Ouvert tous les jours de 11h jusqu'au dernier client. Couvert artistique.

Dans le quartier bohème et toujours animé de Rio Vermelho, le Novo Postudo s'est affirmé comme un très bon endroit pour des concerts de musique *live*. On vient y écouter du Jazz et du rock dans un cadre très agréable le mardi et le jeudi, ce sont les jours les plus animés. Un lieu comme on les aime, fréquenté surtout par des artistes, des journalistes et des universitaires. Le Novo Postudo fait également restaurant. Si on arrive tôt, on peut choisir une place sur la terrasse, où la vue est superbe. On peut déguster une bière fraîche face au coucher du soleil.

GLACIER LAPORTE

Largo do Cruzeiro de São Francisco, 21
✆ +55 71 3266 3649
Ouvert du lundi au samedi de 10h à 20h, jusqu'à 19h le dimanche. Compter à partir de 10 R$.

Georges Laporte a quitté sa Normandie pour s'installer à Bahia en 2002. Depuis, il a adapté les techniques familiales apprises encore en France pour réaliser des glaces aux parfums locaux adaptés aux saisons, toutes faites avec des vrais fruits, sans colorant, ni conservateurs. Les mélanges sont très originaux et savoureux : *Pé de moleque* (avec des cacahuètes), *Cocana* (noix de coco avec de la cachaça), *Martinica* (orange et chocolat noir), *Baianada* (citron vert, *rapadura* et noix de coco) – à goûter absolument ! Sans oublier les sorbets aux fruits exotiques.

SORVETERIA DA RIBEIRA

Praça General Osório, 87
✆ +55 71 3316 5451
www.sorveteriadaribeira.com.br
Ouvert du lundi au dimanche de 8h à 22h (samedi jusqu'à minuit). 8 R$ pour une boule.

C'est le glacier traditionnel de Salvador. Cette échoppe se trouve dans la ville basse, dans un quartier traditionnel où le temps semble s'être arrêté. Ribeaira, c'est la plage où les bateaux de pêche et les saveiros se reposent à marée basse. Un lieu typique de Bahia, propice au repos et à la détente. Difficile de choisir parmi une soixantaine de parfums ! *Caipiroska* (vodka et citron vert), *suingue bom* (vin et ananas), *agua de côco* (de l'eau de noix de coco) en sont quelques options. Aujourd'hui, le glacier est présent dans 6 échoppes.

MERCADO DO PEIXE

Largo da Mariquita, s/n
Ouvert tous les jours, journée et soir. Plats à partir de 30 R$, bière autour de 8 R$.

Le Mercado de Peixe, jadis lieu de rencontre nocturne très populaire parmi les jeunes de la ville s'est refait une beauté. Le charme ancien et désuet a disparu, laissant place à des lieux plus clean, d'aucuns diront qu'il a quelque peu perdu de son authenticité d'antan. Quoi qu'il en soit, les petits bistrots du marché proposent à boire et à manger durant la journée et aussi durant la nuit. Idéal pour se requinquer après avoir visité les adresses précédentes. Plats et en-cas à petits prix, bières et caïpirinhas pour les accompagner.

D'VENETTA

Rua dos Adobes, 12
✆ +55 71 3243 0616
De 18h à minuit du mercredi au vendredi, à partir de midi le week-end. Dîner-spectacle en fonction de la programmation.

Dans cette antre bahianais comme on les aime, loin de l'aseptie de la mondialisation, sous l'effigie du regretté Raul Seixas, l'Espaço D'Venetta est un bar musical qui propose de la musique «ao vivo» chaque week-end. En plus de la musique variée et connue pour sa qualité (MPB, samba, chorinho...), les clients viennent auussi pour apprécier la variété de *cachaças* proposées par la maison : une centaine ! on peut se sustenter de bières, ainsi que des plats maison typiques de la région : *carne de sol, saparapatéu* (tripes), *moqueca de peixe*...Venezy en taxi.

(SE) FAIRE PLAISIR

Etre à Salvador, c'est déjà en soi se faire plaisir. Pourtant, la Rome noire est si envoutante qu'on hésite à rentrer en France sans quelques souvenirs évoquant son voyage. On pourra s'immiscer dans un haut lieu de bahianité, le marché de São Joaquim. Entre des étals chargés de produits destinés au candomblé (rites afro-brésiliens), des gondoles qui proposent des rangées bien alignées de cigares du Reconcavô, des boutiques ou les fruits et légumes sont vêtus d'éclatants atours, le visiteur s'imprégnera d'un grand moment de vie quotidienne du peuple bahianais. Le passage dans la partie réservée à la viande, hâterait, paraît-il, le passage au véganisme. Le mercado Modelo, les boutiques du Pelourinho regorgent d'objets plus ou moins dispendieux et de plus ou moins bon goût. On trouve de belles aquarelles, que l'on peut rouler et transporter facilement. Le groupe musical Olodum finance ses activités éducatives avec les gains de sa boutique.

MERCADO MODELO

Praça Visconde de Cayru, 250
www.mercadomodelobahia.com.br
Du lundi au samedi de 9h à 18h et le dimanche de 9h à 14h, restaurants jusqu'à 16h.

Dans la ville basse, proche de l'embarcadère, on trouve un lieu qu'on visite souvent avant de quitter Salvador, en quête de cadeaux. A l'intérieur du Marché et dans ses environs, on y trouve de l'artisanat, des t-shirts et des souvenirs en tout genre. Beaucoup de stands, mais les produits restent à peu près les mêmes et plus chers que dans les marchés d'autres villes du Nordeste. Beaucoup de souvenirs sont fabriqués en série et sont clairement destinés à satisfaire la demande des seuls touristes. C'est tout de même une promenade intéressante.

FEIRA DE SÃO JOAQUIM

Avenida Oscar Pontes
Tous les jours de 5h à 17h.

Située au bord de la baie, la Feira de Sao Joaquim est un authentique marché populaire. On y trouve viande, fruits, légumes… mais aussi des objets de la vie courante, un peu d'artisanat et quelques artefacts liés au candomblé. Il offre dans un joyeux brouhaha, et à grand renfort d'odeurs et de saveurs une immersion dans le quotidien des Bahianais. Il a été restauré en 2016, mais la magie du lieu opère toujours. On trouve un charme particulier dans ce marché où les racines afro-brésiliennes de Salvador s'expriment pleinement, loin des artifices de la modernité.

PERINI

Rua Miguel Burnier, 24
✆ +55 71 3203 0086
www.perini.com.br
De 6h à 22h, dimanche de 6h30 à 20h. Gâteaux salés, glaces, paniers gourmands…

Bon, ce n'est pas l'adresse la plus glamour de Salvador, puisque les boutiques et les cafés se trouvent dans les shoppings de Barra et de Graça, mais ce sont des adresses à connaître en cas de petits creux où pour faire des courses pour le repas. Le Perini est en effet également une épicerie fine ouverte depuis bientôt 50 ans. Sur le magasin de Barra en plus des produits gourmets (charcuteries, fromages, vins…) on retrouve un grand choix d'en-cas et petits gâteaux à déguster sur place avec un *cafezinho.* On y vient pour la qualité des produits.

COISAS DA TERRA

Rua Gregório de Mattos, 19
Pelourinho
✆ +55 71 3322 9322

Le Coisas da Terra est un bazar plutôt qu'une boutique, au cœur du quartier ancien du Pelourinho. Ce magasin a été pensé et conçu par l'artiste Telma Calheira, qui travaille depuis plus de 30 ans dans l'univers de la décoration, et qui a été récompensé par plusieurs prix et par de nombreux articles dans les médias spécialisés. Cherchez bien sur les rayons, vous trouverez peut-être une ou plusieurs perles rares (parce qu'uniques) confectionnées par un artisan du Recôncavo et qui pourront constituer de superbes idées de cadeaux.

BOUGER & BULLER

Comme dans toutes villes littorales, les activités liées à la mer sont nombreuses. On trouve de superbes spots de plongée, avec des épaves à visiter, comme celle du Agenor Gordilho, que les écoles de plongée proposent souvent à l'exploration. Le surf se pratique à Praia do Forte, sur des tubes dignes de figurer sur des étapes de coupe de monde de surf. Mas la spécificité de Bahia réside dans ses origines africaines. Cette Rome mystique est une terre de candomblé, rites religieux afro-brésilien, où les Orixas (divinités syncrétiques) viennent visiter les hommes. Il y en aurait plus de mille. Leur fort attrait et la curiosité qu'ils suscitent ont malheureusement fourvoyé ces cultes et certaines cérémonies semblent être devenues des attrape-gringos. Néanmoins, assister à une vraie cérémonie est toujours riche d'enseignement. Enfin, on ne peut quitter Salvador sans avoir assisté à une démonstration ou des cours de capoeira chez Mestre Bimba

ACADEMIA MESTRE BIMBA

Rua das Laranjeiras, 1
✆ +55 71 3322 0639
www.capoeiramestrebimba.com.br
De 10h à 12h et de 14h à 20h30. Cours d'essai : environ 20 R$ (50 minutes).

Héritage afro-brésilien, la *capoeira* est un art martial pratiqué par les esclaves qui l'avaient dissimulé en « danse » pour contourner l'interdiction des maîtres. L'école de capoeira « Mestre Bimba », du nom du grand maître éponyme, est tenue par Dona Dalva, pour la partie danse et Mestre Nenel et est ouverte à la visite. Le mardi et vendredi soir les joueurs présentent un spectacle de *capoeira Regional* (plus rapide) de danse *maculelê* et samba. On peut prendre des cours, bien sûr. A voir absolument. L'école travaille avec les jeunes en difficulté.

FORTE SANTO ANTONIO (FORTE DA CAPOEIRA)

Forte Santo Antonio
✆ +55 71 3117 1488
Ouvert de 8h à 22h, selon les activités. Entrée libre.

Dans le quartier de Santo Antonio, dans le quartier historique de Salvador, sept écoles de *capoeira* ont leur siège au Forte da Capoeira, vieux bâtiment historique de la ville. Elles fonctionnent indépendamment et sont toutes ouvertes aux visiteurs. On peut arriver librement et assister aux cours et *rodas*. Mieux vaut y aller en fin de journée (à partir de 17h) pour suivre les cours. D'autres activités et rencontres ont lieu dans le fort durant la journée.

ITAIPAVA ARENA FONTE NOVA

Ladeira da Fonte das Pedras, s/n
www.itaipavaarenafontenova.com.br
Agenda et tickets pour assister à des matchs et autres événements en vente directement sur le net.

Le stade de Fonte Nova Arena, construit à l'occasion de la coupe du monde de 2014 est venu remplacer son prédécesseur, le stade Octávio Mangabeira, qui fut rasé à l'été 2010. Avec une capacité d'accueil d'un peu plus de 47 000 personnes, c'est une structure moderne qui en plus de recevoir des matchs de football – dont le classico Ba-Vi (du nom des deux clubs bahianais de Série A Esporte Clube Bahia et Esporte Clube Vitória – peut être converti en salle de spectacles et concerts.

FEDERAÇÃO NACIONAL DO CULTO AFRO BRASILEIRO

Rua Portas do Carmo, 39 – 1° andar
✆ +55 71 3321 1548

Aussi nommée FENACAB, la Fédération Nationale du Culte Afro-Brésilien jouit d'une importance considérable en ce qui concerne la conservation du culte du candomblé à Bahia, mais aussi dans le reste du Brésil. Son rôle est d'enregistrer tous les terreiros (lieux de culte afro-brésiliens) de Salvador, et du Brésil tout entier. L'Etat de Bahia est le premier à avoir reconnu officiellement le candomblé comme religion. Aujourd'hui, plus de 5 400 terreiros sont répertoriés.

SORTIR

Les animations ne manquent pas à Salvador, ville festive par excellence et même en dehors du carnaval. Dans la ville haute, de nombreuses terrasses remplies de touristes s'agrippent aux pavés du haut du Largo de Pelourinho et dans les cours intérieures. Les *batucadas*, comme Olodum, se produisent dans les rues ou en privé. Certains mardis, des groupes se produisent en ville. Le long des plages, et spécialement le dimanche, des *barracas* ou des paillotes servent la bière au litre, et l'on y danse le *forró*. Les populations varient d'une plage à l'autre : noire, compacte, pauvre et dépaysante immédiatement au nord, puis blanche et dispersée, plus loin, vers le nord. Quartier branché le soir, Rio Vermelho condense dans ses petites rues mouvementées une multitude d'attractions. On prendra soin de rester dans les lieux animés le soir, surtout dans les rues du Pelourinho. On évitera la basse-ville le soir et le dimanche en journée.

CORTEJO AFRO

Largo Pedro Arcanjo
© +55 71 3482 5352
www.cortejoafro.com.br
Programmation tout au long de l'année, mais surtout avant et durant le carnaval ; à consulter sur leur site Web.

Ce *bloco* est né le 2 juillet 1998. Symboliquement, le 2 juillet est le jour de l'indépendance de l'Etat de Bahia, dont le *bloco* revendique l'héritage africain. Ce cortège musical afro-brésilien fait sonner fort sa percussion dans les rues du Pelourinho. A la musique africaine se mêlent les rythmes de la pop, de l'électro et encore d'autres. L'esthétique des sons des danses et des costumes a été soigneusement travaillée, pensée améliorée par le créateur du Cortejo Alberto Pitta, artiste-plasticien immensément connu et apprécié à Salvador.

OLODUM

Rua Gregório de Mattos, 22 © +55 71 3321 4154
www.olodum.com.br
70 R$ (en vente rue Gregorio de Matos). concerts Praça Tereza Batista mardi à 20h, du 2ème semestre jusqu'au carnaval.

Le « bloco » Olodum est sans doute le plus connu de Bahia, car il a été immortalisé par sa participation à un clip de Michaël Jackson au cœur du Pelourinho. C'est un extraordinaire groupe de percussion masculin qui se produit dans de nombreux pays. Il se présente le mardi (une ou deux fois par mois, présentations plus régulières l'été) dans le Pelourinho. Si vous avez envie de sentir l'atmosphère vibrante de Salvador, ne ratez pas ça. Au-delà des performances musicales et scéniques, Olodum prend en charge des jeunes des quartiers défavorisés et les encadre.

TEATRO CASTRO ALVES

Praça 2 de Julio
© +55 71 3535 0600
www.tca.ba.gov.br
Billets selon la programmation (disponible en ligne).

Ce théâtre construit en 1958 a rouvert en 1993 après une restauration. Il symbolise la modernisation de Salvador de Bahia dans les années 50 et en est peut-être un de ses éléments les plus emblématiques. Vaut le détour. Ici, Caetano Veloso, Maria Bethânia et Gilberto Gil débutèrent leur carrière dans les années 1960. Il héberge l'Orchestre symphonique de Bahia et le Ballet de Castro Alves, deux valeurs sûres pour des spectacles de qualité. Le complexe est en soi une réussite. L'esthétique voulue par l'architecte fusionne avec la fonctionnalité.

TEATRO MIGUEL SANTANA - BALÉ FOLCLORICO

Rua Gregorio de Matos, 49
© +55 71 3322 1962
www.balefolcloricodabahia.com.br
Du lundi au samedi à 20h. Rendez-vous 30 minutes avant le début du spectacle. Payant.

Le Teatro Miguel Santana accueille le Ballet folklorique de Salvador où le spectateur peut sentir l'énergie de la culture bahianaise. On est tout proche de la scène et des vibrations des nombreux danseurs qui alternent cinq chorégraphies illustrant avec toutes les émotions les *orixás* du candomblé, le *maculelê* et la *capoeira*. Le ballet, créé en 1988, est la seule compagnie de ce type au Brésil, à la fois reconnue par le public et la critique spécialisée !

ILE D'ITAPARICA ★

En face de Salvador, Itaparica est une île très populaire, bondée les week-ends et en été. Vers 1547, les jésuites y ont construit une des premières églises du Brésil. Hollandaise au XVIIe siècle, elle fut le dernier bastion des partisans du Brésil portugais. Entourés de Mata Atlântica, les villages sont tranquilles. La population, qui fabrique des objets en paille, passe de 28 000 habitants l'hiver à 180 000 l'été. Les plages sont belles, mais la principale, à Mar Grande, est polluée. On peut se baigner après Penha, sur une jolie plage. Plus au sud, la plage de Caixa Prego est agréable et saine. On y accède en bateau depuis l'embarcadère de Salvador.

ILHA DOS FRADES ★

Il est courant, à Salvador de présenter l'île dos Frades (l'île des frères) comme un paradis de la baie de tous le Saints. Les Soteropolitanos adorent ses magnifiques plages aux eaux limpides, turquoises et calmes insérées dans l'écrin magique de la mata atlantica. L'île possède de bonnes infrastructures de tourisme et d'intérêssants restaurants de plages. A la différence de l'île du Medo, l'île possède un patrimoine historique diversifié. On y accède lors des tours classqiues proposés dans les agences de voyage pour 50 ou 80 R$ ou allant en bus à Madre de Deus pour y prendre un bateau qui dépose les visiteurs dans l'île pour 5 R$.

ILHA DE MADRE DE DEUS ★

Madre de Deus est un archipel de la baie de Tous les Saints. Au-delà de l'île de Madre de Deus stricto Sensu, l'archipel est composé des îles de Maria Guardia, Vacas et Coroa de Capete. On y accède depuis le continent par un pont. Son importance économique est majeure, mais ce qui retient l'intérêt des visiteurs, c'est la beauté de sa nature et son riche écosystème de restinga, de mangrove et de mata atlantica. Des édifices historiques valent le détour : la maison des deux lions (Casa dos dois Leaos) et celle d'Antonio Balbino, ancien gouverneur, ainsi que de belles fontaines et églises. Les fruits de mer sont déclinés en moqueca et en caldo (soupe).

ILHA DE BOM JESUS DOS PASSOS ★

L'île de Bom Jesus dos Passos est un lieu un peu hors du temps, comme les aime les voyageurs au pas lent et à l'âme curieuse. Elle offre une vue majestueuse avec en arrière-plan l'église éponyme. La mer turquoise et aux eaux calmes est idéale pour la pêche et les sports nautiques. Pontin ha et Ponta do Padre sont les plages les plus agréables pour la baignade. On accède à cette petite île peuplée par des descendants de Portugais par la même route que celle qui mène à Madre de Deus. On y vient en bus ou en voiture de Salvador. Le bateau se prend ensuite au terminus maritime de Madre de Deus et le trajet dure une dizaine de minutes et coûte 5 R$.

ILHA DO MEDO ★★

La petite île du Medo est une des 56 îles de la Baie de tous les Saints. Elle ne fait que 12 000 m² mais elle constitue un centre d'intérêt écologique majeur de la baie. Elle est en effet toute entière incluse dans la première APA (aire de protection environnementale) de la région. Elle est couverte de végétation de restinga et est entourée entièrement de mangroves dont les palétuviers abritent de nombreuses espèces d'animaux terrestres et marins. On peut visiter cette île en allant à Itaparica en bateau de pêcheurs. On ne peut débarquer et prendre un bain de mer qu'à marée haute. L'île abrite les ruines d'une ancienne garnison militaire.

ILHA DE MARÉ ★

Malgré sa proximité avec Salvador (20 minutes de bateau), cette île semble s'être enfermée dans un autre temps. Les habitants vivent de l'artisanat et de la pêche. Les trois principales localités – Santana, Itamoabo et Praia Grande – présentent également les meilleures plages. On pourra admirer les églises Senhora Santana, du XIXe siècle, et Nossa Senhora das Neves, du XVIe siècle. Gilberto Gil, dans la chanson *Ladeira da Preguiça* (*La montée de la paresse*) chante ces îles, scénario de son enfance à Bahia. Il faut prendre la lanc ha à la base navale, au terminal de São Tomé do Paripé. On peut prendre un petit bateau ou un plus grand pour 4 ou 5 R$.

BAHIA

SANTO AMARO

Santo Amaro, au même titre que Cachoeira et São Felix, est une ville à connaître du Reconcavô bahiano, à 80 kilomètres de la capitale Salvador. Elle est chargée d'histoire à plus d'un titre. C'est en effet le berceau de la Samba de roda, du Maculelê et de la capoeira. Aujourd'hui, on l'associe surtout à deux de ses enfants les plus emblématiques, Caetano Veloso et Maria Bethânia mais d'autres artistes comme Mano Décio da Viola, Tia Ciata, Roberto Mendes, Antônio Vieira ont également marqué l'histoire de la musique brésilienne. Les bâtiments historiques, des merveilles naturelles comme ses grottes et ses plages font également partie des attractions.

ENSEADADO CAEIRO ECO RESORT €€€

Itapema

✆ +55 71 3264 3000

www.enseadadocaeiro.com.br

A partir de 500 R$ pour deux personnes, petit déjeuner et dîner (hors boissons) inclus.

Dans la ville douce et agréable de Santa Amaro, l'Enseadado Caeiro Eco Resort propose de charmants chalets en adobe et au toit en chaume. Ce cadre paisible est très agréable et verdoyant avec une vue sur la Baie de Todos os Santos. Rustique et confortable à la fois, le projet de l'hôtel s'intègre très bien à la nature car la notion de durabilité est au coeur du concept. De nombreuses activités sont au programme : cheval, piscine, jeux pour enfants…

CACHOEIRA ★

Cachoeira, « le joyau du Recôncavo » se trouve à 2 heures de route de Salvador, sur les berges du Rio Paraguaçu. La ville compte peu de constructions modernes et a conservé intactes ses ruelles, maisons et églises coloniales. Cela lui vaut d'avoir été classée par l'IPHAN (Institut du patrimoine historique et artistique national) en 1971. La ville a reçu le label « monumentnational » doublé de celui de « ville héroïque », attribué en reconnaissance de la participation décisive de Cachoeira aux luttes d'indépendance du Brésil. La ville est également connue pour ses ateliers de sculpteurs sur bois.Elle se signale comme un important centre de candomblé.

CASA DA CAMARA ★

Praça da Aclamação

Comme l'édifice classé aux monument historique de Mariana (Minas Gerais), cet imposant monument fut d'abord une prison avant de devenir le siège du gouvernement de l'Etat de Bahia (dont Cachoeira fut un temps la capitale). C'est dans cette Maison de la Chambre et la prison publique de Cachoeira que Dom Pedro Ier a été acclamé Régent et Défenseur du Brésil, en 1822. Bâtiment de style baroque, on peut y admirer le *Portrait de D. Pedro II*, de José Couto et *Le premier pas vers l'indépendance de Bahia*, d'Antônio Parreiras.Aujourd'hui, c'est la mairie de la ville.

FUNDAÇÃO HANSEN BAHIA ★

Rua 13 de Maio, 13

✆ +55 75 3425 1453

Ouvert de 9h à 17h du mardi au samedi. Entrée libre.

En mars 2010 le musée Fundaçao Hansen Bahia a gagné un nouvel espace plus adapté et il dispose désormais de 480 m² pour ses expositions et activités. Le musée propose de nombreuses peintures et xylogravures de l'artiste d'origine allemande, toutes inspirées par la misère de la condition humaine. Le musée était initialement installé dans la maison natale d'un autre personnage illustre de Cachoeira, Ana Nery, infirmière volontaire dont l'engagement durant la guerre du Paraguay (années 1860) préfigura l'action de la Croix Rouge.

IGREJA DA ORDEM TERCEIRA DO CARMO ✝ ★

Praça da Aclamação

Ouverte de 9h à 12h et de 14h à 17h du mardi au samedi, de 9h à 13h le dimanche.

En 1688, un terrain a été donné aux carmélites pour y construire un édifice religieux. L'église « da ordem terceira do Carmo » a finalement été consacrée en 1724. Comme beaucoup d'églises baroques, elle est richement décorée : autel de style baroque orné de dorures, azulejos au plafond et sculptures polychromes (importées de Macau) représentant la passion du Christ. La façade, de style rococo flamboyant est également d'influence chinoise, d'après l'historien de l'art Germain Bazin.

IGREJA DE NOSSA SENHORA DA AJUDA ✝ ★

Largo da ajuda

✆ +55 75 9 9825 9595

Ouverte selon la demande.

C'est la plus ancienne et la plus petite église de la ville. Entre 1595 et 1606, on trouve la trace, sur une colline, d'une chapelle dédiée à Nossa Senhora. do Rosário, qui a été reconstruite en 1673. Cette belle chapelle a un porche ouvert, avec une couverture en trois eaux. Son plan est simple, une seule nef avec chœur, un chœur couvert par une coupole, juxtaposé sur la sacristie et la salle de la confrérie (XIXe siècle). Elle a été restaurée en 2015.

IGREJA MATRIZ NOSSA SENHORA DO ROSARIO ✝ ★

Rua Ana Nery

Ouverte le matin en général.

La construction de l'église a commencé à la fin du XVIe siècle. Très beaux azulejos, plafond peint remarquable de type illusionnisme italien par José Joaquim da Rocha. Au deuxième étage, le Museu das Alfaias présente les vestiges du Convento de São Francisco de Paraguaçu, datant du XVIIe siècle. L'église est de plan rectangulaire, avec des nefs surmontées de tribunes. Le frontispice est de type temple, flanqué de deux tours aux extrémités pyramidales, couvertes de tuiles.

POUSADA DO CONVENTO €

Rua Inoncêncio Boaventura

✆ +55 75 3425 1716

www.pousadadoconvento.com.br

Chambre double à partir de 195 R$, petit déjeuner inclus.

Cette pousada est un bel hôtel, installé dans un ancien couvent du XVIIe siècle, en plein coeur de Cachoeira, en face de la Camara Municipal. c'est une grande bâtisse d'époque, avec piscine et service sympa. La décoration des chambres donne forcément une touche rétro, en accord avec ces lieux chargés d'histoire. Un endroit parfait pour les amoureux. La pousada propose également un bon restaurant primé par les guides Quatro rodas et Abrasel. Confirmez par téléphone si la réservation a été bien enregistrée pour éviter les mauvaises surprises.

FAZENDA VILLA RIAL €€

Sur l'autoroute qui mène à Santo Amaro, à 12 km de Cachoeira dont 4 km de piste.

✆ +55 75 3602 4600

www.villarial.com.br

À partir de 504 R$ la chambre double en pension complète.

On a surtout l'habitude de ce type de structure de tourisme «rural»dans la vallée du Café dans l'Etat de Rio ou dans le Minas Gerais. Dans la nature généreuse de Bahia, ILa fazenda Villa Rial propose des chambres et des appartements rustiques et agréables dans un très beau cadre, dans une vraie ferme laitière ouverte à la visite. Les animations sont nombreuses car cette vaste propriété propose des piscines naturelles, des sentiers de randonnées, une tyrolienne. Possibilité de faire du cheval de la pêche. On propose des cours d'éducation à l'environnement.

SÃO FÉLIX ★

En face de Cachoeira, sur l'autre rive du rio Paraguaçu, la petite ville de São Felix, née au XVIème siècle, vaut aussi le déplacement (il faut emprunter prudemment le pont de fer construit en 1885 pour s'y rendre). Le principal attrait de São Felix est le centre culturel Dannemann.

Se promener dans les rues de São Félix met en contact le voyageur avec le passé, quand les saveiros transportaient les produits de la campagne vers la capitale d'alors Salvador de Bahia. Grâce au métissage entre les blancs et les afro-brésiliens et l'héritage indigène tupinamba, São Felix est un creuset qui concentre la riche et complexe histoire de la Bahia.

DANNEMANN CHARUTOS ★

Avenida Salvador Pinto, 29

✆ +55 75 3438 3716

www.centrodannemann.com

La manufacture fonctionne du mardi au samedi de 8h à 16h. Entrée libre.

La vallée du Reconcavô est célèbre pour sa production de cacao, mais également de cigares, dont la réputation a fait le tour du monde. La fabrique « Danneman Charutos » est assurément une des attractions phare de São Felix. La production est désormais mécanisée, mais on peut toujours assister à la confection manuelle des cigares (les meilleurs du pays dit-on) par des femmes qui roulent ces *charutos* à la main dans un atelier d'antan. Le reste de l'édifice accueille désormais une exposition permanente d'œuvres d'art moderne. Intéressant.

BAHIA

AREMBEPE ★

A Arembepe, vers 1970, l'apogée hippie attirait de nombreux artistes. Aujourd'hui, la Casa de Sol où dormit Janis Joplin n'existe plus, et bien sûr l'atmosphère a changé. Les rastas ont remplacé les hippies. Le Rio Capivara, qui longe la mer, forme une presqu'île battue par les vents, les dunes de sable chaud et blanc sont couvertes d'une cinquantaine de cabanes de feuilles éparpillées au milieu des cocotiers. On peut prendre un bus de Salvador et y passer la journée. La mer est agitée et il faut être attentif aux rochers. Le projet Tamar comporte une base d'observation des tortues. On peut observer les chéloniens dans leur milieu naturel.

MAR ABERTO €€

Largo São Francisco, 43
✆ +55 71 3624 1257
www.marabertorestaurante.com.br
TLJ dès 11h30, jusqu'à 21h du lundi au jeudi, 23h vendredi et samedi,18h dimanche. Plats pour deux à partir de 80 R$.

Arembepe n'est pas Praia do Forte. La petite ville ne regorge pas de multiples options de restauration, vous serez donc ravi de trouver ce beau restaurant au bord de l'eau ouvert midi et soir. Les deux i, le Brésilien João Sá et le Belge Thierry Nicodème se sont rencontrés dans le village hippie et ont concrtisé leur rêve en créant leur restaurant. Dans un très joli cadre (ouvert sur la plage), la carte où les poissons et les fruits de mer sont à l'honneur propose des plats à des prix raisonnables, certains servant deux personnes.

TAMAR ★

Estrada Geral do Projeto Tamar, s/n
✆ +55 71 9979 0392
www.tamar.org.br
Projet pour la protection des tortues marines. Ouvert du jeudi au dimanche de 9h à 17h, jusqu'à 18h en été. 10 R$.

Les tortues de mer au Brésil ont particulièrement souffert de la prédation anthropique, des prises involontaires dans les filets de pèche et la dégradation des eaux de mer et de l'environnement marin. Le projet TAMAR, sur tout le littotal brésilien, est une réussite car il a su associer écologistes et pécheurs dans un but commun, la sauvegarde des tortues. C'est un attrait supplémentaire pour aller jusqu'à Arembepe. Quelques tortues vivent dans les bassins où les visiteurs peuvent les regarder et voir les techniciens les nourrir tous les jours à 16h.

POUSADA GIPSY €€

Camaçari
✆ +55 71 3624 1179
www.gipsy.com.br
Compter environ 170 R$ la chambre double.

Pour ceux qui veulent fuir les prix élevés de Praia do Forte sans pour autant rentrer à Salvador, la pousada Gipsy est une bonne option pour une nuit, avec ses airs de motel tropical. Elle offre un confort simple, avec piscine et service de restauration. Elle est idéalement située, à 2 kilomètres de la plage de Porto de Arembepe et à dix minutes en voiture du centre de Guarajuba. Les chambres y sont simples, propres et fonctionnelles. Les aménagements pour enfants et les sculptures d'oiseaux donnent un petit côté kitsch et sympathique.

PRAIA DO FORTE ★★

Praia do Forte, ancien village de pécheurs, est désormais une station balnéaire à la mode, à 70 km de Salvador. Le village est propre, arboré, et les constructions luxueuses .On y vient pour visiter le centre de préservation des tortues marines, le Tamar, le centre de préservation de baleines Jubarte ou le fort Garcia d'Avila, construit en 1552, On se perd en barque dans un dédale tropical et on peut rejoindre les plages avoisinantes. Pour ceux qui préfèrent le calme, il vaut mieux éviter la période de décembre jusqu'à la fin du carnaval, quand les touristes sont nombreux et les prix plus élevés. La meilleure période serait donc à partir d'août.

CASTELO DO GARCIA D'AVILA ★

À 3 km du centre-ville. Une piste cyclable relie Praia do Forte au monument.
✆ +55 71 3676 1133
www.fgd.org.br
Ouvert de 9h à 17h. 10 R$ l'entrée.

Construction datant de 1552, elle symbolise les premiers temps de la conquête du Brésil par le Portugal. Pas un noble ou un aristocrate pour se lancer dans une aventure risquée et peu lucrative. On recruta donc les candidats au départ parmi la petite noblesse lisboète, leur octroyant d'immenses territoires. García d'Avila, un obscur éleveur, se retrouva ainsi à la tête d'une « capitainerie ». Il choisit ce bout de plage magnifique pour ériger une demeure à la hauteur de son statut.

BAHIA

INSTITUTO BALEIA JUBARTE ★

Avenida do Farol s/n ✆ +55 71 3676 1463
www.baleiajubarte.org.br
du mardi au dimanche de 9h30 à 19h30 de janvier à février ; 18h30 autres mois. 8 R$ ou 4 R$ (étudiants et seniors).

Les baleines Jubarte ne fréquentent pas seulement la région du parc national marin des Abrolhos, à la pointe sud de l'État de la Bahia. Venue d'Antarctique pour mettre bas dans les eaux chaudes du littoral brésilien, elles remontent jusqu'aux environs de Salvador, et il n'est pas rare de les voir croiser au large, tous les ans, de juillet à octobre.

Dans cet institut de recherche on en apprend un peu plus sur l'animal. Tout de suite à l'entrée du centre les visiteurs se déparent avec un squelette d'une baleine de 13 m de longueur. Et tout au long de la visite guidée qui dure entre 40 et 60 minutes, on découvre un peu plus les activités de recherche de l'Institut et l'importance de préserver les milieux marins. Le centre est encore en phase d'expansion et, parmi les projets inaugurés en 2010, il a vu la construction d'un bâtiment éco-responsable destiné aux activités pédagogiques. De la construction et du choix des matériaux, jusqu'à l'utilisation et le recyclage des déchets, tout est traité de façon durable. La communauté locale participe aussi à ces activités.

Durant la période d'observation des baleines, des tours en bateau pour observer les animaux sont organisés. On peut émettre quelques doutes sur la tranquillité des cétacés lors des approches des embarcations qui transportent les observateurs mais les organisateurs prennent toutes les mesures et les précautions nécessaires pour importuner au minimum les timides cétacés. L'engagement est à souligner ainsi que l'importance de leurs recherches

MANGUE SECO ★★

Dans le Nordeste d'aujourd'hui, loin du paradis des routards qui a perduré jusque dans les années 90, l'aventure et la magie des lieux se méritent. Sans doute fut-il s'éloigner des «spots» pour les redécouvrir. Un peu plus loin, à 175 km de Praia do Forte et 225 km de Salvador, et plus prêt d'Aracaju (la capitale du Sergipe, à 93 km seulement) un village perdu aux plages splendides et dunes de sable blanc semble surgir du passé. Le lieux a gagné en notoriété car c'est la ville où a été tourné le film Tieta do Agreste, personnage du roman éponyme de Jorge Amado.

PRAIA DE GUARAJUBA ★★

www.guarajuba.com

A quelques kilomètres, le complexe de Camaçari est associé à Petrobras et à l'industrie pétrolière. Ici, c'est bien la nature qui attire des milliers de touristes de Salvador et plus généralement de tout le Brésil. Au programme : sable clair, cocotiers et vagues fortes ! Les agences locales organisent la visite. Le village dispose aussi d'hôtels et *pousadas* pour ceux qui veulent y rester quelques jours. Les récifs forment des plages naturelles. L'obtention du pavillon bleu cette année consacre le travail réalisé pour la recherche de durabilité.

RÉSERVE ÉCOLOGIQUE DE SAPIRANGA ★★

Lin ha verde

Créée en 1999, la réserve vise à protéger la faune et la flore de la région. Constituée de plus de 600 ha de *mata atlântica*, elle est traversée de 7 chemins balisés que l'on peut arpenter à pied, à cheval ou en vélo. Tous les sentiers conduisent aux magnifiques cascades du Rio Pojuca.

Une excellente excursion d'une demi-journée ou d'une journée complète si vous restez plusieurs jours à Praia do Forte. Pour s'y rendre, rejoindre la Lin ha Verde puis obliquer vers le sud sur 2 km.

TRANSFERT VALDÉCIO FRANCO

Rua da Aurora, 80
✆ +55 71 9616 2712
www.valdeciofranco.com.br
Service de transfert de Salvador à Praia do Forte. Compter 190 R$ de l'aéroport jusqu'au village pour deux personnes.

L'entreprise propose notamment le transfert privé de Salvador jusqu'à Praia do Forte, mais également l'aller-retour vers d'autres plages environnantes. La société est en effet spécialisée depuis plus de 20 ans dans les transferts et les transports aller-retour dans la régio du Nor de Salvador de Bahia (Guarajuba, Vila Galé Marés, Itacimirim, Praia do Forte, Tivoli Ecoresort, Iberostar Praia do Forte ou Bahia, Imbassaí, Grand Palladium ou Costa do Sauípe).

PRAIA DO FORTE HOSTEL €

Rua da Aurora, 3

✆ +55 71 3676 1094

www.albergue.com.br

A partir de 80 R$ en dortoir et 190 R$ la chambre double.

Pour les routards qui cherchent l'esprit auberge de jeunesse, ou qui ont un budget un peu serré, la Praia o Forte Hostel est une très bonne option. Ce petit bâtiment rouge et cozy est propre, fonctionnel et très bien tenu. Il existe des dortoirs de 6 lits pour hommes et des dortoirs d'une même capacité pour femme. Les couples peuvent également disposer de chambres doubles. Tout est impeccablement bien tenu. L'auberge propose des services de laverie, Internet et salle de télévision. Les clients profitent aussi d'une petite cour avec tables et hamacs.

POUSADA OGUM MARINHO €€

Alameda do Sol s/n°

✆ +55 71 3676 1165

www.ogumarinho.com.br

Chambres à partir de 378 R$. 2 nuits minimum.

La pousada Ogum Marinho est un lieu agréable, très bien localisée dans un quartier tranquille de Praia do Forte. Cet établissement est en effet situé à à peine 40 m de la plage. Elle propose à la fois un style rustique-bohème et légèrement sophistiqué, agréablement agrémenté de décoration indigène et de céramiques artisanales. La pousada propose des locations de kayaks et d'équipements de plongée. Les chambres, agréables (suites et suites spéciales) disposent de terrasse, une est accessible aux PMR. Internet wi-fi et petit déjeuner inclus.

POUSADA TIA HELENA €€

Alameda Estrelas, 9

✆ +55 71 3676 1198

www.tiahelenapraiadoforte.com.br

À partir de 260 R$. Deux nuits minimum.

On peut difficilement passer à côté de la pousada de Tia Helena, sans la voir, tant sa couleur fuchsia dénote avec le bleu et le vert alentour. À 3 minutes à pied de la plage, des restaurants et autres commerces, l'auberge de Tia Helena (qui n'était en 1990 encore qu'un simple restaurant réputé pour son poulet pané) propose 20 suites simples et bien tenues avec option climatisation ou ventilateur, au choix. Cette pousada est d'un bon rapport qualité-prix par rapport aux tarifs de Praia do Forte. Accueil chaleureux, copieux petit déjeuner et wifi.

POUSADA FAROL DAS TARTARUGAS €€€

Rua Martim Pescador, quadra 61

✆ +55 71 3676 1515

www.faroldastartarugas.com.br

À partir de 510 R$ la chambre.

La pousada « Farol das tartarugas » (phare des tortues) rend hommage aux chéloniens du projet TAMAR. C'est une jolie *pousada* dans un cadre superbe, située à 20 m de la plage. Elle propose également un jardin agréable et une piscine avec un coin enfants, mais aussi un espace pour les hydromassages. 4 jolis chalets et douze chambres équipées d'une salle de bains privative, air conditionné, ventilateur, mini bar, TV, téléphone, et d'un balcon avec hamac et un chalet face mer.

POUSADA JAMBO €€€

Praia da Espera

✆ +55 71 3121 1091

www.pousadajambo.com.br

À partir de 875 R$ la double, petit déjeuner inclus.

Cette belle *pousada* de seulement 23 chambres se trouve à même la plage, posée au milieu des cocotiers. Un paysage de carte postale qui s'admire depuis les chambres avec terrasse qui donnent sur le turquoise de la mer. Les chambres sont extrêmement bien tenues et équipées. Des pétales de roses sont délicatement jetées dans baignoire pour accueillir les nouveaux arrivants. Les chambres supérieures sont équipées de baignoires à hydromassage. Le petit déjeuner buffet est un délice, tout comme les plats à la carte du restaurant, car le chef est un vrai cordon bleu.

MADE IN BAHIA €€

✆ +55 71 3676 0144

De 11h à 22h, jusqu'à 23h le samedi. Compter à partir de 70 R$ par personne.

La chef Heloisa Simoes se veut l'héritière des traditions culinaires régionales d'un des plus vieux établissements de Praia do Forte, le restaurant de « Nita ». Cet établissement moderne, en bois, propose une cuisine typiquement « made in Bahia » avec des plats qui plaisent au monde entier. Les traditionnels *bobo de camarão* (plat à base de crevettes et lait de coco), les incontournables *moqueca* de poisson et d'autres classiques sont à la carte. Prenez place sur la terrasse et dégustez les épices et les parfums traditionnels de Bahia !

SABOR DA VILA €€

Avenida Alameda do Sol
© +55 71 3676 1156
www.sabordavila.com
Ouvert tous les jours de 11h30 à 23h30. Plats à partir de 50 R$/personne environ.

A tout seigneur tout honneur ! Le Sabor da Vila est un des premiers restaurants installés à Praia do Forte. Le chef Alex Souza propose une cuisine locale avec la fameuse *moqueca*. Le goût est certes dans l'assiette mais l'esthétique des plats est aussi un pur plaisir. Les noix de coco qui ou les ananas qui servent d'assiette, les fruits de mer mis à l'honneur dans des plats à la fois simples et très bien travaillés sont la signature du maître des pianos. Les tablées d'habitués ou le regard ravi de ceux qui découvrent ne trompent pas !

VINOPIZZA €€

R. da Aurora, 41
© +55 71 3676 0208
Ouvert tous les jours de 18h à minuit. Pizza à partir de 40 R$.

Certains réclamaient du pain et des jeux. Ici, tout est dans le nom : du vin et des pizzas ! Dans un décor blanc, à la fois simple et cosy, derrière des palissades à claire-voie, les convives pourront apprécier des mets italiens et des pizzas dignes des meilleurs restos de São Paulo. Ces dernières, préparées avec soin et à partir de produits frais et savoureux, se déclinent selon une vingtaine de recettes. D'autres plats sont au menu, servis avec du vin à la bouteille, que le patron – qui parle français – vous aidera à sélectionner.

BAR DO SOUZA

Entrée de l'Alameda do Sol
© +55 71 3676 1386
ouvert tlj de 11h à 1h, vendredi et samedi jusqu'au dernier client.en-cas, plats). À partir de 50 R$/personne.

La petite station balnéaire s'affirme par la qualité des services de restauration et par ses bars agréables. Le bar do Souza est une icône de Praia do Forte. C'est à la fois un bar et un agréable restaurant. Ses tables en bois, dans la cour semi-fermée et arborée, et ses murs aux teintes rouges permettent une agréable halte avant un éventuel retour sur Salvador. Le bar do Souza propose d'excellentes animations musicales « ao vivo » presque tous les soirs. Essayez les beignets de poissons (*bolinho de peixe*). La caipirin ha au kiwi mérite à être connue.

LA PANADERIA DO TANGO

Alameda da Felicidade, s/n°
© +55 71 3676 1253
Du mardi au dimanche de 7h à 20h. Pains, gâteaux et goûters salés.

Se promener à Praia do Forte occasionne toujours un petit creux et le visiteur est alors ravi de trouver la « panaderia do tango ». Cette boulangerie-pâtisserie est un très bon choix pour acheter vos petits pains durant votre séjour, mais aussi pour un en-cas durant la journée ou pour déguster une gourmandise au *dulce de leche*. Depuis près de vingt ans au Brésil, le propriétaire (argentin, vous l'aurez sans doute deviné) ne pourrait toujours pas se passer de cet ingrédient, presque sacré dans son pays d'origine, dans sa cuisine !

TANGO CAFÉ

Alameda do Sol
© +55 71 3676 1637
De 15h à minuit, samedi et dimanche de 11h à 2h.

Si vous pensiez que les Argentins ne connaissant que Buzios, détrompez-vous. Ils sont aussi à Praia do Forte. Le Tango Café, du même propriétaire que la boulangerie du Tango, propose en plus des boissons chaudes ou froides et des gourmandises à déguster sur place, sucrées ou salées. Depuis quelques mois l'on peut également y commander des repas légers et des assiettes composées : quiches variées avec de la salade, steak de chorizo accompagné de frites, origine du patron oblige... Sympa, si vous commencez à fatiguer des *moquecas* de Bahia...

IMBASSAI ★★

À 14 km au nord de Praia do Forte, Imbassai est un paisible village rustique. Pour la baignade, on pourra alterner entre de belles plages couvertes de dunes, et la rivière qui sépare le village aux ruelles de sable en deux. On ne fait généralement que passer à Imbassai, mais si vous fuyez le tourisme de masse et recherchez l'authenticité et les rapports simples avec les locaux, voilà une option à considérer. D'autant que l'endroit compte quelques jolies *pousadas*. Pour ceux qui ont connu Praia do Forte avant son développement touristique et sa modernisation, on replongera non sans nostalgie, dans la vie des villages de pêcheurs d'antan.

POUSADA VILLA IMBASSAI €€

Alameda dos Bouganvilles, s/n
✆ +55 71 36771212
www.vila-imbassai.com
A partir de 190 R$ la chambre double.

Cette Charmante petite *pousada* propose 7 chambres agréables et confortables. Toutes les Chambres sont bien équipées avec télévision, frigo-bar, douche chaude et hamac sur les petites terrasses. Cet établissement familial est agréablement situé sur les berges du petit fleuve côtier «Rio Barroso». La mer est très proche mais la Pousada villa Imbassai dispose d'une agréable piscine dans un cadre verdoyant. Pour ceux qui souhaiteraient télétravailler, l'établissement propose l'Internet dans toutes les chambres. on y voit des oiseaux et de sympathiques petits singes.

VILANGELIM ECO POUSADA €€€

Alameda dos Angelins
✆ +55 71 3677 1144
www.vilangelim.com.br
À partir de 500 R$ la chambre double standard.

Sans nul doute le meilleur établissement d'Imbassai, décoré avec beaucoup de goût et de raffinement. On dort dans de magnifiques et spacieux bungalows (parquet, lit king size, grande salle de bain, vaste terrasse avec hamac) entourés d'une végétation luxuriante et orientés vers le levant. Grande et belle piscine circulaire, restaurant, salle de massage… on pourrait rester longtemps dans ce cadre paradisiaque, sans s'en lasser. Il faut cependant rappeler que comme dans certaines pousadas, la pousada est réservée aux plus de 14 ans.

BARRA DO ITARIRI

La rencontre du Rio Itariri et de la mer, permet de longues baignades vivifiantes. Avant d'arriver à l'océan, la rivière décrit une courbe, mettant en valeur une plage de dunes délimitées par des cocotiers. On peut aussi profiter d'une plage calme de sable blanc de l'autre côté de la rivière. Pour bénéficier d'une vue encore plus impressionnante du littoral d'Itariri, on se rendra jusqu'au phare installé au sommet de la colline. La plage des poças (praia das poças) est une des plus belles plages du pays. Bien sûr, ce plaisir se mérite car à partir de la route principale de Sitio do Conde, il faut emprunter une route de 10 kilomètres, pleine de trous.

SITIO DO CONDE

De jolies vagues pour le surf, une longue plage de sable blanc bordée de dunes couvertes de cocotiers, plus loin des prairies à perte de vue. Sitio do Conde est un endroit paisible où l'on pourra s'arrêter avec bonheur pendant quelques jours pour pratiquer un farniente de niveau olympique en compagnie de locaux nonchalants.

À une quinzaine de kilomètres plus au nord, là où le Rio Itapicuru se jette dans l'océan, le pittoresque village de pêcheurs de Siribin ha est une excursion sympa (la petite route se termine au village). Ici encore, c'est un Brésil hors des sentiers battus que l'on va rencontrer, loin des foules et du stress du monde moderne.

MANGUE SECO ★

A la frontière de l'Etat de Bahia, dans le Sergipe, situé à 234 km de Salvador, Mangue Seco est un charmant petit village de pêcheurs. Idéalement situé à l'embouchure du Rio Real, il offre un paysage de carte postale. Son nom, littéralement, « mangrove sèche », lui vient de l'assèchement naturel du manguezal, qui a fait place à des grandes dunes de sable. Il n'y a rien de spécial à y faire, et c'est précisément la raison pour laquelle on y vient de très loin On apprécie le temps. Durant le week-end ou en période de carnaval, le village est envahi par les touristes, il est conseillé de réserver à l'avance. Evitez les balades en buggy, peu écolo.

POUSADA O FORTE €€€

Praia do Costa
✆ +55 79 9952 0813
www.pousadaoforte.com
A partir de 490 R$ le bungalow pour deux personnes.

Dans le très bucolique village de Mangue Seco, immortalisé par le roman du regretté Jorge Amado, *Tieta D'Agreste*, la pousada O Forte est une option pleine de charme. A 500 m du village vers la plage et au bord de la rivière, cet établissement propose des chambres bien équipées et une piscine sur un grand terrain arboré de 5 000 m². Le décor est forcément magique, on voit les célèbres dunes blanches au loin. On est à côté d'une plage infiniment longue, où la mer est à peine dérangée par quelques rares jangadas de pêcheurs locaux.

VALENÇA

C'est la grande ville d'où l'on embarque pour Morro de São Paulo et Boipeba, à 2 heures en bus de Salvador. On s'y arrête rarement et c'est dommage. En visitant son vieux centre, on voit que la ville a été riche et dynamique. Située dans l'une des plus belles régions de Bahia, Valença est l'un des principaux centres de la côte de la Costa do Dendê. Elle offre magnifiques paysages et des plages paradisiaques, comme la plage de Guaibim à 17 km du centre-ville. La ville est un haut lieu de la gastronomie bahianaise, elle est considérée comme la capitale de la crevette, élevée dans des fermes aquacoles, de l'huile de palme et du clou de girofle.

TERMINAL MARITIMO

Rua do Comandante Madureira

Billets à partir de 7 R$ pour le bateau conventionnel et 15 R$ pour le rapide. Pour un transfert privé, compter 130 R$.

Des bateaux vers Morro de São Paulo partent toutes les 30 minutes environ jusqu'à 17h30. Conventionnel : environ 2 heures de voyage. Lanc ha rapida : environ 50 minutes de voyage. Attention, un bateau par jour environ (conventionnel) fait le tour de plusieurs îles avant d'arriver à Morro et le voyage devient vraiment long (environ 4 heures), à vérifier avant de monter à bord. Ces moyens de transport sont toujours très agréables, mais, comme nous l'avons spécifié pour les voyages entre Morro de São Paulo et Salvador, le trajet par bateau est plus long.

MORRO DE SÃO PAULO ★★★

Un village d'auberges sur une île de cocotiers. Le voyage commence par 2 heures de Catamaran depuis Salvador (ou en bateau traditionnel depuis Valença), forcément, le long d'une côte de cocotiers et de mangroves. Puis, on aperçoit une colline de verdure, que protègent des fortifications d'un autre âge (1630 pour être précis), et des voiliers en bois. C'est une vision de film de pirates, on s'attend à voir Errol Flynn au créneau. Tout en haut, sur la colline, dominant la scène, un phare blanc. C'est à peine un village, deux ou trois ruelles de sable zigzagantes, où l'on trouve sans doute la plus grande concentration de *pousadas* au mètre carré du Brésil. Les autres maisons sont des restaurants. Pas de voitures, il n'y a nulle part où aller ! Autour du village, les plages, sauvages, des dizaines de kilomètres de sable blanc, et des franges de palmiers.

En vain. Les plages elles-mêmes portent des numéros : *Primeira*, *Segunda*, *Terceira* et *Quarta Praia*. Plus on s'éloigne, plus on est tranquille. Et pour arriver à la quatrième on est obligé de passer par les autres plages, à peine 15 minutes de marche et avec une si jolie vue, qu'il sera difficile de résister à ne pas s'arrêter pour prendre un bain dans les eaux claires et chaudes tout au long du chemin.

Le soir, on est de retour au village, irrésistiblement attiré par ses lumières, la musique de ses cafés, les petits commerçants qui s'étalent sur la place…

Morro de São Paulo.

FAROL DE MORRO DE SÃO PAULO ★★

On pourra se balader jusqu'au phare qui domine le village, qui fut construit en 1835. C'est peut-être une des vues les plus emblématiques de Morro de Sao Paulo et peut-être de toute la Bahia. Ce point de vue offre une très belle vue également, sur le village et ses environs, depuis ce promontoire. On y accède à pied après 15 minutes de marche de difficulté moyenne, ou par un petit funiculaire qui part de la première plage. Les couchers de soleil y sont spectaculaires.

FORTIFICATIONS ★★

Aujourd'hui, on ne se rend pas à Morro de So Paulo pour voir de vieilles pierres ou assouvir sa passion pour l'histoire du Brésil. Pourtant, dès l'arrivée en bateau, on ne pourra pas manquer l'imposant portique de pierre au linteau gravé qui surplombe le port. C'est l'un des vestiges du temps où le village était fortifié, à l'instar des ruines du fort (en bord de mer, à l'est du port) d'où on jouit d'une jolie vue panoramique, notamment au coucher du soleil. L'ensemble est certes de dimension réduite, on n'est pas à Salvador, mais c'est intéressant.

PLAGES ★★

Les plages de Morro de São Paulo sont toutes ouvertes à la baignade, elles proposent des eaux transparentes et peu profondes. Elles sont généralement calmes, mais on peut pratiquer le surf sur la Primeira Praia les jours où la mer s'agite. Celle de Gamboa, moins fréquentée et à laquelle on accède en 30 minutes de marche au départ du port en prenant la direction opposée à celle du village (très jolie balade), en longeant la plage, abrite un mur d'argile amolli par l'eau et dont on peut se badigeonner le corps avant un petit bain de mer.

BIOTUR

L'agence la plus proche se trouve au terminal maritimo de Valença. Mais les fonctionnaires de l'embarcadère de Morro de São Paulo peuvent aussi vous renseigner. © +55 75 3641 3327
www.biotur.com.br
Compter 110 ou 113 R$.

La distance entre Salvador et Morro de Sao Paulo est de 64 kilomètres. Il est nécessaire de prendre le bateau pour se rendre de l'une à l'autre des deux destinations. Biotur est l'une des agences chargées de la traversée en catamaran de Salvador à Morro de São. Il est possible de les contacter via Internet pour acheter les billets. Quand on se rend à Morro de Sao Paulo, il est obligatoire de payer une taxe écoenvironnementale de 20 R$ par personne dont on s'acquitte à l'embarquement à Morro de Sao Paulo. Départs de Morro à 11h30 et 15 et de Salvador à 9h et 14h30.

PAPAGAIO HOSTEL & POUSADA €

Primeira Travessa da Fonte Grande, 25
© +55 75 3652 1322
www.papagaiohostel.com
À partir de 60 R$ pour un lit en dortoir et 160 R$ pour une chambre double.

À quelques pas de la Fonte Grande et à moins de 10 minutes à pied de la première plage, l'auberge de jeunesse Papagaio est une adresse parfaite pour les voyageurs qui souhaitent loger à Morro de São Paulo pour un tout petit prix. L'établissement dispose de chambres privatives doubles, triples ou quadruples ainsi que des dortoirs. L'auberge de jeunesse propose de nombreux services : piscine, bar (ouvert à partir de 18h), salle de télévision, Wifi gratuit... Bonne ambiance.

POUSADA BAHIA BACANA €€

Rua da Prainha, 35 © +55 75 3652 1674
www.pousadabahiabacana.com.br
À partir de 300 R$ pour une chambre double.

la Pousada Bahia Bacana bénéficie d'une situation privilégiée sur la première plage face à la mer, à proximité des commerces, restaurants, bars et points touristiques de Morro de São Paulo. Bien distribuées et décorées avec beaucoup de goût (comme toute la *pousada*), les chambres sont lumineuses et confortables et bénéficient d'équipements de qualité : télévision LCD câblée, air conditionné, frigo-bar, excellente literie... et les suites de catégories supérieures disposent d'une véranda avec vue sur la mer. Une très bonne adresse à découvrir dans sa catégorie.

© HOTEL PORTALO

© HOTEL PORTALO

© HOTEL PORTALO

HOTEL PORTALO €€

Ladeira Da Igreja s/n
✆ +55 75 99854 6321
www.hotelportalo.com
à partir de 410 R$ pour une chambre double, 600 R$ le chalet pour deux personnes. Appartement accessible pour PMR.

Surplombant la mer, l'hôtel Portalo est un élégant petit complexe tropical, dans la forêt atlantique. Il est idéalement localisé, au calme, à quelques mètres du petit embarcadère et du centre-ville de Morro de São Paulo. Chaleureux accueil en français par Stéphane et son équipe. L'hôtel propose de vastes suites très bien décorées ainsi que de confortables chalets très cosy dont certains disposant d'une cuisine équipée. Le résultat est superbe. Piscine, bar pour admirer le superbe sunset, sauna, massages… L'un des très beaux établissements de Morro.

© HOTEL PORTALO

© HOTEL PORTALO

POUSADA PASSARGADA €€€

Rua Caminho do Farol, 1
✆ +55 75 3652 1069
www.pousadapassargada.com.br
Selon la catégorie, a partir de 428 R$ pour une chambre double. Possibilité de réserver à partir de leur site.

© POUSADA PASSARGADA

À quelques mètres du petit embarcadère de Morro de São Paulo, au calme, entourée de végétation luxuriante, la Pousada Passargada invite à un séjour sous le signe de la tranquillité et du confort. Sa localisation privilégiée permettra de profiter de toutes les activités du centre. Tous les appartements sont très accueillants et bien équipés, certains offrent une vue sur la mer. La piscine à débordement est juste incroyable, tournée vers l'océan. Le restaurant de la pousada, le « Bossa Nova Bistrô », est assurément une des meilleures tables de l'île.

POUSADA TIMIA €€

Traversa da Fonte Grande
www.timia.com.br
À partir de 215 R$ (basse saison) pour une chambre double, petit déjeuner inclus. Accueil francophone.

Perchée telle une cabane dans les arbres, cette belle *pousada* bénéficie d'un emplacement idéal et d'une vue imprenable. A proximité du centre, le lieu est authentique et calme. Bertrand, un Français installé depuis 20 ans au Brésil vous accueillera amicalement et vous donnera les meilleurs conseils et contacts sur les environs et sur les activités disponibles. Chaque chambre est unique et décorée sur le thème d'un *orisha*. La terrasse offre un espace détente et un excellent point de vue pour observer oiseaux et singes, qui viennent parfois visiter le vaste jardin.

SOLAR DAS ARTES €€

Praça Aureliano Lima, 155
✆ +55 75 3652 1057
www.solardasartes.net
Compter à partir de 240 R$ pour une chambre double. Plusieurs types de chambres.

Encore un endroit merveilleux à Morro de São Paulo ! Au calme, sa situation autour de la place centrale est très bucolique. Les 18 appartements thématiques sont répartis en trois catégories et sont tous décorés avec du très beau mobilier choisi par Carmen, la charmante propriétaire de la pousada. Excellent petit déjeuner ainsi qu'un bon restaurant dans la *pousada*. Tous les plats sont réalisés à base d'ingrédients frais soigneusement sélectionnés. De très beaux objets de décoration sont en vente dans la boutique de la *pousada*.

VILA GUAIAMU €€

✆ +55 75 3652 1035
www.vilaguaiamu.com.br
À partir de 280 R$ le bungalow double en basse saison, petit déjeuner inclus.

Installés sur le vaste terrain d'une ancienne plantation de cocotiers, les 22 bungalows de Vila Guaiamu sont répartis dans plusieurs maisonnettes pleines de charme et sont tous équipés d'air conditionné, télévision, minibar et de beaux et spacieux balcons avec hamac. Le nom de la pousada lui vient des innombrables crabes bleus, les *guaiamu*, qui ont élu domicile sur cet immense terrain : ils sont tapis à l'entrée de leurs petits terriers respectifs et disparaissent sitôt qu'on les approche. Et quand il pleut, ils sont tous de sortie !

POUSADA VILLA DOS CORAIS €€€

Terceira Praia et Quarta Praia
✆ +55 75 3652 1323 - www.villadoscorais.com.br
Compter à partir de 520 R$ pour une chambre double.

Adresse unique, en front de mer, parfaitement intégrée à la nature environnante, la Pousada Villa dos Corais est la plus belle et luxueuse *pousada* de l'île. Sa situation au calme, sur les troisième et quatrième plages, à quelques minutes à pied des animations de la seconde plage, en fait une adresse idéale. Les chambres sont disposées dans de charmantes maisons réparties harmonieusement sur un terrain magnifiquement paysagé. Les suites offrent un équipement de qualité pour un maximum de confort. Difficille de quitter un pareil endroit.

CAFÉ COM ARTE €€

Praça Aureliano Lima, 155
+55 75 3652 1057
www.solardasartes.net
Ouvert tous les jours de 15h à 23h. Salon de thé l'après-midi. Plats à partir de 35 R$.

Comme son nom l'indique, le café et la bonne chère sont ici indissociables de l'art. Il faut dire que c'est le restaurant-salon de thé de la très élégante pousada Solar das artes. Le menu est donc pensé comme un chef-d'œuvre. Plats à base de produits frais et cadre enchanteur. Très bon choix sur la place centrale, spécialement le soir. Dans l'espace extérieur, on est bercé par la brise marine. C'est très agréable quand on prend le petit déjeuner ou que l'on mange le soir dans ce cadre romantique, non loin de la statue de la Victoire de Samothrace.

BASILICO €€

Rua da Fonte Grande
+55 75 99241 0768
Ouvert du mercredi au lundi de 18h30 à minuit.

Ouvert il y a peu de temps par un jeune et inspiré chef italien dans une rue animée en fin de semaine partant de la place principale de Morro, le Basilico ne désemplit pas le week-end. Chaque assiette fait l'objet d'une attention particulière aussi bien dans la présentation que la préparation même. La carte change tous les jours en variant autour de spécialités italiennes et méditerranéennes adaptées aux produits du marché : carpaccio de poisson, viandes délicieuses et pâtes faites maison... Une des meilleures adresses en ville.

CLUB DO BALANÇO €€

Segunda Praia
+55 75 3652 1110
www.clubdobalanco.com.br
Tous les jours de 10h à 23h en haute saison, 18h en basse saison. Plats et petiscos à partir de 30 à 50 R$/personne.

Le Club do Balanço est le café-restaurant de la pousada éponyme. Depuis 1993, cet établissement ravit les papilles des hôtes, locaux ou touristes de passage sur la seconde plage. La cuisine est souvent d'inspiration *capixaba* (de l'Etat voisin d'Espirito Santo). On peut manger à l'intérieur mais ses tables sont également installées directement sur la plage. Les fruits de mer locaux sont à l'honneur, comme il se doit. Le *bobó de camarão* et la *moqueça* sont les spécialités de la maison. Poisson et viande grillés, pâtes, sandwichs...

ILHA DE BOIPEBA ★★★

Au sud de l'île Tinharé, l'île de Boipeba offre un radical changement d'ambiance... Pas de route ni de pont, liaisons maritimes moins nombreuses. La mer y est aussi limpide et les plages aussi paradisiaques qu'à Morro. Le climat dans lequel baigne le village de Boipeba est tout de tranquillité et de simplicité.

Ce petit coin de paradis permet quelques jours d'intimité dans une nature qui a revêtu ses plus beaux atours. Sur les rivages désertiques de l'île, baignade dans les piscines naturelles et épicurisme gastronomique avant de rejoindre le village par les sentiers qui serpentent dans la *mata* (la forêt). L'île de Boipeba est tout un programme...

COVA DA ONÇA ★★

Cette grande crique au sud de l'île (à l'ouest de Ponta de Castelhanos) prés du village de São Sebastião, serait le repère de jaguars. Pourtant, cela a l'air plutôt tranquille. S'agissant des grands fauves, on n'en pas vu depuis fort longtemps hélas. On y vient surtout pour profiter tranquillement de la plage. L'origine du nom est mystérieuse. il y aurait une grotte, où l'on pense que les jésuites auraient laissé une image de São Sebastião. A cet endroit la pêche est intense. Dans les récifs il y a beaucoup de poulpes et de langoustes.

PONTA DE CASTELHANOS ★★

À la pointe sud de l'île, cette superbe plage offre le meilleur site de plongée des environs. Elle est idéale pour les balades et pour pratiquer la plongée avec tuba. À marée basse, des piscines naturelles se forment entre les récifs, les bancs de sable forment également d'agréables petites piscines. Bref, c'est l'endroit parfait pour ceux qui aiment les plages désertes. On trouve les plus belles mangroves de la région. L'écosystème de cette plage est très riche et préservé. C'est un lieu idéal pour les sorties en canoë et en kayak.

BAHIA

PRAIA DA CUEIRA ★★

Plus au sud que celle de Morere, une plage appréciée des surfeurs. Elle est parsemée de pierres enfouies dans le sable. Cette plage presque déserte est un havre de tranquillité. La mer, aux ondes calmes et aux eaux cristallines, incite forcément à entrer dans les eaux pour une bonne baignade. Paysage de carte postale, le rivage est ourlé de nombreux cocotiers et quantité d'espèces de plantes natives. Des cabanes de plage rustiques servent de délicieux plats. Si on peut se le permettre, on peut goûter le plat le plus prestigieux : la langouste locale.

PRAIA DE MORERÉ ★★

À quelques kilomètres au sud d'un petit village de pêcheurs, Morerê est une longue plage tranquille. À quelques centaines de mètres, au large, les récifs forment des piscines naturelles aux eaux chaudes et peuplées de milliers de petits poissons. Le pire des photographes, en immortalisant les océans, va transformer les scènes en chefs-d'œuvre tant les paysages sont paradisiaques. Des petites collines verdoyantes enserrent ce paradis qui échappe au tourisme de masse. Le petit village reste encore préservé, avec ses rues de sable.

VILLAGE DE BOIPEBA ★

Boipeba ou vila Velha de Boipeba (vieux village de Boipeba) est une des trois petites agglomérations de l'île. Malgré son nom vila Velha, on ne vient pas pour voir de monuments dans ce village étendu aux rues de sable dans lesquelles il fait bon se perdre. La zone du port est la plus animée dans la journée, le soir on sort dans le centre et les rues adjacentes à la place principale (ornée d'une sculpture de l'artiste Bel Borba, la mairie a pensé à la culture). C'est ici que l'on recherche un peu d'animation dans les bars et les restaurants.

POUSADA CASA MESTIÇA €€

Rua da Praia
✆ +55 75 3653 6166
www.casamestica.com.br
Compter à partir de 200 R$.

Cette élégante *pousada* de construction récente dans un style rustique, a tous les atouts : tarifs compétitifs, situation privilégiée à proximité des plages et au calme. Elle est entourée d'une végétation luxuriante et bénéficie d'une vue bucolique sur la mer. Sa propriétaire, Caroline, une Française, propose 5 appartements dans 2 maisons. Toutes soigneusement décorées et bien équipées, les chambres disposent de belles terrasse, une offre une vue sur la mer. Le matin, un super petit déjeuner est servi sur la terrasse privative. Un coup de cœur !

POUSADA SANTA CLARA €€

Rua da Praia
✆ +55 75 3653 6085
www.santaclaraboipeba.com
À partir de 320 R$ la chambre double.

Une des meilleures *pousadas* de Boipeba. Le cadre est magnifique, avec plusieurs chambres et chalets construits autour d'un luxuriant jardin. Les chambres et les chalets sont spacieux. La chambre numéro 8 est un petit appartement en duplex avec la chambre en hauteur et un balcon avec vue sur l'île et la mer. Le bucolique kiosque bibliothèque construit au milieu du jardin est une invitation à la lecture dans ce paysage tropical. Le soir, le restaurant du chef Mark ouvre ses portes avec une cuisine moderne. Un très bon rapport qualité-prix.

POUSADA MANGABEIRAS €€€

Rua Da Praia s/n
✆ +55 75 3653 6153
www.pousadamangabeiras.com.br
À partir de 620 R$ pour deux personnes.

La très discrète et luxueuse Pousada Mangabeira est une adresse de choix bâtie sur les hauteurs des 48 000 mètres carrés de Mata Nativa préservés en front de mer. Située à la fin de la belle plage Boca da Bara, d'où vous bénéficierez de l'une des plus belles vues sur le Rio Inferno et Boipeba. Dans un style architectural à la fois rustique et contemporain, la Pousada Mangabeiras dispose de 9 élégants bungalows répartis dans le jardin paysager avec beaucoup de goût et construits de façon à privilégier la vue sur les plages. Une adresse incontournable de Boipeba.

SANTA CLARA €€

Rua da Praia
✆ +55 75 3653 6085
www.santaclaraboipeba.com
Ouvert tous les soirs, sauf lundi, de 18h à 21h. Plats à partir de 50 R$ par personne.

Si la pousada Santa Clara est une des meilleures adresses de l'île de Boipeba, certains gourmets désignent le restaurant de cette pousada comme une des meilleures, si ce n'est la meilleure des tables de l'île. Le restaurant du Santa Clara offre une cuisine contemporaine composée avec des ingrédients locaux sélectionnés avec le plus grand soin. Les menus concoctés par le chef américain Mark, changent tous les jours et proposent trois options d'entrée, de plat principal et de dessert. Réservation vivement conseillée durant l'été.

POUSADA TORTUGA €€

Praia dos Três Coqueiros
✆ +55 73 3258 6252
www.pousadatortuga.com
Chambre double à partir de 237 R$ la nuit, petit déjeuner inclus.

La pousada Tortuga est une petite pousada de seulement 4 chambres en bordure de plage. Ses petits et jolis bâtiments rouges se répartissent dans un jardin reposant. Elle est idéalement située sur la belle plage de Praia dos Três Coqueiros, entre la plage de Bombaça et la pointe de Ponta do Mutá. Les chambres sont simples et assez spacieuses, elles possèdent l'air conditionné, un mini bar, et une télévision, à 15 minutes de marche du centre-ville. L'accueil est attentionné et familial. Les surfeurs sont à portée de spots, après un super petit déjeuner.

BARRA GRANDE ★★

La localité de Barra Grande est plus connue que la péninsule à laquelle elle appartient, Maraú. En effet, la grande majorité des *pousadas*, bars et restaurants de la presqu'île sont concentrés dans ce village, tout au bout de la longue langue de terre (45 km). On a l'impression d'être sur une île dans cet endroit simple et tranquille aux ruelles de terre. Le secret de son isolement est son accès limité et quelque peu difficile. Pour un peu, on se croirait dans des scènes de villages du cinema novo, dans les années 70, tant le temps semble s'y être arrêté. L'ancien atmosphère de village de pécheurs est totalement préservé et c'est ça qu'on aime.

TAIPU POUSADA €€€

Praia Taipu de Fora
✆ +55 73 3258 6278
www.taipudefora.com.br
A partir de 630 R$.

Dans une localisation privilégiée sur la belle plage de Taipu, la *pousada* offre tout le confort. Les chambres sont divisées en trois catégories, mais la différence reste plutôt dans la décoration que dans la taille. Dans la suite master le lit est tourné vers les fenêtres qui ont une superbe vue sur la plage. Les 28 appartements sont installés dans un bâtiment au style rustique qui possède encore un salon de jeux, salle de massage, espace enfants, un grand hall et un jardin avec un petit lagon rempli de poissons qui peuvent atteindre plus d'un mètre !

TAIPU DE FORA ★

Pour rejoindre Taipu de Fora, vous pouvez prendre une jeep de Barra Grande et traverser les plages et dunes des alentours. Vous ferez une pause au niveau de 2 points de vue : Farol do Taipu et Morro Bela Vista. Les chauffeurs se trouvent sur la place centrale de Barre Grande.

L'attraction principale de la péninsule, c'est cette plage, considérée comme l'une des plus belles du Brésil. Mer d'un bleu azur, sable doré et des cocotiers à perte de vue. Il suffit de s'installer sur la plage et regarder ce paysage. On peut aussi louer masque et tuba, et faire quelques pas vers la mer pour nager dans les piscines naturelles, à 1 km des côtes. On a l'impression d'être dans un aquarium naturel géant. Ce phénomène ne se produit que 2 fois par mois, quand la marée est basse, le matin. Sur place, des paillotes pour se restaurer et boire un verre.

BAR E RESTAURANTE DO RAÚL €€

Praia da Saquaíra
✆ +55 73 3258 4019
Ouvert de 11h à 20h. Petiscos et fruits de mer. Compter à partir de 60 R$/personne.

Le bar do Raul propose la plus traditionnelle (et savoureuse) *moqueca* de Saquaíra, les *casquinhas de siri*, l'*arroz de polvo* ou les *mariscadas*, à déguster avec une bière bien fraîche face à la mer. Les portions sont généreuses et un plat est souvent suffisant pour deux ou trois personnes. On s'assied agréablement sur des sièges, dans cette cabane un peu rustique, juste en face de la plage de Saquaira qui a donné le nom à la *moqueca* la plus célèbre de Barra Grande.

BAHIA

A TAPERA €€

Rua Dra Lili
✆ +55 73 3258 6119
www.atapera.com.br
De 12h30 à 23h, sauf le mardi. Spécialités de poissons avec des plats à partir de 50 R$. réserver en haute saison.

Naia la bahianaise est tombée amoureuse de ce lieu et a voulu ici fusionner ses passions, la cuisine bahianaise et le village de Barra Grande. Grand bien lui en a pris. Au début, l'établissement était un bar et un restaurant simple et rustique, puis, la Tapera est devenu au fil des ans le restaurant le plus raffiné de Barra Grande. Les plats y sont élaborés avec toute la «science de la cuisine bahianaise» de Naia et son amour pour les ingrédients locaux. Elle a ce tout petit supplément d'âme. Un peu plus isolé, à la fin de la rue.

TUBARÃO RESTAURANTE E POUSADA €€

Praia de Barra Grande
✆ +55 73 3258 6006
Ouvert de 10h à 20h environ. Spécialités de poissons. Plats à partir de 45 R$.

Depuis près d'un quart de siècle, le restaurant de la pousada « Tubarao » est établi directement sur la plage. C'est une grande cabane en bois avec des tables éparpillées sur le sable, à l'ombre des arbres. La carte propose des grillades de poissons et de viandes, des fruits de mer et des cocktails faits à partir de fruits produits dans le jardin. La caipiroska et la vue magique sur la mer valent presque à elles seules le détour. Bonne cuisine et ambiance agréable.

ITACARÉ ★★★

On vient à Itacaré pour ses plages superbes, parmi les plus belles du littoral bahianais et peut-être du Brésil tout entier. Le petit village de pécheurs s'est métamorphosé ces deux dernières décennies en une station balnéaire à la mode. Dans les années 1970, Itacaré était la destination préférée de hippies venus du monde entier. Depuis, ils ont construit de belles pousadas et des restaurants, la ville s'est structurée, et l'ambiance a changé : c'est maintenant un lieu de villégiature prisé des surfeurs. Chaque quartier de la petite ville a un charme et une ambiance particuliers. Les nuits y sont à l'image de nature, souvent grandioses !

ITACAREZINHO ★★

A 15 km au sud d'Itacaré
Parking payant, compter 30 R$.

C'est une des plages les plus réputées d'Itacaré. 3,5 km de sable blanc, cocotiers et beaucoup de vagues. C'est ici que se trouve le resort Txai, penché en haut des collines. Prix assez exorbitants. Mieux vaut ramener son propre pique-nique et rester tranquille à l'écart de la foule concentrée autour du restaurant et des chaises longues.

Pour y accéder : il faut traverser une propriété privée pour y arriver (petite marche). Pour les piétons l'accès est gratuit. Possibilité d'y aller en excursion ou de prendre un bus qui vous laissera sur la route, pas au parking.

Itacarezinho.

PLAGES URBAINES ★★

Suivre la route à la fin de la rue Pedro Longo.

Toutes ces belles plages se trouvent à quelques centaines de mètres du centre d'Itacaré et sont accessibles à pied sans difficultés.

- **Resende :** la première en venant du centre d'Itacaré. Bonnes vagues, mais beaucoup de rochers.
- **Tiririca :** la plus réputée. On dit que les vagues ici sont parfaites tout au long de l'année. Très prisée par les surfeurs expérimentés.
- **Costa :** juste à côté de la Tiririca, bonnes vagues aussi. Idéale pour les débutants.
- **Ribeira :** c'est la dernière des plages accessibles à pied. Bonne aussi pour les surfers débutants.

PRAIA DE PONTAL ★★

Compter 20 R$ environ aller-retour.

C'est une plage déserte où l'on peut se sentir presque seul au monde ! Pour y accéder il faut aller jusqu'à la pointe de la Praia de Coroinha, sur la Praça do Canhão et demander à quelqu'un de vous amener en bateau. Selon l'heure d'arrivée, la plage sera vraiment vide, puis un petit bar, tout au début, rassemblera quelques personnes. N'oubliez pas d'emporter le casse-croûte ni la protection solaire, il fait très chaud et il n'y a pas d'ombre. Idéal pour ceux qui aiment rouler dans les vagues loin de la civilisation. Belle vue sur Itacaré.

PONTA DO XARÉU ★★

Praia Coroinha

A Rio, on applaudit à chaque coucher de soleil sur les plages d'Ipanema ou de Copacabana. Ici, il ne faut pas rater le coucher du soleil sur ce rocher de Ponta de Xareu, avec un point de vue spectaculaire sur la mer. C'est une des cartes postales de la ville et une des attractions de ce village de pêcheurs. On a une vue magique sur les plages de Concha, de Pontal et de Coronhia, au-delà de Barra de Rio de Contas. Si vous avez de la chance, vous allez aussi pouvoir assister à une présentation de capoeira juste après. Appréciez !

PRAIA DA CONCHA ★

La plage de la Concha est une jolie plage aux eaux tranquilles car ici la mer se mélange au Rio de Contas, rivière très appréciée des amateurs de rafting. On y trouve plusieurs bars et restaurants sur le sable. Pour beaucoup, c'est la plage la plus propice à la baignade. Il y a peu de vague, peu de courant. La structure en fer à cheval protège en effet cette petite baie. Les enfants peuvent s'y baigner sans problème. On peut y manger et y boire les pieds dans l'eau et nager ensuite dans l'onde calme, dans un cadre fort agréable.

BRAZIL TRIP TOUR

235 Rua Pedro Longo ✆ +55 73 99996 3331

www.braziltriptour.com

Ouvert de 18h à 22h. Quatro Praias et Jeribucaçu : 70 R$/personne + entrée cascade, plages urbaines : 45 R$/personne.

L'agence fait tous les *passeios* d'Itacaré : plages, cascades, randonnées, visite d'une ferme de chocolat, rafting, tours en pirogue et encore d'autres parcours sportifs. L'agence propose aussi des initiations de surf et location de planches. Comme de nombreuses agences de tourisme d'Itacaré, le Brazil Trip Tour propose un tourisme d'aventure, mais également un tourisme rural d'observation (sentiers écologiques) et un tourisme socio-culturel (*quilombos*, capoeira). Selon la saison, on peut également aller observer les baleines à bosse (*jubartes*).

ECOTRIP

Rua Pedro Longo - Pituba, 381.

✆ +55 73 3251 2191

www.ecotrip.tur.br

Trilha de Jeribucaçu : 70 R$/personne, celle des quatre plages : 70 R$/personne. Agence ouverte de 18h à 23h.

Les plages d'Itacarezinho, Hawaizinho, Engenhoca ou encore les cascades de Tijuipe et de l'Usina sont au programme avec l'agence Ecotrip. La randonnée d'une heure pour arriver à Jeribucaçu est aussi très divetissante. Le personnel est très sympathique et surtout très professionnels et les *passeios* idéaux pour ceux qui recherchent un peu d'aventure au milieu de la nature exubérante d'Itacaré. Rafting, canoë, observation de baleines (de juillet à octobre) et transferts de et vers Ilhéus font aussi partie des services proposés.

QUATRO PRAIAS ★★

BA 001

Excursion proposée par les agences locales.

C'est une des excursions proposées par les agences. Il faut randonner pendant 3 km passant par les plages d'Engenhoca, Havaizinho I et II, puis Itacarezinho. Toutes ces plages sont splendides et peuvent toutes prétendre au titre de plus belle plage de l'Etat de Bahia, voire du Nordeste. Il faut compter un temps de baignade sur les première et dernière plages. Avant de rentrer, on passe par la belle Cachoeira do Tijuipe.

Parcours moyen-facile. Restauration assez chère sur la plage d'Itacarezinho, où on dispose de plus de temps. Départ à 8h30, retour vers 16h.

RIO DE CONTAS ★★

Excursion proposée par les agences locales. À partir de 70 R$. Durée : 6 heures.

Le Rio de contas est une jolie rivière située près d'Itacaré, mais c'est également une excursion très populaire proposée les agences locales de tourisme. L'excursion Rio de Contas et Cachoeira do Cleandro propose une balade en canoë d'environ 40 minutes au long de la rivière jusqu'au marais, puis il faut ensuite randonner jusqu'à la cascade.

Une deuxième excursion propose de faire du rafting dans cette rivière. Il faut être physiquement apte à marcher quelques kilomètres et à pagayer dans une eau calme. Accessible aux personnes en condition physique moyenne.

TRILHA ET PRAIA DE JERIBUCAÇU ★★

Praia de Jeribucaçu

Excursion proposée par les agence locales. À partir de 70 R$ en excursion, plus entrée domaine de la cachoeira.

Baignade dans la jolie Cachoeira da Usina puis marche dans la *mata* et le marais. Après environ une heure de marche, on arrive sur la splendide plage de Jeribucaçu.

Infos pratiques. Le parcours se déroule sur environ 5 km au milieu de la forêt et d'un vaste marais. Il vaut mieux le faire avec un guide expérimenté. Sur la plage quelques kiosques proposent du poisson grillé. Sinon, apportez votre casse-croûte. Départ à 9h et retour vers 16h. Apportez des chaussures fermées.

ROTA TRANSPORTES

Rua do Campo

© +55 73 3251 2181

www.rotatransportes.com.br

Ilhéus–Itacaré : 20 R$. Porto Seguro–Itacaré : 100 R$.

La compagnie Rota Transportes est une compagnie de bus qui dessert Itacaré. Cette ligne de bus assure les liaisons entre Itacaré et Ilheus. Les deux villes sont mutuellement trés bien desservies. En effet, quelle que soit la saison touristique, il y a des départs presque toutes les heures entre 6h et 20h, dans les deux directions. Il faut compter environ 2 heures de voyage. Ils opèrent également sur la ligne Itacaré–Porto Seguro également (un bus par jour dans les deux sens qui part à d'Itacaré à 13h20 et arrive à 21h20, et part à 10h de Porto Seguro)

ALBERGUE NATURA €

Rua Araças, 70 © +55 73 9992 0764

alberguenatura.com

à partir de 100 R$ pour une chambre double. petit déjeuner non inclus mais comprend le prêt des bicyclettes.

Située à 15 minutes de marche du centre-ville (ou 2 minutes en moto-taxi à toute heure), cette auberge est un véritable havre de paix au cœur du Brésil authentique. Vous serez accueilli en français par Terry et Bruna, couple de voyageurs et surfeurs. Deux chambres sont proposées équipées de ventilateurs, un grand lit et une mezzanine avec deux lits simples. La vue sur le jardin est très agréable. L'auberge met à votre disposition une cuisine. Des cours de surf et de stand-up paddle sont également proposés. Une excellente adresse pour un séjour surf et fiesta.

CASARÃO VERDE HOSTEL €

Av. Castro Alves, s/n

© +55 73 3251 2037

À partir de 35 R$ en dortoir et 80 R$ en chambre double.

L'auberge de jeunesse Casarão Verde est à n'en pas douter l'une des plus confortables d'Itacaré. Située face à la mer, à quelques pas des activités de la rue principale, cette élégante demeure coloniale centenaire a été totalement rénovée par ses propriétaires afin d'offrir à sa clientèle de voyageurs du confort à tout petit prix. Elle dispose de 6 chambres collectives ainsi que 3 chambres doubles et met à disposition de nombreux services : une cuisine équipée, internet, le wifi et le petit déjeuner avec vue sur la mer… Adresse vivement recommandée.

HOTEL VILLA ECOPORAN €€

Avenida Ecoporan, s/n
✆ +55 73 3251 2470
www.villaecoporan.com.br
A partir de 300 R$ la chambre double.

L'une des meilleures adresses d'Itacare. Accueil chaleureux, dans une infrastructure de très bon standing par une équipe de professionnels attentive au bien-être de leurs hôtes. Disposés harmonieusement dans un grand jardin tropical joliment paysagé, les 67 confortables logements de l'hôtel Ecoporan sont répartis en 4 catégories : casas, studio, luxe, standard. L'établissement fait la part belle aux activités et à la détente. Également un restaurant qui ravira les gourmets. Ambiance pleine de charme et de confort pour cette superbe adresse. Recommandé.

POUSADA ABARÉ €€

Rua A, Quadra G
✆ +55 73 3251 2777
www.pousadaabare.com.br
À partir de 280 R$ la chambre double.

Au calme, la pousada Abaré jouit d'un excellent emplacement à moins de 200 mètres des activités du centre ville d'Itacaré (Pituba) et de la plage de Concha. Chaleureux accueil, dans une infrastructure de qualité, par des propriétaires soucieux du bien-être de leurs clients. La pousada Abaré dispose de 14 confortables chambres. Tous les appartements, dotés d'équipements de bonne qualité, bénéficient d'une terrasse. Service attentionné et super petit déjeuner. Adresse très agréable d'excellent rapport qualité-prix dans l'un des meilleurs quartiers d'Itacaré.

POUSADA BAMBU €€

Praia da Concha
✆ +55 73 3251 2436
www.pousadabambu.com.br
À partir de 200 R$ pour une chambre double. Petite piscine.

A deux pas de la praia da Concha, la Pousada Bambu est une excellente option pour ceux qui aiment la nature et la simplicité, sans se passer du confort. Les 10 chambres et chalets se trouvent au milieu d'un beau jardin tropical rempli de fleurs et de plantes locales où les oiseaux et les petits singes adorent se balader. Les chambres sont bien équipées avec minibar, télévision et air conditionné et ventilateur. Le hamac à l'entrée est un plus très apprécié en fin de journée. Savoureux petit déjeuner avec des spécialités de la maison. Un superbe endroit.

POUSADA ILHA VERDE €€

234 Rua Ataide Setubal
✆ +55 73 3251 2056
www.ilhaverde.com.br
À partir de 190 R$ pour deux personnes en basse saison ; 380 R$ en haute saison, petit déjeuner inclus.

Véritable hâvre de paix à deux pas des festivités. La *pousada* Ilha Verde porte bien son nom. Vous y serez accueillis en français par une adorable équipe soudée depuis plus de 20 ans. Le jardin possède des espaces détente hors du commun, comme son Mango Deck construit au milieu d'un manguier. On peut y pratiquer le yoga au bord de la piscine. Un cours de cuisine bahianaise est proposé pour les amateurs de nouvelles saveurs. Le petit déjeuner est un véritable soleil à lui tout seul avec ses pâtisseries maisons aux produits Bio. Coup de cœur zen de la destination.

POUSADA SHANGRI-LA €€

Praia da Tiririca
✆ +55 73 3251 2571
www.pousadashangrila.net
À partir de 405 R$ pour une suite double.

Une localisation exceptionnelle ! En front de mer sur l'une des plus belles plages (Tiririca) d'Itacare, et à moins de 10 min à pied du centre-ville, on est séduit par le charme et la tranquillité de la pousada Shangri-La. Ce petit paradis est construit en parfaite harmonie avec la nature environnante. La pousada propose 7 confortables suites. Soigneusement décorées et bénéficiant toutes d'une vue privilégiée sur la mer, les chambres disposent de tous les équipements nécessaires à la qualité du séjour... Un véritable havre de paix... Coup de cœur garanti !

POUSADA VILLA BELLA €€

Rua 6 s/n
✆ +55 73 3251 2985
www.pousadavillabella.com.br
À partir de 250 R$ la double.

Se fondant gracieusement dans le paysage environnant, l'élégante pousada Villa Bella ne laisse pas indifférent. De style architectural très réussi, la situation de la pousada, calme et à proximité du centre ville, en fera un point de départ idéal les belles plages de Concha, Rezende, Tiririca, Costa et Ribeira. L'établissement propose 12 amples appartements décorés avec beaucoup de goût offrant une vue sur le jardin et la piscine. Un super petit déjeuner est servi sur la terrasse, face à un jardin paysager. Une pousada à découvrir !

TXAI RESORT €€€

Praia de Itacarezinho
✆ +55 73 2101 5000
www.txairesort.com.br
Chambres doubles à partir de 1 690 R$ et bungalows à partir de 2 000 R$.

En bord de mer, 10 chambres et 16 bungalows sur pilotis avec terrasse, dans une *fazenda* de 100 ha. Piscine face à la mer, restaurant, excursions, massages, saunas, yoga… Le Txai développe aussi des programmes sociaux, éco-responsables et de préservation de la biodiversité. Ces projets sont développés avec les communautés locales de façon à mieux utiliser les ressources naturelles et à avoir d'autres sources de revenus. De plus, l'hôtel lui-même a été construit dans une petite partie de cet immense terrain de végétation vierge et est géré de façon durable.

VILA PEROLA NEGRA €€

Avenida 1
✆ +55 73 8868 0068
www.vilaperolanegra.com.br
Compter à partir de 790 R$ pour 4 personnes.

L'établissement Vila Perola Negra propose un ensemble de 8 maisons indépendantes, spacieuses et modernes. Chaque villa possède entre 3 et 4 chambres comprenant toutes : air conditionné, TV par câble, cuisine équipée, coffre de sécurité et wi-fi pour une capacité de 12 personnes. L'emplacement de cet établissement est idéal car il reste au calme malgré sa proximité avec la rue principale et les plages (environ 5 minutes à pied). piscine, un bain à remous, un espace détente, un four à pizza et un barbecue. Idéal pour un séjour en famille ou entre amis.

CASA DE TAIPA €

Rua Pedro Longo, 345
✆ +55 73 3251 3510
Ouvert de midi jusqu'à 22h. Fermé le dimanche (hors saison). Compter à partir de 30 R$/personne.

Comme son nom l'indique, ce petit restaurant est fait selon les méthodes traditionnelles du taipa. Les murs sont en effet faits en torchis et en brique locale. On comprend d'emblée qu'ici, ce qui prime, c'est bien la vérité des plats traditonnels et non les fioritures des décorums. La casa de Taipa propose une cuisine d'un très bon rapport qualité-prix pour ce buffet où on mange sans restrictions. Au choix salades, beignets et plats typiques de Bahia. Le buffet est très varié, les plats goûteux et bien préparés. L'accueil est sympathique.

BECO DAS FLORES €€

Rua Lodônio Almeida, 108
✆ +55 73 3251 3121
Ouvert tous les soirs. Compter à partir de 40 R$/personne.

Le Beco da Flores est une des pizzerias les plus réputées et agréables du village. La décoration est à la hauteur du charme d'Itacaré. On y trouverait quelques airs de chez « Marius » à Copacabana. Des sculptures modernes en fer contrastent avantageusement avec les vieux murs en brique et on semble entrer dans un lieu à l'ambiance à la fois psychédélique et éclectique, avec ses tableaux d'art contemporain et ses lustres un peu kitsch. Les plats sont esthétiques, les pizzas sont bonnes. Le service peut être un peu lent. Un lieu à connaître, au moins pour les yeux.

FAVELA

Rua Pedro Longo, 281
En haute saison tous les jours à partir de 18h.

Le « Favela » est un Bar et un café fréquenté par les surfeurs du village. Le drapeau de Che Guevara flotte fièrement en ce lieu qui se veut être un espace alternatif. Quand on rentre, les paniers de fruits dédiés aux cocktails ou aux jus de fruits pour les plus sérieux sont impressionnants. Toutes sortes de caipirinhas et autres cocktails sont proposées aux hôtes, dans une ambiance très *roots, avec* beaucoup de musique. Des soirées electro ou des groupes viennent jouer *ao vivo* en fin de semaine. Un bar au look authentique, comme on les aime.

EQUILIBRIO SURF BOARDS

Pedro Longo, 385 ✆ +55 73 3251 3123
www.equilibriosurf.com.br
Locations de planche de surf à 40-50 R$ par jour. Cours à partir de 170 R$/journée, inclus transport, équipements.

Ce magasin entièrement dédicacé au surf, on l'aura compris. On est très bien accueilli par Ana Maria (en anglais si besoin) qui, en plus de louer les planches, explique bien où aller et donne toutes les astuces du coin. C'est également une école de surf où on peut prendre des cours à la journée. De nombreux surfers brésiliens connaissent cette boutique qui a pignon sur rue. Pour ceux qui veulent et/ou qui peuvent ramener une ou des planches de surf en France ou ailleurs, le magasin propose de magnifiques séries et des planches personnalisées, sur commande.

ILHÉUS ★

Fondée par les Portugais en 1534, cette ville de 225 000 habitants est connue comme a Princesin ha do Sul (la Petite Princesse du Sud). Ce titre fait écho à la splendeur architecturale de la ville, acquise aux heures de gloire, lorsque Ilhéus était la capitale mondiale du cacao, à partir des années 1880. En peu de temps, Ilhéus en devint le centre mondial de production. Un titre que la ville a perdu depuis longtemps. Malgré cela, on peut toujours observer d'immenses plantations dans les environs de la ville (le littoral autour d'Ilhéus est surnommé la côte du Cacao). Pendant les fêtes de fin janvier, percussions et capoeira s'emparent de la ville.

BATACLAN ★

Avenida 2 de julho, 77
✆ +55 73 3633 4701
www.bataclan.com.br
Restaurant du lundi au samedi de 10h à 17h. Visites et concerts de musique live les soirs.

Comme Paris, la capitale du cacao a son « Bataclan ». On ne sait pas si Jorge Amado fait également référence à cette pièce d'Offenbach, mais ce Bataclan est un important élément de son roman *Gabriela*. Cette ancienne maison fréquentée par les colonels (grands propriétaires terriens dans le Nordeste) en quête d'amour a été restaurée dans les années 1990 et aujourd'hui abrite un centre culturel et un restaurant. Certains soirs, l'ambiance « cabaret » des années folles du cacao semble ressurgir et on sait plus si on est à Ilheus ou à Paris.

CAPELA DE NOSSA SENHORA DA PIEDADE ✝ ★★

Rua Madre Thaís, 197

Fondé en 1916 par Mère Thais du Sacré-Coeur Paillart, l'institut éducatif de Nossa Senhora da Piedade est géré par l'União Romana da Ordem de Santa Ursula et est toujours en activité. La chapelle, terminée en 1928, est un bel exemple d'architecture néo-gothique. On pourra notamment admirer à l'intérieur du temple une image de Nossa Senhora da Piedade installée sur l'autel, ainsi que des vitraux finement travaillés dépeignant les « Sept Douleurs de Marie ».

CASA DE CULTURA JORGE AMADO ★★

Rua Jorge Amado, 21
✆ +55 54 2621 5755
Ouverte du lundi au vendredi de 9h à 13h et de 14h à 18h, samedi de 9h à 13h. 10 R$ l'entrée.

Jorge Amado est sans doute le fils le plus connu de l'ancienne capitale du cacao. Construite au début des années 1920 et habitée jadis par la famille de l'écrivain (il y écrivit son premier roman), cette belle maison de couleur jaune a été transformée en centre culturel. Dans une pièce du rez-de-chaussée, des objets, meubles, accessoires ayant appartenu à l'écrivain et à sa famille. Une statue grandeur nature de l'écrivain a récemment été installée devant l'édifice.

ECOPARQUE DE UNA ★

✆ +55 73 3633 1121
De 8h à 18h. Entrée payante. Pour l'excursion contacter une agence à Ilhéus.

À 45 km au sud d'Ilhéus, la Réserve biologique de Una est une unité de conservation et de protection de l'environnement, elle est l'une des réserves de la Costa do Descobrimento, inscrites au patrimoine mondial par l'UNESCO. Attenante à la réserve, l'Ecoparque de Una est une structure privée, dont l'attraction principale est un parcours d'accrobranches qui permet de découvrir, à 30 m de hauteur, les nombreuses espèces d'arbres (456 par hectare). On aura peut-être la chance d'observer certains animaux pour lesquels la réserve constitue l'un des derniers refuges. Notamment le *mico leão de cara dourada*, le tamarin lion doré (Leontopithecus chrysomelas), un magnifique petit singe à la fourrure fauve et à la crinière dorée ou encore le *macaco prego-de-peito-amarelo*, un singe noir et jaune (Cebus xanthosternos).

Pour s'y rendre : en excursion d'une journée, transport aller-retour, goûter et entrée sur site compris. Vous pouvez aussi vous rendre seuls sur place. Prendre un bus vers Canavieiras depuis le Terminal Urbano, toutes les 2 heures, et descendre à l'entrée du parc. Il faudra réserver à l'avance votre visite.

Pour les passionnés de nature et d'environnement ou les voyageurs à l'esprit curieux, la visite de ces lieux qui apparaissent (encore) comme des sanctuaires de la biodiversité, particulièrement attaquée au Brésil par les lobbies ruralistes, apparaît comme la possibilité de voir « in situ » des espèces très rares et ainsi de participer à leur sauvegarde. En apprenant de cette nature, on apprend à la protéger.

IGREJA MATRIZ DE SÃO JORGE DOS ILHEUS ✝ ★

Praça Rui Barbosa

Ouverte tous les jours sauf le lundi, de 9h à 17h.

Inaugurée en 1556, c'est l'église la plus ancienne de la ville. Pendant les capitaineries héréditaires, elle a été construite en honneur de Saint-Georges, le saint-patron de la ville,. Souvent présente et évoquée dans les oeuvres de Jorge Amado. c'est un bel exemple d'architecture coloniale «primitive» et une des monuments les plus emblématiques de la ville d'Ilheus. Elle abrite le Museu de Arte Sacra. On trouve quelques belles pièces de mobilier ancien.

LAGOA ENCANTADA ★

Si vous tentez d'y aller seul en taxi essayez de négocier un tarif aller-retour.

À 25 km au nord-ouest d'Ilhéus, la Lagoa Encantada, la « lagune enchantée », est un site naturel protégé au coeur d'une forêt native où l'on pourra observer des animaux sauvages (singes, coatis, tatous, capivaras…). La vue est impressionnante - elle s'étend sur 6,4 km². Elle est accessible par le biais d'agences de tourisme locales qui proposent un circuit comprenant le transfert, le bateau et les repas. Le petit village de Lagoa propose également des excursions en bateau et en canoë. on peut louer un bateau pour arriver aux deux chutes d'eau de fin de lagune.

RIO DO ENGENHO ★

Départ de la Praça Maramata, dans le quartier Pontal, d'où partent les bateaux.

Le terme *engenho* désigne un « moulin de canne à sucre » artisanal produisant du sucre, de la *rapadura* (confiserie très prisée au Brésil) ou de la cachaça. Le premier *engenho* de la Bahia fut construit, sur l'ordre de Mem de Sá, premier gouverneur de l'Etat, au bord du rio Santana, à 10 km au sud-ouest d'Ilhéus (le cours d'eau a par la suite été rebaptisé, Rio do Engenho). Près de l'*engenho*, les colons édifièrent en 1537 une chapelle, considérée comme la troisième plus ancienne du Brésil. On peut visiter l'*engenho* (modernisé) et la chapelle… quand elle est ouverte.

ORBITA TURISMO E EXPEDIÇÕES

Rua Marquês de Paranaguá, 270

✆ +55 73 3234 3250

www.orbitaexpedicoes.com.br

Prix sur demande selon l'itinéraire et le nombre de personnes. Pour la réserve d'Una, compter 100 R$/ p tout compris).

Depuis plus de 15 ans, Orbita est une agence qui réalise de nombreuses excursions culturelles ou sportives à Ilhéus et dans ses environs. L'agence Orbita Turismo est une des agences de tourisme qui propose une visite à la réserve de biosphère d'Una pour une centaine de Réais par personne. Rafting, visite de la lagoa encantada, une intéressante expérience « cacao et chocolat », tourisme de plage et tourisme culturel. Une offre diversifiée et sérieuse.

HOTEL ILHÉUS €

Rua Eustáquio Bastos, 144.

✆ +55 73 3084 4733

www.ilheushotel.com.br

A partir de 100 R$ la double avec ventilateur et 120-200 R$ avec climatisation, en fonction de la saison.

Difficile de rater cet hôtel, situé à un emplacement stratégique dans la ville. L'hôtel Ilheus vous offre une vue vers la baie et une autre sur le centre historique. Les chambres sont plutôt brutes de décoffrage, mais c'est propre et bien tenu. Les prix sont très compétitifs pour qui doit passer une ou deux nuits à Ilheus. L'intérêt est peut-être également de partager un peu de l'histoire de l'ancienne capitale du cacao. L'Ilheus Hotel a été construit par le Coronel Misael Tavares pour offrir à la ville un établissement hôtelier digne de ce nom.

BAR VESÚVIO €€

190 Praça Dom Eduardo, 190

✆ +55 73 36342164

barvesuvio.com

tous les jours de 10h jusqu'au dernier client. musique live à partir de 18h certains soirs. Buffet 35 R$/p midi et soir

Fondé en 1910, ce café restaurant a conservé son style Belle Epoque. Sur ses tables patinées se réunissaient les riches *fazendeiros* et les intellectuels d'Ilhéus. Jorge Amado en fit le repaire de Gabriela et Nacib, les personnages de son roman *Gabriela*. Sa terrasse ombragée ouverte sur la place (et faisant face à la cathédrale) en fait un endroit stratégique pour déguster une bière au cours d'une visite à pied de la ville. Cuisine simple et abondante, à toute heure. Impossible de partir sans se prendre en photo, assis en terrasse avec la statue de Jorge Amado !

CABANA DA EMPADA €€

Rodovia Ilhéus-Itacaré, km 28

✆ +55 73 32315444

Ouvert tous les jours de 7h à 18h, restaurant de 11h à 17h. Empadas à partir de 7 R$, restauration à midi.

Certaines spécialités, comme les empadas, font partie du patrimoine culinaire du pays. Les *empadas* (spécialité brésilienne) de la Cabana da Empada sont réputées. Elles sont savoureuses et inventives. si vous n'avez jamais goûté à une *empada,* alors vous ne regretterez pas cette petite pause sur la route. Ces petits gâteaux salés à la base, sont un délice. Crabe, crevettes, fromage, *carne seca* sont au menu. Côté sucré (beaucoup moins usuel) : *doce de leite*, *cupuaçu*, chocolat, goyave… L'endroit possède aussi un côté restaurant (plats bahianais).

OLIVENÇA ★

Olivença est une petite ville située à 16 kilomètres d'Ilheus, l'ancienne capitale du Cacao. Pour tout dire, peu de touristes s'y rendent. Olivença intéressera particulièrement les surfeurs, avec 3 belles plages aux vagues respectables. Back Door (2 km au nord), Batuba (1 km au nord) et Milagres (au sud). On peut s'y arrêter n revenant d'Arrial d'Ajuda, pour récupérer des nuits harassantes et festives du Saint-Tropez (ou de l'Ibiza) brésilien. Cela tombe bien, l'autre principal atout d'Olivença est le balneario de Tororomba. Dans ce centre très populaire, les Brésiliens sont très nombreux à se prélasser dans une des ses trois piscines.

BALNEARIO DE TOROROMBA ★

Estância Hidromineral de Olivença

Du mardi au dimanche de 9h à 18h. 5 R$.

Pour ceux qui veulent prendre les eaux, le balneario de Tororomba, à 15 kilomètres d'Ilheus, permet de se délasser quelques heures dans un cadre agréable. Le club de loisirs a été amélioré après de longs travaux fin 2013 et son infrastructure a été ainsi améliorée. Le local est simple et populaire. Il possède une piscine et un rideau d'eau artificiel (idéal pour enfants). La réputation du club vient de ses eaux thermales. On dit que sa composition riche en fer, en iode, en magnésium et en bicarbonate possède des propriétés médicinales.

PORTO SEGURO ★★

Porto Seguro est le berceau du Brésil. C'est là que Pedro Alvares Cabral et l'expédition portugaise qu'il commande accostent le 22 avril 1500. Parti d'Europe pour gagner les Indes, Cabral découvre, à défaut d'une nouvelle terre, un nouveau continent, qui deviendra le Brésil. Une colonne de marbre fut érigée trois ans plus tard à l'endroit qui allait devenir la ville haute de Porto Seguro, pour immortaliser l'événement. Un fort et une église furent construits, les Indiens Tupiniquin, qui peuplaient la région, furent réduits à l'esclavage et convertis tandis que les Indiens Pataros – dont on peut apercevoir des descendants plus au sud – résistèrent à l'envahisseur.

500 ans plus tard, Porto Seguro est l'une des principales destinations touristiques du Brésil. Les touristes *cariocas* et *paulistanos* y accourent, pas tant pour l'héritage culturel et historique, que pour la beauté des plages et la folle vie nocturne. Le centre-ville est agréable. Il consiste en une succession de petites rues pavées bordées de petites maisons de style colonial, le plus souvent transformées en hôtels, restaurants, boutiques de souvenir ou agences de voyage. Le soir, ces mêmes rues sont noires de monde. La soirée vient de commencer et la nuit sera longue. Comme de coutume, la cachaça coulera à flot et les corps se déhancheront sur les rythmes endiablés de MPB. Dans la journée, la ville se vide, repos obligatoire sur la plage, qui s'étend sur des dizaines de kilomètres au nord de la ville.

CIDADE ALTA - CIDADE HISTÓRICA ★★

Les vestiges des premiers temps de la colonisation sont réunis au sommet de la colline qui domine l'agglomération, ce que l'on appelle la ville haute. On accède à la vieille ville en taxi ou par les escaliers qui la relient au centre (éviter de s'y attaquer aux heures chaudes de la journée, c'est harassant, même si le point de vue depuis le sommet vaut l'effort). Sur et autour de la grande esplanade délimitée par des fortifications, on pourra visiter les principaux monuments.

IGREJA DA MISERICORDIA ✝ ★

Cidade Alta

Du mardi au dimanche de 9h à 17h. Compter 5 R$ pour visiter le musée.

L'Eglise de la Miséricorde a été la première église construite au Brésil, en 1526. Reconstruite à partir de 1776 sur l'emplacement de la première chapelle, l'église actuelle de la Miséricorde abrite le musée d'art sacré. Le fronton présente des volutes et un médaillon central de style baroque. L'intérieur de l'église est simple, à l'image de son aspect extérieur. La chaire appartenait à l'ancienne église, mais seuls certains des frontispices et des colonnes des autels ont été conservés. Les trois retables ont été transformés dans le style rococo.

MATRIZ DE NOSSA SENHORA DA PENA ✝ ★

Cidade Alta

Ouverte tous les jours de 7h à 20h.

Cette église, construite à partir de 1730, était déjà en ruine avant d'être achevée. C'est la première église dédiée à Notre-Dame da Pena. Les travaux reprirent en 1733, sur les ruines de l'ancienne église du village (datant du XVIe siècle). Elle a été remise en chantier et terminée en 1773 lorsque la Couronne portugaise a incorporé la capitainerie de Porto Seguro. C'est la seule église de Bahia à posséder deux clochers. Elle conserve encore l'ancienne chaire en bois du XVIIIe siècle.

MARCO DO DESCOBRIMENTO ★

Cidade Alta

Porto Seguro est connu pour être le lieu de naissance de la lambada, mais surtout pour être le lieu où les découvreurs portugais ont débarqué au brésil. La stèle commémorative de l'exploit de Pedro Álvares Cabral – navigateur portugais considéré comme le « découvreur du Brésil » qui mouilla ici le 23 avril 1500, un mois et demi après avoir quitté Lisbonne, poursuivant l'œuvre de Vasco de Gama – est un peu usée et presque illisible. On l'a protégée, des intempéries et des visiteurs, en l'enfermant dans une cage de verre entourée de barrières.

MUSEU DO DESCOBRIMENTO - CASA DE CÂMARA ★

✆ +55 73 3288 5182

Du lundi au samedi de 8h30 à midi et de 13h30 à 17h. 6 R$.

Achevée en 1772, comme la « Casa Da Camara » de Mariana, c'était à la fois la mairie, et une prison (en témoignent les énormes barreaux aux fenêtres des cellules, au rez-de-chaussée), la première du Brésil. Le premier étage est occupé par le Museu do Descobrimento, assez sommaire, mais qui aide à reconstruire la chronologie historique de la découverte de ce morceau de continent et avoir un aperçu de la vie dans la région avant l'arrivée des Portugais.

Praia Taperapuã.

PRAIA CURUIPE ET PRAIA ITACIMIRIM ★★

À respectivement 3 et 4 km au nord du centre, Porto Seguro propose deux plages tous publics. Itacimirim est une plage assez longue, continuation de la plage de Curuípe. Elles possèdent une bande de sable sombre remplie de stands culinaires en haute saison. Au son de différents rythmes musicaux, on y sert des plats typiques de la région. En basse saison, ce sont des plages très calmes. À marée basse, les piscines naturelles attirent les baigneurs.

PRAIA DO CRUZEIRO ET PRAIA DO RIO DA VILA ★

Ce sont les plages les plus proches du centre. Pas les plus belles, on continuera vers le nord pour trouver son bonheur. Praia do Cruzeiro est une plage tranquille. Elle est très « dramatique », comme disent les Anglo-Saxons, pour les photographes et se prête bien aux baignades des enfants. La praia do Rio da Vila la continue. Pour ceux qui aiment l'histoire, on y trouve à proximité le Mémorial de l'Epopeia do Descobrimento. La visite est guidée par les Indiens Pataxó eux-mêmes.

PRAIA MUNDAI ★★

A 2 km plus au nord d'Itacimirim, Mundai est une plage plutôt tranquille hors saison et qui convient bien aux familles. Cependant, avec la présence de nombreuses « barracas », les fins de semaine et les jours fériés peuvent drainer une foule plus importante. Les nombreux cocotiers procurent une ombre appréciable lors des grosses chaleurs et rendent le paysage très photogénique. Les eaux sont claires et assez propres et tout à fait aptes à la baignade. Les surfeurs sont peu nombreux.... car l'onde y est calme, mais cela convient par contre très bien aux enfants.

PRAIA TAPERAPUÃ ★

A 1 km de Mundai, c'est la plage la plus fréquentée et animée de Porto Seguro (surtout la nuit). En effet, de nombreux hôtels et de nombreuses « barracas », comme les très populaires « Axê Moi », « Barramares » et « Tôa Tôa » essaiment les 7 km de longueur de la plage. La mer prend ici une belle couleur verte et bleue et se prête à la baignade car elle est calme. On peut plonger avec masque et tuba dans ces eaux. Bon, qui dit foule au Brésil dit musique assez forte, groupes musicaux qui se produisent devant les « barracas » et lambaerobica.

COCONUT EXPERIENCE

Avenida Beira Mar, 39

✆ 73 3268 2445

https://www.coconutexperience.com.br/

Sur devis et contact sur le site.

L'agence Coconut Experience propose des tours de toutes natures à Porto Seguro et dans tous les villages de la «Costa do descobrimento» (comme Arraial d'Ajuda, Santa Cruz Cabralia, Santo André et Trancoso), cette riche région bahianaise d'un point de vue historique et touristique. Tours en bateau, en vélo, à cheval des plages et des spots touristiques...les possibilités offertes sont variées et sont conçues pour s'adapter à tous les profils de touristes et de tourismes. Un tourismes écologique et la découverte des tribus amérindiennes sont également proposés

RECIFE DE FORA OU COROA VERMEL HA ★★★

Compter 160 R$ pour Recife de Fora, 80 R$ pour Coroa Vermelha.

Vers Recife de Fora (en face de Taperapuã) ou Coroa Vermel ha (à 16 km au nord de Porto Seguro), on part pour la journée découvrir les piscines naturelles et leur faune multicolore.

▶ **Attention,** il existe des embarcations de toutes tailles. En saison haute, on pourra se retrouver sur un ferry en compagnie de près d'une centaine de personnes bruyantes. Si on recherche une ambiance plus calme ou familiale, privilégier les petits bateaux (souvent plus chers), voir négocier une sortie privée.

VIAÇÃO AGUIA BRANCA

Rodoviária ✆ +55 73 3288 1019
www.aguiabranca.com.br
Compagnie de bus. Porto Seguro–Bom Despacho : compter 156 R$.

La compagnie de transport Viaçao Aguia Branca assure des liaisons à partir de Porto Seguro vers de nombreuses destinations de l'Etat de Bahia ou d'autres Etats brésiliens. Comme pour les autres compagnies de transport en commun, la situation géographique de Porto Seguro rend toute liaison avec les métropoles brésiliennes longues. Plusieurs lignes au départ de Porto Seguro.

- **Bom Despacho** (ferry pour Salvador) : départ à 18h20 (à vérifier à l'avance). Compter 10 heures de voyage.
- **On peut également aller à Camamu** (7 heures de voyages),

QUINTA DO SOL PRAIA HOTEL €€

Avenida Beira Mar, 1694
✆ +55 73 3288 8500
A partir de 187 R$ la chambre double.

L'ancien hôtel «Pousada da Bica» propose sous son nouveau nom 20 chambres bien équipées (accès Internet wi-fi) avec balcon et vue sur la mer pour certaines d'entre elles. Avec des infrastructures récemment rénovées, et des services de qualité, l'hôtel Quinta do Sol Praia est une bonne option d'hébergement. L'hôtel offre une piscine extérieure, un grand espace de loisirs..Bar et restaurant sur place. La *pousada* possèe une *cabana de praia*, restaurant. Très bon rapport qualité-prix.

HOTEL MUNDAI €

Avenida Beira Mar, km 4
✆ +55 73 3679 2287
www.campingmundai.com.br
Chambres doubles à partir de 100 R$. Mobil-homes à partir de 70 R$

L'hotel camping Mundai est à la fois un agréable camping et une belle pousada. Le Camping s'étend sur 200 000 m^2 de terrain, avec des locations de mobil-homes. Salle TV, terrain de foot, piscine, salles de bains neuves, snack-bar. On y trouve également un, restaurant, des emplacements pour le stationnement, un terrain de volley, des salles de jeux… Le Mundai propose des chambres privées, agréables, simples et bien tenues qui peuvent accueillir entre 2 et 6 personnes. Elles sont toutes bien équipées. Le cadre est soigné, à proximité de la plage.

PORTO SEGURO PRAIA €€€

Avenida Beira-Mar, 1500
✆ +55 73 3288 9393
www.pspresort.com.br
A partir de 500 R$. Formule tout inclus.

On sort des petites pousadas intimes pour intégrer le monde du tourisme de masse. Le Porto Seguro Praia Resort est un resort de bord de mer de près de 150 chambres, toutes avec air conditionné, coffre, wi-fi, etc, au milieu de la nature et dans un emplacement privilégié sur la plage de Curuípe. Le complexe possède l'un des plus grands parcs d'aventure du pays avec un kiosque sur la plage (ouvert de 9h à 18) et un bar (de 9h à 21h) et un (le restaurant Cabral 1500). Aire de jeux pour enfants, sauna, piscine, toboggans aquatiques.

PORTO GERAES PRAIA €€

Rua dos Hibiscos, 260
✆ +55 73 3679 1044
www.portogeraes.com.br
À partir de 162 R$ la chambre double en basse saison.

Depuis plus de 20 ans, l'hôtel Porto Geraes Praia, offre un service de qualité. Soucieux de l'environnement, l'hôtel est autonome en électricité et produit toute l'énergie consommée dans l'hôtel, grâce à ses panneaux photo-voltaïques. Il offre près de 22 appartements spacieux, qui peuvent accueillir entre 2 et 4 personnes, avec air conditionné, bar, piscine, sauna, jeux pour enfants, à 100 mètres de la plage. On apprécie la tranquillité des lieux, la qualité des services et l'environnement toujours agréables. L'agréable restaurant de l'hôtel est ouvert à tous.

CABANA MALIBU €€

Avenida Beira Mar, 5004
✆ +55 73 36791224
Ouvert tous les jours de 9h à 17h. Plats de poisson et fruits de mer. Compter à partir de 50 R$/ personne.

La cabana Malibu est une «Barraca» de plage avec une infrastructure agréable et un bon restaurant, située sur la page très festive deTapeрapuan. Elle est plébiscitée par les locaux et les touristes. L'ambiance est à la fois professionnelle et familiale. Les plats sont très bien préparés, honorant les produits locaux et/ou les fruits de mer. Les cockails, que l'on saura consommer avec modération, sont réputés dans toute la région. On les apprécie sur les transats ou sur les tables jaunes bien alignées sur la plage, auréolées de leur parasols..

BAHIA

JAMAICA BEACH €€

Avenida Beira Mar, 4005

✆ +55 73 3679 3129

Barraca de praia ouverte durant la journée (8h-19h environ). Petiscos à partir de 25 R$, plats à partir de 60 R$.

Les «barracas de praia» sont indissociables des journées et des nuits de Porto Seguro. Le Jamaica Beach est une des plus réputées. C'est une *barraca* de plage différente des autres, fruit du travail du spécialiste en cocktails Smokey Joe Lowe et de la chef de cuisine portugaise Maria Henriques. Cocktails, plats portugais et jamaïcains sont ainsi à la carte. Ils ont également apporté beaucoup de soin à la décoration : des objets d'art sont exposés un peu partout. Côté musique, pas d'axé, mais beaucoup de reggae, salsa et merengue.

RECANTO DO SOSSEGO €€

BR 367, km 76

✆ +55 73 9923 2630

www.recantodosossego.com

Ouvert tous les jours de 8h30 à 16h30. Compter à partir de 50 R$ les plats.

Depuis plus de 15 ans, sous les ordres du chef Micky, le Recanto do Sossego est une bonne table de Porto Seguro, connu aussi sous le nom de « Barraca de praia Recanto do Sossego », d'inspiration italienne et brésilienne. On peut en effet aussi bien manger sur la plage que sous l'agréable véranda du restaurant. Le Recanto do Sossego propose une cuisine internationale variée et de qualité au bord de la mer, sur la superbe plage de Coroa Vermelha. Spaghettis aux fruits de mer, le badejo (poisson) à la sauce maracujà, la salade de la mer, les pizzas. A connaître.

PASSARELA DO DESCOBRIMENTO (ALCOOL)

Avenida Getúlio Vargas, 85

La passarela do Descobrimento, connue localement sous le nom de Passarela do Alcool est un point de rencontre incontournable. En journée, c'est un véritable shopping à ciel ouvert. Vous y trouverez à peu près tout : restaurants de plats régionaux, cafés et bars, mais aussi des boutiques de vêtements ou de souvenirs, des magasins d'artisanat accompagnés de stands de « batidas » à la tombée de la nuit. C'est en fait un lieu de rassemblement « before night ».

RESERVA INDÍGENA DA JAQUEIRA ★

Occupée dans le passé par les Indiens Pataxó, qui considèrent l'endroit comme sacré, la réserve a aujourd'hui pour but l'affirmation et la valorisation de la culture Pataxó. Elle propose d'oeuvrer dans les secteurs de l'éducation environnementale, l'écotourisme (de nombreux sentiers balisés parcourent la forêt), la développement de l'histoire et de la culture ancestrale.

On pourra admirer des costumes traditionnels, assister à des démonstrations pour touristes et à des conférences.

Depuis Porto Seguro, prendre un bus vers le nord (direction Santa Cruz Cabralia) jusqu'à l'entrée de la réserve (à 10 km au nord de Porto Seguro). En taxi, tarifs à négocier.

ARRAIAL D'AJUDA ★★

Si à Porto Seguro l'ambiance est plutôt familiale, Arraial, à quelques kilomètres seulement de là, est devenu un village à la mode, plus jeune et branché. En l'espace de quelques années, des hordes de touristes en quête d'exotisme ont transformé ce qui n'était qu'un petit village de pêcheurs en une impressionnante succession de pousadas, de restaurants et de bars sur la petite colline qui abrite le village. Les rues sont surpeuplées, encombrées de buggies de locations. Arraial d'Ajuda est une destination prisée par tous les fêtards. La fête est un état d'esprit qui vous envahit dès votre arrivée. D'aucuns comparent Arraial à un Ibiza brésilien.

PRAIA DA LAGOA AZUL ★★

À 3,5 km du centre, Praia da Lagoa Azul est une plage très tranquille aux eaux claires et un peu agitées qui se trouve entre la plage de Pitinga et la plage de Taipe. Pour beaucoup de locaux, cette plage n'est pas une plage à part entière. Elle possède une petite «barraca» agréable, ouverte le week-end et en haute-saison et où les prix pratiqués restent corrects. Le nom de la plage vient en fait de sa proximité avec un lagon d'eau douce, derrière la falaise qui domine la plage et qui a aujourd'hui pratiquement disparu, réchauffement climatique aidant.

PRAIA DO PARRACHO ★★

À 1 km du centre, à gauche de la plage de Mucugê, la plage de Parracho (Praia do Parracho) est une plage de clubs. Un club célèbre porte d'ailleurs le nom de cette plage. L'été, toute la jeunesse de BH, Sampa et Salvador s'y retrouve. C'est là que résonnent les *luaus*. Elle est également protégée par une barrière de récif et se prête fort bien à la pratique des sports nautiques. On peut également y nager, que ce soit à marée haute ou à marée basse. La belle couleur bleue de l'eau et le sable blanc, semblables à ceux du Mucugê, méritent le détour.

PRAIA MUCUGÊ ★

La praia de Mucugê est la principale plage du village d'Arraial d'ajuda. En descendant la rue éponyme, vous atteignez la plage, qui est la plus proche du centre. Bordée d'une enfilade de *barracas* dans lesquelles on trouve crevettes, bière et musique à gogo, elle est noire de monde en été, on a presque du mal à étendre complètement sa serviette. Protégée par les récifs qui se trouvent au large, elle est calme et appréciée des familles. À marée basse, les récifs de la plage forment des piscines naturelles. La cabana Zafferano propose un cadre agréable.

PRAIA PITINGA ★★

À 2,5 km du centre, bordée de falaises de grès rouge et baignée d'eaux translucides, la plage de Pitinga est l'une des plus belles d'Arraial. Moins fréquentée que les autres, on y trouve quelques *barracas* pour se restaurer ou se rafraîchir. Elle est accessible à pied. La mer y a une coloration bleue intense et est calme. La vue est magnifique, car de Pitinga on peut voir les falaises, qui s'étendent jusqu'à Trancoso. Un bel endroit pour profiter du soleil, avec la brise de mer. Les personnes qui aiment marcher peuvent rejoindre la plage à pied depuis Mucugê.

PRAIA TAIPE ★★

À 4 km du centre, la continuation de la précédente dont elle est une copie parfaite. Pour se rendre aux plages, quelques combis empruntent la route qui sort du village vers le sud. Elle s'arrête à Parracho, il faut continuer à pied. La plage de Taípe est dans la commune d'Arraial d'Ajuda, mais elle est si proche de Trancoso qu'il est difficile de savoir où commence l'une et où finit l'autre. Taipe est marquée par de belles falaises aux nuances de rose, de rouge et d'ocre, hautes de près de cinquante mètres. Entouré de cocotiers, le lido de sable est long.

BALSA RIO BURANHEM

Praia dos Pataxos
✆ +55 73 3288 2516

Ouvert tous les jours 24h/24, 4 R$ par personne.

On doit prendre un ferry pour rallier Porto Seguro à Arraial d'Ajuda : En été les barques partent selon le mouvement, dès qu'elles sont pleines. Hors saison toutes les demi-heures. Le service peut être chaotique. Les ferrys sont quelquefois dépassés par la demande. La file d'attente est alors longue et la petite distance à parcourir semble interminable. On nous a signalé que les prix changeaient fréquemment et certains utilisateurs parlent de prix qui varient en fonction de l'humeur des personnels. Anticipez si vous avez une horaire rigide (bus à prendre...).

ARRAIAL D'AJUDA HOSTEL €

Rua do Campo, 94 ✆ +55 73 3575 1192
www.arraialdajudahostel.com.br

A partir de 66 R$ pour un lit en dortoir, à partir de 200 R$ pour une chambre double. Tarifs hors réveillon et carnaval.

Un bon compromis pour ceux qui disposent d'un petit budget, mais qui recherchent néanmoins un certain confort et ambiance agréable. L'hôtel se situe à proximité des bars, restaurants et plages environnants. Large choix d'habitations, des appartements collectifs à de confortables chambres doubles pouvant recevoir jusqu'à 6 personnes. Les 16 logements sont d'une propreté irréprochable et très bien équipés : air conditionné, minibar, véranda avec hamac Internet gratuit, un service de blanchisserie et une cuisine collective. Une ambiance jeune et conviviale.

POUSADA VILA DO BECO €

Beco dos Jegues, 173
✆ +55 73 3575 1230
www.viladobeco.com.br
A partir de 460 R$ pour deux personnes selon le type de chambre.

L'agréable pousada Vila do Beco propose de confortables chalets dispersés dans un joli jardin tropical, ainsi qu'un bar, une piscine avec belle vue sur la mer. Trois catégories de chambres sont proposées. Les moins chers (standard) possèdent un confort plus sommaire, sans isolation au niveau du plafond (on voit les tuiles directement) et elles sont équipées uniquement de frigo-bar et ventilateur. Pour la catégorie moyenne (luxe) télévision, frigo-bar et climatisation. Les chambres haut de gamme (spéciales) sont plus récentes et proches de la piscine.

AOS SINOS DOS ANJOS ART HOTEL €€

Rua do Ipê, 71 ✆ +55 73 3575 1176
www.aossinosdosanjos.com
À partir de 220 R$ la chambre standard pour deux personnes.

Voilà une belle adresse atypique et pleine de caractère, près de tout et loin du bruit ! Né de l'imagination d'une artiste italo-française, ce charmant Art hotel offre deux formules d'habitations à ses hôte.

- **L'Art Résidence,** avec ses 4 suites pour 4 à 5 personnes, son Mini Appart pour 4 locataires et sa Maison d'une capacité de 8 vacanciers..
- **L'Art Hôtel,** composé de 2 chalets et 9 suites réservées aux adultes car de nombreuses oeuvres d'art y sont exposées. petit déeuner inclus.

ENSEADA DOS CORAIS PRAIA HOTEL €€

Rua da Praia, 100
✆ +55 73 3575 2036
www.enseadadoscoraispraiahotel.com.br
A partir de 435 R$ pour une chambre double standard.

En front de mer, à moins de 5 minutes à pied du centre-ville, l'Enseada dos Corais Praia Hotel permet aux voyageurs de poser leurs bagages les pieds dans l'eau. L'infrastructure est moderne avec ses vastes appartements pouvant recevoir jusqu'à 6 personnes.... La décoration est particulièrement soignée et les habitations possèdent de belles terrasses. Face à la mer, une piscine, un terrain de volley et des canoës-kayaks complètent la gamme de services de cette élégante résidence.

CASA GRANDE DE SÃO VICENTE €€€

Alameda Gustavo Carneiro
✆ +55 73 3575 3249
www.casagrandesaovicente.com.br
Compter à partir de 450 R$ pour une chambre double.

L'une des plus belles *pousadas* d'Arraial d'Ajuda ! Nichée sur les hauteurs des falaises de Pitanga, cette élégante et luxueuse demeure de style coloniale bénéficie d'une vue panoramique extraordinaire sur l'océan. Réservation obligatoire, la Casa Grande de Sao Vicente ne dispose que de 6 appartements de grand standing et à la décoration soignée. Un merveilleux petit déjeuner, déjeuner sur commande. Une superbe piscine avec vue sur la met et organisation d'activités.

CASARÃO ALTO MUCUGE €€€

Estrada Alto Mucugé, 17 ✆ +55 73 8859 7248
www.casaraoaltomucuge.com
A partir de 470 R$.

La convivialité de la propriétaire Eloisa et de son équipe donneront l'impression de séjourner chez des amis. Située au calme, en haut d'une colline surplombant l'océan, la pousada bénéficie d'une situation privilégiée. Les 8 appartements sont répartis dans la maison principale et dans 4 vastes bungalows dont 3 avec vue imprenable sur la mer. Ils sont tous très grands et confortables et soigneusement décorés. L'établissement propose à ses hôtes des bains aromatiques dans un ofûro dans le jardin face à la mer. La pousada est une adresse originale et authentique.

POUSADA PITINGA €€€

Praia de Pitinga 1633
✆ +55 73 3575 1067
www.pousadapitinga.com.br
A partir de 796 R$ pour une chambre double.

Construite sur le front de mer, l'élégante pousada jouxte la belle plage de Pitinga. De grands appartements de luxe donnent sur le front de mer ou sur les jardins. Décorés avec goût et bien équipés, ils sont tous dotés d'une terrasse. De confortables chalets ont aussi été construits, en harmonie avec la nature environnante. Piscine avec vue sur la mer, kayaks, salle de jeux, billard, sauna (payant). Le restaurant de la *pousada*, spécialisé en fruits de mer, propose à la carte une cuisine bahianaise et internationale. Charme, tranquillité et super organisation.

A PORTIN HA €€

Rua do Campo, 1
✆ +55 73 3575 1289
www.portinha.com.br
Tous les jours de 12h à 22h. Compter à partir de 40 R$/personne.

Les restaurants « A portinha » sont désormais présents dans les trois villes touristiques du sud de la Bahia, Porto Seguro, Arraia d'ajuda et Trancoso. Le guide Abrasel a désigné ce groupe et son restaurant d'Arraial d'ajuda « meilleur kilo » du Brésil en 2018. Le restaurant revendique une cuisine familiale traditionnelle de Bahia. On trouve plus de 150 options proposées du mardi au dimanche, dont d'excellents desserts. Buffet varié au kilo et plats à la carte le soir. Le grand fourneau au feu de bois maintient un côté traditionnel. Musique certains soirs.

BECO DAS CORES

Estrada do Mucugê, 201
✆ +55 73 35751149
Ouvert du lundi au samedi de 18h à 22h.

Dans cette *beco das cores*, « ruelle des couleurs », des boutiques ouvertes tard le soir, mais aussi plusieurs bars qui proposent des concerts (du jeudi au samedi). Ambiance agréable sur les terrasses, un bon endroit pour débuter la soirée si elle promet d'être longue, comme c'est souvent le cas à Arraial d'Ajuda. Le Beco das Cores est un autre endroit intéressant pour ceux qui veulent écouter de la musique ao vivo et/ou visiter des galeries d'art. C'est un environnement très branché et décontracté, animé pour ceux qui veulent profiter de la nuit.

PARRACHO

Estrada Pitanga s/n
✆ +55 73 3575 3671
Prix selon la programmation.

On ne sait plus vraiment si c'est cette barraca qui a donné son nom à la plage éponyme ou le contraire. Ce qui est sûr, cependant, c'est que la réputation du « Parracho » a fait le tour du pays. Durant la journée, la barraca est un bar et un restaurant à l'ambiance familiale. Les plagistes pratiquent différentes activités sur le sable ou se délassent dans l'onde toujours calme et agréable/. Le soir, surtout le mardi, les concerts et la fête sont la signature du lieu. Le public (très) jeune se « lâche » dans un déluge de son et d'alcool.

TRANCOSO ★★★

Trancoso est une carte postale. Une petite colline de verdure au-dessus de l'océan avec sa place centrale, le Quadrado, qui est une vaste étendue d'herbe rase ; on y joue au foot, et les buts sont de simples morceaux de bois. Tout au bout, une église blanche tout simple. Autour, de petites maisons basses colorées, quelques cafés. En contrebas, des plages de rêve. Las, le Club Med s'y est installé et l'atmosphère se transforme. Le village est devenu une destination internationale très people. Les réseaux d'eau et d'énergie deviennent vite saturés ! Trancoso reste cependant un de ces endroits magiques qui invitent à poser son sac pour quelque temps.

PRAIA DO ESPELHO ★

Pour s'y rendre, on peut louer un bateau à Trancoso ou prendre un bus à 8h à la rodoviária direction Caraiva pour une dizaine de reais. Demandez l'arrêt du condominio, il se situe à 1 km de la plage. Confirmez l'horaire du retour. On peut aussi prendre un taxi (mais c'est assez cher) ou loueur un petit bateau (tarifs également à négocier).

À 27 km au sud de Trancoso (et 14 km au nord de Caraiva), Praia do Espelho (également appelée Curuipe) est un paradis. On peut s'y baigner dans des récifs formant des piscines naturelles aux eaux limpides et peuplées de petits poissons. Il y a des restaurants sur place, mais ils sont assez chers. Avec ces falaises roses, rouges, beiges et ocrées, Praia do Espelho est un véritable paradis pour les amoureux de la mer. La vue, avec les cocotiers qui jouxtent la bande de sable et la rivière qui se jette dans la mer, complète une scène bucolique.

NATURAL ECOBIKE & AVENTURA

170 Rua Tancledo Neves
✆ +55 73 988045557
www.naturalecobike.com
Parcours et excursions sur mesure.

Vous l'aurez compris, ici, le concept, c'est la réalisation de circuits et de voyages en utilisant le vélo, pour mieux aborder le monde et ses aspects géographiques, rencontrer les gens, les cultures. Natural propose de découvrir Trancoso et sa région sous forme de randonnées sur les sentiers de *mata atlântica* et le long des plages. Les circuits à vélo sont créés sur mesure pour les groupes, les familles. Visites nocturnes possibles les nuits de pleine lune.

BAHIA

POUSADA CALYPSO €€

Parque municipal de Trancoso
✆ +55 73 3668 1113
www.pousadacalypso.com.br
À partir de 325 R$ en standard (jusqu'à 5 personnes).

L'élégante et colorée Calypso bénéficie d'une situation privilégiée à Trancoso, adossée au *quadrado*. La *pousada* dispose de différentes catégories d'appartements et qui s'adaptent aux budgets, de la chambre standard au duplex et au bungalow de luxe. Ils sont spacieux, bien équipés, joliment décorés et bénéficient de terrasses. En plein cœur du jardin tropical de la *pousada*, sous un kiosque à l'ambiance zen, la *pousada* propose un Spa (payant). Accueil familial et chaleureux des propriétaires et leur personnel. Une des très bonnes adresses dans sa catégorie.

POUSADA DO BOSQUE €€

Caminho da Praia
✆ +55 73 3668 1040
bosquetrancoso.com.br
Comptez à partir de 438 R$ pour une chambre double.

D'un calme absolu, à quelques pas du *quadrado* et des superbes plages de Trancoso, on est vite charmé par le cadre et par l'accueil réservé par l'équipe. En parfaite harmonie avec la nature environnante, la Pousada Do Bosque se fond dans un jardin tropical de 8 000 m². Différentes options de logement : 11 suites ainsi que 2 chalets et un appartement comprenant 2 chambres, idéal pour une famille. Toutes les habitations sont bien distribuées, d'une propreté irréprochable, décorées avec beaucoup de goût. Un excellent rapport qualité-prix sur Trancoso.

POUSADA HIBISCO €€

Rua Bom Jesus, s/n
✆ +55 73 3668 1117
www.pousadahibisco.com.br
Comptez à partir de 470 R$ pour un chalet selon la catégorie et la saison.

Située dans un cadre idyllique à quelques mètres du *quadrado*, la situation privilégiée de la Pousada Hibisco permet de rejoindre facilement les plages qui font la renommée de Trancoso. Ambiance familiale et accueil chaleureux de l'équipe. L'hébergement se fait dans de beaux chalets distribués dans un jardin tropical. Les habitations sont très soignées et bénéficient toutes d'une véranda et d'un équipement de qualité.... belle piscine, bar, bibliothèque, salle de tv... Possibilité d'organiser excursions et activités avec l'équipe de la *pousada*. Une valeur sûre.

CAPIM SANTO €€€

Praça S. João
✆ +55 73 3668 1122
www.capimsanto.com.br
Double standard à partir 450 R$. Bungalow à partir de 1 050 R$, avec cuisine et hydromassage.

Tout comme le restaurant éponyme, la pousada Capim Santo est un concept. Animée par l'âme hippie de Trancoso, les valeurs de la pousada sont les mêmes que celles du restaurant. Charme, simplicité, préservation de l'environnement et intégration des communautés locales. 15 chambres décorées avec goût et dispersées dans un jardin tropical de plus de 800 m². Piscine, hydromassage, petit déjeuner copieux. Le restaurant n'est pas en reste, ouvert depuis 1985, c'est toujours une référence en ville. Un endroit avec beaucoup de cachet et de valeur humaine

POUSADA ETNIA €€€

Rua Principal, 25
✆ +55 73 3668 1137
www.etniabrasil.com.br
À partir de 2074 R$ la chambre double.

Dans un bois ombragé, cette *pousada* haut gamme offre une décoration ethnique raffinée. Vous choisirez entre les bungalows *Cottage*, *Tribal*, *Méditerranée*, *Trancoso* ou encore la suite master *Maroc*, tous plus charmants les uns que les autres. Piscine et jardin de 7 000 m², accès direct à la plage ou au centre du village. Restaurant et boutique d'antiquités (reliques, objets d'usage quotidien, meubles anciens ou ultramodernes d'Orient, européens ou brésiliens). Séjour minimum de 3 jours. N'accepte pas les enfants de moins de 14 ans. Une adresse exclusive de charme !

CAPIM SANTO €€

Praça S. João
✆ +55 73 3668 1122
www.capimsanto.com.br
Ouvert du lundi au samedi de 17h à 23h. Compter à partir de 60 R$ le plat.

En 1985, Sandra Marques et Fernando Leite ont ouvert à Trancoso le « Capim Santo », en partenariat avec un couple d'amis, dans une petite maison sur le Quadrado. La nourriture était préparée sur un poêle à bois avec des ingrédients du jardin et du poisson frais livré par les pêcheurs locaux». C'est ce même concept qui caractérise aujourd'hui encore la maison, conservant décontraction et sophistication, dans une ambiance rustique et colorée. Poissons et plats à la carte. Le plaisir est dans l'assiette et aussi dans le décorum. Un peu cher mais ça vaut le coup.

RESTAURANTE MARITACA €€

Rua do Telegrafo, 388
✆ +55 73 3668 1702
Tous les jours de 18h30 à 24h. Fermé en mai et juin. salade à partir de 70 R$. Pizza à partir de 70 R$

Le Maritaca est l'une des meilleures tables du petit village de Trancoso. Ce restaurant rustique aux murs d'adobe blancs, de style un peu «paillote», est désormais un classique aux plats variés et goûteux. Poisson, crevettes, viandes, mais aussi salades, risottos, pizzas et une grande variété de desserts, dont le magique soufflet de goiabada, spécialité de la maison. C'est l'un des restaurants les plus complets et agréables de la région, mais préparez votre porte-monnaie ! On trouve également désormais un «emporio», une épicerie.

CARAÍVA ★★

Caraíva est un village où le réseau électrique n'est arrivé qu'en 2008. Ici, pour aller d'un endroit à l'autre il faut marcher dans des petites rues sablonneuses. Des kilomètres de plages, peu de bars, aucune lambada. Une commune vaguement marginale. La Praia do Espelho, l'une des plus jolies du pays est méconnue des Brésiliens. La Praia do Curuipe, da Juacena, da Barra Velha et do Satu sont idéales pour le farniente.
Caraíva est la porte d'entrée du parc national de Monte Pascoal, aldeia d'Indiens Pataxós . Attention, pendant les vacances scolaires, Caraíva se remplit d'étudiants brésiliens venus découvrir les charmes d'un mode de vie alternatif.

AGUIA AZUL

✆ +55 73 3575 1170
De Porto Seguro à Caraiva en passant par Arraial. Compter 20 R$.

De Porto Seguro via Trancoso et Arraial d'Ajuda (40 km – 3 heures de transport), départs depuis le bac, environ deux fois par jour (plus en haute saison). Quand il pleut trop, la liaison est interrompue, les bus s'enliseraient dans la boue. On risque alors de se retrouver bloqué à Caraíva. La solution consiste à revenir en combi, si vous arrivez à former un petit groupe.

Ce type de transport est relativement imprécis en termes de ponctualité. Certes, cela fait partie du folklore brésilien, mais il faut prévoir un intervalle de temps large en cas de connexion.

CASINHAS DA BAHIA €€

Praia da Caraíva
✆ +55 73 9914 4896
www.casinhasdabahia.com.br
Compter à partir de 350 R$ la chambre double.

La pousada Casinhas da Bahia est une des plus agréables de la petite ville de Caraiva. Les appartements, de style petite maison, sont très confortables. Elle est située dans la partie haute du village, dans un cadre privilégié. Elle s'insère dans un jardin paisible, chargé de cocotiers et manguiers, à 100 m de la rivière et 250 m de la plage. Elle est idéalement localisée à quelques centaines de mètres des restaurants et des bars de la petite ville tout en restant très calme lors de l'agitation de la haute saison, quand la petite ville sort de sa torpeur.

POUSADA LAGOA €€

Praia da Caraíva
✆ +55 73 9985 6862
www.lagoacaraiva.com.br
A partir de 594 R$ le Bungalow.

La pousada Lagoa propose 6 bungalows sous les arbres à cajou. C'est un endroit romantique en pleine nature, totalement intégré à l'environnement, à proximité de la rivière et de la plage. Nina et Herminia, les deux amphitryons font tout pour rendre chaque séjour agréable. La simplicité, n'est pas incompatible avec le confort et la pousada Lagoa le prouve depuis de nombreuses années. Les 6 chambres, qui portent des noms de couleur, font entre 44 et 52 m² sont bien équipées et on ressent une certaine zénitude dans ce havre de paix.

CARAIVA CACHACARIA €€

Av. dos Navegantes, 52
✆ +55 11 99934 9993

Vous l'aurez compris, cet établissement honore en premier lieu la cachaça, ce rhum brésilien si prisé dans le pays. Cependant, la « Caraica Cachaçaria » dispose d'autres atours. C'est en effet une bonne table gourmande – risotto, burgers maison, soupes, plats de poissons – et bien sûr un magasin spécialisé en cachaça (la liste des bouteilles en magasin est impressionnante !), cette belle maison jaune abritant la Caraiva Cachacaria et sa décoration rustique a bien des atouts. Ambiance décontractée et lumières tamisées. Un lieu authentique !

CORUMBAU ★★

Si même Caraíva vous semble trop civilisé, vous pouvez descendre, encore plus au sud, vers Corumbau. Sans doute est-ce l'un des trésors les mieux gardés des plages de Bahia. Ponta do Corumbau est une longue étendue de sable qui entre dans la mer à marée basse et forme un sentier qui semble mener directement au paradis. C'est la destination idéale pour ceux qui souhaitent s'éloigner de la vie trépidante des grandes villes. Ce petit bourg de pêcheurs reste relativement isolé (route en mauvais état, un bus par jour au départ d'Itamaraju). Cela lui confère une remarquable atmosphère de calme et de tranquillité, l'endroit idéal pour tendre son hamac.

POUSADA CORUMBAU €€

Estrada Itamaraju - Corumbau, km 50
✆ +55 73 3573 1190
www.corumbau.tur.br

À partir de 235 R$. Toutes les chambres et chalets possèdent climatisation, mini bar et télévision.

Face à la plage, la pousada Corumbau est un établissement bien entretenu et fort agréable. La pousada propose deux types d'hébergements : les chambres et les chalets. Les chambres et les chalets ne sont pas très grands, mais dotés de tout le confort de base. Presque tous proposent une vue agréable sur la mer, située à moins de 100 mètres de la pousada. Le jardin est spacieux, bien aménagé et agréable. Les repas sont servis sur une jolie terrasse en bois sur pilotis, vue imprenable sur l'océan. La pousada dispose également d'un restaurant très agréable.

CUMURUXATIBA

Au sud de Corumbaú, un village dont il faut apprivoiser le nom : Cumuruxatiba (prononcer [coumourouchatiba]) est une bourgade de pêcheurs qui vit doucement et où le temps semble s'être arrêté. Les journées s'organisent toujours et sempiternellement de la même manière. Un peu d'animation avec la sortie des bateaux tôt le matin, une longue sieste de 11h à 17h, on se retrouve pour papoter en soirée dans les *barracas* du bord de mer. La plupart des *pousadas* et des restaurants ont élu domicile sur la Praia Rio do Peixe Grande, à environ 1 km au nord du village. Une dernière (et très bonne) option pour un séjour au calme sur cette partie du littoral.

PARQUE NACIONAL DE MONTE PASCOAL ★★

Un petit parc (225 km²), tout en longueur. Le *monte*, qui domine les environs de ses 536 m, a été vu pour la première fois (par des Européens) le jour de Pâques 1500, par Pedro Alvares Cabral. Il vit de douces collines recouvertes de *mata atlântica*, des marais, des mangroves, de belles plages avec des récifs. La biodiversité du parc regorge est d'une grande richesse. Oiseaux, mammifères : plusieurs espèces de singes (dont le singe-araignée, fourmiliers, paresseux, cerfs, tatous. Et même des jaguars. Les Indiens pataxos ont toujours vécu dans cette zone et c'est à leur communauté qu'a été confiée depuis 2000 la gestion du parc, conjointement à l'IBAMA.

PARQUE NACIONAL MARINHO DOS ABROLHOS ★★★★

D'origine volcanique, le parc marin d'Abrolhos est composé de 5 îles, perdues à près de 72 km de la côte, sur une superficie de 913 km². L'archipel doit son nom aux nombreux récifs qui parsèment ses fonds, et en raison desquels il est nécessaire d'ouvrir les yeux (*abre os olhos*) quand on croise dans les parages. Abrolhos a acquis le titre de parc national marin en 1983, et l'IBAMA encadre de près son occupation et son exploitation touristique. C'est donc un site fort bien préservé qui se donne à voir aujourd'hui comme le découvrit, en 1832, Charles Darwin, au début de son expédition de cinq ans à bord du Beagle.

Les amateurs de plongée y trouveront un terrain de jeu de premier plan, dans des eaux à 24 °C où la visibilité atteint 20 m (de décembre à avril). Autour et entre les récifs, une faune abondante (poissons, tortues, dauphins) s'ébat en toute tranquillité. La terre ferme est le domaine d'une importante colonie de fous masqués (*Sula dactylatra*) et bruns (*Sula leucogaster*).

Enfin, l'attraction qui attire le plus large public, la présence de juin à septembre de baleines Jubarte (à bosse). Venues d'Antarctique, elles font halte dans les eaux chaudes et peu profondes du parc pour mettre bas. Une excursion en bateau à ces dates permettra d'approcher de très près de nombreux spécimens. La migration reprend, dans l'autre sens, quand les mamans n'ont plus de lait et que leur progéniture est assez robuste pour entreprendre le long voyage.

Parque Nacional Marinho dos Abrolhos.

ICMBIO PARQUE NACIONAL MARINHO DOS ABROLHOS

✆ +55 73 3297 2258

www.icmbio.gov.br/parnaabrolhos

Entrée payante : 77 R$ pour les non-Brésiliens.

L'ICMBIO Parque nacional marinho dos Abrolhos (Institut chico Mendes de préservation de la nature) est l'organisme en charge de ce parc national marin d'une importance réelle pour la biodiversité de la région, du Brésil et du monde). Depuis sa fondation en 1983, le travail accompli par l'organisme et ses chercheurs est à souligner. Il faudra acheter son entrée (limitée en nombre) auprès d'une agence afin d'être rattaché à un groupe et ainsi faire le trajet par bateau.

COOPERATIVA MISTA DOS PESCADORES ★

Rua da Cooperativa

Les lieux traditionnels et authentiques tendent à disparaître, gommés par la modernisation, alors quand on en rencontre, on diffuse cette information. C'est un endroit à fréquenter le matin, quand les bateaux déchargent le produit de la pêche. Un manège impressionnant de produits de la mer et une ambiance tout ce qu'il y a de plus authentique. La coopérative a été créée pour améliorer les conditions de vie des pêcheurs et des vendeurs de fruits de mer.

CARAVELAS

À 150 km au sud de Porto Seguro (860 km de Salvador), une paisible ville d'environ 20 000 habitants. C'est le point de passage obligé pour découvrir le parc d'Abrolhos. Deux pics d'affluence : pendant les grandes vacances d'été (décembre à février), puis entre juin et septembre (pour voir de près les baleines à bosse). Le charmant petit centre historique est formé par des bâtiments de style colonial du XIXe siècle, les maisons de style art nouveau se rencontrent notamment dans rues Sete de Setembro et Barão do Rio Branco. Les églises, comme la Matriz de Santo Antônio, construite en 1725 dans le style colonial portugais sont élégantes.

HORIZONTE ABERTO

Avenida das Palmeiras, 313

✆ +55 73 3297 1474

www.horizonteaberto.com.br

L'Horizonte Aberto est une agence spécialisée dans la plongée et les tours en catamarans. Vous serez chaleureusement accueilli par l'équipe. Excursion à la journée ou stages de plusieurs jours, leurs bateaux ont été conçus pour la plongée : cabines confortables et tous les équipements nécessaires. L'équipe, qui cumule des milliers de plongées au compteur, est très professionnelle et ne laisse rien au hasard. On pourra notamment vous emmener explorer les épaves de la région (*Rosalinda* et *Guadiana*) et aller observer les magiques îles « Abrolhos » et leur faune.

LENÇÓIS ★★★

Lençóis est un charmant village dans l'intérieur de l'Etat, point de départ idéal pour visiter la Chapada Diamantina, transformée depuis quelques années en parc national. Au milieu de la sécheresse du Sertão, la Chapada Diamantina est un petit paradis de cascades, de lacs souterrains et d'impressionnants plateaux.

De loin, l'endroit ressemble à un coin de Provence : quelques maisons, des toits de tuiles défraîchies et des murs blancs, le tout dans un écrin de verdure. En automne et en hiver, il fait frais, presque froid les soirs de pluie. Beaucoup apprécieront cette ambiance de moyenne montagne. L'ambiance y est paisible et romantique.

Histoire

L'histoire de la région est liée à la découverte des diamants. Lorsque le premier filon apparaît dans les années 1820, des milliers de prospecteurs et d'aventuriers débarquent dans la région. Leurs toiles de tente, qui ressemblent à des draps (*lençóis* en portugais), donnent son nom à la ville. Malgré tout, Lençóis n'atteindra jamais le faste des villes nées de la ruée vers l'or du Minas Gerais. Au tournant du siècle, les gisements s'épuisent, les cours baissent, l'activité décline. De cette époque de richesse, il ne reste pas grand-chose. La région est restée pauvre. On verra, malgré tout, quelques traces de cette gloire éphémère, comme ce large bâtiment bleu du XIXe siècle, l'ancien vice-consulat français. Aujourd'hui encore, bien que la ville vive principalement de l'agriculture (café) et du tourisme, de nombreux prospecteurs continuent de hanter l'endroit et polluent la région...

CACHOEIRA DA FUMAÇA ★★

La Cachoeira da Fumaça offre un splendide spectacle, avec ses 340 m de haut. Son débit étant souvent trop faible pour une telle hauteur, l'eau est poussée pendant sa chute par les vents, et forme ainsi de petits nuages de bruine et de fumée (*fumaça*) liquide.

Pour y arriver : Il faut d'abord gagner Palmeiras, un charmant village endormi dans les collines, à 40 km de Lençóis (bus direct), puis à Capão, 18 km plus loin, minuscule village. De là, après une petite marche de 2 km, on arrive au sommet de la cascade. A faire avec un guide.

GROTTES ★★

Le parc compte de nombreuses grottes : Poço Azul, Gruta da Lapa Doce, Gruta da Pratinha, etc. Le plus beau site souterrain est sans doute le Poço Encantado : au fond d'une large caverne, un lac d'un bleu électrique, que le soleil, à certaines heures, vient frapper à travers un trou. Un lieu véritablement magique, hélas plutôt éloigné (146 km de Lençóis).

Pour y arriver : Pour se rapprocher, on peut faire une partie du trajet en bus (bus en direction de Mucugé, descendez à Igatu), il faudra un guide ensuite. Sinon, comme d'habitude, via une agence de Lençóis.

Grotte aux eaux turquoise de la Chapada Diamantina.

MORRO DO PAI INÁCIO ★★

A faire avec un guide.

Le Morro do Pai Inácio est une des cartes postales de la Chapada Diamantina et le plus haut plateau du parc, qu'il domine de sa puissance. C'est un vaste plateau désolé, battu par les vents. Du sommet, à 1 120 m d'altitude, on a une vue magnifique sur toute la région dont peut apprécier l'immensité et la beauté, surtout au coucher du soleil, lorsque la lumière dorée redessine les rochers et les rend encore plus photogéniques.

Il n'est pas nécessaire d'engager des guides pour gravir le Morro, mais un bon guide du bureau des guides vous permettra d'apprécier la biodiversité endémique des lieux et de connaître ses légendes.. L'ascension de la colline Pai Inácio n'est pas très difficile. Il suffit d'être en assez bonne condition physique pour franchir les 500 mètres du sentier qui mène au sommet. Les points de vue sur les morros du Camelo et des Três Irmãos sont particulièrement spectaculaires.

On peut entreprendre l'ascension du Morro assez tardivement, puisqu'elle est assez courte, mais l'idéal est d'y monter à l'heure du coucher du soleil (l'heure limite pour y monter est 17 heures). Une fois au sommet, il s'agit ensuite d'aller vers le côté où le soleil se couche pour profiter du spectacle.

Les conditions météorologiques sont particulièrement changeantes lors de l'ascension du morro de Pai Inácio. Au sommet, le vent peut être difficile à supporter, et les températures peuvent chuter, surtout en cas de pluie. Un coupe-vent et une polaire sont indispensables. Vous pourrez alors profiter totalement du coucher de soleil.

RIBEIRÃO DO MEIO ★★

Dans les environs de Lençóis.

Le Ribeirão do Meio est une balade facile d'accès et très populaire. Il s'agit d'un toboggan naturel de 30 m : glissade sur l'eau qui se termine par un plongeon. Ne pas remonter le toboggan (glissant et dangereux), il faut passer par les côtés, sur les rochers.

Pour y arriver, prenez la route qui monte de la Praça do Rosario, puis continuez sur un petit chemin qui part sur la gauche. En descendant le Rio Ribeiro sur plus ou moins 5 km (attention, certains passages sont plutôt glissants), on arrive à une belle série de cascades, Sossêgo (3 heures depuis Lençóis).

RIO MUCUGEZINHO ★★★

Le Rio Mucugêzinho, ses différentes cascades et ses piscines naturelles permettent également de bons moments de détente aquatique. La rivière Mucugezinho, qui descend des Chapada, avec ses eaux rouges chargées de tanin est en soi un lieu agréable. L'une des attractions naturelles les plus importantes est le « puits du diable » (poço do diabo), où on peut voir une chute d'eau de 20 mètres. L'endroit est propice à la baignade, possibilité de tyrolienne et de rappel.

Pour y arriver, prenez un bus Lençóis-Seabra et demandez à descendre au Rio Mucugêzinho.

LEIVI EDSON DA SILVA

R.Alvares de Melo, 52-72

✆ +55 75 99966 1667

Contacter directement Leivi Edson Da Silva pour un devis.

Leivi Edson Da Silva est un guide passionné, compétent et expérimenté qui parcourt les sentiers de la Chapada depuis une vingtaine d'années. Attentif et à l'écoute, il sait faire profiter de sa grande connaissance du milieu aux membres des groupes qu'il encadre. Il propose des tours sur mesure en fonction des desiderata des participants. Sa démarche favorise les rencontres avec les communautés locales. Il est affilié au bureau des guides et diplômé en tourisme. Si besoin, il travaille avec un autre guide, Danilo. Très conseillé.

REAL EXPRESSO

Avenida Senhor dos Passos, s/n

✆ +55 80 0280 7325

www.realexpresso.com.br

Depuis Salvador, compter 85 R$.

Deux bus de la compagnie Real Expresso relient Lençóis à Salvador et Salvador à Lençois tous les jours. Ils partent de Lençois à 8h30 et 22h30 et arrivent à 15h50 et 4h20. De Salvador vers Lençois, ils partent à 13h et 2h20 et arrivent à 19h20 et 4h40. Des légendes urbaines évoquent des « coupeurs de routes » lors des voyages de nuit, mais cela semble relever du mythe. Si le voyage de nuit permet d'éviter de perdre une journée à Salvador ou dans les Chapadas, l'arrivée à 4h du matin oblige à avertir la pousada pour qu'on puisse être accueilli.

ALBERGUE DE LENÇOIS €

275 Rua General Viveiros ✆ +55 75 3334 2082
alberguelencois.com
Compter 40 R$ en dortoir et 130 R$ la chambre double. 2 chambres doubles et 3 dortoirs de 4, 6 et 8 places.

Cette auberge de jeunesse, avec ses décorations new age psychédéliques respire la joie de vivre. Très bien située, elle offre à ses hôtes des dortoirs agréables et bien tenus, avec salle de bains et *lockers*. Deux chambres doubles sont également disponibles. On sent de bonnes vibrations dans toute cette auberge. N'hésitez pas à réserver vos excursions sur place ; au sein de l'auberge se forment très souvent des groupes et on propose ici d'excellents guides, notamment francophones, ce qui permet d'obtenir des supers tarifs. Une très bonne adresse *backpacker*.

CASA DA KRIS €

Rua alto do Cajueiro, s/n
✆ +55 75 3334 1308
www.casadakris.com
Petit gîte merveilleux à partir de 130 R$ par personne au milieu de la forêt, à deux pas du centre.

Kristine, une Franco-canadienne vivant sur place depuis plus de vingt ans, vous accueillera chaleureusement et pourra organiser tout votre séjour. Bons conseils garantis dans une ambiance comme à la maison. Au milieu de la nature, le Chalet et le Castello, deux maisonnettes pensées et façonnées par la propriétaire elle-même, semblent sortis tout droit d'un livre d'aventures. Si vous préférez passer la nuit à la belle étoile, optez pour l'espace au-dessus du Castello, c'est un peu comme un lit au milieu des arbres. Coup de cœur au pays de la Chapada Diamantina.

POUSADA DOS DUENDES €

Rua do Pires, s/n
✆ +55 75 3334 1229
www.pousadadosduendes.com.br
Dortoir 4 places à partir de 40 R$/p. Chambres doubles avec sdb et simples avec toilette à partager à partir de 160 R$.

La pousada des Duendes est un établissement à la fois rustique et chic, avec beaucoup de style. Les Parties communes, où alternent pierres et bois, sont vastes et agréables à vivre. La pousada propose différents types de chambres, toutes agréables et impeccablement bien tenues. Le petit déjeuner est copieux et permet de prendre des forces pour les randonnées sur les «trilhas» des Chapada. L'équipe de la *pousada* peut venir vous chercher en combi à la gare routière si vous êtes chargés. Conviivial. Les «Duendes» ont le sens de l'accueil.

POUSO DA TRILHA €

Rua dos Mineiros, 60
✆ +55 75 3334 1192
www.pousodatrilha.com.br
10 chambres, 3 avec toilettes collectifs. De 140 à 230 R$ la chambre double (hors festivités).

Une petite *pousada* installée dans une ancienne maison totalement rénovée. La maison se trouve à quelques centaines de mètres du centre du village, mais on y apprécie une quiétude qui relève de la zénitude. Le pouso da Trilha est un bon compromis entre la pousada et le « hostel » (auberge de jeunesse). Les chambres sont simples et pas très grandes, mais agréables. Certaines ont des toilettes privatives, d'autres ont des toilettes communes, mais tout y est d'une grande propreté. L'accueil est familial, on peut organiser ses treks. Bon rapport qualité-prix.

CASA DA GELÉIA €€

Rua General Viveiros, 187
✆ +55 75 3334 1151
www.casadageleia.com.br
À partir de 200 R$ la chambre double en basse saison. Accueil francophone.

La Casa da Geléia est un havre de quiétude. 8 petits appartements très sympathiques et propres, sur les hauteurs de Lençóis. Comme son nom l'indique, on peut s'attendre à un excellent petit déjeuner ! Vous pourrez aussi acheter des confitures et autres chutneys produits par la maison depuis 35 ans. L'accueil de Zé Carlos, sa femme Lia et leur fils Lucio est très chaleureux. Le grand jardin est un bon point de départ pour l'observation des oiseaux. Pour les excursions, Lucio pourra vous guider en français. Adresse très conviviale ! Notre coup de coeur à Lençois !

ESTALAGEM ALCINO €€

Rua Tomba Surrão, 139
✆ +55 75 3334 1171
www.alcinoestalagem.com
À partir de 260 R$ les chambres doubles. Également 3 chambres avec WC partagés.

L'Estalagem a été reconstruit et pensé avec une réelle passion selon les plans et des photos du XIXe siècle de cette grande et belle demeure des temps glorieux des «garimpos». Au coeur d'un jardin de 40 m² et d'un verger de 5000 m² qui fournit une grande partie des fruitse et légumes du lieu, une dizaine de chambres dans une belle demeure, toutes équipées avec soins. Bois, moustiquaires, tapis mexicains, hamacs, rien ne manque. La petite équipe est à la fois discrète et amicale, ambiance détendue dans le patio intérieur. Petits déjeuners excellents.

HOTEL CANTO DAS AGUAS €€€

Avenida Sr. dos Passos, 1 ✆ +55 75 3334 1154
www.lencois.com.br
À partir de 450 R$ pour 1 chambre double.

Incontournable dans le paysage de Lençois, le bel hôtel «Canto das Aguas» est le premier hôtel à recevoir le label «développement durable» dans le pays. Une quarantaine de chambres avec TV, minibar, mais pas d'air conditionné. Agréable, très bien placé au bord du fleuve, beaucoup de goût, joliment décoré (cela fait penser à une hacienda de style mexicain), hamacs sous les vérandas, piscine en contre-bas, personnel aimable. L'art est au coeur du concept, au même titre que le respect de l'environnement. L'hôtel de charme de la ville, notre coup de cœur à Lençóis.

LAMPIÃO CULINÁRIA NORDESTINA €€

R. Miguel Calmon
✆ +55 75 3334 1157
Ouvert du mardi au dimanche de 16h à 23h. Compter 60 R$ le repas complet.

Ce restaurant familial honore la gastronomie de la Chapada Diamantina. Les plats régionaux sont ici préparés à partir d'ingrédients choisis et combinés de manières originales : *carne do sol* et légumes cuits à point, *moqueca* végétarienne, saumon sauce mangue et son riz coco, pour ne citer que quelques plats. Le tout servi dans une ruelle, le long de la jolie façade jaune aux volets bleus du restaurant, où les musiciens sont souvent de sortie. Une très belle adresse gourmande.

CAFÉ DO MATO - BISTRÔ & CAFETERIA €

Rua Miguel Calmon, 50
✆ +55 75 99926 7151
Ouvert tous les jours excepté mardi, de 16h à 23h. Compter 30 R$ la crêpe.

Ici, les crêpes à la française rencontrent le café de Bahia. Petite crêperie à la française lovée dans un joli local à la déco soignée, on aura le choix de manger ou sur les nappes à fleurs dedans ou sur les pavés du trottoir, à la fraîche. Les préparations sont bonnes – quiches, crêpes, sandwichs, salades et bruschettas –, les desserts très bons – brownies, crêpes sucrées et gâteaux faits maison – et les cafés sont particulièrement mis à l'honneur. Accueil très sympa.

CAFETERIA SÃO BENEDITO

Rua da Baderna, 29
✆ +55 75 3334 2176
Ouvert du mardi au samedi de 16h30 à 23h.

Le Sao Benedito est une cafétéria pleine de charme où l'on boit certainement le meilleur café en ville, à accompagner de douceurs sucrées soigneusement présentées : tapiocas, pâtisseries et gâteaux faits maison. Le dessert « Doce Infancia » (douce enfance) est la spécialité de la maison plébiscitée par les clients. Les « salgados » (entrées salées) et les sandwichs ne sont pas en reste. Rafaela, dans la salle et Samanta Agata, la propriétaire des lieux, accueillent leurs hôtes avec la gentillesse typique des gens de la Chapada. Connexion wifi. À connaître.

COZINHA ABERTA SLOW FOOD €€

Avenida Rui Barbosa, 42 ✆ +55 75 3334 1321
Ouvert tous les jours de midi à 22h30. Plats à partir de 45 R$.

Encore une adresse incontournable de Lençois. La «conzin ha aberta» propose une bonne cuisine variée avec des recettes inventives de plats italiens et thaïlandais. Le chef est un auteur-créateur culinaire qui n'a de cesse d'innover, comme avec son «spaghetti de crevettes et son cacao». Les plats sont préparés en direct devant les clients. Mais le terme *slow* ne s'applique pas au rythme du restaurant, qui travaille selon la philosophie localvore, en valorisant les ingrédients locaux. On garantit une politique de durabilité dans le fonctionnement de l'établissement.

IGATU ★★

À une cinquantaine de kilomètres au sud de Lençoís d'Andarai, un petit bijou mérite le détour. Fondé lui aussi à l'époque de la ruée du diamant, le village d'Igatu a compté jusqu'à des dizaines de milliers d'habitants avant de connaître un quasi-abandon au milieu du XXe siècle. Ces dernières décennies, des néo-ruraux et des étrangers font revivre les maisons abandonnées le long des ruelles pavées, quelquefois construites dans les infractuosités des garimpos. Indéniablement, la vie a repris le dessus. Une ambiance toute de douceur et de nonchalance, quelques *garimpeiros* fatigués, des enfants partout, une étape particulièrement appréciée.

MINA DO BREJO ★

À la sortie du village, au nord

Ouvert durant la journée en semaine.

La mine do Brejo est une énorme mine souterraine, la plus grande ouverte la région. Généralement, la grande majorité des *garimpos* étaient de petite taille, car exploités artisanalement et vite nettoyés. Elle est toujours en activité, et on peut la visiter en compagnie de l'un des trois garimpeiros qui y passent leurs journées. Un incroyable dédale de galeries et de salles qui donne la mesure de l'effervescence qui a saisi la région. On profitera de la visite pour faire quelques brasses dans le lac artificiel à l'entrée de la mine. Claustrophobes s'abstenir.

RAMPA DO CAIM ★

La Rampa do Caim est une randonnée à pied de 4 à 5 heures aller-retour (environ 20 km au total, dénivelés faibles), elle vous emmène au lieu-dit Rampa do Caim, superbe point de vue sur les profondes gorges du Rio Pati et du Rio Paraguaçu, juste au confluent des deux cours d'eau. Le chemin n'est pas balisé, et traverse plusieurs rivières qui sont autant d'occasion de se baigner.

Pour s'y rendre : Comme nous le précisons souvent, il vous faudra réserver les services d'un guide dûment accrédité au village, n'oubliez pas d'emporter un pique-nique).

POUSADA FLOR DE AÇUCENA €

rua nova s/n ✆ +55 75 3335 7003

www.pousadaflordeacucena.com

Chambre double à partir de 210 R$. Petit déjeuner inclus.

Cette charmante *pousada* totalement intégrée à la nature, se trouve au coeur d'un parc de 15 000 m². Plusieurs solutions de logement sont proposées : chambres et grotte de garimpeiro (chercheur de diamant) aménagée. Le couple franco-brésilien, Juscilene et Alain, vous fait découvrir la faune et la flore spécifiques des lieux par les randonnées qu'il organise, pour ceux qui le souhaitent. Immersion totale dans la nature, et tout en confort. Massages, bain d'argile thérapeutique, bains dans une jolie piscine naturelle, cernée de verdure, agrémentent aussi le séjour.

POUSADA PEDRAS DE IGATU €€

Rua São Sebastião

✆ +55 75 3335 7020

www.pedrasdeigatu.blogspot.com

A partir de 258 R$ la chambre double.

La pousada Pedras de Igatu est un charmant établissement de style rustique, avec 17 chambres spacieuses et confortables, un sauna, et une piscine avec des murets en pierre de taille et remplie avec l'eau naturelle des Chapada. Le petit déjeuner est servi sur une large terrasse avec un très beau point de vue sur la vallée. La partie principale est constituée d'une belle demeure ancienne. Certaines chambres se trouvent dans la partie annexe plus récente. La vue sur le village et les chapadas est grandiose. Un lieu à connaître.

MUCUGÊ

Mucugê, qui a eu ses garimpeiros bien entendu, était surtout une ville d'éleveurs, d'agriculteurs et de négociants. Aux heures de gloire du diamant, Mucugê était le garde-manger de toute la Chapada et la ville la plus prospère de la région. Cela s'observe encore aujourd'hui : de belles rues pavées et arborées, bordées de grandes maisons aux façades orgueilleuses, places propres et bien entretenues, on vit toujours bien à Mucugê. La ville est, à l'image de ses maisons aux tons éclatants, riche en couleur. On ne ratera pas le surprenant et original cimetière de style byzantin (à la sortie de la ville) auquel on réservera un peu de temps.

VIACAO CIDADE SOL

✆ +55 800 284 9900

http ://www.viacaocidadesol.com.br

La compagnie Viaçao Cidade Sol est avec l'autre compagnie bahianaise 'Real Expresso» une des compagnies de bus qui relie Salvador à Mucugê et/ou à d'autres villes de la région des Chapadas.

- Départs de la capitale à 20h25, 21h00, pour l'instant. Compter environ 7 heures 25 et de route et entre 100 et 133 R$, selon l'heure de départ.
- Départ de Mucugê à 4h00, arrivée à 13h, à partir de 100 R$

Possibilité de réserver sa place sur le site de la compagnie. On peut même choisir son siège. Comme à Lençois, il faut prévenir sa pousada d'une arrivée tardive.

POUSADA MUCUGÊ €€

Rua Dr Rodrigues Lima, 30
✆ +55 75 3338 2210
pousadamucuge.com.br
Compter 225 R$ la chambre double.

Mucugê est la ville «pionnière» du «garimpo» du diamant, où Cazuza do Prado découvrit le premier filon diamantifère en 1884, découverte qui allait initier un «cycle du diamant» qui allait durer prés d'un siècle. La pousada Mucugê elle-même vaut le déplacement. Il s'agit d'une maison ancienne du XIXe siècle, née des fastes de cette glorieuse époque, bien conservée, aux pieds de la Serra de Sicora, à prés de 1000 mètres d'altitude. Les chambres, au nombre de 30, sont toutes situées dans l'annexe et sont simples et focntionnelles.

RIO DE CONTAS

Au sud de la Chapada Diamantina, au cœur de l'État de la Bahia, la petite ville de Rio de Contas mérite le détour, pour son charme d'antan et sa totale tranquillité (vous serez peut-être les premiers touristes aperçus depuis un mois si vous vous y rendez). Au début du XVIIIe siècle, le *bandeirante* Sebastião Pinheiro da Fonseca Raposo Tavares découvrit de l'or dans la rivière qui traverse le village, donnant l'impulsion à une petite ruée vers l'or. Le village devint rapidement prospère, à tel point que lors de certaines fêtes religieuses on lançait paraît-il de la poudre d'or sur les participants des processions. Comme dans le Minas Gerais, les gisements furent taris en quelques décennies, et vers 1800 commence la décadence de la ville. C'est l'exode massif, Rio de Contas se vide de ses habitants qui vont fonder, à une cinquantaine de kilomètres plus au nord, la ville de Mucugê. Créée en 1745 par décret royal, Rio de Contas fut la première ville planifiée construite au Brésil. Elle conserve de cette époque ses rues larges et de grandes places entourées de bâtiments de pierre (églises baroques, monuments publics et maisons coloniales). Rio de Contas est aussi la ville la plus ancienne de la Chapada Diamantina et Walter Salles a tourné dans ses rues le très beau film *Avril Brisé*.

GARE ROUTIÈRE DE LIVRAMENTO

À 10 km de Rio de Contas. Renseignements auprès de Nova Horizonte à Salvador.
✆ +55 77 3475 2240
Salvador : 680 km. Lençóis : 260 km.

Pas de gare à Rio de Contas mais à Livramento à une dizaine de kilomètres. il faut ensuite prendre un taxi pour arriver jusqu'à Rio de Contas. De Salvador : avec la compagnie Novo Horizonte. Environ 11 heures de voyage. En période de vacances, il vaut mieux acheter les billets à l'avance, car la demande est grande. La solution au cas où il n'y a plus de place est d'acheter un billet jusqu'à Brumado, vitoria da Conquista ou Ituacu, puis prendre un autre bus jusqu'à Livramento.

POUSADA RIO DE CONTAS €

Rua Barão do Rio Branco, 40
✆ +55 77 3475 2090
www.pousadariodecontas.com.br
A partir de 150 R$ la chambre double.

En entrant dans la Pousada Rio de Contas, on a l'impression de retourner dans l'époque glorieuse du « cycle du diamant ». Elle est située dans une superbe demeure coloniale du XIXe siècle dans le centre historique du village. La décoration qui reprend des éléments d'époque contribue à entretenir cette ambiance, à la fois rétro et bucolique. Une dizaine de suites confortables avec balcons et hamacs permettent d'apprécier le calme de la petite cité après de longues randonnées. Restaurant-bar, jardin et piscine complètent ce décorum.

RESTAURANTE RAPOSO CHALÉ €

Rodovia BA 148, km 08
✆ +55 77 3475 2111
Ouvert de midi à 14h, sauf le mardi. Plats pour deux personnes à partir de 60 R$.

Le restaurant propose une cuisine régionale typique de l'époque des *garimpeiros* (miniers) et des tropeiros (gardiens de troupeaux). Comme dans le Minas Gerais, on découvrira une nourriture goûteuse mais généreuse. On est loin de la nouvelle cuisine. Vous allez pouvoir découvrir sur place la Quenga, le Pirão de Parida ou encore le Cortado de Palma. Pour les plus traditionnels, le restaurant sert des plats contemporains plus courants également. Le concept ici est bien sûr de présenter des plats traditionnels revisités de manière gastronomique.

SERGIPE ET ALAGOAS

L'Alagoas et le Sergipe sont deux petits Etats du Nordeste, insérés entre les puissants voisins de Bahia et du Pernambouc, aux richesses architecturales, culturelles, naturelles, culinaires, matériels et immatériels reconnues par l'UNESCO. Il est donc difficile pour ces deux Etats de se faire une place au soleil du tourisme. Pour ceux qui choisiront de relier en voiture ou en bus les deux pôles majeurs du Nordeste, Salvador et Recife (et sa ville jumelle Olinda), les étapes seront néanmoins riches et pleines de surprises. La côte de Corail et ses «galés», piscines naturelles qui se forment dans les bancs de corail à marée basse, les beaux restes architecturaux de l'époque à Laranjeiras, São Cristovão et Penedo, la route Ecologica qui commence à Maceio et qui égrène 40 km de plages idylliques où le tourisme de masse est encore éloigné, sont quelques-unes des trésors cachés de ce petits Etats que l'on ne sait voir.

Itaíba
Saloá
Severiano Moraes Filho
Iati
Águas Belas
Bom Conselho
Poço das Trincheiras
Santana do Ipanema
Palmeira dos Índios
Estrela de Alagoas
Senador Rui Palmeira
Major Isidoro
São José da Tapera
Olho D'água das Flores
Igaci
Craíbas
Batalha
Pão de Açúcar
Limoeiro de Anadia
Campo Alegre
Arapiraca
Girau do Ponciano
Porto da Folha
Feira Grande
Traipu
SÃO SEBASTIÃO
Igreja Nova
Nossa Senhora da Glória
Porto Real do Colégio
Propriá
Aquidabã
PENEDO
Piaçabuçu
Pacatuba
Nossa Senhora das Dores
Capela
Ribeirópolis
Japaratuba
Itabaiana
LARANJEIRAS
Nossa Senhora do Socorro
ARACAJU
Centro
Itaporanga D'ajuda
SÃO CRISTÓVÃO
Atalaia

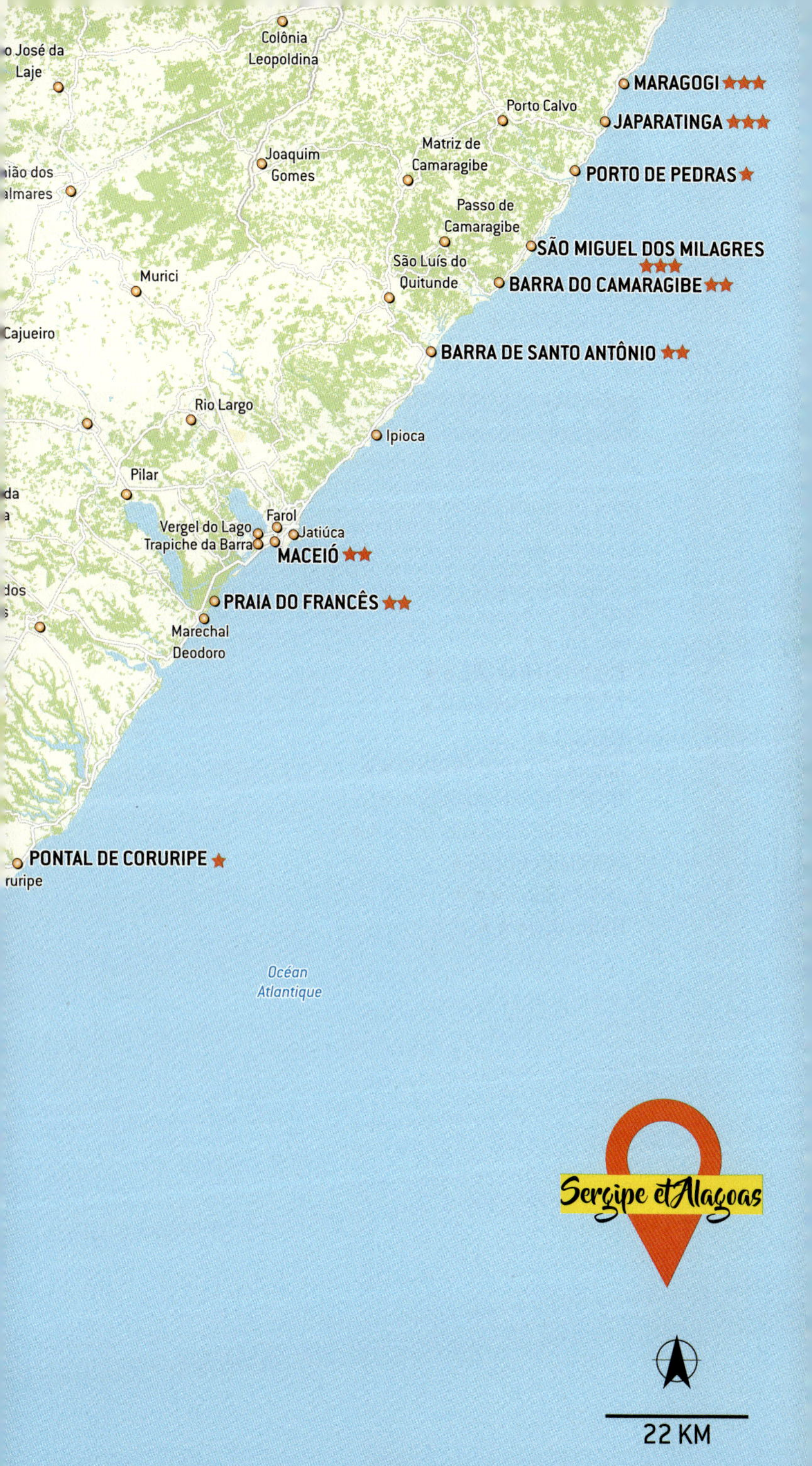
Colônia
Leopoldina
o José da
Laje
MARAGOGI
Porto Calvo
JAPARATINGA
Matriz de
Camaragibe
Joaquim
Gomes
ião dos
lmares
PORTO DE PEDRAS
Passo de
Camaragibe
SÃO MIGUEL DOS MILAGRES
São Luís do
Quitunde
BARRA DO CAMARAGIBE
Murici
Cajueiro
BARRA DE SANTO ANTÔNIO
Rio Largo
Ipioca
Pilar
Farol
Vergel do Lago
Jatiúca
Trapiche da Barra
MACEIÓ
PRAIA DO FRANCÊS
Marechal
Deodoro
PONTAL DE CORURIPE
ruripe
Océan
Atlantique
Sergipe et Alagoas
22 KM

PAGES

●● ÉTAT DE SERGIPE

Entre la Bahia, au sud, et l'Alagoas, au nord, s'étend le Sergipe, qui se distingue comme étant le plus petit Etat brésilien, à peine 22 000 km². La région intérieure est connue pour son climat aride. On peut aujourd'hui encore admirer de beaux restes architecturaux de l'époque à Laranjeiras, São Cristovão et Penedo.

●● ÉTAT D'ALAGOAS

L'Etat d'Alagoas s'étend sur une superficie de près de 28 000 km², soit un peu moins que la Belgique, et possède une population de 3,3 millions d'habitants. L'Alagoas est le principal producteur de canne à sucre du Nordeste et le deuxième du Brésil, industrie dont il dépend quasi exclusivement mais les indicateurs sociaux de l'État sont parmi les plus mauvais du Brésil. Le tourisme se développe et est en rapide croissance. Ce sont autant de paysages de rêve et de plages paradisiaques à découvrir si l'on prend le temps de le faire. La gastronomie locale à base de fruits de mer est grandement appréciée.

ARACAJU ★★

À 350 km au nord de Salvador, Aracaju est la première « grande petite ville » du Nordeste, Avec 570 000 habitants, la capitale de l´État présente un visage provincial avec son centre-ville piétonnier en damier dont les rues marchandes convergent vers la place centrale, fraîche et agréable. Il y a peu peu d'attractions touristiques en comparaisons d'autres villes du Nordeste. Par conséquent peu de voyageurs à Aracaju, une étape tranquille et un bon point de départ vers les petites villes coloniales des alentours. Ceux qui recherchent l'animation (en particulier nocturne) se dirigeront vers le quartier d'Atalaia, à 9 km au sud du centre.

PLAGES ★★

Aracaju est une destination qui offre de nombreuses plages agréables, propices à la baignade ou au surf, pour les sportifs. Il y a de nombreuses plages urbaines au sud du centre-ville : Praia dos artistas, à 7 km, avec ses vagues propices à la pratique du surf, elle est surnommée « Havaizinho », la petite Hawaï. Mais aussi Praia Atalaia, à 9 km, Praia Aruana, à 11 km, Praia do Robalo, à 13 km...

Plus on descend, et plus elles sont calmes et préservées, à l'image de la Praia do Refugio (à 18 km du centre), la plus sauvage de toutes.

CENTRO DE ARTE E CULTURA JOSÉ INACIO ★

Avenida Santos Dumont, 3361

✆ +55 79 3255 1413

Ouvert de 8h à 20h en semaine et de 13h à 21h le week-end. Entrée libre.

Le centre d'art et de culture José Inacio est un beau pavillon qui abrite une exposition d'artisanat local. Cet espace a été nommé en hommage à l'artiste José Inacio de Oliveira, connu son pseudonyme de José Inacio. On peut y admirer les œuvres de José Roberto Freitas ou Beto Pezão, qui fabriquent des figurines aux pieds énormes. Tout l'artisanat local est représenté : hamacs, sculpture, poterie traditionnelle, poupées-calebasse... Malheureusement l'espace est sous-utilisé.

MERCADO MUNICIPAL ANTONIO FRANCO ★★

Rua José do Prado Franco

Ouvert tous les jours de 6h à 18h.

Se rendre sur un marché est une démarche qui permet de s'imprégner de quelques clichés instantanés de la vie locale. Les traditions et les modes de vie s'exposent en plein air. Ici, d'un côté, vous avez le marché d'artisanat le plus populaire avec vente de produits typiques : céramique, broderie, objets de paille, hamacs... Les prix sont très attractifs ! De l'autre côté du parvis vous trouverez le marché aux fruits et légumes, fort sympathique aussi.

AJU HOSTEL E POUSADA €

R. François Hoald, 276

✆ +55 79 3223 4332

aju-hostel-e-pousada.business.site

À partir de 90 R$ la chambre double, petit déjeuner inclus.

La pousada Aju, qui fait également auberge de jeunesse, est une petite structure idéalement située, à 5 minutes à pied de la plage, à la déco tropicale dans les parties communes, claire et sobre dans les chambres confortables et propres. Autour du patio, l'ambiance est cosy et les propriétaires ont su concilier la difficile équation de la modicité des prix et de la qualité des services et de l'accueil. Le « café da manha » est bon et généreux et l'accueil chaleureux. Fréquentée par des familles brésiliennes, c'est une pousada d'un bon rapport qualité-prix.

POUSADA DOS CAMINHOS €

R. Dr. Bráulio Costa, 89

✆ +55 79 3243 4315

www.pousadadoscaminhos.com.br

À partir de 100 R$ la chambre double, petit déjeuner inclus.

Cette petite pousada, très simple bénéficie d'un excellent emplacement, près de la Passarela do Caranguejo, sur la plage d'Atalaia. Les chambres sont propres, confortables et assez grandes. Une excellente literie. Bon petit-déjeuner. La décoration pittoresque et rustique est composée d'objets provenant de lieux du Brésil et du monde entier. Le service est attentif et accueillant. Ce petit hôtel tout en simplicité et bien tenu est une bonne option dans cette gamme de prix à Aracaju. On apprécie la proximité de la grande bleue.

VIA MAR PRAIA HOTEL €€

Avenida Santos Dumont, 273
+55 79 3216 3650
www.viamarpraiahotel.com.br
À partir de 162 R$ la chambre double. Petit déjeuner inclus. Piscine.

L'hôtel Via Mar est situé en face de l'endroit le plus animé de la Orla de Italaia, en face de la mer, dans le quartier le plus prisé des voyageurs qui viennent à Aracaju. On a juste à prendre sa serviette pour profiter de la plage. Les chambres sont simples, mais bien équipées (télévision, sèche-cheveux...). Certaines chambres ont vu sur la plage. Le personnel est accueillant. Au coeur même de l'hôtel, on peut profiter de la piscine et du restaurant. Le petit déjeuner bien servi avec diverses options. A partir de 160 réais.

CARNE DE SOL DO RAMIRO €

Avenida Beira-Mar, 1250
+55 79 3246 1007
Tous les jours de 11h à 22h, fermé le dimanche soir. Compter a partir 30 R$/personne.

La carne do sol (littéralement viande du soleil) est une préparation typique du Nordeste. Les vachers avaient l'habitude de faire sécher la viande pour la conserver, en ces terres aux températures élevées. Vous l'aurez compris, cet établissement est en partie dédié à la nourriture carnée. Le Carnedo Sol do Ramiro est un agréable restaurant situé au bord de mer proposant les plats typiques de la cuisine nordestine (frites de manioc, picanha...). Suivez le chef et commandez la *carne de sol* ! Plats à partager et prix attractifs.

O MIGUEL €

Avenida Antônio Alves, 340
+55 79 3243 1444
www.restauranteomiguel.com.br
Ouvert le lundi et le dimanche de 11h à 17h et du mardi au samedi de 11h à 23h30. A partir de 50 R$/personne.

Situé entre l'aéroport et la plage, le Miguel est un classique d'Aracaju, qui accueille les convives depuis 1980. Le guide 4 Rodas l'a plusieurs fois primé pour la qualité de sa cuisine. Il propose une bonne cuisine locale, la carte varie entre les plats de viande et ceux de poisson. Essayez la suggestion du chef : la *carne de sol*, plat traditionnel régional fait avec du filet de bœuf séché au soleil. Plus classiquement, vous pouvez déguster le *surubim*, un poisson typique de la rivière São Francisco, ou une pican ha à la mode argentine.

ENCANTO DO MAR €€

Avenida Santos Dummont, 118
+55 79 3243 5422
Tous les jours, midi et soir. Plats à partir de 45 R$ pour 1 personne, 80 R$ pour deux.

Au bord de mer, sur la plage d'Atalaia, le restaurant Encanto do Mar est une option agréable et bon marché pour manger de bons plats de cuisine locale. Les portions sont généreuses et l'ambiance familiale sans prétention. Essayez le *camarão no coco* (crevettes généreusement servies dans une noix de coco) servi avec une purée de pommes de terre et du riz blanc, ou la *mariscada*, accompagnée d'un mélange de fruits de mer. Les *moquecas* de poissons, les crevettes à la grecque et *l'isca* de poisson sont généreusement servies. L'accueil est très agréable.

PITU COM PIRÃO DA ELIANE €€

Avenida Santos Dumont, 957
+55 79 3243 4747
Tous les jours de 11h à 23h. Compter à partir de 50 R$/personne.

Le Pitu est une variété de crevette locale, qui est également connue pour être une variété de cachaça très prisée dans la région...et que l'on peut consommer ici avec modération. Le pirao est également un plat typique, composé de farine de manioc et poisson, préparé en ragoût. L'ambiance de ce restaurant traditionnel est très accueillante et la cuisine typique du Nordeste vaut le détour. Le Pitu com Pirão est réputé parmi les locaux et les touristes qui visitent Aracaju. Les plats de poisson et de crevettes sont un vrai régal !

SAL E BRASA €€

Avenida Santos Dumont, SN
+55 79 3255 1644
www.salebrasa.com.br
Tlj midi et soir. Rodizio (à volonté) : déjeuner autour de 50 R$, dîner environ 35 R$, selon le jour de la semaine.

Le sal E brasa est une chaîne dédiée au churrasco, cette viande tendre que des serveurs, en un ballet ordonné et gracieux, découpent avec adresse. Fans de viandes et gros mangeurs, vous avez trouvé votre bonheur ! Sal e Brasa est une *churrascaria* réputée en ville où l'on mange à volonté par le système de *rodizio* (desserts et boissons à part). Vous aurez le choix parmi les différentes coupes de viandes cuites sur charbon de bois, sans compter le grand buffet de salades. Le buffet propose également des pâtes, des sushis et des fruits de mer.

LA VECCHIA €€

R. Guilhermino Rezende, 346
✆ +55 79 3214 6070
Ouvert tous les jours de 18h à minuit. 40/50 R$ par plat.

Le restaurant La Vecchia est une agréable table italienne à la décoration soignée, au moins autant que les assiettes et ce qui les compose : pâtes à la bolognaise ou pesto, carpaccio de bœuf, burrata au basilic, bruschettas à la mozzarella ou au jambon de parme, lasagnes au four, tarte au chocolat... La chef Rose Munhós officie aux pianos depuis 2005 avec passion, et la réputation de la Vecchia n'est pas usurpée. Une adresse de gourmets. Quelques notes de musiques apportent encore un petit supplément d'âme à un lieu qui n'en manque pas.

LARANJEIRAS ★

Ville coloniale fondée en 1605, Laranjeiras fut l'un des centres de la production de la canne à sucre et du coton et joua, jusqu'au XIXe siècle, un rôle déterminant dans l'économie de la région. Depuis, la ville s'est progressivement endormie. De cette époque, il reste toutefois de belles églises comme l'Igreja Nossa Senhora do Bomfim, construite en 1836 sur une colline, et quelques vestiges industriels, comme l'entrepôt Trapiche (ou Centro de Tradições), par lequel transitaient le coton. Cet entrepôt abrite aujourd'hui l'office de tourisme. On pourra y passer une agréable demi-journée dans ses rues pavées bordées de belles maisons coloniales.

BOA LUZ €€€

BR 235, km 16, s/n
✆ +55 79 3281 4848
En basse saison, à partir de 250 R$ la chambre double. Restaurant sur place.

A une dizaine de kilomètres d'Aracaju, la réserve Boa Luz est une des plus grandes structures dédiées au tourisme rural de la partie Nord du pays. Sur prés de 700 hectares, la nature originelle (forêt atlantique, lacs) et les jardins agrémentent les lieux. Des chambres et des chalets confortables et cosys sont situés au milieu d'une ferme entourée par la nature. C'est assurément un endroit paisible et plein de charme. De nombreuses options de loisirs sont proposées aux hôtes. En juin l'hôtel organise un buffet spécial le soir (payant).

SÃO CRISTOVÃO ★

Située à 29 km d'Aracaju, la ville fut fondée en 1590, ce qui en ferait la quatrième plus ancienne du pays. Elle fut la capitale de l'État du Sergipe jusqu'en 1855 et un centre économique de première importance grâce à la culture de la canne à sucre. Il s'agit aujourd'hui, tout comme Laranjeiras, d'une paisible petite ville, où l'on peut visiter l'Igreja do Senhor dos Passos (XVIIIe siècle), qui abrite le petit Museu de Arte Sacra (collection considérée comme la troisième plus importante du Brésil), ou encore l'Igreja do Convento de São Francisco, qui date de 1693. La ville est également inscrite au patrimoine historique national depuis 1939.

MUSEU DE ARTE SACRA - CONVENTO SÃO FRANCISCO ★

Praça São Francisco
✆ +55 79 3261 4869
Du mardi au samedi de 10h à 16h, dimanche de 9h à 13h. 5 R$.

Située dans ce village historique, l'Igreja do Convento de São Francisco, qui date de 1693, abrite le petit Museu de Arte Sacra, une collection d'art sacré considérée comme la troisième plus importante du Brésil, avec environ 500 objets en exposition. Certaines pièces sont d'une grande finesse. Les amateurs d'art sacré apprécieront ce bel ouvrage. Le cloître du couvent est également à voir. Pour un peu, on se croirait à Olinda ou à Salvador de Bahia.

MUSEU HISTÓRICO DE SERGIPE ★

Praça São Francisco
✆ +55 79 3261 1435
museuhsergipe.blogspot.com.br
Du mardi au samedi de 10h à 16h, dimanche de 9h à 13h. 5 R$.

Le plus ancien musée du Sergipe regroupe une collection riche et diversifiée d'objets et reliques importants dans l'histoire de l'État de Sergipe. Des peintures, des objets d'art et des documents historiques sont exposés. On y trouve des meubles des XIXe et XXe siècles, divers tableaux, des bustes de personnalités de Sergipe, des collections de pièces de monnaie, ainsi que des objets rares et des photos de personnages du « cangaço » (bandits d'honneur du Nordeste comme Lampiao).

PRAÇA SÃO FRANCISCO ★★

La praça São Francisco est incontournable à Aracaju. C'est le symbole de la ville. Depuis 2010 la place fait partir du patrimoine mondial de l'UNESCO. C'est un ensemble de plusieurs bâtiments publics et privés construits à l'époque où les couronnes portugaise et espagnole étaient unies, entre 1580 et 1640, mais également des édifices remarquables des XVIIIe et XIXe siècles. On pourra y admirer l'Igreja do Convento de São Francisco et son musée d'art sacré, ou encore l'ancien Palácio Provincial aujourd'hui transformé en musée historique.

MACEIÓ ★★

Maceio est la capitale de l'État de l'Alagoas, 1 100 000 habitants. De manière générale, les centres des grandes capitales, surtout celles du Nordeste, souvent chargées d'histoire, réservent aux visiteurs quelques surprises, comme une église ancienne ou un quartier historique. Ce n'est pas le cas de Maceió. En revanche, le bord de mer de la région possède un charme qui n'est pas sans rappeler Ipanema, Leblon ou Copacabana, toutes proportions gardées bien entendu. Et dans cette région du pays, les eaux aux tons bleu et vert de la mer rappellent indéniablement les Caraïbes. La côte reliant Maceió à Maragogi est surnommée la côte des coraux.

MUSEU DO INSTITUTO HISTÓRICO E GEOGRÁFICO ★

Rua do Sol, 382

✆ +55 82 3223 7797

Ouvert du lundi au vendredi de 8h à midi. Entrée 5 R$.

Le musée de l'Institut historique et géographique d'Alagoas est situé dans le centre-ville de Maceió. il expose au public une partie de la collection historique, archéologique et ethnographique de l'institut. Ce musée propose une collection axée sur la culture des indigènes : parures, arcs et flèches, accessoires indigènes et des armes ayant appartenu au bandit Lampião… un intéressant voyage dans le temps, dommage que l'endroit souffre d'un manque cruel d'entretien.

MUSEU THEO BRANDÃO ★

Avenida da Paz, 1490

✆ +55 82 3214 1716

Ouvert du mardi au samedi de 9h à 17h. Entrée 3 R$.

Hébergé dans un très bel édifice colonial restauré, ce musée porte le nom d'un médecin qui a légué à l'Université d'Alagoas sa collection, composée d'une infinité de pièces d'artisanat issues de la culture populaire. Ce musée est dédié à l'anthropologie et au folklore régional, d'une infinie richesse. des jouets populaires, des objets en fibre végétale (caçuás, paniers, abanos, chapeaux, etc.), céramique utilitaire de l'ethnie Kariri Xocó, d'Alagoas, des pièces du culte afro-brésilien, des éléments du catholicisme populaire, dentelle et broderie

PARQUE MEMORIAL QUILOMBO DOS PALMARES ★

Serra da Barriga

✆ +55 82 3281 1799

serradabarriga.palmares.gov.br

Le mieux est de contacter le parc pour organiser une visite.

Le quilombo de Palmares est un lieu majeur du Brésil post-colonial. Le voyageur curieux qui passe à Salvador ne peut rater la statue du «héros» de la négritude : Zumbi de Palmares, roi africain réduit en esclavage au Brésil. Il réussit à fuir avec de nombreux marrons et construisit une ville dans l'arrière-pays nordestin. À partir du début du XVIIe siècle, les esclaves qui parvenaient à s'enfuir des *fazendas* (fermes) et des *engenhos* (petite usine artisanale de traitement de la canne à sucre) commencèrent à se regrouper dans des endroits sûrs où ils pouvaient évoluer en liberté, ces communautés sont connues sous le nom de *quilombo*.

Le plus grand et le plus fameux *quilombo* du Brésil, celui « gouverné » par Zumbi dos Palmares, était établi dans la Serra da Barriga, à 80 km de Maceió. Il regroupa des esclaves en fuite, des Indiens et quelques Blancs mis au ban de la société, qui résistèrent avec acharnement pendant près de 100 ans, à l'image des révoltés de Canudos, non lieu d'ici, avant d'être finalement anéantis par l'armée de la couronne portugaise en 1694. L'histoire dit que Zumbi tomba après avoir été trahi par un des siens.

Les vestiges du *quilombo* ne sont hélas pas mis en valeur : pas de gardiens, ni de moyens, et il faudra louer un véhicule. Sur place, des guides vous proposent, « bénévolement », de vous guider. Plus qu'une visite, c'est une petite aventure pour ceux que cette page de l'histoire brésilienne intéresse particulièrement.

PLAGES ★★

La ville compte de très belles plages dans ses environs. Les plages urbaines sont polluées et la baignade déconseillée. Si vous ne pouvez pas trop vous éloigner, allez vers Ponta Verde (à 5 km) et Jatiúca (à 6 km). Ces plages superbes sont très fréquentées. En bus : prendre direction Riacho Doce (Nord).

- **Vers le nord :** Poussez encore plus au nord, il n'y a que l'embarras du choix : Jacarecica (à 9 km), Guaxuma (12 km), Garça Torta (15 km), Pratagi (17 km), terminus à Riacho Doce (16 km).
- **Vers le sud :** Praia do Francês et Barra de São Miguel, sublimes !

FOZ DO SÃO FRANCISCO ★★

Allers-retours assurés par les agences. Compter environ 110 R$ l'aller-retour (bateau et déjeuner inclus).

Le fleuve São Francisco a une importance symbolique forte au Brésil, on le surnomme le « fleuve de l'unité nationale » en souvenir du temps, pendant la Seconde Guerre mondiale, où le seul moyen de transporter nourriture et biens manufacturés entre sud et nord du pays était d'emprunter les flots bleus du fleuve, les voies maritimes étant coupées par les U-Boot allemands, le Brésil ayant fait le choix de se ranger du côté des Alliés.

Connu sous le nom de Velho Chico, le fleuve prend sa source dans le Minas Gerais et traverse les États de Bahia, du Pernambuco, du Sergipe et d'Alagoas. Entre ces deux derniers États se trouve l'embouchure du fleuve São Francisco et le voyage vaut la peine pour ceux qui séjournent dans un de ces deux États. L'excursion commence par un voyage de Maceio à Pitaçabu (140 km), au sud de l'État, d'où partent les bateaux vers l'embouchure du fleuve. Arrêts pour la baignade et pour admirer le paysage sont prévus. Pour ceux qui passent leurs vacances à Maceió, par exemple, il est plus facile de se rendre à la ville de Piaçabuçu, dans les Alagoas, d'où partent les excursions en bateau vers la rencontre des eaux.

Le paysage le long de la rivière est magnifique et permet de faire une excursion en plein air. Pendant le voyage, il est possible d'observer la belle forêt et les communautés locales qui vivent de la pêche. La rencontre des eaux n'est pas aussi spectaculaire que celle du Rio Negro et du Solimões, car le fleuve et la mer n'ont pas des couleurs aussi différentes, mais l'endroit a une beauté unique.

PISCINES NATURELLES ★★

Plage de Pajuçara
Compter 25 R$.

Une des attractions de ce petit Etat du Nordeste repose assurément sur ses magnifiques piscines naturelles. Lors de marées basses, il suffit de monter sur une des *jangadas* (sorte de barques à voile) qui sont au bord de la plage, dirigées par des pécheurs locaux, pour aller jusqu'aux piscines naturelles de Pajuçara un peu plus loin dans la mer. L'eau transparente nous fait penser qu'on est immergé dans une grande piscine, entouré de poissones multicolores. Dommage que l'on ne soit pas les seuls à profiter du cadre idyllique...

AÉROPORT ZUMBI DOS PALMARES

Rodovia BR 104, km 91
✆ +55 82 3036 5200
www.infraero.gov.br

▶ L'aéroport de Maceio est desservi par les Compagnies aériennes : TAM, GOL, Azul et Avianca desservent l'aéroport de Maceió. Vols directs ou avec connexions partout dans le pays.

▶ **Services :** Correios, informations touristiques, banques, location de véhicules et taxis.

▶ **Transport :** De l'aéroport partent tous les jours des bus (toutes les 30 minutes ou toutes les heures le week-end) vers la zone des plages urbaines Pajuçara, Ponta Verde et Jatiuca, 3 R$. En taxi compter 80 R$.

COMTAL - COOPÉRATIVE DE TAXI

Aéroport Zumbi dos Palmares
✆ +55 82 3322 2530
Compter 80 R$ de l'aéroport vers les plages urbaines.

COMTAL est une des deux coopératives de taxi présentes à l'aéroport. Le tarif est fixé d'avance et est assez élevé, à vous de voir si le confort en vaut la peine. Toutefois, si vous arrivez le soir, ne pas hésiter à prendre ce moyen de transport. On rappellera les consignes à suivre lors de l'utilisation de taxi. Il faut les faire appeler par la pousada ou le restaurant ou les prendre en tête de station. Le chauffeur de taxi doit enclencher son compteur dès le début de la course.

POUSADA AQUARELA DO BRASIL €

Rua Desembargador Almeida Guimarães, 367
✆ +55 82 3231 0113
www.pousadaaquareladobrasil.com
Compter à partir de 140 R$ la double.

Une *pousada* très agréable située à Pajuçara à moins de 100 mètres de la plage, excellent rapport qualité/prix. Les chambres à l'étage possèdent un petit balcon et celles d'en bas une petite terrasse avec hamac (moins spacieuses toutefois). Elles sont toutes climatisées et bien entretenues. La terrasse où le petit déjeuner est servi est accueillante et aérée. A la réception, on peut vous renseigner et vous aider à réserver les excursions pour les plages en dehors de la ville.

MACEIO MAR HOTEL €€

Avenida Alvaro Otacilio, 2991
✆ +55 82 2122 8000
www.maceiomarhotel.com.br
Chambre double à partir de 300 R$.

Le Maceio Mar hotel est un hôtel de standing situé au bord de mer, dans le quartier touristique de Ponta Verde t à quelques centaines de mètres du Mercado Municipal de la ville. Les chambres sont modernes et bien équipées, avec télévision, climatisation, coffre, frigobar, sèche-cheveux, wifi inclus et téléphone. L'établissement possède encore restaurant, une belle piscine adulte et enfant, bar, salle de jeux avec billard et tennis de table, salle fitness, sauna et room service 24h/24. Une option tout confort pour un séjour agréable.

VILA PAJUCARA €

Rua Jangadeiros Alagoanos, 1528
✆ +55 82 33175006
https://www.vilapajucara.com.br/
Chambre individuelle de 100 à 150 R$, la double de 140 à 220 R$. Petit déjeuner, draps, serviettes et Wifi inclus.

Très bonne option pour un petit budget. L'ancien Maceio Hostel a changé de nom depuis la pandémie, sans doute pour être plus «lisible» et/ou visible dans l'offre d'hébergment de Maceio. Il bénéficie d'un bon emplacement entre les quartiers de Ponta Verde et de ponta da terra, à quelques blocs de la plage. L'endroit est coquet et les parties communes agréables. Les chambres ne sont pas très grandes mais fonctionnelles et bien tenues. Les dortoirs sont de taille raisonnable (6 lits), propres et non mixtes. Une petite piscine pour se rafraîchir le soir.

PRAIA BONITA €€

Avenida Dr. Antônio Gouveia, 943
✆ +55 82 2121 3700
www.praiabonita.com.br
Chambres avec TV et minibar à partir de 170 R$, petit déjeuner inclus.

Cet hôtel est idéalement situé en bord de plage, dans l'agréable quartier de Pajuçara, à proximité des animations nocturnes et des points d'intérêts de la capitale du petit Etat nordestin. Cet établissement accueillant, moderne et joliment décoré offre des chambres confortables avec une vue agréable. Certaines de ces chambres donnent sur la mer. Les visiteurs sont également proches d'une des attractions de Maceio : les piscines naturelles. Le groupe possède un autre hôtel sur la plage de Jatiuca. Un bon rapport qualité/prix.

HOTEL PONTA VERDE €€

Avenida Álvaro Otacílio, 2933
✆ +55 82 2121 0990
www.hotelpontaverde.com.br
Chambre double standard à partir de 280 R$, 300 R$ face à la mer. petit déjeuner inclus.

Un hôtel très bien localisé face à la plage de Ponta Verde. Les 203 chambres sont réparties sur les neuf étages du bâtiment. Certaines sont face à la mer et d'autres possèdent une vue latérale sur la plage. Elles sont toutes équipées de climatisation, frigo-bar, télévision, sèche-cheveux, coffre et accès wifi (inclus). L'hôtel possède une piscine avec terrasse et chaises longues, bar, cybercafé et un partenariat avec un club de gym (voir les conditions sur place). Le groupe possède un autre hôtel sur la belle plage de Praia do Frances.

CASA CAIADA €€€

AL-101 Norte, km 10
✆ +55 82 3375 1124
www.casacaiadapousada.com.br
Prix très variables, mais compter à partir de 400 R$.

La pousada Caiada est sans doute la *pousada* la plus renommée du coin, située à 15 minutes du centre de Maceió et au beau milieu de la forêt atlantique. Les 10 chambres de cette pousada de charme ont toutes une vue sur mer et sont climatisées. Tous les hôtes ont accès gratuitement aux installations du Venta Club Pratagy situé au pied de la colline. On y trouve tout le confort attendu dans un établissement de cette catégorie. Hôtel calme et petit déjeuner servi à toute heure. Idéal pour les personnes voyageant avec des enfants.

MARÉ MANSA €

Avenida Dr. Antonio Gouveia, s/n

✆ +55 82 3235 4340

Compter à partir de 50 R$/personne. Ouvert tous les jours, sauf le mardi, de 10h jusqu'à tard le soir.

Le restaurant Maré Mansa est un endroit charmant et un peu plus économique que les autres « barracas » situées le long de l'avenue. Localisé à Pajuçara, sur une frange un peu plus populaire du bord de mer, le Maré Mansa propose des plats de poisson bien servis. Ce n'est pas tout à fait de la haute gastronomie, mais c'est un bon compromis. L'ambiance sonore est également plus agréable que celle des kiosques situés à côté. Prenez place en terrasse et profitez de la brise et du beau cadre avec vue sur la mer, les pieds presque dans l'eau.

JANGA €€

Rua Gen. João Saleiro Pitão, 1296

✆ +55 82 3028 3288

Ouvert 12h-16h de mardi à dimanche et 18h30-23h30 du mardi au samedi. Fermé le lundi. Compter 100 R$ le repas complet.

Le Janga est un très bon restaurant de fruits de mer et poissons au cadre plutôt élégant. La présentation est soignée, le service est très attentionné et professionnel, et la qualité des produits est irréprochable pour les tarifs pratiqués, très corrects. L'environnement est très agréable, divisé en plusieurs zones ouvertes ou fermées et climatisées. La carte sophistiquée propose des plats pouvant sustenter jusqu'à quatre personnes et une subtile combinaison de viandes et de fruits de mer. De l'entrée au dessert, l'esthétique s'associe à la finesse des plats.

CARNE DE SOL DO PICUI €€

Avenida da Paz, 1140

✆ +55 82 3223 8080

www.picui.com.br

Ouvert tous les jours de 11h à 17h. Plats à partager à partir de 70 R$ environ.

Pour ceux qui sont lassés du poisson, forcément très présent sur les menus de bord de mer, voici un excellent restaurant de viande où la traditionnelle *carne de sol* est cuisinée avec inventivité (plus de 20 recettes différentes). En entrée, on vous conseille l'*escondidinho do picui*, une version en cassolette de la *carne de sol* couverte par une purée de manioc gratinée. En plat principal, essayez le *jerimum arretado*, de la viande coupée en cubes et servie à l'intérieur d'un grand potiron, le tout accompagné d'une sauce à la crème. Vous ne serez pas déçu !

KANOA BEACH BAR €€

Avenida Silvio Carlos Viana, 25

✆ +55 82 3235 3943

De 9h à minuit, plus tard en fin de semaine. Plats à partir de 50 R$, dessert à 15 R$, cocktails à partir de 12 R$.

Le Kanoa Beach Bar est un des restaurants-*barraca* de plage les plus appréciés du bord de mer, avec le Lopana. L'offre est semblable à celle de l'autre barraca «chic» de Maceio : on y trouve les traditionnels plats de poissons, de fruits de mer et de produits locaux, tel le filet de poisson « agulinha » roulé dans le fromage *coalho*. Le matin, le bar est ouvert, mais la cuisine ne démarre qu'aux environs de midi. Pas de douches ici, et un supplément est demandé pour utiliser les chaises longues sur la plage. Belle localisation.

DIVINA GULA €€

Rua Engenheiro Paulo Brandão Nogueira, 85

✆ +55 82 3235 1016

www.divinagula.com.br

du mardi au dimanche de midi à minuit (vendredi et samedi jusqu'à 2h). à partir de 85 R$/2, desserts autour de 15 R$.

Le divina Gula, au fil des ans, grâce au travail est devenue une référence autant qu'une institution à Maceió. Ce restaurant propose des spécialités régionales *mineiras* (du Minas Gerais) et *nordestinas*. Dans une carte très riche, on recommandera la *pican ha* (pièce noble du bœuf) à la *macaxeira* (manioc frit), la carne do sol au tutu mineriro ou encore le bœuf grillé aux brocolis. Bien sûr, les produits de la mer sont oubliés, comme les crevettes curry-ananas. Le soir, le restaurant offre aussi une ambiance de bar sur sa grande terrasse animée.

LOPANA €€

Avenida Silvio Carlos Viana, 27

✆ +55 82 3231 7484

www.lopana.com.br

De 10h à minuit, plus tard le vendredi et le samedi. Environ 50 R$ les plats 20 R$ le cocktails. 6 R$ le couvert.

C'est le restaurant-*barraca* de plage le plus réputé de Maceió. Les places sont vite prises, surtout le weekend où il faut arriver avant 12h. L'établissement possède aussi une bonne infrastructure avec des douches. Le week-end, n'hésitez pas à arriver avant midi pour être sûr d'avoir une table et de ne pas attendre des heures. Les plats sont travaillées et un peu plus élaborés qu'ailleurs. On peut opter également pour un *petisco* accompagné d'un cocktail aux fruits servi directement dans l'ananas. Durant l'été un DJ assure l'ambiance.

WANCHAKO €€€

Rua São Francisco de Assis, 93
✆ +55 82 3235 2151
www.wanchako.com.br
Du lundi au jeudi 18h-23h, vendredi 12h-15h et 18h-00h30, samedi 18h-00h30. A partir de 120 R$ le repas

Le Wanchako est un restaurant péruvien sous la houlette de la famille Bert depuis 25 ans. La décoration, à l'image de la cuisine proposée, est simple et de bon goût. La cuisine de la maison est une référence nationale et surprend par ses saveurs, délicates et raffinées. Goutez les *ceviches* de poisson, de langouste ou de fruits de mer proposés à la carte. Les poissons et fruits de mer frais venus de la mer dominent la carte, mais on trouve également des plats de viande, notamment le *lomo* sauté et le canard péruvien. Une adresse incontournable à Maceió.

ALAGOANA

Rua Deputado Luiz Gonzaga Coutinho, 125
✆ +55 82 3311 9053
De 16h à 1h, samedi et dimanche à partir de 14h. Happy hour de 16h à 19h.

L'Alagoana est un établissement à l'ambiance animée ! Ce bar-botequim agréable propose des bières, des *caipirinhas* et divers en-cas à picorer durant l'*happy-hour* ou jusqu'à la nuit tombée. La décoration est gentiment désuète et confère un incontestable aspect de «botequim», ces bars traditionnels brésiliens qui font l'âme de Rio. On peut s'attabler en terrasse ou profiter du salon décoré avec de beaux meubles d'antiquaire. Des concerts de MPB sont régulièrement programmés en fin de journée, et le samedi midi, comme à Rio, c'est le jour de la *feijoada* !

CASA NORDESTE

Av. Gunther Frans de Oliveira, 16545
✆ +55 82 3234 2403
casanordeste.com.br
Ouverts tous les jours de 7h à 19h. Noix de cajou et autres à partir de 50 R$/kilo. Possibilité de manger sur place.

La Casa Nordeste est un Mix de grande boutique à souvenirs, de gourmandises locales et de café. On trouve de nombreux produits régionaux dans la Casa do Nordeste. Les prix sont accessibles. Les noix de cajou sont directement issues des productions des « cajueiros » locaux. Les clients peuvent déguster les produits sur place, les noix sont vendues en vrac. Toutes les options salées, grillées, caramélisées... Une halte incontournable pour ceux qui sont sur la route du Nord de l'Alagoas. Depuis 2015, une nouvelle adresse existe à Ponta Verde.

RUA DAS RENDEIRAS

Rue Alipio Barbosa da Silva
✆ +55 82 8805 9784
Ouvert de 9h à 18h.

Comme en de nombreux lieux du monde, la broderie perdure comme activité artisanale traditionnelle. C'est dans la rue des Rendeiras (littéralement rue des brodeuses), dans le quartier de pécheurs de Pontal da Barra, que se regroupent les femmes qui réalisent le *filé*, une broderie typique de l'Etat d'Alagoas. On les voit directement faire les pièces et on repart difficilement les mains vides. Dans ce quartier populaire et agréable, on trouvera de nombreuses échoppes dédiées à cet art traditionnel, à des prix très abordables. Bref, un achat « intelligent ».

PRAIA DO FRANCÊS ★★

Rien à voir avec du chauvinisme : l'Alagoas est riche de superbes plages, toutes plus paradisiaques les unes que les autres, qui s'étendent au nord et au sud de la capitale, Maceió, dont la Praia do Francês. Située à 21 km au sud de Maceió, sur la côte des cocotiers (costa dos coqueiros). Cette langue de sable blanc protégée par une rangée de récifs est très fréquentée le week-end. des milliers de touristes, en provenance en générale de Maceio, la capitale de l'Etat. Plusieurs restaurants y proposent crevettes, poissons et bière glacée. Sur la partie droite de la plage, les vagues attirent les touristes. Les jangadas attendent les touristes.

POUSADA BLUE VIKING €€

Av Caravelas, 321
✆ +55 82 3260 1182
www.vikingblue.com
À partir de 200 R$ la chambre double, petit déjeuner inclus.

La pousada Blue Viking est une option assez bon marché à Praia do Francês. Certes, cet établissement n'affiche pas de charme particulier, mais on peut y trouver une ambiance « pousada de plage ». Il est très bien localisé, à proximité des bars et des restaurants de cette plage animée. Le Blue Viking propose des chambres propres, modernes et fonctionnelles, qui disposent d'une literie confortable (chambre pour 2, 3 et 4 personnes), d'un petit déjeuner à la hauteur et d'une petite piscine. Très bien pour une halte d'une nuit ou deux.

SERGIPE ET ALAGOAS

POUSADA RICARDINHO DO FRANCÊS €€

Rua Arrecifes, 10
✆ +55 82 3260 1488
www.pousadaricardinhodofrances.com.br/
Double à partir de 170 R$.

L'ancienne pousada «Praia do Francês» rebaptisée pousada «Ricardinho do Francês» est une option de choix sur cette belle plage de «Praia do Francês». Dans un cadre verdoyant, la pousada, aux murs vert pistache, propose des chambres avec balcon, simples et confortables et une piscine. Elle est idéalement localisée, à seulement 40 mètres de la plage. Cette *pousada* offre un très bon rapport qualité/prix. La pousada organise des sorties vers les spots touristiques de la région.

CAPITÃES DE AREIA €€

Rua Vermelha, 13
✆ +55 82 3260 1477
www.capitaesdeareia.com.br
À partir de 160 R$.

Cette pousada porte le nom d'un célèbre roman du magnifique écrivain bahianais Jorge Amado. Deux paulistes, tombés amoureux des lieux, décidèrent en 2005 de transformer cette pousada en un lieu agréable et convivial. Le défi est réussi, assurément. Moderne et colorée, la *pousada* Capitaes de Areia est bien située, dans une rue tranquille et à deux *quadras* (pâtés de maisons) de la plage. Les chambres sont toutes décorées de tons pastel et possèdent climatisation et ventilateur. *Pousada* idéale pour les familles. Bon rapport qualité-prix.

O PIANO ECO PIZZA €€

Av. Caravelas
✆ +55 82 3260 1205
ecopizza.com.br
Ouvert du mardi au dimanche de 17h à 22h. 50 R$ la pizza.

Le piano Eco Pizza est un concept autant qu'un restaurant de cuisine italienne. Outre des plats italiens, on se voit servir aussi d'autres ingrédients comme l'amitié et le partage. C'est un restaurant comme on les aime, où l'homme et la nature ont droit de cité. Les matériaux utilisés comme combustibles sont issus de déchets de canne à sucre. Ouvert le soir uniquement. Les pizzas à la pâte fine sont cuites au feu de bois. La carte des vins est intéressante, celle des pizzas embrasse quelquefois l'originalité avec des saveurs sucrées (banane). A connaître.

PONTAL DE CORURIPE ★

Coruripe est située à environ 90 km au sud de Maceió et possède 30 km de belles plages. De là, vous pouvez poursuivre jusqu'à Pontal de Coruripe (9 km), un village de pêcheurs très prisé, mais qui a conservé son authenticité loin de la pression touristique et des plages bondées. Une étape où il fait bon rester quelques jours et profiter du cadre paisible et coloré. Pendant que les hommes s'affairent à la pêche, les femmes s'occupent des travaux de vannerie. Pontal de Coruripe est de ces lieu où le tourisme de masse n'a pas encore altéré les rapports entre touristes et autochtones et où les deux mondes coexistent de manière presque harmonieuse.

POUSADA PARADISE €€

Rua Projetada, 433
✆ +55 82 3273 7303
www.pousadaparadiseal.com.br
Chambre double à partir de 250 R$. Compter 20 % de plus durant les mois de janvier, février et juillet.

Quelquefois, certains lieux donnent un avant-goût de paradis. La pousada Paradise, sur la plage de Pontal de Coruripe, lorsque l'on regarde le soleil venir s'abîmer doucement dans l'océan, offre un cadre naturel grandiose. Au milieu d'un grand jardin au bord de mer, des chalets simples, en brique, mais équipés au confort moderne sont disposés autour d'une piscine idéale pour paresser sur des transats, bercé par la brise de l'océan. Terrain de jeux, piscine, vélos, bar. On a envie d'apprécier le temps qui passe, un jus de mangue à la main.

PENEDO ★

Située près de l'embouchure du rio São Francisco, la petite ville de Penedo, injustement ignorée du tourisme, constitue l'un des plus beaux témoignages de l'époque coloniale dans le Nordeste. Fondée dans la première moitié du XVIe siècle, elle représenta longtemps, du fait de son emplacement, un enjeu stratégique d'importance entre Hollandais et Portugais pour le contrôle de la région. Elle est riche en bâtiments coloniaux, belles demeures et églises baroques, la plupart en très bon état. Elle est également un point de départ idéal pour des navigations sur le fleuve, très animé à cet endroit où d'innombrables bateaux vont et viennent.

FOZ DO RIO SÃO FRANCISCO ★★

excursion en bateau avec une agence locale qui vous conduira en véhicule à partir de la ville ou depuis Maceió. 80 R$

Les bateaux partent de Piaçabuçu, le dernier village avant que la rivière rencontre la mer. Connu sous le nom de Velho Chico, le fleuve prend sa source dans le Minas Gerais et traverse les États de Bahia, du Pernambuco, du Sergipe et d'Alagoas. Entre ces deux derniers États se trouve l'embouchure du fleuve São Francisco et le voyage vaut la peine pour ceux qui séjournent dans un de ces deux États.. Le paysage, superbe, est fait de dunes et de lagunes. Au programme, petites pauses pour la baignade et déjeuner. Le film «Espelho d'agua» sublime ces paysages.

REAL ALAGOAS

✆ +55 82 3551 2602

www.realalagoas.com.br

Compagnie de car responsable de la ligne Maceio - Penedo. 15 R$.

La société de Real Alagoas dessert une douzaine de villes à partir de Penedo (Alagoinhas, junqueiro, Luziapolis, Maceio, Pilar, Rancho Alegre, São Miguel Dos Campos, Satura, Sinambu, Teotonio vilela, Usina Terra Nova, Varrela). Les voyageurs et les locaux utilisent surtout la liaison entre Penedo et la capitale et principale ville de l'Etat pour se déplacer entre ces deux lieux touristiques.

- **Maceio – Penedo :** trois à quatre départs par jour via Coruripe ou São Miguel dos Campos. Compter 3 heures 10, 4 heures 10 ou même 5 heures de trajet selon l'itinéraire.

POUSADA COLONIAL €

Praça 12 de Abril, 21

✆ +55 82 3551 2355

À partir de 120 R$ la chambre double.

Cette vénérable demeure nous replonge dans le passé colonial de la ville de Penedo. La magie des lieux opère instantanément. La localisation et le charme d'antan sont bien l'écrin de la pousada Colonial, avec en cadeau la vue sur la rivière. La façade est un peu dans son jus et mériterait des travaux, mais les chambres sont propres et bien tenues. Si vous n'aimez pas l'odeur typique de vieilles bâtisses et les éventuelles toiles d'araignées au plafond, allez chercher ailleurs. Total de 12 chambres simples avec air conditionné. Petit déjeuner modeste.

HOTEL SÃO FRANCISCO €€

Avenida Floriano Peixoto, 237

✆ +55 82 3551 2273

www.hotelsaofrancisco.tur.br

À partir de 200 R$ la chambre double.

On quitte momentanément l'architecture coloniale pour retourner à la modernité. L'hôtel Sao Francisco est un des plus grands et confortables hôtels de la ville avec 51 chambres fonctionnelles et propres. Pour être honnête, ce n'est pas un établissement sur lequel on craque de prime abord. L'extérieur ne paye pas de mine, c'est un bâtiment sans réel grâce ni esthétique mais l'intérieur est assez agréable ; de plus, on a une belle vue sur le rio São Francisco. Piscine, billard, baby-foot et tennis de table pour vous distraire.

POUSADA CHEZ JULIE €€

Avenida Beira-Mar, 54

✆ +55 82 3557 1217

www.pousadachezjulie.com.br

A partir de 160 R$ la chambre double.

La pousada « Chez Julie » est une charmante pousada, très bien tenue par un couple franco-brésilien depuis plus de 20 ans. Elle propose un ensemble de 10 chambres confortables (standard, suite et standard face à la mer) décorées avec goût, piscine. Les hôtes sont presque les pieds dans l'eau et peuvent apprécier, dans ce cadre confortable, la magie des lieux alentour. La pousada est située en face de la belle plage du Peba et à quelques encâblures des superbes «dunas douradas» ou de l'embouchure du Velho Chico, le fleuve Sao Francisco.

FORTE DA ROCHEIRA €€

Rua da Rocheira, 2

✆ +55 82 3551 2486

Ouvert du lundi au jeudi et le dimanche de 11h à 16h. Plats à partir de 35 R$.

Dans un petit fort, accroché à la colline, le restaurant forte da rocheira semble protéger la ville d'un éventuel ennemi arrivant par la rivière. Dans ce cadre assez pittoresque, le Forte da Rocheira propose une bonne cuisine variée, mais on y vient aussi et surtout pour la très jolie vue sur la rivière. On peut ensuite aller jusqu'au belvédère juste en face, le «mirante da rocheira». La vue y embrasse la vieille ville de Penedo et le fleuve Sao Francisco. Le poisson et les fruits de mer y sont à l'honneur. De bonnes salades sont également proposées.

BARRA DE SANTO ANTÔNIO ★★

Paisible village de pêcheurs situé à l'embouchure du rio Jirituba, Barra de Santo Antônio se divise en deux parties. Barra I (le centre) au sud, Barra II (quartier résidentiel) au nord. Ce qui a fait le renom de la localité, ce sont ses plages. A 7 km au nord, la splendide plage de Carro Quebrado est une langue de sable fin et blanc, bordée de cocotiers dignes d'une carte postale, que l'on peut rejoindre à pied si l'on a le courage depuis le village. A 4 km au sud, la Praia Tabuba, que l'on peut aussi rejoindre à pied. On peut sur place faire un tour de *jangada* vers les piscines naturelles dans les récifs. Les deux plages sont équipées de *barracas*

GARE ROUTIÈRE

Rua Antônio Baltazar

Pour aller à Barra de Santo Antônio depuis Maceió, prenez un minibus à la gare routière. Le trajet dure 1 heure, compter une poignée de reais. Les minibus partent toutes les demi-heures à partir de 4h30 et jusqu'à 20 heures en semaine. Le samedi, le premier départ se fait à 5h10 et le dernier à 20h30, départ touts les 50 minutes. Le dimanche, premier départ à 5h, dernier départ à 20h30, départ toutes les heures. Même fréquence dans l'autre sens, de Maceio à Barra. Vous pouvez aussi trouver des taxis collectifs, mais c'est un peu plus cher.

ILHA DO CROA ET CARRO QUEBRADO ★

L'Ilha da Croa et la plage de Carro Quebrado sont deux attractions intéressantes de la région de Barra de Santo Antonio. Désormais, il n'y a plus besoin de prendre le bac pour arriver à l'Ile de Croa et à Carro Quebrado, car il y a un pont qui fait la liaison avec le continent. En arrivant, vous pourrez vous baigner sur une plage aux pierres multicolores. Le paysage de falaises et cocotiers est superbe. Il est prudent de se faire conseiller par un guide local.

POUSADA ARCO IRIS €€

Rua 10, 6

✆ +55 82 3291 1250

www.tabuba.tk

Chambres doubles à partir de 160 R$. Transfert aéroport de Maceió : 120 R$.

La pousada Arco Iris accueille les hôtes depuis 25 ans maintenant dans un écrin de verdure, entre bougainvilliers et palmiers. L'établissement propose au total de 14 chambres, charmantes et rustiques à la fois. Elles sont spacieuses et la majorité peut accueillir jusqu'à 5 personnes. Des hamacs appellent à la relaxation. Les 3 chambres de l'étage supérieur offrent une vue sur la mer. Piscine, restaurant et possibilité de louer des planches à voile, des kayaks et des vélos. C'est une belle *pousada* à 30 m de la plage et entourée de verdure.

PRAIA DO MORRO ★★

Chemin non indiqué. Mieux vaut demander l'aide d'un guide ou faire en excursion.

Cachée sur la Costa dos corais, entre Maceió et Recife, la praia de Morro est la plus belle plage de Passo de Camaragibe. Elle se trouve dans une fazenda. L'accès se fait par la plage ou en bateau à partir de Ponta da Gamela. Vous profiterez de la vue sur les cocotiers, les falaises, la mer aux eaux claires, et les gorges de la rivière Camaragibe. C'est un endroit parfait pour ceux qui recherchent des lieux à l'écart dans les terres d'Alagoas. Connaître ce trésor caché à forcément un prix, car il se trouve dans une région difficile d'accès.

POUSADA VENTOS DA BARRA €€

Rua Juliana C. Modesto, 54

✆ +55 82 3291 2196

À partir de 180 R$, petit déjeuner inclus. Wifi. Possibilité de transport depuis Maceió (payant).

La pousada Ventos da Barra est une bonne option à Barra de Santo Antonio. La pousada est une grande maison rose avec 9 chambres bien équipées (climatisation, télévision, frigo-bar). Tout y flambant neuf. Le mobilier marie avec justesse bois et décoration à base de fibres naturelles. Le super petit déjeuner en buffet est servi en terrasse et la *pousada* se situe à 3 kilomètres des piscines naturelles et de la plage de Carro Quebrado. Simple, mais agréable. C'est un peu isolé et loin de l'animation et des restaurants. L'accueil est pro et chaleureux.

BARRA DO CAMARAGIBE ★★

Le littoral d'Alagoas réserve quelques bonnes surprises, quelques plans secrets que seuls les habitués connaissent, même si tourisme grignote chaque année un peu plus l'authencité nordestine. Autour du pittoresque et pencore préservé village de pêcheurs, la plage est façonnée par la rencontre de l'océan et du rio Camaragibe en son embouchure, avec sa mangrove et ses eaux cristallines. Barra do Camaragibe est un des meilleurs endroits du littoral nord, en particulier pour la baignade en eau douce. La baie est protégée par un récif. Vous pourrez emprunter une jangada pour rejoindre la Praia do Morro,
bordée de falaises et aux eaux translucides.

HOTEL FAZENDA CAMBARA €€

Passo de Camaragibe, 15 km
✆ +55 82 3258 6010 - www.cambarahotel.com.br
À partir de 350 R$ la chambre double petit déjeuner et dîner inclus ou 300 R$ sans le dîner.

Cet hôtel fazenda se situe au début de la route écologique d'Alagoas, qui suit quarante kilomètres de plages paradisiaques. L'hôtel Cambara propose seize chambres (suites) dans la maison principale de style coloniale et 12 chalets dispersés autour. Certaines suites ont vue sur le lac, d'autres sur l'immense nature qui entoure les habitations L'ensemble de la propriété fait 870 000 m². Piscine, restaurant qui propose une cuisine avec des produits de la fazenda et possibilité de faire du cheval et des sorties en bateau. À 8 kilomètres de la plage.

POUSADA INFINITO MAR €€€

AL 101 Litoral Norte
✆ +55 82 3258 5107
www.pousadainfinitomar.com.br
À partir de 830 R$ la double, petit déjeuner inclus.

Au bord de la mer et entourée d'un jardin de 7 000 m², cette *pousada* est un petit coin de paradis sur terre. Construit par un couple d'Argentins. Le lieu est somptueux, tout en restant simple. Cinq bungalows sont proposés, dont 3 master et 2 junior. Ils sont tous extrêmement bien décorés, confortables et possèdent une petite terrasse privée. Le restaurant propose une cuisine d'auteur, concoctée par le propriétaire Daniel. Essayez sa capiroska de cajou avec gingembre au bord de la piscine, et laissez-vous bercer par le bruit de la mer...

SÃO MIGUEL DOS MILAGRES ★★★

A 7 km au nord de Barra do Camaragibe, la paradisiaque plage de São Miguel dos Milagres est protégée par une barrière de récif. Mer calme donc, mais aussi chaude, et une immanquable rangée de cocotiers qu'on dirait plantés par un paysagiste. C'est parfait, on ne touche plus à rien ! Un peu en retrait se trouve le village, quelques maisons éparpillées autour de la rue principale écrasée par le soleil. Le lieu manque encore un peu d'infrastructures, mais les *pousadas* du coin pourvoient quasiment à tous les besoins. C'est la seule plage des environs de Maceió qui ne reçoit pas d'excursions à la journée, c'est donc plus calme, mais également plus élitiste.

PISCINES NATURELLES ★

Porto da Rua
Les jangadeiros se trouvent en bord de mer, à l'hôtel on pourra vous conseiller. Environ 30 R$ l'excursion.

Les piscines naturelles constituent une des attractions touristiques majeures de la frange côtière de l'Alagoas. Des piscines naturelles à 1 km de la côte se forment à marée basse. On y accède en *jangada*, sorte de bateau, ici à moteur, en 15 minutes. Les eaux sont translucides et les lieux ne sont pas envahis par les touristes. On a vraiment l'impression de se plonger dans des eaux oubliées par la civilisation. Prenez un masque et un tuba pour plonger près des récifs. Les plus sympas se trouvent à Praia do Toque et São Miguel.

PRAIA PATAXO ★

À 10 km de São Miguel dos Milagres

La praia Pataxo est sans doute une des plus belles du pays. Sable clair, eaux translucides et cocotiers à perte de vue composent le décor. Pour l'instant, les lieux sont épargnés par le tourisme de masse. Il n'y a pas de groupes venant de Maceió pour y passer la journée, la plage est assez tranquille et peu peuplée. Lors des marées basses, des piscines naturelles se forment et la baignade est irrésistible. Si vous y restez la journée, apportez de quoi manger et boire (restauration uniquement dans les *pousadas* Xue et Patacho).

© ANDREMARINST - SHUTTERSTOCK.COM

São Miguel dos Milagres.

POUSADA CASA ACAYU €€

Sitio da Praia
✆ +55 82 99188 5717
http ://casaacayu.com.br/
A partir de 980 R$ la chambre double.

Superbe jardin et maison de maître, c'est une *pousada* charmante. Les chambres sont confortables avec une décoration sobre. Elle est perdue au milieu d'une plantation de cocotiers et située en face de la mer émeraude d'Alagoas, à moins de 150 m de la plage. L'ambiance est décontractée. Les chambres sont distribuées autour d'une véranda circulaire. Depuis plus de trois décennies, la Casa Acayu offre à ses hôtes confort, goût raffiné et service impeccable. On offre aux hôtes une rencontre avec la nature, les plaisirs de la table.

ALDEIA BEIJUPIRA €€€

Praia do Lage
✆ +55 82 3298 6520
www.aldeiabeijupira.com.br
A partir de 760 R$ la chambre double.

C'est une *pousada* de charme, au service très soigné. La décoration est inspirée d'un village (*aldeia*) indigène. C'est ainsi qu'on découvre des ambiances ouvertes comme le grand salon où les fauteuils et les tables divisent l'espace. Le confort est digne des hôtels asiatiques. Il y a 9 chalets, appelés *malocas*, et chacun a reçu le nom d'une tribu indigène. Ils sont tous situés face à la mer et sont équipés d'un home cinéma, téléphone sans fil, et hydromassage dans certaines chambres. De plus, le petit déjeuner est excellent et il vous est proposé de 8h à 15h !

POUSADA CÔTÉ SUD €€€

Praia de Porto da Rua, 5 km
✆ +55 82 3295 1283
pousadacotesud.com.br
Compter à partir de 730 R$ la chambre double en demi-pension. Fermé en juin.

Éparpillés dans la végétation, 9 bungalows équipés de tout le confort pour deux personnes sont proposés par cette pousada. Ils ont été décorés et meublés en collaboration avec les artisans locaux. Les salles de bain sont petites, mais très mignonnes. 1 bungalow pour deux personnes avec bain à remous, ainsi que 2 bungalows pour trois personnes avec une très grande salle de bain. Pousada de charme à l'ambiance raffinée, grâce au couple propriétaire Corinne et Roger Luypaert. Très belle piscine à débordement avec vue sur la mer. Tranquillité assurée.

ALDEIA BEIJUPÍRA €€

Praia do Lage
✆ +55 82 3298 6520
www.aldeiabeijupira.com.br
Plats à partir de 65 R$ environ. Ouvert tous les jours de 8h à 23h mais il faudra réserver.

C'est le restaurant de la *pousada* du même nom. Dans un beau cadre, les plats raffinés partagent la carte avec d'autres plus simples. Au restaurant, le menu propose des plats de la cuisine créative de Beijupirá, mais aussi des plats simples et de plage comme des ragoûts, du poisson, des fruits de mer, des soupes et de délicieuses glaces faites maison.Au petit-déjeuner, fruits de saison, jus tropicaux maison, yaourts, pains maison, gâteaux, le traditionnel tapioca. Au bar, bières, caipiroscas faites avec des fruits tropicaux, vins.

FAVORITU'S €€

Rua Agnelo Joao dos Santos, 709
✆ +55 82 99104 0109
Ouvert de 7h à 23h, fermé le lundi. Plats à partir de 40 R$

Impossible de manquer le Favoritu's, avec sa façade bleue et ses deux tables en bois sous le porche. On a l'impression que les infrastructures ne sont pas achevées, et sans doute c'est ce qui fait le charme de cet établissement authentique. Dans une atmosphère familiale et sans chichis, on mange d'excellentes assiettes brésiliennes suivies de revigorants desserts glacés pour des prix très honnêtes. Le plaisir est ici dans l'assiette et non dans l'écrin des murs. On vous propose de belles présentations de plats et un service très amical.

NO QUINTAL €€

Pousada do Toque
✆ +55 82 99910 7078
60-70 R$ le plat.

Dans ce restaurant installé dans un frais petit jardin potager, un peu à l'écart du centre (No quintal se traduit littéralement par « dans le jardin »), on viendra pour l'ambiance champêtre, avec ses serviettes rouges et blanches conviviales, et pour la qualité des produits. La décoration y est élégante pour cette table de charme. Le service est on ne peut plus aimable et la cuisine, traditionnelle, réussie et joliment présentée. On conseillera, entre autres, la langouste et le jus d'ananas au gingembre et au *capim santo* (herbe locale). A connaître absolument.

POUSADA DA AMENDOEIRA €€

Praia do Toque, 7 ✆ +55 82 3295 1213
www.pdamendoeira.com.br
Tous les jours dès le petit déjeuner et de 12h à 21h pour déjeuner et dîner. Pour les chambres à partir de 590 R$.

Le restaurant de la pousada da Amendoeira repose sur le même concept que la pousada éponyme : vivre en harmonie avec la nature est l'environnement. Ici, l'harmonie est le maître-mot des plaisirs de la table. La nourriture est spectaculaire et saine. Les aliments sont frais, complets, biologiques et les plats ne contiennent pas de graisses saturées. Des saveurs locales et fusion raviront votre palais lorsque vous mangerez des poissons et fruits de mer de la région, accompagnés de sauces délicieuses. Le spectacle est autant pour les yeux que pour les papilles.

PORTO DE PEDRAS ★

Après les bourgades miniatures que l'on a traversées, on a l'impression d'arriver dans une grande ville ! Pourtant il n'y a que 8 000 habitants à Porto de Pedras, joli village de pêcheurs qui borde le rio Manguaba. Mais aussi des boutiques, des restaurants, des bars, ce doit être ça qui nous a induits en erreur… Dans les alentours proches, 4 plages superbes et préservées : do Pontal, Boqueirão, Barreiras (belles vagues pour le surf) et Bitingui. Ce sont des endroits tranquilles, aux eaux calmes, avec des piscines naturelles et des cocotiers à l'infini. En venant de Maceió, il faut suivre la Rota Ecológica et traverser Paripueira, Passo de Camaragibe…

FAROL DE PORTO DE PEDRAS ★

Ce grand édifice semble observer les côtes d'Alagoas. Construit au XXe siècle, et situé sur la colline Nossa Senhora da Piedade dans la ville de Porto de Pedras ce phare offre une jolie vue sur la côte des Coraux, surtout au coucher du soleil. La structure du phare de Porto de Pedras est une tour tronquée en béton armé, avec des bandes horizontales blanches et noires, de 90 mètres de haut et 36 mètres de hauteur focale. Il a été inauguré en 1933. C'est le premier phare à fonctionner avec un système de gaz acétylène. Il a été électrifié en 1973.

RIO MANGUABA ★

C'est une belle visite de lieux historiques et de belles plages de cocotiers au milieu de la verdure. L'excursion la plus demandée est celle qui vous mène de l'autre côté du *rio*, vers Japaratinga. On y va aussi et surtout pour voir le coucher de soleil sur le rio Manguaba. On peut commencer cette belle promenade à la plage de Bitingui et marcher environ 1h30 en passant par les plages de Barreiras do Boqueirão (où se trouvent plusieurs restaurants en bord de mer), de Boqueirão (plus déserte) et Pontal, enfin, où la plage rencontre la rivière Manguaba.

RIO TATUAMUN HA ★

Le nom de cette rivière et du petit village éponyme vient d'un mot amérindien signifiant « petit tatou ». Avec un peu de chance, l'excursion sur le Rio Tatuamun ha vous permettra d'observer les beaux *peixes-bois* (lamantins), célèbres dans la région. L'excursion à Tatuamun ha est l'une des plus belles de la région, car elle vous emmène au bord de l'océan Atlantique. Elle vous offre une belle vue sur la côte des Coraux et sa végétation de cocotiers et manguiers. L'embouchure de la rivière, appelée « boca do rio » offre un spectacle ravissant.

JAPARATINGA ★★★

Un peu plus petite que Porto de Pedras (7 700 habitants), Japaratinga attire plus de touristes et est plus animé que les villes balnéaires qui se trouvent tout au long du littoral sud de l'Etat. . Située Entre Maragogi et Porto de Pedras, Japaratinga a des allures de paradis . Cet ancien village de pêcheurs est longé de 5 plages aux eaux calmes et au sable clair, entourées de cocotiers. C'est l'endroit idéal pour échapper à l'agitation des villes et profiter de la tranquillité d'une plage presque déserte. La mer, qui se retire à marée basse, laisse place à des bancs de sable et des piscines naturelles délimitées par une barrière de corail.

GARE ROUTIÈRE

✆ +55 82 3221 4615

Un bus relie Maceió à Porto de Pedras. Il passe par Barra do Camaragibe, São Miguel dos Milagres et Porto da Rua. Environ 15 R$ pour un trajet de 3 heures 30, il y a 8 bus par jour. le premier part à 7h45, le dernier part à 18h10. Dans le sens Porto de Pedras-Maceio, il y a également 8 bus qui desservent les deux villes, le premier bus part à 5h et le dernier à 17h30. Vous pouvez aussi emprunter des taxis collectifs et des minibus à partir de Maceió. C'est souvent plus rapide et un peu plus cher, mais c'est une option qui reste intéressante.

REAL ALAGOAS

✆ +55 82 3221 5055

www.realalagoas.com.br

Compter entre 50 et 75 R$ pour la liaison Maceió–Recife, selon confort. Départs de Maceió à partir de 6h du matin.

La compagnie Real Alagoas fait le trajet Maceió-Recife par le littoral (détail important au moment de l'achat). Elle rejoint Japaratinga en 2 heures 20 environ. 9 bus partent de Maceio, à 4h30, 8h, 10h, 13h15 et 16h. Il faut compter 4h10 de voyage entre Maceio et Recife. Entre Maceio et Aracaju, il y a quotidiennement 5 bus qui partent à 6h15, 12h30 et 17h. Comptez 4h20 de trajet. Prix du billet à partir de 68 R$. De Maceio à Penedo, la compagnie ne propose qu'un seul départ à 5h30. Comptez environ 4h15 de transport et 34 R$.

POUSADA BORAPIRA €€

Praia de Tatuamun ha

✆ +55 82 3298 6520

www.borapira.com.br

Chambre double à partir de 400 R$.

Le *Pousada* Borapira est située au milieu des cocotiers, de la nature et dans une ambiance tranquille. Elle est située à Tatuamunha, l'une des plus belles plages d'Alagoas..On trouve d'agréables chalets, confortables, à la décoration rustique. Les chaises longues invitent à se laisser aller et à regarder infiniment la mer, et ses tons qui varient entre turquoise et vert émeraude. Les cocotiers et la verdure donnent un aspect bucolique et paisible à l'ambiance de la pousada. Les bungalows peuvent accueillir jusqu'à 4 personnes. Bon restaurant.

HOTEL E RESTAURANTE PARAISO DOS COQUEIRAIS €

Japaratinga

✆ +55 82 3297 1125

www.paraisodoscoqueirais.com.br

A partir de 266 R$ la nuit la chambre double, petit déjeuner inclus. Possibilité de demi-pension et pension complète.

Située dans une plantation de cocotiers et en bord de mer, c'est une ancienne *fazenda*, au milieu de la nature et face à la mer. O Paraíso Dos Coqueirais est une ferme-hôtel de 31 appartements agréables, située à 150 mètres de la belle plage de Salgado,. L'environnement est paisible, au coeur la nature et avec de nombreuses options de loisirs. La pousada offre la possibilité d'une bonne combinaison d'activités de plage et de soleil dans un environnement rural.

POUSADA COQUEIRO VERDE €

Rua Sebastião Lins de Melo, 101
✆ +55 82 3297 1447
www.pousadacoqueiroverde.com
Chambre double standard a partir de 360 R$.

Agréable *Pousada* familiale, la Pousada Coqueiro Verde est située en bord de mer sur la belle plage de Japaratinga. Elle est idéalement située près des restaurants et des points d'embarquement en jaganda pour les piscines naturelles de Japaratinga, attractions de l'Etat d'Alagoas. Entourée d'élégants cocotiers, elle dispose d'appartements confortables, d'une piscine avec terrasse, d'un parking et d'un joli jardin. Tous les appartements ont une vue sur la mer, l'internet et le wi-fi. De la terrasse, on a un point de vue majestueux sur la mer.

POUSADA DOZE CABANAS €€

Rua da Praia ✆ +55 82 3297 1338
www.dozecabanas.com.br
À partir de 322 R$ la chambre double. Prix variable selon la saison

À la Pousada Doze Cabanas, les propriétaires et concepteurs des lieux ont fait le choix de privilégier une atmosphère de paix, de tranquillité et d'harmonie avec la nature. Ici, l'originalité et le confort ont été préservés pour offrir un climat de rêve en pleine réalité. Située dans un village de pêcheurs, au milieu des cocotiers et face à la mer, la pousada Doze Cabanas propose des cabanes rustiques en terre et couvertes de chaume. Les cabanes ont toutes l'air conditionné. La décoration de style amérindien donne une incontestable touche « pionnier ».

POUSADA DO ALTO €€€

Sitio Biquin ha
✆ +55 82 3297 1210
www.pousadadoalto.com.br
Chambre double à partir de 770 R$.

Situé au sommet d'une colline de 120 m de hauteur, ce bel établissement offre une vue unique sur les récifs de coraux de la plage de Japaratinga. Les 12 chambres sont divisées en 3 catégories, chacune offrant des prestations raffinées et différenciées. Les suites «charme» offrent une vue superbe sur la mer et la Mata Atlantica. Les suites «luxe» disposent d'un jacuzzi sur la veranda, avec vue sur la mer. Les suites «cristal 360°» proposent en plus une veranda vitrée qui permet de balayer l'horizon sur des kilomètres. Bon restaurant italien et nordestin.

BITINGUI PRAIA RESTAURANTE €€

Sitio Bitingui
✆ +55 82 3297 1500
www.bitinguipraiahotel.com
Tous les jours de midi à 16h et de 19h à 22h. Le midi à la carte et buffet le soir. A partir de 50 R$/personne le repas.

On trouve une nourriture régionale et ambiance typique du Nordeste dans le restaurant de l'hôtel du même nom. Le Bitingui Praia restaurante et hôtel a été construit en 1990. Ce complexe s'étend le long d'une plage de 200 mètres et est entouré, de piscines naturelles et de magnifiques récifs coralliens, le Bitingui Praia restaurante est loin du tourisme commercial du Brésil et semble veiller sur un des secrets de la nature les mieux gardés du Brésil.

COMPANHIA DA LAGOSTA €€

Praia das Barreiras do Boqueirão
✆ +55 82 9907 4091
Tous les jours de 7h à 21h. Langouste à partir de 150 R$ pour deux personnes.

La spécialité est la langouste (vous vous en seriez douté...), mais vous pouvez aussi déguster une gamme assez large de plats régionaux et internationaux. Le restaurant se trouve dans l'auberge Villa Pantai, dans un cadre résolument agréable et cosy. Le menu est riche et varié. Essayez le plat emblématique de la maison : du poisson sur 'telha» au riz et à la noix de coco. Un pur plaisir. Il est difficile de choisir un plat tant la carte est riche en saveur et en diversité. Le service est professionnel et convivial. Une réussite de l'entrée au dessert.

MAMA PEREIRA €€

Orla de Japaratinga
✆ +55 82 3297 1222
Tous les jours de 10h à 22h. Poisson frit : compter 80 R$ pour deux personnes. Sert aussi des plats de viande.

Le restaurant et pizzeria Mama Pereira est une agréable institution située dans la pousada éponyme. La carte propose d'intéressants plats, dont les spécialités de la maison qui sont le riz au poulpe, les plats de fruits de mer faits avec des produits locaux frais, mais aussi des pizzas. Les plats de viande et de poulet sont également proposés sur la carte, avec des saveurs toujours subtiles et pertinentes. On peut également prendre le super petit déjeuner proposé par la maison. Le restaurant et la pousada sont situés dans le centre de Japaratinga, sur la plage.

MARAGOGI ★★★

A l'extrême nord de l'Etat, entre Maceio et Recife, Maragogi (28 700 habitants) est le deuxième endroit le plus visité de l'Alagoas (après Maceió) et doit sa réputation aux « galès » , nombreuses et imposantes piscines naturelles situées à 6 kilomètres de la côte et qui parsèment sa côte aux eaux turquoise. La réserve marine de Galés (à 6 km au large) est l'attraction principale. Au milieu de l'océan, des récifs et des bancs de sable improbables qu'on ne se lasse pas de parcourir. Aujourd'hui, l'accés aux galés est limité à 720 personnes par jour car le va et vient incessant de hors -bord remplis de touristes était préjudiciable à l'environnement.

GALÉS ★

Environ 80 R$/personne, 11 R$ en venant de Maceio (transport + bateau). Réductions pour les clients de certains hôtels.

Les Galès sont une des attractions majeures de cette côte de corail qui de l'Etat du Sergipe au Pernambuco. Ces piscines naturelles, les *galés*, se situent à 6 km de la côte, on les atteint en 25 minutes de catamaran (départs toutes les heures depuis les quais, masques et tubas fournis). Ce sont de véritables aquariums naturels avec poissons, crustacés, mollusques et coraux que l'on peut voir dans les eaux claires. Les excursions durent environ 2 heures. Préférez la marée basse et les premières heures du matin. Les eaux sont encore plus claires durant l'été.

REAL ALAGOAS

✆ +55 82 3221 5055

www.realalagoas.com.br

Compagnie de car. Le billet coûte 50-75 R$, selon confort.

La compagnie Real Alagoas fait le trajet Maceió-Recife par le bord de mer et via Maragogi.

Maragogi se situe à 2 heures 30 de l'un ou de l'autre. Les départs se font de Maceió ou de Recife tôt le matin.

La compagnie Real Alagoas fait le trajet Maceió-Recife par le littoral (détail important au moment de l'achat). Elle rejoint Japaratinga en 2 heures 20 environ. 9 bus partent de Maceio, à 4h30, 8h, 10h, 13h15 et 16h. Il faut compter 4h10 de voyage entre Maceio et Recife. Comptez 4h20 de trajet. Prix du billet à partir de 68 R$.

POUSADA BARRA VELHA €€

Praia de Peroba

✆ +55 82 3296 8105

www.pousadabarravelha.com.br

À partir de 390 R$ la chambre double, petit déjeuner inclus.

Construite au début des années 1990, la pousada Barra Velha est située en face de la plage de Peroba qui est une des 9 plages de Maragogi. La *pousada* se situe à 500 m du pont traversant le Rio Persinunga, dans un vaste espace de 7 000 m², dont 2 000 sont dédiés aux loisirs. La plage est bordée de cocotiers. Les Chalets, pour 2, 3 ou 4 personnes sont équipés avec coin cuisine et salle de bains, et sont recouverts de chaume. Certains appartements se trouvent dans des bâtiments de 3 étages. Simplicité et confort sont les maîtres-mots des lieux.

POUSADA OLHO D'AGUA €€

Avenida Senador Rui Palmeira, 94

✆ +55 82 3296 1263

www.pousadaolhodagua.com

À partir de 329 R$ la chambre double, petit déjeuner inclus.

L*a Pousada* olho d'agua est un agréable établissement blanc situé en bord de mer. Elle propose 14 chambres confortables et un jardin agréable. Toutes les chambres, aux tons clairs, blanc ou bleu, ont des équipements en bois qui les rendent chaleureuses. Elles sont toutes bien équipées. Certaines chambres (standard vue sur mer et master) ont un agréable balcon qui donne sur l'océan. Le suites Master sont vastes et peuvent accueillir jusqu'à 3 personnes. Le matin, on peut prendre un très agréable café da man ha au bord de la piscine

BAR DO MANO €€

Rua Semião Ribeiro de Albuquerque, 606

✆ +55 82 3296 7106

Ouvert tous les jours de 8h à 21h. Langoustes grillées ou à la sauce coco, compter 120 R$ pour deux personnes.

Simple et traditionnel, le bar-restaurant do Mano est situé face à la mer sur la plage de São Bento. Une immense baie vitrée offre aux convives le spectacle de la «mer océan», comme la nommait les découvreurs. De la salle du haut, la vue est plus belle encore. L'autre spectacle se trouve dans l'assiette. Ce restaurant sert les langoustes les plus connues de la région et des spécialités de fruits de mer. De nombreuses revues culinaires et de tourisme ont «vendu la mèche» et la foule se presse dans le bar, dans une ambiance toujours conviviale.

PERNAMBUCO

S'étendant sur une superficie de 98 500 km² (soit un peu plus que la superficie du Portugal), le Pernambuco propose une large palette d'intérêts et permet de varier les plaisirs entre son littoral, ses villes et la partie intérieure de l'Etat. Le Pernambuco compte 200 km de côtes et d'innombrables plages paradisiaques de sable blanc. La plus connue et fréquentée est Porto de Galinhas, mais beaucoup d'autres, moins connues, comme Maracaipe ou Tamandaré, valent le détour. A quelques centaines de kilomètres, en pleine mer, se trouve le fameux archipel de Fernando de Noronha, paradis naturel de plus en plus comparable, dans la façon dont il est géré (limitation du nombre de visiteurs, prix prohibitifs, taxe environnementale de séjour), à l'archipel des Galápagos. L'histoire n'est pas en reste. Recife a longtemps lutté à arme égale avec Salvador de Bahia pour le titre de ville la plus puissante de la colonie avec la belle Olinda comme rivale.

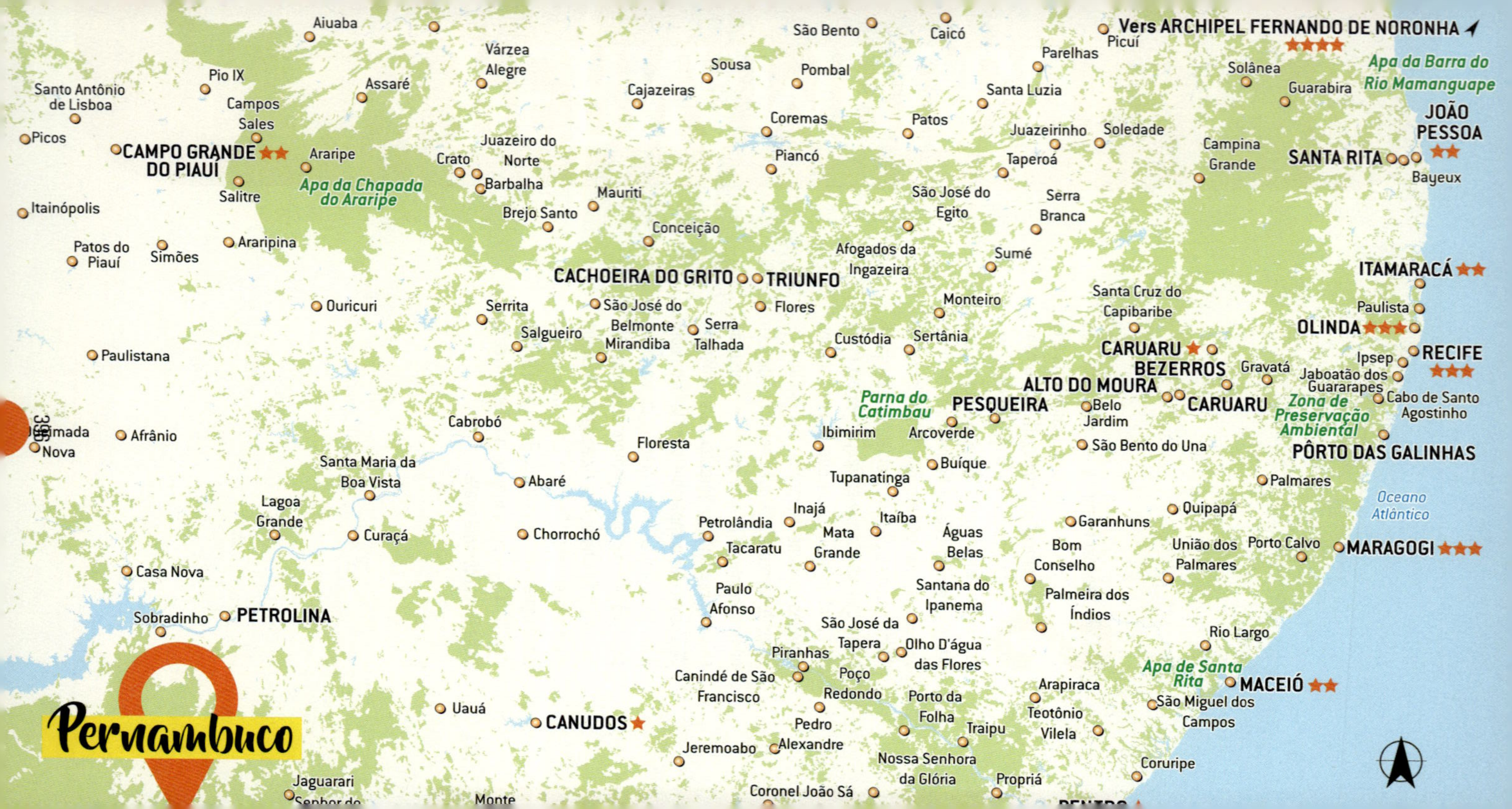
Pernambuco
Vers ARCHIPEL FERNANDO DE NORONHA
Apa da Barra do Rio Mamanguape
JOÃO PESSOA
SANTA RITA
Bayeux
ITAMARACÁ
Paulista
OLINDA
RECIFE
Ipsep
Jaboatão dos Guararapes
Cabo de Santo Agostinho
Zona de Preservação Ambiental
PÔRTO DAS GALINHAS
Oceano Atlântico
MARAGOGI
MACEIÓ
Apa de Santa Rita
Aiuaba
São Bento
Caicó
Picuí
Parelhas
Solânea
Guarabira
Várzea Alegre
Sousa
Pombal
Santa Luzia
Pio IX
Santo Antônio de Lisboa
Campos Sales
Assaré
Cajazeiras
Coremas
Patos
Juazeirinho
Soledade
Campina Grande
Picos
CAMPO GRANDE DO PIAUÍ
Araripe
Juazeiro do Norte
Crato
Barbalha
Piancó
Taperoá
Salitre
Apa da Chapada do Araripe
Mauriti
São José do Egito
Serra Branca
Itainópolis
Brejo Santo
Conceição
Patos do Piauí
Simões
Araripina
Afogados da Ingazeira
Sumé
CACHOEIRA DO GRITO
TRIUNFO
Santa Cruz do Capibaribe
Ouricuri
Serrita
São José do Belmonte
Flores
Monteiro
Salgueiro
Serra Talhada
Mirandiba
Custódia
Sertânia
CARUARU
BEZERROS
Gravatá
Paulistana
ALTO DO MOURA
CARUARU
Parna do Catimbau
PESQUEIRA
Belo Jardim
Cabrobó
Ibimirim
Arcoverde
Queimada Nova
Afrânio
Floresta
São Bento do Una
Santa Maria da Boa Vista
Buíque
Tupanatinga
Palmares
Abaré
Lagoa Grande
Inajá
Itaíba
Quipapá
Curaçá
Chorrochó
Petrolândia
Mata Grande
Águas Belas
Garanhuns
Tacaratu
Bom Conselho
União dos Palmares
Porto Calvo
Casa Nova
Paulo Afonso
Santana do Ipanema
Palmeira dos Índios
Sobradinho
PETROLINA
São José da Tapera
Rio Largo
Piranhas
Olho D'água das Flores
Canindé de São Francisco
Poço Redondo
Arapiraca
São Miguel dos Campos
Uauá
Porto da Folha
Teotônio Vilela
CANUDOS
Pedro Alexandre
Traipu
Jeremoabo
Nossa Senhora da Glória
Coruripe
Jaguarari
Coronel João Sá
Propriá

PAGES

RECIFE ET LA CÔTE

398

La côte du Pernambouc qui entoure Recife propose des villes historiques, chargées d'art baroque, de vieilles forteresses veillant au grain et une nature généreuse en plages magnifiques et en mangroves abritant une grande biodiversité.

RECIFE ★★★

398

Si Recife n'est pas Rio et si beaucoup trouvent cette ville plutôt glauque de prime abord, elle dispose de nombreux atouts. Ville chargée d'histoire, les campagnes actuelles de mise en valeur du patrimoine revêtent de leurs plus beaux atours les beaux bâtiments trop longtemps tombés en désuétude. Les musées, les plages, la nature omniprésente complètent une tableau qui mérite à être connu.

OLINDA ★★★

406

La voisine de Recife, juchée sur une verte colline, est un trésor de l'art baroque classée patrimoine de l'humanité par l'UNESCO. La ville s'anime particulièrement lors du carnaval, un des plus célèbres du Brésil, où tous les carnavaleux dansent au rythme du Frevo.

410 ITAMARACÁ ★★

411 PORTO DE GALINHAS ★★

ARCHIPEL FERNANDO DE NORONHA ★★★★

414

L'archipel de Fernando de Noronha est un sanctuaire de la faune et de la flore marine. En 1989, il a été déclaré parc national marin. Les plages de l'archipel sont considérées comme comptant parmi les plus belles du pays. Les poissons et les mammifères marins y évoluent sans crainte des humains.

DANS LES TERRES

417

Le Sertao et l'intérieur, au grand héritage anthropologique, sont des terres arides où l'histoire s'est faite au terme d'une lutte permanente entre l'homme sertanejo, cher à Joaquim Nabucho, et une nature sèche et implacable. La caatinga, forêt blanche des Indiens, se parsème de petites villes qui s'éveillent lors de fêtes «junines» rythmées par le forro.

417 CARUARU ★

417 BEZERROS

418 ALTO DO MOURA

418 PESQUEIRA

418 TRIUNFO

418 CACHOEIRA DO GRITO

418 PETROLINA ★

PERNAMBUCO

RECIFE ★★★

Recife, fondée au XVIIe siècle, compte parmi les plus anciennes villes du Brésil. Très vite, grâce à l'essor de la canne à sucre, le bourg prospéra, et il devint nécessaire d'agrandir la colonie. Aujourd'hui, Recife présente le visage d'un dédale urbain avec lequel la nature est intimement enchevêtrée. Le centre occupe le cœur d'un réseau de fleuves qui terminent ici, dans un environnement de mangrove, leur parcours jusqu'à la mer, ce qui a valu à la ville sa réputation, exagérée, de la Venise brésilienne. Cette topographie particulière rend difficile l'orientation, et par le même coup brouille l'approche d'une ville dont les habitants font preuve de réserve avant d'exprimer leur cordialité.
Les centres d'intérêt sont disséminés à travers la ville, et l'on passe dans la même journée des vestiges coloniaux du centre ancien, aux plages de Boa Viagem, en passant par le quartier des marchés à l'agitation permanente. Le Bairro do Recife est un îlot à part où se concentre une bonne partie des constructions anciennes (chapelle dorée, Igreja da Ordem Terceira de São Francisco, Forte das Cinco Pontas, tour Malakoff, rue Bom Jesus…) ; en traversant le pont historique Mauricio de Nassau on arrivera à Santo Antônio où il y a aussi d'autres points touristiques intéressants à visiter, comme le Teatro Santa Isabel, le Palacio Campo das Princesas et la Praça da Republica. Devant le siège du plus vieux quotidien d'Amérique du Sud, le *Diário du Pernambuco*, les vendeurs ambulants proposent mangues et papayes. On pourra également visiter de nombreux musées et faire un détour curieux au musée de Francisco Brennand. Le sociologue Gilberte Freyre (dont on peut visiter la maison, transformée en fondation) naquit et vécut à Recife. La ville a également vu éclore ces dernières années le Mangue Beat, une fusion des courants musicaux venus d'Occident et des rythmes traditionnels. C'est la la terre du Frevo, une danse acrobatique qui s'exécute sur des airs rapides joués par une fanfare de cuivres. À quelques kilomètres de Recife, Nazaré da Mata est la capitale du Maracatu, un rite inspiré de la tradition africaine du couronnement des Rois noirs. Recife et Olinda sont réputées pour leur carnaval, l'un des plus importants du pays, avec les deux grands classiques de Rio et Salvador. L'apothéose a lieu le samedi du carnaval. Le Galo da Madrugada, le plus grand *bloco* du monde, défile. C'est un million et demi de personnes qui se rue sur la ville.

BASILICA DE NOSSA SENHORA DA PEN HA ✞ ★

Praça Dom Vital. São José

Ouvert du mardi au dimanche de 8h à 12h et de 15h à 17h. Entrée libre.

Les origines de la basilique de Nossa Senhora da Pen ha remontent à l'époque des capitaineries héréditaires, lorsque le comte hollandais Maurice de Nassau, alors gouverneur, accueillit les premiers missionnaires capucins français à Recife, en 1642. L'église fut reconstruite en 1870, en style éclectique d'inspiration italienne. On y voit à l'intérieur des peintures de l'artiste pernambucais Murillo la Greca. Ainsi que le Museu Dom Vital (ouvert le vendredi de 6h à 18h).

BASILICA E CONVENTO DE NOSSA SENHORA DO CARMO ✞ ★★

Patio do Carmo

✆ +55 81 3224 3341

Ouvert lundi de au vendredi de 6h30 à 19h, le samedi de 6h30 à 12h, dimanche de 8h à midi et de 17h à 20h. Entrée libre.

Consacrée à la patronne de Recife, la majestueuse église des Carmes fut construite entre les années 1687 et 1767, sur le site du Palácio da Boa Vista, du comte allemand João Maurício de Nassau, le gouverneur du Brésil hollandais. De style baroque, l'intérieur de l'édifice propose d'intéressantes œuvres. Avec le Convento do Carmo et l'Igreja de Santa Teresa da Ordem Terceira, il compose l'ensemble carmélite de Recife, initié un siècle après l'arrivée de cet ordre au Brésil.

CAPELA DOURADA OU ORDEM TERCEIRA DE SÃO FRANCISCO ✞ ★★

Rua do Imperador Dom Pedro II, s/n

✆ +55 81 3224 0530

Ouvert du lundi au vendredi de 8h à 11h30 et de 14h à 17h et le samedi de 8h à 11h30. 6 R$.

Cette chapelle est une des splendeurs de Recife. Construite entre 1696 et 1724, cette chapelle, ainsi nommée pour ses boiseries en or fin, est l'un des meilleurs exemples de l'art baroque dans le Pernambuco. Elle abrite le musée franciscain d'Art sacré ainsi que le couvent et l'Igreja de Santo Antônio, le bâtiment de l'ancien hôpital et la maison de prière de la Ordem Terceira qui composent l'ensemble franciscain de Recife. On y voit de beaux azulejos.

CASA DA CULTURA ★

Rua Floriano Peixoto s/n
✆ +55 81 3224 0557
www.casadaculturape.com.br
Ouvert du lundi au vendredi de 9h à 19h, le samedi de 9h à 18h et le dimanche de 9h à 14h. Entrée libre.

La Casa da Cultura est un étonnant bâtiment qui abrita une prison jusqu'en 1973. Celle-ci fut construite en forme de croix pour faciliter la surveillance de toutes les cellules. S'y trouve aujourd'hui un vaste complexe commercial et artisanal. De nombreuses petites boutiques de souvenirs et d'artisanat (de qualité variable) sont installées dans les anciennes cellules, ainsi que des galeries d'art et des présentations folkloriques. À côté, l'ancienne gare centrale de Recife (1888) abrite le musée du Train et le terminus du métro.

CASA-MUSEU MAGDALENA E GILBERTO FREYRE ★

Rua Dois Irmãos, 320.
✆ +55 81 3441 2883
Ouvert du lundi au vendredi de 9h à 17h, dernière entrée à 16h30. Entrée : 10 R$.

Gilberto Freyre est connu pour son œuvre-épopée brésilienne *Maîtres et Esclaves* qui décrypte les structures sociales complexes de la société coloniale brésilienne. Sa grande propriété du quartier de Apipucos, dans laquelle a vécu l'anthropologue et sociologue Gilberto Freyre pendant plus de 40 ans. Cette ancienne « Casa Grande » du XIXe siècle a été transformée en musée en 1987. On peut y voir des pièces d'intérêt ethno-anthropologique, artistique et littéraire.

EMBAIXADA DOS BONECOS GIGANTES ★

Rua do Bom Jesus, 183
✆ +55 81 3441 5102
www.bonecosgigantesdeolinda.com.br
De 8h à 18h. 10 R$.

Les « fantasias » du Carnaval de Rio sont mondialement connues, celles du carnaval de Recife et d'Olinda le sont un peu moins. Tels les « géants » des carnavals du Nord, les grandes poupées qui défilent dans les rues de Recife et d'Olinda durant le carnaval se reposent dans ce musée le reste de l'année. Grimant chanteurs, acteurs, figures politiques et du show-biz, les personnalités ayant leur effigie transformée dans ces gros bonhommes sont nombreuses.

FORTALEZA DE SÃO TIAGO DAS CINCO PONTAS ★★

Praça das Cinco Pontas
✆ +55 81 3355 3107
Du mardi au samedi de 9h à 17h. Entrée libre.

Pour ceux qui prennent la route sur un des nombreux ponts de la ville reliant l'ancien Pernambuco à Olinda, difficile de ne pas voir cet édifice à vocation militaire. Construit par les Hollandais en 1667, le fort fut d'abord appelé Frédéric Henry en hommage au prince d'Orange mais, étant donné sa structure pentagonale, il fut vite surnommé Forte das Cinco Pontas (fort des Cinq-Pointes), son nom usuel à présent. Il abrite aujourd'hui le Museu da Cidade de Recife.

IGREJA DE NOSSA SENHORA DA CONCEIÇÃO DOS MILITARES ★

Rua Nova, 309
✆ +55 81 3224 3106
Visites selon les activités de l'église. Entrée libre.

Belle église achevée en 1771. L'intérieur est de style rococo, typique du nord du Portugal. La façade simple cache un intérieur exubérant, et riche comme l'image de Nossa Senhora da Conceição sur le maître-autel et les sculptures rococo blanches et dorées de l'arc central. Sur le chœur, on peut admirer une fresque représentant la première bataille des Guararapes contre les Hollandais. On y découvre également le musée d'Art sacré Padre Roberto Barbalho.

IGREJA SANTISSIMO SACRAMENTO MATRIZ SANTO ANTONIO ★

Praça da Indpendência, s/n
✆ +55 81 3224 9494
Ouvert du lundi au vendredi de 7h à 12h et de 14h à 18h. Entrée libre.

Construite au XVIIIe siècle par la confrérie du Santissimo Sacramento do Corpo Santo, cette église est considérée comme une des plus belles de Récife. Construite entre 1753 et 1790, son intérieur est richement décoré de sculptures de la fin du XVIIIe siècle. La façade du bâtiment est magnifique, avec des volutes et des coquillages sur les portails. Dans l'autel principal se trouve un trône avec un crucifix et des niches contenant les images de Saint Antoine et de Saint Sébastien.

INSTITUTO RICARDO BRENNAND ★★

Alameda Antônio Brennand
✆ +55 81 2121 0365
www.institutoricardobrennand.org.br
Du mardi au dimanche de 13h à 17h. 30 R$, 15 R$ pour les étudiants et seniors.

Outre la fabrique de céramique et musée de Ricardo Brennand, le céramiste a également créé une fondation. Dans les années 2000, le mécène Ricardo Brennand édifie dans un grand terrain arborisé de plus de 70 000 m², entourée de mata atlantica préservée, le Castelo São João, inspiré des châteaux anglais pour abriter sa collection d'art. On y trouve une galerie d'art, un musée des armes et une pinacothèque. Aujourd'hui le complexe possède aussi une bibliothèque et un café.

MUSEU DO ESTADO DE PERNAMBUCO ★★

Avenida Rui Barbosa, 960
✆ +55 81 3184 3174
www.museudoestadope.com.br
Ouvert du mardi au vendredi de 9h à 17h, samedi et dimanche de 14h à 17h. 6 R$.

Le musée est installé depuis 1940, dans le beau « Palacete », bâtiment du XIXe siècle, situé dans le quartier de Graças, ancienne résidence du Dr Augusto Frederico de Oliveira, fils du baron de Beberibe. Il possède une collection importante et variée de pièces liées à l'histoire de l'État depuis sa création au XVIe et jusqu'au XIXe siècle : reliques de guerre, mobilier, joyaux, monnaies, tableaux, instruments, etc. Importante collection d'art de la période coloniale et hollandaise.

MERCADO DE SÃO JOSÉ ★★

Praça Dom Vital
✆ +55 81 3424 4681
Ouvert du lundi au vendredi de 8h à 17h, jusqu'à 15h le samedi et midi le dimanche.

Le mercado de São José donne la température du Récife populaire. Fabriqué par des architectes français, le marché de fer de quartier de São José est directement inspiré du marché de Grenelle. Il fut inauguré en 1875 et l'on peut aujourd'hui y trouver plus de 500 boxes vendant une grande variété de produits : artisanat, herbes médicinales, noix de cajou, etc. Il est toujours fort agréable d'y flâner, de s'y perdre avant de rejoindre le patio de São Pedro. Attention cependant, quand le marché ferme, le quartier se vide et devient peu sûr.

MUSEU DO HOMEM DO NORDESTE ★★

Avenida 17 de Agosto, 2187
✆ +55 81 3073 6340
www.fundaj.gov.br
Du mardi au vendredi 8h30 à 17h, samedi et dimanche de 14h à 17h. 6 R$.

Né en 1979 de la fusion de trois autres musées : le musée d'anthropologie (1961-1978), le musée d'art populaire (1955-1978) et le musée du sucre (1963-1978), ce musée fut fondé par Gilberto Freyre. Il est une référence dans toute la région, en particulier pour ses recherches dans les secteurs d'anthropologie, de culture du sucre et d'art populaire. Origines, travaux, croyances, habitat, us et coutumes qui.révèlent la diversité culturelle du Nordeste.

MUSEU DE ARTE MODERNA ALOISIO MAGALHÃES (MAMAM) ★★

Rua da Aurora, 265
✆ +55 81 3355 6871
Mamman : du mardi au vendredi de midi à 18h, le week-end de 13h à 17h. Entrée libre.

Dans le vieux quartier de Boa Vista, proche du centre de la ville, le musée d'Art moderne de la ville reçoit des expositions temporaires nationales et internationales. Le bâtiment, à l'image d'un quartier, voire d'une ville qui semblait tombait en désuétude, a été rénové avec goût et honore la politique artistique de la ville depuis 2001. Il possède 3 étages et sept salles d'exposition, un auditorium et une bibliothèque spécialisée dans l'art moderne.

OFICINA CERÂMICA FRANCISCO BRENNAND ★★★

Propiedade dos Santos Cosme e Damião
✆ +55 81 3271 2466
www.brennand.com.br
Ouvert du lundi au jeudi de 8h à 17h et vendredi de 8h à 16h, samedi et dimanche de 10h à 16h. Entrée : 15 R$. Café

Francisco Brennand a repris la manufacture de céramique familiale. Aujourd'hui, le site occupe 15 000 m² et les créations délirantes de Brennand sont exposées dans le grand jardin qui entoure le bâtiment principal. A l'intérieur de celuici, des dizaines d'autres sculptures, des croquis, des estampes… Ony produit toujours industriellement des céramiques. Pour s'y rendre, le taxi est la meilleure option. Fixez le prix de la course (aller, attente, retour) avant de monter à bord.

PARQUE DAS ESCULTURAS ★

Rua Padre Carapuceiro, 777.

✆ +55 81 3464 6000

tous les jours de 7h à 17h. à l'extérieur du Shopping Recife (Boa Viagem).Depuis le Marco Zero, prendre une barque.

Il n'y a pas en fait un mais deux parcs dédiés aux sculptures à Recife. Le premier se trouve à proximité du shopping Recife, la société de consommation trouve ici un espace de réflexion. Dans un parc de 19 000 m², On peut y admirer les œuvres de 39 artistes plasticiens brésiliens, comme Lula Cardoso Ayres, Corbiniano Lins ou Evêncio et bien sûr, des réalisations de Francisco Brennand. Le deuxième espace dédié à la sculpture est celui du port de Recife, auquel on accède en bateau depuis le «marco Zero». Toutes les oeuvres sont de Brennand.

PARQUE DONA LINDU ★

Avenida Boa Viagem, 6000

✆ +55 81 3355 9821

www.parquedonalindu.com

Du lundi au dimanche de 6h à minuit. Entrée libre.

Le parc Dona Lindu est un espace urbain signé Oscar Niemeyer. Cet espace est dédié aux femmes nordestines courageuses et à la mère de Lula. On peut aisément reconnaître le style tout en courbes épurées et fluides du grand architecte carioca. Construit dans le cadre d'une certaine volonté de renaissance urbaine d'une ville rongée par les maux de la violence et de la crise et inauguré en 2011, ce parc, en plus de ses zones vertes, des pistes cyclables, du skatepark et du playground, est composé d'une galerie d'art et du théâtre Luiz Mendonça.

PARQUE DOIS IRMÃOS ★

Praça Farias Neves, s/n

✆ +55 81 3184 7754

Ouvert du mardi au dimanche de 9h à 16h. Janvier et juillet tous les jours. 2 R$.

Il s'étend sur près de 390 hectares et constitue l'un des plus grands fragments urbains de forêt atlantique de Pernambuco. Le parc d'État de Dois Irmãos est considéré comme l'un des principaux centres de conservation de la nature *in situ* du pays. Son écosystème exubérant abrite plantes et animaux vivant en liberté, comme les paresseux, les ouistitis, les coatis, les capybaras et plusieurs oiseaux. C'est un jardin botanique et zoologique et un centre d'éducation à l'environnement. Des guides accompagnent les visiteurs sur les sentiers (pensez à réserver).

PATIO DE SÃO PEDRO ★★

Pátio de São Pedro

Situé en plein cœur de l'ancienne île d'Antonio Vaz, c'est l'un des plus importants ensembles d'architecture portugaise. On y voit l'impressionnante cathédrale de São Pedro dos Clerigos, construite en style baroque et terminée en 1792, dont on appréciera la jolie nef dodécagonale et le plafond peint en trompe-l'œil. L'ensemble a été récemment réhabilité pour en faire un espace touristique et de sortie et aujourd'hui c'est l'un des endroits les plus charmants du centre historique : une petite place coloniale pittoresque, bordée de restaurants et de cafés.

PERNAMBUCO

Patio de São Pedro.

PLAGE DE BOA VIAGEM ★★

À un quart d'heure de bus du centre-ville.

C'est la seule plage de Recife qui vaille le détour. Bordée d'imposants immeubles modernes, elle s'étend sur 7 km (avec des récifs à quelques centaines de mètres du rivage), l'eau est en moyenne à 26 °C. Particulièrement fréquentée le week-end par un public varié mais surtout familial. On peut facilement manger sur la plage, accompagné comme il se doit d'une *água de coco* ou d'une *cerveja gelada*. Attaques de requins fréquentes.

Parmi les autres plages dignes d'intérêt, citons :

- **Gaïbu**, à 30 km au sud.
- **Jatiuca et Pajuçara** sont des plages sympathiques dans les environs.

POÇO DA PANELA ★★

Quartier où l'on peut admirer des maisons et des *sobrados* du XIXe siècle, quand le quartier était prisé par la population pour la villégiature. Ses terres appartenaient à l'*engenho* Casa Forte. Il n'y avait qu'un tout petit village avec quelques maisons. Les médecins ont alors commencé à conseiller aux membres des familles les plus riches de s'y rendre, car la rivière Capibaribe qui y coulait pouvait avoir des propriétés médicinales. Les riches familles de Recife ont commencé à construire des *sobrados*. On y voit également l'Igreja de Nossa Senhora da Saúde (1820).

PRAÇA DA REPÚBLICA ★★

En plein quartier de Santo Antônio, la praça da Republica est l'une des plus belles places de la ville, fondée sur les jardins du comte Maurice de Nassau. Elle est formée par trois jardins disposant de nombreuses sculptures de divinités classiques. Autour de la fontaine, éclairée la nuit, des palmiers impériaux et un immense vieux baobab. Autour de la place, le Teatro Santa Isabel dessiné par le français Lousi-Léger Vautier, un haut lieu de la vie culturelle de la ville (XIXe siècle), le Palácio do Campo das Princesas (1841) et le Palácio da Justiça.

SINAGOGA KAHAL ZUR ISRAEL ✡ ★

Rua Bom Jesus, 197

✆ +55 81 3224 2128

Ouverte de 9h à 16h30 du mardi au vendredi, de 14h à 17h30 le dimanche. 15 R$.

C'est pendant la domination hollandaise (1630-1654) que les communautés judéo-portugaises vinrent s'installer, profitant de la grande tolérance religieuse des Bataves. Cette synagogue est la plus ancienne synagogue d'Amérique, fonctionnant de 1641 jusqu'à 1654. Le bâtiment a été l'objet d'une fouille archéologique et ouvert à la visite en 2001. Le sol et des objets du XVIIe siècle, tel le Mikvê, une petite baignoire utilisée dans les rituels de purification, y sont exposés.

VIEUX RECIFE ★★

Comme beaucoup de métropoles brésiliennes, en particulier celles du Nordeste, les centres-villes nés pendant la période coloniale ou lors du cycle du sucre, étaient devenus des réduits de misère et de violence, où ne restaient que ceux qui ne pouvaient fuir ces lieux d'exclusion. Les classes les plus aisées avaient quitté depuis longtemps les quartiers historiques pour rejoindre les espaces plus ouverts des quartiers résidentiels comme Casa Amarela ou Boa Viagem et ses airs de Benidorm. La municipalité a œuvré au processus occidental de reconquête des centres. Le Vieux Recife est le point de départ de la ville et est au cœur de cette entreprise de remise en valeur. Le processus de rénovation est lent et l'animation des rues le soir est en perte de vitesse. On peut y voir le port de Recife avec une belle vue sur la mer et le parc de Esculturas Francisco Brennand. La Praça Rio Branco (plus connue sous le nom de Marco Zero « la borne Zéro ») est ornée de la *Rosa dos Ventos*, du peintre pernamboucais Cicero Dias. On trouve également divers instituts culturels, comme l'Observatoire culturel Malakoff, situé dans la tour du même nom, de style tunisien, où se loge un observatoire astronomique. Le théâtre Apolo, du XIXe siècle. Egalement une belle église, la Igreja da Madre de Deus, datant du XVIIIe siècle. Dans la Rua do Bom Jesus, qui était appelée la rue des Juifs au XVIIe siècle, se dresse la synagogue Kahal Zur Israel. Egalement intéressant, le fort Brum (1629) qui abrite un musée militaire.

PERNAMBUCO

AEROPORTO INTERNACIONAL DOS GUARARAPES

Praça Salgado Filho ✆ +55 81 3322 4188
www.infraero.gov.br

Plusieurs agences de location de voitures, des terminaux bancaires, deux maisons de change et un grand bureau de l'Office de tourisme y sont présents.

- **Compagnies nationales** : TAM, GOL, Avianca, Azul Linhas Aéreas.
- **Compagnies internationales** : Condor, Copa, TAP, American Airlines.
- **Accès** : On y accède en empruntant un **bus** affichant Aeroporto depuis l'Avenida Dantas Barreto (3,50 R$). En **taxi**, comptez environ 60 R$ depuis le centre-ville et 50 R$ depuis Boa Viagem.

TIP - GARE ROUTIÈRE

Avenida Central.
✆ +55 81 3452 1999

Le TIP (Terminal Integrado do Passageiros) regroupe la *rodoviária* et le terminus du métro ; facilement accessible donc. Les temps de transport en bus entre Recife et certaines métropoles et villes secondaires du Nordeste sont raisonnables pour qui est sensible à son empreinte carbone.

- **Salvador** : en bus avec la compagnie Itapemirim,, de 160 à 180 R$ selon le confort.
- **Natal** : avec la compagnie Progresso, 30 R$ et 5h15 de trajet
- **Fortaleza** : 4 bus par jour avec la compagnie Guanabara (13 h de trajet ente 130 et 210 R$)
- **Du TIP au centre-ville** : en métro. 1,60 R$.

PIRATAS DA PRAIA HOSTEL COWORKING €

Av. Conselheiro Aguiar, 2034
✆ +55 81 3326 1281
www.piratasdapraia.com

À partir de 50 R$ le lit en dortoir et 163 R$ la chambre privée (1 ou 2 personnes), petit déjeuner compris.

Le tourisme évolue et s'adapte aux nouvelles demandes. On trouve cet espace hybride, à la fois auberge de jeunesse et espace de rencontre/coworking, à l'étage d'un immeuble de Boa Viagem. L'ambiance est y jeune et propice à la rencontre, dans un joyeux brouhaha : une cuisine à disposition, des salons aux murs bariolés et équipés de canapés, instruments de musique à disposition. Une adresse jeune et peu chère, centrale à proximité des animations de la ville.

HOTEL RECIFE PLAZA €€

Rua da Aurora, 225
✆ +55 81 3222 9058
www.recifeplazahotel.com.br

Chambres doubles à partir de 220 R$.

L'hôtel Recife Paza est des rares hôtels de standing, en plein centre-ville de Recife, dans le quartier de Boa vista. C'est une bonne localisation si vous préférez être près du centre et vous imprégnez de l'histoire des lieux. Attention au quartier le soir, il est peu sûr malgré le travail de remise en valeur du centre. Prenez plutôt un taxi. Les chambres (standard, suites junior ou master) sont toutes agréables et bien équipées. Piscine sur le toit avec vue imprenable sur l'ensemble de la ville et sur le Rio Capibaribe. Accueil sympathique.

HOTEL VILA RICA €€

Avenida Boa Viagem, 4308
✆ +55 81 2121 5111
www.vilaricahotel.com.br

A partir de 194 R$ la chambre double, 340 R$ pour une suite (coin salon) avec vue sur la mer.

L'hôtel a une localisation privilégiée, juste en face de la plage de Boa Viagem, il suffit de traverser la rue pour être sur la plage. Il a été entièrement rénové et possède 103 chambres tout confort. De la fenêtre vitrée de la chambre, on observe la mer et l'agitation de Boa Viagem. De plus, l'hôtel possède un bar dans le hall, un restaurant ouvert le soir et une petite piscine juste à côté du bar du restaurant. Le service impeccable est sûrement un des points forts du Vila Rica. Autre facilité, il y a toujours un ou plusieurs taxis garés en face de l'hôtel.

JANGADEIRO €€

Avenida Boa Viagem, 3114
✆ +55 81 3086 5050
www.jangadeirohotel.com.br

Chambres doubles à partir de 220 R$ la chambre double.

Le Jangadeiro est un bel établissement moderne situé face à la mer, sur la plage touristique et résidentielle de Boa Viagem. L'hôtel s'insère dans la skyline d'immeubles qui jouxtent l'océan. L'établissement dispose de 92 chambres confortables avec vue sur la mer, certaines avec balcon ; divisées en 6 catégories (luxe, standard, supérieur et select luxe, standard, supérieur). Toutes sont dessinées selon un même modèle, sobre et confortable. Minibar, TV câblée, air conditionné, Internet. Restaurant, petite piscine sur le toit.

POUSADA CASUARINAS €€

Rua Antônio Pedro Figueiredo, 151
✆ +55 81 3325 4708
www.pousadacasuarinas.com.br
Chambres doubles à partir de 140 R$, un peu plus cher avec balcon. Petit déjeuner inclus.

Pousada simple, mais sympathique avec un jardin avec de nombreux arbres fruitiers tels que mangue, banane, carambole, jambo, acérola. Et une piscine agréable. 15 chambres avec TV, salle de bains privée, air conditionné et mini bar. Salle de lecture et espace barbecue. La Pousada Casuarinas fonctionne depuis 1994 dans le quartier de Boa Viagem. On est dans l'ancienne résidence des propriétaires, Patricia et Simone. La pousada est proche de la plage de Boa Viagem, des bars, des restaurants, des banques, des supermarchés, des boulangeries.

ENTRE AMIGOS €€

Rua Marquês de Valença, 30
✆ +55 81 3312 1000
www.entreamigosobode.com.br
De 11h30 à 2h. Plats à partir de 100 R$ (jusqu'à trois personnes).

L'histoire de l'Entre Amigos a commencé dans les années 1990 quand les deux partenaires ont acheté un kiosque sur la plage de Boa Viagem et ont commencé à servir des brochettes. Aujourd'hui, ils possèdent deux restaurants qui proposent une nourriture savoureuse et régionale et qui sont très appréciés des locaux. Le bar est aussi très animé. Le lieu convivial et les plats copieux en font une bonne option en ville. Les plats sont préparés avec originalité, les saveurs sont subtiles et délicates Enfin, la vue depuis la terrasse est charmante.

ALTAR, COZINHA ANCESTRAL €

Rua Frei Cassimiro, 449
✆ +55 81 9800 1090
Ouvert mardi et mercredi de midi à 17h, jusqu'à 22h du jeudi au dimanche, fermé le lundi. Environ 40 R$ le plat.

Pénètre-t-on dans un temple candomblé ou dans un restaurant ? Vous êtes ici chez Carmem Virgínia, véritable célébrité dans le quartier en même temps que chef inspirée, elle a converti cette maison en restaurant de *soul food* à la brésilienne. Venir chez Carmem est à la fois un agréable moment de restauration et une expérience quasi-mystique : on goûte à des préparations-maison d'inspiration africaine, aux ingrédients choisis et cuisinés avec amour, tels que l'*acarajé*, la *vatapá* ou encore la *moqueca*, à accompagner d'eau de coco. Une escale insolite et réparatrice.

LEITE €€

Praça Joaquim Nabuco, 147
✆ +55 81 3224 7977
www.restauranteleite.com.br
Du dimanche au vendredi de 11h à 16h. Compter à partir de 150 R$ environ.

Le Leite est certainement le plus ancien restaurant en fonctionnement de Recife, il a été fondé en 1882. Les grands noms des affaires, de la politique ou de la culture ont fréquenté cet établissement. Le lieu est raffiné, les convives sont reçus sous l'agréable musique d'un piano à queue. Le show continue ensuite dans l'assiette. On y sert une bonne cuisine variée de viande et poisson. On goûtera la langouste au champagne (89 R$). Le dessert le plus prisé est la banane grillée recouverte de fromage, sucre et cannelle, la *cartola*.

PARRAXAXA €

Rua Igarassu, 40
✆ +55 81 3268 4169
www.parraxaxa.com.br
Buffet à environ 60 R$ le kilo à 12h, 52 R$ le soir. tous les jours de 11h30 à 23h30. Dimanche, petit déj/brunch dès 7h

La tradition culinaire nordestine est omniprésente dans le pernambouc et à Recife en particulier. Le Parraxaxa est un bon et traditionnel self-service de nourriture nordestine dans un cadre agréable, à la décoration typique de la région. Le dimanche, le restaurant ouvre ses portes à 7h et propose un brunch spécial où vous allez savourer de nombreuses spécialités nordestines. Service agréable. Il existe désormais deux restaurants Parraxaxa, un se trouve dans le quartier résidentiel de Casa Forte, l'autre se trouve à Boa Viagem.

MINGUS €€

Rua Atlântico, 102
✆ +55 81 3465 4000
www.mingus.com.br
Déjeuner de mercredi à dimanche de 12 à 15h. Le soir, du mercredi au samedi à partir de 19h30. Plats à partir de 75 R$.

Idéal pour les fans de jazz, grâce à sa décoration élégante et son charmant piano, mais aussi pour les amateurs de la bonne cuisine. Le restaurant propose une carte variée et originale qui mêle les produits locaux à la gastronomie française et contemporaine. Au menu : carpaccio au parfum de fruit de la passion, confit de canard et risotto aux poires ; poulpe au paprika… En dessert, pour finir avec un petit goût brésilien en bouche, on vous conseille le petit gâteau d'açai avec gelée de cupuaçu et croustillant de tapioca du Pará !

BIRUTA BAR

Rua Bem-Te-Vi, 15
+55 81 3326 5151
Ouvert du mardi au dimanche à partir de 11h. Portions à partager à partir de 50 R$ environ.

Les tables sont installées sur une terrasse en bois, avec vue sur la mer. Endroit plutôt romantique, c'est certainement le meilleur bar de plage. Situé sur le front de mer de la plage de Pina, au sud de Recife, le Biruta Bar a un décor largement inspiré de la mer. La carte, riche et intéressante, est renouvelée chaque année. Un des plats qui a fait la réputation du Biruta Bar est la crevette « matuto », servie dans un bol en argile avec une sauce blanche et un gratin de fromage coalho, le tout accompagné de riz. Goûtez le siri-mole à la noix de coco.

MERCADO SÃO JOSÉ

Praça Dom Vital, s/n
+55 81 3232 2319
Du lundi au vendredi de 8h à 17h, jusqu'à 15h le samedi, et midi le dimanche.

On vient au mercado São José pour s'immerger dans l'ambiance du Recife populaire et pour admirer son architecture de marché à la française. Plus de 500 commerçants ont leur étal dans ce beau bâtiment inauguré en 1875 et encore beaucoup d'autres aux alentours. Artisanat, produits typiques, nourritures, herbes médicinales, objets religieux… la variété est énorme ! Sans doute le meilleur lieu pour acheter de souvenirs et rencontrer les locaux. C'est un lieu populaire, donc restez discret, pas d'ostentation, ni de grands sacs, ni de bijoux.

DOMINGO NA RUA

Rua do Bom Jesus
+55 81 3424 9232

Tous les dimanches, la rue Bom Jésus ferme et les stands d'artisanat, peintures et antiquités s'installent. Le samedi a lieu sur la même place la Feira Solidária de Artesanato, de 9h à 19h. La Rue do Bom Jesus est de plus l'une des rues les plus charmantes de Recife. On peut y admirer un peu de la splendeur passée et retrouvée de l'ancienne Pernambuco, en dégustant des plats typiques. Cela vaut la peine de s'y arrêter, de découvrir un peu de la culture et de rapporter un souvenir. La redynamisation du centre passe par ces évènements.

PAÇO ALFÂNDEGA E FEIRA DE ANTIGÜIDADES

Rua da Alfândega, 35 +55 81 3194 2100
pacoalfandega.com.br
Du lundi au samedi de 9h à 21h et dimanche de 11h à 20h. Le marché d'antiquités a lieu le premier dimanche du mois.

Toujours dans le cadre de la «reconquête» du centre-ville, la ville a remis en valeur les anciens quais, qui ont vu embarquer et débarquer des flots de marchandises d'une des villes du Brésil. Un centre commercial et artistique s'est installé dans un charmant bâtiment des douanes, construit en 1732. Initialement, le bâtiment a été construit pour servir de couvent aux frères de l'ordre de Sao Felipe Neri. C'est De nombreux artisans et antiquaires s'installent lors du marché de dimanche.

FEIRA DE BOA VIAGEM

Praça de Boa Viagem
+55 81 3424 6395
Plutôt en fin d'après-midi, début de soirée

A l'image des foires cariocas de Copacabana et d'Ipanema, la plage du quartier résidentiel de Boa Viagem se transforme en un agréable marché à ciel ouvert en fin d'après-midi et jusqu'en début de soirée. On y trouve l'artisanat traditionnel de tissus ou de céramiques. Mais on peut également se sustenter en goûtant les petits plats proposés dans les quelques kiosques de cuisine typique de toutes les villes du Nordeste, au centre-ville de Recife ou dans la belle Olinda voisine (*tapioca*, *acarajé*…). On peut y préparer les achats finaux (pareos et hawaianas).

GALO DA MADRUGADA

Rua da Concordia, 984
81 3224 2899
www.galodamadrugada.org.br
Programmation sur le site Internet.

Comme à Rio, le carnaval existe avant et après le carnaval. En dehors du carnaval, on peut également profiter de l'animation d'un des groupes les plus traditionnels du carnaval du Nordeste. Le Galo da Madrugada est un « bloco » ou groupe de carnaval créé en 1978. Le groupe assure l'animation tous les jeudis dans son siège avec des groupes de musique traditionnelle du pernambouc, comme le frevo, le maracatu et du folklore régional. Une bonne option pour vibrer aux rythmes du Pernambuco. Ses sorties de carnaval sont suivies par des millions de personnes.

OLINDA ★★★

Olinda est juchée sur une petite colline, couverte d'églises baroques et de cocotiers, de maisons blanches et pastel surplombant la mer et rappelant le Pelourinho de Salvador . Des rues en pente traversent le vieux quartier, classé patrimoine de l'humanité par l'UNESCO. On y trouve des merveilles léguées par les Portugais : les églises, noires et rongées, encore plus belles à l'abandon.

Olinda, plus petite, et moins extravertie que Salvador, paraît comme figée dans une solitude théâtrale et provinciale. On pourrait s'y retirer une semaine dans la sérénité et le raffinement des lieux... jusqu'à redescendre sur terre : à quelques dizaines de mètres de là, au bas de la colline, le béton ordinaire sert de décor aux rallyes qui se courent entre les chauffeurs fous des bus. Remontons donc vite notre colline et employons-nous à découvrir les merveilles d'Olinda ! On aperçoit au loin, sur l'océan, d'énormes navires à pont plat, alignés comme des sentinelles, immobiles et décorés de lampions comme au 14 juillet ! Ici, on retrouve une dimension humaine, perdue à Recife, trop grande, trop impersonnelle. Ici, la culture règne, on la voit omniprésente dans chaque recoin de la ville musée à laquelle d'aimables lycéens, de fougueux capoeiristes ou des rastas hilares donnent un air d'authenticité. On n'est plus dans la grande ville : les gens ici sont aimables, joyeux et spirituels.

Histoire

Fondée en 1537, Olinda est l'ancienne capitale de l'Etat. C'est également la troisième plus ancienne ville du Brésil. C'est le sucre qui lui conféra sa splendeur. Pour son malheur – ou son bonheur – il suscita également maintes convoitises parmi les puissances européennes. Olinda sera ainsi la capitale du Pernambuco jusqu'en 1827, vivant de l'exportation de *pau brasil* et de sucre. La ville fut un important pôle économique à la fin du XVIe siècle. Vantée de par le monde, jalousée par ses paires et ses rivales, elle fut incendiée par les Hollandais, qui firent de Recife leur capitale. C'est avec l'expulsion des Hollandais, en 1654, qu'est entreprise la reconstruction de la ville. Le charmant petit quartier historique que l'on peut admirer aujourd'hui date donc du XVIIe siècle. Il reste à l'écart de la ville moderne et de ses 300 000 habitants. A noter, le nom Olinda ne viendrait pas d'un joli jeu de mot – *O ! Linda situação !* littéralement « Oh ! Quel bel endroit » – vantant les splendeurs de la ville, mais du nom d'une ville du Portugal.

BASÍLICA E MOSTEIRO DE SÃO BENTO ★★

Rua de São Bento
✆ +55 81 3316 3288

La ville de Recife a longtemps été la grande concurrente de l'autre grande ville du Nordeste : Salvador de Bahia. Si l'histoire du Brésil est relativement récente de celle de l'ancien monde ou d'Asie du Sud et de l'Est, elle n'en reste pas moins riche. Une intense activité a animé les quais des ports de ces villes. L'opulence des bâtiments religieux était souvent l'expression de la richesse matérielle des sociétés. La basilique et le monastère de São Bento représentent un important complexe architectural baroque classé site du patrimoine mondial par l'Unesco. La fondation du monastère remonte aux premiers jours de la colonisation portugaise : sa première version fut achevée en 1599, avant d'être détruite par l'incendie déclenché lors de l'invasion hollandaise, en 1631. Reconstruit et à nouveau en fonction en 1656, il est par la suite agrandi et les premières pierres de l'église de São Bento (dédiée à Saint-Benoît) sont posées en 1660 (il faudra attendre 1761 pour que sa construction ne soit terminée). La sacristie de cette dernière est l'une des plus richement ornées d'Olinda : meubles sculptés dans le cèdre, miroirs de cristal et panneaux peints garnissant les murs, plafond peint racontant la vie de saint Benoît (œuvre de Eloy José da Conceição de 1785), retable encadré d'or, ainsi qu'un panneau représentant Notre-Dame-des-Douleurs. En 1998, l'église du Monastère de Saint-Benoît a été élevée à l'état de Basilique par le Pape Jean Paul II.

CONVENTO DE SÃO FRANCISCO ★★★

Rua de São Francisco, 280
✆ +55 81 3494 3387

La construction du couvent a commencé en 1585. Partiellement détruit par les Hollandais en 1631, il est reconstruit au cours du XVIIe siècle. L'ensemble architectural, aujourd'hui classé site du patrimoine mondial par l'Unesco est particulièrement remarquable pour son cloître et sa sacristie tapissés d'*azulejos* portugais représentant des scènes diverses, mais aussi pour les impressionnantes sculptures qui ornent les plafonds de l'église, de la sacristie et de la chapelle.

© EMBRATUR / CHRISTIAN KNEPPER

Monastère São Bento.

CATEDRAL SÉ DE OLINDA - E DE SÃO SALVADOR DO MUNDO ★★★

Ladeira da Sé

A quelques kilomètres seulement de l'autre grande ville historique du Pernambouc, Recife, la belle Olinda est elle-même couverte d'un blanc manteau d'églises. La richesse du pouvoir temporel a souvent contribué à la richesse du pouvoir temporel, à travers l'édification de ces remarquables temples de la foi que sont les églises et les cathédrales baroques. La cathédrale d'Olinda (« igreja da Sé », pour « sede episcopal », ou siège de l'évêque, ex-catedra) est une perle du baroque religieux. C'est le siège de l'archidiocèse d'Olinda et de Recife. La cathédrale d'Olinda – nommée Catedral de São Salvador do Mundo – qui domine la place d'Alto do Sé, n'était à l'origine qu'une simple chapelle qui fut remplacée en 1584 par un édifice en dur doté de plusieurs chapelles secondaires, à l'initiative d'Antonio Barreiro, troisième évêque du Brésil. Elevée à l'état de cathédrale en 1676, au moment de la création du diocèse, et inscrite au patrimoine mondial de l'UNESCO en 1982, la cathédrale, sobre et au style typique colonial portugais est aujourd'hui un élément architectural emblématique du vieux-centre d'Olinda. En plus d'y admirer quelques jolies peintures murales et autels ornés de feuilles d'or, on jouit d'un fantastique panorama sur Olinda et Recife au loin, entouré d'une luxuriante végétation. L'église de la Sé, c'est également la place de la Sé, une des cartes postales de la ville et peut-être un des panoramas les plus connus du Nordeste et du Brésil tout entier.

IGREJA DE NOSSA SENHORA DA CONCEIÇÃO ★

Rua Bispo Coutinho
✆ +55 81 3429 3108

L'église de Notre-Dame-de-la-Conception, datant XVIe siècle et installée près du Largo da Misericórdia, a été redessinée par l'architecte Fernandes Vieria pour devenir une résidence d'accueil pour femmes abandonnées. Sa façade arbore une croix entourée d'obélisques. Le portique en arcades à la manière franciscaine est assez remarquable. L'intérieur présente un plafond magnifiquement peint de la seconde moitié du XVIIIe siècle, ainsi que des panneaux de carreaux figuratifs.

IGREJA DE NOSSA SENHORA DA GRAÇA ★★

Rua Bispo Coutinho

L'église de Notre-Dame-de-Grâce fait partie des premières églises du Brésil : elle n'était en 1551 qu'une simple chapelle qui fut donnée au Jésuites. Une quinzaine d'années plus tard, le père Antônio Pires fait édifier un bâtiment en pierres, puis entre 1584 et 1592, la petite église est agrandie par le prêtre Luiz Grã, avec l'ajout de la nef, de la façade et du toit. Affichant une grande sobriété, l'église abrite de jolies chapelles latérales décorées d'autels.

IGREJA DE SÃO JOÃO BATISTA DOS MILITARES ★

Av. Saudade

Le bâtiment original de cette église dédiée à Saint-Jean-Baptiste date de la seconde moitié du XVIe siècle, construit dans le style maniériste. Après une période d'abandon, il subit une importante campagne de restauration au début du XVIIIe siècle, sa façade est alors agrémentée d'éléments baroques, mais l'église est ravagée par un incendie en 1773. Tombée à nouveau en décrépitude dans les années 1990, le manque de fonds ne permet pas de la rénover comme elle le mériterait.

IGREJA NOSSA SENHORA DO AMPARO ★

Rua do Amparo

✆ +55 81 3429 7339

Installée sur le Largo do Amparo, dans la ville haute d'Olinda, l'église éponyme a été érigée en 1613 et reconstruite en 1644, après avoir été partiellement détruite par les Hollandais. Les travaux ont continué jusqu'à la fin du XVIIIe siècle, permettant à l'édifice d'obtenir sa configuration baroque actuelle. L'église n'a cependant jamais été achevée dans sa totalité : il n'y a qu'un seul couloir latéral à la nef. On appréciera les belles sculptures dorées de ses autels.

IGREJA DO CARMO ★★

Rua Bomfim

✆ +55 81 3429 2898

© OSTILL - ISTOCKPHOTO.COM

Première église de l'Ordre des Carmélites de toutes les Amériques, les premières pierres de l'Igreja de Nossa Senhora do Carmo ont été posées en 1580. Lorsque la ville fut détruite par les Hollandais en 1631, l'église et le couvent subirent de graves dommages. À partir de 1654 commencent les travaux de reconstruction. Le lieu est abandonné en 1820. Il faudra attendre 1897 pour qu'une nouvelle restauration soit lancée, permettant à l'édifice de retrouver de sa superbe, affichant une architecture aux influences maniériste combinées à des éléments baroques.

MERCADO DA RIBEIRA ★★

Rua Bernardo Vieira de Melo

Tous les jours de 9h à 18h.

Le marché a été construit à la fin du XVIIe siècle et restauré en respectant les plans initiaux. Artisanat, ateliers de sculpteurs sur bois, gravures, peintures. Après l'incendie qui a détruit Marim dos Caetés en 1601, la ville a commencé à être reconstruite par la Rua de São Bento, avec le Palais des Gouverneurs, puis sont venus la Maison de la Chambre et la prison, qui étaient l'une au-dessus de l'autre, et devant elles le marché public. Le marché est en forme de U et présente des caractéristiques typiques des bâtiments de l'époque coloniale,

MUSEU DE ARTE SACRA DE PERNAMBUCO ★

Rua Bispo Coutinho

✆ +55 81 3184 3154

Ouvert du mardi au vendredi de 10h à 16h, le week-end jusqu'à 14h.

Le Musée d'Art Sacré de Pernambouc (MASPE) a été inauguré en 1977, dans l'ancien palais épiscopal d'Olinda, qui servit également de caserne militaire pendant la Seconde Guerre mondiale. La collection du musée se compose d'éléments d'art sacré offerts par l'archidiocèse d'Olinda et de Recife : images polychromes et dorées du XVIe siècle, peintures et art sacré populaire, ainsi qu'une gamme variée d'objets de culte des églises. A voir pour les amateurs d'art sacré.

PLAGES

Les plages ne sont pas le fort d'Olinda. Il existe néanmoins quelques plages urbaines comme la plage do Farol ou celle de Casa Caiada, les deux sont fréquentées par les locaux et les touristes.. En allant vers le nord, on trouve une succession de plages pas très propres encadrées par des immeubles tristounets : Rio Doce (6 km), Janga (8 km), Praia do O (12 km), Praia do Pau Amarelo (14 km), Praia da Conceição (17 km), Praia da Maria Farin ha (23 km). Le bus qui part de la Praça do Carmo les dessert (toutes les 30 minutes de 8h à 19h).

IRRADIANTE €€

Rua Bispo Coutinho de Baixo, 783
✆ +55 81 4100 0423
www.irradiante.com
Chambre double à partir de 250 R$.

Raimondo, ancien chercheur d'or napolitain, a su transformer en paradis cette ancienne villa du XVIIIe siècle sise sur l'Alto da Sé, demeurée en ruines pendant des décennies. C'est aujourd'hui un atelier-galerie d'art et un petit hôtel plein de charme de deux chambres doubles (dont une avec toilettes extérieures), une suite et un superbe loft de deux chambres installé sous les toits. La vue, dominant la vieille ville, est splendide. Le luxuriant jardin et la déco font l'objet d'un soin particulier. L'accueil est hyper chaleureux. Un coup de cœur de la rédaction !

POUSADA D'OLINDA €

Rua Prudente de Moraes, 178
✆ +55 81 3494 2559
www.pousadadolinda.com.br
A partir de 135 R$ la chambre double.

La pousada d'Olinda est un établissement établi dans la rue Prudente de Moraes depuis de nombreuses années. C'est une maison coloniale un peu vieillotte de prime abord, mais qui est très accueillante, avec son patio fleuri, une agréable piscine et un jardin planté d'arbres tropicaux. Le gérant, Abdul, est un marocain convivial et qui parle trés bien la langue de Molière. Il peut organiser vos excursions ou la location d'une voiture. Si elle est libre, demandez la suite coloniale avec une grande salle de bains. Bonne localisation

POUSADA DO AMPARO €€

Rua do Amparo, 199
✆ +55 81 3429 6889
www.pousadadoamparo.com.br
Chambres doubles selon confort à partir de 228 R$, petit déjeuner inclus.

La pousada do Amparo est une superbe demeure historique avec 18 chambres bien décorées et qui portent toutes le nom des rues et des quartiers de la ville. Dans la suite luxe supérieure, on appréciera le superbe bain bouillonnant au milieu de la chambre et la belle vue sur le jardin. Durant le carnaval, la chambre *Dos Milagres* devient un salon avec une vue privilégiée sur l'une des principales rues du parcours des *blocos* (réservation *day use*). L'établissement dispose d'une agréable piscine et d'un sauna. L'une des plus belles *pousadas* de Olinda.

HOTEL 7 COLINAS €€

Ladeira de São Francisco, 307
✆ +55 81 3493 7766
www.hotel7colinas.com.br
A partir de 340 R$ + 10% de taxes pour la chambre double, petit déjeuner inclus.

Dans ce superbe hôtel situé dans un grand parc qui abritait jadis une demeure coloniale, on se repose et on oublie le reste du monde, entouré d'arbres et du chant des oiseaux qui viennent à l'heure du petit déjeuner. Les chambres sont spacieuses, confortables et décorées de touches régionales. Les parties communes sont vastes et aérées, et on pourra profiter de la grande piscine. Le personnel, accueillant, est très pro. Une très belle adresse, idéale pour profiter du carnaval : le fond du jardin donne sur une artère du vieux-centre qu'empruntent les cortèges !

POUSADA QUATRO CANTOS €€

Rua Prudente de Morais, 441
✆ +55 81 3429 0220
www.pousada4cantos.com.br
Chambre double à partir de 240 R$.

Au carrefour des « quatro cantos », lieu de convergence des *blocos* du carnaval, la pousada se situe dans une belle demeure coloniale du XIXe siècle. Le confort des chambres est sommaire, mais c'est l'une des auberges les plus poétiques d'Olinda. La meilleure chambre est la sérénissime 115, à laquelle on accède par un escalier de bois. Elle est située en haut de l'hôtel, 17 m² plus une terrasse, avec un joli parquet, un minibar ; on y regarde la mer et les églises du Carme et de Sé se fondre dans les cocotiers. Une adresse au charme fou.

POUSADA SÃO FRANCISCO €€

Rua do Sol, 127
✆ +55 81 3429 2109
www.pousadasaofrancisco.com.br
À partir de 170 R$, petit déjeune inclus.

Installé au cœur d'un vaste jardin tropical de plus 1500 mètres carrés de verdures et de mata atlântica à une centaine de mètres de la plage, cette pousada ouverte depuis plus de 30 ans dispose de 45 appartements modernes, fonctionnels et confortables, ceux de la catégorie « superior » sont même équipés d'un balconnet donnant sur l'océan. Au nombre des espaces et services communs, citons le bar, le restaurant, un room service fonctionnant H24, une belle et agréable piscine pour se délasser et une salle de jeux. Une adresse très bien tenue.

FLOR DO CÔCO €€

Rua do Amparo, 199
✆ +55 81 3429 6889
www.pousadadoamparo.com.br
Ouvert tous les jours de 15h30 à 23h. Compter à partir de 80 R$.

Dans la belle *pousada* do Amparo, le restaurant Flor do Côco propose une cuisine régionale de qualité.La cuisine a été aménagée de façon que l'on puisse voir toutes les étapes de préparation des plats et admirer son beau décor rustique, La mise en appétit se fait avant même l'arrivée de l'assiette. On a l'impression de se trouver dans une ancienne ferme coloniale au milieu des casseroles et d'un beau paysage. C'est une subtile combinaison de cuisine brésilienne avec une sophistication contemporaine. De belles saveurs à découvrir et une vue inoubliable de Recife.

PATUÁ €€

Rua Bernardo Vieira de Melo, 79
✆ +55 81 3055 0833
www.restaurantepatua.com.br
Ouvert du mardi au dimanche de 11h à 15h et du jeudi au samedi de 18h à 22h. A partir de 60 R$.

Dans cet agréable établissement d'Olinda, la carte propose beaucoup de fruits de mer dans les plats présentés au Patuá. Les crevettes ont la part belle et on appréciera particulièrement la « mariscada de poisson et de fruits de mer à la pernambucana », avec des poissons, des crabes, de la langouste, au lait de coco naturel. Cuisine régionale et contemporaine. Les végétariens ne sont pas oubliés. La vue sur Recife depuis le balcon, où l'on s'attablera le soir (impossible le midi, en raison de la chaleur) est assez impressionnante.

BODEGA DO VÉIO

Rua Amparo, 212
✆ +55 81 3429 0185
Du lundi au samedi, de 9h à 23h. De décembre à février aussi le dimanche.

Le Brésil, et le Nordeste en particulier savent à l'évidence conserver ces lieux traditionnels qui ont un tout petit supplément d'âme. La bodega do Veio fait partie de ces lieux intemporels qui semblent sortis d'un vil album de photos jaunies par le temps. Mélange de magasin et bar, on peut tout trouver dans la Bodega do Véio ! On peut y faire ses emplettes ou s'asseoir à la terrasse et s'essayer à ses plats. Sa salade de morue est réputée en ville. Les soirées aussi, on y retrouve une programmation musicale variée. Passage obligé !

ITAMARACÁ ★★

A une cinquantaine de kilomètres au nord de Recife, on peut visiter l'île d'Itamaracá. C'est un paradis écologique : cocotiers, superbes plages. Selon les historiens, neuf ans avant l'arrivée de Pedro Cabral au Brésil, des familles portugaises habitaient déjà l'endroit. A voir sur l'île : l'imposant Forte Orange, érigé par les Hollandais en 1631 sur ordre du Prince de Nassau, le centre de préservation du Peixe-Boi, qui présente un projet très intéressant de réintroduction des lamantins, aujourd'hui en voie d'extinction dans les rivières de la région, et l'église dédiée à Nossa Senhora de La Conceição et sa vue panoramique sur le canal de Santa Cruz.

FORTE ORANGE ★

Ouvert tous les jours de 9h à 16h30.

Ce fort a commencé à être érigé en 1631, un an après la prise de Recife par les Hollandais. L'un des plus imposants vestiges de la présence hollandaise dans la région. Erigé à la pointe sud de l'île en 1631 sur ordre du Prince de Nassau, puis reconstruit par les Portugais en 1654, il joua un rôle important durant les combats que se livrèrent les colonies portugaises de Recife et Olinda. Le fort d'Orange, (en référence aux maîtres d'alors, les Hollandais), également connu sous le nom de fort d'Itamaracá, est situé sur l'île d'Itamaracá.

PERNAMBUCO

PORTO DE GALINHAS ★★

Porto de Galinhas, petite ville tranquille dans les années 90, s'est muée en une station balnéaire à la mode, où les pousadas poussent des champignons. Les eaux turquoise de la mer se mêlent aux lagunes, bordé de barrières de récifs. L'origine de la ville est pourtant sinistre. *Chegaram as galinhas do Angola* ou « Les poules d'Angola sont arrivées » : c'était le mot de passe des négriers qui continuèrent leur activité après l'abolition de l'esclavage et la stricte surveillance des ports par les bâtiments de la marine anglaise et débarquaient leurs prisonniers sur cette côte, ni trop près ni trop loin de Recife, ses troupes et son marché. Aujourd'hui, les activités sont plus pacifiques, même si, à terme, on peut s'interroger sur l'impact d'une construction mal contrôlée.

Une balade en *jangada* sur les récifs dès l'arrivée à Porto Galinhas, afin de découvrir les plages paradisiaques du site permettra d'apprécier la beauté globale du site. .

Malheureusement, la forte hausse du tourisme à Porto de Galinhas fait que la destination devient de plus en plus chère. Les grands groupes hôteliers et les resorts de luxe investissent dans la région, et même les prix des petites *pousadas* flambent, tout comme, les commerces de proximité, les *barracas* au bord de mer et les restaurants. On peut choisir de s'éloigner un peu du centre en se logeant vers Maracaipe, moins cher, et aller dans les bars proches de la rivière Sirinhaém, plus fréquentés par les gens du coin que les touristes. Mais dans ce cas, il vaut mieux avoir une voiture car le taxi est lui aussi hors de prix.

PISCINES NATURELLES ★★

Billets : Rua da Esperança. Après avoir acheté son billet au kiosque central, on prend place dans une des jangadas disponibles sur la plage de Porto de Galinhas. Dix minutes de navigation suffisent pour y arriver.

Compter 30 R$. 45 minutes.

Une des attractions de Porto de Galinhas est incontestablement ls magnifiques piscines naturelles qui jalonnent la région, du Sergipe jusqu'au Pernambouc. Ces piscines naturelles, formées lors des marées basses, sont entourées par le corail. Les plages ont été désignées plus belles plages du Brésil. On peut plonger dans la plus grande et nager avec les petits poissons pour 10 R$ à peu prés. Masque et tuba sont inclus dans le prix du ticket. Le revers de la médaille est l'afflux toujours plus important de touristes. Si vous cherchez la tranquilité, fuyez !

POUSADA LIRAS DA POESIA €

Praça 18

✆ +55 81 35522843

https://lirasdapoesia.com.br/

À partir de 60 R$ en chambre collective et 116 R$ la double. Serviettes, draps et petit déjeuner inclus.

Porto de Galinhas est un lieu de villégiature de plus en plus connu et reconnu du tourisme national et international. il existe encore des options pour les petits budgets. L'hostel «A casa Branca» est localisé entre les plages de Porto Galinhas et de Maracaípe. Il propose des chambres chambres privatives et collectives pour hommes et femmes avec quatre ou six lits, ventilateur ou climatisation au choix. Salon télé, coin lecture, cuisine, Wifi inclus, laverie, terrasse et consignes individuelles font partie des services proposés.

POUSADA PORTO DE AMIGOS €

Praça Dezesseis

✆ +55 81 98401 4602

À partir de 100 R$ ma chambre double, petit déjeuner inclus.

Ouvert il y a quelques années seulement, cette petite pousada simple et bien tenue réserve un accueil des plus amicaux et a su se tailler une solide réputation grâce à des prestations d'un assez bon rapport qualité-prix. Située à 5 minutes à pied du centre-ville et des plages, les chambres sont certes plutôt petites (entre 12 et 15 m²), mais elles sont propres et plutôt confortables pour le prix. Les appartements familiaux sont plus vastes et font 27 m². Café à volonté toute la journée. L'ambiance est familiale autour d'un petit patio.

POUSADA CANTO DO PORTO €€

Avenida Beira Mar. Merepe ✆ +55 81 3552 2165

www.pousadacantodoporto.com.br

À partir de 300 R$ pour une chambre double en tarif économique en basse saison.

La pousada Canto do Porto combine avec bonheur sophistication et rusticité. L'établissement est bien situé, à proximité d'une des belles plages de la station balnéaire. Une partie des chambres se trouve dans la partie la plus moderne de l'établissement. Les plus chères ont vue sur la mer. Les chalets en bois se fondent dans l'environnement. Tout est prévu pour le bien-être des hôtes (massages, piscines). En plus du petit déjeuner, le bon restaurant de la maison propose de bons plats de poissons, comme la moqueca de crevettes.

Porto de Galinhas.

POUSADA DOCE CABANA €€

Loteamento Merepe 1, quadra G
✆ +55 81 3552 5252
www.docecabana.com.br
Compter à partir de 250 R$ pour une chambre double.

Cette pousada moderne, dont le nom n'est pas sans évoquer un maître de la mode italien, propose 25 appartements qui peuvent tous accueillir jusqu'à 4 personnes. Elle est idéalement située à une cinquantaine de mètres de la plage et à moins de 400 mètres du centre du village de Porto de Galinhas. Le point fort principal de cette *pousada* réside dans ses chambres, spacieuses et soignées, peut-être bien les meilleures de cette station balnéaire. Certaines suites ont vue sur la mer. L'immeuble en lui-même ne possède pas vraiment de charme.

ARMAÇÃO DO PORTO €€€

Merepe II
✆ +55 81 2126 2160
www.hotelarmacao.com.br
À partir de 780 R$.

Les 130 chambres de l'hôtel Armaçao do Porto sont spacieuses et elles sont dispersées au mieux pour un maximum de tranquillité et d'intimité. Les plus grandes suites sont prés de 75 m² et sont subtilement décorées en style balinais. De nombreux services sont disponibles, bar sur la plage, 5 piscines (dont 2 pour enfants), massages, gym, tennis, 2 restaurants… Parmi les hôtels de charme, l'Armação est celui le plus près de la plage de Porto de Galinhas, à 1 km de marche par la plage ou 2 km sur la route. Pas de navette le soir.

NANNAI BEACH RESORT €€€

Rodovia PE 09
✆ +55 81 3552 0100
www.nannai.com.br
À partir de 1 900 R$ l'appartement pour deux personnes. Séjour minimal de 3 nuits ; 4 en haute saison.

Le Nannai Beach Resort est un havre de paix dans la magnifique nature de Porto de Galinhas. Entourés de cocotiers et dans la *mata atlântica*, les bungalows sont de style polynésien et disposent d'une piscine privative pour certains. Les catégories vont de la chambre Luxe au bungalow Master, du (grand) confort et un charme certain. Il compte parmi les plus beaux hôtels de charme du Brésil. Piscine, tennis, volley, sauna, gym… City tour à Recife, Olinda et João Pessoa, promenades sur les plages et navette depuis l'aéroport de Recife en option.

BEIJUPIRA €€

Rua Beijupirá
✆ +55 81 3552 2354
www.beijupiraporto.com.br
Ouvert tous les jours de midi à minuit, le dimanche jusqu'à 17h. Compter environ 100 R$ par personne.

Les restaurants Beijupira comptent parmi les meilleurs restaurants à poisson du Pernambouc. Celui de Porto de Galinhas présente ses tables dans la véranda ou le jardin, avec une décoration artisanale. Ce restaurant sert des spécialités de poisson, avec par exemple des mélanges sucré-salé. Poisson grillé à la cannelle et à la cardamome, servi avec des bananes flambées, du riz au curry et lait de coco, crevettes frites au beurre avec des mangues grillées, langouste grillée aux épices… Très bonne adresse pour le cadre et la cuisine.

NA RUA BISTRO PIZZARIA €€

Rua da Esperança
✆ +55 81 8540 8609
Tous les jours, de 11h jusqu'à minuit. Pizzas et fruits de mer. pizzas à partir de 60 R$, un peu plus pour les plats.

Dans un Joli cadre, agréable, mêlant subtilement chaume sur le toit, bois et pierres apparentes, les convives trouveront assurément leur bonheur s'ils veulent manger une bonne pizza. Sur les napperons brodés de manière traditionnelle, des dessous de plat non moins traditionnels accueilleront de belles assiettes de pizza (calabraise, Roméo et Juliette). Des plats de fruits de mer pour deux personnes, des crevettes au lait de coco servies dans une noix de coco...Une belle carte avec des prix assez sages. Musique live plusieurs fois par semaine.

PEIXE NA TEL HA €€

Avenida Beira-Mar
✆ +55 81 3552 1323
www.peixenatelha.com.br
Ouvert tous les jours de 9h à 16h et de 18h30 à 22h. Compter à partir de 65 R$/personne.

Fondé en 1991, Peixe na Tel ha a dés ses début l'ambition de combiner le plaisir des mets à la beauté du lieu. Très bons poissons et fruits de mer. Porto de Galinhas enchante les voyageurs avec ses eaux cristallines. Le Peixe na Tel ha envoûte les clients avec sa cuisine. Le restaurant s'inspire des traditions culinaires nordestines aux subtils mélanges d'épices et des produits de la mer d'une irréprochable qualité. Son emplacement est privilégié, juste en face des piscines naturelles. Il propose aux hôtes une douche rafraîchissante, un parasol et des chaises.

ARCHIPEL FERNANDO DE NORONHA ★★★★

L'archipel de Fernando de Noronha est un sanctuaire de la faune et de la flore marine. En 1989, il a été déclaré parc national marin. Une magnifique végétation subtropicale accueille le visiteur qui a fait l'effort d'entreprendre le long et dispendieux voyage jusque-là. Les possibilités pour la plongée en surface ou avec bouteilles sont excellentes. Des milliers de tortues de mer y vivent, et bien qu'il soit interdit de nager avec les dauphins, on peut néanmoins les observer facilement depuis les merveilleuses plages : Praia da Quixaba, Praia do Leão, Praia do Bode, Praia do Boldró, Praia do Atalaia, Praia do Sancho ou Praia da Conceição. Depuis le sommet du Morro do Pico, le visiteur a une vue imprenable sur les îles. La protection de l'environnement est ici une priorité. Il est interdit d'y construire et les conditions de vie y sont encore quelque peu spartiates. Le visiteur doit s'acquitter d'une taxe d'environnement. Comme l'accès par la mer est difficile, on va sur l'archipel par les airs, ce qui rend le séjour dans ce paradis relativement onéreux puisque presque toutes les marchandises locales proviennent du continent. Mais bon, la rareté a son prix. L'archipel rassemble 21 îles créées il y a plus de 10 millions d'années par une éruption volcanique. Il se situe, sur une surface totale de 260 km², à 545 km au large de Recife et à 360 km au large de Natal. Enfin, *last but not least*, les plages citées plus haut sont considérées comme comptant parmi les plus belles du pays. Certes, certains voix s'élèvent contre une gestion environnementale et un impact sur l'environnement qui ne seraient pas si exempts de reproches que çà.

Histoire

Découvert par Juan de la Cosa, un compagnon de Christophe Colomb en 1492, l'archipel prend d'abord le nom de Quaresma (carême). Il change de nom en 1504, quand le roi Manoel Ier l'octroie à Fernando de Noronha. Celui-ci, un marchand juif converti sous la pression amicale de l'Inquisition, faisait commerce de bois du Brésil dès sa découverte, au XVIe siècle. Il ne mit jamais les pieds sur son territoire, que sa famille oublia même de revendiquer (cela donne une idée du peu d'importance qu'elle y accordait). Redevenues propriété de la couronne du Portugal, les îles deviennent un enjeu stratégique et passent un temps sous la domination de la France qui y érige une dizaine de fortins (dont on peut toujours voir les ruines). Durant la Seconde Guerre mondiale, Noronha sert de base aérienne aux Etats-Unis.

© LUCIANO ALBANO - SHUTTERSTOCK.COM

Archipel de Fernando de Noronha.

PARQUE NACIONAL MARINHO DE FERNANDO DE NORONHA ★★★★

Alameda do Boldro, s/n, Boldró
✆ +55 81 3619 1220 - www.parnanoronha.com.br
Entrée : 195 R$ pour les étrangers, valable 10 jours. Les billets s'achètent au centre des visiteurs ou sur Internet.

L'île de Fernando de Noronha est un petit paradis écologique qui dépend de l'Etat du Pernambouc. Le parc national marin occupe les deux tiers de l'île. Il a été créé dans le but de préserver l'environnement marin et terrestre local. Il offre un accès contrôlé aux beautés de l'île et est responsable de la gestion et la préservation des espaces naturels, de la recherche sur la faune et la flore. Sur leur site Web, vous trouverez toutes les informations pratiques concernant le parc.

ILHA DE NORONHA TURISMO E ECOLOGIA

Alameda das Acácias, 566
✆ +55 81 8804 1921
www.ilhadenoronha.com.br

Une agence spécialisée dans le tourisme à Fernando de Noronha qui propose de nombreux renseignements sur l'île, sur place ou sur leur site Internet. Depuis plus de dix ans, l'équipe prodigue des conseils dans la vente de billets d'avion, de circuits, de forfaits terrestres et maritimes et s'efforce de répondre aux exigences spécifiques des clients en proposant des services personnalisés. Tout cela peut s'organiser à distance par le biais du site internet.

PERNAMBUCO

YOUR WAY

Rua Antonio Alves Cordeiro
✆ +55 81 3619 1796
www.yourway.com.br
Prix selon vos choix et intérêts.

L'équipe de Your Way, installée depuis plus de 15 ans sur l'île, fait le lien entre vous et les prestataires à Noronha. Ils peuvent aider à choisir le programme qui s'adaptera le mieux à vos envies et à votre budget. L'équipe fournit également toutes les infos utiles lors d'un séjour sur l'île (suggestions de logements, restaurants, carte des spots de plongée, calendrier des évènements locaux, par exemple la ponte des tortues marines, etc.). La qualité reconnue du travail de la structure Your Way permet d'organiser en amont son séjour.

AEROPORTO DE FERNANDO DE NORONHA

Vila do DPV
✆ +55 81 3619 1311

L'île de Fernando de Noronha est située à 369 kilomètres de Natal et 533 de Récife. Il est quelquefois possible de s'y rendre en bateau (catamaran) mais la durée de voyage est longue car il n'existe pas de NGV entre Recife ou Natal et l'archipel. Le moyen le plus pratique d'arriver à Fernando de Noronha est l'avion. Des vols quotidiens sont assurés par les compagnies Azul et GOL depuis les villes de Recife et de Natal. il faut réserver à l'avance et les prix peuvent être élevés.

POUSADA SUESTE €€

Estrada do Sueste
✆ +55 81 3619 1164
www.pousadasueste.com.br
Chambre double à partir de 724 R$.

Petite *pousad*a sympathique et familiale, au style rustique, avec jardin, piscine et vue sur la baie de Sueste, une des plus belles de l'île. L'établissement dispose de 7 chambres agréables, 4 doubles et 3 triples. Toutes sont équipées de lits confortables, de la climatisation, de la télévision par câble, d'un minibar, d'une salle de bains privée avec douche chaude et chauffage solaire, ainsi que du Wi-Fi dans les zones extérieures de l'auberge. Le très bon petit-déjeuner est servi dans l'agréable salle à manger ou au bord de la piscine.

BEIJUPIRÁ €€€

Rua Amaro Preto, 125
✆ +55 81 3619 1250
www.beijupiralodgenoronha.com.br
À partir de 800 R$ la double.

On peut être au coeur d'un espace naturel et rechercher le confort d'un hôtel de charme. La pousada Beijupira est situé idéalement en hauteur de l'île, offrant une vue époustouflante. A dix minutes à pied de la plage de la Conceição, cette *pousada* de luxe, qui fait penser aux maisons grecques, ne reçoit que 15 clients à la fois. Les chambres au décor épuré sont *cozy* et bien équipées, proposant un séjour confortable au milieu de la nature. Le restaurant au fond du jardin avec ses tables éparpillées au milieu des arbres vous invite à des repas intimistes.

DOLPHIN HOTEL €€€

BR 363
✆ +55 81 3366 6601
www.dolphinhotel.tur.br
Chambres doubles standard à partir de 1 095 R$, transfert aéroport et petit déjeuner inclus.

Le Dolphin Hotel est un charmant petit hôtel, conçu pour apporter le bien-être et de l'hospitalité aux hôtes. Situé au pied du Morro do Pico en pleine nature, il dispose de 11 chambres bien équipées, sauna, bar, piscine. Ce n'est pas le plus bel hôtel de l'île, mais il est confortable, dans un cadre d'une beauté à couper le souffle, en pleine forêt atlantique, et entouré de vergers de fruits tropicaux. Une élégance sobre dans la simplicité et la convivialité. Le Dolphin garantit une certaine intimité. On s'y sent comme chez soi.

ECOPOUSADA TEJU-AÇU €€€

Estrada da Alamoa, s/n
✆ +55 81 3040 0299
Bungalow pour deux personnes à partir de 1 800 R$

L'ecopousada Teju-Açu est un concept autant qu'un établissement hôtelier. La préoccupation pour la protection de l'environnement est au cœur de ce concept : la pousada est construite entièrement en bois provenant de programmes de reforestation, un système de récupération des eaux de pluie a été installé et elle se fournit en électricité verte. Les employés sont recrutés dans l'archipel et l'architecture et la culture locale sont intégrées dans la décoration de la pousada. Le résultat est tout simplement merveilleux. On semble être au cœur de la nature.

TRICOLOR €€

Alameda das Cajazeiras, 123

✆ +55 81 3619 1108

De midi à 21h30, sauf le mercredi. Moqueca à 120 R$ pour deux personnes.

Un établissement qui propose une nourriture faite maison savoureuse, à base de poissons, juste après l'entrée de la plage de Conceição, en face de l'épicerie Boldró. Les plats sont servis avec générosité. L'accueil et le service par les propriétaires sont professionnels et conviviaux... L'ambiance est simple et décontractée et les tables sont peu nombreuses, l'ambiance intimiste. Les plats simples sont ici des références. Il faut goûter les crevettes à l'huile. La moqueca de poisson, avec son *pirão*, riz et galette de manioc est divine.

VARANDA €€

Rua Major Costa, 130

✆ +55 81 3619 1546

www.restaurantevarandanoronha.com.br

Ouvert tous les jours de midi à 23h.

Le restaurant Varanda est une table élégante aux tarifs alignés sur le reste de l'île, mais proposant des plats assez fins et travaillés. Le service y est sympathique et professionnel. Le Varanda, au fil des années, est devenu une référence en matière de gastronomie sur l'île de Fernando de Noronha. La carte propose de nombreux plats de poissons et de fruits de mer ainsi qu'une cuisine régionale revisitée. La recherche de qualité dans les produits utilisés est permanente et participe de la reconnaissance de cette table bien au-delà de l'archipel.

XICA DA SILVA €€

Rua Alameda das Acácias, 11

✆ +55 81 3619 0437

Ouvert tous les jours midi et soir.

Cette intéressante table a pris le nom d'une héroïne iconoclaste de l'histoire brésilienne. Située dans le quartier de Floresta Nova, cette très bonne table sert une carte signée du chef Thiago Silva, aux influences internationales, allant de la cuisine méditerranéenne et coréenne aux influences sud-américaines, italiennes et bien sûr nordestines. Les plats de poisson et de fruits de mer de l'île sont également au rendez-vous. On appréciera le filet de poisson grillé à la mode belle meunière. Un accueil amical dans un cadre moderne.

MARAVILHA [POUSADA] €€€

BR 363

✆ +55 81 3619 0028

www.pousadamaravilha.com.br

Comptez aux alentours de 150 R$ par personne.

Pour ceux qui veulent connaître la cuisine savoureuse de la *pousada* la plus luxueuse de l'île et profiter de la très belle vue sur la Baia do Sueste. Considéré comme le meilleur restaurant de l'île, le menu du Restaurante Maravilha est signé par le chef Joca Pontes, récompensé par de nombreux prix par des revues gastronomiques brésiliennes et internationales. Il propose une très bonne cuisine contemporaine qui met en valeur les ingrédients régionaux. Quand on mange sur les tables extérieures, face au paysage de l'île, on a un avant-goût de paradis.

MESA DA ANA €€€

Estrada do Atalaia, 230

✆ +55 81 3619 0178

Dîner, uniquement sur réservation. Environ 180 R$/personne.

Le petit archipel n'est pas avare en bonnes surprises et notre (re) découverte de la « Mesa da Ana », fait sans aucun doute partie de ces belles découvertes. La cheffe Ana et son mari Rock ne reçoivent que huit clients à la fois dans leur restaurant. Pour être parmi ce petit groupe, il faut, vous vous en doutez, réserver à l'avance et arriver à l'heure. Le menu du soir varie en fonction de la pêche du jour et des envies de la cheffe. Pas de carte. Vous ne le découvrirez qu'au moment du repas, après vous être assis.e à la longue table commune.

ATLANTIS DIVERS

Fernando de Noronha ✆ +55 84 3206 8840

www.atlantisdivers.com.br

Baptême en mer 570 R$, location combinaison, 10 R$ taxe. Tous les jours. Cours PADI Scuba Diver avec trois plongées

Dirigé depuis longtemps par un Français, Patrick Muller, le club dispose de bons équipements. Sorties pour débutants et confirmés. L'Atlantis propose une infrastructure moderne et sûre. Les bateaux de plongée ont été spécialement construits pour s'adapter aux conditions de navigation dans l'archipel. Le personnel est diplômé et expérimenté et garantit des plongées en toute sécurité. Le centre de plongée à terre est très confortable, avant et après la plongée en mer. Que l'on soit un plongeur débutant ou expérimenté, cette structure s'adapte au niveau de chacun.

CARUARU ★

A 135 km de Recife (2 heures de bus depuis Recife). Durant tout le mois de juin, la ville célèbre une des plus importantes *Festas juninas* du Nordeste, en hommage à São Pedro, São João et Santo Antônio. On danse jusqu'à l'aube au rythme du *forró* tout en consommant la délicieuse gastronomie typique de ces fêtes (*pamonha*, *canjica*, *bolo de milho*, *pé-de-moleque*, *quentão*, etc). Caruaru est également connu pour sa *feira livre*, un immense marché en plein air qui se tient tous les mercredis et tous les samedis de 9h à 17h. On y trouve de nombreux objets d'artisanat local, d'une exceptionnelle richesse : poterie (surtout des figurines), vannerie, cuir et bois.

MUSEU DO BARRO ★

Praça José de Vasconcelos, 100
✆ +55 81 3721 2545
Ouvert du mardi au samedi de 8h à 17h, dimanche de 9h à 13h. Entrée 2 R$, expositions temporaires parfois gratuites.

Le museu do barro est dédié, comme son nom l'indique, aux poteries en terre cuite. Le Nordeste est une terre où cette tradition artisanale est omniprésente. Y sont exposées quantité de poteries, dont environ 70 œuvres originales de Mestre Vitalino, le potier le plus renommé.

Alto da Moura : Pour ceux que l'art de la poterie intéresse, à 6 km de Caruaru se trouve le village d'Alto do Moura, qui est la véritable capitale régionale de cette spécialité, et dont est originaire Mestre Vitalino. Le plus simple pour s'y rendre est de prendre un taxi depuis Caruaru.

MUSEU DO FORRÓ ★

Praça José de Vasconcelos
✆ +55 81 3721 2545
Ouvert de 8h à 17h du mardi au samedi, de 9h à 13h le dimanche. 2 R$.

La ville de Caruaru est intimement liée à la culture du forro. Le mois de juin, cette folie musicale reprend ses droits et la São Joao y est la plus réputée du Nordeste. La reconnaissance du forro doit beaucoup à un homme : le musicien Luiz Gonzaga. Le musée du forro est quasi exclusivement dédié à Luiz Gonzaga, le roi du Baião. Ce musicien a largement contribué à la diffusion de cette musique dans tout le Brésil. On trouvera de nombreux objets ayant appartenu ou faisant référence à Luiz Gonzaga : disques, effets personnels, coupures de presse…

CARUARU PARK HOTEL €€

BR 232 km 128
✆ +55 81 3727 9494
www.caruaruparkhotel.com.br
À partir de 190 R$ le chalet pour deux.

Le parc hôtelier de Caruaru s'adresse surtout à des personnes qui voyagent pour raisons professionnelles ou des touristes étrangers passionnés par l'ethnologie nordestine. Le Caruaru Park Hotel est un des meilleurs hôtels de la ville. Il a de faux airs de village de vacances. Calme et bien localisé à proximité du centre-ville et de la foire de Caruaru. Les 76 chambres sont fonctionnelles, sobres, sans fantaisie. L'établissement dispose d'une grande aire de loisirs : piscine, salles de jeux, restaurant, sauna, petite salle de gymnastique…

BAR DA PERUA €

Rua Alliança, 175
✆ +55 81 37223266
Ouvert tous les jours de 11h à 16h. Cuisine régionale. Comptez a partir de 40 R$.

Le Bar da Perua est un bar et un restaurant qui propose une cuisine régionale de qualité. Une des spécialités est la viande caprine, très présente dans le Nordeste, car l'élevage caprin s'adapte fort bien à la biogéographie nordestine, et la carne do sol, autre plat traditionnel. Le pirao, les fèves, le gésier de poulet sont d'autres « arguments » de la carte qui ont su faire la renommée de cet établissement, simple, convivial et typiquement régional. Une vraie plongée culinaire dans le Nordeste. Les plats sont d'un bon rapport qualité-prix.

BEZERROS

Bezerros est une petite ville de 58 000 habitants. Sur la route de Recife vers Caruaru, c'est la ville du graveur renommé J. Borges. A ne pas manquer : l'atelier de l'artiste est ouvert à la visite ! L'histoire de cette petite ville, d'aprés l'IBGE, remontre au milieu du XVIIIème siècle. Un ranch aurait été créé par la famille Torres en 1740. Une chapelle a été construite sous l'invocation de São José. À la fin du XVIIe siècle, on a reconstruit la chapelle, qui était en ruines. les versions divergent sur l'origine du toponyme Bezerros : lorsque le village a été fondé, au siècle dernier, il était déjà officiellement connu sous le nom de Bezerros.

PERNAMBUCO

MEMORIAL J. BORGES ★

BR-232 direction Gravatá, km 99
✆ +55 81 3728 0364
Du lundi au vendredi de 7h à 11h et de 13h à 17h, samedi de 7h à 12h. Entrée libre.

On se souvient tous des petits fers à pyrogravure ou xylogravure de notre enfance. Certains artistes ont fait de cette pratique artisanale un véritable art. Le plus grand représentant de la xylogravure (gravure sur bois) au Brésil est sans doute J. Borges, originaire de Pernambuco. Dans ce mémorial dédié à son œuvre, à Bezerros, sont exposés ses travaux imprimés sur du papier ou des carrelages. La tradition nordestine de représentation de style naïf est omniprésente dans les œuvres de cet artiste populaire. Très intéressant !

ALTO DO MOURA

A 6 km de Caruaru se trouve le village d'Alto do Moura, véritable capitale régionale de la poterie, où est né Mestre Vitalino. Les rues du centre sont une succession de boutiques et d'échoppes de céramiques représentant les personnages typiques de la vie dans le sertão ou du folklore (maracatu, bumba meu boi).Vitalino est devenu célèbre à partir de la fin des années 40, lorsque ses œuvres ont été présentées à l'exposition de céramique populaire de Pernambuco, à Rio de Janeiro, en 1947.

Pratique

- **Pour s'y rendre :** prendre un taxi depuis Caruaru, mais vous pouvez aussi prendre le bus (départs toutes les heures environ de 6h à 19h).

PESQUEIRA

De quelques maisons, une fazenda, de la canne à sucre, Pesqueira n'allait pas tarder à se développer considérablement sous l'impulsion dynamique de son fondateur José de Sequeira.
Elle compte aujourd'hui 62 800 habitants, et son économie repose sur l'élevage, l'artisanat (production industrielle de tissus brodés) et le tourisme, principalement brésilien. La Vierge y est en effet apparue en 1936, ce qui attire les pèlerins en masse. Les amateurs de grand air trouveront aussi dans la Serra do Gavião des forêts, sentiers et cascades pour de belles balades. Pesqueira connaît un carnaval très joyeux, les habitants paradent, déguisés, dans les rues.

TRIUNFO

Triunfo est une charmante ville nichée dans la montagne, à 1 000 m d'altitude, sur les bords d'une *açude* (retenue d'eau). Sa situation et la présence du lac lui confèrent un climat tempéré et agréable, la ville est abondamment fleurie. Elle constitue une étape appréciée, non seulement en raison du contraste qu'elle offre avec les plaines écrasées de chaleur (enfin un peu d'air !), mais aussi pour ses attractions culturelles. De jolies rues, quelques bâtiments intéressants, un musée du Cangaço. Enfin non loin, Serra Talhada, le village natal de Lampião, le plus célèbre cangaceiro, bandit d'honneur pour certains, bandit de grand chemin pour d'autres.

CACHOEIRA DO GRITO

À 5 km à l'extérieur de la ville, une succession de 5 cascades sur plusieurs dizaines de mètres de haut. On peut descendre le long d'un sentier muni de marches sommaires, mais la baignade n'est pas possible. Une jolie excursion que l'on peut faire à pied, ou en louant un véhicule avec chauffeur au village (se renseigner à l'office de tourisme). Sur le chemin des chutes, on passe devant un « engenho » (centre de traitement artisanal de la canne) toujours en activité qui produit de la rapadura (friandise extrêmement sucrée populaire dans tout le pays, une spécialité dans la région). S'il est animé, on n'hésitera pas àobserver le process de fabrication .

PETROLINA ★

Petrolina est d'abord une chapelle entourée de quelques maisons d'étape lors des voyages vers l'intérieur. Son nom lui a été décerné en l'honneur de l'Empereur Dom Perdro II, rien à voir avec le pétrole donc.
Dans une région au climat très sec et aux terres arides, Petrolina est un miracle puisque son économie repose sur la production vinicole et celle de fruits tropicaux. Une prouesse qu'elle doit à sa proximité avec le Rio São Francisco, à partir duquel est organisé un important réseau de canaux d'irrigations. Petrolina, avec ses 294 000 habitants, présente aujourd'hui un visage relativement moderne. Il subsiste quelques édifices anciens.

PARAÍBA ET RIO GRANDE DO NORTE

Le Paraiba et le Rio Grande do Norte sont deux petits Etats du Nordeste «coincés» entre deux puissants voisins, les Etats du Pernambouc et du Cearà qui les maintiennent dans l'ombre. Il faut dire que le Carnaval d'Olinda a une notoriété mondiale et que l'on vient des tous les coins du Brésil pour pratiquer le surf à Jericoacoara. Pourtant, ces ceux Etats, quoique petits, ne sont pas dénués de charme ni d'opportunités touristiques. Les littoraux du Paraiba regorgent de falaises et d'estuaires de fleuves côtiers, le sertao et les modes de vie des ses habitants ne semblent pas avoir changé depuis les ouvrages de Graciliano Ramos. Le Rio Grande du Norte est plus connu. Natal est un spot touristique important où les touristes brésiliens se précipitent, les mornes du Morro do Careca, la plage de Ponta Negra, le village de Pipa et sa baie des dauphins. Quelques mangroves préservées abritent encore quelques timides lamantins.

Areia
Branca
Grossos
MACAU
Guamaré
Santa
Delmira
Serra do Mel
Mossoró
Dix Sept
Rosado
Rincão
Alto do
Sumaré
Pendências
Alto do
Rodrigues
Carnaubais
Jandaíra
Afonso
Bezerra
Pedro
Avelino
Ipanguaçu
Açu
Upanema
Angicos
Lajes
CAMPO
GRANDE
São Rafael
Santana do
Matos
Jucurutu
Cerro Corá
Lagoa
Nova
Florânia
Currais
Novos
Campo
Redondo
Brejo do
Cruz
Jardim de
Piranhas
Nova
Floresta
Cruzeta
Acari
São Bento
Caicó
Picuí
Jardim do
Seridó
Parelhas
Rosa
São
Mamede
Santa Luzia
São Vicente do
Seridó
Patos
Maternidade
Juazeirinho
Soledade
Taperoá
Teixeira
Desterro
Itapetim

25 KM
Paraíba et Rio Grande do Norte
Oceano Atlântico
São Miguel do Gostoso
Touros
Parazinho
Rio do Fogo
João Câmara
Poço Branco
Ceará-Mirim
GENIPABÚ
São Gonçalo do Amarante
REDINHA
NATAL
Nova Descoberta
ATOL DAS ROCAS
Capim Macio
São Paulo do Potengi
Macaíba
Parnamirim
PONTA NEGRA
PIRANGI DO NORTE
São José de Mipibu
BUZIOS
Nísia Floresta
TIBAU DO SUL
PRAIA DA PIPA
Tangará
São José do Campestre
Santo Antônio
Goianinha
BARRA DO CUNHAÚ
Canguaretama
BAÍA FORMOSA
Nova Cruz
Pedro Velho
Araruna
Cacimba de Dentro
Bananeiras
Solânea
Itapororoca
Rio Tinto
Guarabira
Mamanguape
Areia
Remígio
Cabedelo
Esperança
Alagoa Nova
Alagoa Grande
Mari
BESSA
JOÃO PESSOA
Manaíra
Sapé
SANTA RITA
Bayeux
Bancários
rrotão
Lagoa Seca
Gramame
Barra de Gramame
Marcos Moura
Paratibe
Campina Grande
JACUMÃ
Velame
Ingá
Itabaiana
Queimadas

PAGES

Praia da Pipa.

JACUMÃ

Un bourg ocre sur l'océan, à 36 km au sud de João Pessoa, entre Recife et Natal. De belles plages, à partir de 500 m hors du centre, permettent de magnifiques randonnées. Des autochtones qui vivent entre eux. Sur les plages vivent quelques surfeurs dans des cabanes de feuilles de cocotier. On décolle parfois en ULM. Dans certaines lagunes, des cafés où l'on boit un verre les pieds dans l'eau. Un petit air de liberté… Quelques gringos tiennent des auberges. A Tambaba, petite plage voisine, on pratique l'un des derniers nudismes septentrionaux du Brésil. Des gardiens, à l'entrée d'une zone définie par les autorités, ne laissent entrer que les couples.

PLAGES ★

- Les plages de João Pessoa, moins connues que celles des autres Etats nordestins, n'en sont pas moins belles.

Les bars et kiosques de plage se trouvent à Tambaú. En longeant le trottoir, vous arriverez à Cabo Branco, plage plus tranquille et plus sympa pour se baigner. De Tambaú sont organisées des excursions en bateau vers les plages plus tranquilles des environs.

- **À 13 km de João Pessoa, la Praia do Seixas** est la pointe la plus orientale du continent : l'Afrique n'est qu'à quelques milliers de kilomètres.
- **On essaiera également Pitimbu** et ses cocotiers tourmentés.

JOÃO PESSOA ★

La capitale de la Paraíba est la plus arborée du pays, une ville européenne d'aspect riche et neuve, bien que située dans un État pauvre du Brésil ; elle est à ce titre différente de Recife ou de Salvador. Elle longe l'océan à Tambaú, et l'on pourra faire le tour de ses trois églises – dont une est superbe –, du palais, et du beau lagon entouré de cocotiers. Des plages sauvages et magnifiques . On l'appela Vila de Filipea de Nossa Senhora das Neves, pour convenir à la domination espagnole de Philippe II ; puis Paraíba, en 1640, lors du retour dans le giron portugais ; enfin Joao Pessoa, au XXe siècle, en hommage au gouverneur de l'Etat, ami de Vargas.

AEROPORTO INTERNACIONAL PRESIDENTE CASTRO PINTO

BR 101
✆ +55 83 3041 4200
www.infraero.gov.br

L'aéroport international de João Pessoa dessert un grand nombre de villes brésiliennes.

Compagnies aériennes : GOl, TAM, Azul et Avianca. Nombreux vols quotidiens à l'intérieur du Brésil.

- Vols João Pessoa - Brasilia : vols quotidiens directs avec Latam, et Gol (2 h 45 min).
- Vols João Pessoa - São Paulo : vols directs avec Latam et Gol (3 h 35 min).
- **Services :** l'aéroport propose de nombreux services comme : restauration, location de voiture, agences bancaires…

IGREJA SÃO FRANCISCO ET CONVENTO SANTO ANTONIO ★

Praça São Francisco
✆ 83 3218 4505
Ouvert de 9h à midi et de 14h à 17h.

Ils datent de 1590, mais furent terminés en 1783. Différents styles, donc. De beaux azulejos portugais du XVIIIe siècle et des pièces d'art sacré datant du XVIIe au XIXe siècle. Cet ensemble architectural constitue l'un des plus remarquables ensembles baroques au Brésil. On appréciera l'église de São Francisco et le couvent de Santo Antônio, la chapelle du Tiers Ordre de São Francisco, la chapelle de São Benedito, la maison de prière, appelée chapelle dorée.

MANAIRA HOSTEL €

Avenida Major Ciraulo, 380
✆ +55 83 3247 1962
www.manairahostel.com.br
Dortoir de 50 à 65 R$ par personne, chambres doubles à 110 ou 135 R$, selon la saison.

On est un peu comme à la maison dans cette sympathique pension familiale qui propose différents types de chambre (collectives, individuelles, en couple…). L'accueil est chaleureux et la *pousada* bien équipée (cuisine, Internet, piscine, laverie, parking…). Les chambres sont collectives, doubles et/ou familiales. Les dortoirs sont équipés de lits superposés, de ventilateurs ou de climatisation. Tous ont des casiers individuels avec clés et de salles de bain à usage individuel pour chaque chambre. Une bonne adresse si l'on doit rester.

VAL ATLANTIC HOTEL €€

Avenida Cabo Branco, 429
✆ +55 83 3022 0150
www.valatlantichotel.com.br
À partir de 190 R$ la double.

Un hôtel confortable situé au bord de la plage de Cabo Branco, quartier résidentiel de Joao Pessoa, caractérisé par sa beauté, sa tranquillité, entre la falaise couverte de forêt atlantique et les eaux turquoises de la plage. Pour un bain matinal, il vous suffira de traverser la rue ! Les chambres sont agréables et bien équipées (celles du rez-de-chaussée possèdent une petite véranda). Petit déjeuner savoureux et piscine à l'étage. À quelques mètres du point le plus oriental des Amériques, et calmes de la mer de Cabo Branco, idéales pour la baignade.

VILLAGE JOÃO PESSOA PREMIUM €€

Avenida Epitácio Pessoa, 4851
✆ +55 83 2107 4000
www.hoteisvillage.com.br
Chambres doubles à partir de 265 R$. Bar, restaurant, piscine.

Le village João Pessoa Premium est un établissement aux formes futuristes épurées. Situé à 4 *quadras* de la plage, dans le quartier de Tambau, il propose des chambres modernes et confortables, aux agréables tons pastel. Elles sont toutes très bien équipées avec Internet, réfrigérateur, bar, télévision et coffre-fort. Une belle piscine permet se rafraîchir. Le petit déjeuner est un des points forts de l'établissement. Buffet et restaurant ouvert midi et soir. Bon rapport qualité-prix.

MANGAI €€

Avenida Edson Ramalho, 696
✆ +55 83 3226 1615
www.mangai.com.br
Ouvert du lundi au dimanche de 7h à 22h, à partir de 11h le lundi. Compter 50 R$/personne.

Le Mangai est un restaurant à ne pas rater où l'on pourra goûter la nourriture sertaneja, typique du Nordeste dans une ambiance trés locale et animée. On le choix entre plus de 200 options de plats à Mangai. Au buffet à midi et à la carte, il y a environ 70 recettes régionales, avec des suggestions comme le baião de dois, la carne de sol au fromage,, les crevettes au beurre et le manioc frit. Au dîner, le Mangai propose d'excellents plats à la carte, comme la traditionnelle Carne de sol. Des savoureux jus de fruits à essayer aussi.

NAU FRUTOS DO MAR €€

Av. Odilon Gomes de Lima, 1772
✆ +55 84 3026 6333
site.naufrutosdomar.com.br
Ouvert tous les jours midi et soir.

Les restaurants Nau (2 à João Pessoa, un à Natal et un à Brasilia) se sont taillé une solide réputation de tables spécialisées dans le poisson et les fruits de mer. La revue *Veja* les a déjà consacrés plusieurs fois « meilleur restaurant de poisson du Brésil ». Le Restaurant Nau de Cidade Jardim, sur la plage de Manarai, est installé dans un bâtiment design et moderne, la grande salle de service est plutôt élégante et le service se veut professionnel. Les plats sont faits avec des poissons et des fruits de mer frais. Tarifs un poil élevés, mais justifiés.

RECANTO DO PICUI €€

Rua Miriam Barreto Rabelo, 120
✆ +55 83 3246 7123
Du mercredi au lundi de 11h à 16h. Compter 50 R$/personne.

Le recanto do Picui propose une bonne cuisine régionale. Les grandes tablées attendent les convives sous un vaste pavillon au mur en briques de terre, dans une ambiance assez conviviale. La *carne de sol* est la spécialité de la maison. Tous les plats simples et traditionnels de la cuisine populaire nordestine sont proposés sur la carte. Les traditionnelles picanhas sont proposées en de généreuses proportions pour 2 ou 4 personnes. Le surubi (poisson), le filet mignon, les côtes de bœuf et d'agneau, la viande caprine sont plébiscités par les habitués des lieux.

MERCADO DE ARTESANATO PARAIBANO

Avenida Senador Rui Carneiro, 241
Du lundi au samedi de 9h à 19h, dimanche de 9h à 17h.

A l'instar de Fortaleza, Recife et Salvador, João Pessoa possède aussi son grand marché populaire. Sur deux étages, les 120 boutiques proposent peu ou prou aux visiteurs tout ce que la grande diversité de l'artisanat paraibano produit. Artisanats, produits typiques, alcools et encore d'autres produits à acheter. Du kitch au sophistiqué, du bibelot à l'objet d'art dispendieux, on pourra faire ses achats ou se promener entre les étals, juste pour le plaisir des yeux.

NATAL ★

Natal est construite sur des collines. On aperçoit des petites maisons fondues dans les arbres, et le coucher de soleil est prodigieux sur la rivière et les bois. Natal n'a qu'un charme limité, par le béton, les *barracas* et l'insécurité. Elle est connue pour ses plages, qui s'étendent sur 100 km au nord et au sud, hautes dunes, familiales ou désertes, ou peuplées de pêcheurs. La population est à sympathique et bruyante. Cité du soleil, et Natal se vide avec la nuit. L'ambiance est balnéaire. Si vous ne faites que passer votre route vers Pipa, on ne vous en tiendra pas rigueur. Mieux vaut rester à Ponta Negra, plus touristique mais plus animée et sûre.

COLONNE CORINTHIENNE ★

Place Tamandaré

Le Brésil, à la différence des pays andins voisins, possède peu de vieux monuments en pierre sculptée par la main de l'homme. Le plus vieux monument du pays est une colonne corinthienne qui proviendrait du Capitole de Rome, donnée par Mussolini en 1928 pour commémorer le vol de deux Italiens, Carlo del Prete et Arturo Ferrarin à bord du Savoia, qui relia Rome à Natal sans escale. Le 5 juillet 1928, ces pilotes ont atteint la côte de Potiguar depuis Rome, après un vol sans escale de plus de 49 heures, couvrant une distance de plus de 7 000 kilomètres.

CATEDRAL DE NOSSA SENHORA DA APRESENTAÇÃO

Avenida Floriano Peixoto, 674

✆ +55 84 3615 2800

arquidiocesedenatal.org.br

Ouverte de 8h à 18h. Entrée libre.

Cette église a la jolie forme d'un toboggan et fut inaugurée en 1988. En béton, elle est censée représenter la force et le dynamisme du catholicisme brésilien et nordestin. Elle a pris la fonction de l'ancienne cathédrale éponyme, qui datait en partie du XVIIe siècle. Ce temple moderne de la foi catholique n'est pas sans ressembler sous certains angles à la cathédrale Saint-Sébastien de Rio… avec en plus un côté centre de convention. Le chœur est surélevé.

FORTALEZA DOS REIS MAGOS ★

Praia do Forte ✆ +55 84 3211 3820

turismo.natal.rn.gov.br

Ouvert du mardi au dimanche de 8h à 16h. Entrée libre.

Ce fort a vu le jour en janvier 1598. Isolé au milieu des sables, à l'embouchure du fleuve Potengi, il est en forme d'étoile. Il a été construit pour défendre la ville contre les Français et les attaques des pirates. Connu sous le nom de Fortaleza dos Reis Magos, le fort a été le premier bâtiment de la ville. Il a commencé à être construit par les Portugais le 6 janvier 1598 (jour des Rois mages), d'où l'origine du nom. En forme d'étoile, la forteresse est à l'origine de la construction de la ville et constitue son principal monument historique et culturel.

CENTRO DE TURISMO ★

Rua Aderbal de Figueiro, 980

✆ +55 84 3211 6149

De 8h à 19h. Jeudi soir certaines boutiques restent ouvertes lors du forró.

C'est une ancienne prison, aujourd'hui occupée par de petites loges d'artisanat. Le bâtiment, qui date du XIXe siècle, était autrefois un orphelinat, puis une résidence, avant d'être transformé et restauré pour accueillir le centre de tourisme. C'est un des meilleurs endroits de la ville pour faire du shopping. Chemises, robes, hamacs, de la décoration intérieure, des tissus en dentelle et des souvenirs. Le jeudi soir, le centre se transforme en un lieu très animé. C'est le Forró do turista, un moment fort de la nuit Potiguar.

IGREJA DA APRESENTAÇÃO ✝ ★

Praça André de Albuquerque

✆ +55 84 2020 9085

Lundi au vendredi de 9h à 19h, samedi de 9h à 13h, dimanche de 6h à 11h et de 16h à 19h.

Elle a servi de point de départ au téléphérique qui la reliait au fort des Rois mages. L'endroit où se trouve aujourd'hui cette église était initialement occupé par la première chapelle de la ville, construite en 1619 et dont il existe encore quelques murs. Elle a subi plusieurs modifications : elle a été transformée en temple calviniste pendant l'invasion hollandaise, en 1786 elle a reçu le baptistère et en 1862 sa tour a été achevée. En 1994, elle a fait l'objet d'une importante restauration, au cours de laquelle les éléments ajoutés ont été retirés.

IGREJA DO ROSARIO ★

Travessa Gonçalves Dias, 2
✆ +55 84 8761 9439
Du lundi au samedi de 15h à 17h, dimanche de 8h à 12h. Entrée libre.

Achevée vers 1714 (la date exacte de sa construction est inconnue), elle a été construite sur les hauteurs, d'où on a une vue superbe sur le fleuve Potengi. C'est une des plus anciennes églises de la ville, construite par des esclaves. La forme originale était sans doute plus modeste ; la sacristie, la tour et la nef latérale ont été ajoutées plus tard. Autour d'elle, on trouve encore le pavage d'origine, de type *pé de Moleque*. La messe en latin est toujours célébrée le dimanche, selon le rituel le plus traditionnel du catholicisme

MUSEU CÂMARA CASCUDO ★

Avenida Hermès da Fonseca, 1398
✆ +55 84 3342 4914
www.mcc.ufrn.br
Ouvert du mardi au vendredi de 8h30 à 18h, samedi de 12h30 à 18h. Entrée libre.

Ce musée st rattaché à l'UFRN (Université fédérale do Rio Grande do Norte). Il porte le nom de son premier directeur et un des fondateurs de ce remarquable musée, l'anthropologie et folkloriste, Lui da Camara Cascudo. Depuis 60 ans, sur deux, cet intéressant musée propose de nombreuses pièces, quelquefois unique d´ethnologie, d'archéologie, paléontologie, d'art populaire, d´art sacré Anthropologie, de folklore des Indiens d'Amazonie, fossiles, squelettes. Un sambaqui (tumulus) est reproduit dans une salle et une salle est dédiée au cycle du sucre.

PALÁCIO POTENGI ★

Praça 7 de Setembro
✆ +55 84 3222 3293
Du mardi au vendredi de 8h à 18h, à partir de 10h le week-end. Entrée libre.

De style néoclassique, le palais Potengi date de 1865. Le Théâtre Maranhão date de 1904. L'espace culturel Palácio Potengi, ou simplement Palácio Potengi ou Palácio da Cultura, est un imposant bâtiment historique datant du XIXe siècle situé sur la Praça Sete de Setembro (Place de Septembre). Le bâtiment, de style néoclassique, a été le siège du gouvernement jusque dans les années 1980, et abritait auparavant l'Assemblée de l'Etat. Le bâtiment est classé à l'IPHAN. Aujourd'hui, il abrite la Pinacoteca de l'Etat du Rio Grande do Norte.

PLAGES ★★

Les plages qui s'étendent de la pointe de la ville vers le sud, Praia do Meio et Praia dos Artistas, sont les meilleures. L'avenue est bordée de bars animés. L'eau est propre, mais la plage est polluée par des buggys.

- **Forte.** Protégée par des récifs, avec petites piscines naturelles ; à 10 minutes de bus du centre.
- **Meio.** Bordée d'immeubles, d'hôtels ; impropre à la baignade. On peut y manger un crabe chez Cigarino, en bord de plage
- **Artistas.** Bordée d'immeubles, d'hôtels et de bars ; bonnes vagues pour le surf.
- **Areia Preta.** Fortes vagues, impropre à la baignade.

SOLAR BELA VISTA

Avenida Junqueira Aires,417
✆ +55 84 3212 1760
En semaine de 8h à 17h30, programmation culturelle en journée et le soir, contact par téléphone ou sur place.

Actuellement un centre culturel sous la tutelle du Sesc. Construit par le marchand Colonel Aureliano de Medeiros qui dessina cette résidence entourée de jardins. Il fit venir les ferronneries d'Allemagne et la cristallerie, les tapis, la porcelaine, de France. Il fait venir de nombreux objets décoratifs d'outre-Atlantique pour montrer la richesse du propriétaire. Des années plus tard, le bâtiment a accueilli la Cour de justice et, dans les années 1930, il devint l'hôtel Bela Vista, l'un des hôtels les plus raffinés de Natal à l'époque.

AEROPORTO INTERNACIONAL SÃO GONÇALO

Avenida Ruy Pereira dos Santos, 3100
✆ +55 84 3343 6060
www.natal.aero

Inauguré en mai 2014, le nouvel aéroport de Natal est administré par Inframerica. De nombreuses liaisons avec les villes brésiliennes.

- **Services :** moderne et tout confort, l'aéroport possède quelques boutiques, des agences de voyages, une librairie et un agent de change, entre autres.
- **Compagnies aériennes :** Avianca, Azul, TAM, GOL, TAP.
- **Transport :** avec le transport public : ligne R jusqu'au Midway Mall à Natal, 4,20 R$; ligne S jusqu'au quartier Rio Branco, 3,60 R$.

RADIO TAXI NATAL

✆ +55 84 3221 5666
www.radiotaxinatal.com.br
24h/24. App disponible.

Cette compagnie est présente depuis longtemps à Natal. On rappellera les consignes à suivre lors de l'utilisation de taxi. il faut les faire appeler par la pousada ou le restaurant ou les prendre en tête de station. Ne pas les héler dans la rue. Natal n'est hélas plus une ville sûre, surtout la nuit. Le chauffeur de taxi doit enclencher son compteur dés le début de la course (tarif jour, nuit et éventuellement jours fériés) sauf si vous négociez avec lui directement un prix forfaitaire. Les prix des courses sont corrects en général.

BAMBOO FLAT €

Rua Manuel Coringa de Lemos, 401
✆ +55 84 3641 1888
www.bambooflat.com
À partir de 110 R$ la chambre double.

Option pas chère, à 150 mètres de la plage de Ponta Negra, le Bamboo Flat dispose de quelques chambres bon marché simples et propres. On entend même le bruit des vagues depuis le jardin luxuriant. La dune de Morro do Careca est située à 500 m et à 150 mètres de la plage de Ponta Negra. Le Bamboo Flat propose une connexion WiFi gratuite et une piscine extérieure. Les appartements sont climatisés et disposent d'un balcon et d'une cuisine, d'une télévision et d'une salle de bains. Décoration avec des meubles en bambou. Linge de lit et serviettes fournis

POUSADA AMERICA DO SOL €

Rua Erivan França, 35 ✆ +55 84 3219 2245
www.pousadaamericadosol.com.br
A partir de 120 R$ pour une chambre double selon la saison.

En front de mer, dans l'une des zones les plus agréables de Natal, l'América do Sol offre un accueil chaleureux et francophone avec Luc son propriétaire. Cette agréable pousada familiale propose à ses hôtes des suites pouvant recevoir pour certaines jusqu'à 4 personnes. D'une propreté irréprochable, les chambres sont équipées de l'air conditionné, télévision câblée, frigo-bar et internet wi-fi. Les suites de catégories supérieures proposent des vérandas avec vue sur la mer. Une adresse pratique et confortable destinée aux voyageurs à petit budget.

ANTIBES RESIDENCE €€

Rua Eliá Barros, 9104
✆ +55 84 4009 2700
www.antibesresidence.com.br
À partir de 120 R$ la chambre double, petit déjeuner inclus.

Cet hôtel, dont les propriétaires sont français, est situé sur la plage de Ponta Negra, à quelques pas des nombreux restaurants, bars et discothèques et du centre artisanal. Ses 42 appartements et sa suite sont confortables et bien équipés : air conditionné, radio et TV, cuisine américaine avec réfrigérateur et four à micro-ondes, coffre et véranda. une agréable piscine située sur le toit de l'hôtel, permettant d'apprécier le panorama splendide de Ponta Negra et un parking réservé. L'accueil de la réception (ouverte 24h/24) est chaleureux et en français.

BLUE MARLIN APARTMENTS €€

Rua Francisco Gurgel, 9125 ✆ +55 84 3219 0113
www.bluemarlinapartments.com.br
À partir de 224 R$ la chambre double, petit déjeuner inclus.

Le Blue Marlin est un autre établissement de la plage de Ponta Negra. Il propose 26 appartements tout équipés avec un petit salon, cuisinette et balcon. Les appartements sont vastes. Ils font entre 35 m² pour la catégorie standard et 45 m² pour les catégories supérieure et familiale Deluxe. Les deux dernières catégories ont vue sur la mer. De plus, l'hôtel possède une piscine et se trouve juste en face de la mer et on peut voir le célèbre morro do Caraca ! L'établissement est confortable et bien tenu avec piscine. Service 24/24. Bonne localisation.

CABANAS APART €€

Avenida Eng. Roberto Freire, 4240
✆ +55 84 3236 2849
Compter à partir de 170 R$ pour une chambre double. 44 chambres.

C'est un hôtel un peu différent, plus aéré que les tours habituelles qui se multipliées dans la ville de Natal. Simples, mais charmantes, les chambres possèdent frigo-bar, climatisation et télévision. La literie est très correcte, avec grand lit confortable, bonne douche et télévision. Jardin sympa avec piscine, terrasse et transats. A 50 m de la plage, l'hôtel est situé à proximité de la plage de Ponta Negra et des commerces locaux. Le nettoyage était correct ! Le petit déjeuner convenable. Personnel très sympathique et serviable

HOTEL BRUMA €€

Avenida Pres. Café Filho, 1176
✆ +55 84 3202 4303
www.hotelbruma.com.br
À partir de 164 R$ pour une chambre double.

L'Hotel Bruma dispose d'une situation privilégiée en front de mer, à quelques pas de la fameuse plage dos Artistas. Cet hôtel a su garder les proportions idéales pour offrir à sa clientèle un service personnalisé. Réparties en 3 catégories, les 24 chambres de l'établissement sont toutes aménagées avec goût et équipées pour votre confort. Mention spéciale pour la catégorie vue mer avec véranda. Le personnel sympathique vous proposera des idées d'excursions sur Natal et sa région. L'hotel Bruma est une bonne adresse recommandée depuis des années dans nos pages.

POUSADA CASTANHEIRA €€

Rua da Praia, 221
✆ +55 84 3236 2918
www.pousadacastanheira.com.br
À partir de 189 R$ la chambre double.

Située au calme, mais néanmoins proche des animations de la plage Ponta Negra, la pousada Castanheira est une excellente adresse. Cette agréable pousada familiale propose à sa clientèle de vacanciers 10 confortables appartements standard et luxe. Les chambres sont toutes aménagées avec goût et possèdent un équipement de qualité. Une agréable petite piscine invite à la détente ainsi qu'un bon bar-restaurant. Une note particulière pour l'accueil du personnel et son professionnalisme. La pousada Castanheira est l'une de ces adresses où l'on aime se poser.

MANARY PRAIA HOTEL €€€

Rua Francisco Gurgel, 9067
✆ +55 84 3204 2900
www.manary.com.br
À partir de 350 R$ la chambre double standard.

Le plus bel hôtel de Natal. Cette élégante demeure de style néocolonial, remplie d'œuvres d'art, bénéficie d'une localisation exceptionnelle en front de mer, sur la plage de Ponta Negra. Le Manary Praia Hotel met à disposition des vacanciers 23 luxueux appartements répartis en trois catégories, tous extrêmement bien équipés et décorés avec goût. Le Manary réserve de belles surprises : un spa, une piscine avec vue sur la mer, un bar, une salle de lecture. Le restaurant de l'établissement reçoit dans un cadre romantique face à la mer. Une adresse incontournable.

CASA DE TAIPA €

Rua Dr. Maonel A.B. de Araújo, 130
✆ +55 84 3219 5798
Tous les jours de 18h à 23h. À partir de 12 R$ la tapioca.

Que ce soit à Olinda, Aracaju ou Natal, notre connaissance culinaire ne sera pas complète si on ne s'essaie pas aux traditionnelles tapiocas. Une option très sympathique pour goûter *tapiocas*. Plusieurs tables colorées, une décoration gaie et les souriantes *tapioqueiras* (les femmes qui préparent les *tapiocas*) assurent l'ambiance. Plus de 40 options composent le menu qui va du traditionnel au très créatif. Nous vous recommandons la *carne seca com nata* (viande séchée avec de la crème) ou celle à base de fromage, tomates séchées et basilic.

CAMARÕES POTIGUAR €€

Rua Pedro Fonseca Filho, 8887
✆ +55 84 3209 2425
www.camaroes.com.br
Déjeuner de 11h à 15h30 et de 18h30 à 23h30. Plats à partir de 90 R$ pour deux personnes.

Vous avez compris, le *camarão* (crevette) est le roi de l'endroit qui compte parmi les meilleures tables de Natal. En fait, il y a désormais plusieurs restaurants « Camaroes » qui honorent les fruits de mer. Les plats sont variés, originaux et font beaucoup de succès parmi les *natalenses* et touristes de passage. Il faut dire que le restaurant de Ponta Negra est un établissement moderne et chaleureux avec sa structure en bois et en terre. Une agréable terrasse couverte est fort agréable pour manger le soir. Viandes et fruits de mer complètent le menu.

MANGAI €€

Avenida Amintas Barros, 3300
✆ +55 84 3206 3344
www.mangai.com.br
Ouvert du lundi au dimanche de 11h à 22h. Buffet à 65 R$ le kilo.

Bonne table ne rime pas seulement avec grand restaurant. Le Mangai propose en effet un superbe buffet de cuisine régionale en self-service. Les recettes originales et savoureuses ravissent les convives dans un cadre formidable aux formes épurées. C'est tellement bon qu'il y a même des hamacs pour digérer après le repas.

Les pains servis au restaurant ont eu tellement de succès que les propriétaires ont inauguré une boulangerie, la Fabricca Mangai, avec plus de 50 types de pain. Le pain de manioc et noix de coco est la spécialité de la maison.

MINA D'ÁGUA COMIDA MINEIRA €€

Av. Campos Sales, 622
✆ +55 84 2020 6777
Ouvert tous les jours de 11h30 à 15h. 70 R$ le kilo.

On fera momentanément une infidélité à la cuisine nordestine en se rendant au Mina d'Agua. C'est un restaurant de spécialités du Minas Gerais (le chef en est originaire), tout est présenté sous forme de buffet self-service. On renoue avec une tradition très brésilienne. Ici, on pèse la nourriture qui se paie au kilo. Tout est très bon, plats principaux comme accompagnements, et les propositions changent tous les jours. Desserts excellents. Une bonne adresse.

MANARY GASTRONOMIA & ARTE €€€

Rua Francisco Gurgel, 9067
✆ +55 84 3204 2900
www.manary.com.br
A midi en réservant à l'avance, le soir de 19h à 23h. Compter à partir de 100 R$/personne.

On a loué l'hôtel Manary pour ses prestations, on fera de même pour son restaurant : le Manary Gastronomia & Arte. Il propose une cuisine raffinée dans un cadre superbe, face à la mer. Le chef propose des plats élaborés à base d'ingrédients locaux soigneusement sélectionnés : crevettes, langoustes, poissons, citrouilles, *quiabo* et aussi du beurre *da terra* (de la terre). Le choix des desserts est tout aussi appétissant. L'une de nos adresses préférées à Ponta Negra.

PAÇOCA DE PILÃO €€

Avenida Dep. Márcio Marinho, 5708
✆ +55 84 3238 2088
De 11h à 22h, vendredi et samedi jusqu'à 23h, dimanche jusqu'à 19h. Plats pour deux à trois personnes à partir de 80 R$.

Sur la plage de Pirangi do Norte, le paçoca de pilao est un bon restaurant de cuisine régionale, qui vaut le déplacement. Les plats sont préparés avec soin et le menu est diversifié. Goûtez au plat qui a donné son nom au restaurant : le *pacoça*, un délicieux mélange de carne-do-sol et de farine de manioc accompagné de haricots verts, manioc, banane et riz. Pour ceux qui n'apprécient la traditionnelle carne do sol, on pourra goûter les très bonnes crevettes à la Paçoca de pilao, le vatapà, plat tradtionnel bahianais. Une bonne adresse.

CUORE DI PANNA

Avenida Engenheiro Roberto Freire, 9028
✆ +55 84 2226 7191
Ouvert de 10 à 22h. 13 R$ le pot de 100 g avec un ou deux parfums.

La tradition italienne apporte toujours la certitude de plats, de glace ou de vin de qualité. Ici, le Cuore di panna est un glacier tenant du savoir-faire italien ! Les colorants, conservateurs et parfums artificiels sont ici interdits. On n'utilise que de la crème fraîche, du lait, des fruits et de la matière première sélectionnée pour fabriquer en petite quantité les glaces vendues dans cet espace ouvert en 2012. Les fruits offrent de superbes sorbets aux parfums tropicaux (mangue, fruit de la passion...). Idéal pour le climat de Natal !

PIAZZALE ITALIA €€

Avenida Dep Antônio Florêncio de Queiroz, 12
✆ +55 (84) 3236 2697
www.piazzaleitalia.com.br
Tous les jours de 18h à minuit et aussi du vendredi au dimanche de midi à 15h. Plats à partir de 50 R$.

Toujours dans la série « une présence culinaire transalpine est gage de qualité », le Piazzale Italia ne fera pas mentir cette maxime. L'ancien « Mama Italia », sous la direction du chef renommé Thiago Gomes est une très belle et bonne maison italienne qui propose un grand nombre de plats italiens. Au menu des pizzas, des pâtes (dont les vongole), des risottos, des plats de poisson et d'autres encore. La revue *Veja* a récompensé plusieurs fois le restaurant comme meilleur italien de la ville et le chef Gomes comme chef de l'année. Une adresse agréable.

OLD FIVE

Rua Joao Rodrigues de Olivera, 1961
✆ +55 84 3025 7005
oldfive.com.br
Du lundi au mardi de 9h à 18h, du mercredi au samedi de 9h à minuit et dimanche de 9h à 22h. A partir de 40 R$ le plat.

Le Old Five est une institution à Natal. La localisation, à quelques centaines de mètres du morro do Careca y fait pour beaucoup. Les pieds dans le sable, bercé par la musique, la vie est plus belle, forcément. Pour ceux qui veulent profiter de l'ambiance de la plage même en soirée. Le Old Five propose des tables sur le sable et une illumination tamisée le soir grâce aux bougies et aux lampadaires. On y va pour boire, mais aussi pour manger et écouter de la musique live. Fréquenté par les touristes, mais aussi par les locaux.

CENTRO DE TURISMO

Rua Aderbal de Figueiredo, 980

✆ +55 84 3221 6149

Ouvert de 8h à 19h. Jeudi lors du forró certains magasins restent ouvert jusqu'à plus tard.

Il servit d'asile jusqu'en 1945 et fut restauré en 1969 ; on pourra faire des folies dans ses 36 boutiques. Grand choix de hamacs en fibre de coton, de 4,20 m sur 3,80 m, sieste pour 2 personnes. Dentelles quelconques ou ouvragées : nappes, dessous de plats, de petits messagers du vent (carillons en aluminium et bourdon de bois), berimbaus, abat-jour en dentelle. La galerie d'art abrite des porcelaines, des objets religieux, des fossiles et des peintures de Dorian Gray. Des napperons en sisal, légers et translucides. Du restaurant, on voit la baie.

VILARTE

Avenida Roberto Freire, 2107

✆ +55 84 2010 0336

Tous les jours de 9h à 22h (de 10h à 21h le dimanche).

Sûrement le meilleur marché de la ville pour certains Potiguares. On aimera se perdre dans les nombreuses boutiques du lieu. En tout, une trentaine de boutiques d'artisanat : bois, vêtements, verrerie, pierres précieuses ou semi-précieuses, *cachaçaria*. L'art traditionnel de Natal et du Nordeste est bien représenté. On apprécie les figurines en terre, de style santons, typiquement nordestines. Assurément de très bonnes idées à mettre dans les valises avant de rentrer. Des ateliers d'artisans proposent leurs objets faits à la main.

MACAU

À la pointe d'une péninsule, où les plages de sable désertes dessinent des figures raffinées jusqu'à Areia Branca, des caps, des petites baies, des lagunes formant ainsi un complexe naturel et paradisiaque pour la pratique de la baignade et des sports nautiques. Pour les amateurs de gastronomie, Macao propose une cuisine largement basée sur les produits de la mer à base de crevettes, homards, sururus, huîtres, bulots, crabes, siris et poissons pour tous les goûts. L a convivialité des lieux permet de rencontrer les communautés traditionnelles de pêcheurs, et des indigènes, pour mieux connaître leurs traditions et leurs coutumes. Marais salants.

GENIPABÚ ★

Cette station balnéaire, à 25 km au nord de Natal, jouit d'une grande plage bordée de bars et de cocotiers, terminée au sud par une dune d'une trentaine de mètres. Une seule route serpente derrière les villas et hôtels. Des lagons, et une source d'eau minérale. Les avis divergent. Pour certains, c'est l'ambiance la plus stupide du Brésil, pour d'autres le paradis. Sur la plage, on peut se faire renverser par un des buggys qui circulent à fond sur les deux voies. Des gamins descendent en surf des dunes de 50 m de haut, perpendiculaires à la route. Tout de même, des fous rires résonnent et l'on rencontre des autochtones discrets et sympathiques.

POUSADA SOLEIL €€

Avenida Beira-mar, 91

✆ +55 84 3225 2064

www.pousadasoleil.com.br

Chambres doubles à partir de 140 R$, selon la saison.

Dans le quartier agréable de Genipabu, la pousada Soleil apparaît comme une intéressante option dans sa gamme de prix. Dans une ambiance conviviale et familiale, cette structure de plain-pied, aux couleurs flashy (vert et rose) propose une dizaine de chambres. Ses 10 chambres sont simples, mais assez amples et aérées. L'ensemble est simple, propre et bien tenu. La terrasse est l'endroit le plus agréable de cette *pousada*. Elle est idéalement située juste en face de la plage. Super accueil de l'équipe. Un bon plan dans cette gamme de prix.

POUSADA VILLA DO SOL €€

Avenida Domício Fernandes, 01

✆ +55 84 3225 2132

www.villadosol.com.br

Chambre double à partir de 250 R$.

On viendra vous chercher sur un coup de fil. Vaste et jolie *pousada* de 26 chambres de différentes catégories, toutes confortables et bien équipées. Joli cadre pieds dans l'eau avec piscine. Située sur la magnifique plage de Genipabu, l'une des plages les plus recherchées de la région. La Pousada Villa do Sol est la destination pour ceux qui recherchent à la fois l'aventure et le confort, dans un « paradis » brésilien. La Pousada Villa do Sol est en contact direct avec la nature et la zone de protection environnementale (APA) de Genipabu

SANTA RITA

En prenant un bus ou en longeant la plage, on arrive à un cul-de-sac, un hameau blotti dans des dunes surmontées de touffes qui en font des bosses de chameau ; les familles de 10 personnes prennent un verre sur le seuil. Pas d'hébergement. Sur la route, un homme fait galoper son cheval, un autre survole la plage en monomoteur. Un autre monde. La Praia de Santa Rita ou plage de Santa Rita est une plage de la commune d'Estremoz sur le littoral nord de Natal. Les eaux sont tranquilles, les lieux sont également tranquilles. Il y a en fait peu de barracas ou de restaurants, il vaut mieux apporter avec soi son pique-nique, sa crème solaire et son parasol

BUZIOS

Il ne faut pas confondre le Buzios do rio Grande do Norte avec son célèbre homonyme des environs de Rio, à plus de 2 000 km. Cette plage est particulière. Dans sa partie gauche, à la frontière avec Pirangi do Sul, la plage de Búzios est souvent appelée Pirambúzios - avec des récifs et des piscines naturelles. Dans la partie centrale, où la mer est ouverte, de nombreuses *cabanas* et la mer dangereuse. Dans la partie droite, on trouve de petites immeubles et de bonnes vagues pour le surf. Des rocs émergent et composent des piscines naturelles. Cocotiers, vagues fortes, surf. Peu d'auberges. C'est la préférée de certains habitants de Natal.

REDINHA

Redin ha est un petit village de pêcheurs. Cela commence par quelques cafés puis par une mince plage bordée de terrains et de maisons, esthétiquement quelconques. On peut surfer à 500 m. Il y a un marché couvert. La plage est intensément populaire, pauvre et métissée. Les touristes sont assez peu nombreux, ce sont surtout des habitants de Natal qui fuient la ville. Un Européen ne passe pas inaperçu. On mange un poisson avec du *tapioca*, on boit une bière polaire. Le dimanche, on danse une lambada à 10 m de l'océan, avec des orchestres amateurs ; on danse à deux, on danse tout seul, on danse à trois, on danse assis. En bref, on fait la fête sans stress !

TIBAU DO SUL ★★

Entre Natal et Praia da Pipa, Tibau do Sul est une option pour un séjour balnéaire confortable. Ce hameau de petites maisons pauvres est perché sur des dunes. La terre chargée de cocotiers s'incline vers une anse de vagues, domicile de dauphins. Les plages (praia da Madeira et praia da Cancela) sont bordées de falaises abruptes, absolument superbes. Le village est sans caractère, mais propose tous les services de base. Ce n'est pas le plus beau village du littoral du rio Grande do Norte mais c'est sans doute un de ceux qui conservent une authenticité réelle, loin des strass et des paillettes du tourisme de masse. Pour une immersion locale.

PIRANGI DO NORTE E DO SUL ★

A 12 km de Natal. Une petite rivière sinueuse sépare les plages, bordées de cocotiers et de maisons, et les piscines naturelles, les *parrachos*. En ville, vous apercevrez des branches tourmentées qui font la taille d'un pâté de maison. Elles n'ont qu'un seul tronc. Ce *cajueiro* est l'arbre le plus large du monde. A la jetée de bois accostent les bateaux et des *jangadas*. La rivière divise la ville en deux parties : Pirangi do Norte, où des masses de jeunes Natalenses se ruent chaque été et Pirangi do Sul, où on trouve les *parrachos* (récifs). Cette partie se prête aux sports nautiques.

Côte de Tibau do Sul.

PLAGES ★★★

Comme sa voisine Pipa, petite commune de pêcheurs devenue station balnéaire très courue, Tibau do Sul possède de belles plages. Elles se trouvent en bas de ses célèbres falaises roses. Le spot confidentiel de surfeurs des années 70 est devenu une zone touristique importante. On peut se baigner à Praia de Tibau et à Praia do Giz, ou aller admirer le coucher du soleil dans le Lagoa de Guarairas. Si l'on continue vers le sud après la Praia do Giz, on arrivera à la Praia de Cacimbin ha et puis à Praia do Madeiro, un spot de surf, une très jolie promenade.

POUSADA CORAIS DO SUL €€

Avenida Gov. Aluísio Alves, 282
✆ +55 84 3246 4335
www.pousadacoraisdosul.com
Chambre double à partir de 160 R$, selon la saison.

La pousada Corais do Sul est un bel ensemble hôtelier à taille humaine. A 50 m de la plage, la pousada propose 8 chalets bien équipés. La recherche de proximité avec la nature et d'inspiration par les techniques de construction régionale est palpable. Les chalets sont faits en torchis. Les toits sont recouverts de chaume, dans un style amérindien. Les fours traditionnels sont également faits en briques artisanales. L'ensemble est rustique mais propre et fonctionnel. Le petit déjeuner est servi sur le deck de la piscine. Une bonne option dans cette gamme de prix.

PONTA DO MADEIRO €€€

Praia do Madeiro
✆ +55 84 3246 4220
pontadomadeiro.com.br
À partir de 550 R$ la chambre double.

L'hôtel Ponta do Madeiro est un bel établissement dans un lieu enchanteur. Le chemin dans le sable jusqu'à l'hôtel est déjà une aventure… et l'aventure continue quand on entre dans l'établissement. Cela en vaut la peine, car la plage (presque exclusive) est l'une des plus belles de la région et une des 15 plus belles du pays. Les cinq catégories proposées sont toutes très confortables. Les 46 chambres, de 36 à 42 m² ont toutes une vue partielle sur la mer. Un hamac nous attend sur la véranda, la nature nous entoure. Un avant-goût de paradis.

PRAIA DA PIPA ★★★

Un village de carte postale, à 100 km de Natal. Une anse sauvage protégée des alizés par des falaises argileuses rouges sculptées par le vent. Au sud, un cap rocheux, noyé, comme le village, sous les cocotiers. L'eau est transparente et turquoise, des récifs forment des lagons d'eau chaude où l'on passe sa journée. Pipa est sur une colline, organisée autour d'une rue principale de sable. Il y a plusieurs plages sur la baie et une lagune, la lagune Guaraíras, Dolphin Bay, Praia do Amor, Madeiro, Cacimbinhas, de manière non exhaustive. Chacune de ces plages propose des activités sportives différenciées (surf, kitesurf, kayak...)L La nature est omniprésente, avec ses falaises, ses dauphins (qui ont donné leur nom à une des plages de Pipa) , sa nurserie de tortues de mer du projet TAMAR, un sanctuaire écologique...Une station minuscule, mais cotée et internationale depuis qu'elle a été découverte par les surfeurs dans les années 1980. On y trouve des auberges magiques perdues dans la verdure. Dans la petite rue principale fleurie de bougainvilliers, les bars se succèdent. Les autochtones sont décontractés. Il reste des pêcheurs mais c'est le touriste, pauliste ou gringo qui fait vivre le village. La clientèle est hilare, sexy, aimable ; on se parle facilement car l'endroit n'est ni trop petit ni trop grand. Les notes fusent de toutes parts ! Pagode, rock, blues, reggae, forró, musique bien locale... On compte une *pousada* tous les 30 m, mais elles sont de qualité. On dort difficilement dans le centre. On y revient avec plaisir.

MANDACARU EXPEDIÇÕES

Rua da Mata, 222-A
✆ +55 84 9988 5892
www.mandacaruexpedicoes.com.br
Prix sur demande.

Le rio Grande do Norte regorge de trésors de différentes natures. Les plages ne sont qu'un des atours de ce bel Etat nordestin. Pour ceux qui ont un peu de temps et qui veulent sortir des sentiers battus, l'agence Mandacaru Expedições propose des excursions d'une journée ou plus qui sortent de l'ordinaire et ne vont pas en direction des plages de Natal. Ce sont plutôt les villages, les sites historiques et les terres que l'agence propose de découvrir. Randonnées, baignades dans les rivières et cascades et visites culturelles sont au programme.

PLAGES ★★★

© ERIC GEVAERT - FOTOLIA

Plusieurs plages à Pipa, toutes très belles.

- **La Praia do Centro** est d'accès facile (tout en bas du village, où se concentrent les nombreuses *barracas*).
- **En allant vers le sud on arrive à la Praia do Amor** (sur la plage uniquement lors des marées basses).
- **Vers le nord on atteint la Praia do Curral** (aussi connue comme Baia dos Golfinhos), mais là attention : le seul accès se fait par la plage lors des marées basses, il n'y a pas moyen d'en sortir quand la marée est haute. On pourra apercevoir des dauphins surfer dans les vagues, parfois à quelques mètres du rivage !

PIPA AVENTURA

Avenida Baia dos Golfinhos, 654
✆ +55 84 3246 2008
www.pipaaventura.com.br
Ouvert lundi à samedi de 8h à 12h et de 14h à 22h, dimanche de 8h à 12h. Excursions à partir de 200 R$ jusqu'à 4 pers.

Excursions d'une journée destinées aux aventuriers et fans de sports à ciel ouvert. Le Pipa Aventura est le seul réceptif de Pipa, et aussi la plus grande agence de voyages de la région. L'offre de services et d'excursions est très variée : Jeep, accrobranche et tyrolienne, quad, bateau, buggy, visite de la ville, entre autres. Aventure radicale dans le seul parc d'accrobranche du Rio Grande do Norte, tour de ville à Natal, João Pessoa et Recife, et services de transfert vers l'aéroport. Bon, le buggy et le quad ne sont pas écolos, à vous de voir.

PIPA HOSTEL €

Rua Arara,105 ✆ +55 84 3246 2151
www.pipahostel.com.br
selon catégorie et saison 60 R$/pax en dortoir et à partir de 110 R$ la chambre double. Petit dej et draps inclus

Au calme, à quelques pas du centre de Pipa, cette confortable auberge de jeunesse est à n'en pas douter l'une des meilleurs adresses dans sa catégorie. large choix d'appartements répartis entre des chambres collectives et de confortables suites pouvant recevoir jusqu'à 4 personnes. Les appartements sont tous lumineux et surtout très soignés. Les services du Pipa hostel sont nombreux : Piscine, churrasqueira, télévision, table de billard, wifi, cuisine équipée. On ne peut que conseiller cet hostel aux petits budgets qui aiment les ambiances chaleureuses.

POUSADA ARRIBA €

Rua da Arara, 89
✆ +55 84 3246 2111
www.pousadarivas.com
À partir de 290 R$ pour une chambre double.

Une excellente pousada ! Sa situation privilégiée dans une rue calme, en plein cœur de Pipa, vous permettra de profiter de toutes les activités du centre-ville et de rejoindre aisément la plage do Centro et celle do Amor. La pousada propose à ses hôtes des suites (jusqu'à 5 personnes). Toutes bien distribuées et d'une propreté irréprochable, les chambres bénéficient de tous les équipements nécessaires. Super petit déjeuner, copieux et varié. Accueil très chaleureux et professionnel. La pousada Arriba offre un excellent rapport qualité-prix.

POUSADA CATAVENTO €€

Travessa Cioba,104
✆ +55 84 3246 2520
www.cataventodapipa.com
À partir de 180 R$ pour une chambre double.

La pousada Catavento est un excellent compromis pour les vacanciers qui ont un budget serré, mais qui recherchent néanmoins un certain confort. Située à quelques mètres de la rue principale, la localisation privilégiée de la pousada vous permettra de rejoindre facilement les plages de Pipa. La pousada met à disposition de sa clientèle 22 spacieuses et confortables (jusqu'à 5 personnes). Les chambres sont soignées et confortables… Petite piscine avec hydromassage et un parking. Une bonne adresse qui allie confort et convivialité pour un prix compétitif.

POUSADA DOS GIRASSÓIS €€

Rodovia RN-003, trecho Goianin ha
Tibau do Sul
✆ +55 84 3246 2062
www.pousadadosgirassois.net
À partir de 280 R$ pour deux personnes, petit déjeuner inclus.

La pousada Girassóis bénéficie d'un excellent emplacement, au calme, à quelques mètres des animations du petit centre-ville de Pipa. Chaleureux accueil par un personnel attentif, dans une infrastructure de grand standing. Différentes options de logement : appartements, chalets, maisons. Ils ont en commun d'être vastes et très bien équipés. L'établissement réserve d'intéressantes prestations, certainement parmi les meilleures de Pipa : 3 piscines pour se détendre, un sauna, un restaurant, un bar, Internet wi-fi, parking… Une bonne option.

POUSADA SPA DA ALMA €€

Rua do Spa, 9
✆ +55 84 3246 2357
www.spadaalma.net
À partir de 473 R$ pour une chambre double. Tarifs dégressifs à partir de 3 nuits.

Cadre idyllique d'où on appréciera l'un des plus beaux panoramas de Pipa. Répartie sur une réserve particulière de 15 hectares, la Pousada Spa da Alma bénéficie d'une vue imprenable sur le Chapadão et d'un sentier privatif qui mène à la plage das Minas. Réparties en 4 catégories, les habitations de la pousada Spa da Alma sont superbes et bien équipées. Tous les appartements disposent d'une magnifique vue sur la mer. Le restaurant de la pousada est une adresse incontournable sur Pipa, réputé pour la qualité de sa cuisine. Un petit paradis !

POUSADA TAMANDUA €€

Rua Tamanduá, 3
✆ +55 84 3246 2734
www.pipapousadatamandua.com.br
À partir de 250 R$ pour une chambre double.

Cette agréable pousada familiale prpose une situation privilégiée au calme, à moins de 300 mètres des activités du centre ville et des plages de Pipa. Les 12 chambres de la pousada Tamanduá sont toutes aménagées avec goût et possèdent un équipement de qualité. On apprécie la piscine et le magnifique Spa. Le personnel est très professionnel et saura aider l'organisation des séjours. Le propriétaire de l'établissement est français. Une ambiance intime et chaleureuse fait de la pousada Tamanduá une adresse de choix à Praia da Pipa.

POUSADA OKA DA MATA €€€

Estrada Publica de Tibau do Sul, km 3.
✆ +55 84 3246 2326 - www.okadamata.com.br
Dès 745 R$ la chambre double, petit déjeuner inclus. Contacter la pousada pour les tarifs de fin d'année et carnaval.

Entourée par une végétation exubérante et préservée de plus de 11 000 m², l'Oka da Mata est un endroit d'exception. Les 16 suites Senior de 40 m² sont superbes… Du balcon de certaines chambres, on a une superbe vue sur la mer et la réserve écologique. Les deux suites Master de 80 m² sont de véritables appartements avec deux canapés, coin cuisine équipé, table pour un dîner tête à tête, un immense balcon. Très bon restaurant. Pour se rendre à Pipa et dans les environs, la *pousada* possède une voiture avec chauffeur à disposition de 9h à 22h sans coût additionnel.

POUSADA TERRA DOS GOITIS €€€

Rua das Acácias, s/n
✆ +55 84 3246 2261
www.terradosgoitis.com
À partir de 325 R$ pour deux personnes.

Elégante pousada située dans un cadre naturel préservé à quelques pas de la plage do Amor et des activités du centre de Pipa. La pousada Terra dos Goitis ne dispose que de 8 maisons confortables et amples (75 m²) maisons intégrées dans un magnifique jardin tropical. La décoration des maisons est particulièrement soignée… Le petit déjeuner est excellent. Parfaitement intégrée dans l'environnement, une belle piscine invite à la détente. L'équipe pourra vous aider dans l'organisation de vos excursions sur Pipa et ses environs. Un véritable coup de cœur.

TOCA DA CORUJA €€€

Avenida Baía dos Golfinhos, s/n
✆ +55 84 3246 2226
Bungalow spécial à partir de 1 000 R$ et bungalow luxe à 1 500 R$.

C'est une très belle *pousada* de charme en plein centre de Pipa, aménagée au milieu de palmiers, de cocotiers et de cajous cinquantenaires. On passe sous une haie de bougainvilliers, au milieu d'une pelouse où attendent des tables de pierre. Plusieurs bungalows de 40 m² avec véranda, au mobilier rustique. Le bungalow spécial est un peu plus grand, 60 m² avec véranda,. Le bungalow luxe est magnifique130 m² avec véranda et une baignoire en pleine nature… Petit déjeuner servi avec *The Girl from Ipanema* en sourdine. Un avant-goût de paradis.

TAPIOCA PRAIEIRA €

Avenida Baía dos Golfinhos, 245
✆ +55 84 9 8856 2176
De 10h à 22h. Tapiocas salées à partir de 12 R$.

A Pipa, comme toutes les villes du Nordeste, les étals de vendeurs de tapioca ont pignon sur rue. Ce plat traditionnel, à l'origine un en-cas roboratif pour les travailleurs pauvres du Nordeste qui s'éreintaient dans les champs de canne à sucre a acquis ses lettres de noblesse. Les tapioqueiras servent ces mets avec élégance dans la tapioca praieira. Les typiques tapiocas gagnent des garnitures originales dans cette maison. Crevettes, langouste, fines herbes et fromage rentrent dans la composition de la quinzaine de parfums proposés.

A LO MORÓN €

Av. Dos Golfinhos 1007
✆ +55 84 99479 6382
Ouvert tous les jours excepté le mercredi, de 18h à 23h.

On a coutume de dire, au petit Futé comme ailleurs, que la présence d'un restaurant italien est souvent la certitude d'un moment de plaisir culinaire. On pourrait rajouter que si celui-ci est tenu par des Argentins, la satisfaction en sera aussi grande. A Pipa, ça tombe bien, ce sont bien des Gauchos qui officient. Tenue par des Argentins, cette pizzeria est peut-être la meilleure en ville : on y mange pour un très bon prix de belles portions garnies de produits frais, mais aussi des empanadas plutôt nourrissantes, dans une ambiance très surf.

ATELIER DE MASSAS €

Avenida Baia dos Golfinhos, 1008
✆ +55 84 99637 3289
Ouvert du jeudi au lundi de 18h30 à 22h30. Compter 50 R$ l'assiette de pâtes.

Comme son nom l'indique, l'Atelier de Massas propose une carte essentiellement axée sur les pâtes. Ambiance cosy pour ce restaurant italien sans prétention, au joli porche fleuri. Les plats parlent d'eux-mêmes, l'esthétique ne ment pas et les saveurs sont à la hauteur des belles assiettes présentées. Les pâtes aux fruits, les gratins, les gnocchis sont généreusement servis et n'ont rien à envier aux assiettes servies dans la botte. Pour des prix modiques, on goûte à toute une gamme de pâtes faites maison… même en dessert, avec les raviolis au chocolat.

CRUZEIRO DO PESCADOR €€

Rua dos Concrizes, 1
✆ +55 84 3246 2026
www.cruzeirodopescador.com.br
De 13h à 16h et de 19h à 22h30. Compter à partir de 100 R$/personne.

Le Cruzeiro do Pescador (croisière du pêcheur) est un restaurant portugais tout entier dédié aux produits de la mer… Forcément. Langoustes, crevettes, poissons composent une grande partie de la carte. La viande n'est cependant pas absente des menus. Une des spécificités de la maison est l'utilisation d'une cheminée et d'un four à charbon de bois. Les restaurateurs actuels ont repris les traditions raffinées de l'ancien propriétaire français. Un restaurant de produits de la mer plutôt raffiné, service irréprochable. On honorera la morue à la mode de la maison.

LAMPIÃO €

Avenida Baia dos Golfinhos, 223
✆ +55 84 3246 2343
www.restaurantelampiao.com.br
Ouvert de midi à 23h, jusqu'à minuit vendredi et samedi. Buffet : 70 R$ le kilo.

Lampião est un personnage iconique du Nordeste, mais le mot signifie aussi tout simplement lampion. Le restaurant luso-brésilien éponyme est un espace illuminé tous les soirs par des luminaires artisanaux de la boutique « Gatos e Ruas ». Le spectacle est ainsi garanti pour les yeux et pour les pupilles. Sur les grandes tables en bois, on propose un grand buffet au large choix avec salades, pâtes, riz, viandes et quelques plats typiques du Nordeste et aussi du Portugal. Cadre ample et aéré. Il faut goûter le poisson farci aux crevettes.

SANTA GULA GASTROBAR €€

Rua das Gameleiras
✆ +55 84 3246 2293
Ouvert tous les jours de 18h à 23h45.

Le Santa Gula Gastrobar est un petit restaurant élégant dans une petite rue à l'écart de l'allée principale. Dans une ambiance « gastrobar », on y déguste des portions certes moins généreuses que ce que l'on a l'habitude de trouver au Brésil, mais on troque assurément la quantité pour la qualité. Elles sont impeccablement préparées et composées d'aliments choisis, le tout servi sur de jolies tables en marbre : poissons grillés, risottos, calamar-mayonnaise, le tout accompagné d'une courte, mais bonne sélection de vins. Service aux petits oignons.

TAPAS €€

Rua dos Bem-te-vis, 8
✆ +55 84 9465 4468
De 18h30 à minuit, fermé dimanche et lundi.
Plats à partir de 45 R$.

Les amoureux des bons sushis trouveront ici de quoi satisfaire les palais les plus exigeants et délicats. Beaucoup de poissons et une cuisine créative dans ce restaurant qui compte parmi les meilleurs de Pipa. C'est une fusion européenne et asiatique revisitée à la sauce brésilienne. La carte est certes simple, mais les plats proposés sont variés et surtout la technique des sushis est superbement maîtrisée. Les plats de thon (au sésame ou au chutney de mangue) sont plébiscités par les clients… Service réactif et pro, un peu d'attente à l'entrée certains soirs.

OCA TOCA €€€

Avenida Baia dos Golfinhos, 464
✆ +55 84 3246 2226
Ouvert midi et soir, le soir seulement le mardi.

Ambiance tamisée et romantique pour l'Oca Toca, le restaurant gourmet de l'hôtel Toca da Coruja, où l'on mange des spécialités de la mer au son des flots dans un vaste espace verdoyant. Cadre exceptionnel, service pro, large choix de vins, cuisine de très bon niveau et assiettes habilement présentées. Cuisine régionale brésilienne et gastronomie contemporaine, préparée par le chef Wagner Aguiar. Une cave à vin de qualité. La musique, l'éclairage, les arômes et les saveurs fusionnent avec la nature d'un immense jardin tropical.

BOOBALAI BAR

Avenida Baía dos Golfinhos, 764
✆ +55 84 3246 2292
Du mardi au dimanche de 11h à 2h.

Dans ce décor rustique et romantique, aux murs de terre, on a l'impression d'entrer dans les rues sinueuses de quelques villes médiévales de la vieille Europe. Depuis 2007, on peut apprécier midi et soir, Bières, caipirinhas au fruit de la passion et rock'n'roll animent les soirées du Boobalai. La maison sert aussi plusieurs sortes de sandwichs, de très bonnes picanhas (chapas, Trio Nordestino) pour les amateurs de viande. La spécialité maison, ce sont les hamburgers (booba nordestino, underground et bacon). Amateurs, n'hésitez pas ! Bonne musique live !

PRECIOSA GELATERIA

Avenida Baia dos Golfinhos, 530
✆ 55 84 9 9621 4458
Du mardi au dimanche de midi à minuit.
Compter 7-15 R$.

Un glacier italien tenu par un vrai couple d'Italiens ! Ils mélangent le savoir-faire de leur pays d'origine aux fruits tropicaux brésiliens. Une belle combinaison. Une offre de 16 saveurs qui changent chaque jour, offrant un choix toujours différent. Le Gelato Preciosa est fabriqué dans le laboratoire du glacier, préparé et fait en continu pendant la journée. Les gelati sont produits à partir d'une combinaison de fruits naturels, d'eau et de sucre. Ils ne contiennent ni produits laitiers, ni colorants, ni arômes artificiels.

BARRA DO CUNHAÚ

A environ 85 km de Natal, une dizaine de cocotiers ployés par les alizés d'ouest se penchent sur des maisons de pêcheurs et l'eau verte. Ce sympathique village qui abrite une communauté de pêcheurs se trouve dans la municipalité de Caguaretama. Il constitue l'un des paysages les plus spectaculaires et très peu connu des 400 km du littoral du Rio Grande do Norte. C'est là que le fleuve se transforme en mer (ou l'inverse, selon la position des vents). Tel un mirage, une illusion d'optique fait se confondre mer et fleuve. On y trouve également de belles dunes, des mangroves, des plages désertes et des sentiers pour observer les oiseaux.

BAÍA FORMOSA ★

La « baie enchantée » est une des plus belles surprises du littoral sud du rio Grande do Norte (à 94 km de Natal, à la limite du Paraíba). Des rangées de cocotiers impeccables sur 20 km, des dunes, une mer turquoise, un cadre sauvage (pas de constructions sur les plages) où plusieurs fleuves débouchent : l'impact visuel est immédiat, l'endroit est magnifique. A l'intérieur des terres, un village charmant à quelques minutes à peine de la plage, et la lagune de Coca-Cola pour changer un peu des bains de mer. On peut pratiquer le surf, le kitesurf et se balader en buggy. On s'y rend depuis Natal par la BR 101, puis prendre la RN 062 durant 17 km.

CEARÁ

Le littoral Nord du Brésil, du Ceará au Maranhão, est une véritable région hors des sentiers battus,d'aventures et de rencontres. À l'est de Fortaleza, les plages semblent protégées par les montagnes. De Fortaleza à São Luís, des alizés de plus en plus forts poussent le sable de plus en plus loin vers l'intérieur des terres. À Fortaleza, les plages ne sont encore que des ourlets de sable. Une crête se dessine, comme celle d'un dauphin, de couleur rosée : Jericoacoara. Les caps supportent un vent plus fort et le sable en recouvre une plus grande partie ; les dunes atteignent plusieurs centaines de mètres de large. L'arrière-pays est couleur terre de Sienne, brûlé de soleil. Les vagues de dunes se superposent en demi-cercles fuyants, en croissants de lune de sable, lissés par le vent. Le long des mille kilomètres de littoral du Ceará et du Maranhão, les plages sont dissemblables et étonnantes et la température moyenne de 30 °C.

Ceará
70 KM
COSTA SOL POENTE
COSAT SOLNASCENTE
Pontal das Bitupitá
Maceió
Caraubas
CAMOCIM
Barroquinha
Chaval
BITUPITÁ
TATAJUBA
JERICOQCOARA
Preá
Barnoha
Taboleiro
Carrapateira
Aranaú
Punta de Prasidlo
Farol de Itapaia
Porto de Berco
Atamcaiai
Torross
Moitas
Icaral de Amontada
Chetano
Sabiaguaba
Pixaim
Maceió
Baleia
MUNDAÚ
Embuaca
Barrinha
FLECHEIRAS
Guajiru
Ponta Aguda Lagoinha
JIJOCA DE JERICOACOARA
Acaraú
Cruz
Itarema
Marco
Granja
VERS PIAUI & MARANHÃO
Morrinhos
Aracatiara
Nascente
Amontada
Barrento
Trairi
Paraipaba
Paracuru
Taiba
Pecém
Cumbuco
Tabuba
Icaraí
Pacheco
Iparana
Uruoca
Massapê
Viçosa
Itapipoca
São Gonçalo do Amarante
Umirim
Croatá
Caucaia
Tianguá
Sobral
Aprazivel
Forquilha
Irauçuba
Itapajé
FORTALEZA
Cofeco
Porto das Dunas
Prainha
Ponta do Iguape
Aquiraz
PARQUE NACIONAL DE UBAJARA
Ubajara
Pentecoste
Tejuçuoca
Maranguape
Maracanaú
VERS TERESINA
Canindé
Palmácia
Pacoti
Pacatuba
Pindoretama
Cascavel
Beberibe
Caponga
Barra Nova
Aguas Belas
MORRO BRANCO
PRAIA DAS FONTES
Praia do Uruaú
Praia de Barra
Sucatinga
Prainha do Canto Verde
Prainha do Paraiso
Paripueira
Parajuru
Praia da Barrinha
Maceió
CANOA QUEBRADA
GUARAMIRANGA
BATURITÉ
Redenção
Mulungu
Aracoiaba
Sucatinga
Aratuba
Canoa Quebrada
Majorianda
Quixaba
Lagoa do Mato
Retirinho
Ponta Grossa
Redonda
Barreiras
Icapuí
Ibicuitaba
Tremenbé
Melencias
Manibu
Fortim
ARACATI
Icapuí
VERS BRASÍLIA
Quixadá
VERS QUIXERAMOBIM
VERS JUAZEIRO DO NORTE & RIO DE JANEIRO
VERS
CE 362
CE 364
CE 434
BR 402
CE 168
BR 403
CE 085
BR 222
BR 222
BR 222
CE 341
CE 040
BR 020
BR 116
BR 304
Ville
Route nationale
Autre route

PAGES

●● FORTALEZA ET LES PLAGES DU SUD-EST

440

La ville de Fortaleza présente peu d'intérêt en soi, si ce n'est une offre variée en hébergements, restaurants et animations culturelles. Comme souvent dans la Cearà, le plaisir est ailleurs. C'est vers les falaises de Morro Branco et de Canoa Quebrada, couronnée de sa célèbre lune, que le voyageur connaîtra les beautés du Nordeste.

440 FORTALEZA ★★

446 PRAIA DE MORRO BRANCO ★★★

447 PRAIA DAS FONTES ★★

447 ARACATI

CANOA QUEBRADA ★★

447 Canoa Quebrada est un village où l'on pourrait à tout instant penser croiser Lavilliers tant le charme irremplaçable du Brésil d'avant, des années 70, des villages de pêcheurs et des paysages magnifiques est intemporel. Les célèbres falaises rouges avec une lune incrustée sont un des immanquables lors d'un voyage en terre nordestine.

●● LA CÔTE NORD-OUEST

451

En dehors de l'incontournable « Jeri » (Jericoacoara), le littoral du nordeste du Cearà est peu connu et hors des grands circuits touristiques et du tourisme de masse. Pourtant, c'est là que l'on peut trouver des plages magnifiques couronnées de cocotiers, des petits villages de pêcheurs et rencontrer le petit peuple nordestin. Il faut en profiter avant que la réalité rattrape ce havre de quiétude.

451 MUNDAÚ

451 FLEIXEIRAS

JERICOACOARA ★★★★

451 Jericoacoara (Jeri pour les intimes) est la Mecque du kitesurf au Brésil et on y vient du monde entier. A juste titre, car l'ancien village de pêcheurs a beaucoup d'atouts à faire valoir. Le *Washington Post* le compte dans les dix plus beaux littoraux du monde, et c'est mérité. Un petit village et l'océan se présentent, sous des cocotiers, en une baie grandiose aux bleu turquoise et marine, bordée jusqu'à l'horizon d'un lacet de dunes d'un blanc lumineux. Tout est sauvage et préservé.

457 JIJOCA

457 NOVA TATAJUBA ★★

457 CAMOCIM

457 BITUPITÁ ★

●● DANS LES TERRES

458

Des montagnes où la fraîcheur et l'humidité se sont substituées à la chaleur et l'aridité d'une partie du Cearà. Des oasis de verdure et des festivals de jazz, des monastères jésuites sur de vertes collines. Un autre Cearà à connaître.

458 BATURITÉ ★

458 GUARAMIRANGA ★

458 PARQUE NACIONAL DE UBAJARA ★★

FORTALEZA ★★

Avec ses presque 2,5 millions d'habitants, Fortaleza, ou la « forteresse », occupe la cinquième position dans le rang des plus grandes villes brésiliennes. Son centre ne présente pas d'intérêt particulier, à part quelques points touristiques. Elle est surtout connue pour ses plages, tant celles de la ville même (très animées), que celles des alentours. Les soirées de la capitale du Ceará ont aussi une belle réputation parmi les fêtards. Lors d'une visite panoramique de la ville, les plages do Futuro, de Meirelles, d'Iracema et de Mucuripe sont des arrêts obligés. On ne manquera pas de faire un tour au Chico do Caranguejo pour goûter ses crabes.

CENTRE CULTUREL DRAGÃO DO MAR ★★

Rua Dragão do Mar, 81
✆ +55 85 3488 8600
www.dragaodomar.org.br
Ouvert tous les jours de 8h à 22h, jusqu'à 23h du vendredi au dimanche.

Ce centre culturel a une dimension particulière à Fortaleza. Son nom évoque en effet une Jangada dont le capitaine Chico da Matilde a réussi à bloquer le marché aux esclaves de Fortaleza. Le principal centre culturel de la ville s'étend sur 30 000 m². Cinéma, spectacles, galerie d'art, café et restaurant. Il abrite également le Memorial da Cultura Cearense (très belle exposition photographique et historique sur l'homme du sertão) et le musée d'Art contemporain.

ANTIGA CADEIA PUBLICA ★

Rua Senador Pompeu, 350
✆ +55 85 3101 5508
Ouvert du lundi au vendredi de 8h à 18h et le samedi de 8h à 14h.

Comme à Recife et Natal, la ville a choisi avec bonheur une nouvelle fonction à son ancienne prison il y a prés d'une demi-siècle. Dans ses beaux murs roses et jaunes, dont la construction remonte à 1866, l'ancienne établissement pénitentiaire abrite aujourd'hui de nombreuses boutiques d'artisanat et de souvenir. À côté de bondieuseries, on appréciera une petite collection minéralogique et des marionnettes. Les traditionnelles dentelles, les hamacs, les santons nordestins se proposent à vous comme autant de souvenirs à mettre dans vos bagages.

CENTRO CULTURAL MERCADO DOS PINHÕES ★

Praça Visconde de Pelotas, 41
✆ +55 85 3251 1299
Vendredi et samedi de 16h à 23h, dimanche de 18h à 22h. Entrée selon la programmation.

Ce marché ancien laisse aux Français une agréable impression de familiarité. Et pour cause ! C'est un ancien marché préfabriqué français (conçu à Orléans) dont la structure en fer était démontable et transportable. Comme le squelette de la statue de la Liberté, il a travers les océans à fond de cale avant d'être assemblé dans la capitale du Cearà. Aujourd'hui, le lieu est devenu un espace culturel dédié surtout à la musique, la culture, l'art et la gastronomie.

BEACH PARK ★★

Porto das Dunas
✆ +55 85 4012 3000
www.beachpark.com.br
de 11h à 17h. En janvier, juillet et décembre tous les jours. Le reste de l'année fermé le mercredi. 220 R$ par adulte

Bon, on ne va pas forcément au Brésil ou à Fortaleza pour découvrir le plaisir des parcs aquatiques. Néanmoins, pour se reposer, l'un d'un voyage en famille, le Beach park d'Aquiraz est l'un des meilleurs parcs aquatiques en Amérique latine. Plusieurs attractions, dont une énorme piscine avec des vagues et le plus haut toboggan du monde. 41 mètres de chute (presque) libre où on atteint quelquefois 105 km/h. Sur un boudin deux places, on descend une pente à 90°.. Frissons garantis, assurément. Restauration et hébergement sur place.

ENGENHOS DE RAPADURA ★

CE - 040, vers le km 37
De 7h à 17h.

Le Nordeste brésilien a été profondément marqué dans sa géographie, son économie et sa société par la culture de la canne à sucre qui s'est développée lors du « cycle de la canne à sucre » et perdure aujourd'hui encore à un degré moindre. Les usines de *rapadura* (sirop de canne à sucre solidifié), ce mets si répandu au Nordeste, se trouvent en grande partie le long de la CE -040. Dans le Ceará, une grande majorité de la production est en effet destinée à la production de rapadura. Elles sont ouvertes au public durant la journée quand les machines fonctionnent.

FEIRA DE ARTESANATO DA AVENIDA BEIRA MAR ★

Avenida Beira Mar

Tous les jours de 17h à 22h.

Depuis plus de 26 ans. la foire artisanale de l'avenue Beira Mar est le meilleur spot pour faire ses achats artisanaux. Sur le terre-plein de la plage d'Iracema, environ 600 commerçants qui vendent toutes sortes de produits. Une promenade intéressante même si vous ne voulez pas faire des achats (dur, dur de résister !). On y trouve de la rapadura, de la cachaça, de la déco en cisal, bois, capim dourado, toile de jute, cuir, mandalas, en plus de beaux hamacs et de chaussures.

FORTALEZA DE NOSSA SENHORA DA ASSUNÇÃO ★

Avenida Alberto Neponuceno

✆ +55 85 3255 1600

Ouvert tous les jours de 7h à 16h. Entrée libre.

Le berceau de la cité, construit en 1816.La forteresse Nossa Senhora da Assunção a marqué le début de l'histoire de la capitale du Ceará.

Le premier fort construit sur le site l'a été par les Néerlandais en 1649. En 1654, après l'expulsion des Hollandais du Brésil, les Portugais en ont repris possession. La forteresse a ensuite subi des modifications jusqu'au XIXe siècle, des ajouts et des réparations, recevant le nom de Fortaleza de Nossa Senhora da Assunção.

MUSEU DO CEARÁ ★

Rua São Paulo, 51

✆ 85 3101 2609

Du mardi au samedi de 9h à 17h. Entrée libre.

Le musée regroupe des milliers d'objets liés à l'histoire de Fortaleza et du Ceará. Créé en 1932, le *Museu do Ceará* (Musée do *Ceará*) est le premier grand musée du Ceará. Il est installé dans le *Palacete Senador Alencar*, beau bâtiment historique de 1871. Sa collection est riche et dédiée à l'histoire du Ceará et du Brésil. Elle est constituée de plus de sept mille tableaux, meubles, objets archéologiques et artéfacts indigènes concernant des épisodes marquants de l´histoire du pays, en particulier l´esclavage et la lutte pour son abolition.

PLAGES ★★

Toutes les plages urbaines, Iracema, Diaros et Meireles, bordées d'hôtels et de restaurants sont impropres à la baignade ». Il faut passer le cap, au sud (Ponta do Mucuripe). Futuro, à 8 km, est la moins polluée des plages proches de la ville. Les plages ci-dessous sont au nord.

- **Coqueiros,** à 13 km.
- **Tabuba,** à 25 km.
- **Cumbuco,** à 35 km.
- **Taiba,** à 70 km, à côté du village de pêcheurs de Pecem, de grandes dunes également, grottes à marée basse.
- **Fleicheras,** après Trairi, vers Itapipoca (*ita* veut dire « pierre »), est une plage que recommandent les Brésiliens.

PONTE DOS INGLESES ★

Praia de Iracema

© EMBRATUR / CHRISTIAN KNEPPER

Pont en fer forgé construit en 1902. L'un des endroits les plus fréquentés de Praia de Iracema. Le pont a été construit afin d'améliorer la structure portuaire de la ville. Sa construction était un projet qui visait à devenir une extension de la jetée du port de Fortaleza. Le nom vient de la nationalité anglaise des ingénieurs qui ont créé le projet. Les travaux ont été interrompus et le projet n'a pas été achevé. En 1994, le secrétaire à la culture de l'État de Ceará a commencé à restaurer le pont, qui est devenu une importante attraction touristique locale.

CEARÁ

PRAIA DE CUMBUCO ★★

À 35 km de Fortaleza. Bus Vitoria pour Cumbuco : départ de l'avenue Rui Barbosa. ✆ 85 3342 1148.

Des dunes géantes, que l'on peut descendre en planche. On peut aussi faire un tour dans les lagons environnants.

La plage est fréquentée par les amateurs de kitesurf. Possibilité de prendre des cours ou de louer le matériel sur place. Quelques restaurants avec hamacs et parasols.

▸ **Pour s'y rendre :** les agences de Fortaleza proposent des balades d'une journée à 35 R$ aller-retour. Plus économique, le microbus Vitoria fait aussi le trajet depuis la Beira Mar et du centre-ville. Départs à 9h, 11h, 15h50 et 18h20. Retour à 6h30, 10h20, 14h35 et 17h. Compter environ 7 R$.

PRAIA DO FUTURO ★

À 8 km du centre-ville.

C'est la grande plage de Fortaleza où on peut se baigner. Vous serez obligé de vous asseoir près l'une des *barracas* (et donc d'y consommer) et de répondre aux vendeurs ambulants. Crocobeach est la *barraca* la plus connue, avec une très bonne infrastructure. Ne laissez pas vos affaires sans surveillance. Évitez de vous balader avec des objets de valeur, les vols à l'arraché étant réguliers.

▸ **Pour s'y rendre :** prendre le bus Caça e Pesca depuis la Beira Mar et demandez l'arrêt Croco Beach. Depuis l'arrêt vous verrez un panneau indiquant la plage. Compter 3 R$.

TEATRO JOSÉ DE ALENCAR ★★

Praça José de Alencar

✆ +55 85 3101 2583

www.secult.ce.gov.br

du mardi au vendredi de 9h à 18h, samedi et dimanche de 14h à 18h. Visites guidées toutes les heures jusqu'à 17h. 6 R$.

Ce curieux théâtre de style Art déco, comme un Musée d'Orsay en plus petit, avec extérieur en pierre et intérieur en fer, a été construit en 1910, et a rouvert en 1991, après une restauration. Le théâtre José de Alencar est un exemplaire caractéristique de la phase éclectique de l'architecture brésilienne, mélangeant notamment les lignes néoclassiques et l'art nouveau. Le visage joyeux de Bacchus est sculpté au sommet de la façade. Possibilité d'assister à des concerts de musique classique interprétés par l'orchestre de chambre Eleazar de Carvalho.

TERRA BAHIA

Rua Marcos Macedo, Aldeota

✆ 09 70 46 47 42

www.voyage-bresil-nordeste.com

Agence francophone.

Terra Bahia est une société de tourisme réceptif basée au Brésil. Elle est l'un des maillons de Terra Group, réseau d'agences opérant dans toute l'Amérique latine et en Afrique australe. Cette agence, spécialiste de la randonnée, propose de beaux itinéraires, comme la traversée du parc de la Chapada Diamantina, le trek pieds nus sur les dunes du parc national des Lençóis Maranhenses, sans oublier le delta du rio Parnaíba, les plages de pipa ou Jericoacoara, L'Amazonie, Bahia... Bref, le nord du Brésil tout entier est couvert par cette agence.

AEROPORTO PINTO MARTINS

Avenida Senador Carlos Jereissati, 3000

✆ +55 85 3392 1030

www.infraero.gov.br

▸ **Les compagnies** aériennes : TAM, GOL, Azul, Avianca et TAP. Nombreuses destinations nationales et internationales.

▸ **Plusieurs services et boutiques** à l'intérieur.

▸ **Bus :** Pour rejoindre le centre en bus, prendre la ligne Parangaba ou Siqueira-Papicu. Pour aller jusqu'aux plages urbaines, prendre la même ligne jusqu'au terminus. Attention, les lignes de bus sont souvent bondées. En arrivant après le coucher du soleil ou avec plusieurs bagages, prenez un taxi.

▸ **Taxi :** La coopérative des taxis se trouve dans le hall juste devant la porte de débarquement.

HOTEL CASA DE PRAIA €

Rua Joaquim Alves, 169

✆ +55 85 3219 1022

www.hotelcasadepraia.com.br

À partir de 120 R$ la chambre double, petit déjeuner inclus.

Un bon rapport qualité-prix pour l'hôtel Casa da Praia. C'est un établissement à gestion familiale et bien localisé, proche de la plage d'Iracema. Les chambres sont confortables, même s'il manque un peu de charme. Piscine au dernier étage. Il est localisé dans un endroit calme qui offre au client une réelle tranquillité, tout en étant très proche des animations. Il y a 40 suites confortables et modernes, avec Wi-Fi, télévisions câblées numériques, climatisation, téléphone, douche chaude, mini bar, coffre-fort et bonne literie.

ABROLHOS PRAIA HOTEL €€

Avenida Abolição, 2030.
✆ +55 85 3248 1217
www.abrolhospraiahotel.com.br
Chambres doubles à partir de 180 R$, petit déjeuner et wifi inclus.

L'Abrolhos Praia Hotel est un hôtel d'aspect moderne de 36 chambres simples, mais bien équipées (Internet, télévision, climatisation). Les chambres peuvent accueillir 2, 3 ou 4 personnes. Il est très bien situé à deux pas de la plage de Meireles et du marché d'artisanat nocturne. Situé sur la promenade Beira Mar, il est ainsi proche de toutes les commodités de la ville, en particulier des cabanes de plage et des restaurants spécialisés en fruits de mer ou en plats régionaux. L'établissement est bien tenu et très sûr. L'équipe est très pro.

LUZEIROS €€

Avenida Beira-Mar, 2600.
✆ +55 85 4006 8585
www.hotelluzeiros.com.br
Chambres doubles à partir de 300 R$.

L'hôtel Luzeiros de Fortaleza est un bel établissement à l'architecture design. Comme tous les hôtels du groupe, il propose de belles prestations. Il est bien situé, face à la plage de Meireles et près de la foire artisanale. Il est constitué d'un ensemble de 200 chambres avec air conditionné et tout le confort. Elles ont toutes une vue partiale ou directe sur la mer. Réparties en 5 catégories, elles font entre 27m² et 92 m². et sont conçues pour offrir un maixmum de confort. Bars, restaurants, sauna, piscine, salle de gym. Très bon rapport qualité-prix.

MAREDOMUS €€

Avenida Almirante Barroso, 1030
✆ +55 85 4005 4500
www.maredomushotel.com.br
Chambres doubles à partir de 298 R$. Près de 80 chambres dont la moitié a vue sur la mer.

Bien situé, l'hôtel Maredomus est situé à deux pas de la plage d'Iracema, une des plus appréciées de Fortaleza.. Le toit-terrasse est un des petits plus de cet établissement d'un bon rapport qualité-prix. On y trouve une sympathique petite piscine et la vue sur la mer y est superbe, Salle de gym, sauna. Le restaurant est un autre point fort de l'établissement. L'accueil est super professionnel. On peut vous aider à organiser vos excursions vers Canoa Quebrada et les autres destinations incontournables de la région. Bon rapport qualité-prix.

MAREIRO HOTEL €€

Avenida Beira Mar, 2380
✆ +55 85 3266 7200
www.mareiro.com.br
À partir de 350 R$ la chambre double standard selon la saison, tarifs Internet.

Le Mareiro Hotel est un bel hôtel installé face à la plage de Meireles qui propose 200 chambres, dont certaines peuvent accueillir jusqu'à 4 personnes. La décoration est de très bon goût et les chambres sont spacieuses. Les chambres standard font 20m², certaines donnent sur la piscine. Les chambres de la catégorie supérieur ont vue sur la mer. Les suites font 40 m² et ont également vue sur la mer. L'hôtel n'a que quatre étages et présente ses bâtiments autour d'une belle piscine à l'entrée. L'accueil de l'équipe est très professionnel.

VILA GALE FORTALEZA €€

Avenida Dioguinho, 4189.
✆ +55 85 3486 4400
www.vilagale.com.br
Chambres doubles à partir de 292 R$. En été il faut réserver à l'avance.

Face à la plage, 300 chambres confortables et bien équipées. Bar, restaurant, sauna, tennis et grande piscine. Vila Galé Fortaleza, la première unité du groupe portugais au Brésil, est située sur la célèbre Praia do Futuro – l'une des meilleures plages de la ville –, à seulement dix minutes de l'avenue à la mode Beira Mar. Il est idéal pour ceux qui recherchent un hôtel bien situé et confortable, dans un prix qui reste correct. Il possède un des plus grands et des meilleurs bars de plage de la région, le Vila Galé Café, qui se trouve en face de l'hôtel.

CARMEL HOTEIS €€€

Av.dos Coqueiros, s/n
✆ + 55 85 21816377
www.carmelhoteis.com.br

Le Carmel Charm Resort réunit luxe et intimité dans une ambiance envoûtante et riche en détails. Il est niché dans un charmant village de pêcheurs, sur la plage do Barro Preto à proximité d'Aquiraz et à une heure de Fortaleza. Le *resort* fait tout pour que vous vous sentiez vraiment chez vous. Les chambres sont d'un grand raffinement et d'un grand confort. La déco de style Californie 70's se marie fort bien avec les lieux. Un bon restaurant. Pour le côté détente et bien-être, vous aurez accès au Spa, au sauna, au bain bouillonnant...

CEARÁ

GRAN MARQUISE €€€

Avenida Beira Mar, 3980
✆ +55 85 4006 5000
www.granmarquise.com.br
Chambre double à partir de 500 R$.

Le grand hall donne le ton de cet hôtel, l'un des plus luxueux de Fortaleza. Les 230 chambres sont spacieuses (minimum de 29 m²), offrent beaucoup de confort (peignoir en coton et chaussons) ! Le petit déjeuner est à la hauteur de l'établissement. Le buffet comporte plusieurs dizaines de produits, dont une énormité de fruits frais, petits pains, jus de fruits, gâteaux sucrés et plats salés. Un cuisinier est aussi à disposition pour préparer sur commande des omelettes ou des tapiocas. Les gastronomes apprécieront aussi les trois restaurants de renom.

RESTAURANTE DRAGÃO DO MAR €

Rua José Avelino, 303
✆ +55 85 3219 2954
De 11h30 à 24h, lundi le midi, dimanche le soir. Buffet en semaine, le week-end à la carte. 35 R$/ personne en buffet.

Dans le centre culturel Dragao do Mar, la bonne chère n'est pas oubliée. on peut se sustenter au buffet au kilo à midi et goûetr une nourriture régionale à la carte dans le restaurant Alma Gemea. Les plats sont copieux et peuvent servir deux à trois personnes. La carne-de-sol Dragão do Mar est à essayer ! Le restaurant Alma Gemea est une bonne option pour les pizzas, la cuisine italienne, les grillades, avant ou après les visites au centre culturel.

CENTRO DAS TAPIOQUEIRAS €

Avenida Washington Soares, 10215
✆ +55 85 3274 7565
Tous les jours de 6h à 22h. À partir de 10 R$.

On a l'habitude de le répéter qu'on ne peut quitter le Nordeste sans s'être essayé aux traditionnelles *tapiocas*, galettes de manioc traditionnelles, très appréciées au Nordeste. Dans ce centre qui leur est entièrement dédié, sont regroupées depuis 2002 plus de 25 *tapioqueiras*, ces femmes spécialisées dans la production de la *tapioca*. Au-delà des assortiments traditionnels, c'est plus de 70 parfums de *tapiocas* qui sont proposés, parmi eux : *carne seca*, *queijo coalho*, jambon… Il est difficile de ne pas trouver de quoi satisfaire un petit creux.

CANTINHO DO FAUSTINO €€

Rua Bauxita, 58
✆ +55 85 3263 3766
De midi à minuit, dimanche uniquement à midi, fermé le lundi. Plats à partir de 30 R$/personne. Feijoada le samedi.

Très bon restaurant et prix très raisonnables. Le chef marie les ingrédients régionaux avec beaucoup de créativité. Les Crevettes Cearense de Faustino sont très différentes de celles qu'on a l'habitude de goûter et surprennent par leur finesse. Ce sont des crevettes panées aux noix de cajou, accompagnées de riz safrané aux légumes. Cela vaut la peine d'essayer. Gardez une petite place pour le dessert : banane flambée avec sorbet de *manjericão* (basilic). Les revues *Veja* et *Quatro Rodas* ont décerné de nombreux prix culinaires au Faustino... A juste titre !

MANDIR RESTAURANTE VEGETARIANO E VEGANO €

Rua Padre Francisco Pinto, 257
✆ +55 85 3023 3563
Ouvert du lundi au samedi de 11h à 14h30. Compter environ 20 R$.

On entre ici dans le paradis des végétariens et des végans. Le Mandir est une option saine et végétarienne qui est victime de son succès : le local est petit et le rapport qualité-prix excellent. Dans une ambiance zen et dépouillée, on y mange des tartes, croquettes, salades et empanadas très variées et pleines de goût. Mieux vaut arriver tôt pour avoir la chance de goûter à un des desserts maison (ils partent très vite !). Excellent accueil de l'équipe.

LIMONE €€

Rua Pereira Valente, 1146
✆ +55 85 3461 3333
limonerestaurante.com.br
Ouvert tous les jours de midi à 15h30. Compter à partir de 40 R$.

Le restaurant Limone propose une cuisine originale d'inspiration contemporaine. Au menu, des plats faits exclusivement à base d'ingrédients biologiques frais, en recherchant l'innovation dans les saveurs, les textures. Les menus évoluent presque quotidiennement. A midi, le buffet est composé de salades, de volaille, de poisson, de viande, de pâtes et d'autres plats chauds aux saveurs délicates.15 options de plats chauds, plusieurs entrées et desserts. Carpaccio d'ananas au piment rouge, poisson au curry et charlotte à l'abricot sont à essayer !

MOLESKINE GASTROBAR €€

Rua Professor Dias da Rocha, 578
✆ +55 85 3037 1700
www.moleskinegastrobar.com.br
Ouvert du lundi au jeudi de 18h à 1h et du vendredi au dimanche de midi à 2h.

Le concept ici paraît audacieux, voire un brin présomptueux. Il s'agit de marier la haute gastronomie avec l'ambiance décontractée d'un bar. Le Moleskine est un vaste restaurant semi-gastro se déployant sur deux niveaux où se donne rendez-vous la *gente bonita*, jeunesse dorée brésilienne : cocktails internationaux, assiettes de cuisine fusion et déco hipster et bonne cuisine. Il est conseillé de mettre des chaussures fermées. Les *hawaïanas* ne sont pas bienvenues ici, vous l'aurez compris. Un lieu convivial un poil cher et plutôt *classieux*.

BOTECO PRAIA

Avenida Beira-Mar, 1680
✆ +55 85 3248 4773
À partir de 17h, samedi et dimanche à partir de midi. En-cas à partir de 5 R$, entrées à partager à partir de 30 R$.

Dans ce charmant *boteco,* de l'avenida Beira Mar, sur la plage de Meireles, les serveurs commencent à circuler à partir de 18h avec leurs plateaux remplis de gourmandises salées à commander au passage. Les portions de poulet, de saucisse ou de viande préparées au barbecue et accompagnées de vinaigrette et de *farofa* sont aussi très demandées. On appréciera l'happy hour de lundi à vendredi, de 16h à 19h. Pour 35 R$, on peut s'essayer au menu du chef, un plat de viande avec deux accompagnements au choix. Une bonne adresse pour la fin de journée.

COCO BAMBU

Avenida Beira-Mar, 3698
✆ +55 85 3198 6000
www.restaurantecocobambu.com.br
Bar et restaurant, de 11h30 à 15h et de 17h à minuit. Portions à partager à partir de 35 R$. Plats à partir de 90 R$.

Un restaurant-bar situé idéalement sur la Beira Mar. Selon certains, le Coco Bambu serait le meilleur restaurant de fruits de mer et de poissons de tout l'Etat du Cearà. Beau cadre et ambiance animée le soir. On se croirait en pleine forêt amazonienne. Tout ceci a un prix que l'on peut considérer comme salé et qui peut en faire fuir plus d'un, mais les portions sont plus que généreuses et servent plus de deux personnes. La qualité est présente et au vu de la quantité des crevettes servies, cela vaut la peine ! On peut manger au buffet à midi.

O CHOPP DO BIXIGA

Rua Dragão do Mar, 108
✆ +55 85 3219 7690
www.choppdobixiga.com.br
Tous les jours à partir de 17h, jusqu'à 3h du matin vendredi et samedi. Pression (300 ml) : 8 R$.

Le Chopp da bixiga est un bar-restaurant populaire. On y trouve, comme en de nombreux lieux du Brésil, les traditionnelles chaises et tables en plastique rouge ou bleu et les contenants isothermes. Un lieu très connu à Fortaleza qui sert l'original *chopp de vinho* (bière pression à base de vin rouge). On l'accompagnera de « macaxeiras fritas » (frites de manioc) et de carne do sol. Il faut arriver tôt pour avoir une table. Proche du centre culturel Dragão do Mar, dans une grande maison du début du XXe siècle. Un lieu sympa à connaître.

SANTA CLARA CAFE ORGANICO

Rua Dragão do Mar, 81
✆ +55 85 3219 6900
Ouvert du mardi au dimanche de 15h à 22h. Cafés à partir de 5 R$. Bon rapport qualité/prix.

Décidément, le centre culturel Dragao do Mar est plein de ressources à découvrir. Le Santa Clara Café est un de ces lieux remplis de sérénité qui mérite à être connu. Situé en plein centre culturel, ce petit café présente une décoration agréable et une belle vue sur l'ensemble du lieu. Idéal pour prendre un café en étudiant le Petit Futé. Laissez-vous faire par le café glacé avec de la vodka, crème, lait concentré sucré et chantilly… ou encore le petit gâteau au café avec du chocolat.

CENTRO DE ARTESANATO DO CEARÁ - CEART

Avenida Santos Dumont, 1589
✆ +55 85 3101 1637
Ouvert du lundi au samedi de 9h à 21h, le dimanche de 14h30 à 20h30.

Pièces sur différents supports confectionnées par les artisans du Ceará. Les passionnés d'artisanat trouveront ici un endroit idéal pour chercher des souvenirs de voyage, des aliments typiques de la région et pour flâner. Les étals proposent toujours quelque chose d'original. Il y a beaucoup de choix et à des prix très attractifs, ce n'est pas le cas à Bahia, par exemple. Sans le moindre doute, les prix sont meilleurs que ceux du marché central. Une très bonne place à connaître.

MERCADO CENTRAL

Avenida Alberto Nepomuceno, 199
✆ +55 85 3454 8586
Ouvert du lundi au vendredi de 8h à 18h, le samedi de 8h à 16h et le dimanche de 8h à 13h.

Fortaleza est le paradis pour les emplettes. L'artisanat y est de qualité, à des prix très inférieurs à ceux pratiqués dans les villes touristiques comme Bahia ou Rio. Des centaines de commerçants se trouvent à l'intérieur du marché central de Fortaleza. Ils vendent toutes sortes de produits, toujours à des prix très compétitifs. Idéal pour se trouver un chapeau en paille, une petite robe pour la plage, des sandales ou encore des produits gourmands typiques du Ceará. Pour certains, les prix sont cependant plus élevés qu'au marché de la CEART.

BARRACA CHICO CARANGUEJO

Avenida Zézé Diogo, 4930 ✆ +55 85 32341638
www.chicodocaranguejo.com.br
Soirée stand-up le jeudi : 40 R$.

Il y a prés de 30 ans, la barraca Chico do Caranguejo était une des attractions de la ville. Les choses n'ont pas changé, l'équipe a su maintenir la qualité de ses prestations. Tous les jeudis à partir de 20h les locaux et les touristes se retrouvent à Praia do Futuro pour écouter et danser le forró et manger du crabe. À 22h c'est l'heure du *one man show* avec les humoristes locaux.

▸ **Attention :** Il est déconseillé de se balader sur la plage le soir, c'est peu sûr. Arrivez tôt et allez directement au restaurant. Pour rentrer, prenez un taxi.

CINETEATRO SÃO LUIZ ★★

Rua Major Facundo, 500 ✆ +55 85 3231 9461
www.secult.ce.gov.br
Cinéma : 6 R$. Théâtre : prix et horaires en fonction du spectacle.

Situé dans le centre historique de Fortaleza, le cineteatro est un point de repère majeur de la ville. Par son architecture classique, il est le dépositaire d'une part importante de l'histoire des arts dans l'État de Ceará. Beau théâtre en style Art nouveau, le São Luiz a fait l'objet de travaux en 2013-2014 et est aujourd'hui splendide. Théâtre et cinéma.

▸ **Faites attention** sur la place le soir, le local se trouve en plein centre de Fortaleza et au coucher du soleil l'endroit se vide, tous les magasins ferment leurs portes. Allez-y en taxi de préférence.

PRAIA DE MORRO BRANCO ★★★

Morro Branco est une plage située à environ 88 km de Fortaleza. dDes plages superbes, bordées de dunes et de falaises ; Etretat a son modèle réduit sous les tropiques. Elles sont ici en sable argileux de teintes grises, noires, jaunes ou rouges, dont on fait des bouteilles colorées.. L'endroit attire l'attention pour ses dunes et, surtout, pour ses belles falaises colorées, dont le sable est utilisé pour fabriquer des objets artisanaux typiques de la région.
Cette longue plage a des eaux calmes, des cabines de plage, des fontaines d'eau et un endroit connu sous le nom de labyrinthe, un espace formé par l'érosion des falaises. Superbe.

Praia de Morro Branco.

IBITU €€

Rua Luis Gama, 438
✆ +55 85 3338 6080
www.ibitu.com.br
Chambre double à partir de 120 R$, petit déjeuner inclus.

Ibitu, en langue indigène Tupi-guarani, signifie vent ou courant d'air. Située à 400 m de la plage, la pousada est effectivement bercée par la brise de mer. Les chambres, toutes de couleur blanche sont simples et confortables sont en duplex. Le mobilier en bois renforce un peu le côté rustique. Sur cette belle plage de Morro Branco, à 85 kilomètres de Fortaleza, les propriétaires ont eu un coup de cœur pour ce lieu situé en haut de la dune du villa et ont fait construire leur pousada en brique, très proprette. La vue est splendide.

PRAIA DAS FONTES ★★

La plage se trouve à Beberibe, dans les environs de Morro Branco. Fontes signifie sources, qui forment des lagons d'eau chaude et se mélangent aux lagons et rivières serpentant entre les dunes. Praia das Fontes est certainement une des meilleures destinations à visiter dans le Ceará. C'est assez calme et on y trouve une bonne infrastructure touristique. La nature est généreuse. Les belles falaises surplombant la plage sont typiques de cette région. Des grottes comme celle de Mae d'Agua perforent les belles falaises, alliant formations géologiques rares et vues superbes sur la mer. Un peu plus loin, la lagune de Uruaù se prête à une pause.

ARACATI

Aracati est une petite ville à l'embouchure du Rio Jaguaripe, à 180 km au sud de Fortaleza. Elle possède un charme intemporel, avec ses maisons couvertes d'azulejos et aux belles fenêtres, qui rappellent, en plus modestes, celles de São Luis ou de la belle Paraty. De jolies églises blanches et bleues, des carrioles, des ânes, des curés, des habitants typés et un carnaval populaire qui jouit d'une petite réputation. C'est une étape sur la route de la station balnéaire de Canoa Quebrada. Dans les environs, plusieurs plages agréables à connaître : Majorlândia (à 12 km), Quixaba (à 15 km), Lagoa do Mato (à 20 km), Fontain ha et Retirinho (à 25 km).

CANOA QUEBRADA ★★

Un village au bord de falaises de sable rouge qui surplombent l'océan, à 180 km au sud-est de Fortaleza. Une allée de sable bordée de petits restaurants, de boutiques sommaires, d'auberges. Du bois, des barbus, des palmiers, des tuiles, du chaume. Des villas ocre et des buggys. Au bout de l'allée, 30 m en dessous, l'océan. Peu de voitures, peu de béton, pas de bitume. La plage est rectiligne, avec quelques restaurants de fortune. La mer emporte le soir ce que des crânes creux déposent par brouettes sur le sable : bouteilles, cartons, papiers… Sur les dunes, à l'écart, de pauvres croix de bois qui ne mentionnent que la date du décès. Le soir, un vent léger vous accompagne devant l'océan noir qu'illumine la lune, énorme. La température oscille entre 25 et 35 °C. Prévoyez des sandales sur le sable. L'ambiance est plus sympathique, plus modeste qu'à Jericoacoara, car la situation géographique est plus classique ; le village, plus accessible, est relié à un bourg. On remarque un certain accord entre les autochtones, peu déracinés, et les touristes sédentarisés.

La côte, au sud de Canoa Quebrada, et jusqu'au Rio Grande do Norte, est une succession de plages isolées et quasiment désertes, bordées de falaises et de dunes. Attention aux accidents de buggys, ils sont partout, surtout le week-end !

Histoire

Une petite colonie de pêcheurs occupait paisiblement l'endroit jusqu'en 1968, quand une équipe de tournage française débarque pour y réaliser un film, *Le Grabuge*, sous la direction d'Edouard Luntz. Le tournage fut marqué par l'alternance de journées d'intense labeur et de nuits de la plus totale débauche. Le film ne fut jamais distribué, la pellicule fut même détruite par le studio Fox qui l'avait produit, et qui considérait l'intrigue comme trop provocatrice et contre l'establishment (aujourd'hui jugée politiquement incorrecte). Il n'existe malheureusement donc pas d'images d'archives de la paisible Canoa Quebrada des pêcheurs d'antan. De cet épisode datent peut-être les étranges et inexpliqués symboles (une lune et une étoile) que l'on peut observer, gravés sur la falaise qui surplombe le village. Il se serait trouvé, dans l'équipe de tournage, un pieux Marocain de confession musulmane qui les aurait tracés, ceci pour demander à Allah de pardonner ses camarades pour leur inconduite.

CANOA BEACH POUSADA €

Rua Descida da Praia e Beira Mar
✆ +55 88 3421 7132
www.canoabeach.net
À partir de 230 R$ pour une chambre double.

Une adresse pratique et confortable, à quelques pas de la plage et des falaises de Canoa Quebrada. La pousada Canoa Beach dispose de 7 logements d'une capacité de 4 personnes, divisés entre 3 chalets et 4 suites, répartis harmonieusement dans le jardin de l'établissement. Assez simples mais bien tenues, les habitations jouissent d'une terrasse et bénéficient pour 2 d'entres elles d'une vue sur la mer. Accueil chaleureux et souriant du gérant. C'est pour son ambiance jeune et conviviale qu'on séjourne à la pousada Canoa Beach.

POUSADA MORADA DO SOL €

Rua das Dunas, s/n ✆ +55 88 3421 7031
www.morada-dosol.com
Comptez à partir de 200 R$ pour 2 personnes.

Une excellente option pour les familles ou groupes d'amis qui souhaitent se loger sur Canoa Quebrada à un prix très compétitif. Localisée à moins de 5 minutes du centre ville, la pousada propose 4 grandes maisons et 10 appartements répartis autour d'un jardin de 3 000 mètres avec piscine. Les logements sont fonctionnels et disposent tous d'une chambre, d'une mezzanine, d'une salle avec cuisine ainsi que d'une véranda avec vue jardin ou mer. Andrea et Josy, mettront tout en oeuvre pour vous garantir un séjour idéal. Une adresse où l'on se sent reçu en ami.

POUSADA ALTERNATIVA €

Rua Francisco Caraco, 55
✆ +55 88 3421 7278
www.pousada-alternativa.com.br
À partir de 170 R$ la chambre double en basse saison.

Récemment rénovée, cette pousada est située à deux pas la rue principale « Broadway » et à 100 mètres de la plage. Ouverte depuis 1991, elle est tenue depuis lors par de sympathiques et accueillants Italiens. Elle est plutôt classique, malgré son nom, et confortable. La pousada Alternativa propose huit appartements spacieux et bien tenus, tous équipés d'un petit frigo, TV, ventilateur et climatisation et nombreuses excursions au départ de la pousada. Grand buffet pour le bon petit déjeuner et espace *chill-out* équipé de hamacs.

POUSADA CHATALETTA €€

Rua Descida da Praia, s/n
✆ +55 88 3421 7200
www.pousadachataletta.com.br
Compter à partir de 250 R$ pour deux personnes.

La pousada Chataletta bénéficie d'une situation très privilégiée, au calme, à quelques pas de la plage et des activités du centre-ville. Le propriétaire suisse propose à ses hôtes, pour un prix compétitif, 18 bungalows de bon standing pouvant recevoir jusqu'à 6 personnes. Répartis en 2 catégories, ils disposent d'une terrasse avec vue sur mer et de tous les équipements nécessaires : télévision câblée (tv5), coffre, frigo-bar, air conditionné ou ventilateur... La pousada Chataletta offre une gamme complète de services : une grande piscine, un bar, internet wi-fi.

POUSADA JARDIM DA LU €

Rua Descida da Praia, 84
✆ +55 88 3421 7263
www.jardimdalu.com
A partir de 130 R$ pour une chambre double.

Située dans une petite impasse, à proximité de la plage et de la rue commerçante (Broadway) de Canoa Quebrada, la pousada Jardim da Lu est une bonne adresse se loger confortablement à un prix très doux. Lu et Marco, les propriétaires, feront tout pour garantir à leurs hôtes un bon séjour. La pousada propose 5 suites ainsi qu'un appartement de 2 chambres. Distribués autour d'un beau patio, les logements sont grands et bien équipés : télévision, climatisation, internet wifi... Une petite piscine. Beaucoup de convivialité pour cette agréable petite pousada.

POUSADA PRESIDENTE HOTEL €€

Avenida Dragão do Mar (Broadway)
✆ +55 88 3421 7358
www.pousadapresidentehotel.com
À partir de 230 R$.

conseillée aux voyageurs qui aiment les atmosphères authentiques et chaleureuses. La *pousada* Presidente Hotel occupe une situation privilégiée dans le petit centre de Canoa Quebrada sur le chemin menant à la plage. Bien distribuées, les chambres sont amples et bénéficient de tous les équipements nécessaires à une bonne qualité de confort. une baignoire avec hydromassage est installée dans le jardin sous un kiosque. Accueil chaleureux du personnel ; vous pourrez en effet compter sur leur disponibilité pour vous aider à organiser votre séjour. Un excellent choix.

BARRACA ANTONIO COCO €

Avenida da Integração, 862
✆ +55 88 3421 7000
www.antoniococo.com.br
Tous les jours de 9h à 17h environ. À partir de 50 R$.

Une bonne adresse pour déjeuner sur la plage. Cet agréable restaurant au toit de chaume se veut recevoir un public exigeant, en changeant l'opinion bien établie selon laquelle un restaurant de plage ne pouvait pas être synonyme de sophistication. Le bar restaurant Antonio Coco semble avoir relevé le défi avec brio. Il est régulièrement élu depuis une vingtaine d'années meilleur bar de plage de Canoa Quebrada. Cette grande structure possède une piscine et différentes activités de loisirs. Le menu est varié. Entrées à partager. Salades, viandes grillées.

EVOLUÇÃO €

Rua Francisco Elisario
✆ +55 88 3421 7291
Tous les jours à partir de 18h. Fermé le mercredi en basse saison. Pizzas à partir de 35 R$

Un bon endroit pour les petits budgets. Dans un cadre à la fois rustique et agréable, le bar et pizzeria Evoluçao propose une carte de qualité de plats italiens. A la carte plusieurs sortes de pizzas et encore pâtes maison, salades et plats de poisson. Les pâtes fines sont particulièrement appréciables et la sauce tomate a une saveur goûteuse. Le service est professionnel et les plats sont servis rapidement. Les vins sont également corrects. On y trouve le traditionnel vin chilien « Concha Y toros ». Un bon rapport qualité-prix.

CABANA €€

Broadway
✆ +55 88 3421 7018
Du mardi au vendredi de 17h à 23h30, samedi et dimanche de 12h à 23h30. En été de 12h à 23h30. Plats à partir de 50 R$.

Dans une des rues pavées de Canoa Quebrada et dans une ambiance conviviale et rustique, le restaurant Cabana est une belle découverte. Beaucoup de touristes évitent les restaurants situés sur la « Broadway » de l'ancien village de pécheurs. Le Cabana va assurément rassurer les visiteurs. La nourriture est variée et les plats très généreux. Poissons, fruits de mer et viandes à la carte. Excellentes crevettes au curry. Le restaurant est un des rares restaurants ouverts à midi tous les week-ends et l'été. Très bon accueil du personnel.

COSTA BRAVA €€

Broadway
✆ +55 88 3421 7088
Ouvert de 17h à 23h30. Plats à partir de 30 R$ par personne.

Ce n'est pas un hasard si le restaurant s'appelle Costa Brava, car il sert de bons fruits de mer à la sauce espagnole. Ce restaurant est assurément une bonne pioche. L'accueil est agréable, tout comme le lieu et la carte est complète, présentant des spécialités espagnoles et brésiliennes fort bien préparées et à des prix tout à fait corrects. Les plats peuvent convenir à deux personnes. Les crevettes «costa brava» sont à goûter, comme le strogonoff de crevettes. Les langoustes à la mode Costa Brava et la parrillada sont également des valeurs sûres.

EL ARGENTINO €€

Rua Caminho do Mar
✆ +55 88 3421 7123
Tous les jours de 11h30 à 23h30. Service à la carte, compter à partir de 50 R$/personne.

Evoquer l'Argentine renvoie forcément à l'idée de viande, de churrasco et de la sacro-sainte parrilada. Le restaurant «El Argentino» ne déroge à la règle.. On est certes, au centre de Canoa Quebrada, au bord de mer, mais l'Argentino propose sur sa carte de manger plusieurs sortes de viande. Les parriladas «argentinas», du «chef» et de la mer sont très généreusement servies et peuvent contenter 3 à 4 personnes. Les 1/2 portions seront suffisantes pour deux. Bonne ambiance et quelques vins pour accompagner votre plat, vive le style porteño à la plage !

L'ATELIER DO BRASIL €€

Rua Nascer do Sol
✆ +55 88 34 21 70 44
Ouvert tous les jours excepté le mercredi, à partir de 17h.

Encore une bonne adresse ramenée dans les filets à maille serrée de l'équipe du Petit Futé. Dans une atmosphère cosy et tamisée, pour ne pas dire romantique, l'Atelier do Brasil sert à la lueur de ses bougies des plats raffinés, d'influences françaises et méditerranéennes, élaborés à partir de produits locaux choisis avec soins : filets de bœuf ou de poisson en sauce, hamburger maison, mais aussi des plats plus légers. Vins et très bons cocktails. Accueil franco-brésilien, musique bien choisie, ambiance des plus agréables. On aime.

Jericoacoara.

MUNDAÚ

A 150 km à l'ouest de Fortaleza, sur la route de Jericoacoara, de longues plages de sable fin et des dunes qui font irrésistiblement penser… à l'Égypte. À leur pied, l'embouchure du rio Mundaú, un Nil en miniature écrit ses méandres jusqu'à l'océan entre les cocotiers, au coucher du soleil l'endroit est d'un romantique achevé.

Les villages de pêcheurs sont constitués de quelques maisons face à la mer. Comme sur le reste du littoral du Ceará, l'ambiance est nonchalante et la population accueillante. Une étape de choix si vous vous baladez le long de la mer. Le tourisme de masse n'a pas encore rattrapé ce petit monde, seules les éoliennes...

FLEIXEIRAS

La plage de Flecheiras est sur le littoral d'un village de pêcheurs , entre Fortaleza et Jericoacara., sur ce littoral oeste un peu moins connu. C'est encore un lieu superbe...et encore préservé (chut, n'en parlez pas à tout le monde). Pour ceux qui recherchent la tranquillité et la beauté des littoraux préservés du Cearà, cela mérite une étape avant Jeri.

Le village a encore peu de rues pavées comme lors et se promener dans ses rues sablonneuses et presque vides est un réel plaisir. On peut y passer une journée depuis Fortaleza ou s'arrêter sur le chemin de Jeri, mais on peut aussi profiter des pousadas et des restos du lieu plus longtemps..

JERICOACOARA ★★★★

Jericoacoara (Jeri pour les intimes) est la Mecque du kitesurf au Brésil et on y vient du monde entier. A juste titre, car l'ancien village de pêcheurs a beaucoup d'atouts à faire valoir. Le *Washington Post* le compte dans les dix plus beaux littoraux du monde, et c'est mérité. 5 km avant d'y arriver, la lande rabougrie laisse place à un magnifique et immense espace de dunes sélénites. Puis, un petit village et l'océan se présentent, sous des cocotiers, en une baie grandiose aux bleus turquoise et marine, bordée jusqu'à l'horizon d'un lacet de dunes d'un blanc lumineux. Tout est sauvage et préservé.

A 1 km, sur la plage, une célèbre roche percée par laquelle on voit le soleil se coucher. L'intérieur de ce bénitier géant est fait de rochers jaunes ou rouges polis par la mer. Sur les plages sont rangés des voiliers de forme ancienne, aux coques multicolores. On aperçoit également des canots pneumatiques, des porcs, des chevaux, des charrettes, des buggys, des capoeiristes, des blondes en paréo… Les gens montent sur la dune voir le coucher de soleil sur l'océan, la baie est orientée à l'ouest. L'arrière-pays, qui commence à 100 m, reste pauvre, les maisons s'harmonisent avec la terre et les arbres, dont elles sont faites. Les habitants, de type indien ou mulâtre, jadis humbles pêcheurs esseulés et démunis, se sont aujourd'hui lancés dans la course aux touristes blancs.

Dunes à Jericoacoara.

DUNA DO PÔR-DO-SOL ★★

Tous les jours vers 17h, les touristes prennent la direction de cette grande dune pour admirer le coucher du soleil sur la plage depuis ce point de vue privilégié. Admirer le coucher de soleil depuis la dune de Jericoacoara, dans l'État de Ceará, est l'une des grandes attractions de cette plage considérée comme un sanctuaire écologique majeur du Nordeste brésilien. Ce rituel est comme une cérémonie. Les touristes, au crépuscule, envahissent le sable de cette plage et grimpent sur la dune. Le soleil plonge dans la mer dans une vague d'allégresse.

PARQUE NACIONAL DE JERICOACOARA ★★

www.icmbio.gov.br

Sur une superficie de 8 850 hectares, le Parc Nacional de Jericoacoara est une zone protégée qui englobe le village de même nom et ses alentours, couvrant également une bande maritime de 1 km de large. Son intérêt est de protéger la nature et d'assurer la préservation des ressources naturelles de cette région à fort potentiel touristique. Pour visiter le parc et ses recoins d'une rare beauté, adressez-vous aux agences de tourisme et *pousadas* du village de Jericoacoara.

PEDRA FURADA ★★

À 2 km du village.

La pedra furada, ou pierre percée, est un rocher au bord de mer avec une ouverture centrale qui apparaît sur toutes les cartes postales de Jericoacoara. Les touristes sont nombreux à faire le déplacement pour contempler le coucher du soleil, surtout en juillet quand le soleil passe exactement à l'intérieur de l'ouverture. Il ne faut pas confondre avec la pedra furada de l'Etat du Piaui.

Pour s'y rendre : l'attraction fait partie de l'excursion des lagons, mais on peut aussi y accéder à pied, attention au soleil qui frappe fort !

CEARÁ

EXCURSION LAGOAS ★★★

Compter 350 R$ pour 4 personnes. Possibilité de négocier. Départ à 9h, retour vers 16h. Plusieurs agences en ville.

En buggy l'excursion commence par la visite de la Pedra Furada. Il faut marcher un peu. Cette visite peut aussi être faite en fin d'excursion pour le coucher du soleil, les touristes sont alors nombreux.

La balade continue entre les dunes et le sable blanc au bord de mer en direction du Lagoa Azul.. Les *jangadas* sur places s'occupent de la traversée (2 R$). Petite pause d'une heure.

Puis direction Lagoa do Coração et encore Lagoa do Paraiso, où un service de restauration est aussi assuré. Hamacs. Retour vers Jeri, mais sans oublier de monter une dernière dune.

EXCURSION TATAJUBA ★★★

Compter 350 R$ pour 4 personnes. Possibilité de négocier. Départ à 9h. Plusieurs agences en ville.

L'excursion dans le passé, le village de Tatajuba a été recouvert par une tempête de sable. Aujourd'hui, les habitants les plus anciens s'amusent à raconter cette histoire aux touristes de passage.

Lagons, plages et grandes dunes sont également au programme. Il sera possible aussi de faire un tour pour voir de près des hippocampes (payant). On mange les pieds dans l'eau au sens propre du terme. Bon, on n'est pas seul hélas dans ce coin de paradis, l'après-midi, c'est une invasion de quads et de buggys. Où sont les sables d'antan ?

FRETCAR

Rua do Forró
✆ +55 85 3402 2244
www.fretcar.com.br
Il est conseillé d'acheter le billet à l'avance.

Depuis 2011, Fretcar opère de Fortaleza à Jericoacoara. Le bus part de la rodoviária, passe dans l'avenue Beira Mar (face à l'hôtel Praiano) et à l'aéroport. En arrivant à Jijoca les passagers prennent place dans un camion aménagé, qui fera le trajet jusqu'à Jeri. Entre 5 et 6 heures de voyage. Les heures de départ peuvent varier.

- **De Fortaleza** (depuis la rodoviária) : 7h, 14h45 et 18h. Entre la rodoviária et l'aéroport, compter un écart d'un peu plus d'une heure. Entre 70 et 85 R$.
- **De Jeriocoacoara** (départ Rua do Forró) : 6h15, 14h55 et 22h30. Entre 70 et 85 R$

CHALÉ CREOULO €

Rua das Dunas
✆ +55 88 3669 2057
www.chalecreoulo.com.br
Compter à partir de 150 R$ pour une chambre double.

A quelques pas de la mer et des fameuses dunes du parc national de Jericoacoara, Chalé Creoulo est une excellente option pour se loger à moindre coût. L'établissement propose aux familles ou groupes d'amis de spacieux chalets construits dans un style rustique pouvant loger jusqu'à 5 personnes. Simples mais très bien entretenus, ils disposent tous d'une véranda où vous y sera servi le petit déjeuner. Certains chalets sont même équipés d'une petite cuisine. Un service attentionné et des tarifs modérés font de Chalé Creoulo une adresse recommandée.

POUSADA TIROL - JERICOACOARA HOSTEL €

Rua São Francisco, 202
✆ +55 88 99747 8070
www.jericoacoarahostel.com.br
À partir de 50 R$ par personne en chambre collective et de 120 R$ la chambre double.

La pousada Tirol est une agréable auberge de jeunesse, pleine de couleur, conviviale, rustique et fonctionnelle, comme on les aime. Chambres simples, mais confortables, avec balcon et hamac. On retrouve un peu l'esprit du Jeri, d'antan, hippie et ambiance surfeur. Les tissus indiens dans les chambres apportent un petit côté new age. Les bâtiments sont de plain-pied. Zone de camping vers la Rua da Igreja pour ceux qui veulent camper (terrain de sable). Un bon plan.

AGAPANTHUS POUSADA €€

Rua Nova Jeri, s/n
✆ +55 88 9943 5450
Comptez à partir de 350 R$ pour une chambre double.

Inaugurée en juillet 2010, l'Agapanthus jouit d'une situation idyllique face à la mer tout à côté des dunes qui font la renommée de Jericoacoara. Réparties en 3 catégories, les 6 suites de l'Agapanthus sont très confortables, bien équipées, avec une décoration soignée. Atmosphère sereine qui règne dans cette élégante pousada. Mention spéciale pour l'accueil professionnel de Roberta et Mario, les chaleureux propriétaires, qui se feront une joie de vous conseiller pour vos activités dans la région. Difficile de ne pas tomber sous le charme de cet endroit unique.

AZUL POUSADA €€

Rua das Dunas - s/n
✆ +55 88 3669 2182
www.azulpousada.com
À partir de 445 R$ pour une chambre double.

Cette charmante pousada est située au calme à quelques pas de la plage et de la dune sa proximité du petit centre en fait lieu de séjour idéal à Jericoacoara. Récemment rénovées, on apprécie les 15 suites de grand confort disposées autour de la piscine. Certaines chambres disposent d'une vue imprenable sur les dunes du parc national et sur la mer. Accueil francophone et très professionnel du propriétaire. Possibilité d'organiser activités et excursions avec l'équipe de la pousada. Une bonne adresse qui allie convivialité et confort pour un prix compétitif.

POUSADA BLUE JERI €€

Rua do Forró, s/n
✆ +55 88 3669 2027
www.bluejeri.com.br
Compter à partir de 250 R$ pour une chambre double.

La Pousada Blue Jeri ou All blue, est une charmante petite *pousada* située à 100 m de la plage. Le Blue Jeri dispose d'une vingtaine de chambres bénéficiant de tous les équipements nécessaires pour un bon confort. La décoration, avec les lits et les meubles lazzurés, les murs blancs à la chaux, amène un touche rustique-chic, à la fois colonial et local, fort agréable. Piscine ainsi qu'un hydromassage avec vue panoramique située sur la terrasse de l'établissement. L'équipe de la *pousada* est professionnelle et le service efficace. Une bonne adresse.

POUSADA CAPITÃO THOMAZ €€

Avenida Beira Mar, 202 ✆ +55 88 8134 4786
www.capitaothomaz.com.br
À partir de 638 R$ pour une chambre double.

Une adresse confortable en front de mer, située prés des activités de Jericoacoara. A mi-chemin entre *pousada* et *hostel*, Capitão Thomaz propose à sa clientèle des logements allant de l'appartement familial avec vue sur la mer à des suites doubles standard ou avec balcon. Très propres et bien tenus, les logements sont grands et disposent de tous les équipements nécessaires. La *pousada* met à disposition des hôtes une piscine, Internet wi-fi et un restaurant où est servi le petit déjeuner sous forme de buffet, face à la mer. Une bonne adresse pour tous les budgets.

POUSADA SURFING JERI €€

Rua São Francisco, 150
✆ +55 88 3669 2260
www.surfingjeri.com.br
À partir de 450 R$ pour une chambre double.

Localisée Rua Sào Francisco, en plein cœur du petit centre ville, à moins de 50 mètres de la plage, la pousada Surfing Jeri est une adresse pratique et confortable pour qui souhaite découvrir Jeri. Autour d'un jardin joliment paysagé, les 24 logements colorés de la pousada sont divisés entre des suites et des châlets. Bien tenues, les habitations disposent d'une terrasse avec hamac, et de tous les équipements indispensables pour un bon confort. Aussi une petite piscine, internet wifi. Accueil chaleureux et professionnel. Une bonne option sur Jericoacoara.

MY BLUE HOTEL €€€

Rua Ismael, s/n
✆ +55 88 36692203
www.mybluehotel.com.br
Comptez à partir de 495 R$ pour une chambre double standard.

My Blue Hotel bénéficie d'une excellente localisation, en front de mer, au pied de toutes les activités de Jericoacoara. L'accueil est chaleureux, dans une infrastructure de grande qualité. D'une architecture pleine de caractère, l'établissement dispose de 6 catégories d'appartements tous soigneusement décorés. Parmi les meilleures prestations de Jericoacoara : deux belles piscines, un hydromassage, un spa, ainsi qu'un délicieux restaurant en front de mer. Son atmosphère unique et son service de qualité font de My Blue Hotel une de nos adresses favorites.

POUSADA WINDJERI €€€

Rua do forro, s/n
✆ +55 88 3669 2090
www.windjeri.it
Comptez à partir de 510 R$ pour une chambre double.

Au calme, la pousada Windjeri bénéficie d'une situation privilégiée au centre de Jericoacoara à quelques pas de la plage. Cette élégante pousada propose à sa clientèle 20 confortables suites ainsi que 2 superbes chalets vue sur mer d'une capacité de 4 personnes dans une annexe face à la pousada. Les chambres sont amples et lumineuses et bénéficient de tous les équipements nécessaires au confort des hôtes. Pour votre détente, vous apprécierez la piscine ainsi que le bar. La pousada Windjeri est une excellente option pour séjourner confortablement à Jericoacoara.

RANCHO DO PEIXE €€€

Praia do Preá ✆ +55 88 3660 3118
www.ranchodopeixe.com.br
Pour deux personnes, à partir de 540 R$ pour les bungalows côté cocotiers, un peu plus pour ceux côté mer.

le Rancho do Peixe est au milieu d'un paysage enchanteur. La pousada est en plein cœur d'une plantation de cocotiers en bordure de 20 km de dunes et à 700 m d'une des plus belles plages du Brésil (la plage do Prea), à la limite du parc national de Jericoacoara.

Ses 16 bungalows sont de ligne rustique, construits en bois et paille, mais extrêmement confortables et sophistiqués, avec air conditionné, d'un ventilateur, d'un frigo-bar.

Egalement une piscine de 25 m^2

Magnifique Petit déjeuner. Cuisine d'influence méditerranéenne réalisée à base de produits bio.

LA VILLA €€€

Rua Nova Jeri, 17
✆ + 55 88 99 71 41 00
www.lavilla-jeri.com
Comptez à partir de 500 R$ la chambre double.

Une atmosphère de bien-être se dégage de cette élégante pousada, face aux dunes du parc national de Jericoacoara, à quelques mètres du petit centre-ville et de la plage. La gentillesse de la propriétaire, Delphine, qui est française, vous donnera le sentiment de séjourner chez des amis. 6 confortables suites réparties en 2 catégories (rez-de-jardin ou avec vue) ainsi que deux bungalows de 2 chambres disposant d'une grande terrasse avec vue sur la mer et les dunes. Un salon les pieds dans le sable, une belle piscine et un bar. La pousada a tout pour séduire.

CASA DE PEDRA €

Rua Principal s/n

✆ +55 88 3669 2024

Ouvert de 10h à minuit. Glaces, bol d'açaí, tapiocas. Compter à partir de 10 R$.

La Casa de Pedra est une adresse presque parfaite à Jeri. C'est une « sorvetaria » (glacier) mais les options proposées sont en fait nombreuses et méritent toutes le détour. En plus de délicieuses glaces artisanales, la maison propose de petits plats, des tapiocas et des sandwichs, toujours à petits prix. Les touristes français seront surpris de la présentation des crêpes, ouvertes dans l'assiette et non repliées. Les adeptes des burgers pourront y trouver d'excellents sandwichs artisanaux. Le cadre est également très agréable et le service cordial.

ROMÃ RESTAURANTE & PIZZARIA €

Rua do Forró

✆ +55 88 9806 4417

Ouvert tous les jours de 17h à 23h30.

Jericoacoara ne déroge pas à la règle. Une table italienne et les voyageurs seront ravis. Le Roma Restaurante & Pizzaria est l'adresse italienne de Jericoacoara. Les grandes pizzas sont très bien faites et satisferaient des Napolitains (elles sont gigantesques). Les pâtes (essayez celles aux fruits de mer) et les autres plats traditionnels italiens ne sont pas en reste. Ils sont réussis et savoureux, pour des tarifs somme toute plutôt honnêtes. Option à emporter.

CATAVENTO €

Rua São Francisco

✆ +55 88 9942 8808

Tous les jours de midi à 22h environ. Plats composés (poisson, viande et moqueca). Plats à partir de 40 R$ environ.

L'afflux touristique n'a pas fait disparaître l'authenticité de la restauration régionale et de la cuisine familiale. Le Catavento est de ces établissements que l'on aime rencontrer, simple et à la cuisine intéressante. Un restaurant tenu en famille. Pendant que la maman cuisine, les autres s'occupent du service. Situé un peu en retrait des bars et restaurant plus branchés, le Catavento propose des petits plats simples à des prix très attractifs. La *moqueca* est savoureuse et les accompagnements nombreux. Idéal pour les petits budgets.

BISTRÔ CAIÇARA €€

Rua Principal, 16

✆ +55 88 99749 1000

Ouvert tous les jours de 18h à 22h.

Le bistrô Caiçara pourrait laisser entrevoir, par son nom, l'idée d'une cuisine rustique, voire campagnarde. Il n'en est rien. Installé au premier étage d'une bâtisse de la rue principale, le bistro Caiçara se démarque par ses préparations un peu plus élaborées que la moyenne en ville et par l'accueil attentif du chef et de son équipe. On y mange principalement du poisson et des fruits de mer savamment préparés et arrangés de diverses manières, à accompagner de vins bien choisis. On a une belle vue sur la mer. Prix un peu élevés.

NATURALMENTE €

Rua da Praia, 305

✆ +55 85 9700 6116

Crêpes, salades et spaghettis, servis de midi à 23h, plus tard en haute saison.

Le Naturalmente est une autre adresse sans prétention, à la déco un peu kitsch, loin des paillettes des établissements branchés, mais qui rappelle que l'essentiel est dans l'assiette et dans la sincérité et la convivialité de l'accueil. Cet établissement propose un large choix de plats (cuisine internationale) dont de très bonnes crêpes et de savoureux bols d'açaïs, à déguster les pieds dans le sable. On peut choisir des plats orientés « mer » (comme les crevettes au curry et lait de coco, ou le poisson dans sa sauce maracuja et orange), ou terre.

LEONARDO DA VINCI €€

Rua Principal, 40

✆ +55 88 36692222

Ouvert tous les jours de 18h à minuit. Compter à partir de 50 R$ environ par personne.

Vous l'aurez deviné, le Leonardo da Vinci est tout entier dédié à la cuisine transalpine. Pour de nombreuses personnes, convives ou critiques gastronomiques, c'est «le» restaurant italien de Jeri. Le décor est à la hauteur du menu. On a quitté le bonheur simple de la rusticité pour une dimension plus cozy. Une part de la finesse transalpine se marrie ici avec bonheur avec la générosité brésilienne. Les pâtes et les viandes sont à l'honneur sur la rue principale du village. Les pizzas sont parmi les meilleures de Jeri. Service en terrasse. Une valeur sûre.

O TAMARINDO €€

Travessa Ismael

+55 88 9937 9057

Ouvert le soir à partir de 18h. Compter environ 60 R$ environ pour les plats de poisson.

Le restaurant illuminé par de jolis lampadaires est l'un des plus élégants de Jeri. Au menu : poissons, salades et même pizzas. L'équipe en cuisine propose d'attractives préparations. Les crevettes présentées dans les ananas sont aussi goûteuses qu'esthétiques. La morue à l'huile truffée est une spécialité de la maison. En dessert, les sorbets à la cocada sont également délicieux. De nombreux cocktails permettent d'illuminer un peu plus encore les repas du Tamarindo. Très apprécié des touristes, il faut même parfois patienter avant d'avoir une table.

DONA AMÉLIA RESTAURANTE E FORRÓ

Rua do Forró

+55 88 3669 2334

Forro les mercredis et samedis à partir de minui Plats pour deux personnes à partir de 55 R$.

Dans un style rustique et une ambiance familiale, le restaurant Dona Amelia accueillent ses hôtes pour des soirées forró animées, à partir de minuit ou 1h du matin. Des concerts ont souvent lieu durant le dîner. Les groupes de forro sont en général d'excellente qualité. Dans le restaurant, les traditionnelles crevettes à l'ananas sont également à l'honneur. Le service traîne quelquefois en longueur, mais cela fait partie de l'ambiance nordestine.

PIMENTA VERDE €€

Rua São Francisco

+55 88 9 9916 0577

Tous les jours sauf dimanche de 12h à 23h. Plats entre 20 et 65 R$.

On pourrait presque comparer le restaurant Pimenta Verde à une paillotte de ville. Le piment est l'ingrédient favori du chef de ce petit restaurant où l'accueil est attentif. Toutefois, ne vous inquiétez pas, certains plats n'en contiennent pas. On peut bien sûr trouver de nombreuses options pour les végétariens. La cuisine est assez variée. Ambiance décontractée, belle décoration et petits prix. Pour ceux qui veulent se faire plaisir, découvrir la langouste cuisinée par le chef est un plaisir, à un prix très doux en comparaison des additions en France...

ASSOCIATION OF CROCHETERS WORLD JERI

Rua principal

+55 88 99705 4090

Ouvert de 8h à 22h. Fermé le dimanche. Les horaires peuvent varier en basse saison.

Dans cette boutique, qui propose les créations d'une association regroupant 20 femmes-artisans, vous trouverez de nombreuses pièces (dont chacune porte une étiquette au nom de l'artisane, à qui les bénéfices de la vente sont reversés) : robes de plage, gilets, écharpes, bijoux, sacs... pour la plupart réalisés au crochet, très populaire au Brésil. Le magasin s'est aussi diversifié, grâce à l'aide de l'organisme gouvernemental Cagece, dans la production de sacs en plastique recyclé.

SABOR DA TERRA €€

Rua do Forró

+55 88 3669 2065

www.sabordaterrajeri.com

Ouvert tous les jours de midi à 22h30. Plats à partir de 40 R$.

Le Sabor da Terra a réinventé le concept de « manger les pieds dans le sable ». Toute la superficie de cet agréable établissement est en effet recouverte de sable blanc, que ce soit en terrasse ou à l'intérieur. Le Sabor propose une très bonne cuisine régionale dans une ambiance familiale et sympathique. La meilleure adresse pour déguster une langouste. Langouste à l'ananas, langouste à la noix de coco, langouste au beurre. Les convives pourront également goûter fruits de mer et produits carnés. De bons cocktails également. A connaître !

INFO KITE SCHOOL

Praça Central

+55 85 99739 5553

www.infokiteschool.com

Cours d'initiation au kitesurf et location de matériel (à partir de 300 R$). Pack initiation sur 3 jours à 1 650 R$

Jericoacoara est un des paradis mondiaux pour la pratique du kite surf. Ouverte en 2004 par l'Argentin Macos Gocio, l'école de kitesurf « Info Kite School » est une référence à Jericoacoara. On y propose des cours pour débutants, différents forfaits, et il y a possibilité de location de matériel au choix. Une des options les plus intéressantes pour devenir rapidement autonome est sans doute les cours d'une journée que propose l'Info Kite School. On peut même inviter un ami qui écoute les informations, observe et accompagne l'instructeur lors de son cours.

JERICOACOARA 30 KNOTS

Rua do Forró, 15

✆ +55 88 9678 6050

Location de matériel. Cours de surf, kitesurf et stand-up paddle, matériel inclus, sont également possibles.

On voit à Jericoacoara pour la pratique du kitesurf, mais également du surf de tout le pays et de presque tous les continents. Il est donc dans l'ordre des choses que l'on y trouve de nombreuses enseignes et/ou écoles de sport nautique qui leur sont dédiées. Le Jericoacoara 30 Knots est à la fois un magasin de matériels de surf et de kite et une école pour ces deux sports nautiques. Dans ce *surf shop*, il est possible de louer des planches et de prendre des cours avec de moniteurs expérimentés. Plusieurs types de forfaits sont proposés.

CAPOEIRA

Sur la plage, au coucher du soleil, on assiste à une démonstration de capoeira, parmi les plus intenses et authentiques du Brésil. A la différence du Pelourinho, où les touristes sont priés (quelquefois énergiquement) de participer financièrement aux démonstrations de cette lutte dansée brésilienne, ici, seul le plaisir compte. Les capoeiristes sont ici pour faire plaisir et se faire plaisir. On peut assister, dans ce cadre féérique, à de magnifiques et impressionnantes rodas de capoeiristes où les combattants enchaînent les *gingas* à une vitesse impressionnante.

JIJOCA

Comme beaucoup de villages du littoral noroeste, un peu oubliés du tourisme de masse pour l'instant, Jijoca est une ville étape pour arriver à Jericoacoara. Elle est située à 20 km de Vila de Jericoocoara proprement dite. C'est le dernier point où la route est encore faite pour les voitures ordinaires. D'ici il faudra prendre un 4X4 ou un buggy et surtout faire appel à un guide pour vous amener à Jeri. Il est en effet plus pratique de prendre un bus ou un van directement à Fortaleza. Le service de transfert de Jijoca à Jeri est déjà organisé. A Jijoca même, la lagune du paradis (lagoa do paraiso) mérite un petit détour.

NOVA TATAJUBA ★★

Un petit village de pêcheurs, à 30 km vers le nord-ouest. Des plages tout aussi belles, et peut-être plus tranquilles. Sur place, vous devriez pouvoir trouver sans trop de problèmes un endroit où accrocher votre hamac. Depuis Jericoacoara, on y va à pied en 5 heures de marche sur la plage (attention, deux rivières à traverser à marée basse seulement), en bateau (des excursions sont organisées), ou en buggy (2 heures). Tatajuba est LA plage idyllique de pêcheurs. Pas de doute, si vous n'aimez pas être dérangé, et si vous cherchez à passer votre journée entre le hamac et la plage, à siroter des noix de coco, c'est l'endroit.

CAMOCIM

Une petite ville aux rues carrées, étape entre le site de Jericocoara et le delta du Parnaíba, des barques multicolores remontées sur la plage, et au-delà d'un bras de mer bleue et lymphatique, des dunes blanches qui tiennent du Hoggar et du Cap-Ferret.

Le climat est torride. C'est la cité des mouches, que l'on éloigne avec des sachets transparents remplis d'eau, suspendus. À l'hôtel Municipal, dans la chambre, il y a des fourmis de 5 mm le soir. Le matin, des crabes indiscrets. Des pêcheurs de bonne humeur. Un accueil souvent chaleureux. Peu de touristes, en transit pour Jeri. Encore un de ces lieux où on peut partager la vie des Nordestins.

BITUPITÁ ★

C'est un lieu simple et la plupart des habitants tirent leur subsistance de la pêche. Il n'a a pas vraiment d'attraction autre que celle d'apprécier les lieux et le temps qui passe, loin de la ville. Un îlot y est baigné par cinq rivières, unique non ? Ici, encore, comme en de nombreux points du littoral noroeste, on peut apprécier la réalité de la vie des habitants du Cearà, des pêcheurs et des petits commerçants. Le temps semble s'être arrêter depuis les années 90 et les premiers passages de l'équipe du PF. Ici, on ne rencontrera pas ou peu d'infrastructures....et donc pas de vans de touristes, brésiliens ou étrangers, pas ou peu de Buggy (ouf !).

BATURITÉ ★

La ville de Baturité, fondée en 1745, fut l'une des premières à combattre l'esclavage. Située à l'intérieur des terres, c'est un autre Cearà, où la sécheresse semble avoir moins d'emprise.

On ne manquera pas le *pelourinho* (pilori où les esclaves étaient punis), l'église Matriz de N.S. de Palma, le musée Comendador Ananias Arruda et le Palácio Entre Rios et le beau monastère jésuite. Quelques bains thermaux dans les alentours. La température y est agréable, parfois humide, et les nuits peuvent être fraîches. Idéal, donc, pour faire une halte, après des séances prolongées sur les plages écrasées de soleil du littoral du Nordeste cearense.

GUARAMIRANGA ★

Guaramiranga est sans conteste le plus beau village de la Serra de Baturité. C'est presque un autre monde, dans un autre décorum. Les week-ends et jours fériés, les habitants de Fortaleza investissent l'endroit massivement pour jouir de la fraîcheur des montagnes. Le reste de l'année, c'est plutôt tranquille, voire très tranquille et on peut apprécier un mode de vie traditionnel.

Le carnaval est fêté de façon originale, puisque la municipalité organise… un festival de jazz ! Cela correspond tout à fait à la réputation du village : celle d'une destination prisée par les élites culturelles de la région. Un petit air de Chapada Diamantina...

PARQUE NACIONAL DE UBAJARA ★★

Ubajara est une petite cordillère du Ceará, située au milieu de paysages verdoyants et offrant des vues magnifiques sur les plaines 850 mètres en contrebas. Dans cette oasis de fraîcheur plantée au cœur du Sertão, le parc national du même nom est une jolie surprise. Le climat y est doux, les vallées et les forêts à la végétation exubérante sont parcourues de rivières et de chutes d'eau (certaines atteignent 60 m de hauteur).

Ses grottes sont la principale attraction du parc ; composées de plusieurs chambres en enfilade, elles abritent de superbes formations minérales aux spectaculaires effets colorés. Un autre lieu pour connaître la diversité du Cearà.

POUSADA SÍTIO DO ALEMÃO €

Sitio Santana, municipalité d'Ubajara.
Demandez sur place, tout le monde le connaît.
✆ +55 88 99614645
www.sitio-do-alemao.20fr.com

Chalet : à partir de 110 R$ sans salle de bains, à partir de 140 R$ avec. Suite : à partir de 200 R$

A proximité du Parque nacional d'Ubajura, un de ces espaces naturels magiques du Nordeste, la Pousada Sitio do Alemao proposent cinq habitations rustiques. Ce sont des chalets simples, en béton, mais éparpillés au milieu d'un jardin luxuriant magnifique, avec des pieds de bananiers et de café, et reliés entre eux par un petit chemin empierré. Herbert, le propriétaire allemand, est très sympathique, il connaît parfaitement la région et pourra vous conseiller des balades. Il pourra aussi vous organiser une excursion vers le parc de Sete Cidades à 140 km d'Ubajara.

© ISTOCKPHOTO.COM/TUNART

Grotte du Parque Nacional de Ubajara.

MARANHÃO ET PIAUÍ

Les Etats du Maranhão et du Piauí sont deux Etats mal connus du Nordeste. Le Piauí est un Etat très étroit sur la côte, mais qui s'étire sur plusieurs centaines de kilomètres dans l'arrière-pays. Principalement tourné vers l'élevage et l'agriculture dans l'une des régions les plus sèches du pays, il est parmi les trois plus pauvres Etats du pays et ne déborde pas d'attractions touristiques. Le Maranhão est l'un des États les plus pauvres du Brésil, mais c'est une destination touristique de premier choix encore peu connue, c'est donc une bonne option pour ceux qui recherchent quelque chose hors des sentiers battus ! São Luis est la seule capitale brésilienne fondée par les Français. A 2 heures en bateau, Alcântara est une petite ville historique qui ravira les amateurs de vieilles pierres. Enfin, À 3 heures en bus de São Luis, les Lençóis Maranhenses présentent un spectacle à couper le souffle.

Maranhão et Piauí
30 KM
Oceano Atlântico
ALCÂNTARA ★★
Bequimão
SÃO LUÍS ★★★
Paço do Lumiar
São José de Ribamar
SANTO AMARO DO MARANHÃO
Humberto de Campos
LENCOIS MARANHENSES ★★★★
Parque Nac. dos Lençóis Maranhenses
Paulino Neves
PARQUE NACIONAL DOS BARREIRINHAS
TUTÓIA
ILHA DO CAJÚ ★
DELTA DO PARNAÍBA
Cajueiro da Praia
Araioses
PARNAÍBA ★★
Santa Rita
Anajatuba
Itapecuru Mirim
Arari
Miranda do Norte
Cantanhede
São Mateus do Maranhão
Coroatá
Urbano Santos
BRASIL
São Benedito do Rio Preto
Vargem Grande
Mata Roma
Chapadinha
Brejo
Buriti
Miguel Alves
São Bernardo
Santa Quitéria do Maranhão
Luzilândia
Magalhães de Almeida
Buriti dos Lopes
Cocal
Cocal dos Alves
Esperantina
Batalha
Piracuruca
PARQUE NACIONAL DE SETE CIDADES ★★
Vers TERESINA ★ et PARQUE NACIONAL DA SERRA DA CAPIVARA ★★★

PAGES

São Luis est une ville fondée par les Français et nommée Saint Louis en hommage au roi de France. C'est un musée à ciel ouvert. Celui-ci abrite le plus important ensemble architectural de style portugais du XVIIIe siècle en Amérique. Depuis quelques années le programme « Reviver » essaie de redonner vie au centre historique, mais le vieux São Luis reste dans un grave état de délabrement.

La vraie perle du Brésil, ce sont bien ces rangées infinies de dunes de sable séparées par des lagunes d'eau de pluie tropicale, à l'est de São Luís, dans le Parc national des Lençóis Maranhenses [« draps du Maranhão » en portugais]. Oui, sans risquer de se tromper, le site est à classer au palmarès des endroits à découvrir absolument en Amérique du Sud, au même titre que les chutes d'Iguaçu, le Salar d'Uyuni et le Sud Lipez en Bolivie, le parc Torres del Paine en Patagonie, le Perito Moreno argentin ou encore le Machu Picchu péruvien.

Plus loin, le delta du Parnaíba [appelé aussi delta das Américas] est un majestueux endroit. Composé de 85 îles sur une surface de 2 700 km², entre les États du Piauí et du Maranhão, il forme un ensemble complexe que l'on ne rencontre que sur le Nil et sur le Mékong. Dans un même écosystème se mêlent des paysages contrastés : des rivières, des lagons, des dunes gigantesques, des zones inondées, des plages désertes au sable très blanc et aux divers types de mangroves. Crocodiles, singes, tortues, crabes et différentes espèces d'oiseaux tels les hérons ou les *guarás* [ibis rouges] cohabitent avec les pêcheurs, les *boiadeiros* [vachers], les ramasseurs de crabes, les agriculteurs et les dentellières, montrant que l'homme et les animaux peuvent coexister de façon pacifique.

Un vaste État de forme bizarre, très étroit sur la côte, mais qui s'étire sur plusieurs centaines de kilomètres dans l'arrière-pays. Très logiquement, et contrairement aux autres États du Nordeste, la capitale, Teresina, n'est pas au bord de l'océan mais en plein Sertão. Principalement tourné vers l'élevage et l'agriculture dans l'une des régions les plus sèches du pays, Piauí est parmi les trois plus pauvres Etats du pays. Il ne déborde pas d'attractions touristiques [bien qu'il y ait des belles plages aussi], mais deux parcs nationaux, Serra da Capivara et Sete Cidades, à l'intérieur du pays, sont des buts de voyage intéressants et originaux, pour qui veut rompre le rythme infernal : plages de rêve – églises coloniales – plages de rêve.

SÃO LUIS ★★★

São Luis est d'abord une île et la capitale du Maranhão. Celle-ci rassemble deux villes en une. D'une part, la ville historique, de l'autre la ville nouvelle, peu élégante mais où se trouvent les plages. São Luis est aussi un musée à ciel ouvert. Celui-ci abrite le plus important ensemble architectural de style portugais du XVIIIe siècle en Amérique. São Luis fut également pendant longtemps une belle endormie et le centre historique a douloureusement pâti de l'érosion du temps et de la négligence des hommes. Depuis quelques années le programme « Reviver » essaie de redonner vie au centre historique, mais le vieux São Luis reste dans un grave état de délabrement. On se promènera à la recherche de fontaines où, lorsqu'il a plu, l'eau coule par des figures mythiques sculptées dans la pierre. La Praça Dom Pedro II est bordée de magnifiques petits palais de style néoclassique français. Çà et là subsistent de vieilles demeures abandonnées et défraîchies, parfois envahies par la végétation. Dans les ruelles tortueuses et pentues, après avoir dévalé des escaliers romantiquement éclairés par des néons, on rêvera devant les nombreuses maisons carrelées de faïences bleues (les *azulejos*), qui font de São Luis la plus portugaise des villes brésiliennes. L'île de São Luis abrite également à ses extrémités des villages pittoresques de pêcheurs, tels que Raposa.

Histoire

Jusqu'alors petite peuplade de pêcheurs, les lieux sont investis par les Français en 1603 dans le but d'établir un foyer de colonisation, la France équinoxiale. Peu nombreux, les Français traitent en bonne intelligence avec les Indiens Tupinambas qui, parce qu'ils sont blonds et parlent beaucoup (!), les surnomment *Papagaios amarelos* (« Perroquets jaunes »). Le Portugal voit évidemment d'un très mauvais œil cette intrusion française. Seulement trois ans après sa fondation, Saint-Louis devient la Portugaise São Luis. Le XVIIIe siècle marque la grande époque de la ville. Les exportations de coton permettent à l'île d'importer d'Europe le luxe qu'elle désire et en font l'une des plus prospères de l'Empire brésilien. C'est durant cette période que la ville acquiert ses lettres de noblesse en matière artistique et littéraire (elle est alors surnommée l'Athènes brésilienne). De la furtive présence des Français, il ne reste rien, sinon le nom et, malgré une nouvelle et tout aussi brève invasion par les Hollandais, c'est bien à l'œuvre des Portugais que la ville doit sa beauté.

CAPELA DE SÃO JOSE DAS LARANJEIRAS ✝ ★

Rua Oswaldo Cruz

Ouverture en fonction des services. Entrée libre.

La chapelle de São José das Laranjeiras est une petite église du début du XIXe siècle qui faisait partie d'une grande propriété d'un « coronel ». Restaurée en 1981, elle fut à l'origine construite à la demande du commandant Luiz José Gonçalves da Silva et était flanquée d'une demeure principale et d'une annexe logeant des ouvriers. Après être passée entre les mains de plusieurs propriétaires, c'est l'archidiocèse du Maranhão qui en fait l'acquisition en 1938.

CENTRO DE CULTURA POPULAR DOMINGOS VIEIRA FILHO ★

Rua do Giz, 221

✆ +55 98 3218 9924

Ouvert du mardi au dimanche 9h à 18h. 3 R$.

Sur les quatre étages de cette ancienne maison le visiteur peut plonger dans la culture populaire du Maranhão : costumes, instruments musicaux, objets décoratifs et tant d'autres sont à découvrir.Le centre maintient l'exposition permanente « Casa da Festa », avec des thèmes liés aux cultes afro-brésiliens et afro-maranhenses (tambor de mina), Festa do Divino, culture indigène, artisanat, *bumba meu boi, cacuriá* (danse) et autres rites et folklore, comme le carnaval et Noël.

CONVENTO DAS MERCÊS ✝ ★★

Rua da Palma, 502

✆ +55 98 3221 3724

Ouvert le lundi de 14h à 19h, du mardi au vendredi de 9h à 19h, et le samedi de 8h à midi.

Les premières pierres du Convento das Mercês ont été posées en 1654. Lorsque le Brésil acquiert son indépendance en 1822, le lieu est peu à peu abandonné avant d'être à nouveau réinvesti au cours du XIXe siècle, pour finalement être vendu au gouvernement du Maranhão. Entre 1987 et 1990, le *convento* subit de nouvelles transformations, les arcs originaux de l'édifice et les fondations anciennes de l'église sont redécouverts. À présent, les 5 800 m² du lieu abritent un musée riche d'une impressionnante collection bibliographique et de pièces d'art sacré.

FONTE DO RIBEIRÃO

Largo do Ribeirão

Construite en 1796 à l'initiative du gouverneur d'alors Fernando Antônio de Noronha, cette fontaine à l'allure étonnante répondait à l'époque de son édification à des besoins d'approvisionnement en eau potable pour les habitants de la ville. Le vaste frontispice, recouvert d'une peinture bleue criarde, est surmonté d'une statue du dieu Neptune, et au centre sont placées trois fenêtres couvertes de barreaux donnant accès à des galeries souterraines. Cinq orifices sculptés dans le bronze par lesquels coule l'eau, situés près du sol, viennent compléter le tableau.

MUSEU DE ARTE SACRA ★★

Praça Pedro II

✆ +55 98 3218 9920

Ouvert du mardi au vendredi de 9h à 18h30, le week-end de 14h à 18h. 2 R$.

Situé à l'étage supérieur du Palais de l'Archevêché, sur la Place Dom Pedro II, accolé à la cathédrale da Sé, le musée d'Art sacré de la ville abrite une impressionnante collection d'éléments liturgiques produits entre les XVIIe et XIXe siècles de style maniériste, baroque, rococo et néoclassique, dont des Images de Roca ; environ 400 pièces d'imagerie et d'orfèvrerie exposées dans 13 salles racontent l'histoire politique et religieuse du Maranhão. La visite guidée est proposée en anglais. Sa collection a fait l'objet d'importants travaux de restauration.

IGREJA DA SÉ - CATEDRAL DE SÃO LUÍS DO MARANHÃO ✞ ★★

Praça D. Pedro II

✆ +55 98 3227 7380

Tous les jours de 8h à 12h et de 14h30 à 18h. Entrée libre.

Elle a été érigée par les Jésuites en 1629 qui utilisaient la main-d'œuvre indigène. Au cours de son histoire, l'Igreja da Sé a subi de multiples rénovations : restauration du frontispice en 1701, installation d'une nouvelle horloge en 1737, agrandissement du chœur par Cabido en 1768, restauration du sol entre 1851 et 1927. Enfin, entre 1993 et 1996, l'or qui tapisse les murs de l'intérieur de l'église, est à nouveau mis à jour. Sa façade néoclassique a été restaurée.

IGREJA DE SANTANA ✞ ★

Rua de Santana

✆ +55 98 3222 6771

En semaine de 8h à midi et de 14h à 18h, le samedi de 8h à midi. Entrée libre.

Construite en 1790 sous le commandement du chanoine João Maria da Leu Costa, l'Igreja de Santana affiche un style néoclassique mâtiné d'influences baroques. L'église a été construite sur ordre du chanoine João Maria da Leu Costa.

Il abrite les vêtements et les images de la confrérie du Senhor Bom Jesus dos Martírios. Aujourd'hui encerclée de bâtisses modernes, l'église échappe bien souvent à l'attention des visiteurs. Une petite escale y est malgré tout conseillée pour admirer les magnifiques *azulejos* portugais qui la tapissent, en parfait état de conservation.

Igreja da Sé - Catedral de São Luís do Maranhão.

IGREJA DE SÃO JOSE DO DESTERRO ✝ ★

Largo do Desterro

De 9h à 17h. Entrée libre.

Construite en 1618, l'Igreja de São José do Desterro,, unique église d'inspiration byzantine du pays est également l'une des plus anciennes. Au XVIIe siècle, il n'y avait en ce lieu et place qu'un modeste ermitage au toit fait de paille que les Hollandais mirent à sac lors de leur incursion dans la ville le 25 novembre 164. Bien plus tard, en 1865, la ville a pour projet d'édifier un marché aux poissons. Compte tenu de l'importance historique de la bâtisse, elle est épargnée.

IGREJA NOSSA SENHORA DO CARMO ✝ ★

Praça João Lisboa, 350

De 7h à 18h en semaine, 7h-11h30 et 16h30-18h le samedi, 6h30-9h et 16h30-18h le dimanche. Entrée libre.

Cette église de style baroque, construite en 1624, joua un rôle déterminant lors de l'expulsion des Hollandais au XVIIe siècle. Les religieux enjoignent les habitants de São Luis à résister à l'envahisseur, allant jusqu'à offrir l'église et le couvent comme refuge aux pauvres et aux sans-abri. Avec la proclamation de la République, les lieux de culte sont peu à peu désertés, et l'Igreja Nossa Senhora do Carmo passe des mains de Carmélites à celles des Capucins.

MUSEU DE ARTES VISUAIS 🏛 ★★

Rua Portugal, 273

✆ +55 98 3218 9938

Ouvert tous les jours de 9h à 18h, jusqu'à 16h le week-end. Entrée : 2 R$.

Installé dans une maison de ville construite du XIXe siècle à la façade couverte d'*azulejos* du XVIIIe siècle, le musée des Arts visuels de São Luís a été conçu pour décongestionner le Museu Histórico e Artístico do Maranhão et abrite des œuvres de périodes variées : peintures, estampes, dessins et sculptures d'artistes de renom tels que Miguel Veiga, Dila, Antônio Almeida, Newton Sá et bien d'autres. La collection du musée est constituée de peintures à l'huile, de dessins, de gravures, de carreaux, de sculptures d'artistes plasticiens du Maranhão.

MUSEU DO NEGRO 🏛 ★

Rua Juacinto Maia, 54

✆ +55 98 3218 9920

Ouvert du lundi au vendredi de 9h à 18h. Entrée libre.

Situé dans le quartier de Praia Grande, le Museu do negro est un espace culturel visant à préserver la mémoire de la culture africaine au Maranhão. Situé dans un ancien marché aux esclaves, ce musée se fait la mémoire de l'esclavage et de la culture africaine au Brésil (et plus spécifiquement dans l'État du Maranhão), tout en contribuant à la mise en avant de la diversité culturelle africaine. On y trouve des témoignages de l'asservissement des noirs sous l'ère coloniale, des tambours et photographies ayant rapport avec la religion du Maranhão, le Tambor de Mina.

MUSEU HISTORICO E ARTISTICO DO MARANHÃO 🏛 ★

Rua do Sol, 302

✆ +55 98 3218 9920

Du mardi au vendredi de 9h à 17h, samedi jusqu'à 16h et dimanche jusqu'à 14h. Compter 5 R$.

Inauguré le 28 juillet 1973, lors de la célébration de l'Indépendance du Maranhão au Brésil, ce musée regroupe de nombreux objet liés à l'histoire du Maranhão. On y trouve des meubles de la première moitié XIXe, des objets anciens de la vie quotidienne des peintures, sculptures, gravures, des pièces d'art sacré catholique mais aussi d'origine africaine, ainsi qu'une impressionnante collection documentaire sur la vie des habitants de la capitale au XIXe siècle.

PLAGES 📷

- **Ponta d'Areia, Calhau, et Olho d'Agua,** facilement accessibles en bus depuis la gare routière de Praia Grande. Comme toutes les plages urbaines, elles sont souvent polluées par les égouts, et la musique assourdissante des *barracas*. A marée haute, quand la plage est réduite à portion congrue, tout le beau monde des joueurs de foot et des buveurs de bière se trouve concentré sur quelques mètres de sable.
- **Praia Araçagy,** à 19 km de São Luís, est plus belle et plus tranquille.
- **Praia da Raposa.** La dernière, qui longe un village où œuvrent encore des dentellières.

PALÁCIO DOS LEÕES ★

Avenida Dom Pedro II

✆ +55 98 3232 9789

Ouvert du mardi au dimanche de 9h à 17h. Entrée gratuite (prévoir un pourboire pour votre guide).

Construit à la demande de Daniel de la Touche en 1612, le Palácio dos Leões (Palais des Lions) est l'un des plus grands symboles de la culture Maranhão. En 1776, le gouverneur Joaquim de Melo e Póvoas décide la démolition du palais pour en construire un nouveau, plus moderne que l'ancien, mais bien plus sobre que sa version actuelle, datant elle de 1857, largement retravaillée en 1896. Une nouvelle campagne de rénovation, datant de 1906 et dirigée par Benedito Leite, permet la construction de la vaste aile arrière du palais, destinée à accueillir la résidence du gouverneur de l'État. Bientôt, Leite fait l'acquisition de meubles et d'objets précieux venus d'Europe pour aménager les nombreuses salles de l'édifice. Le palais Leões a été agrandi grâce à l'acquisition du bâtiment de l'ancien poste de police fiscale du Trésor national, qui se trouvait juste à côté, ce qui a permis d'augmenter considérablement sa surface.

Lors de la dernière restructuration du Palácio dos Leões, les installations principales et la toiture ont été entièrement refaites et le riche registre d'œuvres d'art, du mobilier, de l'argenterie a été répertorié avec une précision d'apothicaire.

En 2003 enfin, de nouveaux travaux de rénovation de la façade et de l'intérieur du palais se terminent. Élégant, de style néoclassique, c'est l'actuel siège du gouvernement de l'État. On peut en visiter une partie (visite guidée, en français) et admirer le mobilier, le verreries fines et les tableaux qui ornent ce maginfique et vaste palais.

TEATRO ARTUR AZEVEDO ★★

Rua do Sol, 180

✆ +55 98 3218 9900

Visites guidées du mardi au vendredi de 14h à 16h et lors des spectacles.

Inauguré en juillet 1817, lors de l'âge d'or du coton, par deux commerçants – Eleutério Lopes de Silva Varela et Estevão Gonçalves Bragaqui –, ce théâtre aux lignes courbes est directement inspiré de l'architecture des opéras italiens du XVIIIe siècle. Son style néoclassique et ses dimensions (800 sièges) font alors sensation. Il porte alors le nom de Teatro União, puis est rebaptisé Teatro Artur Azevado dans les années 1920, en hommage au dramaturge du Maranhão, Artur de Azevedo (1855-1908). L'artiste et directeur Fernando Bicudo a rouvert l'édifice en 1993.

O GENTE DO BRASIL

Rua do 28 de julho, 175

✆ +55 98 98885 1923

www.ogentedobrasil.org

Depuis 4 ans à São Luis et depuis plus de 10 ans en France, O Gente do Brasil est une agence de séjours sur mesure dirigée par Franck, véritable passionné de la région, qui se fait toujours un plaisir de conseiller au mieux les voyageurs en partageant ses compétences. Vous aurez l'occasion de faire la traversée complète de la « Route des Emotions » reliant São Luis à Fortaleza. Entre São Luis, les Lençois Maranhenses, le superbe Delta du Parnaiba et les lieux prisés tel Jericoacoara, on vous concoctera un parcours classique et atypique. Accueil francophone.

TERRA NORDESTE

Rua Direita, 295

✆ +55 98 3221 1188

www.terra-nordeste.com

Séjours à la carte.

Créée par un Français, l'agence Terra Nordeste est un opérateur de tourisme d'aventure. Depuis quelques années, Julien et son équipe sillonnent la région du Nordeste en quête des meilleurs itinéraires et de rencontres insolites. Ils sauront vous conseiller et vous guider hors des sentiers battus. L'agence est située dans le centre historique de la ville. Il est également possible d'organiser des excursions trekking dans les Lençois, de 3 ou 4 jours. À préparer avec un peu d'anticipation ! Langues parlées : français, anglais, espagnol et portugais.

AEROPORTO INTERNACIONAL MARECHAL CUNHA MACHADO

Avenida dos Libaneses, 3503

✆ +55 98 3217 6100

www.infraero.gov.br

- **Compagnies aériennes** : GOL, TAM et Azul y opèrent de vols quotidiens.
- **Agences bancaires et DAB :**
- **Loueurs de voitures :**
- **De l'aéroport au centre-ville :** un bus en théorie toutes les demi-heures, 3,30 R$ et environ 30 minutes jusqu'à la place Deodoro, située en plein centre et près du quartier de Praia Grande. Pour vous rendre à l'aéroport en bus, utilisez le même bus (direction São Cristovão). L'arrêt se situe sur la place Deodoro, dans le prolongement de la Rua da Paz.

TERMINAL HIDROVIÁRIO

Proche de la petite gare routière de Praia Grande.
✆ +55 98 3232 0692
Terminal maritime.

Les villes de São Luís et d'Alcântara sont proches mais séparées par les eaux de la baie de São Marcos. Des bateaux relient les deux villes.

▶ **Alcântara :** soit sur un gros bateau genre ferry, soit sur un catamaran, géré par les compagnies Barraqueiro et Luzitana : 1 heure 30 de traversée, parfois houleuse, compter 15 R$. Il peut être prudent d'acheter son billet à l'avance, l'embarquement étant parfois très légèrement désorganisé ! Selon la marée, le départ peut être transféré à partir de Ponta d'Areia. Départs pour Alcântara à 7h et 16h, pour São Luís à 6h et 15h.

TERMINAL RODOVIÁRIO

Avenida dos Franceses, 1
✆ +55 98 3249 0778

Depuis le centre, prenez un bus depuis la petite gare routière de Praia grande ou depuis l'Avenida Beira Mar, près du pont José Sarney. Attention, certains bus qui y mènent font un détour de 1 heure par le quartier de São Francisco.

▶ **Belém** : 12 heures de trajet. Départ à 20h avec Transbrasiliana (www.transbrasiliana.com.br).

▶ **Teresina** : 7 heures. Plusieurs départs par jour avec la Viação Progresso (www.progressoonline.com.br) ou Guanabara (www.expressoguanabara.com.br).

▶ **Parnaiba** : 8 ou 10 heures. Départs à 8h30 avec Expresso Guanabara (www.expressoguanabara.com.br).

BLUE TREE TOWERS SÃO LUIS €€

Avenida Avicênia
✆ +55 98 2106 0505
À partir de 472 R$.

L'ancien hôtel du groupe Pestana, groupe portugais d'hôtellerie de luxe, a désormais été racheté par le groupe Blue Tree, qui possède de nombreux hôtels au Brésil. Les 124 chambres sont réparties dans un parc tropical de 80 000 m² face à la mer dans d'agréables bâtiments de trois étages. On est à moins de 10 minutes à pied de la plage de Calhau. Piscine, tennis, volley, sauna, salle de gym et très bon restaurant. L'accueil est très pro, les chambres très fonctionnelles.

CASA LAVINIA €€

Rua 28 de Julho, 380
✆ +55 98 98232 8832
www.casalavinia.com
À partir de 224 R$ la chambre double.

Typique *casarão* (villa coloniale portugaise), la Casa Lavinia est un lieu unique et intimiste édifié au milieu du XIXe siècle, en plein cœur du vieux centre de São Luís. Le rez-de-chaussée abrite une vaste cour garnie de plantes tropicales, tandis qu'à l'étage, on trouve un ample salon à l'atmosphère tamisée ainsi que quatre magnifiques suites hautes de plafond. Confort et bon goût sont au rendez-vous.Le petit déjeuner en buffet est servi sur la grande table de la salle à manger. Accueil en français et possibilité d'organiser des excursions. Notre coup de cœur !

HOTEL ABBEVILLE €€

Avenida Castelo Branco, 500
✆ +55 98 3217 3000
www.hotelabbeville.com.br
À partir de 167 R$ la chambre, petit déjeuner inclus.

On quitte le vieux São Luís pour les quartiers plus modernes de la ville. L'Hotel Abbeville est un hôtel moderne, disposant d'un service de restauration – le restaurant Catarina –, d'un bar panoramique à la déco d'inspiration nippone et un *rooftop* avec piscine et chaises longues donnant sur la mer au loin. Chambres sobres, lumineuses et bien tenues. *Room-service* et réception ouverte 24h/24. A partir du *rooftop*, on a une vue exclusive et panoramique de la ville qui permettra de contempler les charmes et la beauté de São Luís.

POUSADA PORTAS DA AMAZÔNIA €€

Rua 28 de Julho, 129
✆ +55 98 3182 8787
www.portasdaamazonia.com.br
Chambres doubles à partir de 160 R$.

Aménagée dans une authentique demeure coloniale, en plein centre historique de São Luís. L'accueil y est très sympathique, les couleurs sont chaudes et le patio intérieur rajoute encore au charme indéniable de cet endroit. São Luís est souvent présentée comme une ville au centre endormi et décrépit, la pousada Portas da Amazonia illustre ce qu'est la beauté d'un lieu lorsqu'il est bien réaménagé. L'un de nos coups de cœur à São Luís ! Bon restaurant.

IZA MORENA BISTRÔ €

Rua do Giz, 175

✆ +55 98 98807 1307

Ouvert de 11h à 15h et de 18h à minuit/1h selon les clients. 40 R$ le kilo à midi et de 35 à 80 R$ selon le plat.

Ouvert en juin 2018 dans le centre historique, l'Iza Morena Bistrô est tenu par la sympathique Iza, figure locale bien connue des habitants du vieux centre. On y mange une cuisine variée et typique du Maranhão, au kilo le midi (les plats proposés varient tous les jours). Le soir on pourra goûter à des plats, à la carte cette fois, tout en sirotant une caïpirin ha dont la patronne a le secret. Poissons et crevettes grillés, *picanha*, *carne de sol*, *moqueça* sont au rendez-vous, le tout accompagné de légumes locaux savamment préparés. Prix correct et ambiance populaire.

CASA DE JUJA €€

Rua 4, 20

✆ +55 98 98153 9006

Ouvert du mardi au samedi de midi à 16h et du mercredi au samedi de 19h à 23h, fermé dimanche et lundi. Menu à 68 R$.

C'est dans une salle de service aux murs arborant des couleurs éclatantes et un peu kitsch (on se croirait à Salvador de Bahia) que l'on est accueilli par Juja, le patron des lieux et chef des fourneaux. Le plaisir est dans les lieux, dans les yeux et dans l'assiette. Au menu, des plats régionaux, principalement composés à base de poissons et fruits de mer, présentés avec inspiration. Mention spéciale pour l'*arroz do mar*, sorte de paella aux langoustes, crevettes et crabe, mais aussi pour les spaghettis aux crevettes. Une très bonne adresse.

ARMAZÉM DO CHEF €€

Rua Uriacica, 15

✆ +55 98 98119 0737

Ouvert tous les jours de 11h45 à 1h.

C'est une excellente cuisine du Maranhão mais aussi venue d'autres coins du Brésil que l'on déguste ici, en intérieur ou non loin de la piscine, à la fraîche. Les plats sont généreusement servis. Le lieu lui-même est joliment décoré, le service impeccable et sympathique et les assiettes copieuses, les risottos en particuliers (essayez celui au citron italien), ou encore les beignets de crevettes maison (en croûte de sésame). A accompagner d'un des nombreux vins à la carte. Mme Maristela, propriétaire du restaurant, est très attentive au bien-être des convives.

COCO BAMBU €€

Avenida Colares Moreira, 01 - Quadra 19

✆ +55 98 3268 7400

Tous les jours midi et soir jusqu'à minuit. Plats de 80 à 250 R$, la plupart en portions généreuses jusqu'à 3 personnes.

Coco Bambu possède plusieurs filiales au Brésil, toutes réputées pour la qualité de la nourriture proposée et le cadre soigné. Spécialisé dans les fruits de mer, c'est l'endroit idéal pour déguster crevettes, langoustes et poissons cuisinés en sauce ou grillés toujours avec une touche brésilienne : sauces et purées à la noix de coco, au manioc, au fruit de la passion... l'offre est large. Les prix à la carte peuvent paraître élevés, mais il s'agit de portions copieuses pouvant rassasier plusieurs personnes. Une expérience à ne pas rater !

CABANA DO SOL €€

Rua João Damasceno, 24

✆ +55 98 3304 4235

www.cabanadosol.com.br

Ouvert tous les jours de 11h à minuit. Plats à partir de 40 R$.

La cabana do sol est une vaste et agréable paillette, située prés du phare de Sao Marcos. Rançon du succès, ce restaurant de bord de mer est toujours plein et bien souvent il vous faudra patienter pour obtenir une place (on optera pour le restaurant Rua João Damasceno pour être servi plus rapidement). Que l'on choisisse des plats de viande ou de poisson, le menu propose plusieurs options de plats typiques et savoureux. Service aux petits oignons. On est accueilli avec des petits pasteis sauce piment, offerts en guise de bienvenue.

SENAC €€

Rua de Nazaré, 242

✆ +55 98 3198 1100

www.ma.senac.br

Ouvert en semaine uniquement. Buffet de 40 à 60 R$/personne en fonction du jour et du menu. Option à la carte également.

Le SENAC est en de nombreux lieux du Brésil une véritable institution dans laquelle des chefs ont acquis une renommée internationale. Comme celui de Salvador de Bahia, le SENAC de Sao Luis est hébergé dans un lieu à la hauteur de sa réputation. Dans une très belle maison coloniale le restaurant de l'école hôtelière : accueil zélé, un long buffet de spécialités de la région, dont l'*arroz de cuxae*, le plat local à base de riz, de sésame et de petites crevettes. Ensuite, on prendra un verre au premier étage en écoutant un bon pianiste.

CASA DAS TULHAS - FEIRA DA PRAIA GRANDE

Rua da Estrela, 184

L'animation débute à partir de la fin de journée. Petits prix.

Soirées animées et populaires arrosées à la *cachaça*, parfois de la musique *live*. Quelques tables, à côté des étals de poissons, servent des bières. Il s'agit d'un bâtiment ouvert du XIXe siècle, transformé en foire avec de nombreux kiosques. Des dizaines de commerçants proposent des produits typiquement régionaux, des liqueurs, des cachaças, des épices. Certains vendredis soir, à partir de 19 heures, il y a une présentation de Tambor de Crioula, une danse ronde typique du Maranhão.

CEPRAMA

Rua de São Pantaleão, 1232

✆ +55 98 3232 2187

Du lundi au samedi de 9h à 17h.

Les Brésiliens ont l'art de recycler les lieux et leur trouver une nouvelle fonction, quelquefois sans lien aucun avec l'activité antérieure. Ainsi en est-il de la Ceprama. On a transformé des friches industrielles anciennes en une activité à fort potentiel attractif. Quelques hamacs de São Bento tissés et crochetés dans une ancienne usine textile du XIXe siècle transformée en petit marché couvert de charme. Egalement des poupées colorées de coton et de papier mâché pour quelques réais. Des dentelles à bon prix, de la céramique et des poteries.

CENTRO DE CRIATIVIDADE ODYLO COSTA FILHO

Rua da Alfândega

✆ +55 98 3218 9930

Théâtre : du mardi au dimanche de 14h à 23h.. Cinéma du mardi au vendredi à 18h30 et à 20h30.

Au Centre de Créativité Odylo Costa Filho, certains soirs, des concerts et parfois un concours de groupe de percussions, arbitré par un jury de quinquagénaires attablés au milieu de la foule. Dans une petite rue attenante, ce soir-là, cinq femmes dans de jolies robes, déguisées, dansent au rythme de quelques percussionnistes. Authentique et passionnant. Dans le hall du centre culturel, tandis qu'on attend pour la séance de cinéma, deux filles improvisent une danse contemporaine.

ALCÂNTARA ★★

Le village d'Alcântara est établi sur la terre ferme, en face de l'île de São Luís. La traversée de la baie de São Marcos s'effectue en bateau. Fondée en 1648 sur le site d'un village Tupinambá, Alcântara fut llongtemps a résidence de l'aristocratie foncière du Maranhão. Malgré sa production de canne à sucre, de coton et de riz, l'essor de São Luís allait entraîner son déclin au XIXe siècle, un déclin accéléré par l'abolition de l'esclavage en 1888. Cette cité assoupie a conservé son patrimoine architectural et son rythme de vie. Les vestiges de l'opulence de l'empire sont imprimés sur les ruines des palais et des demeures éparpillés dans le village.

PELOURINHO ET RUÍNAS DA IGREJA DE SÃO MATIAS ★

Praça da Matriz

La Praça da Matriz d'Alcântara abrite le dernier des pilöris où étaient jadis torturés les esclaves. Lors de l'abolition de l'esclavage au Brésil, l'ensemble de ces installations ont été détruites, mais celle-ci est parvenue à notre époque. Les trois parties du *pelourinho* auraient été enterrées par trois esclaves libérés. L'un deux, en aurait révélé l'endroit. Ce vestige de l'époque coloniale reconstitué est proche des ruines de l'Igreja São Matias, construite au XVIIe siècle.

POUSADA DOS GUARÁS €

Praia da Baronesa

✆ +55 98 3337 1339

Chambre double à partir de 150 R$, petit déjeuner inclus.

La pousada das guaras est un établissement agréable et rustique. On se sentirait presque une âme de Robinson Crusoé. Ce sont des petits chalets 2 étoiles, très agréables, installés en bord de mer. Il faut un peu sortir du village pour y parvenir, mais la balade vaut le coup d'œil. Le restaurant y est bon également. Leurs murs rouges semblent rappeler la latérite des routes de la région. Une belle forêt de cocotiers, de bougainvilliers et d'arbres locaux entoure les petits chalets de la pousada dos Guaras. Une bouffée d'exotisme assurée.

BARREIRINHAS

A environ 300 km à l'est de São Luis, Barreirinhas est le village d'entrée du parc national de Lençóis Maranhenses, le plus grand du Nordeste, qui offre un paysage de rêve, avec ses plages et ses dunes. A partir de la ville, vous pouvez emprunter un bateau à moteur pour vous rendre vers Caburé ou en 4x4 vers les dunes et lagunes. On peut aussi faire la traversée du parc de Barreirinhas à Tutóia en 3 jours, pour ceux qui aiment le sable brûlant, et la chaleur sèche. À Barreirinhas, le choix d'auberges est vaste et la structure des services est très bonne. Bonne offre de restaurants et d'agences touristiques pour organiser des excursions.

RIO FORMIGA - CARDOSA ★

Compter une demi-journée et à partir de 80 R$ par personne.

Ceux qui cherchent une excursion amusante iront apprécier la descente en bouée de la rivière Formiga entre Barreirinhas et Cardosa. Cela peut apparaître comme une expérience de rafting avec force adrénaline, mais il n'en est rien. La descente dure environ 50 minutes et est accessible à tous, même à ceux qui n'ont pas l'habitude de nager. Le courant n'est pas très fort et un ou deux guides sont dans l'eau pour accompagner le groupe. Il n'y a donc strictement aucun risque. Le matériel est vérifié et tous les participants sont équipés d'un gilet de sauvetage.

ICMBIO PARQUE NACIONAL DOS LENÇÓIS MARANHENSES

Rua Principal, s/n

✆ +55 98 33491267

L'entrée au parc est libre et gratuite, tous les jours de 8h à 18h, durant toute l'année.

ICMBio est l'organe officiel qui s'occupe des parcs nationaux. Sur leur page web destinée aux Lençois Maranhenses vous trouverez toutes les informations sur le parc, ainsi que les différentes possibilités pour explorer son vaste territoire. Cette structure a la responsabilité de la protection de ces espaces d'un intérêt paysager et environnemental majeur. Il faut concilier tourisme et protection de l'environnement dans un espace magnifique et fragile.

RIO PREGUIÇAS ★★

Pequenos Lençóis

Descente en bateau rapide sur la rivière Preguiças, de Barreirinhas à Caburé : toute la journée. 100 R$ /pax environ

La navigation sur le Rio Preguiças prend vite l'allure d'une aventure unique. On pourra s'imprégner des beautés naturelles des lieux, trop souvent en danger. L'aventure est également un aventure humaine, on pourra apercevoir les communautés qui vivenet aux abords des différents cours d'eau qui vont jusqu'au littoral atlantique. En bateau rapide à moteur (pas encore de bateaux non polluants, hélas), le groupe remonte le Rio Preguiças le long des Pequenos Lençois Maranhenses jusqu'au littoral atlantique.

- **Les berges de la rivière** se révèlent dans toute leur splendeur : mangroves, *aguapés* (plantes d'eau), *buritis* (palmiers des marécages), *açaizeiros* (arbres endémiques du Nordeste), cocotiers, et, jamais très loin, hérons et martins-pêcheurs. Plus on s'approche du littoral, plus les dunes se découvrent à petites doses.
- **Arrêt à Vassouras.** Derrière les quelques huttes au bord de la rivière et le petit restaurant Tenda dos Macacos, on peut aller arpenter quelques dunes et une petite lagune.
- **Arrêt à Mandacaru,** où l'on grimpe les 178 marches du joli phare blanc et noir de Preguiças qui domine le village pour avoir une vue imprenable sur le parc. On aperçoit en face l'océan et la plage de Caburé.
- **Caburé.** Le bateau arrive enfin au minuscule village de Caburé. La rivière d'eau douce borde le village et pourtant, juste derrière la dune de sable, c'est la mer et ses kilomètres de plages désertes. Sur la plage de Caburé, quelques petites *pousadas* ont ouvert leurs portes pour permettre à certains de prolonger cette expérience au bout du monde.

ECODUNAS

Rua Inacio Lins, 164

✆ +55 11 4654 1200

www.ecodunas.tur.br

Excursions à partir de 80 R$/personne.

Ecodunas.tur est une entreprise spécialisée dans l'écotourisme et le tourisme d'aventure, dont le siège se trouve à Barreirinhas. Depuis plus de 15 ans, elle organise des circuits et des treks dans les parcs nationaux de Lençóis Maranhenses, dans le Delta do Parnaíba, le Parc national des Sete Cidades et Jericoacoara et de nombreux spots que la région abrite, quelquefois de manière « confidentielle ». Ecudunas propose toutes les excursions types à l'intérieur du parc des Lençois. Ils sont réactifs et l'accueil est attentif. Prix compétitifs.

ROTA DAS TRILHAS

Avenida Joaquim Soeiro de Carvalho, 682-A
✆ +55 98 3349 0372
www.rotadastrilhas.com.br

Excursions à la journée en bateau à partir de 100 R$ par personne. Rio Cardosa : 80 R$ par personne.

L'agence située dans le centre de Barreirinhas propose toutes les excursions classiques et des balades sur demande en 4X4 ou en bateau. Rota das Trilhas opère depuis 2005 sur le marché du tourisme d'aventure à Lençóis Maranhenses, et propose de belles expériences de contact avec la nature et les communautés traditionnelles de l'État de Maranhão. Elle promeut les bonnes pratiques du tourisme d'aventure au Brésil. La rota das trilhas cherche à minimiser les impacts environnementaux et sociaux négatifs de l'activité touristique qu'elle génère.

POUSADA BRISA DO MAR €

Rua Anacleto de Carvalho, 443
✆ +55 98 3349 0593

Chambre double à partir de 150 R$, petit déjeuner inclus. Possibilité de transfert depuis São Luis.

La pousada Brisa do Mar est un établissement avec une âme, comme on les aime au Petit Futé. On retrouve le charme suranné des pousadas «roots» des années 90. Dans son établissement les pieds dans l'eau, sur les berges du fleuve, Nazaré gère avec beaucoup de vitalité sa *pousada* à l'ambiance familiale. Un endroit simple, propre et bien tenu. Les chambres, divisées en deux maisons distinctes, possèdent minibar et télévision. Le petit déjeuner est servi sur la terrasse au bord de la rivière. Le temps s'être arrêté et c'est très agréable. Forcément !

ENCANTES DO NORDESTE €€

Rua Boa Vista s/n
✆ +55 98 3349 0288
www.encantesdonordeste.com.br

A partir de 605 R$ le chalet standard, à partir de 685 R$ l'éco-chalet.

La pousada Encantes do Nordeste est un bel établissement qui propose deux types de chalets individuels en pleine nature. Les standards, de 20 mètres carrés, avec climatisation, balcon, minibar et télévision, pleins de confort et parfaits pour se reposer après une journée d'activités. Les éco-chalets ont une surface de 25 mètres carrés, avec tout l'équipement du chalet standard plus d'énergie solaire, une grande salle de bain et linge de lit 100% coton. Ils se distinguent par une plus grande intimité, un plus grand confort et une belle vue sur le jardin.

POUSADA DO MURICI €€

Rua Domingos Carvalho, 590
✆ +55 98 3349 1192
www.pousadamurici.com.br

À partir de 470 R$ la chambre double en basse saison.

Située en bordure de rivière avec un grand jardin verdoyant, petite piscine, terrasse, dans une ambiance agréable et rustique, la pousada dispose de 24 chambres avec air conditionné, frigo-bar et douche chaude. L'ancienne fazenda Murici de 100 hectares, située sur les rives du Rio Preguiças est un endroit privilégié avec une végétation abondante de beaux palmiers et manguiers et un coucher de soleil enchanteur dans la ville de Barreirinhas. Depuis 2002, la Pousada Murici, accueille les hôtes clients avec professionnalisme et dans une ambiance familiale.

POUSADA SOSSEGO DO CANTINHO €€

Rua Principal, 2
✆ +55 98 3349 0753
www.sossegodocantinho.com.br/fr

À partir de 280 R$ la chambre double.

Très jolie *pousada* abritant plusieurs chalets plein de charme d'environ 40 m² chacun et tout équipé (salle de bains, réfrigérateur, climatiseur, balcon avec hamac). Les hôtes vous réservent un accueil chaleureux et sauront vous conseiller pour profiter au mieux des Lençois. Bon petit déjeuner et restaurant sur place pour les clients de l'hôtel. Situation paisible, éloignée de la ville (15 minutes), au bord du cours d'eau rio Preguiças. Peut-être l'une des meilleures adresses du coin.

PORTO PREGUIÇAS RESORT €€€

Carnaubal Velho ✆ +55 98 3349 6050
www.portopreguicas.com.br

Chambres à partir de 788 R$. Bar et restaurant sur place.

C'est de loin le meilleur hôtel de la zone. Dès l'entrée, le ton est donné. Sur 20 hectares, la nature est omniprésente et entoure 100 appartements, pour une capacité de 300 hôtes. Au bord de la rivière, un peu à l'écart du village, 31 chambres spacieuses à la décoration rustique et agréable. La valeur ajoutée de cette belle structure est assurément son engagement dans le respect de l'environnement. L'ONU l'a inclus sur la liste des 500 entreprises les plus vertes. Piscines, Kayaks à disposition, sauna, zone sportive, salon de jeux et encore d'autres loisirs.

PARQUE NACIONAL DOS LENÇÓIS MARANHENSES ★★★★

Ce magnifique désert de dunes parsemé de lagunes d'eau douce s'étale sur environ 65 km de long et 25 km de large, en bordure de l'Atlantique et cerné de forêt tropicale. Vu du ciel, le spectacle est d'une rare beauté : le contour des dunes est dessiné à l'aide d'énormes piscines d'eau limpide, vertes et bleues, formées par les pluies tropicales emprisonnées au milieu de ces dunes. On peut traverser un désert similaire au Sahara tout en se baignant dans d'improbables piscines naturelles ! Les proches rivières Parnaíba et Preguiças regorgent de sédiments arrachés aux terres arides du Sertão. Ils vont être déversés dans l'océan Atlantique avant d'être guidés par des courants maritimes vers la côte du Maranhão, où ils vont finalement se déposer. Le vent finira le travail en sculptant les dunes parfois hautes de 50 m. Le parc ne peut pourtant pas prétendre à l'étiquette de désert. Les précipitations sont de 1 750 mm par an (300 fois plus qu'au Sahara), créant ainsi un océan de sable entrecoupé par des oasis verdoyantes (Baixa Grande et Queimada dos Britos) et des centaines de lagons cristallins regorgeant de petits crustacés.

Le parc étale ses draperies de dunes (« lençóis » signifie « draps ») sur une superficie de 155 000 ha. A l'ouest, entre Barreirinhas et Santo Amaro se trouvent les Grandes Lençóis et à l'est de Barreirinhas, le long du rio Preguiças, les Pequenos Lençóis filent jusqu'à Tutóia, dans le delta du Parnaíba.

Parque Nacional dos Lençois Maranhenses.

LAGOA AZUL ★★

À 12 km de Barreirinhas.

Compter 4 heures d'excursion et 100 R$ par personne. Départs le matin ou l'après-midi.

L'excursion vers la Lagoa Azul part de Barreirinhas. Facile d'accès, c'est l'une des attractions les plus visitées.

Après une demi-heure de route en pleine nature à bord d'un 4x4 adapté, on approche la destination finale. On poursuit le chemin à pied, au milieu des dunes de sable blanc, jusqu'à ce magnifique lagon bleu. Baignade libre et conseillée ! En marchant avec le groupe, on passera aussi par d'autres lagons tout aussi beaux. Profitez du panorama et du fabuleux coucher de soleil sur les dunes avant de rentrer. Une belle balade.

LAGOA BONITA ★★

Grandes Lençóis

Environ 4 heures, matin ou après-midi. Compter 100 R$/personne.

Le beau circuit de Lagoa Bonita part de Barreirinhas. Il est un peu moins accessible que le circuit Lagoa Azul car en arrivant au parc il y a une montée de 30 mètres assez inclinée (une corde rend l'effort un peu moins difficile). Une fois en haut la vue est imprenable sur les dunes et la végétation. On marche encore une centaine de mètres avant d'arriver au lagon et de pouvoir se baigner. Juste à côté se trouve la Lagoa do Clone, ainsi nommée d'après un feuilleton tourné sur place, où l'on peut également se baigner. une belle balade.

SURVOL EN AVION

Vols de 4 à 6 personnes. Compter à partir de 300 R$ par personne.

Frissons garantis lors du survol du parc en monomoteur. L'avion décolle de l'aéro-club de Barreirinhas en fonction des groupes ayant réservé l'excursion. Une fois dans les airs, l'avion suit le cours de la rivière Preguiça en direction des Pequenos Lençóis jusqu'à Vassouras, pour ensuite se diriger vers les Grandes Lençóis. On se régalera de cette vue irréelle sur les draperies de dunes durant une trentaine de minutes. Faut-il prendre l'avion quand ce n'est pas nécessaire ? D'ici peu, les avions à hydrogène seront propres... D'ici là, on vous laisse juger.

Le parc national Lencois Maranhenses.

TREKKING QUEIMADA DOS BRITOS ET BAIXA GRANDE

Trekkings de 3 à 7 jours à faire avec un guide. Prix sur demande.

Rien de plus intense que de parcourir le parc national durant un trekking de trois à sept jours allant d'Atins à l'est, à l'embouchure du Rio Preguiças, dans les Pequenos Lençóis, jusqu'à Santo Amaro, à l'ouest des Grandes Lençóis.

Ce parcours inoubliable est conseillé pour les marcheurs chevronnés et entraînés.

Côté pratique, nous vous conseillons vivement de prendre un guide ou d'intégrer un groupe déjà formé. On comprend mieux l'environnement et on évite de nombreux désagréments.

TUTÓIA

Sise à l'ouest de l'embouchure du delta du fleuve Parnaíba, sur la frontière entre les Etats du Maranhão et du Piauí, Tutóia est une ville de passage (entre le delta de Parnaíba à l'est et les Lençóis Maranhenses à l'ouest) sans attrait particulier. Autour de la place principale, les principaux édifices sont l'église, la mairie et une agence du Banco do Brasil. Pour le reste, un petit réseau de rues en terre battue et une ambiance tout ce qu'il y a de plus tranquille. Tutóia semble respirer avec nonchalance dans une chaleur que la brise marine, presque permanente, fait un peu oublier. On peut y faire une brève halte pour apprécier le temps qui passe.

SANTO AMARO DO MARANHÃO

À l'extrémité ouest des Lençóis, Santo Amaro, résolument perdu, s'étale le long du Rio Alegre (« la rivière heureuse »). Ce cours d'eau marque une limite naturelle entre les dunes arides et la végétation. Par ici, on respire inévitablement un air d'aventure. Il est le point de départ pour la découverte de la Lagune da Gaivota et des dunes alentour. On accède à la petite ville, à partir de Sao Luis, en prenant un transfert (avec le Mirotur Turismo). Les véhicules extérieurs à Santo Amaro ne sont pas autorisés à venir dans la ville. A Santo Amaro, on trouve des pousadas et quelques restaurants. On peut organiser ses excursions à partir de Santo Amaro.

ILHA DO CAJÚ ★

L'Ilha do Cajú constitue une admirable synthèse de la diversité du delta das Américas, c'est un véritable sanctuaire écologique. Originellement occupée par les redoutables Indiens Tremembés, l'île passe sous le contrôle des jésuites au XVIIe siècle, puis est mise aux enchères après leur expulsion du Brésil. Elle est vendue en 1919 à un jeune entrepreneur anglais, James Clark. Ses descendants ont créé à la fin du XXe siècle une réserve assurant la préservation d'Ilha do Cajú, restée une propriété privée. C'est aujourd'hui un véritable sanctuaire écologique auquel n'accèdent que les privilégiés munis d'une réservation dans l'unique *pousada* de l'île.

PARNAÍBA ★★

La ville de Parnaíba se situe sur les rives du fleuve Igaraçu.
Port d'exportation important durant la période coloniale, le port de Parnaíba abrite aujourd'hui des galeries d'art, d'artisanat et des restaurants. La ville s'est agrandie avec d'imposantes villas des XVIIIe et XIXe siècles dont la propriété revenait aux Voltarns Bons, les puissants de l'époque.
La cathédrale, l'Ermite de Nossa Senhora de Monte Serrate et les églises du Rosaire et de São Sebastião montrent la ferveur religieuse des habitants de cette ville tranquille.
Cet itinéraire se termine avec la visite du *cajueiro* (anacardier) de Humberto de Campos, célèbre écrivain maranhense.

PRAIA DO COQUEIRO ★★

À environ 10 km de Luis Correia.

Ancien village de pêcheurs devenu l'une des destinations estivales les plus populaires de la côte de Piauí, la plage de Coqueiro a reçu son nom en raison du grand nombre de cocotiers qui bordent sa côte. Belle plage, très prisée par les locaux, elle est également fréquentée par les kitesurfeurs. Les cocotiers sont bien présents sur le sable blanc. Sa popularité se justifie notamment par ses eaux cristallines et sa température élevée. Les récifs de la région forment de magnifiques piscines naturelles lorsque la marée est basse.

PRAIA LUIS CORREIA ★★

A 30 minutes en bus.

La municipalité possède le plus grand domaine de plages de Piauí. La Plage rectiligne, tranquille, avec des cafés les pieds dans l'eau. Familiale et peu fréquentée. Les eaux chaudes de Luis Correia attirent de nombreux kitesurfers ; c'est le cadre idéal pour la pratique de ce sport surtout pour ceux qui débutent, mer calme et vent fort ; tout visiteur peut prendre une leçon. Sur la côte est de Luís Correia se trouve la célèbre plage de Macapá, des piscines se forment à marée basse et pendant les promenades en bateau, on peut voir des hippocampes.

PRAIA PEDRO DEL SAL ★★

À 16 km.

La plage de Pedro del Sol est un endroit superbe du delta du Parnaiba, parsemée d'innombrables îles fluviales. Sauvage, belle, une anse, un cap de rochers, une autre anse. Le vent y souffle en permanence et avec force. De fortes vagues, dangereuses et superbes, auxquelles un bon nageur prend plaisir à se mesurer, viennent se casser sur la plage après s'être déroulées en longs rouleaux. Le trajet en autobus traverse une agréable palmeraie. Les nombreuses éoliennes qui s'alignent sur la plage ne s'intègrent pas franchement au paysage, mais bon...

ECO ADVENTURE TOUR

Avenida Presidente Vargas, 26
✆ +55 86 3323 9595
www.ecoadventure.tur.br
Excursions sur mesure. Fermé le dimanche.

Eco Adventure Tour est une agence spécialisée depuis 1998 dans le tourisme dans la nature et sur la Rota das Emoções (Lençois Maranhenses, Delta do Parnaiba, Jericoacoara). Cette « route des émotions » se décline sous 4 formes. Plusieurs excursions dans la région à partir de 6 nuits (essentiel et essentiel 2 en inversion), *in natura* 8 nuits, et définitif (12 nuits) et séjours individuels en option. La culture n'est pas oubliée (Eco-cultural, 7 nuits). Certains séjours s'intéressent aux plages (7 nuits) São Luís, Lençóis Maranhenses et Delta do Parnaíba.

MORAIS BRITO TURISMO

Porto das Barcas, 13
✆ +55 86 3321 1969
http ://moraisbrito.br.tripod.com

L'agence Morais Brito Turismo est spécialisée dans le tourisme écologique. Elle propose des excursions dans le delta du Parnaiba et location de bateau pour aller jusqu'à Tutoia, dans les Lençóis Maranhenses (environ 6 heures de voyage). Elle propose bien sûr la « rota das emoçoes » dans une formule 6 jours et 7 nuits, mais également des séjours dans l'Etat du Piaui (Parc national des 7 cidades, rota das pedras, promenade dans le delta, safari écologique) celui du Ceará et du Maranhao (Lençois Maranhenses). Séjour à la carte également.

AEROPORTO INTERNACIONAL DE PARNAIBA

BR 343, Bairro São Judas Tadeu
✆ +55 86 3315 3300
www.infraero.gov.br

Le projet de l'aéroport tardait à décoller, mais depuis mars 2014 les activités commerciales ont été reprises et désormais, l'aéroport de Parnaiba est fonctionnel et remplit sa fonction, même si les vols n'y sont pas nombreux. Des travaux sont en cours pour augmenter son infrastructure et ainsi pouvoir recevoir plus d'un avion de grand port à la fois.

- **Compagnies aériennes :** Azul, trois vols par semaine vers Teresina et Fortaleza.
- **Services :** café, DAB.

EXPRESSO GUANABARA

Avenida Pinheiro Machado, s/n
✆ +55 86 3323 7619
www.guanabaraonline.com.br

L'Etat du Piaui a comme caractéristique d'avoir le plus petit littoral des états brésiliens. Les villes du nord de l'état sont proches de celles des états voisins.

- **De São Luis** : Deux bus par jour, 9 heures de voyage. Départ de São Luis à 8h30, de Parnaíba à 5h30.
- **De Teresina** : 6 heures de voyage. Plusieurs départs par jour à partir de 5h30 jusqu'à 23h30, de même pour le retour.
- **De Fortaleza** : 8 heures 40 de voyage. 6 départs par jour entre 10 h et 22h. Entre 65 et 165 R$. A partir de Parnaiba, 6 départs également entre 7h et 22h30

POUSADA DOS VENTOS €€

Avenida São Sebastião, 2586
✆ +55 86 3323 2555
www.pousadadosventos.com.br
Chambre double à partir de 193 R$.

Depuis Avec plus de 30 ans d'expérience dans l'hôtellerie. Les équipements modernes et des professionnels, l'hôtel Pousada dos Ventos est l'un des leaders de la côte de Piauiense. Une *pousada* très charmante avec 48 chambres, sauna, piscine, bar. Les meilleures chambres sont celles qui se situent à l'avant de la pousada. Les pionniers d'une politique environnementale l'utilisation de l'énergie solaire pour chauffer l'eau. L'eau utilisée pour l'arrosage des jardins, l'approvisionnement des salles de bains et lea piscine provient d'un puits d'eau potable.

ZAYN GASTROBAR €€

gara Hall - Av. Nações Unidas
Nossa Sra. do Carmo,
✆ +55 86 981848181
Ouvert tous les jours excepté le mardi, de 18h à 23h30 (22h le dimanche).

La cuisine libanaise a une longue tradition au Brésil, où la communauté syro-libanaise est établie depuis plus d'un siècle. Situé pas très loin du fleuve, le zayn Gastrobar, dans un décorum très simple, attirera les amateurs de cuisine saine et bien préparée. Le sympathique patron Omar propose une excellente cuisine libanaise – houmous, falafels et autres préparations plus adaptées aux goûts locaux – pour des tarifs très honnêtes. On trouve également des plats brésiliens et internationaux. De nombreux plats végétariens et végans.

TERESINA ★

A 300 km de la côte, c'est une ville très chaude (elle a la réputation de ville la plus chaude du pays), moderne et quadrillée. Teresina a commencé à être peuplée au XVIIe siècle, avec Domingos Jorge Velho et un groupe de bandeirantes, qui ont établi un poste de traite et un ranch de bétail. En 1797, l'église de Nossa Senhora do Amparo a été érigée, et sa fondation a été officialisée le 16 août 1852. Le Rio Parnaíba et le Rio Poty, qui traversent la ville, lui donnent de petits airs d'oasis en plein désert. On ne fera pas le déplacement exprès pour ça, la ville est davantage une étape vers la Serra da Capivara. Quelques sites à visiter.

IGREJA SÃO BENEDITO ★

Entre les places São Benedito et Liberdade
✆ +55 86 3222 2667
De 6h30 à 18h. Entrée libre.

Construction du XIXe siècle, inscrite au patrimoine historique national. Sa consécration a eu lieu le 3 juin 1886. L'église de Sao Benedito est un bâtiment imposant, de style toscan comme les églises italiennes. Avec des tours pyramidales qui s'élèvent à plus de quarante mètres de haut en suivant strictement le modèle de la basilique médiévale. Une statue grandeur nature du saint patron se trouve dans son frontispice, entre les clochers en zinc offerts par le pape Pie XII. Ses portes, œuvre de Sebastião Mendes sont faites de jacaranda et de cèdre.

PARQUE ENCONTRO DOS RIOS ★

Avenida Boa Esperança
✆ +55 86 3217 5020
Entrée libre, sans fermeture.

C'est l'un des sites touristiques les plus visités de la petite capitale du Piaui. Situé dans la partie nord de la ville, se trouve le point de rencontre des rivières Poti et Parnaíba, qui baignent la ville. À la place, on y a construit une structure avec un espace pour de petites expositions, des kiosques pour la commercialisation de produits artisanaux et le monument à la légende de Cabeça-de-Cuia. Joli coucher de soleil. Restauration et boutiques d'artisanat sur place. Délicieux poissons et d'autres plats de la cuisine locale, au restaurant flottant.

PRAÇA PEDRO II ★

C'est une des plus anciennes places de la ville. Deuxième empereur du Brésil, fils de Pedro I et de l'impératrice Léopoldine, Pedro II est devenu empereur lorsque son père a abdiqué. Il a été déclaré adulte à l'âge de 15 ans et a accédé au trône l'année suivante. La place s'appelait auparavant João Pessoa, Independência et Aquidabà. La place Pedro II peut être considérée comme le cœur de Teresina. La place Pedro II est un authentique espace de rencontre de la population, avec une superficie de 3 875m². C'est là où se trouve le théâtre 4 de Setembro.

PRAÇA RIO BRANCO ★

Centro

Elle est aussi connue comme Praça do Relógio. Au cœur du centre-ville, c'est le lieu de rencontre des retraités. Elle a pris le nom du baron de Rio Branco, José Maria Paranhos Júnior, noble de la maison impériale et conseiller de l'empereur. La place portait auparavant les noms de place « Comércio » et de place « Uruguaiana ». C'est la place la plus ancienne de la capitale, où se tenaient les réunions politiques, en raison de l'emplacement du Bar Carvalho et du Café Avenida, déjà disparus. Place classée jardin public, de loisir, de 4 410m².

AEROPORTO PETRÔNIO PORTELA

Praça Santos Dumont, s/n ✆ +55 86 3133 6270
www.infraero.gov.br

L'aéroport de Térésina (aeroporto Petronio Portela) est un petit aéroport qui dessert surtout des villes brésiliennes. Quelques connexions directes.

- **Services à l'aéroport** : Correios ; Agence bancaire Itau et DAB divers ; Restaurants et boutiques.
- **Location de voitures** : Avis, Localiza et Hertz.
- **Taxi** : lh20a compagnie Cootaero dessert l'aéroport.
- **Compagnies aériennes** : TAM, Azul et GOL.

Pas de vol direct pour Rio. Quelques vols directs pour Sao Paulo (3h50 de vol) et Brasilia (2h10).

TERMINAL RODOVIÁRIO

BR 343 ✆ +55 86 3218 2259

A partir de la rodoviaria de Teresina, de nombreuses villes du Nordeste, du Nord du Brésil sont desservies directement.

- **Belém (Pará)** : 13 heures 30. Sorties quotidiennes. Compagnie Itapemirim (www.itapemirim.com.br).
- **São Luís** : 7 heures avec Guanabara (www.expressoguanabara.com.br), 65 R$ ou 120 R$ le *leito*.
- **Parnaíba** : 6 heures, 40 R$, 80 R$ l'executivo, 105 R$ le *leito*. Plusieurs départs par jour. Guanabara.
- **Recife** : 18 heures, à partir de 187 R$ avec la compagnie Progresso.
- **Salvador** : 20h30 de voyage, à partir de 130 R$. Un bus par jour

TELE TÁXI TERESINA

Rua Heráclito Souza, 1174
✆ +55 86 3222 3030
Taxi.

Cette compagnie est présente depuis longtemps à Teresina. On rappellera les consignes à suivre lors de l'utilisation de taxi. Il faut les faire appeler par la pousada ou le restaurant ou les prendre en tête de station. Ne pas les héler dans la rue, même si Teresina n'apparaît pas comme une ville dangereuse. Le chauffeur de taxi doit enclencher son compteur dès le début de la course (tarif jour, nuit et éventuellement jours fériés) sauf si vous négociez avec lui directement un prix forfaitaire. Les tarifs sont corrects en général.

BLUE TREE TOWERS RIO POTY €€

Avenida Marechal Castelo Branco, 555

+55 86 4009 4009

Chambres doubles à partir de 230 R$.

118 appartements, certains avec coin cuisine. Proche du centre-ville et de la rivière Poty. Bonne infrastructure et belle piscine. L'hôtel possède un magnifique jardin signé par le célèbre paysagiste Roberto Burle Marx. La rivière Poti, qui a donné son nom à l'hôtel, est en toile de fond. Les appartements confortables sont répartis en quatre catégories : Luxury, Premier Luxury, Executive et Presidential Suites. Toutes disposent de la télévision par câble et d'une connexion Wi-Fi.

FORMULA ARREY EUROPA €€

Rua José Olimpio de Melo, 3330

+55 86 3223 7100

http ://arreyhotels.com.br/

Chambres doubles à partir de 123 R$. Petit déjeuner en extra.

Le Formula Arrey Europa propose 74 chambres réparties sur deux bâtiments (executive, luxe et économique). Dans le premier bâtiment, on trouve 48 chambres de 26 m², dont les belles chambres «executives» dont 22 sont équipées avec coin cuisine. Dans le deuxième, l'hôtel propose 26 chambres de 16 m². Toutes sont bien équipées : minibar, air conditionné, Internet et télévision. L'hôtel dispose également d'un auditorium pour les petits événements et se trouve dans un des quartiers les plus agréables de Teresina. Agréable petit déjeuner.

METROPOLITAN €€€

Avenida Frei Serafim, 1696

+55 86 3216 8000

www.metropolitanhotel.com.br

Chambres doubles à partir de 368 R$.

C'est l'hôtel le plus chic de la capitale et peut-être de tout le Piaui et régulièrement désigné comme tel depuis de nombreuses années par la revue Quatro Rodas. Les chambres sont toutes confortables et divisées en 8 catégories qui vont de l'appartement « suite supérieure » à la suite « présidentielle ». Dans cette dernière, on trouve un salon avec une grande table de réunion. Elles sont toutes assez bien équipées. La décoration est un peu surannée, mais cela apporte un certain charme. Restaurants, bars et piscine. Une valeur sûre.

CAMARÃO DO ELIAS €€

Avenida Pedro Almeida, 457

+55 86 3232 5025

camaraodoelias.com

du mardi au vendredi de 17h30 à 1h, minuit le samedi, et le dimanche de 10h à 16h. Plats à partir de 90 R$ (à partager).

Très bonnes spécialités de poisson et crevettes. L'établissement a changé de lieu et s'est installé dans des lieux plus modernes et fonctionnels, avec un parking. Fort heureusement, la qualité de la table n'a pas changé. On y trouve depuis 1980 d'excellents plats de poissons et de fruits de mer, servis avec des légumes, du riz et des patates à la vapeur. Vous pouvez aussi goûter la viande grillée à la sauce citron, câpres et crevettes. En dessert, compote de citron et buriti (fruit du palmier buriti). Certains soirs, des groupes jouent à partir de 20 heures.

COCO BAMBU €€

Rua Professor Joca Vieira, 1227

+55 86 3232 8100

www.restaurantecocobambu.com.br

De 11h30 à minuit, jusqu'à 1h vendredi et samedi. Plats à partager à partir de 80 R$.

L'enseigne « Coco bambu » a essaimé en de nombreux lieux du Brésil. Tous les restaurants ont cependant comme caractéristiques communes de proposer une carte innovante et de qualité dans un cadre agréable. Au Coco Bambu de Teresina, dans une ambiance très charmante, en salle ou en terrasse, le restaurant propose de délicieux et copieux plats de fruits de mer. Les plats de crevettes, de langoustes, de calamars sont aussi esthétiques que goûteux. Certaines assiettes sont présentées dans des noix de coco. Le vin est produit au Portugal pour Coco Bambu.

FAVORITOS COMIDAS TÍPICAS €€

Rua Angélica, 1059

+55 86 3232 2020

Ouvert tous le jours de midi à 15h, et 18h30 à minuit du lundi au samedi. 150 R$ le repas complet.

Le Favoritos Comidas Tipicas est un établissement de la marque « favoritos » qui propose plusieurs enseignes plutôt chic. Le Favoritos propose un cadre rustique-chic pour ce restaurant de spécialités brésiliennes proposant notamment des plats de poulet et de *carne do sol* de pican ha et de filet en portions très généreuses. On y trouve en particulier de nombreuses spécialités du Piaui, comme le Kibe du Sertao et la saucisse « caseira » ainsi que des desserts maison.

OLIK BISTRÔ €€

Rua Aviador Irapuã Rocha, 2190
✆ +55 86 3232 7956
www.olik.art.br
Ouvert tous les jours excepté dimanche, de 11h à 23h (minuit le samedi).

Une adresse comme on aime à rencontrer et à faire connaître. Petite merveille de finesse, l'Olik a des airs d'épicerie tropicale avec son mobilier hétéroclite et sa déco bric-à-brac garnissant les murs d'un jaune poussin. Côté assiette, on pourra se sustenter d'une gamme variée de préparations aussi soigneusement présentées que savoureuses : bruschettas, pâtes, salades, soupes, empanadas, sandwichs et autres plats plus travaillés. Les desserts sont fantastiques et le service des plus accueillants. Définitivement une belle adresse.

SÃO JOÃO RESTAURANTE €€

Av. Nossa Senhora de Fatima, 2575
✆ +55 86 3213 1472
Ouvert de 11h30 à 23h. Compter à partir de 50 R$ par personne environ.

Dans une grande salle à l'ambiance familiale. Une bonne option pour manger de la *carne de sol*. C'est d'ailleurs la seule option au menu (en diverses variantes qui varient entre 300 grammes et un kilogramme),. On peut égalment déguster un filet mignon sauce madère, un filet de «carne do sol» labareda, ou encore un filet à la parmigiana. Ceux qui préfèrent le poisson pourront s'essayer avec bonheur au filet de poisson grillé au pesto ou au riz safrané et manioc grillé. Boulettes de viande, portion de manioc frit et pommes de terre frites.

TEATRO 4 DE SETEMBRO

Praça Pedro II
✆ +55 86 3221 7666
Ouverture selon la programmation.

Un des plus grands théâtres du pays avec 800 places. Il intègre le complexe culturel Clube dos Diários. L'inauguration n'a eu lieu que le 21 avril 1894. Le plan du théâtre est le fruit de l'ingénieur Alfredo Modrak, et sa façade incorpore des éléments néogothiques et néoclassiques, expression de l'éclectisme en vigueur à partir du XIXe siècle. Au début des années 30, avec l'avènement du cinéma parlant, la mise en scène théâtrale a fortement diminué. Ouvert au public du lundi au samedi, pour des représentations et des visites.

PARQUE NACIONAL DE SETE CIDADES ★★

Le parc de Sete Cidades se trouve à quelques heures de route de Fortaleza, de Parnaíba ou de Camocim.

Un peu de fraîcheur et d'altitude dans des décors verts en perspective sont les bienvenus pour le voyageur du nord du Brésil, à la recherche d'une réelle découverte de cet immense pays, hors des sentiers battus. Ou simplement l'envie de voir ce qui se passe à l'intérieur...

Le principal attrait du parc réside dans ses impressionnantes formations rocheuses. L'imagination trouvera dans ces monuments géologiques un terrain fertile. Quelques-uns sont, paraît-il (!) d'une incroyable ressemblance avec des animaux, telles les pierres de l'éléphant et de la tortue. D'autres ressemblent plutôt à des personnes, ici la tête de l'Empereur Dom Pedro, là les Rois Mages. Certains ont vu, dans ces roches érodées, vieilles de plus de 200 millions d'années, les vestiges d'une civilisation antique.

D'autres, moins sérieusement, y voient plutôt les traces d'un passage extraterrestre. Fox Mulder est bien sûr sur le coup. Sur quelques rochers imposants s'ajoutent de pittoresques inscriptions rupestres, héritage des peuples qui ont habité la région, il y a de cela fort longtemps. Le parc est envoûté de maintes légendes et mystères, tel celui du trou de solstice et les vestiges de civilisations indiennes et, étonnez-vous, égyptienne et phénicienne. Doté d'une bonne structure d'accueil et de bons lieux de baignades (chutes d'eau et piscines naturelles), le parc offre une belle occasion de détour, à combiner idéalement avec le parc d'Ubajara.

ICMBIO - PARQUE NACIONAL DE SETE CIDADES

✆ +55 86 33431342
www.icmbio.gov.br
Ouvert tous les jours de 8h à 17h. 15 R$ pour les étrangers (7,50 R$ brésiliens).

Ouvert de 8h à 17h. Il faut un guide pour visiter le parc. Compter à partir de 100 R$ pour un groupe selon le parcours. Le parc se visite à pied, à vélo ou en voiture. C'est un de 6 303 hectares où le biome principal est la très riche caatinga (forêt blanche des Indiens) en termes de biodiversité, végétation faite d'arbustes et d'épineux, typique du Nordeste brésilien et du Sertao brésilien. Deux espèces de félins en danger y sont répertoriés, le margay et le puma.

HOTEL FAZENDA SETE CIDADES €€

Zona Rural
✆ +55 86 3276 2222
A partir de 220 R$ la chambre double, petit déjeuner inclus.

L'hôtel Fazenda Sete Cidades a comme caractéristique première d'être situé à l'entrée du Parc national de Sete Cidades. Depuis la fermeture de l'auberge à l'intérieur du parc, c'est la meilleure option dans les environs. Cadre simple, roots, mais agréable. Les chambres sont équipées d'une télévision et d'un réfrigérateur-bar. D'extérieur, on peut voir une forme circulaire originale. Les espaces de loisir sont équipés de hamacs. Une piscine permet aux hôtes de se rafraîchir.

PARQUE NACIONAL DA SERRA DA CAPIVARA ★★★

Situé tout au sud du Piauí, ce parc préserve l'une des plus grandes concentrations de sites archéologiques des Amériques, où les vestiges et artefacts découverts ont provoqué une profonde réévaluation sur ce que l'on croyait savoir jusqu'alors des origines du peuplement humain sur le continent. À ce titre, il est inscrit au patrimoine mondial de l'UNESCO depuis 1991. Au cœur du parc, on trouve plus de 8 000 peintures et gravures rupestres : scènes de chasse, de danse, ou de rituels religieux, réparties à travers 300 sites. L'époque exacte de ces vestiges faisait encore tout récemment l'objet d'une vive polémique, allant de 25 000 à 50 000 ans, remettant ainsi en cause les théories en vigueur selon lesquelles les premières traces d'occupation humaine des Amériques ne seraient vieilles « que » de 20 000 ans. En effet, deux récentes campagnes de fouilles ont mené à des datations révolutionnant les hypothèses scientifiques touchant aux itinéraires d'arrivée des premiers humains sur le continent américain, arrivés par le détroit de Béring : des découvertes faites sur le site *Boqueirão da Pedra Furada* laissent penser que des groupements de chasseurs-cueilleurs, puis des communautés sédentaires pratiquant l'agriculture auraient occupé la zone il y a au moins 50 000 ans. Les recherches en cours pourraient encore révéler quelques surprises. On pourra visiter une trentaine de ces sites, indiqués par des chemins fléchés.

Peintures rupestres, parque nacional da Serra da Capivara.

IBAMA - PARQUE NACIONAL DA SERRA DA CAPIVARA

Serra da Capivara
✆ +55 89 3582 2085
www.icmbio.gov.br
De 6h à 18h. Entrée : 28 R$ pour les étrangers (14 R$ pour les Brésiliens).

Pour faire la visite il faut utiliser les services d'un professionnel. Les guides restent à l'entrée du parc. Il est aussi possible de les contacter à l'avance (en passant par l'Ibama/ICMBio) et s'arranger pour le transport jusqu'au parc et le déroulement de la journée. Superficie de 100 000 hectares. Situé dans la région semi-aride du nord-est, frontière entre deux formations géologiques, avec des montagnes, le parc abrite une faune et une flore spécifiques de la Caatinga.

HOTEL SERRA DA CAPIVARA €€

PI- 140 Santa Luzia
✆ +55 89 3582 1798
Près de 20 chambres, piscine. Compter 200 R$.

L'hôtel Serra da Capivara est une des rares options à Sao Raimondo Nunato. Bon, ce n'est pas vraiment le luxe. La pousada mériterait un bon rafraîchissement. Les chambres auraient besoin d'être refaites. Par contre, les aires communes sont très agréables. Les peintures rupestres de la Serra do Capivara agrémentent avantageusement les murs extérieurs de l'hôtel. L'établissement fait également fonction de centre d'informations touristiques et dispose de ses propres guides pour visiter le parc national. Une option pratique pour visiter le parc.

ÉTAT DE SÃO PAULO

L'État de São Paulo offre une variétéimmense de paysages, de sites historiques et de manifestations culturelles. L'histoire entière du pays s'écrit en cycles, depuis la Capitainerie héréditaire de São Vicente, jusqu'à la postmoderne Sampa. Elle s'affiche, enchâssée dans les écrins verts des mornes de la Serra do Mar. Le vert et l'orange des champs de café et d'orangers, le bleu des littoraux d'Ubatuba et d'Ilha Bella, se reflètent sur les buildings ruisselant de néons de la capitale. L'État de São Paulo est la locomotive incontestable du Brésil. Avec 45,3 millions d'habitants répartis sur 248 000 km², il s'est doté d'une industrie moderne et diversifiée. Mais cette puissance indéniable cache cependant une faiblesse de taille : les fortes inégalités qui affectent sa population. Au-delà de cette seule dimension économique, l'État de São Paulo, faut-il le répéter, offre parcs naturels, plages, villes coloniales et événements

État de São Paulo
Barra Bonita
São Pedro
Limeira
Socorro
Cambuí
Cruzeiro
São Manuel
Piracicaba
Santa Bárbara D'oeste
Sumaré
Hortolândia
Campinas
Bragança Paulista
BRASIL
CAMPOS DO JORDÃO
Lorena
Guaratinguetá
APARECIDA
Pindamonhangaba
Taubaté
Cunha
Itatinga
Indaiatuba
Jundiaí
São José dos Campos
PARATY
Itu
Jacareí
Tatuí
Guarulhos
UBATUBA
Angatuba
Sorocaba
Carapicuíba
Osasco
SAO PAULO
Mogi das Cruzes
Itapetininga
Morumbi
CARAGUATATUBA
São Bernardo do Campo
Santo André
SÃO SEBASTIÃO
Buri
MARESIAS
ILHABELA
São Miguel Arcanjo
SÃO VICENTE
SANTOS
GUARUJÁ
BERTIOGA
Praia Grande
Oceano Atlântico
Capão
Guapiara
ITANHAÉM
Miracatu
Juquiá
Peruíbe
Registro

PAGES

La côte de São Paulo n'est pas la plus réputée du pays et pourtant elle offre de beaux paysages et des sites intéressants, surtout sur la côte nord. Guarujá, Maresias, Ilhabela, Ubatuba et les plages sauvages entre ces villes sont les destinations les plus recherchées. Pour les non-motorisés, les compagnies d'autocar desservent à petits prix la région et ses plages plus fréquentées. Les excursions sont nombreuses et il est possible de se débrouiller lorsqu'on n'a pas un budget trop serré. La côte nord est propice à la baignade et à la pratique de plusieurs sports en mer.

Paradis préservé de forêt atlantique, Ilhabela est l'une des principales attractions touristiques de l'Etat, pour se reposer ou s'adonner au tourisme écologique. Plages de cartes postales, sentiers à travers la jungle, magnifiques cascades.

L'arrière-pays, en partie couvert par la *mata Atlântica*, est fameux pour ses collines verdoyantes et attire les sportifs amateurs des grands espaces et de la nature. Ils sont nombreux à faire la route pour apprécier le paysage vallonné, se baigner dans les cascades, faire de grands trekkings, du rafting ou du canyoning et encore beaucoup d'autres activités. Campos do Jordão, une des destinations les plus touristiques, est la ville la plus élevée du pays. Il y a une centaine d'années, la neige sur les toits des maisons n'y était pas si exotique. Aujourd'hui avec l'urbanisation et la dévastation de la végétation, les conditions climatiques ne sont plus les mêmes. Toutefois, les chalets d'inspiration alpine persistent et attirent de nombreux touristes en quête d'un hiver à l'européenne (avec bottes de cuir et manteaux de laine).

PASSEPORT

SÃO PAULO

© F11PHOTO - SHUTTERSTOCK.COM

L'imaginaire collectif conçoit São Paulo comme une photographie prise du sommet du gratte-ciel Italia. Un paysage à la Blade Runner, façonné par la plume de Bilal, où des hommes d'affaires affolés s'engouffreraient telles des fourmis dans les bouches de métro, fuyant la violence et la pollution du monde alentour. Les chiffres donnent le vertige dans cette ville démesurée. Mégalopole à échelle mondiale avec ses 12 millions d'habitants, São Paulo est l'image même de la jungle urbaine. Il faut reconnaître à la capitale pauliste les maux inhérents aux grandes villes du Sud : pollution, violence et poches de misère. Cependant, Sampa est une ville faite de quartiers à l'identité spécifique. On y travaille certes, mais on s'y promène, comme à Ibiripuera, on s'y amuse, on s'y cultive dans ses merveilleux musées. La cuisine y est un patrimoine insoupçonné. Peut-être est-ce la ville de demain, avec sa mixité et sa société engagée.

SE REPÉRER SE DÉPLACER

São Paulo est le centre névralgique des transports brésiliens. La majorité des liaisons internationales passent par la métropole pauliste. Pour se rendre à São Paulo depuis Rio, on peut soit emprunter le bus, soit se déplacer en avion. Le bus (leito ou Master) est très confortable et vous en trouverez un à n'importe quelle heure. L'avion est beaucoup plus rapide. Depuis l'instauration de la navette Rio-São Paulo, les avions partent pratiquement toutes les demi-heures. Le taxi est également très fonctionnel à Sampa. Comme dans toutes les villes, il faudra respecter les consignes de sécurité (appeler ou faire appeler le taxi ou le prendre en tête de station mais ne pas le héler dans la rue). Le chauffeur doit enclencher le compteur, sauf si le taxi est prépayé ou que vous négociez un prix au préalable. Sampa est également une des villes du Brésil qui dispose d'un métro. Il est moins développé qu'à Paris, avec deux lignes seulement.

AEROPORTO DE CONGONHAS

Avenida Washington Luiz s/n
✆ +55 11 5090 9000
www.aeroportocongonhas.net

Pour les vols domestiques, même si ceux-ci partent également de l'aéroport international de Guarulhos (pensez à vérifier).

▶ **Vers le centre-ville de São Paulo** : Un taxi « prépayé » vers le centre revient à 55 R$ environ. Option conseillée car l'aéroport est très mal desservi par les transports en commun.

▶ **Vers l'aéroport international de Guarulhos et vers l'aéroport de Viracopos :** Airport Bus Service assure la liaison avec Guarulhos pour 50 R$ (www.airportbusservice.com.br), en 1h10 – départs toutes les heures et demie, entre 5h30 et 23h toutes les 30 min.

AEROPORTO INTERNACIONAL DE GUARULHOS

Rodovia Hélio Schmidt (SP-019)
✆ +55 11 6445 2945
www.aeroportoguarulhos.net

Aéroport international. Voici les différents moyens de relier l'aéroport :

▶ **Vers le centre-ville :** avec Airport Bus Service : Terminal Rodoviario Tietê et Barra Funda (desservis par le métro), Avenida Paulista, Praça da Republica. 50 R$ - 30-40 min.

En taxi, comptez 120 R$ environ du lundi au samedi durant la journée.

▶ **Vers l'aéroport de Congonhas** : une navette Airport Bus Service dessert également l'aéroport en 1h10, pour 50 R$, toutes les 90 min (30 min en période de pointe).

LITORANEA

Départs de la gare de Tietê.
✆ +55 0800 285 30 47
www.litoranea.com.br

Compagnie de bus, horaires et prix disponibles sur le site Internet.

La compagnie Litoreana, comme son nom nom ne l'indique pas, assure des liaisons pour les destinations par bus dans tout l'Etat et en particulier pour les destinations des stations touristiques du littoral pauliste, qui, si elles ne sont pas aussi connues des Français que celles de l'Etat voisin de Rio de Janeiro, drainent un grand nombre de touristes du sud du Brésil. Plusieurs départs par jour pour Praia de Maresias (50 R$ et 5h de route), São Sebastião - Balsa Ilhabela (58 R$ et 3h30 de route), Campos do Jordão (46 R$ et 3h de route).

TERMINAL RODOVIARIO TIETÊ

Avenida Cruzeiro do Sul, 1800
✆ +55 11 3090 3292
www.rodoviariaonline.com.br

Gare routière. Accueil téléphonique de lundi au vendredi de 8h à 23h.

Des bus pour à peu près n'importe quelle destination du Brésil et cinq pays d'Amérique latine. La gare fonctionne 24h/24. *lanchonetes*, restaurants, consignes à bagages, distributeurs d'argent, wifi, magasins.

▶ **Destinations longues distances** : Rio (6 heures de trajet, à partir de 93 R$, départs toutes les 15/30 minutes) ; Foz do Iguaçu (15 heures de route, à partir de 215 R$) ; Belo Horizonte (entre 8 et 10 heures, 120 R$) ; Florianópolis (12 heures, 140 R$).

QUARTIERS DE SÃO PAULO

Même si São Paulo est immense, on ne s'éloigne jamais vraiment du centre et le métro facilite énormément les déplacements (à part dans la zone sud, encore dépourvue de ce moyen de transport). Sampa s'organise en une zone centrale, une zone ouest et une zone sud. A la monotonie du relief de la ville s'oppose l'extrême diversité des quartiers. Si la ville n'est pas réellement généreuse en bâtiments historiques, les différents quartiers centraux de la cité ont conservé des cadres de vie variés, teintés encore souvent de la spécificité ethnique ou fonctionnelle des origines. On flânera la journée dans le centre historique, ou dans la Japonaise Liberdade, on appréciera la fraîcheur des parcs du sud de la ville, on mangera à Bela Vista, on sortira à Vila Madalena et on rentrera, épuisé, dormir à Higienópolis. C'est de cette diversité, où l'on trouve forcément un lieu qui nous ressemble, que naît souvent le plaisir de la vie pauliste.

Centro

On y retrouve les quartiers du centre historique, d'Higienópolis, de Consolação, de Liberdade et de Bela Vista.

Centro Histórico. Il est délimité par la praça da República, la praça da Sé et la station Luz. Ce quartier est très animé et agréable la journée, rempli de passants toujours pressés et de vendeurs ambulants. Dans les rues piétonnes autour de la Bourse, courtiers et touristes se partagent les rues, dans un cadre mixte et vivant. Le soir l'ambiance change. Sur les principales artères et dans les rues adjacentes, c'est le point de rencontre des prostitués, des trafiquants et des délinquants. La violence est assez présente, il est donc déconseillé de s'y rendre après le coucher du soleil.

Higienópolis. A l'ouest du centre historique, encore dans l'enceinte centrale de la ville, le quartier d'Higienópolis offre un tout autre décor. En prenant la rue Marquês de Itu, depuis la Praça da República, on observe nettement les changements dans le paysage urbain. Les magasins et *botecos* populaires laissent place aux bâtiments de standing et aux zones vertes. En effet, le quartier d'Higienópolis, au nord de l'Avenida da Consolação, est un des plus riches de la capitale *paulista*. On y retrouve quelques bons restaurants, des musées, un centre commercial où les clients viennent faire leur shopping accompagnés de leurs animaux de compagnie (normalement c'est interdit) et aussi l'agréable Parque Buenos Aires, un petit parc arboré.

Bela Vista. Du côté ouest de Liberdade se trouve un quartier ethnique de São Paulo. Bela Vista, populairement connu sous le nom de Bixiga, est le quartier traditionnel de l'immigration italienne. Aujourd'hui, s'il ne subsiste guère d'architecture caractéristique et si la communauté italienne s'est clairsemée un peu partout dans la ville, on y trouve toujours la plus grande concentration de restaurants italiens. Bixiga fut longtemps une partie bohème de la ville où vinrent s'installer jadis d'humbles migrants italiens.

Liberdade. A quelques pâtés de maison de la praça da Sé, vous voici transporté comme par miracle en plein « little Tokyo ». C'est à partir de la décennie 1910 que les premiers migrants japonais s'installent dans le quartier. Délogée – dans le climat que l'on imagine – durant la Seconde Guerre mondiale, la communauté nipponne réinvestit les lieux dans les années 1950 et cohabite, à partir des années 1970, avec d'autres communautés asiatiques (Chinois et Coréens en tête), qui viennent renforcer encore plus la spécificité du quartier. Population, mobilier urbain, inscriptions, tout ici rappelle l'Asie. Il ne faut pas oublier que São Paulo regroupe la plus importante communauté japonaise hors du Japon.

Zona Oeste

Avenida Paulista. Cette avenue ancienne, qui divise les quartiers de Bela Vista et des Jardins, est un symbole de l'évolution urbaine et économique de la ville et de l'influence architecturale et urbaine française. C'est le centre de São Paulo, le carrefour des affaires, une forêt de gratte-ciel. Aujourd'hui longue de près de 3 km, l'avenue Paulista s'est constituée progressivement à partir de la dernière décennie du XIXe siècle, en plein âge d'or du cycle du café. Destinée à accueillir les somptueuses demeures des barons du café, elle a vu rapidement pousser les petits palais – dont certains existent encore aujourd'hui – abritant des musées, des institutions culturelles ou même un McDonald's ! Preuve de son opulence, l'avenue fut la première de São Paulo à être asphaltée, dès 1903.

Par la suite, sa physionomie s'est transformée radicalement au cours de la seconde moitié du XXe siècle, au fur et à mesure de la construction de tours et immeubles à l'architecture moderne, voire futuriste, qui allait peu à peu donner à l'avenue le visage qu'on lui connaît actuellement. Abritant banques, sociétés financières ou de conseil, sièges de multinationales, centres culturels, les tours se dressent fièrement entre les panneaux publicitaires, les écrans électroniques, les antennes géantes des chaînes de télévision. Disputant de plus en plus au vieux centre le titre de centre financier de la capitale financière d'Amérique latine, l'avenida Paulista est, les jours de semaine, investie par les cadres pressés, en costume-cravate impeccable. C'est ici aussi que se situe le MASP, musée d'Art de São Paulo, et la plus grande librairie du pays, mais les bonnes adresses pour se restaurer se trouvent plutôt dans les rues parallèles, côté Jardins.

Jardins. L'origine du nom de ce quartier fait référence aux cités-jardins anglaises du XIXe siècle. En termes de fonctionnalité urbaine, cette couronne arborée se voulait être le pendant vert des quartiers industriels et résidentiels denses. Aujourd'hui encore, ces quartiers (en réalité, ce sont trois quartiers en un puisqu'on distingue Jardim Paulista, Jardim América et Jardim Europa) offrent une vision radicalement différente du reste de la ville, alternant arbres, jardins et luxueux bâtiments. C'est la partie chic de la ville, au cadre de vie agréable, presque bucolique. On y trouve boutiques de mode, restaurants sophistiqués et résidences de luxe. Jardim Paulista s'étend entre l'avenida Paulista et l'avenida Estados Unidos.

Pinheiros et Vila Madalena. Au nord de l'avenida Rebouças, ces quartiers bohèmes et fréquentés par une population jeune offrent une bonne qualité de vie. C'est dans cette zone de la ville que créatifs et designers ont choisi de s'installer et où pullulent les adresses branchées et les bons petits bistrots, plus accessibles que dans les Jardins. On peut se promener aisément à pied, même le soir si l'on reste sur les voies mouvementées. Les rues qui traversent la Teodoro Sampaio sont parfaites pour trouver de bonnes adresses pour se restaurer. Pour découvrir la Vila Madalena, montez la Fradique Coutinho et perdez-vous dans les rues aux noms marqués par une ancienne influence hippie : rues Girassol, Purpurina, Wisard, Harmonia...

Le parc Ibirapuera.

Zona Sul

Vila Mariana et Moema. Vila Mariana et Moema sont deux quartiers chics et dynamiques qui jouxtent le parc d'Ibirapuera. L'architecture élégante, la verdure et une population où se mêlent avantageusement carabins, mandarins de l'université de São Paulo, classes moyennes et supérieures en font des quartiers fort agréables.

Ibirapuera. Ce parc immense et magnifique est un véritable poumon dans une ville qui compte peu d'espaces verts. C'est aussi un pôle culturel de premier choix, car on y trouve plusieurs musées, principalement le musée Afro Brasil, le Musée d'art moderne (MAM), mais aussi beaucoup d'autres édifices qui accueillent des expos temporaires (l'OCA, la fondation Bienal...). C'est ici que se retrouvent les joggeurs du dimanche, les skateurs, les familles... Un endroit incontournable pour les touristes comme pour les Paulistas.

Itaim Bibi. Plus à ouest, Itaim Bibi est aussi un quartier chic, connu pour sa vie nocturne sophistiquée. Le nom Itaim vient du tupi guarani et veut dire « petite pierre ». Pour les touristes, le grand attrait de cette zone reste sans doute le grand parc d'Ibirapuera avec ses zones de loisirs et ses musées d'art.

Brooklin, Brooklin novo et Vila Olimpia. Dans les environs de l'aéroport de Congonhas, ces quartiers sud sont aussi le centre financier de la ville. Brooklin, et sa subdivision Brooklin novo, apparaît comme le plus grand quartier des affaires de toute l'Amérique latine. La densification de l'espace construit a progressivement fait disparaître ce petit coin d'Europe, où les chalets semblaient toujours prêts à affronter une neige qui ne tombait jamais. La modernité a transformé ce petit quartier périphérique en un espace économico-résidentiel. Chic et sûr, à l'instar des quartiers voisins d'Itaim Bibi et Pinheiros, Brooklin est un quartier tranquille qui peut apparaître comme reposant par rapport à l'hyperactivité de la mégapole. Vila Olimpia regroupe aussi plusieurs gratte-ciel. En fin de journée les bars sont animés par les jeunes hommes d'affaires qui sortent du travail.

À VOIR / À FAIRE

Cette catégorie mériterait des dizaines de pages tant les possibilités sont nombreuses à Sampa. La ville propose une offre culturelle la plus importante du Brésil. Les musées y sont nombreux, variés et de qualité. Les manifestations culturelles sont innombrables, tout au long de l'année. Sampa a su conserver quelques traces architecturale de son riche passé colonial et moderne. Certains hôtels particuliers de l'Avenida paulista ont été conservés avec bonheur et le centre des affaires laisse visiter certains de ses immeubles, comme l'Edificio Italia, qui donne à São Paulo des airs de New York. Les cafés-concert sont nombreux et on trouvera forcément de quoi assouvir ses goûts musicaux n'importe quel jour de la semaine. A la différence de sa rivale Rio de Janeiro, São Paulo n'est pas une ville littorale et on ne pourra passer une journée à la plage que si on se rend sur les littoraux de l'Etat, mais qu'importe.

AGENCE BRASIL FRANÇA

159 Rua Dr Ramos de Azevedo
✆ +55 11 2409 8994
www.bresil-decouverte.com

L'agence Brasil França est une agence francophone qui propose des circuits à la carte partout au Brésil depuis désormais près de 2003. Rentrez en contact avec eux pour un séjour sur mesure : visite du centre-ville de São Paulo, circuit São Paulo - Rio, échappées dans la région… L'agence est désormais reconnue pour son professionnalisme et a d'ailleurs été sélectionnée par le réseau indépendant Nomadays. L'équipe se caractérise également par sa réactivité et sa capacité à adapter l'offre à a demande, en garantissant des services de qualité.

ENJOY BRAZIL

Rua Bernardino de Campos, 318
✆ +55 11 5044 1516
www.enjoybrazil.com.br
Prix sur demande.

Enjoy Brazil est une agence de tourisme qui a été créée par un couple ayant de l'expérience dans ce secteur et ayant vécu quelques années en Allemagne. Ils privilégient un tourisme qualitatif au tourisme quantitatif. L'équipe parle anglais et allemand (site web multilingue aussi) et ils travaillent uniquement avec des petits groupes. Leur spécialité est les séjours dans la zone de la Mata Atlântica, la forêt atlantique (de São Paulo à Rio), ils y proposent des excursions avec des guides naturalistes et aussi quelques maisons en location sur la côte.

ECOLOGY

Rua Coronel Joaquim Ferreira Lobo, 203
✆ +55 11 4770 0297
www.ecology.com.br
Prix sur demande selon l'excursion et le nombre de personnes.

La ville de São Paulo n'est certes pas le plus gros spot de tourisme des Français mais au cas où, Ecology est une agence complète proposant des services partout au Brésil. Vous pouvez choisir un séjour clé en main de trois jours, déjà tout organisé ou faire les excursions et tours proposés en ville et dans les environs de São Paulo. Au choix : architecture pauliste, tour historique, São Paulo by night, São Paulo verte (randonnée dans le Parque Estadual da Cantareira), Santos et Guarujá, Embu das Artes, Parque das neblinas, etc.

BEM SÃO PAULO ★★

Rua Camilo, 583
✆ +55 11 4272 0895
www.bemsaopaulo.com
Visites guidées à différents horaires selon le jour, mais tous au même prix : 339 R$ pour 5h de visite

Cette agence propose une approche différente de São Paulo par rapport à un cicuit classique. Pas d'explication laconique devant chaque monument, ici c'est l'expérience sensorielle et humaine qui est privilégiée, une véritable exploration urbaine d'un São Paulo vibrant, artistique et historique. Chaque jour, le parcours proposé est différent, suivant une thématique originale. Il mêle par exemple la visite de lieux culturels, musées classiques, galeries d'art, à l'exploration des quartiers historiques ou décorés de fresques de street art.

CAIXA CULTURAL ★★

Praça da Sé, 111

✆ +55 11 3321 4400

www.caixacultural.com.br

Ouvert du mardi au dimanche de 9h à 17h, fermé le lundi. Entrée libre.

A l'instar de la Banco Do Brasil et de ses centres culturels de Rio et de Sao Paulo, la banque « Caixa » a créé son centre culturel dans l'Edificio Sè, bel immeuble créé en 1939, sur la Praça da Sè. La Caixa cultural organise très régulièrement des expositions artistiques temporaires de qualité et variées, produites par la fondation culturelle de la Caixa Economica Federal. On peut également assister à quelques concerts organisés, des performances, des conférences. Internet est en libre accès. Consultez le site pour avoir tous les détails.

CATEDRAL DA SÉ ★★

Praça da Sé ✆ +55 11 3107 6832

www.catedraldase.org.br

Du lundi au vendredi de 8h à 19h, samedi de 8h à 17h, dimanche de 8h à 13h. Entrée libre. Visite guidée possible, 5 R$.

Cette cathédrale est la plus massive et importante de São Paulo et peut accueillir jusqu'à 8 000 fidèles. Elle a été restaurée en 2000. C'est l'un des quatre édifices de style néogothique les plus imposants au monde. s construction a nécessité 800 tonnes de marbre ! Sa construction qui a débuté en 1913 a duré 40 ans, car les deux guerres mondiales ont largement contribué à retarder son inauguration. L'édifice a finalement été inauguré pour la célébration des 400 ans de la ville.

On s'étonne de ne pas trouver à cet endroit une belle cathédrale baroque comme on en trouve partout dans le pays, mais en réalité l'Igreja Matriz initiale, qui existait à cet emplacement depuis sa construction en 1589, fut détruite et reconstruite une première fois en 1764 en une belle cathédrale baroque qui fut elle-même détruite en 1911… La dernière est donc néogothique, même si sa coupole impressionnante est de style Renaissance. Les mosaïques, les sculptures et le mobilier furent importés d'Italie, notamment l'orgue imposant qui vient de Milan, le plus grand d'Amérique du Sud avec 12 000 tuyaux.

Dans sa crypte, on trouve notamment la tombe du cacique indigène Tiriríça, de la tribu des Guaianás, qui à partir de 1530 aida les Portugais à coloniser la ville de São Paulo et à endoctriner les indiens avec l'aide des pères jésuites Manuel da Nóbrega e José de Anchieta. On trouve aussi la tombe du régent Diogo Antônio Feijó (XVIIIe siècle), religieux et politique progressiste, personnage majeur de l'histoire du Brésil.

CENTRO CULTURAL BANCO DO BRASIL ★★

Rua Alvares Penteado, 112

✆ +55 11 3113 3651

www.culturabancodobrasil.com.br

Ouvert du mercredi au lundi de 9h à 21h. Café sur place. Entrée libre.

Le centre culturel de la banque du Brésil est installé dans un superbe bâtiment de style néoclassique qui abrita la première agence et le premier siège du Banco do Brasil. Expositions temporaires variées (arts plastiques, photographie, mode…), toujours gratuites. Mais aussi pièces de théâtre, concerts, séances de cinéma… Consultez le programme pour en savoir plus. Comme à Rio, la Banque Nationale propose un mécénat actif qui fait la promotion de l'art et de la culture.

EDIFÍCIO ALTINO ARANTES - EDIFÍCIO BANESPA ★★

Rua Joao Bricola, 24

✆ +55 11 3249 7180

Ouvert du lundi au vendredi de 10h à 15h. Entrée libre.

© CAIO PIMENTA / SPTURIS

Ce gratte-ciel de 35 étages est l'un des symboles de la ville, lorsqu'elle attirait des millions de migrants du début du XXe siècle. Sa construction a commencé en 1939 et a pris huit ans, s'inspirant de celui de l'Empire State de New York. Pendant 40 ans, il fut considéré comme la construction en béton la plus haute au monde, de 161 mètres de haut. De son sommet, la vue panoramique à 360° s s'étend sur 40 km. La silhouette de ce gratte-ciel est l'une des cartes postales de São Paulo.

EDIFÍCIO COPAN ★★★

Avenida Ipiranga, 200
✆ +55 11 3259 5917
www.copansp.com.br

Visite guidée gratuite sur rendez-vous du lundi au vendredi (réservation par téléphone).

Œuvre d'Oscar Niemeyer, il s'agit de la plus imposante structure en béton de São Paulo, un édifice emblématique de la ville alors en pleine transformation et en expansion effrénée dans les années 1950. Il est né en pleine urbanisation débridée, et surtout dans un élan de « verticalisation » de São Paulo, à l'américaine,. Son créateur surnommé le « génie des courbes » a pensé cette structure grandiose en une forme sinueuse rappelant une vague, dans le style moderniste le plus osé. Celui-ci avait d'ailleurs écrit « ce n'est pas l'angle droit qui m'attire, ou la ligne droite, dure, inflexible... ce qui m'attire c'est la courbe libre et sensuelle ».

Le bâtiment offre un contraste saisissant avec les autres édifices du vieux São Paulo. Imaginez un bâtiment de 115 mètres de hauteur, une façade de 45 000 m², 35 étages, 1 160 appartements et près de 2 000 résidents. Commandé pour la commémoration des 400 ans de la ville, cette œuvre pharaonique a connu de nombreux arrêts de travaux, faute de financements, et c'est avec la participation de banques qu'il fut achevé en 1957.

. Une ville dans la ville ! Dans l'édifice Copan, on trouve ainsi 72 magasins et un ancien cinéma qui fonctionna jusqu'en 1986 et fut remplacé par une église qui ferma en 2008. Seul un hôtel et un théâtre prévus dans les plans initiaux ne furent pas réalisés. L'édifice Copan tomba en désuétude dans les années 1970, tout comme le centre de la ville, et attira à nouveau des classes moyennes à partir des années 1990, lorsque le quartier fut rénové.

ESTAÇÃO DA LUZ ★★

Praça da Luz s/n
✆ +55 0800 55 0121

Ouverte tous les jours de 4h à minuit. Entrée libre. Zone déconseillée le soir et les dimanches.

Le patrimoine ferroviaire est souvent grandiose car il a été construit lorsque les pays développés, alors en pleine révolution industrielle, voulaient à la fois montraient leur puissance économique et leur savoir-faire industriel. Inaugurée en 1901, la station de train Estaçao da Luz est impressionnante par son architecture grandiose et par sa taille. Elle est à l'image de la ville à cette époque, gigantesque et riche, grâce à l'essor du commerce du café. Dominée par sa tour de l'horloge, inspirée du fameux Big Ben de Westminster à Londres, elle a été construite en plein jardin botanique de la ville, dans le quartier de Bon Retiro.

Porte d'entrée des illustres personnages de la ville qui faisaient fortune en pleine révolution industrielle, elle était celle des migrants, la main-d'œuvre nécessaire à la réalisation de ces grands chantiers, qui vinrent peupler massivement la ville. Partiellement détruite par un incendie en 1946, elle est rouverte 5 ans plus tard, mais a connu bien des rénovations.

C'est l'une des plus importantes gares de la ville encore aujourd'hui, alors que le train a été délaissé pour l'avion et le bus. Cœur névralgique d'un réseau de transport urbain peu développé par les rails, elle est néanmoins aussi une station de métro (lignes 1 et 4), et elle compte en ses murs l'intéressant Musée de la langue portugaise (Museu da Língua Portuguesa). Malheureusement un nouvel incendie, cette fois-ci en 2015, a partiellement détruit le musée et le patrimoine architectural de la gare.

ESCADARIA DO BIXIGA ★

L'escalier relie la rua dos Ingleses (en haut) à la Treze de Maio (en bas).

Le bel escalier du Bixiga, avec ses 84 marches et ses 16 mètres de haut, relie la partie haute du quartier (Rua dos Ingleses) à la partie basse (Rua Treze de Maio), où se trouvent une grande partie des *cantinas* et le marché d'antiquités. Symboliquement, cet escalier, qui a quelques airs de « butte Montmartre » allait unir les classes sociales les plus populaires du quartier-bas, souvent d'origine italienne, aux classes sociales les plus favorisées, qui habitaient le quartier-haut, après que la ville y a construit des lotissements cossus sur un ancien golf anglais.

IGREJA DE SANTO ANTÔNIO ★★

Praça do Patriarca, 49
✆ +55 11 3242 2414

Du lundi au vendredi de 7h à 18h30, samedi de 7h à 9h30 et de 17h30 à 18h30, dimanche de 8h à 10h30 et de 17h30 à 18h30

Cette église serait la plus ancienne de la ville de São Paulo encore debout. Elle daterait du début du XVIIe siècle, mais des registres témoignent de son existence dès 1592. Les premiers franciscains s'y établirent avant la construction de leur couvent. Il s'agit d'une construction simple bâtie par des anonymes et qui durant quatre siècles a connu plusieurs phases de travaux. En 2005, les peintures et dorures baroques du XVIIe siècles ont été restaurées. Insérée entre des immeubles modernes, elle se situe à proximité du Viaduto do chà.

INSTITUTO MOREIRA SALLES ★★

Avenida Paulista, 2424
✆ +55 11 28429120
www.ims.com.br
Visites du mardi au vendredi de 13h à 19h, le week-end de 13h à 18h. Entrée libre.

Cet institut, fondé en 1992 par le riche banquier et ambassadeur Walther Moreira Salles (le père du cinéaste Walter Salles), a pour mission le développement de programmes culturels. Divisé en trois centres (São Paulo, Rio et Poços de Caldas au Minas Gerais), sa collection est composée de 550 000 photographies, 100 000 œuvres musicales, une bibliothèque de 400 000 documents et une pinacothèque de 3 000 œuvres. A São Paulo, dans son vaste espace installé à Higienópolis, des expositions temporaires de haut niveau sont présentées tout au long de l'année au public.

LARGO DE SÃO FRANCISCO ★★★

Cette rue ancienne est considérée comme la plus riche en constructions religieuses baroques de São Paulo. Les trois édifices (faculté de droit, église São Francisco, couvent São Francisco et église du 3e Ordre de Pénitence) faisaient partie d'une petite *fazenda* (ferme) qui exista jusqu'en 1642. La faculté de droit de São Paulo est toujours en activité. Aujourd'hui, la rue est au cœur de la vie turbulente du centre. C'est d'ici que part la marque zéro d'une des plus grandes avenues de São Paulo, l'avenue Brigadeiro Luis Antonio.

CONVENTO E IGREJA SÃO FRANCISCO ★★★

Largo de São Francisco, 133
✆ +55 11 3106 0081
santuariosaofrancisco.com.br
Ouvert tous les jours de 7h30 à 20h, entrée libre.

Le couvent de São Francisco fut inauguré en 1647, à l'époque coloniale, par l'ordre des franciscains. Il fut au XIXe siècle transformé en faculté de droit et fut malheureusement détruit en 1933 (comme beaucoup de constructions de la ville) pour laisser place à un couvent de style néocolonial. Son église, l'église São Francisco fut construite en torchis en 1647. Elle gagna son aspect actuel au XVIIIe siècle. Son intérieur est simple, orné de peintures contant la vie de saint François.

MEMORIAL DA AMÉRICA LATINA ★★★

Avenida Auro Soares de Moura Andrade, 664
✆ +55 11 3823 4600
www.memorial.org.br
Du mardi au dimanche de 9h à 18h. Entrée libre.

Impressionnant complexe culturel signé Oscar Niemeyer, proposant des expositions et autres manifestations culturelles et scientifiques, temporaires et permanentes. Inauguré en 1989, sa mission est de rapprocher le Brésil avec les autres pays d'Amérique latine. Ainsi fut créé initialement l'Institut latino-américain comprenant 10 000 oeuvres bibliographiques.

Niemeyer imagina six édifices curvilignes, distribués autour de deux places reliées par une passerelle. Le Salon de Atos, la bibliothèque, la Galerie Marta Traba (qui compte deux salles d'exposition), le Pavillon de la Créativité (qui abrite une collection de 4 000 œuvres d'art populaire brésilien et latino-américain), l'auditorium Simon Bolivar et un centre d'études.

Le mémorial compte une statue, *La Main* (*Mão*), de Niemeyer, de 7 mètres de haut, qui est le principal symbole du monument. La carte du continent est peinte en rouge, pour rappeler le sang versé dans l'oppression et les souffrances de l'histoire de l'Amérique latine.

L'ensemble a été conçu pour s'intégrer dans le paysage et pour être fréquenté par les Paulistas au quotidien. La Praça do Sol (ou Praça civica) a été pensée pour accueillir des événements culturels de 40 000 personnes tandis que la Praça da Sombra compte 160 palmiers. Ici ont eu lieu bon nombre de concerts gratuits, entre autres de Mercedes Sosa, Caetano Veloso ou Tom Jobim. Depuis 2006, le Mémorial accueille le festival de cinéma latino-américain de São Paulo.

MERCADO MUNICIPAL - MERCADÃO ★★

Rua Cantareira, 306
✆ +55 11 3313 3365
www.oportaldomercadao.com.br
Ouvert du lundi au samedi de 6h à 18h, dimanche jusqu'à 16h.

Inauguré en 1933, il s'agit de l'un des bâtiments les plus représentatifs de l'architecture de l'époque, construit par Francisco de Paula Ramos de Azevedo, l'architecte de la Pinacothèque et du Théâtre municipal. Ses vitraux colorés décrivent des scènes agricoles. C'est encore aujourd'hui un important marché de la ville. Dans ce lieu populaire et attachant, on goûtera les spécialités brésiliennes les plus célèbres, comme les sandwichs de mortadella. On a toujours plaisir à s'y balader.

MOSTEIRO DA LUZ ET MUSEU DE ARTE SACRA ★★

Avenida Tiradentes, 676 ✆ +55 11 3311 8745
www.mosteirodaluz.org.br
Église ouverte tous les jours de 7h à 16h. Musée ouvert du mardi au dimanche de 9h à 17h. 6 R$, gratuit le samedi.

Cet ensemble fait incontestablement partie du circuit de tourisme religieux de la ville. Le « Monastère de la Lumière » fut fondé en 1579, tout d'abord avec une petite église en hommage à Nossa Senhora da Luz. En 1600, l'église fut déplacée et le monastère érigé à cette même place pour héberger les Sœurs Conceptionistas, qui étaient responsables de la confection des fameuses pilules miraculeuses do Frei Galvão, un « saint remède » qui était distribué deux fois par jour dans l'église. C'est l'un des édifices les plus importants encore debout de l'histoire de São Paulo.

▸ **Le musée.** Il abrite le musée des Arts Sacrés qui compte 800 pièces d'art religieux provenant de toutes les églises de la région. La collection compte notamment des reliques de l'art baroque florissant au XVIe siècle dans la région, notamment de l'orfèvrerie, des peintures, des sculptures, du mobilier, des autels, des vêtements sacrés et des livres liturgiques rares. On peut voir une étonnante collection d'encensoirs (*laparaios*) et d'icônes russes, des œuvres des principaux maîtres du baroque de l'époque, notamment Antonio Francisco Lisboa, o « Aleijadinho » (1730-1814), qui décora les églises baroques du Minas Gerais, Frei Agostinho da Piedade (1580-1661), Frei Agostinho de Jesus (1600 ou 1610-1661), Manuel da Costa Athayde (1762-1830), mais également une collection de pièces de monnaie de l'époque coloniale et des médailles pontificales. Pour les passionnés d'art sacré surtout.

MOSTEIRO DE SÃO BENTO ★★

Largo São Bento
✆ +55 11 3328 8799
www.mosteiro.org.br
Messe avec chant grégorien en semaine à 7h, samedi à 6h, dimanche à 10h.

C'est l'un des principaux monastères de São Paulo. Initiée en 1911 et terminée en 1922. De style éclectique avec des éléments néogothiques, elle présente de nombreux vitraux, sculptures et tableaux, et notamment l'impressionnant crucifix baroque de 1777, l'image portugaise de Nossa Senhora da Conceição du XVIIIe siècle ou l'icône de la vierge de Kasperovo de 1893. Le complexe compte une église (Basílica de Nossa Senhora da Assunção) et un couvent de 40 moines. Les messes sont célébrées avec des chants grégoriens tous les jours et surtout le dimanche.

MUSEU DA IMIGRAÇÃO DO ESTADO DE SÃO PAULO ★★

Rua Visconde de Parnaíba, 1316
✆ +55 11 2692 1866
www.museudaimigracao.org.br
Ouvert du mardi au samedi de 9h à 17h et le dimanche de 10h à 17h. Entrée : 10 R$, gratuit le samedi.

Passionnant musée, indispensable pour mieux comprendre la ville cosmopolite qu'est São Paulo. La ville de São Paulo a été fondée par et pour les immigrés même si aujourd'hui, les migrations sont intérieures au pays. L'exposition permanente baptisée *Expériences, mémoires et identités* retrace les grandes migrations des XIXe et XXe siècles qui ont contribué à la formation de la mégalopole de São Paulo. Des expositions temporaires sont proposées régulièrement autour de cette thématique.

MUSEU DO FUTEBOL ★★

Praça Charles Miller, s/n ✆ +55 11 3663 3848
www.museudofutebol.org.br
Du mardi au dimanche de 9h à 18h (ticket jusqu'à 17h), sauf les jours de match. Entrée 12 R$, gratuit le samedi.

D'aspect futuriste et doté d'un grand fonds documentaire multimédia, ce musée est intéressant et interactif. On passe d'abord par la salle des supporters pour ensuite se mêler aux grands joueurs du foot brésilien : Pelé, Romario, Bebeto, Ronaldo... Vers la fin de la visite, dans la salle *jogo de corpo* (« jeu de corps ») on se lance dans une compétition de pénalties. On finit par la salle Pacaembu, dédiée à ce stade. Construit entre 1938 et 1940, sa façade Art déco a accueilli l'équipe des Corinthians de 1940 à 2013, avant la construction de l'Arena Corinthians.

MUSEU HISTÓRICO DA IMIGRAÇÃO JAPONESA ★★

Rua São Joaquim, 381
✆ +55 11 3209 5465
www.museubunkyo.org.br
Du mardi au dimanche de 13h30 à 17h. 12 R$ l'entrée.

La communauté japonaise du Brésil est la plus importante du monde. Ce musée géré par la Société brésilienne de culture japonaise regroupe plusieurs documents et objets liés à l'arrivée des Japonais au Brésil durant la première moitié du XXe siècle, à leur quotidien, à l'arrivée des entreprises japonaises plus tardivement et à l'échange culturel entre les deux pays. Lettres, journaux, livres, objets de la vie courante, peintures et 10 000 photos sont à disposition des visiteurs.

PARQUE DA LUZ ★★

Praça da Luz, s/nº
✆ +55 11 3227 3545
Entrée libre du mardi au dimanche de 9h à 18h.

C'est le plus ancien parc de la ville, situé entre la gare Estaçao da Luz, le Monasteiro da Luz et la fameuse Pinacothèque (qui était au départ la Chambre des Arts et Métiers). Créé en 1825, ce beau jardin botanique a été tracé avec des miroirs d'eau, des petites cascades, un havre de paix et de verdure au cœur de la ville. Situé au milieu d'un quartier dégradé au XXe siècle, il a été malheureusement le théâtre de trafics de drogue et de prostitution, avant d'être entièrement repensé dans les années 2000, dans le cadre de la rénovation du centre de São Paulo.

PATEO DO COLLEGIO ★★

Praça Páteo do Collégio, 2
✆ +55 11 3105 6899
www.pateocollegio.com.br
Entrée du musée 8 R$. Ouvert du mardi au dimanche de 9h à 12h et de 13h à 17h.

Au milieu des gratte-ciel et de l'effervescence des commerces du centre-ville a survécu le Pateo do Collegio, une construction coloniale qui marque la naissance de cette grande métropole, car c'est là qu'officiellement São Paulo fut créée. Ici se tenait une cabane où vécurent 13 jésuites, dont José de Anchieta et le père Manoel da Nóbrega, chargés d'évangéliser les indiens natifs de la région. C'est sur cette colline à proximité des rivières Tamanduateí et Anhangabaú que le charmant village de São Paulo de Piratininga fut fondé. La cérémonie officielle de la fondation de la ville eut lieu en décembre 1556, mais la modeste maison fut agrandie pour devenir un collège de jésuites. L'expulsion des religieux par le marquis de Pombal fut l'occasion de transformer le lieu en Palais des Gouverneurs entre 1765 et 1908. L'édifice retrouva sa vocation originale entre 1932 et 1953, avant d'être à nouveau transformé en ministère de l'Education par le gouvernement. A partir de cette date, les jésuites construisirent le Musée du Père Anchieta et l'église Beato Anchieta à proximité. Aujourd'hui le musée compte sept salles dédiées à l'art sacré, une pinacothèque, des objets du quotidien des indiens et une maquette de São Paulo au XVIe siècle. Les visiteurs peuvent entrer dans la bibliothèque historique et assister à la messe des jésuites. Chaque troisième dimanche du mois, l'événement « Vem pro Pateo no Domingo » est organisé ici même, où se trouvent des boutiques d'artisanat et de peinture et des concerts de musique classique.

PINACOTECA DE SÃO PAULO ★★★

2 Praça da Luz
✆ +55 11 3324 1000
www.pinacoteca.org.br
Ouvert du mercredi au lundi, 10h à 17h30. Admission : 6 R $, gratuit le samedi. Café sur place.

La « pinacothèque » de Sao Paulo a été installée dans un superbe édifice créé par l'architecte Ramos de Azevedo en 1895 (également auteur du Théâtre municipal et du mercado central), qui avait pour vocation première d'abriter le Liceu de Artes e Ofícios, l'équivalent des Arts et Métiers à Paris, qui formait les techniciens et artisans de la ville. En 1911 se déroula ici même la première exposition brésilienne des beaux-arts. La Pinacothèque fut l'un des tout premiers musées de la ville et compte aujourd'hui près de 100 000 œuvres dans sa collection permanente. Une partie seulement de la collection est exposée dans les dix salles de la Pinacothèque qui a été remarquablement rénovée par Paulo Mendes da Roc ha en 1998, qui en a fait une institution dynamique sur la scène internationale des arts. On peut y admirer notamment de nombreuses sculptures et gravures d'artistes brésiliens, parmi lesquelles figurent les paysages, portraits et natures mortes du peintre du XIXe siècle Almeida Junior, ou les paysages immortalisés par Antônio Parreiras et Benedito Calixto. L'atout indéniable de ce musée est sa collection de peintures modernistes du XXe siècle, notamment de Victor Brecheret, Lasar Segall, Flávio de Carvalho ou des très féminines Tarsila do Amaral et Anita Malfatti. On peut encore citer les sculptures des Français Rodin et Maillol, ou encore les œuvres des artistes contemporains brésiliens Paulo Monteiro et Nuno Ramos. Expositions temporaires également. Incontournable pour tous les amateurs d'art.

THEATRO MUNICIPAL DE SÃO PAULO ★★

Praça Ramos de Azevedo, s/n
✆ +55 11 3053 2090
www.theatromunicipal.org.br
Billetteries ouvertes de 10h à 19h, le week-end de 10h à 17h. Visites guidées sur réservation. prix de 10 à 100 R$.

En 1911, la ville de São Paulo inaugura son grand théâtre, haut lieu culturel, prêt à recevoir les grands opéras. Il vous semblera familier car son architecture est inspirée de l'Opéra Garnier de Paris. Avec l'important commerce du café et l'installation d'une bourgeoisie italienne, la ville se devait d'avoir un lieu culturel de standing international. Le théâtre a été restauré pendant trois ans et a regagné son lustre d'antan avec de nouveaux fauteuils et des moquettes neuves.

AVENIDA PAULISTA ★★

A la fois centre financier et axe touristique, l'avenida Paulista est incontournable, aussi bien pour ses habitants que pour ses visiteurs. Elle est très bien desservie par le métro. Elle a été inaugurée en 1891, à la fin du XIXe siècle, lorsque la ville cherchait à s'étendre vers des espaces plus résidentiels, verts et aérés que les quartiers confinés du centre. Le terrain occupé par d'anciennes *fazendas* présentait l'avantage d'être planté de beaux arbres, ce qui donna plus tard le quartier de Jardins voisin, qui n'a pas tout perdu de sa superbe nature. On trouve encore sur l'avenue le très agréable parc Trianon. L'avenida Paulista est bordée par des gratte-ciel et des immeubles modernes, occupés majoritairement par des banques, quelques-uns par des hôtels de luxe ou des administrations, et par pas moins de dix-neuf consulats, dont celui de la France. On trouve encore quelques exemples d'architecture coloniale comme la Casa das rosas, aujourd'hui un centre culturel. Elle est bordée de musées comme le grand MASP, mais aussi le centre Itau où se tiennent des expositions temporaires de qualité.

Le rendez-vous le plus populaire a lieu tous les dimanches, lorsque l'avenue est fermée aux voitures pour le plus grand bonheur des piétons. Elle se transforme alors en piste cyclable, marché ambulant, aire de jeux pour enfants, scène de concerts, marché aux antiquités et aire de balade dominicale sympathique. C'est aussi ici que les Paulistanos se donnent rendez-vous pour célébrer le Réveillon chaque année, mais aussi pour manifester.

MUSEU DE ARTE DE SÃO PAULO [MASP] ★★★

Avenida Paulista, 1578 © +55 11 3251 5644
www.masp.art.br

Ouvert du mardi au dimanche de 10h à 18h (jusqu'à 20h le jeudi). Entrée 45 R$, gratuit le mardi.

Le grand musée de la ville (prononcez « maspé ») est la plus vaste d'art occidental en Amérique latine. On y trouve beaucoup de peinture française, mais aussi italienne, et dans une moindre mesure espagnole, portugaise, flamande, hollandaise, anglaise et allemande.

Le musée est aménagé dans un édifice conçu par l'architecte Lina Bo Bardi depuis 1968. Le bâtiment d'architecture brutaliste controversé, avec ses quatre piliers rouges gigantesques et son corps rectangulaire tout en verre, est devenu un symbole de la ville.

- **Peinture italienne.** Ne manquez pas la *Vierge à l'enfant* de Botticelli. De la Renaissance italienne, on peut citer la *Madonne* du Maître du Bigallo, *Résurrection du Christ* de Raphaël, ou *la femme et l'enfant* de Piero di Cosimo.
- **Peinture française.** Ce sont les maniéristes de la Renaissance qui sont exposés principalement, notamment), le maître du rococo François Lemoyne avec son *Pique-nique durant la chasse*, en œuvre néoclassique. On passe ensuite aux impressionnistes avec des toiles comme *Rose et Bleue* de Cézanne, mais aussi d'autres œuvres de Manet, Degas, Monet et Renoir, des post-impressionistes (Gauguin, Van Gogh, Toulouse-Lautrec), quelques œuvres du fauvisme (Matisse), d'autres du cubisme (Léger, Picasso), du surréalisme (Duchamp, Ernst, Miró et Chagall)… Quelques œuvres du Greco et de Goya.
- **collection d'art brésilien** du XVIIe siècle à nos jours : on y trouve surtout des artistes modernistes tels que Tarsila do Amaral, Anita Malfatti, Lasar Segall.

Avenida Paulista.

BECO DO BATMAN ★★

Rua Gonzalo Afonso

Voilà un endroit unique : les grands noms du graffiti *paulista* ont décoré les murs de cet espace de ruelles piétonnes pavées. On vient ici pour admirer les scènes réalisées et se prendre en photo devant de grandes fresques impressionnantes par leur beauté. Elles sont sans cesse renouvelées. Ne manquez pas le portrait de Tom Zé réalisé par le maître du *street art* brésilien Eduardo Kobra. La journée il y a foule, la nuit évitez en revanche de passer par là, l'endroit est désert. Le week-end, des petits concerts et marchés bobos sont organisés dans le coin.

INSTITUTO TOMIE OHTAKE ★★

Rua Dos Coropés 88

✆ +55 11 2245 1900

www.institutotomieohtake.org.br

Du mardi au dimanche de 11h à 20h. Entrée libre. Restaurant sur place.

Dans un étonnant building, dessiné par Ruy Ohtake, se trouve l'institut dédié à l'artiste brésilienne, et mère de l'architecte, Tomie Ohtake, connue pour ses œuvres abstractionnistes. On peut voir ici des expositions temporaires en relation avec la production artistique du pays, mais aussi internationale, de ces 50 dernières années, ainsi que la relève de l'art contemporain, dans les 7 salles agencées. Depuis 2013, l'Institut réserve exclusivement une petite galerie aux peintures, gravures, dessins, sculptures... de Tomie (expositions temporaires thématiques).

CIDADE MATARAZZO

Alameda Rio Claro, 190

cidadematarazzo.com.br

Le nom Matarazzo résonne particulièrement à São Paulo. La grande famille éponyme est le symbole de la puissance de la ville dans les années 30. Ici, c'est un projet culturel majeur qui porte ce nom. Cet ancien hôpital, construit au début du XXe siècle, est aujourd'hui rénové pour accueillir un complexe culturel réunissant les magnifiques bâtiments historiques, des jardins botaniques luxuriants et une offre extensive de magasins et événements culturels. La réhabilitation du site, commencée en 2008, a été achevée courant 2019.

MERCADO DA PRAÇA BENEDITO CALIXTO ★

Praça Benedito Calixto

Samedi de 9h à 19h.

Un assez grand marché d'antiquités qui attire grand nombre de jeunes qui profitent aussi pour prendre un verre dans un des bars sur la place ou juste à côté. La Praça Benedito Calixto à Pinheiros est un lieu culturel important de la ville. Depuis 1987, il accueille le week-end une sorte de marché aux puces avec des objets de collection. En semaine, il y a des galeries spécialisées avec des magasins de déco et d'artisanat, des restaurants. Bonne ambiance.

FUNDAÇÃO CULTURAL EMA GORDON KLABIN ★★

Rua Portugal, 43 ✆ +55 11 3062 5245

www.emaklabin.org.br

Sur réservation, du jeudi au samedi à 14h, 15h et 16h : 10 R$.Gratuit pour les samedis musicaux (dernier du mois).

La fondation regroupe la collection d'Ema Gordon Klabin, héritière d'un riche industriel. Mme Klabin dédia sa vie à la philanthropie et à partir 1940 commença une importante collection d'art (toiles, sculptures, porcelaines...), achetant en Europe et aux Etats-Unis. La maison a été construite sur mesure pour abriter les œuvres et le jardin est signé Burle Marx, grand paysagiste brésilien.

Une fois par mois, le dernier samedi après-midi, a lieu une présentation musicale dans le jardin.

MUSEU DA CASA BRASILEIRA (MCB) ★★

Avenida Brigadeiro Faria Lima, 2705

✆ +55 11 3032 3727 - www.mcb.org.br

du mardi au dimanche de 10h à 18h. Entrée 10 R$, gratuit samedis, dimanches et jours fériés. Restauration sur place

Le musée se situe dans le Solar Prado, superbe demeure néoclassique d'un ancien maire de São Paulo, Fabio da Silva Prado. Le bâtiment fut construit au début des années 1940, sur les plans de Wladimir Alves de Sousa, qui s'est largement inspiré du palais impérial de Petrópolis. Conçu en 1970, le musée avait alors pour objectif de recueillir des meubles et objets d'art considérés d'un intérêt historique ou artistique pour le pays.. Tous les ans, le musée organise le Prix du Design.

CASA MODERNISTA ★★

Rua Santa Cruz, 325
✆ +55 11 5083 3232
Ouvert du mardi au dimanche de 9h à 17h, entrée libre.

La maison moderniste fut la première œuvre construite en 1928 par Gregori Warchavchik dans la vague moderniste, contrastant avec les édifices de style éclectique et Belle Epoque du quartier. Composé de prismes blancs et lisses, il avait pour projet d'en faire sa maison après son mariage avec Mina Klabin, fille d'un industriel *paulista*. Le jardin de la maison moderniste, un parc de 13 000 m² de forêt atlantique, a été modelé par sa femme, une des premières à planter des espèces tropicales dans la ville. La famille vécut ici jusqu'à la vente de la maison en 1970.

CASA DO GRITO ★

Praça do Monumento, s/n
✆ +55 11 2273 4981
Ouvert du mardi au dimanche de 9h à 17h. Entrée libre.

L'historique « Casa do Grito » ou Maison du Cri en français, fut construite dans cette partie de la ville qui fut le théâtre de la proclamation d'indépendance du Brésil en 1822 par Dom Pedro I. Son nom fait allusion au tableau de 1888, *Independência ou Morte* (Indépendance ou mort), de Pedro Américo sur lequel une maison semblable à celle-ci est représentée. Néanmoins, le document le plus ancien faisant allusion à la construction de cette maison date de 1844. Elle a été rachetée par la ville en 1936 et abrite aujourd'hui un centre culturel.

PARQUE DA INDEPENDÊNCIA ★★

Av. Nazaré, s/n

Ce beau parc inauguré en 1988 se trouve dans le quartier d'Ipiranga, cours d'eau connu puisque c'est là que Dom Pedro Ier, *libertador* et premier empereur du Brésil, proclama l'indépendance du pays en 1822, épisode resté célèbre sous le nom de « cri d'Ipiranga ». Le parc porte son nom et, outre le ruisseau Ipiranga, on ira admirer l'imposant Monumento à Independência do Brasil – dont la crypte renferme les restes de Dom Pedro –, le vaste Museu do Ipiranga sur l'histoire du pays et la petite Casa do Grito. On y trouve aussi tout au sud un musée zoologique.

MUSEU PAULISTA - MUSEU DO IPIRANGA ★

Parque da Independência, s/n
✆ +55 11 2065 8000
www.mp.usp.br
Le musée est actuellement fermé pour travaux jusqu'en 2022.

Ce magnifique palais néo-classique érigé en 1895 fit d'abord office de museum d'histoire naturelle avant de se recentrer sur l'histoire du Brésil lors du centenaire de l'indépendance en 1922. Le tableau de 1888 *Independência ou morte* retraçant la scène de la proclamation de l'indépendance du pays y est exposé. On y trouve aussi des expositions permanentes sur l'évolution de São Paulo et de sa société et des expositions temporaires tout au long de l'année.

Parque da Independência.

PARQUE DO IBIRAPUERA ★★★★

Avenida Pedro Alvares Cabral
✆ +55 111 5574 5045
www.parquedoibirapuera.com
Ouvert tous les jours de 5h à minuit. Entrée libre.

Le parc d'Ibiripuera est le poumon vert de la capitale pauliste, avec une superficie de 1,584 km² dans le quartier très prisé de Vila Mariana. Inauguré le 21 août 1954 lors des commémorations du 4e centenaire de São Paulo, le projet du parc a été conçu par les architectes Oscar Niemeyer, Ulhôa Cavalcanti et l'architecte paysagiste Burle Marx. Il reçoit plus de 200 000 visiteurs par semaine. On se promène en famille, on y fait du sport, on observe la faune et la flore de ce lieu magnifique et on peine à croire que l'on se trouve au cœur d'une des plus importantes mégapoles de la planète. On y trouve des lacs, des restaurants, des monuments, des musées et même une réplique du palais impérial Katsura-Rikyu de Kyoto. Le dimanche, shows *ao vivo* gratuits donnés par des artistes locaux. C'est également un centre majeur de la vie culturelle de Sampa. Certains bâtiments du parc dédiés à la culture sont signés Oscar Niemeyer. Quand on aperçoit la coupole blanche du OCA (ou pavillon Lucas Nogueira Garces, qui propose des expositions temporaires), on reconnaît la griffe du grand architecte, non pas de l'Univers, mais de Brasilia et d'aucuns se demandent s'il ne s'essayait pas déjà aux esquisses du projet princeps du président Juscelino Kubitschek. Le MAC et le MAM (Musée d'art contemporain et Musée d'art moderne) sont deux musées phares et qui accueillent la biennale de São Paulo, aussi reconnue que celle de Venise. Le musée Afro Brasil, l'Auditorio et le Planetario complètent une offre à l'image du gigantisme de Sampa.

AUDITÓRIO IBIRAPUERA

Avenida Pedro Alvares Cabral
✆ +55 11 3629 1075
www.auditorioibirapuera.com.br
Billetterie : du mardi au jeudi de 11h à 18h, vendredi et samedi de 11h à 22h, dimanche de 11h à 20h.

Bloc blanc de format triangulaire avec une ouverture rouge, l'auditorium d'Ibirapuera est signée Oscar Niemeyer. Le projet date des années 1950, mais il a été réalisé entre 2003 et 2005. L'intérieur est tout aussi incroyable, avec une longue rampe circulaire et une grande sculpture rouge au plafond signée de l'artiste Tomie Ohtake (1913-2015). Vaste programmation culturelle (concerts de musique classique et populaire, théâtre, danse…). On y trouve une école de musique avec 170 jeunes élèves sélectionnés dans le réseau scolaire public.

MONUMENTO AS BANDEIRAS ★

Praça Armando de Salles Oliveira, s/n

Cette œuvre imposante de 50 mètres de long est une œuvre de Victor Brecheret, sculpteur italo-brésilien très important dans l'introduction du modernisme au Brésil et responsable de plusieurs sculptures notables à São Paulo. Daté de 1954, le monument installé tout au nord du parc sur la place Armando de Salles Oliveira, rend hommage aux expéditions qui s'aventuraient à l'intérieur de l'Etat (les *bandeiras* ou *bandeiras sertanistas*) au XVIIe siècle et met en scène les personnages de l'Indien, du Noir et du mythique *bandeirante*.

MUSEU AFRO BRASIL ★★★

Portão 10
✆ +55 11 3320 8900
www.museuafrobrasil.org.br
Du mardi au dimanche de 10h à 18h (billetterie jusqu'à 17h). 10 R$, gratuit le samedi. Wifi. Visite guidée gratuite

Depuis 2004, ce musée a pour but de présenter la culture noire comme une caractéristique de l'identité nationale. Depuis les origines culturelles africaines de tout un continent jusqu'à aujourd'hui, en passant bien sûr par l'époque de l'esclavagisme, les temps ouvriers, le carnaval, la capoeira et la samba… Et surtout la culture du candomblé, les significations et représentations des orixás, la célébration du culte religieux. Peintures, photographies, gravures, sculptures et toutes sortes de documents. Beaucoup de photos de Pierre Verger (1902-1996). A voir

MUSEU DE ARTE MODERNA (MAM) ★★

Avenida Pedro Alvares Cabral
✆ +55 11 5085 1300 - www.mam.org.br
Ouvert du mardi au dimanche de 10h à 18h. Entrée à 7 R$, gratuit le dimanche. Visite guidée gratuite sur résa par mail.

Comme le célèbre MOMA de New York, le MAM (Museu de Arte Moderna) de Sao Paulo est une référence mondiale en matière d'art moderne. Le MAM organise toute l'année des expositions temporaires mettant en scène le résultat du travail de divers artistes nationaux ou étrangers, réalisés sur des supports multiples (peinture, photographie, sculptures…). L'expo n'est en revanche pas très grande, on a vite fait le tour. Également sur place une boutique, une bibliothèque et un bar-restaurant.

MUSEU DE ARTE CONTEMPORÂNEA [MAC] ★★★

Avenida Pedro Álvares Cabral ✆ +55 11 2648 0254
www.mac.usp.br

Ouvert le mardi au dimanche de 10h à 18h. Entrée libre.

Le musée d'Art contemporain [MAC] de l'Université de São Paulo [USP] a fêté ses 50 ans en 2013. Son histoire a débuté avec le transfert vers l'USP des collections de l'ancien musée d'Art moderne de São Paulo. Aujourd'hui le MAC fonctionne sur trois sites en ville, dont celui-ci dans l'Ibirapuera, où le public peut apprécier tout au long de l'année des expositions temporaires de grande qualité. Au total, il compte un fonds de 10 000 œuvres : huiles, dessins, gravures, sculptures, objets et travaux conceptuels... Les plus grands noms exposés ici sont les expressionnistes Amedeo Modigliani ou Paul Klee, les fauves Matisse et Dufy, les cubistes Picasso et Braque, les abstractionnistes Kandisky, Léger, Picabia, Alexander Calder, les surréalistes Chagall, Ernst, Miro... Voilà pour les toiles étrangères, qui rappellent la collection de notre musée Beaubourg à Paris.

On se passionnera également pour le volet brésilien du musée, dédié aux artistes modernistes, pour la plupart, comme Tarsila do Amaral, Anita Malfatti, Lasar Segall, Di Cavalcanti, Victor Brecheret, Vicente do Rego Monteiro et John Graz, tous exposants de la semaine de l'Art Moderne qui marqua son époque en 1922. Les avant-gardistes des années 1930 ne sont pas en reste, la collection compte de nombreuses œuvres de Flavio de Carvalho, Aldo Bonadei, Francisco Rebolo... A noter la thématique sociale développée par Candido Portinari et Clóvis Graciano et les arts graphiques abordés par Edith Behring et Renina Katz.

Enfin, la collection d'art contemporain est logiquement la plus étoffée. On peut citer les grands maîtres internationaux qui sont exposés ici, comme le surréaliste post-moderne Antonio Tàpies, et les grands noms de l'art optique comme Vasarely, ou le pop art de Claes Oldenburg et Robert Rauschenberg.

A partir des années 1960, la biennale d'art de São Paulo a bouleversé les tendances, et la vague d'expressionnisme abstrait et d'art néo-concret s'est développée au Brésil, à l'image des œuvres de Lygia Clark, Iberê Camargo, Maria Leontina, Yolanda Mohalyi, Tomie Ohtake et Arcângelo Ianelli, les plus emblématiques.

Enfin plus conceptuels, les «assemblages happening» de Nelson Leirner, Geraldo de Barros, Artur Barrio, Antônio Dias, José Roberto Aguilar, Cláudio Tozzi, Wesley Duke Lee, ou Cildo Meireles sont intéressants. L'art conceptuel impliquant installations, performances et vidéos compte ses représentants brésiliens, comme Mario Cravo Neto, Iole de Freitas ou Julio Plaza.

OCA ★★

Avenida Pedro Álvares Cabral
✆ +55 11 3105 6118
www.parqueibirapuera.org

Prix et jours d'ouverture selon l'exposition en cours. Normalement fermé le lundi.

En voyant la coupole blanche de l'OCA [ou Pavilhão Lucas Nogueira Garcez], on se demande bien si l'architecte Oscar Niemeyer ne serait pas le responsable de ce curieux et joli projet. Et la réponse est oui, forcément ! L'architecte l'a réalisé en 1954 et on pourrait penser qu'il s'entrainait déjà pour la construction de Brasília. Le nom *oca* fait allusion à l'habitat indigène, ainsi appelé et construit dans ce même format rond. Situé dans le parc Ibirapuera, l'OCA est un lieu abritant les expositions temporaires les plus diverses.

PAVILHÃO DA BIENAL ★★

Parque do Ibirapuera
✆ +55 11 5576 7600
www.bienal.org.br

La visite de São Paulo et de certains de ses lieux les plus emblématiques permet d'apprécier l'apport de Niemeyer à l'architecture. Inauguré en 1957, le bâtiment signé Oscar Niemeyer est un symbole de l'architecture moderniste brésilienne. C'est de l'intérieur que l'on apprécie les traits et les courbes si caractéristiques de l'architecte. Ce pavillon accueille les plus grands événements culturels de la ville et il est le siège de la réputée biennale d'art. Malheureusement il n'est ouvert au public que lors de ces grands événements [assez fréquents quand même].

PLANETÁRIO PROFESSOR ARISTÓTELES ORSINI ★

Avenida Pedro Álvares Cabral
✆ +55 11 5575 5206
parqueibirapuera.org

Billets gratuits distribués 1 heure avant la séance. Séances à 10h, 12h, 15h et 17h du mardi au dimanche et jours fériés

Inauguré en janvier 1957, ce planétarium en forme de coupole fut le premier du genre en Amérique latine. Rénové durant la dernière décennie et désormais équipé de technologie de pointe, il permet aux nombreux visiteurs du musée, à travers des projections, de tout savoir sur les planètes et l'astronomie et, plus trivialement, de se faire une idée de la voûte céleste que la pollution de la mégapole occulte la plupart du temps ! Un lieu agréable et bien conçu.

SE LOGER

São Paulo n'est pas la principale destination touristique des Français, mais c'est une mégapole vers laquelle converge quotidiennement un nombre important de voyageurs en transit, d'hommes d'affaires, de migrants du Nordeste ou d'Amazonie en quête de travail, d'étudiants. Certains vols en provenance d'Europe desservent São Paulo et il arrive donc que les voyageurs curieux choisissent « d'expérimenter » la capitale économique du pays pour connaître un Brésil authentique, quelquefois un peu éloigné des cartes postales de Rio de Janeiro ou du long littoral du pays. Bref, l'offre en hébergement à São Paulo est d'une grande variété et d'une grande richesse. De l'extravagant hôtel Unique, designé par Ruy Otake, ou encore le très sélect Fasano jusqu'à l'hôtel presque insalubre du centre-ville, le choix est grand. Le budget et la localisation de l'hôtel seront, ici comme ailleurs, le facteur de décision.

BRAZILODGE ALL SUITES HOSTEL €

Rua Rio Grande, 167
✆ +55 11 2362 6495
www.brazilodge.com.br

A partir de 68 R$ le lit en dortoir, à partir de 150 R$ la double. Wi-fi, réception 24h/24. Parking.

Voilà un nouvel *hostel* pratique, moderne sympa et super bien tenu. Dortoirs ultra-modernes (certains exclusivement féminins), pour un confort optimal. Les chambres doubles sont décorées et équipées comme celles d'un hôtel. L'ambiance est très jeune et cosmopolite. On apprécie le patio extérieur à l'arrière et la petite terrasse à l'avant. Ici sont organisés chaque week-end des événements (DJ, *food truck*) qui mettent un peu d'ambiance. L'*hostel* est en revanche un peu loin du métro.

CALIFORNIA HOSTEL CAFÉ BAR €

Rua João Moura, 607
✆ +55 11 2619 6001
www.hostelcalifornia.com.br

Réception ouverte en journée, sur rdv la nuit et dimanche. à partir de 70 R$ le lit en dortoir, 185 R$ chambre double

Cette belle maison coloniale est un nouvel *hostel* qui a ouvert à la place d'un ancien boutique hôtel. Les infrastructures sont de qualité avec salle de bains privative ou partagée. Toutes sont très agréables. Cuisine collective bien équipée, patio agréable à l'arrière avec des tables conviviales, et à l'avant une terrasse très agréable. Petit déjeuner délicieux et super accueil de Juliano et son équipe. Etablissement bien sécurisé. L'une des meilleurs adresses de la ville.

MAMA BRASIL €

Rua Itapeva, 88, Bela Vista
✆ +55 11 2306 2851
www.mamabrasilhostel.com

Dortoir de 55 à 75 R$ (de 4 à 9 lits), chambre double avec ventilateur 130 R$, avec clim 140 R$, petit déj inclus.

Voilà un des meilleurs hostels de la ville en plein centre, dans le quartier animé de Bela Vista. Dortoirs propres et confortables, avec casier pour chacun et climatisation, chambres doubles basiques un peu plus confortables... L'ensemble est chaleureux, accueillant, bien tenu, les salles de bain sont modernes. On s'y sent comme à la maison. En prime : une cuisine collective bien équipée, un bar et une belle terrasse arborée pour profiter du soleil et discuter. Wi-fi, réception 24h/24. Assurément un lieu sûr et agréable pour les petits budgets.

Ô DE CASA HOSTEL €

Rua Inácio Pereira da Rocha, 385
✆ +55 11 3063 5216
odecasahostel.com

A partir de 50 R$ en dortoir, à partir de 169 R$ la chambre double. Petit déjeuner et wi-fi inclus.

Cet hostel coloré est un endroit charmant et reste à la taille humaine, car la capacité d'accueil ne dépasse pas trente personnes. Une terrasse en partie couverte est agrémentée de plusieurs plantes tropicales. Les dortoirs possèdent 8, 6 ou 4 lits avec draps, ventilateur, casiers et prises individuelles. Ils disposent aussi d'une chambre double privative sans salle de bains et d'une autre avec salle de bains, serviettes incluses pour les deux. Le bar est ouvert du matin au soir et propose aussi un service de petite restauration. Il est très animé le week-end.

SÃO PAULO HOSTEL DOWNTOWN €

Rua Barão de Campinas, 94
✆ +55 11 3337 3305
www.hostelsp.com.br
À partir de 60 R$ en dortoir, 140 R$ la double, 190 R$ la triple et 250 R$ la quadruple. Petit déjeuner et wi-fi

Localisation centrale et pratique pour cette auberge située à proximité du Largo do Arouche (à 400 m de la station de métro Praça da República). Chambres privées pour 1, 2 ou 4 personnes et dortoirs de 4 à 8 personnes, féminins ou masculins, basiques mais propres. L'accueil reste ouvert 24h/24, la cuisine collective est correcte et l'on trouve au septième étage un bar avec des instruments de musique. Terrasse. Attention : zone déconseillée le soir.

155 HOTEL €€

Rua Martinho Prado, 173
✆ +55 11 3150 1555
www.155hotel.com.br
A partir de 244 R$ la double standard. Petit déjeuner inclus.

A cheval entre le centre, la rua Augusta et le quartier d'Higienópolis, l'hôtel possède une bonne localisation pour ceux qui veulent découvrir cette partie de la ville sans être dans les rues plus centrales et mouvementées. Le concept du 155 hotel est de proposer un hôtel au prix low cost avec des services de qualité. Le défi est bien relevé. Les tarifs un peu au-dessous de la moyenne sont aussi à considérer. Chambres confortables de style contemporain, en blanc et noir, et bien équipées (télévision, Internet, frigo-bar), plancher en bois.

GUEST URBAN HOTEL €€

Rua Lisboa, 493
✆ +55 11 30815030
www.guesturbansp.com.br
A partir de 250 R$ la double. Réception 24h/24, parking voisin, wi-fi.

Cet hôtel est à l'image du quartier branché et bohème de Pinheiros : jeune, design *et arty*. Pas plus de 14 chambres, toutes différentes mais décorées avec des photos d'auteurs et aménagées dans un style loft, gris et blanc. Elles sont très actuelles et confortables (climatisation, mini-bar, salle de bains privative, TV satellite, wi-fi). Le service et le ménage sont très professionnels et la literie très confortable. L'hôtel loue des vélos et propose divers services (café expresso, transfert à l'aéroport, etc.). Excellent rapport qualité/prix.

HERITAGE COMFORT INN €€

Rua Fernando de Albuquerque, 122
✆ +55 11 3258 4088
www.hotelheritage.com.br
A partir de 275 R$ la double avec petit déjeuner et à partir de 350 R$ la suite avec baignoire spa. Parking.

Voilà une excellente nouvelle adresse stratégiquement située au centre, près de l'Avenida Paulista et des restaurants du quartier de Jardins. Cet hôtel a été entièrement rénové et propose de belles chambres à la décoration discrète et moderne à prix raisonnable. L'hôtel dispose d'équipements luxueux : une piscine intérieure, un spa et un restaurant qui sert un petit déjeuner délicieux. On apprécie les balcons, les fenêtres lumineuses des chambres qui offrent une jolie vue sur la rue. Les suites de luxe avec baignoire spa sont situées au dernier étage.

IBIS PAULISTA €€

Avenida Paulista, 2355
✆ +55 11 3523 3000
www.accorhotels.com
A partir de 180 R$ la double en B&B

Les hôtels Ibis sont des valeurs sûres pour les voyageurs qui disposent d'un budget convenable, mais qui reste raisonnable. Bon rapport qualité-prix et bonne localisation pour cet hôtel de la chaine Ibis situé en pleine Avenida Paulista. Les chambres au décor contemporain sont confortables et bien équipées (télévision, minibar, coffre-fort, wifi, réveil, sèche-cheveux...) et la structure agréable. L'hôtel dispose aussi d'un restaurant, le Boa mesa (ouvert midi et soir) et d'un bar ouvert 24h/24. Petit plus, le wifi est gratuit.

NORMANDIE DESIGN HOTEL €€

Avenida Ipiranga, 1187
✆ +55 11 3311 9855
www.normandiedesign.com.br
À partir de 175 R$ la chambre double, 250 R$ la triple, 360 R$ la quadruple, petit déjeuner inclus.

Le designer de cet ancien hôtel du centre s'est inspiré de Philippe Starck lorsqu'il a refait la déco tout en noir et blanc. L'hôtel Normandie Design Hotel est un excellent choix car il allie confort, design et prix modérés. La couleur du hall donne le ton des 171 jolies chambres, gaies, modernes, à la déco de bon goût et aménagées avec le souci du détail (lumières douce, lits douillets, fauteuil design et bureau). Le petit déjeuner est un somptueux buffet. Le service est impeccable. Parfait si vous préférez rester au centre, proche des sites à visiter.

POUSADA DONA ZILÁH €€

Rua Minas Gerais, 112
✆ +55 11 3062 1444
www.zilah.com
Chambre double 490 R$ avec la climatisation, triple 506 R$, petit déjeuner inclus. Wi-fi.

Charmante petite *pousada* aménagée dans une maison ancienne de caractère avec un beau jardin, en plein centre de São Paulo. L'accueil est très chaleureux. Les chambres sont décorées avec goût, confortables : les salles de bains sont plantées d'espèces végétales purificatrices d'eau. Pas de climatisation ici, mais des ventilateurs et des murs épais qui gardent la fraîcheur. On apprécie le magnifique jardin. La maison privilégie les produits bio. On effectue ici le tri des déchets et le compost des matières organiques. La seule éco-*pousada* de ce genre dans la ville.

EMILIANO HOTEL €€€

Rua Oscar Freire, 384
✆ +55 11 3069 4369
www.emiliano.com.br
Comptez à partir de 1 697 R$ la chambre double.

L'Emiliano Hotel est une valeur sûre à Sao Paulo. Belles chambres à la déco minimaliste. Les prestations assurées sont haut de gamme (massage de bienvenue, minibar personnalisé, literie de premier ordre, marbre blanc dans les salles de bains), le service excellent et le Spa de qualité. Préférez les chambres deluxe aux studios, à peine moins chers. Piscine et Jacuzzi japonais sur le toit. On peut venir depuis l'aéroport en hélicoptère. Bien sûr, ces prestations se payent au prix fort. Convient au voyage d'affaire d'affaire ou au tourisme de luxe.

FASANO HOTEL €€€

Rua Vitório Fasano, 88
✆ +55 11 3896 4000
www.fasano.com.br
Comptez à partir de 1 859 R$ la chambre double, 3 160 R$ la suite.

Le groupe Fasano est un groupe d'hôtellerie et de restauration d'excellence. L'hôtel, dans l'agréable quartier de Jardins, ne déroge pas à la règle. C'est un établissement luxueux, d'une rare élégance : parquet, boiseries, tapis, salles de bains en marbre blanc… On se croirait revenu dans les années 1930. Grande piscine, plusieurs bars : l'ensemble a du cachet. La plupart des 60 chambres (dont 10 suites) jouissent d'une superbe vue. Les restaurants Fasano, dont un trône dans le hall, sont considérés parmi les meilleurs au Brésil.

HÔTEL UNIQUE €€€

Avenida Brigadeiro Luis Antônio, 4700
✆ +55 11 3055 4700
www.uniquemobile.com.br
A partir de 1 936 R$ la double en B&B.

Pour le voyageur au budget conséquent, c'est une expérience à ne pas manquer Un hôtel design qui porte bien son nom : il propose une ambiance recherchée et un service de premier ordre. Le bâtiment est signé Ruy Ohtake et le design intérieur et les aménagement paysagers sont également l'oeuvre de professionnels de renom. Les chambres, bien agencées, lumineuses et dotées de toutes les commodités imaginables, dont un bain bouillonnant, sont très confortables. Piscine et lounge sur le toit. Centre de fitness et piscine intérieure chauffée.

PORTO BAY HOTEL €€€

Alameda Campinas, 266
✆ +55 11 2183 0541
www.portobay.com/en/
A partir de 775 R$ en B&B et en offre Internet.

Le Porto Bay est un très bel hôtel-boutique de 80 chambres, qui a su conserver un caractère intime et convivial. Chambres classiques, bien insonorisées, entourant un atrium central et proposant un confort très convenable (lit king size, mobilier ancien, salle de bains avec baignoire). Désormais, on trouve une suite junior et une suite présidentielle. De superbes antiquités dignes de Sotheby's agrémentent les lieux de vie (dont une tapisserie flamande originale du XVIe siècle). Piscine sur le toit avec petite cascade. Excellent service.

ROSEWOOD SÃO PAULO €€€

Alameda Rio Claro, 190
www.rosewoodhotels.com

La cité de São Paulo est un lieu qui propose des surprises à presque chaque coin de rue. L'hôtel Rosewood fait incontestablement partie des établissements qui transforme une nuitée en un séjour des Mille et Une nuits. Dans la cité Matarozzo, dédiée à l'art et à l'esthétique, le design de l'hôtel répond à l'esprit des lieux. Jean Nouvel et Philippe Starck sont les maîtres à qui a été confié la réalisation de «l'oeuvre». What Else ? L'ensemble est un subtil mélange d'ancien et de nouveau. On a l'impression d'entrer dans une cité futuriste faite en bois.

SE RÉGALER

São Paulo s'est autoproclamée capitale gastronomique mondiale. Les Lyonnais n'en ont pas pris ombrage. De nombreux chefs français, brésiliens et étrangers ont d'ailleurs fait le choix de s'installer dans ce véritable «melting pot» culinaire, riche de plusieurs siècles de brassages de populations, du Brésil et de la vieille Europe, sans négliger la très riche influence africaine. On ne peut nier la variété et la qualité de la cuisine pauliste. Le choix y est à l'image de la ville, immense. La qualité des prestations culinaires de Sampa se savoure néanmoins au prix d'une addition assez souvent salée. Certaines chaînes de cafés, pâtisseries ou restaurants rapides dispersées dans de nombreux points de la ville proposent des collations d'un excellent rapport qualité/prix. A midi, les bistrots et restaurants sont aussi nombreux à proposer un plat du jour, voire un menu à des prix plus abordables.

A l'inérieur du Mercado Municipal.

ALMANARA €€

Rua Basilio da Gama, 70 ✆ +55 11 3352 2000
www.almanara.com.br

Au comptoir en-cas à partir de 5 R$. au restaurant compter 70 R$/personne à midi, à partir de 49 R$ le plat à la carte.

Le Brésil est riche d'une grande communauté arabe, en majorité issue du Liban et de Syrie, lorsqu'ils étaient encore sous le joug ottoman. La merveilleuse cuisine proche-orientale ne pouvait que s'exprimer avec talent dans cette ville.

Considéré comme le meilleur restaurant arabe de la ville, le Almanara fait partie d'une chaîne de restauration arabe dont le premier établissement a été ouvert dans la rue 25 de Maio. Les plats classiques sont à l'honneur. A côté du restaurant un espace *lanchonete* sert aussi en-cas et petits plats, pour les budgets plus serrés.

APFEL €

Rua Dom José de Barros, 99
✆ +55 11 3256 7909
www.apfel.com.br

Du lundi au samedi de 11h30 à 15h. Buffet à 35 R$/personne. repas de 36 à 70 R$

Cela fait plusieurs années que l'Apfel propose sa cuisine «organique» à Sampa. L'établissement est un Petit restaurant végétarien qui propose des plats à base d'ingrédients bio venus en grand partie de la ferme du propriétaire. Le buffet est varié et créatif proposant différentes recettes tout au long de la semaine. Pour finir en douceur : on pourra essayer tarte aux poires et aux figues, gâteaux à la citrouille, pâtisserie à la carotte… Le lieu est à la fois simple et plaisant, en accord avec l'esprit bio et durable de la maison.

CARLOTA €€€

Rua Sergipe, 753
✆ +55 11 3663 0911
www.carlota.com.br

du mardi au vendredi de 12 à 15h, samedi jusqu'à 16h et dimanche jusqu'à 18h. Dîner du lundi au samedi. A partir 120 R$

La chef Carla Pernambuco (dont la famille n'est pas brésilienne mais italienne, malgré son patronyme) portetoujours plus haut les couleurs de la gastronomie brésilienne, mâtinée d'influences new-yorkaise et italienne, forcément puisqu'elle a fait ses classes à New York et que sa famille est originaire du pays en forme de botte (près de Tricarico). Essayez le bar accompagné d'une purée de banane terra ou les *bolinhos de carne de sol* et manioc en entrée. Elle propose une cuisine contemporaine et raffinée. Le menu change régulièrement.

CASA GODINHO €

Rua Líbero Badaró, 340
✆ +55 11 3105 1625
www.casagodinho.com.br

Du lundi au vendredi de 7h à 19h. Empada à partir de 7,50 R$.

Depuis cent vingt-cinq ans, cette épicerie fine (*mercearia godinho, casa de bacalahau e empadas* dans la langue de Camoes) ravit les Paulistes. En plus du *bacalhau* séché, la maison est renommée par ses *empadas*. Ce petit encas salé à la pâte brisée est garni avec de la sauce béchamel et de la morue, entre autres déclinaisons. Il faut y goûter ! Les Paulistes et les revues culinaires brésiliennes ne s'y trompent pas. Ils l'honorent régulièrement depuis des décennies. L'empada à la crevette à la sauce blanche ou à l'ail sont à découvrir.

FAMIGLIA MANCINI €€

Rua Avanhandava, 81 ✆ +55 11 3256 4320
www.famigliamancini.com.br

Du dimanche au mercredi de 11h30 à 1h, jeudi de 11h30 à 2h, samedi et dimanche jusqu'à 3h. Compter 130 R$ le kilo

Le restaurant « Famiglia Mancini » est une vénérable maison pauliste d'excellente réputation, icône de la cuisine italienne de Sampa pour certains. Dans un cadre typique et sympathique, on y vient pour déguster de très bonnes pâtes accompagnées d'une trentaine de sauces au choix. Chaque plat peut nourrir facilement deux personnes. Dans la même rue, la famille possède encore une boutique et deux restaurants (de pizzas et de poissons) ! Les pizzas au carpaccio de saumon ou les fettucine aux fruits de mer et aux aubergines grillées sont des valeurs sûres.

MERCADO MUNICIPAL - MERCADÃO €

Rua Cantareira, 306
✆ +55 11 3313 3365
www.oportaldomercadao.com.br

À partir de 6h pour le public et jusqu'à 18h environ. Dimanche et jours fériés de 6h à 16h. Comptez 20 R$.

On a évoqué l'incontournable Mercado Municipal ou Mercadao dans les lieux que l'on se doit de voir à São Paulo. Ce vénérable marché propose une variété infinie de stands et de restaurants, comme les très prisés « Hocca » ou le « Brasileirinho ». Il est impossible de partir du *mercadão* sans avoir goûté le gros sandwich de mortadelle (un peu gras) ou le *pastel* à la morue. Les bars/restaurants se trouvent à l'étage et partout les garnitures sont toujours généreuses !

PADARIA BASILICATA €

Rua Treze de Maio, 614
✆ +55 11 3289 3111
www.basilicata.com.br

Ouvert du lundi au samedi de 7h à 20h, dimanche et jours fériés de 7h à 14h. Pains, antipasti et biscuits sucrés.

La Basilicata est le nom de la région italienne dont est originaire le fondateur de cette boulangerie très gourmande inaugurée en 1914, la «padaria basilicata». Depuis plus d'un siècle, l'art du pain et de certaines pâtisseries italiennes est assuré quotidiennement avec passion. Tous les jours trois fournées de 400 pains sortent des fours et sur place on peut les déguster encore chauds. Essayez les pains avec de la *sardela* (antipasto à base de sardines et de poivrons rouges) ou de l'*aliccella* (antipasto à l'anchois) faites maison.

SUJINHO €

Rua da Consolação, 2078
✆ +55 11 3231 5207
www.sujinho.com.br

Tous les jours de midi à 5h. Pas de carte bancaire. Hamburger à partir de 15R$

A Rio, un sujinho est un botequim, bar de quartier, où le sol est couvert de sable. Ici, à Sao Paulo, c'est la même esprit de convivialité qui est proposé aux clients. C'est un endroit où va pour ses grillades bon marché. Sujinho est connu pour ses plats bien exécutés et copieux. La *bisteca* accompagnée de frites est un classique de la maison. C'est le royaume du hamburguer artisanal à la brésilienne. On peut créer son hamburger. Deux fois par semaine, mercredi et samedi, on peut aussi commander une *feijoada* complète. Terrasse au troisième étage.

RAFUL €

Rua Comendador Abdo Schahin, 118
✆ +55 11 3229 8406
www.raful.com.br

Du lundi au vendredi de 7h à 18h, samedi jusqu'à 16h. A partir de 7 R$.

Le restaurant Raful est une *lanchonete* libanaise où on mange des savoureuses spécialités du pays du cèdre et et du proche et moyen orient. On y trouve de trés bons *esfihas, kebbes* et autres en-cas. Les pâtisseries sont aussi à essayer. Idéal pour un goûter ou un déjeuner rapide lors d'un passage dans la rue commerçante mouvementée de 25 de Março. Le restaurant propose un menu dégustation à 85 R$, une dégustation de plats froids à 49 R$. Le menu propose une variété infinie de plats et mezzés et quelques spécialités brésiliennes.

TERRAÇO ITALIA €€€

Avenida Ipiranga, 344
✆ +55 11 2189 2929
www.terracoitalia.com.br

De midi à 15h et de 19h à minuit. Compter environ 100 R$ le plat, menu dégustation à 170 et 185 R$. buffet 128 R$.

Le Terraço Italia trône fièrement au 41ème étage de l'Edificio Italia, un des immeubles les plus emblématiques de Sao Paulo depuis plus de 50 ans. On y vient pour son excellente cuisine italienne, confiées aux mains expertes du chef toscan Pasquale Mancini et pour le point de vue unique sur la ville. Le Terraço est un complexe de quatre salles, dont un bar et un restaurant dansant au 42e étage. La belle carte des vins, riche de plus de 200 étiquettes vaudrait presque à elle seule le déplacement dans ce lieu magique. Très chic. Mais relativement cher.

ROTA DO ACARAJÉ €€

Rua Martim Francisco, 529
✆ +55 11 3668 6222
www.rotadoacaraje.com.br

Du mardi au samedi de 11h55 à 23h30, dimanche de 11h55 à 24h, dimanche jusqu'à 20h. Acarajé à partir de 14 R$.

L'acarajé est un petit beignet d'origine africaine, que l'on fait frire dans de l'huile de palme. Si vous ne passez pas par Bahia au cours de votre voyage au Brésil… ou si Bahia vous manque après votre séjour près du Pelourinho, allez à la Rota do Acarajé pour goûter à sa cuisine épicée à base de fruits de mer. L'*acarajé*, beignet frit garni de *vatapa* (purée épicée) et de crevettes, est un classique qui a son restaurant dédié ! Il peut être servi aussi en mini portions en entrée. *Muqueca, carne seca, bobo de camarão*… Le menu est vaste.

VILLA TAVOLA €€

Rua 13 de Maio, 848
✆ +55 11 2842 9620
www.villatavola.com.br

Service à la carte 24h/24. Buffet pâtes et grillades 12h-15h, Buffet de soupes de 22h à 6h. Pâtes à partir de 45 R$

Un grand lieu destiné à la gastronomie italienne dans un cadre typique. Fondé en 1963 et entièrement refait en 2000, ce restaurant est hébergé dans un bâtiment ancien à la belle façade claire. Toutes les régions d'Italie sont présentes sur le menu mais des plats interantioanaux sont également proposés. Le restaurant se divise en plusieurs ambiances. La Terrazza est celle qui vous transporte dans une villa d'Italie ! Buffet à midi, piano-bar le soir, soupes et antipasti durant la nuit. Goûtez les ravioli de ricota et les tagliattelle vila Tavola.

CONSULADO MINEIRO €€

Rua Cônego Eugênio Leite, 504
✆ +55 11 3898 3241
www.consuladomineiro.com.br
buffet Du mardi au vendredi de midi à 15h. Le soir en semaine à la carte. Plats à partir de 112 R$ (suffisants pour 2).

Comme son nom l'indique avec un zeste d'humour (Consulat du Minas Gerais), le Consulado Mineiro est un restaurant spécialisé dans la gastronomie *mineira. Le restaurant propose* un excellent *feijão tropeiro mais on y* trouvera également le classqiue *tutu à la mineira*, le *quibebe à la viande séchée, le traingle mineiro*– forcément, c'est déconseillé à ceux qui ne veulent pas sortir de leur régime ou qui sont végétariens ! Les prix ont quelque peu grimpé ces derniers temps, mais la cuisine est toujours aussi bonne. La carte de cachaça est impressionnante.

D.O.M. €€€

Rua Br. De Capanema, 549
✆ +55 11 3088 0761
www.domrestaurante.com.br
de 12h à 15h et de 19h à 24h, samedi uniquement le soir. menu dégustation de 400 ou 700 R$. Plat à midi semaine 100 R$.

Grâce à son chef Alex Atala, considéré comme l'un des dix meilleurs cuisiniers du Monde, le D.O.M. est toujours plein à craquer. Il propose une cuisine contemporaine, inspirée de la cuisine française, italienne et orientale, qui met subtilement en valeur la richesse des produits brésiliens, tout spécialement ceux de l'Amazonie. Le chef se fait un plaisir d'aller aux sources pour mieux connaître ses ingrédients, issus de la biodiversité de la grande forêt, et être en symbiose avec les producteurs. Une véritable aventure culinaire pour vos papilles.

FRAÇÃO DA PIZZA €

Rua dos Pinheiros 466
✆ +55 11 2503 6117
www.fracaodapizza.com
Comptez 60 R$ la pizza, 15 à 20 R$ la part de pizza.

Si vous cherchez à partager une pizza dans un cadre agréable à Pinheiros, le restaurant «fraçao da pizza» est une excellente option. D'abord parce qu'il a des tables en terrasse sur le trottoir, que certains soirs un musicien anime le fond sonore, et que les portions (fraçao) de pizzas ou les grandes pizzas sont bonnes, copieuses et à prix raisonnables, ce qui convenons-en, constitue un ensemble de facteurs très favorables. On apprécie de pouvoir choisir deux compositions pour la même pizza. Le service est très attentif. Une carte de vin agréable.

GOA VEGETARIANO €

Rua Conego Eugenio Leite, 1152
✆ +55 11 3031 0680
www.goavegetariano.com.br
Du mardi au vendredi de 12h à 15h30, jusqu'à 16h30 le week-end. Menu complet 32,50 R$ en semaine, 44,90 R$ le week-end.

Le Goa Vegetariano depuis prés de 20 ans est une excellente alternative aux repas plutôt carnés des Brésiliens. Dans une une salle colorée et agréable, on sert une cuisine bio savoureuse et inventive. C'est une option plutôt chic pour les végétariens, on évolue ici dans une ambiance cosy, avec des références à l'Inde et à Goa. La formule change de temps en temps, mais en règle générale, vous pouvez opter pour un menu quotidien où l'on peut redemander la boisson, l'entrée et le plat si les portions n'ont pas été suffisantes.

MANAI GASTRONOMIA €

Alameda Santos, 1219
✆ +55 11 4329 0401
www.manaigastronomia.com.br
Ouvert de 11h30 à 15h30. 75 R$/kilo.

Les différents restaurants Manai Gastronomia ont tous comme caractéristiques de proposer une cuisine «préparée avec amour». Au-delà d'un slogan marketing, cette passion culinaire revendiquée se retrouve bien das les plats depusi l'ouverture du premier restaurant du groupe en 2008. Ce n'est pas vraiment bon marché si vous voulez faire un repas copieux, mais l'endroit mérite que l'on s'y intéresse. Les options dans le buffet central sont nombreuses et variées. Bon choix de salades pour ceux qui cherchent du frais. Décor accueillant.

MANI €€€

Rua Joaquim Antunes, 210
✆ +55 11 3085 4148
www.manimanioca.com.br
de midi à 15h, le week-end de 13h à 16h. Le soir de 20h à 23h30, de jeudi à samedi de 20h30 à minuit 30. 130 à 480 R$

Helena Rizzo, prépare à côté de son mari et chef Daniel Redondo des plats exquis constamment renouvelés à la carte du Mani – élu 36e meilleur au monde par le *The World's 50 Best Restaurants 2014.* Avec leur touche personnelle, ils travaillent les ingrédients locaux et revisitent les classiques de la gastronomie brésilienne.le *picadinho* de filet mignon en plat du jour, d'autres plats plus élaborés, comme le riz aux langoustines avec une émulsion au safran. Le menu dégustation vous permettra de plonger dans cette cuisine de choix.

MEATS €

Rua dos Pinheiros, 320
✆ +55 11 2679 6323
www.restaurantemeats.com.br
de 12h à 15h et de 19h à 24h, vendredi et samedi jusqu'à 1h, dimanche de 13h à 24h. à partir de 40 R$ le burger.

Ce restaurant spécialisé dans les burgers gourmets attire les fans de bons *fast food*, même si les prix sont un peu salés. Il faut dire que les produits sont de qualité. Le chef diplômé met au service de ses clients son expérience en boucherie pour préparer des plats qui donnent envie ! La carte est originale et propose des steaks copieux. Le Hooligan avec *pickles*, cheddar anglais et poitrine fumée est excellent, certains préféreront remplacer les *pickles* par des poivrons et du bleu. En guise de dessert, on choisira le *pudim de leite*, un classique brésilien.

QUITANDA €

Mateus Grou, 159
✆ +55 11 3081 7901
www.quitanda.com
resto ouvert tous les jours à midi. Salades entre 28 et 36 R$, plats de 35 à 50 R$. Dimanche petit déjeuner à la carte.

Sur la mezzanine de ce bel et grand entrepôt (qui se refuse à être un supermarché) dédié aux produits d'épicerie fine, viandes sélectionnées, laitages et fruits et légumes frais, se retrouve un restaurant proposant une cuisine saine et savoureuse. La formule buffet avec salades diverses et graines est très pratique et de bon rapport qualité/prix. Les amateurs de viande pourront inclure une grillade à leur formule. Quelques plats sont aussi proposés à la carte. Le dimanche matin on peut se faire plaisir avec les pancakes au blé complet et bananes.

MERCEARIA DO CONDE €€

Rua Joaquim Antunes, 217 ✆ +55 11 3081 7204
www.merceariadoconde.com.br
Lundi à mercredi de 12h à 16h et de 19h à 24h, du jeudi au dimanche en continu Plats à partir de 50 R$. Menu éco à midi.

Depuis 1991, dans le quartier agréable de Jardins, La «Mercearia do Conde» propose une carte contemporaine et créative, mêlant les recettes internationales aux produits brésiliens. Dans un décor assez fouillis tout à fait intéressant, avec de nombreux ustensiles de cuisine et d'objets accrochés au plafond, on replonge à l'époque où le restaurant était une véritable *mercearia* (une épicerie). Le menu propose des plats fixes et des plats nouveaux chaque semaine. Les plats à la carte sont disponibles en portion réduite pour les enfants à 75 % du prix original.

SUSHIMASA €

Rua Haddock Lobo, 895
✆ +55 11 3083 7306
sushimasasp.com/
Rodizio de sushis à 41.90 R$ la journée et 79.9 R$ le soir, réductions sur la page Facebook du restaurant.

Le sushimasa est une adresse intéressante dans la foule des restaurants japonais de Sao Paulo. Ici, on ne vient pas vraiment pour la déco (des tables propres dans un restaurant un peu froid sans grand charme), mais pour l'assiette : des sushis par centaines, servis à volonté en *rodizio*. Le midi, c'est particulièrement bon marché, mais le soir ça reste abordable pour un restaurant de sushis à So Paulo, et la qualité est très correcte. Une bonne adresse pour les petits budgets. La communauté japonaise de la ville vient souvent s'y sustenter.

A PEIXARIA BAR E VENDA €€

Rua Inácio Pereira da Rocha, 112
✆ +55 11 2589 3963
Prix très variable en fonction du poisson. 189 R$ le pacage «canoa» de 3 kg de poisson, 288 R$ le pacage maré cheia.

A Peixeria Bar e Venda est un incontournable à Vila Madalena pour qui veut manger de bons plats de poisson. Ce restaurant est immanquable sur cette rue large avec ses tables en terrasse ou à l'intérieur, dans une grande salle à la déco rustique. Vous découvrirez à l'intérieur la poissonnerie, au milieu des immenses spécimens à vendre, des homards et fruits de mer fort appétissants. On peut donc faire son marché pour manger sur place ou emporter ses produits de la mer à la maison. La carte compte des plats brésiliens typiques, un vrai régal.

TORDESILHAS €€

Alameda Tietê, 489
✆ +55 11 3107 7444
www.tordesilhas.com
Du mardi au vendredi de 18h à 1h, samedi de 12h à 17h et de 19h à 1h. Feijoada le samedi midi. Plats entre 75 et 100 R$.

Le restaurant Tordesilhas est un restaurant qui honore le terroir, la simplicité et la qualité des produits et des plats. On y propose des plats traditionnels de la gastronomie brésilienne avec toujours une touche personnelle de la chef Mara Salles. Le menu change régulièrement, mais les plats régionaux et les desserts composés des fruits tropicaux sont à l'honneur. Quelques spécialités de la cuisine de Belém aussi. Essayez le *tacaca* ou le *pirarucu* au *tucupi*. Le trio de glaces *açaí*, *cupuaçu* et *tapioca* vient aussi tout droit de la forêt amazonienne.

BOLADOS SUCOS €

Rua Joaquim Floriano, 373
✆ +55 11 3168 5723
www.boladossucos.com.br

En semaine de 8h à 21h, samedi de 11h à 19h. Compter 12 R$ le sandwich et 6 R$ le jus.

Le Bolados Sucos est en quelque sorte le paradis des amateurs de jus de fruit. C'est l'endroit parfait pour prendre un cocktail de fruits exotiques au bon et véritable sens terme ! La gamme proposée est ample et les fruits très divers – souvent même méconnus des Brésiliens. Peu regardant, le patron a donné des noms carioca à ses cocktails phares. Essayez les Copacabana (melon, ananas, goyave et orange), ou Pacifico (noix, lait et lait concentré sucré) ou les plus simples, avec des fruits du nord du pays ou endémiques – Dépaysement gustatif garanti !

PÉ NO PARQUE €

Rua Inhambu, 240
✆ +55 11 5051 3376
www.penoparque.com.br

Du lundi au vendredi de 11h à 1h, samedi et dimanche à partir de 8h. sandwichs et salades de 25 à 35 R$.

Juste à côté du parc Ibirapuera (ce qui a inspiré son nom), cette sandwicherie et bar à jus attire un grand nombre de sportifs, surtout le week-end, dans une ambiance détendue et un peu vegan mais on peut trouver des plats carnés et à base de posson. Après une séance de footing ou une simple promenade avec son chien, on se retrouve pour manger une salade, un *wrap* ou les crémeux *açais*. Les fruits sont exposés sur le comptoir et l'on peut les choisir pour composer un jus bien frais ou une *batida* (fruits frappés avec du lait). Un oasis à Sampa.

CONDESSA CAFÉ €€

Rua Bueno Brandão 66 ✆ +55 11 3842 5141
www.condessabistro.com.br

Du mardi au vendredi de 12h à 15h et de 19h à 23h30,, samedi de 12 à 17h et de 19h à 00h30. A partir de 50 R$ le plat.

Une adresse décalée et colorée, c'est la «fille unique» de la Marcearia du Conde. On dirait presque une maison de poupée, mais dans une version déjantée. La carte aux influences françaises et orientales propose des plats contemporains créatifs et de repas légers. Plusieurs quiches et salades gourmandes, toujours avec beaucoup de légumes. Pour déguster les saveurs locales, essayez le *risotto de carne seca* (viande typique du nordeste) et potiron avec *mandioquin ha* (manioc) et moutarde. Le risotto au canard avec des pommes au curry est une option plutôt originale.

PRÊT NO MAM €€

Portão 3
✆ +55 11 5574 1250

Du mardi au vendredi de 12h à 16h, samedi et dimanche de 12h30 à 17h. Café ouvert de 10h à 18h. Compter 60 R$.

Si vous êtes venu à l'Ibirapuera pour voir les musées d'Art du parc, ou tout simplement si vous voulez profiter de cette extraordinaire oasis de culture et de verdure qu'est ce merveilleux parc, profitez-en pour faire un repas un peu branché, sous les bons auspices de la collection du MAM. La salle en demi-lune, en béton ciré, très sobre et design, a du cachet et donne sur le jardin des Sculptures, imaginé par le grand paysagiste Burle Marx. Les options du buffet changent en fonction du marché du jour, mais sont toujours agréables et à des prix raisonnables.

KAA €€€

Avenida Presidente Juscelino Kubitschek, 279
✆ +55 11 3045 0043
www.kaarestaurante.com.br

Du lundi au jeudi de 12h à 15h et de 19h à 24h, vendredi jusqu'à 1h, samedi de 12h à 1h, dimanche de 12h à 17h.

Derrière un mur blanc assez discret se cache un jardin tropical vertical et un restaurant où gastronomie et design se marient. Les lieux, tout en bois et autres matières naturelles, ont été signés par l'architecte Arthur Casas. Les volumes sont amples : le toit en verrière peut s'ouvrir, et l'immense jardin est composé de milliers de plantes tropicales – *Kaa* veut dire forêt en langue tupi. Le chef João Vergueiro Leme propose une carte aux influences franco-italiennes avec des touches asiatiques. Réservation conseillée et prix élevés.

RITZ €€

Rua Jeronimo da Veiga, 141
✆ +55 11 3079 2725
www.restauranteritz.com.br

Du lundi à vendredi de midi à 15h et de 20h à minuit, samedi et dimanche de 12h30 à 1h. Plats à partir de 60 R$.

Le Ritz, ouvert en 1981 sur Alameda Franca, est un établissement à l'atmosphère décontractée et à l'air rétro. La décoration est signée par l'artiste Wesley Duke Lee, qui a également conçu le logo du restaurant. Il.est niché dans un décor d'entrepôt industriel très design : lumière naturelle, jardin, sofas rouges et tables en marbre. On y trouve les meilleurs *cheeseburgers* de la ville, ainsi que des pennes à l'asperge et jambon cru. Certains diront que, pour des sandwiches, c'est un peu cher, mais les plats sont savoureux et le cadre soigné.

SÃO PAULO

FAIRE UNE PAUSE

Faire une pause à São Paulo apparaît comme essentiel tant la frénésie de la vie pauliste et l'offre infinie d'art, de culture, d'architecture vont rendre nécessaire un intermède salvateur. Les opportunités de pause se déclinent à l'aune de l'immensité de la mégapole brésilienne. Du petit kiosque à jus de fruit à la pâtisserie art déco, en passant des épiceries fines ou des glaciers italiens, la déclinaison est digne d'une liste à la Prévert. En fonction du temps imparti et bien sûr du budget, on trouvera en tout lieu de la ville et à tout moment de quoi se désaltérer ou reprendre des forces. La conception de la pâtisserie n'est pas tout à fait la même qu'en France et il est quelquefois difficile de trouver des entremets qui ne soient pas surchargés de sucrerie et de crème mais là encore, tout est possible à Sampa. En cherchant bien et en suivant nos conseils, vous trouverez des douceurs correspondant à la finesse de votre palais.

ALASKA

Rua Doutor Rafael de Barros, 70
✆ +55 11 3889 8676
M° Brigadeiro. A partir de 10 R$

Le glacier Alaska le bien nommé a conquis le Brésil depuis bien longtemps. La vénérable maison a fêté ses 100 ans d'existence en 2010 ! Elle a souvent été primée par les revues gastronomiques. Ici, c'est la glace traditionnelle et artisanale qui est mise à l'honneur. La maison est réputée pour ses glaces maison : plus d'une trentaine de saveurs différentes qui peuvent se décliner en d'infinies combinaisons. Les plus gourmands se délecteront de bananas split, de pêches melba et du fameux Alaska, qui constitue presque un plat à lui seul !

BACIO DI LATTE

Oscar Freire, 136
✆ +55 11 3662 2573
www.baciodilatte.com.br
De 11h à 23h, dimanche fermeture 22h. 15 R$ la glace une boule et jusqu'à 3 parfums, 10 R$ le café. Plusieurs magasins

Sans doute est-ce dû à l'incontestable influence transalpine sur Sampa, mais la ville recèle un grand nombre d'excellents glaciers. Le Bacio di Latte fait honneur à la glace sous toutes ses formes. Proposant également quelques desserts, la boutique ne désemplit pas. Et pour cause, les glaces sont crémeuses et préparées avec du lait frais, des ingrédients sélectionnés et sans conservateurs. Les fruits sont locaux et varient selon les saisons, les noisettes, le chocolat et les pistaches viennent d'Europe et le sucre est bio. Laissez-vous tenter...

BALCÃO

Rua Doutor Melo Alves, 150
✆ +55 11 3063 6091
Tous les jours de 18h à 1h. Burgers à 35 R$ environ. Bières à partir de 10 R$.

Un bar toujours à la mode, à la fois informel et hipster. Le Balcão, qui veut dire comptoir en portugais, ne possède pas de tables dans son salon principal, mais un long comptoir de 25 m de longueur forme une sorte de spirale où l'on peut s'asseoir des deux côtés. La disposition originale du lieu pousse la clientèle à échanger avec ses voisins, que l'on ne connaissait pas quelques minutes avant, mais qu'importe le flacon. Le Balcão est fréquenté par une clientèle intello, branchée, et très conviviale. L'établissement est *gay friendly*.

BAR BRAHMA

Avenida São João, 677
✆ +55 11 3367 3600
Lundi à dimanche à partir de 11h et jusqu'à 1h. Entrée les soirs de concert de 15 à 60 R$, jusqu'à 100 R$.

Inauguré en 1948, c'est l'une des icônes du São Paulo festif, au croisement des avenues Ipiranga et São João, que Catano Veloso a immortalisé dans une de ses chansons. On y va pour la qualité des concerts et également, ou peut être surtout pour l'histoire. Malgré un voisinage pour le moins détérioré, le bar Brahma est un *must*, au charme très rétro et intemporel. Les couverts musicaux sont un peu chers, mais les groupes qui passent dans ce lieu mythique du centre de São Paulo sont des groupes de qualité. Attention le soir, il faut prendre le taxi.

BAR DO ARNESTO

Rua Ministro Jesuíno Cardoso, 207
✆ +55 11 3848 9432
En semaine à partir de 17h et samedi à partir de 13h. Couvert artistique entre 7 et 10 R$ à partir de 20h30.

Le Brésil cultive l'art de la cachaça. Ce rhum brésilien n'est pas forcément connu hors des frontières du pays, mais au Brésil, c'est une véritable institution. Comme le cognac ou le rhum, cet alcool de canne à sucre se décline en d'infinies nuances. Le must du bar do Arnesto, c'est justement la carte des *cachaças* avec plus de 500 références ! La musique *live* attire aussi le public amateur de samba et de MPB. Pour grignoter, la spécialité de la maison est la *carne desfiada* (sorte de viande émincée) à la menthe et à l'huile d'olive.

COFFEE LAB

Rua Fradique Coutinho, 1340 ✆ +55 11 3375 7400
www.coffeelab.com.br
Du lundi au samedi de 10h à 20h. Café 7 R$, chocolat « mamie » maison avec café 12 R$, rituels 10-14 R$.

Ah, si toutes les cafétérias étaient comme ça… Vous pouvez y venir simplement pour prendre un café ou, si vous êtes curieux, pour véritablement vous plonger dans l'univers de cette boisson. Les commandes se prennent directement auprès des machines, dans la zone Cuisine, cela permet aux serveurs d'avoir un contact plus proche avec le client. Vous pouvez choisir votre *blend* et aussi la méthode de préparation : espresso, filtre papier, pression... La maison propose aussi plusieurs rituels de dégustation pour réveiller vos papilles. Ils vont tout vous expliquer !

FRIDA & MINA

Rua Arthur de Azevedo, 1147
✆ +55 11 2579 1444
Ouvert du lundi au samedi de 12h à 21h.

Désignés en 2018 comme le meilleur glacier de la ville par la revue *Veja*, Frida & Mina ont séduit depuis les amateurs locaux. La boutique est victime de son succès : il y a souvent la queue. Les tâches sont bien réparties. Thomas s'occupe de la fabrication, Fernanda de la commercialisation. Mais l'attente en vaut la peine quand on goûte à la délicieuse glace. Large choix de parfums alléchants pour des produits élaborés au naturel avec des fruits soigneusement sélectionnés. A moins que vous n'optiez pour un café et un dessert… Il y a du choix.

IGREJINHA

Rua Fernando de Albuquerque, 302
✆ +55 11 2769 8794
Du mercredi au samedi de 20h30 à 2h30, dimanche de 20h à 1h. Wifi.

Appeler Igrejin ha (petite église) un bar peut paraître sacrilège. Sur ses murs sont exposés images et objets religieux, mais ses soirées n'ont rien de très catholique ! La particularité du bar ? Des téléphones fixes colorés sont éparpillés partout dans la salle. Si vous avez repéré quelqu'un qui vous intéresse, mais un peu éloigné, vous pouvez passer un coup de fil (les numéros sont attribués selon les couleurs des postes) et tenter votre chance ! Vous pouvez simplement boire un verre. Bar gay avec une très bonne programmation musicale.

IZAKAYA ISSA

Rua Barão de Iguape, 89
✆ +55 11 3208 8819
Du lundi au samedi de 20h30 à 23h30, dimanche de 18h à 23h. Comptez 100 R$ par personne entrée + plat + boisson.

Izakaya, c'est l'équivalent japonais du bar à tapas qui vous plongera dans l'ambiance traditionnelle du pays du soleil levant. Venez ici pour boire du saké ou du *shochu* (alcool à base de différentes céréales) ou encore des bières. Pour accompagner votre boisson ne demandez pas des sushis ou des sashimis, car vous serez déçu. Au comptoir ou attablé, demandez conseil aux serveurs et profitez-en pour déguster d'autres spécialités japonaises moins connues. Les prix sont un peu élevés, mais vous entrez ici dans une maison réputée.

LECKERHAUS LOJA DE DOCES

Rua Doutor Melo Alves, 293
✆ +55 11 2528 1234
Du lundi au samedi de 11h à 20h, du jeudi au samedi de 9h à 20h, dimanche de 11 à 17h. environ 10 R$ la tranche.

Les Italiens ont incontestablement influencé la gastronomie de la capitale économique du Brésil. Ici, c'est la tradition pâtissière allemande qui est mise à l'honneur dans cette échoppe qui semble sortie d'un conte de fées ! Les gâteaux et tartes, très colorés, sont délicieux et délicats et le décor nous enchante avec ses petites tables et chaises dépareillées. Le service s'étale tout au long de la journée et le matin on a également la possibilité d'y prendre le petit déjeuner avec œufs brouillés, toasts, café ou jus d'orange.

PANIFICADORA SANTA TEREZA

Praça Doutor João Mendes, 150
✆ +55 11 3101 9631
www.padariasantatereza.com.br
Du lundi au samedi de 6h à 22h, dimanche de 7h à 21h.

Santa Tereza est une petite tranche de l'histoire du pain à Sampa. C'est en effet la boulangerie la plus ancienne de la ville, ouverte en 1872. Depuis des décennies, les convives s'attablent le long du comptoir pour déguster des plaisirs sucrés ou salés. En plus des pains, gâteaux et sucreries, des plats et des sandwichs généreux sont également proposés. Si vous ne voulez pas grignoter au comptoir, vous pouvez aussi vous installer à l'étage. Un endroit au charme d'antan, assurément.

PIRAJA

Avenida Brigadeiro Faria Lima, 64
✆ +55 11 3815 6881
www.piraja.com.br
Du lundi au mercredi de 12h à 1h, du jeudi au samedi de 12h à 2h, dimanche de 12h à 20h. En-cas et pression (10 R$).

Le Piraja est un petit coin de Rio à São Paulo. En plein cœur de São Paulo, c'est un havre de paix entouré de verdure. On y vient pour son fameux *happy hour* et pour goûter aux « petiscos » comme le réputé *bolinho carioca*, un beignet au potiron garni avec de la viande. Les cachaças et les *caipirinhas* sont aussi fameuses et variées. La *guaratiba* est préparée avec des clous de girofle, de la cannelle et une variété spéciale de citron. Les tables s'étalent sur le trottoir aux motifs portugais, et on pourrait bien se croire à Copacabana...

SÃO CRISTOVÃO

Rua Aspicuelta, 533
✆ +55 11 3097 9904
www.saocristovao.com.br
Tous les jours de midi à 1h30. Plats et petiscos. Pression 9 R$.

Incontournable pour son l'ambiance tellement locale ! On croirait se retrouver dans un véritable botequim de Rio de Janeiro. Comme à Rio, c'est un bar des trois passions : le foot, la samba et la *feijoada*, servie en plat du jour le mercredi et à volonté le samedi. Les portraits des footballeurs brésiliens et les maillots des équipes participent de cette sensation d'être dans un îlot d'un autre temps. Happy hour deux bières au prix d'une en semaine de 15h à 19h30, mardi jusqu'à 22h30. Le dimanche, profitez des cocktails en double de 20h30 à 2h.

SUPLICY CAFÉ

Alameda Lorena, 1430
✆ +55 11 3083 0666
www.suplicycafes.com.br
Du lundi au vendredi de 7h30 à 21h, samedi de 8h à 21h, dimanche de 8h30 à 21h. 9 R$ le café coado.

Le Suplicy Café est sans doute un des cafés les plus réputés en ville, ce qui est en soi une immense garantie de qualité, tant à la fois la boisson et le lieu éponyme où on la savoure sont portés à Sampa au niveau de la religion. L'établissement propose des crus spéciaux mais d'autres boissons, chaudes ou froides sont aussi proposées sur la carte (thé et jus de fruit). Vente et torréfaction sur place. L'établissement ressemble à ces grandes chaines de café que l'on trouve en France, un peu froid et impersonnel, ambiance business cosy.

VELOSO BAR

Rua Conceição Veloso, 56
✆ +55 11 5572 0254
www.velosobar.com.br
De mardi à vendredi de 17h30 à 0h30, samedi à partir de 12h45 et dimanche de 16h à 22h30. Caïpirinhas à partir de 19 R$.

le Veloso Bar est ainsi nommé en référence au botequim de Rio où Vinicius et Tom Jobim composèrent la «Garota de Ipanema». Hasard, signe du destin ou choix délibéré, la rue porte le nom de «Veloso». Quatorze petites tables seulement dans cet établissement réputé du quartier de Vila Mariana, il faut donc arriver tôt pour avoir une place. Les assoiffés viennent pour les caipirinhas délicieuses et variées. Parmi la quinzaine qui compose la carte, la caipirin ha à la mandarine et au piment *dedo de moça* est une exclusivité de la maison !

Z CARNICERIA

Rua Augusta, 934
✆ +55 11 2936 0934
Mardi, mercredi, jeudi, vendredi et samedi jusqu'à 2h. Fermé le dimanche.

Dans l'esprit, on est beaucoup plus du groupe français des Garçons Bouchers que de l'hippotpotamus. Inspirés par les anciens locataires du bâtiment, c'est-à-dire la première boucherie et abattoir de la rue Augusta, ouverte dans les années 1950, les propriétaires ont créé un bar underground où les ustensiles liés à la viande sont exposés un peu partout. Outre les crochets en métal, couteaux et têtes de bœuf, on exhibe aussi de temps en temps les œuvres des artistes locaux. Pour accompagner les boissons diverses, plusieurs en-cas et un menu viande, bien sûr !

(SE) FAIRE PLAISIR

Dans cette mégapole de 11 millions d'habitants, les possibilités pour faire chauffer sa carte bleue ou troquer ses *reais* sont forcément nombreuses. Les amateurs d'antiquités ou de brocante, souvent plus accessibles, trouveront à Sampa des foires d'une variété extraordinaire. La Feira da Liberdade permet de prendre le pouls de São Paulo, et d'en percevoir une partie de l'âme. Ce marché qui a déjà fêté ses 30 ans est un des plus traditionnels de Sampa avec plus de 200 stands éparpillés autour de la Praça da Liberdade. Le marché de la place Benedito Calixto rajoute de plus une ambiance bohême, avec ses petits groupes de musique. On pourra aussi dénicher des disques dans une grande galerie marchande inaugurée en 1963 et qui, depuis la fin des année 1970, regroupe de plus en plus de disquaires et un public rock'n roll. Art, Havaianas, littérature et cosmétique bio sont d'autres produits phares de Sampa à rapporter dans ses valises.

SHOPPING MORUMBI

Avenida Roque Petrônio Jr, 1089
✆ +55 11 4003 4132
www.morumbishopping.com.br
Du lundi au samedi de 10h à 22h, dimanche de 14h à 20h. Horaires étendus pour les zones d'alimentation et de loisir.

Les Brésiliens sont friands des grands malls à l'américaine. La capitale économique n'échappe pas à cette tendance. Elle en est certainement d'ailleurs le parangon. Le Shopping Morumbi est « le » shopping center pauliste. Près de 500 magasins en tout genre (décoration, mode, librairies...) se trouvent au Shopping Morumbi. Pour les plus jeunes, la grande attraction est la Hot zumbi, un espace de 2 000 m^2 avec de multiples jeux. On trouve également quatre salles de cinéma, de nombreux snacks et quelques restaurants dans la « praça da restauraçao ».

FEIRA DA LIBERDADE

Praça da Liberdade
Samedi et dimanche de 9h à 17h.

La Feira de Liberdade permet de prendre le pouls de São Paulo, et d'en percevoir une partie de l'âme. Ce marché qui a déjà fêté ses 30 ans est un des plus traditionnels de Sampa avec plus de 200 stands éparpillés autour de la Praça da Liberdade. On y trouve de tout, mais c'est sûrement la cuisine japonaise et les *pastéis* à petits prix qui le rendent très intéressant. En revanche il faut être patient, à l'heure du déjeuner les queues sont longues. Les stands de nourriture se trouvent juste à la sortie du métro. C'est une bonne promenade du dimanche.

ESPAÇO HAVAIANAS

Rua Oscar Freire, 1116
✆ +55 11 3079 3415
www.havaianas.com
Du lundi au samedi de 10h à 20h, dimanche de 12h à 18h.

Les Havaianas sont d'incontournables objets que l'on rapporte du Brésil, pour soi ou pour offrir. A Rio de Janeiro ou à São Paulo, des boutiques leur sont dédiées. Dans ce grand magasin du quartier de Jardins, vous pourrez trouver toute la collection des célèbres tongs Havaianas et faire vos créations exclusives en mélangeant couleurs et accessoires avec l'aide du personnel. Surfant sur la vague du succès, la célèbre marque a élargi sa gamme de produits. Les Normands trouveront de superbes bottes en caoutchouc. Les tongs vont se vêtir de superbes atours.

GRANADO

Rua Haddock Lobo, 1353
✆ +55 11 3061 2048
www.granado.com.br
Du lundi au samedi de 10h à 20h, dimanche de 9h à 15h.

Cette marque certifiée brésilienne compte parmi les plus anciennes dans la cosmétique. Créée en 1870, Granado était à l'origine une pharmacie où étaient fabriqués des produits à base de plantes et de fleurs de la ferme du propriétaire située prés de Rio. Les savons à base végétale et 100 % naturels représentent la majeure partie de la production de la marque, mais il existe de nombreux produits, tous « durables ». La marque cherche à éliminer tout colorant artificiel et le papier des emballages est certifié éco et socialement responsable. Très Bonne idée de cadeau.

FOIRE D'ARTISANAT DU MOEMA

Praça Nossa Senhora da Aparecida Moema

La foire de l'art, de l'artisanat et de la culture de Moema a été inaugurée en 1991 et depuis lors, elle n'a fait que croître, pour atteindre aujourd'hui le nombre de 200 exposants, qui tiennent des stands d'artisanat, de décoration, et de peintures. On peut chiner pendant des heures dans une ambiance bon enfant. De nombreuses « barracas » permettent de se sustenter. Moema est un quartier agréable et tranquille de la zone sud de Sao Paulo. Tous les dimanches de 9h à 17h.

PONTO SOLIDÁRIO

Rua José Maria Lisboa, 838

✆ +55 11 5522 4440

www.pontosolidario.org.br

Ouvert du lundi au vendredi de 10h à 19h ; le samedi de 10h à 16h.

Si on veut trouver de beaux objets artisanaux issus de l'économie durable et solidaire. Voici un lieu incontournable. Chez Ponto Solidário vous trouverez des produits du commerce équitable faits par divers artisans brésiliens regroupés en coopératives, ONG ou indépendants. Ponto Solidario est une association à but non lucratif qui travaille à la promotion, à la diffusion et à la vente de produits à la fois artistiques et artisanaux de diverses ONG brésiliennes, de coopératives, de communautés indigènes, d'artisans et d'artistes de toutes les régions du Brésil.

MARCHÉ D'ANTIQUITÉS DU BIXIGA

Praça Dom Orione

Tous les dimanches de 8h à 18h.

Bixiga, l'ancien quartier italien, est en soi un lieu à connaître tant il est un concentré de l'histoire de São Paulo et encore rempli de l'espoir des immigrants. Le marché d'antiquités du Bixiga ravive son histoire. Plus de 300 stands sont présents tous les dimanches au Bixiga. Vous pouvez trouver toute sorte d'articles, des œuvres d'art au petit mobilier, en passant par les objets divers de décoration. Des stands proposent à manger sur place. Pour faire des achats ou se promener !

GALERIA DO ROCK

Rua Vinte e Quatro de Maio, 62

✆ +55 11 3223 8402

www.galeriadorock.com.br

Du lundi au samedi de 10h à 18h.

Une grande galerie marchande inauguré en 1963 et qui, depuis la fin des année 1970, regroupait de plus en plus de disquaires et un public rock'n roll. C'est ainsi que le surnom « galeria do rock » s'est instauré et institutionnalisé ! Aujourd'hui le nombre de magasins dédiés à la musique et aux articles connexes (T-shirts, objets déco, vidéos, affiches...) est toujours important. Plus récemment la culture hip-hop a réussi à faire sa place parmi les rockeurs, les boutiques dédiées à cette musique et au *street art* se trouvent au rez-de-chaussée et au sous-sol.

MARCHÉ D'ANTIQUITÉS ET D'ART DU MASP

Avenida Paulista, 1578

Tous les dimanches de 10h à 17h.

On ne présente plus le MASP, musée d'art innovateur et d'une grande richesse par ses collections et ses expositions artistiques. Sur le parvis du MASP, tous les dimanches depuis 20 ans, le marché rassemble amateurs d'art et collectionneurs en quête de la perle rare. Comme à Rio, les Paulistes appellent ce marché le « marché hippie ». On y trouve une ambiance de marchés aux puces. Objets de décoration, luminaires, peintures, etc. Des milliers de visiteurs sont attirés par le choix !

LIVRARIA CULTURA

Avenida Paulista, 2073

✆ +55 11 3170 4033

www.livrariacultura.com.br

Du lundi au samedi de 9h à 22h, dimanche de midi à 20h.

Il n'y a pas de ville digne de ce nom sans grande librairie, même si les Brésiliens boudent un peu les livres. La Livraria cultura est la plus grande librairie de la ville. Gigantesque, vous y trouverez aussi bien des livres étrangers que des livres brésiliens. Le magasin se divise en deux au rez-de-chaussée. Le plus petit espace regroupe les beaux-livres (arts plastiques, photographie, cinéma, mode, gastronomie...). A l'étage de la galerie, vous trouverez l'espace de l'Instituto Moreira Salles proposant divers ouvrages sur l'architecture et la photographie.

BOUGER & BULLER

São Paulo est une ville qui bouge... également physiquement. Moins visible qu'à Rio peut-être, la pratique sportive n'y est pas moindre. Si on reprend notre comparaison avec les villes soties de la plume futuriste de Bilal, les rares visiteurs qui n'iraient pas à São Paulo pour travailler penseront que le taxi... ou l'hélicoptère pour les plus fortunés sont les seuls moyens de locomotion sûrs à Sampa. Que nenni ! Il y a désormais près de 600 kilomètres de pistes cyclables. Le dimanche, comme à Rio de Janeiro, de nombreuses rues et avenues dont la célèbre Paulista sont dédiées à la bicyclette. On peut se déplacer entre les parcs d'Ibiripuera, do Povo et de Villa-Lobos. São Paulo est la ville du club de football de Socrates, les Corinthians et du São Paulo FC. Assister à un match de football, un *derby* pauliste ou une rencontre du Brasilerão, phase finale du championnat brésilien, est toujours une aventure.

ARENA CORINTHIANS - ITAQUERÃO

Av. Miguel Inácio Curi, 111
✆ +55 11 2095 3000
corinthians.com.br

On en peut venir à Sao Paulo sans rendre hommage à la « démocratie corinthienne ». Emmené par l'immense Socrates, le club des Corinthians s'est ouvertement opposé au régime militaire en entrant sur le stade avec une banderole où il était inscrit « la démocratie maintenant ». Ce nouveau stade de l'équipe de football des Corinthians, inauguré en 2014, a reçu depuis de nombreux matchs du championnat. Cet imposant monument peut recevoir jusqu'à 68 000 personnes.

ESTÁDIO MUNICIPAL DO PACAEMBU

Praça Charles Miller
✆ +55 11 3664 4650

On dit que le football au Brésil est presque une religion. Alors le Pacaembu en est un de ces temples. Un des plus anciens stades de foot du pays, où se jouent de nombreuses finales de championnats nationaux et certains matchs internationaux. C'était le stade des Corinthians de 1940 à 2013, avant la construction de l'Arena Corinthians, à la périphérie de la ville. Le stade abrite aussi le musée du football. Inauguré en 1940, il peut accueillir jusqu'à 40 000 personnes.

AUTODROMO DE INTERLAGOS

Av. Senador Teotônio Vilela, 261
✆ +55 11 5666 8822
www.autodromodeinterlagos.com.br

L'automobile, c'est une autre passion brésilienne. La pauliste Ayrton Senna a fait vibrer les foules pendant toute sa carrière et sa mort a traumatisé tout le peuple brésilien. Sa disparition précoce l'a transformé en mythe. Après avoir été éclipsé par la piste de Jacarepagua à Rio de Janeiro, le circuit d'Interlagos est redevenu l'étape brésilienne du championnat de F1. L'autodrome d'Interlagos, avec son circuit de plus de 4 km, reçoit tous les ans le Grand Prix du Brésil de Formule 1. l'un des virages du circuit est baptisé le « S » de Senna.

SÃO PAULO GOLF CLUB

Praça Dom Francisco de Souza, 540
✆ +55 11 5521 9255
www.spgc.com.br

Green-Fee 330 R$ en semaine, 475 R$ le week-end.

Peu de touristes s'éternisent à São Paulo, a fortiori pour y jouer au golf. Le São Paulo Golf club est un superbe Golf 18-trous assez éloigné du centre-ville, mais dans un grand parc verdoyant. La couleur bleue des ipês ébouriffés tranche avec le vert immaculé des greens. C'est le plus ancien club de golf du Brésil avec un âge respectable de 120 ans. Il a certainement été initié par la communauté britannique importante à l'époque et économiquement très influente. Le club reçoit quelques tournois au long de l'année. Pour les expatriés, à connaître.

SORTIR

São Paulo dispute à Rio la suprématie de la vie culturelle. Quand les bureaux se vident, la vie des quartiers ne s'arrête pas pour autant. La densité, la variété et la qualité de l'offre en matière de bars, de boîtes de nuit, de *botequims* [estaminets] ou de cafés-concerts font assurément de Sampa une des capitales de l'Amérique latine en la matière. Les théâtres et les musées y sont d'une densité et d'une qualité rare. La notoriété de la Biennale d'art de São Paulo, qui rivalise avec celle de Venise, illustre la vitalité de la vie culturelle pauliste. On sait aussi s'amuser à São Paulo, quoiqu'en disent les habitants de Rio. C'est à Vila Madalena que la fête bat son plein. Le centro, avec le bar Brahma, près de l'avenue Ipiranga est un lieu animé, comme le dit si bien Caetano Veloso. L'Avenida Paulista peut suffire à l'appétit du voyageur curieux tant son offre est grande. Bref, si vous voulez vous ennuyer, évitez São Paulo.

CASA 92

R. Cristóvão Gonçalves, 92
✆ +55 11 3032 0371
www.92casa.com.br
Ouvert du jeudi au samedi de 22h30 à 6h.

La Casa 92 est un club à l'ambiance très pauliste. Ce club branché de Pinheiros est aménagé dans une maison avec des meubles rétro de caractère. Jardin avec terrasse, groupes de musique *live* ou bons DJs aux sets variés, la programmation et l'ambiance sont toujours au top. Le concept, c'est la fête avec des amis comme si on était à la maison. Les différentes « ambiances » sont toutes articulées autour d'espaces au style pour le moins éclectique. La « gente bonita » se répand jusqu'au bout de la nuit. Une excellente adresse pour qui aime les lieux très branchés.

BAR AUGUSTA 472

Rua Augusta 472
✆ +55 11 3159 2896
Ouvert du mardi au samedi de 10h à minuit, jusqu'à 3h le jeudi et 5h le vendredi et samedi.

Le Bar Augusta 472 est un haut lieu de la vie nocturne et festive de São Paulo. C'est sans doute le temple rock de la rue la plus rock'n'roll de São Paulo. Cet établissement dont la réputation n'est plus à faire est le rendez-vous incontournable des amateurs de guitares saturées rock, pop, punk, métal. Ceux qui voudraient assister à un bon concert, c'est là, vous ne vous êtes pas trompés. On peut également et plus prosaïquement assister aux matchs des différents clubs de São Paulo. L'endroit ferme tard et attire les derniers noctambules de la rue.

SALA SÃO PAULO - ESTAÇÃO JULIO PRESTES

Praça Júlio Prestes, n 16 ✆ +55 11 3367 9500
www.osesp.art.br
Billetterie ouverte en semaine de 10h à 18h, le samedi de 10h à 16h30 si concerts dans la journée

L'Estação Julio Prestes est une gare historique de São Paulo qui fut inaugurée en 1930. Aujourd'hui la gare est encore en fonctionnement et abrite le Secrétariat de la Culture de São Paulo et la Sala São Paulo, la salle de concerts de l'orchestre symphonique de l'Etat, la plus grande d'Amérique latine avec ses 1 500 places sur 1 000 m^2.

Bon à savoir : environ deux dimanches par mois il est possible d'assister gratuitement à un récital. Les tickets sont néanmoins à retirer à l'avance.

THEATRO MUNICIPAL DE SÃO PAULO

Praça Ramos de Azevedo, s/n
✆ +55 11 3053 2090
www.theatromunicipal.org.br
Billetterie de 10h à 19h, week-end de 10h à 17h. Visites guidées sur résa. Pour concerts et opéras, prix de 10 à 100 R$.

L'imposant théâtre de São Paulo est aussi un lieu vivant qui propose régulièrement spectacles, ballets et opéras. C'est un des plus grands opéras du Brésil. Depuis plus de 110 ans, c'est un temple de la musique et de la danse classique, mais c'est aussi et surtout un lieu qui se veut profondément inscrit dans le temps présent. D'innombrables projets artistiques et pédagogiques dans le cadre des écoles municipales. Programmation disponible sur place ou voir avec l'office de tourisme.

ITANHAÉM ★

C'est une ville d'environ 96 000 habitants pas très touristique.. Cette station balnéaire cachée dans la Mata Atlântica compte de jolies plages, des rivières non polluées et une forêt magnifique protégée par son statut de parc national. Le vieux centre, compte quelques bonnes tables et bars sympas. Itanhaém est l'une des portes d'entrée du Parque estadual da Serra do Mar. Le plus grand parc *paulista* s'étend sur 315 390 ha qui vont de la frontière avec l'État de Rio de Janeiro jusqu'au sud de São Paulo. Créé dans le but de préserver ce vaste couloir de Mata Atlântica, sa faune et sa flore, il a aussi une vocation éducative et de recherche.

SÃO VICENTE ★

São Vicente est la ville la plus ancienne du Brésil, fondée et dotée d'une administration en 1532. Les vestiges du passé colonial n'y sont plus très nombreux. Avec un peu plus de 355 000 habitants aujourd'hui, São Vicente est avant tout une ville économique et touristique pour les Paulistas de classe populaire et classe moyenne, plutôt jeunes, qui viennent remplir les restaurants, les bars et les clubs très nombreux de la station. Ville de gratte-ciel, si vous cherchez le calme et la nature, passez votre chemin. On compte cinq principales plages : praia Itararé, praia dos Milionários, praia de São Vicente, praia de Paranapuã et praia de Itaquitanduva.

BIQUIN HA ★★

Praça 22 de Janeiro

Cette petite fontaine construite en 1553 est ornée de beaux azulejos. C'est à son pied que le prêtre jésuite espagnol José Anchieta (qui était écrivain, dramaturge et poète), personnage important de la colonisation du Brésil, donnait les cours de catéchisme aux Indiens. Ce prêtre, comme tous les missionnaires jésuites, a tenté de protéger les Amérindiens de la région de la sauvagerie des colonisateurs. Sur la même place, on peut d'ailleurs voir une statue du prêtre et plusieurs magasins traditionnels vendant des gourmandises sucrées.

PARQUE ESTADUAL DA SERRA DO MAR ★★

R. Dom Sebastião Leme, 135

✆ +55 13 3422 5657

www.parqueestadualserradomar.sp.gov.br

Entrée libre. Randonnées et activités payantes, certaines exclusivement sur réservation.

Le parc est divisé en dix bases (*núcleos*) ouvertes aux visiteurs.

- **Le núcleo Curucutu**, à Itanhaém, s'étend sur 12 029 ha. On y trouve deux sentiers de randonnée (un facile et un autre de niveau moyen). Ouvert du mardi au dimanche de 8h30 à 17h.

Les autres portes d'entrée du parc, du sud-ouest au nord-est sont :

- **Núcleo Itariru (à Pedro de Toledo).** 50 000 ha. Possède un sentier, la Trilha da Usina, qui passe par les ruines d'une ancienne usine hydroélectrique construite en 1944. Ouvert de 8h à 17h.
- **Núcleo Itutinga-Pilões (à Cubatão).** 43 800 ha riches en espèces endémiques, ruines de l'époque de la colonisation du pays et de sentiers historiques. Trois sentiers de randonnée (sur réservation). Ouvert samedi de 9h à 12h ou les autres jours de 9h à 17h sur réservation.
- **Núcleo de São Sebastião.** 26 268 ha de forêt et de marais. Beau panorama sur l'océan. Plusieurs sentiers de différents niveaux avec possibilité de baignade. Celui de la Praia Brava débouche sur la plage. Ouvert de 8h à 17h, visites sur réservation.
- **Núcleo Caraguatatuba.** 35 947 ha où se trouvent diverses chutes d'eau et rivières. Huit sentiers de randonnée, certains avec possibilité de baignade. Ouvert du mardi au dimanche de 8h à 17h. Accès aux sentiers jusqu'à 16h.
- **Núcleo Picinguaba (environs d'Ubatuba).** 47 500 ha, c'est la seule base située au niveau de la mer. Randonnées et promenades en canot organisées par les guides du parc. Réservation à l'avance. Ouvert tous les jours de 8h à 17h.
- **Núcleo Santa Virginia (à São Luiz do Paraitinga).** 17 500 ha. Six sentiers de différents niveaux passant souvent à côté des berges des rivières Paraibuna et Ipiranga. Ouvert du mardi au dimanche de 8h à 17h.
- **Núcleo Cunha (dans l'arrière-pays).** Au milieu de la Mata Atlântica, à 20 km de piste en terre battue de Cunha, la base de Cunha du Parque Estadual da Serra do Mar s'étend sur 14 000 ha et propose trois sentiers pour les randonneurs. Même les moins habitués pourront suivre sans guide le parcours de 50 minutes et profiter des cascades et des petites piscines naturelles pour se baigner. Pour les sportifs, contactez l'administration à l'avance pour réserver et partir avec un guide. Ouvert tous les jours de 8h à 17h.

ILHA PORCHAT ★★

Praia dos Milionarios

Cette île, qui en réalité n'en est pas une, mais est un promontoire sur une presqu'île, a reçu en 2002 une plateforme et un monument en hommage aux 500 ans du pays, signés Oscar Niemeyer. Un lieu idéal pour apprécier la vue de la baie de Santos et aussi pour l'animation des bars et des clubs divers le soir. Sur l'île, à côté du «mirante» (point d'observation), on peut trouver un restaurant où on peut manger ou boire un verre sur la terrasse, tout en admirant ce point de vue. La vue sur les nombreux immeubles, lors du retour, est moins glamour.

MORRO DO VOTURUÁ ★

Avenida Ayrton Senna, 500

✆ +55 13 3469 7755

www.telefericosaovicente.com.br

Ticket adulte 40 R$. Enfant de 6 à 14 ans 20 R$, seniors 15 R$, gratuit pour les - 6 ans. Tous les jours de 10h à 18h.

Cette colline qui domine São Vicente, de 170 m de hauteur, est un excellent belvédère pour embrasser la vue sur la côte de Santos et Guarujá. On y va en téléphérique : 11 minutes aller, 11 minutes retour (la descente en téléphérique est obligatoire) sur 700 m de long. Le point le plus distant entre les câbles et le sol est de 28 m, mais durant la plupart du trajet les pieds touchent la cime des arbres. Des clubs locaux y pratiquent parapente et deltaplane. On pourrait presque y trouver un petit air de Rio de Janeiro, à partir du morro de Sao Conrado.

CASA DAS BANANADAS

Avenida Newton Prado, 49

✆ +55 13 3468 2705

Tous les jours de 9h à 19h. A partir de 4 R$ les petits gâteaux et 8 R$ la bananada.

Une des pâtisseries les plus anciennes de São Vicente, ouverte dans les années 1920. Les gâteaux sont faits selon la méthode traditionnelle, à la main et dans de grandes casseroles en cuivre. En plus d'une réputation méritée de pâtisserie d'excellence, on peut également y venir pour le point de vue superbe sur la mer et sur le pont Pensil. On aime cette ambiance de Brésil authentique, où la propriétaire des lieux a presque l'air d'y habiter. Comme souvent dans les lieux traditionnels, l'endroit est kitsch et charmant. A connaître !

SANTOS ★

A priori rien n'attire les touristes vers Santos, ville bétonnée par excellence qui rappelle les stations les plus sauvagement urbanisées de la Costa Brava. La ville est aussi le principal port de São Paulo, et même d'Amérique latine. Elle compte près de 435 000 habitants et a un fort pouvoir économique en raison de sa fonction portuaire, de l'époque du commerce du café jusqu'à aujourd'hui. Mais sa proximité avec São Paulo (70 km environ), un centre historique pittoresque, le stade de foot de Santos, club de Pelé et le musée du Café sont de bonnes raisons pour que l'on s'y attarde pour un après-midi, avant de filer vers Guarujá juste à côté.

MEMORIAL DAS CONQUISTAS E ESTADIO DO SANTOS ★

Rua Princesa Isabel, 77

✆ +55 13 3257 4099

www.memorialdasconquistas.com.br/

Ouvert de 9h à 18h, visites guidées de 9h à 17h. 20 R$ pour le musée et la visite du stade), 12 R$ la visite simple.

Fier de son histoire de plus de 100 ans et d'avoir été le club de Pelé (entre 1956 et 1974) puis de Neymar, Santos a créé un mémorial de ses conquêtes pour les partager avec ses fans. Sur 380 m², le visiteur découvre photos, trophées, documents, maillots, ballons et d'autres nombreux objets historiques faisant partie du passé du club. La visite complète étend la visite à des zones privées du stade : vestiaires, salle de presse, gradins et pelouse.

MUSEU DO CAFÉ ★★

Rua XV de Novembro, 95

✆ +55 13 3213 1750

www.museudocafe.org.br

du mardi au samedi de 9h à 17h, le dimanche à partir de 10h. 10 R$, gratuit le samedi. Café ouvert jusqu'à 18h.

Santos a créé un musée du café pour rappeler son importance. Imposant et bel immeuble néoclassique, ancien siège de la Bourse du café. Créée en 1922 (restaurée en 1998 à l'occasion de l'ouverture du musée), cette bourse contrôlait les opérations financières du marché national du café. A l'époque, le café était la principale source de richesse du pays, exportée par le port de Santos. L'exposition retrace l'histoire du commerce du café à Santos. C'est un charmant endroit pour prendre un « petit noir » et rapporter chez soi un petit paquet des crus brésiliens.

MUSEU PELÉ ★

Largo Marquês de Monte Alegre 2

✆ +55 13 3233 9670

Ouvert du mardi au dimanche de 10 à 18h, entrée 10 R$, demi-tarif le dimanche.

Le club et la ville de Santos a dédié un musée au « roi » du football, Edson Arantes do Nascimento, plus connu sous le nom de « roi » Pelé. Le musée Pelé retrace les grands moments du foot brésilien et la vie de l'athlète, notamment au sein du club de Santos FC dont il a porté le maillot durant quasiment toute sa carrière, entre 1956 et 1975. Pour les passionnés et les curieux, ce lieu permet de comprendre la genèse de la légende du football. On apprécie l'installation du musée dans la maison coloniale Casarões do Valongo toute rénovée.

PINACOTECA DE SANTOS ★★

Avenida Bartolomeu de Gusmão, 15

✆ +55 13 3288 2260

www.pinacotecadesantos.org.br

Du mardi au dimanche de 9h à 18h. Entrée libre.

Dans cette villa néoclassique de 1900 est installée la pinacothèque Benedicto Calixto, qui regroupe 53 peintures et dessins de l'artiste, un des principaux peintres du pays au début du XXe siècle. Né à Itanhaém, sur le littoral sud de l'Etat de São Paulo, Calixto déménage à Santos à 18 ans et fait des petits boulots dans la peinture. Peu à peu, il commence à peindre des fresques et des plafonds, pour enfin se dédier aux toiles et à la peinture à l'huile. Portraits, paysages ruraux et urbains et scènes religieuses font partie de ses thématiques les plus fréquentes.

TEATRO COLISEU ★★

Rua Amador Bueno, 237

✆ +55 13 3221 6062

Ouvert en fonction de la programmation.

Comme beaucoup de lieux de loisir en occident du début du XXe siècle, du Vel d'hiv au stade de Casablanca, en passant par le vélodrome de Marseille, cette imposante construction inaugurée en 1897 a été tout d'abord un vélodrome. Devenu un théâtre dans les années 1920, celui-ci fut abandonné dans les années 1970. Ce n'est qu'en 1996 que les travaux de restauration commencent et ne finiront que dix ans plus tard. Aujourd'hui le théâtre peut accueillir jusqu'à 1 000 personnes. L'intérieur raffiné est décoré par 39 lustres de l'italien Adolfo Fonzari.

TEATRO GUARANY ★★

Praça dos Andradas s/n

✆ +55 13 3219 3828

Ouverture selon la programmation, mais possibilité de faire une visite gratuite en journée en réservant par téléphone.

Le teatro Guarani a été inauguré en 1882 et décoré des peintures de l'artiste local Benedito Calixto. devenu célèbre pour ses peintures de figures et de scènes de vie brésiliennes. Il a accueilli les plus grands spectacles de l'époque. Tout l'intérieur de ce beau théâtre fut détruit lors d'un incendie en 1981. Durant deux décennies, le lieu est resté à l'abandon, puis en 2008, il est rouvert après de longs travaux de restauration. Désormais, on retrouve sur ses murs les peintures de Paulo Von Poser, qui retracent l'opéra *O Guarany*, de Carlos Gomes.

VIAÇÃO ULTRA

Praça dos Andradas, 45

www.viacaoultra.com.br

- La ligne de bus Viaçao Rapido dessert les villes de São Paulo, Santos, Bertioga, Guarujà et São Vicente.
- **São Paulo - Santos :** départs de bus dans les deux directions toutes les demi-heures, voire plus. Compter 28,45 R$ et 1h10 de trajet.

Il y a environ 12 bus par jour. Dans le sens Santos-São Paulo, le premier bus part de Santos à 4h30 et le dernier à 21h30. Dans les sens São Paulo-Santos, le premier bus part à 5h45 et le dernier part à 21h15. Le coût du billet est de 29,35 R$.

Pour les autres destinations de la ligne, il faut faire des connexions.

CAFÉ CARIOCA

Praça Visconde de Maua, 1

✆ +55 13 3219 1745

www.cafecarioca.com.br

Du lundi au vendredi de 6h à 21h, samedi jusqu'à 16h. Pastel 5 R$, bière 600 ml 10 R$.

Ce café traditionnel de Santos inauguré en 1939 est devenu une légende dans tout le pays. Des clients de Rio, Recife, Fortaleza ramenaient les célèbres « pasteis » dans leurs villes de résidence. Le café Carioca était fréquenté par les personnalités politiques de la ville et même les anciens présidents de la République Getulio Vargas, Janio Quadros, Joao Gouart et plus récemment Lula vinrent s'y sustenter. L'endroit est pourtant très simple, mais fort sympathique pour une pause café accompagnée d'un *pastel* pour les plus affamés.

GUARUJÁ ★★

Guarujá peut s'enorgueillir d'être une des plus anciennes villes du pays. Dès janvier 1502, Amerigo Vespucci y débarqua. Son développement en tant que station balnéaire a commencé en 1892. La ville était alors reliée à São Paulo par une voie ferrée, afin de permettre à la bourgeoisie pauliste de se rendre facilement vers ces lieux agréables de villégiature.

C'est aujourd'hui la plus grande station balnéaire de l'Etat et la plus proche de São Paulo, deux raisons qui expliquent sa surfréquentation chronique. La ville compte 311 000 habitants et voit sa population décupler en été. Les plus belles plages s'étendent à quelques kilomètres de la ville.

VIAÇÃO RAPIDO BRASIL

Av. Santos Dumont, 800
www.viacaoultra.com.br
Compagnie de bus.

La ligne de bus Viação Rapido dessert les villes de São Paulo, Santos, Bertioga, Guarujà et São Vicente.

- **São Paulo (gare de Jabaquara) - Guarujá :** il y a des départs toutes les demi-heures dans les deux directions. Compter 38,25 R$ et 1h15 à 1h30 de route. Il y a 10 départs par jour entre 6h45 et 21h dans le sens São Paulo-Guarajà. Dans le sens Guarujà-São Paulo, les départs s'échelonnent entre 5h30 et 20 heures. Le prix n'est que de 33 R$ dans ce sens. Pour les autres villes desservies par la ligne, il faudra faire des connexions.

PRAIA PITANGUEIRAS ★★

Praia Pitangueiras est la plage centrale de Guarujá, au milieu des constructions bétonnées. Elle est plutôt fréquentée par des familles brésiliennes et des groupes de jeunes. C'est l'une des plus recherchées et convoitées par les touristes brésiliens, qui viennent souvent de la capitale de l'Etat. C'est une plage aux eaux turquoise qui invitent à la baignade. C'est également un très bon spot pour les surfeurs qui trouvent de bonnes vagues à gauche de la plage. Le soir, une agréable vie nocturne anime le quartier, à proximité du centre commercial « la plage ».

SOFITEL JEQUITIMAR GUARUJA €€€

Avenida Marjory da Silva Prado, 1100
✆ +55 13 2104 2000
www.sofitel.com.br
A partir de 1 233 R$ la double en B&B.

Inauguré il y a quelques années, voici le meilleur resort de la côte pauliste, avec 302 chambres de bonne taille et très bien équipées, 28 boutiques, 3 restaurants, des agences bancaires et même un supermarché. Le grand luxe, pour des vacances familiales. L'hôtel est entouré de Mata Atlantica. De nombreuses chambres ont une magnifique sur l'océan. Piscine chauffée à débordements, Ispa, les salles de massage. On est presque les pieds dans le sable. Les prix proposés sont justifiés.

Praia pitangueiras.

ETAT DE SÃO PAULO

RUFINO'S €

Avenida Miguel Stéfano, 4795
✆ +55 13 3351 5771
www.rufinos.com.br
A partir de 49 R$ les plats.

.Le rufino's est un resto traditionnel très couru de Guaruja, qui propose de bons poissons ainsi qu'une curiosité, la *tamarutaca* (langouste) à la sauce au lait et au paprika. Cette adresse a été ouverte dans les années 70 par le fondateur éponyme, originaire d'Espagne. Depuis prés d'un demi-siècle, le menu propose les mêmes recettes. Ici, le principe de la maison que le chef se met un point d'honneur à respecter, c'est de produire des plats de poisson...qui ont le goût du poisson. On accompagne ces produits nobles avec juste un peu d'huile d'olive et d'épices.

BERTIOGA ★

À 118 km de São Paulo, Bertioga (56 000 habitants) est le point de départ de la route Rio-Santos qui longe la côte nord de l'État jusqu'à Rio. Quelques plages et le Fort de São João sont les attractions locales. Le fort São João, construit en 1547, est considéré comme la première forteresse du Brésil. C'est un lieu historique qui se visite et qui se termine par une belle vue sur le canal Bertioga, carte postale de la ville.

Le village d'Itatinga est un autre patrimoine de Bertioga et fait partie de l'histoire du Brésil. construit en 1910, il abrite la première centrale hydroélectrique du pays et qui continue à fournir de l'énergie au port de Santos.

FORTE DE SÃO JOÃO ★

Praia da Enseada
✆ +55 13 3317 4128
Du mardi au dimanche de 9h à 17h, tous les jours durant l'été. Entrée 4 R$.

Le plus ancien fort du pays fut construit par les Portugais pour protéger la région des attaques des Indiens Tupinambas. Fermé en 1996, il a été entièrement restauré en 2001 pour accueillir les touristes et des expositions temporaires. Une excursion en bateau part du fort jusqu'à la praia de Iporanga. A l'image du « forte orange », sur l'île d'Itamaraca, c'est une construction typique des forts coloniaux portugais, enduits de chaux et aux formes géométriques simples. Quelques canons trônent encore fièrement. Un intéressant petit musée explique l'histoire du fort.

MARESIAS ★★★

Cette superbe plage de 4 kilomètres de long fait partie des 100 kilomètres du littoral du municipe de São Sebastião. Les plages de sable blanc, les bonnes vagues (ou à certains moments aussi avec des eaux calmes) et une bonne infrastructure d'auberges et de restaurants ont transformé Maresias en un des endroits les plus appréciés de l'état de São Paulo. Durant la journée, la musique et l'animation sont toujours présentes, les surfeurs squattent aussi le coin, car Maresias est un des *spots* les plus réputés du pays. Le soir, les jeunes s'y retrouvent, les bars et restaurants proposant de la musique *live* avec des groupes et les DJ y sont nombreux.

PRAIA DE MARESIAS ★★

Entourée par la Mata Atlântica et de sable blanc, la grande plage de Maresias (4 km) possède de bonnes vagues propices au surf et aussi une bonne infrastructure touristique. Le Canto do Moreira, plus au sud de la plage, est le meilleur spot pour surfer. Une bonne partie du commerce se trouve sur l'avenue Francisco Loup. Cette plage et son environnement ne sont pas trop dénaturés. Bien que construit, le littoral de Maresias n'est pas trop bétonné. On ne trouve pas d'immeubles. La plage est étroite. On y accède par 20 passages à partir de la rue qui la borde.

POUSADA PURA VIDA €€

Rua Sebastião Romão César, 184
✆ + 55 12 3865 6402
www.puravidamaresias.com.br
A partir de 639 R$ la double (nombreuses promotions).

La pousada Pura vida accueille ses hôtes dans une ambiance zen et qui incite à la méditation, loin de la frénésie des métropoles brésiliennes. Non loin de la plage et des commerces, la *pousada* propose des chambres très coquettes (plusieurs configurations) et parties communes charmantes dans une propriété avec jardin, piscine et un petit lac avec des carpes. Les chambres sont toutes vastes et peuvent accueillir jusqu'à 4 personnes. Une propose un ofûro et un lit balinais, une autre un jardin tropical. Les animaux sont les bienvenus.

TERRAL €

Rua dos Navegantes, 542
✆ +55 12 3865 6488
De 10h à 22h, dimanche jusqu'à 20h. Plats à partir de 35 R$/personne. Plat du jour 30 R$.

Le Terral accueille les convives dans un lieu au décor éclectique, entre statues naïves, surfs, masques à l'origine indéterminée et de belles plantes courant sur les murs. Le bar est solidement amarré dans un comptoir en forme de barque. La nourriture est certes simple, mais elle est bien préparée et fort appréciée des visiteurs. Fruits de mer, dont des huîtres, poissons, composent la base du menu. Le tout est d'un bon rapport qualité-prix. A midi ils proposent un plat du jour économique avec viande, riz, salade et haricots.

BADAUÊ €€

Avenida Francisco Loup, 901
✆ +55 12 3865 7289
De 11h à 23h, vendredi et samedi jusqu'à 0h30. Plats à partir de 68 R$/personne.

Face à l'une des plus belles plages de la côte nord de São Paulo, le Badauê mixe avec subtilité dans son architecture et ses plats le rustique et le raffiné. Une bonne table et une ambiance les pieds dans l'eau, idéale pour prendre une *caipirinha*. L'endroit est toujours rempli de touristes qui apprécient les plats de poissons et les «combinés» de sushis. Le *badejo* (poisson) sauce au vin et raisins secs est un classique de la maison. Le restaurant propose certainement les meilleurs poissons et crustacés de la ville. Bon, la situation en bord de mer a un prix.

ROCHIN HA SORVETES

Avenida Francisco Loup, 792 ✆ +55 12 3865 6219
www.sorvetesrochinha.com.br
Ouvert le lundi, le mardi et le jeudi de 11h à 23h, du vendredi au dimanche de 10h à 2h. À partir de 4 R$.

Bon, ce n'est pas une petite adrese secrète puisque qu'on trouve prés de deux mille boutiques franchisées Rochin ha sorvetes. Cependant, après avoir arpenté l'avenue Francisco Loup, ou après quelques bons tubes bien surfés, on appréciera les saveurs des glaces Rocin ha sur l'avenue littorale. Depuis trente ans cette marque locale propose glaces et esquimaux aux fruits très divers. *Milho verde* (maïs), noix de coco, *jabuticaba*, avocat, groseille, la gamme est variée ! L'entreprise est de plus très engagée dans la soutenabilité des produits qu'elle commercialise.

SÃO SEBASTIÃO ★★

Petite ville côtière et historique, à 100 km de São Paulo, de près de 83 000 habitants. Il y subsiste quelques vestiges coloniaux. Les plages n'ont rien d'extraordinaire mais près de 20 km plus loin, vers le sud, on trouve les plus belles du pays. Pour beaucoup, São Sebastião n'est qu'une étape vers l'autre centre du tourisme de masse – magnifique cependant – de l'État, Ilhabela. Il faut dire que São Sebastião est nettement moins cher. Le chenal qui sépare les deux villes est un des plus profonds du monde, permettant ainsi le passage de pétroliers à fort tirant d'eau. Le centre de São Sebastião concentre les services et les bâtiments historiques.

DERSA - FERRY

Avenida Antônio Januário do Nascimento, s/n
✆ +55 11 3702 8000 - www.dersa.sp.gov.br
Gratuit pour piétons et vélos. voitures 19 R$ en semaine, 28,50 R$ le week-end.toutes les 30 minutes de 5h30 à 22h.

C'est la compagnie Dersa Ferry qui a obtenu la concession de la traversée en ferry entre Ilhabela et São Sebastião. Le temps de traversée est d'approximativement 20 minutes et il y a des départs toutes les 30 minutes entre 5h30 et 23h30. Les horaires varient en fonction de la fréquentation et des conditions météorologiques. Le site de l'office de tourisme donne des infos.

Attention : durant les vacances et lors de jours fériés importants (Noël, Nouvel An, carnaval...), les files d'attente peuvent être longues. Il vaut mieux éviter l'aller-retour dans la journée.

HOTEL ROMA €

Praça Major Joao Fernandes, 174
✆ +55 12 3892 4622
www.hotelroma.tur.br
Compter à partir de 197 R$ la chambre double.

L'hôtel Romaest un petit hôtel très simple. Cet établissement fait partie de l'ensemble architectural ancien de São Sebastião, classé comme patrimoine. Idéalement situé dans le coeur de ville historique de São Sebastião, il se trouve à un pâté de maisons de la Rua da Praia, où vous trouverez les principaux restaurants, bars et activités de loisirs de la ville.. Assez bien tenu, intéressant pour les petits budgets, il est situé dans un joli édifice colonial, et les chambres sont agencées autour d'un patio vert, chacune avec une petite terrasse.

POUSADA CEU AZUL €€

Travessa Amauri Teixeira Leite, 48
✆ +55 12 3865 1317
www.pousadaceuazul.com.br
Compter à partir de 190 R$ la chambre pour 2 personnes en B&B en moyenne saison.

La pousada Ceu Azul est un lieu charmant et tranquille. Dans un cadre simple, mais coloré et convivial, la pousada possède des chalets avec cuisinette ou des chambres/suites avec ventilateur et terrasse. Les habitués y vont, en plus de la qualité de l'accueil et des infrastructures, pour les «ondes positives» qui y seraient particulièrement intenses. Ce qui est sûr, c'est que tout est fait pour mettre à l'aise les hôtes et rendre leur séjour réussi. La pousada est trés bien localisée, non loin de la plage agréable de Boiçucanga.

ILHA DE TOQUE TOQUE BOUTIQUE HOTEL €€€

Rodovia Dr. Manoel Hypólito Rego,1285
✆ +55 12 3864 9112
www.ilhadetoquetoque.com.br
A partir de 770 R$ la chambre en B&B.

La pousada Ilha de Toque Toque Boutique Hotel est remarquable à plus d'un titre. C'est un lieu infiniment romantique. Les douze suites de cette pousada de prestige se trouvent « isolées » dans une propriété de 20 000 m² qui surplombe la mer. La pousada propose des chambres de grand confort et des services de qualité dans un cadre unique. la pousada est également très engagée dans la durabilité. Le respect de l'environnement est au coeur du concept.

FUNDO DE QUINTAL €€

Rua Sargento Vicentino Marques, 48
✆ +55 12 3863 7053
De 13h à 20h,22h en haute saison.
Poisson avec accompagnements compter 100 R$ pour trois personnes.

Le fundo de quintal est un charmant Petit restaurant de poissons, bon et simple, situé dans le jardin des propriétaires...d'où son nom qui signifie arrière-cours. On mange les pieds dans le sable dans un cadre rustique comme les aime, on cultive l'authentique aurait dit Marcel Pagnol. L'ambiance est un peu nordestine. L'accueil est très sympathique...à la nordestine. Les décorations sur les murs rappellent que l'essentiel est bien dans l'assiette et que l'on fait honneur aux produits de la mer. Une cuisine familiale savoureuse.

ILHABELA ★★★

Ilhabela, également appelée « île de São Sebastião », est l'une des plus grandes du pays (348 km²). Les Tupinambas qui y vivaient jadis semblaient apprécier les bienfaits du climat. Paradis préservé de forêt atlantique, Ilhabela est l'une des principales attractions touristiques de l'Etat, pour se reposer ou s'adonner au tourisme écologique. Plages de cartes postales, sentiers à travers la jungle, magnifiques cascades et, en été, des milliers de Paulistas.
Paradis de la voile et de la plongée, la *cachaça* locale y est excellente. Elle permet de mieux faire passer des notes élevées ! La beauté du site, la proximité de Sampa se payent ici au prix fort.

CACHOEIRA DA TOCA ★★

La cachoeira (cascade) da Toca est ouverte à la visite depuis 1967. Elle se trouve dans la fazenda da Toca, qui lui a donné son nom. Le départ de la randonnée se fait à côté du portail du parque estadual, sur la route qui va à la plage de Castelhanos. Comptez près de 7 km de marche pour accéder à cette cascade, mais l'accès est facile et bien balisé. Sur place : escalade, accrobranche et rappel (payant). Toboggan naturel de 30 m de long pour s'amuser ! On peut voir sur le chemin, le dernier « engenho » (moulin) en fonctionnement sur l'île.

PRAIA DE BONETE ★★

Côte sud-est.

L'une des plus jolies plages de l'île, mais assez difficile d'accès. Elle s'étend sur 800 mètres et les vagues attirent les surfeurs. C'est de ce côté de l'île que les barques de pêcheurs viennent jeter leurs filets car elle est poissonneuse, agrémentant le paysage de jolies couleurs. L'accès se fait après 4 heures de marche (12 km de randonnée) ou par bateau (avec les agences... ou les pêcheurs, moins cher). Le point de départ de la marche est le Ponta de Sepituba, passant à travers le Parque Estadual de Ilhabela et par trois cascades aux eaux rafraîchissantes.

MAR & TERRA ★

Départ de Perequê
✆ +55 12 3896 4040
www.maremar.tur.br
Compter 170 R$/personne. Excursion proposée par les agences locales.

L'agence Mar&Terra propose des tours en bateau, en 4x4, mixtes sur l'île. Embarquement en bateau rapide le matin à la plage de Perequê pour un voyage jusqu'à la plage de Castelhanos. Avant la destination finale, un premier arrêt de 30 minutes à la plage de Fome, sur la côte nord, où se trouve un village de pêcheurs accessible par la mer. Deuxième arrêt à la plage d'Eustaquio, sur la côte est. Arrivée et déjeuner à Castelhanos. Retour en jeep à la mi-journée en passant par le parc d'Ilhabela. On peut aussi commencer par le trajet en jeep et retourner en bateau.

DERSA - FERRY

Avenida Princesa Isabel s/n ✆ +55 11 3702 8000
www.dersa.sp.gov.br
Gratuit pour les piétons et les vélos. Voiture 19 R$ en semaine, 28,50 R$ week-ends et jours fériés, tarif A/R.

C'est la compagnie Dersa Ferry qui a obtenu la concession de la traversée en ferry entre Ilhabela et São Sebastião. Le temps de traversée est d'approximativement 20 minutes et il y a des départs toutes les 30 minutes entre 5h30 et 23h30. Les horaires varient en fonction de la fréquentation et des conditions météorologiques. Le site de l'office de tourisme donne des infos.

Attention : durant les vacances et lors de jours fériés importants (Noël, Nouvel An, carnaval…), les files d'attente peuvent être longues. Il vaut mieux éviter l'aller-retour dans la journée.

HOSTEL CENTRAL ILHABELA €

Rua Irene R Barbosa, 116 ✆ +55 12 3896 6363
www.hostelcentral.com.br
Double avec salle de bains privative à partir de 100 R$. Location de vélo 15 R$/heure ou 30 R$ la journée. Wi-fi.

Si on n'est pas très camping, le hostel Central ilhabela est l'option la plus économique de l'île. Il est situé non loin du débarquement du ferry au centre, parfait pour les non-motorisés. C'est une jolie maison avantageusement transformée en auberge de jeunesse, avec des espaces communs très agréables, une petite piscine (pas très utile), un jardin avec barbecue, animé en soirée. Chambres privées et familiales, confortables, bien décorées. Wi-fi et parking. Marcus, le maître de céans et son équipe accueillent les hôtes avec un grand professionnalisme. Conseillé.

HÔTEL-POUSADA DOS MARINHEIROS €€

Rua Capitão Baltazar Manoel Gonçalves 200
✆ +55 12 3896 2571
www.marinheiros.com.br
Comptez 200 R$ la nuitée et 2 personnes en B&B.

La confortable pousada Marinheiros est charmante et rustique. située sur le littoral nord d'Ilhabela, elle se cache dans une petite rue tranquille, à 100 mètres à peine de la plage d'Itaquanduba et à quelques minutes du centre touristique. Les appartements bénéficient de tout le confort nécessaire. Le petit dejeuner est servi dans un joli jardin. L'occasion de déguster de bons produits locaux. Alex, le propriétaire, et son équipe vous recevront dans une ambiance familiale.

POUSADA ECOLOGICO RECANTO DA CACHOEIRA €€

Rua Benedito Garcez, 164
✆ +55 12 3896 3098
www.ecoilha.com.br
Comptez 110 R$ par personne et par jour, quel que soit le nombre de personnes.

Cette pousada écologique est en harmonie avec l'environnement. Situés dans un écrin de nature, les chalets sont en bois, rustiques mais confortables. Ici on vient vivre une robinsonnade, découvrir les merveilles naturelles de l'île à pied, en randonnée jusqu'à des cascades rafraîchissantes. Le jardin est extraordinaire et visité par les colibris et les toucans. L'ensemble est confortable et bien tenu. Le samedi, concert Ao Vivo dans le restaurant.

POUSADA VILLA VITTORIA €€

Rua Ana Leite Julião Torres, 202
✆ +55 12 3894 9341
www.pousadavillavittoria.com.br
A partir de 560 R$ pour deux personnes. Deux jours minimum. Promotion hors saison

Sur la côte sud de l'île d'Ilhabela, à moins de 500 m de la plage « Do Curral » la pousada Villa Vittoria propose des chambres vastes et confortables,. Elles sont décorées avec goût et sont bien équipées. On peut louer un appartement duplex avec vue sur la mer. La piscine, un sauna et un bar sont disposés au cœur d'un jardin joliment dessiné. Salle de fitness pour les plus sportifs. Le petit déjeuner, servi à l'abri d'une véranda tout à côté de la piscine, ravira les gourmands : pains faits maison, jus de fruits, gâteaux, céréales, confitures… Une belle adresse.

AEROILHA €€

Praça da Bandeira, 1
✆ +55 12 3896 1178
Tous les jours à partir de midi, jusqu'à minuit ou 2h vendredi et samedi. Plats pour deux à partir de 80 R$.

Sur les quais, en partie au-dessus des eaux, en un lieu à la fois rustique et romantique, le restaurant-pizzeria Aerolilha propose des tables autour d'un patio très agréable. Les crevettes y sont divines et les pizzas ne sont pas en reste : à essayer sans hésiter ! Toutefois la note est assez salée, cadre oblige, un peu moins si vous optez pour une pizza à deux. Certains clients viennent à l'Aeroilha juste pour boire un verre et profiter de l'ambiance et du décorum. On peut regarder le soleil se coucher en grignotant des salgados.

FAMIGLIA MANZOLI €€

Avenida Princesa Isabel, 207
✆ +55 12 3896 5791
famigliamanzoli.com.br
De 17h à minuit, le week-end et en haute saison à partir de 13h. A partir de 70 R$ par personne.

Le restaurant Famiglia Manzoli est un restaurant qui honore la cuisine de la botte, comme son nom l'indique. Il faut dire que les Manzoli sont cuisiniers de père en fils, depuis le grand-père toscan, et le père, passé par le Fasano, entre autre. Il propose une bonne cuisine italienne, que les amoureux des pâtes (les raviolis sont particulièrement recommandés) apprécieront. Les pâtes sont faites sur place et les raviolis de veau, sauce au beurre et sauge, semblent définitivement être l'attraction du lieu. Les poissons grillés sont également excellents.

VIANA €€€

Avenida Leonardo Reale, 2301
✆ +55 12 3896 1089
www.viana.com.br
Du vendredi au dimanche de 13h à 23h, 17h, fermé mardi, mercredi. Casquin ha de camarão 35 R$, à partir de 70 R$ le plat

Le plaisir de la table est à la hauteur du décorum. Le restaurant Viana est établissement raffiné proposant de très bons poissons. Il y a peu de tables – certains sont servis directement sur les bateaux situés juste en face. En réservant, ou en arrivant assez tôt, on mage presque les pieds dans l'eau, sur la belle plage de Viana… La meilleure *casquin ha de camarão* (crevettes) du coin selon les spécialistes. Les crevettes à la Moranga sont également plébiscitées. Une table de haute volée accompagnée de vins racés. Très bonne caïpirin ha de cajou.

CARAGUATATUBA ★

Au XVIe siècle, les Tupinambá habitaient déjà primitivement le territoire de Caraguatatuba. À cette époque, le site était connue comme une terre fertile. La plante broméliacée, dont les fibres étaient utilisées par les missionnaires pour fabriquer leurs sandales, a donné naissance au nom Caraguá ;, le suffixe tuba, signifiant grande quantité ;. La ville a longtemps été un bourg essentiellement agricole. En 1939, la route reliant Paraibuna à Caraguatatuba a été ouverte à la circulation et, occasionnant un appel d'air humain ét économique. Le tourisme a commencé à se développer. C'est aujourd'hui une des 15 stations balnéaires de l'Etat.

UBATUBA ★★

Ubatuba est l'autre station très prisée des Paulistes, à 230 km de Sampa, et sans doute la plus agréable. Ici encore, la conjonction d'une réelle beauté du site et de la proximité de Sampa a contribué à la forte urbanisation de la côte.

Mornes, plages de sable fin à perte de vue et longue traînée d'immeubles. Des milliers de touristes envahissent les lieux en été et les fins de semaine. Les nombreux hôtels et villas sont alors à peine suffisants pour absorber ce flux.

L'ambiance est européenne, on est à des milliers de kilomètres de Jéricoacoara. Les gens sont décontractés. Attention aux taxis, pousadas et guides non reconnus par Embratur.

TAMAR ★★

Rua Antonio Atanázio, 273 ✆ +55 12 3832 6202
www.projetotamar.org.br
Du dimanche au samedi jusqu'à 20h. Fermé le mercredi. 25 R$, gratuit pour les enfants et pour les plus de 60 ans.

Ce projet environnemental de préservation des tortues marines est un des plus importants et plus connus du Brésil. plus d'un million de tortues ont vu le jour sous la surveillance du projet. En plus de la recherche et de l'accompagnement des tortues, l'équipe de TAMAR s'occupe aussi de protéger les nids sur 1 000 km de côte.

▸ **Dans l'Etat de São Paulo,** le seul centre de visiteurs se trouve à Ubatuba. C'est un des plus importants du réseau et il s'étend sur 2 500 m². Les aquariums et bassins, où les tortues marines évoluent, remportent un vif succès auprès du public.

APARECIDA ★

Aparecida est une ville peu connue des Européens, mais c'est pourtant une des plus grandes villes de pèlerinage du Brésil et peut-être du monde. À 190 km de São Paulo et sur la route Dutra, Aparecida attire les voyageurs, en général des fidèles, qui viennent se recueillir, grâce à son grand temple catholique, sans conteste le plus grand du pays. On estime que chaque année 9 millions de catholiques viennent admirer et se recueillir dans la grande basilique aux teintes rosées. Si le tourisme religieux n'est pas votre tasse de thé, n'allez pas à Aparecida lors du mois d'octobre, époque des pèlerinages qui rassemblent plus de 200 000 personnes.

BASILICA NOSSA SENHORA APARECIDA ✞ ★

Avenida Julio Prestes
✆ +55 12 3104 1000
www.paroquiadeaparecida.com.br
Ouverte tous les jours de 6h à 21h. Entrée libre.

L'immense basilique construite en 1955 et restaurée en 2006 abrite l'image de Nossa Senhora Aparecida, la patronne du Brésil, trouvée en 1717 dans la rivière Paraiba do Sul. Sa construction en style néo-romain possède 173 m d'extension et les nefs ont 40 m de hauteur, c'est la deuxième plus grande église au monde.

Cette nouvelle construction est liée par une passerelle à l'ancienne basilique, où la première chapelle à l'honneur de Nossa Senhora Aprarecida fut érigée. Musée d'Art sacré,

CAMPOS DO JORDÃO ★★

Campos do Jordão est une ville de 46 500 habitants qui n'est pas sans rappeler la Forêt-Noire, en Allemagne. Située à près de 1 700 m d'altitude, c'est la destination d'hiver des Paulistas.

Ce Campos au charme bucolique (mais hélas fort onéreux) avec sa couronne de pics (pico de Itapeva, à 2 035 m) propose ici une vision inattendue de la diversité brésilienne, même si le village reste assez artificiel.

Le téléphérique et le petit tramway qui relient les trois faubourgs de la ville ajoutent une dimension supplémentaire à cette cité qui se veut « la plus européenne du Brésil ». La ville est en revanche assez étendue, une partie est assez laide.

HORTO FLORESTAL ★★

Avenida Pedro Paulo - estrado do Horto
✆ +55 12 3663 3762
Tous les jours, sauf le mercredi, de 9h à 16h. Entrée 6 R$, voiture 6 R$.

Joli parc botanique créé en 1941 qui s'étale sur 8 300 hectares et possède aussi une bonne infrastructure touristique avec barbecues et pistes cyclables.

- **Cachoeira da Gargalhada.** Balade de 4,5 km jusqu'à la cascade, sans dénivelé
- **Trilha dos Campos**. beau point de vue situé à 1 700 mètres d'altitude.
- **Cachoeira da Celestina.** Une randonnée pour les adeptes de dénivelés un peu plus sportifs. Environ 8,5 km mènent à cette cascade située à près de 1 900 mètres d'altitude.

MUSEU FELÍCIA LEIRNER ★★

Av. Dr. Luís Arrobas Martins, 1880
✆ +55 12 3662 6000
www.museufelicialeirner.org.br
Du mardi au dimanche de 9h à 18h. Entrée gratuite.

Ce musée à ciel ouvert exposant les sculptures en bronze et béton blanc de l'artiste polonaise Felicia Leirner se trouve dans un vaste parc de 35 ha et dans l'enceinte du magnifique auditorium Claudio Santoro. Les 84 sculptures de grande taille représentant des formes humaines ou zoomorphes expriment la passion de l'artiste pour la nature. On peut y trouver quelques ressemblances avec les œuvres de Botero, le sculpteur colombien. Felicia Leirner, née en 1907, a quitté son pays encore jeune pour s'installer au Brésil en 1927.

BALADE EN TRAMWAY ET TRAIN ★★

Avenida Emílio Ribas ✆ +55 12 3663 1531
www.efcj.sp.gov.br/
tram A/R 14 R$, tous les jours de 10h à 17h. Train centre station Emilio Ribas - Eugenio Levebre : 58 R$ A/R ou 45 R$

Avec le pittoresque tramway on peut faire une balade entre les différents quartiers de la ville sur un parcours de 4 km. Le voyage de 19 km en train commence par ce même trajet (station Emilio Ribas - Morro do Elefante) à Campos do Jordão, et va jusqu'à Santo Antônio do Pinhal. C'est un beau parcours dans la Serra da Mantiqueira. Prenez place près de la fenêtre pour le panorama ! Le train continue sur un parcours de 20 km après Sao Antônio do Pinhal, jusqu'à Pindamonhangaba.

TÉLÉPHÉRIQUE

Praça São Benedito
https://parquecapivari.com.br/
35 R$. Vendredi de 13h à 16h30, samedi et dimanche de 10h à 16h30. Tous les jours en juillet.

Construit en 1970 et mis en service en 1971, ce téléphérique est le premier téléphérique monocâble à fonctionner au Brésil. Pour les touristes habitués aux stations de ski, il ressemble à un classique « télésiège ». Cette balade est désormais inscrite au « patrimoine » de la ville. Une montée de 1 300 m en dix minutes pour arriver au Morro do Elefante et profiter d'une vue panoramique de la ville à 1 800 m d'altitude à couper le souffle. On peut même voir le parc floral de Campos (horto florestal) situé à 13 kilomètres. Un classique à Campos.

ALPENHAUS POUSADA €€

Rua Dirceu Gonçalves, 17
✆ +55 12 3662 7007
www.alpenhauspousada.com
Entre 20 et 1200 R$ la chambre double en B&B.

L'Alpen Haus pousada fait forcément référence à l'ambiance alpine de cette région. C'est une pousada confortable un peu excentrée de Campos do Jordão. L'établissement propose des chambres très simples, à la décoration surannée, sans doute un peu chères pour les prestations (pas de piscine). On apprécie la grande maison centrale avec sa verrière, le personnel attentif et le petit déjeuner, excellent. Les chambres les plus chères sont dotées d'une petite cheminée, bien utile l'hiver...et romantique, et d'une baignoire à hydromassage. Wi-fi.

BADEN BADEN

Rua Djalma Forjaz, 93 - Vila Capivari
✆ +55 12 3663 3610
www.obadenbaden.com.br
Visite avec dégustation toutes les heures entre 10h et 17h, réservations. 15 R$, avec 2 bières et un verre de la marque.

Le patronyme fait ici encore référence à un des lieux emblématiques du breuvage houblonné que l'on aura soin de consommer avec modération. Il est possible de connaître les secrets, du moins en partie, de la bière la plus connue de Campos do Jordão dans son bar-restaurant mythique du centre piéton de la ville. C'est un lieu emblématique à connaître, en sortant d'un concert de musique érudite. La brasserie, située à une autre adresse sur les hauteurs de la ville, ouvre ses portes pour un tour au milieu de ses cuves. L'autre pays de la bière, assurément.

IPORANGA ★

Iporanga est un mot d'origine tupi-guarani qui signifie belle rivière ;. Et il est vrai que les lieux sont enchanteurs. Iporanga est une halte pour ceux qui cherchent l'aventure en pleine Mata Atlântica. On est bien loin de l'agitation de la mégapole pauliste et ses 20 millions d'habitants. Le village est au cœur du Parque Estadual Turistico do Alto Ribeira, la rivière éponyme qui a donné son nom au lieu, qui est réputé pour le grand nombre de grottes à découvrir. On en compterait plus de 300. L'environnement est constitué de cascades, de piscines naturelles et de forêts luxuriantes. L'infrastructure sur place est plutôt rustique et peu développée.

PARQUE ESTADUAL TURISTICO DO ALTO RIBEIRA - PETAR ★★

Entre Iporanga et Apiai ✆ +55 15 3552 1875
www.petaronline.com.br
De 8h à 17h, fermé le lundi. Entrée 9 R$, taxe pour la voiture 6 R$, paiement uniquement en liquide.

En pleine Mata Atlântica et avec 300 grottes, le Petar est une grande attraction pour les amateurs de nature. Sur le site web du parc vous trouverez des guides (obligatoire).

- **Núcleo de Santana :** le plus visité, avec trois grottes parmi les plus connues et des cascades.
- **Núcleo Ouro Grosso :** dans le quartier Bairro da Serra, c'est là que se situent *pousadas* et restaurants.
- **Núcleo Casa de Pedra :** grotte de même nom, de 215 m de hauteur.
- **Núcleo Caboclos :** le plus éloigné, à Apiai.

GAMBOA ECO REFUGIO POUSADA €€

Rodovia Antonio Honorio da Silva - km1
✆ +55 15 3556 1118
www.gamboaecorefugio.com.br
A partir de 340 R$ la chambre double en B&B.

Comme le nom de la pousada l'indique, on privilégie ici le contact avec la nature. Le Gamboa Eco Refugio est une jolie *pousada* de construction récente avec une piscine et un beau jardin dans lequel sont suspendus des hamacs. Certaines chambres sont dans des chalets rustiques et charmants, en rondins de bois. On y trouve des kayaks à disposition pour aller faire un tour sur la rivière. Un lieu d'écotourisme fréquenté par les Paulistas en mal de campagne. Parking et wifi.

PARANÁ

Le Parana s'étend sur 200 000 km² entre les Etats de São Paulo et de Santa Catarina. C'est la seule région du pays dotée d'un climat tempéré. Au nord-ouest de Curitiba, en partant vers Iguaçu, des montagnes couvertes de forêt enserrent des vallées où serpentent cours d'eau et lagons. Puis des vallons, couverts de bois et de champs réapparaissant à l'ouest, alternent avec la forêt. Vers le Santa Catarina poussent les magnifiques pins araucarias. A la frontière de l'Argentine et du Paraguay, le fleuve Iguaçu s'effondre en chutes impressionnantes, las peut-être d'avoir parcouru un si long chemin. Le Parana est certainement un des Etats au potentiel le plus intéressant du pays. Pourtant, de ses richesses, on ne retient souvent que les chutes d'Iguaçu et le petit train du Paranagua. Curitiba et son université libre de développement durable constituent bien le laboratoire environnemental et social du XXIe siècle.

Parana
Iguatemi
Salto D
Umuarama
Cianorte
Apucarana
Siqueira Campos
Angatuba
Itapetininga
São Miguel Arcanjo
Capão Bonito
Itapeva
Itararé
Apiaí
Cajati
Cananéia
São Jerônimo da Serra
Ibaiti
Iporã
Campo Mourão
Goioerê
Ivaiporã
Telêmaco Borba
Jaguariaíva
Santa Helena
Toledo
Cascavel
Pitanga
Castro
PARQUE ESTADUAL VILA VELHA
GUARAQUEÇABA
GUARAQUEÇABA
PARQUE NACIONAL SUPERAGÜI
Ponta Grossa
Medianeira
Quedas do Iguaçu
Laranjeiras do Sul
Guarapuava
Irati
CURITIBA
MORRETES
PARANAGUÁ
ILHA DO MEL
FOZ DO IGUAÇU
PUERTO IGUAZÚ
PARC NATIONAL IGUAZU
Planalto
Mangueirinha
Francisco Beltrão
Guaratuba
ARGENTINA
Bernardo De Irigoyen
Bituruna
Porto União
Canoinhas
Mafra
Oceano Atlântico
Joinville
Palmas
Jaraguá do Sul
São Miguel do
Pinhalzinho
Caçador
Xanxerê

PAGES

528 ● ● CURITIBA ET SA RÉGION

La région de Curitiba reste une curiosité, un morceau d'Europe au Brésil (émigrés italiens, polonais, ukrainiens, allemands attirés par un climat tempéré). Aujourd'hui encore, à Santa Felicia, on parle plus l'italien que le portugais. On vient à Curitiba de tout le pays, et même des Etats-Unis, pour observer leur solution originale des transports publics, étudier dans l'université libre d'environnement et de développement durable.

CURITIBA ★★

528 Curitiba est un laboratoire social où l'on va en provenance de toutes les parties du monde pour observer cette gouvernance qui met les hommes au cœur des considérations. Dans cette « ville des hommes », les services publics, les écoles, les transports sont particulièrement développés.

532 **MORRETES ★**

533 **PARANAGUÁ ★**

534 **ILHA DO MEL ★★**

535 **GUARAQUEÇABA**

536 **PARQUE NACIONAL SUPERAGÜI ★★**

536 **PARQUE ESTADUAL DE VILA VELHA ★★**

537 ● ● LES CHUTES D'IGUAÇU

Les chutes d'Iguaçu constituent un des moments forts d'un voyage au Brésil. Il s'y exprime la puissance de la nature brésilienne et la conviction qu'ont les hommes à tenter de la maîtriser. Pour beaucoup, la visite des chutes justifie en soi un voyage au Brésil. La légende dit que le président américain Théodore Roosevelt aurait déclaré « pauvre Niagara » en contemplant les chutes d'Iguaçu.

FOZ DO IGUAÇU ★

537 La brésilienne Foz do Iguaçu est une grande ville moderne comparée à Puerto Iguazú, en Argentine, avec un grand choix d'hôtels et de restaurants, un aéroport international et deux gares routières.

PARQUE NACIONAL DO IGUAÇU ★★★★

546 Le parc national protège les environs des chutes d'Iguaçu côté brésilien. Le parc offre un panorama splendide des centaines de cascades, une vue d'ensemble qui permet de se rendre compte de leur ampleur.

PUERTO IGUAZÚ ★★

546 Cette charmante petite ville touristique argentine est la meilleure base pour explorer la région. Un bus relie les deux parcs nationaux (argentin et brésilien) sans la moindre difficulté.

PARQUE NACIONAL IGUAZÚ ★★★★

552 Le parc national d'Iguazú, côté argentin, offre une immersion complète dans la jungle, au milieu des spectaculaires chutes. Elles sont faciles d'accès en bus, depuis Puerto Iguazú.

CURITIBA ★★

Curitiba symbolise la réussite du sud du Brésil, d'un autre Brésil, où l'humain serait au centre des considérations de la cité. Différente, elle l'est également par ses caractéristiques géographiques. A 900 m d'altitude, la température moyenne est de 17 °C. La ville est moderne et ses habitants en sont fiers : un réseau de transports neuf et efficace, une préservation active de l'environnement, ses jardins et ses monuments bien entretenus au milieu de bâtiments à l'architecture moderne. Elle est un laboratoire social d'un Brésil en devenir. Sa réputation continue d'attirer des milliers de Brésiliens à la recherche d'une meilleure qualité de vie.

CATEDRAL BASILICA MENOR DE CURITIBA ★

Praça Tiradentes
✆ +55 41 3222 1131

Ce qui n'était qu'une petite chapelle de bois au début du XVIIIe siècle devint la principale église de la ville. C'est l'église principale de l'archidiocèse de Curitiba, construite entre 1876 et 1893 et le siège de la paroisse éponyme, qui a été créée en 1668, lorsque Curitiba n'était encore qu'un village, dépendant de l'autorité de l'évêché de Rio de Janeiro. La construction actuelle date de la fin du XIXe siècle, en style néogothique, inspirée de la cathédrale de Barcelone.

IGREJA DA ORDEM TERCEIRA SÃO FRANCISCO DAS CHAGAS ★★

Praça Tiradentes

Cette petite église blanche est la plus ancienne de la ville, construite en 1737. Au XIXe siècle, elle était le temple des Franciscains, puis au XIXe siècle, la paroisse d'immigrants polonais. Elle fut rénovée en 1880 à l'occasion de la venue de l'Empereur Dom Pedro II. C'est à cette époque que la tour fut construite. Elle devint alors le lieu de culte préféré des immigrés allemands de la région. Depuis sa dernière restauration en 1980, elle abrite le musée d'art sacré de Curitiba.

JARDIM BOTANICO ★★

Rua Ostoja Roguski. ✆ +55 41 3264 6994
www.curitiba.pr.gov.br

Ouvert de 6h à 20h en été, jusqu'à 19h30 en hiver. Entrée libre.

Ce jardin créé en 1991 a été pensé « à la française ». Il mène à son impressionnant palais Art nouveau inspiré des palais de cristal anglais du XIXe siècle, carte postale de la ville. Une serre grandiose de verre et d'acier voit pousser en son sein une luxuriante végétation.

- **Le museu Botânico/Herbário** qu'il abrite attire chercheurs et botanistes du monde entier. Il détient un herbier scientifique de près de 330 000 plantes, l'une des plus importantes collections du Brésil. Des expositions sur les questions environnementales sont régulièrement programmées ici.

MUSÉE OSCAR NIEMEYER [MON] ★★

Rua Marechal Hermes, 999
✆ +55 41 3350 4400
www.museuoscarniemeyer.org.br

Du mardi au dimanche de 10h à 18h. Entrée : 20 R$. Gratuit le mercredi, pour les moins de 12 ans et les plus de 60 ans.

Surnommé « le Musée de l'œil », c'est le plus grand musée brésilien dédié aux arts visuels, à l'architecture, à l'urbanisme et au design. Cet édifice est une merveille architecturale tirée de l'imagination de Niemeyer. Il fut étoffée d'une annexe en 2002, qui fait désormais la renommé de l'édifice. Niemeyer a créé ici une sorte de soucoupe volante surélevée, avec une rampe en ellipse et une façade en verre dans laquelle se reflète le ciel. A visiter immanquablement.

MUSEU PARANAENSE ★

Rua Kellers, 289
✆ +55 41 3304 3300
www.museuparanaense.pr.gov.br

Du mardi au vendredi de 9h à 18h, le week-end de 10h à 16h.

D'un style Art nouveau cocasse (datant de 1876), le bâtiment abritait jusqu'en 1969 le palais du gouvernement du Paraná. Aujourd'hui, il possède plusieurs expositions qui rendent hommage à la création du Paraná et à sa société. On y trouve des pièces de monnaie, un piano, de 1843 et une collection d'armes. Dans le bâtiment latéral, sur des panneaux d'exposition, on peut voir des scènes d'immigrants arrivant dans le Paraná, des tribus tupi et des scènes rappelant les émeutes qui ont émaillé l'histoire du Paraná ou de Curitiba.

PARQUE BARIGUI ★

Avenida Mario Tourinho et Cândido Hartmann
✆ +55 41 3339 8975
Ouvert tous les jours. Entrée libre.

C'est le principal parc de la ville. Les Curitibense y pratiquent le football, y font du bateau à pédalier sur le lac ou du pique-nique... Le week-end, certains y passent la journée entière sous les arbres, au milieu d'un parc immense. On y trouve également le musée de l'automobile et des salles d'exposition. Des pistes idéales pour le footing parsèment ce beau parc pour ceux qui veulent rester en forme. Comme à Pampulha, de sympathiques capybaras se promènent autour du lac. On peut boire un verre ou manger sur des terrasses surplombant le vaste lac.

RUA 24 HORAS ★

Son horloge surplombant les passages fait partie des cartes postales de la ville de Curitiba. De style « passage parisien » populaire, la Rua 24 horas est un passage piéton animé, avec des commerces et des restaurants, mais qui reste ouvert uniquement jusqu'à 22h, contrairement à son nom. C'est un peu l'expression de l'âme et de l'esprit de Curitiba. On aime à s'y promener en fin de journée. A proximité, surtout en fin de semaine, il est facile de trouver des groupes de musique qui font des concerts. Du café jusqu'à l'happy hour, on peut y passer un bon moment.

SANTA FELICIDADE ★★

C'est l'extravagant quartier italien de Santa Felicidade, à 20 minutes en bus, à prendre Tav. Nestor de Castro, derrière la cathédrale. C'est le quartier où s'installèrent les immigrés italiens qui arrivèrent entre la fin du XIXe siècle et le début du XXe siècle. C'est Dona Felicidade Borges qui donna ce quartier à la colonie italienne (d'où son nom), qui s'y consacra à la production de produits de la terre. Aujourd'hui Santa Felicidade est le grand quartier gastronomique de Curitiba, où vous trouverez plusieurs restaurants italiens de qualité.

TORRE PANORÂMICA ★

Rua Lycio G. de Castro Velloso, 191
✆ +55 41 3339 7613
Du mardi au dimanche de 10h à 19h. 5 R$. Centre d'informations touristiques sur place.

Une tour téléphonique de 109,5 mètres de hauteur, assez peu esthétique, a été transformée en attraction touristique majeure de la ville. Depuis son sommet, on peut profiter d'une vue panoramique sur la ville à 360°. On peut voir toute la région métropolitaine de Curitiba et par temps clair, on peut même voir les montagnes de la Serra do Mar. Même si Curitiba n'est pas très touristique, la file d'attente peut s'avérer longue car on ne peut monter qu'à cinq personnes maximum dans l'ascenseur. Petit musée du téléphone à l'entrée de la tour.

AÉROPORT AFONSO PENA

Avenida Roc ha Pombo
✆ +55 41 3381 1515
www.infraero.gov.br

En plus des grandes villes du pays, il dessert les capitales des pays voisins.Vols pour São Paulo à partir de 4h du matin et 245 R$ (1h10 en vol direct), à partir de 6h du matin et 200 R$ pour Rio (1h20 en vol direct). Pour Salvador, 1 escale, à partir de 4h10 de vol et 300 R$.

- **Sur place** : agence de la poste, services de restauration, boutiques, location de voitures, agences bancaires.
- **Pour arriver en ville** : une navette Executiva part toutes les 30 minutes environ de 5h30 à minuit et demi, 13 R$ par personne. Les bus de ligne desservent aussi l'aéroport.

GARE FERROVIAIRE

Avenida Affonso Camargo, 330
✆ +55 41 3888 3488
www.serraverdeexpress.com.br
Départs le matin à 8h15 ou 9h15 et 7h30, selon jour de la semaine et ligne. à partir de 85 R$ aller et 60 R$ le retour.

La gare ferroviaire se situe à côté de la rodoviária de Curitiba. Il existe deux lignes. La ligne « luxe » (360 R$) propose un parcours tout confort de Curitiba à Morretes avec un arrêt à l'église Nossa Senhora de Cadeado, à bord d'un train de luxe (départ à 9h30). Les wagons économiques proposent un parcours à 26 R$ aller simple. Départ à 8h30 de Curitiba et retour de Morretes à 15h30.

- **Ligne Serra do Mar :** 110 km, 3 heures de voyage. Uniquement le dimanche. Le train va de Curitiba à Paranagua, en passant par Morretes.
- **Curitiba - Morretes :** quotidienne.

RADIO TÁXI

✆ +55 41 3376 7676

Taxi. Application smartphone disponible.

Cette compagnie de taxi peut être joignable par une application smartphone. À Curitiba comme dans les autres villes, on rappellera les consignes à suivre lors de l'utilisation de taxi. Il faut les faire appeler par la pousada ou le restaurant ou les prendre en tête de station. Ne pas les héler dans la rue. Le chauffeur de taxi doit enclencher son compteur dès le début de la course (tarif jour, nuit et éventuellement jours fériés) sauf si vous négociez avec lui directement un prix forfaitaire. Les tarifs sont corrects en général.

HOTEL SAN JUAN JOHNSCHER €€

Rua Barão do Rio Branco, 354

✆ +55 41 3302 9600 - www.sanjuanhoteis.com.br

A partir de 230 R$ la chambre double en B&B. Comptez 20 R$ le parking.

Cet hôtel est certainement un des meilleurs plans de la ville pour sa localisation centrale, à côté de la rue 24 horas, ses prestations et ses prix abordables. Patrimoine historique de Curitiba, l'hôtel San Juan est un bel édifice néoclassique blanc de 1917 avec de grandes fenêtres arrondies, des planchers en bois exotiques et des plafonds hauts. Les chambres ont chacune une décoration particulière. Elles sont toutes chaleureuses et bien équipées. Le hall, avec ses meubles design, sa décoration et son style cosy, est très accueillant.

SLAVIERO SUITES CURITIBA €€

Rua Dr Pedrosa 208

✆ +55 41 3323396

A partir de 285 R$ la double en B&B

La chaîne Slaviero dispose de plusieurs hôtels dans le centre de Curitiba, tous haut de gamme. Le Slaviero Essential Curitiba shopping est particulièrement central dans le quartier de Batel, où bat le cœur des nuits curitibenses. Il a l'avantage d'avoir une jolie piscine à son sommet avec une verrière qui offre une belle vue sur la ville de Curitiba. Les chambres sont décorées de touches de couleurs gaies et de bois. Certaines suites sont équipées d'un canapé et d'une kitchenette. Toutes sont claires, propres et bien équipées.

CASA DA ANTONIA €

rua Mauà 110

✆ +55 30260123

A partir de 30 R$ le plat.

Le concept de la maison est de proposer des tartes salées garnies de manière créative. La cheffe, ici encore, a suivi une formation à l'école française « le cordon bleu » et propose, dans un élégant salon, une cuisine originale et fine. Ainsi, on peut déguster une tarte au bobo de crevette. (38 R$) ou une tarte Tatin... à la tomate, aux oignons caramélisés et au fromage de chèvre. On y trouvera également des sandwichs, des salades qui se déclinent sous de nombreuses formules et des desserts (cheesecake aux fruits rouges). Une bonne adresse, assurément !

ERVIN CHURRASCARIA €

Rua Mateus Leme, 2746

✆ +55 41 32525347

www.churrascariaervin.com.br

Ouvert de 11h30 à 14h, le week-end de 11h à 15h30, fermé le lundi. Comptez 30 R$ par personne.

Comme la confeitaria das familias, la churrascaria Ervin est une maison traditionnelle de spécialités de grillades en centre-ville. C'est une bonne option pour manger de bonnes viandes à des prix très abordables. Certains plats sont préparés pour deux ou trois personnes, d'autres sont individuels. Le choix est certes plus limité que dans certaines churrascarias, mais les quatre types de viande proposés sont sans doute parmi les meilleurs de Curitiba. Le PF ne fait pas l'apologie de la consommation de viande, mais les amateurs s'y retrouveront.

MERCADO MUNICIPAL €

Avenida Sete de Setembro, 1865

✆ +55 41 3363 3764

www.mercadomunicipaldecuritiba.com.br

Lundi de 7h à 14h, du mardi au samedi de 7h à 18h, dimanche de 7h à 13h.

Fondé en 1958, le marché central de Curitiba est certainement l'endroit le plus agréable pour faire ses courses comme un vrai curitibense. Le « ventre de Curitiba » n'est certes pas très grand, mais on y trouve un bon café (avec plusieurs variétés nationales à déguster ou à emporter), des échoppes et quelques restaurants sur place. On peut y acheter du vin, du fromage, des produits « ethniques », des herbes médicinales. Au premier étage se trouve la zone des produits bio, avec un restaurant. C'est le rendez-vous des habitants de tous les horizons de la ville.

QUINTANA CAFÉ E RESTAURANTE €

Avenida do Batel, 1440 ✆ +55 41 3078 6044
www.quintanagastronomia.com.br
buffet de 11h30 à 16h, café et service à la carte jusqu'à 16h. Brunch samedi et dimanche. Comptez 40 R$ par personne.

Le Quintana Café est un établissement traditionnel de Curitiba, sobre et accueillant, à l'image des habitants de la capitale du Paraná. Avec les poèmes et les livres éparpillés dans la maison, la chef et propriétaire rend hommage au poète gaucho Mario Quintana. Au buffet central, les influences sont diverses. Cuisine méditerranéenne, nord-européenne, locale, asiatique, tout dépend du jour de la semaine. Les ingrédients sont dans la mesure du possible bio, frais et locaux.

AVENIDA PAULISTA €€

Rua Emiliano Perneta, 680 – Centro
✆ +55 41 3322 4508
www.avenidapaulistapizzabar.com.br
Ouvert tous les jours de 18h30 à minuit et du lundi au vendredi de 11h30 à 14h30. Pizzas pour deux à partir de 60 R$.

Dans cette belle demeure historique du cœur de Curitiba, on savoure depuis 2008 d'excellentes pizzas gourmets et des pâtes au son d'un piano qui égraine quelques notes de jazz ou de barcarolles. Pâte fine, ingrédients nobles, cuisson au feu de bois… Les pizzaiolos s'emploient à faire des pizzas à l'italienne… ou à la paulista. Le buffet de salades, d'antipasti et de pâtes le midi en semaine honore réellement la cuisine de la botte. On y trouve de la viande grillée (filet mignon), du poisson (saumon à la mode du chef). Une bonne adresse.

CHALET SUISSE €€

Rua Francisco Dallalibera, 1428
Santa Felicidade
✆ +55 48 3364 7889
A partir de 50 R$ par personne. Rodizio Boa Lembraça : 95 R$ par personne.

Depuis près de 40 ans, le chalet suisse propose sa cuisine raffinée à Curitiba. Cuisine d'influence française et suisse dans un cadre agréable. Vous pourrez y déguster des escargots au beurre, gratinés au parmesan ! On y mange la meilleure fondue de la ville selon la gastronome Béa de la Vacquerie. Le *rodizio* Boa Lembraça est une formule de fondues à volonté, toute brésilienne, qui permet de goûter à tout. Bon, ce n'est pas très nouvelle cuisine, mais qu'importe, puisque c'est bon. Le prix est élevé, c'est vrai, mais quand on aime...

MADALOSSO €€

Avenida Manoel Ribas, 5875 – Santa Felicidade
✆ +55 41 3372 2121
www.restaurantemadalosso.com.br
Ouvert de 11h30 à 15h30 et de 19h à 23h, dimanche uniquement à midi. Rodizio : 45 R$/ personne. Desserts : 9,50 R$.

Ce restaurant est une attraction à lui tout seul et peut recevoir jusqu'à 4 600 personnes ! C'est le plus grand restaurant d'Amérique latine. Sa réputation n'est pas liée qu'à sa taille. Depuis 30 ans, c'est toujours Mme Madalosso qui commande les fourneaux de son restaurant éponyme, heureusement pas toute seule. Sa cuisine honore l'Italie de ses origines ! Tous les clients ont droit aux mêmes plats servis à table en *rodizio* : polenta frite, poulet, risotto, salades, gnocchi, lasagnes, rondeli, etc. Un lieu incontournable à Curitiba.

DURSKI €€€

Rua Jaime Reis, 254
Centro
✆ +55 41 3225 7893
A partir de 70 R$.

Dans un cadre très cosy, ce restaurant international est régulièrement honoré comme une des meilleures tables de cuisine slave de tout le Brésil. Le restaurant sert une très bonne cuisine à base de recettes d'Ukraine, de Pologne et de Russie. On essaiera le bortsch en entrée (soupe de betteraves avec côtelettes de porc), puis le platzki (crêpes à la pomme de terre). Le banquet slave (120 R$) permet d'avoir un aperçu gastronomique de la cuisine slave (plaztki, holopti, filet mignon, salade russe… forcément). Un bon aperçu de la diversité de Curitiba.

BAR DO ALEMAO

Rua Dr. Claudino dos Santos, 63
São Francisco
✆ +55 41 3223 2585
www.bardoalemaocuritiba.com.br
Ouvert tous les jours de 11h à 2h.

Cette adresse est incontournable par son kitsch très Forêt-Noire. Un décor rustique et décontracté, de la bonne bière qui coule à flots pour faire glisser les saucisses. Plein le week-end (plus de 500 personnes). On peut se sentir aux fêtes de la bière à Munich sans aller jusqu'à Blumenau, dans l'Etat voisin de Santa Catarina. La spécialité est la « carne de onça » (littéralement viande de panthère), le tartare de Curitiba, avec de l'ail, des oignons et du pain noir et de la moutarde noire. Bien sûr, forêt-noire en dessert ou apfelstrudel.

BAZAR DOCE PATISSERIE

Alameda Presidente Taunay, 316
✆ +55 30939808
A partir de 8 R$ les empadas, 15 R$ le fondant au chocolat praliné.

La jeune cheffe pâtissière Isis Lepechak a repris avec bonheur les commandes du Bazar Doce, où elle avait auparavant fait ses classes. Après un séjour pour formation en France, elle s'est lancée dans le grand bain. Grand bien lui en a pris, elle a amené une petite touche de raffinement supplémentaire à une maison déjà respectable. Isis privilégie une cuisine plus « saudavel », avec moins de sucre et de graisse. Le « fondant au praliné », la mousse au chocolat à la crème de cerise noire (15 et 16 R$), les salés (empadas) sont à découvrir, assurément !

CONFEITARIA DAS FAMILIAS

Rua XV de Novembro, 374
Centro
✆ +55 41 3223 0313
De 7h30 à 23h. 7 R$ la part de gâteau. 23 R$ le café completo pour 2.

Depuis 1945 cette pâtisserie accueille les familles curitibanas. Elle se situe dans la rue XV, une des cartes postales de la ville. Les recettes n'ont pas beaucoup changé depuis 65 ans et les portions sont assez copieuses, parfois même trop ! Les prix sont réellement à la portée de toutes les bourses. Pour un goûter gourmand avec thé ou café, petits fours, confiture, beurre et short-breads (pour 2 personnes), demandez le *café completo*. Aujourd'hui l'endroit fait un peu vieillot, mais c'est toujours une adresse réputée en ville. Une adresse comme on les aime !

TEATRO GUAIRA

Rua XV de Novembro, 971
✆ +55 41 3304 7900
www.teatroguaira.pr.gov.br
Programmation sur place ou sur Internet.

Un grand classique ! Il fut inauguré en 1884, rua Dr Muricy. L'édifice actuel date de 1953, pour commémorer le centenaire de l'émancipation politique de l'Etat. Le projet de construction du théâtre est décidé fin des années 1940 et la construction commence en 1952. Au cours de cette décennie, le Paraná connaît l'apogée de l'économie du maté et, dans la région nord, le début de l'expansion du café.Il est inauguré en 1974 seulement. Le Centro Cultural Teatro Guaíra est devenu l'un des plus grands complexes culturels d'Amérique latine.

MORRETES ★

Sur la route de Parangua et de l'Ilha do Mel, la petite ville de Morretes constitue une halte chargée d'histoire. Cette petite ville coloniale située à 62 km de Curitiba et fondée en 1733 est accessible en train (sur la ligne Curitiba–Paranagua) ou en bus. Adossée au rio Nhundiaquara, la ville offre de nombreuses possibilités de randonnée, vers le Pico do Marumby (1 576 m, lieu réputé pour la varappe), et à travers la Serra do Graciosa (Mata Atlântica, nombreux animaux, cascades). Le petit train s'arrête à Morretes en basse saison. La Matriz Nossa Senhora do Porto et la réserve naturelle Nhundiaquara constituent quelques-unes des attractions locales.

TREM DA SERRA DO MAR PARANAENSE

R. Padre Saviniano, 768 ✆ +55 41 3888 3488
www.serraverdeexpress.com.br
Samedi, dimanche et jours fériés. Départ de Curitiba à 9h15, retour 14h30. Classe éco : 85 R$ l'aller, 65 R$ le retour.

Le train de la Serra do Mar Paranaense est une prouesse technologique issue la volonté des hommes. C'est aujourd'hui un train essentiellement touristique qui relie la capitale Curitiba à Morretes ou Antoninha. Le train va serpenter sur les rails accrochés hardiment à des rocs cernés par de vertigineux précipices et au milieu d'une nature exubérante, couronnée de pics de granit. C'est un incontournable de la région.

- **Gare de Curitiba :** Av. Pres. Affonso Camargo, 330.

POUSADA CABANAS DO CURUPIRA €

Estrada da Graciosa, km. 29,5
✆ +55 41 9998 9255
www.cabanasdocurupira.com
Chambre simple : 75 R$, double : 115 R$, Chalet double avec cuisine : 135 R$. Petit déjeuner : 10 R$ par personne.

La pousada Cabanas do Curpira est une éco-*pousada* charmante au cœur de la Mata Atlantica. Les petits chalets indépendants, tous avec hamac et table sur la terrasse et ventilateur dans les chambres sont simples, avenants et bien décorés. L'intérêt, c'est d'être ici au cœur de la nature. Des chalets familiaux sont aussi disponibles. L'ensemble est rustique, les hôtes sont en harmonie avec la nature exubérante. Ambiance Robinson Crusoë garantie ! Réservations conseillées.

TERRA NOSSA €

Rua XV de novembro, 109
Centro
✆ +55 41 3462 2174
Ouvert de 11h45 à 22h30 (23h le week-end), fermé le mardi. Compter de 40 à 60 R$ par personne.

Le restaurant Terra Nossa propose une carte variée dans un beau cadre et à des prix accessibles. On peut goûter le pirao de barreado, le plat typique de cette région du littoral à base de viande de bœuf mijotée pendant 20h, de riz, de farine de manioc, de banane et d'orange (38 R$). On peut également y manger de bonnes pizzas (seulement le soir). La carte des pizzas est assez complète (calzones et des pizzas sucrées à la banane ou à l'ananas). Beaucoup de poissons également à la carte à partir de 38 R$. Crevettes à partir de 89 R$.

HOTEL E RESTAURANTE NHUNDIAQUARA €€

Rua General Carneiro, 13 (rua das Flores)
Centro
✆ +55 41 3462 1228
www.nundiaquara.com.br
Plats : à partir de 40 R$ par personne.

Ce superbe hôtel-restaurant qui donne directement sur la rivière éponyme propose le typique barreado, plat régional issu de la cuisine des bouviers qui traversaient régulièrement la région. On peut y manger également de bons plats de poisson (poisson à la milanaise). Idéalement situé à 600 mètres de la gare routière et à 200 mètres de la gare ferroviaire de Serra verde, le restaurant apparaît comme une « escale » idéale lors d'une visite de Morretes.

PARANAGUÁ ★

A 90 km de Curitiba, Paranagua est le grand port du sud du pays, fondé à la fin du XVIe siècle. Une atmosphère portuaire pas désagréable, à la fois animée et provinciale. En bord de mer, un vieux quartier historique. Paranaguá n'est pas une étape obligatoire, mais si on vient en train de Curitiba, autant s'y arrêter. Fondé en 1549, Paranaguá est devenu l'un des principaux ports d'exportation du café, du bois et du soja brésiliens. Cette ville coloniale au charme certain s'orne d'un quartier ancien à l'atmosphère tropicale surannée, au bord de la baie. Son port Ponto do Sul dessert la paradisiaque Ilha do Mel, ancrée à l'entrée de la baie de Paranaguá.

VIAÇÃO GRACIOSA

Rua João Estevão s/n
✆ +55 41 3423 1215
www.viacaograciosa.com.br

Pour Curitiba, la compagnie Viação Graciosa part presque toutes les heures pour un voyage de 1 heure 40 (si direct), compter 30 R$. De nombreuses connexions régionales également pour Morretes, Joinville, Garuva, Guaratuva, Ponta grossa, Ponta do Paranà, Matinhos. Pour Joinville, 3 départs par jour, à partir de 38 R$. Pour Ponta Grossa, 1 départ par jour, 68 R$. Pour Antonina, pour le port d'embarquement d'Ilha do mel, praia de Leste et Matinhos, départs à partir de 6h30 en semaine, départ toutes les 2 heures environ. Trajet à partir de 6.65 R$.

PARANÁ

© FERNANDOPODOLSKI - ISTOCKPHOTO.COM

Paranagua.

MATA ATLÂNTICA PARK HOTEL €€

Rodovia Alexandra/Matinhos (PR 508) km12
✆ +55 41 34571161
www.mataatlantica.com.br

Ce bel hôtel propose un concept d'établissement écologique. Les hôtes peuvent se promener sur des kilomètres de forêt atlantique. Il propose des chambres confortables, dans un style classique des resorts de vacances. Cours de tennis, équitation et belle piscine, idéale pour les familles, sont ses principaux atouts. On trouve dans la propriété une petite chapelle coloniale et une cascade avec une piscine naturelle pour se baigner, très rafraîchissante.

ILHA DO MEL ★★

A 120 km de Curitiba, une île étirée en longueur, large de quelques centaines de mètres à peine. À marée haute, l'eau recouvre cette mince bande de terre, et coupe ainsi l'île en deux. On y découvre de belles plages (Praia Grande, pour le surf, do Miguel, de Fora, etc.) dans la partie sud, face à l'océan, et des grottes marines (Grutas das Encantadas). L'île abrite une forteresse et un phare construits par les Portugais. Réserve naturelle où les voitures sont interdites, on s'y déplace à pied ou en bateau. Sa nature préservée, ses sentiers en pleine forêt, ses grottes et ses plages désertes constituent une destination pour les amoureux de la nature.

CASA DO BARREADO €€

Rua José da Cruz, 78
Ponta do Caju
✆ +55 41 3423 1830

À partir de 50 R$ par personne. Ouvert uniquement les samedis et dimanches de midi à 15h.

Bon restaurant de cuisine régionale. On peut déguster le traditionnel barreado dans un cadre agréable : tables dans le jardin et en terrasse, entourés d'arbres. La bibliothèque dans la salle à manger du restaurant rappelle qu'on est dans la maison du propriétaire. L'ambiance est familiale, comme les plats servis à table, mais le service est bien professionnel. Si le barreado est plébiscité dans la région et au-delà, ceux qui désirent savourer du poisson ou des fruits de mer à la mode caiçara ne seront pas en reste. Excellents desserts au maracujá.

POUSADA MARESIA €

Vila do Farol, s/n
✆ +55 41 3426 8033
www.maresiailhadomel.com.br

A partir de 125 à 200 R$ la chambre double selon le confort, 275 R$ la triple, petit déjeuner inclus.

Cette *pousada* est une maison en bois nichée dans la forêt atlantique. Elle propose seulement huit chambres très simples, à prix abordables, qui ont toutes des noms d'essences tropicales. La pousada Maresia est idéalement placée à Nova Brasilia, au centre de l'île, près des magasins et des bars. Un endroit « roots » pour une robinsonnade sur l'île. Les chambres avec salle de bains privée sont bien équipées : ventilateur, TV, wifi, et une agréable terrasse avec hamac. Excellent accueil de Susan qui prépare de très bons petits déjeuners maison.

Digue à Ilha do Mel.

POUSADA CARAGUATA €€

Praia das Encantadas

✆ +55 41 3426 9097

caraguata-ilhadomel.com.br

A partir de 250 R$ pour 2 personnes, selon confort et saison.

Située à 50 mètres à peine de l'embarcadère de Praia das encantadas, la pousada s'inscrit depuis 2003 dans un projet d'intégration écologique et sociale. L'attention se retrouve dans chaque détail. Les petits déjeuners sont faits maison. L'équipement des chambres est très complet. L'ensemble des 11 chalets en bois est soigneusement intégré à la nature environnante. Le personnel est originaire de l'île et suit régulièrement des formations professionnelles. La pousada essaie de limiter l'empreinte écologique et de développer sa responsabilité sociale.

POUSADIN HA €

Caminho do Farol, s/n

✆ +55 41 3426 8026

www.pousadinha.com.br

A partir de 250 R$ la chambre double en haute saison.

Bien situés sur la plage du Farol, pas très loin de l'embarcadère, ces bungalows romantiques et rustiques sont douillets (climatisation, TV écran plat et wifi), enfouis dans une belle végétation. Construits en bois, ils renforcent la sensation d'immersion dans la végétation. L'ensemble est bien tenu, et pimpant. Les chambres simples ont des salles de bains communes. Les autres ont des commodités privatives. Chauffage solaire de l'eau. Bons petits déjeuners et spécialités de poisson au restaurant. Vélos et bateaux en location. Un bon plan.

BARRANCO BAR, PRAIA DE FORA €€

Praia de Fora

✆ +55 41 3426 8176

Bon, on n'est pas tout à fait les pieds dans le sable, mais on en est proche. Le restaurant « Barranco Bar » se trouve au bord de la plage de Fora, avec une belle vue sur le phare. Le service est professionnel, rapide et agréable. Les prix sont corrects pour Ilha do Mel, où ils sont en général un peu plus chers que sur le continent. Simple et agréable, on peut grignoter en journée (snacks, salades, poissons) et dîner le soir. Musique parfois les week-ends.

ASTRAL DA ILHA €€

Praia de Fora

✆ +55 41 3426 8196

www.astraldailha.com.br

De 11h à 22h, jusqu'à minuit le vendredi et le samedi. Plats à partir de 50 R$.

On peut presque parler de pousada gastronomique. Le jardin et le restaurant ont été conçus pour s'intégrer au paysage et à la nature de l'île. Le restaurant fonctionne dans le cadre vert de la *pousada* Astral da Ilha. On trouve une alimentation « saine » « saudavel » pour rester dans l'esprit des lieux. Les chefs proposent des Fruits de mer, des risottos, des plats légers, sushis, sashimis. Des jus de fruits originaux (certains sont thérapeutiques) et des cocktails sont également proposés la carte. L'Astral est aussi une microbrasserie.

MAR & SOL €€

Praça Felipe Valentim, s/n.

✆ +55 41 3426 8021

www.restaurantemaresol.com.br

De 9h à 22h. Plats entre 50 et 70 R$ environ.

Le Mar & sol est un restaurant désormais établi comme référence sur l'île. On y accède à pied à partir du phare das conchas. L'endroit est simple et agréable. La carte est assez variée, mais on y vient surtout pour les spécialités de poisson, notamment de *moquecas*, et les fruits de mer, surtout les *casquin ha de siri*. La moqueca de camarao, aussi bonne qu'à Bahia est largement suffisante pour deux convives. Pendant la haute saison, le Mar & Sol est victime de son succès et il faut quelquefois attendre un peu avant d'être servi.

GUARAQUEÇABA

Guaraqueçaba présente un riche mélange de traditions amérindiennes, Portugaises, africaines européennes de différentes régions. Il en résulte une culture riche et différenciée. La tradition orale, les légendes, la musique, les danses, l'artisanat et les habitudes alimentaires génèrent un immense patrimoine immatériel qui doit être transmis aux générations futures. Aujourd'hui, la région de Guaraqueçaba a été valorisée, en cherchant à la protéger d'une mise en valeur intensive et prédatrice. Des unités de conservation de la nature ont été créées, dans l'intention d'encadrer les activités humaines et valoriser le patrimoine naturel existant.

PARQUE NACIONAL SUPERAGÜI ★★

Ce parc marin de 34 000 hectares, créé en 1989, situé sur un archipel, est constitué en partie de mangroves et de marais salants. L'intégration d'autres îles et d'une partie continentale a permis de protéger le biotope d'oiseaux marins et surtout le tamarin lion à tête noire, découvert en 1990 seulement. C'est désormais un des centres d'intérêt de la planète pour sa biosphère et son écosystème classé patrimoine mondial par l'Unesco. La faune marine et terrestre (dauphins, jaguars, perroquets) évolue tranquillement dans son environnement. Le parc dispose de nombreux sentiers et plages désertes accessibles depuis le village de pêcheurs Vila do Superagüi.

OFFICE DU PARC

✆ +55 41 3482 7146

www.icmbio.gov.br

Entrée gratuite.

Le parc de Superagüi est administré, comme la majorité des parcs nationaux du Brésil, par l'ICMBIO, l'institut Chico Mendes de conservation de la biodiversité. L'entrée du parc est gratuite. Il est conseillée de s'entourer de guides certifiés et dûment enregistrés auprès des bureaux locaux de guides pour deux raisons. Les guides locaux officiels sont formés à l'observation de la nature et sauront présenter la biodiversité. Ils encadrent les visiteurs dans un souci de respect de l'environnement. Enfin, ils sont garants de la sécurité des visites.

POUSADA SUPERAGUI €

A 50 m de la plage, dans le village.

✆ +55 41 3482 7149

www.pousadasuperagui.com.br

À partir de 60 R$ par personne. Chambres individuelles et collectives avec ventilateur. Réseau Hostelling International.

A 50 mètres de la plage, la pousada Superagui a été ouverte il y a 20 ans par ses deux propriétaires dans l'idée de partager la beauté des paysages de la région et sa nature préservée. Les chambres et les dortoirs sont simples, mais bien intégrés dans la réserve, sur une île, et peuvent recevoir jusqu'à 14 personnes. Toutes disposent de ventilateurs. Petit déjeuner avec du pain fait maison. Accès Internet et excursions en bateau sur demande (tours écologiques pour voir les perroquets et les tamarins). On peut aller vous chercher et vous ramener à Curitiba.

PARQUE ESTADUAL DE VILA VELHA ★★

Le parc de 18 km² abrite 23 rochers fantastiques, vieux de 400 millions d'années et sculptés par la mer, les glaciers et les vents. Ces formes géologiques, issues des facéties de Dame Nature, sont les plus spectaculaires du Brésil. Dans le parc vivent les rares loups à crinière, des ocelots, des coatis, des chats et chiens sauvages, des tatous, des fourmiliers et une multitude d'oiseaux.

Le parc se compose de trois parties : Arenitos, des formations rocheuses aux formes étranges. Furnas, une région de grands cratères à la végétation exubérante nourrie par une nappe phréatique. Lagoa Dourada, « lac doré » dû à sa couleur lors des couchers de soleil.

© JEANIQUE - FOTOLIA

Parque Estadual de Vila Velha.

OFFICE DU PARC

km 28 a partir de Ponta Grossa

✆ +55 42 3228 1138

www.pontagrossa.pr.gov.br

ouvert tj 8h30 15h30 sauf mardi. Entrée à Furnas, Arenitos et Lagoa Dourada : 25 R$

Le parc n'est ouvert que le matin et jusqu'en début d'après-midi (fermé le mardi), sachez-le. il faut donc s'organiser pour ne pas être obligé de remettre ses balades à une date ultérieure. Comme dans de nombreux parcs au Brésil, toutes les visites du parc se font obligatoirement avec un guide. On ne peut pas s'aventurer sur les pistes du parc seul, pour de raisons de sécurité et de légalité. En cas d'accident, vous ne serez peut-être pas couverts par votre assurance. Vous pouvez réserver une randonnée par e-mail ou par téléphone.

FOZ DO IGUAÇU ★

Foz do Iguaçu (« embouchure des grandes eaux » en guarani) est une grande ville ordinaire, bâtie au cordeau sur une terre rouge. Elle est même assez laide. Sa population a explosé depuis la création du barrage d'Itaipu en 1975. La ville est passée de 28 000 habitants en 1960 à plus de 300 000 aujourd'hui. Heureusement, la nature luxuriante y rend le séjour agréable et la ville est animée le soir. Néanmoins, et comme dans toute ville brésilienne, il conviendra de prendre quelques précautions la nuit. La proximité des trois frontières génère d'intenses trafics et certains quartiers sont à éviter. Puerto Iguazú, en Argentine, est bien plus tranquille.

Histoire

Si c'est bien en 1542 que le conquistador Cabeza de Vaca découvrit les chutes, ce n'est qu'en 1881 que la ville reçut ses premiers peuplements de colons. Les natifs de la région, les Indiens caigangues, considérés comme « sauvages » par les Européens, bénéficient heureusement aujourd'hui d'une réécriture de l'histoire plus à leur avantage. Une colonie militaire, dont on comprend la localisation stratégique, fut créée en 1889 et la ville ne passa sous le statut civil qu'en 1914. C'est en 1918 qu'elle prit le nom de ville de Foz do Iguaçu. Le parc national fut créé en 1939 par décret du président Vargas.

MARCO DAS TRÊS FRONTEIRAS ★

Ac Três Fronteiras

Ouvert tous les jours de 10h à 18h. Entrée 16 R$.

C'est ici que l'on contemple le rio Iguaçu, dans lequel se jettent plus en amont les chutes éponymes, pour rejoindre l'immense rio Parana, le fleuve qui, plus loin, est exploité par le barrage binational Itaipu entre le Paraguay et le Brésil. On vient voir ici la jonction des trois frontières : Brésil, Argentine et Paraguay. Comme Puerto Iguazú, dont le centre est tout proche, Foz a aménagé un nouvel espace pour attirer les visiteurs dans ce coin à l'écart du centre.

BARRAGE ET USINE HYDROÉLECTRIQUE D'ITAIPU ★★

Avenida Tancredo Neves, 6702 ✆ +55 45 3529 2892

www.turismoitaipu.com.br/en

Tarifs : écomusée 18 R$, tour panoramique 42 R$, sanctuaire biologique 30 R$, tour spécial 128 R$.

On peut visiter le complexe d'Itaipu en bus, à coupler avec les chutes côté brésil. Les bus Conjunto C ou Itaipu Dam s'y rendent depuis le terminal de bus du centre (3,20 R$, 30 min). Installé sur le Rio Paraná qui sépare le Brésil du Paraguay, le barrage d'Itaipu est gigantesque. Long de 7,7 km, il culmine à 196 m de hauteur. Il possède 20 turbines. Les deux dernières turbines sont entrées en fonctionnement en 2007.

Projet binational, l'usine produit 91 % de l'énergie électrique consommée au Paraguay et répond à 25 % de la demande de l'ensemble du marché brésilien.

Le traité d'Itaipu aboutira, en mai 1974, à la création de l'entité binationale Itaipu, dont l'objet est de construire puis gérer l'usine. La première unité génératrice d'Itaipu commence à produire de l'électricité en mai 1984. Ainsi, 10 turbines sont attribuées au Brésil, et 10 autres au Paraguay.

Aujourd'hui, Itaipu est la plus importante centrale hydroélectrique au monde (même si ce n'est plus le plus grand barrage depuis la mise en eau du barrage des Trois Gorges en Chine) ce qui lui valut d'être inclus dans le classement des sept merveilles du monde technologique de la revue américaine *Popular Mechanics*. La visite classique (2h) consiste en la visualisation d'un film documentaire en portugais ou anglais. Le tour spécial (+ de 14 ans, en petit groupe) comprend une visite des turbines avec un technicien, au cœur du barrage, mais aussi la visite panoramique.

- **L'éco-musée** retrace l'histoire du barrage, des premières populations qui vivaient là à la préhistoire puis de l'arrivée des Indiens guaranis dans la région. On en apprend beaucoup sur les écosystèmes naturels qui vivent ici et les différentes espèces animales.

- **Le sanctuaire biologique** abrite quelques animaux sauvés avant l'inondation de la région à la création du barrage. On peut voir le fameux jaguar, avec de la chance ! Comptez 2 h pour 2 km de marche dans une belle nature, en compagnie des animaux déplacés suite à la construction du barrage qui sont en semi-liberté. Aussi il n'est pas toujours évident de les apercevoir, et lorsqu'il pleut ou vente trop le sanctuaire est fermé, car les animaux se protègent.

- **Conseil** : si vous comptez faire uniquement la visite panoramique et l'écomusée, sachez que côté Paraguay la visite est gratuite ! C'est un peu l'aventure pour y aller, mais l'expérience est sympa. En revanche, si vous voulez visiter le sanctuaire biologique, il faudra aller au centre des visiteurs de Foz de Iguaçu, côté Brésil.

MOSQUÉE ★

Rua Palestina
✆ +55 45 3573 1126
Ouvert du lundi au vendredi de 8h à 12h et de 14h à 18h et le samedi jusqu'à 12h.

On ne peut passer à Iguaçu sans voir les grandes coupoles de la mosquée Omar Ibn al Khattab. Cet édifice religieux est à la hauteur de la seconde communauté arabe du pays, constituée en majorité de Siro-Libanais. Elle a été construite au début des années 1980. L'architecture est impressionnante pour le profane et l'intérieur est décoré d'arabesques et d'inscriptions du Coran.Il faut ôter ses chaussures et porter des vêtements adaptés. Le 12 mai à Foz est le jour de la communauté musulmane. On trouve un marché arabe et de nombreux restaurants à Foz.

TEMPLE BOUDDHISTE ★

Rua Aluizio Ferreira de Souza,
✆ +55 45 3577 2809
Ouvert du mardi au dimanche, de 9h30 à 17h. Entrée libre. Même bus que pour le barrage d'Itaipu (compter 40 min).

On trouve à Iguaçu un autre édifice religieux. Un temple bouddhiste, comptant près de 120 statues chinoises a été construit en 1996 par les communautés chinoises de la triple frontière pour doter la région d'un lieu de prière. Il est fréquenté pour son usage religieux. Parmi les statues les plus remarquables, une statue de Boudd ha assis haute de 7 m, et 18 des disciples de Boudd ha dont Kalika, Nantimitolo et Kanakavatsa. Un peu éloigné du centre, on y va pour la balade, l'originalité du lieu et la vue sur la triple frontière depuis les hauteurs.

PARQUE DAS AVES ★★★

Avenida das Cataratas. km 17,1
✆ +55 45 3529 8282
www.parquedasaves.com.br
60 R$ l'entrée. Ouvert tous les jours de 8h30 à 17h, venez de préférence à 8h30 quand les oiseaux sont bien réveillés.

© TICIANA GIEHL - SHUTTERSTOCK.COM

En face de l'entrée du parc national d'Iguaçu, le parc des Oiseaux reconstitue, *in situ*, un fragment de la formidable richesse de la biodiversité locale et présente oiseaux, papillons, ou serpents évoluant dans un spectaculaire environnement. On peut y admirer les magnifiques aras, ou les toucans, symboles d'Iguaçu. Ce parc de 16 ha, ouvert en 1994, compte 600 oiseaux de 150 espèces. On s'est efforcé de reconstituer leur niche écologique, même si cela peut rappeler un zoo. Cette visite est magnifique et indispensable, à conjuguer avec celle des chutes, peu après.

LOUMAR TURISMO

Avenida República Argentina, 1700
✆ +55 45 3521 4000
www.loumarturismo.com.br
Accueil durant la journée et en soirée dans le hall de l'hôtel Bella Italia.

Avec plus d'une dizaine d'agences réparties dans le centre-ville, Loumar Turismo est un acteur incontournable tant pour la réservation d'hôtels à Foz do Iguaçu que pour l'organisation d'activités touristiques. L'agence propose des tours à la carte ou sur mesure. Au programme : découverte des chutes, rafting, rappel, vol en hélicoptere, tour en bateau, dîner dans les meilleurs restaurants de la ville, acrobranche, cyclotourisme, tour en Argentine et au Paraguay transferts entre l'aéroport et les hôtels et bien d'autres options.

AEROPORTO INTERNACIONAL DE FOZ DO IGUAÇU

BR 469, km 16,5
✆ +55 45 3521 4200
www.infraero.gov.br

Il est situé à 13 km du centre, entre les chutes et la ville. Des vols quotidiens de Latam, Azul et Gol pour Rio, São Paulo et bien d'autres villes du pays, ainsi que pour les capitales des pays voisins. On trouve un distributeur d'argent, un bureau de change. Un taxi pour le centre revient à environ 50 à 70 R$ et 15 R$ vers les chutes. Un bus urbain (numéro 120) relie le centre, (comptez 35 minutes de trajet) : c'est le même qui circule entre le centre et les chutes.

YES RENT A CAR

Avenida Costa e Silva, 3500

✆ +55 12 3522 2956

www.yes-rentacar.com.br

Agence de location de voitures. Ouvert de 7h30 à 21h.

Cette compagnie internationale de location de voiture est très présente au Brésil. Il faut vérifier si on peut rendre le véhicule dans une autre agence que celle où on a pris le véhicule, en fonction du contrat proposé. On rappellera les consignes lors de la location d'un véhicule. Il faut vérifier l'état du véhicule lors de l'état des lieux et ne pas hésiter à noter et prendre en photos des rayures ou bosses. Les routes ne sont toujours carrossables certaines périodes de l'année et il faut respecter les conditions de sécurité, surtout la nuit.

BUS LOCAUX

Avenida Juscelino Kubitschek

Vous trouverez plusieurs arrêts de bus avenida Juscelino Kubitschek ; ceux-ci desservent les environs. Pour les chutes du côté brésilien, bus Cataratas (4 R$ et 45 minutes de trajet jusqu'aux chutes) ; pour les chutes du côté argentin, bus Puerto Iguazú (environ 5 R$) ; pour le Paraguay, bus Ciudade del Este (environ 4 R$) ; pour le barrage d'Itaipu, bus Conjunto C (4 R$).

Des bus des trois pays frontaliers circulent à Foz. Vous reconnaîtrez aisément les bus locaux aux flambantes couleurs… rose et violet des conducteurs brésiliens.

CONCEPT DESIGN HOSTEL & SUITES €

Rua Vereador Moacyr Pereira, 337

✆ +55 45 9118 2883

www.conceptdesignhostel.com

Dortoir 50 R$ (pour les femmes) ou 55 R$ (mixte), chambre double 155 R$, quintuple 190 R$, petit déjeuner inclus. Wifi.

Sans doute le meilleur *hostel* de la ville. Aménagé dans une maison aux lignes épurées près du centre, l'endroit propose des dortoirs, des chambres doubles, triples et familiales très bien équipés. Les dortoirs des filles sont moins chers. Propreté parfaite et salles de bains modernes en tous lieux. Toutes les chambres sont climatisées et décorées. Piscine centrale dans son patio, son bar, et à l'intérieur, une cuisine collective ultra équipée. Cynthia veille au confort de ses hôtes.

HOSTEL BAMBU €

Rua Edmundo de Barros, 621

✆ 55 45 999249951

https://bambuhostels.com/

Tarifs variables selon la saison, à partir de 50 R$ en dortoir et à partir de 150 R$ en chambre double.

L'hostel Bambu est les autres hôtels du groupe sont de bonnes adresses pour les voyageurs souhaitant s'héberger à petit prix dans une ambiance conviviale. Ils sont situés dans le centre, à proximité des bars et restaurants, et à moins de 10 minutes à pied de l'arrêt de bus pour les chutes. Les chambres et les dortoirs sont lumineux avec air conditionné, l'ensemble est propre et bien tenu. Il y a une piscine, un patio et un bar. Un grand nombre d'activités sont possibles. Une bonne adresse recommandée pour ses tarifs compétitifs.

IGUASSU FLATS HOTEL €

Rua Rio Branco, 409

✆ +55 45 30303444

www.iguassuflatshotel.com.br/

A partir de 120 R$ pour une chambre de 2.

L'ancien hôtel Ilha de Capri est agréablement conçu autour d'un patio. L'ensemble est sobre et fonctionnel, avec du bois et de la peinture blanche dans les chambres. On peut siroter un verre autour de la piscine les soirs d'été. La localisation est optimale, car on vient à Foz do Iguaçu pour visiter les chutes des côtés brésilien et argentin. Bien placé à la sortie de la ville, l'hôtel est près des bus pour l'aéroport et les parcs des chutes. Le soir, on peut trouver de quoi se sustenter à proximité. La clim de certaines chambres est bruyante.

PAUDIMAR CATARATAS HOSTEL €

Avenida das Cataratas

✆ +55 45 3529 6061

www.paudimarcataratashotel.com.br/

Simple, double, triple, quadruple à 100, 120, 180 et 240 R$, Petit déjeuner inclus, piscine, wifi en libre accès.

Les propriétaires ont changé, mais le Paudimar reste une auberge agréable. Dans un cadre bucolique, un parc superbe planté de palmiers et d'essences locales. Piscine, bar, laverie. Il y a des chambres simples, doubles ou triples, toutes équipées de clim. C'est un lieu que l'on appréciera, car les voyageurs du monde entier se rencontrent dans une ambiance très conviviale. L'auberge dispose d'une agence qui organise des excursions aux chutes au meilleur prix.

POUSADA EL SHADDAI €

Rua Engenheiro Rebouças, 306
✆ +55 45 3025 4490
www.pousadaelshaddai.com.br
A partir de 119 R$ la simple, 175 R$ la double, 240 R$ la triple, Petit déjeuner inclus.

La Pousada El Shaddai offre confort et tranquillité dans une ambiance familiale. Situé au calme, en centre-ville, l'établissement dispose d'une situation privilégiée à quelques pas des restaurants et des transports en commun, l'idéal pour visiter les points touristiques de Foz do Iguaçu. L'accueil des propriétaires, en français, est chaleureux et les services d'excursion et de transfert proposés sont compétitifs. L'établissement dispose d'une trentaine de chambres confortables de 1 à 5 personnes. Une valeur sûre pour séjourner à Foz.

POUSADA IGUASSU CHARM SUITES €

Rua Irlan Kalichewski, 231
✆ +55 45 3027 5624
www.iguassucharmsuites.com.br
A partir de 150 R$ pour une chambre double, triple 210 R$, quadruple 300 R$, petit déjeuner inclus.

Un excellent choix pour ceux qui disposent d'un petit budget, mais qui recherchent cependant un certain confort. Dans un quartier tranquille proche du centre de Foz, la pousada compte des chambres de bon standing de deux à cinq personnes. Chambres claires et propres, très confortables et climatisées. Dans la cour, une petite piscine pour se rafraîchir. Marcio, le propriétaire francophone, propose par l'intermédiaire de son agence de voyage l'organisation d'excursions..

POUSADA NATUREZA FOZ €

Rua Maximo Tosi, 253
✆ +55 45 3025 6996
www.pousadanaturezafoz.com.br
A partir de 225 R$ la double, 303 R$ la triple, 436 R$ la quadruple.

Véritable havre de paix dans le centre de Foz do Iguaçu, la pousada Natureza Foz est située près du terminal de bus. L'établissement dispose de 72 chambres, simples, doubles, triples, quadruples et quintuples d'une propreté irréprochable et équipés de l'air conditionné, télévision, coffre, Wifi gratuit... une belle piscine, un barbecue, une cuisine commune équipée ainsi qu'un parking. L'accueil des propriétaires et du personnel est chaleureux. Simple et abordable. On trouve un supermarché à proximité. Promos sur le site web très intéressantes.

CONTINENTAL 4SOUL €€

Avenida Parana 1089
✆ +55 45 3523 5000
www.hotelcontinentalinnfozdoiguacu.com
A partir de 230 R$ la double, 315 R$ la triple en B&B en moyenne saison.

Un établissement quatre étoiles d'une centaine de chambres au cœur de la ville. Chambres et suites joliment décorées, spacieuses et bien aménagées, climatisées, grands lits confortables, wifi. Les suites les plus luxueuses, elles disposent de parquet, lit *king size* et bain à bulles, plus une vue panoramique sur la ville. On apprécie la piscine, le sauna, la salle de gym, les courts de tennis, la salle de jeux, le billard, le bar, le restaurant, le *room-service* jusqu'à 23h. Le service est courtois et professionnel. Excellent rapport qualité-prix dans sa catégorie.

GRUPO IGUASSU CHARM €€

Rua Irlan Kalichewski
✆ +55 45 3025 3538
www.iguassucharmsuites.com.br/
Chambre double à partir de 128 R$.

Ce n'est pas un, mais trois hôtels à Foz pour vous accueillir et une agence, Receptivo Charm Iguassu, pour vous accompagner dans vos visites et déplacements avec des guides bilingues et dans le respect de l'environnement. Vous pourrez séjourner durant votre passage à Pousada Charm Iguassu, Pousada Caroline et Pousada Evelina. Elles sont adaptées au petit budget tout en conservant un certain confort. Le rapport qualité-prix est très intéressant. Un peu éloigné du centre-ville, mais le confort réside dans l'organisation sur place de toutes les visites.

HOTEL BELLA ITALIA €€

Avenida República Argentina, 1 700
✆ +55 45 3521 5000
www.bellaitalia.tur.br
Comptez selon la saison et la catégorie de 266 à 384 R$ pour une chambre double. a partir de 368 R$ pour 3.

Situé dans le centre de Foz do Iguaçu, l'hôtel Bella Italia dispose de 132 appartements grand confort ainsi que 3 spacieuses suites. Toutes les chambres sont grandes et disposent d'équipements de qualité : une piscine pour adultes et une pour enfants, un bar, un grand salon, une agence de tourisme, un parking, ainsi que deux restaurants dont un organise chaque mercredi et samedi un dîner italien à 85 R$. Un service irréprochable et de belles prestations font de l'hôtel Bella Italia une adresse incontournable dans sa catégorie.

HOTEL DEL REY €€

1020 R. Tarobà

✆ +55 45 2105 7500

www.hoteldelreyfoz.com.br

A partir de 360 R$ la chambre double en B&B. Wifi et parking.

L'hôtel del Rey est une bonne option pour les budgets moyens à Iguaçu, car il est très central (proche de la gare routière), et d'un bon rapport qualité-prix pour un trois étoiles. Toutes les chambres ont une salle de bains privative et sont sobres, élégantes et bien équipées (coffre, écran plasma, mini bar, climatisation...), : jolie piscine sur le toit notamment avec deux bassins. Dans le hall d'accueil en marbre blanc, on trouve le bureau d'une agence locale pratique pour organiser ses excursions. Le petit déjeuner est copieux et délicieux.

HOTEL FOZ DO IGUAÇU €€

Avenida Brasil, 97

✆ +55 45 3523 4455

www.hotelfozdoiguacu.com.br

A partir de 165 R$ pour une chambre double

En plein centre-ville, dans la rue la plus commerçante de Foz d'Iguaçu, proche de nombreux restaurants et bars, cet établissement est une excellente option dans cette gamme de prix. Décoré avec soin et bien équipé, l'hôtel Foz do Iguaçu dispose de suites simples, doubles ou triples ainsi que de confortables suites. Egalement un espace télévision, une salle de jeux, une piscine pour adultes et une pour enfants, un bel espace vert, un parking, ainsi qu'un bar et un délicieux restaurant (cuisine orientale chaque jeudi). On y trouve une petite agence de tourisme.

PIETRO ANGELO HOTEL €€

Rua Almirante Barroso, 1864

✆ +55 45 3521 8305

www.pietroangelohotel.com.br

Comptez selon la saison de 200 à 300 R$ pour une chambre double.

Entièrement rénové, l'hôtel Pietro Angelo est un bel établissement au style très design. Situé en plein centre-ville de Foz, c'est une excellente option pour les vacanciers qui souhaitent se loger dans un hôtel confortable à un prix compétitif. Le Pietro Angelo propose des suites doubles, triples et une suite familiale, toutes aménagées avec goût dans un style épuré. Lit king size, baignoire à hydromassage dans la suite. Une belle piscine, et un personnel attentif, qui peut réserver activités et excursions. Une belle adresse à l'excellent rapport qualité-prix.

SAN JUAN ECO HOSTEL €€

Rodovia das cataratas km06

✆ +55 45 99803 0444

www.sanjuanhoteis.com.br/

A partir de 190 R$ la chambre double.

Le San Juan est un bel hôtel de 94 chambres sis dans la généreuse nature des faubourgs de Foz. L'hôtel est proche des chutes côté brésilien et argentin. Les chambres sont bien équipées et confortables. Des piscines, salles de sport, bars permettent d'agrémenter les soirées après la visite des chutes. Une agence de voyages permet de préparer son séjour à Foz. On peut se sustenter à toute heure de la journée au bar et le soir au restaurant. L'ensemble du personnel est particulièrement à l'écoute des personnes qui séjournent au San Juan.

SAN RAFAEL HOTEL €€

Rua Almirante Barroso, 1660

✆ +55 45 3523 1611

www.hotelsanrafael.net

Comptez à partir de 170 R$ pour une chambre double petit déjeuner inclus.

Cet hôtel réputé occupe une situation privilégiée en plein cœur du centre-ville de Foz do Iguaçu, au pied de toutes les animations. Le San Rafael Confort class propose 110 confortables appartements doubles ou triples… L'établissement réserve de belles prestations : salle internet, piscine semi-olympique, salle de réunion, internet wifi (gratuit), ainsi qu'un restaurant et une agence de tourisme. Un service personnalisé en français, une bonne infrastructure et une localisation centrale font de l'hôtel San Rafael Confort Class un bon choix pour séjourner à Foz.

SUIÇA HOTEL & RESORT €€

Av. Felipe Wanscheer, 3580

✆ +55 45 3025 3232

www.hotelsuica.com.br

A partir de 180 R$ la double, triple 245 R$, quadruple 288 R$ en B&B.

Cet hôtel est proche du centre d'Iguaçu, mais non loin des chutes par une route peu fréquentée. Si les chambres peuvent paraître un peu désuètes, elles sont équipées correctement (climatisation, salle de bain avec sèche cheveux, wifi) et le service est très attentif.. Elles sont plantées dans un écrin de nature, une belle forêt dans laquelle on peut faire une petite balade. bon petit déjeuner. Le restaurant propose des plats du jour copieux, bons et pas chers le midi et le soir pour les guests. Les prix sont très raisonnables pour les prestations offertes.

BOURBON CATARATAS CONVENTION & SPA RESORT €€€

Rodovia das Cataratas ✆ +55 45 3529 0123
www.bourbon.com.br
Comptez à partir de 507 R$ la double, 633 R$ avec dîner. 659 pour 3.

L'un des plus beaux hôtels de Foz. Les doubles supérieures et les suites sont vastes et cosy, certaines avec de vues magnifiques sur les environs. L'intérêt du *resort* réside dans son complexe de 3 piscines au cœur d'une jungle luxuriante. On trouve tous les services qu'on attend d'un hôtel de ce type : demi-pension, activités pour enfants, gymnase, mur d'escalade, tennis. L'hôtel est situé sur l'avenue qui mène aux chutes, loin du centre de Foz, mais tout se trouve sur place.

POUSADA GUATA PORÃ €€€

Rodovia das Cataratas km 21
✆ +55 45 4053 9495 - www.guatapora.com
A partir de 780 R$ la double pour 2 nuits (663 avec réduction), 900 R$ la triple et 1040 R$ la quadruple pour 2 nuits.

Cette *pousada* est exceptionnelle par son emplacement (à deux pas des chutes et du Parque das Aves), la qualité de ses infrastructures (maisons individuelles de 2 à 4 personnes) et par son concept d'*agro-pousada*. Son propriétaire (qui parle français), a créé cette *pousada* dans cette maison familiale en gardant en ses murs une ferme bio qui fournit tous les ingrédients pour préparer de délicieux petits déjeuners et les repas que vous souhaitez. On se sent en communion avec la nature généreuse d'Iguaçu, tout en profitant d'une ambiance intimiste. Un super plan !

SAN MARTIN HOTEL & RESORT €€€

Rodovia das Cataratas
✆ +55 45 3521 8062
www.hotelsanmartin.com.br
Compter autour de 300 R$ pour 2 personnes, petit-déjeuner inclus.

Très bel établissement très bien situé, à 400 m de l'entrée des chutes. Dans un superbe parc rempli d'animaux (basse-cour et île aux singes), l'hôtel dispose de 135 chambres et suites modernes, dont certaines avec vue sur les arbres. Belle piscine, bain bouillonnant, tennis, football, et à l'intérieur, de beaux salons et d'un piano à queue. Ambiance relaxante, luxe à l'ancienne de haut standing, mais abordable. Une excellente adresse au très bon rapport qualité-prix.

WISH RESORT GOLF CONVENTION €€€

Avenida das Cataratas, 6845
✆ +55 45 3521 3400
www.wishgolfresort.com.br
A partir de 520 R$ la double en B&B.

C'est l'un des hôtels les plus luxueux de Foz. Au cœur d'une vaste propriété à 5 km des chutes, il compte le seul golf de la ville. Les chambres sont élégantes, tons clairs et meubles en bois. Le Wish est aux petits soins pour ses hôtes (petit déjeuner au lit *offert*). Sur place, on peut s'essayer au 18-trous aménagé dans la forêt tropicale – et profiter des multiples structures du *resort* : restaurants gastronomiques, piscine, sauna, salle de gym, tennis, vélo, pêche..

BARBARELA €

Av Brasil, 1119
✆ +55 45 3028 2251

Le Barbarela est une « lanchonete » traditionnelle de Foz de Iguaçu qui propose une grande variété de jus de fruits et de sandwichs. Josiane tient avec professionnalisme et attention son échoppe et fait tout pour satisfaire ses clients, même si ce sont souvent des touristes… On y vient pour déguster l'açai, les « vitaminas », les pains de queijo, les ciabatas (au fromage et à la dinde par exemple) ou les sorbets. Idéalement situé en plein centre de Foz, sur l'avenue Brasil, c'est une bonne option pour déjeuner sur le pouce. Wifi gratuit.

FALLS FOOD PARK €

858 Avenida das Cataratas
✆ 45 30281080

Foz de Iguaçu a aussi son food Truck. Situé presque au bout de l'avenue des Cataratas, on y trouve une grande variété de cuisines. Le multiculturalisme de Foz est bien représenté. On y trouve les traditionnelles pizzas, de la nourriture japonaise, chinoise, des burgers, des tacos, de la nourriture libanaise. Les puissants ventilateurs maintiennent une certaine fraîcheur même les jours de grandes chaleurs. L'ambiance est très familiale et décontractée. Un autre lieu pour food trucks a été aménagé (Fronteira gastronomica). A connaître.

BARRACAO €

Vila A de Itaipu

De 20 à 27 R$ le buffet selon le jour de la semaine.

« The place » peut-être pour manger bien et pas cher sur Foz. On trouve au Barracao un buffet au très bon rapport qualité-prix incontestable, avec des dizaines de plats froids et chauds proposés aux convives. C'est un petit bout de Minas Gerais en terre paranaense. Certains plats sont proposés à la carte. Dona Izabel officie depuis près de 40 ans aux fourneaux de cet établissement à la décoration sobre, mais aux mets délicats. *The last but not the least,* le barracao happy hour a ouvert récemment juste en face et devient un des incontournables de Foz.

EQUILIBRIO €

Rua Tarobá, 719

✆ +55 45 3025 1707

Ouvert du lundi au vendredi de 9h à 19h, le samedi de 9h à 16h. Comptez 30 R$ par personne. Wi-fi.

Ce petit restaurant ouvert seulement le midi a comme concept de proposer des produits sains et appétissants. Les principaux allergènes sont soigneusement évités. Les plats du jour (pâtes, pâtisseries sucrées et salées, soupes) sont élaborés à partir de légumes, des viandes et poissons cuits à la perfection, finement préparés, le tout à prix plancher. Presque tous les ingrédients sont issus de l'agriculture biologique. Une super adresse où vous pouvez aussi prendre un bon petit déjeuner, un jus de fruits frais ou des petits gâteaux.

VO BERTILA €

1116 rua Bartolomeu de Gusmao

✆ +55 45 3028 0170

Pizzas à partir de 40 R$ pour deux.

Dans une petite maison rose, ce restaurant, d'inspiration un peu rétro a su s'imposer comme une référence à Foz de Iguaçu. Il propose une cuisine italienne de qualité, avec bien sûr des pizzas et des pâtes, des gnocchis, des lasagnes. Le dessert typique est le sagu à la crème, importé dans le sud du Brésil par les immigrants italiens. On parle souvent de « cantine », mais il faut ici y trouver une acception noble. C'est bien un lieu où on vient fréquemment manger, bien à un prix correct. La cachaça est offerte pour la digestion.

LA BELLA TAVOLA €€

Av Republica Argentina, 1700

✆ +55 45 3521 5000

Rodizio et buffet 85 R$.

Référence en matière de gastronomie italienne, le restaurant la Bella Tavola est situé en centre-ville dans l'hôtel Bella Italia. L'établissement propose à la carte une cuisine à base de viandes, poissons et pâtes et il organise chaque mercredi et samedi une nuit italienne sous forme de *rodizio* (à volonté) à 85 réais. Une grande variété de pâtes et de fromages ainsi qu'un délicieux buffet d'antipastis. Le restaurant dispose d'une belle cave pour les amateurs de vins. Quantité et qualité sont au rendez-vous de ce restaurant réputé au service professionnel.

BENDITO €€

826 Rua Marechal Deodoro

✆ 45 30297373

Comptez 60 R$ par personne.

Ouvert en 2017, ce restaurant-bar s'est rapidement imposé comme une place incontournable de la gastronomie de Foz. Dans un cadre sobre et élégant de brique et de bois, on y vient souvent pour goûter la viande. La picanha, le T-Bone sont à l'honneur et les amateurs de viande plébiscitent le Bendito, mais les végétariens et les amateurs de poisson (essayez le bacalhau) y trouveront leur bonheur. La feijoada du samedi, les buffets, accompagnés de cocktails avec ou sans alcool, de bières ou de vins argentins ou italiens complètent une offre variée de qualité.

BUFFALO BRANCO €€

Rua Eng. Rebouças, 530

✆ +55 45 3523 9744

www.bufalobranco.com.br

Rodizio à partir de 80 R$ par personne.

Assurément une des meilleures *churrascarias* de Foz. Si l'établissement n'offre pas un cadre spectaculaire, question table, c'est le luxe : cœurs de palmier, des têtes d'asperge, des brocolis, du taboulé, à toutes les sauces piquantes du monde. Ensuite, les garçons vous proposent leurs brochettes, leurs saucisses, leurs ananas chauds pour un show de rodizio, où les bovidés tiennent la vedette. On peut essayer des vins rhénans ou un cabernet-sauvignon brésilien. Parmi les desserts, on fondra pour une mousse de maracuja ou des crèmes cloutées de dés de gélatines.

CASTELO LIBANES €€

520 rua Vinicius de Moraes

✆ 45 3526 1218

Comptez 50 R$ par personne.

Le restaurant libanais « Castelo Libanes » met à l'honneur la cuisine libanaise et arabe. Dans un cadre sobre et agréable, la carte propose les classiques de la cuisine moyen-orientale. Le houmous, les kibe, le kebab, le baba ganoush, les esfihas (brochettes de viande) permettent aux convives de connaître quelques-unes des spécialités du pays du cèdre.On y croise dans une ambiance conviviale des touristes, des membres de la communauté arabe et libanaise de Foz, des habitués. Une place à connaître dans cette ville multiculturelle. Marhabaan !

CHEF LOPES €€

Av. das Cataratas, 3570

✆ +55 45 39390203

Comptez 50 R$ le buffet au kilo.

Le restaurant buffet Chef Lopez a changé de localisation. Il est désormais dans le shopping center Catuai, mais les ingrédients qui ont fait sa réussite n'ont pas changé. Chef Lopes est une bonne table où les pièces de viande sont servies dans le meilleur style brésilien. A midi, le buffet est bon et assez bon marché. Les risottos de la maison attirent également les gourmets. L'effort est mis pour que les plats soient aussi bons pour le palais que pour les yeux. Simples et sophistiqués, c'est assurément un établissement d'un bon rapport qualité-prix.

EMPORIO COM ARTE €€

Avenida Das Cataratas, 569

✆ +55 45 3572 4240

Du lundi au vendredi de 15h à 23h, le week-end de 14h à 23h. Comptez 40 R$ le plat. Wi-fi.

Une autre bonne surprise « mineira ». Ce restaurant aménagé par les propriétaires Luis et Sergio, dans une maison coloniale au centre d'Iguaçu est une excellente surprise. Les plats pour une fois sont individuels, mais moins chers qu'ailleurs, et originaux, proposant une cuisine inventive. Les entrées, desserts et cocktails ne sont pas en reste. Pensez à réserver le soir, car l'établissement est toujours plein. Originalité du lieu qui n'est sans rappeler Ouro Preto où les cafés sont aussi des boutiques d'antiquité, les objets de décoration sont à vendre !

JARDIM DA CERVEJA €€

Avenida Jorge Schimmelpfeng, 700

✆ +55 45 3574 5556

Risotto de crevettes à 50 R$ pour 2, pican ha à partir de 30 R$.

Le jardim da Cerveja est autre adresse classique de Foz de Iguaçu, à la fois bar et restaurant. Dans un décor rustique, on découvre une bonne table avec une carte variée. Comme dans d'autres établissements de ce type, l'établissement propose une vaste terrasse pour prendre le frais en savourant une bière avec modération et en écoutant de la musique brésilienne. Les filets de tilapia, accompagnés d'une bonne bière, comme l'encourage le nom de l'établissement, sont un des agréments que propose la carte. Le service est pro et rapide.

RAFAIN €€

Rodovia das Cataratas, 1749

✆ +55 45 3523 1177

www.rafainchurrascaria.com.br

Dans les 100 R$ pour la soirée (repas et spectacle).

La plus célèbre des *churrascarias* de la ville est aussi la plus touristique. On y vient voir un *show* kitsch mais très brésilien : des groupes de chanteurs et de danseurs latino-américains se succèdent pendant le dîner-spectacle. Le service est bien rôdé. L'assiette ravit le palais : on peut choisir entre 12 viandes, 8 plats chauds typiques, salades, 10 desserts, des glaces... *pican ha* grillée aux poivrons, oignons idéalement pimentée. Les mousses sont excellentes. En revanche, dans cette salle de 3 000 personnes débarquent tous les groupes en voyage à Iguaçu.

BIER GARTEN

Avenida Jorge Schimmelpfeng, 550

✆ +55 45 3523 3700

Une véritable institution sur Foz. Cette terrasse avec des palmiers voit passer locaux et touristes depuis des décennies. Le très traditionnel Bier garten est une valeur sûre, certes un peu « old school », mais on aime. Réservé aux amateurs de bière, mais pas seulement. On y mange aussi une cuisine locale copieuse. Les amateurs de viande pourront s'essayer à la « pican ha na pedra », viande cuite sur la pierre. Ambiance jeune et décontractée. Un lieu qui semble résister au temps. On y revient tous les ans avec le même plaisir.

CAPITAO BAR

Av. J. Schimmelpfeng, 288
✆ +55 45 999620400
www.capitao.bar
Ouvert jusqu'à 2h du matin.

C'est « le » bar depuis plus de 20 ans. Ce Bar-restaurant pizzeria est très animé et ouvert tous les jours. Musique « ao vivo » tous les soirs. L'un des points de chute préférés de la jeunesse de Foz. On peut y passer pour un happy hour toujours festif, mais beaucoup de convives y viennent également pour manger des plats variés, viande, desserts. La Pican ha na pedra au manioc et la « torta de aipim » et sa glace vous permettront de tenir jusqu'au bout de la nuit. C'est également un lieu de rencontre entre touristes de passage et locaux.

MACUCO SAFARI

Avenida das Cataratas, 25 ✆ +55 45 3574 4244
www.macucosafari.com.br
lundi de 13h à 17h30, mardi-dimanche de 8h à 17h30. Excursions côté brésilien. Bateau : adulte 246 R$, jungle : 123 R$.

On vous propose un tour en deux étapes :

- **Macuco track :** balade de 3 km, sur un wagon tiré par une Jeep, des guides bilingues expliquent les curiosités de la faune et la flore. L'excursion est grand public, organisée à l'américaine : 2 heures.
- **Tour en bateau :** un bimoteur remonte le fleuve Iguaçu jusqu'à s'approcher des chutes. Tour d'une 1 heure 40, départs toutes les 15 min. Cette excursion est sympathique sans être extraordinaire. Très touristique, on vous entraîne sous les chutes pour un bain rafraîchissant. Un peu Disneyland, certains aimeront.

RAFAIN CHOPP

Avenida Jorge Schimmelpfeng, 450
✆ +55 45 3523 5373
Ouvert tous les jours de 16h à 1h.

C'est le grand concurrent du Capitao sur l'avenue Schimmelpfeng. C'est donc l'autre endroit populaire de Foz de Iguazu pour sortir boire un verre au centre-ville. Également ouvert depuis le début des années 2000, c'est le même concept de bar immense, avec de grandes tablées, des écrans pour voir le foot, de la bière qui coule à flots, et une musique de fond forte et commerciale (musique live tous les soirs). Happy hour également de 16h à 20h. Pour les grosses soifs, certaines chopes peuvent contenir jusqu'à 1,5 litre de bière.

WOODS

Avenida Jorge Schimmelpfeng, 450
✆ +55 41 30879050
https://portalwoods.com.br/

L'ancienne boîte de nuit Tass à côté du Capitao s'est changée en une boîte de Forro et de musique sertaneja. C'est certes très différent de Tass, mais cela permet d'avoir une expérience d'un autre Brésil. La jeunesse de Foz s'y presse. Certains trouveront cette ambiance un peu « old fashion », ou « brega » comme disent les Brésiliens, mais c'est aussi une certaine culture provinciale brésilienne très populaire qui s'exprime. Les concerts de certains groupes de musiques (comme autrefois leandro et Leonardo) attirent des centaines de fans.

HELISUL

Avenida das Cataratas, km 16,5
✆ +55 45 3529 7474
www.helisul.com
430 R$ pour 10 minutes de vol par personne.
4 460 R$ pour 4 personnes 35 minutes de vol.

La compagnie vous emmène au-dessus des chutes d'Iguaçu ou d'Itaipu. Vol de 10 minutes ou de 35 minutes au-dessus du parc d'Iguaçu et des cataractes ou vol de 35 minutes au-dessus du barrage d'Itaipu, les « tres fronteiras » et les cataractes (jusqu'à 4 personnes). Le spectacle est certainement inoubliable, néanmoins, les adeptes du développement durable de Foz et d'ailleurs trouveront cette manière d'apprécier les chutes fort peu écologique, paradoxe peut-être pour un patrimoine naturel de l'Humanité. A vous de voir… ou de ne pas voir !

ZEPPELIN OLD BAR

Rua Major Raul Mattos, 222
✆ +55 45 3523 1804
Du mardi au samedi à partir de 20h30 et jusqu'à 2h.

Une excellente adresse pour boire un verre et écouter de la musique *ao vivo* (*live*), qu'il s'agisse de rock, de jazz, de blues, de musique populaire brésilienne ou de reggae. Un des lieux des plus festifs de Foz d'Iguaçu. Pearl Jam, Nirvana, tous les anciens de Seattle et de l'UW auront bien sûr un petit pincement au cœur pour ce revival des années 90. Ceux qui aiment la scène alternative et rock brésilienne, toujours riche, ne seront pas déçus non plus. Les adeptes de Raul Seixas, encore nombreux, peuvent venir écouter les reprises de leur idole.

PARQUE NACIONAL DO IGUAÇU ★★★★

Le parc national brésilien fut créé en 1939, quelques années après la création du parc argentin. Avec raison, les Argentins disent souvent que les chutes sont de leur côté, mais que les Brésiliens profitent de la vue. En effet, seul le côté brésilien permet de contempler les chutes dans leur ensemble. Pour faire de belles photos, le matin avec sa lumière plus douce est le moment idéal. Avec l'entrée, on vous propose de prendre le bus qui fait des arrêts le long de la route principale jusqu'au mirador final. On vous le conseille, car la distance est longue depuis l'entrée, le prix du bus dérisoire, et l'intérêt de marcher au bord de la route plus que limité !

Balade

Les deux derniers arrêts du bus sont les plus intéressants. Ils correspondent à l'entrée et à la sortie (dans le sens que l'on veut) du chemin panoramique donnant sur les chutes. Le plus proche de l'entrée est celui de l'Hôtel Belmont, complexe de luxe des années 1970 qui s'intègre mieux dans le paysage que les mastodontes du côté argentin ! Le chemin de balade à pied qui longe le fleuve, partant donc de l'hôtel Belmont, donne des points de vue différents des chutes sur plus de 1 km. Il est agrémenté, sur la fin, comme pour le côté argentin, d'un pont en suspension au-dessus de l'eau qui mène devant les trombes d'eau tonitruantes. Sensations garanties ! On pourra aussi faire une balade à pied et en bateau jusqu'au pied des chutes, ou faire du rafting. Prévoyez une demi-journée pour ce côté-là du parc, contre une journée complète côté argentin. Et gare aux coatis qui guettent pour piquer votre déjeuner !

Pratique

Le centre d'accueil des visiteurs (+55 45 3521 4400 - www.cataratasdoiguacu.com.br) se trouve au km 18 de la route Br 469. Il dispose d'un bureau d'informations avec des plans du site. Les droits d'entrée étaient pour les étrangers (*entrada integral*) de 72 R$ (11 R$ de 2 à 11 ans). Il comprenait le transport à l'intérieur du parc et une participation à un fond environnemental. Payable en reais, en pesos argentins, par carte sur place, ou en ligne. Visite tous les jours entre 9h et 17h. On trouve en général un distributeur de billets à l'entrée du parc.

BELMOND HOTEL DAS CATARATAS €€€

Rodovia Br 469, km 32
✆ +55 21 2545 8878
www.hoteldascataratas.com.br
Comptez à partir de 2 130 R$ la suite, hors promotion.

Certainement le plus connu. Le seul hôtel situé dans le parc national côté brésilien, face aux chutes. On peut voir les chutes depuis certaines chambres et la terrasse du restaurant. L'hôtel, construit en 1958 dans un style colonial portugais, est un trésor d'architecture rose, qui se fond dans la verdure. Tous les grands de ce monde qui ont visité les chutes y ont séjourné. Le soleil couchant dore les tables en bois tropicaux. Il nécessaire de réserver bien à l'avance en haute-saison.

PUERTO IGUAZÚ ★★

Une agréable petite ville touristique où règne la tranquillité. Bordée par les fleuves Parana à l'ouest et Iguazu au nord-est, la ville a parfois des allures de petit village, malgré sa vocation touristique évidente. Les prix des hôtels et des restaurants restent raisonnables, et il est beaucoup plus plaisant d'y séjourner qu'à Foz, de l'autre côté de la frontière. Entre 13h et 16h environ, la ville fait la sieste et pas grand-chose ne reste ouvert. Le soir en revanche, tout s'anime, notamment du côté de Feirinha, le marché brésilien. L'office de tourisme se trouve au 311 Avenida Victoria Aguirre (✆ +54 3757 423 951 www.iguazuturismo.gob.ar)

Transports

Il y a des bus directs entre Puerto Iguazú et Ciudad del Este, de terminal à terminal, toutes les 40 minutes, de 7h à 17h. Attention, il faut descendre à chaque frontière pour obtenir son tampon magique. Demandez bien au chauffeur de vous déposer, quitte à attendre le bus suivant (vous n'attendrez pas longtemps) pour continuer votre route. Alternative au bus, *la balsa*, un ferry qui relie Presidente Franco (8 km au sud de Ciudad del Este) et Puerto Iguazú. C'est une traversée pittoresque sur le fleuve, entre les trois pays. Douanes et migrations aux ports de chacune des deux villes.

On peut aussi arriver en bus depuis Posadas (Argentine) dont le terminal est simple d'accès depuis Encarnación. Bus fréquents de plusieurs compagnies pour rejoindre Puerto Iguazú, par la Route 12 (5 à 6 heures de trajet).

PARQUE NACIONAL DO IGUAÇU

Br 469 km 18
✆ +55 45 3521 4400
www.cataratasdoiguacu.com.br
Entrée : 83 R$ avec le bus à l'intérieur du parc. Payable en reais, en pesos, en CB.

Le Parc national d'Iguaçu, côté brésilien, complète le parc argentin pour couvrir l'ensemble des chutes et de l'écosystème régional. D'un point de vue pratique, la partie brésilienne des chutes se parcourt en une demi-journée, ce qui permet de l'associer à une autre activité, comme le parc des oiseaux par exemple. Après le début du sentier, il s'agira de tourner toujours à droite. Il y a possibilité de faire de la tyrolienne. On finit sur la passerelle, au milieu des embruns. Magique !

LA ARIPUCA ★★

Route 12, km 4,5 ✆ +54 3757 423 488

www.aripuca.com.ar

9h à 18h tous les jours. Prendre le bus en direction des chutes et demander à être déposé sur la route. Entrée : 3 US$.

La Aripuca est un complexe écologique et culturel qui héberge une immense construction réalisée avec des troncs d'arbres centenaires sauvegardés et qui s'inspire d'un piège qu'utilisaient les Indiens guaranis. C'est unique au monde. Vous pouvez parrainer un arbre. On y trouve aussi de l'artisanat guarani, meubles, bijoux fantaisie, des produits à base de stévia, un peu cher cependant. On trouve quelques informations sur la vie de la jungle. Juste en face, on peut visiter une communauté indigène ; balade dans la jungle aussi. Bonne option les jours de chaleur.

COSTANERA ★

Si vous avez fait la balade jusqu'au Hito de las Tres Fronteras, repartez dans le centre par la Costanera (avenue Río Iguazú). Vous longerez le fleuve Iguazú, sous les arbres. Mieux vaut cependant y aller en soirée, quand l'air est frais. Des bancs sont disposés tout le long de la balade pour ceux qui voudront faire une pause. La promenade est paisible et passe devant le port lequel, en revanche, ne présente que très peu d'intérêt. Vous passerez également devant un petit parc pour enfants avec quelques jeux, pour ceux qui voyagent en famille.

GÜIRA OGA ★★

Route 12, km 5, a 13 km. des chutes Iguazú

✆ +54 3757 423980

www.guiraoga.com.ar

Ouvert tous les jours de 9h à 18h. Dernière visite guidée à 16h45. 7 US$ l'entrée.

Cet hôpital pour animaux blessés ou victimes de trafic est une belle visite. C'est un refuge, pas un zoo. L'occasion de découvrir les oiseaux d'Iguazú, dont certaines espèces sont en voie d'extinction, mais aussi plein de petits mammifères terrestres. Comptez 1h30 de visite : d'abord une balade en tracteur dans la forêt, puis une petite vidéo sur le travail de l'association et les soins... L'accueil est toujours aimable et les guides intéressants. Se renseigner sur l'heure des visites en anglais, il y en a tous les jours. Emporter son anti-moustiques !

HITO DE LAS TRES FRONTERAS ★★

A cet endroit se rencontrent deux fleuves et trois pays ! Le Río Iguazú rejoint le Río Paraná. En face, c'est le Brésil, à gauche, le Paraguay. Vous apercevrez même au loin la ville de Ciudad del Este. Sur chaque rive se dresse un obélisque aux couleurs du drapeau du pays. Chaque soir à 20h et 21h, spectacle des « eaux dansantes », jeux de lumière sur les jets d'eau pendant une petite dizaine de minutes. Un moment agréable à la tombée de la nuit, qui ravira notamment les plus jeunes.

AGUAS GRANDES

Mariano Moreno 58

✆ +54 3757 421 140

www.aguasgrandes.com

La société de tourisme est un opérateur de tourisme réceptif situé à Iguazu, côté argentin, fondé en 1990. C'est une entreprise qui possède une grande expérience sur le marché, qui offre des services à la carte à Iguazu et dans les environs, avec une flotte de véhicules modernes. Un des avantages réside dans le fait que l'entreprise possède également une agence à Foz do Iguaçu (Aguas Foz Turismo), ce qui permet de fournir une meilleure assistance aux passagers qui viennent du côté brésilien. Leur « produit » phare est la forêt d'Iguazu.

CARACOL INTERNACIONAL

Av. Victoria Aguirre 1336. Oficina 1 (rez-de-chaussée)

✆ +54 3757 420 064

www.caracolturismo.com.ar

L'agence propose de nombreuses excursions pour vous faire découvrir la région aussi bien du côté argentin que brésilien, ses véhicules sont neufs et confortables. En plus des visites écologiques traditionnelles, notamment des chutes d'Iguazu, vous aurez l'occasion de visiter la ville de San Ignacio et les mines de Wanda, de remonter le fleuve du Haut Paraná en bateau, ou encore de découvrir le parc aux oiseaux du côté brésilien. L'agence propose également des circuits aventures au sein des différents parcs de la zone. L'accueil est sérieux et professionnel.

PARANÁ

AEROPUERTO DE CATARATAS DEL IGUAZÚ

A 25 km du centre de Puerto Iguazu
✆ +54 3757 421 996
www.aa2000.com.ar

Plusieurs vols par jour pour Buenos Aires avec Aerolineas Argentina, LATAM, Norwegian Air Argentina ou encore le tout nouveau low cost argentin Flybondi. De nombreux vols également toute la semaine pour Cordoba, Salta, Rosario et Mendoza.

Pour rejoindre Puerto Iguazú, vous pouvez utiliser les services d'un *remis* : les tarifs sont officiels, entre 20 et 25 US$. Un bus assure la liaison entre l'aéroport et Puerto Iguazu (et peut même déposer les usagers à leur hôtel) pour environ 8 US$.

CENTRALE DE TAXIS

Stations dans de nombreuses rue, dont une au terminal de bus
✆ +54 3757 42 0973

Les prix sont fixes et identiques pour tous les taxis. La sécurité est certes plus présente du côté argentin de la frontière, mais les taxis restent ici une bonne option. On peut aller en taxi du côté argentin des chutes si on est dans un hôtel à Puerto Iguazu. Cela vaut la peine de prendre le taxi pour les longues distances (jusqu'aux cataractes) à partir d'un groupe de 4 personnes, sinon, il est préférable de passer par les agences des hôtels qui proposent des vans à des prix compétitifs. En ville, à Puerto Iguazu, les taxis sont une bonne option.

COMPAGNIE DE TRANSPORT RÍO URUGUAY

Gare routière
✆ +54 3757 422 722

Le trajet dure à peine 30 minutes.

La compagnie Rio Uruguay est une compagnie de bus argentine et qui opère seulement sur le territoire argentin. Elle relie toutes les 15/30 minutes les chutes côté argentin depuis la gare routière. Cela peut donc être une bonne option, bon marché, pour se rendre à l'entrée des chutes du côté argentin, que l'on soit hébergé à Puerto Iguazu, côté argentin ou à Foz, côté brésilien. On peut en effet se rendre en bus ou en taxi de Foz jusqu'à Puerto Iguazu.

POSADA DEL ANGU €

Fray Mamerto Esquiu 250
✆ +5493757506022

A partir de 200 R$ la chambre double.

Une belle découverte. Dans cette petite maison blanche et cosy, on est vraiment reçu dans une ambiance familiale, avec un souci permanent de répondre aux attentes des hôtes. Le salon ressemble à un intérieur anglais. Les chambres sont impeccablement bien tenues. Elles disposent toutes de la climatisation, d'un frigo-bar et d'une bouilloire. Le petit déjeuner est excellent. Les propriétaires aident les hôtes à organiser le séjour et les visites touristiques. La posada est très bien située proche des commodités de Puerto Iguazù.

CRUCERO DEL NORTE

Av. Córdoba y Av. Misiones
✆ +54 3757 423 006
www.crucerodelnorte.com.ar

Départ pour les chutes brésiliennes à 8h10 ou à 10h. Les retours au terminal de Puerto Iguazu sont à 14h50 ou 17h.

C'est simple et rapide. Les cars de la compagnie sont confortables, climatisés, les tickets se prennent en montant. Le trajet ne dure qu'une quarantaine de minutes. Le bus s'arrête à la frontière afin que chacun puisse faire tamponner son passeport, pas de panique, on vous attendra avant de repartir. Mais attention à ne pas oublier ses papiers d'identité ! Le car vous dépose à l'entrée du parc, si vous prenez celui de 8h10, vous arriverez même avant son ouverture. Il y a d'autres compagnies, mais en réalité, toutes se valent !

BOUTIQUE HOTEL DE LA FONTE €€

1 de Mayo y Corrientes, 611
✆ +54 3757 420 625
www.bhfboutiquehotel.com

A partir de 80 US$ la chambre double.

Coup de cœur pour ce petit hôtel tenu par un couple d'Italiens, Simona et Matteo, à 500 m du centre de Puerto Iguazú. Les cinq chambres et cinq suites, dont trois avec spa à hydro-massage, sont toutes confortables et bien équipées. Le petit plus de l'adresse : on peut compter sur les talents culinaires de Matteo, véritable chef qui saura vous régaler. Un parking, un gymnase, un bain bouillonnant, une piscine et des excursions organisées par Simona agrémenteront aussi votre séjour !

LA CANTERA BY DON €€

Selva Iriapu Misiones
✆ +54 11 5236 9094
www.dot-hotels.com
Compter à partir de 56 € pour une chambre double.

A l'écart de la ville, en pleine nature sur la route pour rejoindre les chutes côté argentin, ce petit hôtel constitué de plusieurs bungalows en bois est vraiment très agréable. On déambule entre les différents espaces par des chemins en caillebotis. Les repas se prennent dans une grande bâtisse qui donne sur la piscine et sur une terrasse avec des chaises longues. Les chambres sont douillettes et bien décorées sur le thème de la jungle, le personnel chaleureux et à l'écoute. Des balades sont organisées dans la nature. Un vrai petit paradis.

HOSTERÍA LOS HELECHOS €€

Paulino Amarante 76
✆ +55 37 5742 0338
www.hosterialoshelechos.com.ar
A partir de 14 € la nuit.

Toujours l'un des meilleurs rapports qualité-prix de la ville. La décoration un peu rétro donne un côté familial. Les avantages : au bout de la rue se trouve la gare routière, les chambres sont propres et bien aménagées (préférez celles à l'étage si vous pouvez, mieux qu'autour du joli patio en bas), la petite piscine est en accès libre entre 8h et 22h (génial après une journée passée aux chutes), le petit déjeuner servi entre 7h et 10h est copieux. Egalement un restaurant qui sert un menu touristique qui ne vous ruinera pas.

LOS TANGUEROS €€

Calle Puerto Rico S/n
✆ +54 937 1546 6353
www.lostanguerosiguazu.com.ar
Compter à partir de 35 US $ la chambre double.

L'endroit est superbe, dans une zone excentrée à l'abri de l'agitation du centre-ville que l'on peut rejoindre à pied (30 min) ou en bus (10 min, l'arrêt se trouve à 50 mètres). Cette maison d'hôtes comprend un jardin verdoyant, avec palmiers et bananiers, une piscine, des hamacs, des transats et une tonnelle où l'on aime en soirée prendre l'apéro ou déguster l'excellente cuisine de Marie. Française, ex-danseuse de tango, elle saura vous communiquer tout l'amour qu'elle porte à cette région. N'hésitez pas à lui demander des renseignements pour vos excursions.

POSADA 21 ORANGES €€

Calle Montecarlo 350
✆ +54 9 3757 572205
www.21oranges.com
Chambres doubles classiques à partir de 50 US$, supérieure et triple à partir de 70 US$, petit déjeuner inclus.

La *posada* doit son nom à son parc et à ses fameux orangers. Plusieurs atouts pour cet établissement familial : la grande piscine, les chambres aux murs couverts de lambris sont douillettes et propres, le service agréable grâce à Rémi, ce Français installé à Iguazu depuis de nombreuses années qui connaît la région comme sa poche. Les chambres ont vue sur le jardin, très fleuri, ou sur la grande piscine centrale. A quelques encablures, on trouve la Aripuca, le village indien Guarani. Arrêt de bus à 600 mètres pour les chutes ou la ville.

LA ALDEA DE LA SELVA LODGE €€€

Selva Iriapu
✆ +54 3757 493 010
www.laaldeadelaselva.com
A partir de 120 US$ la double standard, petit déjeuner, accès au spa, à la piscine inclus.

L'hôtel est légèrement excentré du centre-ville afin de pouvoir profiter de la vie de la jungle dans un parc de plus de cinq hectares. Les chambres sont spacieuses, tout équipées et disposent de lits très confortables. A l'extérieur, les balcons donnent sur la jungle où vous pourrez vous laisser bercer dans votre hamac par les bruits de la forêt. Le petit déjeuner buffet peut se prendre dans le lobby principal, ou bien près de la piscine. Les familles apprécieront le parc aventure.

DON PUERTO BEMBERG LODGE €€€

Fundadores Bemberg s/n
✆ +54 3757 496 500
www.posadapuertobemberg.com
Compter à partir de 110 US$ la chambre double.

Situé à environ 30 minutes des chutes d'Iguazu, cet hôtel chargé d'histoire est certainement l'une des plus belles adresses de la région. La posada dispose de 14 chambres spacieuses avec vue sur la jungle environnante. Un restaurant est à votre disposition pour déjeuner et dîner. En attendant, vous pourrez vous relaxer dans le salon, et parcourir les livres d'une superbe bibliothèque, ou vous relaxer à la piscine. Pour les amoureux de la nature, possibilité de faire un mini-trekking dans la jungle privée de la posada. Une superbe adresse.

IGUAZÚ GRAND HOTEL RESORT & CASINO €€€

Ruta 12 km 1640
✆ +54 3757 498 050
www.iguazugrand.com
à partir de 210 US$ la suite junior, 280 US$ la suite jardin, 300 US$ la suite paradis, et 350 US$ la suite master.

On est ici dans la catégorie du luxe suprême. Le ramage est à la hauteur du plumage.On y trouve toutes les commodités souhaitées pour cette gamme de prestation : un vaste terrain verdoyant, un Spa et également un casino pour qui veut passer une soirée à jouer. C'est le point de chute des voyageurs ou des hommes d'affaires très exigeants. On trouve même un théâtre inspiré des cabarets parisiens qui propose aussi des spectacles de danses ou de musiques.

EL QUINCHO TIO QUERIDO €

Av. Presidente Perón, esquina Caraguatà
✆ +54 3757 420 151
www.eltioquerido.com
Ouvert de 11h30 à 14h30 et de 18h30 à 23h. Compter 15 US$ par personne.

Très bonne adresse que ce restaurant situé à l'entrée de la ville. Ici il vaut mieux aimer la viande, qui est de bonne qualité et servie en grande quantité. L'attention y est très soignée, la carte des menus aussi variée que celle des vins, le tout accompagné par le rythme de la musique des groupes locaux qui commencent généralement le show à 21h. Des danseurs de tango viennent également animer le repas. Un peu bruyant pour certains. Excellent rapport qualité-prix cependant. Il est conseillé de réserver tant cet établissement est un incontournable de la ville.

LA MAMMA €

Bompland 217
✆ +54 3757 424594
Comptez un peu plus de 10 US$ pour deux personnes pour le déjeuner. Fermé le dimanche soir et le lundi.

Les meilleures pâtes de tout Puerto Iguazu, sans aucun doute. Ici la cuisine est simple, familiale et copieuse. Les pâtes sont faites maison et elles valent le détour. Véritable cuisine italienne : gnocchis, cannellonis, raviolis, le restaurant porte bien son nom, on se sent vraiment chez la Mamma. Choix de salades et d'empanadas également. La Mamma fait également traiteur, grande variété de plats à emporter. Cela peut être la solution pour éviter la salle bondée, car le restaurant est victime de son succès et attire beaucoup de monde.

AQVA RESTAURANT €€

Avenida Cordoba
✆ + 54 45 3757 422 064
www.aqvarestaurant.com
Ouvert tous les jours de midi à 23h30. Comptez à partir de 15-20 US$ par personne.

Considérée comme l'une des meilleures tables de Puerto Iguazu, Aqva propose des poissons locaux en sauces travaillées et en assiettes copieuses. Les ingrédients y sont très frais, mais à partir d'une heure tardive, certains ne sont plus disponibles en cuisine. Dommage, car des asperges remplacées par des haricots n'ont pas la même saveur pour accompagner un pacu ou un surubi (des poissons locaux). Les viandes sont en revanche toujours disponibles, goûteuses et bien servies. Grand choix de desserts, cadre très agréable et serveurs sympathiques.

LA DAMA JUANA €€

Av. Córdoba 42
✆ +54 3757 424051
Comptez environ 20 US$ par personne pour un dîner, ouvert de 12h à minuit.

Une ambiance plutôt intimiste pour cet établissement qui propose une cuisine d'auteur. On retrouve des plats typiques d'Argentine avec une touche d'exotisme : quelques influences paraguayennes s'invitent dans vos plats. Délicieux poissons de la région, mais également viandes traditionnelles du pays. Les produits sont frais et de qualité, et les plats bien présentés. Le personnel est aux petits soins. Le week-end, un joueur de harpe accompagnera votre dîner. Le restaurant dispose également d'une terrasse. Une jolie adresse pour les couples.

RESTAURANTE DONA MARIA €€

Av. Córdoba 148 ✆ +54 03757 420633
www.donamariarestaurante.com
Compter 25 US$ la parrillada pour deux personnes. Ouvert tous les jours de 11h à 00h.

Restaurant de l'hôtel Saint-George, voilà la meilleure table de Puerto Iguazu si vous avez très faim et envie de vous faire plaisir. Les viandes sont exceptionnelles : filet, entrecôte, *ojo de bife*, etc., les choix sont variés. Options végétariennes et sans gluten également. Pour arroser son assiette, on pourra élire un vin d'une carte bien étoffée et abordable. L'ambiance y est familiale et plutôt argentine. Le lieu, avec de grandes baies vitrées et beaucoup d'espace, est lumineux et agréable. Terrasse extérieure. Un bon plan.

CABALGATAS ECOLÓGICAS SAPUCAY

✆ +54 3757 676708

Point de départ au km 3 de la Route 12, face à la station-service ACA. Comptez 30 US$ pour une heure.

Promenades à cheval dans la jungle de 30 min, 1h ou 2h. Beto vous guidera à travers la forêt et vous mettra à l'aise si votre destrier vous effraie un peu. L'équipe souriante s'adapte à vos demandes. Si vous êtes en famille, vous pourrez partager un cheval avec les plus petits ou bien monter dans la remorque de Beto et ainsi observer tranquillement la nature. Les animaux sont beaux et bien traités. Et pour les plus téméraires, il est possible de se lancer à dos de... taureau !

IGUAZU BIKE TOURS

Raul Alfonsin 119

✆ +54 9 3757 678220

www.iguazubiketours.com.ar

Si vous êtes désireux de vivre l'aventure de la jungle en VTT, Ale vous propose différents modèles de vélos et d'équipements à louer à la journée ou à la semaine. De nombreuses excursions sont également proposées autour du parc et sur les sentiers peu fréquentés par les touristes. Peut-être aurez-vous la chance de croiser la route d'un jaguar, malheureusement de moins en moins nombreux dans la région. Si vous êtes à Iguazu un jour de pleine lune, vous pourrez également partir de nuit pour la réserve Iryapú, et observer la faune nocturne.

PARQUE NACIONAL IGUAZÚ ★★★★

Iguazú : « eaux grandes » en guarani. Un spectacle époustouflant ! En 1934, un parc national est créé pour protéger le site, déclaré Patrimoine mondial de l'Humanité par l'Unesco en 1984. Ces impressionnantes cascades se situent en vérité sur le Río Iguazú (1 320 km) qui matérialise la frontière entre l'Argentine et le Brésil. Les chutes restent la principale attraction, mais c'est aussi l'occasion de découvrir la jungle. Sur une étendue de plus de 67 000 hectares, le parc abrite une faune et une flore d'une richesse incroyable. Le parc se partage entre la réserve naturelle, et le site des chutes qui accueille toutes les infrastructures touristiques.

CENTRE DES VISITEURS YVYRÁ RETÁ ★

Yvyrá Retá signifie « le pays des arbres » en langue guarani. A l'intérieur de ce petit centre, à l'entrée du parc, on y présente une exposition où vous pourrez découvrir et comprendre la diversité de la faune et la flore dans l'environnement protégé du parc. Les singes hurleurs, les différentes sortes de grenouilles, etc. On y apprend également un peu plus sur les cultures qui ont habité cette région à travers des objets, des illustrations et des photographies.

PARANÁ

© STÉPHAN SZEREMETA

Survol de l'hôtel das Cataratas en hélicoptère

CIRCUITO INFERIOR ★★★★

Le circuit inférieur permet d'avoir un panorama des chutes vues du bas. Avec cette promenade on s'enfonce dans les chutes pour découvrir différents sauts. Le sentier est totalement aménagé, mais se fond facilement dans le paysage, l'effet Disneyland est évité. Chaque nouveau point de vue vous surprendra, et plus particulièrement lorsque vous serez juste au-dessous du saut Bosseti. On s'en approche tellement que la douche est inévitable ! Pensez à prendre de quoi vous protéger de l'eau si vous ne voulez pas terminer trempés !

CIRCUITO SUPERIOR ★★★★

Le chemin part de la petite gare vers un pharemirador ; peu avant, là où se sont installés des vendeurs d'artisanat, prenez à droite. Le chemin se transforme en passerelle et offre de très beaux points de vue d'ensemble sur les chutes. La première impression est grandiose, mais la suite est encore plus belle. Vous aurez littéralement à vos pieds des chutes de 70 mètres, le Salto Dos Hermanas, le Bossetti, le Chico... Vous apercevrez en face les touristes qui se promènent du côté brésilien. Pour finir, une très belle vision sur le saut San Martín.

GARGANTA DEL DIABLO ★★★★

Vous devrez vous rendre à Punto Canoas. Deux possibilités : le train ou en empruntant un sentier de 3 km. Dans tous les cas, vous parvenez à une passerelle qui aboutit à la gorge du Diable, le saut de loin le plus impressionnant qui marque la limite entre le Brésil et l'Argentine. La chute des eaux, dans un bruit assourdissant, crée l'illusion de multiples arcs-en-ciel.

Pour ceux qui manqueraient de temps ou disposeraient d'un budget serré, nous vous conseillons de vous rendre du côté brésilien. Vous aurez une belle vue panoramique de la Garganta.

SENDERO MACUCO ★★

Attention, l'accès ferme à 15h.

Départ derrière l'hôtel Sheraton, sur la route qui mène à la gorge du Diable. 7 km aller-retour à travers la jungle. A faire, sans aucun doute ! Le mieux est d'être silencieux et d'y aller en début de journée, pour avoir la chance de rencontrer la faune qui peuple le coin. Serpent, araignées, papillons, et peut-être les fameux oiseaux Macuco qui donnent leur nom au chemin. A la moitié du sentier, couleur rouge vif, vous parviendrez au petit salto Arrechea. La promenade se termine une fois que vous atteignez la rivière. Pensez à prendre un maillot de bain !

MACUCO SAFARI

Parc Iguazu
✆ +54 45 3574 4244
www.macucosafari.com.br
A partir de 297 R$. Gratuit pour les enfants de moins de 7 ans.

Plusieurs propositions s'offrent à vous, combinables. Le circuit écologique : navigation de 3 km dans le delta du Río Iguazu, compter 30 à 40 min environ (départ toutes les 20 min de la station Garganta). Le circuit nautique : on gagne sur l'eau la Garganta del Diablo, durée 12 min environ (départ toutes les 20 min en face de l'île San Martin).

Le circuit Grande Aventure : départ en 4x4 jusqu'à Puerto Macuco, afin de naviguer sur la rivière (2 km de rapides), puis de visiter le canyon de la Garganta del Diablo (durée 1 heure).

PARQUE NACIONAL IGUAZÚ

✆ +54 3757 491 469
www.iguazuargentina.com
Ouvert tous les jours de 8h à 18h (billetterie jusqu'à 16h30). 14 US$ l'entrée.

Vous avez le droit d'utiliser le petit train gratuitement, il vous mène jusqu'à la station Cataratas (circuits supérieur et inférieur), puis à la station Garganta (pour la Garganta del Diablo). Le premier part de Central à 8h. Le bus s'arrête devant les guichets, vous descendez pour acheter votre ticket et repartez avec le bus qui vous amènera jusqu'au parking et au centre d'informations. N'oubliez pas de revalider votre ticket à la sortie pour bénéficier d'une remise de 50 % le lendemain. Ni les animaux ni les drones ne sont autorisés à l'intérieur du parc.

Coati dans la parc national d'Iguazú.

PASEO DE LA LUNA LLENA ★★

✆ +54 3757 491 469

www.iguazuargentina.com/

Dates à l'accueil du parc ou sur le site web.
Paiement à l'avance. 35 US$ par personne. 15 US$ pour les moins de 12 ans.

Cinq soirées par mois, donc on ne fait pas toujours la promenade au moment exact de la pleine lune. La balade est un peu chère, mais c'est l'occasion de contempler une nouvelle fois les chutes, à la lueur de la lune. On réunit tout le monde devant le bureau d'informations du parc pour un petit discours parsemé de conseils, et en route ! On monte d'abord dans le petit train pour arriver à la Garganta del Diablo ou chacun aura le droit à sa photo. Environ 2h30 de promenade qui peut se faire avec des enfants. Vous pouvez choisir de terminer cette soirée par un dîner.

TREN ECOLÓGICO DE LA SELVA

Ce petit train sert à faire des sauts de puce dans le parc. Son trajet complet dure 25 min. L'idéal est de marcher 15 min dès l'entrée du parc, jusqu'à la gare centrale, car le premier train qui y mène n'est pas coordonné avec celui qui va à la Garganta del Diablo. Départ toutes les 30 min, dernier départ pour la Garganta del Diablo à 16h10. Ne tentez pas d'aller à pied à la Garganta, le chemin est long et monotone ; il vaut mieux consacrer du temps aux circuits supérieur et inférieur.

BUS RIO URUGUAY

Compter 3 US $ l'aller. Gratuit pour les enfants de moins de 6 ans.

Depuis le terminal omnibus de Puerto Iguazú, les bus Rio Uruguay partent toutes les 20 minutes et vous déposent devant l'entrée du parc national d'Iguazú (compter 30 minutes de trajet pour environ 17 km). Le bus fait plusieurs arrêts dans les rues principales de la ville (Avenue Cordoba et Avenue Aguirre notamment), demandez à votre hôtel où est l'arrêt le plus proche. Mais attention parfois c'est plein ! On paie au chauffeur en montant ou bien on achète son billet à la gare. Air conditionné. Départs à partir de 7h30, retour jusqu'à 20h.

FORTIN €€

Area Cataratas Parque nacional Iguazu

✆ +54 3757 491040

www.fortincataratas.com

Ouvert tous les jours de 11h à 16h30.

Le Fortin est l'unique restaurant à l'intérieur du parc national, si près des chutes, donc la seule alternative au pique-nique. Pourtant ce n'est pas un piège à touriste, même s'il est souvent rempli. Type buffet, les choix sont variés et les produits de qualité. Ici vous mangerez de très bonnes grillades. Le personnel est attentif. Il est également possible de s'y installer l'après-midi pour se détendre quelques instants, et commander un verre ou de quoi grignoter. Les prix sont un peu plus élevés qu'à Puerto Iguazu, ici vous payez en partie l'emplacement.

SANTA CATARINA

L'Etat de Santa Catarina permet une transition vers l'autre Brésil, celui du sud, des Slaves et des Allemands qui s'établirent sur ces terres pour y fonder fazendas et industries. Dans le Santa Catarina, si ce n'était pour les palmiers, on pourrait se croire en Allemagne. C'est ici que se concentrèrent, au siècle dernier, des immigrants venus d'Europe du Nord. Et si l'on n'arbore plus les tenues tyroliennes que pour les fêtes, aujourd'hui la région, dans son économie, sa population et ses traditions, ressemble indéniablement à cette partie du Vieux Monde. Le niveau de vie y est relativement élevé, et c'est l'un des Etats les plus prospères et les plus européens du Brésil. L'hiver, il peut même neiger dans les terres. Lacs et plages, magnifiques et parfois déserts, où le look surfeur californien est de rigueur, alternent avec des paysages de montagnes comme São Joaquim et ses pins araucarias. L'Etat est un des plus visités du Brésil.

Santa Terezinha
Rio do Campo
Salete
Taió
Presidente Getúlio
Ibirama
Itoupava Central
Timbó
Testo Salto
Indaial
Velha Central
Parque Nacional da Serra do Itajaí
Lontras
Taboão
Rio do Sul
Pouso Redondo
Agrolândia
Ituporanga
Otacílio Costa
Alfredo Wagner
Bom Retiro
Urubici
Braço do Norte
SÃO JOAQUIM
Orleans
Lauro Muller
São João Margem Esquerda
Urussanga

Santa Catarina
Penha
Cordeiros
ITAJAÍ
Cidade Nova
Balneário Camboriú
Nova Esperança
Camboriú
Itapema
Brusque
Águas Claras
Bombinhas
Tijucas
São João Batista
Ponta das Canas
CANASVIEIRAS
INGLESES NORTE
JURERE
OESTE
Ingleses Sul Rio
Vermelho
Biguaçu
SANTO ANTÔNIO DE LISBOA
BLUMENAU
FLORIANÓPOLIS
BARRA DA LAGOA
Palhoça
LAGOA DA CONCEIÇÃO
Campeche Sul
Oceano Atlântico
Praia de Fora
SANTO AMARO DA IMPERATRIZ
ARMAÇÃO
PANTANO DO SUL
RIBEIRÃO DA ILHA
Praia do Sonho
Praia do Meio
Praia da Pinheira
Garopaba
Araçatuba
Ibiraquera
Nova Brasília
Alto Arroio
Imbituba
Vila Nova
Itapirubá
Portinho
Cabeçudas
LAGUNA
Mar Grosso
30 KM

PAGES

L'île de Santa Catarina s'étend sur 675 km², entre forêt atlantique préservée et villages de bord de mer. On travaille et on commerce sur le continent, et on s'amuse ou on se repose sur l'île. Les visiteurs font de même, en séjournant dans l'un des petits villages qui bordent l'océan. Car l'attraction, ici, c'est la plage, où l'on se rend en masse le week-end et l'été, laissant la vieille ville de Floripa, pourtant si animée la semaine, quasiment à l'abandon. Les plages y sont grandes et belles, exposées plein océan. L'été, elles sont envahies de *barracas*, de touristes et de locaux ; l'hiver, elles sont désertes. Idéalement, c'est entre les deux saisons qu'il faut venir : on bénéficie des meilleurs prix en évitant les frimas.

Florianopolis est une ville un peu différente des autres villes brésiliennes. Elle est calme et assez prospère. Les touristes y passent en allant vers les plages de l'île de Sant Catarina en quête de lieux de villégiatures tranquilles, au milieu de la nature.

Le continent, en face de l'île de Santa Catarina, évoque une Suisse aux eaux foncées reflétant des toits pointus, mais une Suisse qui tombe dans la mer, bordée de plages. On allie joie de vivre brésilienne et sérieux des gens du Nord.

On vient à Blumenau pour connaître un autre Brésil. Celui des Européens et surtout des Allemands dont l'empreinte est prégnante sur la ville dans l'architecture, les traditions. C'est lors de la fête de la bière que l'on ressent le plus cette sensation d'un terre allemande au Brésil

FLORIANÓPOLIS ★★

C'est la capitale de l'Etat. Peuplée de 478 000 habitants, elle est à cheval sur le continent et sur l'île de Santa Catarina, reliée au pays par le pont Hercilo Luz de 800 m, l'un des symboles de la ville. Floripa, comme l'appel avec affection ses habitants est une grande métropole qui a peu d'intérêt pour les touristes, on peut néanmoins y visiter un centre colonial intéressant, flâner dans les rues commerçantes et s'imprégner de l'ambiance conviviale du marché de la ville. Le marché artisanal de la « casa da alfandega », vaut le coup d'œil. On vient aussi y dîner dans de bons restaurants, mais l'intérêt est ailleurs, dans l'île de Santa Catarina.

IGREJA NOSSA SENHORA DO ROSARIO E SÃO BENEDITO ✝ ★

Rua Marechal Guilherme
Centro

Située en haut de la escadaria do Rosario, elle est considérée comme étant la plus belle de l'île. La confrérie de Nossa Senhora do Rosario e São Benedito dos homens pretos fut fondée en 1750 et ce sont des esclaves qui construisirent l'église en un peu plus de 40 ans entre 1787 et 1830. Ce temps de construction inhabituellement long pour ce type d'église s'explique par l'origine des habitants du quartier d'alors. Ils étaient des blancs pauvres et des descendants d'esclaves.

PONT HERCÍLIO LUZ ET FORT SANTANA 📷 ★★

Avenida Beira Mar Norte
✆ +55 48 3229 6263
Fort ouvert du mardi au dimanche de 9h à 17h, entrée libre.

Le pont Hercilio Luz tout en acier rappelle celui de San Francisco par son style architectural, et par son succès sur les cartes postales de la ville. Il a été construit la même époque, les années 1920 en pleine révolution industrielle. Il symbolise le développement de la ville en plein essor à cette époque. Depuis ce pont, on peut profiter d'une belle vue panoramique sur Floripa. Au pied du pont se trouve le fort historique de Santana, édifié par les Portugais en 1761.

MERCADO PÚBLICO ★★

255 Rua Conselheiro Mafra
Ouvert de 7h à 22h du lundi au vendredi, jusqu'à 17h le samedi et fermé le dimanche.

Incontournable à Floripa, ce joli édifice colonial coloré construit en 1899 est centré sur un patio ouvert, au cœur du centre historique. C'est un excellent spot pour déjeuner pendant une visite du centre de Floriianopolis. Les tables en terrasse avenantes des *botecos*, les couleurs et odeurs de poissons, viandes, épices des étalages du marché sont distrayants et montrent une image d'un Brésil authentique car c'est ici que se réunissent artistes et intellectuels pour discuter autour d'un verre. On y trouve aussi un peu d'artisanat.

PRAÇA XV DE NOVEMBRO 📷 ★★

La praça XV, est le cœur de la ville pour les habitants de Floripa. C'est ici que le bandeirante Francisco Dias Velho fonda la ville en 1662. C'est la plus belle place de la ville, sans doute grâce à son parc central où se trouve un majestueux manguier centenaire, immanquable. La place est pavée, agréable et ombragée, à l'entrée du réseau de rues piétonnes qui constitue le centre historique de la ville. On y trouve la *catedral metropolitana*, construite dans les années 1920 à la place de la chapelle initiale de la ville, toute jaune et blanche.

ITAGUASUL TURISMO

Rua Felipe Schmidt, 515, loja 404 – Centro
✆ +55 48 3225 3939
www.itaguatur.com.br
Du lundi au samedi de 8h à 20h. City tour haute saison (décembre à avril) 300 R$, plages à partir de 80 R$.

C'est une agence spécialisée dans les tours sur l'île de Santa Catarina et à Balneario Camboriù. Itaguasul propose divers tours dans l'île (3 heures ou toute la journée), location de véhicule avec chauffeur et transferts. City tour et plages de l'Est et du Nord (90 R$), chemin des huîtres et plages du Sud (transport privatif, 400 R$), City tour et plages de l'Est (privatif, 350 R$). Des guides bilingues peuvent accompagner des groupes organisés. Itaguasul organise des activités de visites pour des groupes de toute taille dans l'île lors des congrès.

AÉROPORT HERCILIO LUZ

Avenida Deputado Diomicio Freitas, 3393
✆ +55 48 3331 4000
www.infraero.gov.br

Il dessert les grandes villes (1 heure vers São Paulo, 2 heures vers Rio de Janeiro) et quelques capitales étrangères, situées en Amérique latine Buenos Aires, Montevideo. Il n'y a pas de vols directs vers l'Europe. De nombreuses compagnies low cost comme Gol ainsi que les compagnies régulières brésiliennes desservent l'aéroport de Florianopolis.

▸ **Pour y aller,** prenez un bus Aeroporto depuis la rodoviária, 3-6 R$, ou un bus executivo, 50 R$. Un taxi de l'aéroport pour la rodoviária coûte environ 35 R$, compter 50 R$ pour Lagoa da Conceição.

CENTRAL RADIO TAXI

✆ +55 48 3240 6009

Le taxi à Florianopolis permet de se rendre sur les plages éloignées. Cette compagnie est présente depuis longtemps à Floripa. On rappellera les consignes à suivre lors de l'utilisation de taxi. Il faut les faire appeler par la pousada ou le restaurant ou les prendre en tête de station. Ne pas les héler dans la rue. Le chauffeur de taxi doit enclencher son compteur dès le début de la course (tarif jour, nuit et éventuellement jours fériés) sauf si vous négociez avec lui directement un prix forfaitaire. Les tarifs sont corrects en général.

BOX 32 €

Mercado Público Municipal, Box 32 – Centro
✆ +55 48 3037 2661
www.box32.com.br
Ouvert du lundi au vendredi de 10h à 20h et samedi de 10h à 15h. Encas à partir de 10 R$.

Superbe petit poste très animé du marché central. Une ambiance cantine qui n'est pas sans rappeler les bars à tapas espagnols. L'ambiance est à la fois conviviale et familiale. On y découvre des photos de célébrités, dont Lula et Ivo Pitanguy et les diplômes des records de consommation de bières en une journée (1 200 l de Brahma). Le Box 32 propose des spécialités de fruits de mer, de viande, de sandwichs et de grand choix de boissons. Bien sûr, il est possible de consommer avec modération. Un must pour goûter à la fraîcheur des produits locaux.

MACARRONADA ITALIANA €€

Avenida Rubens de Arruda Ramos, 2458
Beira-Mar Norte ✆ +55 48 3223 2666
www.macarronada.com.br
Ouvert tous les jours de 11h à 00h30. Pâtes à partir de 50 R$, pour deux personnes. un peu plus pour les fruits de mer.

Comme quoi, il n'y a pas qu'à Sète qu'on a importé l'idée de la macaronade. C'est en 1979 qu'un chef italien a choisi de s'attaquer aux traditions culinaires açoriennes. Force est de constater que le pari audacieux a été remporté. Le Macarronada est désormais un des restaurants les plus réputés chez les locaux. Cette cuisine italienne est préparée avec des ingrédients frais et choisis pour leurs qualités gustatives. Pâtes fraîches maison, pizzas cuites au feu de bois et poissons préparés avec soin à l'italienne, le tout avec vue sur la mer.

RITA MARIA LAGOSTERIA €€€

318 Rua Henrique Valgas ✆ +55 48 4009 2442
Comptez à partir de 50 R$ par personne. Ouvert de 11h à 23h30, jusqu'à 16h le dimanche. Fermé le lundi.

Cette vénérable maison est établie dans une belle demeure classée patrimoine culturel de la ville de Florianopolis, au style presque breton. On y mange bien sûr de la langouste, mais la carte de la maison est généreuse : Huîtres, tartares de poissons, fruits de mer délicieux, mais aussi *casquin ha de siri* (coquille au crabe) et autres spécialités marines locales. Les enfants apprécient le repas qui leur est dédié. Le restaurant est situé tout près du pont Hercillo Luz. Les happy hours y sont particulièrement agréables. Le menu du chef est recommandé (300 R$).

LAGOA DA CONCEIÇÃO ★★

Lagoa de Conceição est une petite ville touristique qui donne sur la lagune. C'est le point d'accès le plus proche et le plus aisé depuis Florianopolis, proche en bus de Barra da Lagoa. On peut facilement sortir le soir au restaurant ou dans les bars nombreux qui bordent les rues principales et rentrer à pied. Depuis ce point central bien desservi, on peut se rendre à la grande dune de Joaquin ha et sur les belles plages de Mole et Galheta. L'inconvénient, c'est qu'on doit y aller en voiture ou en bus... On peut néanmoins faire de belles balades le long de la lagune et dans la forêt. Pour un séjour plus « nature », préférez le sud de l'île.

DUNA DE JOAQUINA ★★

C'est la visite à ne pas manquer ! Vous pouvez monter la dune à pied pour embrasser la vue du sable tombant dans la forêt et l'océan. On se croirait presque à la grande dune du Pila. Les plus sportifs et téméraires pourront faire du sandboard (12 R$ de l'heure), en tentant de préserver leur fragile équilibre sur des planches assez instables. Attention à certains versants très pentus ! Sensations garanties. La plage du même nom est sous le vent, et connue comme un bon spot de surf. Elle est fréquentée par la jeunesse sportive et branchée.

CASA DA LAGOA €€

Servidão Palmeiras Nativas, 500
✆ +55 48 3269 9569
www.pousadacasadalagoa.com.br
Compter à partir de 1 180 R$ pour une suite double pour 2 nuits.

« Une pousada qui ressemble à votre maison ». Au centre de la petite ville, la pousada Casa da Lagoa bénéficie d'une localisation privilégiée près de la lagune et de la Praia de Mole, près des bars et restaurants de la grande Avenida das Pandeiras. La *pousada* met à votre disposition des chambres colorées et toutes décorées avec goût (capacité d'accueil de 4 personnes pour certaines). Le petit déjeuner-buffet est servi dans une agréable salle à manger. Sympathique toit-terrasse avec transat pour profiter de la vue sur la lagune. Parking gratuit et fermé.

O BARBA NEGRA €€

1628 Av. das Rendeiras
✆ +55 48 3232 5098
http ://www.obarbanegra.com.br
Comptez 70 R$ par personne. Ouvert du lundi au samedi de 11h30 à 23h, le dimanche de 11h30 à 17h, fermé le mardi.

Ce restaurant de fruits de mer et de poissons s'est imposé comme une des meilleures tables de l'île, et régulièrement récompensé par la revue « 4 Rodas ». Les propriétaires n'écumaient pas les mers, mais étaient banquiers à Sao Paulo avant de s'établir à Lagoa en 2002. Leur établissement situé sur l'avenue qui borde la lagune direction Praia de Mole est devenu un restaurant incontournable. Le poulpe grillé aux gambas, la spécialité de la maison, est une pure merveille. Le risotto de calamars au citron de Sicile a été salué par la cheffe Carla Pernambuco.

VILLA MAGGIONI €€

Rua Canto da Amizade, 273 – Lagoa da Conceição
✆ +55 48 3232 6859
www.restaurantevillamaggioni.com.br
Du mercredi au vendredi : 19h-0h, samedi : 12h-17h et 19h-0h. Plats à partir de 50 R$, salades à partir de 30 R$.

Encore un restaurant de l'île honoré par des critiques gastronomiques du *New York Times*. L'une des meilleures tables en ville pour ses spécialités italiennes, dans un cadre familial, bucolique et intimiste (7 tables seulement) avec une belle vue sur la lagune. Le chef Rodolfo Luiz Gualtiere honore particulièrement, par ses références gastronomiques, les régions de Calabre et de Vénétie. Pâtes fraîches, salades, risottos, poissons et viandes finement préparés à la méditerranéenne, excellents desserts comme le tiramisu maison.

BISTRO ISADORA DUNCAN €€€

Rod. Jornalista Manuel de Menezes, 2658
Lagoa da Conceição
✆ +55 48 3232 7210
www.bistroisadoraduncan.com.br
Du mercredi au samedi de 19h à minuit. Plats à partir de 80 R$ environ par personne.

Le restaurant de cette *pousada* est parfait pour un dîner romantique, au milieu d'antiquités, d'une cheminée et d'une véranda surplombant le lac. Les plats sont soignés et le service est aux petits oignons. On y prépare une cuisine artisanale, délicieuse. Goûtez aux camarões enchantés (crevettes flambées au jus d'orange) ! L'environnement est à la hauteur des plats. Le plaisir des papilles rejoint celui des yeux. De plus, les prix sont très raisonnables. Il est donc difficile de trouver de bonnes raisons pour ne pas y aller. Superbe.

BARRA DA LAGOA ★★

Barra de Lagoa est un petit village de pêcheurs et un spot de surf pour la jeunesse de Floripa. Langue de terre entre l'océan et la lagune, elle a gardé son côté sauvage. C'est sans doute le meilleur endroit de l'île pour séjourner, et se réveiller face à la mer. Barra est à peine 10 minutes de Lagoa de Conceçao, idéal pour sortir et bénéficie d'une situation privilégiée au départ de Praia do Moçambique, au cœur de la Mata Atlantica. Un pont enjambe le canal et mène à un petit îlot de maisons où se trouvent quelques hostels. Le long du canal, les bateaux colorés s'alignent. Juste derrière Barra, une colline abrite les plages de Gavietas et de Mole.

PRAIA DO MOCAMBIQUE ★★

Praia do Moçambique est une plage immense, c'est la plus grande de l'île, qui s'étend de Barra de Lagoa jusqu'au Cabo da Aranha. Quelque 12,5 kilomètres de plage vierge au sable blanc, protégés par un parc forestier et donc non construits. A la différence des autres plages, il n'y a pas d'infrastructures. Un paradis venté qui fait le bonheur des surfeurs de Barra. Pour une petite balade, nous vous conseillons de prendre le bus qui va à Canasveiras (n° 840 et 842) et de descendre au bout de la plage pour retourner jusqu'à Barra.

PRAIA DA GALHETAS ★

Jolie plage naturiste bien préservée derrière une colline. Depuis Barra, on peut d'ailleurs faire une belle randonnée jusqu'au sommet de celle-ci. Passez le pont piéton qui enjambe le canal, longez le canal à droite et suivez le chemin qui monte. Vous découvrirez une vue à 360° qui embrasse toute l'île, particulièrement la Praia do Moçambique dans le prolongement de Barra au nord, la dune de Joaquina et la Praia de Campeche au sud, et la ville de Conceçao de Lagoa à l'ouest. Vous pouvez ensuite descendre jusqu'à la plage. Comptez 1h30 de marche.

PRAIA DE MOLE ★

Dans le prolongement de la Praia de Galhetas, la plage de Praia de Mole est superbe. Elle tire son nom du sable qui y est particulièrement mou. Conseillé pour un farniente en toute tranquillité ! On trouve des bars et des restaurants et, comme à Rio ou à Salvador, on vous proposera des transats pour un repos bien mérité. Praia de Mole réunit la jeunesse de Floripa et les surfeurs comme sa voisine plus au sud Joaquina, même si ici les vagues sont un peu moins grosses. Les parapentistes se servent des dunes à proximité pour décoller et initier leur vol.

BARRA BEACH CLUB OCEANFRONT HOSTEL €

Servidão da Prainha, 122
✆ +55 48 3232 3336
www.barrabeachclub.com

De 54 à 100 R$ le lit en dortoir de 3, 4 ou 10 lits selon la saison. Double entre 180 et 300 R$.

Elu meilleur hostel du Brésil, le Barra Beach Club mérite amplement ses lauriers. Niché dans une végétation luxuriante et isolé du centre du petit village de Barra sur une petite île, il surplombe une crique privée. Les chambres donnent directement sur la mer, certaines avec grandes terrasses. Lever de soleil garanti. Certaines doubles ont une salle de bains privée, la climatisation, tandis que les dortoirs ont tous casiers, liseuse et climatisation. Un petit paradis à découvrir !

POUSADA BARRATUR €

Rua Felipa Benta Ramos, 18
Barra da Lagoa
✆ +55 48 3232 3000
www.pousadabarratur.com.br

A partir de 234 R$ la double en haute saison, remises à partir de 2 jours et selon la saison.

La pousada Barratur est un bon compromis pour les voyageurs qui ont un budget serré, mais qui recherchent malgré cela un certain confort. La pousada bénéficie d'une situation privilégiée dans une petite rue privée de Barra da Lagoa à moins de 5 km de la plage de Joaquina et du quartier de lagoa da Conceição. L'établissement propose 8 maisons et 16 appartements, avec tout le confort nécessaire pour votre bien-être. Tom et Mônica, les propriétaires de la pousada, mettront tout en œuvre pour assurer à leurs hôtes un séjour idéal.

THE SEARCH HOUSE €

201 Rua Professor Ademir Francisco
✆ +55 48 3733 8149
www.thesearchhouse.com.br
A partir de 300 R$ les 2 nuits en chambre double avec salle de bains, et 57 R$ en dortoir.

Cette villa de grand luxe transformée en hostel haut de gamme en 2016 est un paradis caché dans la forêt qui borde la plage. Elle a un accès direct à la Praia do Moçambique, tout en étant tout proche du centre de Barra de Lagoa. Les vastes chambres dotées de salles de bains ont été transformées en dortoir. La dépendance devant la superbe piscine propose des chambres doubles. Le salon est décoré avec soin, on se sent comme à la maison. Des planches de surf sont à disposition des amateurs de vagues et des fêtes y sont organisées tous les week-ends.

MEU CANTINHO NA BARRA €

86 Rua Orlando Chaplin
✆ +55 48 3334 0170
A partir de 50 R$ pour deux personnes. Ouvert de 12h à 16h et de 19h à 23h, fermé le dimanche soir.

Ouverte depuis 1975, cette cantine rustique est un peu à l'intérieur du village. Elle propose d'excellents plats de poissons et de fruits de mer. L'ambiance est familiale et conviviale. Les plats ou «porçoes» pour deux sont servis avec générosité. La spécialité de la maison, la *sequencia de camaroes* comblera largement deux personnes. Sur la carte des bières, on peut trouver différentes variétés de bières artisanales. On y trouve également le traditionnel linguado, la moqueca de poisson et de crevettes. Les gourmets pourront s'essayer à la langouste.

PONTA DAS CARANHAS €€

Rod. Manoel de Menezes, 2377
Barra da Lagoa
✆ +55 48 3232 3076
pontadascaranhas.com.br
Ouvert de 11h à minuit. Compter à partir de 70 R$ par personne environ. Plats à partager.

En plein sur la lagune, à côté d'une petite jetée, non loin de la Praia de Mole, le Ponta das Caranhas propose un cadre exquis pour déguster de bons fruits de mer, comme des crevettes à la bahianaise, des moules gratinées, des muquecas mixtes (poissons, crevettes, fruits de mer)... Excellent *pirao*, cette soupe de manioc et de légumes. Le menu se décline en trois parties : les plats de poissons, les plats de crevettes et les plats de poulets. On peut bien sûr déguster des huîtres de Santa Catarina. Le deck offre une vue absolument superbe.

INGLESES NORTE ★

Station balnéaire et ville peuplée, Ingleses n'est pas très jolie mais sa plage est longue et la ville est située près de la belle plage de Santinho et de la Duna dos Ingleses. Comme Canasvieiras, Ingleses Norte attire beaucoup d'Argentins sur ses plages bondées pendant l'été. On y trouve uniquement des *pousadas* et un public en conséquence plus âgé qu'à Barra, Conceçao, Canasveiras ou Jurêre. C'est une des localités les mieux dotées en restaurants, hôtels et bars de toute la partie nord de l'île. En fonction des caprices de Dame nature et des zéphyrs, les vagues varient d'intensité. De superbes dunes permettent d'embrasser du regard toute la région.

DUNA DOS INGLESES ★

Les Dunas dos Ingleses sont des montagnes de sable formées par l'action du vent, étant l'un des principaux éléments qui composent le paysage de Praia dos Ingleses. Plus petites que la Duna de Joaquina, elles sont néanmoins jolies et propices à la balade. De plus, elles offrent une vue totalement différente sur Santinho Inglese et la lagune de Conceçao, et sur tout le nord de l'île. Sur les Dunas dos Ingleses, le sport est le sandboarding, une sorte de ski sur le sable. Les jours de grand soleil, vous pouvez louer des planches et tenter la descente !

POUSADA MAR DO SANTINHO €

Servidão Vitor Manoel Ferreira, 134
✆ +55 48 3269 2264
www.pousadamardosantinho.com.br
À partir de 110 R$ la double.

Située à quelques pas de la plage, la *pousada* Mar do Santinho est une adresse recommandée pour les budgets modestes. Moises, le propriétaire, reçoit ses hôtes avec gentillesse et professionnalisme. Depuis la terrasse de la pousada, on profite d'une très belle vue sur les dunes et la plage de Santinho. Les chambres sont simples, mais vastes et d'une propreté irréprochable. Elles sont toutes équipées de la télévision, d'un ventilateur et d'une cuisine. La pousada dispose également d'une petite piscine et d'un barbecue. Wifi et parking.

CANASVIEIRAS ★

Canavieiras est située au nord-ouest de l'île de Florianopolis entre les plages de Jurerê et la Cachoeira do Bom Jesus. Son nom serait issu de son ancienne fonction agricole sucrière. Le nord de l'île est la partie la plus fréquentée par les vacanciers. Canasvieiras est une station classique qui l'été déborde d'Argentins qui en ont fait leur fief. Jet-ski, régates, comme à Buzios, mais en beaucoup plus populaire. Sans doute faut-il apprécier les eaux calmes et les foules nombreuses, comme sur les plages du Languedoc-Roussillon. On y vient donc surtout pour l'animation nocturne plus pour que la beauté des plages, qui restent néanmoins agréables.

POUSADA DOS CHÁS €€€

Rua Francisco Gouvêa, 54 – Jurerê
✆ +55 48 3282 9112
www.pousadadoschas.com.br
À partir de 539 R$ en moyenne saison pour une chambre double.

La Pousada dos Chás dispose d'une situation privilégiée à moins de 50 m de la plage de Jurerê. L'accueil est chaleureux dans cet établissement à l'ambiance raffinée. Les chambres sont spacieuses, décorées avec soin et parfaitement équipées pour votre bien-être : air conditionné, TV LCD, Internet en wi-fi, coffre… Les suites Master disposent d'une baignoire à hydromassage. Les prestations sont à la hauteur : une piscine, un bain à remous, un espace pour massage, une petite bibliothèque… Certainement l'une des meilleures adresses de Florianópolis.

CHURRASCO AO VIVO €

Avenida Madre Maria Vilac, 735
✆ +55 48 3266 1979
Comptez entre 30 et 70 R$ par personne pour les plats «combos» et le rodizio de viande.

Dans un lieu où les Argentins sont omniprésents, la présence d'une churrascaria argentine semble couler de source. On propose donc sur 2 étages, dans un sympathique cadre, une véritable parrilla argentine. « Ici, c'est la viande qui fait le show », comme le dit le slogan commercial de l'établissement. Ce restaurant est une institution depuis la fin des années 1980, lorsqu'un restaurateur gaucho, Juan Levin eut l'idée d'importer la traditionnelle parrillada. On y mange des churrascos, mais également d'excellents plats de poisson. Un lieu à connaître.

JAY BISTRO €€

Avenida dos Buzios 1136
✆ +55 48 33645997
jaybistro.com.br
ouvert de 19h30 à 1h tlj sauf dimanche. Comptez 160 R$ avec le vin.

Le Jay Bistro propose dans une ambiance cosy une cuisine méditerranéenne et internationale dans laquelle les fruits de mer et les poissons ont une place d'honneur. Le service est à la hauteur des talents du chef qui manœuvre au piano et propose risotto de homard et de bobo de crevettes, canard confit dans sa sauce de jabuticaba, poulpe à la thaïe, pour ne citer que quelques-unes de ces créations les plus demandées. Les desserts sont également raffinés. Le sommelier propose une carte des vins de qualité. Une des meilleures tables de Florianopolis.

JURERÊ ★

Tout au nord de l'île, Jurêre est assez urbanisée et compte, comme sa cousine Inglese, de nombreuses *pousadas*, ainsi que de nombreux clubs où se massent tous les jeunes Brésiliens de la région pour participer à des soirées electro tout l'été (et tous les week-ends hors saison). La plupart des clubs sont néanmoins à l'intérieur des terres, et sont desservis par tous les hostels de Conceiçao et Barra qui affrètent des minivans pour emmener les clubbeurs. Il n'y a donc pas besoin de loger au nord pour en profiter. Il est cependant peu fréquent que les Français se rendent à Jurêré pour les soirées electro ! Ibiza et David Guetta sont plus proches !

SANTO ANTÔNIO DE LISBOA ★★

Santo Antonio de Lisboa est un petit village pittoresque de pêcheurs açoriens. Comme dans de nombreuses communautés de l'île, on peut y voir des petites maisons colorées de style portugais. Par endroit, on peut y trouver de faux airs de Paraty, lorsque les collines sont drapées de brume. Ne manquez pas d'y aller pour visiter les quelques églises qui s'y trouvent ; et pour les amateurs, un élevage d'huîtres suivi d'une dégustation. On peut y manger un poisson grillé le midi pour une bonne halte. Le jour de la Saint-Antoine de Lisbonne, celui qui ramène les amours perdues, est couronné de grandes festivités autour de l'église blanche qui lui est dédiée.

SANTA CATARINA

GUGU €

Rua José Fernando de Andrade, 147, Praia do Sambaqui
✆ +55 48 3335 0288
De 11h30 à 17h et de 18h30 à 23h, fermé le lundi. Omelette aux fruits de mer : 65 R$ pour deux.

Ce grand restaurant assez simple de la plage de Sambaqui, fait de brique et de bois, est une institution pour les habitants de la région. Un restaurant spécialisé dans les fruits de mer commandé par le propriétaire Gugu, un ancien pêcheur, difficile de ne pas se laisser tenter.. C'est sa femme qui opère aux fourneaux ! Essayez la *caldeirada* ou la grande omelette ou encore la casquin ha de Siri ou les beignets de crevette. On peut également essayer le poisson du jour et on est rarement déçu. Les prix sont très décents. Un lieu à connaître.

ARMAÇÃO ★★

Armação est un petit village de pêcheurs originaires des Açores, d'où on peut embarquer pour la petite Ilha do Campeche, très appréciée par les plongeurs. Autrefois plage de pêcheurs de baleines, Armaçao abrite aujourd'hui des activités plus pacifiques. Le village abrite un centre d'observation des cétacés qui reviennent dans la baie. La plage d'Armaçao a deux aspects très différents. D'un côté, la communauté de pêcheurs et une plage calme, où on peut voir un grand nombre de bateaux de pêcheurs, avec peu de vague et de l'autre côté, une plage (Priaia do matadeiro) où les rouleaux sont impressionnants et qui est privilégiée par les surfers.

POUSADA NATUR CAMPECHE €€

Praia do Campeche ✆ +55 48 3237 4011
www.naturcampeche.com.br
Compter à partir de 288 R$ la double a l'hôtel et 305 R$ à la pousada.

La pousada Natur Campeche ou Verde natur est un établissement qui jouit d'une situation privilégiée à une centaine de mètres de la plage du Campeche. La chanteuse Elba Ramalho y a séjourné. Chacune des 21 chambres de la pousada profite d'une décoration raffinée influencée par les divers pays et cultures rencontrés par Talmir, le propriétaire. Les suites, personnalisées du nom d'un pays ou d'un Etat, reflètent à travers leur décoration l'esprit de ces derniers, piscine et Jacuzzi entourés de végétation luxuriante, espace massages, sauna. Recommandé.

PÂNTANO DO SUL

Pantano do Sul est un petit village de pêcheurs, à 27 km au sud du centre de Florianópolis. Autrefois port de pèche à la baleine, le village est devenu un des plus importants centres de pèche artisanal de l'île. Ses belles plages et les bons rouleaux qui s'y cassent ont été propices au développement du tourisme. Les surfers y ont élu domicile une partie de l'année. Il ne reste pas grand chose de l'église Sant'Anna, construite à la fin du XVIIIème siècle et dans laquelle les pécheurs de baleines avaient l'habitude d'aller prier avant de partir en mer. Le bar des pécheurs de baleines a été transformé en un bar-restaurant à la décoration d'époque.

RIBEIRO DA ILHA ★

Situé à 20 km au sud de Florianopolis, ce petit village de pêcheurs est réputé pour ses huîtres. Idéal pour une halte gastronomique. L'Etat de Santa Catarina est le premier producteur d'huîtres du Brésil. 95 % des huîtres brésiliennes en sont issues. Ce sont souvent des crassostreas gigas. Ribeiro da Ilha est un petit village de maisons colorées, coincées entre la mer et la montagne. Ce sont des communautés açoriennes qui se sont installées ici, regroupées au pied de la jolie église blanche « Nossa Senhora da Lapa », dans une ambiance paisible. Les restaurants locaux font la part belle aux produits de la mer et aux huîtres, bien sûr.

OSTRADAMUS €€

Rodoviária Baldicero Filomeno, 7640
Ribeirao da Ilha ✆ +55 48 3337 5711
www.ostradamus.com.br
Ouvert du mardi au samedi de midi à 23h30, dimanche de midi à 17h. La douzaine d'huîtres à partir de 36 R$.

Jeu de mots comme les Brésiliens savent le faire (Ostra signifie huître en portugais), l'Ostradamus est un restaurant surtout réputé pour ses huîtres, cultivées dans la ferme ostréicole attenante. Mais pas seulement ! C'est aussi l'une des meilleures tables de l'île pour déguster des crevettes, du poulpe et des poissons grillés. De grandes baies vitrées qui permettent d'avoir une vue magnifique sur la baie, des azulejos et des briques, un décor un peu kitsch à l'intérieur servent d'écrin à un restaurant de fruits de mer incontournable.

SANTO AMARO DA IMPERATRIZ ★

Cette petite ville a acquis son statut de municipalité indépendante en 1985 seulement. Elle est située à 36 km de Blumenau, un beau parc naturel avec des sources thermales. Quelques sites à visiter, une jolie église à partir de laquelle on peut avoir une belle vue sur la ville. On peut visiter quelques fabriques de cachaças, comme la cachaceria do imperador, où on peut observer le process de fabrication de l'eau-de-vie et faire une dégustation de très bons crus. Mais l'intérêt est ailleurs, on y vient surtout à Santo Amaro do Imperatriz pour la pratique des sports de pleine nature comme le rafting sur le rio Cubatao do Sul, toujours impressionnant.

LAGUNA ★

C'est la seconde ville la plus ancienne de l'Etat, située sur une île, face à la lagune. Fondée en 1626, elle devint en 1839 la capitale de la République Juliana, mouvement séparatiste de l'Etat défendu par Giusepe et Anita Garibaldi, après la guerre des Farrapos. Laguna, à 124 km au sud de Florianópolis, est située à l'extrême sud de la ligne de démarcation instaurée en 1494 par le traité de Tordesillas entre les possessions espagnoles et portugaises. On y trouve des *pousadas* très bon marché. Le centre-ville conserve des maisons historiques. Les plages du sud, moins urbanisées, sont souvent inaccessibles par temps de pluie. Bus depuis Florianopolis.

BLUMENAU ★

C'est une des villes les plus connues de l'Etat. C'est bien d'une « colonie » allemande qu'il s'agit. A 150 km de Floripa, dans une région sous influence germanique depuis la seconde moitié du XIXe siècle, le vieux Blumenau est vêtu de quelques jolies maisons de 1850 à croix de bois, contrastant avec le reste de la ville, très moderne et animé. Avec ses presque 300 000 habitants, Blumenau est une ancienne colonie agricole peuplée d'immigrés allemands et abrite l'une des fêtes les plus surprenantes et les plus traditionnelles du Brésil. Calquée sur celle de Munich, cette fête de la bière à la brésilienne s'enrichit de quelques airs de samba et de forrò.

FAROL DE SANTA MARTA ★

Estrada Laguna Cinquenta puis Estrada Geral Do Farol Brasil (au sud de Laguna à quelques kilomètres)

✆ +55 51 3239 7588

Entrée : 12 R$ par personne.

Construit en 1891 par les Français avec des pierres et de l'huile de baleine, ce phare est une attraction populaire pour la vue qu'il offre depuis ses hauteurs. Il est aujourd'hui géré par la marine brésilienne et l'association de signalisation et de réparation nautique almirante Rego. Construit sur un promontoire de 45 mètres au-dessus du niveau de la mer, il fait 30 mètres de hauteur. Il possède un tour quadrangulaire. Situé sur le point sur plus oriental de la région, il signale depuis le XIXe siècle aux embarcations un récif, la pierre « do campo bom ».

SÃO JOAQUIM ★

A 288 km de Florianópolis, Sao Joaquim est une ville dans les montagnes très prisée pour sa villégiature d'hiver. On la considère comme la petite Suisse brésilienne. Pour s'y rendre, on passe par Tubarao puis on monte jusqu'à 1 300 m par la splendide route de la Serra do Rio do Rastro, pendant 55 km d'impressionnants lacets de montagne. Les Brésiliens peuvent ainsi se confronter à l'hiver. Les températures peuvent descendre en dessous de -10°C. On y produit les meilleures pommes du pays. La capacité hôtelière de la ville n'est pas suffisante pour gérer la forte attraction touristique régionale en hiver. Il faut donc penser à réserver en cette période.

BAIUKA POUSADA €

Est. Geral Farol de Santa Marta

✆ +55 48 99132287

Comptez environ 250 R$ la double en B&B.

Cette *pousada* excentrée dans le quartier du phare Santa Maria à quelques kilomètres de Laguna est le meilleur plan du coin pour séjourner pas trop cher les pieds dans l'eau. Belle vue sur la plage en contrebas pour toutes les chambres qui sont confortables et modernes, espace de jeux et de sport, parking. La pousada propose également une cuisine collective à proximité de la cuisine.... Super petit déjeuner. Le restaurant est aussi très bien, et il est souvent plébiscité pour l'organisation de fêtes locales et de mariages. Conseillé.

RIO GRANDE DO SUL

Le Rio Grande do Sul est un État d'élevage et d'agriculture et dont la population s'élève à 11,3 millions d'habitants, pour la plupart descendants d'immigrés européens, notamment italiens et allemands. C'est un Etat moderne et progressiste qui s'est fait connaître lors des Forums Sociaux Mondiaux. c'est un État si proche de l'Argentine géographiquement et culturellement que l'on s'y croirait parfois. Le terme *gaucho* désigne génériquement tout habitant du Rio Grande do Sul. La capitale Porto Alegre a su préserver son patrimoine historique. Pourtant, ce Finistère brésilien reste désespérément hors des circuits touristiques des Européens, sans doute parce que le climat et la culture ambiante divergent des « attendus exotiques » d'un voyage au Brésil. C'est une région d'écotourisme, de vins et d'hortensias. La Serra Gauc ha offre au visiteur de magnifiques paysages et le charme des villes de Gramado et Canela.

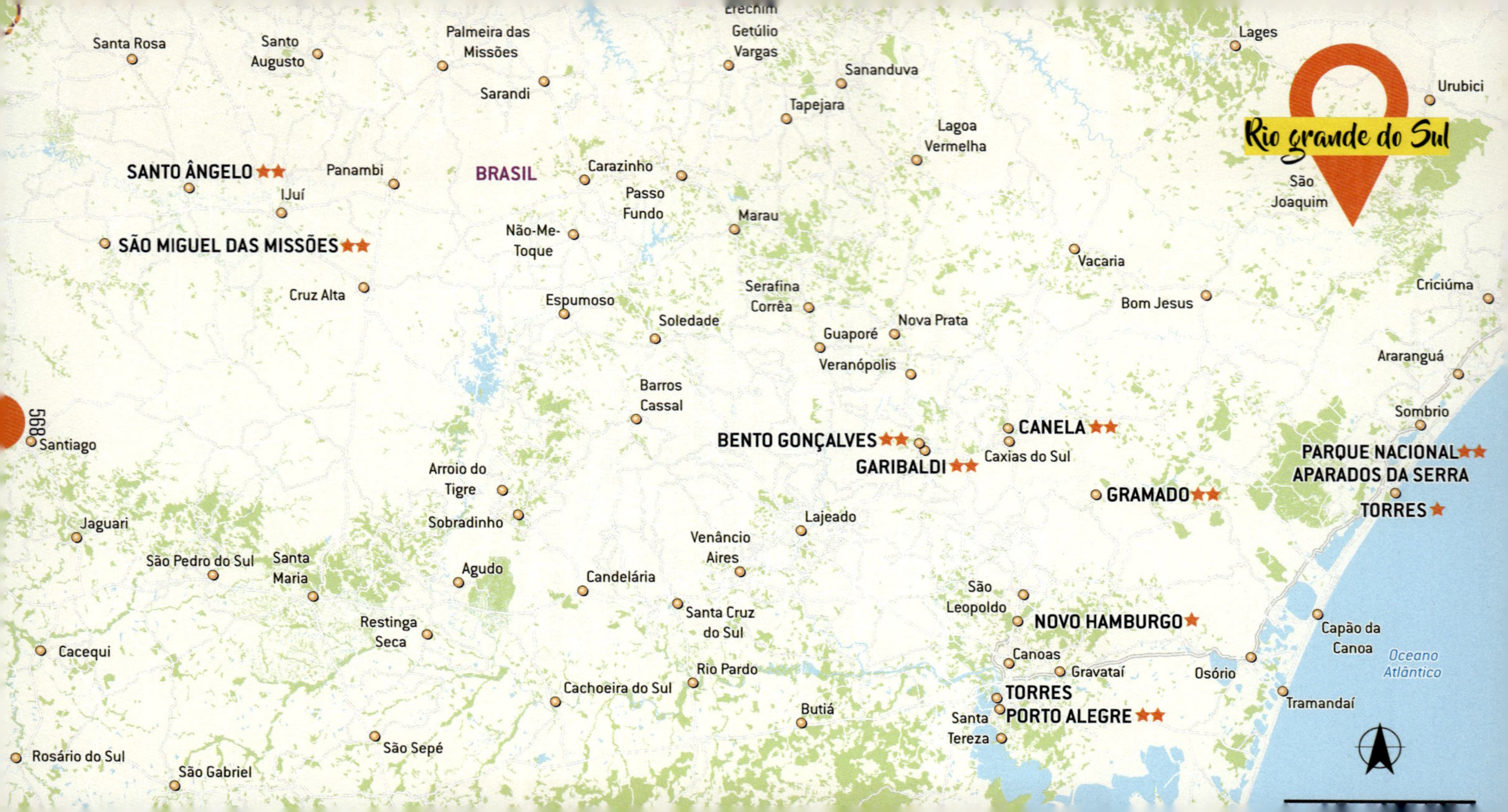
Rio grande do Sul
BRASIL
Santa Rosa
Santo Augusto
Palmeira das Missões
Sarandi
Erechim
Getúlio Vargas
Sananduva
Tapejara
Lagoa Vermelha
Lages
Urubici
São Joaquim
SANTO ÂNGELO
Panambi
Ijuí
Carazinho
Passo Fundo
Marau
Não-Me-Toque
SÃO MIGUEL DAS MISSÕES
Cruz Alta
Espumoso
Soledade
Serafina Corrêa
Guaporé
Nova Prata
Veranópolis
Vacaria
Bom Jesus
Criciúma
Araranguá
Sombrio
Barros Cassal
Santiago
BENTO GONÇALVES
GARIBALDI
CANELA
Caxias do Sul
GRAMADO
PARQUE NACIONAL APARADOS DA SERRA
TORRES
Arroio do Tigre
Sobradinho
Jaguari
Lajeado
Venâncio Aires
São Pedro do Sul
Santa Maria
Agudo
Candelária
Santa Cruz do Sul
São Leopoldo
NOVO HAMBURGO
Restinga Seca
Cacequi
Canoas
Gravataí
Osório
Capão da Canoa
Oceano Atlântico
Rio Pardo
Cachoeira do Sul
TORRES
PORTO ALEGRE
Santa Tereza
Tramandaí
Butiá
São Sepé
Rosário do Sul
São Gabriel

PAGES

570 ## PORTO ALEGRE ET LE NORD-EST

La ville de Porto Alegre est une ville moderne, industrielle, dynamique culturellement et qui s'était fait connaître lors des différents Forums sociaux Mondiaux, en reconnaissance de sa pratique reconnue de démocratie participative. A l'intérieur, la Serra Gauc ha regorge d'attraits. Les villes jumelles de Gramado et Canela proposeront fondue et chocolat pour résister aux frimas de l'hiver *gaucho* et on découvrira ces terres couvertes de vignobles, entre Garibaldi et Bento Gonçalves, plantées des viticulteurs italiens ou allemands.

PORTO ALEGRE ★★

570 La capitale du Rio Grand do Sul s'est fait connaître dans les années 2000 en abritant, le Forum Social Mondial. En ce n'est pas un hasard, cette ville moderne est (ou a été) un véritable laboratoire pour une autre démocratie, plus participative. Un autre Brésil, agréable et artistique.

576 ### NOVO HAMBURGO ★

GRAMADO ★★

576 Gramado est une petite ville de la Serra Gaucha, coquette et très prisée des Brésiliens et Argentins aisés. Une petit Suisse où la fondue est une institution dans ses restaurants cossus. Un beau paysage et de grands évènements culturels.

578 ### CANELA ★★

BENTO GONÇALVES ★★

578 Bento Gonçalves est une ville qui depuis une dizaine d'années s'impose comme la capitale des vins gauchos (et donc brésiliens). Les traditions italiennes et l'ambiance qui s'en dégage valent le détour pour les touristes curieux et désirant connaître ces vignobles des tropiques.

578 ### GARIBALDI ★

579 ### TORRES ★

PARQUE NACIONAL DE APARADOS DA SERRA ★★

579 Pour les rares visiteurs européens qui s'aventurent hors du circuit touristique classique au Brésil, la beauté de la nature de cette région et du parc de Aparados da Serra sera une récompense à la curiosité de ces audacieux, entre falaises, gorges et forêts d'araucarias.

580 ## MISSIONS JÉSUITES DES GUARANIS

L'ouest de la Serra Gauc ha est une terre d'implantation de missions jésuites, édifiées à partir du XVIe siècle. Ils furent expulsés à la fin du XVIIIe siècle par les autorités espagnoles. Visiter les vestiges de leurs missions, églises, villes et ranchs, semble projeter le voyageur vers ce passé magnifiquement dépeint dans le film *Mission*, de Roland Joffé. Les ruines des réductions, ces ensembles architecturaux élevés au milieu de la forêt entre 1626 et 1707, sont aujourd'hui l'objet de pèlerinages touristiques. Les mieux conservées se trouvent en Argentine et au Paraguay, toutes classées au Patrimoine mondial de l'UNESCO. Les ruines de São Miguel das Missões sont elles aussi classées au sein de l'ensemble des Missions jésuites des Guaranis. Les autres ruines de missions jésuites, côté brésilien, sont malheureusement mal conservées.

580 ### SANTO ÂNGELO ★★

580 ### SÃO MIGUEL DAS MISSÕES ★★

PORTO ALEGRE ★★

Située sur les rives d'une immense lagune, la « lagoa dos patos » (littéralement la « lagune des canards ») la capitale de l'Etat, sixième ville du pays par la taille de sa population, est la plus industrialisée du sud : des gratte-ciel, un port fluvial au bord du Rio Guaiba composent un tableau qui n'est pas sans rappeler les pays du Nord. La ville a subi une influence moins portugaise qu'allemande ou italienne, dont les colonies se sont installées en masse au début du siècle. En 1742, 60 Portugais arrivent des Açores, bientôt rejoints par des Allemands, des Italiens, des Ukrainiens et des Polonais, qui se font éleveurs de bétail. Après quelques échauffourées avec les Argentins, la ville prospère pour devenir cette métropole industrielle régionale d'1,4 million d'habitants. Quelques parcs donnent à la ville un air bucolique. Le Forum Social Mondial de 2001 a incontestablement conféré à la cité *gauc h*a l'image méritée d'une ville à l'avant-garde des combats pour l'égalité et le développement social. Mais la ville a également su préserver son patrimoine architectural et de nombreux bâtiments anciens sont rénovés, comme le « gasometro ». Cité dynamique, elle attire surtout un tourisme d'affaires. D'intéressants musées, des parcs animés, les promenades en bateau sur le Rio Guaiba font de Porto Alegre une étape agréable. Les quartiers très chics de Moinho do Vento, et plus bohème comme Cidade Baixa, sont d'agréables lieux de vie et de loisir, animés de jour comme de nuit. Enfin, *last but not least*, Porto Alegre est devenue un centre artistique incontournable.

CASA DE CULTURA MARIO QUINTINA ★

Rua dos Andradas, 736

✆ +55 51 3221 7147

www.ccmq.com.br

Lundi de 14h à 21h, du mardi au vendredi de 9h à 21h, samedi et dimanche de midi à 21h.

Depuis 40 ans, la Casa de Cultura Mario Quintana, en hommage au grand poète gaucho, a une mission polyvalente. Cet ancien hôtel de couleur rose (l'ancien hôtel Majestic) a été transformé en centre culturel majeur par le gouvernement de l'Etat du Rio Grande do Sul. Ce sont désormais 12 m² qui sont dédiés aux arts et à la culture. On y va pour les expositions, concerts et spectacles, mais aussi pour son café d'où l'on bénéficie de l'un des plus beaux couchers de soleil de la ville.

FUNDAÇÃO IBERÊ CAMARGO ★★

Av. Padre Cacique, 2000 ✆ +55 51 32478000

www.iberecamargo.org.br

Du mardi au dimanche de midi à 19h, jeudi jusqu'à 21h. Gratuit. Café et boutique sur place.

Le bâtiment au bord de la rivière Guaiba signé Alvaro Siza vaut le déplacement à lui tout seul ! La fondation de l'artiste gaucho Iberê Camargo s'est installée en 2008 dans cette nouvelle construction blanche et épurée dans le style si caractéristique de l'école de Porto. A l'intérieur (tout aussi impressionnant) on retrouve les peintures, dessins et autres travaux de l'artiste ainsi que des expositions temporaires majeures. Ce musée de la fondation Iberê Camargo est sans doute un des musées d'art les plus intéressants du pays.

MERCADO PUBLICO CENTRAL ★

Largo Glênio Peres – Centro ✆ +55 51 32861811

www.mercadopublico.com.br

Du lundi au vendredi de 7h30 à 19h30, samedi jusqu'à 18h30.

Le Mercado Publico de Porto Alegre, plus ancien marché de la ville, n'est pas qu'un marché. Ce beau bâtiment de 1869 possède une belle façade jaune et une couverture métallique à l'intérieur, où on trouve plus de 110 échoppes de toute nature. C'est un lieu de rencontre et de visite incontournable de la ville. Pour acheter de la nourriture, mais aussi du maté, une *cuia* et une *bomba* pour bien préparer son chimarrão à la maison ! Pour ceux qui sont adeptes du folklore local, il est possible d'acheter des habits typiques des gauchos.

MUSEU DE ARTE DO RIO GRANDE DO SUL (MARGS) ★★

Praça da Alfândega, s/n

Centro

✆ +55 51 3227 2311

www.margs.rs.gov.br

Du mardi au dimanche de 10h à 19h. Entrée libre.

Edifié vers 1905, il vaut autant pour sa façade que pour les expositions d'art temporaires. Sur la façade, les statues de Cérès (déesse de l'agriculture) et d'Hermès, sous le blason de la République. Autre allégorie, celle des statues représentant l'Industrie, la Pêche, la Navigation et l'Architecture. A l'intérieur du musée les éléments en marbre blanc, les planchers géométriques en bois exotiques, les plafonds sculptés en stuc et les *azulejos* colorés. Café et boutique sur place.

PALAIS PIRATINI ★★

Praça Mal Déodoro
Centro
✆ +55 51 3210 4170
Visites guidées du lundi au vendredi de 9h à 11h et de 14h à 17h. Gratuit.

Monument le plus visité de la ville et siège du gouvernement, le palais Piratini situé sur la jolie Praça da Matriz a été construit dans un style néoclassique d'inspiration française dans les années 1920. C'est Paul Landowski, le créateur du Corcovado à Rio qui a dessiné les statues allégoriques de l'Agriculture et l'Industrie ainsi que celles de la Primavera dans le patio intérieur. A l'intérieur, les peintures du peintre Locatelli content l'histoire de l'Etat. On peut noter le grand escalier de marbre à la française et le Salon Negrinho do Pastoreio, grandiose.

SANTANDER CULTURAL ★★

Rua Sete de setembro, 1028 – Centro
✆ +55 51 3287 5500
www.santandercultural.com.br
Du mardi au samedi de 10h à 19h, dimanche 13h à 19h. Gratuit. Ciné : 10 R$, spectacles musicaux : 12 R$, expos libres.

A l'intérieur de l'ancien siège de la Banque Nationale du commerce, ce centre culturel très actif propose des expositions d'art de haut niveau, un cinéma d'art et essai (situé dans un ancien coffre !) et aussi un café (situé dans l'autre coffre). Des œuvres de Miro et Picasso ont déjà été exposées, mais la fondation a également pour objectif de promouvoir l'art brésilien. Ainsi, une rétrospective de l'œuvre du sculpteur du Pernambouc, Francisco Brennand et de l'écrivain gaucho Simoes Lopes Neto ont mis à l'honneur les arts visuels et littéraires locaux.

TERRAÇO DA USINA DO GASÔMETRO ★

Avenida Presidente João Goulart, 1951 – Centro

C'est une des cartes postales de Porto Alegre. Cet espace a bien sûr été pris sur la friche industrielle de l'ancienne usine à gaz de la ville. On peut y admirer le coucher de soleil ! C'est également un local animé avec de nombreux cafés, des librairies et des espaces culturels. Il faut coupler la visite du gasômetro avec un tour sur la Rio Guaiba à bord du Cisne Branco, véritable espace culturel flottant (visite des îles et commentaires historiques pour 45 R$).

AEROPORTO SALGADO FILHO

Avenida Severo Dullius, 90010.
✆ +55 51 3358 2000
www.infraero.gov.br

On y trouve quelques vols internationaux, dont Lisbonne (avec la TAP) et les capitales du Mercosur et de nombreux vols intérieurs avec les compagnies Tam, Gol, Azul et Avianca.

▸ **Depuis/vers l'aéroport.** Le métro dessert l'aéroport qui compte deux terminaux (ticket : 1,70 R$), lui même desservant la *rodoviaria* et le centre-ville. Une course en taxi jusqu'au centre-ville coûte aux alentours de 30 R$.

▸ **Sur place :** on trouve des agences bancaires, des location de voitures, une consigne à bagages, des boutiques, des services de restauration...

TRENSURB

✆ +55 51 3363 8477
www.trensurb.gov.br
Le métro fonctionne tous les jours de 5h à 23h20. 4,20 R$ le billet à usage unique. 9 R$ « l'intégration ».

Le petit métro de Porto Alegre équivaut au RER parisien, circulant plutôt dans la périphérie de la ville. L'aéroport, la rodoviária et le mercado publico disposent néanmoins d'une station. La ligne unique va de Porto Alegre jusqu'à São Leopoldo, en passant par Canoas, Esteio et Sapucaia do Sul. Longue de 44 kilomètres, il y a en tout 22 stations distantes toutes de 2,1 kilomètres. Il faut donc bien calculer où descendre au risque de parcourir un long trajet à pied ! A partir du marché central, on peut se rendre à la gare routière ou à l'aéroport en métro.

CASA BLUE €

Rua Teotônia casa 02
✆ +55 51 996310162
A partir de 110 R$ pour une chambre simple, 140 R$ pour 2, 200 R$ pour 3.

La Casa Blue est une petite maison bleue, comme son nom l'indique, cosy et très bien tenue, un peu à l'écart de l'agitation de la ville. L'accueil de Maria est irréprochable.et son attention permanente envers les hôtes. Lors des grandes chaleurs, on peut se prélasser dans la petite piscine ou prendre l'apéritif sur la terrasse. Les chambres sont propres et confortables. Certaines ont une salle de bains privative. L'ambiance est familiale. On peut se rendre à pied au centre. On trouve tous les services à proximité. Idéal pour ceux qui recherchent la tranquillité.

PORTO ALEGRE ECO HOSTEL €

Rua Luiz Afonso, 276
Cidade Baixa
✆ +55 51 33778876
poaecohostel.com.br
Dortoir de 41 à 55 R$, chambre double à 133 R$, petit déjeuner inclus.

Poa Eco Hostel est une agréable demeure couleur pistache. Voilà indéniablement la meilleure adresse de la ville pour les jeunes et les routards. Cette auberge de jeunesse est idéalement placée dans la Cidade Baixa, le quartier le plus vivant, et elle est la seule à disposer d'un jardin avec piscine, et de nombreuses chambres privées très confortables avec salle de bains et climatisation, le tout à prix plancher. Dortoirs de tailles et prix variables, dont un réservé aux femmes, tous fonctionnels, propres et modernes avec de grands casiers individuels.

CONTINENTAL PORTO ALEGRE €€

Largo Vespasiano Júlio Veppo, 77
✆ +55 51 3027 1900
www.hoteiscontinental.com.br
A partir de 200 R$ la double en B&B.

Ce bel et vaste hôtel de 217 grands appartements de style contemporain se trouve à quelques centaines du cœur historique de Porto Alegre, un des mieux conservés du Brésil.. L'ensemble, de grand confort, offre toutes les prestations d'usage (restaurant 24h/24, piscine sur le toit, salle de sport, wifi). Certaines chambres donnent sur le Rio Guaiba. Situation centrale, en face de la *rodoviária* et de la station de métro « mercado ». On est au cœur de la vie gaucha. Pour ceux qui veulent rester à l'hôtel, les deux restaurants proposent une cuisine de qualité.

IBIS STYLES PORTO ALEGRE CENTRO €€

Rua Garibaldi, 633
✆ +55 51 3515 6700
www.ibis.com
Chambre double à partir de 150 R$ en B&B.

La chaîne Ibis a lancé une gamme Styles, au style plus *cozy* et personnalisé que ses hôtels classiques. On a l'impression d'être projeté en arrière, dans les années 60, avec des disques et des objets flashy. On ressent forcément une certaine nostalgie du Londres de ces années. Les chambres sont plus chaleureuses, avec des touches colorées, des objets ludiques, de grandes photos aux murs. Le service est irréprochable. Un très bon rapport qualité-prix

BARBARELLA BAKERY €

rua Dinarte Ribeiro, 56
✆ 33467164
ouvertde 8h à 21h45. Fermé le mardi.

Dans cette échoppe du très chic quartier de Moinho de vento, où trônent les portraits de Brigitte Bardot et Audrey Hepburn, la propriétaire Ana Klein a choisi de s'attaquer à l'art difficile de la boulange. Force est de constater que le défi a été relevé avec succès. On pourra goûter le pain au manioc (aipim), le pain français (30 R$ le kilo). Outre le traditionnel pain au chocolat pour accompagner l'expresso de la maison, Ana propose également d'excellents cookies (10 R$). Ceux qui sont plutôt «salé» pourront essayer l'empanada au poulet et au fromage.

LE GRAND BURGER €

Rua Marques Do Pombal,191
✆ +55 51 3395 1520
legrandburger.com.br/2015/
Ouvert du lundi au samedi de midi à 15h et de 18h à 23h30. Comptez à partir de 30 R$ le midi (promotion).

Dans le quartier chic de Moinhos de Vento, ce restaurant de burgers pour gourmets ravira ceux qui cherchent une bonne table pas chère pour déjeuner ou dîner rapidement. Les prestations du Grand Burger sont celles d'une grande table, à commencer par le service. Chaque burger est décrit avec précision par les serveurs. On peut y boire un excellent maté à la fraise. Les desserts ne sont pas en reste. La crème brûlée est très goûteuse. Le café fraîchement moulu est super léger et délicieux. Promotion le midi sur 4 burgers au choix.

OCIDENTE €

Rua João Telles (au croisement avec la rue Oswaldo Aranha)
✆ +55 51 3312 1347
barocidente.com.br
Déjeuner du lundi au samedi de 11h45 à 14h30. Menu 30 R$.

Les habitants de la capitale gauc ha ne se nourrissent pas uniquement de viande préparée en churrasco. Porto Alegre est une ville avant-gardiste où les restaurants végétariens sont nombreux. Le restaurant Ocidente est une bonne table qui propose chaque midi un plat du jour original, végétarien et avec plusieurs accompagnements. Très bonne option pour un petit prix. Le marmitex est proposé à 30 R$. le menu change chaque jour. Le soir l'établissement dévient un point de rencontre très couru entre amateurs de musique live et de dj's.

TUDO PELO SOCIAL €

Rua João Alfredo, 448
Cidade Baixa
✆ +55 51 3226 4405

Du lundi au samedi buffet et à la carte de 11h à 14h45, dimanche et le soir (de 18h à 23h45) uniquement à la carte.

Restaurant populaire bien dans l'esprit « social » de Porto Alegre, le « Tudo Pelo Social » est un endroit simple, à la nourriture réputée. Dans cette grande salle de 300 couverts, fondée en 1988, on sert les plats de base du pays : steak de filet accompagné de frites, œuf et salade. Portions généreuses. Au buffet de midi pour un petit prix (16 R$) on a le choix parmi une dizaine de plats chauds, quelques salades et un dessert. Le traditionnel « alaminuta », plat de viande, de frites et de salade, coûtera 30 R$. Une expérience culinaire et sociale.

ATELIER DE MASSAS €€

Rua Riachuelo, 1482
Centro
✆ +55 51 3225 1125

Fermé le dimanche, ouvert de 11h à 14h30 et de 19h à 23h30. Plats à partir de 30 R$.

Derrière une devanture assez simple, qui n'est pas sans rappeler les ateliers du Paris populaire, le restaurant l'Atelier dispense son art culinaire dans une ambiance jazzy. Pâtes aux fruits de mer, fettucine filet mignon, une vraie adresse gastronomique à des prix abordables. 37 sortes de plats de pâtes sont proposés. Il est difficile de ne pas trouver son bonheur. Des plats de viande également.Attention tout de même au buffet d'entrées (12.5 R$ les 100 grammes, c'est à dire 125 réais le kilo), qui peut faire grimper l'addition !

BARRANCO €€

Avenida Protásio Alves, 1578
✆ +55 51 3331 172
www.churrascariabarranco.com.br

De 11 à 2h tous les jours.80 R$ par personne pour un repas avec boisson. Picanha : 55 R$, lombo (filet mignon) : 48 R$

Maison des plus traditionnelles et réputées, les plats sont préparés pour deux et à plusieurs on peur commander deux ou trois sortes de viande. Le local se distingue des *churrascarias* traditionnelles. Chez Barranco, on peut choisir sa table parmi les différentes salles, l'ambiance est celle d'une maison avec terrasse couverte. L'endroit est toujours complet, il faut y arriver tôt le week-end. Au menu, de la viande bien sûr : *picanha*, *lombo*, *costela*... On choisit à part les accompagnements et le serveur circule avec un charriot proposant les salades.

GAMBRINUS €€

Mercado Publico
✆ +55 51 3226 6914
www.gambrinus.com.br

Du lundi au vendredi de 11h30 à 21h, samedi uniquement de 11h à 16h. Compter à partir de 45 R$ par personne.

Situé en plein cœur du marché public depuis 1889, le Gambrinus avec son charme d'antan est un haut lieu de la gastronomie portugaise. Le décor est bien celui d'une taverne du vieux Lisbonne, même si le patronyme Gambrinus honore le roi mythique des Flandres, symbole des amateurs de bière. La cuisine est variée et de qualité. On peut notamment y goûter le fameux *bacalhau*, à la portugaise, décliné suivant plusieurs recettes au choix. Excellents plats de poissons en général. Les menus proposés varient en fonction du jour de la semaine.

KOH PEE PEE €€

Rua Schiller, 83 – Moinhos de Vento
✆ +55 51 3333 5150
www.kohpeepee.com.br

Du lundi au samedi de 19h à 0h. Dès 60 R$ l'entrée, 72 R$ le plat et 32 R$ le dessert.

S'il n'y avait pas des forêts d'araucarias, on pourrait se croire dans quelques restaurants de Bangkok. Dans le restaurant Koh Pee Pee, la cuisine thaïlandaise est élevée ici au niveau de l'art culinaire. Dans une salle décorée de motifs orientaux et de photos du pays, le congre à la sauce curry rouge, les pâtes sautées à la crevette permettront une délicate approche gustative du royaume de Siam. A partir de 8 personnes, le restaurant peut proposer un menu personnalisé. La carte délivre de nombreuses spécialités thaï subtilement revisitées

MANDARINIER GASTRONOMIA €€

Alberto Torres Street N 228 ✆ +55 51 3517 7703
mandarinier.com.br

Ouvert seulement le midi de 11h20 à 14h30, menu à prix unique à 37 R$ en semaine et 55 R$ le samedi.

Voilà un restaurant à tester si vous cherchez une bonne table créative pas chère le midi. En 2013, les chefs Leonardo Magni et Liliana Andriola ont ouvert le restaurant Mandarinier, situé dans le quartier de Cidade Baixa à Porto Alegre. L'ardoise propose ici une cuisine de saison et de marché, puisque le menu (couvert, entrée, plat et dessert) est à prix unique, composé sur l'envie et variable jour après jour. Vous trouverez les menus de la semaine sur la page Facebook du restaurant. Ils utilisent des aliments provenant de petits producteurs biologiques.

BAH €€€

Avenida Diario de Noticias
✆ +55 51 3247 3000
De midi à 15h30 et de 19h30 à minuit. Plats à partir de 50 R$.

Dans un cadre somptueux, le Bah propose une gastronomie gauc ha revisitée. Les plats sont très fins. On goûtera la *farofa de maté*, originale et parfumée. Viandes, risottos et fruits de mer composent la carte. A la carte également, un menu dégustation de six plats accompagnés de six verres de vin (300 R$). A midi durant la semaine il y a aussi la possibilité d'opter pour le menu executivo avec entrée, plat et dessert et un verre de vin (60 R$). Pour connaître les desserts les plus typiques des pampas on vous conseille le *trio*, un assortiment de trois verrines.

LE BATEAU IVRE €€€

Rua Tito Lívio Zambecari, 805, Mont Serrat
✆ +55 51 3330 7351
Ouvert du mardi au samedi de 10h à minuit. Réservation conseillée, comptez à partir de 70 R$ par personne.

Une des meilleures tables de Porto Alegre et de tout le Brésil depuis près de 20 ans. L'influence est méditerranéenne et la touche est celle du chef français Gérard Durand : poisson sauce curry et au chutney de mangue, agneau aux amandes, confit de canard, carpaccio de poulpe ; que l'on soit « terre » ou « mer », chacun trouvera son bonheur... Les Français en mal du pays pourront déguster les grenouilles à la façon Bateau ivre. Le chef a adopté le concept de « cuisine ouverte » pour faire partager l'art culinaire des pianos à l'assiette et transmet ainsi sa passion.

BOTECO DO JOAQUIM

Rua Joaquim Nabuco, 350
✆ +55 51 3022 7186
botecodojoaquim.com.br
Ouvert tous les jours de 16h à 5h.

Situé dans la rue Joaquim Nabuco éponyme, le boteco do Joaquim reçoit des groupes d'amis et des collègues de travail. Marqué par l'esprit convivial de la cité gaucha, c'est le bar toujours ouvert de la Cidade Baixa. Parfait pour boire une bière *bem gelada* qui coule ici à flots, ou suivre un match de foot. A la carte, pas de grande gastronomie, mais des plats servis avec générosité. On apprécie sa décoration soignée à l'intérieur, ambiance vieux bistrot, avec des mosaïques et des boiseries exotiques, et sa terrasse sous la tonnelle.

BOTECO MATITA PERÊ

Rua Joao Alfredo, 626
✆ +55 51 33724749
botecomatitapere.com.br
Ouvert de 11h30 à 14h30 et de 19h à minuit ou 1h, fermé de dimanche.

Les puristes reconnaîtront une chanson de Tom Jobim. Cet espace est bien dédié à la musique. C'est un bar à l'esprit boteco très brésilien. On y trouve comme il se doit une grande variété de bières brésiliennes et de cachaças, servies sur des rythmes de MPB et de samba. Mais le Matita est aussi un restaurant qui propose des « petiscos » et des plats typiques brésiliens. Son décor de briques, de bois et de carreaux noir et blanc au sol donne un petit côté traditionnel et moderne totalement en accord avec l'esprit des lieux. Musique live certains soirs.

CAFE BONOBO

Rua Castro Alves, 101 (à l'angle de le rue Felipe Camarão) – Bonfim ✆ +55 51 3013 1464
www.cafebonobo.com.br
Du mercredi au vendredi de 19h à 22h.
Du mercredi au dimanche de midi à 14h30 pour déjeuner, compter 18 R$ le plat.

Voici un autre café à l'esprit typiquement alternatif, propre au Porto Alegre que l'on aime. Le café Bonobo est géré par un collectif antispéciste et libertaire. Un café végan et écolo qui concocte des plats composés toujours d'ingrédients bio. En plus des petits repas, la maison propose cafés, bières artisanales, cachaças et vins. Wi-fi disponible. On peut également prendre des cours de cuisine végan. Les menus changent chaque jour et on peut commander un « kit » de 7 plats pour environ 160 ou 170 R$. Très bonne ambiance et très bonne cuisine.

DIRTY OLD MAN COCKTAIL PUB

Rua Lima e Silva, 956,
✆ +55 51 3085 8227
www.dirtyoldman.com.br
Ouvert du mardi au samedi de 18h à minuit, jusqu'à 2h le samedi.

Nommé ainsi en hommage à Charles Bukowski, c'est le bar branché de la Cidade Baixa qui attire les hispters brésiliens, avec son ambiance et sa carte à la Brooklyn. Des cocktails, des bières triées sur le volet, une ambiance jeune décontractée et sympa. Bien sûr, on pourra s'essayer aux classiques comme le daïquiri, mais les audacieux s'essaieront au «Bukowski» pour honorer l'esprit des lieux. Plus brésilien, le «mé» est à base de cachaça et de mandarine. Quelques picadas à la carte.

GROOVA

Rua Miguel Tostes, 263
✆ +55 51 3029 7177
Ouvert le jeudi de 18h à 23h et le week-end de 18h à minuit. Horaires en cours d'extension, vérifier sur Facebook.

Voilà un concept sympa ouvert en 2015 : un magasin de disques (vinyles), à la fois café et bar. Un peu à la Fred Pirouli. A la carte : des bières et vins bien choisis et de qualité avec une happy hour intéressante, toujours de la bonne musique en fond sonore. Un lieu branché, un peu bobo, un peu alternatif, très Porto Alegre pour qui organise marchés aux puces, d'artisanat ou gastronomiques, expositions... et qui est aménagé au rez-de-chaussée (avec jardin) d'une belle maison coloniale. On se croirait à Seattle dans les années 90 dans le quartier Fremont.

PRESS CAFÉ

Rua Olavo Barreto Viana, 36
✆ +55 51 33951072
www.grupopress.com.br/
De 10h à 1h, dimanche de midi à 23h. 4,50 R$ l'espresso. Millefeuille doce de leite : 10 R$, éclair : 6 R$.

Dans le shopping center de Moinho de Ventos, le Press Café est à la fois un des meilleurs cafés de la ville et une des meilleures pâtisseries. On ne compte plus le nombre de prix décernés par les revues gastronomiques brésiliennes. Le millefeuille au *doce de leite* est une des spécialités de la maison ! On pourra y déguster également des cafés aromatisés et des sandwichs faits avec des produits de qualité. Aujourd'hui, ce ne sont pas moins de 6 cafés et restaurants que la chaîne propose, ainsi que l'élégante « presstisserie » qui fournit les pâtisseries du groupe.

QUENTIN'S BAR

Rua Gen. Lima e Silva, 918
Ouvert du mardi au dimanche, de 18h à 1h, jusqu'à 2h le week-end.

Porto Alegre est une ville alternative et une ville d'art. Le quentin's bar est un digne héritier de cette tradition, avec un côté rustique et industriel avec ses briques. Un bar dédié à Tarantino ne peut pas être un lieu de mauvais goût. Tout l'univers du réalisateur est décliné ici avec des photos accrochées aux murs et un fond musical de qualité. Comme partout au Brésil, on y écoute des concerts d'une oreille plus ou moins distraite en sirotant sa bière, lové dans un grand divan rouge. Une bonne adresse pour sortir à Porto Alegre.

TORTA DE SORVETE

Rua Padre Chagas, 217
✆ +55 51 3346 1616
www.tortadesorvete.com.br
De 9h à 20h tous les jours. Entre 7 et 10 R$ la part.

La pâtisserie Torta de Sorvete a été créée en 1987. Cette pâtisserie est spécialisée dans les gâteaux glacés très gourmands. La première et unique spécialité fut d'abord la tarte à la crème glacée, traditionnellement composée de meringue, de glace à la vanille et de sauce au chocolat. Aujourd'hui, d'autres tartes et quiches et de nouveaux parfums ont complété la carte de la pâtisserie, comme la tarte suisse au dulce de leche et à la glace au chocolat et la tarte Marta Roc ha à la confiture d'œufs. Sympa pour les journées estivales.

BRIQUE DA REDENÇÃO

A l'intérieur du parc Redenção
briquedaredencao.com.br
Le dimanche de 9h à 17h.

La Brique da Redençao est une autre institution locale du pays gaucho. Elle a été inspirée par une foire typique de Montevideo. Environ 300 stands d'artisanat, de souvenirs et d'antiquités, ainsi que des petits restaurants de plein air deviennent le coeur cette animation dominicale. On trouve de tout, du plus kitsch, à l'original de bon goût. Un petit coup de fatigue ? Les stands de nourriture proposent des pasteis, des empanadas, des quiches...On revisite la cuisine mondiale. Une des promenades de dimanche favorites des locaux.

CASA DA PRAIA

Rua Jose Do Patrocinio, 878
✆ +55 51 9337 2121
Ouvert du mardi au dimanche de 20h à 5h. Concerts à partir de 21h.

Comme son nom l'indique, la Casa da Praia est un lieu, qui depuis son ouverture en 2001, se dédie à la convivialité et aux bonnes vibrations musicales et humaines... dans un esprit de plage. La « casinha » a accueilli depuis sa création de nombreux groupes de musique régionaux et nationaux. Un lieu génial sans prétention pour assister à de bons concerts de musique brésilienne. La Casa est aussi un restaurant thématique dans le quartier « Chacarà das pedras », avec le même esprit : proposer une cuisine familiale des cabanes de plage brésiliennes, saine, légère.

NOVO HAMBURGO ★

Novo Hamburgo est une ville prospère de près de 250 000 habitants. C'est aujourd'hui la capitale brésilienne de la chaussure, une sorte de Romans des tropiques.... Comme son nom l'indique, Novo Hamburgo est une ancienne colonie allemande. D'abord peuplée par des colons portugais au cours du XVIIIe siècle, la ville va se développer en recevant une majorité d'immigrants allemands dès le premier quart du XIXe siècle. Ces populations arrivaient avec un savoir-faire hérité de l'industrialisation qui avait touché l'Allemagne dès le troisième quart du XIXe siècle. Aujourd'hui, la ville fait partie des 13 villes de la route romantique du Rio Grande do Sul.

RUA COBERTA ★

Rua Madre Veronica, Centro

C'est la rue piétonne immanquable du centre, une galerie couverte d'une verrière avec des tables en terrasse pour boire un verre et des vitrines alléchantes pour faire du shopping. C'est un lieu où l'on perçoit l'énergie de Gramado. Situé en plein centre-ville, c'est un espace qui rassemble des restaurants, des cafés et des boutiques. C'est le théâtre de plusieurs présentations culturelles et de nombreux événements, dont le festival du film. Une ambiance intermédiaire entre un marché couvert barcelonais et un « passage » parisien. Louis Aragon aurait apprécié !

GRAMADO ★★

A 150 km au nord de Porto Alegre, Gramado (avec Canela, sa ville jumelle), est une destination majeure du tourisme national et international, à 800 m d'altitude. Une station estivale et hivernale chic très prisée par les citadins aisés, Porto Alegrenses principalement, mais aussi Argentins et Uruguayens, qui sont proches. Dans une région sous influence bavaroise, le folklore et l'architecture, la beauté de la nature alentour confèrent à ce village un incontestable charme. Lors de la fête des Lumières, en décembre et du festival du film, il est nécessaire de réserver avant ces évènements, tant ils sont prisés par les Brésiliens et les Argentins.

CITRAL

Rodoviária de Gramado

www.citral.tur.br

Bus de/pour Gramado et Canela au départ de Porto Alegre (gare et aéroport ensuite).

On peut se rendre de Gramado à Canela directement en bus, à partir de leur gare routière respective. Comptez entre 5 et 10 R$. 6 km de distance. Compter 2h et 30 R$ ou 38 R$ pour l'*executivo*. Départ environ toutes les heures. Pour Florianopolis, comptez 130 R$ et 9h15 de trajet (3 départs par jour avec Viasul). Pour São Paulo, changement à Joinville, 280 R$ et 20h de trajet. Pour Foz de Iguaçu, changement à Caxia do Sul, comptez entre 25 et 30h et 250 R$.

Église de Gramado.

HOSTEL BRITANICO €

Arthur Reimann, 1

✆ +55 54 3286 6250

www.britanico.com

Dortoir : à partir de 59 R$, chambre double de 344 Rs (avec salle de bains privée), petit déjeuner inclus.

C'est le dernier hostel ouvert à Gramado, qui a l'avantage d'être équipé de lits tout neufs confortables et très fonctionnels, dans un quartier central et tranquille de la ville de la Serra Gaucha. Il a été renommé «Britanico Suites». Salon *cozy* avec canapé et billard. Chambres intéressantes pour les familles à petit budget. Le chalet est près du centre à pied. Il se veut proposer le charme britannique avec la générosité brésilienne et le défi est relevé. On a bien l'impression, par moment, de se retrouver dans quelque endroit de Londres.

DI PIETRO €

Rua Pedro Benneti, 5
✆ +55 54 3286 4077
www.dipietro.com.br
A midi, buffet varié à 65 R$/kilo ; le soir, buffet de soupes.

Depuis 2000, la Casa Di Pietro s'est affirmé comme une étape gastronomique de Gramado. C'est assurément un établissement qui a réussi le défi d'être un des restaurants les plus populaires et les plus agréables de la ville. Une sculpture d'un frère franciscain accueille les clients de la maison et leur ouvre l'appétit. Le restaurant propose un buffet en libre-service au kilo à midi (pas si courant sur la ville). Entrées variées. Chacun devrait s'y retrouver devant la diversité des plats proposés (buffet de salades, viandes grillées, soupes, desserts, etc.).

CASA DI PAOLO €€

Rua Garibaldi, 23 – Centro
✆ +55 54 3286 5080
www.casadipaolo.com.br
Du mardi au dimanche de 11h à 15h et de 19h à 23h. En basse saison, fermé dimanche soir et le lundi. A partir de 60 R$/p

Le restaurant Galeto Di Paolo a commencé son aventure culinaire en 1994, lorsque Giuseppe Posto Per Mangiare a été ouvert à Garibaldi, nommé ainsi en l'honneur de l'aïeul italien. Servi à table à volonté le *galeto* (une galette) est accompagné de polenta frite, de salades, de pâtes maison au choix et de la fameuse soupe de cappelletti. Un dessert est aussi inclus dans le prix. C'est une des *galeterias* les plus réputées dans le Rio Grande do Sul, mais le prix reste un peu élevé tout de même. Une réputation d'excellence dans toute la région.

VUE DE LA VALLEE €€

Av. das Hortensias, 2989
✆ +55 54 3286 4054
vuedelavallee.com.br
Rodizio de fondue à 98 R$ per personne. Ouvert tous les jours de 18h à 23h.

Situé sur l'Avenida das Hortênsias, le Vue de la Vallée bénéficie d'un emplacement privilégié à côté de Vale do Quilombo, l'un des plus beaux sites de Serra Gaúcha. On vient ici pour profiter de la vue de la vallée, et du fameux *rodizio* de fondue, à base de fromage uruguayen (exclusif à Gramado), servi en deux options : traditionnel ou sur la pierre (La Pierrade). Comme dans tout rodizion, tout est en mode illimité : fromage, viande et chocolat, trois produits phares de la région. Très bonne carte des vins. Une bonne adresse !

CARACOL

Rua Santa Rosa, 173
✆ +55 54 3286 4253
www.caracolchocolates.com.br
Ouvert du mardi au samedi de 8h à 12h et de 13h30 à 18h.

Fondée en 1982, dans la ville de Canela, la première usine de chocolats Caracol – nommée d'après la cascade de Caracol, l'attraction touristique la plus visitée de la région – a été transférée à Gramado en 2001. Jusqu'alors, le chocolat n'était pas produit dans les usines locales, mais seulement fondu et transformé en produits. Cette petite usine possède plusieurs magasins en ville et aussi à Canela. On peut souvent y déguster le chocolat chaud maison, bien épais. La boutique de la Rua Coberta possède aussi un espace gourmet. Les options sont nombreuses.

CASA DO COLONO

Avenida Borge de Medeiros – Centro
✆ +55 54 3036 0389
Du lundi au vendredi de 9h à midi et de 13h à 18h30. Samedi et dimanche de 9h à 18h30.

Pas très loin de la gare routière, le magasin regroupe les produits artisanaux et alimentaires produits par les membres des colonies italiennes des environs. Charcuteries, fromages, maté, jus de raisin et biscuits sont parmi les articles les plus recherchés. Le café italien n'est pas oublié puisqu'il y a également un torréfacteur.

Juste à côté du magasin, dans les fours en pierre, les colons font cuire leurs pains et gâteaux faits maison : on peut les acheter directement et encore chauds ! La tradition italienne perdure et rappelle son importance dans la région.

CHOCOLATES PRAWER

Av. das Hortênsias, 4100
✆ +55 54 32861580
www.prawer.com.br
Lundi de 15h à 22h, du mardi au dimanche de 10h30 à 22h.

On ne cessera de le répéter. Le Brésil est aussi un pays du chocolat, et pas seulement du cacao. On sait très bien transformer les produits de la cabosse. Les Chocolates Prawer sont devenus un classique à Gramado. Depuis plus de 40 ans, cette marque artisanale alimente les appétits des gourmets de la région, mais également de São Paulo. Des stages fréquents en France, en Belgique et en Suisse ont permis le développement de chocolats de grande qualité. En plus des chocolats, on peut goûter de bonnes gaufres, des glaces et du chocolat chaud.

CANELA ★★

Ville jumelle de Gramado, Canela est moins touristique, mais attire également les visiteurs. Le nom de la ville vient d'un arbre, appelé Canela, alors situé non loin de l'endroit où se trouve actuellement la place centrale de la ville, la Praça João Corrêa, ce cannelier servait de point de rencontre et d'auberge pour les soldats. Aujourd'hui, la petite ville gaucha est principalement le point de départ d'excursions et d'activités sportives de pleine nature, à l'extérieur de la ville. Certaines *pousadas* proposent des packages où le transport est inclus, rendant les séjours moins dispendieux qu'avec une utilisation systématique des taxis.

POUSADA DAS SEQUOIAS €€

Rua Godofredo Raimundo, 1747

✆ +55 54 3282 1373

www.sequoias.com.br

De 180 à 210 R$ la cabane pour deux, selon la saison et le nombre de nuits sur place.

Six sympathiques petits chalets rustiques, mais confortables, en pleine montagne, en des lieux plantés d'essences rares. Ecosite. Les chalets de cette auberge simple, mais confortable de Canela sont situés dans le parc des séquoias, tout près de Gramado, dans la Serra Gaúcha, et offrent aux clients un contact avec une nature exubérante. C'est la première auberge écologique de Canela et à 2 km du centre-ville. De nombreuses activités de pleine nature sont organisées. Dans la campagne, location de chevaux, vélo, etc. Très bien. Dans le « Parque » du même nom.

CATEDRAL DE PEDRA ★

Praca da Matriz, 69

✆ +55 54 3282 1132

Construite de 1953 à 1987, cette « cathédrale de pierre », aussi baptisée Notre-Dame-de-Lourdes de Canela, est la principale attraction de la ville. Cet édifice imposant de style gothique anglais est dominé par un clocher de 67 mètres de haut doté d'un carillon à 12 cloches italiennes en bronze. A l'intérieur, les fresques peintes par l'artiste *gaucho* Marciano Schmitz représentent l'Apparition de la Vierge, l'Allégorie des Anges et l'Annonciation. On peut monter dans le clocher pour admirer le paysage (droit d'entrée pour le clocher).

PARQUE DO CARACOL ★

✆ +55 54 3278 3035

www.parquedocaracol.com

Entrée : 18 R$, enfant de 6 à 12 ans : 9 R$, balade en train : 20 R$. Ouvert tous les jours de 8h45 à 17h45.

Le parque do Caracol est un joli parc à proximité de Canela. L'avantage de ce parc naturel régional est qu'il propose une balade en petit train, une vue sur une jolie et imposante cascade en pleine nature (près de 150 mètres de haut !), et des chemins de randonnée pour les plus sportifs. Un observatoire écologique de 30 mètres de hauteur ainsi qu'une plateforme en verre se trouvent à proximité de la cascade pour l'admirer de plus près. Une opportunité pour passer une journée agréable sans trop faire d'efforts physiques. Idéal pour les familles.

BENTO GONÇALVES ★★

Bento Gonçalves est une ville qui tire son intérêt majeur de sa fonction de cœur de la route des vins gauchos. Bien sûr, si les crus n'ont pas la réputation de leurs voisins uruguayens et argentins, c'est une intéressante visite qui concilie à la fois écomusée et écotourisme. Peu connue il y a 10 ans encore, c'est aujourd'hui une destination prisée des touristes brésiliens intéressés par la viticulture et par la communauté italo-brésilienne. La porte d'entrée de la ville, sous forme d'une barrique de vin, donne le ton. Bento Gonçalves n'a pas la beauté des villes jumelles de la Serra Gaucha, mais le vin et les pâtes y ont une place de choix.

GARIBALDI ★

Baptisée ainsi en l'honneur du chef des « chemises rouges » unionistes italiennes du XIXe siècle, Garibaldi est « l'autre » cité de la route des vins, jumelle de Bento Gonçalves. De manière plus spécifique, Garibaldi porte le nom de « capitale des vins mousseux (*capital dos espumantes*). Depuis la première production de vin vinifiée selon les méthodes champenoises, en 1913, de nombreuses propriétés vinicoles ont développé leur production selon cette méthode. L'ambiance est agréable. Quelques bâtiments historiques agrémentent le paysage. Pour les voyageurs passionnés par le vin, on trouvera d'intéressantes productions qui s'améliirent au fil du temps.

TORRES ★

Torres est une municipalité brésilienne située à l'extrême nord de la côte atlantique de l'État du Rio Grande do Sul. Le paysage de la ville se distingue par le fait qu'il s'agit de la seule plage du Rio Grande do Sul où des falaises rocheuses surplombent la mer, et par la présence de la seule île maritime de l'État, l'Ilha dos Lobos.

La zone où se trouve la ville aujourd'hui a été habitée par l'homme depuis des milliers d'années, des témoignages archéologiques existant sous la forme de sambaquis (tumulus de coquillages typiques de cette période archéologique). C'est aujourd'hui une petite ville tranquille qui reçoit plus de 400 000 touristes par an.

PARQUE NACIONAL DE APARADOS DA SERRA ★★

Ce parc est un des lieux que l'on se doit de visiter en pays *gaucho*. Sa principale attraction est le canyon do Itaimbézinho, une formidable entaille de 600 m de fond, qui zigzague sur près de 6 km. De ces falaises abruptes, d'où s'élancent quelques chutes d'eau, on ne voit qu'une gorge sombre. Sur les plateaux, de part et d'autre de cette entaille, des forêts d'araucarias, dont les formes élancées se détachent au soleil, ou, par temps voilé, accrochent au passage les nuages. Ces paysages montrent la transition entre le climat tropical qui couvre la majeure partie du pays et le climat subtropical.

Transports

On accède au parc depuis le village de Cambara do Sul, un petit village à 900 m d'altitude, à 22 km de là, lui-même à 188 km au nord-ouest de Porto Alegre et à 79 km de Torres, sur la côte. De Porto Alegre comptez presque 6 heures de trajet jusqu'à Cabara. On doit changer de bus à São Francisco de Paula, où il existe plus de voyages vers Cambara. Il n'y a pas de transports spéciaux pour le parc. On peut y aller en taxi au départ de Cambara, mais c'est cher. Autre solution : prenez un bus pour Praia Grande (à 38 km de Cambara), et descendez en cours de route, près de l'entrée du parc ; ensuite, il faut encore marcher 3 km jusqu'à l'entrée proprement dite, puis encore 15 km jusqu'au canyon. Sinon, voyez avec une agence de voyage locale, c'est le plus simple.

© EMBRATUR

Parc national Aparados da Serra.

OFFICE DU PARC NATIONAL

Rodovia RS 429, km 18, à l'entrée du parc
✆ +55 54 3251 1277
www.icmbio.gov.br

De mardi au dimanche de 8h à 17h. Dernière entrée à 13h pour le trek Rio do Boi et à 15h pour le trek Cotovelo. 15 R$.

Il n'existe aucune infrastructure dans le parc pour manger ou dormir sur place. Il existe en revanche trois randonnées au choix à faire dans la journée, la plus populaire est celle de Vertice (1h) sur les bords vertigineux du canyon Itaimbezinho, profond de 700 mètres et aux parois lisses. C'est l'un des plus imposants d'Amérique ! On peut aussi faire la randonnée Cotovelo (3h de marche sur les hauteurs) ou celle du Rio do Boi (6h de marche à l'intérieur du canyon et sur les hauteurs). Des guides sont disponibles à Cambarà do Sul.

POUSADA DAS CORUCACAS €€

Fazenda Baio Ruano ✆ +55 54 3251 1123
www.corucacas.com.br

Compter 350 R$ pour 2 personnes avec petit déjeuner et dîner compris.

La Pousada Corucacas est un établissement pionnier du tourisme rural dans la ville de Cambará do Sul. La philsophie des lieux est le bien-être des hôtes. Cette Pousada présente à la location 10 chambres rustiques et confortables, garantissant une certaine intimité aux hôtes. Également, deux cabanes sont à la disposition de ceux qui recherchent une ambiance « Europe » du Nord ainsi que des emplacements de tente dans le Camping Corucacas. La pousada das Corucacas fait aussi fazenda. Resturant, promenade à cheval, pêche, etc. Très bien.

RIO GRANDE DO SUL

SANTO ÂNGELO ★★

Pour visiter l'ensemble des missions brésiliennes (moins spectaculaires que celles d'Argentine ou du Paraguay), Santo Ângelo peut être un choix pertinent car le village se trouve à proximité des vestiges des missions brésiliennes de São João Batista et São Lourenço Mártir. Santo Ângelo est une petite ville un peu endormie, dont l'économie est basée sur l'agriculture. Quelques bâtiments intéressants permettent de s'imprégner de l'atmosphère locale, comme la cathédrale «angelopolitaine». Il peut cependant être plus judicieux de dormir plutôt dans le village situé près des ruines de São Miguel das Missoes (sur la BR 285), les plus spectaculaires.

GARE ROUTIÈRE

Rua Sete Povos das Missões, S/N
✆ +55 3313 2618
www.rodoviariasantoangelo.com.br

Plusieurs départs quotidiens de Santo Ângelo de/pour Porto Alegre. Compter environ 7 heures de route et 130 R$. Bus pour Passo Fundo (Rio Grande do Sul). Pelotas, 7h de route, un bus par jour, à partir de 244 R$. Florianopolis (17h, à partir de 165 R$ en conventionnel, 330 R$ en leito), 4 bus par jour. Foz do Iguaçu 16h, à partir de 200 R$, un bus par jour. São Paulo (Terminal Tietê), 20h, à partir de 290 R$, 2 bus par jour. Rio de Janeiro, 27h, à partir de 430 R$, un bus par jour. Curitiba, 14h, à partir de 180 R$, 5 bus par jour.

SÍTIO ARQUEOLÓGICO DE SÃO MIGUEL ARCANJO ★★

✆ +55 55 33129485
www.portaldasmissoes.com.br
du mardi au dimanche de 9h à 12h et 14h à 18h.
son et lumière de février à octobre (19h ou 20h).
à partir de 25 R$.

Ces ruines font partie du « circuit des missions jésuites », qui comme la région de Foz do Iguaçu est à cheval sur trois pays : l'argentine, le Paraguay et le Brésil. Les ruines de la mission de São Miguel das Missões sont remarquables, car même si elles sont à ciel ouvert, leurs murs en grès ocre sont encore debout, du moins en grande partie. La taille de cet édifice construit en 1735 est impressionnante. On imagine la taille du collège, des bureaux, des maisons qui existaient ici. Inscrite au Patrimoine mondial de l'Unesco comme les missions argentines et paraguayennes voisines, c'est la seule mission jésuite des Guaranis qui vaille vraiment une visite du côté brésilien. Construite par le père italien João Batista Primolli, celui-ci avait pour projet d'ajouter une seconde tour comme observatoire astronomique, mais elle ne fut jamais réalisée. On trouve à l'intérieur un petit musée intéressant comprenant des sculptures sacrées datant des XVIIe et XVIIIe siècles, venant des différentes ruines des missions aux alentours, la plupart en bois peint. Le lieu est enchanteur, car on admire ici une nature exubérante où les racines des arbres ont envahi les pierres de la mission, comme dans les temples d'Angkor Vat. Le soir, on peut assister à un spectacle de sons et lumières projetées sur la façade. Pour l'anecdote, le film *Mission,* réalisé en 1994 par le Québécois Roland Joffé, avec Robert de Niro, traite des 150 ans d'histoire des missions jésuites des Guaranis.

SÃO MIGUEL DAS MISSÕES ★★

La mission de São Miguel das Missões est la mieux préservée. Elle se trouve dans le village du même nom, à une cinquantaine de kilomètres de Santo Ângelo. Les ruines des missions ont été déclarées Patrimoine mondial de l'humanité en 1983. Les ruines de l'ensemble, avec les lieux de vie et la cathédrale sont situées à proximité du centre de São Miguel et de toutes ses commodités. C'est ici qu'il faut dormir pour profiter du lieu historique et de la nature généreuse. De plus, l'offre hôtelière est la meilleure de la région. Les passionnés d'art religieux peuvent intégrer la visite des ruines de São Miguel dans un circuit des missions plus complet.

TENONDÉ PARK HOTEL €€

Rua São Miguel, 664
✆ +55 55 3381 2000
www.tenonde.com.br
A partir de 250 R$ la double en B&B.

Dans un cadre bucolique, en briques, dans le style des missions jésuites, le Tenondé Park Hotel est le seul hôtel de sa catégorie. Il propose 76 chambres très confortables et de plain-pied, au look un peu rétro, qui se marie très bien avec l'esprit des lieux. Des hamacs sont à la disposition des hôtes sous le toit de la terrasse. Dans les suites luxe, le bain à hydromassage permettra de récupérer de la longue journée de visite des ruines. Le Tenondé dispose d'une grande et belle piscine ainsi que d'un terrain de tennis et d'un bon restaurant.

BRASILIA ET GOIAS

Le Goiás, encore assez méconnu des touristes, s'étend sur 340 000 km² en plein centre du Brésil et abrite 6 millions d'habitants. Sa centralité géographique, qui a justifié la construction de la capitale Brasília en 1960, l'a longtemps isolé de fait. Le géographe français Pierre Monbeig écrivait en 1939 quelques lignes illustrant sa grande clairvoyance : « Cette région a connu une activité humaine plus intense, mais n'est-ce pas la terre du futur ? » (Monbeig, 1939, cité par Claval, 2004). C'est bien sur l'un de ces plateaux qu'il fut décidé de construire Brasília, destinée à devenir la future capitale du pays et c'est également en ces terres à soja que s'affirme une partie de la puissance agricole brésilienne écologiquement et socialement destructrice. Cette région est aujourd'hui de plus en plus visitée. Outre Brasília, elle offre de superbes sites naturels et historiques, comme les Cerrados et Pirenopolis ou Cidade de Goias.

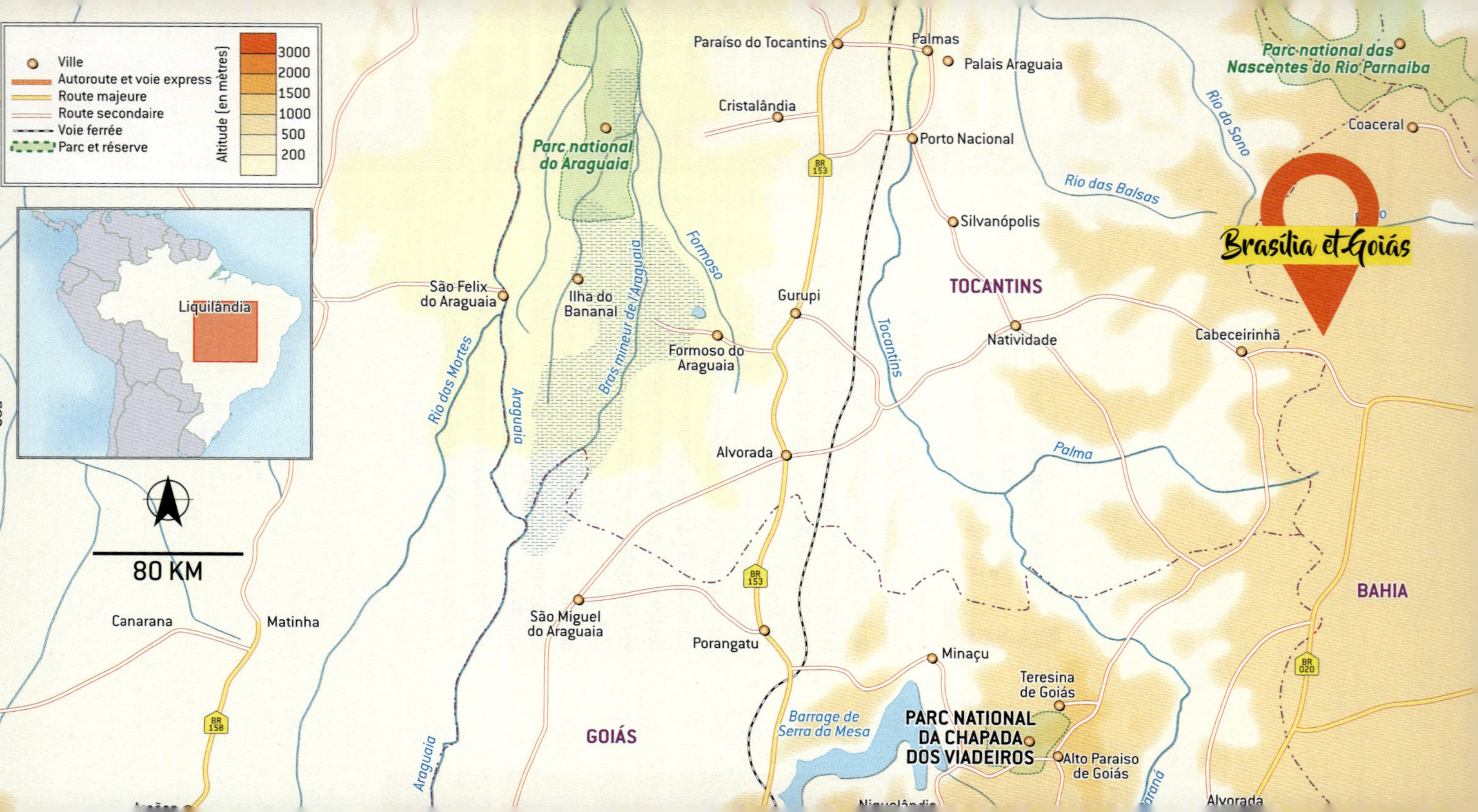
Brasília et Goiás
Ville
Autoroute et voie express
Route majeure
Route secondaire
Voie ferrée
Parc et réserve
Altitude (en mètres)
3000
2000
1500
1000
500
200
Liquilândia
80 KM
TOCANTINS
GOIÁS
BAHIA
Parc national das Nascentes do Rio Parnaíba
Parc national do Araguaia
PARC NATIONAL DA CHAPADA DOS VIADEIROS
Paraíso do Tocantins
Palmas
Palais Araguaia
Cristalândia
Porto Nacional
Silvanópolis
Coaceral
Gurupi
Natividade
Cabeceirinhã
Alvorada
Porangatu
Minaçu
Teresina de Goiás
Alto Paraiso de Goiás
São Felix do Araguaia
Ilha do Bananal
Formoso do Araguaia
São Miguel do Araguaia
Canarana
Matinha
Rio do Sono
Rio das Balsas
Tocantins
Palma
Formoso
Bras mineur de l'Araguaia
Araguaia
Rio das Mortes
Barrage de Serra da Mesa
BR 153
BR 158
BR 020

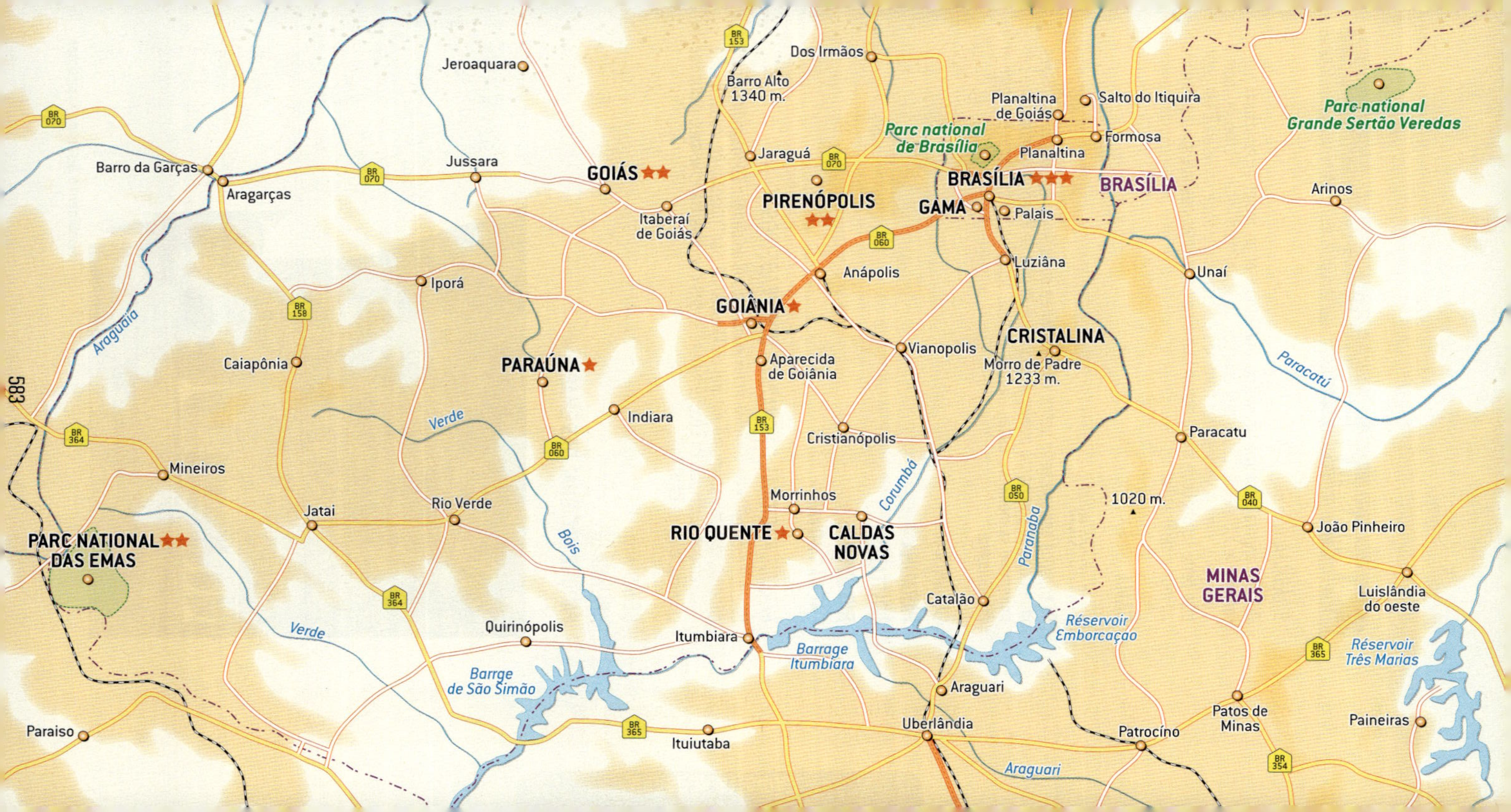
Jeroaquara
Dos Irmãos
Barro Alto
1340 m.
Planaltina de Goiás
Salto do Itiquira
Formosa
Planaltina
Parc national de Brasília
Parc national Grande Sertão Veredas
BRASÍLIA
BRASÍLIA
GAMA
Palais
Arinos
Barro da Garças
Aragarças
Jussara
GOIÁS
Jaraguá
PIRENÓPOLIS
Itaberaí de Goiás
Anápolis
Luziâna
Unaí
Iporá
GOIÂNIA
Vianopolis
CRISTALINA
Morro de Padre
1233 m.
Caiapônia
PARAÚNA
Aparecida de Goiânia
Paracatú
Indiara
Cristianópolis
Paracatu
Araguaia
Verde
Mineiros
Jatai
Rio Verde
Morrinhos
Corumbá
1020 m.
João Pinheiro
PARC NATIONAL DAS EMAS
Bois
RIO QUENTE
CALDAS NOVAS
Paranaba
MINAS GERAIS
Catalão
Luislândia do oeste
Réservoir Emborcaçao
Réservoir Três Marias
Verde
Quirinópolis
Itumbiara
Barrage Itumbiara
Barrge de São Simão
Araguari
Patos de Minas
Paineiras
Paraiso
Ituiutaba
Uberlândia
Patrocíno
Araguari
BR 070
BR 153
BR 060
BR 158
BR 364
BR 050
BR 040
BR 365
BR 354

PAGES

Monument à Juscelino Kubitschek.

BRASÍLIA ★★★

Cette capitale est bien la résultante de la volonté des hommes et de réflexions géopolitiques et économiques qui se rejoignaient en un mythe fondateur unique et original par la dimension et les formes de son expression. C'est peut-être cette symbolique d'une action humaine créative et positive qui a contribué au mythe de Brasília. Le centre de Brasília a le charme des villes futuristes, telles qu'on les concevait dans les années 1950-60. Les deux coupoles inversées, les tours parallèles du Congrès, l'espace considérable qui rend les piétons presque étrangers à cette composition renvoient forcément à cette image de paysage de science-fiction, renforcée par le sol rouge lunaire de la région. Cette ville créée ex-nihilo reste à ce jour la seule cité moderne classée patrimoine historique de l'humanité. Le visiteur sensible à cet humanisme utopique saura certainement décoder la symbolique sociale des monuments et des constructions, organisés selon les principes de l'urbanisme fonctionnaliste linéaire de Le Corbusier. Mais pour être tout à fait honnête, on a l'impression d'être dans la banlieue d'une capitale dont on a oublié le centre. Ses urbanistes et architectes, englués dans leurs théories intellectuelles et leurs rêves, semblent avoir complètement oublié l'être humain, alors que celui-ci devrait être au cœur du projet. Mais, au-delà de la construction symbolique, Brasília est aujourd'hui une ville de 2 millions d'habitants, entourée de 17 villes-satellites où habite le petit peuple et qui connaît les mêmes problèmes que les autres métropoles brésiliennes. Ce vaste projet mérite forcément un détour.

Histoire

L'idée d'une capitale à l'intérieur du Brésil avait germé dès le XVIIIe siècle, quand Salvador était la capitale, pour mieux rapprocher le « centre » des périphéries et mieux contrôler leurs tentations sécessionnistes. Le président d'alors, Juscelino Kubitschek, était un homme de l'intérieur. Né dans le Minas Gerais, il comprit rapidement qu'il ne pourrait mener à bien les projets de mise en valeur de l'Amazonie s'il ne disposait pas de têtes de pont dans la région Centro-oeste. Chez lui persistait une volonté de créer une capitale dans le centre brésilien pour échapper à la mainmise politique et économique des grandes villes de la côte, tout en affirmant symboliquement l'unité brésilienne. Fort de l'expérience des grandes opérations d'urbanisme de Belo Horizonte, et conseillé par Blaise Cendrars, Paulo Prado et Le Corbusier, il décida, en 1955, de faire édifier cette ville tant attendue au centre du pays. Oscar Niemeyer, l'ancien maître d'œuvre du quartier Pampul ha de Belo Horizonte, en serait l'architecte ; Lucio Costa, l'urbaniste ; Burle Marx, le paysagiste. Le lieu, choisi avec soin, se situait sur un plateau désert à 1 100 m d'altitude, à quelques dizaines de kilomètres de la ligne de partage des eaux des trois grands bassins hydrologiques brésiliens. On construisit la ville avant les routes. Les premiers matériaux furent donc acheminés en avion. Les édifices poussèrent comme des champignons. L'opinion publique passa du scepticisme à la fierté. La ville, édifiée en quatre ans, un record (laps de temps trop court selon les aveux de Niemeyer lui-même), fut nommée capitale dès 1960. Mais les épouses des hauts fonctionnaires, habituées aux fastes verdoyants de Rio, manifestèrent dans la rue pour ne pas partir. Il fallut multiplier les salaires des fonctionnaires par deux pour accélérer le transfert effectif de la capitale.

BIBLIOTECA NACIONAL DE BRASÍLIA ★

Esplanada dos Ministérios 2

✆ +55 61 3325 6237

bnb.df.gov.br

Ouvert du lundi au vendredi de 8h à 20h, le week-end jusqu'à 14h. Gratuit. Wifi.

Elle a été inaugurée en 2008. Située à côté du Musée national, la bibliothèque de Brasilia présente une architecture épurée signée Oscar Niemeyer. Typique du style de l'architecte, avec ses lignes modernes et sa façade immaculée tout en longueur, elle dénote sur le ciel d'un bleu irradiant, formant avec le Musée national le Complexe culturel de la République brésilienne. Elle abrite une collection de plus de 500 000 ouvrages répartis sur 14 000 m².

CAIXA CULTURAL ★

SBS - Quadra 04, Lotes 3/4
✆ +55 61 3206 9448
www.caixacultural.com.br
Du mardi au dimanche de 9h à 21h. Billetterie ouverte de 13h à 21h (le samedi à partir de 9h. Entrée libre aux expos.

La Caixa Cultural de Brasilia, comme celles de Rio de Janeiro et de Sao Paulo, est un espace de mécénat dédié à la culture et à l'art. Elle propose de nombreuses expositions de haut niveau en plein centre bancaire de la ville. Concerts et pièces de théâtre, danse, arts visuel. La caixa a un rôle social. Elle encourage l'inclusion et la citoyenneté, Caixa aide les élèves des écoles publiques, les personnes âgées et les personnes ayant des besoins particuliers dans l'univers culturel grâce au programme d'éducation artistique Gente Arteira.

CATEDRAL MILITAR RAIN HA DA PAZ ✝

SMU - Eixo Monumental ✆ +55 61 3323 3858
arquidiocesemilitar.org.br
Ouvert tous les jours de 7h à 20h. Messe à 19h en semaine, à 17h le samedi, à 8h, 10h et 18h30 le dimanche.

A l'ouest de l'Eixo Monumental. La cathédrale militaire de la « Reine de la Paix » a été construite suite à la venue du Pape Jean-Paul II à Brasília en 1991. Son architecture a été conçue par Oscar Niemeyer qui imagina ici un bâtiment en forme de tente militaire précédé d'une croix monumentale. On remarquera sa sobriété intérieure. L'autel de l'église qui est une reproduction de l'autel qu'utilisa le Pape lors de la messe qu'il célébra sur l'Esplanade du Ministère en 1991.

CATETINHO ★

Trevo do Gama
✆ +55 61 3338 8803
Du mardi au dimanche de 9h à 17h. Entrée libre.

Le Catete était la résidence des présidents brésiliens à Rio. Le Catetinho, une construction modeste en bois sur pilotis, fut le premier palais à Brasília. Son nom est un diminutif de Catete, le nom de l'ancien palais présidentiel. C'est ici que le président séjournait avec son équipe quand il venait inspecter les travaux de la construction de la nouvelle capitale... Aujourd'hui le bâtiment est un musée historique. Les salles et chambres sont restées intactes et on observe plusieurs objets personnels de Juscelino et de son épouse Sarah.

CATEDRAL METROPOLITANA NOSSA SENHORA APARECIDA ✝ ★★★

Eixo Monumental - Esplanada dos Ministérios
catedral.org.br
Visites de 8h à 17h (plus tard le week-end lors des horaires de messe). Entrée libre.

Le merveilleux architecte Oscar Niemeyer, francophile et francophone est assurément, comme tous les grands hommes, chargé de paradoxe. Niemeyer, épris de liberté et d'égalité, était communiste (c'est lui, par exemple, qui a dessiné les plans du siège du parti Communiste, à Paris). Pourtant, c'est lui, le matérialiste, qui a également dessiné les plans de la cathédrale. Premier monument construit près de la place des Trois-Pouvoirs, face à l'Esplanade des Ministères, la cathédrale signée Niemeyer évoque une couronne inversée ouverte vers le ciel. Inauguré en même temps que la capitale en 1960, l'édifice aux courbes futuristes n'est réellement finalisé qu'en 1970. Elle a été consacrée en l'honneur de Notre-Dame d'Aparecida, sainte patronne du Brésil. De forme hyperboloïde, sa structure se compose de seize arcs de béton de 40 m de haut incurvés autour d'un cercle et séparés par des vitraux. L'intérieur est vaste et clair, blanc et bleu. L'intérieur, un ovale de 60 mètres de diamètre, peut accueillir jusqu'à 4 000 personnes. Il possède sur ses murs un panneau peint en 1977 par Athos Bulcão. Les vitraux actuels de couleur vert, bleu, blanc et marron ont quant à eux été dessinés en 1990 par l'artiste Marianne Peretti. Le chemin de croix, lui, est l'œuvre du célèbre Emiliano Di Cavalcanti. Les trois anges qui volettent sous la voûte, réalisés par le sculpteur Alfredo Ceschiatti, attirent l'attention du visiteur. Forgés en aluminium et suspendus par de câbles en acier, ils mesurent entre 2,20 m et 3,40 m et pèsent entre 100 et 300 kg. On remarquera également l'autel qui est une copie de l'autel du sanctuaire d'Aparecida do Norte à São paulo.

▶ **Devant la cathédrale,** les quatre sculptures en bronze représentent les évangélistes Luc, Mathieu, Jean et Marc. Tout comme les anges, ce sont des œuvres signées Alfredo Ceschiatti. À côté des évangélistes, le clocher en forme de fourche monumentale a été dissocié de la cathédrale. Les quatre cloches de différentes tailles qu'il contient ont été offertes par la couronne espagnole et sonnent toutes les heures.

▶ **Le baptistère :** lors de votre visite, rendez-vous également au baptistère jouxtant la cathédrale. Une construction ovale assez énigmatique érigée séparément de la nef et inaugurée en 1977. Son sol d'une couleur foncée laisse le regard s'élever vers la voûte centrale, d'où émane la lumière du ciel. Les carrelages typiques d'Athos Bulcão tapissent les murs et complètent l'œuvre en toute beauté.

CENTRO CULTURAL BANCO DO BRASIL ★★

SCES, Trecho 02, lote 22
✆ +55 61 3108 7600
culturabancodobrasil.com.br
Ouvert du mercredi au lundi de 9h à 21h. Une navette au départ de l'Eixo Monumental Concerts et spectacles

Une référence culturelle qui doit être signalée. Fruit du mécénat de la banque principale du pays, le Centro Cultural do Banco do Brasil (CCBB) propose une programmation culturelle brésilienne de qualité à forte teneur contemporaine : expos, théâtre, cinéma et concerts. Ces dernières années, le CCBB de Brasília a reçu des expositions concernant des artistes de renommée internationale, à l'instar de la Japonaise Yayoi Kusama et du Russe Wassily Kandinsky.

ERMIDA DOM BOSCO ★

SHIS QI 28
Site ouvert 24h/24.

Ce petit temple construit en hommage au prêtre italien João Belchior Bosco a été inauguré en 1957 aux bords du lac Paranoa, avant même qu'il ne soit rempli. Selon les textes, Bosco a fait un rêve en 1883 où entre les parallèles 15° et 20° sud une civilisation apparaîtrait. C'est fut donc le lieu choisi pour la construction de la nouvelle capitale. Le local est un peu éloigné, mais assez intéressant. Les couchers de soleil autour du lac sont spectaculaires et la population a pour habitude d'y aller pour faire du vélo, pour marcher, pour une baignade au lac.

JARDIM BOTÂNICO ★

SHIS QI 23
✆ +55 61 3366 5597
www.jardimbotanico.df.gov.br
Du mardi au dimanche de 9h à 17h. 5 R$. De 7h à 8h50, l'accès est libre pour les piétons et cyclistes

Le jardin botanique de Brasilia est une belle réserve écologique de 4 500 hectares destinée à la recherche et à la préservation du biotope du Cerrado, en danger à cause du soja. 500 hectares sont ouverts au public. 80 % du parc est composé de végétation native, le restant se partage entre les jardins thématiques (aromatique, japonais…) et les installations pour accueillir les visiteurs. Les sentiers les guident à l'intérieur et un bistrot les accueille pour une pause gourmande. Le brunch du week-end est très recherché, mieux vaut arriver tôt !

MEMORIAL JUSCELINO KUBITSCHEK (JK) ★

Eixo Monumental
✆ +55 61 3226 7860
www.memorialjk.com.br
Du mardi au dimanche de 9h à 18h. Entrée : 10 R$.

En style futuriste le mémorial abrite le tombeau de l'ex-président. La bibliothèque du musée conserve ses discours complets. Sont également exposés les volumes d'une encyclopédie offerte par la reine d'Angleterre, des ouvrages de médecine, des décorations, des vêtements du couple présidentiel, des photos, dont l'une montre Kubitschek pensif et déterminé, au milieu des herbes, en 1955, tandis que l'autre le représente au même endroit en 1960, dans la ville édifiée.

MUSEU NACIONAL HONESTINO GUIMARÃES ★★

Eixo Monumental
✆ +55 61 3325 5220
Du mardi au dimanche de 9h à 18h30. Gratuit.

Le musée faisait partie des bâtiments prévus par Niemeyer dans le plan initial de Brasília, mais n'a été inauguré qu'en 2006, en même temps que la bibliothèque nationale, située juste à côté. Dans cette grande coupole blanche ont lieu diverses expositions temporaires d'art toute l'année. Une visite à ne pas manquer, ne serait-ce que pour son architecture : ce dôme de 80 m de diamètre – qui abrite des espaces d'exposition circulaires – est l'une des plus grandes coupoles du monde.

PALACIO DA ALVORADA ★★

Via Presidencial, s/n°
www2.planalto.gov.br
Visite le mercredi de 15h à 17h. Arriver une heure en avance pour récupérer un ticket (à partir de 13h). Gratuit.

Le Palacio da Alvorada ou «palais de l'Aube» est la résidence du président de la République. Le bâtiment rappelle ces villas construites en France dans les années 1960 en bord de mer. Il a été la première construction édifiée à Brasília, son inauguration date de 1957. A l'époque il était aussi le lieu de travail du président et encore, manque d'option en ville, de détente des dirigeants de la construction de la capitale qui se retrouvaient en fin de journée autour du piano. La visite guidée dévoile le rez-de-chaussée, le jardin et la chapelle.

PALACIO DA JUSTIÇA ★

Esplanada dos Ministérios
✆ +55 61 2025 3587
Visites ouvertes uniquement aux groupes d'étudiants.

Ce palais dessiné par Niemeyer et ocnçu par Joaquim Cardozo, abrite le Ministère de la Justice, officiellement Palais de justice Raymondi Faoro. Il abrite le ministère de la justice du gouvernement fédéral du Brésil. Ses arches et cascades coulant sur le miroir d'eau qui entoure le bâtiment composent cette construction à la fois gothique et moderne bâtie en béton et acier. Il s'en dégage une certaine rigueur qui sied bien à sa fonction A l'intérieur, un joli jardin d'hiver a été imaginé par l'architecte paysagiste renommé Burle Marx.

PALÁCIO DO ITAMARATY ★★

Esplanada dos Ministérios
✆ +55 61 2030 8051
www.itamaraty.gov.br
Réservation des visites par e-mail ou par téléphone. Service des visites en semaine de 9h à 17h.

La diplomatie est, depuis la baron de Rio Branco, au coeur de l'activité politique du pays. Bâtiment soutenu par des piliers de béton émergeant d'un plan d'eau, le siège du ministère des Affaires étrangères (au Brésil «ministère des Relations Extérieures), qui a conservé le nom de l'ancien ministère à Rio. On appréciera le panorama des jardins suspendus du dernier étage. Au fil des salons, on apprécie la belle collection d'art (Athos Bulcão, Alfredo Volpi, Bruno Giorgi...). À l'extérieur, la statue sphérique, *le Météore*, évoquant les cinq continents, est de Giorgi.

PARQUE DA CIDADE ★

Eixo Monumental Sul, s/nº
Ouvert toute la journée. Entrée libre.

Le « Parc de la ville » est un vaste espace de 420 hectares (plus grand que Central Park !). À côté de la tour de télévision, c'est l'un des rendez-vous favoris des citadins. Idéal pour faire du jogging, on peut aussi y pratiquer tout un panel d'activités : le parc est équipé de terrains de volley et de football, de pistes cyclables, d'une rampe de skate, d'un parc d'attractions, de barbecues... À noter que le parc est surveillé et ne présente pas de risques particuliers liés à l'insécurité (éviter tout de même de s'y balader la nuit tombée).

PARQUE NACIONAL DA ÁGUA MINERAL ★

EPIA
✆ +55 61 3233 4553
www.icmbio.gov.br
Ouvert tous les jours de 8h à 17h. Entrée : 13 R$ pour les Brésiliens, 26 R$ pour les étrangers.

Ce parc fait partie de l'histoire de Brasília. Il est très recherché pour ses deux grandes piscines d'eau « minérale ». Elles se sont créées à partir de deux puits apparus lors de l'extraction de sable utilisé dans la construction de la capitale. Le week-end, le public y est nombreux, tout le monde veut profiter des eaux fraîches des piscines à ciel ouvert ! Entouré de végétation native, le parc est verdoyant et possède également plusieurs sentiers de randonnée balisés.

PRAÇA DOS TRÊS PODERES ★★

Eixo Monumental

Symboles de la démocratie selon les préceptes de Montesquieu, dans son ouvrage princeps *De l'esprit des lois*, les bâtiments des trois pouvoirs se jouxtent sans se toucher. Sur cette place de 120 x 220 mètres, tout au bout de l'axe principal, sont rassemblés les trois pouvoirs, exécutif, législatif et judiciaire : Le Palácio do Planalto (palais de la présidence de la République), le Congresso Nacional et le Tribunal Suprême Fédéral. On retrouve également sur le parvis de la place : le Panteão da Patria, monument en hommage aux héros de la patrie ; l'espace Lucio Costa, où l'on peut admirer une grande maquette de la ville ; le Museu Historico, un petit espace poétique où des textes sur la construction de la capitale sont exposés sur ses murs blancs ; et le mât du drapeau de 100 mètres de haut avec son drapeau de 286 m² ! Il y a également quelques sculptures symboliques à apprécier : *A Justiça* (La Justice) de Cesquiatti, le buste de Juscelino Kubitscheck devant le musée historique, et la statue filiforme *Os Candangos*, de Bruno Giorgi, représentant les pionniers de Brasília. À sa droite, la création en forme de pince à linge est un pigeonnier ! C'est un endroit agréable pour se promener en début de soirée lorsque les bâtiments s'illuminent.

À l'est de la place se trouve le Bosque dos Constituintes, espace vert créé en 2008. Son nom rappelle aux citoyens un moment important pour la démocratie du pays : l'assemblée constituante et la signature de la Constitution de 1988, rédigée après une longue période de dictature.

PLANETÁRIO

Eixo Monumental
✆ +55 61 3224 7970
www.sedict.df.gov.br/funcionamento
Du mardi au vendredi de 9h à 21h, samedis, dimanches et jours fériés de 8h à 20h. La billetterie ouvre à 8h.

Après seize ans de fermeture, le planétarium de Brasília a rouvert ses portes en décembre de 2013. Depuis, ce lieu est redevenu un centre d'information et d'éducation. Le local a été modernisé et a gagné un projecteur tout neuf et sophistiqué. Une des vidéos projetées, « Les origines de la vie », est idéale pour le jeune public et assez pédagogique (diffusée le jeudi). La projection est belle et la salle confortable, on regrette toutefois que les images soient uniquement d'animation. Le beau ciel de l'Amérique du Sud nous a manqué…

PONTE JUSCELINO KUBITSCHEK ★

Inauguré en 2002, le pont J.K. avec ses 1 200 mètres de longueur et ses trois arches blanches évoquant le mouvement d'une pierre ricochant sur l'eau est aussi un point d'intérêt emblématique de la ville. Ses passerelles latérales permettent aux piétons une promenade au-dessus du lac Paranoá, protégés des voitures. Du point de vue architectural, la construction est aussi une référence. Les trois arches sous-tendent par de câbles en acier les trois tabliers de 240 m de large chacun.

CONGRESSO NACIONAL ★★

Praça dos Três Poderes ✆ +55 61 3216 1768
www.camara.gov.br
Visites tous les jours de 9h à 17h30, à chaque demi-heure. Gratuit. Mardi, mercredi et jeudi sur réservation.

Le Congresso Nacional est composé d'une coupole convexe, la Câmara dos Deputados (Chambre des députés), une autre concave, le Senado Federal (Sénat) et deux tours parallèles de 28 étages, réservées à l'administration. Les courbes parfaites des deux coupoles blanches sont harmonieusement placées de part et d'autre de la verticalité dénudée des deux tours. Ce sont les édifices les plus caractéristiques et les mieux réussis de l'ensemble. Du 28e étage, la vue est superbe et les créations urbanistiques de Costa délivrent y délivrent alors toute leur puissance.

MUSEU HISTORICO DA CIDADE ★

Praça dos Três Poderes
✆ +55 61 3325 6244
Du mardi au dimanche de 9h à 18h. Entrée libre.

Il fut inauguré en 1960 et pensé par Oscar Niemeyer. A l'intérieur, des textes sur la construction de Brasília et l'histoire du transfert de la capitale brésilienne de Rio à Brasília. Sur la façade est, une grande tête sculptée, réalisée par José Alves Pedroza, figure Juscelino Kubitschek et s'accompagne d'une citation de l'homme politique portant un regard positif sur le futur pouvoir de la capitale, « avec une foi indestructible et une confiance sans limites dans son grand destin ».

PALÁCIO DO PLANALTO ★

Eixo Monumental
www2.planalto.gov.br
Visites : dimanche de 9h30 à 14h30, par groupe de 30 personnes. Gratuit.

Une des réalisations phares de l'architecte Niemeyer et de l'urbaniste Costa est bien sûr le cœur de l'exécutif, dans la nouvelle capitale de la République fédérale du Brésil. Le Palácio do Planalto (palais de la présidence de la République) est un édifice de verre, sous un large toit de béton blanc, soutenu par une série de colonnes inversées. Oscar Niemeyer a voulu produire, par la juxtaposition de l'angle droit et des courbes, un effet plastique saisissant. Sans doute faut-il y voir puissance et modernité. Les statues de guerriers sont de Giorgi.

PANTEÃO DA PÁTRIA TANCREDO NEVES ★

Praça dos Três Poderes
✆ +55 61 3325 6244
Ouvert du mardi au dimanche de 9h à 18h. Entrée libre.

Le « panthéon de la patrie » est un monument érigé en hommage aux héros de la patrie, c'est à dire, les Brésiliens qui ont lutté pour la démocratie et la liberté de leur pays. On y retrouve une exposition permanente sur les personnages les plus emblématiques de l'histoire du pays, à l'instar de Tiradentes, héros du mouvement indépendantiste du Minas Gerais à l'époque du Brésil colonial, ainsi que le *Mural da Liberdade* d'Athos Bulcão et un vitrail de Marianne Peretti.

SUPREMO TRIBUNAL FEDERAL - STF ★

Praça dos Três Poderes
✆ + 55 61 3217 4066
portal.stf.jus.br
Visites du lundi au vendredi à 10h et à 11h. réserver à l'avance. Vêtements sportifs interdits.

Le Tribunal Suprême Fédéral est un cube de verre, entouré d'une série de colonnes en marbre blanc, qui encercle le bâtiment. Devant, une statue de femme aux yeux bandés de Ceschiatti représente la justice. Les compétences tribunal Suprêm Fédéral sont multiples : elles sont à la fois celles d'une Cour suprême (juridiction de dernière instance) et celles d'une Cour constitutionnelle (qui statue sur les questions de constitutionnalité de certaines décisions).

TEATRO NACIONAL CLÁUDIO SANTORO ★

Eixo Monumental
✆ +55 61 3325 6239
Programmation sur consultation (presse locale ou sur place). Entrée et horaires variables.

C'est ici que se produisent les grandes compagnies qui viennent à Brasília ainsi que l'orchestre national. Des concerts et des événements culturels y sont aussi programmés toute l'année. Cette grande pyramide réalisée par Niemeyer fait office d'opéra. Ornée du travail d'Athos Bulcão, des cubes blancs en béton incrustés sur les façades nord et sud, elle représente l'œuvre la plus colossale de l'artiste. Le peintre et décorateur italien Aldo Calvo, a également participé au projet.

SANTUARIO DOM BOSCO ✝ ★★★

702 sul, lote B.
✆ +55 61 3223 6542
Tous les jours de 7h à 20h. Entrée libre.

Ce sanctuaire est un point d'intérêt incontournable de la ville. Il s'agit d'une superbe construction rectangulaire construite en hommage au saint patron de la ville, Dom Bosco. Le saint homme italien est en effet à l'origine de la prophétie qui inspira en grande partie la création de Brasilia. C'est lors d'un rêve utopique qu'il vit une capitale prospère s'élever en plein désert, entre le 15e et le 20e parallèle de l'hémisphère sud. Le sanctuaire Dom Bosco a été élevé en son honneur à Brasilia sur le 15e parallèle. A l'intérieur, l'édifice inondé d'une « lumière céleste », est digne d'une vision prophétique ! Ses murs déploient 80 colonnes de 15 mètres de hauteur formant une suite de 40 arcs en ogive. Entre les colonnes, 2 200 m² de vitraux en 12 tonalités de bleu signés par le brésilien Claudio Naves, laissent pénétrer la lumière colorée dans ces espaces sacrés. L'autel, taillé dans un bloc de 10 tonnes de marbre rose, est dominé par un Christ en croix de 8 m sur 4,3 m sculpté dans un seul tronc de cèdre. Les douze portes divisées en groupes de quatre composent un cadre qui vise à retracer le texte de l'*Apocalypse*. Mais l'une des pièces les plus remarquables est sans doute son lustre monumental de 3,5 mètres de haut et de 5 mètres de diamètre composé de 7 400 morceaux de verre de Murano (signé par l'architecte Alvimar Moreira). En août 2017, la crypte du sanctuaire a été inaugurée pour recevoir une réplique de l'urne contenant les reliques du saint conservée à Turin. Elle abrite une statue grandeur nature de Dom Bosco.

TEMPLO DA BOA VONTADE ★

Quadra 915, Lotes 75/76
www.tbv.com.br
Tous les jours de 8h à 20h pour les espaces d'expo, salle égyptienne et mandala. Pyramide ouverte 24h/24h. Accès Gratuit

Le Brésil est un pays mystique. La religion, les religions, qu'elles soient monothéistes ou polythéistes, animistes ou syncrétiques, sont omniprésentes. On dit qu'à Brasilia, les ondes cosmiques sont particulièrement intenses. Ainsi, le « Templo da Boa Vontade » est certainement l'un des symboles mystiques de la jeune capitale. Cette impressionnante pyramide de marbre composée de sept faces visiblement distinctes a été bâtie à l'initiative de la Legião da Boa Vontade en 1987. L'association œcuménique, syncrétisme de toutes les religions, suit notamment les enseignements d'Allan Kardec, fondateur du spiritisme et figure à l'influence notable dans l'ensemble du Brésil. Le sommet de la pyramide se termine sur l'un des plus gros quartz jamais trouvés sur le territoire brésilien (21 kilos). Pour l'observer, il faut s'adonner à un petit exercice spirituel consistant, une fois que l'on a ôté ses chaussures, à suivre le chemin tracé par une immense spirale menant au centre de la pyramide. On restera un peu plus perplexe dans la salle de méditation égyptienne qui mérite un petit coup d'œil pour se divertir de son ambiance vaporeuse. Dans le temple, certains se sentent un peu mal à l'aise. D'autres parlent d'un havre de paix. Il faut tout de même dire que le temple de la Bonne Volonté est le monument le plus visité de la ville et que la Legião da Boa Vontade fut la première organisation non gouvernementale brésilienne (ONG) à avoir rejoint les quartiers de l'ONU en 1994. Sa visite est donc à méditer.

TORRE DE TV ★

Eixo Monumental, s/nº

Mezzanine et belvédère du mardi au dimanche de 9h à 19h. Fontaine lumineuse du mardi au vendredi à 18h30, 19h30 et 20h30

Au centre de la croix, une flèche d'acier de 224 m de haut, sur un large socle de béton. On peut y monter, pour une jolie vue panoramique (75 m de haut). À l'extérieur, les visiteurs peuvent apprécier un spectacle sonore et lumineux. Au pied de la tour, une statue qu'Alexandre Wakenwitch a nommée *Era Espaço*.

▸ **Samedi et dimanche** matin venez flâner sur le traditionnel marché d'artisanat. Une allée est destinée à la restauration. Après avoir fait un tour il faut absolument s'arrêter chez une des *baianas* pour goûter leurs spécialités, les acarajés et les cocadas.

TORRE DIGITAL - FLOR DO CERRADO ★

Estrada Parque Contorno
Sobradinho

Fermé lors de notre dernière visite.

Inaugurée il y a presque 10 ans désormais, en 2012, la tour, encore un projet de Niemeyer (c'est d'ailleurs son dernier projet), est la nouvelle carte postale de Brasília. Baptisée *Fleur du cerrado*, la tour abrite le matériel de transmission numérique de 12 chaînes TV. La tour de télévision numérique, également connue sous le nom de Flor do Cerrado, est visible depuis pratiquement tous les quartiers du Plano Piloto et constitue un belvédère offrant une vue privilégiée sur la ville.

AÉROPORT INTERNATIONAL JUSCELINO KUBITSCHEK (BSB)

Area Especial do Lago Sul
✆ +55 61 3364 9000 - www.bsb.aero/br

A 12 km au sud de la ville. Administré par Inframérica.

Pas mal de destinations étrangères, dont Paris avec la TAP. Hub pour de nombreuses destinations à l'intérieur du pays.

▸ **Services** : boutiques, restaurants, librairie, poste, banques.

▸ **Pour y accéder** : en taxi (autour de 50 R$), via le bus de ligne (le n° 102 dessert la gare centrale, environ 3 R$) ou avec la ligne *executivo* n° 113, option la plus pratique pour rejoindre le centre et les principaux hôtels (aéroport–secteur hôtelier nord et sud, navettes toutes les 30 minutes environ, 12 R$).

BIKE BRASÍLIA

✆ +55 4003 9846
www.bikebrasilia.com

3 R$ le pass journalier. Courses de moins 60 minutes gratuites. 5 R$ à partir de la deuxième heure.

Brasília possède un système de prêt de vélos. Les stations sont dans la zone centrale de la ville (Asa Sul et Asa Norte) et le long de l'Eixo Monumental. D'abord remplir l'inscription sur Internet et payer par carte bancaire. Pour retirer le vélo, il faut être muni d'un portable. Appeler la centrale ou avec un smartphone, utiliser l'app +BIKE.

▸ **Service** disponible de 6h à 0h. Première heure gratuite. On peut rendre le vélo, attendre 15 minutes et le retirer de nouveau pour continuer à l'utiliser sans frais. Sinon, 5 R$ l'heure à partir de la deuxième heure.

Santuario Dom Bosco.

METRO

✆ +61 3353 7373

www.metro.df.gov.br

5 R$. Fonctionne de 6h à 23h30 du lundi au samedi et de 7h à 19h le dimanche.

Brasilia possède un métro de deux lignes seulement, les lignes verte et orange qui ont une certain nombre de stations communes. Les De la rodoviaria le métro suit vers Samambaia ou Taguatinga/Ceilândia, toujours en passant par le quartier Asa Sul. Arrêts : Rodoviária, Galeria (zone centrale – Setor Bancario), 102/202, 108/208, 112/212 et 114/214 sud, terminal Asa Sul, shopping (cet arrêt donne accès au Park Shopping et à la gare Interestadual). Les deux lignes passent également par le Guara, où se trouve un grand marché populaire (arrêt Feira do Guara).

RADIO TAXI UNITAXI

✆ +55 61 3325 3030

unitaxidf.com.br

24h/24.

Réduction de 30 % à la fin de la course. App disponible. On rappellera que le taxi est un moyen de transport assez sûr au Brésil dès lors que l'on respecte certaines conditions de sécurité. On appelle le taxi à la centrale ou on le prend en station de taxis. On ne le hèle pas dans la rue. Le conducteur doit enclencher son compteur (tarif jour et tarif nuit) sauf si vous négociez avec lui un tarif forfaitaire. En général, les courses restent abordables en termes de prix. Aujourd'hui, Uber est très présent au Brésil, en concurrence avec les taxis, à vous de voir.

RODOVIARIA

Eixo Monumental

Autour de 4 R$ le ticket.

Pour les transports intra-urbains (à ne pas confondre avec la *rodoferroviária, pour les transports inter-urbains)*. Dans une ville faite pour les voitures, les bus ne sont pas toujours assez nombreux et les véhicules sont souvent en mauvais état, même si l'ensemble de voitures a été changé en 2014 ! La ville est en croix, la plupart des lignes passent donc par la *rodoviária*. Les principales lignes circulant à l'intérieur du Plano Piloto passent par L2 Norte/Sul et W3 Norte/Sul.

▸ **Accès :** liaison aéroport–*rodoviária* toutes les 30 minutes environ.

HOSTEL 7 €

SCRN 702/703 Bloco H Entrada 49 Asa Norte

✆ +55 61 992679534

Compter à partir de 55 R$ en dortoir. chambre privative à partir de 130 R$. Petit déjeuner compris.

Ouvert en 2020 dans les locaux de l'ancien Hostel 7, le Joy Hostel se situe dans le quartier Asa Norte, proche des bars et non loin du centre. Il se situe à 500 mètres du stade Mané Garrrinc ha et à 1 kilomètre de l'eixo monumental. Avec jardin et petite terrasse, il existe des chambres privatives (jusqu'à 4 pers.), les dortoirs sont mixtes (une option uniquement femmes est possible) de 8, 10 et 12 lits. Les installations sont au goût du jour, avec un décor moderne et jeune. De plus, l'hostel propose en location (bâtiment à côté) un studio bien décoré et équipé.

JOY HOSTEL €

Avenida Rabelo, Casa 21

✆ +55 61 3542 9909

www.joyhostel.com.br

A partir de 55 R$ en dortoir, 140 R$ en chambre double. Accès 24h/24h. Ventilateurs, casiers sécurisés, liseuses.

Du même groupe que l'Hostel 7, c'est une auberge de jeunesse bien tenue installée dans une jolie maison du quartier tranquille et populaire de Vila Planalto, niché entre le lac et le Congrès national. Monté par trois amis d'enfance en 2017, on appréciera l'ambiance calme et relax, la literie confortable et les espaces communs conviviaux (cuisine tout équipée, jardin, terrasse avec barbecue, hamac...). Accueil sympathique dans un anglais parfait et de bonnes adresses typiques pour se restaurer dans le quartier (Tia Zélia, Sertao E Mar, PiauIndia...).

BRASÍLIA PALACE HOTEL €€

SHTN, trecho 1, lote 1

✆ +55 61 3319 3543

www.brasiliapalace.com.br

À partir d'env. 300 R$ la double.

Le Brasilia Palace Hotel est un magnifique hôtel situé aux bords du lac Paranoá, dans les environs du Palacio da Alvorada. Il se trouve dans un cadre verdoyant et calme, sans pour autant être trop éloigné du centre-ville. Les chambres sont confortables et bien équipées, au standing des réseaux internationaux. C'est un hôtel au design années 1960, dessiné par Oscar Niemeyer. Deux grands panneaux d'Athos Bulcão y sont exposés. De plus, le restaurant Oscar propose une excellente cuisine dans un cadre raffiné. Une adresse à retenir !

MELIA BRASIL 21 €€

SHS Quadra 6, bloco B, D et F.
✆ +55 61 32184700
www.melia.com
À partir de 400 R$ la double. Les prix varient énormément selon les événements, s'y prendre à l'avance.

On entre dans l'ambiance feutrée des grands établissements hôteliers. Inauguré en 2003, le Mélia est un grand hôtel avec de belles chambres et prestations de qualité. Dès l'entrée, on peut voir les lobbys à la déco soignée et design, qui semblent tout droit sortis des catalogues. Bar, restaurant, piscine, sauna et fitness center sur place. Localisation centrale. Pour les clients VIP, l'hôtel dispose d'un étage spécial avec des chambres mieux équipées, une salle de réunion et un salon happy hour. Des vélos sont à la disposition de tous.

WINDSOR BRASÍLIA €€€

SHN Quadra 01
✆ +55 61 2195 1900
À partir d'env. 320 R$ la double. Parking gratuit.

Le groupe hôtelier Windsor propose un de ses établissements hôteliers dans la capitale fédérale. Ceux qui veulent tout miser sur le confort et qui sont prêts à y mettre le prix n'hésiteront pas à réserver leur nuit dans cet établissement chic et parfaitement situé à proximité des principales attractions de Brasilia. Lobby digne d'un palace, chambres vastes et douillettes, petit déjeuner délicieux, piscine chauffée semi-olympique et sauna pour se détendre, accueil très pro... Parfait pour séjourner en toute commodité dans la capitale fédérale.

DOG DO LANDI €

SQS 405
Du dimanche au vendredi de 17h30 à 22h45. Compter 10 R$.

Depuis une trentaine d'années, l'ancien boulanger Landi propose ses hot-dogs à l'entrée de la *quadra* 405 sud, du côté résidentiel. Pour de nombreux habitués, ce sont les meilleurs hot-dogs de la capitale. Son snack compte parmi les plus réputés en ville et ce n'est pas par hasard. Tous les matins, sont préparés le pain, les pommes de terre râpées finement et la sauce tomate... Tout est fait maison et avec la même passion depuis 30 ans ! L'accueil compte aussi parmi les points forts de l'endroit. Ici, vous serez sans doute bien reçu et bien servi !

MARIETTA €

316 norte, bloco D, loja 3 e 7
✆ +55 61 3340 0446
www.marietta.com.br
Du lundi au samedi de 9h30 à 21h30. Compter à partir de 30 R$/ personne.

Les sandwichs légers – dits « naturels » – de Marietta sont les plus traditionnels de Brasília. La maison a été inaugurée en 1982 et aujourd'hui possède plusieurs succursales en ville, preuve de son succès. Le secret, ce sont les bons ingrédients et les mélanges originaux qui garnissent les trois tranches de pain de mie coupées en triangle. Le ricotta rosette est un classique. D'autres options plus élaborées dans le pain ciabatta. Il faut aussi prendre un des délicieux jus de fruits frais. Le pomme, ananas, citron vert et betterave marche très bien !

PIZZA DOM BOSCO €

107 sul, bloco D
✆ +55 61 3443 7579
De 8h à 23h. Env. 6 R$ la tranche.

La pizza dom Bosco est une institution dans la capitale brésilienne. Une seule option au menu : sauce tomate et mozzarella, et pourtant l'endroit ne désemplit pas. Le cadre est très simple et l'on mange sur le comptoir les tranches de pizzas qui sortent au fur et à mesure du four. Demandez la double, deux tranches superposées garniture contre garniture, c'est la meilleure façon d'apprécier la pizza Dom Bosco, un classique en ville ! Très informel et très bon marché depuis 1960. Il faut essayer au moins une fois ce lieu emblématique.

GIBÃO CARNE DE SOL €

Parque da Cidade
✆ +55 61 3226 2449
www.gibao.com.br
Du lundi au samedi de 11h30 à minuit, dimanche jusqu'à 18h. Compter à partir de 40 R$/personne.

Brasilia a été construite en grande partie par des Nordestins. Beaucoup sont restés, d'autres ont rejoint la lagoa Paranoá en quête d'une vie meilleure et tous ont ressenti une profonde nostalgie de leur région d'origine. Dés 1979, le Gibao Carne do Sol s'est reconstitué en petit coin du Nordeste, avec sa carte typiquement nordestine et ses photos anciennes. Pour manger une bonne *carne de sol* avec en plus manioc, salade, haricots... En bref, une bonne assiette nordestine au milieu du parc da Cidade. Ambiance décontractée et grande terrasse.

MARZUK €

106 Sul, comércio local
✆ +55 61 3443 0329
marzuk.com.br

Du lundi au samedi de 9h à 20h, service tout au long de la journée. Compter à partir de 30 R$ par personne environ.

Une épicerie-traiteur libanaise proposant divers encas et antipasti. Tout est exposé dans la vitrine réfrigérée et le choix se révèle difficile. Si vous mangez sur place, choisissez votre table puis passez commande. La plupart des mets s'achètent au poids et vous aurez au choix trois tailles de ramequin, à vous de voir selon votre faim ; le petit est déjà très bien pour une dégustation. N'oubliez pas de commander le pain (payant). Les *esfiha* et *kebe* sont vendus à l'unité. Idéal pour un repas léger et frais.Une bonne table orientale.

NATURETTO €

Quadra Cln 405 Bloco C 65
✆ +55 61 3321 6546

Ouvert tous les jours de 11h30 à 22h, jusqu'à 16h le samedi et le dimanche. Compter 7,49 R$ les 100 g (6,99 R$ le soir).

Ici, c'est plutôt ou surtout la nourriture bio qui est à l'honneur. Un mini-buffet de cuisine brésilienne, saine et naturelle, servie dans un décor chaleureux tout en bois. Une grande terrasse avec plein de tables en bois fait le tour du restaurant et invite à déguster spécialités locales, soupes, salades, mais aussi viandes ou poissons pour les non-végétariens. Également une vingtaine de cocktails de fruits et quelques desserts seulement (on recommande la mousse de maracuja). À fréquenter pour le déjeuner car un peu vide le soir.

A TRIBO €

105 Norte, bloco B, loja 52
✆ +55 61 3039 6430

De 11h30 à 15h (de 12h à 15h30 le week-end), fermé le lundi. Compter à partir de 25 R$/personne le plat.

Le restaurant « A tribo » s'impose comme une des meilleures tables de cuisine bio et équilibrée. Une grande terrasse entoure le buffet proposant des plats végétariens, pour la plupart crus, déshydratés ou cuits à 45 degrés au maximum. Les verdures et végétaux sont bio, venus des marchés dans les alentours. La chef d'origine sud-africaine propose une vingtaine de salades en plus des plats chauds. Si vous y allez, il est fort probable que vous y trouverez de la purée de banane, du tofu au gingembre et encore d'autres créations gourmandes.

CANTUCCI BISTRO €€

SCLN 403, Bloco E, Loja 3
✆ +55 61 3328 5242
www.cantucci.com.br

Ouvert du lundi au samedi de 12h à 22h. Plats de 33 à 54 R$.

Ouvert par un jeune brésilien, cette adresse au décor et à la clientèle *fancy*, fusionne cuisine brésilienne et inspirations italiennes. Superbes pièces de viande, risottos, assiettes de pâtes... On pourra aussi bien y goûter un risotto au pesto et aux tomates confites, que des gnocchis de banane, ou un traditionnel *pirarucu confitado*. Certes, les prix sont un peu plus chers que la moyenne, mais la cuisine travaillée et le décorum le justifient. Au menu également, quiches et des soupes à prix doux. Service sympathique et desserts gourmands pour clore l'expérience.

MANGAI €€

Setor de Clubes Esportivos Sul (SCES), trecho 2, cj.41 ✆ +55 61 3252 0156
www.mangai.com.br

Du lundi au vendredi de midi à 15h et de 18h à 22h, samedi de midi à 22h et dimanche 11h à 21h. à partir de 50 R$/plat.

Le nom de restaurant Mangai ne sera pas inconnu aux voyageurs qui auront parcouru le Nordeste. Et pour cause ! Cette petite chaîne de restaurants est née à João Pessoa et a su se forger une solide réputation. Elle a réussi à conquérir Brasilia. Son buffet « au kilo » propose une bonne cuisine nordestine, riche et variée. Les grands classiques de la cuisine *Sertaneja* se déclinent ici sous des versions aussi goûteuses qu'originales. Le cadre est ample et la terrasse avec vue sur le lac et le pont JK est équipée de plusieurs hamacs.

MORMAII SURF BAR €€

SHIS QL 10.
✆ +55 61 3248 1265

Ouvert de 12h à minuit. Compter à partir de 50 R$/personne le repas.

Comme son nom l'indique, le Mormai Surf Bar est un concept... forcément inhabituel à Brasilia, où les surfers sont peu nombreux. Un restaurant, bar, magasin au bord du lac Paranoa où on a l'impression d'être plutôt à la plage. L'ambiance est décontractée, mais plutôt BCBG. À midi, on se sert au buffet central : salades de fruits de mer, légumes, graines... Durant l'après-midi on y vient pour prendre un açai glacé, préparé avec de la banane et du sirop de guarana. La maison sert aussi de bons plateaux de sushi, mais les prix sont assez prohibitifs.

NAU RESTAURANTE €€

SCE Sul, Trecho 2, Conj. 41
+55 61 3252 0155
naufrutosdomar.com.br
Lundi au jeudi de 12h à 15h30 et de 18h30 à 23h, vendredi et samedi de 12h à minuit. Compter à partir de 80 R$/personne.

Il s'agit d'un des derniers-nés du groupe Mangai, qui propose d'ailleurs d'autres restaurants au kilo de qualité à Brasilia. Dans un cadre ample (parfois bruyant) et design et sophistiqué, alliant béton et verre, le Nau propose divers plats à base de poisson et de fruits de mer. Les portions sont gourmandes et à manger à plusieurs. À la plancha, en sauce ou gratinés, les fruits de mer sont toujours savoureux et la carte est vaste. Pour bien commencer, essayez la *caipiroska de caja* ou celle *de caju,* et pour finir en douceur, goûtez à la *cocada*.

OSCAR €€

Setor de Hotéis e Turismo Norte, trecho 1, lote 1
+55 61 3306 9060
www.oscarrestaurante.com.br
Ouvert de midi à 15h et de 19h à 23h, samedi et dimanche de 12h30 à 16h et de 19h à 23h. Plats à partir de 50 R$.

Nommé bien sûr en référence à l'homme de Brasilia, Oscar Niemeyer, ce restaurant ne pouvait que se revêtir d'atours à la hauteur des lieux qui l'abritent. Ouvert en 2009 cet établissement aux influences italiennes attire l'attention pour sa cuisine contemporaine raffinée, mais aussi pour son cadre épuré et sa localisation dans le plus ancien (et un des plus chics) hôtel de la ville, le Brasilia Palace Hotel, conçu par Niemeyer. Vue sur les jardins et le lac Paranoa. Peut-être un des meilleurs risottos aux fruits de mer de la ville.

TAYPA SABORES DEL PERU €€€

SHIS QI 17, bloco G, loja 208
+55 61 3248 0403
www.taypa.com.br
Du lundi à samedi de midi à 15h et de 19h à minuit, dimanche de midi à 17h. A partir de 100 R$/personne.

Un restaurant sophistiqué et contemporain dont la base gastronomique est celle de la cuisine péruvienne typique. Du poisson préparé avec précision, de la cuisse de canard avec du riz cuit à la bière et bien sûr différentes sortes de *ceviches*. Le menu servi à midi durant la semaine permet de choisir sur la carte entrée, plat et dessert. Le *pescado al azafrán*, poisson grillé à la sauce *rocoto*, est un des plats les plus commandés. Méli-mélo de desserts, *Crocante de Banana* ou le *Dulce Brasil,* une crème de maracuja avec une soupe froide de mangue. A connaître !

BEIRUTE

109 sul, bloco A, loja 2/4
+55 61 3244 1717
www.barbeirute.com.br
De 11h à 1h (jusqu'à 2h du jeudi au samedi, et minuit le dimanche). En-cas à partir de 6 R$, plats à partir de 65 R$.

Le Liban n'est jamais très loin au Brésil, où la communauté d'origine lbano-syrienne est plus importante numériquement que celle qui vit actuellement au pays des Cèdres. Le Beirute est un bar-restaurant presque historique de la capitale fédérale. Il est né peu après Brasília et jusqu'à aujourd'hui ses tables ne désemplissent pas. Vendredi soir c'est le spot d'un public jeune et alternatif. Dimanche midi les familles s'attablent en terrasse pour partager un filet mignon ou des spécialités libanaises. Une adresse à connaître pour son ambiance et son menu.

CASA DE BISCOITOS MINEIROS

CLS 106, bloco A, loja 21
+55 61 3443 4311
Ouvert de 8h à 20h, samedi jusqu'à 18h, fermé le dimanche.

La première boutique de la marque a ouvert ses portes en 2004, depuis deux autres adresses ont vu le jour, une à Asa Norte et l'autre à Aguas Claras (banlieue de Brasília). La qualité des gâteaux, biscuits et pains est indéniable. Les clients arrivent déjà tôt le matin pour prendre un café accompagné d'un *pão de queijo*, la fin de journée est également un moment d'agitation et les tables sont vites prises d'assaut. Les produits sont aussi vendus à emporter.

ERNESTO CAFÉ

CLS 115, bloco C, loja 14
+55 61 3345 4182
Ouvert de 7h à 22h. Plats légers à partir d'env. 35 R$.

Le service est parfois un peu nonchalant et approximatif, mais l'endroit a du cachet et mérite une visite. Si vous n'êtes pas pressé, prenez votre temps pour vous asseoir sur le canapé ou prenez place au salon avec ses tables en bois et ses chaises dépareillées ; une petite terrasse à l'arrière est aussi disponible pour ceux qui veulent prendre l'air. À la carte, quiches et *tapiocas* pour un lunch léger, côté sucreries plusieurs sortes de gâteaux maison sont à essayer. Les cafés sont aussi de qualité et on vous propose quelques options de crus nationaux.

MIMOBAR

Asa Norte Comércio Local Norte 105
✆ +55 61 98159 0721
Ouvert tous les soirs, sauf le lundi et le mardi.

Le Mimobar est un espace agréable à la déco volontairement rustique. Un bel espace en extérieur avec de nombreuses chaises où se poser entre amis. Le site est entouré d'un bar et de quelques points de restauration façon *food truck* (excellent burger servi dans un pain noir). Bonne musique de fond, clientèle jeune et à la coule. À noter toutefois que si on s'y rend le soir, et que l'on traverse le petit parc, il faut éviter de se promener avec son téléphone à la main. Au mieux, demander au taxi de se faire déposer sur le parking devant le bar.

OBJETO ENCONTRADO

CLN 112 bloco B loja 56
✆ +55 61 3081 8383
objetoencontrado.com.br
Ouvert du lundi au samedi de midi à 23h.

L'Objeto encontrado (« objet rencontré », la traduction est aisée) est à la fois un café et une galerie d'art (objets exposés sur les étagères, le comptoir et au sous-sol, bref « rencontrés » un peu partout) où les tables sont disposées en terrasse couverte. Une ambiance un peu... carioca, mais sans la mer. C'est un lieu très agréable, et sympathique pour venir prendre un petit café après le déjeuner ou un goûter pendant l'après-midi. Le cheesecake est la spécialité de la maison et les cafés sont de haute qualité. Laissez-vous tenter !

SABORELLA

Cln 112 bloco C loja 38
✆ +55 61 3340 4894
www.saborella.net
Ouvert tous les jours de 12h à 22h (21h le dimanche). Deux tailles de pots : petit 14 R$, grand 26 R$. Wifi.

C'est un peu le glacier à la mode à Brasilia, notamment parce qu'il a fait parler de lui en remportant de nombreux prix exhibés sur le mur, derrière la vitrine. De ce fait, l'espace qui fait face à l'alléchante vitrine est bien insuffisant lorsqu'il y a trop de monde qui s'y presse, et on finira sans doute par plus savoir où manger sa glace. Bref, on viendra pour goûter à ces délices sucrés, pas pour se poser. Les crèmes glacées sont excellentes et les parfums proposés fleurent bon les essences brésiliennes (maracujà, cupuaçu, açaï...).

SEBINHO

406 Norte bloco C
✆ +55 61 3447 4444
sebinho.com.br
Café ouvert du lundi au vendredi de midi à 23h, samedi de 8h30 à 23h. Librairie ouverte du lundi au samedi de 9h à 22h.

Ouvert depuis 1985. À la fois bistro, café et librairie de seconde main, le Sebinho est un lieu où les Brasilienses aiment se retrouver et chiner un peu de lecture. Si vous avez oublié d'apporter un livre pour vous accompagner durant votre voyage, c'est le bon endroit pour en dénicher un (ouvrages en français, anglais, espagnol, portugais...). Le choix n'est pas énorme mais on trouve quelques bons classiques. On peut aussi se restaurer sur place (cuisine de bistro très correcte) et commencer sa lecture en terrasse. Le service, en revanche, est un peu dissipé.

VINCENT CASA DE C HA

409 Norte, bloco A, loja 39
✆ +55 61 3201 1214
De 15h à 21h, sauf le dimanche. Thés à partir de 10 R$.

Un salon de thé comme on les adore, très gourmand ! Les meubles d'antiquaire et colorés, la vaisselle dépareillée et les peintures de Vincent Van Gogh (nom oblige) composent le décor. À table, des thés glacés ou chauds, des infusions et des pâtisseries concoctées par un chef pâtissier français installé au Brésil. En optant pour le « service complet », vous dégusterez, en plus de votre thé au choix, du pain maison avec du beurre et de la confiture, des scones, un mini-croissant et le gâteau du jour. Les quiches sont très bonnes. La maison n'ouvre que l'après-midi !

BSB MEMO

CLN 303, Bloco A, Loja 20
✆ +55 61 3034 4427
bsbmemo.com
Du lundi au samedi de 9h à 19h.

Ce magasin est tout entier dédié à la promotion de la capitale fédérale dont il va affubler le logo ou des représentations sur tout ce qui peut s'offrir... voire sur ce qui est trop kitsch pour être offert. Mais ceci est une affaire de goût bien sûr ! Le design de Brasilia imprimé sur des t-shits, mugs, verres et encore d'autres objets. Rapportez chez vous les panneaux typiques de la capitale ou peut-être une vaisselle L2 Sul ! Bref, tout ce qui est « made in BSB » s'y trouve et s'y décline sous toutes ses formes. Pour les dernières idées de cadeaux....

FEIRA DA TORRE

Torre de TV

Autour de la tour de la télévision. De 9h à 17h (18h le week-end). Fermé lundi.

La feira da torre est une alternative au marché de Guara. Situé au pied de l'imposante tour de la télévision, marqueur spatial de BSB, C'est surtout un marché d'artisanat, un peu moins diversifié que celui de Guara et ses 600 échoppes, mais on y flâne avec plaisir. Cuir, artisanat, bijoux, meubles en bois, fleurs séchées, jouets, vêtements, les sources d'inspiration ne manqueront pas ramener quelques souvenirs de Brasilia... C'est le marché le plus traditionnel de la ville. Idéal pour manger sur le pouce le dimanche midi ! A connaître.

FEIRA DO GUARA ★★

Area Especial do Cave (à l'entrée de Guara II)

✆ +55 61 3382 2323

Du mercredi au dimanche de 8h à 18h.

Depuis 1969, quelques années à peine après la fondation de la capitale fédérale, la foire de Guara est un des espaces commerciaux les plus dynamiques de la ville. Mode et alimentation se retrouvent dans un des marchés les plus traditionnels de la ville. Il y a plus de 600 stands de toute nature. Il est possible de se restaurer sur place. L'ambiance est un peu chaotique avec les vendeurs qui essayent d'attirer l'attention des clients.

Pour s'y rendre : le marché est éloigné du centre de Brasília, mais avec le métro on y arrive facilement.

FUNDAÇÃO ATHOS BULCÃO

CLS 404, bloco D, loja 1

✆ +55 61 3322 7801

www.fundathos.org.br

Du lundi au vendredi de 9h à 19h, samedi de 10h à 17h.

Le Carioca Athos Bulcao (1918-2008) est un des artistes contemporains les plus en vue au Brésil. La boutique de la fondation Athos Bulcão vend une grande variété d'objets aux motifs signés par l'artiste. C'est l'occasion de rapporter un *azulejo* décoratif aux mêmes couleurs que ceux du parc de la ville ou de la petite église de la 308 sud. On y trouve également des mugs, des T-shirts, des sérigraphies et même des parapluies. De beaux souvenirs qui aident aussi à préserver la mémoire de ce grand maître brésilien. La fondation enseigne aux jeunes défavorisés.

CENTRO CULTURAL BANCO DO BRASIL

SCES, Trecho 02, lote 22

✆ +55 61 3108 7600

culturabancodobrasil.com.br

Ouvert du mardi au lundi de 9h à 21h. Expos gratuites, théâtre et concerts payants (arts scéniques 20 R$, ciné 10 R$).

En plus des salles d'exposition, le CCBB compte un théâtre et des concerts à l'air libre y sont régulièrement organisés. L'édifice, à l'architecture originale montée sur pilotis a été imaginé par Oscar Niemeyer et inauguré en 1993. On ne manquera pas de jeter un œil aux différentes galeries d'art contemporain. Le CCBB est l'un des espaces culturels les plus visités du pays. Bon café-restaurant sur place présentant à la carte quelques spécialités régionales bien réalisées.

CLUBE DO CHORO

Eixo Monumental s/n°

✆ +55 61 3224 0599

www.clubedochoro.com.br

Billetterie du lundi au vendredi de 10h à 18h, samedi de 19h à 22h. Billets à 30 R$, variable selon programmation.

Il y plus de 40 ans, en 1977, le Clube do Choro de Brasília a été fondé par des musiciens qui avaient l'habitude de se réunir chez la flûtiste française Odette Ernest Dias. La modernité de Brasília n'est pas antithétique de la conservation des musiques traditionnelles et populaires du pays. Le Clube do Choro est un Haut lieu de la musique, dédié principalement au *choro*, bien sûr mais qui a pour vocation de diffuser la musique brésilienne et qui ne laissera pas indifférents les mélomanes en voyage. C'est le plus ancien centre musical du Brésil du genre

TEATRO NACIONAL CLÁUDIO SANTORO

Eixo Monumental

✆ +55 61 3325 6239

Programmation sur consultation (presse locale ou sur place). Entrée et horaires variables.

Le théâtre national de Brasília a rouvert ses portes en 2018. Pour assister à un spectacle de ballet, de l'orchestre national ou un concert de musique actuelle. Son architecture étonnante en forme de pyramide tronquée, inspirée des constructions aztèques, est le résultat d'un projet signé Oscar Niemeyer (débuté en 1960). Deux des faces de la pyramide sont couvertes par les créations d'Athos Bulcão et composent l'une des œuvres les plus monumentales réalisées par l'artiste.

GAMA

A 27 km, à Gama, on peut visiter le Catetinho – diminutif de Catete – l'ex-palais de la présidence à Rio et la maison de bois que Kubitschek occupa au début de l'édification de Brasília. Lors de la construction de la nouvelle capitale fédérale, l'Etat brésilien a exproprié quatre fazendas à la taille gigantesque. Les bâtiments de la ferme se trouvaient à côté de la première résidence du président de la république Juscelino Kubitschek, appelé Catetinho et qui a ensuite été déplacée. Sur le site a été construite la ville-satellite planifiée et divisée en 5 secteurs de Gama, destinée à recevoir les ouvriers et les employés dont la capitale avait besoin.

IGREJA DO BONFIM ★

Praça Sr. do Bonfim

Restaurée en 2012, cette église de 1754 est un bel exemple du patrimoine colonial de Pirenopolis. Son intérieur simple abrite quelques joyaux du baroque brésilien.L'Igreja do Bonfim est l'église la plus originale de Pirenópolis. Construite entre 1750 et 1754, à l'initiative du sergent-major Antônio José de Campos qui, en 1755, a apporté de Bahia, dans un train comprenant 260 esclaves, l'image qui se trouve sur le retable principal, le Jésus sur sa croix en bois sculpté. La population locale vient souvent demander la bénédiction de Senhor do Bonfim.

PIRENÓPOLIS ★★

A 125 km de Goiânia et 225 km de Brasília, Pirenopolis est une belle petite ville entourée de collines aux entrailles rouges. On comprend aisément l'engouement des Brasilienses pour cette ville coloniale fondée au XVIIIe siècle par les *bandeirantes*. Classée patrimoine historique de l'humanité, elle a un côté « alternatif » et une vie culturelle riche. A la Pentecôte, la Festa de Divino Esperito Santo est une manifestation mystique reconstituant des batailles entre les Croisés et les Maures (*cavalhada*). Si vous séjournez dans la région, Pirenopolis constitue certainement la meilleure escapade des fins de semaine, entre histoire, nature et écotourisme.

SANTUARIO DE VIDA SILVESTRE VAGAFOGO ★★

Rua do Frota, 888 ✆ +55 62 3335 8515

vagafogo.com.br

Du lundi au dimanche de 9h à 17h. Brunch jusqu'à 16h. 25 R$ la visite, 65 R$ le brunch seul. Prévoir du liquide.

Le Cerrado soufre d'une certaine méconnaissance par rapport à la forêt amazonienne. C'est pourtant un biome d'une extrême diversité. Le Santuario de Vagafogo est un parc de 46 hectares dans *le Cerrado*. Les propriétaires, amoureux fous de la nature locale, ont créé une RPPN (réserve privée de patrimoine naturel) pour faire découvrir aux touristes cette biodiversité, souvent malmenée, de la région et du *planalto*. Arvorisme, rappel, randonnées et autres activités sont possibles.

© CPETROLEITE - FOTOLIA

Architecture de Pirenópolis.

OFFICE DE TOURISME

Rua do Bonfim, s/n
✆ +55 62 3331 2633
pirenopolis.comtur.info

Pour les renseignements sur les promenades à faire en ville et dans ses alentours, ainsi que les routes, prix et heures d'ouverture des cascades. Le personnel est convivial et compétent. On y présente toutes activités possibles sur la ville et ses environs. L'art, la gastronomie, les hébergements, les boutiques, les services. On y trouvera les informations sur les horaires de bus qui relient Pirenopolis aux autres grandes villes de l'Etat et du pays. On peut également trouver des informations historiques sur cette ville coloniale.

CENTRAL DE RESERVAS PIRENÓPOLIS

✆ +55 62 3331 3323
www.pirenopolis.com.br

Le Central de Reservas de Pirenopolis propose un site internet assez complet sur la ville et ses attractions. On y présente toutes activités possibles sur la ville et ses environs. L'art, la gastronomie, les hébergements, les boutiques, les services. On y trouvera les informations sur les horaires de bus qui relient Pirenopolis aux autres grandes villes de l'Etat et du pays. On peut également trouver des informations historiques sur cette ville coloniale.

GOIANÉSIA

Rodoviária de Pirenópolis ✆ 62 3233 6593
www.viacaogoianesia.com.br

Depuis Brasilia, compter 27 R$. Depuis Goiania, 30 R$.

La compagnie d'autocars Goianésia réalise le trajet depuis Goiânia et Brasília, respectivement la capitale de l'Etat du Goiás et capitale fédérale du pays. Les bus sont en général confortables et assez modernes. C'est surtout la liaison Brasilia-Pirenópolis qui est intéressante.

- **De Goiânia à Pirenópolis,** un bus quotidien à 17h, 130 kilomètres. Le voyage dure environ 2 heures.
- **De Brasília à Pirenópolis,** environ 5 bus quotidiens à 7h30, 10h, 12h et 17h. 3 heures de trajet, 152 kilomètres.
- **De Pirenópolis à Brasilia :** départs tous les jours à 9h30, 10h30, 16h et 19h.

CASAMATTA HOSTEL €

Rua Luiz Gonzaga Jaime, 109, quadra 43
✆ +55 62 3331 2483
www.casamattahostel.com

À partir de 70 R$ en dortoir et 180 R$ la chambre double, petit déjeuner inclus.

Le Casamatta est un hostel fort sympathique tout proche du centre de Pirenopolis. Il se décompose en 3 parties. L'habitation centrale, propose des dortoirs mixtes ou non de 6 à 9 lits. L'habitation casulo propose 4 suites doubles et enfin l'annexe de l'habitation centrale est une maison de deux places. Côté jardin, vous disposez d'une piscine et de transats pour profiter du soleil. On peut prendre le «kit» du petit déjeuner si on veut se sustenter. Il n'est pas compris dans la nuitée et coûte 20 R$. L'auberge propose des sorties «escalade».

POUSADA MURAL HA €

Rua Matutina, 24
✆ +55 62 3331 1854

215 R$ la chambre double, petit déjeuner et parking inclus.

Depuis plus de 15 ans, la pousada Mural ha est un petit établissement très bien situé, en plein centre historique de Pirenopolis. On ne peut pas rater la loge d'accueil de cet établissement, à la couleur bleu « Curaçao ». L'accueil n'est pas des plus chaleureux et les chambres sont simples, voire un peu spartiates, manquant parfois d'un nettoyage plus complet sur les meubles. Toutefois, les prix sont plus attractifs que chez la concurrence et le cadre est agréable avec piscine et petit déjeuner varié, incluant du jus d'orange frais.

POUSADA SESC PIRENOPOLIS €

Rua dos Pireneus, 45
✆ +55 62 3331 1383
www.sescgo.com.br

À partir d'env. 100 R$ par personne la double, selon confort et saison, plusieurs options de logement. Petit déj inclus.

La pousada SESC de Pirenopolis a été inaugurée en 2006. Elle propose 40 chambres confortables. A l'image des autres SESC, des chambres d'un très bon rapport qualité/prix. Piscine, salle de jeux, jardin, barbecue. Il est nécessaire de réserver en fin de semaine et pendant les vacances scolaires. Les habitants de Brasilia et Goias s'y précipitent et les 40 chambres affichent complet. Elle est proche du centre historique et des loisirs de la ville, avec une structure pour le repos et les loisirs, un snack-bar, des piscines, un sauna et un espace vert.

BRASILIA ET GOIAS

CASARÃO VILLA DO IMPÉRIO €€

Rua direita, 79 ✆ +55 62 3331 2662
casaraovilladoimperio.com.br
À partir de 220 R$ la suite en semaine, petit déjeuner inclus.

Le Villa do Imperio est assurément une belle découverte à Pirenopolis. Une fois passées les portes de cette belle demeure de 1896 classée par l'IPHAN, on découvre une ambiance bucolique dans ce boutique-hôtel de charme. Autour du petit jardin, les bâtiments ont des allures de maisons de campagne. Les chambres, réparties en 3 catégories sont toutes confortables et de bon goût (lits à baldaquin, balcon dans les chambres du haut). Le salon et le restaurant, également renommé, sont assez cosy et fort agréables. C'est un lieu fort difficile à quitter !

POUSADA TAJUPÁ €€

Rua 4, Conj. 65, Lote 44
✆ +34 62 3331 1305
www.pousadatajupa.com.br
A partir de 342 R$ (pour deux).

Une pousada dans l'air du temps aux allures de grande maison de campagne. Encadrée par des palmiers impériaux, la façade est simple : la maison coloniale bleue et aux fenêtres blanches abrite un hébergement confortable et charmant de 12 suites seulement, ce qui garantit aux clients une grande intimité.Toutes les chambres, réparties dans des jardins agréables, disposent de la climatisation et d'un balcon avec hamac. Idéale pour se reposer dans ses confortables installations. Très bon petit déjeuner. Accueillant. Une chambre pour personne à mobilité réduite.

POUSO DO SÔ VIGARIO €€

Rua Nova, 25
✆ +55 62 3331 1206
pirenopolis.org
A partir de 250 R$ la double, petit déjeuner inclus.

Cet établissement est une des pousadas les plus typiques de la ville, dans une magnifique maison coloniale. Construction classée par l'IPHAN au patrimoine historique national, le Pouso do Sô Vigário occupe une ancienne demeure paroissiale construite au XIXe siècle. On partagera un peu d'histoire religieuse de Pirenopolis. Beaucoup d'anciens vicaires de Pirenópolis y ont vécu. Les chambres sont confortables avec un certain charme d'antan. Excellente option. Les hôtes bénéficient d'une belle piscine et d'un magnifique jardin colonial.

BOCA DO FORNO €

Travessa de Santa Cruz
✆ +55 62 3331 1790
www.pirenopolis.com.br/bocadoforno
De 18h à minuit, tous les jours sauf lundi. Compter à partir de 40 R$ par personne.

Le Boca do Forno est un établissement accueillant et rustique, avec ses murs en torchis et ses arches en briques. Combinant un cadre agréable et des prix accessibles, cette pizzeria est d'un bon rapport qualité-prix. Le menu propose une grande variété, de pizzas, allant de la classique tomate mozzarella basilic à la plus locale poulet au pequi (fruit typique de la région). Shiitaké, pepperone, ail, thon, aubergine et encore les pizzas sucrées à la banane et à la *goiabada* (goyave) figurent également au menu. Accueil familial et professionnel.

MONTSERRAT GASTRONOMIA €€

Rua Ramalhuda 11 ✆ +55 62 99688 2628
Le vendredi soir, le samedi midi et soir, et le dimanche midi uniquement. Compter à partir de 60 R$ par personne.

Face au rio das Almas, loin du bruit, le restaurant du chef catalan Juan Pratginestos est une excellente adresse pour ceux qui cherchent un endroit où bien manger. La décoration attire les regards des amateurs d'art, avec plusieurs objets et tableaux exposés au salon. Dans l'assiette, pâtes fraîches maison et des plats régionaux revus par le chef. L'ensemble de l'équipe est très attentive et soucieuse de la satisfaction des hôtes. Le Picadinho de Lygia est particulièrement recommandé. Le Dessert Ganache de café est un délice.

PEDREIRAS €€

Estrada dos Pireneus, km 1,5
✆ +55 62 3331 1025
Ouvert le samedi, le dimanche et jours fériés, de 8h à 18h. Compter autour de 60 R$/personne.

Sur la route de diverses cascades et dans un cadre ample et agréable, le Pedreiras propose de la nourriture régionale du Goiás. Pour un peu, on se croirait presque dans la maison de Robinson Crusoé, tout en bois, avec des décorations un peu loufoques. Viandes cuites sur le feu, cocottes diverses, beignets de légumes et quelques salades composent le buffet. Pour compléter l'offre, un musicien joue de la guitare tout au long de l'après-midi. Une belle option pour un repas pas pressé et au frais. Un peu désorganisé. C'est dommage.

VENDA DO BENTO €€

Estrada GO 338, km 4

✆ +55 62 9 9217 3703

Vendredi, samedi, dimanche et jours fériés de midi à 18h. Compter à partir de 50 R$ par personne.

Ce restaurant, dans une ferme restaurée, décorée dans un style années 1940, propose une cuisine régionale pimentée de quelques plats plus exotiques et variée avec des produits de la ferme. Environnement rustique et confortable qui apporte dans sa décoration une collection d'objets du milieu des années 40. Un espace ouvert et charmant avec un balcon et un jardin. Un beau musée rural avec des antiquités qui faisaient partie de la collection familiale. Un peu de culture régionale du milieu des années 30 et aussi une exposition culturelle du folklore de Pirenópolis

ROSARIO 26

Rua do Rosário, 26

✆ +55 62 3331 1216

www.rosario26.com.br

Ouvert tous les soirs à partir de 17h, sauf le mardi (les week-ends à partir de 11h).

Le Rosario 26 est à la fois et un restaurant de spécialités arabes. Un bar du centre au décor de pub, à recommander pour boire un verre comme pour tester quelques bonnes spécialités arabes à croquer en terrasse. Situé sur la très animée Rua do Lazer, l'établissement a ouvert en 2014 et propose deux « ambiances », restaurant et bar. Spécialisée dans la cuisine arabe, la maison propose un menu varié pour ceux qui veulent des plats sophistiqués, et pour ceux qui recherchent du snacking. Le Rosário 26 Pub est spécialisée dans la bière de Pirenópolis.

PEDI CAFÉ

Rua Aurora, 21

✆ +55 62 3331 2183

Fermé le mardi.

Encore un endroit bucolique qui s'accorde à merveille à l'ambiance douce et provinciale de Pirenopolis. Le Pe di Café est un endroit accueillant proposant des cafés de qualité et diverses sortes de boissons chaudes et froides. Les beignets, gâteaux et autres délices sucrés sont à la carte. Le « chai » de pomme (*maça*), à la cannelle et au lait est un pur délice. Le cappuccino frappé est également une spécialité à connaître. On peut aussi évoquer le brownie au chocolat. Bon, vous l'aurez compris, c'est l'endroit idéal pour un goûter gourmand !

ATELIÊ DA FILIGRANA

Rua do Bom Fim, 15 b

✆ +55 62 9438 0182

Ouvert de 9h à 21h, tous les jours.

Dans l'agréable rue do Bom Fim, il est impossible de ne pas tomber sur le charme de cette petite boutique à l'intérieur d'une maisonnette blanche aux fenêtres bleues. Ici bagues, bracelets, boucles d'oreille et toutes sortes de bijoux sont confectionnés par un jeune couple d'artistes. L'argent et l'or sont travaillés de façon artisanale en suivant la technique du filigrane. Les bijoux sont faits sur place et sont commercialisés sur place. On peut faire un beau cadeau pour moins de 300 R$. Il est écrit qu'ils sont « faits avec le cœur » et ça se constate.

PIRENEUS CAFÉ

Rua dos Pireneus, 257

✆ +55 62 3331 3047

Ouvert de 15h à 23h (à partir de 16h le vendredi et de 9h les week-ends).

Le Pireneus est « le » café incontournable de Pirenopolis si on veut s'imprégner de l'ambiance de « Piri ». C'est à la fois un café, un restaurant et un centre culturel. Les plats y sont originaux. La carte propose de nombreux plats de pâtes végans. Très bonne focaccia. Le samedi, c'est le jour de la feijoada, comme à Rio. Grosse ambiance. Cependant, Pirenopolis croule sous les touristes de Goiânia ou de Brasilia. Il faut réserver à l'avance ou éviter la ville à ce moment-là. Le café est arrosé de liqueur… A consommer avec modération.

FEIRA DO CORETO

Praça do Coreto

Samedi de 14h à 23h et dimanche de 10h à 23h.

C'est un marché d'artisanat déjà connu des touristes brésiliens visitant Pirenopolis. Dans cette foire des arts, on trouve une grande variété de produits d'artisanat local et de la nourriture typique. Elle est organisée par l'APAP – Associação dos Artesãos da Praça das Artes de Pirenópolis. Décoration, articles de mode et objets divers faits à la main y sont proposés. Vous remarquerez sans doute le beau travail des artisans proposant de bijoux en argent. C'est toujours un moyen agréable d'occuper quelques heures de son week-end, avant ou après une marche.

GOIÂNIA ★

La capitale de l'Etat est une ville récente, fondée en 1934, d'après les plans de l'urbaniste Godoi, au milieu de la savane. Goiânia est peuplée de 1,256 million d'habitants. C'est une ville moderne soigneusement planifiée, aux larges avenues ceinturées d'espaces verts. Le secteur nord est réservé au commerce et à l'industrie, le secteur sud est résidentiel et le secteur central concentre les services administratifs. Ville active, elle est un centre économique dynamique et un pôle universitaire. Pas désagréable, elle ne propose cependant pas de quoi s'y éterniser pour autant, sur la route de Brasilia. Goiânia n'est le plus souvent qu'une étape.

AÉROPORT SANTA GENOVEVA

Praça Capitão Frazão, 913
✆ +55 62 3265 1500
www.infraero.gov.br

Depuis mai 2016, l'aéroport de Goiânia opère dans un nouveau terminal, juste à côté de l'ancien. Plusieurs liaisons quotidiennes avec de nombreuses villes brésiliennes sont possibles avec Latam, GOL, Azul, Avianca et Passaredo. Commerces, loueurs de voitures et restauration sur place. Cet aéroport a le mérite d'exister, même si la proximité relative de Goiânia par rapport à Brasilia (206,8 km et 2h45 de bus ou de voitures) fera préférer le bus.

Pour s'y rendre : prendre la ligne 913 depuis le centre (départ de la Praça Civica).

BOSQUE DOS BURITIS ★

Entre les rues 1, 29 et l'alameda dos Buritis
www.goiania.go.gov.br
ouvert tous les jours.

Dans cette ville planifiée et sortie de terre en 1933, les espaces verts n'ont pas oubliés des urbanistes. Le bosque dos Buritis est le plus ancien et traditionnel parc de Goiania. Il a été dessiné par l'architecte-urbaniste Attílio Corrêa Lima en 1938. Entouré de hautes tours, il n'est pas sans laisser penser à un Manhattan des tropiques, à au jardin des plantes de Montpellier, avec ses bassins et ses canaux. Longtemps abandonné et tombé en déshérence, il a été totalement remis en valeur au milieu des années 90. Propice à la méditation.

BANDEIRANTES TAXI

Rua Vitória Régia, 250
✆ +55 62 3210 2000
24h/24.

Le groupe Bandeirantes Taxi dessert la ville de Goiania et les alentours proches. Comme dans toutes les villes du Brésil, et même si Goiania n'est pas une ville particulièrement dangereuse, il faut respecter les consignes simples de sécurité. Il faut faire appeler le taxi de la pousada ou de restaurant ou le prendre en station. Pendant la course, le conducteur doit activer le compteur (tarifs jour ou nuit) sauf si vous négociez un prix forfaitaire avant la course. Les VTC Uber sont également présents dans toutes villes du pays.

LA PRAÇA CIVICA ★

La Praça Civica est au Centre géographique de la ville, elle est le siège du palais du gouverneur. De nombreux axes de transport majeurs y convergent. Elle est « connectée » au « bosque dos buritis » pour respecter le concept de « villes-jardins » qui a inspiré sa création. Elle est classée par l'IPHAN au patrimoine national brésilien du fait de la richesse architecturale de la place. D'aucuns n'y trouveront rien d'exceptionnel si ce n'est ses statues, équestres ou non et son arbre gigantesque. Fontaines lumineuses. Obélisque.

CASTRO'S PARK €€

Avenida República do Libano, 1520
✆ +55 62 3096 2000
www.castrospark.com.br
À partir d'env. 300 R$ la double, petit déjeuner inclus.

C'est un grand établissement hôtelier de luxe, à l'image des grands hôtels brésiliens. C'est l'établissement le plus réputé de la capitale de l'Etat offrant tout le confort nécessaire pour un séjour plus qu'agréable. Doté d'une infrastructure complète, il propose 171 appartements et suites confortables, une zone de loisirs complète avec des piscines chauffées. Le restaurant Ipê est renommé pour sa Feijoada de qualité. Il est situé dans le quartier des affaires de la ville, à proximité de plusieurs entreprises et banques. Situé dans le secteur ouest de Goiânia.

BISCOITOS PEREIRA €

Rua 10, 459 - Praça Tamandaré
✆ +55 62 3215 1329
biscoitospereira.com.br
Du lundi au vendredi de 6h à 20h, samedi jusqu'à 12h. Pastel, esfihas et autres encas à partir de 5 R$.

En activité depuis 1987, la maison s'est fait connaître pour son pain au fromage. Cependant, son menu comprend également de la viande *esfi* ha et des beignets de poulet [*coxinha*]. Une *lanchonete* traditionnelle en ville. Pour certains, il s'agit sans aucun doute du meilleur endroit en ville pour manger des « salgados » [petites pâtisseries salées], pâtisseries. Idéal pour combler les petits creux entre une visite et autre ou en fin de journée pour les petits budgets. Le biscuit au fromage [*biscoito de queijo*] est la spécialité de la maison.

MERCADO CENTRAL €

Rua 3, 322
✆ +55 62 3524 1324
Ouvert tous les jours, toute la journée, sauf le dimanche après-midi.

Chaque ville brésilienne digne de ce nom possède un marché central, plus ou moins moderne, plus ou moins traditionnel... Goiânia n'échappe pas à la règle. Le Mercado Municipal est plutôt bien organisé. Avec ses 6 000 mètres carrés et plus de 100 stands, il concentre une partie de l'histoire, somme toute assez récente, de cette ville. C'est un des lieux les plus fréquentés et populaires de Goiânia. Pour acheter des produits régionaux, mais aussi pour se restaurer sur le pouce. Les *empadas* [sorte de grand petit four] sont très réputées.

CHAO NATIVO €

Avenida T-11, 299
✆ +55 62 3241 2266
www.restaurantechaonativo.com.br
De 11h à 15h, samedi et dimanche jusqu'à 15h30. Compter à partir de 30 R$/personne.

Le Chao Nativo est une autre adresse de Goiânia qui vaut le détour. Dans ce restaurant simple et agréable, où on a reproduit l'ambiance « fazenda » avec une décoration d'objets ruraux anciens, on propose une cuisine typique du Goiás. A midi, buffet de cuisine régionale avec une cinquantaine de plats chauds [dont les classiques riz au pequi, galinhada à la mode paysanne ou « caipira », une vingtaine de salades et une dizaine de desserts. On pourra goûter de nombreux fruits tropicaux. Les classiques churrasco et feijoada le samedi ne sont pas oubliés.

CHURRASQUINHO DO DEDÉ €

Rua Dona Maria Joana, 171
✆ +55 62 3225 1584
Ouvert de 18h à 23h30. Compter à partir de 15-20 R$.

Le Churrasquinho do Dedé est connu pour ses viandes de qualité, bien que le prix ne soit pas au goût de tous. Selon le jour de la semaine, il peut même proposer un sambin ha et une feijoada. La brochette grillée est la spécialité de la maison, qui en possède une trentaine d'options. Pour une assiette bien garnie, demandez la brochette de filet mignon ou de *pican* ha [bœuf], elles viennent accompagnées de salade, manioc, vinaigrette et haricots noirs. Il est souvent lauréat des concours de « comida di boteco » ou est mis à l'honneur par les revues culinaires.

PANELA MÁGICA €€

Rua 13, 773
✆ +55 62 3223 6604
www.panelamagica.com.br
De midi à 15h, samedi et dimanche jusqu'à 16h. Buffet à volonté 70 R$/personne. En semaine, pratos executivos à 38 R$.

Depuis plus de 40 ans, le Panela Magica propose des menus basés sur des produits souvent locaux et toujours naturels. Ce restaurant propose des plats principalement à base d'ingrédients bio et frais. On peut y passer pour y prendre son petit déjeuner sous 3 formes [*curto*, *leve* ou *completo*]. Le buffet possède plusieurs types de salades, entrées et plats légers [poisson, légumes]. Une bonne option pour un déjeuner équilibré. Le Panela est aussi une épicerie fine où on peut faire ses courses. Pains, pâtes et conserves. Une bonne adresse.

PIQUIRAS BOUGAINVILLE €€

Rua 9, 1.855
✆ +55 62 3945 9900
www.piquiras.com.br
Ouvert tous les jours.

La marque de restaurants et épiceries Piquiras propose désormais deux adresses en ville, Bougainville et Flamboyant. L'adresse « historique » se trouve Rua 9, dans le shopping Bougainville dans le secteur Marista. C'est le restaurant phare de la ville. Les édiles et les touristes à la recherche d'une cuisine contemporaine et de qualité s'y croisent. Au menu : *Frango [poulet] à La Kiev*, morue à la portugaise, *paella à Piquiras* garnie de poissons et fruits de mer... C'est aussi une épicerie fine qui propose des produits de qualité.

DOM GUINA PUB

Segunda Avenida radial, 1612
✆ +55 62 3093 5351
Ouvert tous les jours de 16h à 1h30.
Ce pub s'est auto-déclaré : « établissement où on réserve le pire accueil dans tout le pays ». Vous l'aurez compris, c'est un bar iconoclaste et à forte identité. Un bar underground où le propriétaire, un monsieur barbu et toujours en tongues, sert motards et un public de tout genre. Le décor a gagné en classe après les travaux, mais l'endroit n'a pas perdu son atmosphère particulière. Bières diverses et des portions à partager concoctées par la patronne font la joie de la clientèle. Blues, Jazz, quelquefois MPB, un lieu à connaître.

PARAÚNA ★

A 158 km à l'ouest de Goiânia. D'étranges formations géologiques travaillées par les vents et les pluies et des grottes gigantesques ombrent Parauna d'une dimension mystique, comme à Guimarães. C'est la *Serra das Galès*. Paraúna, comme d'autres villes du Goias, a un grand potentiel touristique, pour les beautés naturelles qu'elle possède.
Son histoire est entourée de mystères et de légendes que l'écrivain et chercheur Alódio Tovar a popularisé : beautés de la chaîne de montagnes des Galés, de l'Entrée, du Mur de roche ou du Pont de roche. Les habitants racontent des histoires fantastiques sur les êtres étranges qui visitent ou habitent la région.

CRISTALINA

Cristalina est un lieu de passage, une petite ville dans l'Etat du Goiás, à 136 km de Brasília, mondialement connue pour ses multiples commerces de pierres semi-précieuses et précieuses et ses gisements de topaze. Pendant de nombreuses années, l'économie de Cristalina était basée sur l'exploitation des cristaux. La production minérale était exportée en grande partie vers différents pays d'Europe. La noblesse européenne était l'acheteur principale de la production.
Dans les années 70, avec l'arrivée d'agriculteurs du sud du pays, la monoculture d'extractive a fait place aux plantations de différentes cultures agricoles grâce à la fertilité des sols..

RIO QUENTE ★

Rio Quente est une petite cité qui doit son nom à un phénomène naturel unique au monde : elle se trouve sur les berges de la seule rivière d'eau thermale de la planète. Moins agitée que la ville de Caldas Novas, elle est aussi résolument ludique avec le Hot Park, parc de loisirs aquatique de plusieurs hectares qui possède la plus grande piscine à vagues d'Amérique latine. Les amateurs de ce type d'animations seront surpris de l'animation que suscitent les activités du hot Park. Pour les autres, si Rio Quente se trouve sur votre chemin, allez vous délasser avant ou après des marches, sinon, la ville de Rio Quente ne présente pas d'intérêt particulier.

HOT PARK ★

Fazenda Agua Quente s/n
✆ +55 64 3512 8040
www.hotpark.com
Billets 150 R$ et 120 R$ ou à partir de 100 R$ si achetés à l'avance (online ou boutique Caldas Novas)
Le « Hot Park » est le centre de divertissement de Rio Quente. C'est un Disneyland aquatique local avec 22 000 m² d'attractions en tout genre pour tous les âges. Au-delà des divertissements « classiques » des centres d'animations aquatiques, le Hot park propose de nombreuses activités de découverte et de sport liées à l'eau. Ainsi, on pourra faire du kayak dans cet environnement superbe. On pourra également, et en toute sécurité, se rapprocher encore de la nature en plongeant dans les eaux cristallines et poissonneuses du rio Quente.

IMG HOTEL AGUAS DA SERRA €€

Avenida Goias Quadra A, Lote B, Rio Quente
✆ +55 64 3452 1414
www.imghotelaria.com.br
A partir de 300 R$ la double, 230 avec promotion.
L'IMG Hotel Aguas da Serra est un des meilleurs hôtels de Rio Quente. Sur les collines de Caldas Novas et très proche (moins de 500 mètres) du parc aquatique de Rio Quente, cet hôtel propose une centaines de chambres climatisées ou d'appartements d'une ou deux pièces, avec coin salon et balcon et qui font entre 46 et 57 m². En plus d'être entouré par un grand jardin, d'avoir une belle piscine et une aire de jeux pour les enfants, l'établissement possède sa propre source thermale, qu'il met à disposition des clients ! Une bonne adresse.

HOLIDAY HOUSE €

Avenida 1 Quadra C Lote 3/4.
✆ +55 64 3452 9859
holidayhouse.com.br
A partir d'env. 125 R$ la double.

L'hôtel Holiday House propose une dizaine d'appartements très simples, mais assez confortables dans de petites maisons en brique, dans un beau parc avec piscine. Dans ce vaste espace naturel de 20 000 m², une piscine permet aux hôtes de se détendre et de se rafraîchir. Le cadre est superbe, au cœur de la nature, d'arbres fruitiers et d'espèces natives du Cerrado. De l'hôtel, on a une superbe vision panoramique sur toute la région. Bon, l'ensemble aurait besoin d'un bon rafraîchissement. L'accueil est très sympathique. Bon rapport qualité-prix.

CALDAS NOVAS ★

La petite ville de Caldas Novas est la station balnéaire du Centro-Oeste. La balnéothérapie a généré ici une réelle animation et une atmosphère festive incontestable, mais déjà un peu démodée. Si vous n'aimez pas les villes d'eau, vous ne vous y attarderez certainement pas.

HOTEL PRIVE €€

Rua do Balneiro, quadra 10, lote 9
✆ +55 64 3513 9813
www.privecaldasnovas.com.br
À partir d'env. 391 R$ la double, petit déjeuner inclus. Les réservations doivent être faites à l'avance.

L'Hotel privé est un hôtel 4 étoiles avec des piscines entourées de palmiers, dont une de 500 m². On dirait une véritable oasis dans la ville. L'établissement propose des appartements de 20 m² meublés de bois clair et offre des services divers (vidéo, coiffure). La décoration est simple, mais de bon goût et tout y est fonctionnel. Le réseau possède d'autres hôtels du même standing en ville. En plus de piscines sur place, les clients peuvent aussi (selon l'offre) profiter du parc aquatique Water Park qui est situé juste à côté.

PARQUE NACIONAL DA CHAPADA DOS VEADEIROS ★★★

Une des merveilles de la région et un joyau naturel en danger. À 240 km au nord de Brasília, ce magnifique parc national, classé patrimoine naturel de l'humanité par l'UNESCO en 2001, mérite assurément le détour. La beauté naturelle des *cerrados* tranche avec l'urbanité postmoderne de Brasília. Deux des fleuves les plus puissants du Brésil, le Tocantins et le Parana, y prennent leur source. Leurs rives font alterner grottes, cascades et eaux limpides... Le parc est devenu un refuge pour les amateurs de modes de vie alternatifs. Une petite touche hippie qui donne au site une ambiance singulière.

CACHOEIRA DOS CRISTAIS ★

Accès facile pour les familles, bonnes infrastructures. Randonnée d'1,5 km jusqu'au puits principal. Entrée 20 R$.

La chute d'eau «cachoeira dos cristais» (cascade des cristaux), est une autre générosité hydrique de Dame Nature. Comme la cachoeira Loquinhas, c'est une belle cascade accessible même aux moins aventureux. Le chemin à parcourir ne fait qu'1.5 kilomètre (soit 3 kilomètres aller-retour). À l'entrée du site, vous vous trouverez déjà face à une piscine naturelle ; continuez encore sur un petit kilomètre pour arriver au point principal et vous baigner sous la chute d'eau. Il faudra juste garder un peu d'énergie pour le retour, car le chemin est en pente.

LOQUINHAS ★

✆ +55 62 9662 2115
Randonnée d'un kilomètre pour accéder au bassin et à la chute d'eau. Accès facile, sentier aménagé. Entrée 30 R$.

Le Parc national de Chapada dos Veadeiros est une merveille du Cerrado peu avare en sites spectaculaires. Les cascades des Loquinhas sont typiques des reliefs de Chapadas, où l'eau s'écoule entre des terres rouges et s'élance dans des bassins aux eaux turquoise. Les cascades Loquinhas sont faciles d'accès. C'est une balade qui permet de profiter de la journée en famille en longeant un sentier facile. Le sentier est bien aménagé et au fil de la promenade vous pourrez vous arrêter à l'un des petits bassins pour vous rafraîchir.

CACHOEIRA SANTA BARBARA ★★

Niveau moyen d'accès, 5 km de randonnée pour y accéder. Conseillée pour les habitués. Entrée payante, compter 20 R$.

© LARISSA CHILANTI - SHUTTERSTOCK.COM

Parmi les plus belles de la région, cette cascade mérite l'effort pour y arriver ! Pour visiter la chute d'eau de Santa Bárbara et aussi les chutes voisines de Capivara et Candaru, il est obligatoire de faire appel à un guide. Le plus courant est d'engager les guides qui sont disponibles au centre d'assistance touristique dans le village de Kalungas Engenho II, où commence la route vers les chutes d'eau. Le terrain le long du sentier est plat, mais parfois glissant, attention ! Partez tôt pour bien profiter de la journée et du soleil au moment de la baignade.

VALE DA LUA ★★

Accès facile en un peu moins d'1 km de marche. Attention tout de même sur les rochers. Payant : 20 R$.

Un *must see* de la Chapada ! Ce n'est pas par hasard que son nom signifie « vallée de la Lune », les formations rocheuses et la couleur grisâtre du granite nous renvoient vraiment aux paysages lunaires. L'endroit a été créé par l'écoulement de la rivière São Miguel qui depuis de millions d'années érode la pierre. Cette roche «torturée» est particulièrement spectaculaire. C'est l'un des endroits les plus visités de la Chapada dos Veadeiros. Au milieu du chemin, il y a un belvédère qui surplombe la vallée avec une belle chaîne de montagnes.

ICMBIO PARQUE NACIONAL CHAPADA DOS VEADEIROS

L'entrée du parc se trouve à São Jorge, à 36 km d'Alto Paraíso de Goiás.

Entrée libre. Ouvert tout l'année ; néanmoins, la période des pluies, de novembre à avril, est à éviter.

ICMBio gère les parcs nationaux du Brésil. Le Parc national Chapada dos Veadeiros, créé en 1961, protège une superficie d'environ 240 611 ha de biome Cerrado. On y trouve plusieurs formations végétales, des centaines de sources et de cours d'eau, des roches vieilles de plus d'un milliard d'années et des paysages superbes, dont les caractéristiques changent tout au long de l'année. Sur leur page Web, toutes les infos pratiques concernant le Parc de la Chapada dos Veadeiros.

TRAVESSIA ECOTURISMO

Avenida Ari Valadão Filho, 979.
✆ +55 62 3446 1595
www.travessia.tur.br

Prix sur consultation, selon le nombre de personnes et l'itinéraire.

L'agence Travessia Ecoturismo est une agence d'écotourisme de très bonne réputation, à la fibre écologique avérée. Cette structure peut organiser tout type de séjour possible « à la carte » dans le parc (trek, canyoning, rappel...) avec comme objectif d'offrir le meilleur service dans la Chapada dos Veadeiros, en donnant la priorité aux services offerts par les communautés locales, afin de contribuer à la qualité de vie des habitants de la Chapada.

Une équipe qualifiée et très pro qui s'enorgueillit de partenariats locaux solides.

REAL EXPRESSO

www.realexpresso.com.br

Compagnie d'autocars. De Brasília : 3h20 à 4h15 de voyage, 47 R$.

La compagnie de bus Real Expresso, de bonne réputation sur tout le territoire national dessert le parc national de Chapada de Veadeiros à partir de la petite ville d'Alto Paraiso à partir des grandes villes de l'Etat du Goiás.

- **Goiania-Alto Paraiso :** un bus par jours à 17h. 7h30 de transport. A partir de 130 R$ en place normale, 232 R$ en couchette.
- **Brasília–Alto Paraiso :** deux à trois bus par jour dans les deux directions à 19h et 21h. 3h30 de voyages. A partir de 60 R$. De nombreux départs à partir d'autres terminaux du district terminal.

BAMBU BRASIL €€

Rua 1, Quadra 01, Lote 08
✆ +55 62 3455 1004
www.bambubrasil.com.br
Double à partir d'env 430 R$.

Rustique et bien soignée, cette pousada offre un bon confort tout en gardant un climat décontracté. Cadre vert et hamacs sur les terrasses. Une piscine et un café, un restaurant, un bar, et de beaux jardins complètent l'offre de prestations de la pousada. Les chambres disposent d'un balcon ou d'une terrasse donnant sur le jardin, d'un hamac, d'une télévision LCD par satellite, d'un ventilateur et d'un mini bar. Le Bambu Brasil se trouve à 1 km du Parc national Chapada dos Veadeiros et du centre de São Jorge et à 10 km de la magnifique Vale da Lua.

POUSADA CAMINHO DAS CACHOEIRAS €€

Vila de São Jorge
✆ +55 61 9 9921 2672
www.caminhodascachoeiras.com.br
À partir d'env. 580 R$ la double, petit déjeuner inclus.

Une charmante pousada à l'entrée du parc et du village de São Jorge. Ambiance rustique, mais confortable. Les chambres possèdent télévision, climatisation et frigo-bar. Piscine, sauna, parking et wifi sont à la disposition des clients. Située dans le village de São Jorge, à 400 mètres de l'entrée du parc national Chapada dos Veadeiros, bon petit-déjeuner buffet. Emplacement stratégique pour les plus grandes chutes d'eau du Parc national Chapada dos Veadeiros.

POUSADA VALE DAS ARARAS €€

Cavalcante
✆ +55 62 9 9665 4447
valedasararas.com.br
À partir de 220 R$ la double.

Très jolie *pousada* entourée par la nature. Le cadre est soigné et rustique à la fois. Elle propose trois catégories d'hébergements : chalets, chalets spéciaux et appartements. Les chalets en brique sont *cosy* et offrent beaucoup de confort [ventilateur, réfrigérateur-bar et salle de bains], sans compter la vue vers le jardin. De plus, vous aurez accès au sanctuaire naturel du domaine où se trouve la *cachoeira* São Bartolomeu, un must ! La piscine et le restaurant complètent l'offre. Pas de télévision, les seuls bruits sont ceux des oiseaux.

BAGUÁ POUSADA €€€

Rua 01 Quadra 16 Lote 02
✆ +55 61 9 8172 8886
www.baguapousada.com.br
De 398 à 1495 R$ pour deux selon le type d'habitations et la période.

Une ambiance zen et tropicale baigne cette pousada verdoyante aux allures de lodge thaïlandais. Aux portes du parc naturel, on passe la nuit dans de simples bungalows tout en bois, au nombre de 16, ou dans des cabanes au charme rustique, isolé en pleine nature. On peut également choisir une suite « Cerrado ». Tous les types d'hébergement font entre 60 et 140 m^2. La piscine émeraude se fond dans la végétation du cerrado et le sauna invite à buller sous les arbres. Petit déjeuner à la carte compris dans le prix de la chambre. A connaître.

POUSADA MAYA €€€

✆ +55 62 3446 2062
www.pousadamaya.com.br
À partir de 720 R$ la suite, petit déjeuner inclus.

Cet hôtel fait partie des « hôtels de charme ». La pousada Maya est un véritable petit bijou dans un cadre verdoyant. Un endroit raffiné où chaque détail est à sa place. Quelles que soient les catégories de chambres, la recherche de bien-être des hôtes est omniprésente. Les chambres sont spacieuses et accueillantes, certaines possèdent en plus un bain à hydromassage. Petit déjeuner copieux et varié, piscine, terrasse et un beau jardin vous attendent. On est loin de l'ambiance « roots » et New Age de la Chapada Veadeiros, mais c'est vraiment très agréable.

GOIÁS ★★

Fondée en 1727, l'ancienne Vila Boa est un lieu où le temps semble s'être arrêté. Cette charmante petite ville coloniale est classée patrimoine culturel de l'humanité par l'Unesco depuis 2002. Ses belles églises baroques et de ses demeures coloniales, voient leur blancheur rehaussée par les couleurs vives des portes et des fenêtres. Ce n'est pas une ville-musée, on y vit normalement. Les beaux vestiges de l'époque de gloire se fondent dans l'atmosphère paisible de la vie quotidienne. La procession de la Semaine Sainte est spectaculaire et sort la ville de sa quiétude. Cidade de Goias propose chaque année un excellent festival de cinéma sur la nature.

CASA DA PONTE €€

Rua Moretti Foggia
✆ +55 62 3371 4467
Chambre double à partir de 300 R$. Petit déjeuner, parking et wifi inclus.

Grande demeure blanche et bleue qui donne sur la rivière et la maison de la poétesse Cora Carolina. La pousada est idéalement située au cœur de l'ancienne capitale de l'Etat, à côté du théâtre São Joaquin. On se trouve à côté des musées, des églises, des restaurants, de l'artisanat, et de l'ancien hôtel municipal.

Certaines chambres semblent nous replonger tout droit dans le passé (certaines sont climatisées, d'autres non et peuvent accueillir jusqu'à 4 personnes). Un endroit très simple, mais avec un charme certain et un excellent petit déjeuner.

HOTEL VILA BOA €€

Morro Chapéu do Padre
✆ +55 62 3371 1000
www.hotelvilaboa.com.br
A partir de 250 R$. Petit déjeuner et Wifi inclus.

L'hôtel Vila Boa est l'établissement le plus luxueux de la ville, luxe un peu suranné des années 60-70. On sent que Brasilia n'est pas loin. L'architecture rappelle le modernisme de la capitale fédérale. Le Vila Boa est un édifice de 35 chambres seulement, un peu éloigné du centre, mais à proximité de la rodoviária. La verdure est omniprésente. Toutes les chambres disposent de balcons. Les suites ont l'avantage d'être visitées par les toucans, assez snobs en ces lieux. TV, AC, piscine. Très bon restaurant. Une bonne option aux prestations soignées.

POUSADA DO IPÊ €€

Rua Coronel Guedes de Amorim, 22
✆ +55 62 3371 2065
https://pousadadoipegoias.com.br/
À partir de 200 R$. Petit déjeuner inclus.

Encore un de ces endroits comme on les aime, où le temps semble s'être arrêté. Idéalement située sur une placette tranquille dans les hauteurs de la ville, c'est une vieille et belle demeure, au charme rustique, autour d'un beau jardin de 16 000 m² où les ipês, arbres qui ont donné leur nom à la pousada, trônent majestueusement. 33 hébergements, appartements ou chalets, plus récents, sont proposés aux hôtes. L'authenticité des lieux et de l'accueil règne en maître. Les toucans et les colibris vous réveilleront. Une bonne adresse.

DALI SABOR E ARTE €

Rua 13 de Maio, 26
✆ +55 62 3372 1640
Ouvert de mardi à dimanche de 11h30 à 23h30. Compter à partir de 40 R$ par personne.

On dit que dans les Chapadas et les Cerrados, les ondes cosmiques sont particulièrement intenses. Les atmosphères bohême et New Age s'accordent alors très bien à l'esprit des lieux. Le restaurant «Dali Sabor & Arte» est justement un de ces lieux bohèmes très agréables. On y vient surtout pour manger le typique empadao (sorte de tourte ou ampada version XXL), mais on peut également y trouver quelques plats de la cuisine goianaise en self service à 25 R$ par personne. La déco un peu art naïf, un peu bohême, amène un petit supplément d'âme.

ARUANÃ

Le fleuve Araguaia est une des zones les plus poissonneuses de la planète. A Aruana, il est possible de louer un bateau en saison sèche, de mai à septembre, avec un skipper (le cours est périlleux) et remonter le long des belles rives du fleuve, dont les plages abritent les huttes dressées par les Indiens. Après une semaine, on aborde l'île fluviale de Bananal, la plus grande du monde avec une longueur de 340 km et une largeur de 70 km.

Les Indiens Carajas et Javaès y vivent en réserve. L'autorisation de la FUNAI, à Brasília, est nécessaire pour entrer en contact avec eux. On trouve des hôtels à Aruanà et à Santa Isabel et on peut également camper.

PARQUE NACIONAL DAS EMAS ★★

Le parque nacional des emas est une unité dont la finalité est de préserver le Cerrado, biome d'une infine richesse hélas en danger. C'est là que le Cerrado présente sa plus grande diversité : campos limpos, campos sujos, veredas et forêts ciliaires.

Outre l'observation de la nature, l'une des principales activités du parc national Emas est l'observation des animaux typiques du cerrado tels que le fourmilier géant, le chien sauvage, le tapir, le loup à crinière, le cerf, le tatou. En plus de l'observation des oiseaux, avec des espèces telles que les émeus (qui ont donné le nom au parc), les faucons, les hiboux, les aras, les perroquets entre autre.

MATO GROSSO ET PANTANAL

L'Etat du Mato Grosso apparaît comme une jonction avec les terres amazoniennes. Il présente de spectaculaires ruptures entre le bouclier brésilien et la dépression du Pantanal, à la base du paysage enchanteur des chapadas de Guimarães couronné de cascades. On y trouve trois écosystèmes très différents, sources d'une biodiversité extraordinaire et souvent unique : le Pantanal, l'écosystème amazonien et la savane (*Cerrado*). Le Mato Grosso do Sul possède peut-être moins de variétés, mais sa partie de Pantanal est tout aussi spectaculaire que celle du Mato Grosso, avec les merveilles hydrologiques de Bonito. Les activités proposées sont multiples : observation des animaux et du milieu naturel, randonnées à cheval, canyoning, nage au milieu de poissons, plongée... Être touriste responsable, c'est faire appel à des guides professionnels sérieux comme Joel Souza, de Cuiabá, « écoresponsables » et dûment inscrits au registre des guides.

Pantanal et Mato Grosso

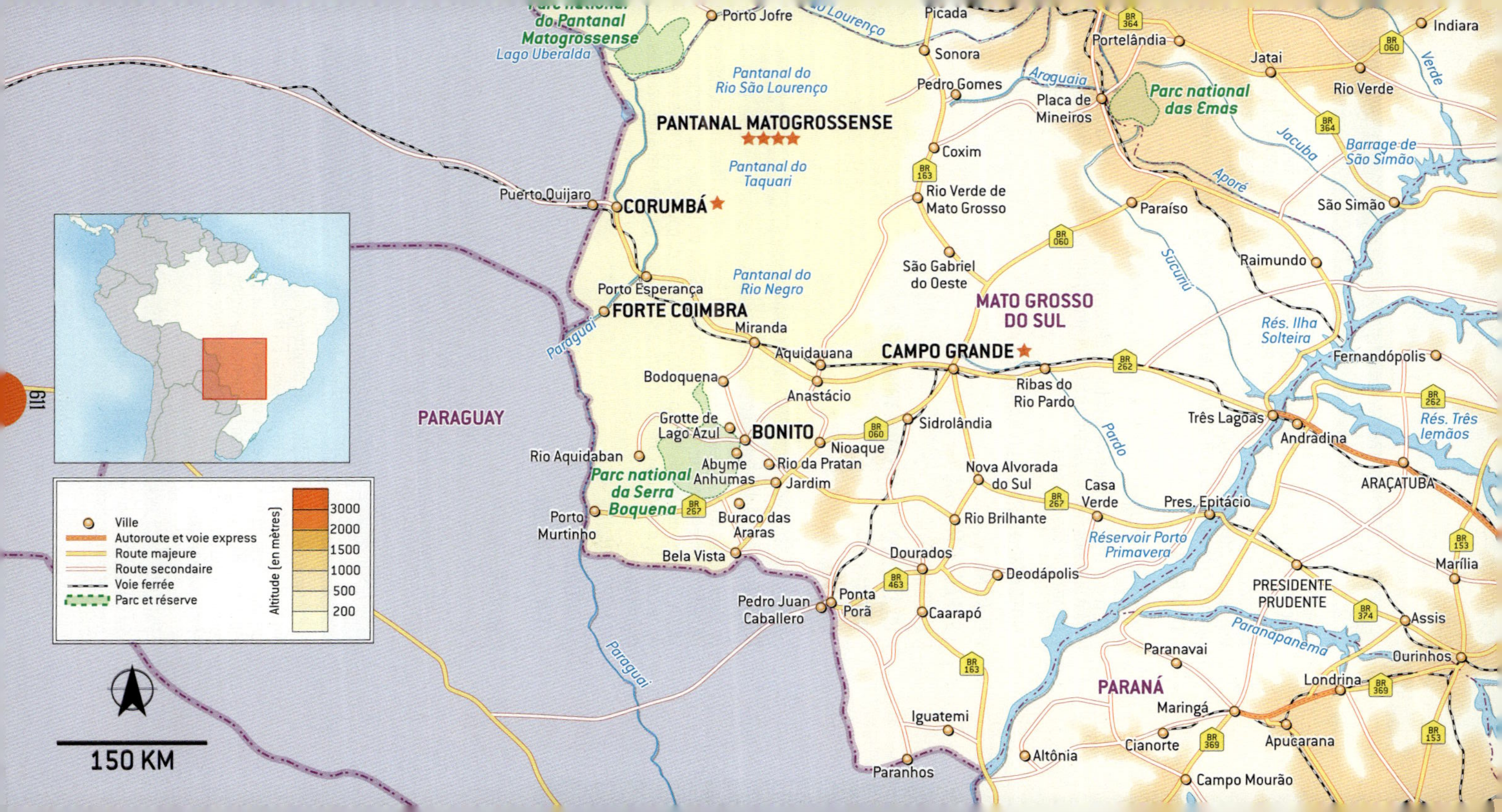
PANTANAL MATOGROSSENSE
MATO GROSSO DO SUL
PARANÁ
PARAGUAY
CAMPO GRANDE
CORUMBÁ
FORTE COIMBRA
BONITO
Parc national do Pantanal Matogrossense
Parc national das Emas
Parc national da Serra Boquena
Pantanal do Rio São Lourenço
Pantanal do Taquari
Pantanal do Rio Negro
Lago Uberalda
Barrage de São Simão
Rés. Ilha Solteira
Rés. Três Iemãos
Réservoir Porto Primavera
Paraguai
Araguaia
Jacuba
Aporé
Sucuriú
Pardo
Paranapanema
Verde
Porto Jofre
Picada
Sonora
Pedro Gomes
Coxim
Rio Verde de Mato Grosso
São Gabriel do Oeste
Portelândia
Placa de Mineiros
Jatai
Rio Verde
Indiara
São Simão
Paraíso
Raimundo
Fernandópolis
Três Lagoas
Andradina
Araçatuba
Marília
Assis
Ourinhos
Presidente Prudente
Pres. Epitácio
Casa Verde
Nova Alvorada do Sul
Ribas do Rio Pardo
Sidrolândia
Nioaque
Rio da Pratan
Jardim
Rio Brilhante
Dourados
Deodápolis
Caarapó
Ponta Porã
Pedro Juan Caballero
Iguatemi
Paranhos
Altônia
Cianorte
Maringá
Paranavai
Londrina
Apucarana
Campo Mourão
Puerto Quijaro
Porto Esperança
Miranda
Aquidauana
Anastácio
Bodoquena
Grotte de Lago Azul
Abyme Anhumas
Buraco das Araras
Bela Vista
Rio Aquidaban
Porto Murtinho
BR 364
BR 060
BR 163
BR 262
BR 267
BR 463
BR 153
BR 374
BR 369
Ville
Autoroute et voie express
Route majeure
Route secondaire
Voie ferrée
Parc et réserve
Altitude (en mètres)
3000
2000
1500
1000
500
200
150 KM

PAGES

613 ## ●● ÉTAT DU MATO GROSSO

Le Mato Grosso était il y a peu encore une terre où seuls les pionniers bâtisseurs, les agriculteurs et les sertanistes (spécialistes des cultures amérindiennes) s'aventuraient. Aujourd'hui, cette région est un des greniers à soja de la planète (d'aucuns dénonceront la destruction de cet extraordinaire écosystème qu'est le *cerrado* par une culture intensive de soja OGM) et un des espaces d'écotourisme les plus fascinants de la planète que seule une fréquentation « éclairée » permettra de conserver.

613 **CUIABÁ ★**

619 **PARQUE NACIONAL DA CHAPADA DOS GUIMARÃES ★★**

C'est une des merveilles de la nature à découvrir dans la région du Mato Grosso. C'est une zone de plateaux située à 600 mètres d'altitude incisée de falaises couronnées par des cascades.

622 **NOSSA SENHORA DO LIVRAMENTO ★**

622 **POCONÉ ★**

623 **BARÃO DE MELGAÇO ★**

624 **CÁCERES ★★**

625 **VILA BELA DA SANTÍSSIMA TRINDADE ★**

625 **NOBRES ★★**

627 **JACIARA ★★**

628 ## ●● ÉTAT DU MATO GROSSO DO SUL

Le Mato Grosso do Sul possède, outre une part importante du Pantanal, quelques merveilles d'intérêt majeur, comme Bonito ou la Serra de Bodoquena. Comme son voisin, l'État est désormais un espace agricole majeur du pays. Le soja, mais aussi le riz, le coton, le manioc, le café et la canne à sucre y sont produits dans des volumes gigantesques.

628 **CAMPO GRANDE ★**

633 **CORUMBÁ ★**

636 **FORTE COIMBRA**

636 **BONITO ★★★**

Bonito est un des spots majeurs de l'écotourisme. Idéalement située entre le Pantanal et les chutes d'Iguaçu, elle doit sa popularité à ses merveilles hydrologiques. C'est la Mecque de la plongée en rivière.

642 ## ●● PANTANAL

Le Pantanal est un extraordinaire écosystème, un des plus riches de la planète, où vivent plus de 7 000 espèces animales. En fin d'année, d'octobre à mars, les pluies ruissellent des hautes terres et viennent remplir cette gigantesque cuvette, faisant déborder le Rio Paraguay et ses affluents. La région, noyée sous trois mètres d'eau, n'est alors qu'un entrelacs de rivières et de lacs, dont les quelques îlots servent de refuge aux animaux.

642 **PARQUE NACIONAL DO PANTANAL MATOGROSSENSE ★★★★**

Sa visite est l'aboutissement d'un voyage dans cette région. Il faut nécessairement se faire accompagner d'un guide, car la région est difficile d'accès.

CUIABÁ ★

Cuibà est une ville prospère de près de 600 000 habitants (en comptant la ville jumelle de Varzea Grande), à l'ambiance provinciale. C'est l'un des principaux centres agricoles du pays, grâce au soja et à ses 10 millions de têtes de bétail, et également une destination touristique importante, idéalement située aux portes du Pantanal. La ville moderne montre une relative prospérité, sans grand cachet, mais pas désagréable. Le soir, il faut éviter le vieux centre et ses rues piétonnes, déserts. Les Cuiabános préfèrent les grandes avenues à l'américaine. Cuiabà reste pour beaucoup un lieu de passage obligé pour observer les merveilles des alentours.

CATHÉDRALE BOM JESUS DE CUIABÁ ★

Praça da Republica

La cathédrale Bom Jesus de Cuiabà n'est pas le monument qui justifie un déplacement à Cuiabà. Elle a été très belle dans une vie antérieure, mais son aspect actuel vaguement moderniste manque d'âme. Reconstruite dans les années 1930, c'est aujourd'hui un vaste bâtiment austère et anguleux, décoré de deux cadrans d'horloge, qui la fait ressembler à une gare. Etonnant mélange de dorure classique et d'angle droit moderne, elle mérite néanmoins le coup d'œil.

ÉGLISE NOSSA SENHORA DO BOM DESPACHO ★

Praça do Seminario

Sur une petite colline verdoyante, de style néogothique, inspirée par Notre-Dame-de-Paris. À côté, on peut visiter le musée d'Art sacré. L'église est située au sommet de la colline du séminaire, à côté du séminaire de Conceição à Cuiabá. il a été l'un des premiers à être construit dans la ville, au XVIIIe siècle. La construction actuelle, de style néogothique, date de 1918 et a été érigée sous le gouvernement de Dom Francisco de Aquino Correia. Pas très sûr le soir.

ÉGLISE SENHORA DO ROSARIO CHAPELLE SAO BENEDITO ★★

Praça do Rosário

✆ +55 65 3322 5473

Construite environ en 1730, cette jolie petite église emblématique blanche toute simple est la plus ancienne de la ville. Sa facade néogothique date de 1925, mais son intérieur de style baroque date du XVIIIe siècle. Un magnifique décor bleu pastel lumineux, chargé de dorures, sculptures rococo, colonnes torsadées et statues de saints.

Selon l'histoire populaire, Miguel Sutil de Oliveira, un *bandeirante paulista*, envoya des Indiens chercher du miel ; ils découvrirent de l'or dans le ruisseau du Córrego da Prainha, au pied de la colline où l'église a été construite. Les pépites brillèrent dans les yeux du conquérant qui y édifia la plus grande mine de la région. C'est elle qui a nourri le développement et la richesse de Cuiaba. On raconte que dans les rues proches de la mine, jusque dans les années 1950, il était possible un jour de pluie chanceuse de trouver des pépites d'or sur son chemin dans les coulées de terre. Les rues de cette cité coloniale portugaise ont ensuite été pavées.

Fête de São Benedito. C'est la fête religieuse la plus populaire du Mato Grosso, en juin et juillet chaque année, avec un temps fort début juillet. Ce sont plus de 1700 esclaves noirs qui les premiers célébrèrent São Benedito, devenu pour eux symbole de lutte contre l'oppression. Mais ce n'est qu'officiellement au début du XXe siècle que les familles bourgeoises participèrent à cette fête religieuse élitiste. Elle rassemble près de 10 000 personnes par jour de fête sur le parvis de l'église !

MUSEU DE PRÉ-HISTÓRIA - CASA DOM AQUINO

Av. Beira Rio, 2000 ✆ +55 65 3634 4858

www.institutoecoss.com.br

Ouvert du mardi au samedi de 8h à 17h. Entrée 6 R$, réduit 3 R$. Activités ponctuelles organisées pour les enfants.

Ce petit musée abritant une collection d'archéologie et de paléontologie est installé dans une maison coloniale du XIXe siècle. La collection permanente présente des fossiles retrouvés dans le Mato Grosso, retraçant l'évolution géologique de la région, un squelette de dinosaure Sauropoda et quelques artefacts tels que de la céramique. On remarquera également une collection de fossiles retrouvés dans le parc naturel de la Chapada dos Guimarães (jadis couvert par la mer !).

MUSEU RONDON OU MUSEU DO INDIO ★★

Avenida Fernando Correa da Costa (dans l'université) ✆ +55 65 3313 7386

www.museurondonufmt.blogspot.fr

Ouvert du lundi au vendredi de 8h à 11h30 et de 13h30 à 17h. Gratuit.

Visite immanquable pour en savoir un peu plus sur les peuples indigènes du Pantanal : Xavantes, Karajas, et Bororos. Riches expositions consacrées aux cultures indiennes de la région. Le musée porte le nom de Cândido Rondon, maréchal qui luttait pour la défense des droits indigènes. Il a patiemment collecté le fonds du musée costumes en plume, parures religieuses, objets de rituels, céramiques, photos d'époque. Sur le Campus, au coucher du soleil, des centaines d'oiseaux s'installent.

PALACIO DA INSTRUÇAO ★★

Rua Antônio Maria, 251,
Praça da República
✆ +55 65 3025 3221

Ouvert du mardi au vendredi de 8h à 20h, les week-ends et jours fériés de 9h à 18h. Entrée libre.

L'un des plus beaux et des plus intéressants bâtiments de la ville est sûrement le Palacio da Instruçao, praça da Republica, à côté de l'Igreja Matriz. Construit en 1914, il a longtemps servi d'école. Dans les années 1970, il était le siège des secrétariats de l'Intérieur et de la Justice. En 1975, il est devenu le siège de la Fondation culturelle du Mato Grosso et a abrité les musées d'histoire naturelle, d'anthropologie et d'histoire. Son architecture ocre et blanche de style néoclassique est magnifique. Il abrite également des expositions d'art temporaires.

ECOVERDE TOURS ★★

Avenida Getulio Vargas, 155
ou pousada Ecoverde,
✆ +55 65 99638 1614

www.ecoverdetours.com.br

Comptez 500 R$ par jour (700 R$ pour le Jaguar Tour).

Notre ami Joël Souza est une figure incontournable de l'écotourisme éclairé du Pantanal, dont il est un des pionniers. Sympathique, compétent et d'un esprit entreprenant. Il propose des tours intelligents à des prix corrects animés par des guides avertis. L'expérience reste toujours inoubliable et authentique. Outre le tour standard à la découverte de la faune et la flore du Pantanal Nord, on pourra réserver le Jaguar Tour (3 nuits) et partir les observer à Porto Jofre. Il peut vous accueillir à la rodoviária ou à l'aéroport de Cuiabà.

NATURECO ★★

Rua Coronel Benedito Leite, 570
✆ +55 65 3624 5116

www.natureco.com.br

Une agence qui offre également d'excellentes prestations. Munir est également un pionnier de l'écotourisme. Guide passionné reconnu pour son expérience et sa fibre écologique. Les pousadas utilisées lors des séjours dans le Pantanal sont souvent tenues par des « natifs ». Munir est investi dans des projets de défense de l'environnement. Superbe tour « trois écosystèmes » (Pantanal, Chapada de Guimarães, Amazonie), sur les traces « d'Arne Suckdorf ». Tours de 2 jours à 15 jours, programme à la carte, selon la saison, vos envies et votre budget. Une référence.

PANTANAL NATURE ★★

Av. Historiador Rubens de Mendonça, 1856
✆ +55 65 3322 0203

www.pantanalnature.com.br

Pantanal Nature est une agence réceptive spécialisée dans l'écoutourisme de qualité. Ailton Lara, le fondateur, est un guide professionnel qui sillonne la région depuis 99. Possibilité de randonnées, balades à cheval, safari nocturne et safari-photo. Pantanal Nature, accréditée par Embratur, suit une philosophie de travail entre modernité et écologie. La préservation de la nature est leur priorité dans des parcours proposés à forte teneur pédagogique. Ailton parle anglais, espagnol et un peu le français. On recommande sans hésiter !

AÉROPORT MARECHAL RONDON

Avenida João Ponce de Arruda ✆ +55 65 3614 2527

- **Dans l'aéroport :** on trouve des distributeurs de billets, une consigne à bagages, des *lanchonetes*, location de voiture, une poste et un bureau de change (MVI Agência de Viagens e Turismo) ouvert tous les jours.
- **Accès en bus** depuis/vers les centre-villes de Varzea Grande et Cuiaba :
- **Ligne 024.** Aéroport–Port–Port et centre Cuiaba–Pantanal Shopping
- **Ligne 55.** Aéroport–Port–Port et centre Cuiaba–Shopping 3 Americas.
- **Accès en taxi :** Comptez 35 à 45 R$ la course depuis/vers le centre de Cuiaba.
- **Gol, LATAM, Azul et Avianca** sont les compagnies aériennes qui desservent Cuiabá.

RODOVIARIA

Avenida Jules Rimet ✆ +55 65 36213629

Les bus qui se relaient à la rodoviaria permettent des connexions dans l'Etat et avec les métropoles du pays. Parmi les destinations :

- **Poconé/Pantanal Nord.** Compagnie : TUT. Durée : environ 3h. Moins de 10 bus/jour.
- **Campo Grande.** Plusieurs compagnies, dont Andorinha, Eucatur, Motta, Nova Integração et Viação São Luiz. Durée : 12/13h. Nombreux départs quotidiens.
- **Chapada dos Guimarães.** Compagnie : Viação Rubi. Durée : environ 1h30. Une dizaine de bus/jour.
- **Brasília.** Compagnies : Expresso São Luiz, Andorin ha ou Eucatur. Durée : environ 20h. Moins de 10 bus/jour.

UNIDAS

920 avenida Joao Ponce de Arruda (aéroport)
✆ +55 65 3682 4052
www.unidas.com.br
Ouvert 24h/24h.

Agence de location nationale située à l'aéroport et ouverte tous les jours, pratique. Prix compétitifs. Unidas est une société de location très présente dans tout le pays. Il faut toujours être vigilant sur l'état du véhicule lors de l'état des lieux pour éviter tout litige lors de la restitution du véhicule, quelle que soit la société de location. Lors de la saison des pluies, il faut éviter de s'aventurer avec des berlines sur les routes de terre du Pantanal. Il faut être vigilant lors des voyages nocturnes. Animaux hors des villes et problèmes de sécurité.

VERDE TRANSPORTES

Avenida Julis Rimet s/n
✆ +55 65 3621 2920
www.viagemverde.com.br

Principale compagnie de bus locale qui dessert les zones les plus reculées comme les grandes villes. Depuis des décennies les bus de Verdes Transportes relient Cuiabá, la capitale du Mato Grosso, à de nombreuses villes du nord, de l'ouest et de l'est du Mato Grosso, du sud du Pará, de São Paulo, du Mato Grosso do Sul, de Goiás et du district fédéral. Plus de 150 000 sont transportés par mois. La compagnie se dit engagée dans une démarche respectueuse de l'environnement. Le site Internet est très bien fait pour consulter les prix et les horaires.

RADIO TAXI BANDEIRANTES

✆ +55 65 3623 3344

Possibilité de télécharger l'appli Taxi Bandeirantes pour les commander. Cette compagnie est présente depuis longtemps à Cuiabà. On rappellera les consignes à suivre lors de l'utilisation de taxi. il faut les faire appeler par la pousada ou le restaurant ou les prendre en tête de station. Ne pas les héler dans la rue. Le chauffeur de taxi doit enclencher son compteur dés le début de la course (tarif jour, nuit et éventuellement jours fériés) sauf si vous négociez avec lui directement un prix forfaitaire. Les tarifs sont corrects en général.

POUSADA ECOVERDE €

Rua Pedro Celestino, 391 – Centro
✆ +55 65 99638 1614
www.ecoverdetours.com.br
Cinq chambres : 50 R$ pour 1 personne, 90 pour 2, 120 pour 3, 130 pour 4 avec le petit déjeuner.

Pousada de Joël Souza, d'Ecoverdetours. Petite maison simple, charmante et rustique de 5 chambres, dans l'esprit pantaneira. Accueil très sympa chez notre ami Joël Souza et son fils Lauro. Dans la vieille ville, l'agréable cour intérieure fait partie du charme de cette vénérable demeure. Petit déjeuner dans un cadre bucolique. On peut organiser ses voyages dans le Pantanal, les chapadas de Guimarães avec l'agence Ecoverde de Joël. On peut se cultiver en puisant dans sa bibliothèque. Wifi gratuit. On est comme à la maison et on y revient toujours avec plaisir.

HOTEL D'LUCA €€

Av. Historiador Rubens de Mendoça, 104
✆ +55 65 3046 7200
www.hoteldluca.com.br
Chambre double à partir d'env. 240 R$ avec le petit déjeuner.

L'hôtel D'Luca est bel établissement moderne (construit en 2012). Bien situé dans le centre (il se trouve à moins de 10 minutes du Shopping Pantanal), il propose 76 appartements au style « exécutif », car ici les touristes sont peu nombreux. C'est un établissement confortable pour une clientèle d'affaires et de négociants. On y sert un très bon petit déjeuner. Les étages 4, 5 et 6 proposent des chambres avec vue sur la ville. Celles du bas peuvent être légèrement plus bruyantes. Wi-fi, réception 24h/24, parking gratuit et restaurant ouvert le soir.

INTERCITY HOTEL €€

R. Pres. Artur Bernardes, 64
✆ +55 62 3025 9900
www.intercityhoteis.com.br
Chambre double à partir de 270 R$ avec le petit déjeuner.

Situé dans l'agréable quartier de Goiabeiras, où se regroupent les bars et les restaurants de la ville, cet établissement propose des chambres spacieuses et fonctionnelles (les superluxes sont les plus agréables). Cet établissement est très moderne et l'accueil est professionnel. Écran plat, divan, salle de sport, piscine semi-olympique… rien n'est oublié ! Le restaurant, midi et soir, propose d'excellents plats. Il y a surtout une clientèle d'affaires, mais on peut vous aider à organiser votre séjour dans le Pantanal. Une bonne adresse.

AMAZON PLAZA €€€

Avenida Getulio Vargas, 600, Centro
✆ +55 65 2121 2000
www.hotelamazon.com.br
Chambre double à partir d'env. 255 R$ avec le petit déjeuner.

Ce grand immeuble moderne propose cent trente-sept chambres aux excellentes prestations. Comme son nom l'indique, la référence à l'Amazonie est omniprésente à travers les belles décorations amérindiennes. Piscine avec cascade, buffet de qualité, musique. Les chambres sont décorées avec goût, les lits sont très larges. Il y a quelques appartements « économiques », dont la vue donne sur les couloirs et le jardin intérieur. Les chambres donnant sur l'avenue peuvent être un peu bruyantes. Accueil très pro. Une adresse à retenir !

EULALIA E FAMILIA €

Rua Professor Joao Felix, 470
✆ +55 65 3624 5653
Les mardis, jeudis, samedis et dimanches, de 5h30 à 10h (11h le week-end et les jours fériés).

La souriante Eulália, pas loin de souffler ses 88 bougies, prépare depuis plus de 60 ans l'un des meilleurs *bolo de arroz* de Cuiaba. Et pour cause, c'est elle qui a rapporté en ville cette recette qu'elle tenait de son oncle. Le gâteau de riz est par la suite devenu l'un des symboles culinaires du Mato Grosso. Aux fourneaux dès l'aube, Eulália continue d'ouvrir les portes de son local à 5h30 du matin et le dimanche, elle vend jusqu'à 2 000 bolinhos… C'est donc ici qu'il faut se rendre pour se réveiller avec un traditionnel « C ha Com Bolo » cuiabano.

SESC ARSENAL €

Rua13 de Junho, s/n
✆ +55 65 3611 0550
Plats autour de 20 R$ lors du « bulixo ».

On peut difficilement manquer ce vaste édifice. L'ancien arsenal de Cuiabá, magnifique bâtiment jaune de style franco-lusitanien désormais reconverti en SESC (centres socioculturels disséminés dans tout le pays) propose tous les jeudis une agréable foire culturelle et gastronomique, le « bulixo ». Les étals proposent d'excellents petits plats dans une ambiance familiale et festive. On trouve aussi de l'artisanat et des produits typiques. On peut passer d'agréables moments dans le bar du SESC, en sirotant un jus de fruits. Excellent lieu à connaître.

O REGIONALISSIMO €

Avenida Manoel José de Arruda, 1410
✆ +55 65 3623 6881
Ouvert le lundi de 18h à 21h30, mardi au samedi de 11h à 14h et de 17h30 à 22h, dimanche de 11h à 14h. Buffet à 60 R$.

Le Regionalissimo est une institution à Cuiabà. C'est une adresse réputée pour qui veut goûter à la cuisine locale. Le cadre est simple et convivial, beaucoup d'habitués n'ont pas hésité à suivre le restaurant dans ses nouveaux murs, à côté du musée du Rio. Un intéressant buffet de produits et de recettes locaux est proposé à midi. Le nom des plats est écrit sur une imitation d'instrument de musique traditionnelle du Pantanal. De nombreuses recettes régionales à base de poisson (*pacu au pequi*, *pintado*) ou riz saucisse et banane plantain.

PORTO DA CONCEICAO €

Passagem da conceiçao.
✆ +55 65 3625 3802
Ouvert du jeudi au dimanche, de 11h30 à 23h. Compter autour de 60 R$/pers.

Ce restaurant au bord du fleuve Cuiabà est situé dans un *quilombola*, communauté de pêcheurs descendant d'esclaves, qui existe depuis près de deux cents ans. À l'ombre de sa petite église baroque, ce lieu plein de charme est chargé de traditions. On peut y goûter les savoureux pacus et dourados. Ouvert seulement en fin de semaine. Le plat le plus réputé, le pacu grillé à la mode de la maison, est à commander 24 heures à l'avance. Les prix ont certes augmenté, mais les plats pour deux sont suffisants pour quatre. Un lieu authentique à connaître !

RESTAURANT ALECRIM €

Rua Comandante Costa, 1710
✆ +55 65 3623 4030
De 11h à 14h30 tous les jours, sauf dimanche. Comptez 50 R$ le kilo.

Alecrim est un bon restaurant au kilo qui fonctionne avec bonheur depuis plusieurs années maintenant. Le chef a fait ses classes au DOM de São Paulo chez le talentueux Alex Atala. La cuisine y est fine et variée. Dès l'entrée de l'établissement, on peut percevoir le souci du bien-être des hôtes. Les lieux sont accueillants et cosy. Le concept des lieux est de proposer une cuisine internationale de qualité à des prix raisonnables ! Les jeunes étudiants des écoles privées alentour et des exécutifs courtois sont d'ailleurs chaque jour plus nombreux et fidèles.

HARU €€

Rua Senador Vilas Boas, 94
✆ +55 65 3027 7171
Ouvert tous les soirs de 18h30 à minuit. Compter à partir de 100 R$ par personne.

La praça popular s'est imposée comme un lieu de référence pour la vie nocturne de Cuiabà et pour la qualité et la diversité de ses restaurants. Le Haru s'est imposé comme un des meilleurs restaurants japonais d'une ville où la communauté nipponne est importante. La longue file d'attente des fins de semaine atteste de la qualité des produits et de la créativité des chefs qui y officient. Ici également, au-delà des sushis, on mêle subtilement plats japonais et cuisine régionale. Les *ceviches* japonisés sont excellents. A connaître.

LÉLIS PEIXARIA €€

Rua Marechal Mascarenhas de Moraes, 36
✆ +55 65 3322 9195
Ouvert de 11h30 à 15h et de 18h30 à 23h, le dimanche de 11h30 à 15h. Compter à partir de 120 R$ pour deux.

Le Lélis est un établissement, qui met à l'honneur le Pantanal à travers sa décoration (photos et animaux naturalisés, dont un pirarucu) et surtout à travers sa carte. Le Lélis est l'un des meilleurs restaurants de poisson du coin et il mérite sa réputation bien établie. Les *rodizios* permettent de goûter quelques-unes des nombreuses et savoureuses variétés halieutiques de la région. La salle principale est moderne et simple, sans fioriture. Le service est pro. Ajoutez à ceci une carte de vins impressionnante... Un vrai bonheur gastronomique.

MAHALO €€

359 R.Pres. Castelo Branco (Quilombo)
✆ +55 65 3028 7700
www.mahalocozinhacriativa.com.br
Ouvert du lundi au samedi, de 11h30 à 14h30 et de 19h30 à minuit. A partir de 60 R$ le plat. formule 78 ou 88 R$ à midi.

Le mot hawaïen Mahalo signifie « Gratitude, tranquillité, chance, paix intérieure et même bénédiction divine ». Et c'est bien ce que l'on ressent lorsque l'on rentre dans ce bel établissement aux formes épurées. C'est une excellente table de Cuiabà. Sa cuisine contemporaine mélange subtilement produits brésiliens et sophistication française, mais la cuisine régionale n'est pas oubliée. À midi, en semaine, une cuisine plus simple et meilleur marché est proposée. On peut ainsi profiter du raffinement d'une grande table à des prix très doux. A connaître !

MIRANTE DAS ÁGUAS €€

Rua Brasilia, 2010
✆ +55 65 3682 6130
mirantedasaguasmt.com.br
Tous les jours de 11h à 15h. À partir de 50 R$.

Cuiabà regorge de bonnes adresses de restaurants de poissons. Le Mirante das Aguas est un établissement à l'atmosphère agréable pour se faire plaisir au déjeuner. Dans un cadre verdoyant et avec le rio Cuiabá en toile de fond, on sert le fameux *rodizio de peixe* garni en poissons régionaux cuisinés sous toutes les formes (en friture, grillés, en beignets, en ragoût...). Le Mirante est également une pizzeria. L'établissement propose de belles salades pour accompagner le tout et quelques options de viande pour contenter tout le monde. Une bonne pioche !

CONFRADE

Avenida Mato Grosso, 1000
✆ +55 65 3027 2000
www.confrade.com.br/
Ouvert tous les jours de 11h à 15h, et de 17h à minuit. Dimanche, ouvert seulement le midi.

L'ancienne micro-brasserie Haus Bier ne produit plus désormais la bière qu'elle sert, mais le lieu n'a pas vraiment changé. Les petiscos sont toujours aussi appétissants (bolinhos de manioc à la viande séchées, bolinhos de morue aïoli...). La carte est riche et variée. On peut toujours y manger correctement (trés bons poissons, bonne purée de *banana da terra*), bercé par la MPB des groupes qui s'y produisent. Ambiance familiale conditionnée par l'espace Kids, qui redonne leur liberté aux parents un soir de concert *ao vivo* à partir de 20h.

DECK AVENIDA

Avenida Rubens de Mendonça, 635
✆ +55 65 3623 7776
Ouvert tous les jours de 18h à minuit et le week-end à partir de 11h.

Le Deck Avenida, comme son nom l'indique est une grande terrasse qui donne sur l'avenue Rubens de Mendoça. Très agréable, la terrasse se remplit vite en fin de semaine. On y trouve des amateurs de foot et des familles (grande mode de l'espace Kids pour occuper les enfants). Bon, c'est bruyant, mais c'est l'ambiance des restaurants populaires et familiaux brésiliens. La nourriture est correcte et la bière bien fraîche. Picanha, filet mignon, fruits de mer, pizzas, c'est l'assurance de passer un bon moment à des prix corrects. Pltas pour 1 ou 2 personnes.

MOVIDO AÇAI

rua estevao de mendonça, 855
✆ +55 65 3027 7569
Ouvert de 13h à 20h du lundi au samedi.

L'açaï, fruit d'Amazonie, a des vertus énergisantes connues et reconnues. Depuis notre découverte, en 2014, dans ce petit bar sympathique entièrement dédié à l'açaï, où on peut prendre un excellent jus d'açaï avant de se répandre dans les soirées de Cuiabà. Le jeune patron a pour éthique de promouvoir les meilleurs produits et bien recevoir ses hôtes. Ambiance décontractée entre des étudiants des écoles alentour qui tapent le carton et de jeunes cadres qui apprécient le calme des lieux. Des petites adresses comme on les aime.

DITADO POPULAR

Rua Senador Villas Boas, 86
✆ +55 65 4141 3655
Tous les soirs de 17h à 4h.

La Praça Popular est devenue un lieu incontournable des nuits de Cuiabà. Les restaurants et les bars rivalisent d'originalité pour se faire connaître ou fidéliser leur clientèle. Le Ditado popular est un gastro-bar. C'est le bar le plus populaire, agité, bruyant, mais aussi le plus chaleureux de Praça Popular. La jeunesse locale vient s'y masser, et on y écoute souvent des concerts *ao vivo*. Le lieu est en fait ouvert comme une énorme terrasse, agréable et très simple. Les places sont chères, bien sûr, au moment de l'happy hour.

SALOME BAR

Praça Popular
✆ +55 65 9921 8390
Ouvert tous les jours à partir de 17h, jusqu'à 1h en semaine, 3h le vendredi et le samedi, 23h45 le dimanche.

Le Salome Bar se veut avant tout un *boteco*, un de ces bars d'habitués où on boit un verre et on mange, dans une ambiance familiale, typique de Rio de Janeiro. C'est un bar animé à la décoration de bon goût (publicités à l'ancienne sur tous les murs), qui propose un menu de *pesticos* copieux (en *rodizio* certains jours), des happy hours sur la bière et autres réjouissances nocturnes. Les jours de feijoada, les places sont chères... L'ambiance y est jeune, festive et dansante surtout les soirs de concert. Très bons cocktails à base de cachaça.

MATTEO GELATO CRIATIVO

Rua 24 de Outubro, 566
www.matteogelatocriativo.com
Ouvert tous les jours de 14h à 22h, sauf lundi. 1 boule 8 R$, 2 boules 12 R$.

Les becs sucrés ne manqueront pas de faire une halte chez ce glacier brésilien qui élabore des glaces artisanales à l'italienne ! À base de produits naturels, créatifs... Un régal. Côté saveurs, on retrouve les parfums classiques et des goûts plus originaux renouvelés en fonction des produits de saison (la gelato est à base de lait, le sorbetto à base d'eau). Certains parfums sont même alcoolisés, à l'instar de la glace ananas, coco et vodka ou Champagne, mangue, chantilly. Cet artisan a d'ailleurs gagné un prix national en 2018. Jolie petite cours pour déguster.

CASA DO ARTESAO

Rua 13 de Junho, 315 - Porto
✆ +55 65 3611 0550
Ouvert du lundi au vendredi de 8h30 à 17h30, le samedi de 8h30 à 13h.

Plusieurs unités de cette bâtisse coloniale sont réservées à la vente de l'artisanat des tribus amérindiennes locales (osier, céramiques, bijoux, hamacs...). Les prix des produits artisanaux y sont un peu élevés, mais ils garantissent des revenus décents aux communautés indigènes qui les produisent, puisque les bénéfices leurs sont directement reversés.

▸ **Au Sesc Arsenal,** tous les jeudis à partir de 17h, se tient le « Bulixo », une foire d'artisanat et de gastronomie brésilienne à l'ambiance populaire. L'occasion de s'imprégner de l'atmosphère locale cuiabana.

PARQUE NACIONAL DA CHAPADA DOS GUIMARÃES ★★

Chaque année, près de 250 000 visiteurs se pressent dans ce parc naturel et son petit village éponyme. A 67 km au nord de Cuiabá, c'est une sorte de grand canyon, limité par des falaises abruptes qui incisent de vastes plateaux, de 600 à 800 m de haut, creusés par l'eau et le vent et couronnés de magnifiques cascades. Cette merveille géologique résulte de la rupture entre le plateau brésilien et la dépression du Pantanal. La végétation, résultant de la juxtaposition de plusieurs écosystèmes, est d'une richesse exceptionnelle. Sèche et broussailleuse sur les hauteurs, elle devient peu à peu humide et luxuriante, à mesure qu'on descend – les botanistes pourront apprécier la variété de plantes médicinales. Les nombreux fossiles rappellent qu'avant c'était la mer. La position centrale de cette région de plateaux, frontière naturelle entre le bassin amazonien, au nord, et le Pantanal, au sud, fait du Parc national de Chapada dos Guimarães la principale attraction des environs, après le Pantanal. Les soirées y sont fraîches, rompant avec la chaleur de la plaine. Le parc est ouvert toute l'année, mais la meilleure saison est l'été brésilien (c'est-à-dire notre hiver). Les visiteurs pourront alors apprécier la fraîcheur des rivières et des cascades et, surtout, l'horizon magnifique à partir du Mirante ne sera pas altéré par les brumes, fréquentes en hiver.

Parque Nacional da Chapada dos Guimarães.

PARQUE NACIONAL DA CHAPADA DOS GUIMARÃES ★★

Le Parc national propose un grand nombre de lieux et de milieux spectaculaires que la présence d'un guide vous permettra de mieux découvrir et comprendre. Parmi les sites importants du parc, citons :

- **La Casa de Pedra,** grotte qui surplombe un petit cours d'eau. On y passe lors de la randonnée « des cascades » ou lors de l'ascension du Morro Jerônimo (avec guide).
- **Le Morro Jerônimo,** qui culmine à 857 m. À visiter avec un guide accrédité (accès privé), et pour les amateurs de randonnée uniquement, car l'excursion peut vite s'avérer fatigante si on n'a pas bien évalué son niveau. Près de 20 km aller-retour. La principale difficulté se rencontre lors de l'ascension. Prévoir beaucoup d'eau et de quoi se restaurer. À l'arrivée, vue sensationnelle !
- **La Cidade de Piedra,** de belles formations rocheuses rougeâtres avalées par la végétation. Accessible avec les services d'un guide et par une petite marche facile, ce point de vue magnifique mérite la visite.
- **Les chutes du Voile de la mariée** (Veú de Noiva), hautes de 85 m. C'est l'un des points de vue mythiques du parc (très facile d'accès, se visite de manière indépendante). Avec de la chance, on peut y voir virevolter des aras. Petit kiosque à l'entrée.
- **La Lagoa azul,** lac aux eaux turquoise, situé à 40 km du village. Accès en transport (navette payante), à pied (pour les plus motivés) ou avec un guide. Entrée 65 R$ (hors service guidé). Le soleil illumine la grotte en début d'après-midi (vers 14h), c'est donc un moment propice pour la visiter. Baignade interdite. Beau spectacle !
- **Le Mirante (point de vue),** un vaste plateau, d'où la vue embrasse toute la vallée : Cuiabá et, au-delà, le Pantanal. Le panorama fait 200 km de large. C'est là que se trouve le centre géodésique de l'Amérique du Sud, officialisé par une petite borne de pierre. Le Mirante rassemble ainsi régulièrement tous les mystiques du coin, qui viennent communier, à travers de grands cercles, main dans la main, avec l'énergie du cosmos, particulièrement perceptible en ces lieux selon certains.
- **Quand y aller ?** Le parc est ouvert toute l'année, mais la meilleure saison est l'été brésilien (c'est-à-dire notre hiver). Les visiteurs pourront alors apprécier la fraîcheur des rivières et des cascades et, surtout, l'horizon magnifique à partir du Mirante ne sera pas altéré par les brumes, fréquentes en hiver. Les pluies sont importantes de décembre à mars, tandis qu'au contraire la chaleur est accablante et les risques de feu élevés de juillet à octobre.

CHAPADA EXPLORER

Praça Dom Wunibaldo, 57
✆ +55 65 3301 1290
www.chapadaexplorer.com.br

Fondée par Alberto en 2001, cette agence réceptive spécialiste du Pantanal, de très bonne réputation, propose des circuits variés dans les montagnes des Chapadas dos Guimaraes, mais également dans les autres sites magnifiques du Mato Grosso (Transpantaneira, Nobres et Serra do Roncador...). Tours incluant bateaux, 4x4 et trekking. Les activités sont diverses : marches de 5 à 8 jours, observations des jaguars. Toutes les activités sont faites en respectant l'environnement et en tentant d'intégrer au maximum les communautés locales dans le projet.

ECO TURISMO CULTURAL

Avenida Cipriano Curvo, 655
✆ +55 65 3301 1393
www.chapadadosguimaraes.com.br
Tarifs sur demande.

C'est l'agence la plus ancienne, dirigées par les enfants de Jorge Belfort. Elle propose des programmes variés et complets (transferts depuis votre hôtel, visites, restauration) dans toute la région, à pied ou à cheval, ou en rafting. Les guides expérimentés permettront d'apprécier la beauté et la fragilité de ces écosystèmes.

▸ **Si vous ne voulez pas passer par une agence,** vous pouvez aussi visiter le parc en voiture. Certains sites sont assez faciles d'accès ; pour d'autres, c'est moins évident. Par ailleurs, certains sites ne se visitent qu'avec un guide.

POUSADA BOMJARDIM €

Praça Dom Wunibaldo, 461
✆ +55 65 3301 2668
www.pousadabomjardim.com.br
Chambre avec ventilateur et TV : simple à 100 R$, double à 149 R$. Avec climatisation : simple à 120 R$, double à 185 R$

En termes de localisation, il est difficile de faire mieux. La pousada BomJardim est au cœur de la petite ville et à proximité de ses activités (Bars, restaurants, sorveteria, pharmacie...). Sur la place principale de la ville, cet hôtel propose des chambres propres et simples à la déco un brin datée (certaines sont un peu sombres). Le *café da manha*, très copieux, est servi dans une vaste salle agréable et accueillante. Les gâteaux maison sont très appréciés des hôtes. Ce n'est pas le grand luxe, mais c'est propre et bien tenu.

POUSADA CHARME €

Rua 2, 0
✆ +55 65 99699 0610
Double à partir d'environ 175 R$, avec petit déjeuner. Service de location de vélo. Wifi. Barbecue.

Une pousada pas chère et bien tenue à l'ambiance calme et relax. L'amphitryon Heleonora tient sa maison d'une main experte et avec une immense attention pour les hôtes. La pousada Charme est une belle maison jaune avec grand balcon, petite piscine, jardin tenu au cordeau, bon petit déjeuner et literie confortable. Possibilité de balade à vélo dans les environs (location sur place). De l'arrivée au départ, tout est fait pour les hôtes aient envie de revenir. Les animaux sont également les bienvenus. La pousada est assez proche du centre.

HOTEL TURISMO €€

AV. Fernando Corrêa da Costa, 1065
✆ +55 65 3301 1176
www.hotelturismomt.com.br
Chambre double : 280 R$, triple 380 R$, quadruple 450 R$

À Chapada dos Guimarães, l'hôtel Turismo (ex-Hotel Turismo do Cumpadre) fonctionne depuis près de 50 ans. Cette grande maison avenante en brique offre des prestations de qualité. La verdure est omniprésente et la petite piscine bienvenue avec les fortes chaleurs. Les chambres sont simples, mais équipées efficacement (climatisation, TV, réfrigérateur-bar) et propres. Situé dans le centre-ville, il dispose d'une piscine pour enfants et adultes, d'une salle de réception, d'une connexion Internet gratuite et d'une réception ouverte 24h/24.

POUSADA CAMBARA €€

Av. Catarino Rodrigues de Campos, s/n
✆ +55 65 3301 1330
Compter autour de 300 R$ la double, avec petit déjeuner. Wifi.

Deux petites structures cachées dans la végétation attendent les hôtes. La pousada Cambarà est un très agréable établissement de sept chambres installées dans une coquette maison rouge nichée dans un jardin verdoyant peuplé de perroquets. Chambres tout confort à la déco sympa et climatisées. Porche et espaces communs pour se détendre en se balançant sur des hamacs. Mentions spéciales pour le petit déjeuner très copieux et délicieux, ainsi que pour l'accueil des hôtes qui habitent juste à côté et sont aux petits soins ! Une bonne adresse.

POUSADA DO PARQUE €€

Rodovia Emanuel Pinheiro, km 52
✆ +55 65 99671 6876
www.pousadadoparque.com.br
À partir d'env. 470 R$ la double, avec petit déjeuner. Wifi. Gratuit pour les moins de 6 ans.

Pousada de charme à la position privilégiée à l'entrée du parc (la chute du voile de la mariée en 5 minutes et le village en 20 minutes). Au cœur d'une nature luxuriante, on profitera du calme absolu au bord de la piscine. Les chambres au décor rustique offrent un confort plus que correct et sont équipées de la climatisation. On retrouve comme partout le généreux buffet du *café da manhã*, avec en plus un restaurant ouvert midi et soir. L'une des meilleures adresses du coin dans une gamme de prix un peu plus élevée, mais conservant un bon rapport qualité-prix.

POUSADA PENHASCO €€

Avenida Penhasco ✆ +55 65 3624 1000
www.penhasco.com.br
Compter de 827 R$ la double. Entrée piscine de 49 R$ à 69 R$, selon jour (plus cher les week-ends et les jours fériés).

Superbe endroit offrant un magnifique point de vue, avec piscines. C'est incontestablement l'établissement de luxe des Chapadas. C'est le seul hôtel avec vue directe sur le mirante (il y a un sentier panoramique à l'intérieur du terrain appartenant à l'hôtel). On embrasse toute la région d'un seul regard. Restaurant, salle de jeux, appartements cosy, rien n'a été oublié pour répondre à une clientèle en demande de prestations de qualité. Pour ceux qui n'ont pas les moyens d'y séjourner, l'entrée à la journée est intéressante car les piscines sont exceptionnelles.

VILLA GUIMARAES €€

Rua Neco Siqueira, 41
✆ +55 65 3301 1366
www.pousadavillaguimaraes.com.br
À partir de 250 R$ la double avec salle de bains partagée, jusqu'à 624 R$ la suite master avec baignoire à hydromassage.

Cette *pousada* est en fait une maison et on a l'impression d'arriver chez soi ! Dans cette grande villa à la couleur jaune, on propose huit chambres, pas plus, dont certaines ont une salle de bains commune, et d'autres privatives. Certaines ont même un bain à hydromassage ! L'intimité des lieux est ainsi préservé. Les chambres à l'étage ont un balcon, toutes sont climatisées avec TV et réfrigérateur-bar. La salle de café donne sur une piscine, où on peut se rafraîchir les jours de grande chaleur. Une très bonne adresse en plein cœur du village.

CANTINHO DA GULA €

Rua Vereador Jose Souza Neves, 715
✆ +55 65 3301 3263
Comptez à partir de 50 R$ un plat de viande pour deux.

Dans un décor rustique, le Cantinho da Gula est une petite *churrascaria* romantique et avenante, à deux pas de la place principale. On y sert donc principalement de la viande, mais aussi des poissons bien préparés et des *caldos* (soupes) à des prix très abordables. Sur les tables en bois, on peut également essayer des brochettes, autres spécialités locales, qu'elles soient de viandes (différents types de viandes sont proposés) ou de poisson. Les accompagnements sont généreux. L'endroit est très agréable et les prix tout à fait abordables.

RESTAURANTE SAMAMBAIA €

Dr Pen Gomes, 532
✆ +55 65 3301 2288
Restaurant ouvert de 10 à 17h, fermé le mardi. À partir de 40 R$.

Dans une décoration assez sobre, ornée de plantes et de vieilles souches recyclées, le restaurant Samambaia, sous la houlette de Rita, propose une cuisine rustique, composée de produits locaux. Les spécialités proposées (côtes de porc au riz et galinhada) honorent la cuisine régionale. On peut se sustenter d'un bon « PF » (prato feito) où vous choisissez la viande ou le poisson qui arrivent invariablement avec le riz, les haricots, la salade et deux petits plats au choix. Le plat «executivo» est conseillé pour les familles. Une vraie bonne adresse.

ATMA RESORT €€

Caminho Casa dos Sonhos,
Serra do Atima Bairro Lavrin ha
✆ +55 65 9 9982 3345
Comptez entre 80 et 120 R$ par personne. Ouvert pour le déjeuner uniquement.

On vient au restaurant pour les plaisirs de la table ou pour une décoration exceptionnelle. A l'Atma Resort (qui est également une belle pousada, on vient ici pour la vue spectaculaire, peut-être la plus belle de la Chapada, depuis les baies vitrées immenses de ce restaurant sophistiqué. Et pour ne rien gâcher, la nourriture est délicieuse et copieuse. Les prix sont un peu plus élevés que la moyenne, mais restent accessibles. La viande à la sauce tamarindo est délicieuse et les poissons grillés parfaitement préparés. A essayer !

BISTRÔ DA MATA €€

Chacarà dos Ventos s/n
✆ +55 65 3301 3483
Ouvert le vendredi de 19h à 00h30, le samedi de 11h à 00h30 et la dimanche de 11h à 16h30. Compter entre 70 et 100 R$.

Le Bistrô da Mata est un autre établissement qui se distingue par l'environnement qu'il propose, autant que par les plats. Dans un cadre enchanteur avec vue panoramique (on comprend pourquoi les jeunes mariés choisissent ce lieu pour fêter leur union), on pourra déguster une cuisine brésilienne de qualité aux accents modernes. On vous recommande les poissons et les viandes élégamment présentés et savoureux. Belle carte des vins. Bon, c'est vrai, il faut attendre un peu avant d'être servi, mais ça vaut le coup. A connaître absolument !

MORRO DOS VENTOS €€

Campo Verde, Chá Morro dos Ventos (1 km)
✆ +55 65 3301 1030
Ouvert tous les jours de 8h a 16h. Compter entre 60 et 100 R$ par personne.

Situé à environ 1 km du centre-ville, le restaurant Morro dos Ventos se trouve au bord de la Chapada dos Guimarães et offre une vue impressionnante sur les falaises et sur la grande plaine du Pantanal. Le restaurant dispose d'une plateforme d'observation, avec une structure en acier fixée au rocher. Ce restaurant propose une très bonne cuisine régionale. La cuisine du terroir est ainsi honorée chaque jour grâce à une recherche de qualité dans les produits et dans l'art de les marier. En revanche, le restaurant n'est ouvert qu'en journée.

POMODORI TRATTORIA €€

Rua Quinco Caldas, 5
✆ +55 65 3301 3061
Ouvert tous les jours de 9h à 23h. Comptez 20 à 40 R$ le plat de pâtes ou le risotto.

La cuisine italienne, possède comme atout, entre autres, la capacité de sublimer les sensations du temps qui passe et l'espace qui nous entoure. Le Pomodori trattoria est une de ces belles rencontres. C'est un excellent restaurant italien de la Chapada pour savourer des risottos, celui aux crevettes est délicieux, ou des pâtes (comme les spaghettis au pesto). On y propose également des poissons et viandes finement préparés avec de bons produits, et des empanadas locales (notamment de carne seca et de banane) savoureuses. Une bonne adresse.

NOSSA SENHORA DO LIVRAMENTO ★

Capitale de la banane, cette petite ville que l'on traverse souvent sans s'arrêter sur la route du Pantanal devient le cœur du meilleur carnaval de la région, la Bananafolia, où se précipite la jeunesse de Cuiabá. Il n'existe aucune forme d'hébergement. C'est souvent une étape lors de départ en expédition dans le Pantanal. S'il n'y a pas d'hébergement, il y a par contre de nombreuses petites échoppes où on pourra faire le plein de victuailles, d'eau, de répulsifs anti-moustique.

POCONÉ ★

Petite ville à 100 km de Cuiabà, surnommée « la ville rose », Poconé est une des trois portes d'entrée principales du Pantanal du Mato Grosso. C'est là que commence la Transpantaneira, une route initialement censée traverser le Pantanal jusqu'à Corumbá, mais qui, pour des raisons techniques et écologiques, ne couvre que 145 km et s'arrête à Porto Jofre. Seule route, grâce à ses 122 ponts, à s'enfoncer vers le cœur du Pantanal. Fin mai, la Dança dos Mascarados marque la fin des fêtes de l'Espirito Santo. C'est une danse spectaculaire, exécutée par des hommes masqués vêtus de costumes flamboyants, la moitié habillée en homme, l'autre en femme.

POUSADA/RESTAURANT PANTANEIRA €

A la sortie de la ville,
✆ +55 65 9 9936 3902
www.pousadapantaneirapocone.com.br
Comptez 145 R$ pour 2 personnes.

La pousada Pantaneira est une pousada simple, mais propre et accueillante. Toutes les chambres ont l'air conditionné et la TV. Une option simple et économique et qui est stratégiquement située au kilomètre zéro de la Transpantaneira. Les chambres sont neuves et assez confortables. Le petit déjeuner est basique, mais correct.

On est cependant un peu loin du centre-ville et de la rodoviária. L'hôtel organise des sorties de pêche et des sorties en bateau.

SKALA HOTEL €

Praça Bem Rondon, 64
✆ +55 65 3345 1407
www.skalahotel.com.br
A partir de 80 R$ et 120 R$ pour 1 et 2 personnes avec petit déjeuner.

Le Skala hotel est une option intéressante pour qui doit faire un stop sur la transpantaneira. Une couleur verte bienvenue a remplacé l'austère bleu de la façade de l'hôtel. Avec leur unique fenêtre donnant sur le long couloir, les chambres sont un peu sombres, mais propres et fonctionnelles. On y trouve un minimum de confort. Toutes les chambres disposent de la TV et de l'air conditionné. L'accueil est sympathique, l'établissement est central (c'est son principal atout !). C'est une bonne adresse pour une nuit, en harmonie avec la rusticité pantaneira.

TRADICAO €

Praça Bem Rondon, 74
✆ +55 65 3345 1060
Ouvert tous les soirs, sauf le lundi. Plats entre 20 R$ et 90 R$.

Comme son nom l'indique, on vient ici pour trouver une cuisine traditionnelle. Le Tradiçao est en effet une typique churrascaria traditionnelle au décor sans prétention et à l'ambiance de cantine. Quelques tables se sont installées sur le trottoir et invitent à goûter aux classiques plats brésiliens et surtout à tester le *pintado* (un poisson de la région), la spécialité du coin. De bons filets de viande, des salades et des pizzas agrémentent aussi le menu de cette petite taverne simple et bonne. Un lieu traditionnel à connaître.

SUPERMERCADO TIGRAO

Rua Dom Aquino
Ouvert tous les jours.

Poconé étant la dernière ville avant le Pantanal, ceux qui arrivent avec une voiture de location et sans guide pourront s'acheter nourriture et boisson dans ce supermarché, un peu avant la sortie de la ville. On trouve dans la boutique en face des chapeaux, des capes de pluies. Les imprudents peuvent parfaire leur panoplie de pantaneiro (pensez au répulsif, aux vêtements à manches longues, aux pommades apaisantes si les moustiques sont trop voraces)... Après, on quitte la « civilisation » (ou on y entre, c'est à vous de voir).

BARÃO DE MELGAÇO ★

Un gros village au bord du Rio Cuiabá, ambiance un peu endormie avec très peu d'infrastructures pour recevoir les touristes. Comme Poconé, c'est l'une des portes d'accès du Pantanal, à 89 km de Cuiabá. Mais ici, pas de route pour continuer, tout se fait en bateau. Lors de la saison des pluies, il faut compter 5 heures pour s'y rendre, en bateau. Une approche différente du Pantanal : dédale de rivières, à travers la forêt-galerie, baies majestueuses, plus grandes que celle de Guanabara. Le Barao éponyme serait un Français. Les animaux y seraient plus rares qu'en d'autres parties du Pantanal, faute d'une chasse difficilement contrôlable par l'IBAMA.

POUSADA BAGUARI €€

Rod. Mimoso-Capoeirinha, km 66
✆ +55 65 3624 3730
www.pousadabaguari.com.br
De 250 à 400 R$.

La pousada Baguari est une option plus confortable qui propose toutes les animations typiques d'un séjour dans le Pantanal. On est loin des petites *fazendas* du Pantanal traditionnelles, mais tout y est fonctionnel. La pousada propose des infrastructures complètes pour la réalisation d'activités d'écotourisme et pour la pêche sportive.

Elle propose des guides bilingues, de moniteurs qualifiés et de personnel formé pour l'écotourisme et la pêche sportive. On peut également y venir pour admirer la nature du Pantanal et pratiquer des activités de nature.

POUSADA DO RIO MUTUM €€

Rodovia Mimoso-Capoeirinha, km 15
✆ +55 65 3052 7022
www.pousadamutum.com.br
A partir de 760 R$ la nuit.

La Pousada Rio Mutum est en plein cœur d'un paradis naturel. Les 22 bungalows confortables, répartis sur 7 hectares, garantissent une immersion permanente dans cette nature extraordinaire. En période de sécheresse (la plus recommandée) ou de pluie (plus difficile à supporter), la *pousada* est entourée d'une faune nombreuse et d'une flore incroyable que l'on peut observer lors des sorties diurnes et nocturnes, en barque, sur des camions équipés pour l'observation du milieu ou à cheval. C'est la garantie d'une rencontre inoubliable avec la nature du Pantanal.

CÁCERES ★★

Dernière porte d'entrée de cette partie nord du Pantanal, Cáceres est une autre charmante petite ville sur la rive gauche du Rio Paraguay à 215 km de Cuiabà. On y trouve beaucoup de pêcheurs, toutes sortes de bateaux et quelques vestiges intéressants de l'époque coloniale, comme son vieux centre-ville. Cependant, malgré sa position, Cáceres n'est pas forcément le point idéal pour visiter le Pantanal. On peut facilement se promener en bateau sur le Rio Paraguay et visiter ses nombreuses baies et lagunes, mais les infrastructures touristiques sont plus rares. Cáceres devient un spot mondial de pêche en septembre, avec près de 200 000 pêcheurs.

RIVIERA PANTANAL HOTEL €€

Rua Gen. Osorio, 540 © +55 65 3223 1177
www.rivierapantanalhotel.com.br
Simple à 170 R$, double à 230 R$, triple à 290 R$, petit déjeuner inclus.

Le Riviera Pantanal Hotel est un établissement récent avec une agréable piscine pour se rafraîchir et un beau jardin. Il propose des chambres confortables, modernes et bien équipées : salle de bains privative, Wi-fi et climatisation, le tout à prix abordable. Tou y est propre est fonctionnel. Il est cependant un peu excentré, à 2 km du centre et de la gare mais avec les moto taxis, ou à pied, cela reste raisonnable. On bon petit déjeuner est servi en buffet. Equipe trés professionnel. C'est assurément un bon rapport qualité-prix.

PORTO BELLO €

Avenida Sao Luis, 1888
© +55 65 3224 1888
A partir de 270 R$ la double en saison, avec climatisation et petit déjeuner.

L'hôtel Porto Bello est un établissement situé à l'entrée de Cáceres, à proximité de la route BR 364, qui relie Cáceres à la capitale de l'Etat, Cuiabà. Les chambres sont simples et correctes. L'hôtel est propre, confortable et avenant dans une région encore peu touristique et où les établissements, souvent rustiques sont surtout destinés aux pêcheurs ou aux voyageurs locaux. Cet établissement est une bonne adresse, certes un peu excentrée, mais comme Cáceres est une petite ville, tout est regroupé et donc proche. Bien pour une nuit.

ECO POUSADA SINIMBU €€

Travessa dos Minervinos, 31,
Bairro Cavalhada
© +55 65 3223 4322
www.ecopousadasinimbu.com
Chambre double à 220 R$, triple à 290 R$, petit déjeuner inclus.

Voilà un bel endroit abordable, confortable et en pleine nature, tout en étant près du centre. Cette éco-*pousada* est logiquement située à proximité du fleuve Paraguay. En brique, elle est divisée en chambres doubles ou familiales, bien tenues et équipées de la climatisation, du Wi-Fi, d'un TV à écran plat et d'un mini-frigo. Rien de luxueux mais un confort simple. C'est surtout son cadre qui est enchanteur, puisque des petites passerelles en bois permettent d'aller admirer la végétation et les animaux qui vivent aux abords du fleuve, en profitant de la vue.

BARCO HOTEL IEIÉ €€€

Rio Paraguay
© +55 65 99905 0322
www.barcoieie.com.br
À partir d'env. 800 R$ en pension complète par personne.

Dans le Pantanal, on trouve deux types d'hôtels : les hôtels « classiques », fixes, sur le sol et des hôtels flottants dont la finalité est bien sûr d'évoluer dans les innombrables rivières de la région, en général pour pratiquer la pêche sportive. Le *Ieié* est un bateau fluvial de 22 mètres de long, équipé de cabines qui descend le fleuve jusqu'à Corumbá. On y va pour la pêche sportive et des promenades écologiques dans le Pantanal. Des embarcations légères permettent de se promener dans les dédales du Pantanal. L'équipage est très professionnel.

KASKATA FLUTUANTE €

Rua Cel. José Dulce
© +55 65 3223 2916
Ouvert de 10h à 23h. Comptez de 40 à 60 R$ par personne le plat à partager selon les appétits.

Le Kaskata Flutuante est une institution à Cáceres. Ce bateau-restaurant est sagement et définitivement amarré sur les berges du Rio Paraguay. On y sert une cuisine *pantaneira* simple et de qualité. La spécialité est le *pintado no espeto* (poisson d'eau douce cuisiné en savoureuses brochettes à l'ail et au lait de coco) et la viande de crocodile d'élevage. Ce bateau est bien sûr un lieu incontournable, qui peut accueillir jusqu'à 100 convives. Situé à proximité du centre-ville de Cáceres, facile d'accès, la vue sur le fleuve est très agréable.

VILA BELA DA SANTÍSSIMA TRINDADE ★

Cette petite ville se situe à 400 km à l'ouest de Cáceres, dans la vallée du Guaporé, zone de transition entre les écosystèmes du bassin amazonien et du Pantanal. Autrefois capitale de la province du Mato Grosso, Vila Bela fut un village oublié depuis le transfert de la capitale à Cuiabá en 1820. Désormais, seuls quelques vestiges architecturaux, et une poignée de canons rouillés rappellent son passé. Aujourd'hui, la population, majoritairement noire, perpétue d'importantes traditions folkloriques d'origine africaine. Lors de grandes festivités, les danses du *congo* et du *chorado* sont de magnifiques réminiscences des origines de la ville.

IGREJA MATRIZ ★

Au croisement de rua Travessa do Palacio et de rua Conde de Azanbuja

On ne peut s'aventurer jusqu'à Vila Bela da Santíssima Trindade sans jeter un œil aux ruines de son ancienne église coloniale construite en 1793, même si le site a perdu un peu de son charme en 2006 lors de la pose d'un toit pour protéger des intempéries. Doté de murs en adobe à l'épaisseur remarquable (plus d'un mètre), il est probable qu'elle ne fut jamais complètement achevée. Elle incarne l'histoire de l'expansion coloniale portugaise et l'abandon de Vila Bla à ses esclaves, première capitale du Mato Grosso tombée dans l'oubli au profit de Cuiabá en 1820.

PARQUE ESTADUAL SERRA DE RICARDO FRANCO ★★

La richesse de l'offre de parcs naturels et de trésors de la biodiversité au Brésil, ainsi que l'éloignement de certains lieux tendent à occulter des espaces naturels d'un immense intérêt pour la biodiversité et l'écotourisme qui peut lui être associé. Le parc « Serra de Ricardo Franco » est assez exceptionnel, car on peut y voir les 3 écosystèmes régionaux en un même lieu. L'écosystème amazonien, celui des *cerrados* et celui du Pantanal s'y mêlent en de complexes relations d'échange, de mélange et de symbiose. On dit que cette *serra* inspira le livre *Le Monde perdu* à Conan Doyle. Bien qu'un peu éloignée de Cuiabà, cette région peut s'avérer d'une extraordinaire richesse pour ceux qui veulent et qui ont le temps de sortir des sentiers battus. On peut voir de spectaculaires cascades, des piscines naturelles, des dauphins roses dans les rivières... Le tourisme se met tout juste en place dans cette région, et c'est ce qui en fait son intérêt. Il faudra coordonner cette visite avec une agence de Nobre ou de Cuiaba, car le coin est assez sauvage.

- **Cachoeira dos Namorados.** Elle se jette dans un lac d'eau émeraude et cristalline depuis ses 70 mètres de hauteur. C'est l'un des sites les plus populaires du parc (l'un des plus accessibles aussi).
- **Cachoeira do Jatobá.** Le parc abrite la chute d'eau la plus haute du Mato Grosso (près de 250 mètres) et la quatrième du pays. Un canyon spectaculaire à la végétation luxuriante cerné de roches rouges. Compter 3 à 4h de montée. Avec un guide.

NOBRES ★★

La Municipalité de Nobres avait pris comme devise « Nobres, mais que Bonito ». Ce petit village au potentiel écotouristique certain, peut-être égal à celui de Bonito (dans l'État voisin du Mato Grosso do Sul, ce qui explique le jeu de mot de la devise par rapport à Bonito), est longtemps resté à l'écart des routes du tourisme. Seuls quelques touristes brésiliens en connaissaient les splendeurs hydrologiques. On y trouve de magnifiques grottes et de superbes rivières, dans lesquelles on pratique les mêmes activités qu'à Bonito (rafting, canyoning, plongée, randonnées). Les spectaculaires piracurus aux dents acérées nagent également à vos côtés.

AQUÁRIO ENCANTADO E RIO SALOBRA ★★

Comptez 75 R$ par personne, à faire avec une agence locale.

L'aquarium enchanté est l'un des temps forts de la visite des lagons de Nobres. Des milliers de poissons (dorades, piraputangas et piaus principalement) nagent dans les eaux cristallines de ce lagon naturel niché au milieu d'une végétation très dense. Cinquante nuances de bleus d'une eau limpide sur 90 m2 et près de 6 mètres de profondeur par endroit. Fascinant. On vient s'y relaxer, y faire du snorkeling et de la *flutuaçao* sur le rio Salobra (on remonte la rivière en snorkeling).

BALNEARIO ESTIVADO ★

Entrée : 15 R$.

Ce balneario estivado n'est qu'un avant-goût des beautés de de Nobres, mais on peut y faire une agréable pause et s'y rafraîchir. Cette lagune d'eau cristalline calme n'est pas comparable avec les joyaux naturels que l'on visite en excursion pour faire du snorkeling. Elle est très proche de Nobres. C'est davantage une piscine naturelle familiale, très prisée les week-ends par les locaux, et donc débordante d'enfants qui nourrissent les poissons, très nombreux. On trouve un bar sur place. Idéal pour se relaxer en fin de journée.

CACHOEIRA SERRA AZUL ★★

Fazenda Santo Antonio

Entrée : 80 R$ par personne, transport compris, à faire obligatoirement avec une agence. Tyrolienne : 60 R$.

© UWE BERGWITZ - SHUTTERSTOCK.COM

La cascade Serra Azul, de 45 mètres, est la plus imposante des *cachoeiras* de Nobles. C'est l'une des plus belles et des plus visitées en raison de sa couleur bleue, translucide, presque turquoise. Après un chemin très chaotique en voiture, on parcourt 350 mètres à pied, avant d'arriver à la cascade. Montée de 300 marches qui permet d'arriver au sommet. Le temps est limité à 45 minutes par personne. Certains choisissent de redescendre en tyrolienne (seulement en fin de semaine). On vient aussi pour nager avec les poissons dans la piscine naturelle après la cascade.

LAGOA DAS ARÁRAS ★★

A 3 km da Vila de Bom Jardim

Comptez 15 R$ par personne (agences dans le centre-ville). Venez vers 17h, lorsque les perroquets sont les plus actifs.

Cette lagune, transition entre Pantanal et Amazonie est un champ de palmiers Buritis qui vivent les racines et la base du tronc dans l'eau. On y voit des centaines de perroquets Canindé aux plumes bleu roi et jaune, mais aussi des perruches vertes et ondulées, ainsi que nombre d'oiseaux endémiques de la région. Les troncs de palmiers morts sont des endroits tout indiqués pour installer un nid. C'est une aire de reproduction privilégiée des *aras*. On vient en fin de journée lorsque l'activité des oiseaux est à son maximum et lors du magnifique le coucher de soleil.

RIO TRISTE ★

A 17 km de Vila Bomjardim

Comptez 100 R$ le tour avec une agence.

Le Rio Triste est un bras de rivière qui se situe à 17 kilomètres de Vila Bomjardim et qui permet une expérience extraordinaire «d'immersion» dans le milieu aquatique. C'est l'opportunité d'une superbe balade en snorkeling de 1 km pendant laquelle vous croisez tous les poissons nageant tranquillement dans les piscines naturelles de la rivière. On peut même apercevoir des raies d'eau douce de type *Potamotrygon*. L'eau très limpide. Il ne faut pas battre des pieds pour éviter de faire entre en mouvement les particules déposées au fond de la rivière.

AGENCIA ROTA DAS AGUAS

✆ +55 65 3102 2019

www.rotadasaguas.tur.br

Chambres à partir de 250 R$.

C'est une agence locale intégrée à la *pousada* de même nom qui organise des tours et des excursions dans les piscines naturelles et autres merveilles de Nobles. Elle pratique des prix officiels (et non surtaxés). Équipe réactive et professionnelle qui a fait ses preuves. La pousada propose des suites décorées avec des objets artisanaux typiques de la région. Elles peuvent accueillir confortablement jusqu'à 4 personnes. Elle dispose d'un parking et du wi-fi gratuit. L'ensemble est au cœur d'un environnement agréable entouré d'un jardin boisé.

ROMA TURISMO

✆ +55 65 3376 1888

www.portalnobres.com.br

Package Nobres deux jours une nuit comprenant 3 visites guidées, 1/2 pension et équipement à partir de 360 R$/p.

Roma Turismo est une agence locale de tourisme spécialisée dans les activités d'écotourisme sur la région de Nobres et Cáceres, sur la Pantanal en général, Sinop, la Chapada dos Guimarães et Cuiabá. Les prix sont conformes à ceux pratiqués dans la région pour les tours à Nobres comme pour les activités sportives. L'agence Roma Turismo fait office de centrales de réservation et de points de vente d'attractions touristiques, d'hébergement, de restauration, de transport et de guide touristique. L'agence est située dans la pousada Bom Jardim.

POUSADA BOM JARDIM €€

Rodovia MT 241 - km 65 Distrito Bom Jardim

✆ +55 65 3102 2018

www.pousadabomjardim.com

250 R$ la chambre double. Plusieurs packages d'écotourisme, allant de 2 à 5 jours, sont proposés. voir le site.

La pousada Bom Jardim est une valeur sûre de la région. On vous réserve un bel accueil dans cette pousada simple et conviviale. L'ambiance et la simplicité pantaneira sont préservées. Les chambres, bien qu'assez basiques, sont colorées et bien équipées. Elles disposent de l'air conditionné, de la TV, du wifi. Une belle piscine et un beau jardin sont à la disposition des hôtes. Sur place, l'agence de tourisme actif invite à découvrir rivières, lagons translucides, grottes et cascades dans les alentours de Nobres. Plusieurs formules proposées.

CHAPOLIN €

Avenida Principal

✆ +55 65 99930 2104

Comptez 35 R$ par personne.

Le Chapolin est certainement le meilleur restaurant de poisson de la ville ! Assiettes maison et ambiance familiale, cadre rustique avec ses tables en bois, prix abordables, poissons délicieusement grillés à la braise et accueil chaleureux... On vous recommande le pacu ou le pintado (poisson d'eau douce local) cuits au feu de bois dans des feuilles de bananes accompagnés de riz, de haricots et de *banana da terra*, un délice. Le patron réserve toujours un accueil chaleureux aux clients. Pensez à appeler pour réserver votre poisson.

RESTAURANTE KABANAS €

Vila Bom Jardim

✆ +55 65 99944 6584

Compter autour de 30 R$ /pers.

Le restaurante Kabanas est situé dans la pousada du même nom. Une autre bonne table simple et bonne, qui sert des poissons locaux braisés, des plats du jour à petit prix et un buffet libre savoureux. Le week-end, des concerts *ao vivo* sont organisés le soir. Possibilité de se loger dans la pousada, simple, mais bien équipée (air conditionné, wifi, piscine, camping...) et dont une partie des hébergements est constituée de petites cabanes, forcément, simples et fonctionnelles. En pleine nature pantaneira, un moment de dépaysement garant.

JACIARA ★★

Cette ville est peu connue des guides touristiques, pourtant, elle est le cœur d'un ensemble de sites naturels et préhistoriques exceptionnels. Le mélange d'eau et de minéraux a contribué ici à façonner des paysages spectaculaires qui offrent une grande diversité d'activités. Le rafting, le canyoning consacrent la reconnaissance de Jaciara comme spot de sports extrêmes. Les sportifs de tout le Brésil viennent s'affronter en juillet dans diverses disciplines de « sports radicaux ». Les rivières São Lourenço et Tenente Amaral offrent des rapides où les adeptes du rafting redécouvriront les effets de l'adrénaline (« trou » de plus de 3 m avec le raft).

HÔTEL TOQUINHO €

Av. Pagé, 580

✆ +55 66 3461 1598

www.hoteltoquinho.com.br

Chambres doubles standard à partir de 130 R$, avec climatisation et petit déjeuner. Wifi.

Pour ceux qui seront tentés par l'expérience des sports extrêmes sur les cours d'eau de Jaciara, l'hôtel Toquinho est une alternative intéressante. En carré, il ressemble un peu à un motel. C'est un hôtel simple, propre et fonctionnel au cœur de Jaciara. Pour une halte isolée d'une nuit, ce petit hôtel aux couleurs de Fluminense conviendra tout à fait. Un petit déjeuner tout à fait correct est servi dans une grande salle à manger. L'hygiène est irréprochable. Les moustiques sont peu nombreux. Parking pour ceux qui viennent en voiture.

CAMPO GRANDE ★

Construite à la fin du XIXe siècle, Campo Grande, la capitale de cette région, est née de la poussée pionnière vers de nouveaux espaces à l'ouest, contrées de mines, de chasse, de pêche, d'élevage ou de cultures. L'avancée du chemin de fer fut décisive pour son essor. Elle compte environ 800 000 habitants, mais semble avoir conservé son charme de ville de province. La ville possède peu d'édifices historiques dignes d'intérêt, elle est cependant dynamique et agréable grâce à ses musées, ses foires et marchés et ses avenues animées le soir. Comme Cuiabá, sa prospérité actuelle est liée au « boom » du soja et de l'élevage. L'ambiance est un curieux mélange de modernité, liée à l'activité « administrativo-tertiaire » de la ville (Campo Grande est la capitale de l'Etat et un centre universitaire important) et de bourg agricole, où les rutilants 4x4 sont couverts de la terre rouge des *cerrados*, ce qui lui vaut son surnom de Cidade Morena. La ville est très riche en espace vert et abrite le seul village « indien » situé en zone urbaine. Près de 9 000 Guarani, Kadiweu, Terenà et Xavante vivent dans l'Aldeia Marçal de Souza dans des conditions souvent meilleures que celles des favelas, même si… La ville a une tradition cosmopolite dont l'influence se retrouve dans la cuisine locale. Des communautés japonaises, boliviennes et paraguayennes se sont installées depuis longtemps, chacune contribuant au dynamisme régional. Les influences s'en font sentir dans la gastronomie, bien sûr. Etape agréable, l'intérêt majeur de Campo Grande reste cependant sa position stratégique de porte du Pantanal.

PARC DES NATIONS INDIGÈNES ET MUSEU DOM BOSCO ★★

Av. Afonso Pena, 7000
✆ +55 67 3326 9788
Musée ouvert du mardi au dimanche de 8h à 16h30. Entrée : 10 R$, réduit 5 R$.

Le parc est un des poumons verts de la ville et très apprécié de ses habitants qui s'y retrouvent pour courir, marcher, jouer de la musique… Le Musée indien dispose d'un fonds riche d'objets indigènes, de collection d'insectes et d'animaux empaillés. Une présentation très didactique de la vie des communautés indiennes de la région est proposée en boucle. Créé dans les années 50 par le père Felix Zavatarro pour connaître l'histoire des peuples indigènes de la région. Très conseillée.

AÉROPORT DE CAMPO GRANDE

Avenida Duque de Caxias
✆ +55 67 3368 6000

L'aéroport de Campo Grande permet de connecter cette grande ville agricole au reste du pays. Des vols domestiques arrivent des principales villes du sud du Brésil (Rio, São Paulo principalement) ou encore de Cuiabá, au nord. De nombreux vols entre Campo Grande et la capitale fédérale Brasilia. On y trouve un centre d'Informations touristiques, des distributeurs automatiques et une banque sur place. Compagnies aériennes : Azul, Gool, LATAM et Avianca.Taxi jusqu'à l'aéroport, 50 R$ à 60 R$ selon l'heure. Bus pour rallier le centre-ville.

MEMORIAL DA CULTURA INDIGENA

Rua terena s/n
✆ +55 67 3314 3544
Ouvert tous les jours de 8h à 18h.

Dans ce « village indien » qui est un lieu de mémoire avec une exposition des objets du quotidien et non un espace « folklorisé », divers types d'artisanat indien intéressants (céramiques Terena, vannerie, tissus, lampes…) ainsi que des expositions artistiques sont proposés. Le mémorial de la culture indigène abrite une centaine de familles indiennes et a été créé pour rapprocher la population et ses visiteurs de la culture indigène. Dommage que le musée manque un peu d'entretien.

RODOVIÁRIA SENADOR A. MENDES CANALES

1215 Av. Gury Marques
✆ +55 67 3026 6789
Distributeur sur place.

Liaisons avec Corumbá (7 heures, env. 123 R$, une dizaine de bus par jour), Cuiabá (13 heures, à partir de 135 R$, nombreuses liaisons quotidiennes), Ponta Pora (5 heures, env. 90 R$, moins de 10 bus par jour), Goiania (16 heures, à partir de 97 R$, env. 6 bus par jour), Bonito (6 heures, 64 R$, env. 4 bus par jour). Pour São Paulo, à partir de 228 R$ et pour Rio de Janeiro autour de 390 $. Pour les horaires de bus, consulter le site www.buscaonibus.com.br.

RADIO TAXI MODELO

✆ +55 6733 651010

C'est le syndicat des taxis de la ville de Campo Grande. Il est souvent pratique d'utiliser le taxi à Campo Grande, car la ville est assez étendue. On rappellera les consignes à suivre lors de l'utilisation de taxi. Il faut les faire appeler par la pousada ou le restaurant ou les prendre en tête de station. Ne pas les héler dans la rue. Le chauffeur de taxi doit enclencher son compteur dès le début de la course (tarif jour, nuit et éventuellement jours fériés) sauf si vous négociez avec lui directement un prix forfaitaire. Les tarifs sont corrects en général.

HOTEL INTERNACIONAL €

Rua Allan Kardec, 223

✆ +55 67 3384 4677

www.hotelintermetro.com.br

Chambres standards à partir de 145 R$ pour 2 personnes, avec petit déjeuner.

Cet hôtel moderne, proche de l'ancienne gare routière désormais désaffectée, propose différentes catégories de chambres, avec des dessus de lit à fleurs et une décoration classique et complète. Parmi les 100 chambres que propose l'établissement, certaines chambres disposent d'un agréable petit balcon. Piscine et bar. Bon petit déjeuner. C'est une bonne adresse dans cette gamme de prix. Prenez le taxi le soir, car les environs sont dangereux, mais l'hôtel en lui-même est très sûr. Les PMR sont les bienvenues dans l'établissement.

POUSADA MATO GROSSO €

Av. Mato Grosso, 1451

✆ +55 67 3325 4225

pousadamatogrosso.com.br

Compter environ 179 R$ la double, 199 R$ la triple, 249 R$ la quadruple. Petit déjeuner compris. Wifi. Frigo.

Très bien localisée, la pousada Mato Grosso est un établissement familial et moderne abritant 25 chambres au confort très suffisant, installé en plein centre de Campo Grande. Appartements simples, doubles, triples, quadruples et quintuples, visant à offrir un plus grand confort aux groupes. Propre, avec une petite terrasse, un joli jardinet et des chambres climatisées, la pousada offre une prestation d'ensemble plus que recommandable. À noter également, le bon et copieux petit déjeuner buffet et les tarifs très doux. Un bon plan.

BRISTOL EXCELER PLAZA €€

Avenida Afonso Pena, 444, Amambaí

✆ +55 67 3312 2800

www.bristolhoteis.com.br

Chambre double à partir de 191 R$, petit déjeuner buffet inclus.

Hôtel moderne des années 1990 avec belle piscine extérieure et pataugeoire pour enfants. Bien situé dans le quartier d'Amambaí et proche du centre-ville. Les 120 chambres sont cossues et sobrement décorées. Les prestations proposées sont à la hauteur de ce que l'on peut attendre de cette gamme d'hôtels « exécutifs » : lit king size, climatisation, wifi... Et pour certaines, baignoires à hydromassage. On appréciera les services sur place : restaurant, salle de gym, réception 24h/24, parking. A 10 minutes de l'aéroport international de Campo Grande.

GRAND PARK HOTEL €€

Avenida Afonso Pena, 5282

✆ +55 67 3044 4444

www.grandparkhotel.com.br

Chambre double autour de 315 R$. Petit déjeuner compris. Wifi. Partenariat avec la salle de sport du centre commercial.

Le Grand Park Hotel est un grand établissement de facture moderne, construit en 1991 et sans grand charme. Il est localisé placé à deux pas du centre commercial (et près du parc). Cet hôtel a tout de même quelques sérieux atouts en poche si l'on cherche un endroit confortable pour passer la nuit : les chambres standardisées sont confortables, dotées d'une bonne literie et bien équipées, grandes salles de bains, climatisation, petit déjeuner gargantuesque, piscine... Restaurant en revanche très moyen, mais il y en a de très bons à proximité. Ensemble correct.

NOVOTEL €€

Avenida Mato Grosso, 5 555

✆ +55 67 2106 5900

www.novotel.com

Chambre double à partir d'env. 300 R$, petit déjeuner buffet inclus.

On ne présente plus le groupe hôtelier international Novotel, gage de qualité et de professionnalisme. L'hôtel Novotel de Campo Grande est sans doute le meilleur hôtel de la ville. Le mobilier est moderne et design dans les chambres comme dans le lobby. Comme dans tous les Novotel, le style est un peu impersonnel, mais on y va pour la qualité des prestations : lit king size, climatisation, salle de gym, aide de jeux pour enfants, piscine bien évidemment, buffet pantagruélique et pour certaines baignoires à hydromassage. Wi-fi et parking également.

SAFARI BURGER & GRILL €

Rua José Antônio, 1870

✆ +55 67 3044 0010

Ouvert tous les jours à partir de 18h, sauf le mardi.

Pour changer de la cuisine régionale (au demeurant riche et intéressante) et manger rapidement un bon burger après une journée de visite dans la «cidade morena» Campo Grande, le restaurant Safari Burger & Grill est une option sympathique et familiale. On y sert de bons hamburgers, composés d'ingrédients sains et frais, dans une ambiance thématique sud-africaine qui ravit les enfants. La décoration plonge les convives dans le monde du Roi-lion. Adresse centrale. Les amateurs de burgers apprécieront. Happy hour tous les mercredi.

CEARA €

Rua D. Aquino, 229

✆ +55 67 3022 6404

Ouvert du mardi au dimanche de 11h à 14h30 (15h le samedi et le dimanche). Plats à partir de 100 R$ pour deux.

Le restaurant Cearà est une institution dans la ville. Depuis des décennies, l'établissement est très bon restaurant de spécialités pantaneiras assez bon marché. Ici, c'est le poisson qui est mis en valeur. Les plats sont copieux et riches (le poisson à la banane plantain est à découvrir). De mardi à vendredi, l'établissement propose un marmitex (plat préparé) de viande à la strogonoff, riz blanc, bananes à la milanaise et salade. On est loin de la nouvelle cuisine. C'est meilleur pour les papilles que pour la ligne. Buffet libre en journée.

CANTINA ROMANA €

Rua da paz, 237 (jd dos Estados)

✆ +55 67 3324 9777

www.cantinaromana.com.br

Ouvert tous les jours midi et soir. À partir de 75 R$ par personne.

Un restaurant italien ouvert depuis 1978 et apprécié des locaux. De nombreuses revues gastronomiques ont consacré la Cantina Romana comme le meilleur restaurant italien de l'Etat du Mato Grosso do Sul. On y trouve de bonnes pizzas cuites au feu de bois et bien sûr une déclinaison importante de pâtes fraîches dans un décor moderne et rustique. Du lundi au vendredi, à l'heure du déjeuner, en plus des plats à la carte, on peut manger au bon buffet exécutif avec des viandes, des pâtes, des salades et des antipasti. Une valeur sûre.

SABOR ENQUILO €

Rua Dom Aquino, 1790

✆ +55 67 3325 5102

Ouvert tous les jours de 11h à 14h30, 15h les week-ends. Wifi.

Comme le nom de l'établissement l'indique, il s'agit ici de concilier nourriture au kilo et saveurs culinaires. C'est assurément un bon self-service au kilo pour les appétits d'ogre, placé en plein centre-ville, sur la rue Dom Aquino, à deux rues de la praça pantaneira. Le buffet avec sa farandole de couleurs est d'une variété impressionnante (on y prépare même des sushis !) et la qualité, sans être de la grande cuisine, est satisfaisante. Les desserts sont également servis au kilo. Le service se fait jusqu'à 15 heures le week-end.

CASA DO PEIXE €

Av. Dr. João Rosa Píres, 1030

✆ +55 67 3382 7121

casadopeixe.com.br

Fermé le dimanche soir. Compter autour de 90 R$.

Les amoureux du poisson trouveront certainement au restaurant « Casa do Peixe » de quoi se sustenter avec plaisir. L'incontournable *peixería* consiste en un grand buffet à base de poissons déclinés à toutes les sauces (beaucoup de poisson frit) que l'on mange dans une grande salle type cantine. Du premier restaurant situé à côté de la gare ferroviaire jusqu'au restaurant actuel, en face de la Praça das Araras, ce sont les longues années de travail, de défis et de volonté de fournir une carte de qualité qui ont été les lignes directrices de la maison. Et c'est bon !

BAMBOO SUSHI E GRILL €€

Rua Ceara 1013

✆ +55 67 3305 5660

Ouvert tous les jours de 18h à minuit. Plateaux combinés à partir de 60 R$.

Depuis 2010, le restaurant Bambou sert une cuisine japonaise intéressante. Cet art est difficile à Campo Grande, car la communauté nipponne est assez importante. Ce restaurant japonais propose un rodizio luxueux de sushis. Toutes les déclinaisons de sushis Uramaqui, temakis, sashimis, niguiris, et autres plats nippons se commandent sans limites. Il n'est pas bon marché, mais les créations sont soignées et le poisson de prime fraîcheur. On peut prendre des plats combinés de 22, 28 et 58 pièces pour les plus grosses faims. Une bonne adresse.

CASA COLONIAL €€

Avenida afonso pena, 3997 ✆ +67 3383 3207
www.casacolonial.com.br
Du mardi au samedi de 11h à 14h30 et de 18h30 minuit, le dimanche de 11h à 15h. Plats à partir d'env. 75 R$.

Cette maison coloniale bleue transformée en restaurant surprend d'abord par sa belle et grande cave à vin tout en bois. Côté cuisine, on fait ici honneur aux spécialités du sud du Brésil. Poissons, viandes, pâtes et risottos garnissent généreusement les assiettes dans le cadre rustique et agréable de cette bâtisse historique. On peut y trouver de bons « galetos » (poulets grillés), porc au fromage, côtes d'agneau sont d'autres spécialités de la maison. La « Casa Colonial » propose un intéressant « rodizio » avec différents types de viandes, salades et desserts.

COSTELARIA DO GAUCHO GASTÃO €€

Av. Mascarenhas de Moraes, 2589
✆ +55 67 3029 4325
www.gauchogastao.com.br/
Ouvert tous les jours de 11h à 15h. 36,50 R$ le repas sans les boissons.

La Costelaria do Gaucho Gasto est une churrascaria de pure tradition gaucha. Elle propose bien sûr le traditionnel rodizio de viande, ici, il s'agit d'un auto-rodizio où les convives se déplacent eux-mêmes. Les côtes de bœuf sont la spécialité de la maison. Les amateurs de régime carné pourront manger à satiété un rodizio sans fin. On met le petit disque rouge quand on est rassasié. Un classique en ville depuis plus de 30 ans ! Bon buffet également.

FOGO CAIPIRA €€

Rua José Antônio Pereira, 145
✆ +55 67 3324 1641
www.fogocaipira.com.br
Ouvert de mardi à samedi de 11h à minuit. Compter à partir d'env 60 R$ /pers.

Le restaurant « Fogo Caipira » a servi ses premiers plats en 1995, et depuis lors, il est une référence pour ceux qui veulent déguster les meilleurs plats de cuisine panataneira. Il a été plusieurs fois désigné par le guide 4 Rodas comme meilleur restaurant de cuisine régionale de Campo Grande. Bon restaurant « étoilé » et donc addition un peu salée. On y trouve de nombreux plats typiques de la région dans un cadre très agréable qui met à l'honneur le Pantanal. Au menu : *carne de sol, pintado,* risottos et délicieux poissons frais.

VERMELHO GRILL €€

Avenida Afonso Pena, 6078
✆ +55 67 3326 7813
www.vermelhogrill.com.br
Ouvert du lundi au vendredi de 11h30 à 14h30 et de 18h à 23h, le samedi de 11h30 à 23h. Compter à partir de 70 R$.

Le Vermelho Grill est un établissement avec une décoration très rustique tout en bois, qui maintient l'ambiance « fazenda ». La devise de la maison est « La passion de la viande »... et rien n'est plus vrai ! En face du parc des nations indigènes, ce restaurant à viande propose dans un décor séduisant tout en bois, des T.bones, des filets mignons de 500 g, des salades. Les amateurs de viande apprécieront. Un peu cher, mais les clients y reviennent, c'est plutôt bon signe. L'ambiance est toujours agréable. Impressionnante cave à vin.

YALLAH RESTAURANTE €€

Rua Oswaldo Cruz, 50
✆ +55 67 9912 3002
Fermé le lundi et le dimanche soir. Comptez à partir de 40 R$ par personne.

Campo Grande est une ville cosmopolite et une petite communauté arabe y est établie. On y trouve fort logiquement un restaurant oriental. Le Yallah (comme son nom l'indique...) est un restaurant de cuisine arabe, ou d'inspiration arabe avec des ingrédients locaux. L'intérêt c'est qu'ici les plats sont créatifs et délicieux, copieux et appétissants. Mezzés, falafels, esfirras, shamburaks, kibbés, tous les grands classiques de la cuisine orientale se déclinent sur la carte du Yallah. Excellents desserts. Dépaysant et excellent !

CAFÉ MOSTARDA

Av. Afonso Pena, 3952
✆ +55 67 3301 9990
Ouvert tous les soirs à partir de 18h, sauf le mardi.

Depuis plus de 20 ans, le Café Mostarda est un lieu animé des nuits de Campo Grande, idéalement localisé sur l'avenue Afonso Pena, en plein cœur de la ville « morena ». Le Mostarda est un bar-restaurant avec une grande terrasse extérieure souvent prise d'assaut. La *gente bonita* s'y répand jusque tard dans la nuit en fin de semaine. Pour boire un cocktail, manger sur le pouce à bon prix, assister à un concert, le café Mostarda est incontournable. C'est toujours animé en fin de semaine. De bons groupes musicaux y passent certains soirs !

ERNESTO

Rua Manoel Inacio de Souza, 509
✆ +55 67 3222 4607
Ouvert du mardi au dimanche de 11h à 15h et les jeudis, vendredis et samedis soirs. Plats à partir d'env. 30 R$.

Le Café Ernesto est un petit café-resto contemporain et sophistiqué à une vingtaine de minutes à pied du centre commercial de la ville (7 minutes en taxi). Il s'est imposé comme un des meilleurs restaurants de sa catégorie. On y sert un bon café, mais aussi quelques délicieux petits plats internationaux à base de produits locaux (l'ardoise est renouvelée tous les jours) dans une atmosphère cosy. Certains plats sont largement suffisants pour deux personnes. Le « pintado » (poisson local) est excellent. Bon et charmant. Bonne sélection musicale.

MERCEARIA

Rua 15 de Novembro, 1064
✆ +55 67 3384 9622
Tous les soirs à partir de 17h, samedi et dimanche à partir de 12h.

Ce concept n'est pas unique, puisqu'il existe en de nombreux lieux de Rio de Janeiro et de Sampa mais il est trés agréable. Le Mercearia est un petit bar sympathique situé dans une ancienne épicerie (mercearia en portugais). On y vient pour essayer la carte des bières mais également pour combler un petit creux avec d'excellents *bolinhos*. Véritable *boteco* à la carioca, c'est un lieu à connaître, simple et authentique. On vient ici pour apprécier l'ambiance des moins. Etablissement moins m'as-tu-vu que les bars branchés de la ville.

SALOME BAR

Avenida Afonso Pena, 4240
✆ +55 67 30421050
Du mardi au samedi de 17h à 2h, le dimanche de 18h à minuit.

Comme à Cuiabà, la capitale de l'autre Mato Grosso, la chaîne locale de bars Salomé a posé ses zincs à Campo Grande.. A partir de son premier bar de Sorocaba, dans la banlieue de Sao Paulo, la chaîne a implanté ses botecos chics dans de nombreuses ville, dont Campo Grande. Le Salomé Bar de la ville «morena» est devenue en 7 ans seulement, une valeur sûre pour prendre un verre dans un *botequim* chic et à la mode. Sur la grande terrasse, on y trouve des bières et des plats consistants qui colmatent l'estomac. Musique ao Vivo et football sur grands écrans.

CENTRE D'ARTISANAT (CASA DO ARTESAO)

Avenida Calogeras, 2 050
✆ +55 67 3383 2633.
Ouvert du lundi au vendredi de 8h à 18h et le samedi jusqu'à midi.

La Casa do Artesao est un vaste magasin-entrepôt aux confins de l'avenue Calogeras. Les amateurs d'artisanat trouveront certainement de quoi remplir leurs valises. Les objets présentés ne sont pas toujours spécifiquement pantaneiros. On y trouve les traditionnels poupées calebasses, les objets en crochet, les fleurs en papier mâché. On y appréciera l'artisanat de bois, qui reproduit les animaux du Pantanal et les céramiques indigènes, plus locales.

FEIRA CENTRAL

Rua 14 de julho
✆ +55 67 3317 4671
www.feiracentralcg.com.br
Ouvert les mercredis, jeudis et vendredis à partir de 16h et les samedis et dimanches à partir de 12h.

La feira central est un vaste hangar situé dans la rue 14 de Julho. Dans ce gigantesque marché populaire, on trouvera aussi bien des objets importés du Paraguay tout proche, que des stands de restauration de cuisine régionale. La cuisine japonaise, très présente et vivante à Campo Grande, est à l'honneur dans plusieurs stands. On peut d'ailleurs voir à l'extérieur de la foire un bol de nouille de riz géant avec des baguettes, pour rendre hommage à cette communauté. La Feira central est une immersion dans le Campo Grande populaire obligatoire.

TOKYO DOME

Rua 7 de Setembro, 61
✆ +55 67 3384 6505

Le Tokyo Dome est une *lanchonete* très prisée du « Mercado Municipal ». Contrairement à ce que son nom pourrait laisser entendre, cette petite échoppe ne vend pas de spécialités nipponnes. Dans cet agréable marché public, ce petit restaurant vend de succulents *pastéis* (beignets salés) à la viande, à la morue, à la mozzarella, au caïman, sucré-salé et d'autres types de « salgados » ainsi que d'excellents jus de fruits. L'affluence suffira pour expliquer l'intérêt du lieu. Essayez le pastel « rucula, tomate séchée et mozzarella ». Un lieu agréable.

CORUMBÁ ★

Autrefois vaste et prospère port fluvial au cœur du continent, à la frontière de la Bolivie et du Paraguay, Corumba ouvrait cette région hostile au reste du monde, via le rio Paraguay, Buenos Aires et l'Atlantique. En 1950, on construisit un chemin de fer. L'activité portuaire en fut réduite à une portion congrue. De cet âge d'or, il ne reste que quelques bâtiments délabrés sur les quais, terrains de foot poussiéreux le jour, et no man's land la nuit. Ville-frontière au milieu d'une région rurale, on y vit du commerce, de l'élevage et du trafic de drogue. Ville agréable, Corumbá est la principale porte d'accès vers la moitié sud du Pantanal.

MUPHAN - MUSÉE D'HISTOIRE DU PANTANAL ★

Rua Manoel Cavassa, 275

✆ +55 67 3232 0303

Ouvert de mardi à samedi de 13h à 18h. Gratuit.

Dans cette ville endormie au charme provincial, le musée d'histoire du Pantanal propose d'intéressantes expositions permanentes et temporaires. Dans ce musée établi dans un bel immeuble de 1876, les huit mille ans de l'histoire de la région depuis les premières traces de présence humaine jusqu'à nos jours sont exposés. Le plus intéressant des quelques musées à découvrir dans la région. Pour les passionnés d'archéologie, d'ethnologie, d'anthropologie...

FORTE COIMBRA ★

La visite se fait par le biais d'une agence. Il faut compter autour de 300 R$, déjeuner compris.

C'est une grosse bâtisse imposante et anguleuse, de pierres de taille percées de noires meurtrières, plantée au bord du Rio Paraguay. Un fort isolé, perdu à la frontière du Paraguay, au passé mouvementé. Construit au XVIIIe siècle, il fut l'enjeu d'affrontements sanglants pendant la guerre du Paraguay (1864-1870), au cours desquels le Baron Leverger, breton bon teint, s'est illustré avec courage. Aujourd'hui, le fort, toujours en activité, est une base de la marine nationale brésilienne. On y accède après 7 heures de bateau au départ de Corumbá.

PRAÇA DA INDEPENDÊNÇIA ★

La praça da Independênçia, avec sa locomotive anglaise, est un concentré de l'histoire de la ville. Elle rappelle l'importance de la Grande-Bretagne dans l'économie locale au XIXe siècle. La construction de la place a débuté le 15 mai 1915 et a été inaugurée le 24 décembre 1917, sous l'administration d'Eugênio Cunha,. Elle a subi de nombreuses restructurations. Entre la fin des années 1990 et le début des années 2000, on y a refait le revêtement et installé d'un sol en mosaïque portugaise avec des motifs de la culture indigène Kadiwéu.

Port de Corumba.

PROMENADES EN BATEAU SUR LE RIO PARAGUAY

Ces promenades sont de durée variable, de quelques heures à quelques jours, incluant ou non les destinations mentionnées, sur des petits canots à moteur ou de gros bateaux bien équipés pour la pêche. Renseignements sur les quais. Le Rio Paraguay est historiquement l'axe de transport qui a permis le désenclavement et le développement de Corumbà, mal relié au reste du pays par des voies terrestres. Les tours proposent des navigations sur le Rio Paraguay et ses petits affluents.

AÉROPORT SANTOS-DUMONT

R. Santos Dumont
+55 67 3231 3322

L'aéroport international de Corumbà est situé à 4 kilomètres du centre de la ville et également à 4 kilomètres de la gare routière. Quelques vols pour la Bolivie avec des compagnies boliviennes, mais il est moins cher de partir de Puerto Suarez, du côté bolivien de la frontière. A partir de Santa Cruz de la Sierra, en Bolivie, l'offre de transports aériens est plus importante et moins chère qu'à partir du Brésil. On peut s'y rendre en taxi ou en bus en prenant la ligne 409 popular à partir du centre-ville. Pour les villes, se rendre à l'aéroport de Campo Grande.

HOTEL SANTA MONICA €€

Rua Antonio Coelho, 345
+55 67 3234 3000
www.hsantamonica.com.br
Comptez env. 220 R$ la double.

Bonne adresse située en plein centre-ville, le Santa Monica offre des chambres assez grandes, positionnées autour d'un patio pour certaines. La petite histoire dit que le président Janio Quadros y séjourna 4 mois. Le petit déjeuner est très bon, le service de qualité. Piscine et churrasco. TV, air conditionné. Les jours de carnaval (Corumbà est une ville connue pour avoir un des meilleurs carnavals du pays), on a quelquefois l'impression que les *blocos* traversent le couloir, cela prolonge le plaisir. Une valeur sûre à Corumbà.

NACIONAL PALACE €€

Rua America, 936
+55 67 3234 6000
www.hnacional.com.br
Chambres doubles autour de 300 R$.

Bien situé dans la rue principale, c'est un hôtel de la ville qui offrent des prestations de qualité, avec piscine, salle de remise en forme, restaurant, Internet wi-fi… Cet hôtel propose une architecture moderne et peut-être considéré comme le meilleur hôtel de la ville de Corumbá. Les 167 chambres, que ce soient les suites présidentielles ou les standard offrent tout le confort que l'on peut attendre de cette gamme d'hôtel. Les enfants peuvent disposer d'une piscine équipée de nombreux jeux. Convient à un séjour pour affaires, travail ou loisirs.

LAÇO DE OURO €

R. Frei Mariano, 534
+55 67 3232 5555
Ouvert tous les jours. À partir d'env. 60 R$.

Depuis plus de 20 ans, le Laço de Ouro s'est affirmé comme un établissement d'un bon rapport qualité-prix. Dans ce restaurant, un des rares où on peut manger à toute heure de la journée et jusqu'à minuit, les « plats exécutifs » sont de bonnes options pour les groupes de 3 ou 4 personnes (filet de poisson à la milanaise, viande grillée). On y sert également un rodizio de viande pour les plus carnivores. L'offre est variée et de qualité, le prix très sage. Les jours de grande affluence cependant, le personnel est vite débordé…

RODEIO €

760 rua 13 de junho
+55 67 3231 6477
Tous les jours de 11h à 15h et du mardi au samedi de 18h à 23h. Compter à partir d'environ 40 R$.

Dans la vieille ville de Corumbà, à côté de maisons coloniales, le restaurant Rodeio est rapidement devenu une adresse incontournable. Cet établissement est un bon kilo à midi et sert également des plats à la carte le soir. Les pastelzinhos (petits « pasteis » frits), une des spécialités de la maison, sont très bons. Certains jours, la maison propose un marmotex (viande et accompagnement ainsi que salades) pour 20 R$. Le samedi, comme en de nombreux lieux du Brésil, c'est la feijoada qui est à l'honneur. Une adresse au bon rapport qualité-prix.

AVALOM BISTRO €€

Rua Cuiaba 1288

✆ +55 67 99841 3005

Ouvert tous les soirs, sauf le mercredi. Ouvre aussi le dimanche midi. À partir d'env. 60 R$.

L'Avalom Bistro est un petit restaurant intimiste, installé dans une petite maison près du centre de Corumbà. Les quelques tables disponibles garantissent une ambiance familiale, avec un service très professionnel. La carte est très variée. Dans ce restaurant le poisson du Pantanal, le bœuf issu des producteurs locaux et de bonnes pâtes seront proposés dans un souci de qualité et de service, tradition italienne oblige. La pican ha complète est une autre des spécialités de la maison. On y trouve de bonnes pizzas (au feu de bois) également.

CASA DO ARTESÃO

Rua Dom Aquinho, 405

La Casa do Artesão, située dans l'ancienne prison de la ville est transformée aujourd'hui en échoppe où officient près de cinquante artisans locaux qui travaillent le bois, le cuir, la céramique, les poteries en argile, au crochet, des graines, des peintures, du cuir de poisson, entre autres matériaux. Outre l'artisanat, vous pouvez apprendre un peu de l'histoire de la région. Le bâtiment a abrité la prison publique de Corumbá pendant plusieurs années, de 1905 à 1970. Le site manque un peu d'entretien. Très bon endroit pour acheter des souvenirs.

VIVA BELLA €€

Rua Arthur Mangabeira 1

✆ +55 67 3232 3396

Ouvert midi et soir, sauf dimanche et lundi soir. A partir de 60 R$ par personne.

Le Viva Bella est un bel établissement, idéalement localisé. C'est un bar-restaurant sur les quais, au bord du Rio Paraguay. La vue est superbe. On y propose une cuisine italienne raffinée et quelques plats locaux (bons poissons). On peut y savourer quelques cocktails en admirant le coucher de soleil sur le Rio Paraguay. Le samedi ou le dimanche, c'est souvent samba et feijoada. La moqueca de poisson est également à tenter. On peut écouter de bons groupes de musique certains soirs. C'est le bar « chic » de la promenade et donc un peu cher.

KALYPSO

✆ +55 67 3231 1460

www.peroladopantanal.com.br

À partir de 1 000 R$.

Le Kalypso est le plus grand navire de pêche sportive de Corumbá, avec 28 cabines tout confort. Lits box, air conditionné et télévisions. Pont panoramique avec piscine et bar américain. Tout est organisé avec soin à bord et à l'extérieur. De petites embarcations sont prévues pour les sorties de pêche ou pour des balades sur les petits affluents. Restaurant confortable et climatisé, et un solarium avec une vue sur le Pantanal. Saison de pêche sportive de février à octobre. Capacité de 30 à 80 passagers. Appartements doubles ou triples.

CASA DE MASSABARRO

Rua da Cacimba

Le Brésil, surtout depuis le retour de la démocratie, et en particulier depuis les gouvernements Lula et Dilma Rousseff, a œuvré activement à la lutte contre la pauvreté, l'analphabétisme et l'exclusion sociale, les 3 étant souvent liés. La rustique Casa de Massabarro est un centre d'aide par le travail qui valorise l'artisanat pantaneiro. On y trouvera des souvenirs en argile, qui reproduisent la faune et la flore du Pantanal dans un esprit de commerce solidaire. On favorise la scolarisation des apprentis tout en leur apprenant l'art de la céramique.

MILLENIUM

Port de Corumba

✆ +55 67 3231 3372

www.opantaneirotur.com.br

À partir de 2000 R$ pour une personne.

Certainement le plus luxueux des bateaux de pêche de Corumbá, pour les passionnés qui disposent d'un budget important. Pendant les périodes de reproduction (de novembre à février), les sorties sont dédiées à l'écologie et on range les gaules. Yacht plutôt que bateau de pêche, le *Millennium* offre 12 cabines confortables et climatisées, réfrigérateur, douches, un restaurant climatisé, une salle de télévision et un bain bouillonnant. Dans un souci de respect de l'environnement, ce bateau est équipé d'une fosse septique et d'une station de filtration.

FORTE COIMBRA

Le « Forte Novo de Coimbra », également appelé « Forte de Coimbra », est situé sur la rive droite du fleuve Paraguay, en position dominante sur le détroit de Saint-François-Xavier, dans l'actuelle municipalité de Corumbá. Sous le règne de Marie Ire de Portugal (1777-1816), à partir de 1791, des travaux de reconstruction de la structure, en maçonnerie de pierre et chaux, ont commencé. En 1795, le capitaine Francisco Rodrigues do Prado a pris le commandement de la place. Cette nouvelle structure était encore en construction lors de la guerre de 1801 entre les forces du Portugal et de l'Espagne,et qui a permis l'avancée des frontières dans le Mato Grosso.

BONITO ★★★

Autre merveille de la région, Bonito s'est affirmée comme un site écotouristique majeur depuis la fin des années 1980, Mecque de la plongée en rivière. A 257 km au sud-ouest de Campo Grande, cette petite ville doit sa popularité à ses merveilles hydrologiques dans un environnement naturel superbe où la probabilité de croiser singes, aras, toucans ou fourmiliers est assez grande. Sa plus proche (20 km) et principale attraction est le célèbre « lagon bleu » (*lago azul*), formé dans une grotte de 50 millions d'années, profonde de 180 m et large de 110 m. Par un phénomène dû aux cristaux qui en tapissent le fond, les eaux y sont d'un bleu extraordinaire, qui tranche avec le blanc des stalactites et le vert de la végétation. La région compte aussi une centaine de grottes et de rivières à l'eau claire, qui s'élargissent parfois en lacs où l'on peut nager avec masque et tuba, entourés de robustes et pacifiques dourados aux dents acérées. On a la sensation de se trouver dans un fabuleux aquarium grandeur nature. Les eaux du rio Sucuri, comme celles de Baia Bonita, seraient les plus limpides du monde ! On peut faire du rafting dans les rapides du rio Mimoso et nager dans les piscines naturelles du rio Aquidaban. Cette région, idéalement située entre le Pantanal et les chutes d'Iguaçu, deux sites majeurs de l'écotourisme brésilien, offre certainement les plus belles possibilités d'activités pouvant être pratiquées dans un cadre familial. La petite ville de Bonito offre une large gamme de *pousadas*, hôtels, restaurants et constitue ainsi une base idéale pour des excursions à la journée.

ABÎME DE ANHUMAS ★★

abismoanhumas.com.br

Compter autour 1120 de R$ l'excursion guidée, rappel et snorkeling. 800 R$ la «contemplation».

L'abîme de Anhumas est certainement une des attractions les plus spectaculaires de Bonito. Bonito doit sa renommée à son patrimoine hydrologique sur et sous la terre. Dans cette grotte gigantesque presque imperceptible depuis la surface, on descend en rappel 80 m plus bas pour plonger ensuite dans un lac. La veille, un guide-moniteur vous initiera à la descente en rappel, technique accessible à toutes les personnes valides. La plongée, par contre, nécessite d'avoir le premier niveau. Un autre rendez-vous exceptionnel avec la nature pour les plus aventureux.

AQUARIO NATURAL ★★

www.aquarionatural.com.br

Réservation obligatoire avec une agence. A partir d'env. 250 R$ par adulte. Les tarifs augmentent en haute saison.

© JESLEITER - SHUTTERSTOCK.COM

L'aquario natural entre le parcours aquatique en snorkeling dans ce qui paraît être un aquarium naturel. Les nombreux poissons, impressionnants avec leurs dents acérées, mais inoffensifs, accompagnent les nageurs sur les 1 000 m de nage dans les eaux de la rivière Baia Bonita. Idéal pour se familiariser avec la nage en flottaison. Un petit bateau suit le groupe en cas de problème. Mais vous devriez vous sentir comme un poisson dans un aquarium ! On nage en utilisant seulement les bras car les mouvements de jambes créent des phénomènes de turbidité dans l'eau.

© NIARKRAD - SHUTTERSTOCK.COM

Grotte do Lago Azul.

CASCADE BOCA DA ONÇA ★★

estrada de bodoquenha

Adulte à partir d'env. 250 R$, interdit aux enfants de moins de 7 ans.

La cascade de la Boca da Onça (*bouche de la panthère*) est la chute la plus haute de l'État, du haut de ses 156 mètres. Elle est aussi très isolée et protégée naturellement par la végétation du canyon de la rivière Salobra. On y accède par un chemin de 4 km qui passe par une dizaine de cascades dans lesquelles on peut se baigner, notamment le fameux *buraco do macaco* (« le trou du singe »). L'excursion est assez chère, car le site se trouve à 60 km de Bonito. De nombreuses options sont proposées lors de l'excursion, dont une descente en rappel.

GROTTE DO LAGO AZUL ★★

rod trés morros (22 kilomètres de Bonito).

Comptez autour de 65 R$ par personne. Durée : 3h, interdit aux enfants de moins de 5 ans.

On doit prendre un petit chemin pentu pour arriver jusqu'au point de vue. Découverte par un Indien Terena en 1924, cette grotte de 10 millions d'années, protégée par l'IPHAN, se visite pour son lac d'une incroyable couleur bleue. C'est une des plus grandes cavités inondées que l'on peut visiter sur terre. Les plongeurs ont pu descendre jusqu'à 90 mètres sans atteindre le fond. On y a trouvé un squelette de paresseux géant et une dent de tigre « dent de sabre ». De gigantesques stalagmites et stalactites au bas de la longue descente dans les entrailles de la terre.

MATO GROSSO ET PANTANAL

COXIM ★

A 240 km au nord par la BR163, la petite ville de Coxim est une ancienne terre des Indiens caiapos. Coxim est une porte d'entrée dans la région Nhecolândia du Pantanal. Elle se situe juste à l'extérieur de l'écosystème du Pantanal. Aujourd'hui, c'est un lieu fort prisé pour la pêche sportive. Les rivières et les cascades du rio Taquari sont également des attractions que les touristes brésiliens apprécient. Il faudra mériter sa partie de pêche, car pas moins de 7h sont nécessaires pour rejoindre le patelin, mais ça vaut le coup.

NASCENTE AZUL ★

À partir d'env. 200 R$ en basse saison (250 R$ avec déjeuner compris).

La nascente azul est un des spots d'écotourisme et de tourisme d'aventure de la région de Bonito. Pour être tout à fait honnête, la «source bleue» est moins spectaculaire que le rio Sucuri mais on nage dans une résurgence où la végétation semble fusionner avec l'eau, créant un jeu de couleur magnifique. Sur le site de nombreuses animations sont proposées. On peut plonger avec des bouteilles, faire de la tyrolienne et du pendule, passer sur des ponts de singes....À voir si vous avez du temps pour faire beaucoup d'excursions.

PONTA PORA

Le terme Ponta Pora signifie « Bel endroit » en guarani. Avant la guerre du Paraguay, le site de la ville était une région déserte de l'intérieur du Paraguay habitée par des tribus d'Indiens, comme les Nhandevas et les Caiuás, descendants du peuple guarani. Cette ville de 93 000 habitants se situe à une altitude de 755 mètres, à 275 km et 3h30 de route tortueuse de Bonito. Ville frontière de la Bolivie, on y trouve du thé, des magasins et des casinos, semblables à la Cidade del Este à Foz de Iguaçu, sortes de *duty free* local.

MUITO BONITO TURISMO

Rua Coronel Pilad Rebua, 1448
✆ +55 67 3255 3077
www.pousadamuitobonito.com.br

L'agence Muito Bonito Turismo est une agence sérieuse qui organise des excursions à la journée dans les environs de Bonito et de la Serra de Bodequena. Les formules proposées sont nombreuses et variées et tous les principaux sites d'écotourisme sont accessibles (Ceita Corê, Boca da Onça, Balneario Municipal, Balneario do Sol...). C'est également une des meilleures adresses où séjourner en ville. La confortable pousada dotée d'une piscine est l'une des meilleures de Bonito et elle est d'un bon rapport qualité-prix. Accueil familial et professionnel.

RIO DA PRATA ET BURACO DOS ARARAS ★★

À partir de 55 R$ en basse saison.

Sur place, une équipe vous fournit tout le matériel nécessaire pour la plongée qui va suivre. Une courte marche de moins d'une heure en forêt vierge vous mène à la rivière da Prata. Quelques heures de plongée dans les eaux cristallines, à la découverte d'une faune et d'une flore subaquatiques exubérantes. Sur le chemin du retour vers Bonito le site de Buraco das Araras (trou des aras), curiosité géologique qu'ont choisi comme refuge naturel des centaines d'aras rouges et bleus.

BONITOUR

rua Filinto Müler, 813
✆ +55 67 32551628
www.bonitour.com.br

Depuis maintenant plus de 15 ans, force est de constater que cette agence de tourisme a su s'imposer par la qualité de son travail sur la zone de Bonito. Cette agence, tenue par le couple de *gauchos* Fabio Weber et son épouse, propose des excursions dans les environs de Bonito, à travers le Pantanal, mais aussi plus largement dans tout le Brésil. Très compétents et sérieux autant que sympathiques, c'est l'assurance d'une excellente organisation de votre séjour à Bonito et au-delà. Bon rapport qualité-prix. Hautement recommandé.

RIO SUCURI ★★

20 km de Bonito

Comptez à partir de 180 R$ par personne en combinaison avec matériel de snorkeling, sans repas ni transport.

L'expérience de la nage sur le Rio Sucuri est incontournable lors d'un séjour à Bonito. Après avoir marché au cœur d'un paysage magnifique, le parcours aquatique avec combinaison (*flutuaçao*) dure pratiquement 1 heure au-dessus d'un lit de rivière qui donne l'impression d'un blanc immaculé dû aux milliers de coquilles d'escargots d'eau. Il faut uniquement se servir de ses bras pour avancer, afin de ne pas créer de turbidité dans l'eau. Les billets se vendent dans les agences. C'est également une des attractions les plus spectaculaires de Bonito.

PANTANAL ECOTRIPS

Rua Nestor Fernandes 594
✆ +55 67 9 9145 2985
www.pantanalecotrips.com.br
Open : from 08 : 00 to 12 : 00 01 : 00 to 05 : 00 pm

L'agence Pantanal Ecotrips fondée depuis plus de 15 ans a su se faire reconnaître par son sérieux et la qualité de ses prestations. Le directeur, Ronaldo Mendoza, est un solide gaillard, guide-interprète anglais et espagnol. Il organise vos excursions dans le Pantanal et à Bonito. Sérieux et compétent, il travaille avec des fazendas et guides spécialisés de qualité, à des tarifs très abordables. Il peut composer vos tours en fonctions de vos attentes spécifiques et pour des groupes de petite taille. Structure sérieuse et conseillée.

H2O ECOTURISMO

Rua 24 de fevereiro, 2101
✆ +55 67 99860 9808
www.h2oecoturismo.com.br

Agence ouverte du lundi au samedi et les dimanches en haute saison.

Cette agence propose (avec réservation en ligne) des transferts depuis/vers l'aéroport de Campo Grande, directement pour Bonito, à prix concurrentiel par rapport au bus, surtout si l'on considère que l'aéroport et la gare routière sont distants de 11 km qu'il faut parcourir en taxi. C'est une alternative sérieuse pour les départs très tôt ou tardifs. On rappellera que les vols pour les grandes villes du Brésil sont plus nombreux à partir de Campo Grande évidemment et que les liaisons aériennes entre Bonito et Campo Grande sont chères.

RODOVIÁRIA

Rua Aniceto Coelho, 888
✆ +55 67 3255 1606
www.cruzeirodosulms.com.br

La rodoviaria de Bonito permet de connecter la petite ville aux deux grandes villes de la région, la capitale de l'Etat du Mato Grosso do Sul Campo Grande et Corumbà, la grande ville du Pantanal Sud.

- **Campo Grande.** Environ 4 bus par jour dans les deux sens (seulement 2 le dimanche). À partir de 64 R$. 4 à 5 heures de trajet. Compagnie : Cruzeiro do Sul. A partir de Campo Grande, il est possible de prendre le bus ou l'avion pour les métropoles du pays.
- **Corumbá.** 1 bus par jour hors dimanche. Autour de 100 R$. Env. 5 heures 30 de trajet. Compagnie : Cruzeiro do Sul.

AÉROPORT DE BONITO

11 km du centre
www.voeazul.com.br

L'aéroport de Bonito est un petit aéroport régional. Partir de l'aéroport ou arriver à l'aéroport de Bonito est facile, car le petit aéroport se trouve très près de la ville. De plus en plus de personnes préfèrent atterrir à l'aéroport de Campo Grande et venir en bus ou en voiture.

- **Vols Bonito-Campo Grande et Campo Grande-Bonito** : Vols réguliers assurés par la compagnie Azul depuis Campo Grande, tous les mercredis et dimanches. Il faut ensuite prendre le taxi jusqu'au centre-ville de Bonito (comptez environ 60 R$) ou le bus jusqu'à la gare routière.

BONITO HI HOSTEL €

Rua Dr. Pires, 850
✆ +55 67 32551022
bonitohostel.com.br

Nuit en dortoir non mixte à partir de 50 R$ en basse saison. Double avec salle de bains partagé à partir de 109 R$.

Le Bonito HI Hostel est une auberge de jeunesse sympathique et bien tenue. Il propose des hébergements économiques avec des suites comprenant une salle de bain privative et la climatisation, ainsi que des dortoirs rustiques et propres, dispose de beaucoup d'espaces verts boisés, de jardins et de pelouses, d'une supérette, d'une salle de télévision, Wi-Fi gratuit, piscine, cuisine ouverte à l'usage des clients, parking. L'auberge dispose également d'une agence de voyages qui organise des excursions quotidiennes pour Bonito et le Pantanal.

RECANTO DOS PASSAROS €

Rua General Rondon, 549
✆ +55 67 3255 1048
hotelrecantodospassaros.com.br

Comptez env. 200 R$ pour 2 selon la saison et le type de chambre.

La maison d'hôte Recanto dos Passoros est un bel établissement, idéalement situé à proximité de la rue centrale de Bonito. Dans un cadre verdoyant, la pousada offre des chambres simples et très bien tenues. On y trouve un petit air de fazenda, avec ses bâtiments recouverts de tuiles. Un petit lac complète son côté bucolique. Pour les sportifs accomplis, le Recanto propose un terrain de tennis en terre battue. Une bonne option sur Bonito avec piscine, parking, service de laverie, air conditionné et petit déjeuner compris. Très bon accueil de l'équipe.

BONITO ECOTEL €€

Rua Nelson Felicio dos Santos, 1035
✆ +55 67 3255 3804
www.bonitoecotel.com.br

À partir d'env. 247 R$ la double, petit déjeuner compris. Clim. Wifi.

Comme son nom l'indique, le nouvel Ecotel de Bonito joue la carte du tourisme durable : matériaux de construction écologiques, 130 m² de panneaux photovoltaïques qui permettent d'économiser 30 tonnes de Co², chauffe-eau solaire, panneaux isothermes... Les chambres tout confort sont distribuées autour de la piscine et le décor chaleureux confère au lieu une ambiance très relax. L'excellent petit déjeuner et le personnel attentif auront tôt fait de vous convaincre, malgré des prix un peu plus élevés que la moyenne, mais raisonnables au vu du confort proposé.

CABANAS €€

Rua Estr. Bonito/Balneario Municipal, 6,5 km
✆ +55 67 3255 3013
www.hotelcabanas.com.br
Compter à partir de 420 R$ l'appartement standard. deux nuits minimum en haute saison.

La pousada Cabanas garantit le dépaysement. Les initiateurs du projet, en 1999, ont voulu des structures qui s'intègrent au mieux dans l'environnement. On se sent une âme de Robinson Crusoé, près de la canopée. Dans un cadre enchanteur, près du balneario, de confortables appartements et belles cabanes de style amérindien, pour une grande proximité avec la magie des lieux. Les animaux se promènent sans crainte. On peut y pratiquer de l'accrobranche et des activités aquatiques (réduction si vous êtes hébergé dans les *cabanas*). Une très bonne adresse.

POUSADA MOINHO DE VENTO €€

Rua Ari Silva Machado, 2 km ✆ +55 67 3255 1501
www.pousadamoinhodevento.com.br
Comptez à partir d'env. 250 R$/nuit pour 2 personnes.

Le Petit Futé a eu le nez creux en tombant sur cette pousada il y a déjà 15 ans. La *pousada* Moinho de Vento est nichée en pleine nature, au calme. Il s'agit en réalité de seize appartements confortables tous avec TV, climatisation et wifi) répartis dans dans des petites maisons. Elle est superbement tenue par un couple luso-belge, Ana et Didier, dans un parc de 8 ha où vivent singes, toucans, perroquets et autres oiseaux que vous pourrez observer en vous promenant aux alentours. Très bon petit déjeuner. Piscine pour se rafraîchir. Un coup de cœur !

CHALÉ DO BOSQUE €€

Rua licio Borralho, 100
✆ +55 67 3255 3213
www.chaledobosque.com.br
À partir de 430 R$ pour 2.

Une adresse au cœur de la magnifique nature de Bonito. Au sommet d'une colline, de charmants petits chalets tout équipés, aux murs en pierre, sont nichés dans la végétation. Le cadre est élégant tout en matériaux naturels, surtout du bois. De très bons petits déjeuners sont servis dans une atmosphère romantique, entourés par les oiseaux. Et une belle piscine avec des transats pour les jours de chaleur. Un cadre qui oscille entre rustique et confort. On se croirait dans un village de la Chapada Diamantina. Un endroit relaxant parfait pour les vacances.

POUSADA SURUCUA €€

Rua Bongiovani, 860
✆ +55 67 3255 2337
www.pousadasurucua.com.br
À partir d'env. 340 R$ pour 2 personnes.

La pousada Surucua est une belle adresse. Seulement sept vastes et confortables chambres, simples et lumineuses, sont réparties dans cette *pousada* très conviviale, en réalité une magnifique maison blanche bourgeoise. On est au coeur de la nature. Les espaces sont verts et arborés sur plus de 5000 m² plantés d'essences locales. Hamacs pour se relaxer et la piscine, au milieu d'une pelouse impeccable, invite à la baignade. L'assurance d'un séjour réussi à Bonito. On peut vous aider à organiser vos activités à Bonito et ses alentours.

POUSADA ARAUNÀ €€

Rua Monte Castelo, 160
✆ +55 67 3255 2100
www.hotelarauna.com.br
À partir de 280 R$ la double. Réductions fréquentes.

C'est presque un petit village. Cette pousada très bien tenue par une sympathique famille gauc ha propose des appartements très agréables et bien équipés dans un parc de 40 000 m². Certains ont des décorations de style pantaneira. Les appartements sont vastes et fonctionnels et peuvent accueillir jusqu'à 5 personnes. Lits simples ou doubles, les compositions sont variables et conviennent aux familles et aux groupes d'amis. La pousada propose une piscine, un bar, hamacs sous les arbres et petit déjeuner gargantuesque. Une bonne adresse.

WETIGA €€€

Rua Cel. Pilad Rebuá, 679
✆ +55 67 3255 5100
www.wetigahotel.com.br
À partir d'env. 412 R$ la chambre double en B&B.

Le Wetiga est sans aucun doute l'hôtel le plus luxueux de la ville. Une entrée en bois et en verre, et un ensemble tout entier dédié à la recherche de la beauté et du bien-être. L'architecte a voulu créer un espace qui serait une continuation de la ville. Le couloir d'entrée donne l'impression d'une immersion dans la forêt. La superbe salle de café est ouverte sur la piscine et une cascade de plusieurs mètres de hauteur. Les chambres (luxe, suite master, master Wetiga) sont également pensées pour amener le plus de satisfaction possible aux hôtes.

VICIO DA GULA €

Rua Ced Pila Rebuà, 1852
✆ +55 67 3255 2041
Ouvert tous les jours de 15h à 23h30, sauf le mercredi (fermé).

Le Vicio da gula est un café, mais également une très bonne sandwicherie où on peut également déguster de bons milk-shakes, notamment de guavira, un fruit tropical local. On y sert aussi des filets de viande et des burgers, ainsi que de bons jus pressés et des pâtisseries exposées en vitrine. Le concept est celui d'un café gastronomique. Les pâtisseries sont esthétiques, bien présentées et très bonnes. En alliant des prestations culinaires de qualité et un accueil professionnel et très attentionné, le Vicio da gula est rapidement devenu un classique de la ville.

CASA DE JOAO €€

Nelson Felicio, rua 24 de Feveiro
✆ +55 67 3255 1212
www.casadojoao.com.br
Ouvert midi et soir, fermé le lundi. Comptez à partir de 60 R$ par personne.

La Casa de Joao est un établissement à l'ambiance très *pantaneira*. C'est un lieu très connu et fort apprécié des habitants et des touristes pour sortir dîner à Bonito. La grande salle conviviale (un peu bruyante) avec des tables en bois moderne est décorée avec des peintures d'Amérindiens et des sculptures d'animaux et de poissons du Pantanal. La carte de plats est assez complète, à la mode locale. Les poissons délicieusement préparés, comme le *pirarucu* ou le *pintado*. A côté, une aire de jeu pour les enfants. Une valeur sûre à Bonito.

DA VOVO €

Rua Sen. Filinto Muller, 1808
✆ +55 67 3255 2723
Ouvert tous les jours, midi et soir.

Le Restaurante da Vovo est un établissement à l'ambiance familiale, dans une grande salle assez simple et agréable. Forcément, Vovo, c'est la grand-mère en portugais. Ce petit restaurant-cantine propose un buffet varié de qualité, avec de nombreuses spécialités régionales, ouvert à midi et le soir et d'un bon rapport qualité-prix. Bolinhos de peixe, guisado de mandioca, poulet à la guavira, la cuisine régionale traditionnelle est mise à l'honneur. Le tout mijote sur un traditionnel four à bois. Une bonne cantine, pas chère !

BONITO BEER

Rua Pillad Rebuá, 2052 D
✆ +55 67 99994 3605
Ouvert tous les soirs de 17h à 23h, sauf le dimanche. Env. 6 R$ la bière.

Le Brésil, beaucoup l'ignorent, est l'autre pays de la bière. Le Bonito beer, comme son nom l'indique, est tout entier dédié à ce breuvage houblonné. Respectant l'air du temps, c'est une micro-brasserie qui produit sa propre bière. Les amateurs de bière (et les moins amateurs s'y retrouveront également) ne manqueront pas de faire un tour dans ce bar à *cervejas* où l'on se sert soi-même et directement dans de grands fûts en inox. Bonnes bières locales à tester et part de pizzas pepperoni pour faire glisser le tout. Certains soirs, musique *ao vivo*.

JUANITA €

Rua Nossa Senhora da Penha, 854
✆ +55 67 3255 1924
Ouvert tous les jours midi et soir, sauf le mardi. Comptez à partir de 50 R$ par personne.

Ce restaurant aux murs jaunes est une institution à Bonito, car il est réputé pour sa cuisine savoureuse et simple. On vient chez Juanita, la maîtresse de maison éponyme, pour sa spécialité maison : le pacu (poisson local) à la braise ou à la planc ha (*chapa*), mais aussi pour son caïman savoureux. Le caïman est élevé dans des fazendas dédiées à l'élevage de ce crocodilien. Les différentes espèces sont protégées dans leur milieu naturel et toute prédation est sévèrement sanctionnée. Les lieux et l'accueil sont toujours très agréables.

TABOA

Rua Cel. Pilad Rebuá, 1834
✆ +55 67 3255 3598
Ouvert tous les jours à partir de 17h.

Depuis de nombreuses années, le bar Taboa est devenu une référence des nuits de Bonito. Bar animé où l'on peut écouter des concerts de musique brésilienne *ao vivo* de qualité, danser avec les locaux et goûter l'apéritif local à base de cachaça, de cannelle et de guaranà. On peut également s'y restaurer, avec des burgers notamment. Le *Taboa* tire son nom du *'ta boa* (« ça va », lancé à la cantonnade). L'établissement commercialise également ses cocktails de cachaça ainsi que des mugs en terre cuite (300 ou 600 ml) et des dosettes pour boire la cachaça.

PARQUE NACIONAL DO PANTANAL MATOGROSSENSE ★★★★

Le Parc national du Pantanal, créé en 1980, est situé au nord de la rivière Cuiabà et au sud-ouest de l'Etat du Mato Grosso, à la frontière de la Bolivie. Il ne représente qu'une infime partie du Pantanal avec seulement 136 028 ha de superficie. Cependant son intérêt est grand, car il a pour objectif de protéger et de préserver les écosystèmes du Pantanal au sein d'un sanctuaire dans lequel l'activité humaine est très sévèrement encadrée. Cette tâche est ardue, car les terres du parc national sont toutes privées. Ici comme dans le reste du Pantanal, l'agriculture menace le fragile équilibre d'un biome d'un intérêt majeur.

Faune et Flore

Le Pantanal forme ainsi le paradis des oiseaux migrateurs ou de proie, et de nombreux animaux de taille (jaguar, iguane, puma, loup à crinière, fourmilier géant, singe noir hurleur, alligator, caïman, capybaras, anaconda, loutres géantes, etc.). Il y a plus de 7 000 espèces d'animaux. C'est sans doute le meilleur endroit d'Amérique du Sud pour observer la vie sauvage en liberté. Même si beaucoup de ces espèces se retrouvent dans d'autres régions (dont, bien sûr, le bassin amazonien), c'est ici, dans ces espaces découverts de savanes et ces cours d'eau tranquilles qu'ils sont les plus faciles à observer. On compte plusieurs centaines d'espèces d'oiseaux et de poissons et quatre-vingts espèces de mammifères. Ses eaux constituent l'un des sites les plus convoités par les pêcheurs du monde entier. Il y a plus de 250 espèces de poissons, mais dix seulement finiront dans l'assiette du pêcheur ou dans les restaurants du Pantanal. Le pintado est le plus représentatif de la cuisine pantaneira. C'est également le paradis des ornithologues : Tuiuiu (cigogne à tête noire, symbole du Pantanal), aigles, faucons, martins-pêcheurs, cormorans, milans surgissent de toutes parts tandis que les beaux aras bleus, rouges et jaunes se laissent surprendre à l'aurore ou au crépuscule dans cette terre rouge ocre, vert bouteille perçant, quelquefois noyée dans des marécages à perte de vue. La flore est également d'une richesse immense. Le voyageur ne verra souvent qu'une partie de toutes ces merveilles. La seule quête animale par des amoureux de la nature pataugeant dans les marais avec les capybaras et à la poursuite d'hypothétiques jaguars sera en soi une récompense.

PANTANAL VIAGENS & TURISMO

Rua Barão do Rio Branco, s/n
✆ +55 67 3321 3143
www.pantanalviagens.com.br

Depuis une vingtaine d'années, l'agence Pantanal Viagens & Turismo s'est lancée dans l'aventure de l'écotourisme. Agence de bonne réputation située à Campo Grande, dans le Mato Grosso, et qui travaille avec de belles pousadas-fazendas et organise des excursions à Bonito et propose des séjours de longueur variable dans le Pantanal. La protection de l'environnement et une soutenabilité de l'activité écotouristique sont deux concepts au cœur de leurs activités.

GENIPAPO €

Estrada Anastácio-Bonito, accès au km 263 de la BR 419 par Jardim (Bonito)
✆ +55 67 3028 55 55
www.genipapo.com.br

Appartements à partir d'environ 290 R$ pour 2 personnes.

La Pousada Genipapo est une structure simple et agréable comportant 14 chambres. Cette pousada, située non loin de Bonito, ravira surtout les pêcheurs, mais les amoureux de la nature ne seront pas en reste. On peut préparer le poisson pêché sur place. La *pousada* organise bien sûr des sorties à cheval, en bateau ou à pied pour découvrir la nature alentour. Une option agréable et bon marché (excellent rapport qualité-prix). Belle piscine et hamacs pour *chiller*. De nombreux animaux se promènent le soir en toute quiétude autour des bâtiments.

POUSADA CAMPING SANTA CLARA €

Rio abobral par Buraco das piranhas
✆ +55 67 99665 1394

Par jour en pension complète : 180 R$ en dortoir, 280 R$ pour 2 en tente, 440 R$ la chambre double luxe, 660 R$/3.

Camping et pousada agréable sur le Rio Abobral. Grand nombre d'animations proposées dans un cadre simple et chaleureux. Les tentes sont rudimentaires, mais aussi plus économiques, car tous les tarifs sont en pension complète. Dortoirs non mixtes et chambres privatives très confortables, mais plus chères. Les activités à pratiquer sur place (balade à cheval, en bateau, à pied...) sont incluses dans le prix. Très recommandé pour découvrir le Pantanal sauvage. Très bon buffet.

POUSADA RIO CLARINHO €

Transpantaneira, km 40
✆ +55 65 9977 8966
www.pousadarioclarinho.com.br
deux personnes : 650 R$ inclus hébergement activités variées : balade en barque, randonnée... Transfert depuis Poconé.

Cette petite *fazenda* rustique se trouve au bord de la rivière qui lui a donné son nom. C'est un véritable paradis pour les ornithologues amateurs tant la variété des oiseaux observés est importante. Les chambres ont toutes une salle de bains privée et des moustiquaires individuelles. Le personnel est attentionné et compétent. Les guides organisent des excursions dans la forêt alentour, compris dans le tarif. Idéal pour découvrir l'écosystème du Pantanal dans une fazenda simple, familiale et bien tenue.

FAZENDA SAN FRANCISCO €€

A 35 km de Miranda, piste partant de la BR 262
✆ +55 67 32421088
www.fazendasanfrancisco.tur.br
Possibilité d'excursion à la journée (en plus). 550 R$ par personne (en double), en pension complète.

Dans un domaine de 15 000 ha, la famille Coelho développe agriculture raisonnée (riz et élevage) et écotourisme. La moitié de la *fazenda* est en réserve naturelle. On peut y faire du canoë, observer les oiseaux et les mammifères. Le mari de Carolina est un biologiste spécialisé dans l'étude des jaguars. informations sur le projet « Gadonça » sur le site web de la *fazenda*. On peut observer les jaguars. L'hébergement est simple et confortable, la nourriture excellente. L'accès facile et la qualité de l'accueil font assurément de cette *fazenda* une excellente adresse.

PASSO DO LONTRA €€

Buraco das Piranhas - Estrada Parque, km 10
✆ +55 67 3245 2407
www.passodolontra.com.br
A partir de 647 R$ la chambre (avec salle de bains et climatisation), pour deux personnes en pension complète.

Le Passo do Lontra est une structure en bois au cœur de la nature du Pantanal. A ne pas confondre avec le Cabana do Lontra, qui est franchement déconseillé. Le Passo do Lontra est un bel hôtel en bois sur pilotis, constitué de chalets, avec deux campings – un « appart-hôtel » très simple. Le rustique s'allie ici à une réelle recherche de bon goût et de confort. La nature est omniprésente et les activités proposées permettent de la découvrir. La gamme des prestations et des prix est très large pour l'hébergement et les activités organisées.

POUSADA PEQUI €€

Accès par km 493,5 de la BR 262 par Miranda
✆ +55 67 3245 0949
www.pousadapequi.com.br
À partir d'environ 1 116 R$ pour 2.

Dans cette vénérable *fazenda*, chargée d'histoire et à la décoration d'époque (la demeure des maîtres a près d'un siècle d'existence), toutes les activités touristiques du Pantanal sont proposées (safari photo, balades diurnes et nocturnes, tour en bateau). On peut même guider le bétail avec les vaqueiros et profiter de la faune et de la flore abondante du site. L'authentique pousada compte une dizaine de chambres parfaitement tenues et une belle piscine. Les repas sont très bons, variés. L'accueil est agréable. Un excellent choix !

MATO GROSSO ET PANTANAL

© SERGIO DE ARAUJO PEREIRA - SHUTTERSTOCK.COM

Flore du parc national de Pantanal Matogrossense.

POUSADA PIUVAL €€

Transpantaneira, km 10
+55 65 3345 1338
www.pousadapiuval.com.br
À partir de 487 R$ par jour et par personne en pension complète (chambre de 2).

La pousada Piuval se trouve au début de la Transpantaneira (c'est la première pousada de la Transpantaneira). Elle propose un hébergement familial, au cœur d'une petite *fazenda*, simple mais très confortable, conviviale et relativement facile d'accès. Balades, observation des oiseaux, sorties à cheval, bateau (entre décembre et avril)... La pousada se situe à proximité de la plus grande étendue d'eau de la région. Outre les chambres bien équipées, la bonne nourriture typique et le personnel serviable en font une bonne adresse.

BARRANCO ALTO ECO-LODGE €€€

Accès depuis Campo Grande : 6h en 4x4 (entre 1 000 et 1 400 R$ pour 4 pers.). Possibilité de réserver un vol en Cessna depuis Campo Grande ou Aquidauana.
www.fazendabarrancoalto.com
Compter 920 R$ par personne et par nuit (nuitée, repas typique et activités compris).

Une ferme du bout du monde nichée au bord du Rio Negro, dans le sud du Pantanal. À la fin des années 70, Jorge Schweizer acquiert un morceau de terrain sur ce site et s'y installe pour étudier les comportements de la loutre géante. Il n'y a que 6 chambres, dans une réserve sauvage de 11 000 hectares, un paradis écologique. Les chanceux qui ont réservé leur séjour nageront dans les eaux noires du fleuve, observeront loutres, aras et jaguars, feront de la rando ou du bateau, guidés par des passionnés.

POUSADA ARARAS ECOLODGE €€€

Transpantaneira, km 32 +55 65 3682 2800
araraslodge.com.br
À partir de 500 R$ par personne en pension complète, excursions comprises. Navette aéroport.

La pousada Araras Ecolodge est une charmante pousada très bien équipée (une des plus chères et de plus luxueuses du Pantanal) située à 30 km de Poconé. Chambres à la déco rustique, mais confortables (air conditionné dans les suites, balcon, hamac). De nombreux packages sont proposés, jusqu'à 10 jours/9 nuits. Du côté des activités, les possibilités sont diverses et variées : trek, safari, birdwatching, canoë, tour spécial jaguars, cheval, sorties nocturnes... Toutes sont animées par des équipes professionnelles et sympathiques. Belle adresse.

POUSADA DO RIO MUTUM €€€

Rodovia Mimoso, km 15 +55 65 3052 7022
www.pousadamutum.com.br
À partir de 760 R$ par personne en pension complète avec activités.

La pousada du Rio Mutum propose le luxe dans la nature rustique du Pantanal. Elle offre de luxueux bungalows individuels nichés dans une nature exubérante et sauvage. C'est un domaine et un site réellement paradisiaque ! Au bord du rio Mutum, dans un très joli cadre de verdure. Pour se rafraîchir dans la chaleur pantaneira, on trouve une belle piscine. Un bar et un bon restaurant permettront de se sustenter en regardant le coucher de soleil. Activités de qualité (randonnée, bateau, cheval...) et à prix abordables pour le standing. Très confortable.

REFUGIO DA ILHA €€€

17 km depuis Miranda,
piste partant de la BR 262
+55 67 3306 3415
www.refugiodailha.com.br
À partir de 600 R$/pers. et par jour tout compris.

Le Refugio da Ilha est une magnifique structure lovée sur un îlot comportant une dizaine d'appartements toujours dans le style rustique du Pantanal, avec un petit supplément d'âme sophistiqué. Un vrai paradis pour observer les animaux et faire des excursions à cheval, en barque ou encore pêcher avec des guides passionnés et passionnants. La cuisine excellente, l'accueil est professionnel et chaleureux, l'écotourisme est responsable et engagé... Une adresse à recommander les yeux fermés qui se classe parmi les meilleures de la région.

REFUGIO ECOLOGICO CAÏMAN €€€

Estância Caiman +55 67 3242 1450
www.caiman.com.br
À partir de 2 125 R$/pers. pour un pack 3 jours tout compris.

Dans un domaine de 53 000 ha, le Refugio ecologico Pantanal est un vaste complexe hôtelier de luxe ultra confort (l'un des plus étendus du Pantanal), spécialisé dans l'écotourisme, formé de quatre établissements. Selon la formule choisie, on passe de l'une à l'autre, en Jeep, à cheval, en bateau, etc. Presque à mi-chemin entre Corumbá et Campo Grande. Les guides naturalistes sont spécialisés dans la faune et la flore du Pantanal, diplômés et bilingues en portugais et en anglais. Ils accompagnent les clients dans toutes les activités.

AMAZONIE

Parler d'Amazonie, c'est invariablement évoquer « l'enfer vert », image d'Epinal héritée de l'époque où cette forteresse végétale n'était qu'hostilité pour les explorateurs et les colons. Maladies, animaux sauvages, Indiens farouches, et pour certains anthropophages, tels étaient les obstacles à surmonter en s'aventurant dans la jungle. Pour le voyageur aujourd'hui, l'Amazonie est une terre accueillante, particulièrement dans les zones dont les moustiques sont absents… Cette immense région de 4,8 millions de km² abrite de 5 à 10 millions d'espèces végétales et animales, dont un tiers seulement a été recensé. Elle constitue en cela l'une des plus importantes réserves de biodiversité, et à ce titre un gisement incroyablement riche pour les industries pharmaceutiques, cosmétiques, chimiques, biochimiques, génétiques… L'écotourisme responsable permet aujourd'hui d'approcher cette terre mythique et en devenir un fervent défenseur.

Ville
Autoroute et voie express
Route majeure
Route secondaire
Voie ferrée
Parc et réserve
Altitude (en mètres)
3000
2000
1500
1000
500
200
VENEZUELA
MONTE RORAI
SIERRA PACARAIMA
BOA VISTA
Uraricuera
RORAIMA
Caracarai
Pico Rondon 1192 m.
2340 m.
Parc nation do Viruã
Parc national do Serra do Mocidade
Pico de la Neblina 3015 m.
Negro
PARC NATIONAL DE LA PICO DA NEBLINA
Capauar
Branco
Negro
Cuiuni
COLOMBIE
Parc national do Jaú
Jaú
No Air
Amazona
PÉROU
TEFÉ
Letícia
Juruá
Coari
SELVAS AMAZONAS
Hevelândia
Purus
AMAZONAS
BR 319
Madeira
Juruá
Lábrea
Cruzeiro do Sul
Tarauaca
BR 364
Purus
Boca do Acre
PORTO VELHO
Parc national da Serra do Divisor
ACRE
BR 364
RONDÔNIA
RIO BRANCO
Jaru
COLONIA CINCO MIL
CACHUELA ESPERANZA
SERRA DOS PACAAS-NOVOS
Ouro Preto do Oeste
GUAJARÁ-MIRIM
Assis Brazil
BR 317
Ji-Paraná
1005 m.
GUAYARAMERÍN
Parc national de Pacaás-Novos
Cacoa
BRASILÉIA
Parc national da Cutia
Amazonie
BOLIVIE
Forte Principe da Beira

OCÉAN ATLANTIQUE
arc national Monte Roraima
Cayenne
GUYANE FRANÇAISE
SURINAME
OIAPOQUE
Parc national do Cabo Orange
Bonfim
GUIANA
BR 156
Parc national de Tumucumaque
AMAPÁ
SERRA DO TUMUCUMAQUE
vo Paraíso
Cumina
Paru
Araguari
SERRA DO NAVIO
Porto Grande
MACAPÁ
SALVATERRA
SANTANA
Ilha do Marajó
SOURE
LARANJAL DO JARI
ILHA DO OUTEIRO
ILHA DO MOSQUEIRO
ICOARACI
Réservoir de Balbina
MONTE ALEGRE
ILHA DOS PAPAGAIOS
Breves
BELÉM
ALENQUER
Amazonas
Moju
BOSQUE SANTA LÚCIA
SANTARÉM
IDENTE FIGUEIREDO
ALTER DO CHÃO
Parintins
Vers :
SÃO DOMINGOS DO CAPIM
CASTANHAL
ALGODOAL
MARAPANIM
BRAGANÇA
VISEU
tropólis
Itacoatiara
AUS
BELTERRA
Altamira
PARC NATIONAL DA AMAZÔNIA
areiro
FLORETSA NACIONAL DO TAPAJÓS
Itaituba
BR 222
PARÁ
Marabá
BR 230
BR 163
Jacareacanga
São Felix do Xingu
puí
Xingu
Aripuanã
Redenção
São Manuel
SERRA DO CACHIMBO
Araguaia
BR 153
Juruena
Peixoto de Azevedo
Palmas
Porto Alegre do Norte
MATO GROSSO
Parc national do Araguaia
TOCANTINS
Sinop
Liquilândia
São Felix do Araguaia
Gurupi
PLANALTO DO MATO GROSSO
180 KM
Vilhena
BR 364

PAGES

651 ## ● ● ÉTAT DU PARÁ

Ici, entre forêt amazonienne, fleuve Amazone et océan Atlantique, les écosystèmes sont très contrastés. Belém compte de nombreuses plages fluviales, en particulier dans les îles de Mosqueiro, Outeiro et Cotijuba ; et des plages sur l'océan, telles qu'Algodoal, Salinas et Ajuruteua, sans oublier l'immense île de Marajó, le plus grand archipel fluvio-maritime du monde qui permet des excursions sans aucun doute plus intéressantes que celles de la région de Manaus, trop habitée pour espérer voir une faune nombreuse. L'artisanat est un autre attrait du Pará. On peut acheter de belles pièces de céramique Alcoaraci, à 25 km de Belém. Connue également pour sa cuisine à base de poisson et de crustacés, la petite ville d'Icoaraci est le plus grand centre d'artisanat en céramique du Pará. Dans l'île Caviana, au nord de l'île de Marajó, l'impressionnante Amazone – qui termine essoufflée sa course folle de 8 000 km en déversant le cinquième de l'eau douce apportée dans les océans – rencontre un partenaire à sa mesure, l'océan Atlantique. Du choc qui s'ensuit, lors des fortes marées de pleine lune, naît la *pororoca*, une gigantesque vague dont l'onde se répercute jusqu'à plusieurs dizaines de kilomètres en amont du fleuve et que les surfeurs attendent avec ferveur !

651 ### BELÉM ★★★

Belém est une porte d'Amazonie, qui comme Manaus, a connu son apogée lors du *boom* du caoutchouc. De cette splendeur, il reste quelques maisons coloniales. La ville semble vivre au ralenti, à la vitesse du fleuve Amazone qui glisse lentement. Le musée Goeldi, le marché du Ver O Peso, les excursions sur les bras du fleuve conservent leur part de magie.

672 ### PARQUE NACIONAL DA AMAZÔNIA ★★

Le parque nacional de Amazonia peut apparaître comme l'acmé d'un visite amazonienne où la découverte de la nature serait le but principal. Les visiteurs peuvent trouver des hébergements dans la ville d'Itaituba ou au coeur même du parc.

PAGES

673 ## ● ● ÉTAT DE L'AMAPÁ

L'Amapá est un petit Etat au nord-est du bassin amazonien, délimité au nord par le fleuve Oiapoque, qui tient lieu de frontière avec la Guyane française. Aux XVIe et XVIIe siècles, la région fit l'objet d'une intense dispute entre Français, Hollandais et Anglais. Ce sont finalement les… Portugais qui remportèrent la mise, grâce à l'édification à partir de 1738 d'une colonie dotée de fortifications à Macapá. La situation fut figée lors du congrès de Vienne (1815), qui fixa la frontière sur le fleuve Oiapoque. Enfin pas tant figée que ça, la découverte d'or dans le Rio Calçoene réveillant l'intérêt de la France en 1893... Les tentatives d'invasion échouèrent, et un nouveau traité international reconnut l'appartenance de l'Amapá au Brésil.

676 ## ● ● ÉTAT D'AMAZONAS

« L'Amazonie était un monde à part, une terre embryonnaire, énigmatique, et tyrannique, faite pour étonner, pour détraquer le cerveau et les nerfs. Dans cette forêt monstrueuse, l'arbre n'existait pas : ce terme était matérialisé par l'enchevêtrement végétal, dément, vorace. L'esprit, le cœur, les sentiments s'égaraient. On était victime d'une chose affamée qui vous rongeait l'âme. Et la forêt vierge montait étroitement la garde autour des victimes perdues dans son immensité silencieuse, impénétrable… emprisonnant les hommes, les ravalant au rang d'esclaves, les tenant. » Ferreira de Castro, *Forêt vierge*.

676 **MANAUS** ★★★

Manaus porte, en son seul nom, le mythe et la magie d'une terre, qui depuis les premiers découvreurs, fascine et effraie les Occidentaux et les Brésiliens des contrées moins septentrionales. De son passé majestueux, il ne reste que peu de chose, la forêt et ses habitants se sont éloignés de la ville. Manaus reste une étape incontournable en Amazonie, point de départ d'excursion.

685 **PARQUE NACIONAL DO PICO DA NEBLINA** ★★

Le Parque Nacional do Pico da Neblina est un des plus spectaculaires que la nature amazonienne puisse offrir. Peut-être est-il l'expression de ce que l'inconscient occidental appelle l'enfer vert. Cet espace se mérite, il est difficile d'accès. Pour tenter l'ascension des sommets pré-andins, il est nécessaire d'être accompagné d'un guide.

686 ## ● ● ÉTAT DE RORAIMA

C'est l'État le plus au nord du Brésil, à la frontière avec le Venezuela, et c'est aussi le moins peuplé. La partie nord de l'État, constituée de hauts plateaux, est particulièrement belle. C'est là qu'on trouve le mont Roraima qui culmine à 2 810 m d'altitude. C'est aussi le territoire des Indiens Yanomanis. Un État riche en pierres précieuses et en or qui a été la source d'inspiration d'Arthur Conan Doyle pour son roman *Le Monde perdu*.

●● ÉTAT DE RONDÔNIA

Situé aux confins du pays, le Rondônia n'a depuis cessé d'être à la fois le théâtre de grandes explorations, et à la fois un enjeu stratégique. On se bat longtemps pour ce bout de forêt traversé de plusieurs grands fleuves qui sont autant de voies de communication en puissance, et dont la richesse du sous-sol est avérée. A la fin du XVIIIe siècle, le déclin de l'activité minière est compensé par le développement fulgurant du caoutchouc, qui touche toute l'Amazonie. Comme ailleurs, après une centaine d'années de prospérité, le cycle s'arrête brutalement. Le Brésil ne laisse pas pour autant la région en friche. Pour la développer et l'intégrer à l'immense territoire, on lance simultanément la construction d'une voie ferrée reliant les fleuves Madeira et Mamoré, et l'installation d'une ligne télégraphique entre Cuiaba et Santo Antônio do Madeira. Pour diriger les travaux du télégraphe, on dépêche sur place des militaires, avec à leur tête le maréchal Cândido Mariano da Silva Rondon. De 1907 à 1915, il s'adonne à l'interminable chantier, sillonnant la région dont il établit un rapport complet et détaillé. Relevés topographiques, recensement méthodique des espèces locales de faune et de flore, descriptions des tribus indigènes qu'il traite avec respect et avec lesquelles il établit des rapports de bon voisinage. Le maréchal Rondon a laissé des témoignages de premier plan pour les ethnologues et anthropologues du XXe siècle, et c'est en hommage à sa contribution que l'Etat, créé en 1957, porte son nom. Aujourd'hui, le Rondônia est l'une des régions à plus forte croissance du pays. On y croise toujours des cow-boys à cheval qui rendent mal compte des investissements colossaux qui s'y accumulent depuis quelques années.

●● ÉTAT DE L'ACRE

Terre de conflits, entre les promoteurs qui défrichent la forêt pour en faire des pâturages, les Indiens, et les *seringueiros*, qui vivent de la collecte artisanale du caoutchouc. L'attention des médias s'est portée vers ces affrontements violents en 1988, quand Chico Mendes, un *seringueiro*, syndicaliste, opposant actif à la déforestation, se fit assassiner dans le village de Xapuri. L'Etat de l'Acre n'offre pas grand-chose pour attirer en masse les touristes, et les routes qui le relient à la Bolivie et au Pérou, loin d'être des axes de communication majeurs, sont souvent des tronçons de pistes boueuses. La région, surtout du côté péruvien, est réputée pour son insécurité.

BELÉM ★★★

Ce qui plaît et dépayse à Belém, c'est tout d'abord cette exubérante nature intégrée à la vie urbaine. Les places arborées et les jardins y constituent de véritables petites enclaves de forêt amazonienne. Belém offre aussi une cuisine traditionnelle brésilienne ou amazonienne des plus authentiques. Des plats tels que le canard au *tucupi*, la *maniçoba*, le *tacacá*, le crabe farci, les soupes de poisson et le *sarapatel* de tortue sont parmi les mets délicieux qui illustrent un art culinaire régional riche en saveurs. Disposée comme par magie sur les bords du fleuve Guamá dont l'autre rive, à l'horizon, est baignée par la forêt, la ville de Belém semble en sursis face à la nature exubérante qui l'entoure et l'envahit. On s'en rend compte en jetant un coup d'œil sur les vieilles bâtisses en ruine qui parsèment la ville et qui sont très rapidement investies par une verdure étouffante. Une chose est sûre, on ne viendra pas à Belém pour la seule architecture, celle que vantait Charles de La Condamine. La ville a changé depuis deux siècles, et d'horribles tours de ciment ont poussé comme des champignons. La saleté peut aussi être décourageante. Néanmoins, on passera d'agréables moments au parc Goeldi ou dans les lointains îlots aux plages désertes. Aujourd'hui peuplée de 1,5 million d'habitants (2021), la ville connut son époque dorée et fut l'une des villes phares du pays. De nos jours, la ville a perdu ses allures d'antan et pâtit d'un manque d'investissements publics. Le résultat est une grande saleté cumulée au fil des années dans le vieux Belém et en périphérie. A l'exception de quelques bâtiments, les constructions historiques du boulevard Castilhos França se dégradent et le chaos urbain s'est installé. Les visiteurs devront donc s'abstraire de cette désolante réalité pour admirer le charme indéniable de la ville. Il est fortement conseillé aussi de laisser sa mauvaise humeur et son impatience au vestiaire. Le service est généralement impeccable, et la plupart des gens tenteront de se mettre en quatre pour vous aider… mais ils prendront leur temps pour cela ! En effet, certains des habitants de la ville, notamment dans les commerces, ont une manière un peu particulière de répondre en effectuant un geste sec de la main pour prier le client d'attendre. Surtout, on ne s'en offusquera pas, ils sont par ailleurs très accueillants et feront tout pour aider et faire aimer leur région au visiteur.

BASÍLICA DE NAZARÉ ★★★

Praça Justo Chermont
✆ +55 91 4009 84 00
www.basilicadenazare.com.br
Ouverte du lundi de 6h à 20h, samedi et dimanche de 6h à 12h et de 15h à 21h. Entrée libre.

© DADO PHOTOS - SHUTTERSTOCK.COM

Édifiée en 1909. Les portes sont en bronze, l'autel en marbre. On peut penser qu'on s'est trompé de méridien et qu'on se trouve devant la basilique Saint-Paul, à Rome. Elle fut inaugurée en 1923. À l'intérieur, on trouve des colonnes de granit, des vitraux faits en France, des médaillons en mosaïque.

▸ **Círio de Nazaré.** C'est aussi le centre du grand pèlerinage d'octobre, le Cirio de Nazaré. Tous les ans, le deuxième dimanche d'octobre l'image de la vierge de Nazareth part de la cathédrale de Belém en direction de la Basilique, suivie par deux millions de personnes.

BOSQUE RODRIGUES ALVES ★

Avenida Almirante Barroso, 2453
✆ +55 91 3226 2308
Ouvert du mardi au dimanche de 8h à 17h. Entrée libre.

Ce vénérable parc a plus de 135 ans. Depuis 2002, ce jardin a été réaménagé et a gagné le statut de jardin botanique. C'est une réserve écologique de 16 hectares, un petit morceau de forêt amazonienne au cœur de la ville. Inspiré du bois de Boulogne, comme plusieurs parcs brésiliens, il s'agissait alors de remettre la nature dans la ville. On y trouve notamment un jardin d'orchidées, un lac ou des tortues. On peut observer de petits animaux se balader. On peut se promener en étant au plus près de la nature. Du centre, prenez un bus marqué Aeroclub.

AMAZONIE

Estação das Docas.

IGREJA DAS MERCÊS ★

Travessa Frutuoso Guimarães, 31

✆ +55 91 3212 3102

www.igrejadasmerces.com.br

Ouverte de 8h à 12h30 et de 15h à 17h30. Messes à midi et à 17h.

Construite en 1640 en bois, la construction a été refaite au XVIIIe siècle. L'église de Nossa Senhora das Mercês a été fondée par les prêtres de l'ordre de la Merci, Pedro de La Rua et João das Mercês, qui se sont installés à Belém en 1640. Ils ont la construit un petit couvent, fait de torchis. Conçue par l'architecte italien Antônio José Landi (1713-1791), l'église a une façade convexe aux lignes ondulées. La construction est grandiose, mais l'intérieur de l'église reste simple, avec quelques détails en bois sculpté. Malheureusement la façade est en ruines.

MANGAL DAS GARÇAS ★★

Carneiro Roc ha s/n

✆ +55 91 3242 5052

www.mangaldasgarcas.com.br

tlj 9h 18h, sauf lundi. Gratuit pour les zones de promenades. Pour le Borboletário et autres espaces de visite 15 R$

Parc botanique et zoologique, cette zone de 40 000 m² au milieu de la nature et face au fleuve Guama est divisée en plusieurs espaces où les espèces végétales d'Amazonie et une part de sa faune sont en contact direct avec le public. A proximité de la place de l'Arsenal, le Mangal das Garças est un parc où les oiseaux se promènent librement sur le lac artificiel. Un des points forts du lieu est le Borboletário, où 5 000 papillons naissent tous les mois et où l'on peut se promener. Le Mangal das Garças donne un avant-goût de la forêt, à ne pas manquer !

MERCADO VER-O-PESO ★★★

Boulevard Castilho França

Du petit matin à la fin de journée, visite préférable le matin.

C'est l'un des symboles de Belém. Son nom (littéralement « voir le poids ») vient des contrôles et prélèvements effectués jadis par les agents coloniaux sur le port. Des vendeurs ambulants tiennent étalage d'épices, d'une multitude de fruits colorés à goûter impérativement et sans restriction, des stands de fritures, d'amulettes et *aguardente* (liqueur). Une partie plus conventionnelle du marché abrite des stands de vêtements ordinaires. Le pavillon métallique datant du début du XXe siècle est de style Art nouveau. Ici se vendent produits de la mer, du fleuve Amazone et de la forêt amazonienne, notamment de surprenants poissons de toutes tailles.

Le fascinant mélange de couleurs, d'arômes, de saveurs des plantes et des mets exotiques constituent une visite obligatoire pour le voyageur. Avec ses 26 500 m², le Ver-o-Peso est un marché libre où circulent des milliers de gens. Dans les nombreuses baraques qui le composent, on pourra acheter, bien sûr, tous les fruits de la région (ananas, papaye, *bacuri*, *cupuaçu*, *uxi*, *tapereba*, *açai*, *pupunha*, etc.), ainsi que les poissons les plus variés, les viandes, les légumes, les plantes utilisées par la médecine populaire et de la forêt. Mais on trouvera aussi, pour ajouter une touche mystique et magique à la liste des achats possibles, toutes sortes de potions et remèdes : depuis les infusions pour résoudre un simple mal de dents jusqu'aux fioles (*garrafadas*) contenant des décoctions de plantes et de parties d'animaux destinées à « apprivoiser » les maris. C'est une synthèse de l'Amazonie

ESTAÇÃO DAS DOCAS ★★

Avenida Castilho Franca, s/n
✆ +55 91 3212 5525
www.estacaodasdocas.com.br
Lundi, mardi et mercredi de 10h à minuit, du jeudi au samedi jusqu'à 3h, dimanche de 9h à minuit.

Les docks ont contribué activement au développement de Belém avant leur déclin. Pour redynamiser cette partie vieillissante et mal fréquentée de la ville, la municipalité a reconverti une zone des docks en espace de loisirs et de commerces. Très animé en fin de semaine, on y trouve des boutiques et un large choix de restaurants et bars de bonne tenue. Bien que réhabilité, le lieu a conservé son quai pavé parcouru de rails, et quelques-unes de ses vieilles grues jaunes, ce qui confère à l'endroit un charme nostalgique avec vue imprenable sur le fleuve.

MERCADO MUNICIPAL DE CARNE FRANCISCO BOLONHA ★

Boulevard Castilho de França, s/n
Ouvert du lundi au samedi de 8h30 à 16h.

En complémentant l'offre du marché Ver-o-Peso, le bâtiment du Mercado Municipal de Carne est destiné à la vente de viande. Construit à la fin du XIXe, il a été restauré par l'ingénieur Bolonha. Son imposante structure en fer forgé de 5 000 mètres carrés est restée plusieurs années en travaux et a rouvert en 2012. Peu à peu, les marchands de viande sont revenus sur place. Aujourd'hui le gouvernement de l'Etat le considère comme une « maison musée », ouverte au public.

MUSEU PARAENSE EMÍLIO GOELDI [MPEG] ★★

Avenida Magalhães Barata, 376
✆ +55 91 3182 3200
www.museu-goeldi.br
Ouvert du mercredi au dimanche de 9h à 17h. 3 R$.

Avec le marché du Ver o peso, le musée paraense Emilio Goeldi est un autre des lieux incontournables de Belém, l'ancien Parà. Les passionnés d'environnement ne peuvent se rendre dans cette ville amazonienne sans s'y arrêter. Emilio Goeldi fonda ce musée, il y a plus de 130 ans pour conserver toutes les recherches scientifiques liées à l'Amazonie. Il abrite un jardin botanique de 52 000 m² doté d'un zoo enchanteur, une exposition permanente et unique dédiée à l'Amazonie, sa flore, sa faune, ses indigènes et leur mode de vie.

Institution de prestige et reconnu comme tel par la communauté scientifique internationale, le musée du Pará, Emilio Goeldi, est un centre de recherches botanique, archéologique et anthropologique. Le musée comprend un parc zoologique et botanique où l'on peut observer plus de 2 000 espèces de plantes natives de l'Amazonie ; quelque 600 animaux de la faune régionale (singe, félin, tapir, cabiai, agouti, paresseux, reptiles, amphibiens et de nombreux oiseaux) ; un aquarium qui abrite quelques-unes des espèces ichtyologiques les plus rares des rivières amazoniennes ; et un pavillon d'exposition archéologique et anthropologique, renfermant d'authentiques pièces représentatives de l'art marajoara et tapajonique, ainsi que des ustensiles et objets divers de fabrication indigène.

On trouve également une bibliothèque très riche. Le meilleur musée de la ville, et un endroit parfait pour une balade détente dans la fraîcheur des grands arbres.

PALACETE BOLONHA ★★

Avenida Gov. José Malcher
Visites sans médiateurs. Ouvert en semaine de 9h à midi et de 14h à 17h. Entrée libre.

Le nom Bolonha est positivement connu à Belém pour différentes raisons. C'est le nom d'un ingénieur dont le talent a permis de dessiner certains édifices de la ville. Le palacete Bolonha est le fruit de la passion de cet homme. Ce petit palais fut en fait un cadeau de l'ingénieur Francisco Bolonha à son épouse Alice Tem-Brik. Voilà qui pourra donner des idées à certains ou certaines. Datant de 1905, il fut construit à l'époque où Belém était connu comme « Paris n'América ». De style éclectique, il fait partie intégrante du patrimoine historique de la ville.

PARQUE DA RESIDÊNCIA ★

Avenida Governador Magalhães Barata, 830
✆ +55 91 4009 8700
Tous les jours de 9h à 19h, entrée libre.

Le Parque da Residência, où se trouve aujourd'hui le siège du Secrétariat de la culture, fut la résidence des gouverneurs du Pará, d'où son nom. Les jardins ont été réaménagés dans un parc pas très grand, mais qui constitue un cadre agréable pour une promenade à l'air libre. Sur place, on peut voir un petit orchidarium et manger une cuisine locale de bonne facture dans le Restô do Parque. On peut voir le wagon de l'ancienne ligne ferroviaire Belèm-Bragança, que les gouverneurs empruntaient pour se rendre dans l'intérieur du vaste Etat amazonien du Parà.

PRAÇA DA REPÚBLICA ★★

Avenida Presidente Vargas.

C'est le cœur de la ville. On y trouve l'impressionnant Teatro da Paz ainsi qu'un petit bar. S'y promener est un véritable bonheur, les styles qui l'entourent offrant un contraste surprenant. Il est très fréquenté la journée, mal fréquenté la nuit. Le dimanche s'y déroulent des fêtes populaires et une foire d'artisanat. On admirera le Teatro da Paz (théâtre de la paix), conçu dans un style néoclassique ainsi que l'impressionnante série de colonnes grecques qui marquèrent l'apogée de l'époque du caoutchouc, véritable âge d'or du Parà.

PRAÇA DOM PEDRO II

Voisine de la Praça Frei Caetano Brandão, la Praça Dom Pedro II – inaugurée en 1772 – est considérée comme le centre administratif de l'ancienne Belém, abritant de nos jours encore la mairie et l'Assemblée législative de l'Etat du Pará, et juste à côté, le palais de Justice. De là, on aura également accès au Museu de Arte de Belém, au Museu do Estado do Pará et au Museu do Círio de Nazaré. C'est à cet endroit que furent plantés les premiers manguiers de Belém. Elle conserve des traces des richesses de l'Empire et de l'âge du caoutchouc, âge d'or du Pará.

THEATRO DA PAZ ★★★

Praça da Republica ✆ +55 91 4009 8750
www.theatrodapaz.com.br

Du mardi au vendredi de 9h à 17h, samedi de 9h à 12h, dimanche de 9h à 11h. visites guidées toutes les heures : 6 R$.

Considéré comme l'un des plus beaux théâtres du Brésil, il fut construit sur une initiative privée durant l'époque du caoutchouc et fut inauguré en 1878. De style néoclassique, avec des colonnes grecques sur la façade, il abrite des lustres de bronze importés de France et des bancs de fer forgé et est inspiré de la Scala de Milan. La salle est sublime et accueille jusqu'à 1 000 spectateurs. Il propose des concerts symphoniques, de la musique de chambre et des opéras durant la plupart des week-ends de mai à septembre. Une très bonne acoustique. A voir absolument.

MUSEU DO CÍRIO ★

Rua Presidente Champagnat
✆ +55 91 4009 8819

Ouvert du mardi au vendredi de 9h à 15h ; et le samedi et dimanche de 9h à 13h. Entrée libre.

Dans ce musée dédié au Cirio, on trouve plus de 2 000 objets liés à la fête religieuse du Círio de Nazaré (littéralement : Cierge de Nazareth, qui rend hommage à Notre-Dame de Nazareth), qui se tient ordinairement le deuxième dimanche du mois d'octobre et au cours de laquelle une procession autour d'une image de Notre-Dame de Nazareth est tenue dans la ville. C'est la plus grande fête religieuse du Pará, célébrée depuis 1793 à Belém et faisant partie du patrimoine culturel immatériel du Brésil. La galerie avec les ex-voto est assez étonnante !

AMAZONIE

Theatro da Paz.

PALACIO ANTÔNIO LEMOS - MUSEU DE ARTE DE BELÉM ★

Praça Dom Pedro II
✆ +55 91 3114 1028
Ouvert du lundi au vendredi de 10h à 18h et le samedi et le dimanche de 9h à 13h. 4 R$ l'entrée, gratuit le mardi.

Édifice de la fin du XIXe siècle, il abrita le conseil municipal de Belém et, depuis 1994, le musée d'Art de Belém (MABE). Au cours de ses 117 années d'existence, il a successivement abrité la Cour d'appel, la Chambre de commerce, le Conseil municipal et la Chambre des députés. Il abrite le bureau du maire de la ville. Il présente des lignes néoclassiques tardives, style introduit au Brésil avec la Mission artistique française. A l'étage se trouve le beau salon *verde*.

PALACIO LAURO SODRE - MUSEU DO ESTADO DO PARÁ ★

Praça Dom Pedro II
✆ +55 91 4009 8805
Ouvert du mardi au vendredi de 10h à 15h, samedi et dimanche de 9h à 13h. Entrée libre.

Inauguré en 1771 pour abriter le siège du gouvernement du Pará, il fut élaboré à l'aide de matériaux régionaux, et importés. Il fut le théâtre de grands événements de l'histoire régionale, comme la Cabanagem, durant laquelle les rebelles (*cabanos*) occupèrent le palais pendant un an. On y trouve aujourd'hui le musée d'État du Pará (MEP) avec des expositions et une collection permanente de nombreux éléments historiques, principalement des photos, peintures et meubles d'époque.

PRAÇA DO RELÓGIO

La praça do relógio est un marqueur traditionnel de l'antique ville de Parà. En effectuant le court chemin qui sépare le marché de Ver-o-Peso de la Praça Frei Caetano Brandão, on passe par la Praça Siqueira Campos, plus communément appelée Praça do Relógio en raison de l'horloge – de fabrication anglaise – installée ici, et dont les aiguilles galopent du haut des 12 mètres du monument dans laquelle elle est incrustée. Inaugurée le 5 octobre 1931 à 20h exactement, l'horloge continue de donner l'heure exacte aux habitants de Belém.

PRAÇA FREI CAETANO BRANDÃO

Jadis nommée Praça da Matriz, la place Frei Caetano Brandão se trouve dans le quartier de Cidade Velha et fut à l'époque de l'arrivée des Portugais le lieu où ils rencontraient les autochtones. La toute première construction de la place a été au XVIIe siècle le Forte do Presépio, puis, les colons ont commencé à bâtir la ville. On pourra aujourd'hui encore y observer de nombreuses édifications coloniales comme la Casa das Onze Janelas, la Catedral da Sé et l'Igreja Santo Alexandre.

CASA DAS ONZE JANELAS

Praça Frei Caetano Brandão, 117
✆ +55 91 4009 8821

Construite au XVIIIe siècle, comme résidence du Sr Domingos da Costa Bachelor, riche homme d'esprit, la « maison aux onze fenêtres » fut acquise en 1768 par le gouvernement pour en faire un hôpital. Elle accueille aujourd'hui une exposition d'art contemporain. Il propose des expositions permanentes dans la salle Ruy Meira. La vue sur le fleuve y est superbe. Un restaurant à tendance gastronomique a ouvert il y a peu dans l'enceinte de la demeure et rajoute encore un peu de magie au lieu en associant culture, nature et savoir-faire culinaire.

FORTE DO PRESÉPIO ★★

Praça Frei Caetano Brandão, 117
✆ +55 91 4009 8828
Ouvert du mardi au vendredi de 10h à 15h et de 9h à 13h le week-end. Compter 5 R$.

Le fort do Présepio marqua la fondation de la ville en 1616. Comme en de nombreux lieux des périphéries de l'empire portugais, cet édifice militaire avait pour vocation de protéger et de surveiller la baie de Guaraja. Aujourd'hui, c'est le siège du cercle militaire de Belém. Le musée relate l'histoire de la fondation de la ville et de la colonisation de l'Amazonie par les Portugais au XVIIe siècle. Il n'y a pas grand-chose à voir sauf quelques modestes canons ; on peut cependant en boire un verre en rêvant à côté du fleuve, car on y trouve un restaurant.

CATEDRAL DA SÉ ★★★

Praça Frei Caetano Brandão

✆ +55 91 3223 2362

Ouverte le lundi de 14h à 21h, du mardi au vendredi de 7h à 19h30 ; le samedi de 14h à 20h30 ; le dimanche de 6h à 20h30

© SANDRA MORAES - SHUTTERSTOCK.COM

La paroisse de Notre-Dame de Grâce a été créée le 28 juillet 1617. En 1723, Dom João V a ordonné la construction de la cathédrale en faisant don de la somme de 60 000 cruzados pour la réalisation d'un bel édifice. Contruite en 1748, elle a la compacité intemporelle du baroque brésilien. Seul le contour de la porte est sculpté dans la pierre ; le reste ressemble à un gâteau de plâtre, dont le ton laiteux se marie avec le bleu du ciel. On peut y admirer un orgue parisien conçu par le célèbre facteur d'orgues Aristide Cavaillé-Coll.

IGREJA DE SANTO ALEXANDRE - MUSEU DE ARTE SACRA ★★

Praça Frei Brandão

✆ +55 91 4009 8802

Ouvert du mardi au vendredi de 10h à 16h, le week-end de 9h à 13h. Entrée libre.

Édifiée par les jésuites au XVIIe siècle, l'Igreja de Santo Alexandre abrite le musée d'Art sacré du Pará. Inaugurée en 1719, la première église de la ville est un héritage important dans le pays. Sa façade à quatre étages de style baroque est très bien restaurée. À l'intérieur, le visiteur trouve une nef, huit chapelles latérales, et des éléments en bois richement ouvragés.

La collection du musée regroupe statues et objets religieux en bois et argent du XVIIIe et du XIXe siècle.

VER-O-RIO ★

Avenida Alvares Cabral

Par analogie certainement au célèbre marché de la capitale du Parà, le marché de ver-o-peso, la mairie a nommé un espace en bord de fleuve totalement dédié au tourisme « Ver-o-Rio » (voir la rivière ou le fleuve). C'est sur un ancien emplacement aéroportuaire que cet espace de 5 000 mètres carrés face à la baie du Guajará a été aménagé. Il est aujourd'hui consacré aux loisirs et à la culture. Il s'agissait de refaire vivre la nature dans un cadre urbain. On peut y déguster des plats locaux. Malheureusement le local n'est pas assez entretenu.

AMAZON STAR

56 Rua Henrique Gurjão ✆ +55 91 3241 8624

www.amazonstar.com.br

Excursions d'une journée avec déjeuner. Île aux perroquets (4 heures). Excursions à Marajo. Prix selon formule.

Tenue par Patrick, un Français installé depuis 40 ans dans cette région du Brésil, l'agence propose des excursions à Belém et dans les environs. Il est possible de connaître quelques-unes des 42 îles qui entourent Belém, comme l'île de Marajó (l'agence travaille avec des fermes d'élevage de buffles et organise des séjours en pension complète, balades à cheval et pirogue). Guides francophones et grands connaisseurs de la région. L'agence organise aussi des excursions à Santarém et Alter do Chão et vend des billets sur les bateaux de ligne qui remontent à Manaus.

BRAZIL AMAZON TURISMO

Travessa Vileta, 2456

✆ +55 91 3246 7573

www.brazilamazontur.com.br

Prix sur demande.

Brazil Amazon Turismo est une agence complète proposant diverses excursions à Belém et ses environs : city tour, Icoaraci, balades en bateau, Salinas, Marajó, Santarém... On peut également choisir des destinations hors Amazonie ou hors Brésil. Des séjours de 3 nuits et 2 jours sont proposés sur l'île de Marajo à partir de 705 R$, (2 personnes minimum). On peut visiter le village d'Icoaraci et ses superbes céramiques vendues dans le monde entier. Enfin, des visites thématiques de Belém sont proposées. Détails sur leur site Internet et par email.

RUMO NORTE EXPEDIÇÕES

Viela Augusta, 59
✆ +55 91 3225 5915
rumonorte.com
Compter environ 150 € par jour et par personne tout inclus.

Le Rumo Norte Expediçoes est une agence spécialisée dans le tourisme amazonien. Spécialement prévus pour de petits groupes de 2 à 10 personnes, les circuits de cette agence vous emmèneront au plus profond de l'Amazonie, où peu de visiteurs sont déjà passés. Idéal si vous souhaitez un service entièrement à la carte et authentique. La qualité et la sécurité sont au rendez-vous, tout comme la conscience de développement durable et responsable avec les communautés locales. La créativité de Rumo Norte permet des expériences inoubliables.

VALEVERDE TURISMO

Av. Alcindo Cacela, 104
✆ +55 91 3218 7333
valeverdeturismo.com.br
City tour en bateau à partir de 50 R$, excursions plus longues également.

Valeverde est une grande agence de tourisme avec plusieurs boutiques en ville. La gamme de voyages est très vaste, géographiquement et dans les prestations. Elle propose diverses excursions dans Belém et ses alentours, des balades et excursions en bateau, et également des séjours avec hôtels et transport inclus de Belém à Marajó et Santarém. Comme d'autres grandes agences de Belém, le Valeverde Turismo propose des voyages dans d'autres régions du Brésil et à l'étranger. Les détails et les prix sont à négocier en agence ou par email.

EXCURSION FUROS E IGARAPÉS

Excursion proposée par agences de Belém, dont Amazon Star. Compter 180 R$ par personne, 245 R$ pour 1 tour plus complet.

Pour visiter la région environnante et faire un premier saut en Amazonie. La balade organisée le long des canaux et des criques fait changer d'atmosphère en nous amenant loin des immeubles et du bruit de la grande ville. On découvre un chapelet d'îles plus au moins peuplées, la population *ribeirinha*, qui habite au bord de l'eau et vit du commerce des fruits et de leurs artisanats et les enfants qui restent à l'attente des bateaux. Un beau cliché de ce Brésil bordé des contrastes.

AEROPORTO INTERNACIONAL DE BELÉM

Avenida Júlio César
✆ +55 91 3210 6000
www.infraero.gov.br

- **Vols internationaux et Vols nationaux**
- **Pour s'y rendre :** prenez le bus Marex-Pres. Vargas (ligne 638) depuis l'Avenida Vargas ou Marex-Felipe Patroni depuis la Praça Felipe Patroni. Toutes les 10 minutes environ. Comptez 1 heure de trajet..
- **Transports aériens de Belém à Cayenne :** Réservez et arrivez tôt. Même si votre place a été enregistrée, si vous êtes le dernier de la file au contrôle de police, vous aurez la vision surréaliste de voir l'avion décoller avec vos bagages.

AR TRANSPORTES

✆ +55 91 3224 1225
www.artransporte.com.br
prix : entre 370 et 400 R$ par personne en hamac, et entre 1 000 et 1 500 R$ en cabine ou en suite double. voir Web.

AR Transportes gère trois bateaux qui naviguent régulièrement tout au long de l'année entre Belém et Manaus, avec plusieurs arrêts entre les deux villes, dont un dans la ville de Santarém, située entre les deux villes amazoniennes. D'une capacité de 252 à 850 passagers, les embarcations sont équipées de *deck* pour hamacs, toilettes, bar, cabines et suites privées. Le confort est sommaire sauf pour les suites. Entre Belém et Manaus, compter entre cinq et sept jours de voyage selon l'itinéraire, entre Belém et Santarém, compter deux nuits.

RODOVIÁRIA

Praça do Opérário
✆ +55 91 3246 8178

- **Nombreuses destinations à l'intérieur du pays :** São Luís (12 heures de trajet avec Transbrasiliana), Fortaleza (25 heures avec Guanabara), Santarém via Maraba (les deux derniers tiers du trajet, après Marabá, se font sur une piste impraticable pendant la saison des pluies. Parfois plus long que le bateau, fréquence variable). La position géographique fait que les trajets pour les métropoles brésiliennes sont forcément longs et rarement directs.
- **Pour y accéder du centre**, 20 ou Arsenal, depuis l'Avenida Présidente Vargas, 15 minutes.

TERMINAL HIDROVIÁRIO LUIZ REBELO NETO

Avenida Marechal Hermes
✆ +55 91 32342 1570
De 5h à 20h. En juillet (haute saison) l'horaire peut être étendu en fonction du trafic.

Le terminal de bateaux de Belém a été inauguré en mai 2014, construit à l'intérieur d'un entrepôt historique offrant plus de confort et de services aux passagers. Depuis Belém on embarque vers Manaus, Macapá et Camará (île de Marajó).

- **Vers Marajó**. Bateaux de la Banav partent à 6h30 ou à 14h30 selon le jour à destination du port de Camará (retours à 6h30 ou 15h). bus pour Soures ou Salvaterra. 3 heures.
- **Vers Macapá.** capitale de l'Amapá, 22 heures de bateau et 11 heures en catamaran.

COOPERTAXI

Aéroport
✆ +55 91 3257 1720
Ouvert 24h/24.

Cette compagnie est présente depuis longtemps à Belém. On rappellera les consignes à suivre lors de l'utilisation de taxi. Il faut les faire appeler par la pousada ou le restaurant ou les prendre en tête de station. Ne pas les héler dans la rue. Belém n'est pas une ville très sûre la nuit, comme beaucoup de villes du pays. Le chauffeur de taxi doit enclencher son compteur dès le début de la course (tarif jour, nuit et éventuellement jours fériés) sauf si vous négociez avec lui directement un prix forfaitaire. Les tarifs sont corrects en général.

AMAZONIA HOSTEL €

Avenida Gov. José Malcher, 592
✆ +55 91 3278 4355
www.amazoniahostel.com.br
Compter 55 R$ par personne en dortoir. Chambre double à partir de 110 R$ (sans toilettes).

L'Amazonia Hostel est une bonne option pour les petits budgets. Très bien localisé, et situé dans une vieille demeure coloniale, il est sûr, propre et l'accueil est agréable. Bon, c'est sûr, ce n'est le grand luxe, on a l'impression d'être en résidence dans une maison de campagne de famille avec les plaques à gaz de camping et c'est plutôt agréable. 4 chambres collectives (mixtes ou non), chambres doubles et triples également. Internet, salle de télévision, laverie. Pour les routards à (tout) petit budget, c'est un bon plan.

BEIRA-RIO €

Avenida Bernardo Sayão, 4804
✆ +55 91 4008 9000
www.beirariohotel.com.br
Chambres doubles à partir de 164 R$.

Depuis plus de trente ans, l'hôtel Beira-rio est, comme son nom l'indique situé en bord de fleuve, sur les rives du Rio Guamá, en face des îles : parc, palmiers, tout le confort, piscine. L'établissement propose trois catégories de chambres : standard, panoramique et quadruple, simples et bien entretenues. L'hôtel organise des excursions en bateaux gratuites pour les hôtes, payantes pour les autres, qui durent environ 3 heures. C'est une bonne option si vous voulez vous excentrer un peu. Il y a un bar, et un restaurant régional.

GRÃO PARÁ €

Avenida Presidente Vargas, 718
✆ +55 91 3321 2121
www.hotelgraopara.com.br
Chambre double à partir de 115 R$.

Le Grao Parà est un hôtel installé depuis plusieurs décennies à deux pas des docks et du marché Ver-o-Peso. Il a été entièrement refait il y a quelques années. Cet établissement de 150 chambres – propres, équipées d'une literie confortable et de l'air conditionné, frigo et salle de bains privée – est fonctionnel, très bien tenu et géré par une équipe à l'écoute. Les chambres, semblables et commodes peuvent accueillir de 1 à 3 personnes. Le copieux petit déjeuner et l'accès au wifi sont compris dans le prix. Très bon rapport qualité-prix.

LE MASSILIA €€

Rua Henrique Gurjão, 236
✆ +55 91 3222 2834
www.massilia.com.br
Chambre double à partir de 165 R$.

Ambiance sympathique et familiale dans cet hôtel tenu par Franck, un Marseillais. Les 17 chambres sont simples, mais sont équipées de mini bar, télévision et wi-fi. Certaines disposent d'une mezzanine et peuvent accueillir 4 personnes. On s'y sent au calme et l'on a envie d'y rester longtemps, au bord de la piscine avec sa petite fontaine ou sur un hamac au milieu du jardin entouré par les chambres… Localisation centrale et un bon restaurant français dont les tables sont agréablement disposées dans le patio de l'hôtel ainsi que dans une salle climatisée.

MERCADO VER-O-PESO €

Boulevard Castilho França

Le marché Ver-o-peso constitue la carte postale de Belèm depuis plus d'un siècle. On ne peut manquer ce lieu emblématique de l'ancienne Parà. Au magnifique marché Ver-O-Peso, vous achèterez… du persil. Il a une odeur unique et vivifiante. Si vous y joignez du riz, des tomates, des oignons, et des fines herbes (*cheiro-verde*), vous obtiendrez la base de toute la cuisine régionale. Nombreux bouis-bouis où manger, pour une poignée de reais, un repas local (essayez l'*açai* salé), copieux, dans une ambiance souvent chaleureuse. Leurs fritures sont assez lourdes.

PRAÇA DA REPUBLICA €€

Face au Hilton.

La première volonté d'urbanisation de la place date de 1801, sous l'intendant Arthur Indio do Brasil. Il a pavé les avenues, goudronné les trottoirs, installé des fontaines et des bancs, aménagé les allées. Aujourd'hui, la Praça da República est le théâtre des grandes célébrations telles que le Círio de Nazaré, et la parade du 7 septembre. Le reste de l'année, c'est le lieu idéal pour se promener. Le dimanche, des particuliers vendent des gâteaux et des jus de fruits de leur confection. Les glaces sont servies généreusement au Brasileiros, près du Ver-O-Peso.

GOVINDA BELÉM €

Travessa Padre Prudêncio, 166

✆ +55 91 3242 1724

www.restaurantegovinda.com.br

Ouvert du lundi au samedi de 11h30 à 15h.

Le Govinda Belém est un restaurant indien aux recettes mâtinées d'influences amazoniennes, le Govinda ravira les appétits solides. Chaque jour, 3 plats végétariens sont au menu, à base de riz intégral, soupes et autres ingrédients de la région. Sans grande prétention, cette adresse est très courue par les habitants de Belém et les touristes en quête de plats végétariens. Le prix à payer, c'est que l'affluence est quelquefois importante et qu'il faut s'armer de patience. Excellent rapport qualité-prix. Adresse végétarienne à connaître.

POMME D'OR €

Avenida Generalíssimo Deodoro, 1513

✆ +55 91 202 9800

www.pommedor.com.br

De 9h à 16h, tous les jours. Buffet : 65 R$ le kilo en semaine, un peu moins le week-end.

La cheffe Wânia Martins opère avec talent aux pianos du restaurant Pomme d'or. Elle a su mélanger avec réussite les traditions culinaires amazoniennes avec des influences extèrieures. Le Pomme propose essentiellement un bon buffet avec de nombreuses options de plats chauds régionaux et de salades. Samedi la *feijoada* est à l'honneur. Sympa pour avoir un échantillon des différentes recettes locales ! La base est faite maison, destinée à un public éclectique, et le jeudi, elle ajoute des plats arabes. Goûtez le canard au tucupi.

RESTÔ DO PARQUE €

Avenida Governador Magalhães Barata, 830

✆ +55 91 3229 8000

Du mardi au dimanche de midi à 15h30. Compter environ 50 R$/personne.

La ville de Belèm a souvent la bonne idée de proposer de bonnes tables à proximité des lieux de visites. Lors d'une promenade au Parque de la Residência, profitez-en pour vous attabler au restaurant du parc. La carte propose poissons en sauce ou grillés et divers plats aux accents de la région. À midi, un buffet au kilo propose les classiques de Belém. Vous allez peut-être pouvoir goûter à l'*arroz de pato* (plat à base de riz et de canard) et à la traditionnelle *maniçoba* (plat en sauce à base des feuilles du manioc). En dessert, dégustez la tarte au *cupuaçu*.

TACACA DO RENATO €

Travessa Pirajá, s/n

✆ +55 91 3266 6123

tacacadorenatobelem.yolasite.com

Ouvert tous les jours de 16h à 2h.

La tatacà do Renato honore le plat éponyme, spécialité de la région amazonienne. C'est un bouillon acidulé, préparé à partir de manioc, de coriandre et de tucupi, avec des crevettes. C'est finalement une petite gargote plus classe qu'elle n'y paraît au premier abord de l'extérieur, on mange ici ces spécialités locales délicieuses et à tout petits prix. La décoration intérieure est un peu trop aseptisée, c'est très dommage pour un petit resto si typique. De nombreux convives se pressent au petit stand extérieur dans une ambiance street food. A connaître.

AMAZONIE

LÁ EM CASA - O OUTRO €€

Estação das Docas, galpão 2, loja 4
+55 91 3212 5588 - www.laemcasa.com
De 12h à 0h00, vendredi et samedi jusqu'à 2h. Compter 70 R$ le buffet à midi/personne en semaine, plus cher le week-end.

On peut commander dans ce resto un grand nombre de plats typiques : *pato no tucupi*, crabe, sauce d'oignons et lait de coco, *pirarucu* en farine, *maniçoba* et jus de fruits. La *maniçoba* dérivée est à base de feuilles de manioc, cuites pendant quatre jours ; on y ajoute du bœuf, toutes les parties du porc, du manioc. Le *pato no tucupi*, spécialité de la maison, est servi dans une sauce de manioc, d'ail et de *jambu*, chicorée anesthésiante.

Le restaurant installé dans les Docas offre une jolie vue sur le fleuve. A midi, on se sert à volonté au buffet de plats régionaux.

MANGO €€

Avenida Comandante Bras de Aguiar, 593
+55 91 3199 2731
Ouvert le lundi de 9h à 17h et du mardi au samedi de 11h30 à 22h. Environ 50 R$ l'assiette principale.

Le Mango est une table moderne proposant une gamme de préparations variées, saines et savoureuses, dont un large choix d'assiettes végétariennes et véganes (option sans gluten et sans lactose). Le parti pris d'une nourriture saine et bio est clairement établi et assumé. Ceux qui ne sont pas encore affranchis de la viande trouveront des plats de qualité. Ingrédients choisis, présentation soignée, service amical, déco plutôt fraîche, prix honnêtes, il n'est pas rare que le midi il y ait un peu d'attente... ce qui est plutôt bon signe !

REMANSO DO BOSQUE €€

Travessa Perebebui, 2350
+55 91 3347 2829
www.restauranteremanso.com.br
De 11h30 à 15h et de 19h à 23h, dimanche uniquement le midi, fermé le lundi. Plats à partir de 50 R$ par personne.

Cet établissement est un must pour qui veut goûter une cuisine raffinée et revisitée. Au Remanso do Bosque, le prestigieux chef Thiago Castanho partage les fourneaux avec son frère Felipe. Ici, ils laissent un peu de côté les classiques de la cuisine amazonienne et les recettes traditionnelles de la famille pour en essayer d'autres, créées par eux-mêmes. Bien sûr, les ingrédients locaux sont toujours en scène, mais avec une touche personnelle ! Sans compter que le lieu est des plus agréables, juste en face du Jardin botanique.

REMANSO DO PEIXE €€

Travessa Barão do Triunfo, 2590
+55 91 3228 2477
De 12h à 15h et de 19h à 22h, dimanche uniquement le midi. Fermé le lundi. Compter à partir 100 R$/personne.

Thiago Castanho est un des chefs les plus en vogue au Brésil. Le jeune Castanho innove parce qu'il est allé puiser les sources de sa cuisine dans les produits amazoniens vendus au marché Ver-o-Peso. Il exploite les qualités gustatives et nutritives des produits de la forêt. Aux clients du restaurant, le chef réserve donc des plats à base de poissons, épurés et cuisinés avec beaucoup de soin. Son *tucunaré* (poisson), accompagné de crevettes, est à goûter. En dessert, la variation de la crème brûlée à la banane ou le tiramisu au bacuri (fruit local) sont à essayer.

CASA DAS ONZE JANELAS €€€

Praça Frei Caetano Brandão, 117
+55 91 4009 8821
Ouvert du lundi au vendredi de 10h à 16h ; le week-end de 10h à 14h.

On pourra combiner la visite de la Casa das Onze Janelas avec une halte « gastronomique » dans le restaurant de l'espace culturel. Après un apéritif en terrasse face au fleuve, la vaste salle de service encadré du murs anciens aux pierres apparentes irrégulières, aux les tables couvertes de nappes blanches, attend les hôtes. On y mange correctement, des préparations à base de fruits de mer habilement présentées et d'autres plats plus simples. Les tarifs ont toutefois tendance à être un peu exagérés, se reposant sur l'indéniable cadre enchanteur du restaurant.

AMAZON BEER

Estação das Docas, galpão 1
+55 91 3212 5401
Du lundi à jeudi de 17h à 0h00, vendredi 17h-2h, samedi de 12h-2h et dimanche de 12h à 0h00. Bières à partir de 6 R$.

On ne peut nier le côté idoine choisi pour l'établissement. Ici l'on boit face à la rivière les bières artisanales fabriquées par la maison. Il faut le rappeler, le Brésil est sans doute l'autre pays du breuvage houblonné. Les saveurs amazoniennes ont été subtilement associées aux composantes traditionnelles de la bière. Sept options à essayer : Amazon Red, Black, Weiss (au blé), River (plus forte), Forest Bacuri Beer (fabriquée avec l'essence du fruit), Ipa Cumaru (vanille de l'Amazonie) et Stout Açai. Attention à ne pas se laisser trop tenter !

AMAZONIE

BAR DO PARQUE

Praça da República
✆ +55 91 9608 1917
Ouvert 24h/24. Bières à partir de 6 R$, petits prix.

De loin, avec ses tables et ses chaises vertes et son kiosque vaguement Art déco, pour peu, on pourrait se croire dans un parc parisien... ou au parc de la ligue arable à Casablanca. Ouvert sans interruption, le bar do Parque accueille les fêtards de fin de nuit et de début de matinée. C'est le lieu bohème par excellence, ouvert depuis un quart de siècle ! On y trouve sans doute le meilleur « salgado de crevettes » de la ville. C'est après 17 heures que ce bar s'anime et que l'on apprécie la fraîcheur des jus de fruits et de la bière.

CAIRU

Estação das Docas
✆ +55 91 3242 2749
sorveteriacairu.com.br
Ouvert de midi à 22h, samedi à partir de 10h. Compter 10 R$.

Le glacier Cairu produit assurément les meilleurs sorbets de fruits régionaux de la ville et même au-delà. Même dans le petit kiosque des Docas vous trouverez un choix de saveur incroyable ! Cairu a fêté ses cinquante ans en 2014 et possède une douzaine d'adresses en villes. Sa marque s'exporte déjà à Manaus, São Paulo et Rio. Il faut être audacieux et se laisser par guider par son instinct, par les couleurs quelquefois flashy, mais pourtant naturelles de ces produits que certains chefs ont choisis pour en agrémenter leurs cartes.

ROXY BAR

Avenida Senador Lemos, 231
✆ +55 91 3224 4514
Du mardi au dimanche de 19h30 à 1h, vendredi et samedi jusqu'à 4h. Caïpirinhas à partir de 10 R$.

Le Roxy bar est un bar connu des habitants de Belém depuis presque trente ans et qui reste toujours parmi les bonnes adresses. Ici les plats et boissons gagnent les noms d'artistes et d'autres personnalités. L'ambiance est vaguement Art déco, décontracté, les murs et le toit sont faits de briques et de chaume. De nombreux tableaux font référence aux stars que les plats et les boissons honorent. Il existe un autre Roxy Bar dans un des shopping centers de la ville, mais l'ambiance y est moins originale et conviviale que dans le bar d'origine.

ESPAÇO SÃO JOSÉ LIBERTO

Praça Amazonas, s/n
✆ +55 91 3344 3526
www.saojoseliberto.com.br
Du mardi au samedi de 9h à 18h, dimanche et jours fériés de 10h à 16h.

Dans le bâtiment historique daté de 1749 fonctionnent un centre d'artisanat, un musée de pierres précieuses et un espace culturel. Les édiles ont choisi une modernisation architecturale qui allie les structures originelles du monastère capucin et des structures design en verre et en fer. Le visiteur pourra voir une exposition de céramiques Marajoara et de bijoux faits sur place. Idéal pour un souvenir original et local. Ce vénérable établissement a changé de fonction de nombreuses fois (couvent, caserne, prison, mairie et enfin musée).

CENTRO DE CIÊNCIAS E PLANETÁRIO DO PARÁ

Rodovia Augusto Montenegro, km 3, s/n
✆ +55 91 3232 1055
Arriver 15 minutes en avance. Entrée : 5 R$. Les jours d'ouverture et projections changent au cours de l'année.

Le Centre des sciences et le Planétarium du Pará de l'Université de l'État du Pará, est un espace de diffusion et d'enseignement des sciences dans lequel les visiteurs peuvent découvrir les sciences à travers des expériences interactives, des expositions et une séance de planétarium. La salle de projection peut accueillir une centaine de personnes. Les projections sont plutôt tournées vers le public scolaire, mais une séance publique a lieu régulièrement.

THEATRO DA PAZ

Praça da Republica
✆ +55 91 4009 8750
www.theatrodapaz.com.br
Prix selon le spectacle. Festival d'Opéra en novembre. Programmation disponible en ligne.

Le « Theatro » organise toujours opéras et concerts de l'orchestre de Belém. Le Theatro da Paz est un vénérable établissement construit en 1878, pendant la période faste du « cycle du caoutchouc » qui avait engendré un *boom* économique dans toute la région amazonienne. Belém, considéré alors comme « la capitale du caoutchouc » ne disposait toujours pas d'un théâtre capable d'accueillir des opéras. Le gouvernement provincial engagea l'ingénieur militaire José Tiburcio de Magalhães qui a dessiné ce théâtre inspiré de la Scala de Milan.

ILHA DOS PAPAGAIOS ★★

L'Ilha dos papagaios se trouve à 10 km de Belém. Située de l'autre côté de la baie du Guajará, l'île abrite une population qui vit en pleine communion avec la nature. Les uniques bruits que l'on entend sont le cri des oiseaux et les feuilles qui bruissent au vent. A l'aube, les perroquets (*papagaios*), qui ont élu domicile dans cette petite île de pêcheurs, de fromagers, et de palmiers à *açai*, s'envolent par milliers, chacun avec sa chacune. Un feu d'artifice non artificiel, un spectacle insolite et enchanteur. Il faut partir de Belém vers 4h30 du matin. Une belle aventure amazonienne d'une journée qui commence à quelques encablures de Belèm.

ILHA DO OUTEIRO ★★

A 20 km de Belém. l'île de Caratateua, plus connue sous le nom d'Outeiro, est l'une des destinations les plus prisées des vacanciers de la capitale. C'est l'une des plus belles îles des alentours. Elle est entourée de 170 km de plages de sable blanc. La Praia do Amor est la plus fréquentée, avec ses restaurants et ses chalets. L'île est située face à Icoaraci, sur le fleuve Maguari.Situé à 25 km du centre-ville de Belém, Outeiro est baigné par les eaux troubles de la baie de Guajará. La station a pour principale attraction touristique ses plages qui s'étendent sur des plus de 100 kms. **On s'y rend** en bus depuis la *rodoviaria* de Belém, compter 1 heure.

ICOARACI ★

Situé à 25 km de Belém. L'artisanat de céramique est considéré comme l'un des trésors de la culture amazonienne et le district d'Icoaraci est le principal centre de production de céramique marajoara et tapajônica. En route, on aperçoit le monument à Cabanagem, en mémoire d'une révolte qui a opposé le peuple amazonien à l'Etat. Baignée par la baie du Guajará, Icoaraci est également un important centre gastronomique et folklorique de la région. Surnommée Vila Sorriso, « ville sourire », elle prétend promouvoir un certain art de vivre auprès de ses visiteurs. La céramique est un art ancestral que l'on pourra observer dans les fabriques de la ville.

FEIRA DO PARACURI

Praça de São Sebastião
✆ +55 91 3297 6570
Tous les jours de 11h à 19h.

La foire d'Icoaraci, comme presque tous les lieux et les évènements de la ville, est dédiée aux céramiques. L'art millénaire de la céramique indienne de la civilisation marajoara est bien représenté dans la foire de la ville qui a fait de ce type de poterie sa marque de fabrique. Il y en a cependant pour tous les goûts. Les traditionnelles assiettes aux couleurs des clubs de football brésiliens sont bien présentes. Outre les nombreux stands de céramiques, on trouvera également plusieurs stands fort agréables de spécialités régionales.

PLAGE DU CRUZEIRO ★

La plage du Cruzeiro est une petite plage artificielle sur le fleuve Maguary, dans le quartier de la capitale du Parà Icoaraci, réputé pour sa production de céramique, de style, entre autre, marajoara. On trouve sur cette plage d'eau douce qui 13 petits bars et *barracas*, presque les pieds dans l'eau. A l'origine, cette plage était un lieu de baignade aménagé par les soldats américains pendant la Seconde Guerre mondiale. Les Etats-Unis avaient installés une base militaire sur le site qui abritr aujourd'hui l'aéroport de Belèm.

RESTAURANTE RAIZES DA AMAZONIA €€

Rua Siqueira Mendes, 263
✆ +55 98 21 09095
Ouvert de 11h à 16h30 et de 18h à 23h, fermé le dimanche midi. Compter 100 R$ le poisson pour deux.

Le restaurant Na Tel ha a changé de nom et s'appelle désormais «Raizes da Amazonia», racines d'Amazonie, en référence aux produits à la base des plats. C'est un établissement simple et agréable situé en bord de fleuve. Comme beaucoup de restaurants de la ville, celui-ci propose surtout des spécialités de fruits de mer, dans un étonnant décor inspiré par les antiquités et les objets nautiques. On se croirait presque au restaurant Marius de Rio de Janeiro.

FUNDO DE KINTAL

Travessa do Cruzeiro, 582
✆ +55 91 3207 0177
De 10h à minuit. Compter à partir de 40 R$/ personne.

Un petit établissement comme on les aime. On est loin du surfait des métropoles du monde, où l'effort est porté sur la décoration intérieure, en négligeant souvent l'assiette. Le Fundo de Kintal est un sympathique bar restaurant fonctionnant dans le jardin du propriétaire, comme le nom l'indique (quintal signifiant jardin en portugais). Cadre verdoyant garanti ! Les tables éparpillées sont sur la terrasse, on peut déguster des plats de poissons simples et goûteux et caïpirinhas et les classiques de la cuisine du Parà (caldeiradas, poisson au tucupi...).

ANISIO ARTESANATO

Travessa Soledade, 740
✆ +55 91 3227 0127
www.anisioartesanato.com.br
Livraison dans tout le Brésil. Catalogue en ligne. Ouvert tous les jours (seulement le matin le week-end).

La céramique *marajoara, c'est-à-dire de* la civilisation amérindienne de l'île amazonienne de Marajo, est universellement reconnue comme étant l'une des plus belles expressions de cette forme d'artisanat. Depuis plus de 30 ans, Anísio Artesanato produit des pièces de céramique traditionnelle. C'est l'un des grands producteurs de céramique du quartier d'Icoaraci. Ses pièces sont très esthétiques. Elles reproduisent les techniques traditionnelles des indigènes de la région amazonienne, berceau de la renaissance de la céramique. Catalogue en ligne.

DOCA LEITE

Travessa Soledade, 758 C
✆ +55 91 3227 0284
www.docaleiteartesanato.com
Catalogue et vente sur internet. De 8h à 18h, le week-end jusqu'à 13h.

Le district d'Icoaraci, prés de Belèm est souvent une étape proposée lors des balades fluviales autour des petites îles qui parsèment le fleuve autour de la capitale du Parà. C'est en effet le «quartier des céramiques, comme dans l'ancienne Athènes. Doca Leite et les autres artisans de son magasin produisent toutes sorte de pièces de céramique de grand style. Dans cette fabrique artisanale, on perpétue l'art de la céramique marajoara, faire à partir de d'argile blanche. Les potéries reproduisent avec élégance la tradition marajoara améridienne.

ILHA DO MOSQUEIRO ★★

Surnommée l'île de l'Amour, l'île de Mosqueiro offre à la fois le cadre de tranquilles retraites et celui, plus animé, de week-ends agités. Distante de 54 km de Belém, l'île est l'une des escapades favorites de ses habitants. Elle est entourée de 18 plages sauvages de sable blanc, de végétation exubérante et de rivières. Les plus jolies sont Praia do Farol et Baia do Sol. De hautes vagues s'y fracassent : c'est de l'eau douce... Le nom vient de l'indien moqueio, qui est un moyen de conservation du poisson. Découverte au XIXe siècle, l'île était un lieu de villégiature de touristes étrangers depuis le début du siècle.

PRAIA DO FAROL ★

La Praia do Farol est une belle plage urbaine facile d'accès, c'est la plus fréquentée de l'île. Contrairement à ce que l'on pourrait s'imaginer en regardant les flots bleus, c'est bien une île fluviale, même s'il est difficile de percevoir l'autre rive. Il y a même des vagues qui accentuent encore cette impression d'être sur un littoral de la « mer océan », comme disaient les découvreurs des Amériques. Lieu de pause agréable, on trouve sur la Praia do Farol de nombreux *barracas* et snacks pour une restauration rapide ou améliorée.

PRAIA DO PARAISO ★

Les deux plages de Praia do Paraíso et Praia do Sol se trouvent plus au nord, en quittant le village. Ce sont les plages les plus éloignées et les plus calmes de l'île. Leurs eaux, calmes et peu profondes, sont peuplées de raies pastenagues venimeuses, on rentre dans l'eau en traînant les pieds pour les éloigner. On se croirait sur l'océan en raison des vagues. L'eau y est propre et La baignade agréable. O trouve quelques kiosques simples mais confortables le long du rivage, certains proposent même des hamacs. L'accès est facile.

HOTEL FAROL €€

Praça do Patriarca Zacharias Mártyres, 3295
✆ +55 91 3771 1219
www.hotelfarol.com.br
À partir de 220 R$ la chambre double. 260 R$ avec clim.
L'hôtel do Farol offre une architecture atypique. Face à la mer, cet hôtel construit en 1931 occupe un ancien phare, ce qui lui confère un charme indéniable. C'est toute une tradition familiale qui se maintient et qui tient à faire partager leur passion pour ce lieu construit depuis près d'un siècle et qui a su évoluer pour répondre aux besoins des clients. Les chambres aux contours circulaires sont spacieuses, mais un peu défraîchies. Privilégiez celles qui donnent sur la mer, jolie vue. C'est un bon rapport qualité-prix. Restaurant agréable.

HOTEL FAZENDA PARAISO €€

Praia do Paraiso
✆ +55 91 3204 4666
www.hotelfazendaparaiso.com.br
Compter à partir de 230 R$ pour une chambre double et 290 R$ pour un chalet pour trois personnes.
C'est assurément un hôtel les pieds dans l'eau. L'hôtel Fazenda Paraiso est un complexe hôtelier avec 28 chambres qui allient le charme du rustique, le confort et la fonctionnalité ainsi que 22 chalets avec air conditionné. On peut y pratiquer de nombreuses activités : l'établissement dispose de trois piscines, cheval, tennis… On peut savourer quelques délicieux jus de fruits amazoniens sous les agréables parasols autour de la pisicine. C'est à la base une fazenda qui possède un haras et propose fort logiquement quelques activités équestres.

SÃO DOMINGOS DO CAPIM ★

On ne se rend dans ce village de quelques milliers d'âmes qu'à l'occasion du Championnat annuel de surf qui s'y tient. São Domingos est situé au confluent du Rio Capim et du Rio Guamá, et ce dernier est soumis aux marées (il se jette dans le large estuaire, devant Belém). Lors de la pleine lune de l'équinoxe d'automne, au mois de mars, le mascaret atteint son niveau le plus haut, et une série de vagues de tailles respectables (la *pororoca*) remontent jusque-là.
Des surfeurs de tout le pays viennent s'y défier, et pas mal de curieux accourent pour assister au spectacle.
Renseignez vous auprès des agences de Belém, pour un aller-retour sur la journée.

CASTANHAL

A 77 km de Belém. L'origine de la municipalité de Castanhal est attribuée à une installation de colons et d'immigrants du Nord-Est, venu en ses contrées lointaines pour l'exécution du projet, de construction du chemin de fer qui relierait Belém et Bragança, dont les travaux selon la région ont été appelés Chemin de fer de Bragança. 76 ans après la proclamation de l'adhésion du Pará à l'indépendance du Brésil et cinq mois avant la proclamation de la République, le Nucléus de Castanhal,est devenu une ville. On y a une très belle vue du Rio Apeu et de ses eaux cristallines. Sur le chemin pour Algodoal. On peut s'y arrêter pour une promenade en canoë.

ALGODOAL ★★

Belém se trouve encore à une centaine de kilomètres de l'Atlantique. Pour en atteindre les premières vagues, il faut emprunter le bus de ligne (ou un véhicule privé) qui traverse quelques villages perdus du nord du Brésil (3 à 4 heures de trajet). Plus loin, encore, se trouve l'île d'Algodoal, véritable paradis de sable, loin de tout, contrastant avec l'environnement tropical de Belém et de l'Amazonie qui trouve enfin sa frontière ici, à la jonction de l'Atlantique et des eaux de l'Amazone.
Ici, le voyageur se déplace à pied ou en charrette, les véhicules à moteur sont absents du panorama. C'est parfait pour se retirer du monde, seul ou à plusieurs.

LAGOA DA PRINCESA ★★

En pirogue, puis à pied. Les guides sont au bord de l'eau à disposition, tarifs à négocier.
On peut visiter la mangrove au centre de l'île et rejoindre ensuite à pied le lac d'eau de pluie de la Princesse, au milieu des dunes. La légende veut qu'il soit hanté par une princesse enchantée. Elle vient du village enseveli sous les rochers de la plage. La princesse avait rencontré un pêcheur et ils avaient décidé de se marier. Elle s'est donc présentée à lui au lac, mais son enchantement était alors double et elle était apparue sous forme de monstre. Le mariage n'eut donc pas lieu, mais on dit que la princesse rôde toujours, à la recherche d'un mari…

HOTEL BELA MAR €

Rua Presidente Vargas
✆ +55 91 3854 1128
pousadabelamaralgodoal.blogspot.com.br
Compter 150 R$ la chambre double.

L'hôtel Bela Mar est une jolie petite *pousada* tenue par un couple qui habite l'île bien avant que l'électricité n'y soit arrivée. Les chambres sont simples, mais correctes et très bien tenues. Elles sont disposées autour du verdoyant jardin et possèdent une petite terrasse avec hamac, très reposant. Les murs sont assortis à la belle couleur des bougainvilliers. Des hamacs ondulent avec nonchalance sous la treille, dans un cadre apaisant. La localisation est un plus, proche de l'embarcadère, au bord de la mer et pas loin du commerce.

POUSADA CHALE DO ATLÂNTICO €

Rua Bertoldo Costa, 33,
quadra 12 (Caixa d'Água)
✆ +55 91 98215 7170
www.pousadachalesdoatlantico.com
À partir de 150 R$ la chambre double

La pousada Chalé do Atlantico est une belle Pousada colorée et accueillante avec un jardin verdoyant qui accueille depuis plus de 20 ans des hôtes dans un cadre cosy. Les propriétaires, des ingénieurs amoureux de la nature ont voulu faire partager leur amour du lieu. Située à 50 mètres de la plage d'Algodoal et à 800 de la plage de la Princesa, la pousada comporte 7 chalets et 4 chambres avec air conditionné, télé et frigo-bar. Wifi et bar. Agréable, à proximité des lieux centraux.

MARAPANIM ★★

En bord de mer. A 170 km de Belém par la BR-316. Le territoire de la municipalité, situé dans la zone géographique du Salgado, appartenait autrefois à la ferme Bom Intento, fondée par les Jésuites à la fin du XVIIIe siècle. Le toponyme, d'origine Tupi, se décompose en mará ou mbará et panim ou panã + i, signifiant papillons d'eau ou de mer. Les 26 000 habitants y fêtent leur splendide isolement en dansant le carimbó en habits chamarrés. La plage de Crispim fait 16 km. Le premier samedi de juillet se tient une régate de pêcheurs. De fortes vagues en font un bon lieu de surf. A la plage d'Ajiruteua, le naturisme est officiellement autorisé.

BRAGANÇA ★

Un peu loin de la capitale, à 210 km de Belém, on peut se rendre à Bragança en empruntant la BR-316, en véhicule particulier ou en bus. La ville est célèbre pour ses fêtes culturelles et folkloriques, notamment la Marujada, organisée par les femmes de la ville, et dont l'origine remonte à 1798, quand 14 esclaves ont reçu des autorités locales le droit de célébrer leur dévotion à Santo Benedito. Egalement l'une des plus belles plages de la région, la Ajuruteua. Quelques bâtiments historiques sont encore visibles dans les rues de la ville , tels que l'église de São Benedito, du XVIIle siècle, la cathédrale de Nossa Senhora do Rosário.

POUSADA ARUANS CASARÃO €

Rua General Gurjão, 1099
✆ +55 91 3425 2195
www.pousadaaruans.com.br
Compter 130 R$ la chambre double.

La pousada Aruans Casarao est une *pousada* toute simple à la façade de style colonial jaune et bleue qui ne manque pas de cachet, située dans le centre historique de la petite ville de Bragança, aux chambres sobres avec ce qu'il faut de confort (TV, réfrigérateur et wifi). Elle est idéalement localisée près de la place centrale de la charmante petite bourgade et à proximité de la plage. L'accueil est familial, l'ensemble est très bien tenu et très sûr. L'ambiance est tranquille, à l'amazonienne, le temps s'écoule paisiblement.

HOTEL SOLAR DO CAETÉ €€

Av. Visc. do R. Branco, 2096
✆ +55 91 3425 1780
www.solardocaete.com.br
Compte 170 R$ la chambre double, petit déjeuner inclus.

Le Solar do Caeté se trouve dans une belle bâtisse datant de 1909 faisant face au rio Caeté et fut la résidence d'un influent homme politique de la ville avant de devenir pendant la Seconde Guerre mondiale le *Clube do 22*, fréquenté par l'élite intellectuelle de Bragança. Fonctionnant comme hôtel depuis 1965, l'atmosphère du Solar do Caeté est celle d'une antique pension au charme désuet, mais aux chambres confortables. Le petit déjeuner est copieux, et sa situation parfaite pour découvrir la ville. Une adresse qui conviendra aux amateurs d'authenticité.

VISEU ★

A 320 km de Belém, en bord de mer. Les Français ont été les premiers Européens à y poser le pied lorsqu'ils se sont installés dans le Maranhão, au début du XVIIe siècle. Viseu a une belle plage. Des cocotiers ébouriffés entourent des cabanes, gardées par des ibis roses et des hérons. On pourrait croire qu'on a atteint le bout du monde ou en tout cas qu'on s'en rapproche fortement, tant les déplacements dans la chaleur du Nord du Brésil, semblent interminables. Il faut compter 4 bonnes heures pour s'y rendre de la côte de Viseu, où les 56 000 habitants vivent surtout de la pêche et de l'élevage. On peut visiter des grottes maritimes, à Pedra de Gurupi.

HENVIL TRANSPORTES

Avenida José Bonifácio, 2626
✆ +55 91 3249 3400
www.henvil.com.br

Entre 10 et 25 R$ par passager selon le confort.

La compagnie Henvil Tranportes permet de relier le « continent », à l'île de Marajo, la plus grande île fluviale de la planète, aussi grande que la Suisse et connue pour ses troupeaux de buffles d'eau qui errent librement. La compagnie de ferry réalise le trajet d'Icoaraci (un district de Belém) au port de Camará dans la commune de Salvaterra. Néanmoins, pour arriver en ville, il faudra prendre un bus ou un van, car l'embarcadère est éloigné du cœur du village. On peut prendre un bus également pour Soure, une des autres petites villes de l'île.

SALVATERRA ★★

Salvaterra est bordée de cocotiers, on s'y rendra pour la plage. A quelques minutes en bateau, Camará, où arrivent les bateaux de Belém, et Joanès, qui possède des ruines du XVIIIe siècle ; et des plages d'eau douce à l'est. Petite ville endormie, elle vit traditionnellement de l'agriculture et de l'élevage, la pêche et la culture du cocotier. Aujourd'hui, l'agriculture, plus spécifiquement dans la culture de l'ananas, la est devenue une des principales sources de l'économie locale. L'écotourisme commence à s'y développer, profitant des beautés de l'île de Marajo. Salvaterra est une principale ville de l'île, avec quelques hébergements et restaurants.

FAZENDA DO CARMO €€

À 30 minutes en bateau de Beiradão
sur la route de Cachoeira do Arari. Voir le transport avec la fazenda. ✆ +55 91 3231 1019

Compter à partir de 1600 R$ la nuit, activités incluses.

Hébergement rural auprès d'un lac. Nombreuses activités : kayak en rivière et sur le lac, promenades à cheval ou à dos de buffle, pêche, observation des oiseaux et de la faune sylvestre, balade en 4X4 (de septembre à décembre), participation aux activités de la *fazenda*. La maison principale comporte 1 étage, 2 salles de séjour, 1 salle à manger, 6 chambres (sans air conditionné ni ventilateurs) et 3 salles de bains communes. Moustiquaire aux fenêtres. Pas de grand luxe mais hébergement authentique et convivial pour profiter au mieux de la nature environnante.

BANAV

Porto da Balsa
✆ + 55 91 982031928
www.banav.com.br/

25 ou 35 R$ par personne selon le navire.

Il existe différents services de ferry qui relient Belém à différentes destinations de l'île de Marajo. La compagnie de ferry Banav relie Belém à Camarà chaque jour. Les ferries partent du terminal de la voie navigable de Belèm.

départ par jour, le matin ou l'après-midi en fonction de la marée (rarement le dimanche). Consultez les horaires à l'avance.

Le départ de Belèm à Camarà est actuellement à 14h00. L'heure de départ du ferry qui va de Camarà à Belèm est fixée à 14h30.

Il faut compter environ 2 heures de trajet pour un prix de 35 R$.

POUSADA DOS GUARAS €€

Avenida Beira-Mar
✆ +55 91 4005 5656
www.pousadadosguaras.com.br

Chambre double à partir de 270 R$. Au resto, de bons poissons.

La Pousada das Guaras a un petit avant-goût de paradis. Elle propose des bungalows charmants avec air conditionné et salle de bains privative, piscine, à deux pas de la plage. Le cadre est idyllique, les bungalows sont installés au milieu de palmiers, certains sont proches de la piscine, d'autres sont proches de la plage. Séjours de 3 jours et 2 nuits avec excursions dans la région : promenade sur les cours d'eau aux courants particuliers, balades sur la plage à dos de buffle d'eau, parcours dans les arbres, sortie à cheval, etc.

AMAZONIE

SOURE ★★

Soure est la plus grande ville de l'île. La municipalité de Soure, située sur l'île de Marajó et des îles, était à l'origine un village d'Indiens Maruanazes, où quelques missionnaires s'étaient installés à l'époque coloniale dans le but d'évangéliser les Indiens. Au milieu du XVIIIe siècle, elle a été constituée en paroisse de Menino Deus. Après la proclamation de la République en 1890, le Conseil municipal d'Intendance est créé. La même année, Soure a obtenu le statut de ville. La plupart de *pousadas* et restaurants se trouvent sur cette ville. Le lieu de débarquement n'y est pas loin. On peut organiser des séjours à partir de Soure.

HOTEL ILHA DO MARAJO €€

Travessa Segunda, 10
✆ +55 91 4006 3852
www.iaraturismo.com.br
Compter 250 R$ la chambre double. Excursion de deux jours et d'une nuit à prix spécial.

L'Hotel Ilha de Marajo, un des rares établissements de l'île est un lieu totalement en harmonie avec l'environnement simple, rustique et accueillant. Le style « fazenda » rappelle en tout la vie et les traditions de l'île. Toits de tuiles, murs de brique, chambres nettes dallées de tomettes rouges et meublées de bois, air conditionné, eau chaude, tennis, piscine. La rusticité n'empêche pas le confort. Le soir, quelques spectacles folkloriques. Les décorations sont souvent inspirées du style des céramiques amérindiennes marajoara.

PARACAUARY ECO RESORT €€

Avenida Prado, 6 ✆ +55 91 3225 5915
www.paracauary.com.br
A partir de 200 R$ la chambre double, petit déjeuner inclus.

Le Paracauary Eco Resort est un beau complexe, très vert, situé sur la côte orientale de l'île, dans un environnement simple, confortable et très accueillant. Huit bungalows décorés en harmonie avec la nature, ans un esprit fazenda,. La vue est fantastique. La pousada dispose d'une petite piscine. Nombreuses activités proposées : canoë, VTT, cheval, randonnée... On peut prendre le petit déjeuner ou boire un jus de fruit sur une terrasse qui surplombe le fleuve. Le plus : l'accueil chaleureux des propriétaires. C'est le meilleur rapport qualité-prix.

POUSADA CANTO DO FRANCES €€

Sexta Rua
✆ +55 91 3741 1298
www.ocantodofrances.blogspot.com
A partir de 150 R$ la chambre double.

La pousada a été fondée par le photographe français Thierry Carliez, tombé amoureux de la région. C'est une charmante petite *pousada* (9 chambres) située dans le centre-ville de Soure. Les chambres au caractère rustique sont bien équipées (air conditionné, salles de bains privées et eau chaude). Le jardin, où cohabitent arbres fruitiers et plantes tropicales, offre le calme et la tranquillité aux voyageurs qui s'y attardent. Un lieu de repos idéal après une promenade à la découverte des environs, à bicyclette, à cheval, ou à dos de buffle...

SANTARÉM ★★

Santarém est la ville relais de près de 300 000 habitants, peu fréquentée, entre les deux principales villes de l'Amazonie brésilienne, Manaus et Belém. On y passe essentiellement à l'occasion de la descente ou de la remontée en bateau du fleuve Amazone. On y fait ses provisions, on s'y repose, avant de repartir pour 2 ou 3 jours de croisière dans un sens ou dans l'autre.

Ce n'est donc pas, a priori, la ville où l'on s'arrête pour longtemps... D'ailleurs, le faible nombre d'hôtels et de restaurants témoigne du peu d'engouement que suscite cette ville auprès des touristes brésiliens ou étrangers. Alors pourquoi en parler ?

A y regarder de plus près : les alentours de Santarém présentent peut-être plus d'intérêt que ceux de Manaus. Tout d'abord, moins peuplés, la probabilité d'y rencontrer quelques spécimens de la faune amazonienne est plus grande. Ajoutons que les accès à la forêt primaire sont plus aisés qu'à Manaus, dont la forêt est exploitée dans ses proches alentours.

Et Santarém est bien moins touristique, ainsi le contact avec les populations locales est plus authentique, loin des programmations touristiques et autres écolodges de Manaus.

Signalons ici l'existence de Fordlandia, une bourgade construite en 1928 autour d'une immense plantation de caoutchouc, qui est restée active jusqu'en 1946, quand Henry Ford décida de la stopper suite à l'apparition du caoutchouc indonésien sur le marché.

Histoire

Santarém fut fondée en 1661 par le père jésuite João Felipe Bettendorf. Elle s'appelait alors Aldeia dos Tapajós (du nom des Indiens peuplant la région, également le nom du fleuve qui rencontre ici l'Amazone).

En mars 1758, elle fut élevée au rang de villa, et changea alors de nom. Par la suite, l'histoire de la ville se confond avec celle des cycles économiques successifs qu'elle traverse.
Au XIXe siècle, comme dans toute l'Amazonie, l'hévéa est roi. Il y a des productions dans les environs, mais surtout la ville, du fait de sa situation stratégique (point de passage incontournable pour les navires qui montent et descendent le fleuve) devient un important centre de négoce. Fruits, légumes, poissons, viande, artisanat... Santarém prospère et se développe doucement.
Dans les années 1950, on découvre de l'or dans la région, la ville est redynamisée par l'afflux de *garimpeiros* venus parfois de très loin.
Aujourd'hui, l'économie est basée sur l'agriculture (soja, noix du Pará, poivre noir, mangues...), la pêche et le bois (caoutchouc et bois précieux), le tourisme ne représente encore qu'une faible part dans la production de richesses.

IGREJA MATRIZ DE SANTARÉM ★

Praça Matriz

Construite en 1761, sur la Praça José Gregório, la cathédrale de Nossa Senhora da Conceiçao succède, cent ans après, à la première chapelle de la ville, fondée par le père Joao Bettendorff et située un peu plus à l'ouest du bâtiment actuel. Construite en 1761, cette belle église, la plus ancienne de la ville, a pris sa forme définitive avec la construction du maître-autel et l'installation de la nouvelle croix de fer au sommet de l'église. En 1893, elle a reçu le titre de cathédrale.

MUSEU DE SANTARÉM - CENTRO CULTURAL JOÃO FONA

Avenida Tapajos
✆ +55 93 35221383
www.santarem.pa.gov.br
Ouvert du lundi au vendredi, de 8h à 18h. Entrée libre, un don est le bienvenu.

Ce bâtiment de 1867, un des plus anciens de la ville, dessiné par l'ingénieur Marco Pereira était initialement une prison avant d'être reconverti successivement en hôtel de ville et en tribunal pour finalement abriter le musée de la ville de Santarém. On y trouve une série d'intéressants tableaux et documents datant des premières heures de la ville, ainsi qu'une belle collection de poteries et de sculptures tapajoniques, figurines ou urnes funéraires.

MUSEU DICA FRAZÃO ★

Rua Floriani Peixoto, 281
✆ +55 93 3522 1026
Ouverture de 8h à 18h. dans la résidence de l'artiste et les heures d'ouverture peuvent varier. Entrée libre

Dica Frasão est une personnalité à Santarém, mort en 2017. Cette artisane a toujours fabriqué ses productions à la main. Elle a habillé des personnalités du monde entier. Les miss de l'État du Parà aimaient porter ses parures. Le pape lui-même lui a adressé de sympathie pour la remercier des cadeaux envoyés au Saint-Père, de belles dessertes de table. Au musée sont exposées ses plus belles pièces, des vêtements et des accessoires faits avec des fibres naturelles de la région et des plumes d'oiseaux qu'elle élevait avec passion dans son jardin.

PRAÇA DO CENTENARIO ★

La Praça du Centanario est un endroit animé pour prendre un verre, assis tranquillement à une terrasse tout en observant l'animation en centre-ville. La Praça do Centenário est également connue sous le nom de Praça São Raimundo Nonato, en raison de l'église éponyme qui se trouve sur l'un de ses côtés.

La place du centenaire est la place principale du quartier. Elle est nommée ainsi, car elle a été construite en 1948, année du centenaire de l'acquisition du statut de ville par Santarém. La place a été agrémentée de deux canons.

AMAZON DREAM

Avenida Presidente Vargas 1151
✆ +55 93 91 22 96 48
www.amazon-dream.com

Croisières de 4 à 9 nuits, prix sur consultation. Dates et programmes disponibles sur le site Web.

Parcourir le fleuve Amazone ou un de ses nombreux affluents, a quelque chose de magique. L'AMzon Dream est Ce superbe bateau traditionnel basé à Santarém au bord duquel on peut embarquer plusieurs jours. Construit en 2007, il peut accueillir jusqu'à 18 passagers pour des croisières de 5, 6 ou 10 jours. Il compte 9 cabines spacieuses et luxueuses (avec air conditionné), propose un excellent service de bord, et met à votre disposition des guides spécialisés polyglottes pour les multiples balades et visites qui ont lieu au cours de la croisière.

AEROPORTO DE SANTARÉM

Praça Eduardo Gomes s/n
✆ +55 91 3522 4328
www.infraero.gov.br

L'aéroport de Santarèm Maestro Wison Fonseca permet de connecter rapidement la ville amazonienne au reste du pays, dont elle est éloignée et dont les temps de parcours terrestres sont souvent très longs. Les grandes compagnies nationales, régulières et low cost GOL, Latam et Azul y opèrent des vols réguliers. L'aéroport dessert pratiquement les grandes villes du pays. On y accède en bus depuis la Rua Rui Barbosa en prenant la ligne aeroporto-centro, ou en taxi. On trouve aussi des loueurs de voitures qui proposent des véhicules.

COMPANHIA DAS DOCAS DO PARÁ

Avenida Cuiabá s/n
✆ +55 93 3512 8500
www.cdp.com.br

- La companhia das docas do Parà est une compagnie de transport maritime. A partir de Santarèm, on peut remonter ou descendre le fleuve Amazone
- **Manaus,** via Parintins, est à 3 jours de bateau, classe « Hamac » et cabines.
- **Belém** est à 3 jours environ, classe « Hamac » ou en cabine.

Dans les deux cas, les bateaux partent du Cais do Porto, à 4 km du centre, accès en bus Circular. Parmi les autres destinations, citons Macapá (40 heures), Itaituba (18 heures).

CROISIÈRE TERRA BRAZIL

✆ +55 21 22 95 19 98 - www.tourisme-bresil.com

Séjours à la carte, prix sur demande. Agence basée à Rio.

Terra Brazil loue des bateaux régionaux pour des croisières privées. Les embarcations sont en général assez simples (pas d'air conditionné, cabines assez petites) mais ont un charme irrésistible, et le véritable luxe réside dans l'exclusivité dont vous jouirez. C'est réservé à de petits groupes (maximum 6 personnes, dont certaines en hamac) et idéal pour une lune de miel romantique. On peut louer le bateau pour la durée de son choix, 3 ou 4 jours seront suffisants pour un tour exhaustif.

- **Jour 1 :** Santarém – Rio Jari – Reserva Floresta de Tapajós. Arrivée à Santarém le matin (en avion ou en bateau). Embarquez immédiatement sur un petit bateau de croisière que vous louerez sur le port (hamacs, cuisine, salon, toilettes…) qui sera votre lieu d'habitation pendant cette excursion. Remontez le fleuve Tapajós jusqu'au bras de fleuve Jari, qui regorge d'animaux : caïmans, oiseaux, iguanes, Capybaras (plus gros rongeurs du monde), dauphins roses, etc. C'est une zone de *varzea*, zone inondée une partie de l'année. Selon la hauteur des eaux, arrêt au village indien d'Arapixuna, qui vit de la pêche et du manioc. En fin de journée, retrouvez le fleuve Tapajós et prenez la direction de la Floresta Nacional do Tapajós. Nuit et dîner à bord.
- **Jour 2 :** Reserva Florestal de Tapajós – Alter do Chão. Tôt le matin, pour éviter la chaleur de l'après-midi, partez accompagné d'un guide natif pour une excursion à pied en forêt primaire, à la découverte de la faune et de la flore locales (hévéa, castanha, plantes médicinales, arbres géants qui atteignent 20 m de circonférence…). Le guide vous expliquera comment son peuple s'est adapté à ce mode de vie. Environ 5 heures de marche aller-retour. Puis, en bateau, gagnez les étendues de sable d'Alter do Chão, considérées à juste titre comme la plus belle plage amazonienne (et classée parmi les plus belles plages du Brésil, et certainement la plus insolite). Arrêt baignade. Après cette halte enchanteresse, dîner et nuit à bord.
- **Jour 3 :** Alter do Chão – Maica – Santarem. Rejoignez le lac de Maica. En chemin, vous observerez le spectacle étonnant de la rencontre inaccomplie des eaux de deux fleuves (l'Amazone et le Rio Tapajós). A cet endroit, le fleuve peut atteindre 40 km de… large ! Puis enfoncez-vous dans les *igaporés* où, grâce à un canoë (annexe du bateau), vous pénétrerez dans la mangrove. Ici, des pêcheurs habitent une partie de l'année dans des maisons sur pilotis. Buffles, singes, paresseux et de nombreux oiseaux vivent ici en toute quiétude. Possibilité de pêche au *piranha*. Retour à Santarém.

(source Terra Brazil)

CASA DO SAULO €€

Rodovia Interpraias, s/n - km 4 Curuatatuba
✆ +55 93 9142 1067
Ouvert de 11h à 16h, le dimanche de 9h à 17h et de 18h à 21h.

Non loin de l'aéroport et accessible par la route ou par bateau (le restaurant dispose d'une plage privée), la Casa do Saulo est une référence dans la région de Santarem et bien au-delà. Cette bonne table brésilienne se trouve en haut d'une petite colline donnant sur le rio Tapajos et qui abrite plusieurs espaces très agréables, dans les arbres, dont un doté d'une piscine. On y mange d'excellentes préparations de poisson – dont le fameux tambuqui – servies avec de copieux accompagnements. Un très bel endroit où l'on s'attarde avec délectation.

BATEAU AMAZONIEN «ALICE»

✆ +55 85 99969 2612
devis personnalisé en fonction du nombre de nuits, du nombre de voyageurs. 2 nuits minimum. De juin à décembre.

Basé à Alter do Chão, au cœur de l'Amazonie, Alice est l'un de ces bateaux typiques de l'Amazone. Il est équipé pour 6 voyageurs (option 2 voyageurs supplémentaires). Complètement restauré avec charme et soucis du confort, c'est une bonne option pour partir à la rencontre des communautés locales, de la faune et de la flore amazoniennes, autour de la rivière Tapajos et de ses affluents. Alice est équipée d'une suite double avec salle de bains, de 4 couchages simples avec salle de bains et d'un bel espace pour 2 hamacs. Sa poupe est agrémentée d'une petite terrasse.

ALTER DO CHÃO ★

Sympathique petit village au bord du Rio Tapajós, à 30 km à l'ouest de Santarém, qui doit sa réputation de Caraïbe des eaux douces à ses superbes plages de sable blanc. Visiter Alter do Chão, c'est se rapprocher paradis, car ses vastes bandes de sable baignées par une eau cristalline sont d'une beauté à couper le souffle.Elles ne se découvrent que de juin à décembre, quand le fleuve est en décrue. Lorsque la marée est haute, on peut faire des excursions en bateau et profiter de la beauté du paysage. Alter do Chão est une destination encore peu fréquentée, mais pleine de merveilles prêtes à être appréciées. choisissez des guides professionnels.

POUSADA DO TAPAJOS €

Rua Lauro Sodré, 100
✆ +55 93 9210 2166
pousadadotapajos.com.br
50 R$ en dortoir. 180 R$ la chambre double et 200 R$ en haute saison, petit déjeuner buffet inclus.

Située à 30 kilomètres du centre d'Alter do Chao, la pousada do Tapajos est une jolie petite pousada très bien tenue disposant de chambres doubles, familiales et de dortoirs. L'accueil y est on ne peut plus aimable, le jardin est équipé d'une terrasse ombragée munie de hamacs à disposition des hôtes, tout comme la cuisine et la salle de TV et jeux. On est en contact avec la nature. Pour se rafraîchir, rien de plus simple. La pousada do Tapajos est située à quelques mètres de la plage du Cajueiro et est également proche de la place du village.

AMAZONIE

Alter do Chão.

MIRANTE DA ILHA €€

Rua Lauro Sodré, 369
✆ +55 93 3527 1268
www.hotelmirantedailha.com.br
Compter 330 R$ la chambre double. Impératif de réserver à l'avance.

Pour ceux qui cherchent de l'authentique et du style amazonien, c'est un peu raté. Le Mirante da Ilha est un vaste hôtel de style moderne. Cet hôtel propose certainement les meilleures chambres de la région, la majorité avec vue sur l'île. Les chambres sont simples, fonctionnelles et propres. Bien sûr, chaleur amazonienne oblige, elles proposent toutes la climatisation. L'hôtel possède son propre groupe électrogène, alimenté par des panneaux solaires, ce qui le rend totalement indépendant. Malheureusement, c'est un bâtiment sans grand cachet.

SIRIÀ €

Rua Antonio Agostinho Lobato
✆ +55 93 9124 0224
Ouvert du mardi au samedi de 12h30 à 16h et de 19h à 21h. Plat du jour et jus pour 25 R$.

Le Sirià est un agréable restaurant d'Alter do Chao. C'est la chaleureuse Bethania qui vous accueille sur sa terrasse ombragée donnant sur un agréable petit jardin. Elle propose une restauration simple et végétarienne (option végan également). Le plat inscrit sur l'ardoise change chaque jour, mais les assiettes sont toujours copieuses, saines et pleines de goût. C'est que Bethania met beaucoup de cœur dans sa cuisine, sélectionnant soigneusement les ingrédients et les préparant avec justesse. Excellents desserts et café parfait. Une précieuse et belle adresse.

FLORESTA NACIONAL DO TAPAJÓS ★

Une réserve forestière à 80 km de Santarém, 650 000 ha de forêt tropicale primaire. On peut s'y promener, à pied et en barque, pour observer la flore (notamment des « sumaunás », dont les troncs peuvent dépasser les 25 m de circonférence), et un peu de faune (insectes et oiseaux principalement) et deux centres de traitement de l'hévéa, une des ressources des habitants. Ils sont regroupés dans deux communautés du parc, Maguary et Jamaracuá. Les locaux auront plaisir à vous accueillir et vous pourrez y passer la nuit (repas compris) dans des conditions sommaires : hamac (apportez le vôtre),ni eau courante ni électricité (emporter une lampe frontale).

BOSQUE SANTA LÚCIA ★

Pas très loin de Santarém (18 km au Sud), le Bosque Santa Lúcia est une excursion facile pour une journée d'escapade. Sur les 4 km de sentiers qui parcourent le site, on peut découvrir près de 400 espèces de différentes plantes endémiques (notamment des *castanheiras*, arbre à noix du Pará) et certaines plantes médicinales, comme l'*andiroba* (qui décongestionne, repousse les insectes et cicatrise les plaies) ou le guaraná, qui soigne à peu près tout…

ALENQUER ★

De l'autre côté de l'Amazone, à une soixantaine de kilomètres de Santarém au nord, le village d'Alenquer fut fondé par des religieux. Le territoire de la municipalité d'Alenquer aurait constitué, aux premiers temps de la colonisation amazonienne, l'une des zones d'vangélisation des moines Capucins, qui, à la fin du XVIIe siècle, se seraient installés sur les rives du fleuve Curuá, juste au-dessus de son embouchure, regroupant à cet endroit les Indiens de la région, dont ceux de la tribu des Barés ou Abarés,
Pas de traces de cette colonisation, ni église ni demeure. On s'y rend pour découvrir les curiosités naturelles, nombreuses dans les environs.

CACHOEIRA AÇU DAS PEDRAS ★

On trouve dans la région de la chaîne de montagnes d'Itauajuri deux chutes d'eau bien connues et assez faciles d'accès, ce sont les chutes d'Açu das Pedras et d'Igarapé Anai. La chute d'eau la plus connue de toute la région est celle de Paraíso, située dans la vallée homonyme, et elle peut être considérée comme un « produit écotouristique », car l'endroit dispose déjà d'une infrastructure naissante, visitée chaque année par d'innombrables touristes brésiliens et étrangers. La cachoeira d'Açu das pedras est une grande et belle chute d'eau en pleine forêt.

CIDADE DOS DEUSES ★

À 50 km au nord d'Alenquer.

Cette « cité des Dieux » (*Cidade dos deuses*) est une concentration de formations rocheuses, joliment travaillées par l'érosion. C'est également un site archéologique connu. Des visiteurs curieux y viennent pour explorer ce site avec ses formations rocheuses excentriques sculptées par le vent. La Cité des dieux de l'Amazonie, ou la Cité de pierre perdue, interroge avec des formations de grès qui constituent un environnement où l'on trouve des colonnes, des grottes. Une multitude de formations défient aussi bien l'imagination que les lois de la gravité.

MONTE ALEGRE ★

À 6 heures de bateau de Santarém, des eaux sulfureuses à 40 °C, et des grottes où, dans les années 1990, on a découvert des peintures rupestres et des poteries. Datant de 7000 à 15000 av. J.-C., ces vestiges préhistoriques ont remis en cause l'idée admise jusque-là d'un peuplement de l'Amazonie par des Indiens descendus des Andes bien plus tard. Avant cette découverte, les plus vieilles céramiques découvertes en Amérique du Sud (en Equateur et Colombie) dataient de 3500 av. J.-C. Cela peut bien mériter qu'on s'y arrête un jour ou deux. La culture de céréales et de canne à sucre et l'élevage de bétail sont les principales activités économiques.

BELTERRA ★

À 60 km de Santarém, une bourgade jouxtant d'anciennes plantations d'hévéas, établies dans les années 1930 par Henry Ford (pour contrecarrer le monopole des entreprises britanniques sur le commerce du latex). La ville a été construite à l'américaine, longues rues droites bordées de petites maisons de bois. Aujourd'hui, la ville accueille un centre de recherche du ministère de l'Agriculture. Le projet de Forlandia, était démesurée. La plantation d'hévéas qui substituait la monoculture à la polyculture traditionnelle a rapidement généré un épuisement des sols et a accéléré le développement de maladies parasitaires qui ont ravagé les plantations.

PARQUE NACIONAL DA AMAZÔNIA ★★

Près d'un million d'hectares de forêt abritent une faune et une flore parmi les plus riches du monde (hélas menacées par les *garimpeiros* des environs). Le parc est proche de la ville d'Itaituba, à 370 km au sud de Santarém, accessible en bus (en saison sèche, 8 heures de trajet au mieux), en bateau (18 heures) ou en avion .La création du parc a pour but protéger de nombreuses sources qui alimentent les rivières Tapajós et Amazonas, habitat de nombreuses espèces menacées, comme le jaguar, le tapir. Le parc national de l'Amazone abrite la rivière Tapajós. Situé entre les municipalités de Maués (AM), Aveiro, Itaituba et Redenção (PA), il est idéal pour l'écotourisme. Le parc est caractérisé par divers types de végétation et est considéré comme l'un des endroits les plus intéressants au monde pour l'observation des oiseaux. Plus de 400 espèces ont été répertoriées dans la région depuis 1906 et l'on pense que de nombreuses autres espèces seront enregistrées. Parmi les espèces présentes dans la région figurent l'aigle harpie, la perruche dorée et l'ara écarlate.

Le parc national de l'Amazonie fait partie du corridor de biodiversité Madeira-Tapajós, un programme international de conservation dont les actions actuelles englobent également la forêt nationale Pau-Rosa, la forêt nationale Amaná et la réserve extractive Tapajós-Arapiuns, couvrant un total de 9 889 373,547 hectares. Les visiteurs peuvent trouver des hébergements assez bon marché dans la ville d'Itaituba. Au coeur même du parc, il existe des hébergements dont la capacité est limitée à 25 personnes.

ICMBIO PARQUE NACIONAL DA AMAZÔNIA

✆ +55 93 3518 4519

www.icmbio.gov.br

Entrée libre. pas d'entrée ou de taxes à payer mais il faut retirer le guide de visite au siège de ICMBIO à Itaituba.

Renseignements sur le parc par téléphone ou sur leur site Web. Le parc est responsable de la protection de nombreuses sources des fleuves Tapajós et Amazone, et d'espèces menacées, comme le jaguar, le tapir et l'ara, des animaux. On y trouve quelques infrastructures de base pour accueillir les touristes. A l'intérieur de la forêt, il est possible d'observer d'innombrables espèces d'oiseaux. En été (août à décembre), lorsque la rivière se retire, des bancs de sable se forment.

MACAPÁ ★

Macapá, seule capitale brésilienne traversée par la ligne de l'équateur, s'étale au bord de l'Amazone. Pas de construction en hauteur, bien que la ville grandisse vite. Elle a gardé un charme provincial qui la différencie encore des capitales hypertrophiées de la plupart des Etats brésiliens.

Détail amusant : il suffit de traverser une rue pour changer d'hémisphère. Macapá est une ville de moins de 447 000 habitants. Si vous vous y rendez en transit pour rejoindre la Guyane, vous pouvez vous arrêter quelques heures pour visiter les principales attractions de la ville.

MARCO ZERO ★

Rodovia Juscelino Kubitschek, km 2

Ouvert de 9h à 17h. Entrée libre.

Le Marco Zero est un monument situé dans la ville de Macapá, capitale de l'Amapá. C'est un monolithe qui marque la ligne imaginaire de l'équateur. Au moment des équinoxes (20 ou 21 mars et 22 ou 23 septembre), on peut observer sur le grand cadran solaire le passage du soleil d'un hémisphère à l'autre. Le Marco Zéro (Marco 0) est devenu l'une des plus importantes attractions touristiques de la capitale du « milieu du monde ». Le monument est un bâtiment de 30 mètres de haut surmonté d'un cercle, où la lumière passe deux fois l'an, lors des équinoxes.

FORTALEZA DE SÃO JOSE DO MACAPA ★

Accès par Avenida Cândido Mendes

✆ +55 96 3212 5118

Ouvert du mardi au dimanche de 8h à 17h. Entrée libre.

Au XVIIIe siècle, face aux volontés expansionnistes des nations européennes en Amérique du Sud, le Portugal mena une politique de construction de forts dans tous les points stratégiques de la colonie. Le fort de São José do Macapà est la plus grande fortification portugaise du Brésil de la période coloniale. Datant de la deuxième partie du XVIIIe siècle, cette forteresse avait pour objet de repousser les invasions étrangères pendant la conquête portugaise des terres alentour.

AÉROPORT INTERNATIONAL DE MACAPÁ

Rua Hildemar Maia, s/n

✆ +55 96 3223 2323

www.infraero.gov.br

Belém est à 45 minutes de vol.

L'aéroport de Macapà, un des plus septentrionaux et éloignés du Brésil, permet de relier la capitale de cet Etat amazonien au reste des métropoles brésiliennes, souvent très éloignées. Comme dans tous les aéroports des villes grandes et moyennes du pays, les compagnies régulières et les compagnies low cost assurent des Vols réguliers avec Latam, Azul et GOL (directs vers Belém). On trouve de nombreux services dans l'aéroport : agences bancaires, restauration, taxis.

IGREJA DE SÃO JOSE DO MACAPÁ ✝ ★

Avenida General Gurjão, 588

✆ +55 96 3223 0033

Ouverture en fonction de messes. Peut varier au long de l'année. Entrée libre.

C'est le plus ançien monument de la ville de Macapá, dans l'Etat d'Amapà. On lui a donné le nom du saint patron de la ville, dans le but, sans doute, d'attirer ses bonnes grâces. L'église de São José de Macapá a été inaugurée le 6 mars 1761. Le bâtiment présente une architecture néoclassique, style directement hérité de la « compagnie de Jésus » (jésuites européens), et apprécié pour sa simplicité. Sa tour latérale et sa façade ont été remodelées au cours du temps,.

HOTEL DO FORTE €€

Avenida Beira Rio, 248

✆ +55 96 63223 2855

www.hoteldoforte.com

À partir de 300 R$ la chambre double.

L'hôtel do Forte est une bonne option dans la ville de Macapà. Cet hôtel est tout en simplicité, avec ses chambres sobres, confortables et bien tenues. Les suites standard font 20 m², les suites *executive* font 35 m² et les suites Deluxe font 50 m² et offrent une vue imprenable sur le fleuve Amazone, le plus puissant de la planète. L'accueil est des plus sympathiques et professionnel. Le petit déjeuner est copieux. Un petit coup de jeune ne ferait néanmoins pas de mal. Le groupe propose également le Forte Express, aux lignes modernes.

CANTINHO BAIANO €€

Avenida Beira-Rio, 328 ✆ +55 96 3223 4153
www.cantinhobaianoap.com.br
Ouvert midi et soir, sauf le dimanche soir. Compter entre 50 et 70 R$ par personne. Self-service le midi en semaine.

Restaurant ouvert depuis une vingtaine d'années au bord du fleuve Amazone, le Cantinho Baiano est devenu un classique de Macapà. Les poissons de la région sont, bien entendu, la spécialité de la maison, malgré le nom qui pourrait laisser penser à des références bahianaises. Le pirarucu, poisson géant à la chair délicate, et le tucunaré (perche géante d'Amazonie) sont à goûter. On pourra essayer les crevettes au bacon. La vue sur le merveilleux fleuve Amazone est superbe. Rançon du succès, le restaurant est trés fréquenté certaines périodes de la semaine.

SANTANA

La ville de Santana n'offre en soi que peu d'intérêt. Il s'agit d'une ville portuaire, à 20 km de Macapá. Néanmoins, vous pourrez vous rendre sur l'île en face de la ville. Et c'est le point de départ de la voie ferrée qui vous mène à la Serra do Navio et aussi le seul endroit où vous pourrez prendre le bateau pour un magnifique voyage à destination de Belém. Le hamac reste encore le meilleur moyen pour voyager en Amazonie, principalement en bateau. Mais il est aussi possible de louer une cabine si vous vous y prenez à temps.

LARANJAL DO JARÍ

Cette minuscule localité se trouve à 270 km au sud-ouest de Macapá, à la frontière avec le Pará. Dans les années 1960, le milliardaire américain Daniel Ludwig fit venir du Japon une usine de pâte à papier qui fut installée sur la berge du fleuve Jarí, côté Etat du Pará. Une ville-champignon sur pilotis côté Amapá abrite encore aujourd'hui une population attirée par les opportunités de travail. Comme Forlandia, cette aventure s'est soldé par un échec en 1982 mais a permis de faire connaître le lieu. Ce vaste territoire est devenu une municipalité indépendante en 1987 aux allures de bidonvilles. Un bus quotidien relie la bourgade à Macapá (12 R$).

SERRA DO NAVIO ★

Encore en exploitation en 2002, la mine de manganèse de Serra do Navio est aujourd'hui abandonnée. Ce projet américain est né dans les années 1950 et a entraîné la construction d'un chemin de fer et d'une ville organisée à l'américaine en pleine forêt amazonienne. La ville fut considérée en son temps comme une des plus futuristes du Brésil. Paradoxalement, on vient souvent à Serra do Navio pour son climat, qui, à certaines périodes de l'année, est similaire à celui d'autres régions plus froides du pays, car il est situé dans une région «»montagneuse. Le paysage de la ville et de ses environs devient une attraction pour les visiteurs.

LAGOA AZUL ★★

Accès libre

Lieu magnifique pour faire des photos tant les contrastes de couleur entre le vert de la jungle amazonienne, le bleu azur de l'eau de la « lagoa azul » et les reflets changeants se prêtent au difficile exercice de la photo de paysage. La Lagoa Azul est une excavation d'origine anthropique, faite du temps de l'exploitation du manganèse. C'est aujourd'hui un lagon de 18 mètres de profondeur rempli d'une eau limpide et bleue à la haute teneur en chlore (et ainsi sans poissons, le pH étant trop acide pour eux). On peut s'y baigner.

OBSERVATION DES OISEAUX ★★

Bon c'est sûr, ce n'est pas l'endroit le plus accessible du Brésil. Les ornithologues préfèreront se rendre dans le Pantanal. Cependant, pour ceux qui feront le choix de se rendre dans cette région ultrapériphérique du pays, l'émerveillement amazonien sera au rendez-vous. La biome amazonienne succède aux cerrados d'Amapà. La zone de transiton entre ces deux biomes renforcent la richesse de la biodiversité des lieux. Plusieurs espèces sont présentes et, en particulier, le très rare colibri couleur de feu. Contactez des guides comKurazo Okada (+55 96 9158-6848)

OIAPOQUE ★

« Ici commence le Brésil ! », dit-on à Oiapoque. Ville frontalière avec la Guyane, à 10 minutes en *catraia* (petite barque) de Saint-Georges, le bourg est à 600 km de Macapá. La petite Martinique, comme on l'appelait, a toujours été le lieu de passage des aventuriers, notamment des *garimpeiros* (orpailleurs). Aujourd'hui, on y vient pour faire son shopping à bas prix et se laisser porter par son ambiance festive. La traversée Saint-Georges - Oiapoque coûte environ 5 € (ou 15 R$). Si vous passez la nuit sur place, pensez à faire tamponner votre passeport au poste de police situé sur le pont (comptez 4 à 7 R$ la course en moto-taxi), ou dans la ville.

MUSEU KUAHÍ

160 Avenida Barão do Rio Branco
✆ +55 96 3521 3293

Ouvert lundi et du mercredi au samedi de 9h-18h, mardi dès 14h et dimanche de 9h-13h. Entrée sur donation.

Le musée Kuahí, dédié aux autochtones de l'Oiapoque, présente une intéressante collection d'objets artisanaux des peuples indigènes tels que bijoux, tamis, tissus et pirogues. Des panneaux éducatifs, malheureusement accessibles aux seules personnes pouvant lire le portugais, sont mis à disposition. Ceci étant, il est agréable d'y déambuler et de se laisser porter par les couleurs et les matières. À la sortie, une boutique à prix très raisonnables propose de nombreux colliers faits par les Amérindiens ainsi que des coupelles en calebasse.

MARRIPA TOUR

550 Rua Joaquim Caetano da Silva
✆ +55 96 35212520

L'agence Marripa Tour propose tous les services d'une agence de tourisme et de voyage. Marripa Tour assure la vente de billets de bus, de billets d'avion, de billet de bateau. L'agence peut aussi proposer des visites guidées avec un guide francophone autour d'Oiapoque. Pour ceux qui cherchent des conseils et des voyages en dehors de la région amazonienne, l'agence Marripa Tour propose également des vols internationaux, des séjours dans le sud du Brésil, à Punta Cana, des croisières en Amazonie ou dans les Caraïbes. Une valeur sûre.

CHÁCARA DU RONA €

210 Rua Getúlio Varga ✆ +55 96 3521 2334
www.chacaradurona.com

Nuit hamac (hamac inclus) et petit déjeuner 23 €, bungalow 2 personnes 45 € + 23 €/personne supplémentaire.

Rona et sa fille parlent français et savent accueillir et conseiller les clients avec le sourire. Les cinq carbets sont beaux et disposent d'une salle de bains et de sanitaires propres, les deux chambres sont spacieuses, la nourriture est excellente et copieuse. Tout au bout d'Oiapoque, c'est un endroit calme et reposant, pour venir en famille. La plage de sable aménagée permet les baignades. Les piroguiers pourront vous y conduire ainsi que les motos-taxis. Un vrai coup de cœur, très bonne adresse. De là, on vous proposera également différentes excursions.

CHALETS PARADIS (CHÁCARA DO PARAÍSO) €€

575 rua Azariaz Neto
✆ +55 96 35 21 17 61
www.chaletsparadis.com

Chalet 3 personnes autour de 300 R$. Petit déjeuner inclus.

Les chalets Paradis (*Chácara do Paraíso* en brésilien), tout de bois conçus, sont répartis sur une propriété de 4 hectares qui surplombe un joli lac. Havre de paix s'il en est, on trouve au centre de cet espace boisé verdoyant une piscine qui fait bien plaisir en fin de journée. La cuisine, locale aux saveurs guyanaises, assure le service midi et soir. Lilma propose également des excursions au saut Maripa et des visites dans les tribus amérindiennes.

HÔTEL-RESTAURANT BEIJA-FLOR €€

270 Rua Joaquim Caetano da Silva
✆ +55 96 9901 0551 - www.beijaflor-br.com

Ouvert tous les jours pour déjeuner et dîner sauf le dimanche soir et le lundi soir. Formules à partir de 40 R$.

Mets de qualité préparés avec les produits de la région : grillades de viandes braisées au charbon de bois, notamment du zébu, ainsi qu'une soupe de piranhas (servie de mi-mars à mi-octobre). Pour les desserts et côté jus de fruits, vous retrouverez un panaché de fruits locaux comme le *cupuaçu* (saveur unique pour ce fruit provenant d'un arbre proche du cacaoyer) et la fameuse caipirin ha brésilienne ! Le tout se déguste dans un cadre en bois, sur une terrasse surplombant le fleuve.

MANAUS ★★★

Avec ses 2 millions d'habitants, c'est la capitale du plus grand Etat brésilien, l'Amazonas, située au confluent du Rio Negro et du Solimões, juste avant que leurs eaux ne se mélangent et prennent définitivement le nom d'Amazone. L'Amazone a ici une largeur de plusieurs dizaines de kilomètres. La forêt est proche ; le musée indien, le théâtre, les marchés flottants, les faubourgs sur pilotis, au port de São Raimundo, permettent de passer d'agréables moments. Dans les rues, de nombreuses maisons 1900 connaissent le même sort qu'à La Havane : de superbes structures à azulejos, aux fenêtres rehaussées de demi-lunes, sont à l'abandon. D'autres sont bien conservées. La ville conserve aujourd'hui de magnifiques bâtisses telles le port flottant, le bâtiment des douanes, et surtout son Opéra où, grâce à son orchestre philharmonique, il est toujours possible d'assister à des représentations de qualité. Non loin, le marché de Manaus, style Eiffel, est aussi un véritable musée où de nombreuses échoppes exposent le travail des habitants des fleuves et celui des indigènes. A Manaus, on n'est pas dans la jungle, mais dans une grande ville. Néanmoins on peut faire des excursions d'une journée pour aller voir la forêt, sans avoir forcément besoin d'être dans un écologde isolé.

Histoire

Manaus tient son nom des Indiens manaos, qui demeuraient là, au cœur de l'Amazonie, sur la plage de Ponta-Negra. La ville fut fondée par les Portugais en 1669. Capitale du caoutchouc, elle connut son heure de prospérité au XIXe siècle, et vécut dans un faste éphémère, se dotant d'un théâtre et du premier tramway du Brésil. La population passa de 5 000 habitants en 1850 à 50 000 en 1900. En 1911, de mauvaises nouvelles arrivèrent des antipodes. En Malaisie, des hévéas étaient apparus, dont l'exploitation concurrençait celle du Brésil. Les cours chutèrent en quelques mois. Les demeures de Manaus furent abandonnées. Afin de ranimer l'intérêt pour la région, la ville fut déclarée zone franche de fiscalité en 1967. La jungle des affaires remplaça celle des Indiens, qui se retirèrent à des centaines de kilomètres. Aujourd'hui, la zone franche bat de l'aile, et le gouverneur, Amazonia Mendes, compte sur le tourisme, le « troisième cycle ». Avec un tel prénom, il devrait être mieux disposé à préserver la forêt que le gouverneur précédent, Mestrinho, pour qui il fallait « abattre tous ces arbres avant que les vers ne s'y mettent… ».

ALFANDEGA ★★

Rua Marquês de Santa Cruz
✆ +55 92 3622 3025
L'intérieur du bâtiment ne se visite pas.

Lorsqu'on arrive à Manaus par voie fluviale, un bâtiment attire forcément le regard du voyageur sur les berges du fleuve, c'est le bâtiment des douanes ou Predio da Alfandegà. Ce bâtiment, de style éclectique avec des éléments mauresques et médiévaux de la Renaissance, a été construit par les Anglais avec des matériaux importés de Liverpool. Les blocs de briques exposés et pré-assemblés ont été transportés dans les cales des navires jusqu'à Manaus. Il a été inauguré à Manaus en 1906 par le président de la république d'alors, Afonso Penna.

BOSQUE DA CIÊNCIA ★★

Avenida Otávio Cabral, s/n ✆ +55 92 3643 3192
bosque.inpa.gov.br
Ouvert de 8h à midi et de 14h à 17h du mardi au vendredi et de 9h à 16h le samedi et dimanche. Compter 5 R$.

Si l'Institut national des recherches amazoniennes (INPA) est réservé aux scientifiques, il côtoie un merveilleux parc, le Bosque da Ciencia qui a été développé pour les besoins pédagogiques des écoliers brésiliens désireux d'établir le contact avec la forêt tropicale. Trois bassins abritent plusieurs spécimens de *peixe boi* (lamantins) qui montent et descendent au rythme de leur respiration.

Loutres et macaques évoluent sous l'œil d'aras en liberté. La promenade s'enfonce dans une réplique de la jungle amazonienne. Le touriste sera guidé par un étudiant.

LARGO DE SÃO SEBASTIÃO ★

Manaus est une vaste métropole, isolée dans les confins amazoniens. Son centre est en partie sorti de terre en fin de XIXe siècle. Tirant son nom de l'église qui la borde, cette place publique est l'un des cœurs battant de Manaus. En son centre se trouve le Teatro Amazonas et tout autour s'alignent hôtels, restaurants, terrasses de bar, vendeurs de glaces, boutiques et galeries d'artisanat. C'est le lieu de rencontre des jeunes et des moins jeunes, des voyageurs et des locaux. Des concerts sont fréquemment tenus sur la place.

© GUENTERMANAUS - SHUTTERSTOCK.COM

Marché de la banane à Manaus.

IGREJA SÃO SEBASTIÃO ✝ ★

Rua Tapajós, 54
✆ +55 92 32324572
Ouvert de 6h à 20h environ, tous les jours. Visite libre.

Comme l'immeuble des douanes, l'église São Sebastiao est intéressante par son histoire assez particulière. Elle fut livrée en kit : préconstruite en Europe, démontée puis remontée à Manaus. Assez laide, sauf une coupole de style étrangement byzantin. Elle n'a qu'une tour. Des légendes locales circulent quant à l'absence d'une deuxième tour, comme dans toutes les églises brésiliennes. L'autre tour est, selon les sources, au fond de l'Atlantique, avec le bateau naufragé, ou n'a pas été commandée, pour éviter une taxe du Vatican.

MERCADO MUNICIPAL ADOLFO LISBOA ★★

Rua dos Bares, 46
De 6h à 17h.

Après sept ans de travaux, le bâtiment historique a retrouvé sa splendeur. Édifié en 1882, son architecture est éclectique. Les halles métalliques sont venues entièrement d'Écosse, tandis que la façade ressemble à celles des bâtiments italiens du XIXe siècle. Une section est dédiée aux viandes et poissons, l'autre aux fruits, légumes et épices, tandis que dans la partie centrale du marché on trouve un peu de tout, souvenirs bon marché, accessoires de mode et maroquinerie.

MUSEU DO HOMEM DO NORTE ★

Praça Pereira da Silva ✆ +55 92 2125 5323
Ouvert du lundi au vendredi de 8h à 17h. Entrée libre.

L'anthropologie amazonienne est riche à plus d'un titre. Les cultures amérindiennes et caboclas racontent un pan de l'histoire de la région. Ce : musée est peut-être plus intéressant que le musée de l'Indien. Des pots de curare, des sarbacanes Makus de 3 m avec leurs petites flèches. Des hamacs en fil de buruti ou de tucum, bordés comme de la dentelle, assez rêches, mais ils furent les premiers. De jolies coiffes de plumes Txukahamaes. Des bancs de bois pour cérémonials ou réservés aux chefs. Des dessins d'Andrade, qui ont dû voir passer Hugo Pratt.

MUSEU DO INDIO ★

Rua Duque de Caxias, 356
✆ +55 92 3635 1922
Ouvert du lundi au vendredi de 8h30 à 11h30 et de 13h à 16h30 et le samedi de 8h30 à 11h30. 10 R$.

On y trouve de belles parures, faites par les Tukanos. Des balançoires, des flûtes de Pan, des flûtes de 2 m, des hamacs. Sont exposés de belles céramiques banwas et tukanos, des paniers de paille yanomanis, un sac à main en carapace de tatou. Des masques funéraires du rio Cariari entourent un cercueil où l'on a placé un bol de manioc. Le plus insolite tient en deux bouts de bois. L'un, circulaire, roulé entre les mains, planté dans l'autre, qui présente un petit foyer noir. Des gens ont fait du feu avec ça, il n'y a pas si longtemps. Ce sont les Yanomanis.

AMAZONIE

TEATRO AMAZONAS - OPÉRA ★★★

Avenida Eduardo Ribeiro, 659
✆ +55 92 36222420
Ouvert du lundi au samedi de 9h à 17h et lors des spectacles, visite guidée, 15 R$.

Le théâtre fut construit en quatre ans, et terminé avec difficulté le 31 décembre 1896, comme symbole de la splendeur de la ville pendant le cycle du caoutchouc. La première représentation y est donnée une semaine plus tard, il s'agit de l'œuvre d'opéra de l'italien Amilcare Ponchielli *La Gioconda*.

Les troupes, comme les ballets russes, venaient directement du Vieux Monde, sans même passer par Rio. Après le krach de 1929, le théâtre, à l'abandon, n'ouvrait plus ses portes que pour les fêtes des écoles. Il a été restauré à l'identique en 1974 et 1990. Tout est d'origine, sauf le velours des 701 sièges, et la scène – certains artistes, comme l'immense Enrico Caruso, auraient parait-il brûlé les planches (même si ce fait n'est pas avéré)... Un leitmotiv revient, dans la mosaïque blanche et noire du parvis, dans les parquets clairs et sombres, dans les deux hommes qui entourent la déesse Lara du rideau de scène : le Solimões aux eaux beiges rencontre le Rio Negro aux eaux sombres à Manaus et forment l'Amazone. Ce rideau est l'œuvre d'un Brésilien, Crespim do Amaral, qui l'exécuta dans les ateliers de la maison Cairpeson à Paris, ainsi que les peintures du plafond, qui représentent... la tour Eiffel vue d'en bas. Entre les colonnades, c'est plus académique : l'art pompier célèbre les muses ainsi que le compositeur Antônio Carlos Gomes, auteur du premier opéra brésilien *Il Guarany*, et accueilli en triomphe par la ville et ses habitants pour les derniers mois de sa vie, après des années passées entre le Brésil et l'Italie. Les peintures de la superbe salle de bal ont été faites en Italie. Son plancher est une marqueterie de 12 000 pièces. Le marbre des colonnes au soutènement de fer anglais vient de Carrare ; les lustres sont vénitiens. Les masques qui président l'assemblée, au-dessus des colonnes, sont la contribution des familles aisées qui possédaient en contrepartie une loge privée. L'expert Belisário Arce indique que les carreaux de mosaïque de la coupole venaient d'Alsace. Ils ont été remplacés en 1984 par d'autres, moins lumineux, qui ont conservé le dessin original, inspiré du drapeau brésilien.

Les pavés de la cour qui entourent le théâtre étaient à l'origine en caoutchouc, pour que le bruit des pas ne gêne pas les représentations. Ce parvis est par ailleurs le décor de la scène d'ouverture du film de Werner Herzog, *Fitzcarraldo*, dans lequel Klaus Kinski campe avec démesure le rôle d'un baron du caoutchouc fou d'opéra désireux de construire un édifice d'une splendeur comparable près d'Iquitos, au Pérou, pour y faire venir Caruso.

PARQUE CULTURAL PONTA NEGRA ★

À côté de l'hôtel Tropical
Visite libre.

C'est ici que la Fifa FanFest s'est installée en juin 2014 lors de la Coupe du monde de foot. Auparavant, des travaux de restauration ont eu lieu et le parc a gagné des belvédères, une place avec une fontaine, un théâtre ouvert et un miroir d'eau. En dehors des jours où la foule se rassemblait pour assister aux matchs de foot, le parc est une jolie plage calme. L'eau du Rio Negro est noirâtre, mais pure. Dans les environs, on pourra également se doucher sous les cascades.

PRAÇA DA MATRIZ ★

La place de la Matriz (de son nom officiel place XV de Novembro) porte les marques d'un passé qui est encore très présent aujourd'hui dans le centre historique de Manaus. Les liens de la place de la « matriz » avec l'histoire de la capitale de l'Amazonas a commencé en 1695. Peu après la fondation de la ville de Manaus, la chapelle Nossa Senhora da Conceição – la « matriz » – a débuté par les missionnaires carmélites. Sur la place, l'horloge est vieille de 300 ans. Un grand escalier sinueux monte vers la cathédrale à moitié cachée par de grands arbres.

CATEDRAL METROPOLITANA DE MANAUS ✞ ★

Praça da Matriz

Ce sont des missionnaires carmélites qui érigèrent ici un premier temple fragile en 1695, qui sera plus tard agrandi avant de partir en fumée lors de l'incendie de 1850. Une nouvelle église est construite juste après, à partir de matériaux importés d'Europe, principalement du Portugal (c'est le cas des six cloches, de la chapelle et des trois autels), dans un style grec, qu'on inaugure en 1878. Élevée au rang de cathédrale en 1946, c'est l'église-mère de la ville.

RIO NEGRO ET RIO SOLIMÕES - ENCONTRO DAS AGUAS ★

Billets à prendre avec les agences de tourisme. Compter à partir de 150 R$. Départs du port de Manaus et hôtel Tropical.

L'Amazonie et son fleuve-roi, l'Amazone, exercent une véritable fascination chez une grande partie de la population de la planète. Le poumon vert de la planète et son artère vitale, le fleuve Amazone, sont, il est vrai, très impactés par le changement climatique. Un phénomène hydrologique majeur de la planète attire chaque année des milliers de touristes intrigués par cette particularité physico-chimique. A 12 km de Manaus, les eaux blanches du Rio Solimões rencontrent les eaux noires du Rio Negro, et coulent trois fois plus vite avant de former l'Amazone ; les deux eaux ne se mélangeront pas avant des kilomètres, courant côte à côte.

Le Rio Negro prend sa source en Colombie sous le nom Guania et court vers le sud-est jusqu'à rejoindre le Solimões (l'Amazone) formant le fameux phénomène de la « rencontre des eaux » (*encontro das aguas*). Devant Manaus, les deux fleuves cheminent côte à côte sur 6 km sans se mélanger. En fait, le Rio Negro est une grande et large rivière aux eaux sombres et acides du fait de sa formation géologique ancienne qui détermine sa biologie particulière. Il est bordé par de longues plages de sable blanc, contrastant avec la verdure de la jungle. De telles conditions attirent l'attention de ceux qui cherchent à comprendre l'origine du continent, ainsi que l'adaptation spectaculaire de la vie sauvage. Le long de son cours, on peut relever : le majestueux archipel des Anavilhanas, le parc national de Jaú, Baependi, etc.

HELICONIA AMAZÔNIA TURISMO

250 Rua Lauro Cavalcante
✆ + 55 92 991 442 406
www.voyage-amazonie.com
Pour croisière privée (base 4 pax), environ 120 €/j/pax en hamac, 140 € en cabine. guide, activités, pension complète

© HELICONIA AMAZÔNIA TURISMO

L'agence Heliconia Amazônia Turismo est tenue par Olivier et Rémy, deux Français qui connaissent parfaitement cette région. Les séjours au cœur de la forêt amazonienne, de trois à dix jours, sont faits sur mesure et sont exclusifs. Croisière à bord d'un bateau régional (hamac ou cabine), séjour chez l'habitant avec logement dans une maison typique d'Amazonie et repas chez les *caboclos*, ou séjour en lodges, qui permettent d'avoir un pied-à-terre confortable au cœur de la jungle.

ZOOLÓGICO DO CIGS ★

Estrada da Ponta Negra
✆ +55 92 3625 1966
Du mardi au vendredi de 9h à 17h, samedi et dimanche de 9h à 18h. Entrée : 5 R$.

L'attraction se trouve dans le Centro de Instrução de Guerra na Selva (CIGS) de l'armée brésilienne. Pour le Petit Futé, le propos n'est pas de faire ici la promotion de ce centre d'instruction, mais celui du jardin zoologique qu'il administre. Ces centres *ex situ* dédiés à sauvegarde des espaces protégés récupèrent des animaux braconnés et/ou blessés et les soignent. Jaguars, singes, tapirs, serpents, perroquets et d'autres animaux de la région restent dans cette zone verte étendue en attendant d'être relâchés ou restent si le retour n'est pas envisageable..

AMAZON EXPLORERS

Rua Recife
✆ +55 92 2123 4777
https://amazonexplorers.tur.br/
En semaine de 8h à 18h, samedi de 8h à 12h.

Amazon Explorers est une agence qui a choisi un nom qui correspond à l'esprit pionnier de ses fondateurs dans les années 60. A cette époque, le tourisme amazonien se résumait à des circuits de pêche et des croisières sur les fleuves amazoniens. L'agence a su développer un tourisme qui permet de découvrir les merveilles naturelles d'Amazonie, en respectant les populations et l'environnement. Pour admirer la rencontre des eaux, se promener dans la région, réserver vos croisières ou simplement faire le tour de la ville. Une des agences les plus anciennes de Manaus.

VIVERDE

Rua das Guariúbas, 47
✆ +55 92 3248 9988
www.viverde.com.br

Du lundi au vendredi de 9h à 17h. Infos sur le site Internet. Compter 200 R$ pour l'excursion « Safari Amazônico ».

L'agence de tourisme Viverde est une agence spécialisée dans le tourisme de l'Etat de l'Amazonas. Les prestations sont bien rodées et de qualité. On peut faire des visites de la ville de Manaus et ses environs. L'agence propose des séjours en Amazonie au plus prés de la nature, en forêt, en hôtels ou en lodge. Excursions en bateau, réservation de écolodges, city tours... Vous pouvez réserver avec Viverde les billets pour les bateaux de croisière avec visites guidées Amazon Clipper, Katerre, Iberostar Grand Amazon et Tucano late. Offre complète !

AMAZON TUPANA LODGE

km 178, BR 319, rive gauche, Rio Tupana
✆ +55 92 99221 5499
www.amazontupana.com

offre par personne l'offre de deux nuits à voir sur site, transport depuis Manaus, excursions et repas inclus

C'est un hôtel du type écolodge de taille moyenne, totalement intégré dans la nature et construit avec les mêmes matières premières que celles utilisées par les locaux. Style rustique et charmant, sans luxe, mais sans perdre en confort. Trois types de chambre sont disponibles : la standard avec salle de bain privée, ventilateur ; la supérieure avec terrasse privative, face à la rivière Tupana ; le bungalow, face à la forêt. « pacotes » de 2, 3, 4 ou 5 nuits. Excursions en forêt et différentes promenades avec guides bilingues portugais - anglais ou espagnol.

IBEROSTAR GRAND AMAZON

www.thegrandcollection.com

Croisières de 3, 4 et 7 nuits. Tarif par nuit et par personne sur site, pension complète et visites guidées incluses.

Iberostar apporte le luxe des grandes croisières en Amazonie. Cet immense bateau compte 72 cabines doubles de 23 m² avec salle de bains, balcon, climatisation, sèche-cheveux, télévision et coffre-fort, deux suites luxe, deux restaurants, salons de bal et de jeux, *lounge*, *fitness center*, bain à hydromassage, piscine, solarium et bibliothèque. Trois itinéraires de 3, 4 ou 7 nuits sont proposés sur les fleuves Amazone, Solimões et Negro. Toutes les options proposent excursions en forêt, balades d'observation de la faune et de la flore et diverses activités.

AMAZON CLIPPER CRUISES

✆ +55 92 3656 1246 - www.amazonclipper.com.br

tarif à établir auprès de l'agence. Le tarif inclut le logement, les repas hors boissons et les visites guidées.

Cette agence propose plusieurs sortes d'excursions au départ de Manaus.Croisières sur les bateaux Clipper Cruise traditionnel et premium, ou croisière privée selon les thématiques proposées : expédition botanique, Parintins et son carnaval, pêche sportive, croisière de luxe...

Les bateaux de croisière sont :

- **Amazon Clipper tradicional.** Ce bateau de 20 mètres de large pouvant recevoir jusqu'à 16 passagers navigue régulièrement sur le fleuve Amazone et le Rio Negro. Il possède huit cabines climatisées de 6 x 8,75 m² avec lits individuels superposés et salle de bains, un bar-restaurant et un solarium. En plus du capitaine, des deux matelots et du cuisinier, un guide accompagne l'excursion qui débute à Manaus.
- **Amazon Clipper Premium et Otter.** Ces deux bateaux sont la version luxe du Clipper Cruise et proposent plus de confort à leurs passagers. Les cabines sont plus grandes (14 x 15,75 m²), plus accueillantes et possèdent des lits doubles. Côté détente, ils sont équipés en plus d'un bain à hydromassage et de douches L'équipage du Premium compte en plus du capitaine, trois marins, deux cuisiniers, un serveur, deux femmes de chambre et deux guides.

Les principales croisières proposées sont :

- **Route Rio Amazonas.** Excursion de 2 nuits, départ le lundi. L'aventure sur le fleuve Amazone commence par des explications et une vidéo sur la région. Après le dîner, une promenade nocturne à la rencontre des caïmans est possible grâce à l'utilisation de puissantes lampes de poches. Au programme du deuxième jour, une balade en canoë ouvre l'appétit, puis des promenades en forêt permettent une rencontre avec les locaux. Pour finir la journée, pêche au *piran ha* et observation de la faune nocturne et des étoiles en canoë. Le troisième et dernier jour, les promenades d'observation de la faune et de la flore se poursuivent au Parque Ecológico Janauary. De retour sur le Clipper Cruise, on pourra observer la rencontre du fleuve Amazone avec les eaux sombres du Rio Negro. Retour au port de Manaus.
- **Route Rio Negro.** Excursion de 3 nuits, départ le mercredi. L'excursion sur le Rio Negro est un peu plus longue que celle sur l'Amazone, mais suit le même programme d'observation de la faune et de la flore en forêt, de pêche au *piran ha* et de balades en canoë. Cette route vous permettra de découvrir en plus l'archipel d'Anavilhanas, l'un des plus grands au monde, et vous pourrez vous baigner sur une plage de sable blanc au bord du Rio Negro. La visite du Parque Ecológico Janauary et la rencontre des eaux de l'Amazone et du Rio Negro sont aussi au programme.

CRISTALINO JUNGLE LODGE

Alto Floresta, Mato Grosso
✆ +55 66 3521 1396
www.cristalinolodge.com.br

Voir prix sur site. Pension complète, transport depuis Manaus et activités comprises dans le tarif journalier.

Situé dans la région de Cristalino, une magnifique réserve du patrimoine du sud de l'Amazonie brésilienne et connue pour son immense biodiversité (184 900 hectares), le lodge se trouve à proximité des eaux limpides et tranquilles du fleuve qui vous offrent une immersion dans la richesse de la flore et de la faune. Le Cristalino Jungle Lodge possède une réserve particulière de plus de 7 000 hectares à partir de laquelle on découvre la beauté de la région. Ecotourisme, observation des oiseaux et des papillons sont les trois principales thématiques proposées par l'équipe du Lodge. Chacune de ces thématiques déclinant tout ou partie des activités suivantes : randonnée, observation depuis la canopée, baignade dans les rapides, camping, canoë, rappel... Respectant totalement l'environnement, l'élégant lodge dispose de luxueux appartements répartis en trois catégories : appartements standards et supérieurs et bungalows. Au lodge, vous profiterez d'une bibliothèque, d'un sublime deck flottant posé sur le fleuve Cristalino qui est propice à une sortie en canoë. Les repas, délicieux, vous seront servis dans un espace rustique. Le restaurant fait la part belle aux plats locaux et, à la nuit tombée, vous apprécierez l'ambiance conviviale qu'animent de multiples bougies. Le Cristalino Jungle Lodge soutient la Fondation Ecologica Cristalino dans ses projets d'éducation et de recherche pour cette région. Un tourisme responsable, un personnel chaleureux, des guides professionnels de qualité et un grand confort sont les atouts de ce lodge.

MALOCAS JUNGLE LODGE

À 140 km de Manaus
✆ +55 92 3648 0119
www.malocas.com

Possibilité d'organiser un séjour de survie dans la jungle. À partir de 950 R$ le couple (une nuit), voir site internet.

Tenu par un couple franco-brésilien, il est installé sur les rives du Rio Preto da Eva, un affluent de l'Amazone, dont les eaux acides empêchent la prolifération des moustiques, et il est constitué d'un ensemble de *malocas* (habitations indigènes qui hébergent traditionnellement une ou plusieurs familles). De nombreux services sont disponibles : réception et bar, restaurant self (chaque jour un poisson amazonien différent aux saveurs locales). L'hébergement est rustique, mais l'accueil est excellent. Il s'agit d'une véritable immersion dans la forêt amazonienne.

EXPEDIÇÃO KATERRE

Rua São Domingos, 03 - Nossa Senhora Auxiliadora Novo Airão ✆ +55 92 3365 1644
www.katerre.com

Tarif à négocier sur site (4 jours, tout compris). Réservations directement sur le site de Katerre ou avec Viverde.

Expediçao Katerre se positionne sur un créneau résolument environnemental. Pour chacune de ses prestations, Katerre minimise l'empreinte écologique et environnementale et maximalise la durabilité et l'interaction positive avec les communautés locales souvent amérindiennes. Les circuits ont été constitués au fil du temps et les choix intègrent les sites naturels, fluviaux, archéologiques de grand intérêt. C'est bien la nature sauvage qui est au cœur du concept, mais aussi les hommes qui y vivent qui sont les cœurs de tous les circuits proposés. Katerre propose six croisières allant de 4 à 8 jours avec départs réguliers toute l'année ou privatives selon les demandes du client. La compagnie s'adresse à un public soucieux de l'environnement et des populations locales, car elle utilise des bateaux moins polluants et bruyants que la concurrence, et elle travaille avec des groupes de 16 personnes maximum. Les excursions vont vers l'Amazonie occidentale et naviguent sur le bassin du Rio Negro : archipel de Anavilhanas, Parc Nacional de Jau, Mariua... Les itinéraires détaillés ainsi que les dates de départ sont disponibles sur leur site web.

Les Bateaux sont les suivants :

- **Awapé.** Bateau à deux étages pour une capacité jusqu'à 8 passagers. Trois cabines, dont une double et deux quadruples avec salle de bains privée et climatisation, un solarium et aire de repas avec tables.
- **Jacaré-Açu.** Plus grand et luxueux, ce charmant bateau reçoit jusqu'à 16 passagers. Zone de loisirs et privative avec 8 cabines doubles climatisées.

AEROPORTO INTERNACIONAL EDUARDO GOMES

Avenida Santos Dumont, 1350
✆ +55 96 3652 1210
www.infraero.gov.br

De nombreuses destinations nationales et internationales, néanmoins prix des billets assez élevés.

- **Compagnies aériennes :** Latam, GOL et Azul (vols nationaux) et encore Copa Airlines (Colombie, Venezuela, Équateur, Amérique centrale, Caraïbes), American Airlines et TAP Portugual.
- **Services :** restauration, boutiques, banques, loueurs de véhicule.
- **Pour y accéder :** prendre un taxi ou un bus Aéroporto au carrefour des rues Ferreira Pena et Léonardo Malcher, 40 minutes de trajet, 3 R$.

JUMA AMAZON LODGE

À 100 km au sud-est de Manaus.
© +55 92 3232 2707
www.jumalodge.com.br
À partir de 3 300 R$ par couple le séjour d'une nuit, 4 700 R$ le séjour de deux nuits pour deux personnes. Tout inclus.

L'Amazonie n'est pas avare de lieux magiques. Un des problèmes majeurs lorsqu'on part à l'aventure dans cette *terra incognita*, c'est bien sûr la distance. L'éloignement de certains lieux oblige à prendre l'avion ou à prendre son temps et ce n'est pas toujours possible. Alors, si vous rêvez d'un séjour rare dans la forêt amazonienne proche de Manaus, voici une adresse dans un cadre parfaitement préservé, à 100 kilomètres au sud-est de Manaus. Ce lieu magique est accessible après 3 heures de bateau et van. Les moins aventuriers pourront y accéder par hydravion en 25 minutes (non inclus). Le Juma Lodge propose 8 chalets avec vue sur la forêt et 12 chalets avec vue sur le lac construits dans les arbres (à 15 mètres au-dessus de l'eau en saison sèche), ce qui donne aux hôtes la tranquillité d'un site privé. Le lodge est totalement intégré dans la forêt, offrant une véritable expérience amazonienne. Les chambres sont équipées de salle de bains, ventilateur et véranda. Le restaurant est également sur pilotis avec vue sur le lac. L'équipe organise excursions et balades, toujours en petits groupes afin de personnaliser la thématique : comment observer la faune nocturne ? Apercevoir le *boto cor de rosa* (dauphin rose), pêcher, admirer le lever ou le coucher du soleil, aller à la rencontre des eaux entre l'obscur Rio Negro et le clair Rio Solimões qui forment le fleuve Amazone. Vous pourrez même vous y baigner accompagné d'un guide ! Egalement possibilité d'une expérience de survie en forêt amazonienne. Bel endroit !

PORTO DE MANAUS

Rua Taqueirinha, 25 © +55 92 2123 4350
www.portodemanaus.com.br
départs et arrivées ponctuels, en fonction des navires.Pour les voyages dans la région voir directement avec les agences

On ne peut aller à Manaus sans aller observer là où bat le coeur économique de la ville. Cette zone franche est connectée au reste du monde par le fleuve, les cargos et son port. Construit par des Anglais en 1902, le port est mobile verticalement, pour accompagner les grandes différences de niveau des eaux – 10 m – suivant les saisons. Le record date de 1953, lorsque l'Amazone était à 29,70 m au-dessus du niveau de la mer. C'est un grand port pouvant recevoir jusqu'à sept navires lors des crues du Rio Negro. Départs pour Belém, Parintins et Santarém, entre autres.

10 DE JULHO €

Rua 10 de Julho, 679
© +55 92 3232 6280
www.hoteldezdejulho.com
A partir de 100 R$ la double, sans toilettes.

C'est un hôtel très simple et d'un bon rapport qualité-prix. La localisation est on ne peut plus centrale. L'hôtel 10 de Julho est situé à quelques pâtés de maisons du plus célèbre monument de Manaus, l'opéra de la ville, construit au XIXe siècle. On est également proche du grand palais du Rio Negro et du musée de l'indien. L'hôtel propose 60 chambres avec air conditionné, salle de bains privative, TV. Elles sont lumineuses et assez propres. L'établissement propose aussi des chambres collectives pour trois personnes. Bien pour les petits budgets.

HOTEL CASA TEATRO €€

Rua 10 de julho, 632
© +55 92 3633 8381
www.casateatro.com.br
Suite à partir de 280 R$. Petit déjeuner inclus.

L'hôtel Casa Teatro est un boutique-hôtel, un lieu très design, décoré avec des œuvres d'art et équipé d'installations de qualité. Il propose deux catégories de chambres : celles sans salle de bains sont destinées à deux personnes et possèdent deux lits superposés, chacun avec sa télévision individuelle et un coffre. Les suites possèdent un lit double et une salle de bains privative à l'intérieur. La localisation est trés centrale. Le théâtre Amazonas est juste à côté et peut d'ailleurs être apprécié depuis de la terrasse au dernier étage.

HOTEL SAINT PAUL €€

Rua Ramos Ferreira, 1115
© +55 92 2101 3800
www.hotelsaintpaul.tur.br
À partir de 190 R$ la chambre double.

L'Hotel Saint Paul, du groupe hôtelier Manaus Hotéis, apparaît comme une des meilleures options hôtelières de Manaus. Idéalement situé à proximité de l'opéra de la ville, du Largo São Sebastião et proche du fleuve Amazone, l'Hotel Saint Paul propose 66 chambres larges et confortables qui disposent d'air conditionné, d'un écran 32 pouces et de confortables fauteuils. L'hôtel propose également un restaurant, une salle de sport et une piscine. Le professionnalisme du personnel et le rapport qualité/prix font du Saint Paul un établissement très recommandé à Manaus.

POUSADA CHEZ LES ROIS €€

Travessa dos Cristais,1
✆ +55 92 3584 3549
www.chezlesrois.com.br
Compter 110 R$ la chambre double, petit déjeuner inclus.

La pousada « Chez les Rois » est située dans une maison arborée à environ 5 min du centre de Manaus, dans un quartier proposant de nombreux restaurants, bars, banques et centres commerciaux. On se croirait presque à la campagne. Le lieu est accueillant, avec de jolis parquets en bois et sa façade jaune. On a l'impression d'être dans une maison de famille. Les chambres sont assez simples, mais toutes confortables et équipées de frigo-bar, TV câblée, air conditionné. Piscine et accès Internet. Pousada conviviale et tranquille.

HOTEL VILLA AMAZÔNIA €€€

Rua 10 de Julho, 315
✆ +55 92 3347 7829
villaamazonia.com
A partir de 840 R$ la chambre double.

Le Villa Amazônia est un véritable petit bijou qui a ouvert ses portes en 2016, abritant derrière sa somptueuse façade coloniale jaune et blanche la vaste salle de réception et l'élégant bar au rez-de-chaussée. Chaque élément du mobilier et de la déco des espaces communs a été finement sélectionné, tandis que les 30 chambres dans le bâtiment arrière se veulent plus modernes et sont équipées d'une literie confortable. Excellent petit déjeuner et équipe de service à l'écoute, le Villa Amazônia est un hôtel de luxe qui conviendra aux voyageurs exigeants.

TROPICAL €€€

Avenida Cel. Teixeira, 1320
✆ +55 92 2123 5000
www.tropicalmanaus.com.br
À partir de 285 R$ la double en basse saison.

Le luxe, une présentation enchanteresse et un service très pro ; tout est féerique. Le palais se fond dans les arbres et surplombe la plage. On est pris en charge par les réceptionnistes ; on peut apprendre le nom des plantes et des oiseaux dans les jardins, avoir accès au tennis, à une bibliothèque, à deux restaurants. Fontaines et meubles anciens jalonnent les couloirs.

Les chambres de 35 m² sont sur des tons acajou foncé, bois de jacarandá ; des lithographies originales de Margareth Mee, qui a dessiné nombre d'espèces d'orchidées de la région, ornent les murs.

KILOZITO €

Rua Ramos Ferreira, 1945
✆ +55 92 3622 6017
Du lundi au samedi de 10h30 à 15h. Buffet : autour de 50 R$/kilo.

Vous l'aurez compris maintenant que vous êtes expert.e en terminologies brésiliennes, le Kilizito est une adresse qui propose buffet et plat « au kilo ». C'est une bonne adresse pour manger varié à petit prix et déguster la cuisine régionale. L'ensemble est simple et de qualité. Les amateurs de viande y trouveront les classiques churrascos, mais c'est surtout les poissons régionaux qui se distinguent et qu'affectionnent les Manauenses (habitants de Manaus). Le pirarucu à la sauce de capuaçu a été récompensé par une médaille d'or au Festival Brasil Sabor.

TAMBAQUI DE BANDA €

Av. Tancredo Neves, 9
✆ +55 92 3622 8162
Ouvert tous les jours de 11h à 23h.

Le Tambaqui de Banda est une institution à Manaus. C'est une adresse locale très prisée des touristes, mais également des habitants de Manaus. On s'assoit et on boit un jus de fruits ou on mange en terrasse, face au majestueux Théâtre Amazonas. On y sert de généreuses portions de poisson pour des tarifs on ne peut plus corrects. Le *tambaqui*, grand poisson de l'Amazonie, est ici la vedette, servi grillé. A l'étage, rafraîchi par la climatisation, on peut se sustenter en admirant l'exposition permanente d'œuvres de l'artiste-peintre local Rui Machado.

PEIXARIA MORONGUETA €€

Rua Jaith Chaves, 30
✆ +55 92 36153362
Ouvert tous les jours de 11h à 20h. A 25 km du centre de Manaus. Poissons à partir 100 R$ pour deux personnes.

Ici, comme le nom du restaurant l'indique (peixeria signifiant poissonnerie en portugais) on entre dans un établissement totalement dédié aux poissons. Le nom signifie en langue locale « parler des bonnes choses ». Et il est vrai que les bonnes choses ne manquent pas. Sur la carte, on trouve une grande variété de poissons amazoniens, dans un charmant petit restaurant d'où l'on voit la rencontre des fleuves, accommodés en *moqueca* bahianaise, grillés à la banane ou *tucupi*. On peut observer le fleuve et les barges qui s'y hâtent lentement.

WAKU SESE €€

Rua Rio Purus, 260A
+55 92 3584 4643
www.wakusese.com.br
Tous les jours de 11h30 à minuit (à partir de 15h le dimanche). Plats à partir de 30 R$.

Le Waku Sese est un café-restaurant spécialisé à la base dans l'açai glacé. Dans les années 90, le fruit amazonien açai a vu ses vertus nutritionnelles être reconnues au-delà des frontières de sa région d'origine. A partir des années 2000, c'est l'açai glacé qui va partir à la conquête du pays. Le Waku Sese propose de très bonnes préparations d'açai, mais également de buriti. C'est également une très bonne option pour manger de la nourriture *manauense* typique et savoureuse comme le traditionnel *tacacà* amazonien, ou du fromage fondu au tapioca. Menu varié.

CAXIRI €€€

Rua 10 de Julho, 495
+55 92 3304 8700
De mardi à samedi de 12h à 15h et de 19h à 23h, dimanche de 12h à 17h, fermé le lundi. Comptez 150 R$/pers avec le vin.

Donnant sur le Théatre, c'est à l'étage d'une ancienne bâtisse que se trouve la salle de service de l'excellent Caxiri, un restaurant de gastronomie brésilienne avec un inventif chef de São Paulo en cuisine. De l'entrée au dessert, on y déguste de très bonnes préparations aux influences amazoniennes, élégamment présentées, avec en vedette un poisson local, le *pirarucu*. Belle carte des vins, souci du détail, produits de haute qualité et service sympathique. Peut-être l'une des meilleures tables de la ville, qui vaut tout de même son pesant d'or.

FITZ CARRALDO €€€

Rua 10 de Julho, 315
+55 92 3347 7832
villaamazonia.com/pt/bistro
Ouvert tous les jours, matin, midi et soir. 40-60 R$ le plat principal.

Ce restaurant reprend le titre d'un film célèbre de Werner Herzog qui se passe en Amazonie. Ouvert en 2016 en même temps que le très beau boutique-hôtel qui l'héberge – la Villa Amazônia –, le Fitz Carraldo propose dans un cadre moderne et élégant des plats d'influences internationales mâtinées d'une touche amazonienne. Entrées bien présentées et fraîches, poissons ou poulet en plat de résistance – à moins qu'on ne leur préfère l'excellent burger maison – à accompagner de vins sud-américains, desserts copieux. Tarifs européens.

BAR DO ARMANDO

Rua 10 de Julho, 593
+55 92 3232 1195
Du mardi au samedi de 10h à 1h, dimanche de 17h à minuit.

Le Bar do Armando est un lieu on ne peut plus traditionnel de Manaus, comme on les aime. Cet établissement simple, à la devanture rouge, accueille touristes et locaux sur ses traditionnelles tables et chaises en plastique rouge. A l'intérieur, la décoration est... éclectique. Figures carnavalesques que l'on croirait débarquées d'Olinda, drapeaux de nombreux pays... Situé à côté du théâtre, l'ambiance est animée en fin de journée. En plus des bières, les clients et touristes de passage demandent le sandwich porc au citron. Musique certains soirs.

CASA DO GUARANA SATERÊ

Rua Marcílio Dias, 257
+55 92 3233 8113
Du lundi au samedi de 7h30 à 19h (samedi jusqu'à 17h). À partir de 5 R$ le verre de guarana.

Outre l'açai, un autre produit naturel issu d'Amazonie a conquis le monde par ses vertus énergisantes, tant sous forme d'aliments que de cosmétiques. Le guaranà est un arbuste dont les graines ont un effet stimulant ou énergisant. Une boisson industrielle brésilienne le commercialise mais ici, ce sont bien des boissons à base de guaranà naturel qui sont proposées. La Casa do Guarana Saterê est une petite boutique spécialisée dans les boissons à base de guarana. Plus de 20 types et mélanges à essayer : noix du brésil, cacahuète, fruits variés, avoine…

TEATRO AMAZONAS - OPÉRA

Avenida Eduardo Ribeiro, 659
+55 92 36222420
Visites guidées du mardi au samedi de 9h à 17h, 15 R$. Pour le festival, prix très variés.

C'est l'opéra mythique de la ville, inauguré en 1896. Ce lieu a été construit pendant la période faste du cycle du caoutchouc, à la fin du XIXe siècle, qui a généré un véritable boom économique dans la région. L'opéra a été conçu selon les standards européens d'alors. Une partie de la décoration et de la structure ont été construites en Europe et amenées par voie maritime. Y résident un orchestre philharmonique, un chœur, une compagnie de danse. Spectacles à des prix très abordables, voire gratuits. Le Festival Amazonas de Opera (FAO) s'y tient en avril-mai.

PRESIDENTE FIGUEIREDO ★

La ville de Presidente Figueiredo se situe à 107 km au nord de Manaus, sur la route qui relie l'Amazonas au Roraima et au Venezuela. La route est asphaltée. Presidente Figueiredo est célèbre pour ses chutes d'eau innombrables, plus belles les unes que les autres, et pour ses cavernes. Rejoignez d'abord la très belle cascade de Santuário et la caverne Maroaga si la météo le permet car la caverne est située en pleine forêt et présente divers dénivelés glissants en cas de pluie. Puis visite à la cascade d'Iracema et ses grottes (dans certaines, se cache le beau coq de roche, un oiseau très recherché par les ornithologues amateurs). Retour sur Manaus en toute fin d'après-midi

TEFÉ ★

Avec environ 60 000 habitants, Tefé est une grosse agglomération sur le fleuve Amazone (ici Solimões) entre Manaus (à 510 km à l'est) et les frontières du Pérou et de la Colombie. La pêche et l'exploitation de bois sont ses principales ressources. Au confluent du Rio Japurá et du Rio Solimões, et légèrement en aval d'importants affluents du Solimões, elle jouit d'une situation stratégique pour les trafics, en particulier celui des stupéfiants. Une bourgade plus qu'une ville, avec des rues de terre et des maisons sans éclat. On sera peut-être amené à y passer un moment, en allant ou en revenant de la réserve de Mamirauá, toute proche (à quelques km).

PORTO DE TEFÉ

Porto

Le port de Tefé propose des embarcadères pour les navires assurant des liaisons régulières ou non de transport de passagers. En général, les embarquements et/ou débarquements se font à partir ou à destination de Manaus. La distance relative entre les deux villes rend le temps de transport assez long.

Deux options pour arriver en bateau à Tefé depuis Manaus (port Roadway) :

- **Bateau de ligne :** tous les jours à 9h de Manaus et à 18h de Tefé. Compter 3 jours de voyage.
- **Bateau rapide :** tous les jours à 7h de Manaus, de même depuis Tefé. Compter 12 heures de voyage.

UACARI LODGE €€€

À 510 km de Manaus, à une dizaine de kilomètres de Tefé. ✆ +55 92 3343 4160

www.uakarilodge.com.br

Séjour de 3, 4 et 7 nuits : 1 500, 1 700 et 2 400 R$ chambre single, moins cher par personne en chambre double.

Uacari Lodge (qui doit son nom au singe uacari, reconnaissable à sa tête rouge) est situé au cœur de la réserve écologique de Mamirauá. La structure, entièrement flottante, compte 10 suites spacieuses et commodes (moustiquaires, eau chaude et véranda privative), une piscine naturelle, et des communs confortables. De façon à limiter l'impact environnemental, le lodge ne propose d'accueillir que 24 personnes simultanément. Il utilise l'énergie solaire, et dispose d'un système de collecte des eaux de pluies, doublé d'un procédé de filtrage des déchets organiques.

PARQUE NACIONAL DO PICO DA NEBLINA ★★

Le pic de la Neblina (3 040 m), le toit du Brésil, se rencontre en plein cœur de la forêt vierge amazonienne, dans l'un des endroits les plus sauvages de l'Enfer vert. Il doit son nom, « brouillard », aux nuages et aux pluies continues qui le maintiennent dans une atmosphère très humide, sans qu'il n'existe apparemment de saison sèche. Les secteurs drainant leurs eaux vers les fleuves Orenoque et Casiquiare appartiennent au Venezuela, et les secteurs dont les eaux se dirigent vers le fleuve Amazone sont la propriété du Brésil. Les deux territoires, qui ont une superficie additionnée de 3 600 000 ha, ont été décrétés parcs nationaux par leurs pays respectifs. Ainsi, la zone brésilienne se nomme parc national Pico da Neblina, et la zone vénézuélienne parc national Serrania La Neblina.

Les autres montagnes de grès, les *tepuys*, ont en général des sommets plats et des strates horizontales. Au pic de la Neblina, ces strates sont pliées de telle façon que la superficie de la montagne est empreinte de profondes vallées et de pics affûtés avec une vallée connue sous le nom de canyon du fleuve Baria, un des plus profonds du monde ! La végétation est typique de cette zone et l'on estime que plus de 50 % des espèces y sont endémiques. Le pic de Neblina possède un climat humide de type forêt tropicale amazonienne, la température oscille entre 8 et 27 °C et la moyenne pluviométrique est de 4 000 mm.

BOA VISTA ★

C'est la capitale de l'État, au bord du Rio Branco. Une ville moderne, planifiée, au plan en forme de demi-cercle, où tout converge vers un même point. Rien d'extraordinaire, c'est surtout une étape sur la route du Venezuela et des beautés naturelles de la région. Aujourd'hui, une route asphaltée relie Manaus à Boa Vista, la capitale de cet État perdu du Brésil. La ville est éloignée du coeur du Brésil et donc des circuits touristiques principaux. Pour ceux qui en ont l'occasion, passer quelques jours à Boa vista et dans ses environs proches permet de se rapprocher de la nature, omniprésente et des communautés traditionnelles qui l'habitent.

RIO BRANCO ★★

Le rio Branco, qui se forme un peu en amont de la ville de Boa Vista qu'il longe, arrose l'État du Roraima du nord jusqu'au sud, où il se jette dans le rio Negro. C'est donc un sous-affluent de l'Amazone. De part et d'autre du Rio Branco, s'élève un ensemble de chaînes montagneuses (culminant à 3 000 m d'altitude) qui sert de frontière naturelle entre le Venezuela et le Brésil, dont le relief sépare les bassins de l'Amazone et de l'Orénoque et dont les forêts constituent la dernière portion inexplorée du continent sud-américain.

MAKUNAIMA EXPEDIÇÕES

Rua Floriano Peixoto, 136
✆ +55 95 3624 6004
www.makunaima.com

City tours, expédition vers Serra Grande ou Monte Roraima allant d'un à plusieurs jours.

Créée en 2008, l'agence Makunaima Expediçoes a choisi son nom (Makunaima est à la fois le nom d'une ethnie et d'une langue amérindienne du Roraima) pour montrer son attachement à cette région d'Amazonie. L'agence a diversifié ses prestations. En plus des City tours, Makuina propose plusieurs types d'excursions dans la région. Randonnées, excursions à vélo, journées à la frontière et expéditions au Mont Roraima (6 jours) sont au programme. On peut également faire un tour de montgolfière au-dessus des savanes, des séjours d'observation d'oiseaux. Du sur-mesure.

AEROPORTO INTERNACIONAL DE BOA VISTA

Praça Santos Dumont, 3110
✆ +55 95 3198 0117
www.infraero.gov.br

▸ La ville de Boa Vista, dans l'Etat du Roraima, est en situation très périphérique par rapport aux autres métropoles brésiliennes et/ou amazoniennes. L'avion s'impose tout naturellement.

▸ **Vols quotidiens pour Manaus, Brasilia** et d'autres capitales, comme Benjamin Constant avec Latam, Azul et GOL.

▸ **Services :** Restaurants, boutiques, location de voitures, banques.

Il n'y a pas de services de bus entre l'aéroport de Boa Vista et la ville-centre. Des services de taxi assurent la liaison.

BOA VISTA ECO HOSTEL €€

1240 Av. Glaycon de Paiva
✆ +55 95 3621 7100
https://www.boavistaecohotel.com/

A partir de 300 R$ la chambre double.

Le Boa Vista Eco Hotel est idéalement localisé en face du théâtre municipal moderne de la région nord du Brésil, à proximité du centre civique, des banques, du commerce et de l'aéroport. Il propose 96 chambres de luxe (chambres doubles avec un lit box) et une suite, toutes équipées d'une télévision LCD de 32 pouces, d'une climatisation, d'un mini bar, d'un poste téléphonique, d'une connexion wifi. Le service est réactif et très professionnel. Un restaurant et un bar permettent de se restaurer matin, midi et soir (room service).

HOTEL EUZEBIOS €€

Rua Cecilia Brasil, 1107
✆ +55 95 2121 0300
www.hoteleuzebios.com.br

A partir de 180 R$ la chambre double.

Depuis plus de 40, l'hotel Euzebio's propose des chambres avec air conditionné, TV de 32 pouces ou de 24 pouces selon la catégorie, piscine et à deux blocs de la place centrale. Certes, ce n'est pas le grand luxe, mais c'est propre et bien tenu. L'offre de chambres se répartit en 3 catégories : standard, luxe et suite. Les suites disposent d'un lit king size. Les chambres standard, avec leurs carreaux et leurs murs blancs, font un peu spartiates...mais on est au coeur de l'Amazonie. Le petit déjeuner et wifi sont inclus dans les prestations.

PORTO VELHO ★

Située sur la rive droite du fleuve Madeira qui descend depuis la Bolivie, Porto Velho fut fondée en 1970 par les équipes de construction de la ligne de télégraphe. Avec près de 427 000 habitants, la capitale de l'État fait figure de bourgade au Brésil… Pourtant elle a aujourd'hui une importance de premier plan en tant que centre économique de la région et lieu stratégique pour les communications et la circulation des marchandises. La ville s'est développée ces dernières années : agrandissement du port, construction de terminaux modernes pour le transbordement, centre d'affaire. Sans perdre pour autant son ambiance rurale et tranquille.

© VINICIUS BACARIN - SHUTTERSTOCK.COM

Porto Velho.

FORTE PRINCIPE DA BEIRA ★★

Le fort est à 25 km de piste du village de Costa Marques, lui-même à 774 km de Porto Velho. On peut sans doute y aller en bus, en deux temps, via Ji-Paraná, sur la BR364. Mais c'est beaucoup plus sympa, même si c'est plus long, d'y aller en bateau depuis Guajará-Mirim, (à 5 heures 30 de bus de Porto Velho). De là, un service irrégulier (2 ou 3 par mois) assure la remontée du Rio Mamoré (puis du Rio Guaporé), jusqu'au fort en plus ou moins 3 jours.

Le forte principe da beira est un fort impressionnant perdu à la frontière bolivienne, près du Rio Guaporé, au milieu de la jungle qui commence à être sérieusement défrichée. Il fut construit entre 1776 et 1783 pour assurer la mainmise lusitanienne sur ce territoire originellement espagnol, à l'ouest de la ligne de démarcation du traité de Tordesillas.

MUSEU FERROVIÁRIO ★

Praça Madeira-Mamoré
✆ +55 69 3221 3895

Ouvert de 8h à midi et de 14h à 18h du lundi au vendredi. Entrée libre.

Cet intéressant musée retrace à travers des photos et différents objets d'époque l'épopée ferroviaire du début du siècle. Le chemin de fer Madeira-Mamoré est une voie ferrée construite entre 1907 et 1912 pour relier Porto Velho à Guajará-Mirim. Dans ce musée, installé dans un entrepôt de chargement et de déchargement presque centenaire, on peut voir des centaines de pièces et de matériels qui retracent l'histoire de la ligne de chemin de fer. On peut y admirer la première locomotive amenée sur l'Amazone, le Colonel Churchill.

AEROPORTO INTERNACIONAL

Avenida Jorge Teixeira s/n
✆ +55 69 3219 7451
www.infraero.gov.br

▶ L'aéroport international de Porto Velho propose des liaisons quotidiennes avec différentes villes brésiliennes.

▶ **Trois compagnies aériennes, régulières et low cost** sont présentes : Latam, GOL et Azul.

Ces compagnies assurent des vols vers et à partir de Campinas, Manaus, Cuiabà, Brasilia et Sao Paulo (aéroport de Guarulhos). Les vols sont quotidiens pour toutes ces villes, sauf pour Brasilia (vol le lundi, le mercredi, le vendredi et le dimanche).

▶ **Services à l'aéroport :** loueurs de voitures, restaurations, DAB, poste, boutiques…

HOTEL CENTRAL €€

Rua Tenreiro Aranha, 2472
✆ +55 69 2181 2500
www.hotelcentral-ro.com.br

À partir de 200 R$ la chambre double. Petit déjeuner inclus.

L'hôtel Central propose 78 chambres sans réel charme, mais avec TV, mini bar, wifi et air conditionné. Les infrastructures de l'hôtel sont anciennes, mais assez bien entretenues et fonctionnelles. Les chambres sont spacieuses et propres. Le petit-déjeuner est bon, mais manque un peu de variété. Bon wifi. Le service est très professionnel et agréable. Très bon emplacement en cœur de ville, à proximité des magasins, des restaurants et des activités. Ce n'est certes pas le luxe, mais pour une ou deux nuits à Porto Velho, c'est sûr et bon marché.

AMAZONIE

Bateau de croisière sur la rivière Madeira.

HOTEL NATIVO €€

Rua Marechal Deodoro, 2711-A
✆ +55 69 3221 5244
www.hotelnativo.com
À partir de 190 R$ la chambre double, petit déjeuner inclus.

La ville, peu touristique, propose assez peu d'options d'hébergement. L'hôtel Nativo est une bonne option en centre-ville de la capitale de l'Etat, à proximité des tous les services. Il propose 40 chambres simples, mais propres et bien équipées. Elles sont assez neuves et modernes. Un très bon rapport qualité/prix pour cet hôtel agréable, tout proche du centre de Porto Velho. L'ensemble est sobre, propre et sûr. Ceux qui sont motorisés peuvent laisser leur véhicule dans le garage de l'étalissement. Le petit déjeuner est très agréable.

CELEIRO €€

Rua Rui Barbosa, 739
✆ +55 69 3229 9493
Ouvert tous les jours de 11h30 à 14h30.

Le Celeiro est un Restaurant de cuisine brésilienne ayant bonne presse dans la région. La réputation n'est pas usurpée. Les lieux sont cosy, simples et agréables. On dirait presque un extérieur à l'américaine. On y propose toute une variété de préparations chaudes et froides sous forme de buffet dans une ambiance plutôt familiale. D'aucuns y trouveront une subtile fusion entre un restaurant nordestin et italien. Les plats végans et végétariens ne sont pas en reste. Les amateurs de viande se délecteront de la côte de bœuf marinée dans la cachaça.

CASA DO TAMBAQUI €

Avenida Farquar, 1008
✆ +55 69 3224 1022
www.casadotambaquipvh.com.br
Fermé le lundi.

Ici aussi, les convives l'auront compris, le *tambaqui*, espèce de poisson amazonien très fin et apprécié, est le mets mis à l'honneur. L'établissement propose, dans une ambiance décontractée des plats de poisson, et tout particulièrement du *tambaqui* grillé (*assado*), une espèce locale savoureuse et sans arêtes. La carte propose également des *dourados*, du *pirarucu*. Les traditionnelles *moquecas* et *caldeiras* sont d'autres plats recommandés. La Casa do Tambaqui a acquis une solide réputation régionale et accueille locaux comme voyageurs.

CUZCO DI CARAVELA €€

Rua José Camacho, 104
✆ +55 69 98501 0000
Ouvert du mardi au samedi de 11h à 15h et de 18h30 à 22h30 ; dimanche de 11h à 15h. Plats à partir de 30 R$.

L'ancien restaurant « Caravela do Madeira » s'est mué en un restaurant de spécialités péruviennes. Les lieux on peu changé, avec la vue toujours aussi jolie sur le fleuve, des nappes de style andin ont toutefois remplacé les anciennes décorations. On y propose toujours de bons poissons mais ils sont sous forme des traditionnels ceviches. Les ceviches de poissons ou de crevettes, ceviches de fruits de mers marinés avec du citron et du piment péruvien, composent désormais le coeur de la nouvelle carte. On trouve des plats plus classiques.

CACHUELA ESPERANZA ★

Environ 1 700 habitants. Altitude moyenne : 118 m. Le voyageur qui arrivera, fourbu, jusqu'à Cachuela Esperanza, sera récompensé par l'un des sites les plus surréalistes de la Bolivie, juste en face du Brésil. Ce village est un véritable bijou d'architecture de la fin du XIXe siècle. À l'instar d'autres lieux d'Amérique latine dont la prospérité reposait sur une économie de rente (celle du caoutchouc en l'occurence ici, comme dans toute l'Amazonie), Cachuela n'a pas gardé grand-chose de ses splendeurs passées. C'est ici que Nicolás Suárez Callaú (1851-1940) installa le siège de son empire du caoutchouc. Aujourd'hui, il ne reste plus grand-chose...

La ville aujourd'hui

Aujourd'hui, ce sont surtout les Brésiliens d'en face qui viennent exploiter l'or de la rivière. Rien que devant le village, on peut voir deux dragues d'une dizaine de mètres. Et les Boliviens ? Ils travaillent dans les dragues, mais aucun n'est propriétaire ! Autrement dit, ils se contentent des miettes de leur propre richesse. On est bien dans des rapports Nord/Sud entre le Brésil et la Bolivie... Sinon, la région vit beaucoup de la noix du Brésil (la *castaña*), qui est manufacturée dans les entrepôts de Riberalta, centre de traitement bolivien de la *castaña* (environ 10 000 personnes vivent de cette industrie à Riberalta). Le reste de la population vit de l'élevage de bovins ou de l'exploitation du bois.

CASA DE NICOLÁS SUÁREZ CALLAÚ ★

Cherchez l'arrière-petit-fils de la famille Suárez pour qu'il vous raconte l'histoire incroyable de ce bijou d'architecture, qui a abrité pendant un temps l'école du village. Son ancêtre, le baron du caoutchouc, s'était payé le luxe d'avoir un mini-chemin de fer qui faisait la navette entre les entrepôts, où l'on conditionnait l'hévéa, et le bord de la rivière. De nos jours, cette résidence est un peu délabrée, cependant les fans d'histoire apprécieront.

CACHUELAS ★

C'est ainsi qu'on appelle ces puissants rapides qui interrompent le cours du río Beni à 30 km au-dessus de son embouchure et qui par conséquent empêchent d'atteindre l'Amazone par voie fluviale. Ces *cachuelas* forcèrent Fitzcarraldo à accomplir son fameux périple jusqu'à Riberalta pour y rencontrer Nicolás Suárez. Dans les *cachuelas*, on pêche à mains nues, on se baigne en admirant les fastes de la nature. En saison sèche, les vagues des *cachuelas* peuvent atteindre 8 mètres de haut ! Une centrale hydroélectrique entre la Bolivie et le Brésil est en projet.

GUAJARÁ-MIRIM

La ville frontalière de Guajará-Mirim est à 333 km au sud de Porto Velho, sur la rive droite du Rio Mamoré. C'est une petite ville tranquille sans grand intérêt. Si vous continuez vers la Bolivie, ou si vous devez attendre un bateau pour Costa Marques, il vaut mieux aller directement en face du côté bolivien, à Guayaramerín où la vie est nettement moins chère, et l'atmosphère plus intéressante.

Pratique

- **Visa.** Si vous quittez le Brésil définitivement, ou si vous arrivez de Bolivie, faites viser votre passeport à la *polícia federal*.
- **Attention !** Si vous venez de Bolivie, présentez un certificat de vaccination contre la fièvre jaune de plus de 10 jours.

PAKAAS PALAFITAS LODGE €€

Estreda do Palheta, accès au km 18
✆ +55 69 3541 3058
www.pakaas.com.br
A partir de 320 R$ la cabane standard en chambre double, 420 et 495 R$ pour les catégories supérieures.

Pour ceux qui veulent connaître la canopée amazonienne et sa riche biodiversité, le Pakaas Palafitas Lodge peut être une option originale. Le lodge propose 28 cabanes (tout confort) posées dans les arbres, à 4 m de hauteur ! De là, vous pouvez profiter d'un incroyable point de vue pour observer les oiseaux. Une expérience assurément originale ! Le Lodge est situé sur le Rio Mamoré, à sa jonction avec le Rio Pakaas dont l'eau cristalline se mêle à l'eau chargée d'alluvions du Mamoré en un subtil ballet. C'est une ode à la nature.

RIO BRANCO ★

Rio Branco ne ressemble pas forcément à ce que l'on pourrait attendre d'une grande ville amazonienne. La capitale de l'Etat de l'Acre, moderne, agréable, avec ses 370 000 habitants, a des allures de province, mais une province où tout serait paisible et organisé. Le centre-ville est assez restreint et l'on trouve rapidement ce qu'on y cherche : une agence de voyages pour acheter un billet d'avion, un restaurant sympa, un petit hôtel agréable, un café Internet. Le soir, on ira boire un coup le long du fleuve, dans l'un des quelques bars à l'ambiance plus fraîche que le centre-ville. On apprécie le temps qui passe, et ça, c'est très amazonien.

AÉROPORT

Avenida Plácido de Castro
✆ +55 68 3211 1000
www.infraero.gov.br

▸ L'aéroport international de Rio Branco José Placido de Castro dispose d'infrastructures neuves, construites en 1999 en remplacement de l'aéroport Presidente Medici.

▸ **Deux compagnies aériennes assurent des liaisons avec de nombreuses villes du pays :** GOL, compagnie low cost, et Latam, compagnie née de la fusion de la TAM et de la compagnie LAM. Vols vers Brasilia, Manaus, Sao Paulo, Fortaleza, Porto Velho et Cruzeiro do Sul

▸ **Services :** restaurant, distributeurs automatiques de billets de Banco do Brasil, Bradesco et Caixa Econômica.

MUSEU DA BORRAC HA ★

Avenida Ceará, 1441
✆ +55 92 3223 1202
Ouvert de 8h à 18h du mardi au vendredi, le week-end de 16h à 21h. Entrée libre.

Musée historique sur l'Etat de l'Acre. Belles expositions sur les Indiens de l'Etat, et sur le boom du caoutchouc. La collection permet de comprendre l'histoire de l'État, de la découverte du caoutchouc, en passant par la révolution de l'Acre et le déclin de la culture du caoutchouc. On peut y voir des documents sur le contrôle de l'immigration pendant le cycle du caoutchouc, les uniformes et les armements de l'armée utilisés pendant la révolution d'Acre et la réplique d'une maison de «seringueiro», avec des ustensiles et des accessoires originaux.

HOTEL DIFF €€

Rua Rio Grande do Sul, 332
✆ +55 68 3302 2300
https://www.diffhotel.com.br/
À partir de 230 R$ la chambre double.

L'Holiday Inn Express de Rio Branco est devenu le DIFF, un hôtel qui se veut différent. C'est un bel hôtel tout confort, aux couleurs violettes sur la devanture. Les chambres sont accueillantes et bien équipées et le lieu très agréable. De plus, une belle piscine sur le toit ! C'est assurément une option de choix dans la ville de Rio Branco. L'hôtel propose un hébergement confortable et élégant. L'emplacement de l'hôtel est idéal pour les visiteurs souhaitant explorer les principales attractions de la ville comme le mercado velho, du musée du caoutchouc.

NOVO MERCADO VELHO ★

Avenida Epaminondas Jácome
Tous les jours de 6h à 18h.

Visiter un marché permet de prendre la température d'une ville et d'en lire les coutumes et les habitudes. C'est particulièrement vrai dans les villes d'Amazonie où une partie de la population vit d'activités traditionnelles qui se concentrent souvent en ces lieux ancestraux d'échanges. L'ancien marché central de la ville a été restauré et abrite aujourd'hui un nouveau marché charmant. On y trouve de l'artisanat indien, des boissons, des produits typiques, des petits cafés agréables… Les étals de fruits sont toujours éclatants de couleur.

BRASILÉIA

A la frontière bolivienne, Brasiléia est à 5 heures de bus au sud du Rio Branco. Comme beaucoup de villes ici, Brasiléia est un territoire qui appartenait à une ancienne plantation de caoutchouc, le 3 juillet 1910, initialement appelé Brasilia. En 1943, le nom de la ville a été modifié car elle portait le même nom que la nouvelle capitale fédérale. Le nom actuel est un dérivé de Brazil et hiléia (forêt). De la ville bolivienne de Cobija de l'autre côté de la frontière (chaude et humide, régulièrement inondée, parfois coupée du monde en saison des pluies), connexions régulières en bus, en saison sèche, pour La Paz, Santa Cruz, via Riberalta.

ORGANISER SON SÉJOUR

Un voyage au Brésil se prépare en amont. Désormais, grâce à l'Internet, les conseils et les bonnes adresses du Petit Futé permettent de préparer à distance ce voyage que l'on voudra inoubliable. Si vous choisissez de vous rendre en certains lieux très prisés des touristes brésiliens et internationaux, il faudra anticiper la forte demande en hébergement. A Rio, Salvador, Ouro Preto, Paraty, a fortiori lors des grands évènements festifs (carnaval ou FLIP à Paraty), les places sont chères. Pour le carnaval, il est prudent de réserver presqu'un an à l'avance. Le prix des billets d'avion varie également selon la saison, tout comme celui des hébergements d'ailleurs. Il faut se renseigner sur les saisons. Le Pantanal en saison des pluies a un chaleur suffocante et les moustiques sont légion...mais on voit beaucoup d'animaux. Il faut bien se renseigner sur les distances entre les villes de destinations si on voyage en bus. Bon voyage !

PRATIQUE

ORGANISER SON SÉJOUR

ARGENT

Monnaie. Le réal (noté R$), *reais* au pluriel, est la monnaie brésilienne depuis 1994. Si l'inflation est désormais maîtrisée, la monnaie fluctue assez largement.

Change. En juillet 2021, le taux de change était de 6 R$ pour un euro. La monnaie est convertible. Nul besoin cependant d'en commander en France. Il est préférable de changer de l'argent au Brésil. À l'arrivée, dans les aéroports internationaux, évitez les bureaux de changes d'avant la douane, peu intéressants. Ne changez jamais dans la rue. Les banques et certaines agences de tourisme changeront vos euros à des taux officiels annoncés. Il arrive que les petites agences de Rio changent à des taux plus avantageux que le taux officiel.

Carte bleue. Les retraits aux DAB seront possibles si votre carte bleue est internationale. Pensez à vérifier auprès de votre banque avant de partir. Les cartes bleues sont acceptées en de nombreux lieux. Renseignez-vous auprès de votre banque sur les taux de retraits et les commissions ainsi que les plafonds de retrait à l'étranger avant de partir, que l'on peut momentanément augmenter. Nous vous recommandons de voyager avec une petite somme d'argent, et de ne retirer qu'au fur et à mesure selon vos besoins.

BUDGET / BONS PLANS

Budget. Le Brésil n'est plus un pays bon marché. L'effondrement actuel du réal rend le coût de la vie moins cher pour les visiteurs européens, mais le budget d'un voyage au Brésil reste assez élevé. Il faut compter 50 euros pour un petit budget quotidien et par personne, 80-100 euros pour un budget moyen et 150 euros pour un budget confortable. Dans les grandes villes, l'hébergement peut être un poste de dépense important. Comme partout, les tarifs des hôtels et des différents services touristiques varient selon la saison et les événements. Pendant les vacances d'été, de décembre à février (incluant donc la période du carnaval) et les vacances scolaires de juillet, les prix sont multipliés par deux, voire plus à Rio, Salvador, Recife ou Olinda. Ils varient également en fonction des événements. La note peut être vite salée dans les restaurants « conventionnels ». On peut manger au kilo correctement et pour une somme modique. Les plats préparés (*PF, prato feito*) sont généralement bon marché.

En basse saison, en ne voyageant qu'en bus (ou en réservant à l'avance les vols), en dormant dans des hôtels corrects mais simples et en privilégiant les restaurants bon marché (self au kilo), vous pouvez voyager moins cher. En haute saison, il faudra éviter les spots touristiques, sauf, bien sûr si vous en avez fait votre destination choisie. On n'ira pas à Ouro Preto à Pâques, ni à Paraty lors du festival du livre FLIP. Un vol en avion, la location occasionnelle d'une voiture et un séjour guidé (dans la jungle ou le Pantanal) peuvent alourdir sensiblement ce budget moyen, tandis que les excursions en solo (pas n'importe où !) et les journées de farniente dans un hamac sur une plage du Nordeste l'allègent. N'hésitez pas à marchander pour tous les services touristiques proposés, surtout en basse saison, quand les clients sont rares. On peut ainsi discuter le prix des excursions guidées (Pantanal, parcs nationaux, etc.). Il faut néanmoins garder en mémoire qu'un service de qualité se paye et que des prix très bas par rapport au marché se font quelquefois au détriment de la sécurité. De plus, il faut respecter le labeur d'autrui et négocier dans une mesure acceptable.

Conseil. Les compagnies aériennes Gol et Azul proposent des systèmes de *pass* intéressants pour les vols intérieurs qui ne peuvent être achetés qu'en France ou dans le pays d'origine du voyageur après achat de son billet aller/retour pour le Brésil.

Les Pourboires. Au restaurant, les montants à payer sont majorés de 10 %, somme destinée aux serveurs. Vous n'aurez donc pas à laisser de pourboire, à l'exception de rares restaurants où les 10 % ne sont pas inclus. Mais rien ne vous empêche d'en laisser si le service vous a plu.

Marchandage. Négocier le prix des marchandises qui a explosé ces dernières années est une des coutumes courantes, surtout dans les marchés de rue. Résistez au talent des commerçants pour vous faire culpabiliser d'avoir proposé un prix plus bas et tentez votre chance en demandant jusqu'à 20 % de rabais. Pour faire des affaires encore plus juteuses, privilégiez le paiement en espèces et les achats en grosse quantité. Chez les petits marchands qui peinent à s'en sortir et en certains lieux loin des zones touristiques, on proposera un prix qui reste décent ou on s'abstiendra de marchander.

L'ASSURANCE VOYAGE, LE MEILLEUR MOYEN POUR PROTÉGER SA SANTÉ À L'ÉTRANGER

avec le DR MICHEL NAHON, directeur médical d'Allianz Travel

En cas de souci de santé sur place, que faut-il faire ?

Si l'on se trouve dans une situation urgente (accident grave, morsure d'animaux…), il est conseillé d'appeler les numéros d'urgence locaux. Une fois à l'hôpital, appeler son assisteur pour déclencher les procédures de prise en charge.

Est-il possible d'entrer en contact avec un professionnel de santé en cas de besoin ?

Allianz Travel dispose d'un service de téléconsultation médicale accessible en visio qui permet de s'entretenir avec un médecin français 24h/24, 7 jours sur 7. La consultation se fait en français et des conseils sont donnés sur les démarches à effectuer. Une ordonnance peut également être délivrée.

S'agissant des frais médicaux, est-on forcément couvert par son assurance maladie et sa mutuelle à l'étranger ?

La sécurité sociale et la mutuelle fonctionnent en France et dans les pays de la Communauté économique européenne, à condition d'avoir fait une demande d'extension de garantie avec la carte européenne d'assurance maladie (CEAM). Il est malgré tout conseillé de souscrire une assurance voyage, car la prise en charge des frais ne sera pas la même qu'en France.

Quel est le meilleur moyen de voir ses frais médicaux pris en charge ?

Dans les pays hors Europe, il est recommandé de souscrire à un contrat d'assistance avec un bon niveau de couverture des frais médicaux. Il est également important de choisir un acteur solide, qui dispose d'un important réseau international dans le domaine médical.

L'assurance voyage prévoit-elle le rapatriement ?

Le rapatriement n'est pas systématique. Il faut un réel intérêt médical. Si le patient peut être traité sur place, l'assisteur oriente vers un médecin ou une structure médicale adaptée localement. De même qu'en cas d'accident dans une zone désertique, le patient sera d'abord orienté vers l'hôpital le plus proche pour stabiliser la situation, avant d'envisager le rapatriement.

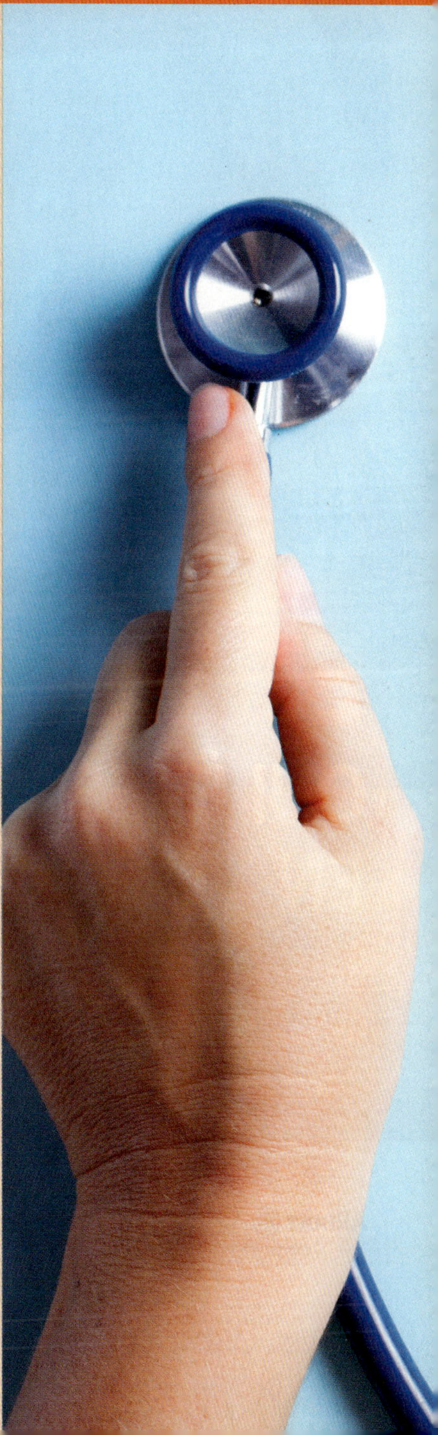
© NEIRFY

Taxes. Les prix affichés peuvent parfois être taxés, la pratique n'est pas uniforme, et l'affichage pas toujours explicite. Dans certains hôtels, il faudra peut-être ajouter 5 % d'ISS ou 10 % de taxe de service (ou les 2 !) au prix affiché ; se renseigner à la réception. Dans les bars et restaurants, le service (10 %) n'est pas indiqué sur la carte, mais toujours inclus dans la facture.

PASSEPORT ET VISAS

Les voyageurs venant d'Europe doivent être en possession d'un passeport valide au moins 6 mois à partir de la date d'entrée au Brésil. Depuis de nombreuses années, les Européens peuvent se rendre au Brésil sans visa pour séjour de tourisme ou d'affaires pour une durée qui n'excède pas 90 jours. On peut demander une prorogation pour 90 jours supplémentaires. Après, il faudra quitter le territoire. Pour un visa de travail, la procédure est complexe et il faut passer en général par l'entreprise qui vous recrute.

Carte d'immigration. Elle est à remplir dans l'avion ou au poste de douane terrestre. Cette carte comporte votre date d'entrée et votre date limite de sortie. Elle vous est remise à votre arrivée à l'aéroport. Elle sera demandée lors de votre départ. Veillez donc à ne pas la perdre. Si c'est le cas malgré tout, adressez-vous à la police fédérale de la ville où vous vous trouvez.

Transit. Le passage d'un pays à l'autre par voie terrestre, notamment entre le Brésil et la Bolivie, l'Argentine ou le Paraguay, se fait généralement sans aucune formalité (si vous êtes Européen). C'est à vous de faire les démarches nécessaires (tampons de sortie, entrée du territoire), au Brésil, auprès de la *policia federal* et, dans les autres pays, auprès des bureaux de l'Immigration. Si vous oubliez de régulariser votre situation, vous pourriez avoir quelques problèmes plus tard, à l'aéroport, au moment de quitter le pays. Cela dit, le personnel de la *policia federal* est aimable et compréhensif, et la plupart des problèmes de visa semblent pouvoir s'arranger à l'amiable.

Conseil. Avant de partir, pensez à photocopier tous les documents que vous emportez avec vous. Vous emporterez un exemplaire de chaque document et laisserez l'autre à quelqu'un en France. En cas de perte ou de vol, les démarches de renouvellement seront ainsi beaucoup plus simples auprès des autorités consulaires. Vous pouvez également conserver des copies sur le site Internet officiel (mon.servicepublic. fr). Il vous suffit de créer un compte et de scanner toutes vos pièces d'identité et autres documents importants dans l'espace confidentiel.

PERMIS DE CONDUIRE

Lors d'un séjour sous visa touristique, n'excédant pas 180 jours, les Français et les Européens peuvent utiliser leur permis de conduire national ou se faire établir un permis de conduire international. Selon les informations de l'ambassade de France au Brésil « un citoyen non brésilien a le droit de conduire pendant son séjour au Brésil, pour un maximum de 180 jours, pourvu qu'il ait un permis étranger ou international ("Habilitação Internacional para Dirigir") en cours de validité, qu'il présentera avec sa traduction assermentée en portugais et un document d'identité ». Vous aurez besoin de ce permis pour louer une voiture.

SANTÉ

Il convient d'être vigilant sur quelques points afin de ne pas subir des désagréments de santé au cours de son voyage. Voyager au Brésil oblige à prendre quelques précautions face à certaines maladies même s'il n'y a pas de risque majeur au plan sanitaire.

Covid-19. A l'heure où nous écrivons ces lignes, la pandémie a fait plus de 500 000 victimes au Brésil et l'incurie du président Jair Bolsonaro qui a nié la dangerosité du virus et a retardé la mise en place de campagne de vaccination risque de chiffrer en de nombreux nouveaux décès. Dans tous les cas, le vaccin, le port du masque et les mesures de distanciation restent de mise jusqu'à disparition totale du virus de la Covid-19.

Eau. Il est vivement déconseillé de consommer l'eau du robinet, et ce, sur l'ensemble du territoire brésilien. N'utilisez que des bouteilles d'eau minérale – plus chère que la bière ! – après avoir vérifié qu'elles sont bien scellées ou de l'eau filtrée.

Hygiène alimentaire. Les maux les plus courants restent les troubles intestinaux. Le fait de changer de régime alimentaire est déjà source de perturbations, mais lorsque s'ajoute à cela une nourriture épicée parfois préparée dans des conditions d'hygiène peu en rapport avec celles auxquelles nous sommes habitués, cela se traduit la plupart du temps par de fortes diarrhées, également connues sous le nom de tourista. Prenez un antidiarrhéique, un désinfectant intestinal et hydratez-vous bien (pas de jus de fruits). Si la diarrhée persiste ou s'accompagne de pertes de sang ou de glaires, consultez un médecin.

Pour éviter ces désagréments, achetez des bouteilles d'eau scellées, faites bouillir l'eau (le café et le thé sont des boissons « sûres »), évitez les crudités ou les fruits non pelés, bannissez les glaçons, ne vous brossez pas les dents avec l'eau du robinet et ayez toujours sur vous des comprimés désinfectants.

Piqûres et morsures. Le paludisme, ou malaria, étant présent dans le nord du Brésil, il est important de se protéger convenablement contre les piqûres de moustiques. La prévention nécessite un traitement antérieur au départ, surtout si vous comptez vous rendre au cœur de la forêt amazonienne. Sur place, utilisez de puissants répulsifs et portez des vêtements adaptés (pantalon, sweat à manches longues, chaussettes). La nuit, la moustiquaire est de mise, complétée pour plus de sécurité par l'utilisation de sprays antimoustiques. Ces précautions permettent également de se prémunir contre la dengue, la fièvre jaune ou la leishmaniose, maladies également véhiculées par des espèces de moustiques présentes au Brésil. Pour ce qui est des morsures, de chiens notamment, la rage étant toujours active au Brésil, désinfectez immédiatement la plaie et consultez rapidement un médecin. Et n'oubliez pas que les plaies dans les climats chauds et humides mettent longtemps à cicatriser et peuvent même s'infecter. Le Brésil compte en effet beaucoup d'infections parasitaires ou cutanées. Il convient donc de les traiter le plus rapidement possible avec un antiseptique et de les laisser le plus souvent possible à l'air libre plutôt que de les couvrir d'un pansement.

Soleil. Attention aux brûlures dues au soleil ! Malgré un climat humide, le soleil brésilien présente autant de danger que partout ailleurs. Il faut donc se montrer extrêmement prudent et éviter les expositions longues et répétitives. Dans tous les cas et quelle que soit la durée de l'exposition, il est impératif d'utiliser un écran solaire avec un indice élevé et de ne pas hésiter à se couvrir avec des vêtements en toile légère et des chapeaux à larges bords. Les enfants à peau claire sont particulièrement vulnérables. L'excès de rayonnement solaire est dangereux pour la peau. A court terme les coups de soleil et autres allergies solaires n'ont aucune conséquence sur la santé si ce n'est quelques douleurs intempestives. Au contraire, les rayonnements UV provoquent à long terme un vieillissement accéléré de la peau, voire des cancers. A signaler que les nuages qui règnent parfois dans le ciel brésilien ne filtrent pas les UV : lorsque l'on ressent la chaleur du coup de soleil sur la peau, il est déjà trop tard !

Fièvre jaune. Selon l'Institut Pasteur, il est recommandé aux voyageurs de plus de 9 mois allant dans les régions Nord et Centre-Ouest, ainsi qu'une partie de la région Nordeste (Maranhão, sud-ouest du Piauí, ouest et extrême-sud de Bahia), de la région Sud-Est (Minas Gerais, ouest de São Paulo et nord d'Espírito Santo) et de la région Sud (ouest de Paraná, Santa Catarina et du Rio Grande do Sul) de se faire vacciner contre la fièvre jaune. Les voyageurs en provenance du Congo et de l'Angola devront montrer leur certificat de vaccination en entrant au Brésil. Si vous allez en Bolivie, vous devrez également montrer un certificat de vaccination en revenant au Brésil.

La bilharziose est la maladie tropicale entraînant le plus haut taux de mortalité après le paludisme (200 millions de personnes atteintes dans le monde). Après une période d'incubation allant de trois semaines à six mois, la maladie se manifeste par de fortes fièvres, du sang dans les urines ou des réactions allergiques cutanées. La meilleure prévention est de limiter tout contact avec les eaux stagnantes non salées. La bilharziose se soigne très bien une fois détectée.

Paludisme. Le paludisme est également appelé malaria. Si vous passez par un pays qui est une zone de transmission de paludisme (dans toutes les zones humides ou équatoriales, dans toute la région amazonienne au Brésil, régions Nord et Centre-Ouest, ainsi qu'une partie de la région Nordest), consultez votre médecin pour connaître le traitement préventif adapté : il diffère selon la région, la période du voyage et la personne concernée. Eviter le traitement est possible si votre séjour est inférieur à sept jours (et sous réserve de pouvoir consulter un médecin en cas de fièvre dans le mois qui suit le retour.) En plus des cachets, réduisez les risques de contraction du palu en évitant les piqûres de moustiques (répulsif et vêtements couvrants). Entre le coucher et le lever du soleil, près des points d'eau stagnante et des espaces ombragés, les risques de se faire piquer sont les plus élevés. Des Informations plus précises sont accessibles sur le site : www.saude.gov.br/malaria. Voir avec un médecin en France avant de partir pour la prophylaxie (maladies tropicales). Dans tous les cas au Brésil, protégez-vous de la piqûre des moustiques.

VACCINS OBLIGATOIRES

Il n'y a pas de vaccins obligatoires pour les Français qui se rendent au Brésil. Néanmoins, des vaccins et des traitements préventifs sont conseillés. Il est important d'en parler à son praticien plusieurs mois avant son départ pour planifier d'éventuels vaccins et des traitements prophylactiques. Selon le site de l'Institut Pasteur (www.pasteur.fr), la vaccination contre l'hépatite A est conseillée, quelles que soient les conditions et la durée du voyage au Brésil et pour l'hépatite B, la vaccination est conseillée en cas de séjours longs. Pour la fièvre jaune, la vaccination est recommandée si vous vous rendez dans les zones à risque du Brésil. Contre la typhoïde., en cas de séjour prolongé ou dans des conditions d'hygiène précaires (enfants : à partir de l'âge de 2 ans) : une injection 15 jours avant le départ.

SÉCURITÉ

Le Brésil a la réputation d'être un pays dangereux pour les touristes. C'est certainement exagéré, mais il est incontestable que la violence est omniprésente dans les métropoles et les villes moyennes, paradoxe d'une des nations les plus accueillantes au monde. Cette violence ne s'exerce pas, d'ailleurs, spécifiquement contre les touristes. Ce sont surtout les Brésiliens qui en sont les premières victimes. La faute en revient directement à une organisation sociale inique, où la richesse est concentrée entre les mains de quelques-uns. La huitième puissance économique du monde n'est pas à même de nourrir correctement un dixième de sa population et en laisse un tiers dans une grande misère. Les risques encourus par les touristes se « limitent » principalement au vol. Quelques précautions et un peu de bon sens suffisent le plus souvent à éviter les ennuis. En règle générale, les grands centres urbains, qui concentrent toute la misère du monde en même temps que des hordes de touristes, présentent les plus grands risques. Les petites villes et villages, loin du bruit et de la fureur, sont moins considérés comme « zones à risque », mais il convient également de rester vigilant.

Pour connaître les dernières informations sur la sécurité sur place, consultez la rubrique « Conseils aux voyageurs » du site du ministère des Affaires étrangères : www.diplomatie. gouv. fr/voyageurs. Sachez cependant que le site dresse une liste exhaustive des dangers potentiels et que cela donne parfois une image un peu alarmiste de la situation réelle du pays.

DÉCALAGE HORAIRE

On peut compter de 3 à 5 heures de décalage entre la France, la Suisse ou la Belgique et le Brésil, selon les horaires d'été ou d'hiver et les fuseaux horaires. Arrivé à Rio, il vous faut retarder votre montre (quand il est 15h ou 17h à Paris, Genève ou Bruxelles, il est midi à Rio). Le Brésil s'étend sur trois fuseaux horaires : le Sud, le Sudeste, le Nordeste et la partie orientale du nord et du centre-ouest se situent à GMT-3h, tandis que le reste du pays se situe à GMT-4h, à l'exception de l'Acre et de l'extrême ouest de l'Amazonas, qui se situent à GMT-5h.

De manière pratique : quand il est 15h ou 17h à Paris, à Genève ou à Bruxelles il est midi à Rio ; il est 10h à Montréal et 3h en Polynésie française. Presque tout le pays vit à l'heure de Brasilia et de Rio de Janiero, sauf Boa Vista, Cuiabà, Manaus et Porto Velho ; à l'ouest, il est plus tôt d'une heure. Quand il est midi à Rio, il est 11h à Manaus.

LANGUES PARLÉES

Quoique familiers du tourisme, les Brésiliens parlent peu de langues étrangères. Le portugais brésilien est parlé dans tout le pays. A part dans les grandes villes et auprès de professionnels du tourisme, vous rencontrerez peu d'interlocuteurs anglophones ou francophones. Cependant, le portugais brésilien est relativement aisé à manier. Sa grammaire est plus simple que celle du portugais académique et l'accent brésilien sonnera de manière bien plus familière à vos oreilles que celui des Lusitaniens. De plus, les Brésiliens se montrent très patients et indulgents envers les voyageurs qui tentent de s'exprimer dans leur langue. Celui qui fera l'effort de s'adresser à eux en portugais trouvera généralement face à lui un interlocuteur à l'écoute et qui aura recours à des trésors d'ingéniosité pour le renseigner. Le portugais est une langue latine et nombre des mots de son vocabulaire ont les mêmes racines que ceux de notre langue. Si vous possédez de bonnes notions d'espagnol, vous vous ferez rapidement comprendre. Si vous n'avez aucune notion d'espagnol, un petit dictionnaire franco-portugais ou franco-brésilien vous permettra de vous lancer.

Et puis cela fait partie du plaisir du voyage que de pouvoir communiquer avec les locaux rencontrés et de s'imprégner de leur univers. Apprendre le portugais du Brésil n'est pas très difficile et nous encourageons vivement tout amoureux du Brésil à le faire. Il existe plusieurs excellentes méthodes de portugais du Brésil. Veillez à ce qu'il s'agisse bien du portugais du Brésil, le portugais parlé au Portugal présentant certaines différences. Sur place, dans les grandes villes, vous trouverez éventuellement facilement des professeurs de portugais en regardant les petites annonces.

COMMUNIQUER

▶ **Dans le cadre d'un séjour prolongé,** il est conseillé d'acheter une carte SIM rechargeable auprès d'une agence de téléphonie mobile locale, qui soit compatible avec votre smartphone (attention aux formats, mini, micro ou nano). Normalement, l'opération est rapide et il suffit de présenter votre passeport, mais il semblerait qu'il faille désormais disposer d'un CPF (information à vérifier. En cas de séjour long, vous pouvez faire établir un CPF). La plupart du temps, l'agent vous installe directement la nouvelle carte dans votre téléphone. Disposer d'Internet sur son appareil facilite en effet les déplacements (on pense entre autres aux applications de type Uber) et les recherches d'informations. Il est courant également de devoir passer ou recevoir des appels pour organiser ses visites, il est donc fort utile de posséder un numéro brésilien.

▶ **Utiliser son téléphone mobile.** Si vous souhaitez garder votre forfait français, il faudra avant de partir activer l'option internationale (généralement gratuite) en appelant le service clients de votre opérateur. On peut acheter un système de pass forfaitaire auprès de son fournisseur qui permet de disposer du réseau 4G et d'un volume prépayé de données et d'appels et SMS.

▶ **Qui paie quoi ?** La règle est la même chez tous les opérateurs. Lorsque vous utilisez votre téléphone français à l'étranger, vous payez la communication, que vous émettiez l'appel ou que vous le receviez. Dans le cas d'un appel reçu, votre correspondant paie lui aussi, mais seulement le prix d'une communication locale. Tous les appels passés depuis ou vers l'étranger sont hors forfait, y compris ceux vers la boîte vocale.

▶ **Cabines et cartes prépayées.** Il semble que les cabines de téléphone sont de moins en moins nombreuses. Elles disparaissent de nombreux lieux, car la généralisation de l'accès au téléphone portable les rend en moins usitées. Pour obtenir une communication internationale. Depuis le Brésil, vous pouvez utiliser une cabine téléphonique (*orelhao/oes*, littéralement « grandes oreilles »), qui fonctionne avec des cartes de l'opérateur local (Telemar à Rio et Telefonica à São Paulo par exemple) que vous pouvez acheter dans les kiosques à journaux et les bureaux de poste (meilleur marché). Pensez à acheter plusieurs cartes, car les crédits défileront vite !

Le plus pratique est d'acheter une carte. Embratel, en vente dans la plupart des kiosques. Celle-ci vous coûtera 10 R$ minimum et vous permet d'effectuer la communication sans avoir à changer de cartes toutes les trente secondes ! A partir de 19h et le week-end, les communications sont moins chères. Attention, dans plusieurs kiosques à journaux ou magasins de souvenir, on essaiera de vous vendre la carte Embratel plus chère (surtout à Bahia). A vous de manifester comme vous le pouvez votre indignation, de protester et de demander à payer le prix normal !

▶ **Pour appeler en P.C.V. au Brésil.** Depuis une cabine publique (*orelhao*), il vous faut composer le 9, suivi du numéro de l'opérateur retenu (Embratel ou Intelig), de l'indicatif régional sans le zéro et enfin du numéro de votre correspondant. Pour effectuer une communication internationale, il vous faut composer le 00 01 07.

ELECTRICITÉ ET MESURES

▶ **110 ou 220 V,** le voltage au Brésil peut varier. Si vous n'avez pas un appareil bivolt, vérifiez avant de le brancher.

▶ **Les prises à deux trous sont aux normes françaises.** Vous trouverez des prises plus récentes à trois trous également (pas comme les françaises). Vous pouvez acheter un adaptateur universel en France avant de partir.

▶ **Les mesures de distance et de température** sont les mêmes qu'en France. Les Brésiliens utilisent le système métrique et les degrés Celsius ou centigrades.

BAGAGES

▶ **Voyagez léger**, surtout si vous comptez voir du pays. Un sac à dos ergonomique est certainement le bagage le plus pratique. Le Brésil offre de nombreuses possibilités de randonnées et de vagabondages pédestres, qu'une valise incommode risquerait de transformer en cauchemar. Les bagages sont pris en charge gratuitement dans la soute à bagages des cars, où le ticket qui a été remis au propriétaire du bagage sera demandé lors du retrait. Pour les balades dans la journée et les petites excursions, un petit sac sera de mise.

Adaptez votre sac à votre séjour. Selon votre itinéraire (farniente à la plage ou trekking intensif dans les montagnes) et la saison de votre départ (il peut neiger l'hiver dans le sud), le contenu de votre sac peut grandement varier. Cela dit, il fait le plus souvent beau et chaud. Vous passerez donc sûrement une grande partie de votre séjour en T-shirt et en tongs. Emportez des T-shirts ou chemisettes en coton ; un K-way ou poncho de pluie ; une casquette ; une paire de sandales ou des tongs (à acheter sur place !) ; deux pantalons légers ou shorts ; un maillot de bain ; une paire de baskets ; une lampe-torche ; un couteau suisse ; une trousse avec les produits de toilette et le kit médical ; des lunettes de soleil ; un bon gros roman pour les trajets interminables en bateau ou en bus que l'on échangera dans une Alliance française une fois terminé ; un dictionnaire de poche ou lexique franco-brésilien ; un cadenas pour fermer le sac, un antivol de vélo pour voyager en bateau en Amazonie. Un polaroïd pour offrir des photos aux enfants (contact aimable assuré !) ; une photocopie de votre passeport ; les numéros d'urgence en cas de perte/vol de vos affaires ; des boules Quies, et même un casque antibruit pour le carnaval de Salvador ; une petite paire de jumelles pour mieux voir les animaux du Pantanal ; une monnaie d'échange culturelle : livres, BD, photos. Et un appareil photo, bien sûr. Pensez à avoir une belle chemise ou un chemisier et pantalon pour certains lieux ou événements.

Prenez des vêtements couvrants et/ou chauds une petite laine pour les nuits fraîches (ça peut arriver presque partout, surtout en automne et hiver) et pour les nuits glaciales passées dans les bus climatisés, une chemise à manches longues et pantalons pour les régions à moustiques (c'est-à-dire en Amazonie, loin de Manaus et du Rio Negro, et dans le Pantanal, en saison de pluies) ; des vêtements d'hiver pour la région sud en hiver ou même à Ouro Preto.

LES PHRASES CLÉS

Bonjour, je voudrais réserver un billet aller/retour pour…
Bom dia, queria reservar um bilhete de ida e volta para…

J'ai raté mon avion. Je voudrais échanger mon billet s'il vous plaît.
Perdi o meu avião. Queria trocar o meu bilhete, se faz favor.

Mon vol est très en retard. Ma correspondance sera bien assurée ?
O meu voo está com muito atraso. A min ha correspondência está garantida ?

Mes bagages ont été égarés, à qui dois-je m'adresser ?
Perderam as minhas bagagens, com quem posso falar ?

Louez-vous des voitures avec chauffeur ?
Alugam carros com motorista ?

Je n'ai presque plus d'essence. Où se trouve la station-service la plus proche ?
Não tenho muita gasolina . Onde está o posto de gasolina mais próximo ?

S'Y RENDRE

Les compagnie aériennes européennes desservant le Brésil sont nombreuses. Certaines compagnies brésiliennes, comme LATAM, entre autres, sont également présentes sur le marché. La compagnie portugaise TAP propose, à partir de Lisbonne, de nombreuses villes brésiliennes desservies, comme Belo Horizonte, Recife, Salvador, Fortaleza, ce qui peut être avantageux lors d'un séjour court ou si on veut éviter un vol supplémentaire. Une solution pertinente si on veut prendre des vols intérieurs à meilleurs prix consiste, à partir de France ou d'autres pays européens de départ, de prendre un système de pass auprès des compagnies brésiliennes Gol ou Azul de 4 vols au Brésil ou vers d'autres pays d'Amérique latine. Le prix des billets d'avions est très variable selon la période de l'année ou la compagnie. On peut chercher directement si le site des compagnies aériennes ou passer par les sites de brookers.

AIR INDEMNITE

25 bis, avenue Pierre Grenier
BOULOGNE-BILLANCOURT
✆ 01 85 32 16 28
www.air-indemnite.com

Des problèmes d'avion (retard de vol, annulation ou surbooking) gâchent le séjour de millions de voyageurs chaque année. Selon la réglementation, ceux-ci ont droit jusqu'à 600 € d'indemnité par passager ! Mais devant la complexité juridique et les lourdeurs administratives, très peu parviennent en réalité à faire valoir leurs droits. Pionnier français depuis 2007, ce service en ligne simplifie les démarches en prenant en charge l'intégralité de la procédure : analyse et construction du dossier, échanges avec la compagnie, suivi jusqu'au versement des sommes dues.

AIR FRANCE

✆ 09 69 39 36 54 - www.airfrance.fr

Réservations en ligne ou par téléphone, tous les jours de 6h30 à 22h.

La compagnie française propose plusieurs vols à destination de Rio, São Paulo ou même Fortaleza. On peut passer directement par le site Air France ou par les sites voyagistes. Les prix sont compétitifs.

- **Rio de Janeiro.** Deux vols quotidiens et directs depuis Paris : départ à 10h30 (sauf mardi et jeudi) et 23h30 de Roissy. Comptez 11 heures de vol minimum.
- **São Paulo.** Un vol quotidien direct : départ 23h30, pour une durée de 11 heures 30 de vol (d'autres vols avec une ou deux escales sont aussi proposés).
- **Fortaleza** (2 vols par semaine) depuis Paris.

AIR EUROPA

✆ 01 42 65 08 00
www.aireuropa.com

La compagnie propose trois vols hebdomadaires depuis l'aéroport de Paris-Orly pour Salvador de Bahia, des vols quotidiens reliant Paris à São Paulo et deux vols hebdomadaires pour Recife, tous via Madrid. Les tarifs sont compétitifs. Il faut souligner le fait que cette compagnie aérienne est une des rares à proposer des alternatives aux vols classiques pour de Rio de Janeiro ou São Paulo. Les prix varient en fonction de la période de l'année et de la demande européenne, de la saison et des évènements (jour de l'An, carnaval).

AZUL

✆ +55 11 4003 3255
www.voeazul.com.br

En plein essor ces dernières années, la compagnie aérienne brésilienne Azul est devenue incontournable. Elle constitue en effet un très bon moyen pour se rendre au Brésil ainsi que pour s'y déplacer dans toutes les principales villes du pays. Elle propose désormais 5 vols directs par semaine entre Paris et São Paulo. Le départ de Paris est à 10h15, arrivée à São Paulo à 17h15 le même jour. Le retour depuis São Paulo est à 22h45, arrivée à Paris le lendemain à 15h15.

Très bonne compagnie aérienne. Prix compétitifs et bons services à bord (films, snacks...).

IBERIA

✆ 0 825 800 965

www.iberia.com

Au départ de Paris Orly Ouest et Charles de Gaulle, la compagnie espagnole propose des vols quotidiens pour Rio (avec escale à Madrid), Brasília et São Paulo. Comptez environ 15 heures de trajet. La compagnie espagnole est très présente sur les dessertes latino-américaines. Elle propose souvent des tarifs très compétitifs. À partir de Paris, il n'y a pas de vols directs pour le Brésil et a priori, Barcelone n'offre pas non plus de liaison directe avec le Brésil. L'aéroport de Madrid-Bajaras n'est pas forcément très agréable, mais il est fonctionnel.

EASY VOLS

✆ 08 99 19 98 79

www.easyvols.fr

Pour voyager malin, il faut faire ses recherches en toute efficacité, sans perdre trop de temps à jongler d'un site à un autre. Pour trouver le bon vol au bon prix, l'idéal est la plateforme comparatrice de vols. Easyvols permet de comparer en temps réel les prix des billets d'avion chez plus de 700 compagnies aériennes et pas seulement des compagnies low-cost. Vous pouvez économiser jusqu'à 70 % du prix si vous êtes prêts à saisir au vol les meilleures offres. Des avis avisés de clients sont aussi consultables sur le site Internet.

LATAM AIRLINES

50, ter rue de Malte

PARIS (11e)

✆ 01 53 53 80 00

La compagnie LATAM propose des vols de Paris à São Paulo, Rio (avec correspondance) ou Salvador de Bahía (avec correspondance). Cette compagnie est issue de la fusion de deux compagnies sud-américaines, la compagnie brésilienne TAM, très fonctionnelle, et la compagnie chilienne LAN. La fusion a permis d'augmenter leur réseau en Amérique latine. Les liaisons à partir de l'Europe permettent de bénéficier du système de pass. ce système permet d'acheter, à partir de l'Europe, de coupons pour les vols intérieurs à des tarifs souvent avantageux.

MISTERFLY

✆ 08 92 23 24 25

www.misterfly.com

Ouvert du lundi au vendredi de 9h à 21h. Le samedi de 10h à 20h.

MisterFly.com est le nouveau-né de la toile pour la réservation de billets d'avion. Son concept innovant repose sur un credo : transparence tarifaire ! Cela se concrétise par un prix affiché dès la première page de la recherche, c'est-à-dire qu'aucun frais de dossier ou frais bancaire ne viendront alourdir la facture finale. Idem pour le prix des bagages ! L'accès à cette information se fait dès l'affichage des vols correspondant à la recherche. La possibilité d'ajouter des bagages en supplément à l'aller, au retour ou aux deux... tout est flexible !

TAP AIR PORTUGAL

✆ 0 820 319 320

La compagnie portugaise est la compagnie qui dessert historiquement le plus grand nombre de destinations au Brésil. Au départ de Paris, la compagnie portugaise TAP dessert quotidiennement les villes de Porto Alegre, Rio, Fortaleza, Recife, Natal, Belo Horizonte, Belém, Brasília, São Paulo et Salvador via Lisbonne. C'est particulièrement intéressant lorsque l'on se rend dans une ville non desservie par les autres compagnies pour un séjour de courte durée ou que l'on veut limiter le nombre de vols sur le territoire brésilien.

OPTION WAY

✆ 04 22 46 05 23

www.optionway.com

Option Way est l'agence de voyages en ligne au service des voyageurs. L'objectif est de rendre la réservation de billets d'avion facile en vous faisant économiser. 3 bonnes raisons de choisir Option Way :

- la transparence comme mot d'ordre. Finies les mauvaises surprises, les prix sont tout compris, sans frais cachés ;
- des solutions exclusives qui vous permettent d'acheter vos vols au meilleur prix ;
- le service client, basé en France, joignable gratuitement, composé de véritables experts de l'aérien. Ils sont là pour vous, n'hésitez pas à les contacter.

SÉJOURS ET CIRCUITS

Les plus aventureux, tels les routards-découvreurs des années 70, partiront presque les mains dans les poches, *a fortiori* s'ils veulent évoluer dans un espace de liberté, loin des sentiers battus, à l'écart du tourisme de masse. Les réseaux de bus intercité ou de vans sont assez développés et il est relativement facile de se rendre au point de chute désiré, abstraction faite des temps de parcours qui peuvent être longs et des conditions de circulation (trafic, pluie). L'autre solution consiste à passer par des tour-opérateurs ou des agences de voyages spécialisées pour certaines demandes spécifiques ou pour l'intégralité du voyage. Débarquer dans un pays comme le Brésil peut faire peur et choisir certaines destinations dans des lieux difficiles encore plus. Des agences françaises ou locales, brésiliennes peuvent vous réceptionner dés l'aéroport français ou à l'arrivée au Brésil et vous accompagner tout au long de votre périple.

ALTIPLANO VOYAGE

Route de la Bouvarde
EPAGNY METZ-TESSY
✆ 04 50 46 90 25
www.altiplano-voyage.com
Ouvert du lundi au vendredi de 8h à 13h et de 14h à 18h.

Altiplano Voyage est un spécialiste français du voyage sur-mesure géré par une Brésilienne. Cette agence conviviale et très professionnelle vous conseille et compose un voyage à votre image. Avec ce spécialiste du Brésil, on peut oser l'inédit sans risque ! Inspirez-vous des exemples d'itinéraires personnalisables proposés sur le site web pour découvrir Bahia, Olinda, des plages de rêves aux villes coloniales ou encore imaginer un périple entre Fortaleza et le Parc des Lençois Maranhenses en passant par la plage de Jericoacoara…

AMERIK AVENTURE

✆ 09 75 17 11 30
www.amerikaventure.com
Plusieurs agences au Québec, en France, en Belgique et en Suisse.

Amerik Aventure est un tour-opérateur qui possède des agences en France, mais également au Canada et au Costa Rica. Cette agence organise des séjours pour des petits groupes ou des voyageurs « privés ». Travaillant avec des partenaires locaux, le TO vous emmène au Brésil, sur la côte ou dans les terres, en fonction de vos choix ! C'est un organisme qui est spécialisé en écotourisme culturel et en aventure à travers les Amériques. Plusieurs séjours sont proposés en Amazonie, au contact des communautés indigènes et de la nature.

ARTS ET VIE

251, rue de Vaugirard - **PARIS** (15e)
✆ 01 40 43 20 21
www.artsetvie.com
Autres agences : Grenoble, Lyon, Marseille et Nice. Du lundi au vendredi 9h-12h et 13h-17h, non-stop à Paris et à Lyon.

Pour « voyager sur les routes du savoir et des réalités du monde », l'association culturelle de voyages et de loisirs Arts et Vie a composé un circuit « l'Or du Brésil » de 17 jours, axé sur le spectacle de la nature et la découverte du patrimoine brésilien. Bénéficiez des 50 ans d'expérience de cette association. Arts et Vie se distingue par ses orientations de voyage très qualitatives, où la dimension culturelle est également assez marquée. Les hébergements sont en général assez confortables. Une valeur sûre dans cette catégorie.

AUTRE BRESIL

3, rue des Lavandières
PARIS (1er)
✆ 01 42 36 23 29
www.autrebresil.com

Une douzaine de circuits sont proposés par l'agence parisienne Autre Voyage, tels que « Rio de Janeiro en liberté », « Autour de Salvador de Bahia », « Le Nordeste en liberté » ou encore « Le Grand Tour en liberté », un circuit complet de 21 ou 28 jours au départ de Rio. Membre du réseau AFAT, le plus important réseau français en terme de licences de voyages, Autre Voyage a obtenu le Challenge du nouvel entrepreneur du tourisme 2005, dans la catégorie distributeur, décerné par l'Association Professionnelle de Solidarité du Tourisme (APS).

HUWANS CLUB AVENTURE

18, rue Séguier - **PARIS** (6e)
✆ 01 44 32 09 30
www.huwans.com
Ouvert du lundi au vendredi de 10h à 19h et le samedi de 10h à 18h.

A pied, en 4x4 ou en pirogue, découvrez les coins les plus isolés de la planète grâce à cette agence qui s'est taillé une solide réputation dans le domaine des itinéraires Aventure et Découverte. Dix circuits sont proposés au Brésil (randonnées avec guide) de 9 à 21 jours. Par exemple, « Duo de treks : Chapada Diamantina et Costa Verde », « Pêcheurs Caiçaras, hamac et canoë », « La magie du Nordeste »... Les séjours sont souvent thématiques et permettent de sortir des sentiers battus. Ils permettent des séjours courts ou plus longs (jusqu'à 3 semaines).

IMAGES DU MONDE

14, rue de Siam
PARIS (16e)
✆ 01 44 24 87 88
www.images-du-monde.com

A deux pas de la Tour Eiffel, l'équipe de spécialistes d'Images du Monde vous recevra sur rendez-vous dans son Espace Voyage : Arabica du Brésil servi dans le salon de l'agence puis projection sur grand écran des sites incontournables du Brésil et des différentes possibilités d'hébergement. Votre conseiller « construira » votre voyage selon vos envies : combiné Rio de Janeiro et le Pantanal, paradis écologique, circuit Nordeste, croisière sur l'*Amazon Dream*... Extension possible en Argentine. Une agence au professionnalisme reconnu.

IKHAR

23, rue Danielle Casanova
PARIS (1er)
✆ 01 43 06 73 13
www.ikhar.com

Allier culture, nature et confort, c'est ce que vous propose Ikhar. Des circuits en petits groupes (au maximum 16 personnes) dirigés par des conférenciers, ou des voyages sur mesure dans des hôtels toujours haut de gamme. Au programme, un itinéraire très attrayant : un voyage tradition « Métissage baroque et nature grandiose » de 13 jours entre Salvador de Bahia et Rio de Janeiro en passant par Brasilia, Iguaçu, Ouro Preto... L'agence Ikhar propose des prestations de grande qualité. Tout est fait pour apporter une satisfaction maximale.

EMOTIKA VOYAGES

178, Rue Jean-Jacques Rousseau
BANDOL ✆ 06 48 36 76 28
www.emotikavoyages.fr
Ouvert du lundi au samedi de 8h à 20h.

Emotika Voyages est l'option idéale pour ceux qui souhaitent vivre une expérience inoubliable, hors des sentiers battus, sans pour autant passer à côté des incontournables. La particularité de cette agence est de faire découvrir en toute sécurité des destinations hautes en couleur, en rencontrant la population ou en immersion au cœur de la nature, avec des visites originales et de qualité. Véritable spécialiste des voyages sur mesure en Namibie, Emotika Voyages organise également des circuits cousus main au Brésil et dans tous les pays d'Amérique latine.

NOSTALATINA

19, rue Damesme
PARIS (13e)
✆ 01 43 13 29 29
www.ann.fr
Ouvert du lundi au samedi de 10h à 13h et de 14h à 18h.

L'Amérique latine est proposée dans tous ses états. NostaLatina, fidèle à sa tradition depuis 1994 trouve les meilleures solutions adaptées aux voyageurs individuels en Amérique Latine. Ces formules s'adaptent au rythme et au style de chaque voyageur pour apporter exactement la « dose » d'organisation qu'il lui faut : Estampe vous propose les grands transferts de ville en ville et quartier libre, tandis qu'Aquarelle le renforce avec guides et visites. Ce voyagiste fait du vrai cousu main pour les voyageurs avertis et curieux.

MAKILA VOYAGES

4, place de Valois - **PARIS** (1er)
✆ 01 42 96 80 00 - www.makila.fr
Du lundi au vendredi de 9h à 19h sans interruption (sur rendez-vous uniquement).

Cette agence de voyages qui propose désormais l'Amérique latine à son panel de destinations, organise huit circuits pour la destination Brésil. Ils vous feront voyager dans tous les sites incontournables de cet immense pays : « Voyage de l'Amazonie aux dunes du Nordeste », « Voyage au Pantanal », « Amazonie secrète, les beautés cachées du Brésil »… Cette agence est souvent synonyme de qualité de prestations dans le secteur du voyage. Les voyages proposés durent entre 12 et 17 jours. La dimension « nature » est omniprésente dans les séjours proposés.

OBJECTIF NATURE

1, impasse de la Forêt
LA MÉNITRÉ
✆ 01 53 44 74 30
www.objectif-nature.fr
Du lundi au jeudi 9h30-13h et 14h-18h30 et vendredi 9h30-13h et 14h-17h30.

Spécialiste des voyages photos, Objectif Nature propose pour le Brésil safaris photo au Pantanal (de 11 à 13 jours, avec un accompagnateur photo) et 3 extensions (Rio, Salvador et Iguaçu). Cette agence, spécialiste depuis près de 16 ans du voyage nature à travers le monde vous propose également des safaris à la carte, pour l'aventurier qui sommeille en vous. L'approche est respectueuse de la nature. Les safaris-photos au Brésil, réalisés avec l'aide de professionnels de la photographie, sont l'assurance de clichés époustouflants.

TERRE VOYAGES

28, boulevard de la Bastille
PARIS (12e)
✆ 01 44 32 12 85
www.terre-voyages.com
Ouvert du lundi au samedi.

Terre Voyages-Fleuves du Monde est un tour-opérateur qui cherche à sortir des sentiers battus. Ce voyagiste permet de découvrir d'autres facettes, moins traditionnelles, du Brésil. Les circuits « Genèse do Brazil » et « Brésil, clés en poche » mettent l'accent sur Rio de Janeiro, la Costa Verde et le Minas Gerais. Le circuit « Embrun du Nordeste » fait le pari de rallier en 8 jours Fortaleza depuis São Luís par la côte, en 4x4, pirogue, canot moteur et à pied. Sans oublier les croisières sur l'Amazone à bord de l'Amazon Dream…

PROMOVACANCES

✆ 08 99 65 48 50

www.promovacances.com

Ouvert du lundi au vendredi de 8h à minuit. Le samedi de 9h à 23h. Dimanche de 10h à 23h.

Promovacances est une agence de voyage en ligne qui propose de nombreux séjours touristiques, des week-ends, ainsi qu'un très large choix de billets d'avion à tarifs négociés sur vols charters et réguliers, des locations, des hôtels à prix réduits. En plus de cette importante offre, n'hésitez pas à guetter en ligne des promotions de dernière minute et les bons plans du jour. Enfin, des informations pratiques sont à consulter en ligne pour préparer votre voyage : santé, formalités, aéroports, voyagistes, compagnies aériennes.

AGENCE BRASIL FRANÇA

159 Rua Dr Ramos de Azevedo

SÃO PAULO

✆ +55 11 2409 8994

www.bresil-decouverte.com

L'agence Brasil França est une agence francophone qui propose des circuits à la carte partout au Brésil depuis désormais près de 2003. Rentrez en contact avec eux pour un séjour sur mesure : visite du centre-ville de São Paulo, circuit São Paulo - Rio, échappées dans la région… L'agence est désormais reconnue pour son professionnalisme et a d'ailleurs été sélectionnée par le réseau indépendant Nomadays. L'équipe se caractérise également par sa réactivité et sa capacité à adapter l'offre à a demande, en garantissant des services de qualité.

AMAZON EXPLORERS

Rua Recife

MANAUS

✆ +55 92 2123 4777

https://amazonexplorers.tur.br/

En semaine de 8h à 18h, samedi de 8h à 12h.

Amazon Explorers est une agence qui a choisi un nom qui correspond à l'esprit pionnier de ses fondateurs dans les années 60. A cette époque, le tourisme amazonien se résumait à des circuits de pêche et des croisières sur les fleuves amazoniens. L'agence a su développer un tourisme qui permet de découvrir les merveilles naturelles d'Amazonie, en respectant les populations et l'environnement. Pour admirer la rencontre des eaux, se promener dans la région, réserver vos croisières ou simplement faire le tour de la ville. Une des agences les plus anciennes de Manaus.

CHAPADA EXPLORER

Praça Dom Wunibaldo, 57

PARQUE NACIONAL DA CHAPADA DOS GUIMARÃES

✆ +55 65 3301 1290

www.chapadaexplorer.com.br

Fondée par Alberto en 2001, cette agence réceptive spécialiste du Pantanal, de très bonne réputation, propose des circuits variés dans les montagnes des Chapadas dos Guimaraes, mais également dans les autres sites magnifiques du Mato Grosso (Transpantaneira, Nobres et Serra do Roncador...). Tours incluant bateaux, 4x4 et trekking. Les activités sont diverses : marches de 5 à 8 jours, observations des jaguars. Toutes les activités sont faites en respectant l'environnement et en tentant d'intégrer au maximum les communautés locales dans le projet.

ECO ADVENTURE TOUR

Avenida Presidente Vargas, 26

PARNAÍBA

✆ +55 86 3323 9595

www.ecoadventure.tur.br

Excursions sur mesure. Fermé le dimanche.

Eco Adventure Tour est une agence spécialisée depuis 1998 dans le tourisme dans la nature et sur la Rota das Emoções (Lençois Maranhenses, Delta do Parnaiba, Jericoacoara). Cette « route des émotions » se décline sous 4 formes. Plusieurs excursions dans la région à partir de 6 nuits (essentiel et essentiel 2 en inversion), *in natura* 8 nuits, et définitif (12 nuits) et séjours individuels en option. La culture n'est pas oubliée (Eco-cultural, 7 nuits). Certains séjours s'intéressent aux plages (7 nuits) São Luís, Lençóis Maranhenses et Delta do Parnaíba.

ECOLOGY

Rua Coronel Joaquim Ferreira Lobo, 203

SÃO PAULO

✆ +55 11 4770 0297

www.ecology.com.br

Prix sur demande selon l'excursion et le nombre de personnes.

La ville de São Paulo n'est certes pas le plus gros spot de tourisme des Français mais au cas où, Ecology est une agence complète proposant des services partout au Brésil. Vous pouvez choisir un séjour clé en main de trois jours, déjà tout organisé ou faire les excursions et tours proposés en ville et dans les environs de São Paulo. Au choix : architecture pauliste, tour historique, São Paulo by night, São Paulo verte (randonnée dans le Parque Estadual da Cantareira), Santos et Guarujá, Embu das Artes, Parque das neblinas, etc.

ENJOY BRAZIL

Rua Bernardino de Campos, 318
SÃO PAULO
✆ +55 11 5044 1516
www.enjoybrazil.com.br
Prix sur demande.

Enjoy Brazil est une agence de tourisme qui a été créée par un couple ayant de l'expérience dans ce secteur et ayant vécu quelques années en Allemagne. Ils privilégient un tourisme qualitatif au tourisme quantitatif. L'équipe parle anglais et allemand (site web multilingue aussi) et ils travaillent uniquement avec des petits groupes. Leur spécialité est les séjours dans la zone de la Mata Atlântica, la forêt atlantique (de São Paulo à Rio), ils y proposent des excursions avec des guides naturalistes et aussi quelques maisons en location sur la côte.

MORAIS BRITO TURISMO

Porto das Barcas, 13
PARNAÍBA
✆ +55 86 3321 1969
http ://moraisbrito.br.tripod.com

L'agence Morais Brito Turismo est spécialisée dans le tourisme écologique. Elle propose des excursions dans le delta du Parnaiba et location de bateau pour aller jusqu'à Tutoia, dans les Lençóis Maranhenses (environ 6 heures de voyage). Elle propose bien sûr la « rota das emoçoes » dans une formule 6 jours et 7 nuits, mais également des séjours dans l'Etat du Piaui (Parc national des 7 cidades, rota das pedras, promenade dans le delta, safari écologique) celui du Ceará et du Maranhao (Lençois Maranhenses). Séjour à la carte également.

HELICONIA AMAZÔNIA TURISMO

250 Rua Lauro Cavalcante
MANAUS
✆ + 55 92 991 442 406
www.voyage-amazonie.com
Pour croisière privée (base 4 pax), environ 120 €/j/pax en hamac, 140 € en cabine. guide, activités, pension complète

L'agence Heliconia Amazônia Turismo est tenue par Olivier et Rémy, deux Français qui connaissent parfaitement cette région. Les séjours au cœur de la forêt amazonienne, de trois à dix jours, sont faits sur mesure et sont exclusifs. Croisière à bord d'un bateau régional (hamac ou cabine), séjour chez l'habitant avec logement dans une maison typique d'Amazonie et repas chez les *caboclos*, ou séjour en lodges, qui permettent d'avoir un pied-à-terre confortable au cœur de la jungle.

O GENTE DO BRASIL

Rua do 28 de julho, 175
SÃO LUIS
✆ +55 98 98885 1923
www.ogentedobrasil.org

Depuis 4 ans à São Luis et depuis plus de 10 ans en France, O Gente do Brasil est une agence de séjours sur mesure dirigée par Franck, véritable passionné de la région, qui se fait toujours un plaisir de conseiller au mieux les voyageurs en partageant ses compétences. Vous aurez l'occasion de faire la traversée complète de la « Route des Emotions » reliant São Luis à Fortaleza. Entre São Luis, les Lençois Maranhenses, le superbe Delta du Parnaiba et les lieux prisés tel Jericoacoara, on vous concoctera un parcours classique et atypique. Accueil francophone.

MARRIPA TOUR

550 Rua Joaquim Caetano da Silva
OIAPOQUE
✆ +55 96 35212520

L'agence Marripa Tour propose tous les services d'une agence de tourisme et de voyage. Marripa Tour assure la vente de billets de bus, de billets d'avion, de billet de bateau. L'agence peut aussi proposer des visites guidées avec un guide francophone autour d'Oiapoque. Pour ceux qui cherchent des conseils et des voyages en dehors de la région amazonienne, l'agence Marripa Tour propose également des vols internationaux, des séjours dans le sud du Brésil, à Punta Cana, des croisières en Amazonie ou dans les Caraïbes. Une valeur sûre.

RUMO NORTE EXPEDIÇÕES

Viela Augusta, 59
BELÉM
✆ +55 91 3225 5915
rumonorte.com
Compter environ 150 € par jour et par personne tout inclus.

Le Rumo Norte Expediçoes est une agence spécialisée dans le tourisme amazonien. Spécialement prévus pour de petits groupes de 2 à 10 personnes, les circuits de cette agence vous emmèneront au plus profond de l'Amazonie, où peu de visiteurs sont déjà passés. Idéal si vous souhaitez un service entièrement à la carte et authentique. La qualité et la sécurité sont au rendez-vous, tout comme la conscience de développement durable et responsable avec les communautés locales. La créativité de Rumo Norte permet des expériences inoubliables.

INTERVIEW

LE VOYAGE-SUR-MESURE

AVEC STEVEN LE CHEVALIER ET MATHIEU VALLY DE QUOTATRIP

Quel est le concept de l'agence QuotaTrip ?

Quotatrip est la première plateforme de mise en relation entre voyageurs et agences locales. Grâce à elle, les voyageurs peuvent enfin échanger en direct avec des agences qui sont sur place et concevoir un voyage unique, au meilleur prix et 100% personnalisé.

Pourquoi voyager avec des agences locales ?

À l'inverse des agences traditionnelles, les agences locales sont des expertes de la destination choisie. Ce sont aussi les mieux placées pour concevoir des séjours qui sortent des sentiers battus. Elles sont ainsi en mesure de répondre à l'ensemble des envies, le voyageur rentre dans l'univers de l'equi-tourisme = le tourisme sans intermédiaire.

Quels sont les autres avantages pour les voyageurs ?

Il y a une multitude d'avantages. Cela permet notamment de ne pas voyager comme tout le monde, d'organiser de manière simple et rapide un séjour sur mesure et au meilleur prix. Fini les mauvaises surprises, les voyageurs posent toutes les questions qu'ils souhaitent et bénéficient d'un accompagnement sur mesure, de la conception du projet jusqu'à sa réalisation en toute sécurité car les agences référencées sont sélectionnées et recommandées par les journalistes des guides du Petitfute en toute impartialité.

Les démarches sont-elle simples à effectuer ?

Les sites de voyage en ligne font perdre beaucoup de temps aux internautes sans pour autant répondre entièrement à leurs désirs. QuotaTrip propose un formulaire simple et rapide qui permet de décrire les souhaits, les envies et les besoins. L'internaute reçoit aussitôt gratuitement et sans engagement les offres de trois ou quatre agences locales avec qui il peut ensuite échanger afin de personnaliser son projet grâce à la messagerie mise en place.

Quelles sont les destinations proposées ?

Notre plateforme propose plus de 21 000 projets de voyage sur plus de 100 destinations à travers le monde. De l'Amérique latine en passant par l'Asie et l'Afrique, nos mille agences partenaires sont là pour répondre à vos projets de voyage.

Décrivez votre projet de voyage. Échangez en direct avec les agences locales et partez au meilleur prix.

***Plus d'informations** : quotatrip.com*

© D.R

© D.R

© D.R

TERRA BAHIA

Rua Marcos Macedo, Aldeota
FORTALEZA
✆ 09 70 46 47 42
www.voyage-bresil-nordeste.com
Agence francophone.

Terra Bahia est une société de tourisme réceptif basée au Brésil. Elle est l'un des maillons de Terra Group, réseau d'agences opérant dans toute l'Amérique latine et en Afrique australe. Cette agence, spécialiste de la randonnée, propose de beaux itinéraires, comme la traversée du parc de la Chapada Diamantina, le trek pieds nus sur les dunes du parc national des Lençóis Maranhenses, sans oublier le delta du rio Parnaíba, les plages de pipa ou Jericoacoara, L'Amazonie, Bahia... Bref, le nord du Brésil tout entier est couvert par cette agence.

TERRA BRAZIL

RIO DE JANEIRO
✆ +55 21 2295 1998
www.tourisme-bresil.com
Pour le prix d'un appel local en France, composer le ✆ 09 70 40 53 54.

L'équipe franco-brésilienne est installée au cœur de Rio et opère sur tout le pays. Tête de pont du groupe Terra Group au Brésil, l'agence bénéficie également d'un réseau d'agences depuis des années : Argentine, Bolivie, Pérou, Chili, Colombie, Costa Rica,… Spécialiste du voyage sur mesure, Terra Brazil propose des formules de voyages au Brésil, mais aussi sur toute l'Amérique du Sud. « À la carte », trek dans les dunes du Lençois Maranhaense ou dans le Parc national de la Chapada Diamantina. On saura vous écouter et vous conseiller pour votre séjour.

TERRA NORDESTE

Rua Direita, 295
SÃO LUIS
✆ +55 98 3221 1188
www.terra-nordeste.com
Séjours à la carte.

Créée par un Français, l'agence Terra Nordeste est un opérateur de tourisme d'aventure. Depuis quelques années, Julien et son équipe sillonnent la région du Nordeste en quête des meilleurs itinéraires et de rencontres insolites. Ils sauront vous conseiller et vous guider hors des sentiers battus. L'agence est située dans le centre historique de la ville. Il est également possible d'organiser des excursions trekking dans les Lençois, de 3 ou 4 jours. À préparer avec un peu d'anticipation ! Langues parlées : français, anglais, espagnol et portugais.

VALEVERDE TURISMO

Av. Alcindo Cacela, 104
BELÉM
✆ +55 91 3218 7333
valeverdeturismo.com.br
City tour en bateau à partir de 50 R$, excursions plus longues également.

Valeverde est une grande agence de tourisme avec plusieurs boutiques en ville. La gamme de voyages est très vaste, géographiquement et dans les prestations. Elle propose diverses excursions dans Belém et ses alentours, des balades et excursions en bateau, et également des séjours avec hôtels et transport inclus de Belém à Marajó et Santarém. Comme d'autres grandes agences de Belém, le Valeverde Turismo propose des voyages dans d'autres régions du Brésil et à l'étranger. Les détails et les prix sont à négocier en agence ou par email.

VIVERDE

Rua das Guariúbas, 47 - **MANAUS**
✆ +55 92 3248 9988
www.viverde.com.br
Du lundi au vendredi de 9h à 17h. Infos sur le site Internet. Compter 200 R$ pour l'excursion « Safari Amazônico ».

L'agence de tourisme Viverde est une agence spécialisée dans le tourisme de l'Etat de l'Amazonas. Les prestations sont bien rodées et de qualité. On peut faire des visites de la ville de Manaus et ses environs. L'agence propose des séjours en Amazonie au plus prés de la nature, en forêt, en hôtels ou en lodge. Excursions en bateau, réservation de écolodges, city tours... Vous pouvez réserver avec Viverde les billets pour les bateaux de croisière avec visites guidées Amazon Clipper, Katerre, Iberostar Grand Amazon et Tucano late. Offre complète !

QUOTATRIP

www.quotatrip.com

QuotaTrip est une nouvelle plateforme de réservation de voyage en ligne qui met en relation des voyageurs à la recherche d'expériences authentiques et uniques et des agences de voyages locales sélectionnées pour leurs compétences et leur sérieux. Le réseau de QuotaTrip couvre près de 200 destinations du monde entier. Le but de ce rapprochement est simple : proposer un séjour entièrement personnalisé aux utilisateurs. QuotaTrip promet ainsi l'assurance d'un voyage serein, sur mesure, sans intermédiaires et sans frais supplémentaires.

SE LOGER

Avec Internet, on peut réserver facilement ses hébergements, en étant à peu près sûr de la qualité des lieux choisis en respectant les consignes de sécurité en usage. Au Brésil, il est très important de tenir compte de la localisation des hébergements. Certains sont loin des attractions et des lieux d'intérêt à connaître, sont mal desservis ou sont dans des quartiers peu sûrs. De plus, certains lieux, comme les auberges de jeunesse, sont souvent conviviaux, ce qui est plutôt agréable, mais peuvent être festifs et donc bruyants. Si vous comptez vous lever tous les jours très tôt pour profiter des plaisirs des lieux, cela peut devenir un véritable inconvénient. On peut se loger dans des dortoirs, dans des chambres privatives, avec des salles de bain privatives ou non. On peut encore choisir de louer un appartement. Comme en France, en fonction du budget et des lieux, l'offre sera très variée.

COUCHSURFING €€

www.couchsurfing.com

Plateforme internet pour séjourner chez l'habitant. Tarif d'adhésion : 15€ environ.

Couchsurfing est le service d'hébergement gratuit en ligne regroupant le plus d'adhérents. Il suffit de s'inscrire pour accéder aux profils des locaux ou faire sa demande d'hébergement pour quelques jours voire quelques mois. En échange, vous pouvez par exemple inviter votre hôte à manger, lui offrir quelque chose de votre pays ou bien l'accueillir chez vous. Le site Internet met en place des systèmes de contrôle : notation des membres, numéro de passeport exigé à l'inscription, etc. Les participants ont accès à des hébergements volontaires dans plus de 200 pays.

HOME EXCHANGE €€

www.homeexchange.fr

Abonnement annuel 130 €.

Désormais affilié à HomeExchange, le leader mondial de l'échange hébergement, Troc Maison avait ce slogan : « Échangez… ça change tout ». L'idée reste la même : un site Internet pour échanger son logement (studio, appartement, villa…) moyennant un abonnement annuel à l'agence en ligne, qui se charge de la présentation du bien et de la mise en contact des intéressés. Quand 50 % du budget vacances des Français passent dans le logement, le principe ne peut que fonctionner. Le choix est large avec plus de 400 000 offres dans 187 pays.

HOTEIS DE LUXO BRASIL €€

Av. Al. Barroso, 63

RIO DE JANEIRO

✆ +55 21 3005 34006

www.hoteisdeluxobrasil.com.br

Comme le nom du site l'indique, cette centrale de réservation s'est spécialisée dans les hébergements de luxe. Dans toutes les régions du Brésil, le Nord (Norte), le Sud (Sul), le Nordeste, le Centre-Ouest (Centroeste) et le Sud-Est (Sudeste), le groupe propose ce qui se fait de mieux en termes d'établissements hôteliers. Les différents hôtels du prestigieux groupe Fasano (à Rio, São Paulo, Salvador de Bahia) figurent sur la riche carte de visite de ce groupe. Certains des hôtels sont en cœur de ville, d'autres sont des oasis au cœur de la nature.

ROTEIROS DE CHARME €€

Rua Visconde de Pirajá, 414

RIO DE JANEIRO

✆ 0800 025 15 92

www.roteirosdecharme.com.br

Cette centrale de réservation propose de belles adresses très différentes les unes des autres. Dans de nombreuses régions du Brésil, le site Roteiros de Charme offre indifféremment des auberges simples et agréables au cœur de la nature ou des hôtels au charme raffiné. On peut également trouver des hôtels dans des *fazendas* historiques. Sur le site, les établissements sont classifiés par des symboles qui sont des pierres précieuses que l'on trouve au Brésil (émeraude, aigue-marine, topaze impériale…). La diversité des lieux de séjour et leur qualité sont garanties.

SE DÉPLACER

Les distances sont grandes, voire immenses au Brésil et les déplacements peuvent être longs. En intra-urbain, les lignes de bus sont souvent difficilement identifiables et à éviter le soir. Des petits vans complètent une offre imparfaite. Huit grandes villes comme São Paulo, Rio, Belo Horizonte, Recife, possèdent un métro, sous-terrain ou de surface. Les lignes sont souvent peu nombreuses et les extensions moindres. On est loin des métros européens ou nord-américains. Néanmoins, cela peut-être intéressant car ils sont en général sûrs et les stations centrales proches de nombreux points d'intérêt. Les bus interurbains sont nombreux, assez bon marché et de qualité sur les grandes lignes ; sur les petites, c'est plus compliqué. Les taxis et les VTC Uber sont vivement conseillés quand on ne connaît pas les villes, en particulier la nuit. Enfin, les liaisons aériennes sont nombreuses et quelquefois assurées par des compagnies *low-cost*.

AZUL LINHAS AEREAS BRASILEIRAS

✆ 05 94 25 71 45
www.voeazul.com.br
Ouvert en semaine de 9h à 17h, le samedi de 13h à 16h, dimanche de 14h30 à 16h30. Vols directs vers Fortaleza et Belém.

La compagnie Azul est une compagnie low-cost qui dessert de nombreuses destinations au Brésil. Plus de 100 aéroports brésiliens sont desservis. La compagnie est spécialisée dans les vols domestiques au Brésil mais elle offre également des liaisons vers les Etats-Unis, le Portugal, l'Argentine et l'Uruguay depuis le Brésil. On note enfin qu'il existe des liaisons entre Fortaleza et/ou Belem vers Cayenne. On peut acheter des **pass vols intérieurs à partir de la France** à 399 US$.

GOL

Aeroporto Internacional Deputado Luís Eduardo Magalhães
SALVADOR
✆ +55 80 0704 0465
https://www.voegol.com.br/

GOL est désormais la deuxième plus grande compagnie aérienne brésilienne. Elle propose de nombreuses destinations depuis et vers les principales villes brésiliennes, mais également vers des petites villes. C'est une compagnie dite « low cost », mais aux prestations sérieuses, desservant le plus large réseau à l'intérieur du pays. Avec quelques connexions, on peut même se rendre dans les pays alentour (Argentine, Uruguay, Chili…) et à Miami. A partir de la France, on peut acheter un pass 4 vols au Brésil pour 532 US$ ou 629 US$ en Amérique du Sud.

LATAM AIRLINES

Av. Rio Branco, 156 - Centro
RIO DE JANEIRO
✆ +55 21 3173 9400
www.latam.com
Bureau ouvert de 10h à 18h30.

La principale compagnie aérienne du pays est née en 2010 de la fusion entre TAM (compagnie brésilienne) et LAM (compagnie chilienne). Elle dessert 42 destinations au Brésil et 20 destinations internationales, parmi lesquelles de nombreuses villes d'Amérique du Sud. En aller-retour en vol domestique, elle est compétitive, mais pour un aller simple mieux vaut prendre une compagnie low cost. La compagnie sud-américaine assure des liaisons entre l'Europe et le Brésil, mais il n'y a pas de vols directs à partir ou à destination de la France par cette compagnie.

BSP AUTO

www.bsp-auto.com
Site comparatif accessible 24h/24. Standard ouvert de 9h à 21h30 (20h le w-e).

La plus importante sélection de grands loueurs dans les gares, aéroports et centres-villes. Les prix proposés sont les plus compétitifs du marché. Les tarifs comprennent toujours le kilométrage illimité et les assurances. Les bonus BSP : réservez dès maintenant et payez seulement 5 jours avant la prise de votre véhicule, pas de frais de dossier ni d'annulation, la moins chère des options zéro franchise. Il faut toujours être très attentif lors de la réception du véhicule, aux termes du contrat et des défauts et problèmes signalés sur le véhicule.

enfants d'Ailleurs

elisa

Parrainage - Actions humanitaires

Apportez nous votre soutien, venez nous rencontrer ...
Parrainez un enfant ou faites un don pour financer
nos actions dans une favela de Salvador de Bahia ...

Les sommes versées ouvrent droit à réduction de vos impôts (établissement d'un reçu fiscal)

ELISA Enfants d'Ailleurs - 9 av. Maréchal Leclerc - 16100 COGNAC

05 45 35 24 25 / www.elisa-parrainage.fr

association.elisa@orange.fr

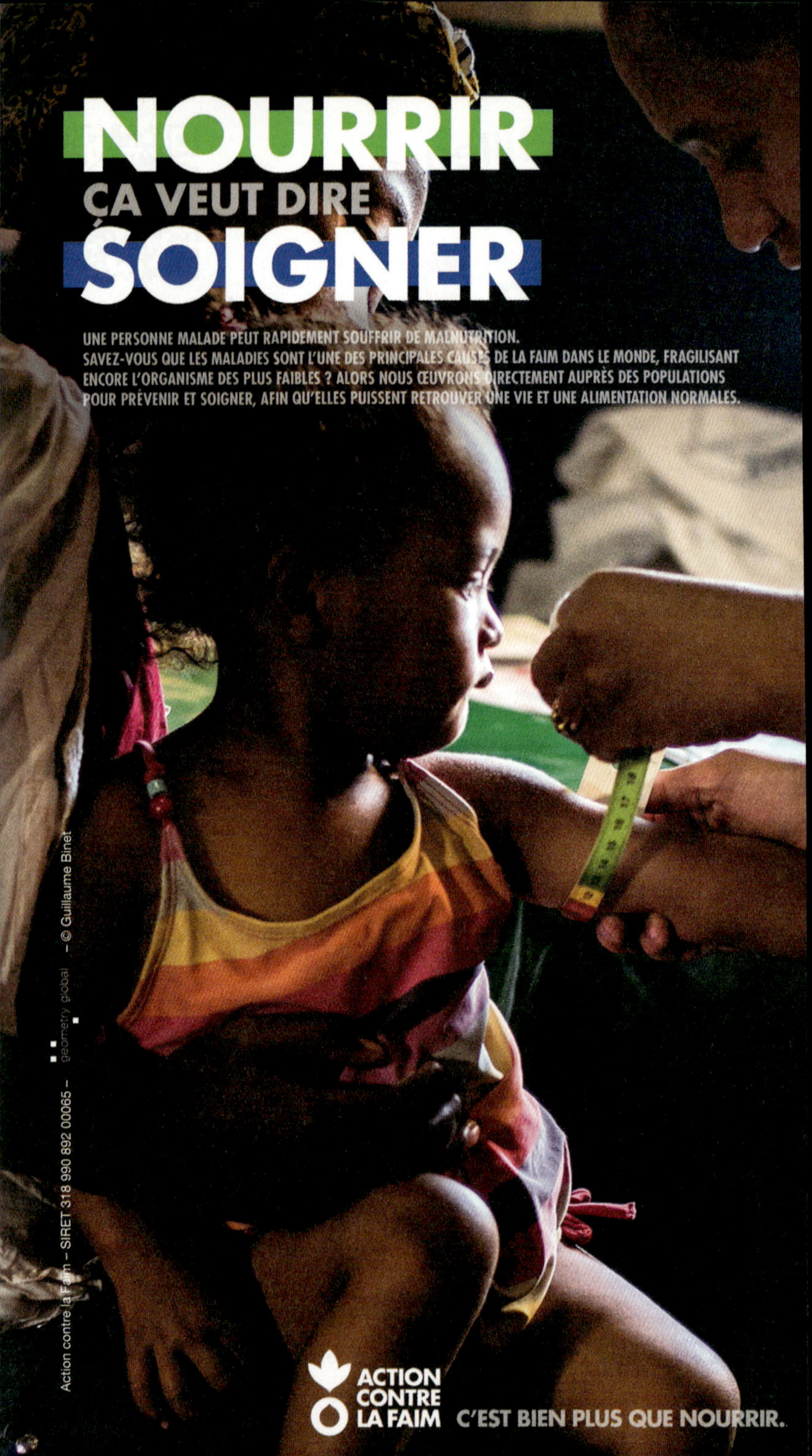
NOURRIR
ÇA VEUT DIRE
SOIGNER
UNE PERSONNE MALADE PEUT RAPIDEMENT SOUFFRIR DE MALNUTRITION.
SAVEZ-VOUS QUE LES MALADIES SONT L'UNE DES PRINCIPALES CAUSES DE LA FAIM DANS LE MONDE, FRAGILISANT ENCORE L'ORGANISME DES PLUS FAIBLES ? ALORS NOUS ŒUVRONS DIRECTEMENT AUPRÈS DES POPULATIONS POUR PRÉVENIR ET SOIGNER, AFIN QU'ELLES PUISSENT RETROUVER UNE VIE ET UNE ALIMENTATION NORMALES.
Action contre la Faim – SIRET 318 990 892 00065 – geometry global – © Guillaume Binet
ACTION CONTRE LA FAIM
C'EST BIEN PLUS QUE NOURRIR.

S'INFORMER

Au risque de se répéter, les possibilités d'information sont nombreuses et variées. S'informer avant de partir permet en général de mieux s'imprégner ensuite de la complexité brésilienne. Outre le Petit Futé, les sites d'information se sont multipliés depuis l'avènement d'Internet. Désormais, toutes les municipalités touristiques brésiliennes proposent un site digital dédié au tourisme et à l'histoire des lieux. Quelques sites ont été retenus et présentés dans ce guide. Dans certains villes, les édiles ont eu l'idée pertinente de traduire en plusieurs langues les informations du site. Sur place, les *municipes*, mais aussi les Etats fédérés disposent de bureaux d'accueil du public et proposent souvent une bonne documentation, des cartes des villes ou des régions à visiter. De nombreux blogs, comme Tiradentes-Geographie.com, pluralistes ou non, fournissent une somme non négligeable d'informations.

TIRADENTES-GEOGRAHIE.COM

https://tiradentes-geographie.com/

Le site Tiradentes-geographie.com est un site d'information généraliste sur le Brésil très bien réalisé, avec de riches analyses très variées. Tiradentes-geographie se veut avant tout un site « pratique » de connaissances sur le Brésil. Aux considérations historiques et géographiques seront liées les informations pratiques facilitant les séjours au Brésil.

Tiradentes-géographie a plusieurs objectifs : s'intéresser aux évolutions de la société brésilienne, être un guide pratique et durable sur le Brésil, proposer des cartes et analyses. A lire.

FONDATION CULTURELLE DE BAHIA

Rua Guedes de Brito, 14

SALVADOR

✆ +55 71 3324 8500

www.fundacaocultural.ba.gov.br

La fondation diffuse toute la programmation culturelle de Salvador sur leur site. Un programme mensuel est aussi édité et distribué gratuitement dans les points touristiques, hôtels et certains restaurants. Soulignons l'importance de l'action culturelle au Brésil, à Salvador de Bahia à travers des initiatives cette fondation qui communique sur l'art et aide les artistes. Elle propose en effet une résidence aux artistes dans le cadre de son « pouso das artes ».

EMBRATUR

Rua Uruguaiana, 174 - Centro

RIO DE JANEIRO

✆ +55 21 2509 6017

www.embratur.gov.br

C'est le bureau d'information à Rio du ministère du Tourisme brésilien dédié à la promotion internationale du tourisme brésilien. Cette structure est très importante pour un pays dont le potentiel est immense et qui peine à attirer les touristes européens, à l'exception des voisins sud-américains. Le siège d'Embratur est à Brasilia, mais le Congrès évoque son transfert à Rio, comme lorsqu'elle était la capitale du Brésil. Le bureau de Rio se trouve, au centre, près de l'arrêt de métro Uruguaiana (à éviter le soir). Services variables.

VISIT.RIO

RIO DE JANEIRO

visit.rio

En portugais, espagnol et anglais.

La ville de Rio de Janeiro étant statistiquement la première destination des touristes français et européens, il a semblé important de présenter ce site qui permet d'appréhender la ville merveilleuse de manière très complète. Visit.rio est le nouveau site officiel de l'Office de tourisme de Rio (Riotur). Tous les types de visites et d'activités sont présentés. Les activités extérieures, les balades sportives ou non, les activités culturelles, les bars, *botecos* ou huppés, et les restaurants, de la sandwicherie au resto chic sont répertoriés.

INDEX

© CAIO ACQUESTA - ISTOCKPHOTO.COM

Parc national de Lençois Maranhenses.

R

EDITION

Directeurs de collection et auteurs : Dominique AUZIAS et Jean-Paul LABOURDETTE

Auteurs : Hervé FOISSOTTE, Corentin LAPLACHE-TSUTSUI, Baptiste THARREAU, Mathias DESHOURS, Juliette COURTOIS, Priscilla PARARD, Sylvie DEL COTTO, Romain RISSO, Amandine GLEVAREC, Anne-Sophie LAMOTTE, Manon LIDUENA, Camille GRIFFOULIERES, Juliana HACK, Hervé FOISSOTTE, Laurent BOSCHERO, Nicolas BLANQUET, Frédéric POIZAT, Fabrice PAWLAK, Arnaud BONNEFOY, Alexandre BLANZAT, Eric QUILLEVERE, Jean-Paul LABOURDETTE, Dominique AUZIAS et alter

Directeur Editorial : Stéphan SZEREMETA

Rédaction Monde : Caroline MICHELOT, Morgane VESLIN, Pierre-Yves SOUCHET, Natalia COLLIER

Rédaction France : Elisabeth COL, Tony DE SOUSA, Mélanie COTTARD, Audrey VEDOVOTTO

FABRICATION

Responsable Studio : Sophie LECHERTIER assistée de Romain AUDREN

Maquette et Montage : Julie BORDES, Delphine PAGANO

Iconographie et Cartographie : Anne DIOT assistée de Julien DOUCET

WEB ET NUMERIQUE

Directeur Web : Louis GENEAU de LAMARLIERE

Développeurs : Adeline CAUX et Kiril PAVELEK

Intégrateur Web : Mickael LATTES

Webdesigner : Caroline LAFFAITEUR

Community Traffic Manager : Alice BARBIER, Mariana BURLAMAQUI et Vincent PHAM

DIRECTION COMMERCIALE

Directeur commercial : Guillaume VORBURGER assisté de Manon GUERIN

Responsable Régies locales : Michel GRANSEIGNE

Responsables Développement régie inter : Jean-Marc FARAGUET et Guillaume LABOUREUR

Chefs de Publicité Régie internationale : Camille ESMIEU

Régie BRESIL : Sébastien GIL

Chefs de Publicité Régie nationale : Caroline AUBRY, François BRIANCON-MARJOLLET, Perrine DE CARNE MARCEIN,

DIFFUSION ET PROMOTION

Directrice des Ventes : Bénédicte MOULET assistée d'Aissatou DIOP

Responsable des ventes : Jean-Pierre GHEZ assisté de Nelly BRION

Relations Presse-Partenariats : Jean-Mary MARCHAL

ADMINISTRATION

Président : Jean-Paul LABOURDETTE

Directrice des Ressources Humaines : Dina BOURDEAU assistée de Sandra DOS REIS et Eva BAELEN

Directrice Administrative et Financière : Valérie DECOTTIGNIES

Comptabilité : Jeannine DEMIRDJIAN

Recouvrement : Fabien BONNAN assisté de Sandra BRIJLALL et Vinoth SAGUERRE

Responsable informatique : Elie NZUZI-LEBA

PETIT FUTÉ BRÉSIL

LES NOUVELLES EDITIONS DE L'UNIVERSITE
18, rue des Volontaires - 75015 Paris.
✆ 01 53 69 70 00 - Fax 01 42 73 15 24
Internet : www.petitfute.com
SAS au capital de 1 000 000 € - RC PARIS B 309 769 966
Couverture : Brésil - Rio de Janeiro © Ultima Gaina
Impression : IMPRIMERIE CHIRAT - 42540 Saint-Just-la-Pendue
Achevé d'imprimer : octobre 2021
Dépôt légal : 01/12/2021
ISBN : 9782305057958

Pour nous contacter par email, indiquez le nom de famille en minuscule suivi de @petitfute.com
Pour le courrier des lecteurs : info@petitfute.com

IMPRIMÉ EN FRANCE

COLLABOREZ
À LA PROCHAINE ÉDITION